Hans Holbein d. J. Zeichnungen

HANS HOLBEIN d.J.

ZEICHNUNGEN

aus dem Kupferstichkabinett
der Öffentlichen Kunstsammlung Basel

Katalog von Christian Müller

Kunstmuseum Basel

Diese Publikation erscheint aus Anlass der Ausstellung
«Zeichnungen Hans Holbeins d. J. aus der Sammlung
I. M. Königin Elizabeth II. in Windsor Castle und aus der
Öffentlichen Kunstsammlung Basel», Kunstmuseum Basel,
12. Juni bis 4. September 1988

Abbildungen: Sofern in den Bildlegenden nicht anders genannt
Öffentliche Kunstsammlung Basel (Martin Bühler)
Redaktion: Christian Müller, Agathe Straumann
Satz und Druck: Gissler Druck Basel
Lithos: Schwitter AG, Basel/Allschwil
Einband: Buchbinderei Flügel, Basel

ISBN 3-7204-0056-5

Abbildung auf dem Umschlag:
Hans Holbein d. J., *Scheibenriss mit zwei Einhörnern* (Nr. 35)

Vorwort

«Holbein-Museum» oder «Basilius-Amerbach-Museum» wären von der inhaltlichen und der frühen, um Holbein konzentrierten privatsammlerischen Leistung her berechtigte Bezeichnungen für die bereits 1662 begründete Öffentliche Kunstsammlung Basel; und im Hinblick auf die dauernde Erhaltung der Amerbach-Sammlung seit der Mitte des 17. Jahrhunderts verdienen der Basler Theologieprofessor und Universitätsbibliothekar Johann Rudolf Wettstein und sein gleichnamiger Vater, Basler Bürgermeister, obenan zu stehen. Leicht hätte zu ihrer Zeit passieren können, was mit den privaten Dürer-Sammlungen in Nürnberg geschah: Verkauf und Auflösung dieser ältesten bürgerlichen Sammlungen ausserhalb Italiens. Sie entstanden dort, wo man auf grosse Meister aus der Frühzeit individuellen Künstlertums stolz war – in Nürnberg auf Dürer, in Basel auf den (aus Augsburg zugewanderten) Hans Holbein den Jüngeren.

Ein so persönliches, hervorragendes Künstlertum drückte sich nicht zuletzt in Zeichnungen aus. Sie offenbarten die geniale Hand am unmittelbarsten und erschienen der Aufbewahrung, dann des Sammelns mindestens ebenso wert wie die Gemälde. Aufbewahrt wurden sie zunächst – am deutlichsten gilt dies für die Scheibenrisse, es trifft aber sogar auf die Bildnisse zu – als musterhaftes, handwerklich genutztes Werkstattmaterial, gesammelt dann aber als individuelle innovatorische Kunst im modernen Sinn. Dieser im 16. Jahrhundert sich vollziehende Funktionswandel zeigt sich nirgends so deutlich wie in dem Verhältnis, das die Zeitgenossen und die Nachgeborenen zu den Zeichnungen hatten – exemplarisch, wenn man die verschiedenen Generationen der Amerbach wirken sieht und bedenkt, was es bedeutete, dass Basilius Amerbach immer wieder ganze Werkstattnachlässe erwarb und kunstsammlerisch quasi umfunktionierte. Für Holbein waren die Zeichnungen noch primär Hilfsmittel zum Malen gewesen, keine autonomen Kunstwerke und daher selten signiert.

Holbeins Zeichnungen bilden einen Kernbestand der Öffentlichen Kunstsammlung Basel. Sie waren frühzeitig, noch vor der Gründung dieses ältesten Kunstmuseums eines bürgerlichen Gemeinwesens, berühmt – und begehrt. Der leidenschaftliche Kunstsammler Thomas Howard, Earl of Arundel, der auch die später wieder in die königliche Sammlung gelangten, gegenwärtig in Basel ausgestellten Holbein-Zeichnungen besass, hatte Kenntnis erhalten von den Schätzen des Baslers Basilius Amerbach, besonders von dem Gemälde des *Toten Christus* und den Zeichnungen von Holbein "and other masters, all now to bee sould", wie er gehört zu haben glaubte. So liess er 1637 seinen Sohn an Rev. William Petty schreiben und diesen bitten, in Basel bei «Amore Bacchus» möglichst "things of Holben" zu erwerben[1]. In Basel musste man sich der Gefährdung des Amerbachschen Sammlungsbestandes und damit mehr und mehr der Bedeutung dieser regionalen, jedoch alles andere als provinziellen Kunstwerke in der Sammlung, die noch vieles andere enthielt, bewusst werden. Man glaubte auch zu bemerken, dass innerhalb der Amerbach-Sammlung, um die man sich nun zu bemühen begann und die schliesslich 1661/62 durch Regierungsbeschluss erworben wurde, zwar die Bibliothek, die Münzen und Medaillen und andere Dinge grösseren «moralischen» Wert als die Kunstwerke besassen[2], dass aber beispielsweise die Zeichnungen Holbeins im Kunsthandel, der nun im Entstehen war, besonders hoch taxiert wurden. So hat man noch 1662, nach dem Kauf durch die Stadt und ihre Universität, ernstlich erwogen, Zeichnungen Holbeins zu verkaufen, weil man aus ihnen viel zu lösen hoffte[3].

Solche Gedanken verflüchtigten sich glücklicherweise bald. Eines ist klar: mit der Entwicklung des Sammlerwesens in fürstlichen und bürgerlichen Kreisen war den Kunstwerken, und unter ihnen in erster Linie den «grossen Namen» und den Stücken mit guter Provenienz, die Funktion von Kunsthandelsgut mehr und mehr zugewachsen. Der rettende Zugriff der Stadt im Jahr 1661 erscheint deshalb um so erstaunlicher – und er begründete eine bis heute wirksame Tradition in dieser kulturell fast über ihre Verhältnisse lebenden Stadt von heute weniger als 200000 Bewohnern. Bei der letzten Erwerbung einer Zeichnung Holbeins, die 1984 als Geschenk der Basler Firma Ciba-Geigy ins Museum gelangte (Nr. 27), war eine Verpflichtung gegenüber Basilius Amerbach noch ebenso wirksam wie beim Ankauf der beiden frühen Bildniszeichnungen Urs Grafs, die in den Jahren 1976 und 1978 in die Basler Sammlung gelangten, die eine als Dauerdepositum der Eidgenössischen Gottfried Keller-Stiftung[4].

Welche Funktionen treten in unserer Zeit an Holbeins Werken, besonders seinen Zeichnungen, in den Vordergrund? Dies ist ja eine wissenschaftliche Publikation und zugleich ein Ausstellungskatalog, in dieser Verbindung nicht untypisch für unsere Zeit. Einerseits wurden jetzt die Zeichnungen in neuem, gründlichem Durchgang Stück für Stück wissenschaftlich untersucht, andererseits wird der Versuch unternommen, mit diesen Zeichnungen – zusammen mit den ideal ergänzenden Blättern aus Windsor Castle und Seite an Seite mit den Gemälden und druckgraphischen Werken Holbeins aus der Basler Kunstsammlung – eine ebenso seriöse wie attraktive, ja eine einzigartige Ausstellung zu gestalten. Wissenschaftlichkeit und Anziehung der Touristen und der auf «ihren» Holbein wohl immer noch stolzen Bewohner der Basler Region brauchen sich nicht auszuschliessen. Tatsächlich gilt, was Emil Maurer bei seiner Besprechung der Basler Holbein-Ausstellung des Jahres 1960 geschrieben hat (und er sah es damals verwirklicht): «Es gibt keine bessere Art, das ‹grosse Publikum› ernst zu nehmen, als indem man, von Konzessionen und Koketterien absehend, das Thema streng und gründlich zur Darstellung bringt[5].» Unterstützend kommen hinzu die Werbetrommel und der (Hilfe-)Ruf an die Medien mit dem Ziel, Holbeins Kunst verstärkt bewusst zu machen, sie als Ereignis zu aktualisieren und zu fruktifizieren – man kann auch sagen: zu benutzen mit einer in unserer Zeit neuen Funktion der kulturellen Breitenwirksamkeit. Werbung für wen? Nicht ausschliesslich für Holbein. Die Ausstellung wird zur Werbung für sehr verschiedene Dinge: für geistige, gesellschaftliche, selbst wirtschaftliche Werte, die hier nicht penibel auseinandergehalten werden sollen. Ohne Einsatz der angedeuteten neuen Funktionen, mit denen die Werke Holbeins auch versehen werden (ohne Verlust der alten Funktionen), hätten die im Basler Museum permanent sichtbaren oder verfügbaren Werke eine stillere geistige Präsenz, die der Intensität gewiss nicht entbehren muss. Es ist aber verlockend, von Zeit zu Zeit einen anderen Einsatz zu versuchen und dabei möglichst «streng und gründlich» zu bleiben.

Wenn wir nun die weitere neue Funktion betrachten, dass nämlich diese Zeichnungen Holbeins auch zu Gegenständen der kritisch-wissenschaftlichen Untersuchung geworden sind, so zeigt sich schnell ein scheinbares Paradox. Es geht ja in den Texten von Christian Müller, der die Basler Holbein-Zeichnungen mit gleichmässigem Aufwand an Beobachtung und Fragestellung neu erforscht hat, nicht nur um Probleme der Zusammenhänge, der Datierung usw., sondern – worüber sich der Laie wundern mag – auch überall erneut um die Prüfung der Autorschaft: Stammt dieses und jenes Blatt, das als Werk Holbeins bekannt ist, wirklich vom Meister, oder handelt es sich vielleicht um eine Kopie oder eine Imitation oder um ein Nachfolgewerk? Die Hochachtung vor Holbeins Künstlerschaft und das einfache Streben nach Wahrheit führen – führten hier tatsächlich – nicht zur Vermehrung, sondern zur Verminderung der Zahl jener Zeichnungen, die als Werke Holbeins anerkannt werden. Die begründete Aberkennung oder Anzweifelung bestimmter Zeichnungen als Werke Holbeins gehört tatsächlich zu den Hauptleistungen Christian Müllers. Sie erforderte – etwa im Fall des qualitätvollen Scheibenrisses mit zwei Eidgenossen als Schildhüter (Nr. 36) – die sorgfältigsten Erwägungen, und es ist voraussehbar, dass Müllers Urteil von der Forschung nicht ohne weiteres akzeptiert werden wird, schon deshalb nicht, weil in der Konsequenz auch noch weitere «Holbein»-Zeichnungen, die sich in anderen Sammlungen befinden und bisher nie bezweifelt wurden, mit Fragezeichen versehen werden müssten. Selbst bei guten Argumenten werden solche Revisionen Zeit brauchen (man kennt solches von anderen, scheinbar längst etablierten Oeuvres, etwa von den Zeichnungen Michelangelos oder von den Gemälden und Zeichnungen Rembrandts, um zwei vieldiskutierte corpora zu nennen). Christian Müller wäre der letzte, der sich seine Sache um der Novität willen leicht gemacht hätte. Er weiss, dass die Oeuvre-Reinigung noch keine heroische Tat sein muss. Aber gerade bei Scheibenrissen ermahnen die Werkstattpraktiken des Abklatschens, Kopierens, Collagierens und Imitierens zu erhöhter Aufmerksamkeit, zumal wenn die allmählich griffiger werdende Wasserzeichenforschung Indizien oder Warnungen in die Hand gibt. Und wenn nun einige bekannte Werke Holbeins problematisch werden, wenn einige von ihnen positiv bestimmten Künstlern der Holbein-Nachfolge vielleicht zugewiesen werden können (vgl. Nr. 74), dann versteht sich dies als Aufforderung, die Qualität der Kunst Holbeins nicht nur genauer zu analysieren, sondern auch ganzheitlich zu erleben und zu würdigen. An solchen Fragen der Eigenhändigkeit ganzer Zeichnungen oder auch nur einzelner Zusätze (wie die mit der Feder verstärkten Umrisse bei Bildniszeichnungen: siehe etwa Nr. 27) muss sich das Verständnis der spezifischen Kunst-Qualität Holbeins konkretisieren. Ein Beispiel dafür ist die bis 1871 aufrechterhaltene Falscheinschätzung der Dresdener Kopie nach der von Holbein 1526/30 gemalten *Darmstädter Madonna*[6]: Das war nicht bloss ein Gelehrtenstreit, sondern es ging um die Erkenntnis der «Echtheit Holbeins» als Künstler, der bei oberflächlicher Betrachtung manchmal nach Akademismus, ja nach Historismus zu riechen *scheint*. Die wissenschaftliche Diskussion, die Christian Müller eröffnet, berührt letztlich solche Probleme.

Der von Christian Müller erarbeitete Katalog, der die im Basler Kunstmuseum gezeigte Ausstellung «Zeichnungen Hans Holbeins d.J. aus der Sammlung I.M. Königin Elizabeth II. in Windsor Castle und aus der Öffentlichen Kunstsammlung Basel» begleitet, ist zugleich die praktisch abgeschlossene, natürlich nach den Erfahrungen mit der bevorstehenden Ausstellung noch revidierbare Vorarbeit zum Holbein-Teil des Bandes III Teil 2 in der Reihe «Kupferstichkabinett der Öffentlichen Kunstsammlung Basel (Kunstmuseum): Beschreibender Katalog der Zeichnungen.» Der stattliche Band III Teil 1, bearbeitet von Tilman Falk, liegt seit 1979 publiziert vor. Er behandelt die in Basel befindlichen Zeichnungen des 15. Jahrhunderts, die Zeichnungen Hans Holbeins des Älteren und Jörg Schweigers sowie die Basler Goldschmiederisse[7]. Die 1985 einsetzende Arbeit Christian Müllers wurde, nachdem der Kanton Basel-Stadt mit dem Weggang Tilman Falks nach Augsburg, wo er Direktor der Städtischen Kunstsammlungen wurde, die entsprechende Stelle gestrichen hatte, finanziell ermöglicht durch den Schweizerischen Nationalfonds zur Förderung der wissenschaftlichen Forschung. Die Öffentliche Kunstsammlung Basel und der Kanton Basel-Stadt sind dem Fonds für seine Unterstützung zu grossem Dank verpflichtet. Der von Christian Müller bearbeitete, später erscheinende Band III Teil 2 wird in Text und Abbildung sämtliche Basler Zeichnungen von H. Holbein d.J., Dürer und seinem Kreis und den anderen Meistern erfassen, die in der ersten Hälfte des 16. Jahrhunderts tätig waren, insgesamt gegen 1000 Werke. Diese Arbeit braucht natürlich ihre Zeit.

Dieter Koepplin

Anmerkungen

1 Ganz 1937, S. XVII, Anm. 43; T. Falk, in Kat. III, 1, S. 21. Kat. Roberts 1987, S. 22. – Zu Arundel und Petty (ohne Erwähnung der Bemühung um die Holbein-Stücke in der Sammlung Amerbachs): D. Howarth: *Lord Arundel and his Circle,* New Haven und London 1985, S. 140 ff.

2 Noch am 27. Februar 1650 schrieb J.R. Wettstein in Anbetracht des Kaufinteresses der Königin Christine von Schweden (übersetzt): «Ich gönne der Königin die Bilder [mit 'picturae' waren wohl Gemälde, Zeichnungen und druckgraphische Werke gleicherweise gemeint], durch diese wird niemand zu einem besseren Bürger gemacht» (Landolt, Hundert Meisterz. 1972, S. 16, bei T. Falk, Kat. III, 1, S. 22 der lateinische Wortlaut). Bereits am 17. April 1650 aber äusserte sich Wettstein gegenüber «antiquaria suppellex» entschieden interessiert.

3 O. Fischer, in: Öffentliche Kunstsammlung Basel, Festschrift zur Eröffnung des Kunstmuseums, Basel 1936, S. 28 f.

4 T. Falk, in: Weltkunst, XLVI, Nr. 21, 1. November 1976; K.Th. Parker, in: Anz. f. Schweizer. Altertumskunde, NF XXIII, 1921, S. 212, Nr. 19. – D. Koepplin, in: Basler Zeitung, Nr. 184, 12. Juli 1978, S. 31; Katalog *The Robert von Hirsch Collection,* Sotheby Parke Bernet, London 1978, Vol. 1, Nr. 13 (Auktion 20. Juni 1978); C. Andersson: *Dirnen – Krieger – Narren, Ausgewählte Zeichnungen von Urs Graf,* Basel 1978, Abb. 2.

5 E. Maurer, in: Schweizer Monatshefte, XL, 1960, Heft 4, S. 424.

6 Kat. 1960, Nr. 177; U. Kultermann: *Original oder Kopie? Der Holbeinstreit – an einer Wende der Kunstgeschichte,* in: artis, 3/1966, S. 23–27. Siehe auch A. Weckwerth: *Der Ursprung des Bildepitaphs,* in: Zs. f. Kg., XX, 1957, S. 171.

7 Besprechungen: I.S. Weber, in: Pantheon, XXXVIII, 1980, S. 292 f.; H.Chr. von Tavel, in: Neue Zürcher Zeitung, Nr. 255, 1./2. November 1980, S. 68; J. Rowlands, in: Burl. Mag., CXXVI, 1984, S. 295 f.

Basilius Amerbach und Remigius Faesch als Sammler von Holbein-Zeichnungen.

Das zeichnerische Werk Hans Holbeins d. J. wird heute noch zu wesentlichen Teilen in Basel und England aufbewahrt, an den Orten also, wo Holbein die meiste Zeit seines Lebens tätig war. In England hielt er sich mit Unterbrechungen etwa 13 Jahre lang auf, wurde Hofmaler Heinrichs VIII. und starb 1543 in London. Deshalb befinden sich im Britischen Museum London und in den Sammlungen des englischen Königshauses hauptsächlich Zeichnungen aus seiner Spätzeit.

Die Porträtzeichnungen aus Windsor Castle führen eine wesentliche Seite seines Schaffens vor Augen, die schliesslich seinen Ruhm als Porträtmaler begründen sollte. Das Kupferstichkabinett Basel dagegen bewahrt vor allem Werke aus seiner Frühzeit auf, welche die Vielfalt seiner künstlerischen Arbeit zeigen: Illustrationen, Bildnisse, Entwürfe zu Wand- und Fassadenmalereien und Scheibenrisse. Unter den etwa 200 Zeichnungen befinden sich aber auch Blätter aus seiner englischen Zeit, die die Basler Sammlung abrunden.

Die umfangreiche Sammlung des Basler Kupferstichkabinettes hat im wesentlichen schon der Jurist Basilius Amerbach in der zweiten Hälfte des 16. Jahrhunderts zusammengebracht[1]. Wenige, jedoch bedeutende Zeichnungen Holbeins kamen 1823 bei der Übernahme des Museums Faesch durch die Universität und dem Zusammenschluss beider Sammlungen hinzu. Auch in jüngster Zeit konnten noch einzelne Zeichnungen durch Ankäufe, Legate und grosszügige Schenkungen hinzugefügt werden (u.a. Nr. 27, 30, 76).

Basilius Amerbach (1533–1591) war der Enkel des 1482 aus Unterfranken nach Basel eingewanderten Druckers und Verlegers Johannes Amerbach (gest. 1514), der vielleicht den jungen Dürer 1492/93 in seinem Haus beherbergte. Er verfügte zwar über eine umfangreiche Bibliothek, die auch Inkunabeln enthielt, doch als Kunstsammler kann er wohl nicht bezeichnet werden. Auch sein Sohn, der Gelehrte und Jurist Bonifacius Amerbach (1495–1562), ein Zeitgenosse Holbeins d. J., sammelte noch nicht systematisch. Wie andere humanistisch Gebildete seiner Zeit, erwarb er einzelne Kunstgegenstände, besonders Münzen und Medaillen in erster Linie aus historischem oder dokumentarischem Interesse. Möglicherweise aber war er als Testamentvollstrecker des Erasmus von Rotterdam und dessen Haupterbe in den Besitz der Zeichnung für das Familienbild des Thomas Morus gekommen (Nr. 65). Erst sein einziger Sohn, Basilius Amerbach (1533–1591), der wie sein Vater Jura studierte und sich während des Studiums in Tübingen, Padua und in Frankreich aufgehalten hatte, widmete sich neben seiner Lehrtätigkeit an der Universität Basel mehr und mehr dem Aufbau einer Sammlung. International liess er nach Neuerscheinungen von Drucken, nach Münzen und Medaillen suchen, sammelte Naturalien, Antiken, Gemälde, Druckgraphik und Zeichnungen, unternahm sogar Ausgrabungen im nahe gelegenen römischen Augst. In seinem Haus «Zum Kaiserstuhl» in Kleinbasel (Rheingasse 23) richtete er schliesslich seine eigene Kunstkammer ein.

Auch Zeichnungen sammelte Amerbach zielgerichtet. In erster Linie war er an oberrheinischen Zeichnungen der Zeit Dürers und Holbeins interessiert und – in geringerem Masse – an Werken zeitgenössischer Künstler. Es gelang ihm nicht nur einzelne Blätter, sondern ganze Werkstattnachlässe zu erwerben. Ausser von Urs Graf, Niklaus Manuel, Hans Holbein d. Ä., Jörg Schweiger und Hans Leu muss er wesentliche Teile des Werkstattnachlasses von Hans Holbein d. J. an sich gebracht haben. Nur in wenigen Fällen lassen sich jedoch Erwerbungen Amerbachs wirklich belegen oder rekonstruieren.

Der Briefwechsel mit dem Zürcher Maler Jakob Clauser zeigt, dass Amerbach das *Lob der Torheit* Nr. 2 a–e) über einen Mittelsmann zu erwerben suchte, was ihm schliesslich gelang. Tilman Falk konnte mit einiger Sicherheit den Ankauf des Schweigerschen Werkstattnachlasses, in dem sich Risse, Goldschmiedewerkzeug und Modelle befunden haben, mit einer Notiz Ludwig Iselins, der die jährlichen Ausgaben Amerbachs zusammenstellte, in Zusammenhang bringen. Ein Verzeichnis Amerbachs belegt auch den Erwerb der Sammlung des französischen Arztes Louis Demoulins de Rochefort im Jahr 1576, zu der neben Münzen und Medaillen auch Zeichnungen gehörten. Um dieselbe Zeit könnte Amerbach den Nachlass des Basler Malers Hans Hug Kluber (1535/36–1578) erworben haben, in dem sich mindestens eines der beiden Skizzenbücher Hans Holbeins d. Ä. befunden hat. Im Pestjahr 1578 starb auch der Basler Glasmaler Balthasar Han (1505–1578). Wie eng dessen Kontakt mit der Familie Hans Holbeins d. J. war, ist nicht bekannt. Immerhin vertrat er 1549, wahrscheinlich als Vormund, Hans Holbeins Sohn Philipp vor Gericht. Paul Ganz vermutete sogar, dass Han die Werkstatt Holbeins weitergeführt haben könnte, und bezeichnete ihn als deren letzten Inhaber. Möglicherweise gelangten über den Nachlass dieser beiden Maler Zeichnungen von Hans Holbein d. J. in das Amerbach-Kabinett. Im sogenannten Inventar A, das Amerbach vermutlich im Zusammenhang mit den Umbauarbeiten seines Hauses um 1578 angefertigt hatte, nennt er 74 Zeichnungen von Hans Holbein, im Inventar D von 1586 schon 104 Zeichnungen, die er als «Hans Holbeins genuina» bezeichnete und wohl als eigenhändige Arbeiten einstufte. Ihnen fügte er das *Lob der Torheit* an[2].

Auch die Herkunft des sogenannten Englischen Skizzenbuches ist ungeklärt. Dieser Klebeband in Oktavformat enthielt Entwürfe für Goldschmiedearbeiten und Prunkwaffen, die Holbein zwischen 1532 und 1543 gezeichnet hatte. Vielleicht sandte sie der in London für den Hof arbeitende Goldschmied Hans von Antwerpen, der mit Holbein befreundet war und dessen Nachlass er verwaltete, an die Witwe des Künstlers nach Basel. Holbein hatte jedoch schon selbst Zeichnungen mit nach Basel genommen, etwa die Studie zum Familienbild des Thomas Morus (Nr. 65), die er dem Erasmus überbrachte. Auch die Porträtzeichnungen des Sir Nicholas Carew, der Lady Guildford und die eines unbekannten englischen Ehepaares könnte Holbein bei seiner Rückkehr aus London 1528 oder erst bei seinem kurzen Besuch 1538 mit nach Basel gebracht haben.

Amerbachs Neffe, Ludwig Iselin (1559–1612) betätigte sich nicht mehr als Sammler, führte jedoch die Bibliothek weiter und ordnete den Nachlass. Nach dem Tod seines Sohnes Basilius Iselin im Jahr 1648, dachten die Erben daran, die Sammlung zu veräussern. Jetzt schon bemühte sich der spätere Bibliothekar der Universitätsbibliothek, Johann Rudolf Wettstein (1614–1684), um den Erhalt der Sammlung, und seinen Vermittlungen zwischen der Universität und dem Rat der Stadt ist es u. a. zu verdanken, dass der Basler Rat schliesslich 1661 den Ankauf der Sammlung und die Übergabe an die Verwaltung der Universität beschloss. 1662 fand die Sammlung im Haus «Zur Mücke» am Münsterplatz ihre erste Unterbringung. Sie war im gleichen Jahr bereits der Öffentlichkeit zugänglich. Eine Hauptattraktion bildete die Holbein Sammlung. Der Maler und Kunsthändler Johann Rudolf Huber (1668–1748) liess zu Beginn des 18. Jahrhunderts eine Reihe von Zeichnungen Hans Holbeins auf Karton aufziehen und gerahmt ausstellen.

Weitere Gemälde, Porträtzeichnungen und Scheibenrisse Hans Holbeins gelangten mit der Übernahme des Museums Faesch in die Öffentliche Kunstsammlung[3]. Der Jurist Remigius Faesch (1595–1667), der sein «Museum», ein Kunst- und Raritätenkabinett, seit 1653 in seinem Haus am Petersplatz eingerichtet hatte, sammelte wie Amerbach auch Zeichnungen und Druckgraphik des 16. Jahrhunderts. Er richtete seine Aufmerksamkeit jedoch stärker auf die Druckgraphik. Immerhin brachte er etwa 220–230 Zeichnungen zusammen, darunter einige Blätter aus dem 15. Jahrhundert, Scheibenrisse von Hans Holbein und seines Umkreises, sowie zahlreiche Scheibenrisse aus dem Besitz des Berners Hans Rudolf Lando und der Basler Glasmalerfamilie Wannenwetsch. Durch Erbschaft waren ihm einige bedeutende Holbeinwerke zugekommen. Sein Grossvater, der Bürgermeister Remigius Faesch (1541–1610) hatte Rosa Irmy, die Tochter des Obersten Niklaus Irmy und der Anna Meyer geheiratet, also eine Enkelin des Basler Bürgermeisters Jakob Meyer (1482–1531). Im Besitz der Familie befanden sich deshalb das Doppelbildnis Jakob Meyers und seiner Ehefrau Dorothea Kannengiesser, sowie die beiden vorbereitenden Silberstiftzeichnungen, ausserdem die Darmstädter Madonna und sehr wahrscheinlich auch die Porträtstudien für das Bild, welches jedoch Bürgermeister Remigius Faesch, der Grossvater des Sammlers, um 1606 an Lucas Iselin verkauft hatte. Remigius Faesch verfügte testamentarisch, dass seine Sammlung geschlossen zu erhalten sei und nicht veräussert werden dürfe. Ein männlicher Nachkomme mit dem Titel eines Doktors der Rechte sollte jeweils die Verwaltung übernehmen. Wenn diese Auflage einmal nicht mehr zu erfüllen sei, dann solle das Museum mit der Bibliothek der Universität übergeben werden. Nach dem Tod Hans Rudolf Faeschs (1758–1817) trat dieser Umstand ein, und nach Rechtsstreitigkeiten wurde das Museum schliesslich 1823 der Öffentlichen Kunstsammlung übergeben.

Hans Holbein d.J. – Leben und Werk

Hans Holbein d.J. hat, abgesehen von wenigen Notizen auf Zeichnungen, keine schriftlichen Äusserungen über sich und seine Werke hinterlassen. Sein Geburtsdatum lässt sich nur indirekt erschliessen[1]. Er wurde um 1497/98 in Augsburg geboren. Sein Vater, Hans Holbein d.Ä. (um 1465–1524) hatte sich als Maler zahlreicher religiöser Bildwerke und als Porträtmaler einen Namen gemacht und gehört zu den bedeutendsten süddeutschen Malern am Ende des 15. und zu Beginn des 16. Jahrhunderts.

Begünstigt durch den Fernhandel war in Augsburg der künstlerische Austausch zwischen Norden und Süden besonders intensiv. Hier liessen sich Jakob und Georg Fugger eine Grabkapelle bei St. Anna errichten (geweiht 1518), eines der ersten Gebäude im Stil der Renaissance diesseits der Alpen. In dieser Stadt wuchs Hans Holbein d.J. auf und erhielt sicherlich in der Werkstatt des Vaters seine erste Ausbildung. Er lernte die zeichnerischen Techniken kennen, die der Vater für die Visierungen seiner grossen Altarwerke anwandte: die lavierte und aquarellierte Federzeichnung, die Hans d.J. sein ganzes Leben hindurch bevorzugen sollte. Die Skizzenbücher Hans Holbeins d.Ä. mit den zahlreichen Porträtstudien verdeutlichen, dass Hans d.J. bei seinem Vater auch die schwierige Technik der Silberstiftzeichnung, die kaum Korrekturen zulässt, erlernen konnte.

Vielleicht waren Hans d.J. und sein Bruder Ambrosius 1511 noch in Augsburg. Damals zeichnete der Vater seine beiden Söhne und hielt sie in einer Silberstiftzeichnung fest, die heute im Kupferstich-

Hans Holbein d.Ä., Ambrosius und Hans Holbein. Silberstiftzeichnung. Berlin, SMPK, Kupferstichkabinett

Anmerkungen

1 Die folgenden Ausführungen nach T. Falk, in Kat. III,1, S. 11 ff.; O. Fischer, in: Festschrift zur Eröffnung des Kunstmuseums. Basel, 1936, S. 7–118

2 Zu den Inventaren des Amerbach-Kabinettes, Ganz/Major 1907

3 Zu den Inventaren des Museums Faesch, Major 1908

kabinett Berlin aufbewahrt wird (Friedländer/Bock, Nr. 2507). Das Alter von Hans ist mit 14 Jahren angegeben, Ambrosius dürfte etwa 3–4 Jahre älter gewesen sein (Abb.). Beide sind kurze Zeit danach auf Wanderschaft gegangen. Ambrosius arbeitete z. B. zusammen mit Thomas Schmid an den Wandgemälden im Festsaal des Klosters St. Georgen in Stein a. Rh. Im Spätjahr 1515 sind Hans und Ambrosius dann erstmals in Basel nachweisbar. Der Vater könnte diesen Weg vorbereitet haben. Er war möglicherweise mit dem aus Augsburg nach Basel eingewanderten Goldschmied Jörg Schweiger bekannt, der 1519 auch für Ambrosius bürgte, als dieser sich in das Basler Bürgerrecht einkaufte. Hans und Ambrosius erhofften sich auch eine Tätigkeit als Buchillustratoren in einer der Basler Offizinen.

Die ersten Zeichnungen der beiden finden sich in dem gedruckten Exemplar des *Lobes der Torheit* von Erasmus von Rotterdam, ein Druck, der dem Schulmeister Oswald Geisshüsler, genannt Myconius gehörte, der später Antistes der Basler Kirche wurde. Unter seinen Augen entstanden die rasch gezeichneten Illustrationen, kleine Federzeichnungen, die schon deutlich Holbeins Gabe zeigen, Charaktere schnell zu erfassen und in wenigen präzisen Strichen treffend zur Darstellung zu bringen, auch wenn sie in ihrer Expressivität bewusst die Grenze zur Karikatur erreichen. Für Myconius malten Hans und Ambrosius auch ein Aushängeschild, das für seine Schule werben sollte. (Rowlands 1985, Cat. 1; Cat. R.7.). Zu seinen frühesten Zeichnungen gehört die Kopie, die Hans nach dem Kupferstich mit dem *Ecce homo* von Lucas van Leyden zeichnete. Es ist vielleicht seine erste erhaltene Zeichnung in dieser Technik die zeigt, wie souverän er damals schon lavierte, hier vielleicht herausgefordert durch die Tonigkeit des Kupferstiches (Nr. 1). Aufschlussreich sind aber auch die Veränderungen gegenüber dem Stich: Schon in dieser frühen Zeit zeigt es sich, dass Holbein in Wettbewerb mit seinen Vorbildern tritt, sie nicht einfach kopiert sondern neu organisiert.

Selbst vor dem Hintergrund der Illustrationen zum *Lob der Torheit* und dem *Ecce homo* sind die beiden Silberstiftzeichnungen für das Doppelbildnis des Basler Bürgermeisters Jakob Meyer und seiner Frau Dorothea Kannengiesser in ihrer Sicherheit und in der zeichnerischen Ökonomie überraschend: Hans zeichnete die beiden Bildnisse erstmals in der Grösse, wie er sie in den ausgeführten Bildern vorsah (Nr. 3 a, b). In den von links oben nach rechts unten gerichteten Schraffuren, die auch in der Silberstiftzeichnung eines Jünglings mit verschnittenem Barett (Nr. 27) zu beobachten sind, zeigt sich übrigens, dass Holbein Linkshänder war.

Die beiden Porträts könnten seine ersten Aufträge gewesen sein, die er immerhin von dem gerade gewählten Bürgermeister Meyer erhalten hatte. Sie werden nicht weniger bedeutungsvoll dadurch, dass der Maler Hans Herbst, bei dem Hans und Ambrosius vielleicht als Gesellen gearbeitet hatten, ihm möglicherweise den Auftrag vermittelte. Im gleichen Jahr, 1516, entwarfen Hans und Ambrosius auch erstmals Buchillustrationen für die Frobensche Offizin.

Um 1517/18 ist Hans wahrscheinlich zusammen mit seinem Vater in Luzern tätig, denn der Auftrag das Haus des Schultheissen Jakob von Hertenstein innen und aussen mit Malereien zu versehen, kann kaum an den Sohn gegangen sein, war er doch damals noch nicht Meister. Der Vater könnte das Haus im Inneren mit Malereien geschmückt haben, doch ist der Umfang seiner Tätigkeit ungewiss. Die Fassade jedenfalls schmückte Hans d. J. aus, u. a. mit dem *Triumphzug Caesars* nach Kupferstichen aus dem Umkreis des Mantegna. Auch der früheste erhaltene Scheibenriss im Herzog Anton Ulrich-Museum in Braunschweig, den Holbein 1517 in Luzern für Hans Fleckenstein anfertigte (Abb.), verrät in der starken Untersicht den Einfluss Mantegnas, in der Bühnenhaftigkeit des Aufbaues und der klaren Komposition dieselbe Kraft, die ihn befähigte, grossformatige Wandmalereien mit Scheinarchitekturen auszuführen.

Dieser Riss zeigt noch eine Unentschiedenheit zwischen räumlicher Tiefe und den in der Fläche arrangierten Figuren mit überlangen Armen und Beinen, die jedoch nicht verzeichnet wirken. War es der Einfluss der italienischen Druckgraphik, der in diesem Riss und in den Wandmalereien spürbar wird, oder war er damals von Luzern aus selbst nach Italien gereist? Sehr viel Zeit hatte er jedenfalls dort nicht verbringen können, denn er malte in Luzern noch einen Altar für die Augustinerkirche und porträtierte Benedikt von Hertenstein, den Sohn des Bürgermeisters Jakob von Hertenstein (Rowlands 1985, Cat. 6). Für die meisten italienischen Anregungen lassen sich aus-

Hans Holbein d. J., Scheibenriss für Hans Fleckenstein. 1517. Braunschweig, Herzog Anton Ulrich-Museum serdem druckgraphische Vorlagen nachweisen, so dass die Frage unentschieden bleibt[2].

1519 kehrte Holbein nach Basel zurück. In dieser Zeit verliert sich die Spur des Bruders, der die Stadt verlassen haben könnte oder vielleicht früh gestorben ist. Holbein wird nun Meister und Mitglied der Zunft «Zum Himmel» und ein Jahr später Bürger von Basel. Damals zeichnete er die acht grossen Scheibenrisse mit Heiligen (Nr. 11–18), die er vor monumentale Architekturkulissen stellte. Die Untersicht, der spielerische Umgang mit den Architekturen und der Verzicht auf eine einheitliche Perspektive tragen zur dramatischen Steigerung der Dargestellten bei. Diese Arbeiten wirken nun sofort in seiner Umgebung. Die Risse für das Maria Magdalenenkloster (Nr. 19–21) mit ihren Phantasiearchitekturen dürften unter dem Eindruck dieser Folge entstanden sein. Der Zeichner dieser Risse besass jedoch nicht die Fähigkeit Holbeins zur klaren Organisation von Fläche und Raum, nicht die Energie, mit der er jedes Ornament variierte und sich nie selbst wiederholte. Diese Kraft kommt auch in der Scheibe mit Kaiser Heinrich II. zum Ausdruck, die er für den Kreuzgang des ehemaligen Zisterzienserklosters Wettingen im Kanton Aargau entwarf.

Vielleicht war es der Einfluss Hans Baldung Griens, der Holbein zu einer Gruppe von Hell-Dunkel-Zeichnungen anregte (Nr. 23–26). Die Kompositionen sind zum Teil sehr unkonventionell und haben beinahe experimentellen Charakter. Der Einfluss Dürers und seiner «Schule» tritt in Zeichnungen wie jener der *Hl. Familie* in den Hintergrund und spielt in dem fast artistischen Einsatz verschiedener Zeichentechniken eine untergeordnete Rolle.

Nur wenige dieser Zeichnungen sind datiert oder signiert. Deutet das darauf hin, dass sie die Werkstatt gar nicht verlassen haben? Andere hingegen, etwa die *Madonna mit dem Kind* in Leipzig (vgl. Nr. 25) oder das Blatt mit *Christus in der Rast* in Berlin (vgl. Nr. 23) könnten kleine Andachtsbildchen gewesen sein und tatsächlich einen Abnehmer gefunden haben. Die Zeichnung für das *Aushängeschild eines Messerschmiedes* (Nr. 26) deutet wenigstens an, dass Holbein auch Entwürfe auf getöntem oder farbig grundiertem Papier ausgeführt hat.

Lucas Wüthrich vermutete unter diesen Zeichnungen auch Werke Hans Herbsts, dessen Signatur er auf der früher Hans Holbein zugeschriebenen, bemalten Tischplatte für Hans Baer im Schweizerischen Landesmuseum Zürich entdeckte (Rowlands 1985, Cat. R.11). Herbst ist jedoch unter diesen Zeichnungen und unter den frühen Scheibenrissen Holbeins und seines Umkreises nicht greifbarer geworden. Er könnte z. B. für die um 1519/20 entstandenen Risse, die für Scheiben im Maria Magdalenenkloster bestimmt waren, in Betracht kommen (Nr. 19–21), denn er arbeitete dort von 1518–1519 an einem Altar, und das Monogramm «H», das Major auf Holbein deutete, könnte ebensogut von Hans Herbst stammen (Major 1942, S. 48 f.).

Unter den Aufträgen, die Holbein am Anfang der 20er Jahre erhielt, sind besonders die Fassadenmalereien am Haus «Zum Tanz» in Basel (Nr. 28–30) und die Rathausbilder bemerkenswert (Nr. 32–34). Die Reihenfolge dieser beiden komplexen Aufträge ist umstritten und lässt sich auch nicht völlig klären. Vielleicht hatte Holbein – so die überwiegende Meinung – sein Können mit den Malereien am Haus «Zum Tanz» demonstriert und dann erst den Auftrag für das Rathaus erhalten, der ihn von Mitte 1521 bis Ende 1522 beschäftigte. Diese Bilder sind fast vollständig verloren gegangen. Auch hat sich nur ein eigenhändiger Entwurf, *Der Triumph des Perserkönigs Sapor über den römischen Kaiser Valerian* (Nr. 32), erhalten. Zahlreiche Kopien nach Entwürfen, die noch zur Zeit der Ausmalung entstanden sein dürften, geben eine Vorstellung von dem Umfang der Malereien.

Schon bei diesen umfangreichen Arbeiten stellt sich die Frage, in welchem Masse Holbein Mitarbeiter in seiner Werkstatt beschäftigte. Kommen sie auch für die zahlreichen Entwurfskopien im Kupferstichkabinett Basel in Betracht, die nach Entwürfen für die Fassadenmalereien am Haus «Zum Tanz» und für die Wandbilder im Rathaus entstanden sind? Die Frage erscheint noch dringlicher bei den Scheibenrissen. Seit Beginn des zweiten Jahrzehnts sind nicht nur Arbeiten nachzuweisen, die aus dem Umkreis des Meisters stammen dürften (vgl. Nr. 19–21), sondern die in der Technik den eigenhändigen Rissen, z. B. dem Riss mit den Einhörnern (Nr. 35) sehr nahe kommen. Zu nennen ist etwa der Riss mit den Engeln als Schildhüter in Wien (vgl. Nr. 8) und der Riss mit den Eidgenossen in Basel (Nr. 36). Andere, bisher zu Beginn des zweiten Jahrzehnts datierte Arbeiten stammen vielleicht schon – wie die beiden Risse mit der Hl. Elisabeth und mit Maria (Nr. 63, 64) – von einem Nachfolger Holbeins. Um den Riss mit dem Birnenwappen (Nr.74) schliesslich, lassen sich Zeichnungen gruppieren, die im dritten Jahrzehnt und erst gegen Mitte des Jahrhunderts entstanden sind. Der Stil dieser Risse und das Handwerkliche ihrer Ausführung deutet auf die Hand eines Glasmalers, vielleicht Balthasar Han (1505–1578). War er auch in der Werkstatt Holbeins tätig, oder führte er sie während seiner Abwesenheit weiter? Auf diese Frage kann noch keine Antwort gegeben werden. Etwas einfacher dagegen erschien die Bestimmung der Kopien aus der zweiten Hälfte des 16. Jahrhunderts, die bisher zu den Arbeiten Holbeins und seiner Werkstatt gerechnet wurden. Eine der spätesten, die aufgrund des Wasserzeichens kaum vor 1580, vielleicht auch erst zu Beginn des 17. Jahrhunderts entstanden sein kann, ist der Riss mit dem Wilden Mann im Kupferstichkabinett Berlin (Abb.)[3]. Sein Vorbild ist wahrscheinlich der Riss mit demselben Thema im Britischen Museum London, der von den meisten Autoren um 1528 datiert wird und ein eigenhändiges Werk sein dürfte (Abb.)[4].

Zeichnungen Holbeins, besonders aber seine Scheibenrisse, sind wohl das ganze Jahrhundert über von Basler Künstlern als vorbildlich angesehen und zum Teil sehr genau und in einer verwandten Technik kopiert worden. Hinzu kommt vielleicht das beginnende Interesse von Sammlern, welche die Risse nicht mehr nur als handwerkliches Zwischenprodukt angesehen haben. Einige dieser späteren Blätter tragen

Hans Holbein d. J., Scheibenriss mit Wildem Mann. London, Britisches Museum

Hans Holbein d. J. – Kopie, Scheibenriss mit Wildem Mann. Berlin, SMPK, Kupferstichkabinett

möglicherweise deshalb das Monogramm Holbeins, das sie entweder als Arbeiten des Meisters oder als solche im Sinne des Vorbildes ausgeben möchte.

Die meisten Zeichnungen Holbeins sind Entwürfe oder bereiten ein in anderer Technik ausgeführtes Werk vor. Nicht zuzutreffen scheint diese These auf die beiden Tierstudien (Nr. 44, 45) und die Folge der Basler Frauentrachten (Nr. 38–43), die wir relativ früh und unabhängig voneinander um 1522/23 datiert haben. Könnte hier ein Zusammenhang mit dem allmählichen Rückgang religiöser Aufträge bestehen? Versuchte Holbein mit diesen Zeichnungen neue Abnehmer anzusprechen? Einen Hinweis darauf, dass Holbein in Basel nicht mehr ausreichend Aufträge erhielt, könnte seine Reise nach Frankreich geben, die er 1524 unternahm. Vielleicht hatte er erfahren, dass König Franz I. versuchte, Erasmus von Rotterdam für sein geplantes «Collegium trilingue» nach Paris zu holen. Sollte ihn dies ermutigt haben, nun dort um Aufträge nachzusuchen?

Auf seiner Reise, die ihn durch Bourges führte, zeichnete Holbein die beiden Stifterfiguren Jean de Berrys und der Jeanne de Boulogne (Nr. 46 a, b). In Frankreich hatte er wahrscheinlich Zeichnungen und Gemälde von Jean Clouet sehen können und zeichnete nun erstmals mit farbigen Kreiden. Die beiden Stifterfiguren, Steinplastiken aus dem Beginn des 15. Jahrhunderts, fasste Holbein in seinen Zeichnungen als lebende Menschen auf. Er konzentrierte sich in der farbigen Ausarbeitung auf ihre Gesichter und gab Körper und Gewand nur abbreviaturhaft wieder. Die Zeichnungen sind Vorstufen der Porträtstudien, die Holbein in derselben Technik 1526 für die Schutzmantelmadonna des ehemaligen Bürgermeisters Meyer, die sogenannte Darmstädter Madonna, anfertigte (Nr. 59–61). Das Bildnis eines unbekannten Mannes mit rotem Barett (Nr. 48) zeigt, dass Holbein aber auch vollständige Porträts in dieser Technik ausführte. Er akzentuierte zusätzlich Umrisse und Binnenzeichnung mit Feder und Pinsel.

1525 zeichnete er für Erasmus von Rotterdam den Scheibenriss mit dem Terminus (Nr. 47), der sich in der skizzenhaften Ausführung der Architektur des Rahmens von den übrigen Rissen unterscheidet. Verwendete der Glasmaler Anthoni Glaser (um 1480/85–1551) diesen Riss tatsächlich als Vorlage für das Glasgemälde oder fertigte er selbst noch eine Reinzeichnung an, in der Ornamente und Architektur sorgfältig ausgearbeitet waren? Scheibe und mögliche weitere Risse sind nicht überliefert. So bleibt diese Frage offen.

Kurz nach der Passionstafel im Kunstmuseum Basel (Rowlands 1985, Cat. 19.) befasste sich Holbein noch einmal mit der Passion Christi (Nr. 49–58). Zugleich sind dies neben den Orgelflügeln für das Basler Münster und der Darmstädter Madonna (Rowlands 1985, Cat. 23.) die letzten umfangreichen Arbeiten mit religiösen Themen, die Holbein in Basel geschaffen hat (einmal abgesehen von den *Icones*, den Holzschnitten zum Alten Testament, die Holbein um 1530 entwarf). Das Thema der Passion Christi setzt Holbein sofort in Konkurrenz zu Schongauer und Dürer, und tatsächlich haben ihn die Passionsfolgen der beiden beeindruckt. Doch scheint sich die Wirkung dieser Vorbilder in der Übernahme einzelner Architekturkulissen und Figuren zu erschöpfen. Holbein schafft etwas andersartiges, eine neue Dramaturgie der Passion. Er zeigt die Begegnung von Christus mit wenigen, durch Gesten oder Blicke aus der Masse hervorgehobenen Menschen und formuliert die Passion als menschliches Drama. Ob jemals Scheiben nach den Rissen ausgeführt worden sind, ist nicht bekannt. Möglicherweise ist die Folge unter dem Eindruck der beginnenden Reformation in Basel unvollendet geblieben.

Mit einem Empfehlungsschreiben des Erasmus, den Holbein mehrmals porträtiert hatte, reiste er im Herbst 1526 über Antwerpen nach England und fand bei Thomas Morus, dem Freund des Erasmus, Aufnahme. Holbein tritt hier vor allem als Porträtmaler in Erscheinung. Der bedeutendste Auftrag war sicher das Gruppenbildnis mit der Familie des Thomas Morus. Während seines Aufenthaltes in London entstanden auch die Porträtzeichnungen der Lady Guildford (Nr. 66), des Sir Nicholas Carew (Nr. 67) und die eines unbekannten englischen Ehepaares (Nr. 68 a, b).

Vielleicht führte er erst nach seiner Rückkehr aus London, spätestens im September 1528 die Orgelflügel für das Basler Münster aus. Trotz der beginnenden religiösen Unruhen hatte Bischof Philipp von Gundelsheim z. B. noch 1528 beschlossen, das Domkapitel neu erbauen zu lassen; die ersten Bilderstürme erfolgten dann im Februar 1529, aber schon im April 1528 waren einzelne Bilder aus Basler Kirchen entfernt worden. Zu den Werken dieser für ihn nicht sehr ertragreichen Zeit, gehört das Bildnis seiner Frau und seiner beiden Kinder im Kunstmuseum Basel (Rowlands 1985, Cat. 32). Um 1529 entsteht auch die Bildniszeichnung eines unbekannten Mannes mit Schlapphut (Nr. 70). Der letzte grosse Auftrag, den er in Basel ausführte, war schliesslich die Ausmalung der Südwand des Grossratsaales mit Themen aus dem Alten Testament, inhaltlich geprägt von der Reformation. Diese Arbeit sollte ihn bis zur Mitte des Jahres 1531 beschäftigen (Nr. 71, 72).

1532 verliess Holbein Basel, erneut versehen mit einem Empfehlungsschreiben des Erasmus. Seine Reise führte ihn auch diesmal wieder über Antwerpen nach London. Hier fand er zunächst Kontakt zu den Mitgliedern des Stalhofes, der Niederlassung der hansischen Kaufleute in London, die er in zahlreichen Bildnissen festgehalten hat. Den Festsaal der Guildhall schmückte er mit Darstellungen der Triumphzüge des Reichtums und der Armut und entwarf für den Einzug der Königin Anne Boleyn am 31. Mai 1533 die Dekoration vor dem Stalhof.

Der Kreis der Porträtierten erweiterte sich schnell, Holbein malte Mitglieder der Aristokratie und Beamte des Hofes. Seit 1536 steht er im Dienste des Königs und erhält von 1537 an regelmässige Zahlungen. 1537 stattete er für Heinrich VIII. die «Privy Chamber» in White Hall mit einem grossen Wandbild aus. Auch entwarf er weiterhin Holzschnitte, so für den Titel der englischen Bibelübersetzung des Miles of Coverdale (um 1535) und zeichnete um 1538/40 den Holzschnitt mit Erasmus «in eim ghüs», vielleicht ein Gedenkblatt für Erasmus, der 1536 in Basel gestorben war.

Im Dienste des Königs unternahm er Reisen auf den Kontinent und porträtierte Damen des Hofes, die für eine Heirat mit Heinrich in Betracht kamen, so z.B. 1538 in Brüssel die Prinzessin Christina von Dänemark (Rowlands 1985, Cat. 66). Eine Reise durch Frankreich benutzte er 1538 für einen kurzen Besuch in Basel, und kehrte im selben Jahr über Paris nach England zurück.

Holbein starb Ende 1543 in London, wahrscheinlich an der Pest. Die Verwaltung seines Nachlasses, in dem sich u.a. die Porträtzeichnungen, die heute in der Royal Library in Windsor Castle aufbewahrt werden und die Entwürfe für Goldschmiedearbeiten und Prunkwaffen befunden hatten, übernahm der mit Holbein befreundete Goldschmied Hans von Antwerpen.

Anmerkungen

1 Grundlage für die Biographie sind die Arbeiten von His 1870; Chamberlain 1913; Reinhardt 1982 und zuletzt Rowlands 1985

2 Eine Italienreise nehmen u.a. Ganz und Schmid an; Reinhardt 1982 hält sie für nicht sehr wahrscheinlich. Salvini vermutet, dass Holbein um 1515/16 in die Lombardei gereist sein könnte. R. Salvini, Congeture su Holbein in Lombardia. In: Fra Rinascimento Manierismo e Realità. Scritti di storia dell'arte in memoria di Anna Maria Brizio. Hrg. v. P. C. Marani. Firenze, 1984, S. 85–94

3 Berlin, SMPK, K. K., Friedländer/Bock Nr. 3091; P. Dreyer, Zeichnungen aus dem ältesten Bestand des Berliner Kupferstichkabinetts. Berlin, 1982, Nr. 9; Taf. 15; 326× 214 mm; Feder (schwarz), grau laviert und aquarelliert. Wz: Adler, Variante von Tschudin 259

4 London, Britisches Museum, Dep. of Prints and Drawings. Nr. 1895-9-15-962; Ganz 1937, S. 48, Nr. 200; 322× 215 mm; Feder (schwarz), grau laviert und aquarelliert. Wz: ?

1

Ecce homo – Kopie nach Lucas van Leydens Kupferstich von 1510

Inv. U.II.3

Hans Holbein d. J.

Feder (schwarz und braun), grau und braun laviert
360×516 mm
Wz.: Achtblättrige Blume. Vgl. Kat. Falk III,1, Nr. 310 und Wz.-Tafel II,6
Aus zwei Blättern zusammengesetzt; am unteren Rand etwas beschnitten; am oberen Rand Fehlstelle; in der Mitte senkr. Quetschfalten; einzelne Stock- und Farbflecken
Herkunft: Amerbach-Kabinett, vielleicht Inv.F: «Item die außfuehrung Christi getuscht, auf zween bögen»

Daniel Burckhardt-Werthemann hat die Zeichnung in seinem handschriftlichen Verzeichnis der Klebebände als erster mit Hans Holbein d. J. in Zusammenhang gebracht, und Schmid und Pfister-Burkhalter äusserten keine Zweifel an Holbeins Autorschaft.

Die Zeichnung ist etwas grösser als der Kupferstich (B. 71) und stimmt nicht in allen Einzelheiten mit diesem überein. Holbein verändert die Ornamente der Architektur, verwendet die für ihn typischen Renaissancemotive mit Putten, Palmetten oder Delphinen und fügt am linken Gebäude einen weiteren Ornamentfries ein. Er steigert Bewegungen und Gesten der Figuren, rückt die Diskutierenden näher in den Vordergrund und verringert die Zahl der Personen so, dass die Gruppe geschlossener erscheint. In grösserem Masse als Lucas van Leyden legt er Wert auf die Wiedergabe der Oberflächenstruktur von Materialien und gibt das Holz an der Brüstung und das Mauerwerk detailliert wieder. Zu der fein abgestuften Lavie-

Lucas van Leyden, Ecce homo. 1510. Kupferstich (B. 71)

rung könnte ihn die Tonigkeit des Kupferstiches angeregt haben.

Eine frühe Datierung um 1515/16 erscheint einleuchtend. Holbein wird wohl später kaum noch eine so detailliert ausgeführte Kopie angefertigt haben, die ihm vielleicht zu Studienzwecken gedient hat. Wie Schmid gezeigt hat, finden sich bei den Physiognomien auch Parallelen zu den Illustrationen im *Lob der Torheit* und zum Entwurf für das Fassadenbild der Leaina am Hertensteinhaus (Nr. 5).

Lit.:
Schmid 1931, S. 49 f., 68, Abb. S. 48, 62, 69 (jeweils Details)
Kat. 1960, Nr. 193 (um 1517)

Nr. 1

Randzeichnungen im «Lob der Torheit»
In: Erasmi Roterodami encomium moriae i.e. Stultitiae Laus
Johannes Froben, Basel März 1515. 4°

Inv. 1662.166

Hans Holbein d.J. und Ambrosius Holbein

82 Federzeichnungen in zum Teil braun oxidierter und in schwarzer Tinte mit verschieden breiten Federn. Einige Figuren in schwarzer Tinte von anderer Hand überarbeitet. Die handschriftlichen Bemerkungen stammen hauptsächlich von Myconius, die Narrenköpfe und Zeigehände in roter Feder vermutlich von anderer Hand. Auf dem Titelblatt von der Hand des Myconius: «Hanc Moriam pictam decem diebus, ut oblectaretur in ea Erasmus habuit».

Wz.: auf Vorsatzblatt Ochsenkopf mit Stab und Tau, Piccard 1966, X, 142/43

Herkunft: Amerbach-Kabinett, Inv. D, unter den eigenhändigen Arbeiten Hans Holbeins: «Moria Erasmi hin und wider mit figurlin. Ein Buchlin dorin bÿ 85 stücklin gerißen»

Erasmus berichtet in der Widmung zu Anfang seines Werkes, dass er sich auf der Reise von Italien nach England, als er zu Pferd die Alpen überquerte, entschlossen habe, ein Lob auf die Torheit zu verfassen. Der Familienname seines Freundes Thomas More, dem er das Werk widmet, hätte ihn dazu angeregt; das griechische Wort Moros bedeutet Tor.

Nach seiner Ankunft in England, 1509, schrieb er das *Encomium moriae* nieder. Erst zwei Jahre später, 1511, wurde es in lateinischer Sprache in Paris gedruckt. Ab 1515 erschien es zumeist mit einem Kommentar des bei Froben tätigen Gerhard Lister aus Utrecht.

Das *Encomium moriae* ist ein paradoxes Werk, es enthält das Lob der Torheit auf sich selbst. Die Torheit tritt als weibliche Personifikation auf, durch die Erasmus spricht. Indem sie sich voller Ironie ihrer Erfolge bei den Menschen rühmt, die ihr bereitwillig anhängen, diese aber gleichzeitig kritisiert, werden die Grenzen zwischen Torheit und Weisheit überspielt, und die Torheit spricht als Weise.

Der Text ist in drei Abschnitte gegliedert. Zu Beginn berichtet die Torheit von ihrer göttlichen Abstammung, ihrer Macht und den Freuden, die sie den Menschen bringt. Der Text fährt fort mit einer exemplarischen Beweisführung, in der Erasmus den Angehörigen verschiedener Stände, hohen geistlichen und weltlichen Würdenträgern, Philosophen, Juristen, Theologen und dem Klerus den Spiegel vorhält, aber auch die Torheit der einfachen Menschen schildert, die ihren Trieben nachgeben. Schliesslich widmet er sich dem christlichen Toren, dem Menschen als Toren vor Gott.

Das mit Randzeichnungen versehene Exemplar im Kupferstichkabinett Basel ist in einem Sammelband enthalten, in dem zwei Drucke zusammengebunden sind[1]. Der erste Druck enthält satirische Schriften des Seneca und des Synesius und als drittes das *Encomium;* der zweite Druck auf den letzten 52 Blättern des Bandes Schriften des Plutarch, die Erasmus herausgegeben hatte, und die bei Froben schon 1514 erschienen waren.

Die Drucke sind kurz nach ihrem Erscheinen, vermutlich 1516, in der vorliegenden Form zusammengebunden worden, und aus dieser Zeit dürften auch die aus gepresstem gelbem Leder bestehenden Buchdeckel stammen[2]. Da einige Zeichnungen an den äusseren Rändern etwas beschnitten sind, könnte dies ein Hinweis darauf sein, dass die Zeichnungen noch vor dem Binden der beiden Drucke in das Exemplar des *Encomium* gezeichnet worden sind.

Der erste Besitzer war der aus Luzern stammende Altphilologe Oswald Geisshüsler, auch Molitor oder Myconius genannt. Er war 1515 in Basel als Schulmeister tätig und liess sich Ende des Jahres 1515 oder Anfang 1516 in Zürich nieder. 1531 wurde er in Basel Antistes, Vorsteher der Kirche, und blieb dies bis zu seinem Tode 1552. Über dem Titelholzschnitt von Urs Graf nennt er sich als Besitzer: «Est Osvaldi Molitoris Lucerni»[3].

Nach dem Tode des Myconius gelangte das Buch wahrscheinlich in den Besitz seines Adoptivsohnes, des in Mülhausen lebenden Arztes Jakob Myconius und von ihm an Daniel Wieland, der 1564–75 Stadtschreiber in Mülhausen war. Von ihm versuchte Basilius Amerbach das Buch zu erwerben. Er verhandelte jedoch nicht direkt mit Wieland, den er gut kannte, sondern hielt sich im Hintergrund und hoffte über den aus Zürich stammenden Maler Jakob Clauser, der in Mülhausen im Sommer 1578 die Fassade des Rathauses mit Fresken ausschmückte, an das Buch zu gelangen. Briefe Clausers an Amerbach erwähnen die Verhandlungen mit Wieland, und weisen darauf hin, dass das Buch nach Ansicht Clausers Zeichnungen Holbeins und eines weiteren Künstlers enthielt. Schmid und Michael schliessen daraus, dass Basilius Amerbach und Clauser sehr wohl gewusst haben, dass die Zeichnungen hauptsächlich von Hans Holbein d.J. stammen, obwohl der Vorname des Künstlers bis dahin nicht genannt wird[4].

Clauser berichtet in einem Brief vom 14. November 1578, dass er nun hoffe, das Buch bald zu bekommen. Er starb am 2. Januar 1579, und es ist nicht bekannt, ob er das Buch noch für Amerbach erwerben konnte. Im Inventar D von 1586 nennt es Basilius Amerbach dann unter den eigenhändigen Arbeiten Hans Holbeins.

Die Illustrationen sind sehr wahrscheinlich im letzten Dezemberdrittel des Jahres 1515 entstanden. Nach der handschriftlichen Eintragung von Myconius auf dem Titelblatt sind sie in zehn Tagen gezeichnet worden. Da sich Myconius – nach Ulrich Barth – schon in den letzten Dezembertagen in Zürich aufgehalten hatte und Myconius in einer Randnotiz vom Eindringen junger Leute in seine Schulstube am Tag des «Divus Thomas» berichtet, beziehen Reinhardt und E. Landolt den von Myconius genannten Tag des «Divus Thomas 1515» nicht auf den Namenstag des hl. Thomas Becket, den 29. Dezember, sondern auf den des Apostels Thomas, den 21. Dezember (vgl. Nr. 2 c)[5]. Die Illustrationen könnten somit um die Weihnachtszeit des Jahres 1515 entstanden sein.

Die Zeichnungen sind, wie Schmid und Michael[6] gezeigt haben, von einzelnen Textstellen der Moria, von dem Kommentar Listers, oder von den gedruckten Randbemerkungen angeregt. Sie weisen jedoch gegenüber dem Text grosse Selbständigkeit auf. Der private Charakter der Zeichnungen, die nicht im Hinblick auf eine Vervielfältigung durch den Druck entstanden sind[7], wird auch an der Notiz des Myconius deutlich, in der er äussert, dass die Zeichnungen angefertigt worden seien, um Erasmus zu erfreuen[8]. Ein weiterer Kommentar des Myconius zu Zeichnung 64 lässt darauf schliessen, dass Erasmus sie wirklich gesehen hat.

Die Zuschreibung ist bis heute umstritten. Woltmann hatte die Zeichnungen, der Überlieferung folgend, Hans Holbein d. J. zugeschrieben. Ganz (1904) verteilte sie dagegen auf mehrere Hände und nahm an, dass neben Hans Holbein auch die Mitarbeiter der Frobenschen Offizin beteiligt waren. Ähnlich wie Hes (1911) und Escher (1917) wies sie Ganz in seinem kritischen Katalog von 1937 schliesslich vier Zeichnern zu, gab Hans 27 und Ambrosius Holbein 23 Zeichnungen. Dagegen hatte Schmid 1931, von Ganz beinahe ignoriert, in seinem Kommentarband zur Faksimile-Ausgabe ausser vier Zeichnungen sämtliche Hans Holbein d. J. zugeordnet, drei Ambrosius und eine möglicherweise einer dritten Hand.

Von einer Beteiligung weiterer Basler Künstler sprechen auch Chamberlain (1913) und Christoffel (1950). Neben Hans und Ambrosius Holbein könnte der in Basel tätige Maler Hans Herbst (1472–1552) mitgearbeitet haben. Für ihn kämen vor allem die etwas gröberen Zeichnungen am Anfang der Folge in Betracht. Auch Stein griff diese Überlegung in seiner Monographie von 1929 auf, während Saxl (1943) sich Schmid anschloss. Nachdrücklich tritt dann Wüthrich für die Beteiligung Hans Herbsts an den Randzeichnungen ein. Er spricht Herbst nun sogar den Hauptteil der Zeichnungen zu. Wüthrich hatte auf der bemalten Tischplatte für Hans Baer im Landesmuseum Zürich, die bisher als Frühwerk Hans Holbeins galt, die Signatur Hans Herbsts entdeckt[9]. Doch bleibt er als Zeichner nicht fassbar, und seine Beteiligung an den Randzeichnungen, für die auch Reinhardt (1983) und Hieronymus (1984) eintraten, ist eine unsichere These.

In ihrer ausführlichen Untersuchung der Randzeichnungen kommt Michael (1986) zu einer ähnlichen Einschätzung wie Schmid (1931). Sie ordnet 79 Zeichnungen Hans und drei Ambrosius Holbein zu. Michael sieht in dem Nebeneinander von skizzenhafteren, häufig mit einer breiteren Feder gezeichneten und detaillierter, mit dünner Feder ausgeführten Zeichnungen, von den Ambrosius zugewiesenen abgesehen, keinen Hinweis auf eine Beteiligung anderer Hände[10]. Auch die Farbe der Tinte muss nicht unbedingt dafür sprechen. Die Zeichnungen in den ersten beiden Dritteln des Buches sind hauptsächlich in einer Tinte gezeichnet, die ursprünglich einmal schwarz war und dann braun oxidiert ist. Mit derselben, heute braun aussehenden Tinte sind auch die Randbemerkungen des Myconius geschrieben. Die Zeichnungen im letzten Drittel des Buches sind dagegen in schwarzer Tinte gezeichnet und beginnen dort, wo die Randbemerkungen des Myconius aussetzen. Die ersten Zeichnungen könnten deshalb unter den Augen des Myconius mit dessen Tinte gezeichnet worden sein, die restlichen mit der schwarzen, sich nicht verfärbenden Tusche, die Holbein gewöhnlich verwendete, und mit der er auch die schwarzen Zeichnungen im ersten Teil des Buches nachträglich einfügte. Michael nimmt an, dass Holbein selbst Lateinkenntnisse besass und auf eine Übersetzung durch Myconius nicht unbedingt angewiesen war[11].

Michael zeigt, dass die skizzenhafteren Zeichnungen am Anfang der Folge und die detaillierter ausgearbeiteten stilistisch zusammenhängen, dass ihre Gemeinsamkeiten überwiegen und sie nur von einem Künstler stammen können. Schwankungen lassen sich einerseits mit Ermüdungserscheinungen des Künstlers und den Umständen, unter denen die Zeichnungen entstanden sind, erklären, wenn z.B. Myconius den Text erläuterte oder übersetzte und möglicherweise Randnotizen anbrachte. Andererseits können sie von den Zeichenmitteln beeinflusst sein. Eine breitere Feder hindert eher daran, kleinteilig und detailliert zu arbeiten, während eine dünne Feder diese Arbeitsweise fördert[12].

Für eine Zuschreibung der meisten Zeichnungen an Hans Holbein d.J. spricht die ausgeprägte Mimik und Gestik der Figuren, ihre Porträthaftigkeit und die Energie und Spannung ihrer Bewegungen.

Anmerkungen

1 Hierzu und für das Folgende Schmid 1931, S. 22 ff.

2 Michael 1986, S. 17

3 Schmid 1931, S. 17 ff.; E. Landolt in: Kat. Erasmus 1986, Nr. C 11

4 Zu den Briefen, Schmid 1931, S. 20 f; ergänzend Michael 1986, S. 296 ff.

5 Reinhardt 1982, S. 255; E. Landolt (wie Anm. 3), dort mit dem Hinweis von Ulrich Barth, Basel, auf Myconius' Aufenthalt in Zürich zu Ende des Jahres 1515

6 Schmid 1931, S. 26 ff. und Michael 1986, S. 39 ff., die jedes Bild auf mögliche Textbezüge hin untersucht

7 Saxl 1943, weist auf eine illustrierte Ausgabe des Encomium mit Holzschnitten aus Sebastian Brants Narrenschiff hin (Bergmann von Olpe, Basel, 1494, hauptsächlich mit Holzschnitten von Albrecht Dürer). Zu möglichen Anregungen Holbeins durch die Holzschnitte des «Narrenschiffes», vgl. Saxl und Michael in den Bildkommentaren

8 Zur Übersetzung der Notiz des Myconius, Michael 1986, S. 19, Anm. 7

9 Wüthrich 1967; Rowlands 1985, Cat. R. 11

10 Michael 1986, S. 309 ff.

11 Michael 1986, S. 312 f.; dagegen E. Landolt (wie Anm. 3), Anm. 11

12 Michael 1986, S. 39 ff.; Schmid 1931, S. 41 ff.

Lit. (in Auswahl)
Woltmann I, S. 117–126; II, S. 115 f., Nr. 111
Ganz 1937, S. 88 ff., Nr. L 1–L 82
Ganz, in: Handz. Schweizer. Meister I, Taf. 52
W. Hes, Ambrosius Holbein, Strassburg, 1911, S. 83 ff.
Chamberlain 1913, S. 45 ff.
K. Escher, Die Miniaturen in den Basler Bibliotheken, Museen und Archiven. Basel, 1917, S. 232 ff, Nr. 349
Ganz 1923, S. 22
Koegler 1923, S. 452
Stein 1929, S. 15 ff.
Schmid 1931
F. Saxl, Holbein's Illustrations to the Praise of Folly by Erasmus. In: Burl. Mag., LXXXIII, 1943, S. 275–279
Christoffel 1950, S. 19 f.
Kat. 1960, Nr. 192
Wüthrich 1969, S. 771–778, 774 f.
Reinhardt 1983, S. 136 ff.
Michael 1986
E. Landolt, in: Kat. Erasmus 1986, Nr. C 11

2 a

Die Torheit auf dem Katheder

Hans Holbein d.J.

Zeichnung Nr. 1; fol. B

Nach der Widmung an Thomas More erscheint noch einmal der Titel des Werkes und darunter stehen die Worte «Stultitia loquitur» (die Torheit spricht). Neben dem mit kleineren Typen gedruckten Kommentar Listers befindet sich am Rand die erste Zeichnung. Die Torheit, die wahrscheinlich in Anlehnung an das weibliche Geschlecht des Wortes «stultitia» als Frau wiedergegeben ist, spricht von einer Kanzel zu ihren Anhängern, ihre Argumente mit Gesten der Hand unterstützend. Sie trägt eine mit Schellen besetzte Narrenkappe, ebenso ihre Zuhörer, die ihr mit unterschiedlichem Interesse folgen.

Über die Zeichnung sind nachträglich zweimal die Worte «Mala audire» (schlecht angesehen sein) geschrieben. Sie lassen sich auf die Rede der Moria beziehen, in der sie sagt, dass die Torheit selbst unter den Dümmsten schlecht angesehen sei. Michael vermutet, dass diese Bemerkung der Moria die im Kommentar Listers auf derselben Seite erwähnte hohe Wertschätzung des Thomas More unter den Gelehrten Britanniens ironisch kontrastieren sollte. Die Randbemerkungen sind vermutlich erst nachträglich hinzugefügt worden, ebenso die mit roter Tinte eingefärbten Partien der Zeichnung. Sie gehört zur Gruppe der skizzenhafteren Zeichnungen, die am Anfang der Folge zu finden sind und ist mit derselben, braun verfärbten Tinte gezeichnet, mit der Myconius seine Randbemerkungen geschrieben hat.

Michael weist darauf hin, dass Holbein von einem Holzschnitt Dürers aus dem *Narrenschiff* des Sebastian Brant zu seiner Zeichnung angeregt worden sein könnte[1], der einen Narren als Prediger auf einer Kanzel zeigt.

Anmerkung

1 Bergmann von Olpe, Basel 1494; F. Winkler, Dürer und die Illustrationen zum Narrenschiff, Berlin 1951, Taf. 31

Lit.:

Ganz 1937, S. 89, L 1
Schmid 1931, S. 25
Michael 1986, S. 49 ff.

uiendum fuit. Sed quid ego hæc tibi, patrono tam singulari, ut causas etiam nõ optimas, optime tamẽ tueri possis? Vale disertissime More, & Moriã tuã gnauiter defende. Ex Rure, Quinto Idus Iunias.

ΜΩΡΙΑΣ ΕΓΚΩΜΙΟΝ. i. Stulticiæ laus Erasmi Roterodami Declamatio.

Stulticia loquitur.

VTcũq; de me uulgo mortales loquũtur, (neq; enim sum nescia, q̃ male audiat stulticia etiam apud stultissimos) tamen hanc esse, hanc inquam esse unam, quæ meo numine deos atq; homines exhilaro, uel illud abunde magnũ est argumẽtum, quod simul atq; in hunc cœtũ frequentissimũ dictura prodij, sic repente omniũ uultus noua quadam atq; insolita hilaritate enituerũt, sic subito frõtẽ exporrexistis, sic læto quodã & amabili applausistis risu, ut mihi ꝑfecto quot quot undiq; ꝓsẽtes ĩtueor, pariter deorum Home

est in dignitate rerum & sermonũ, cuius præcipua ratio habetur in tragœdijs, comœdijs, & dialogis. Quid ego hæc tibi?) ἀποσιώπησις est. Patrono tã singulari) Patron⁹ hic significat aduocatum causarum. Nã aliquando refertur ad libertũ. Est aũt Morus præter egregiam optimarum literarum cognitiõem, inter Britannicarum legum professores, præcipui nominis.

Patronus.

DECLAMATIO

APtè uocauit declamationem ut intelligas rem exercendi ingenij causa scriptam, ad lusũ, ac uoluptatẽ. Porro Moriã fingit ueterum more, ceu deam quãdam, suas laudes narrantem, idq; decore, quod hoc stultis peculiare sit, seipsos admirari, deq; seipsis gloriose prædicare. Tamen hanc esse.) Hanc δεικτικῶς accipiendũ, ut seipsam digito ostẽdat. Frontem exporrexistis) Frontem exporrigimus, cũ hilarescimus. Contra mœsti frontẽ cõtrahimus, quære in Chiliadibus Erasmi. Deorum Homericorum.) Facete uocat Homericos, qui cum non sint ulli in rerum natura, tamẽ ab Homero fingũ

Male audire

Risus stultorum

B ro fingũ

Dii Homerici

Nr. 2 a

2 b

Der törichte Gelehrte

Hans Holbein d.J.

Zeichnung Nr. 3; fol. B 3

Zu den Zeichnungen, die Holbein mit schwarzer Feder nachträglich unter die ersten, skizzenhafteren eingefügt hat, gehört die Darstellung eines Gelehrten, der sich nach einer jungen Frau umwendet und dabei in den Eierkorb einer Marktfrau tritt. Die Zeichnung lässt sich nicht unmittelbar mit dem Text verknüpfen, sondern dürfte auf einen Einfall Holbeins zurückgehen, mit dem er auf Erasmus als törichten Gelehrten anspielt. Die gedruckte Randnotiz «Dissimulata Stultitia» (die verborgene Torheit) könnte die Szene angeregt haben, in der der Weise seine geheime Torheit verrät.

Dass mit dem Dargestellten vielleicht wirklich Erasmus gemeint ist, könnte aus einer gewissen Ähnlichkeit mit dessen Bildnissen geschlossen werden, ferner aus einer Randnotiz des Myconius zu Zeichnung 64 (fol. S 3). Sie zeigt einen Gelehrten in seinem «Gehäuse» bei der Arbeit (Abb.). Dort lautet die Randnotiz in Übersetzung: «Als Erasmus zu dieser Stelle kam und sich so dargestellt sah, rief er aus: Oho, wenn Erasmus noch so aussähe, er würde sich wahrhaftig eine Frau nehmen»[1]. Der Gelehrte in diesem Bild trägt die nachträgliche Bezeichnung «Erasmus».

Hans Holbein d.J., Der schreibende Erasmus. Zeichnung Nr. 64; fol. S3

Anmerkung

1 nach Schmid 1931, S. 37, Anm. 1

Lit.:
Ganz 1937, S. 89, L. 3
Schmid 1931, S. 25; 74
Michael 1986, S. 54 ff.

gus oratorum facit. Nam ij, sicuti nostis cum orationem totis triginta annis elaboratam, nōnunq̃; & alienā proferunt, tamen triduo sibi quasi per lusum scriptam, aut etiam dictatam esse deierāt. Mihi porro semper gratissimū fuit, ὅτι ἂν ἐπὶ γλῶτταν ἔλθοι dicere. At ne quis iam a nobis expectet, ut iuxta uulgariū istorum Rhetorum cōsuetudinē, meipsam finitiōe explicem, porro ut diuidā, multo minus. Nam utrūq; ominis est inauspicati, uel fine circūscribere eā, cuius numen tam late pateat, uel secare, in cuius cultum, omne rerum genus ita consentiat. Tametsi quorsum tādem attinet mei uelut umbram atq; imaginem finitione repræsentare, cum ipsam me coram præsentes præsentē oculis intueamini? Sū etenim uti uidetis, uera illa largitrix ἐάων Quam Latini Stulticiā, Græci μωρίαν appellāt, Quāq; quid uel hoc opus erat dicere, quasi nō ipso ex uultu fronteq; (q̄d aiunt) satis quæ sim præ me feram, aut quasi siquis me Mineruam, aut Sophiā esse contendat, non statim solo possit obtutu coargui, etiam si nulla accedat oratio minime mendax, animi speculum. Nullus apud me fucis locus, nec aliud frōte simulo, aliud in pectore premo. Sumq; mei undiq; simillima, adeo ut nec ij me dissimulare possint, qui maxime Sapientiæ personā ac titulū sibi uendicant, καὶ ἐν τῇ πορφύρᾳ πίθηκοι, & ὄνοι τῇ λεοντῇ obambulant. Quāuis autem sedu-

B 3 lo fingāt

& somni iacturam.) Quia uigilant, ad lucernam. ὅτι ἂν ἐπὶ γλῶτταν ἔλθοι) .i. quicquid in linguam uenerit. Prouerbiū est sumptum ex Aeschylo tragico poeta, citante Platone. Porro ut diuidam) Alludit ad dialecticos, quibus mos est primū definire, quod aggrediuntur. Largitrix ἐάων) .i. bonorū. Allusit huc quod Homerus subinde uocat deos δωτῆρας ἐάων. i. largitores bonorum. Frōteq;, quod aiūt.) Relucet enim in uultu quoq; stulticia aut sapientia hominis. Minime mēdax) Ex sermone enim potissimū colligitur animus hominis. Καὶ ἐν τῇ πορφύρᾳ πίθηκοι, καὶ ἐν τῇ λεοντῇ ὄνοι obambulāt) .i. Et in purpura simiæ, & in leonina asini, nā simiæ uulgo habentur in delitijs,

Vide Erasmum in Adagiorum oleum et operam perdidi.

Definitio
Diuisio
Descriptio

Stulticia largitrix ἐάων .i. bonorum.

Stulticia relucet ī uultu.

Ex abundantia .n. cordis os loquitur.

In Salust: in Con: Aliud clausum in pectore, aliud in lingua promptum habere.

Dissimulata stulticia.

Nr. 2 b

hoc insaniæ genus, si (quemadmodum fere fit) uergat ad uoluptatẽ, nõ mediocrem delectationẽ adfert, tum ijs qui eo tenẽtur, tum illis, quib⁹ est hoc animaduersum, nec tamẽ eodem insaniũt. Nam hæc insaniæ species mlto latius patet, q̃ uulgus hominũ intelligit. Sed uicissim insanus insanum ridet, ac mutuã sibi uoluptatem inuicem ministrant. Neq; raro fieri uidebitis, ut maior insanus, uehementius rideat minorẽ. Verũ, hoc quisq; fœlicior, quo pluribus desipit modis, Stulticia iudice, modo in eo genere insaniæ maneat, quod nobis est peculiare, quod quidem usq; adeo late patet, ut haud sciam, an ex uniuersa mortalium summa, quẽpiam liceat reperire, q omnibus horis sapiat, quiq; non aliquo insaniæ genere teneatur. Quanq̃ hoc tm̃ interest, qui cucurbitã cum uidet, mulierẽ esse credit, huic insano nomẽ ponunt, ꝓpterea quod ꝑ paucis id usu ueniat. Verum ubi quis uxorem suã quam cũ multis habet cõmunem, eam plusq̃ Penelopem esse deierat, sibiq; maiorem in modum plaudit, fœliciter errans, hũc nullus insanũ appellat, ꝓpterea quod passim maritis hoc accidere uideant. Ad hũc ordinem.

με οὔκω σε ἐγὼ λέγω, πρὶν ἂν τελευτήσαντα καλῶς τὸν αἰῶνα, πύθωμαι. i. Mihi o Crœse, apprime diues eẽ uideris, rexq; mltorũ hominũ, illud autem quod sciscitaris, non antea a me audieris, q̃ te uita feliciter defunctum audiero.

Nullus oĩno uacat insania

Maior insanus) Sic Horatius in sermonibus, libro secũdo, O maior tãdem parcas insane minori. Omnibus horis sapiat.) Prouerbium est, Neminem omnibus horis sapere. Nemo est, q non alicubi peccet.

Prouerbium.

Quanq̃ hoc tantum interest.) In hac disputatione de insania nõnihil imitatus est ex Horatij Satyra, cuius initiũ, Sic raro scribis. Qui cucurbitã.) Hic morb⁹ oritur ex corruptiõe uirtutis imaginatiuæ.

Vxor cõis.

Penelopem esse) Penelope uxor fuit Vlyssis, quã castissimã in Odyssea facit Homerus, Vnde subinde, περίφρων. i. casta, & αἰδοίη. i. uerecunda, ab eodẽ uocatr̃. Ouidi⁹, Penelope poterat tã multos salua per annos Viuere, tã multis fœmina digna uiris.

Penelope castissima fuit

Voluptas uenandi

Ad hũc ordinem.) Taxat ineptissimum uenãdi studium, in

Nr. 2 c

2 c

Die Hirschjagd

Hans Holbein d. J.

Zeichnung Nr. 24; fol. I 3 v

Über der Zeichnung steht die gedruckte Randbemerkung «Voluptas venandi» (Die Jagdlust). Die Moria kritisiert diejenigen, die nichts weiter tun, als der Jagd auf das Wild nachzugehen und sich an dem Bellen der Hunde und dem Klang des Jagdhornes zu freuen. Während sie jedoch glaubten, wie Könige zu leben, seien sie in Wirklichkeit selbst wilde Tiere.

Auf der spontan entworfenen Zeichnung sind die Jäger mit Narrenkappen wiedergegeben und treiben mit ihren Hunden einen Hirsch auf ein Netz zu, hinter dem sich ein weiterer Jäger verborgen hält. Auf der gegenüberliegenden Seite beginnt neben der Zeichnung der handschriftliche Bericht des Myconius über das Eindringen randalierender Leute in seine Schulstube[1].

Anmerkung

1 Übersetzung nach Schmid 1931, S. 29, Anm. 1:
«Sowie dies gemalt war, hat sich während meiner Abwesenheit vor meiner Schule die Nichtsnutzigkeit, um nicht zu sagen Raublust, einiger baslerischer Lausbuben ausgetobt. Zuerst erhoben sie ein unsinniges Geschrei, dann bearbeiteten sie Haustür und Fensterläden mit Fusstritten und Steinwürfen, darauf riefen sie mit den unanständigsten Worten meine Frau heraus. Aber weil damit die Bösewichter noch nicht hinlänglich ihr Mütchen gekühlt hatten, drangen sie in die Schule ein und durchstachen mit ihren Schwertern die Fenster (Butzenscheiben). Indessen komme ich nach Hause und treffe meine Frau und mein Söhnchen in Tränen an. Wie sie mir das Vorgefallene erzählt, knirschte ich auf vor Empörung. Kurz darauf poltert einer von ihnen mit aller Wucht wieder an die Tür, weshalb ich ihm – er ergreift nun die Flucht – nachsetze. Doch wie ich herausstürze, kommen mir ihrer drei mit gezückten Schwertern entgegen. Einer schlägt nach meiner rechten Hand und verwundet mich. Dann hören sie auf, dreinzuschlagen und rufen mir, im Friedhof, zu: ‹Herr Schulmeister, sollten wir also hier nicht wie durch ein Asyl geschützt sein?› Wie ich das hörte, liess ich ab; da erst sah ich, dass meine Hand mit Blut befleckt war, und spürte die Wunde. Sogleich lief ich zum Chirurgus; er nähte die Wunde mit einem Faden zu, und ich ging nach Hause. Was aber nachher geschehen, will ich nicht hier niederschreiben. Ich weiss, wo es niedergeschrieben werden soll! Im Jahre 1515, am Tage des heiligen Thomas, in meinem 27. Lebensjahre.»

Lit.:

Ganz 1937, S. 91, L. 24
Schmid 1931, S. 29
Michael 1986, S. 87 f.

implicitarum agmine septi sunt, tot exuberãt κρησφυγέτοις, ut nec Vulcaniis uinculis, sic possint irretiri, quin elabant̃ distinctionib⁹, quib⁹ nodos omneis adeo facile secant, ut nõ Tenedia bipẽnis melius, tot nuper excogitatis uocabulis, ac pdigiosis uocibus scatent. Præterea dum arcana mysteria, suo explicãt arbitratu, qua ratione cõditus, ac digestus sit mundus. Per quos canales, labes illa peccati in posteritatẽ deriuata sit, quib⁹ modis, qua mensura, quãtulo tempore in uirginis utero sit absolutus Christus, quẽadmodũ

pfectõ nimiũ ac molestis, aurib⁹ ingenuis. Explicitas exigũt ab oib⁹ Christiãis, iplicitas ab eruditis. κρησφυγέτοις) κρησφύγετον Greci uocãt suffugiũ a creta & fuga, cõposita dictiõe. De q̃ Sui. sic ait, κρησφύγετα τὰ πρὸς τοὺς χειμῶνας ξενὰ, καὶ ὀχυρώμεθα καὶ καταφυγή. οἱ δὲ φασὶν, ὅτι τοὺς Κρῆτας οἱ νησιῶται, ἅμα Μίνωϊ τῷ βασιλεῖ θαλασσοκρατοῦντας, ἔφυγον εἰς σπήλαιά τινα ὅθεν ἐκεῖνα ὠνομάσθησαν κρησφύγετα. i. Cresphygeta sũt, quæ cõtra aeris frigiditatẽ angusta sũt, & munitiões, & refugiũ, nõ nulli autẽ dicũt, qd Cretẽses, sil' cũ Minoe rege, maris iperiũ tenẽtes, cæteri insulares fugerũt in speluncas, unde ille uocatæ sũt Cresphygeta. Vulcaniis uinculis) Apud Homer℞ Vulcan⁹ obsepsit thor℞ suũ uinculis adamãtinis, & ineuitabilib⁹, qb⁹ Martẽ & Venerẽ irretiuit. Quæ Homer⁹ Odisseæ. θ. sic describit, βῆ ῥ' ἴμεν ἐς χαλκεῶνα, κακὰ φρεσὶ βυσσοδομεύων· ἐν δ' ἔθετ' ἀκμοθέτῳ μέγαν ἄκμονα, κόπτε δὲ δεσμοὺς ἀρρήκτους, ἀλύτους, ὄφρ' ἔμπεδον αὖθι μένοιεν. αὐτὰρ ἐπεὶ δὴ τεῦξε δόλον κεχολωμένος Ἄρει, βῆ ῥ' ἴμεν ἐς θάλαμον, ὅθι οἱ φίλα δέμνι' ἔκειτο· ἀμφὶ δ' ἄρ' ἑρμῖσιν χέε δέσματα κύκλῳ ἁπάντῃ· πολλὰ δὲ καὶ καθύπερθε μελαθρόφιν ἐξεκέχυντο, ἠΰτ' ἀράχνια λεπτά, τά γ' οὔ κέ τις οὐδὲ ἴδοιτο, οὐδὲ θεῶν μακάρων. i. Properiter iuit in officinam, mala profunda mente struens, suoq̃ loco incudem imposuit, excuditq̃ uincula infrangibilia, insolubilia, ut firma manerent, sed postq̃ fabricauit dolum, iratus Marti, iuit in thalamum, ubi chara cubilia posita erãt, circũq̃ fulcra fudit uincula, in circuitu ubiq̃. Multa aũt & supius p̃ domũ effusa fuerũt, tãq̃ araneæ tenues, quas nullus uideret, ne deor℞ qdẽ q̃sq̃. Elabant̃ distinctionibus) Apte dixit elabant̃. Elabit̃ eñ, qui captus erat. Quid est enim, quod distinctionibus solui nõ possit? Tenedia bipennis) Prouerbiũ est in eos, q statim ac facile rẽ expediũt, τενέδιος πέλεκυς, a securi tenedia, qua statim occidebat̃, q in causa uictus fuisset. Sed de hoc copiosius in Chiliadibus. Nuper excogitatis uocabulis.) Quæ nec apud ethnicos reperiunt̃, ut sorteitas, quidditas, qualificatio, ecceitas, annihilare, transsubstantiare, atq̃ id genus sexcenta. Arcana mysteria.) Ludit Moria, tamẽ

ut serio

Vulcaniis vinculis. Ubi quis nodis inextricabilibus esset illigatus.

κρησφύγετα.

Diuinas .n. literas ad intellectum suum trahunt, non intellectũ ad sacras lrãs. eo modo ut neq ipsi, nec alii quant unq̃ verum sensum eius (?) percipere.

Elabi.

Fuit olim rex Tenedi securim gestans, q̃ dum litis audiret, causaq̃ iudicata protinus eũ, q fecisset iniuriã, securi percuteret.

Nr. 2 d

2 d

Mars und Venus im Bett von Vulkan überrascht

Zeichnung Nr. 43; fol. O v

Ambrosius Holbein zugeschrieben

Die Moria wirft den Theologen vor, dass sie nicht einmal mit den Netzen Vulkans zu fassen seien, sondern sich hinter Begriffen, Schlüssen, Beweisen und Ausflüchten aller Art verschanzten. In seinem Kommentar gibt Lister als Quelle für den Vergleich mit Vulkan das achte Buch der Odysee an, in dem Mars und Venus von Vulkan mit unsichtbaren Ketten im Bett gefangen und von ihm des Ehebruchs überführt werden. Die Zeichnung illustriert dieses Ereignis, doch die Szene ist ohne grosse dramatische Spannung geschildert, die bei diesem Thema vorstellbar wäre. Auch erreichen die Physiognomien nicht ganz die Ausdruckskraft wie in Zeichnungen Hans Holbeins. In ihrem etwas beschaulichen Charakter steht sie Ambrosius Holbein näher, dem die meisten Autoren die Zeichnung zuschreiben.

Lit.:
Ganz 1937, S. 92, L 43
Schmid 1931, S. 33
Michael 1986, S. 118 ff., 358 ff.

Cardinales

spector & curator.
Vnde ut Suidas ait, οἱ
παρ' ἀθηναίων εἰς
τὰς ὑπηκόους πόλεις,
ἐπισκέψασθαι τὰ παρ'
ἑκάστοις, πεμπόμενοι
ἐπίσκοποι, καὶ φύλα
κες ἐκαλοῦντο, οὓς λά
κωνες ἁρμοστὰς ἔλεγον
.i. Qui ab Athenien
sibus in subiectas ci/
uitates, ad inspiciēdū
ea, quæ a singulis age
rentur, mitterent, epi
scopi & custodes uo/
cabantur, quos Laco
nes ἁρμοστὰς. i. con/
grue gubernātes, uo
cabant. οὐδ' ἀλαο/
σκοπιὴ) .i. neq; cæca
speculatio. Hemisti/
chium est Homericū,
λαὸν Græcis est uide
re, unde, κατὰ στέρησιν
ἀλαὸς cæcus dicitur.
Suidas citat Home/
ricum illud hemisti/
chium, οὐδ' ἀλαοσκο
πιὴν εἶχε.i. non cæcā
speculationem habu
it, quod ait prouerbi
aliter dictum esse.

Reuerendissimi cō/
plectens.) Reuerēdis/
simi uocantur cardi/
nales, ueluti proprio
titulo, sicut pontifices
sanctissimi. Et palliū
a mulæ fronte reuin/
ciē ex more Romæ.
Si uel pa/

lata crux, uidelicet oīm humanorū affe/
ctuū uictoriā. Hæc inquā atq; id genus
multa, si quis ꝑpendat, nōne tristē ac sol
licitam uitā egerit? At nunc belle faciūt,
cum sese pascunt. Cæterum ouium curā
aut ipsi Christo mandant, aut in fratres
(quos uocant) ac uicarios reijciunt. Neq;
uel nominis sui recordantur, quid sonet
episcopi uocabulū, Nempe laborē, curā,
sollicitudinē. Verum in irretiendis pe
cunijs, plane ep̄os agunt οὐκ ἀλαοσκοπιὴν.
Ad eundem modū cardinales si cogitēt
sese in apostolorū locum successisse, eadē
ab ipsis requiri quæ, illi præstiterūt. De/
inde non dominos esse, sed administra
tores spiritaliū dotium, de quibus omni
bus sint paulopost exactissime reddituri
ri rationem. Imo, si uel in cultu paulisper
philosophent, atq; ita secū cogitent, qd
sibi uult hic uestitus candor? Nōne sum
mā & eximiā uitæ innocentiā? Quid in
terior purpura? Nonne flagrantissimū
in deū amorē? Quid rursus exterior, si/
nuosa capacitate diffluens, ac totam etiā
reuerendissimi complectens mulā, quā/
q; una, uel camelo cōtegendo suffecerit,
nonne charitatē latissime sese pandentē
ad subueniendū oībus, hoc est ad do/
cendum, exhortandū, consolandum, in/
crepandum, admonendū, componenda
bella

Nr. 2 e

2 e

Ein Kardinal unter einem Baldachin

Hans Holbein d. J.

Zeichnung Nr. 59; fol. R 3 v

In ihrer Rede wendet sich die Moria an die kirchlichen Würdenträger, an Bischöfe, Kardinäle und an den Papst. Die Kardinäle sollten bedenken, dass von ihnen das gleiche wie von den Aposteln erwartet werde. Sie seien nicht Herren, sondern Diener. Der Glanz ihres Gewandes solle Reinheit des Lebenswandels ausdrücken, die purpurfarbene Innenseite die brennende Liebe zu Gott, der Mantel, der so weit sei, dass sich ein Maultier oder sogar ein Kamel darunter verbergen könnte, die Nächstenliebe.

Unmittelbar neben der gedruckten Randnotiz «Cardinales» thront ein Kardinal unter einem Baldachin. Mit einem Ausdruck des Unbehagens deutet er auf ein aufgeschlagenes Buch, das auf seinem Knie liegt. Michael vermutet, dass Holbein die Reaktion des Kardinals auf die Forderungen der Torheit zeigen möchte.

Lit.:
Ganz 1937, S. 94, L. 59
Schmid 1931, S. 36
Michael 1986, S. 142 f.

Doppelbildnis des Basler Bürgermeisters Jakob Meyer zum Hasen und seiner Gattin Dorothea Kannengiesser. 1516

Die beiden Silberstiftzeichnungen sind Studien für das 1516 datierte und mit dem Monogramm Holbeins versehene Doppelbildnis (Abb.)[1]. Die unmittelbar vor dem Modell entstandenen Zeichnungen geben die Dargestellten in gleicher Grösse und annähernd gleicher Körperhaltung wie auf den ausgeführten Gemälden wieder, so dass Holbein ihre Gesichter direkt auf den vorbereiteten Malgrund, möglicherweise durch eine Pause, übertragen haben könnte. Erst während des Malens hat er die vorspringende Nase Jakob Meyers durch eine Verbreiterung des linken Jochbogens gemildert, dessen Kinn etwas abgeflacht und den Nacken durch das Haar überdeckt. Stärkere Veränderungen, die aus der Komposition resultieren, auf denen die Dargestellten vor einer repräsentativen Renaissancearchitektur erscheinen[2], sind an den Umrissen der Kopfbedeckungen und an den Oberkörpern zu beobachten.

Die beiden Studien beeindrucken durch ihre Unmittelbarkeit im Ausdruck und ihre, an den Bildern gemessen, natürlichere Körperhaltung. Dieser Eindruck resultiert auch aus der nötigen Konzentration Holbeins auf die Gesichter, die er gegenüber der Kleidung detailliert ausarbeitet und sie farblich durch Schraffuren mit Silber- und Rötelstift modelliert. Die Umrisse sind zunächst tastend, dann kraftvoll gezeichnet. Ihre Räumlichkeit suggerierende Wirkung ist auch an den skizzenhafter aufgefassten Partien der Zeichnung, den Oberkörpern und der Kleidung zu spüren. Hier zeichnet Holbein nur das Nötigste, gibt Stoffmuster oder Goldstickereien am Kleid der Dorothea Kannengiesser abbreviaturhaft an oder notiert in wenigen Worten Farbangaben und zusätzliche Beobachtungen auf der Zeichnung Jakob Meyers. Möglicherweise erhielt Holbein durch Vermittlung des Malers Hans Herbst (1470–1552) den Auftrag.

Hans Holbein d. J., Doppelbildnis des Basler Bürgermeisters Jakob Meyer zum Hasen und seiner Frau Dorothea Kannengiesser. 1516.

Damals noch nicht Meister, arbeitete er wahrscheinlich bei Herbst als Geselle.

Anlass für das Doppelbildnis dürfte die Wahl Jakob Meyers (1482–1531) zum Bürgermeister gewesen sein, die am 24. Juni 1516 erfolgte. Mit ihm erhielt das erste Mal der Sohn eines Kaufmannes, ein Vertreter der Zünfte, das Amt des Bürgermeisters, das gewöhnlich Angehörigen der städtischen Oberschicht vorbehalten war. 1521 wurde er beschuldigt, ausländische Pensionen angenommen zu haben und wurde seines Amtes enthoben. Die Münze, die er auf dem Gemälde vorweist, könnte auf seinen Beruf als Geldwechsler und wie die Ringe an seiner Hand, auf seinen Reichtum anspielen. Vielleicht ist die Münze auch ein Hinweis auf das der Stadt Basel am 10. Januar 1516 von Maximilian I. bestätigte Recht, Goldmünzen zu schlagen.

Anmerkungen

1 Öffentliche Kunstsammlung Basel, Inv. Nr. 312; Tempera auf Lindenholz, jeweils 385×310 mm. Kat. 1960, Nr. 141; Abb. 54 und 55. Rowlands 1985, Cat. 2

2 Der Holzschnitt Hans Burgkmairs d. Ä. mit dem Porträt Hans Baumgartners von 1512, kann Holbein Anregung zu dieser Form des Porträts gegeben haben. T. Falk, in: Katalog Hans Burgkmair, Das graphische Werk. Augsburg, 1973, Kat. 76 und Abb. 90 mit Hinweis auf das Doppelbildnis Meyer; Rowlands 1985, S. 21

3 a

Bildnis des Bürgermeisters Jakob Meyer zum Hasen

Hans Holbein d. J.

Inv. 1823.137

Silberstift auf weiss grundiertem Papier; Rötel (im Gesicht) und Spuren von schwarzem Stift (an Barett, Nase und Kinn)
281×190 mm
Wz.: Ochsenkopf mit Tau, ähnlich Piccard 1966, X, 208
L. o.: «an ogen schwarz - baret rot - mosfarb - brauenn gelber dan das har - grusenn wit brauenn»
Auf dickes Papier aufgezogen, teilweise abgelöst; waager. Knickfalte in Höhe des Kinnes; mehrere kleine Flecken, l. o. eingerissen; Papier durch Lichteinwirkung grau verfärbt, an den Rändern helle Streifen, die durch die Montierung abgedeckt waren (unten etwa 1 cm breit); am linken Rand etwas beschnitten
Herkunft: Museum Faesch, Inv. A

Lit.:

Photographie Braun, Nr. 42
Woltmann I, S. 132; II, Nr. 33
Ganz 1937, S. 3, Nr. 1
Schmid 1900, S. 51 ff., Abb. S. 52
Davies 1903, S. 45 f.
Handz. Schweizer. Meister II, Taf. 18
Chamberlain 1913, S. 52 ff., Pl. 16
Ganz 1923, S. 23 f., Taf. 2
Glaser 1924, S. 28, Taf. 2
Schmid 1924, S. 337
Ganz 1925, Holbein, S. 235, Pl. I. A
Reinhardt 1938, Abb. 66
Schmid 1945, S. 22, Abb. 5
Christoffel 1950, Abb. S. 138
Schilling 1954, S. 17, Abb. 23
Grohn 1956, Taf. 1
Kat. 1960, Nr. 194, Abb. 56
Ueberwasser 1960, Nr. 2
Klemm 1980, S. 10, 69 (mit Abb.)
Foister 1983, S. 14, 26 f., Fig. 57
Rowlands 1985, S. 21, Fig. 3
Grohn 1987, Nr. 12 a

3 b

Bildnis der Dorothea Meyer, geb. Kannengiesser

Hans Holbein d. J.

Inv. 1823.137 a

Silberstift auf weiss grundiertem Papier; Rötel (im Gesicht) und Spuren von schwarzem Stift (an Nase, Augen und der linken Schulter)
Höhe links 286, rechts 293×201 mm
Wz.: nicht feststellbar
Auf Holz aufgezogen; an den Rändern stark fleckig; am oberen und linken Rand Risse und Fehlstellen; waager. Knickfalte in Höhe des Kinnes; Papier durch Lichteinwirkung grau verfärbt
Herkunft: Museum Faesch, Inv. A

Lit.:
Photographie Braun, Nr. 43
Woltmann I, S. 132; II, Nr. 34
Ganz 1937, S. 3, Nr. 2
Schmid 1900, S. 51 ff., Abb. S. 53
Davies 1903, S. 45 f., Abb.
Ganz 1919, Abb. S. XVII
Handz. Schweizer. Meister III, Taf. 7
Chamberlain 1913, S. 52 ff., Pl. 16
Glaser 1924, S. 28, Taf. 2
Schmid 1924, S. 337
Ganz 1925, Holbein, S. 235
Christoffel 1950, Abb. S. 140
Grohn 1956, Taf. 3
Kat. 1960, Nr. 195, Abb. 57
Ueberwasser 1960, Nr. 3
Landolt, Hundert Meisterz. 1972, Nr. 72
Klemm 1980, S. 10, 69 (mit Abb.)
Foister 1983, S. 14, 26 f., Fig. 58
Rowlands 1985, S. 21
Grohn 1987, Nr. 12 b

Nr. 3 b

Nr. 3 b

Die Fassadenmalerei am Hertensteinhaus in Luzern

Während seines Aufenthaltes in Luzern, zwischen 1517 und 1519, führte Holbein wahrscheinlich zusammen mit seinem Vater Hans Holbein d. Ä., die Malereien am Hertensteinhaus in Luzern aus[1]. Reinhardt (1954) vermutet, dass Hans Holbein d. J. die Entwürfe für die Fassade, Hans Holbein d. Ä. aber die Malereien im Inneren des Hauses ausgeführt haben könnte. Die Silberstiftskizze mit der Darstellung der vierzehn Nothelfer auf der Rückseite von Inv. 1662.197, einem Blatt aus dem sogenannten zweiten Basler Skizzenbuch, hatte Reinhardt mit dem Bild der Gründungslegende von Vierzehnheiligen in der Familienkapelle im dritten Stock des Hauses in Zusammenhang gebracht und es dem Vater, Hans Holbein d. Ä., zugeschrieben[2]. Ferner bezieht Reinhardt die Eintragung im Gesellschaftsbuch der St. Lucas Gilde in Luzern, nach der ein Meister Hans Holbein einen Gulden bezahlt hatte, auf den Vater und nicht auf den Sohn, der damals noch nicht Meister war. Mit Hans Holbein d. J. in Verbindung zu bringen sind sehr wahrscheinlich andere Quellen, so eine Bezahlung am 28. Oktober 1517 für einen Scheibenriss, eine Busse für eine Messerstecherei mit dem Goldschmied Caspar im Dezember 1517 und Nachrichten über Zahlungen für die Bemalung von zwei Bannern.

Albert Landerer, Die Fassade des Hertensteinhauses in Luzern. Basel, Öffentliche Kunstsammlung, Kupferstichkabinett

Der Grosskaufmann und mehrmalige Schultheiss Jakob von Hertenstein, liess ab 1510 an der Nordseite des Kapellenplatzes und der Ecke zur Sternengasse ein neues Haus einrichten. Das Haus wurde 1825 abgerissen. Ausser kleinen Bruchstücken hat sich von der Bemalung des Hauses ein grösseres Fragment aus dem Bild des *Selbstmordes der Lucretia* erhalten, das Collatinus, den Ehemann der Lucretia zeigt[3]. Eine Vorstellung von den Malereien geben kleinformatige Kopien und ein Aufrissschema, die noch kurz vor dem Abriss des Hauses angefertig worden sind[4]. Grundlage für Rekonstruktionsversuche sind neben diesen Zeichnungen und Aquarellen die Stadtansichten von Martinus Martini (1597), W. Hollar (um 1640) und von Franz Xaver Schumacher (1792), auf denen das Haus abgebildet ist. Eine Rekonstruktion der Fassade, die Albert Landerer 1870 angefertigt hat, befindet sich im Kupferstichkabinett Basel (Abb.). Danach wies das Erdgeschoss zum Zeitpunkt des Abbruches keine Bemalung auf. Zwischen den Fenstern des 1. Stockes sind drei weibliche Gestalten in antikischer Kleidung zu erkennen, die vielleicht Tugenden darstellen. Das Wandfeld über den Fenstern weist auf der linken Seite einen Ornamentfries mit Mischwesen und spielenden Putten auf. Auf der rechten Seite sind kämpfende Kinder zu sehen. In der Mitte befand sich, bis zwischen die Fenster des zweiten Stockes reichend, ein grosses Bild, auf dem das *Schiessen auf den toten Vater*, eine Episode aus den *Gesta Romanorum*, dargestellt war. Vielleicht enthielt dieses Bild eine Warnung an die rechtmässigen Nachkommen und Erben Hertensteins, der viermal verheiratet war. Seine vier Allianzwappen befanden sich auf den Wandfeldern zwischen den Fenstern des zweiten Stockes. Auf der Wandfläche darüber stellte Holbein auf neun Bildern den *Triumphzug Caesars* (nach Mantegna) dar und im obersten Geschoss zu seiten der Fenster, von gemalten Halbsäulen gerahmt, Exempel aus der antiken Literatur: Die Schüler von Falerii treiben ihren Lehrer, der sie verraten wollte, gefesselt in die Stadt zurück; Leaina beisst sich vor den Richtern die Zunge ab; Mucius Scaevola vor Porsenna; der Selbstmord der Lucretia und der Opfertod des Marcus Curtius.

Anmerkungen

1 Zum Aufenthalt Holbeins d. J. in Luzern: Reinhardt 1954, S. 16; ders. 1982, bes. S. 257; E. Treu, in: Kat. 1960, S. 175 f.; Zum Hertensteinhaus und dessen Ausmalung: Schmid 1913, S. 173–206; ders. 1941/42, bes. S. 256 mit Anm. 4; E. Treu, in: Kat. 1960, bei Kat. Nr. 144; M. Riedler, Blütezeit der Wandmalerei in Luzern. Luzern, 1978, S. 10–38; zuletzt Rowlands 1985, Cat. L 1 a-d und Pl. 140–153

2 Vgl. Kat. Falk III, 1, Nr. 182 und Tafel 53; Rowlands 1985, S. 26, Fig. 6. Die Beteiligung Hans Holbeins d. Ä. an den Malereien im Inneren des Hauses stellt Bushart 1987, S. 17, in Frage

3 Kunstmuseum Luzern; Rowlands 1985, Cat. L 1 a

4 Vgl. zuletzt Rowlands 1985, Cat. L 1 d und Pl. 144–153

4

Entwurf für das Erdgeschoss des Hertensteinhauses in Luzern

Inv. 1662.131

Hans Holbein d. J.

Feder und Pinsel (grau und schwarz), grau laviert und aquarelliert
309×444 mm (Ränder unregelmässig, ganzer Papierbogen)
Wz.: Hund (?) mit Beizeichen (vierblättrige Blume?). Nicht so Briquet 3626 ff.
Verso: Federproben und Zahlen
Senkr. Mittelfalte; einzelne Risse, hinterlegt; l. u. Ecke abgerissen; weisse und rote Farbflecken
Herkunft: Amerbach-Kabinett. Inv. F: «Item sonst 2 unbekandte Stückh von beuwen»

Ganz (1904) hat die Zeichnung zuerst mit den Malereien an der Fassade des Hertensteinhauses in Zusammenhang gebracht. Die gotische, spitzbogige Tür und das breite, in einem flachen Bogen abschliessende Fenster daneben, die auf unserer Zeichnung als dunkle Flächen gekennzeichnet sind, waren von der Architektur vorgegeben und stimmen ungefähr mit der Darstellung des Hauses auf dem Plan von Martinus Martini (1597) überein. Allerdings ist auf dem Stich nicht eindeutig zu erkennen, ob das Erdgeschoss des Hauses eine Fassadenmalerei getragen hat. Schmid nimmt an, dass Holbein einen anderen Entwurf ausgeführt haben könnte und sieht darin zugleich einen Grund für die Erhaltung der Zeichnung.

QVERELA PACIS VNDIQVE GENTIVM EIECTAE PROFLIGATAEQVE.
AVTORE ERASMO ROTERODAMO.
Cum quibusdam aliis, quorū catalogum proxima reperies pagella.
APVD INCLYTAM GERMANIAE BASILEAM.

Hans Holbein d. J., Titelblatt mit Kindertriumphzug. Holzschnitt. Joh. Froben, Basel, 1518

Holbein kann in seinem Entwurf Anregungen von Bildern seines Vaters verarbeitet haben, etwa von der *Maria unter dem Portikus* von 1515 (vgl. Abb. S. 91). Hans Holbein d. Ä. hat sich in diesem Bild mit venezianischer Architektur, wahrscheinlich mit dem Grabmal des Dogen Andrea Vendramin in der Kirche S. Giovanni e Paolo in Venedig auseinandergesetzt[1]. Auch einzelne Motive im Bogenfeld über der Tür und auf dem Rahmen des Bogens könnten von Holbein d. Ä. angeregt sein, ebenso die fischschwänzigen Mischwesen zu seiten des Bogenansatzes, die Hans Holbein d. Ä. in einem Bildnis von 1517 (?) als Schmuckmotiv verwendet hat[2]. Holbein d. J. greift dieses Motiv in seiner Titeleinfassung mit der *Enthauptung Johannes des Täufers* auf[3]. Auf seiner Titeleinfassung mit dem *Kindertriumphzug* von 1518 (Abb.) finden sich verwandte Kinderdarstellungen und die Art, wie ihre Köpfe und Physiognomien gebildet sind, die Haare in gezackten Linien energisch nach aussen drängen, erinnert unmittelbar an den Kinderfries auf unserer Zeichnung[4]. Für eine Entstehung der Zeichnung um 1517/18, die die meisten Autoren vorschlagen, spricht der energische und nervöse Strich, die Kleinteiligkeit der Ausformulierung, auch die Art, mit Schraffuren einzelne Formen hervorzuheben. Rowlands vermutet, dass der Entwurf für das Innere des Hauses bestimmt gewesen sein könnte oder gar für ein anderes Projekt vorgesehen war. Aber auch er datiert die Zeichnung früh, hält eine Entstehung jedoch auch noch zu Beginn von Holbeins zweitem Aufenthalt in Basel für möglich. Ganz (1909) hatte ebenfalls eine Datierung um 1519 in Betracht gezogen.

Anmerkungen

1 Hierzu Bushart 1977, S. 52 ff. Hans Holbeins d. Ä. *Maria unter dem Portikus* (Rowlands 1985, Cat. R 1) könnte möglicherweise erst 1519 entstanden sein, jedenfalls ist das

Nr. 4

Datum nicht eindeutig zu lesen. Vgl. I. Lübbeke, in: Kat. «Altdeutsche Bilder der Sammlung Georg Schäfer Schweinfurt», Schweinfurt 1985, Kat. 16

2 Rowlands identifiziert den Dargestellten mit Jakob von Hertenstein; Rowlands 1985, Cat. R 2. Eine Zeichnung im Kupferstichkabinett Berlin, die mit dem Porträt in Zusammenhang steht, trägt die Aufschrift «Hawg», und deutet möglicherweise auf ein Mitglied der Augsburger Patrizierfamilie Haug, vgl. Bushart 1987, S. 124

3 Holzschnitt; Johannes Froben, 1517; Kat. 1960, Nr. 342

4 Holzschnitt; Johannes Froben, 1518, Kat. 1960, Nr. 344

Lit.:

Photographie Braun, Nr. 73
Woltmann II, S. 106, Nr. 53
Ganz 1937, Nr. 112
His 1886, Detailabb. Pl. II
Schneeli 1896, Taf. XVI
Handz. Schweizer. Meister II, Taf. 3
P. Ganz, Hans Holbeins Italienfahrt. Süddeutsche Monatshefte VI, 1909, S. 596–612, S. 603
Chamberlain 1913, I, S. 68 ff. und Pl. 23, II
Schmid 1913, S. 176, Nr. 2, S. 193 f., Abb. 14
Ganz 1919, Abb. S. 154
Manteuffel 1920, Maler, Abb. S. 14
P. Ganz, A portrait by Hans Holbein the Younger. In: Burl. Mag., XXXVIII, 1921, S. 210–221, S. 210 ff.
Glaser 1924, S. 5, Taf. 6
Schmid 1924, S. 337 f.
Hugelshofer 1928, S. 39, Nr. 56
Cohn 1930, S. 39 f., S. 47–49, 52, 75, 97
Schmid 1931, Abb. S. 50 (Detail)
Schmid 1941/42, S. 249–290, S. 253, 258
Schmid 1945, S. 22, Abb. 10
Christoffel 1950, S. 24, Abb. S. 241
Ganz 1950, Kat. 160, Abb. 40
A. Reinle, Die Kunstdenkmäler des Kantons Luzern, Bd. III, Die Stadt Luzern: II. Teil. Basel, 1954. Das ehemalige Hertensteinhaus, S. 119–130, S. 124 f., Abb. 110
Kat. 1960, Nr. 197
Lauber 1962, S. 48 f., Abb.
Hugelshofer 1969, S. 122 f., Nr. 40
J. Davatz und F. Jakober, Zur Hostienmonstranz von 1518 in Glarus, in: Unsere Kunstdenkmäler, XXVI, 1975, 4, S. 291–308, 302, 295, Abb. 4
M. Riedler, Blütezeit der Wandmalerei in Luzern. Luzern, 1978, S. 18 f. und Abb. S. 20
Roberts 1979, S. 28, Nr. 10
Rowlands 1985, S. 27 f. und Cat. L 1 c mit Pl. 142
Grohn 1987, Nr. 20 b

5

Leaina vor den Richtern

Hans Holbein d.J.

Inv. 1662.159

Feder und Pinsel (schwarz und grau), grau laviert
212×164 mm
Kein Wz.
Auf der Rückseite von der Hand Holbeins (?): Item Zwelff stück/gelichen uff mentag/vor Martini 1518
Die unteren Ecken etwas abgeschrägt
Herkunft: Amerbach-Kabinett

Leaina, eine Hetäre aus Athen, beisst sich vor den Richtern die Zunge ab, um nicht gegen den Tyrannenmörder Aristogeiton aussagen zu müssen[1].

Die Zeichnung ist ein Entwurf, in dem noch nicht alle Details festgelegt waren. Darauf deuten eine nicht weiter ausgeführte Kassette unter dem Bogen rechts oben und das erst während der Lavierung mit dem Pinsel hinzugefügte Geländer hin. Doch dürfte der Entwurf in der Konzeption dem ausgeführten Bild schon recht nahe gekommen sein, wie der Vergleich mit den Kopien aus dem 19. Jahrhundert nach dem Wandbild zeigt. Der Entwurf berücksichtigt auch die Stützen der Dachkonstruktion, die in das Bildfeld hineinragen (alternative Dachkonstruktionen erörtern Schmid 1913 und Reinle).

Charakteristisch für Holbeins Arbeitsweise sind die nüchternen, mit dem Lineal gezogenen Linien am Rahmen, an den Kassetten und dem Gebälk, daneben die rascher mit der Rohrfeder entworfenen Details der Architektur. Die Umrisse an den Säulen und den Figuren sind teilweise durch mehrere, übereinanderliegende Striche hervorgehoben. Auch in den Figuren wechselt Holbein zwischen breiten und spitzen Strichen und verzichtet fast völlig auf Schraffuren. Stattdessen versucht er mit der Lavierung Hell- und Dunkelwerte und zugleich Räumlichkeit zu erreichen. Nicht völlig überzeugend ist die räumliche Lösung, wenn er bei gleichzeitiger Untersicht, die Figuren auf der Richterbank diagonal in die Tiefe staffelt. Die expressiven Gesten und die Physiognomien erinnern an die Illustrationen zum *Lob der Torheit* (vgl. Schmid 1931) und sprechen für eine frühe Datierung um 1517/18, die auch die meisten Autoren angenommen haben.

Eine Aquarellkopie von C. Ulrich und C. Martin Eglin, sowie eine Bleistiftzeichnung nach dem Wandbild, die kurz vor dem Abbruch des Hauses 1825 angefertigt wurden, befinden sich in der Zentralbibliothek Luzern.

Anmerkung

1 Quellen bei H. Berve, Die Tyrannis bei den Griechen, Bd. II, S. 560

Lit.:

Woltmann I, S. 143; II, S. 111, Nr. 103
Ganz 1937, S. 25, Nr. 111
J. Schneller, Die Fresken des ehemaligen Jacob von Hertensteinischen Hauses in Luzern und Urkunden-Regesten des Hertensteinischen Familien-Archivs. In: Geschichtsfreund Bd. XXVIII, 1873, S. 1–47, S. 12 (erwähnt)
Liebenau 1888, S. 138
Handz. Schweizer. Meister I, 1904, Tafel 40
Chamberlain 1913, I, S. 68 Pl. 23 oben
Schmid 1913, S. 174/75, 176, 185, Abb. 7
Ganz 1919, Abb. S. 154, 1
Manteuffel 1920, Maler, Abb. S. 12
Ganz 1923, S. 25 f., Taf. 4
Glaser 1924, S. 28, Taf. 5
Schmid 1924, S. 338
Ganz 1925, Holbein, S. 230–245, Pl. III, H
Schmid 1931, S. 50, 68, Detailabb.
Schmid 1941/42, S. 253, 259, 260, Abb. 7
Schmid 1945, S. 22, Abb. 8
Ganz 1950, Kat. Nr. 161, Abb. 37
A. Reinle, Die Kunstdenkmäler des Kantons Luzern Bd. III, Die Stadt Luzern. II. Teil, Basel 1954, S. 119–130, bes. S. 124 mit Abb. 109, S. 126
Kat. 1960, Nr. 196, Abb. 80
Lauber 1962, S. 40, Abb.
Kat. Swiss Drawings 1967, S. 37, Abb. 38
M. Riedler, Blütezeit der Wandmalerei in Luzern. Luzern, 1978, S. 16, 22 mit Anm. 42, Abb. S. 23
Roberts 1979, S. 27, Nr. 7
Kat. Stimmer 1984, Nr. 3
Rowlands 1985, S. 26 f., Cat. L 1 b, Pl. 141
Grohn 1987, Nr. 20 a

Nr. 5

Nr. 6

6

Scheibenriss mit drei Bauern und dem Wappen der Familie Holdermeyer

Inv. 1823.138

Basler Meister im Umkreis Hans Holbeins d.J.

Feder (schwarz und braun), grau laviert und rotbraun aquarelliert, über Kreidevorzeichnung
415×301 mm
Wz.: Ochsenkopf mit Tau; ähnlich Piccard 1966, X, 162
Bez. l. u.: HH; oben auf Kartusche dat. 1518; auf der Rückseite von Remigius Faesch: A. 1653. a R. bibliop./46
Auf Papier aufgezogen; waager. Mittelfalte, daneben mehrere Knick- und Quetschfalten; am Wappen dreieckförmige Fehlstelle und Riss, alt hinterlegt; l. o. und r. u. Ecke abgerissen
Herkunft: Museum Faesch

Die Zuschreibung des Risses an Hans Holbein d. J., die Woltmann, Ganz und Pfister-Burkhalter vertreten haben, stützt sich vor allem auf das Monogramm HH und die Annahme, dass Holbein um 1517/18 in Luzern für die Familie Holdermeyer gearbeitet haben könnte. Verglichen mit den Entwürfen Holbeins für die Fassadenmalereien am Hertensteinhaus in Luzern und dem Scheibenriss für Hans Fleckenstein in Braunschweig (Abb. S. 13), wirken die Architektur des Bogens und die Figuren instabil und verzeichnet. Auch der Vergleich mit dem Scheibenriss, auf dem ein Schweinehirt dargestellt ist (Nr. 9), macht eher auf grosse stilistische und qualitative Unterschiede, als auf Gemeinsamkeiten aufmerksam. Die unklare Strichführung mit den zahlreichen Unsicherheiten und Verzeichnungen und die wenig sensible Lavierung sprechen für eine andere Hand.

Die Einordnung des Risses in das Frühwerk Hans Holbeins würde auch die Aufnahme weiterer Risse in sein Werk nach sich ziehen. Von der gleichen Hand stammt wahrscheinlich der ebenfalls 1518 datierte Riss mit der Darstellung eines Fuhrmannes, auf den dieselben Charakteristika zutreffen (Abb.)[1].

Diese Risse könnten von einem Basler Meister stammen, der im Umkreis Holbeins tätig war und von ihm möglicherweise Anregungen erhalten hat. Koegler hat den Holdermeyer-Riss Hans Herbst zugeschrieben, auf den das Monogramm HH zutreffen könnte, doch bleibt dies Hypothese.

Die Bauern könnten auf den Namen Holdermeyer anspielen, in dem das Amt des Meiers, des bäuerlichen Gutsverwalters enthalten ist.

Basler Meister, Fuhrmann mit Weinfass. 1518. Scheibenriss. Basel, Öffentliche Kunstsammlung, Kupferstichkabinett

Anmerkung

1 Fuhrmann mit Weinfass, Scheibenriss. Basel, K.K., Inv. 1933.22; Feder (schwarz), grau laviert; 290×217 mm; kein Wz.; dat. 1518

Lit.:

Photographie Braun, Nr. 41
Woltmann II, Nr. 107
Mantz 1879, S. 29, Abb. S. 31
Liebenau 1888, S. 131
Major 1908, S. 9
Chamberlain 1913, I, S. 79
Knackfuss 1914, S. 42, Abb. 41
Koegler 1923, S. 452
Glaser 1924, S. 28, Nr. 7, Taf. 7
Schmid 1924, S. 337
Ganz 1925, Holbein, S. 236
Schmid 1941/42, S. 261, Abb. 9 (Detail)
Schmid 1948, S. 50
Kat. 1960, Nr. 200
Lauber 1962, S. 51 f.

7

Scheibenriss mit den Heiligen Barbara und Magdalena

Inv. U.II.50

Basler Meister, 3. Viertel 16. Jahrhundert (Hans Hug Kluber ?)

Feder (grau und schwarz), braun und grau laviert
432×313 mm; r. u. Ecke 5×58 mm vorspringend
Wz.: Baselstab mit Beizeichen, Tschudin 165
Auf Papier aufgezogen; waager. Mittelfalte; am unteren Rand zwei Risse
Herkunft: Amerbach-Kabinett

Die Zeichnung ist eine Kopie nach dem verlorenen Scheibenriss, der für ein Glasgemälde bestimmt war, das sich heute noch im Kreuzgang des ehemaligen Zisterzienserklosters Wettingen im Kanton Aargau erhalten hat (Abb.). Auftraggeber und Stifter der Scheibe war der in der Inschrift genannte Frater und spätere Abt Andreas Wengi, der von 1486 an als Mitglied des Konventes Wettingen nachweisbar ist und seit 1517 das Amt des Grosskellners inne hatte. 1521 wurde er zum Abt gewählt; er starb am 16. März 1528[1]. Die Scheibe dürfte um 1519 entstanden sein.

Der Riss, in dessen Giebelfeld Episoden aus dem Leben der beiden Heiligen erzählt werden – links wird die Hl. Barbara von ihrem Vater an den Haaren aus einer Felsspalte gezogen und rechts ist die Heilige Magdalena als Büsserin in der Wüste zu sehen – dürfte von einem Basler Meister stammen, der im Umkreis Holbeins gearbeitet hat. Die Zuschreibung des Risses an Holbein d.J., die Cohn (1939)[2] vorgeschlagen hat, auch an seine Werkstatt, wie Treu (in Kat. 1960) glaubte, lässt sich nicht aufrecht erhalten. In dem Standmotiv der Figuren und in den sich verselbständigenden Gewandfalten klingen spätgotische Züge nach, die eher auf einen Meister deuten, der einer älteren Generation als Holbein angehörte. Zu dessen frühen, eigenhändigen Rissen in Braunschweig (Abb. S. 13) und Basel (Nr. 8–18) lässt sich jedenfalls keine überzeugende Verbindung herstellen.

Unser Riss ist nach dem eindeutig bestimmbaren Wasserzeichen eine Kopie, die erst in der zweiten Hälfte des 16. Jahrhunderts entstanden sein kann. Gegenüber der Scheibe, von der mehrere Fassungen bekannt sind, lassen sich im Ausdruck der Gesichter, in den Ornamenten und in der Landschaft kleine Veränderungen beobachten, doch entspricht der Riss auch im Format weitgehend der ausgeführten Scheibe. Auf eine Kopie deutet vor allem der zögernde Strich. Der Zeichner hat zunächst die Umrisse mit grauer Tinte dünn vorgezeichnet und sie dann mit schwarzer Feder verstärkt und wiederholt. Häufig entstehen, wenn sich die Striche nicht genau decken, verschwommene Konturen. Auch weicht die schwarze Feder von der Vorzeichnung ab oder diese allein bleibt ohne Überarbeitung stehen. Die Schraffuren in den Gewandfalten und in der verschatteten Zone des Gebälkes dürften Hinzufügungen des Kopisten sein, sie sind jedenfalls in der Scheibe nicht in dieser Form zu finden.

Die stilistischen Merkmale, der etwas eckige Strich und die kurzen, trockenen Schraffuren, die hauptsächlich parallel geführt sind, lassen an den Basler Maler Hans Hug Kluber denken (1535/36–1578), der möglicherweise unsere Kopie angefertigt hat. Amerbach hat sehr wahrscheinlich dessen Nachlass erwerben können, in dem sich auch eines der beiden Skizzenbücher Hans Holbeins d.Ä. befunden hat[3]. Kluber verwendete in seinen Zeichnungen teilweise dieselbe graue oder sich grau verfärbende Tinte, mit der auch der Zeichner unseres Blattes gearbeitet hat. Die Schraffurtechnik Klubers erinnert, wie in seiner Zeichnung mit dem Hl. Bischof Leodegar von Murbach zu sehen[4], an Meister aus dem Umkreis Dürers (Abb.). Mit unserer Kopie vergleichbar erscheinen die kurzen, in wechselnde Richtungen geführten Parallelschraffuren entlang der Gewandfalten oder die senkrecht verlaufenden Schraffuren am Rücken des Bischofs, wie sie ebenfalls im Gewand der Hl. Barbara vorkommen (vgl. Nr. 42, 43, 69). Unsere Kopie könnte zwischen 1560 und 1570 entstanden sein.

Anmerkungen

1 Für Hinweise danke ich Herrn Dr. B. Anderes, Rapperswil, der eine Publikation der Scheiben im Kreuzgang des Klosters vorbereitet und mich sein Manuskript einsehen liess. Die Masse der Scheibe betragen 430×305 mm; die Inschrift ist zum Teil abgeplatzt oder getilgt. Sie lautet: «Frater . andreas . wengy . der/zit . großkelle(r) . des . gotteshus . wetting». Zur Scheibe auch E. Treu, in Kat. 1960, Nr. 147

2 Cohn 1939, S. 116 und Plate I,B

3 Hp. Landolt, Das Skizzenbuch Hans Holbeins d.Ä. im Kupferstichkabinett Basel, Olten, Lausanne und Freiburg i.Br., 1960, S. 65 ff.; Kat. Falk III, 1, S. 17; zu Kluber zuletzt E. Landolt, in: Kat. Stimmer 1984, S. 464

4 Basel, K.K., Inv. U.II.36. Feder (schwarz), verblasst; 285×108 mm. Bezeichnet mit dem Monogramm HK (ligiert) und datiert 1562. R. Will, Deux Abbés de Murbach, Protecteurs des Arts au XVIe siècle. In: Cahiers Alsaciens

Die Hl. Barbara und Magdalena. Scheibe im Kreuzgang des ehemaligen Zisterzienserklosters Wettingen

Nr. 7

d'Archéologie d'Art et d'Histoire, V, 1961, S. 136 ff.; E. Landolt, Zur Geschichte des Grossbasler Rheintors und seines Reiterbildes im 16. und 17. Jahrhundert. In: Unsere Kunstdenkmäler 25, 1974, S. 149–167, S. 154

Lit.:
Nicht bei Woltmann
Nicht bei Ganz
H. Lehmann, Zur Geschichte der Glasmalerei in der Schweiz. II. Teil: Die monumentale Glasmalerei im 15. Jahrhundert. In: Mitteilungen der Antiquarischen Gesellschaft in Zürich, Bd. XXVI, Heft 6, 1908, S. 269–358, 314 und Fig. 36
H. Lehmann, Das ehemalige Zisterzienserkloster Maris Stella bei Wettingen und seine Glasgemälde. Zürich, 1926, S. 68 und Abb. 17
E. Treu, in: Kat. 1960, bei Nr. 147 (nicht eigenhändig, wahrscheinlich Werkstatt Holbeins)
Kat. 1960, Nr. 219 (nicht eigenhändig)

Hans Hug Kluber, Der Hl. Bischof Leodegar. 1562.
Basel, Öffentliche Kunstsammlung, Kupferstichkabinett

8

Linke Hälfte eines Scheibenrisses mit wappenhaltendem Engel

Inv. U.I.48

Hans Holbein d. J.

Feder (schwarz), grau laviert; Verbleiungslinien in schwarzer Kreide
408×211 mm
Wz.: Fragment von Ochsenkopf mit Schlangenstab ähnlich Piccard 1966, XVI, 51/54
L. u. von anderer Hand bez.: HH
Aus zwei Teilen zusammengesetzt; unten beschnitten, l. u. Ecke ergänzt; oben Riss, hinterlegt; mehrere Knitter- und Quetschfalten; etwas stockfleckig
Herkunft: Museum Faesch

Die beiden übereinandergestellten Wappen mit dem Engel als Schildhalter lassen vermuten, dass der Riss für eine Standesscheibe bestimmt war, auf der im oberen Schild das Reichswappen, im unteren das Wappen eines Standes zu sehen war. Der Riss gehört zu den eigenhändigen Zeichnungen und dürfte um 1518/19 entstanden sein. Darauf deutet nicht nur der etwas unsicher dastehende Engel hin, sondern auch die schwere, dunkle Lavierung und der eckige Strich, der die Zeichnung mit den Rissen für die vier Doppelscheiben (Nr. 11–18) oder mit der *Krönung Mariens* (Nr. 10) verbindet. Knitterfalten und kleine Risse am rechten Rand lassen darauf schliessen, dass die Zeichnung in der Mitte gefaltet war und sich auf der rechten Seite fortsetzte. Am unteren Rand fehlt ausserdem ein etwa 4 cm breiter Streifen, so dass das Format sich nicht einem Quadrat, sondern einem Hochrechteck annäherte.

Eine Vorstellung von dem Engel auf der gegenüberliegenden, verlorenen Seite, gibt eine Kopie im Schweizerischen Landesmuseum Zürich, auf der die beiden Schildhalter und das Wappen ohne die rah-

Hans Holbein d. J. – Werkstatt, Zwei Engel mit leerem Wappenschild. Scheibenriss.
Wien, Graphische Sammlung Albertina

mende Architektur wiedergegeben sind[1]. Das Blatt könnte Ende des 16. oder zu Beginn des 17. Jahrhunderts entstanden sein und trägt wie unser Blatt das Monogramm HH (Abb.).

Der Scheibenriss mit den wappenhaltenden Engeln in der Albertina in Wien (Abb.) ist sehr wahrscheinlich eine Werkstattarbeit, worauf Koreny hingewiesen hat[2]. In diesem Riss variiert der Zeichner Motive und Figurentypen aus eigenhändigen Rissen Holbeins, wie sie in unserem Riss oder in der Zeichnung mit dem Hl. Michael (Nr. 37) zu finden sind. Auf eine Werkstattarbeit lassen der unsichere Strich, und die sich von den eigenhändigen Arbeiten deutlich unterscheidende, mit nasserem Pinsel aufgetragenen Lavierung schliessen, die gegenüber Holbeins Zeichnungen weniger modellierende Kraft besitzt. Die Zeichnung könnte noch im ersten Viertel des 16. Jahrhunderts entstanden sein.

Anonym, Basel (?), Kopie nach Inv. U.I.48.
Zürich, Schweizerisches Landesmuseum,
Besitz der Antiquarischen Gesellschaft

Anmerkungen

1 Zürich, Schweizerisches Landesmuseum, Inv. AG 11918; Feder (schwarz); 290×320; bez.: HH.

2 Zum Riss in Wien, Kat. 1960, Nr. 257 und Abb. 88; O. Benesch, Meisterzeichnungen aus der Albertina. Salzburg, 1964, Nr. 94; F. Koreny, in: Meisterzeichnungen Albertina 1986, Nr. 18 und Farbabb.

Lit.:

Woltmann II, Nr. 108
Ganz 1937, S. 43, Nr. 184 (1518/19)
Schneeli 1896, S. 84, Abb. 7
Kat 1960, Nr.237 (um 1519/20)
F. Koreny, in: Meisterzeichnungen aus der Albertina. Washington, 1986, bei Kat. Nr. 18 und Abb. 18 a (mit falscher Besitzerangabe)

Nr. 8

9

Scheibenriss mit einem Schweinehirten

Hans Holbein d.J.

Inv. 1662.157

Feder (schwarz), grau laviert, über Kreidevorzeichnung
315×210 mm
Kein Wz
L. u. Nr. 57
Auf Papier aufgezogen; an den Ecken berieben, eingerissen und kleine Löcher; am rechten Rand Fehlstelle (ca. 5×26 mm)
Herkunft: Amerbach-Kabinett, Inv. F: «Item der verlohr sohn getuscht 1 quart blettli»

Der Scheibenriss wird in der Literatur einstimmig zu den frühen Arbeiten Hans Holbeins gezählt und in die Zeit von dessen Aufenthalt in Luzern gerückt. Cohn datiert am frühesten, um 1517/18, während Ganz 1519/20 und Schmid 1520 vorschlagen. Eine Datierung um 1518/19 erscheint vertretbar. Unschwer lässt sich der Riss mit dem im Herzog Anton Ulrich-Museum in Braunschweig aufbewahrten Scheibenriss für Hans Fleckenstein zusammen sehen, der 1517 datiert ist (Abb. S. 13). Für die Eigenhändigkeit sprechen der energische, im Vergleich zur Braunschweiger Zeichnung noch gesteigerte, vibrierende Strich, die kontrastreiche, trocken wirkende Lavierung und die Neigung, Ausdruck und Körperproportionen zu übersteigern. So schreitet der Schweinehirt auf unserer Zeichnung wie ein Landsknecht aus, sein Fuss erscheint überlang, und er schaut herausfordernd den Betrachter an. Auf dem Entwurf für das Wandbild der Leaina am Hertensteinhaus (Nr. 5) oder auf der *Kreuztragung* (Nr. 23) finden sich verwandte Züge.

Die Zeichnung kann vielleicht mit einer der beiden im Inventar F des Amerbachkabinettes genannten Darstellungen des verlorenen Sohnes identifiziert werden, und Ganz vermutet, dass das Blatt zu einer Scheibenfolge mit diesem Thema gehört haben könnte. Vorstellbar ist ebenso eine Anspielung auf Namen und Wappen des unbekannten Bestellers. Auch könnte die Scheibe zu einer Folge von Monatsbildern oder der Jahreszeiten gehört haben und den Dezember, bzw. den Winter darstellen.

Lit.:
Woltmann II, Nr. 79
Ganz 1937, Nr. 199
Handz. Schweizer. Meister I, Taf. 24
P. Ganz, Hans Holbein d.J., in: Die Schweiz, 9. Jg., 1905, S. 129–136, 130, Abb. S. 140
Ganz 1923, Taf. 13
Glaser 1924, Taf. 21, S. 30
Schmid 1924, S. 339
Ganz 1925, S. 236, Taf. IV N
Stein 1929, S. 104, Abb. 27
Cohn 1930, S. 22 f., 49, 97
Schmid 1948, S. 76
Kat. 1960, Nr. 202
Lauber 1962, S. 52
Landolt, Hundert Meisterz. 1972, Nr. 75
E. Landolt, in: Kat. Stimmer 1984, Nr. 294

Nr. 9

10

Scheibenriss mit der Krönung Mariens

Hans Holbein d.J.

Inv. U.XVI.53

Feder (schwarz, an einzelnen Stellen braun), grau und unten etwas braun laviert, über Kreidevorzeichnung; am Kreuz der Weltkugel Korrektur in Rötel
431×313 mm
Wz.: Laufender Bär, vgl. Anhang, Wz. Nr. 7
L. u. Nr. 19
Auf Japanpapier aufgezogen; in der Mitte entlang der waager. Knickfalte gerissen; etwas fleckig; am l. u. Rand berieben
Herkunft: Amerbach-Kabinett, Inv. F: «Item die Crönung der heiligen Jungfrowen Mariae«

Zu den eigenhändigen Scheibenrissen aus der Zeit vor 1520 gehört die *Krönung Mariens.* Die meisten Autoren datieren die Zeichnung um 1519/20, lediglich Schmid schlägt 1522 vor.

Unter den 14 Metallschnitten zum sog. *Grossen Hortulus animae* (Lyon 1548), die auf Entwürfe Holbeins zurückgehen, findet sich eine in der Komposition sehr verwandte Marienkrönung (Abb.). Koegler datierte die Metallschnitte um 1519/20, Reinhardt noch etwas früher, um 1518/19[1].

Die zwischen den Wolken herumtollenden Engel, die vielleicht von der *Marienkrönung* Hans Baldung Griens auf dem Freiburger Hochaltar angeregt sind, erinnern in ihrer Spontaneität an den Puttenfries auf dem Entwurf für das Erdgeschoss des Hertensteinhauses in Luzern (Nr. 4). Dass der Riss in zeitlicher Nähe zu diesem Entwurf entstanden ist, dafür spricht auch der nervöse, etwas zittrig wirkende Strich, der sich an den Konturen der Wolken unter der Dreiergruppe von Christus, Maria und Gottvater und in dessen Gewand beobachten lässt. Eine Datierung um 1518/19 erscheint deshalb vertretbar.

Meister IF, Krönung Mariens. Metallschnitt

Anmerkung

1 Zum Hortulus: H. Koegler, Die grösseren Metallschnittillustrationen Hans Holbein d.J. zu einem Hortulus animae. In: Monatshefte für Kunstwissenschaft 3, 1910, S. 13–17, 217–33: um 1519/20; Reinhardt 1977, bes. S. 234 ff.; Kat. Oberrheinische Buchillustration 2, Basel, 1984, Nr. 272

Lit.:

Woltmann I, S. 135; II, Nr. 11: Ambrosius Holbein
Ganz 1937, S. 38 f., Nr. 166 (1519)
Cohn 1930, S. 56, 72, 98 (1519/20)
Schmid 1941/42, S. 267 f. (vielleicht erst von 1522)
Kat. 1960, Nr. 221

Nr. 10

Die grossformatigen Scheibenrisse bilden nach den Motiven ihrer Architekturen vier Bildpaare. Ihre rahmenden Pfeiler und schräg in die Tiefe führenden Architekturen entsprechen sich spiegelbildlich. Einerseits entsteht der Eindruck zusammenhängender Räume, der durch die einheitliche Lichtführung von links, den gemeinsamen Blick in die Tiefe, und durch verbindende, bildparallel angeordnete Architekturteile hervorgerufen wird. Andererseits ist jede Zeichnung für sich ausgewogen komponiert und bedarf nicht eines Gegenübers.

Holbein verwendet keine einheitliche Perspektive. Seine Architekturen weisen verschiedene Fluchtpunkte auf. Dies belebt die Zeichnungen, führt zu leichten Drehungen, zu Verbiegungen von Pfeilern oder Bögen, die am deutlichsten in den Rissen mit Johannes und Katharina wahrzunehmen sind (Nr. 15 und 16), in denen die unterschiedlich sich verkürzenden Architekturen am unmittelbarsten aufeinandertreffen. Ebensowenig sind seine Gehäuse streng konstruiert, das zeigen etwa die im Verhältnis zu den Randpfeilern zu weit vorne stehenden Säulen zwischen Anna Selbdritt und Barbara (Nr. 13 und 14).

Holbein schafft Phantasiearchitekturen, die aus den unterschiedlichsten Stilelementen zusammengesetzt sind. Sie erinnern einmal an romanische, dann an gotische, schliesslich an antike Gebäude. In ihnen stehen die Heiligen wie auf einer Bühne, werden nahe an den Betrachter herangerückt, durch die Untersicht und die triumphalen Motive der Bögen und Säulenstellungen gesteigert. Bisweilen wirken sie wie Statuen, z. B. wenn Johannes und Katharina hoch über der Stadt auf schmalen Podesten stehen oder rufen, wie bei Andreas und Stephanus, die Erinnerung an gotische

Hans Burgkmair, Der Hl. Georg. 1508. Holzschnitt (B. 23)

Hans Burgkmair, Kaiser Maximilian. Holzschnitt (B. 32)

Gewändefiguren wach. Wie zufällig mischen sich auch komische Momente in die Darstellungen, wenn z. B. hinter Johannes und Katharina in den Medaillons triebhafte Naturwesen sichtbar werden und Pan auf der Flöte spielt oder wenn die Medaillons mit den antiken Bildnissen einen Vergleich mit dem markanten Profil des Pantalus nahelegen.

Anregungen für seine, auf räumliche Wirkung angelegten, die Figuren einbeziehenden Portiken, Arkaden und Gewölbe, könnte Holbein von Holzschnitten Hans Burgkmairs erhalten haben, etwa von den beiden als Gegenstücke konzipierten, mit Tonplatten gedruckten Holzschnitten mit dem Hl. Georg und Kaiser Maximilian von 1508 (B. 23; 32), auf denen die Reiter einander zugewendet vor triumphbogenartigen Architekturen stehen (Abb.). Burgkmairs Architekturen sind jedoch so konstruiert, dass sich alle Fluchtlinien in einem Punkt treffen.

Die meisten Autoren datieren die Zeichnungen um 1519/20. Cohn versuchte sie auf mehrere Jahre zu verteilen, doch spricht die stilistische Verwandtschaft und die Gleichartigkeit des Papieres für eine Entstehung in einem kurzen Zeitraum. Schwankungen in den Proportionen der Figuren, die bisweilen etwas gedrungen und wuchtig erscheinen, finden sich um 1519/20 bei Holbein häufiger. Hingewiesen sei vor allem auf die Gruppe der Hell-Dunkel-Zeichnungen. Für eine Datierung um 1519/20 spricht auch die intensive und sehr lebendige Lavierung, die den Figuren eine stark plastische Wirkung verleiht.

Für eine spätere Datierung, nach 1522/23, tritt Hans Koegler ein. Er stellt die Risse in die Nähe der Metallschnitte, die der Meister IF um 1522 und der Meister CV um 1523 nach Entwürfen Holbeins für den *Hortulus animae* geschaffen haben. Gegenüber den Rissen erscheinen diese Figuren jedoch in Körperbewegung und Ausdruck fortgeschritten.

11

Maria mit Kind unter einem Renaissanceportikus. Scheibenriss

Hans Holbein d. J.

Inv. 1662.20 (Gegenstück zu Inv. 1662.21)

Feder (schwarz), graubraun laviert, über Kreidevorzeichnung
541×372 mm
Wz.: Zweimal Hohe Krone; vgl. Anhang, Wz. Nr. 2
Farbangaben in Gewand und Wappen
Aus zwei Bögen zusammengesetzt und auf Karton aufgezogen; unten etwa 50 mm beschnitten; waager. und senkr. Falten; am rechten Rand mehrere Ausbrüche, alt hinterlegt und retouchiert; Papier gebräunt, stellenweise stark fleckig; berieben und stockfleckig
Herkunft: Amerbach-Kabinett, Inv. F: «Item 2 Marienbildt mit dem Kindle Jesu»

Das Wappen mit dem Schuh konnte bisher nicht identifiziert werden.

Lit.:
Photographie Braun, Nr. 15
Woltmann II, Nr. 82
Ganz 1937, S. 37, Nr. 158 (um 1520)
His 1886, S. XXVI, Taf. 17
Schmid 1900, S. 60, Abb. S. 56 (um 1519)
Knackfuss 1914, S. 31, Abb. 24
Glaser 1924, S. 30, Taf. 23
Cohn 1930, S. 11, 13 f., 60 f., 64 f., 98 (1521/22)
Reinhardt 1938, S. 162, Abb. S. 119 (um 1520)
Schmid 1941/42, S. 267 ff., Abb. 14 (Detail)
Ueberwasser 1947, S. 10, Abb. 14 (1519/20)
Christoffel 1950, S. 282, Abb. S. 230 (1520)
Kat. 1960, Nr. 229 (um 1519/20)
Kat. Meisterz. Amerbach-Kab. 1962, Nr. 70 (um 1520)
Klemm 1980, S. 15, 69, Abb. S. 16 (1519/20)

12

Der Hl. Pantalus unter einem Renaissanceportikus. Scheibenriss

Hans Holbein d.J.

Inv. 1662.21 (Gegenstück zu Inv. 1662.20)

Feder (schwarz), graubraun laviert, über Kreidevorzeichnung; Korrekturen in weisser Tusche
541×372 mm
Wz.: Zweimal Hohe Krone; vgl. Anhang, Wz. Nr. 2
Aus zwei Bögen zusammengesetzt und auf Karton aufgezogen; unten etwa 50 mm beschnitten; waager. und senkr. Falten; besonders rechts Risse und Fehlstellen, alt hinterlegt und retouchiert; Papier gebräunt, berieben und stockfleckig; stellenweise stark fleckig
Herkunft: Amerbach-Kabinett, Inv. F: «Item 1 alter heiliger»

Pantalus, der legendäre erste Bischof von Basel, gehört mit dem heiligen Kaiser Heinrich II. und der Madonna zu den drei Schutzpatronen des Münsters in Basel[1], und auch auf dem rechten Flügel der Münsterorgel sind Maria und Pantalus zusammen dargestellt (Nr. 63). Pantalus hält die Märtyrerpalme, denn er soll zusammen mit der Hl. Ursula und ihrem Gefolge in Köln das Martyrium erlitten haben, während der Stab mit dreifachem Kreuz, den er in der anderen Hand hält, gewöhnlich Attribut der Päpste ist. Der Nimbus ist nur in der Kreidevorzeichnung angelegt.

Anmerkung

1 Zu Pantalus, P. Stintzi, in: LCI, Band 8, 1976, Sp. 115; P.-O. Walzer, Vie des Saints du Jura, Réclère, 1979, S. 39 ff.

Lit.:

Photographie Braun, Nr. 16
Woltmann II, Nr. 83
Ganz 1937, S. 37, Nr. 159 (um 1520)
His 1886, S. XXV, Taf. 16
Ganz 1908, Taf. 35 (um 1520)
Knackfuss 1914, S. 31 f.
Glaser 1924, S. 30, Taf. 24
Cohn 1930, S. 11, 13 f., 60 f., 64 f., 98 (1521/22)
Schmid 1941/42, S. 267 ff.
Kat. 1960, Nr. 230 (um 1519/20)
Kat. Meisterz. Amerbach-Kab. 1962, Nr. 71 (um 1520)
P. O. Walzer, Vie des Saints du Jura. Réclère, 1979, Taf. 28
Klemm 1980, S. 15, 69, Abb. S. 17 (1519/20)

Nr. 11

Nr. 12

13

Scheibenriss mit der Hl. Anna Selbdritt

Hans Holbein d.J.

Inv. 1662.22 (Gegenstück zu Inv. 1662.23)

Feder (schwarz), grau laviert, über Kreidevorzeichnung
545×377 mm
Wz.: Zweimal Hohe Krone; vgl. Anhang, Wz. Nr. 2
L. u. Nr. 20; Farbangaben
Aus zwei Bögen zusammengesetzt und auf Papier aufgezogen; unten etwa 45 mm beschnitten; waager. und senkr. Falten; Papier gebräunt, fleckig und berieben; Stockflecken; in der Mitte Fehlstelle
Herkunft: Amerbach-Kabinett, Inv. F: «Item St. Anna getuscht»

Wie auf der *Hl. Familie* (Nr. 24) fügt Holbein der Anna Selbdritt einen Löwenkämpfer, vielleicht Samson hinzu; ihm gegenüber steht ein Gewappneter, der eine Fackel hält. Verwandte, ikonographisch nicht genau bestimmbare Figuren, sind auch auf dem Gegenstück, dem Blatt mit der Hl. Barbara zu finden. Der Krieger könnte von Mantegnas *Triumphzug Cäsars* angeregt sein.

Lit.:
Photographie Braun, Nr. 17
Woltmann II, Nr. 84
Ganz 1937, S. 38, Nr. 162 (um 1520)
Knackfuss 1914, S. 31 f., Abb. 25
Stein 1929, Abb. 59
Cohn 1930, S. 11, 57 ff., 98 (1519/20)
Schmid 1941/42, S. 256, 267 ff., Abb. 4, 32 (jeweils Detail): 1519
Kat. 1960, Nr. 223 (um 1519/20)

14

Scheibenriss mit der Hl. Barbara

Hans Holbein d.J.

Inv. 1662.23 (Gegenstück zu Inv. 1662.22)

Feder (schwarz), graubraun laviert, über Kreidevorzeichnung
592×377 mm
Wz.: Zweimal Hohe Krone; vgl. Anhang, Wz. Nr. 2
Farbangaben
Aus zwei Bögen zusammengesetzt und auf Papier aufgezogen; waager. und senkr. Falten; an den Rändern, besonders an den Ecken eingerissen und Fehlstellen, alt hinterlegt; Papier gebräunt, zum Teil stark berieben und stockfleckig
Herkunft: Amerbach-Kabinett, Inv. F: «Item ein heilige jungf. mit einem kelch»

Deutlicher als auf der Zeichnung mit der Hl. Anna Selbdritt ist in der Architektur eine Anregung von Burgkmairs Holzschnittfolge der sieben Planeten zu spüren. So erinnert der Sockel, auf dem die Heilige steht mit dem vegetabilischen Schmuck an die Sockel der Planeten (Abb.). Die Ornamente an den Kapitellen, die Holbein als Flachreliefs charakterisiert, und das Blattornament in den Zwickeln der Bögen, finden sich ähnlich in den Holzschnitten Burgkmairs. Von diesen Blättern könnte auch die Gestaltung der Arkaden mit dem Wechsel zwischen weiten und engen Bögen, die auf dem gleichen Kapitell ansetzen, angeregt sein.

Barbara hält Kelch und Hostie und weist damit auf ihre Rolle als Nothelferin in der Sterbestunde hin. Sie gehört zu den Vierzehn Nothelfern und zu den Vier Hl. Jungfrauen.

Für die Hl. Gundula im *Hortulus animae* dürfte Holbein auf den Riss mit der Hl. Barbara zurückgegriffen haben[1].

Anmerkung
1 Meister CV; Koegler 1943, L

Lit.:
Photographie Braun, Nr. 18
Woltmann II, Nr. 85
Ganz 1937, S. 38, Nr. 163 (um 1520)
Knackfuss 1914, S. 31 f., Abb. 27
Stein 1929, Abb. 60
Cohn 1930, S. 11, 57 ff., 98 (1519/20)
Schmid 1941/42, S. 267 ff., Abb. 21 (Detail): 1519/20
Kat. 1960, Nr. 224 (um 1519/20)

Hans Burgkmair, Der Planet Venus. Holzschnitt (B. 45)

Nr. 13

Nr. 14

15

Scheibenriss mit dem Hl. Johannes dem Täufer — Hans Holbein d. J.

Inv. 1662.24 (Gegenstück zu Inv. 1662.25)

Feder (schwarz), grau laviert, über Kreidevorzeichnung
549×377 mm
Wz.: Zweimal Hohe Krone; vgl. Anhang, Wz. Nr. 2
L. u. Nr. 17; Farbangaben
Aus zwei Bögen zusammengesetzt und auf Karton aufgezogen; unten etwa 50 mm beschnitten; Quetschfalten; an den Rändern eingerissen und Fehlstellen, alt hinterlegt und retouchiert; Papier gebräunt und stockfleckig
Herkunft: Amerbach-Kabinett, Inv. F: «Item der heilige Apostel Johannes»

Der Prophet und Bussprediger, dessen Fellgewand auf sein asketisches Leben anspielt, hält ein Buch und weist mit der Rechten auf das Lamm Gottes und damit auf die Erfüllung des Wortes in Christus hin. Kreuz und Fahne sind Siegeszeichen des Opfertodes Christi.

Das Wappen, Sparren und Kreuzspitze über Dreiberg, begleitet von zwei fünfblättrigen Rosen, konnte bisher nicht identifiziert werden.

Lit.:
Photographie Braun, Nr. 19
Woltmann II, Nr. 86
Ganz 1937, S. 38, Nr. 164 (um 1520)
Cohn 1930, S. 10 f., 98 (1519/20)
Schmid 1941/42, S. 267 ff. (um 1519/20)
Kat. 1960, Nr. 225 (1519/20)

16

Scheibenriss mit der Hl. Katharina von Alexandrien

Hans Holbein d.J.

Inv. 1662.25 (Gegenstück zu Inv. 1662.24)

Feder (schwarz), grau laviert, über Kreidevorzeichnung
605×373 mm
Wz.: Zweimal Hohe Krone; vgl. Anhang, Wz. Nr. 2
Farbangaben
Aus zwei Bögen zusammengesetzt und auf Papier aufgezogen; Knitter- und Quetschfalten; Papier am Kopf der Katharina (alt) eingesetzt; am linken Rand Fehlstelle, alt hinterlegt; Papier gebräunt und stockfleckig
Herkunft: Amerbach-Kabinett, Inv. F: «Item ein heilige Jungf. mit einem Schwerdt»

Als jungfräuliche Königstochter ist Katharina mit Krone und offenem Haar dargestellt. Schwert und Rad weisen auf ihr Martyrium hin. Wie Barbara (Nr. 14) gehört sie zu den Vier Hl. Jungfrauen und zu den Vierzehn Nothelfern. Das eingesetzte Papier am Kopf der Heiligen ist eine Korrektur Holbeins.

Die Hl. Apollonia im *Hortulus animae* ähnelt in der Körperhaltung und der Bewegung des Gewandes der Hl. Katharina (Abb.)[1].

Meister CV, Die Hl. Apollonia, Metallschnitt

Anmerkung
1 Meister CV; Koegler 1943, XLVI

Lit.:
Photographie Braun, Nr. 20
Woltmann II, Nr. 87
Ganz 1937, S. 38, Nr. 165
Cohn 1930, S. 10 f., 58, 98 (1519/20)
Schmid 1941/42, S. 267 ff., 280, Abb. 30 (1519/20)
Koegler 1943, S. 178, 224 (nach 1523)
Kat. 1960, Nr. 226 (1519/20)

Nr. 15

Nr. 16

17

Scheibenriss mit dem Hl. Andreas

Hans Holbein d. J.

Inv. 1662.26 (Gegenstück zu Inv. 1662.27)

Feder (schwarz), grau laviert, über Kreidevorzeichnung
556×371 mm
Wz.: Zweimal Hohe Krone; vgl. Anhang, Wz. Nr. 2
L. u. Nr. 18; r. u. Nr. 62; Farbangaben
Papier aus zwei Bögen zusammengesetzt und auf Papier aufgezogen; unten etwa 45 mm beschnitten; waager. und senkr. Mittelfalte; an den Rändern eingerissen; Papier gebräunt und stockfleckig
Herkunft: Amerbach-Kabinett, Inv. F: «Item 2 heilige manner getuscht»

Andreas, als erster von Christus zum Jünger berufen, erlitt sein Martyrium am Kreuz. Der Hl. Andreas im *Hortulus animae* erinnert zwar noch an den Heiligen auf unserer Zeichnung, ist jedoch auf dem Metallschnitt in Ausdruck und Bewegung gesteigert, vor allem durch die diagonale Drehung des grossen Kreuzes (Abb.)[1].

Meister CV, Der Hl. Stephanus. Metallschnitt

Anmerkung

1 Meister CV; Koegler 1943, LVIII

Lit.:

Photographie Braun, Nr. 21
Woltmann II, Nr. 88
Ganz 1937, S. 38, Nr. 160 (um 1520)
Ganz 1908, S. 23 f., Taf. 8 (wahrscheinlich 1519)
Cohn 1930, S. 11, 76, 98 (1519/20)
Schmid 1941/42, S. 267 ff. (1519/20)
Kat. 1960, Nr. 227 (1519/20)

18

Scheibenriss mit dem Hl. Stephanus

Hans Holbein d. J.

Inv. 1662.27 (Gegenstück zu Inv. 1662.26)

Feder (schwarz), grau laviert, über Kreidevorzeichnung
540×369 mm
Wz.: Zweimal Hohe Krone; vgl. Anhang, Wz. Nr. 2
L. u. Nr. 24; r. u. Nr. 63; Farbangaben
Papier aus zwei Bögen zusammengesetzt und auf Papier aufgezogen; unten etwa 50 mm beschnitten; waager. und senkr. Falten; Quetsch- und Knitterfalten; Papier gebräunt; Tinten- und Stockflecken
Herkunft: Amerbach-Kabinett, Inv. F: «Item 2 heilige manner getuscht»

Stephanus, einer der von den Aposteln in Jerusalem geweihten Diakone, hält in seiner gerafften Dalmatika Steine, die auf sein Martyrium hinweisen. Auf Befehl des Hohen Rates in Jerusalem wurde er wegen seiner christlichen Lebensführung verurteilt und gesteinigt.

Den Hl. Stephanus im *Hortulus animae* hat Holbein unmittelbar nach dem Stephanus unseres Risses gezeichnet (Abb.)[1].

Anmerkung
1 Meister CV; Koegler 1943, LXIII

Lit.:
Photographie Braun, Nr. 22
Woltmann II, Nr. 89
Ganz 1937, S. 38, Nr. 161 (um 1520)
Ganz 1908, S. 23 f., Taf. 8 (wahrscheinlich 1519)
Cohn 1930, S. 11, 76, 98 (1519/20)
Schmid 1941/42, S. 267 ff. (1519/20)
Kat. 1960, Nr. 228 (1519/20)

Meister CV, Der Hl. Stephanus. Metallschnitt

Nr. 17

Nr. 18

Drei Scheibenrisse für das Maria Magdalenenkloster in Basel

Hans Holbein d.J. – Umkreis

Die drei etwa gleich grossen Scheibenrisse mit dem Wappen des Dom- und Freiherren Wolfgang von Hewen, dem Wappen derer von Andlau und mit der Hl. Richardis, sowie eine Scheibe mit dem Wappen des Abtes Georg von Murbach im Historischen Museum Basel (Abb.), von deren nicht erhaltenem Riss eine Teilwiederholung im Kupferstichkabinett Basel aufbewahrt wird[1], gehören zu einer Scheibenfolge, die Major mit Schenkungen für das 1520 erneuerte Refektorium der Reuerinnen im Maria Magdalenenkloster in Basel in Verbindung bringen konnte.

Bis heute gelten die Risse als eigenhändig, nur Woltmann und Ganz (1903) äusserten bei dem Riss mit dem Andlau-Wappen Zweifel und wiesen ihn der Holbeinschule zu. Später führt Ganz (1937) jedoch sämtliche Risse unter den eigenhändigen Arbeiten auf.

Cohn (1930) beobachtete bei diesen Rissen einen «Wandel der Zeichentechnik» und bildete für sie eine eigene Gruppe, die er mit «Die derbe Manier» überschrieb. Dieser Gruppe fügte er 1939 weitere, nach angeblichen Entwürfen von Holbein ausgeführte Scheiben hinzu, die er als «spätgotisch-barockes Intermezzo» Holbeins charakterisierte. Im Vergleich zu den etwa gleich grossen Rissen für vier Doppelscheiben (Nr. 11–18) ist der Strich wuchernd, weniger präzise, auch unsicher. Die Lavierung ist nasser aufgetragen und weniger differenziert. Unterschiedlich ist auch das Verhältnis von Architektur und Ornament. Im Gegensatz zum klaren Aufbau von Holbeins Architekturkulissen, treten einzelne Schmuckmotive, Säulenstümpfe, Schilder oder schwere hängende Ketten in den Vordergrund. Der Zeichner wechselt die Farbmittel, verwendet dunkelbraune und graue Tinte, um die sich in der Fläche entfaltenden Architekturmotive und Ornamente voneinander abzuheben.

Schliesslich wirken die Figuren zum Teil unproportioniert und verzeichnet, etwa die Engel auf dem Riss mit der Hl. Richardis oder die Halter der Schrifttafel auf dem Hewen-Riss. Die von Woltmann und Ganz geäusserten Zweifel an der Eigenhändigkeit des Andlau-Risses erscheinen nach diesen Beobachtungen nicht unberechtigt und treffen auch auf die beiden anderen Risse zu. Der Zeichner dürfte jedoch im Umkreis Holbeins tätig gewesen und von dessen Scheibenrissen angeregt worden sein.

Wappenscheibe des Abtes Georg von Murbach.
Basel, Historisches Museum

Anmerkung

1 Historisches Museum Basel, Inv. Nr. 1935.479; Kat. 1960, Nr. 154; Basel, K.K., Inv. U.II.10, Feder (schwarz), grau und z. T. olivgrün laviert, über Kreidevorzeichnung Wz.: Zweimal Laufender Bär, Lindt 26 und 27

Nr. 19

19

Scheibenriss mit dem Wappen des Ritters Hartung von Andlau oder dessen Sohnes Philipp Jakob

Hans Holbein d.J. - Umkreis

Inv. U.II.7

Feder und Pinsel (braun und grau), grau laviert, über Kreidevorzeichnung
596×523 mm
Wz.: Ochsenkopf, Variante von Piccard 1966, VII, 836
L. u. Nr. 13
Aus zwei Bögen zusammengesetzt und auf Papier aufgezogen; waager. und senkr. Mittelfalte, mehrere waager. Quetschfalten; an der Schrifttafel Fehlstelle, in neuerer Zeit ergänzt; stellenweise stark berieben; mehrere braune Flecken
Herkunft: Amerbach-Kabinett, Inv. F: «Item iii Alte Adelliche Waapen»

Neben der Helmzier hängen ein Fisch und ein Falke, es ist das Abzeichen der schwäbischen Fisch- und Falkenturniergesellschaft, die sich 1484 zusammengeschlossen hatte. Unten wird das Wappen jeweils von den Schiffen der Fortuna flankiert. In den Schiffen stehen eine Frau und ein Mann, die die Schiffe an einem Seil zu halten versuchen, das mit dem Wappen verbunden ist. Sehr wahrscheinlich sind damit die Eheleute gemeint, die mit diesem Sinnbild den Wunsch nach Dauerhaftigkeit der ehelichen Verbindung zum Ausdruck bringen[1].

Anmerkung

1 P. Ganz, Die Abzeichen der Ritterorden. In: Schweizer Archiv für Heraldik XIX, 1905, S. 28–37, 31; zum Schiff der Fortuna: A. Doren, Fortuna im Mittelalter und in der Renaissance. Vorträge der Bibliothek Warburg 1922/23, S. 71–144, 134 und Tafel VI, Abb. 14

Lit.:

Woltmann II, S. 116, nicht eigenhändig
Ganz 1937, S. 44, Nr. 188 (1519/20)
P. Ganz, Hans Holbein d.J. Einfluss auf die schweizerische Glasmalerei. In: Jb. preuss. Kslg. XXIV, 1903, S. 201, Fig. 1 (Holbein-Schule)
Schmid 1924, S. 339
Cohn 1930, S. 2, 8 f., 82, 97 (1519/20)
Cohn 1939, S. 116
Major 1943, S. 46 f., Abb. b
Kat. 1960, Nr. 232

20

Scheibenriss für den Dom- und Freiherren Wolfgang von Hewen

Inv. 1662.28

Hans Holbein d.J. – Umkreis

Feder (braun), grau laviert, über Kreidevorzeichnung
597×533 mm
Wz.: Ochsenkopf, Variante von Piccard 1966, VII, 836
L. u. Nr. 15; auf den Täfelchen in den o. Ecken l.: MERCHURIUS EIN PLONET; r.: ANNO DOMINI MDXX H; auf dem rechten Spangenhelm: DHIO EQU, wahrscheinlich die Devise des Stifters Wolfgang von Hewen: MODIO (A)EQUO (mit gerechtem Mass); am r. u. Rand war früher zu lesen: d(er) he(r) von hewen
Aus zwei Bögen zusammengesetzt und auf Papier aufgezogen; waager. und senkr. Mittelfalten; teilweise gerissen; an den Rändern mehrere kleine Risse und Ausbrüche; in neuerer Zeit an der rechten Seite etwa 6 mm beschnitten; etwas stockfleckig
Herkunft: Amerbach-Kabinett, Inv. F: «Item iii Alte Adeliche Waapen»

Im Historischen Museum Basel werden Fragmente der nach unserem Riss ausgeführten Scheibe aufbewahrt[1]. Die Schrifttafel, die unten von zwei Kriegern gehalten wird, trägt den Namen des Stifters Wolfgang Freiherr von Hewen und Hohentrins und das Datum 1520.

Auf den vorderen Säulen steht links der Planet Merkur, ihm gegenüber Saturn. Sie könnten auf Wohlstand, irdisches Glück und Reichtum, mit Saturn als Zeitgott auf die Vergänglichkeit anspielen.

Anmerkung

1 Historisches Museum Basel, Inv. Nr. 1920.224; Kat. 1960, Nr. 152

Lit.:

Woltmann II, Nr. 49
Ganz 1937, S. 44, Nr. 187
Handz. Schweizer. Meister III, Taf. 24
Schmid 1924, S. 339
G. Dehio, Geschichte der deutschen Kunst. Bd. 3, Bildband. Berlin/Leipzig, 1926, S. 158, Abb. 182
Cohn 1930, S. 2, 8, f., 74 f., 97
C. Knetsch, Die Wappengleichheit der Freiherren von Hewen und der Grafen von Ziegenhain. In: Schweizer Archiv für Heraldik, 1930, S. 36–39
Muchall-Viebrook 1931, S. 163
Cohn 1939, S. 116, Plate A.
Schmid 1941/42, S. 268, Abb. (Detail) S. 272, Nr. 17
Major 1943, S. 40 ff., Abb. c
Kat. 1960, Nr. 231
E. Landolt. In: Kat. Stimmer 1984, Nr. 295

Nr. 20

Nr. 21

21

Scheibenriss mit der Hl. Richardis

Hans Holbein d.J. – Umkreis

Inv. 1662.29

Feder (schwarz und braun), grau laviert, in der Landschaft etwas grün und rot aquarelliert, über Kreidevorzeichnung
593×525 mm
Wz.: Ochsenkopf, Variante von Piccard 1966, VII, 836
Auf dem Nimbus: S. RIGARDIS VIRGO; l.u. Nr. 10
Aus zwei Bögen zusammengesetzt und auf Papier aufgezogen; waager. und senkr. Mittelfalten, gerissen; an den Rändern mehrfach eingerissen, rechts zwei grössere Fehlstellen; Stockflecken
Herkunft: Amerbach-Kabinett, Inv. F: «Item Sancta Virgo Rigard(is)»

Richardis ist die Gründerin des Klosters Andlau bei Schlettstadt im Elsass. Im Jahr 862 wurde sie die Gemahlin Kaiser Karls des Dicken. Als sie des Treuebruches mit dem Kanzler Liutward beschuldigt wurde, legte sie zum Beweis ihrer Unschuld die Feuerprobe ab und zog sich in das von ihr gegründete Kloster zurück. Um den Hals trägt sie auf unserer Zeichnung ein grosses Kreuz. Es enthielt Splitter vom Kreuz Christi und war ein Geschenk, das sie auf einer Pilgerfahrt nach Rom und Jerusalem erhalten hatte. Der Bär neben ihr spielt auf die Gründungslegende des Klosters an, er kratzte an der Stelle den Boden auf, an der das Kloster errichtet werden sollte. Rechts im Vordergrund kniet die kleine Figur der Stifterin der Scheibe. Nach Major könnte es die Gattin des Ritters Zorn von Bulach gewesen sein, die sich ihrer Schutz- und Namenspatronin zuwendet.

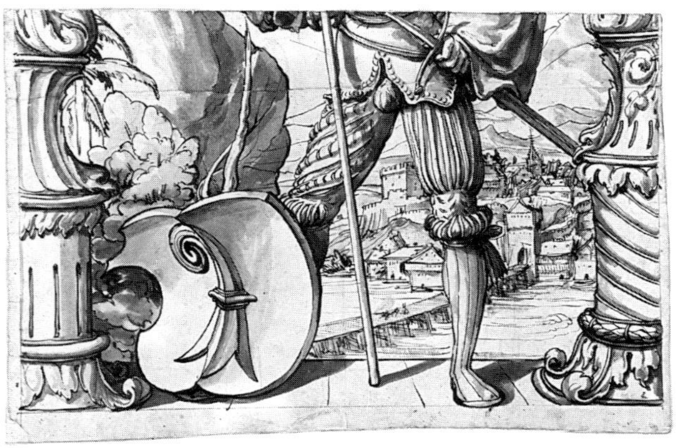

Hans Holbein d.J. – Umkreis, Fragment eines Scheibenrisses mit dem Wappen von Basel. Eigentum der Schweizerischen Eidgenossenschaft, deponiert im Bernischen Historischen Museum Bern

Fragmente der nach dem Riss ausgeführten Scheibe befinden sich im Historischen Museum Basel[1].

Stilistisch nahe steht der Gruppe das Fragment eines Scheibenrisses aus der Sammlung Wyss im Historischen Museum Bern, auf dem ein Soldat den Schild mit dem Baslerstab bewacht (Abb.)[2]. Verwandt erscheint der wuchernde Strich und die flüssig und detailreich gezeichnete Landschaft mit einer Stadt an einem Fluss. Beinahe an gleicher Stelle kehrt dort ein mit schlaufenförmigen Umrissen gezeichneter Busch wieder. Vorbild für die Landschaft in beiden Rissen und für die Figur der Richardis könnten Scheibenrisse Hans Holbeins gewesen sein, etwa die *Krönung Mariens* (Nr. 10).

Anmerkungen

1 Historisches Museum Basel, Inv. Nr. 1920.225; Kat. 1960, Nr. 153

2 Bern, Historisches Museum, Sammlung Wyss, Nr. I, 13 a; Kat. 1960, Nr. 235. Feder (schwarz), grau laviert und aquarelliert; 242×382 mm; Wz.: Achtblättrige Blume, vgl. Kat. Falk, III, 1, Wz.-Tafel II, 5, 6

Lit.:
Woltmann II, Nr. 50
Ganz 1937, S. 37, Nr. 157 (1519/20)
Schneeli 1896, S. 91, Taf. X
Schmid 1924, S. 339
Cohn 1930, S. 2, 10, 97 (1519/20)
Cohn 1939, S. 116, Plate I, D
Schmid 1941/42, S. 268
Major 1943, S. 44 ff., Abb. a
Kat. 1960, Nr. 233
P. Stinzi, in: LCI, Bd. 8, 1976, Sp. 268, Abb.

22

Maria mit dem Kind unter einem Renaissanceportikus. Scheibenriss

Inv. 1662.36

Hans Holbein d.J. – Werkstatt

Feder (schwarz), grau laviert, über Kreidevorzeichnung; aquarelliert und stellenweise mit Deckweiss gehöht
422×466 mm
Wz.: Achtblättrige Blume, nicht bei Briquet (Kat. Falk III, 1, Wz.-Taf. II, 5,6)
Im Medaillon links spiegelbildlich: MUCIUSZEF
Auf Karton aufgezogen; unten möglicherweise 4–5 cm beschnitten; zwei senkr. Mittelfalten; an den Rändern mehrere kleine Risse und Fehlstellen; etwas fleckig
Herkunft: Amerbach-Kabinett

Der Riss lässt sich mit einem verlorenen Glasgemälde in Zusammenhang bringen, das zu einem Scheibenpaar im Kreuzgang des ehemaligen Zisterzienserklosters Wettingen im Kanton Aargau gehörte. Dort ist noch die rechte Scheibe mit Kaiser Heinrich II. erhalten (Abb.). Die Scheiben sind Stiftungen des Standes Basel und zeigen die Patrone des Münsters und der Stadt, links Maria mit dem Kind und rechts den Hl. Kaiser Heinrich II., der als Stifter des Münsters das Kirchenmodell hält[1]. Vor ihm befindet sich das Wappen des Standes Basel. Auf dem Pfeiler links neben Maria weist ein Medaillonbildnis auf den Gründer der Stadt, Lucius Munacius Plancus hin. Die als Gegenstücke komponierten Scheiben knüpfen mit ihrer Rahmenarchitektur an die Risse für vier Doppelscheiben an (Nr. 11–18) und dürften etwa gleichzeitig wie diese, um 1519 entstanden sein. Während die Scheibe mit Kaiser Heinrich auf einen verlorenen, sehr wahrscheinlich eigenhändigen Riss Holbeins zurückgeht, sind perspektivische Unsicherheiten, die räumlich weniger überzeugende Architektur und die etwas missglückten Proportionen der Figur Mariens Hinweise darauf, dass unsere Zeichnung eine Werkstattarbeit ist; möglicherweise die Wiederholung eines eigenhändigen Risses von Holbein. Der weniger bestimmte Strich und die flüssig aufgetragene Lavierung sprechen ebenfalls gegen Holbein. Mit Ausnahme Woltmanns, der den Riss noch unter den Originalen aufführte, wird er in der Literatur übereinstimmend als nicht eigenhändig eingestuft.

Im Hintergrund ist vor bergiger Kulisse eine Ansicht von Basel zu sehen, links neben Maria der Dachreiter der Clarakirche in Kleinbasel, rechts die Rheinbrücke, das Rheintor, der Salzturm und die Martinskirche, sowie das Dach des Rathauses.

Anmerkung

1 Herrn Dr. B. Anderes, Rapperswil, der eine Publikation der Glasgemälde in Wettingen vorbereitet, liess mich seine Manuskripte einsehen. Nach B. Anderes beruht der Hinweis von Lehmann (ebenso E. Treu in Kat. 1960, Nr. 151), dass sich Fragmente der zerstörten Scheibe mit Maria in einer Scheibe des Klosters St. Blasien von etwa 1560/70 (jetzt im Schloss Lenzburg AG) erhalten hätten, auf einem Irrtum.

Lit.:

Photographie Braun, Nr. 67
Woltmann I, S. 143; II, S. 102, Nr. 29
Ganz 1937, S. 81, Nr. C 19 (Kopie nach Original von 1519/20)
Liebenau 1888, S. 48 (Hintergrund Luzern)
Handz. Schweizer Meister I, Taf. 53 a (Werkstattzeichnung um 1518/19)
G. Schoenberger, Die neuen Zeichnungen Matthias Grünewalds. In: Oberrheinische Kunst I, 1925/26, S. 232 f., Taf. 104, Abb. 2 (Kopie; Original von Grünewald beeinflusst)
Kat. 1960, Nr. 217, Abb. 53

Nr. 22

Der Hl. Kaiser Heinrich II. Scheibe des Standes Basel im Kreuzgang des ehemaligen Zisterzienserklosters Wettingen

23

Kreuztragung Christi

Inv. 1662.129

Hans Holbein d. J.

Feder und Pinsel (schwarz), grau laviert, weiss gehöht, auf grau grundiertem Papier
180×245 mm
Wz.: Laufender Bär, Lindt 17
Auf Papier aufgezogen; an den Ecken und den Rändern mehrere kleine Löcher
Herkunft: Amerbach-Kabinett, Inv. F: «Item die außfuehrung Christi in quart getuscht 1 nachtstuckh»

Ganz bringt die Zeichnung mit der unvollständig erhaltenen Folge gemalter Passionsszenen auf Leinwand im Kunstmuseum Basel in Zusammenhang und vermutet in ihr den Entwurf für eines der verlorenen Bilder. Zuletzt hat Rowlands die Folge dem Basler Maler Hans Dig zugeschrieben und damit die These von Maurer aufgegriffen, nach der die 1516 von Hans Dig für die Peterskirche bezeugten Passionsbilder mit der genannten Folge identisch sein könnten. Maurer dachte an eine Mitarbeit der Brüder Hans und Ambrosius Holbein[1].

Ganz und Schmid hatten angenommen, dass die Entwürfe zu dieser Folge von Hans Holbein d. J. stammen könnten, und dass an der Ausführung der Bilder mehrere Hände beteiligt gewesen seien. Sie könnten, so Ganz, in der Werkstatt Hans Herbsts mit Beteiligung der Brüder Hans und Ambrosius gemalt worden sein[2]. Koegler glaubte, in unserer Zeichnung noch den Einfluss Herbsts spüren zu können. Immerhin werden *Abendmahl* und *Geisselung* im Amerbach-Inventar von 1586 als frühe Arbeiten von Hans Holbein genannt.

An unsere Zeichnung erinnern einzelne Figuren und Gesichtstypen, ferner die expressiven und in den Proportionen übersteigerten Gestalten. Ähnliche, gedehnt und gedreht wirkende Körper, wie etwa der Scherge auf der *Kreuztragung* vorne, der Christus am Seile zieht, finden sich auf der *Geisselung* wieder. Doch bleibt es fraglich, in welchem Masse Holbein an der gemalten Passionsfolge beteiligt war.

Die Zeichnung wirkt insgesamt etwas hart und eckig. Noch während der Ausarbeitung mit dem Pinsel hat Holbein Korrekturen vorgenommen und z. B. das Bein des sich auf der linken Seite über den Kreuzesstamm beugenden Mannes (Simon ?) zu tilgen versucht. Dort finden sich in der räumlichen Anordnung der dicht beieinanderstehenden und nach rechts drängenden Menschenmenge weitere kompositionelle Unklarheiten.

Hans Holbein d. J., Christus in der Rast. 1519.
Berlin, SMPK, Kupferstichkabinett

Thematisch verwandt ist die 1519 datierte Zeichnung auf ockerfarben grundiertem Papier in Berlin, die *Christus in der Rast* zeigt (Abb.)[3]. Holbein modelliert hier feiner, verwendet das Deckweiss nuancenreicher, zeichnet mit feinsten Pinselstrichen und setzt sorgfältig dünne Schraffuren. Die Basler Kreuztragung kommt in ihrer etwas härteren und flächiger wirkenden Weisshöhung der *Maria auf der Bank mit dem Christuskind* in Leipzig näher, eine Zeichnung auf graugrundiertem Papier, die wie das Berliner Blatt 1519 datiert ist (Abb. S. 95). Der Körper des Christuskindes wirkt in den Proportionen etwas unsicher, ein Phänomen, das den Figuren der *Kreuztragung* in Basel verwandt ist. Eine frühere Datierung um 1517, welche

Hans Holbein d. J., Christus unter dem Kreuz. Holzschnitt

Nr. 23

die meisten Autoren vorgeschlagen haben, erscheint deshalb nicht zwingend. Für eine Datierung um 1519, die Reinhardt und Cohn vertreten, spricht auch das Wasserzeichen, das Lindt für das Jahr 1520 nachweist. Nicht zu überzeugen vermag der Vorschlag Saxls, der in der *Kreuztragung* die Nachzeichnung eines Werkstattgehilfen nach Holbeins Holzschnitt mit dem gleichen Thema von etwa 1522 sieht (Abb.)[4].

Das Motiv des sich auf durchgedrückten Armen aufstützenden Christus könnte von Dürers *Kreuztragung* der *Kleinen Holzschnittpassion* (M. 146) angeregt sein.

Anmerkungen

1 Vgl. Rowlands 1985, S. 23 f., Cat R. 13 und Plates 220–224; dagegen L. Campbell, Rezension Rowlands, in: Burl. Mag., CXXVIII, Febr. 1986, S. 149–151, 150
2 Ganz 1950, Kat. 4–6
3 Berlin, SMPK, K.K. Ganz 1937, S. 97, Nr. 466; Kat 1960, Nr. 211
4 Kat. 1960, Nr. 381

Lit.:

Photographie Braun, Nr. 54
Woltmann II, S. 105, Nr. 51
Ganz 1937, S. 23, Nr. 103 (gegen 1517)
Handz. Schweiz. Meister III, Taf. 8
Chamberlain 1913, I, S. 42 ff.
Knackfuss 1914, S. 85 ff., Abb. 73
Koegler 1923, S. 452
P. Ganz, Holbein. In: Burl. Mag., XLVII, 2, 1925, S. 230–245, S. 235 und Plate III G
F. Saxl, Holbein. In: Burl., Mag., XLVIII, 1926, 1, S. 54
Stein 1929, Abb. 21
W. Hugelshofer, A set of drawings of the Apostles by Hans Holbein the Younger. Old Master Drawings, vol. 4, 1930, S. 1–3, 3
Muchall-Viebrook 1931, S. 163
Cohn 1932, S. 1–2, 1
Cohn 1939, S. 116
Schmid 1941/42, S. 251 f. und Abb. 2 (um 1521)
Schmid 1945, S. 23, Abb. 15; 1948, S. 157
Kat. 1960, Nr. 208, Abb. 82 (um 1517/18)
M. Pfister-Burkhalter, Zu Holbeins früher Christusdarstellung. In: Die Schweizerin, 48, 1961, S. 176–184, Abb. 2
H. Reinhardt, Huit dessins de Hans Holbein le jeune. In: Revue du Louvre, 11, 1961, S. 177–184, S. 182 (1519)
F. Maurer, Die Kunstdenkmäler des Kantons Basel-Stadt, Bd V, Basel 1966, S. 454 und Anm. 4
Rowlands 1985, S. 126, bei Cat. 5
J. E. von Borries, Rezension Rowlands 1985, in: Kunstchronik 1988, 3, S. 125–131, S. 127 f. (schon wegen ihrer ausgeprägten Linkshändigkeit zweifelsfrei Holbein d. J.)

24

Die Heilige Familie

Hans Holbein d. J

Inv. 1662.139

Feder und Pinsel (schwarz), grau laviert und weiss gehöht, auf rotbraun grundiertem Papier
427×308 mm
Kein Wz.
Im Tympanon: HANS HOL
Auf Papier aufgezogen; waager. Mittelfalte, zum Teil gerissen; r. o. Ecke abgerissen; am oberen Rand kleiner Riss und Fehlstellen
Herkunft: Amerbach-Kabinett, Inv. F: «Item ein Marienbildt mit dem Kindl Jesu sampt seinem Pflegvatter Joseph»

Holbein setzt die Heilige Familie, Anna und Maria mit dem Kind, Joachim und Josef, vor eine reich geschmückte Nischenarchitektur. Einerseits erinnert diese an ein von Säulen gerahmtes Kirchenportal, andererseits an eine Altarnische. So ist denn auch nicht zu entscheiden, ob die Szene in einem Innenraum spielt, der von einem steil einfallenden Licht (durch ein Fenster?) beleuchtet wird oder im Freien.

Reinhardt (1965, 1978) weist darauf hin, dass Holbein nicht, wie zumeist angenommen, Motive der Porta della Rana des Domes in Como aufgegriffen, sondern Anregungen aus Augsburg und von seinem Vater verarbeitet hat. In Betracht kommen die Reliefs von Hans Daucher, mit Darstellungen der *Maria in der Halle*. Das Historische Museum Basel besitzt eine zeitgenössische Abformung des 1518 datierten Reliefs im Kunsthistorischen Museum in Wien (Abb.). Ein gemeinsames Motiv sind die vorspringenden Säulen der Triumphbogenarchitektur und die mit Figuren geschmückten Säulenbasen, die möglicherweise auf die Rahmenarchitekturen in Hans Burgkmairs Folge der *Sieben Laster* zurückgehen (B. 55–61). Bushart

Die Heilige Familie in der Halle. 1518.
Zeitgenössischer Abguss nach einem Relief von Hans Daucher.
Basel, Historisches Museum

Hans Holbein d. Ä., Maria unter dem Portikus. 1515.
Privatbesitz

(1977) vermutet, dass Holbein d. Ä. mehrere Nachzeichnungen vom Grabmal des Dogen Andrea Vendramin in der Kirche S. Giovanni e Paolo in Venedig besessen hat, die ihm, ohne dass er selbst in Venedig gewesen sein müsste, durch andere Künstler in Augsburg vermittelt worden sein könnten, etwa durch Albrecht Dürer, Hans Burgkmair oder durch Hans Daucher, der sich in seinen Reliefs mit demselben Vorbild auseinandergesetzt haben dürfte. Jedenfalls wirkt dieses Vorbild bei Hans Holbein d. Ä. in seinen Bildern der *Maria unter dem Portikus* von 1515 (Abb.) oder in seinem *Lebensbrunnen* von 1519 in Lissabon nach[1]. Auch wenn Holbein d. J. diese Bilder nicht selbst gesehen haben sollte, könnte der Vater ihm diese Architekturmotive vermittelt haben.

Im Gegensatz zum strengen Aufbau des Madonnenbildes belebt Holbein d. J. seine Architektur nicht allein durch die Schrägstellung. Er rückt die vorgestellten Säulen nach aussen und lässt den Bogen auf dem nun sichtbaren Wandstück aufsetzen, sodass ein reicheres Profil mit Licht- und Schattenwirkung entsteht. Verwandt sind auch Einzelheiten der Ornamente. Ausserdem hat er, wie der Vater in seinem Marienbild, den Namen auf einem Täfelchen im Tympanon angebracht. Die beiden gefesselten, nackten Sklaven, die dort eine Vase flankieren, könnten ihr Vorbild in Ornamentstichen Nicoletto da Modenas haben[2].

Schon im Entwurf für das Erdgeschoss des Hertensteinhauses (Nr. 4) war Holbein zu einer ähnlichen Lösung gekommen. Dort ist im Tympanon rechts ein ausschreitender, nackter Mann in Rückenansicht zu sehen, der an den Fanfarenbläser im Tympanon auf unserer Zeichnung erinnert. Ähnliche Figuren hat er auch auf dem Relieffries im Porträt Benedict von Hertensteins von 1517 dargestellt (Rowlands 1985, Cat. 6), die auf Stiche nach Mantegnas *Triumphzug Caesars* zurückgehen dürften.

Dass Holbeins Architektur nicht «realistischen» Ansprüchen genügen soll, darauf deuten etwa die räumlich und perspektivisch gegeneinander versetzten Stufen und die letztlich unklare Anordnung der Steinbank mit ihrer merkwürdig erhöhten Sitzfläche. Es gibt auch keine einheitliche Perspektive, keinen Fluchtpunkt, in dem sich alle Linien treffen würden. Die Architektur ist konstruiert, zugleich aber auch nach dekorativen Gesichtspunkten geordnet. Variantenreich zeichnet Holbein die Ornamente und verwendet unterschiedlich geformte Säulen und Kapitelle. Selbst im Einsatz der zeichnerischen Techniken verrät sich eine ähnliche Haltung. Holbein erprobt in seiner Zeichnung, vor allem in den Figuren von Anna und Maria, komplizierte Körperhaltungen. Den Eindruck von Komplexität rufen auch die bewegten Gewänder hervor, die einerseits auf die Körper Rücksicht nehmen, sich andererseits aber im freien Spiel der Falten verselbständigen können, wodurch kein wirklich anatomisches Verhältnis zwischen Körper und Gewand entstehen kann. Zugleich unterwirft Holbein die Figuren der Perspektive, der Schräg- und Untersicht.

Nur partiell zeichnet Holbein mit der Feder, verstärkt Konturen oder strukturiert die Gewänder. Gleichberechtigt stehen daneben die mit dem Pinsel gezeichneten Bereiche, etwa im Gesicht und Profil der Anna oder an den Gewändern. Auch in der Architektur wechselt Holbein zwischen reiner Federzeichnung und Pinselzeichnung mit Lavierung und Weisshöhung. So werden Gebälk und Tympanon auf der linken Seite von unkörperlich und leicht wirkenden Linien bestimmt, während Holbein rechts mit dem Pinsel plastisch modelliert und dem Tiefensog nach rechts entgegenwirkt. Dieser gezielte Einsatz unterschiedlicher Techniken erlaubt es wohl nicht, von einer unfertigen Zeichnung zu sprechen (so Ganz und Chamberlain).

Für eine Datierung um 1518/19, die auch Bushart und Reinhardt (1978) vertreten, spricht die Nähe zum Entwurf für das Erdgeschoss des Hertensteinhauses in Luzern. Sie äussert sich z. B. in der Art, wie Holbein die Ornamente in kurzen, energisch-nervösen Strichen zeichnet. Für diese Datierung sprechen ferner der etwas artistische Charakter der Komposition mit den Schwierigkeiten, die Holbein bei der Bewältigung der komplizierten Körperbewegungen gehabt hat.

Mit dem Löwenkämpfer auf dem Gebälk rechts oben könnte Samson gemeint sein, der typologisch auf die Erlösung durch Christus anspielt.

Anmerkungen

1 Hierzu Bushart (1977), S. 52 ff.; zur «Maria unter dem Portikus», vgl. Rowlands 1985, Cat. R. 1. Das Datum auf dem Täfelchen könnte auch als 1519 gelesen werden. Vgl. I. Lübbeke, in Katalog «Altdeutsche Bilder der Sammlung Georg Schäfer Schweinfurt», Schweinfurt 1985, Nr. 16

Nr. 24

2 Vgl. A. M. Hind, Early Italian Engravings, Vol. VI, London, 1948, Pl. 691, Nr. 105 und 106.

Lit.:
Photographie Braun, Nr. 57
Woltmann II, Nr. 62
Ganz 1937, S. 24, Nr. 106 (um 1520)
Schmid 1900, S. 59, Abb. S. 57 (1521)
Handz. Schweizer. Meister II, Taf. 51 (um 1520/21)
Chamberlain 1913, S. 99 f., Pl. 34
Knackfuss 1914, S. 9, Taf. 16
Cohn 1930, S. 3, 60, 72 f., 76, 80, 98 (1521/22)
Schmid 1930, S. 44 f. (1521/22)
Muchall-Viebrook 1931, S. 163 (um 1520)
Schmid 1941/42, S. 261, Detailabb. 11 (1518/19)
Schmid 1945, S. 23, Abb. 12 (1518/19); 1948, S. 107 f.
Ueberwasser 1947, Nr. 18 (1521/22)
Waetzold 1958, Farbtaf. S. 56 (um 1520)
Kat. 1960, Nr. 216, Abb. auf Umschlag; vgl. ebenda E. Treu, Nr. 156 und 157 (1519/20)
Reinhardt 1965, S. 32 ff., 35, Abb. 5 (um 1520)
Wüthrich 1969, S. 777
Bushart 1977, S. 55 (1518/19)
Reinhardt 1978, S. 121, Abb. 6 (1518/19)

25

Maria zwischen Säulen

Inv. 1662.130

Hans Holbein d. J.

Feder und Pinsel (schwarz), dunkelgrau laviert, weiss gehöht, auf dunkelgrau grundiertem Papier
212×148 mm
Wz.: Traube, Variante von Briquet 13022
Alt aufgezogen, waager. Mittelfalte geglättet
Herkunft: Amerbach-Kabinett, Inv. F: «Item...zwey Marien bildlein mit kindlen : getuschte nachtstückhlein auff octav blettlenen»

Holbein verbindet in unserer Zeichnung das Thema der Maria lactans mit dem der erhöht thronenden Muttergottes. Im Vergleich zu der etwa gleich grossen, 1519 datierten Zeichnung einer Maria in Leipzig (Abb.), wirken die Falten des Gewandes kleinteiliger, knittrig und nervös, auf der Zeichnung in Leipzig dagegen weich und schwer[1]. Dort ist die Weisshöhung breit, auch flächig aufgetragen, während auf unserer Zeichnung feine Parallelschraffuren eine grössere Rolle spielen, ebenso sich kräuselnde Linien, die den Konturen des Gewandes folgen und auf die Kanten der Falten gesetzt sind. Auf der Zeichnung in Leipzig ist insgesamt der Anteil an modellierenden Schraffuren in Weiss und Schwarz grösser. Hier nähert sich Holbein der Zeichenweise der Dürer-Schule, etwa den Hell-Dunkel-Zeichnungen Hans Baldung Griens (vgl. Koch 39 und 39). Auf unserer Zeichnung fällt die Lavierung in abgestuften Grautönen mehr ins Gewicht.

Hans Holbein d. J., Sitzende Madonna mit Kind. 1519. Leipzig, Museum der bildenden Künste

Diese Unterschiede reichen jedoch nicht aus, um zwischen beiden Zeichnungen einen grösseren zeitlichen Abstand anzunehmen. Für eine etwas spätere Entstehung könnte die raffiniertere Art der Weisshöhung sprechen, ebenso die Untersicht und Schrägstellung, die grössere Anforderungen an den Zeichner gestellt haben wird. Doch hat sich Holbein schon um 1517/18 im Entwurf für das Wandbild der Leaina am Hertensteinhaus mit ähnlichen Problemen beschäftigt (Nr. 5).

Auf den ersten Blick wirkt die Architektur unfertig. Sie besteht im wesentlichen aus einem unmateriellen Liniengerüst, doch strebte Holbein keinen Abschluss an, in dem alle Teile gleichmässig ausgeführt sind (vgl. Nr. 24). So liess er das Kapitell auf der rechten Seite wohl auch aus kompositionellen Gründen weg und verstärkte damit den Eindruck grösserer Raumtiefe.

Im allgemeinen wird unsere Zeichnung zwischen 1519 und 1520 datiert. Ueberwasser schlägt 1518/19 vor und Schmid zieht das Jahr 1522 in Betracht. Eine Datierung um 1520 erscheint vertretbar.

Anmerkung

1 Leipzig, Museum der bildenden Künste, NI 25; Ganz (1937), S. 23, Nr. 104; Kat. 1960, Nr. 210 und Abb. 85

Lit.:

Photographie Braun, Nr. 54
Woltmann II, Nr. 52
Ganz 1937, S. 24, Nr. 107 (gegen 1520)
Schmid 1900, S. 59, Abb. S. 58 (um 1522)
Davies 1903, Abb. nach S. 224
Chamberlain 1913, S. 100
Knackfuss 1914, S. 85, Abb. 71
Glaser 1924, Nr. 17

Muchall-Viebrook 1931, S. 163
Reinhardt 1938, S. 118
Schmidt/Cetto, S. 45, S. XXXIV, Nr. 76
Ueberwasser 1947, Nr. 17
Kat. 1960, Nr. 215
Kat. Meisterz. Amerbach-Kab. 1962, Nr. 69 (um 1520)
Kat. Swiss Drawings, Nr. 30
Hugelshofer 1969, Nr. 42
Landolt, Hundert Meisterz. 1972, Nr. 73 (um 1520)
Klemm 1980, S. 27 f., 71, Abb. S. 26 (um 1520)

Nr. 25

26

Entwurf für das Aushängeschild eines Messerschmiedes

Inv. U.II.11

Hans Holbein d.J.

Feder (schwarz), grau laviert und weiss gehöht, auf grau grundiertem Papier
246×153 mm
Kein Wz.
An den Seiten vermutlich beschnitten; etwas berieben
Herkunft: Amerbach-Kabinett, Inv. F: «Item der Messerschmiden Wapen getuscht: in gedachter gröse»

Die Zeichnung könnte ein Entwurf für eine Wandmalerei oder ein Aushängeschild gewesen sein, den Holbein für einen Basler Messerschmied angefertigt hat. Das mit einer Linie eingefasste, innere Feld enthält das Abzeichen der Messerschmiede. Es besteht aus einer Krone, durch deren Öffnung zwei gekreuzte Schwerter gesteckt sind, zwischen denen ein Schweizerdolch steht. Das Zeichen, das häufig auch *Wappen der Messerschmiede* oder *die Krone* genannt wird, lässt sich mit kleinen Veränderungen, die vor allem die wiedergegebenen Waffen betreffen, in Deutschland und in der Schweiz nachweisen[1].

Ein steinerner Wappenschild[2] aus der zweiten Hälfte des 16. Jahrhunderts, mit dem Abzeichen der Messerschmiede, stammt aus dem 1914 abgebrochenen Haus «Zum Grossen Eglin», Eisengasse 6, aus einer Liegenschaft, in der sich vom 15. bis 17. Jahrhundert Messerschmiede nachweisen lassen[3]. Auch der Abdruck des Siegels der Messerschmiede von Basel, das zeitlich unserer Zeichnung nahe kommt, trägt auf einem Wappenschild die Messerkrone. Wie auf unserer Zeichnung steht zwischen den gekreuzten Schwertern ein Schweizerdolch[4].

Das Herz und das um die Klingenenden flatternde leere Spruchband – möglicherweise ein reines Ziermotiv – könnte auf einen bestimmten Meister, den Besteller der Zeichnung anspielen, der jedoch bisher nicht ausfindig gemacht werden konnte. Die über den oberen Rand des inneren Feldes ragenden Schwertgriffe werben sehr wahrscheinlich für die Fertigkeiten des Meisters und zeigen, dass er sehr verschiedenartige Griffe und Klingen herstellen konnte. Das Blatt fügt sich stilistisch zu der Gruppe der Hell-Dunkel-Zeichnungen, die Holbein um 1520 angefertigt hat. Für eine Entstehung zu Anfang der 20er Jahre sprechen auch die Grifftypen der auf dem Entwurf wiedergegebenen Waffen[5].

Anmerkungen

1 Neuhaus, S. 60 ff.
2 Basel, Historisches Museum, Inv. Nr. 1915.141
3 Historisches Grundbuch, Staatsarchiv. Für Hinweise danke ich Dr. U. Barth, Basel
4 Basel, Siegelsammlung des Staatsarchives
5 Seitz I, S. 135, Nr. 39, 40

Lit.:

Woltmann II, Anhang S. 116 (nicht eigenhändig)
Ganz 1937, S. 77, Nr. 460 (1519/20)
A. Neuhaus, Die Privilegien des Messerhandwerkes zu Nürnberg. Das «Wappen» der Messerer. In: Zeitschrift für historische Waffenkunde. N.F. 4, 1932, S. 60–65, S. 62, Abb. 5 (1528–1532)
Kat. 1960, Nr. 212
H. Seitz, Blankwaffen I. Braunschweig, 1965, S. 247 f., Abb. 161 (um 1530)

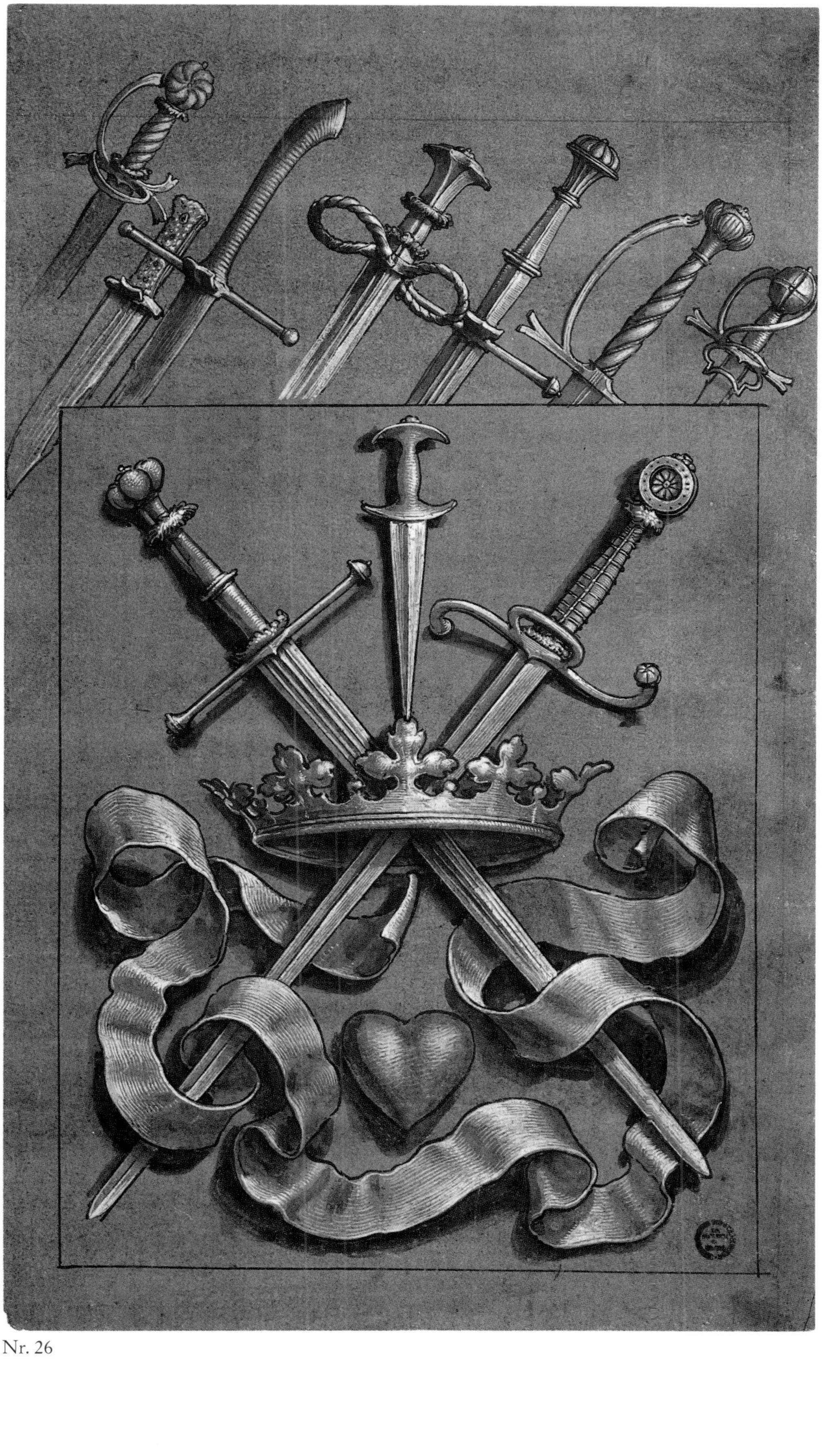

Nr. 26

27

Bildnis eines Jünglings mit verschnittenem Barett

Inv. 1984.7

Hans Holbein d.J.

Silberstift auf weiss grundiertem Papier, Rötel und etwas Pinsel, an Stirn und Nase Höhungen in Deckweiss (zum Teil oxidiert); mit der Feder (braun) von anderer Hand überarbeitet
138×108 mm
Kein Wz.
L. o. nachträglich bez.: Hanns Holbein
Auf Papier aufgezogen; rechts und links etwas beschnitten
Herkunft: Hans Wilpert Zoller, Zürich (1673–1757); Dr. W. von Muralt, Zürich; Geschenk der CIBA-GEIGY Basel

Ganz schreibt die Zeichnung Hans Holbein d.J. zu und datiert sie um 1520/21. Das Hervortreten der Nase aus dem Wangenumriss deutet für Pfister-Burkhalter eher auf Ambrosius, doch spricht der linkshändige Charakter der Zeichnung für Hans Holbein. Eine vergleichbare, bewegte Umrisslinie findet sich ähnlich auf dem Bildnis des Bonifacius Amerbach von 1519, das Hans Holbein geschaffen hat[1].

Unsicherheit herrscht bei der Beurteilung der Federzeichnung. Ganz (1937) und Pfister-Burkhalter gehen davon aus, dass die Zeichnung nachträglich, also nicht von Holbein überarbeitet worden ist. Auch Hugelshofer erwägt dies. Die gleiche Hand könnte, so Pfister-Burkhalter, auch den Namen des Künstlers hinzugefügt haben. Für eine Überarbeitung möglicherweise in der zweiten Hälfte des 16. Jahrhunderts, könnte die freie, schwingende Federführung an Barett und Kragen sprechen, die Holbeins Zeichenweise widerspricht. Hingegen stammen die Weisshöhungen und die Verwendung des Rötelstiftes, beides ist auf Silberstiftzeichnungen der Familie Holbein zu finden, sehr wahrscheinlich von Holbein selbst[2]. Noch schwieriger ist eine Entscheidung über die Eigenhändigkeit der mit dem Pinsel gezeichneten Partien an Augen und Nase zu treffen.

Auf der Rückseite befindet sich eine wegen der Montierung schwer deutbare Zeichnung eines ankerähnlichen Gebildes, das am Hals des Knaben auf der Vorderseite durchscheint.

Anmerkungen

1 Basel, Öffentliche Kunstsammlung, Inv. Nr. 314; Rowlands 1985, Cat. 7

2 Hierzu Kat. Falk, III, 1, Nr. 179, 180

Lit.:

Ganz 1937, S. 3, Nr. 4
Ganz 1923, Nr. 11 und S. 35 f.
P. Ganz, Eine Zürcher Sammlung von Künstlerzeichnungen aus dem XVII. Jahrhundert. In: Jahrbuch für Kunst und Kunstpflege in der Schweiz, Bd. IV, 1925–27, S. 267–274, 269
Hugelshofer 1928, Nr. 58
W. Hugelshofer, Die Anfänge Hans Holbeins d.J. als Bildnismaler, in: Phoebus, Zeitschrift für bildende Kunst, II, 1949, S. 60–70, S. 67, Abb. 7
Kat. 1960, Nr. 207
D. Koepplin, in: Schenkungen von Altmeisterzeichnungen durch die CIBA-GEIGY. Basel, 1984
D. Koepplin, in: Öff. Kunstslg. Basel, Jahresbericht 1984, S. 63 f., Abb. 1

Nr. 27

Für den Basler Goldschmied Balthasar Angelrot (um 1480–1544) entwarf Holbein Wandmalereien für das Haus «Zum Tanz». Die Liegenschaft an der Ecke der Eisengasse zum Tanzgässlein wird schon 1401 «zum obern Tanz», später «zem vordern Tanz» genannt und kann Holbein und seinen Auftraggeber zur Darstellung tanzender Bauern angeregt haben[1].

Haus und Wandmalereien sind nicht erhalten; das Haus, bzw. ein klassizistischer Nachfolgebau wurde 1907 abgerissen[2]. 1676 erwähnt Charles Patin die Malereien in seiner *Vita Joannis Holbenii*[3]; auch Joachim von Sandrart weiss davon zu berichten[4]. Doch zu Ende des 18. Jahrhunderts müssen sie schon stark zerstört gewesen sein[5].

Der Basler Arzt Theodor Zwinger (1533–1588) berichtet zwar, dass Holbein für die Ausführung 40 Gulden erhalten haben soll, doch lässt sich der Zeitpunkt des Auftrages und seine Ausführung nicht durch Quellen absichern[6].

Modell des Hauses «Zum Tanz» in Basel. Nach Nr. 29 und Nr. 30

Holbein könnte jedoch die Wandmalereien noch vor der Ausmalung des Rathaussaales ausgeführt haben. Für eine Entstehung um 1520 sprechen stilistische und historische Gründe. Die meisten Autoren vertreten die Meinung, dass Holbein, seit 1519 Meister in Basel, kaum ohne die wahrscheinlich stark beachteten monumentalen Fassadenmalereien am Haus «Zum Tanz», den damals wohl bedeutendsten Auftrag der Stadt erhalten hätte.

Eine Vorstellung vom Aussehen der Fassadenmalerei und ihrer Farbigkeit geben Kopien nach verlorenen Entwürfen Holbeins in Berlin und Basel und eine eigenhändige Entwurfszeichnung für die Fassade an der Eisengasse (Nr. 28). Holbein nimmt nur wenig Rücksicht auf die Gegebenheiten des Gebäudes (Abb.). Denn im Blick auf die Ecke des Hauses, dort wo die Fassaden in spitzem Winkel aufeinandertreffen, öffnete sich die Malerei am weitesten in die Tiefe und suggerierte über die Ecke hinweg das Bild einer Fassade, deren unregelmässige Fensteranordnung eine Folge der Perspektive und vor- und zurückspringender Gebäudeteile zu sein schien. Auch ein antithetisch komponierter Fries mit tanzenden Bauern überspielt die Ecke des Hauses.

In den oberen Geschossen erinnern Bögen, Säulenstellungen, von Pilastern gerahmte Wandfelder, zwischen denen Durchblicke auf den Himmel möglich sind, an Torbauten und Triumphbögen. Einer Festdekoration oder Theaterkulisse vergleichbar, in der sich die Grenzen zwischen wirklicher und gemalter Architektur verwischen, wird sie von Menschen in zeitgenössischer Kleidung ebenso belebt, wie von mythologischen Wesen und allegorischen Gestalten, die gleichwertig nebeneinander erscheinen. Über dem Erdgeschoss, auf der Sockelzone der darüber ansetzenden Kolossalordnung, zieht sich der Fries mit tanzenden Bauern hin. Zu ihnen gesellt sich rechts Bacchus. An der Fassade am Tanzgässlein sprengt über dem grossen torähnlichen Bogen ein Reiter in antikischer Rüstung, der (wie Marcus Curtius) in die Tiefe springen wird. Vor ihm, sich erschrocken oder staunend zurückwendend, ein Krieger mit Schild und Köcher.

Über den Bauern stehen links ein Krieger mit Lanze, vielleicht ist es Mars, weiter rechts Venus mit Amor und eine gewappnete Frauengestalt (Minerva?). Auf der rechten Seite steht zwischen Bacchus und dem Reiter Temperantia (?) und giesst eine Flüssigkeit in

Kannen um. Oben schmücken Büsten antiker Dichter oder Herrscher die Architektur; in der Höhe schliesslich fischschwänzige Mischwesen, ein Pfau und ein Löwe. Auch Anekdotisches kommt hinzu: unten hat jemand ein Pferd an einer Säule angebunden, und daneben wartet ein Mann. Eine Katze schleicht mit einer Maus im Maul über das Gesims; oben deuten Eimer und Werkzeug, sowie offenes Mauerwerk an, dass der Bau noch nicht ganz vollendet ist.

Kein durchgebildetes Programm bestimmt die Ausstattung der Architektur, wohl aber sind Anspielungen auf Bildprogramme gemeint, die, um die Themen von Tugend und Laster kreisend, mit der Ikonographie zeitgenössischer wie antiker Herrscher- oder Heroenfiguren verbunden werden können. Nicht nur in der Darstellung der Bauern, sondern auch in der beinahe komischen Zusammenstellung der Themen, zeigt sich das eher bürgerliche Interesse des Auftraggebers, der seine Freude an dem stürzenden Tugendheld ebenso gehabt haben wird, wie an den tanzenden Bauern mit ihrer übersteigerten Mimik und ihrem ausgelassenen Treiben[7].

Anmerkungen

1 Zuletzt Rowlands 1985, S. 54, Anm. 18
2 Klemm 1972, Anm. 3
3 Charles Patin, Vita Joannis Hobenii pictoris Basilensis. In: Desiderii Erasmi Roterodami Stultitiae laus figuris Holbenianis adornata. Basilea 1676
4 Sandrart 1675, S. 99
5 J. Müller, Merckwürdige Überbleibsel von Alter Thümern, Zürich, 1777
6 Theodor Zwinger, Theodori Zwingeri methodus apodemica. Basel 1577, S. 199
7 Zur Ikonographie zuletzt D. Koepplin, in: Kat. Stimmer 1984, bes. S. 35–39

28

Entwurf für die Fassade an der Eisengasse verso: Entwurf für das Obergeschoss

Inv. 1662.151

Hans Holbein d.J.

Feder (schwarz), grau laviert, über Kreidevorzeichnung; verso: schwarze Kreide
533×368 mm
Wz.: zweimal Laufender Bär, Lindt 26 und 27
L. u. Nr. 5
Aus zwei Bögen zusammengesetzt; waager. und senkr. Knickfalte; Knitterfalten; an den Rändern etwas fleckig
Herkunft: Amerbach-Kabinett, Inv F: «Item ein Abris uber das haus zum Dantz zu Basell in drey Stuckhen»

Die beiden Entwurfskopien in Berlin (Friedländer/Bock Nr. 3104; Abb. S. 110) und Basel (Nr. 29) kommen nach der überwiegenden Meinung der ausgeführten Fassadenmalerei am nächsten[1]. In unserer Zeichnung sieht ein Teil der Autoren eine vorbereitende Studie für die Fassade an der Eisengasse und setzt sie deshalb vor die ausgeführte Fassung.

Koegler (Lit. Reinhardt 1938), Reinhardt (1938, 1960, 1982), Pfister-Burkhalter (Kat. 1960), Landolt (1962, 1972) und Anzelewsky nehmen jedoch eine andere Reihenfolge an: Holbein könnte aus Unzufriedenheit über sein Werk erst bei seinem Besuch in Basel 1538 den Entwurf angefertigt haben. Darauf deuteten ausser dem fortgeschritteneren Stil der Zeichnung auch die klarere Ordnung der Architektur hin.

In neuerer Zeit ist Klemm (1972, 1981) wieder dafür eingetreten, in unserer Zeichnung einen Entwurf zu sehen, der vor der ausgeführten Fassung entstanden ist. Eine spätere Korrektur Holbeins sei schon deshalb nicht wahrscheinlich, weil er bei seinem Besuch in Basel gegenüber Ludwig Iselin allein die Malereien am Haus «Zum Tanz» als «... ein wenig gutt» bezeichnet haben soll (vgl. Woltmann II, S. 43), vor allem aber deshalb, weil die ausgeführte Fassung sich als die überlegenere und künstlerisch-ausgereiftere Lösung erweise.

Klemm macht auf die Veränderungen und Korrekturen aufmerksam, die Holbein zwischen der Kreidezeichnung und der Überarbeitung mit Feder vorgenommen hat und zeigt, dass sie zur wahrscheinlich ausgeführten Fassung führen. So ist der unvollendete Charakter der Architektur in der obersten Zone erst in der Federzeichnung angelegt, die Kreidezeichnung zeigt dort ansetzende Gewölbe; ferner, dass die Fassade zum angrenzenden Haus auf der linken Seite mit einem vom Sockel bis zum Dach reichenden Pilaster abschloss, der nur am Balkon und im zweiten Obergeschoss gegliedert war. Auf der anderen Seite leitete ein Bogen zur Nebenfassade über, der auf der gleichen Kämpferplatte des Bogens ansetzte, welcher das Fenster überspannt. Dieser war zunächst kleiner und nahm das Fenster genau in die Mitte. Unklar ist, ob Holbein hier schon ein Tonnengewölbe vorgesehen hatte. Links neben der Kolonnade, wo ein Kreis über den Halbbogen gezeichnet ist und unter dem Bogen rechts, sind auch in der Federzeichnung Korrekturen und unentschiedene Striche zu erkennen, die deutlich zeigen, wie Holbein nach einer Lösung der perspektivischen und räumlichen Probleme suchte.

Die spitzbogige Tür im Untergeschoss wird von Balustersäulen, einem Architrav und Bogen umrahmt, der das kleine Fenster einfasst. Diese Lösung erinnert an Holbeins Entwurf für die Fassade des Hertensteinhauses in Luzern (Nr. 4). In der Kreidezeichnung sind mehrere Bögen übereinander zu sehen, die andeuten,

Bernardo Prevedari nach Bramante, Inneres eines verfallenen Sakralbaues. 1481. Kupferstich. London, Britisches Museum

dass sich Holbein über die Höhe von Architrav und Bogen noch nicht im Klaren war. Einzelne Motive in den oberen Geschossen gehen auf einen Kupferstich Bernardo Prevedaris nach Bramante zurück, mit dem sich Holbein mehrfach auseinandergesetzt hat (Abb.)[2]. Von diesem Stich angeregt sind das in die Tiefe führende Gebälk über der Kolonnade mit der Verkröpfung zur Wand (bei Bramante sind dort Pfeiler), ferner die Überschneidung des Gebälkes durch den Bogen und die in Kreide angedeuteten Gewölbeansätze darüber.

Die These einer frühen Entstehung unseres Entwurfes lässt sich durch eine Kreideskizze stützen, die sich auf der Rückseite der Zeichnung erhalten hat (Abb.). Der Charakter der Skizze entspricht dem der Kreidezeichnung auf der Vorderseite, so dass an der Eigenhändigkeit nicht zu zweifeln ist. Die Zeichnung kann belegen, dass der Entwurf auf der Vorderseite der früheste ist, den wir kennen. Die Skizze gibt das Obergeschoss der Fassade an der Eisengasse seitenverkehrt wieder. Nachdem er die Vorderseite ausgeführt hatte, drehte Holbein das Blatt um und zeichnete das auf der Rückseite durchscheinende architektonische Gerüst der Vorderseite nach, wodurch die Fenster, die Kolonnade und die Verbindung zur Nebenfassade nun seitenverkehrt erscheinen. Als entscheidende Veränderung hat er ausserdem das Motiv des Triumphbogens so eingezeichnet, wie es dem späteren Entwurf und der wahrscheinlich ausgeführten Fassung entspricht: Die Kolonnade überschneidet jetzt einen Bogen, und zu dessen Seiten erscheinen zwei grosse Medaillons. Die Idee hierfür mag ihm während der Arbeit auf der Vorderseite des Blattes gekommen sein, denn dort hat er schon links ein Medaillon über den Halbbogen gezeichnet. Im Unterschied zur ausgeführten Fassung schliesst die Fassade zum Dach hin in nicht völlig klar interpretierbaren Bogenmotiven ab, die noch an die Kreidevorzeichnung der Vorderseite erinnern.

Klemm schlägt vor, den Entwurf und die Ausführung der Malerei um 1525 zu datieren. Das Datum 1520, das sich auf der Entwurfskopie in Basel (Nr. 29) befindet, ist, wie Klemm überzeugend darlegt, nicht authentisch, und kann nicht mehr als Beleg für die Datierung der Wandmalereien angesehen werden. Nicht zu überzeugen vermögen jedoch die weiteren Argumente Klemms. Er sieht ab von den unterschiedlichen künstlerischen Aufgabenstellungen und vergleicht z. B. die schnell skizzierten Figuren im ersten Stock der Fassade mit Details aus der gezeichneten Passionsfolge von 1525, etwa mit den Putten über dem Türsturz im Hintergrund der *Dornenkrönung* (Nr. 52), mit den in der Ferne erscheinenden Figuren auf der *Annagelung* (Nr. 57), die summarische Darstellung von Architekturteilen mit den Kapitellen am Thron der *Handwaschung* (Nr. 54). In der Zeichenweise verwandt erscheint ihm ferner der 1525 datierbare Scheibenriss mit dem *Terminus* (Nr. 47), vor allem in dem dort zu sehenden Wechsel von «raschen, sicheren Strichen und zögernd zitternden»[3].

Ein unmittelbar vergleichbarer Entwurf aus der Zeit zwischen 1520 und 1525 hat sich nicht erhalten. Hinweise auf die Fähigkeit Holbeins abbreviaturhaft zu zeichnen, finden sich jedoch nicht erst 1525, hingewiesen sei etwa auf die Architektur in der Hell-Dunkelzeichnung mit der Hl. Familie von 1518/19 (Nr. 24), doch bleiben diese Vergleiche sekundär. Wir halten es für möglich, dass Holbein schon um 1520 oder kurz danach in der Lage war, eine Skizze wie diese anzufertigen. Für eine frühe Entstehung spricht z. B. der bei aller Schnelligkeit der Zeichnung doch etwas eckig wirkende Strich. Die deutlichste zeichnerische Analogie stellt der Entwurf für eine Wandmalerei mit einem thronenden Kaiser dar (Nr. 31). Diese in der Technik etwas abweichende Zeichnung, ergibt sich klarer als Arbeit aus dem Beginn der zwanziger Jahre zu erkennen.

Anmerkungen

1 Woltmann hatte in unserer Zeichnung einen frühen Verbesserungsvorschlag Holbeins gegenüber seinen (in Kopien überlieferten) Entwürfen sehen wollen, dennoch aber eine Datierung um 1520 angenommen, die auch Ganz (1937, u. a.), Chamberlain (1913) und Rowlands (1985) vertreten. Abweichende Datierungen schlagen vor: Burckhardt (1906), um 1523; Christoffel (1950), um 1522; Cohn (1930), um 1523/24; Schmid (1924, 1945, 1948), zwischen 1530 und 1533; Stein (1929), nach 1530

2 Vgl. Grossmann, 1951; Klemm 1972, Anm. 13; F. Graf Metternich, Der Kupferstich Bernardos de Prevedari aus Mailand von 1481. Römisches Jahrbuch für Kunstgeschichte Bd. 11, 1967/68, S. 9–108, Abb. 1 und 4

3 Klemm (1972) S. 172. Die Wasserzeichen in Nr. 48 und in unserem Entwurf geben keinen Hinweis auf eine Datierung erst um 1525. Sie sind schon 1519, bzw. 1520 in Zeichnungen Holbeins belegbar

Nr. 28

Nr. 28 verso

Lit.:

Woltmann I, S. 149 ff.; II, S. 110, Nr. 94
Ganz 1937, Nr. 114
Schneeli 1896, S. 108 u. Taf. XVIII
Burckhardt 1906, S. 302
Chamberlain 1913, I, S. 116 ff., 121
Carl Neumann, Hrsg., Jacob Burckhardt, Briefwechsel mit Heinrich Geymüller. München, 1914, S. 66
Ganz 1919, S. XVIII f., 246 f.
Schmid 1924, S. 346
Ganz 1925, Holbein, S. 230–245, S. 236, 239
Stein 1929, S. 200 ff. und Abb. 75
Cohn 1930, S. 41–43, 70 f.
Schmid 1930, S. 58–61
Reinhardt 1938, S. 23
Waetzold 1938, S. 152 ff.
Ganz 1943, Taf. 16 u. S. 33 f.
Schmid 1945, S. 12, Abb. 63; 1948, S. 124 ff., 345–353, Abb. 94 (Detail)
Ganz 1950, S. XIV; Kat. 162–165, erwähnt bei Nr. 163
Christoffel 1950, S. 88 f.
Grossmann 1951, S. 39 und Anm. 8
Bergström 1957, S. 7–39, Fig. 4
Reinhardt, in: Kat. 1960, S. 29
Kat. 1960, Nr. 269 und Abb. 104
E. Treu, in: Kat. 1960, Nr. 159, S. 187 f.
Kat. Meisterz. Amerbach-Kab. 1962, Nr. 84, Abb. 25
F. Anzelewsky, in: Katalog der Ausstellung «Dürer and his time», Washington 1965, bei Nr. 109
Klemm 1972, Anm. 4, Nr. 269
Landolt, Hundert Meisterz. 1972, Nr. 80
Roberts 1979, S. 26, Pl. 5
Maurer 1982, S. 123–135
Klemm, in: RDK, Bd. VII, 1981, S. 690–742, bes. S. 692, 699 f., 715 f., 728, 730 ff., 736
Reinhardt 1982, S. 266 f. und Anm. 90; S. 258
D. Koepplin, in: Kat. Stimmer 1984, bes. S. 35–39, Nr. 5
Rowlands 1985, S. 53 ff., Cat. L. 4, 4 a

29

Entwurf für die Fassade an der Eisengasse

Hans Holbein d.J. – Kopie

Inv. 1901.10

Feder (schwarz) auf dickes Papier, aquarelliert, Farben durch Lichteinwirkung verändert.
572×338 mm
Kein Wz.
L.u. Monogramm HL (ligiert) und Datum 1520 von anderer Hand in brauner Tinte hinzugefügt
Aus zwei Bögen zusammengesetzt und auf Papier aufgezogen; berieben und stockfleckig
Herkunft: nicht feststellbar

Zu den wichtigsten Veränderungen gegenüber der eigenhändigen Entwurfszeichnung auf der Vorderseite von Nr. 28 gehört der grosse, oben durch das Dach angeschnittene, freistehende Bogen, der links auf der Konsole ansetzt und zum Pilaster an der Hausecke überleitet. Gegenüber Nr. 28 sind die Kapitelle nun übereck gestellt, eine Anregung, die Holbein aus Augsburg von seinem Vater oder von Hans Daucher erhalten hat (vgl. Nr. 24). Auf der linken Seite ist die Komposition weniger gedrängt und illusionistisch überzeugender. Dazu trägt die einheitliche Höhe der Kapitelle und das Gebälkes in der hinteren Zone bei, ebenso die einander zugewendeten Medaillonbüsten, die der Trennung durch die Kolonnade entgegenwirken. Die Brüstung des Balkones verläuft ohne Unterbrechung, und die Säulen der Kolonnade sind bis zur Geschossteilung nach unten verlängert. Ausgeführt ist nun auch das Untergeschoss, das von der Kreidevorzeichnung in Nr. 28 abweicht.

In Berlin wird eine weitere, in Format und Technik verwandte Zeichnung der Fassade aufbewahrt (Friedländer/Bock, Nr. 3104). His (1886), Burckhardt (1906), Chamberlain (1913) und Schmid (1930) hatten das Blatt in Berlin in die unmittelbare Nähe Holbeins gerückt; an eine eigenhändige Arbeit haben Bock und Anzelewsky gedacht, zugleich aber auch die Möglichkeit einer Kopie in Betracht gezogen. Als Kopie bezeichnen sie schliesslich Klemm (1972), Reinhardt (1982) und Rowlands (1985, Cat. L 4 b).

Unsere Zeichnung könnte, so Ganz (1937), Schmid (1948) und Klemm (1972) nach der Berliner Fassung kopiert sein. Klemm versucht zu zeigen, dass der etwas eigenständigere und derbere Zeichner des Basler Blattes Fehler der Berliner Zeichnung übernommen, dagegen jedoch die Fenster im ersten Stock richtig eingemessen habe. Somit komme der Basler Zeichnung – auch in der Farbgebung – ein besonderer Quellenwert zu.

Bei einer direkten Gegenüberstellung zeigte sich, dass die Basler Zeichnung in allen Details, in den Ornamenten und der Architektur so ungenau ist, dass sie kaum nach der Berliner Zeichnung kopiert worden sein kann, und ein kausaler Zusammenhang einzelner «Fehler» nahezu unmöglich erscheint. Ein besonderer Quellenwert kann also nur der Kopie in Berlin zukommen, die vielleicht noch in der Werkstatt Holbeins entstanden ist.

Der Stil der Basler Kopie, der Charakter des Baumschlages und der Ausdruck der Gesichter bei den tanzenden Bauern deuten eher auf eine Entstehung gegen Ende des 16. oder zu Beginn des 17. Jahrhunderts[1]. Eine Datierung, die auch Stein (1929) vorgeschlagen hat. Klemm weist darauf hin, dass das Monogramm HL und die Jahreszahl möglicherweise in fälscherischer Absicht hinzugefügt worden sind, denn noch in der zweiten Hälfte des 19. Jahrhunderts ist das Monogramm HL (wahrscheinlich das des in Basel tätigen Formschneiders Hans Lützelburger) mit Holbein identifiziert worden[1]. Während Wüthrich an der Echtheit des Monogrammes nicht zweifelte, versuchte Reinhardt (1965) dieses mit dem Maler Hans Lüdin aus Liestal in Verbindung zu bringen, der für Remigius Faesch zwei Bildnisse aus der *Darmstädter Madonna* kopiert hatte[3].

Anmerkungen

1 Diese Meinung haben auch Hans Mielke und Peter Dreyer, Berlin, geäussert

2 Klemm 1972, Anm. 4, Nr. 267

3 Vgl. Major 1908, S. 8 und 43. Eine Faesch-Provenienz ist für unser Blatt jedenfalls nicht nachzuweisen, und warum sollte sich Hans Lüdin vor seinem Auftraggeber mit einem falschen Datum verleugnet haben?

Lit.:
Ganz 1937, erwähnt bei Nr. 113, S. 26
His 1886, S. X und Nr. XXIV
Burckhardt 1906, S. 302
Chamberlain 1913, I, S. 119 f.
Ganz 1919, S. 246
Schmid 1924, S. 346
Stein 1929, S. 202
Cohn 1930, S. 43, 70
Schmid 1930, S. 59
Schmid 1948, S. 348, Nr. 1
Christoffel 1950, S. 86, 88

Hans Holbein d.J. – Kopie, Entwurf für die Fassade an der Eisengasse. Berlin, SMPK, Kupferstichkabinett

Nr. 29

Kat. 1960, Nr. 267
L. Wüthrich, Die Handzeichnungen von Matthaeus Merian d. Ä. Basel, 1963, S. 96, bei Nr. 1
Reinhardt 1965, S. 32
F. Anzelewsky, in: Katalog der Ausstellung «Dürer and his time», Washington 1965, bei Nr. 109
Klemm 1972, Anm. 4, Nr. 267 (S. 173)
Maurer 1982, S. 128
D. Koepplin, in: Kat. Stimmer 1984, S. 35–39 und Nr. 6, Abb. 17
Rowlands 1985, Cat. L 4 c
H. Reuther, in: Katalog der Ausstellung «Der Traum vom Raum. Gemalte Architektur aus 7 Jahrhunderten». Nürnberg, 1986, Kat. 89, Abb.

30

Entwurf für die Fassade am Tanzgässlein

Hans Holbein d. J. - Kopie

Inv. 1955.144.2

Feder (schwarz), aquarelliert
622×585 mm
Wz.: Laufender Bär, Lindt 26
Aus vier Blättern zusammengesetzt und auf dünnes Papier aufgezogen; waager. und senkr. Mittelfalten; an den Rändern eingerissen und verschmutzt; r. o. Ecke angesetzt; im oberen Drittel grössere braune Flecken; stockfleckig
Herkunft: Englischer Privatbesitz; 1955 Geschenk von H. Sarasin-Koechlin

Das Blatt steht zeichnerisch der Entwurfskopie in Berlin (Friedländer / Bock, Nr. 3104; Abb. S. 110) nahe und ist wahrscheinlich noch in der ersten Hälfte des 16. Jahrhunderts entstanden. Beiden Zeichnungen gemeinsam ist die präzise Wiedergabe der Architektur und der Ornamente, so dass sie auf einen eigenhändigen Entwurf Holbeins zurückgehen könnten.

Die Zeichnung ist, anders als Pfister-Burkhalter (Kat. 1960), L. Wüthrich und zuletzt Rowlands (1985) angenommen haben, sicher von Inv. 1955.144.1 zu trennen, einer weiteren Kopie des Entwurfes für die Fassade an der Eisengasse im Kupferstichkabinett Basel, die der Monogrammist MM von 1610 (Matthaeus Merian d. Ä. ?) angefertigt hat.

Lit.:

Ganz 1937, bei Nr. 113
Chamberlain 1913, I, S. 120 (passim)
Ganz 1950, Nr. 164, Abb. 43
Bergström 1957, Fig. 2, bes. S. 7–39
Kat. 1960, Nr. 270
L. Wüthrich, Die Handzeichnungen von Matthaeus Merian d. Ä. Basel, 1963, S. 96 f., Nr. 2, Taf. 100
Klemm 1972, Anm. 4, Nr. 270
Maurer 1982, S. 127, Abb. S. 129
Kat. Stimmer 1984, 35–39; Nr. 7, Abb. 17
Rowlands 1985, S. 53 ff., Cat. L 4 e
H. Reuther, in: Katalog der Ausstellung «Der Traum vom Raum. Gemalte Architektur aus 7 Jahrhunderten». Nürnberg, 1986, Kat. 90, Abb.
Grohn 1987, Nr. 26 b

Nr. 30

Nr. 31

31

Entwurf für eine Fassadenmalerei mit thronendem Kaiser

Inv. 1662.128

Hans Holbein d. J.

Feder (schwarz), grau laviert, über Kreidevorzeichnung
167×199 mm
Wz.: Gotisches P mit vierblättriger Blume, vgl. Anhang, Wz. Nr. 9
L. u. Nr. 46
Senkr. Mittelfalte, geglättet; am unteren Rand (Mitte) Riss; stockfleckig, links Farbspuren (rotbraun)
Herkunft: Amerbach-Kabinett

Wie bei seinen Entwürfen für das Haus «Zum Tanz» (Nr. 28, 29) verarbeitet Holbein Anregungen von einem Kupferstich Bernardo de Prevedaris nach Bramante, der den Innenraum eines verfallenen Sakralbaues wiedergibt (Abb. S. 104). Deutlicher als in Nr. 28 folgt er mit dem vorspringenden Pfeiler, dem verkröpften und in die Tiefe führenden Gebälk, dem Ansatz des sich anschliessenden Gewölbes und der im Zwickel sitzenden Figur (bei Bramante stehen dort Kentauren) der Architektur auf der linken Seite des Kupferstiches.

Perspektive und Untersicht sind im Vergleich zum Haus «Zum Tanz» noch gesteigert, die Verkürzungen auf einen tieferen Betrachterstandpunkt, und wohl nicht auf grosse Fernsicht berechnet. Am deutlichsten ist dies bei dem verkröpften Pfeiler rechts neben dem thronenden Kaiser zu sehen, dessen Basis nicht wie die vorspringende Kämpferplatte oben erwarten lassen könnte vorne, sondern in einer tieferen Zone ansetzt. Nicht weiter ausgeführt und unklar bleibt der Abschluss der Malerei zum Dach hin, doch dürfte unmittelbar über den Kapitellen der seitlichen Stützen das Dach angesetzt haben.

Im Unterschied zu Nr. 28 hat Holbein die Fenster als blinde Flächen belassen und ihre Unterteilung in mehrfach ansetzenden Strichen angedeutet. Als weisse Flächen treten sie nun in Beziehung zu den hellen, beleuchteten Partien der Architektur, während die verschatteten Teile zusätzlich zur Lavierung durch dichte, parallel geführte Schraffuren betont werden. Stilistisch steht die Zeichnung dem Entwurf Nr. 28 nahe, sie könnte wie dieser zu Beginn der 20er Jahre entstanden sein. Der abbreviaturhaft gezeichnete, thronende Kaiser lässt sich am ehesten mit den Figuren dieses Entwurfes zusammen sehen.

Die im Vergleich zu Nr. 28 in den Einzelformen kleinteilig ausgearbeitete Zeichnung mit ihrem energischen und unruhigen Strich – zu diesem Eindruck tragen auch die Schraffuren bei – erinnert noch an den Entwurf für das Erdgeschoss des Hertensteinhauses in Luzern, der ähnliche Charakteristika aufweist (Nr. 4). Näher stehen ihr die Architektur und deren Schmuck auf der Hell-Dunkel-Zeichnung der Hl. Familie (Nr. 24), vor allem die skizzenhaft aufgefassten Partien auf der linken Hälfte der Zeichnung, die auch in der Technik vergleichbar erscheint.

Ganz hat den Entwurf mit dem Amerbachschen Haus «Zum Kaiserstuhl» (Rheingasse 23) in Verbindung gebracht. Klemm schlägt dagegen vor, dass die Zeichnung auf Grund der Fensteranordnung eher für zwei aneinanderstossende Häuser bestimmt gewesen sein könnte, etwa das Haus «Zum Kaiser» am Nadelberg 18, das damals den Namen «Zum Kaiser Sigismund» erhalten hatte (womit das Namensschild unter dem Kaiser erklärt wäre). Unbekannt ist, ob der Entwurf jemals ausgeführt wurde, und mit einem zweiten, von Holbein bemalten Haus in Basel in Verbindung gebracht werden kann, das Joachim von Sandrart (1675, S. 322) erwähnt.

Lit.:

Woltmann II, Nr. 48
Ganz 1937, S. 27, Nr. 115 (1524)
His 1886, Taf. XXV, 3
Chamberlain 1913, I, S. 121 f., Pl. 40
Manteuffel 1920, Maler, Abb. S. 15
Ganz 1923, Nr. 9
Glaser 1924, Taf. 13
Ganz 1925, Holbein, 239
Cohn 1930, S. 43, 71, 98
Schmid 1930, S. 28, 58
Schmid 1945, Abb. 65, S. 29; 1948, S. 85, 127, 345 ff.
Christoffel 1950, S. 89, Abb. S. 243
Ganz 1950, S. 255 f., Nr. 166, Abb. 44
Schilling 1954, S. 21, Abb. 36
Kat. 1960, Nr. 273
Grossmann 1963, Sp. 591 (um 1530)
Klemm 1972, S. 169 f. und Anm. 11 u. 12
Klemm 1981 in: RDK, Bd. VII, S. 716
Kat. Stimmer 1984, Nr. 4 (1524)
Rowlands 1985, S. 55, Cat. L 5, Pl. 160

Der Vertrag zur Ausmalung des 1517–1519 erbauten neuen Grossratsaales, der das zweite Stockwerk im hinteren Trakt des Rathauses einnahm, wurde zwischen Holbein und der Stadt am 15. Juni 1521 abgeschlossen. Die Arbeiten zogen sich mindestens bis zum Herbst des folgenden Jahres hin, denn Holbein erhielt bis zum 29. November 1522 Zahlungen für die Wandbilder. Bis dahin müssen die Nord- und die Ostwand ausgeführt gewesen sein; die Südwand bemalte Holbein erst in einer zweiten Phase 1530/31[1].

Schon während der nächsten Jahrzehnte haben die Bilder durch Feuchtigkeit stark gelitten, denn 1579 erhält Hans Bock d. Ä. den Auftrag, eines der Gemälde, wahrscheinlich die als ein Bild aufgefasste Südwand wegen seiner schlechten Erhaltung in Ölfarbe auf Tuch auszuführen[2]. Von den originalen Wandbildern haben sich heute nur wenige Fragmente erhalten. Sie stammen aus dem Bild mit dem Selbstmord des Charondas, der Geschichte des Marcus Curius Dentatus und aus dem Rehabeam-Bild[3].

Im Kupferstichkabinett Basel sind drei Originalentwürfe erhalten, sowie zeitgenössische Kopien von Entwürfen Holbeins[4], ferner Kopien, die der Maler Hieronymus Hess (1799–1850) zu Anfang des 19. Jahrhunderts nach den unter Tapeten wieder zum Vorschein gekommenen, stark zerstörten Wandbildern angefertigt hat[5]. Zusammen mit den Fundberichten über Bilder und Inschriften[6], sind dies die wichtigsten Anhaltspunkte für Rekonstruktionen, die Schmid, Riggenbach, Kreytenberg und zuletzt Maurer unternommen haben[7].

Wahrscheinlich beriet der Humanist Beatus Rhenanus (1485–1547) Holbein bei den Entwürfen[8]. Zu den Themen der ersten Phase von 1521/22 gehörten Exempel aus der antiken Geschichte, möglicherweise ein Thema aus dem Neuen Testament, sowie Tugenden und exemplarische biblische Gestalten, die den erzählenden Hauptbildern als gemalte Nischenfiguren kommentierend rechts und links an die Seite gestellt waren. Diese Anordnung, die vermutlich von den Wandvorlagen, welche die Balken der Decke stützten, rhythmisiert worden war, schlägt zuletzt Maurer vor. An drei Seiten des etwa 20×10 m messenden, ein unregelmässiges Rechteck bildenden Raumes, blieb über den Sitzbänken ein etwa zwei Meter hoher Wandstreifen, der Holbein zur Ausmalung zur Verfügung stand, während sich die Westwand zur Hofseite hin in fünf Fenstern öffnete.

Die Bilder sollten die Mitglieder des Rates zu Unparteilichkeit, Uneigennutz und gerechtem Handeln ermahnen und vor Machtmissbrauch und Hochmut warnen. Sie gehören zum Themenkreis der Gerechtigkeitsdarstellungen, die schon im 14. und 15. Jahrhundert verschiedentlich Bestandteil der Ausstattung von Rathäusern waren[9].

An der Nordwand, der vom Eintretenden aus gesehen rechten Wand, war sehr wahrscheinlich *Die Errettung des Croesus vom Scheiterhaufen* dargestellt. Dieses Bild befand sich über dem Sitz des Bürgermeisters und war links von Justitia und rechts vielleicht von Fortitudo flankiert. Es folgte dann *Die Demütigung des Kaisers Valerian durch den Sassaniden Sapor*, begleitet von Sapientia und Temperantia. An der Fensterseite der gegenüberliegenden Wand mit der Tür, schloss sich *Der Selbstmord des Charondas* an, wie die folgende Szene eine Episode aus dem politischen Leben der griechischen Kolonien Unteritaliens. Charondas, der Gesetzgeber von Catanea hatte verboten, in den Volksversammlungen Waffen zu tragen. Als er selbst – durch Zufall – bewaffnet die Versammlung betritt, vollzieht er die Strafe an sich selbst und stösst sich das Schwert in die Brust. Links neben dieser Szene vermutet Maurer die Gestalt des Moses, während rechts neben Charondas mit grosser Wahrscheinlichkeit König David zu sehen war. Es folgte *Die Blendung des Zaleucus von Locri.* Zaleucus hatte als Strafe auf Ehebruch die Blendung gesetzt. Als sein Sohn diese erleiden sollte, lenkte Zaleucus auf Drängen des Volkes ein und teilte sich mit seinem Sohn in die Strafe. Der skythische Weise Anacharsis, sicher jedoch Christus, haben dieses Bild links und rechts flankiert. Über der Tür befand sich eine Darstellung des Harpokrates, der zur Verschwiegenheit ermahnte. Schliesslich folgte die Geschichte des Marcus Curius Dentatus, der bei der Zubereitung eines einfachen Rübengerichtes dargestellt war und die Geschenke der Samniter, die ihn bestechen wollten, zurückwies. Im unteren Teil dieses horizontal getrennten Bildfeldes war lebensgross der Stadtbote zu sehen. Durch eine Inschrift bekannt ist auch die Figur des Hiskia (Ezechias), der Götzenbilder zerschlägt. Maurer nimmt an, dass diese Figur eine nachreformatorische Ergänzung sein könnte.

Eine Entwurfskopie zeigt *Christus und die Ehebrecherin,* ein Bild, das möglicherweise für die Südwand vorgesehen war, doch bleibt die Ausgestaltung dieser Wand zum Zeitpunkt der ersten Ausmalungsphase unklar. Erst 1530 erhält Holbein Zahlungen für die Bemalung dieser Wand, für die sich zwei Entwürfe erhalten haben. Vielleicht befand sich auf der linken Seite der Südwand noch eine Darstellung König Salomos, die von Schmid und Kreytenberg als zweites Rehabeam-Bild gedeutet wird. Dieser Szene folgte Rehabeam, der die Bitte des israelitischen Volkes um ein milderes Regiment zurückweist und dann *Die Begegnung von Samuel und Saul,* der wegen Verstosses gegen das Gebot Gottes seine Königswürde verliert.

Anmerkungen

1 Vgl. Nr. 71 und 72; hierzu Riggenbach 1932, S. 591 ff., Nr. 1, 2

2 Riggenbach 1932, S. 594 f., Nr. 7

3 Öffentliche Kunstsammlung Basel. Rowlands 1985, Cat. L.6.I.b; L.6.I.d; L.6.II.a, Plates 162, 163, 167, 174–180

4 Rowlands 1985, Cat. L.6.I.b–L.6.I.i; L.6.II.c, Plates 161, 165, 168–172; 182

5 Riggenbach 1932, S. 587 ff., Nr. 2–4; ferner Maurer 1971, S. 775

6 Riggenbach 1932, S. 602, Nr. 21–23, 25, 26. Zu erwähnen sind besonders die Inschriften des Grossratsaales, in: Johannes Gross, Urbis Basileae Epitaphia et Inscriptiones. 1622. Hierzu Riggenbach 1932, S. 596 f., Nr. 8

7 Riggenbach 1932; Schmid 1896 und Schmid 1948, S. 163 ff., 334 ff.; Kreytenberg 1970; Maurer 1971, S. 765–776

8 S. Vögelin, Wer hat Holbein die Kenntnis des klassischen Altertums vermittelt. In: Rep. f. Kwiss., 10, 1887, S. 345–371, 370 f.; Riggenbach 1932, S. 533

9 U. Lederle, Gerechtigkeitsdarstellungen in deutschen und niederländischen Rathäusern (Diss. Heidelberg), Philipsburg, 1937; K. Simon, Abenländische Gerechtigkeitsbilder. Frankfurt, 1948, zu Holbein S. 49 ff.

32

Die Demütigung des Kaisers Valerian durch den Perserkönig Sapor

Hans Holbein d.J.

Inv. 1662.127

Feder (schwarz), grau laviert und aquarelliert, über Kreidevorzeichnung
268×285 mm
Kein Wz.
Auf dem Spruchband über Sapor: SAPOR.REX.PERSARU; unten: VALERIANUS. IMP.; daneben in brauner Feder: Hans Conradt Wolleb schankts Mathis Holzwartenn; r. u. Sammlerzeichen AVE (ligiert)
Auf dünnes Papier aufgezogen; Ausbrüche an der r. u. und l. o. Ecke; r. o. Riss; Farbflecken und etwas stockfleckig
Herkunft: Amerbach-Kabinett, Inv. F: «Item Valerianus et Sapor Rex persiarum getuscht auf einem quart bogen»

Die Quelle könnte Lactantius, De mortibus persecutorum, 5, gewesen sein. Dort wird berichtet, dass Valerian, römischer Kaiser von 253–260 n. Chr., von dem sassanidischen Grosskönig Sapor gefangen genommen wurde. Sapor erniedrigte Valerian dadurch, dass er ihn als Schemel benutzte, wenn er sein Pferd besteigen wollte. Schliesslich liess er Valerian schinden und die Haut im Tempel aufhängen[1].

Meister der Boccaccio Illustrationen, Der Triumph des Perserkönigs Sapor über Valerian. Kupferstich (Lehrs IV, 9). London, Britisches Museum

Seine Siege über die römischen Kaiser Gordianus, Philippus und Valerianus hatte Sahpuhr I (241–272 n. Chr.) in fünf grossen Felsreliefs darstellen lassen, auf denen sich die besiegten Kaiser unterwerfen oder getötet auf der Erde liegen. Das Aufsetzen des Fusses auf den Rücken eines gegnerischen Feldherrn ist eine Geste der Unterwerfung des Besiegten. Valerian wird zusätzlich durch die Berührung des Erdbodens erniedrigt und gedemütigt[2]. Eine Analogie findet sich in einem Stich mit dem gleichen Thema vom Meister der Boccacio-Illustrationen[3]. Holbein könnte den Stich oder hiervon abhängige Darstellungen gekannt haben (Abb.). Ähnlich aufgefasst ist der am Boden kniende, die Hände nach vorne zum Bildrand ausstreckende Valerian, der zu Sapor aufzublicken scheint. Vergleichbar ist auch die hutartige Krone Sapors.

Holbein lässt die Handlung in einer zeitgenössischen Umgebung, vielleicht vor der Fassade des Basler Rathauses spielen und bezeichnet die beiden Akteure mit Inschriften. Ihnen gleichwertig und aus der Menge hervorgehoben ist die Rückenfigur des Knechtes, der Sapors Pferd hält. Das dicht gedrängte, bildparallel angeordnete Gefolge erinnert an friesartige Kompositionen, etwa den *Triumphzug Caesars* nach Mantegna, den Holbein wenige Jahre zuvor am Hertensteinhaus in Luzern dargestellt hatte.

Spuren einer von der Ausführung abweichenden Vorzeichnung sind zwischen den Figuren und an der Architektur des Hintergrundes zu erkennen. Sie weisen, wie die Korrekturen an den rahmenden Pfeilern, auf die Eigenhändigkeit der Zeichnung hin, ebenso der lebendige Ausdruck der Gesichter. In der Figur Sapors ist ein ganz bestimmter Bewegungsmoment festgehalten und eine Spannung zu spüren, die in der Kopie nach unserer Zeichnung im Kupferstichkabinett Basel[4] nicht mehr zu finden ist. Deshalb vermag der Vorschlag Maurers nicht zu überzeugen, dass unsere Zeichnung eine gute Kopie sein könnte. Er deutet die beiden schmalen Streifen, die neben dem rechten Pfeiler des Rahmens zu sehen sind, als Relikte des Arbeitsprozesses: Beim Montieren der Originalentwürfe könnten hier schmale Zwischenräume übriggeblieben sein, die der Kopist mit abgezeichnet hat. Der Zeichner hat jedoch diese Streifen laviert, sie gegenständlich und räumlich gedeutet. Sie könnten als eine alternative Rahmenlösung und als ein tatsächlich vorhandenes Wandstück gesehen werden, wie es auch oben und unten in Erscheinung tritt.

Die Zeichnung dürfte 1521 entstanden sein. Die in der Inschrift genannten Namen sind frühere Besitzer: der Basler Gerichtsamtmann Wolleb (gestorben 1571) und der elsässische Dichter Matthias Holzwart.

Anmerkungen

1 Vgl. hierzu Riggenbach 1932, S. 533. Als Quelle kommt auch Boccaccio in Betracht, De casibus illustrium virorum et mulierum

2 R. Göbl, Der Triumph des Sassaniden Sahpuhr über die Kaiser Gordianus, Philippus und Valerianus. (= Österreichische Akademie der Wissenschaften Philosophisch-Historische Klasse Denkschriften, 116. Band). Veröffentlichungen der Kommission für Geschichte Mittelasiens Band III, Wien, 1974; Donat de Chapeaurouge, Einführung in die Geschichte der christlichen Symbole. Darmstadt, 1984, «Fusstritt», S. 40 f.; «Erniedrigung auf dem Erdboden», S. 46 ff.

3 So genannt nach der französischen Ausgabe zu Boccaccio, Du Dechiel des Nobles Hommes et Femmes. Bruges, Colard Mansion 1476. (Boccaccio, De casibus illustrium virorum et mulierum); Lehrs IV, Wien 1921, S. 165 ff.; 182, Nr. 9; Illustration zu Livre VIII, Chap. 3

4 Inv. 1662.175, Kopie nach Inv. 1662.127, Feder (schwarz), grau laviert, 281×280 mm, Wz.: Baslerstab mit Beizeichen, Variante von Tschudin 157; Herkunft: Amerbach-Kabinett; Riggenbach 1932, S. 582, Nr. 7

Lit.:

Photographie Braun, Nr. 66
Woltmann I, S. 57; II, Nr. 47
Ganz 1937, Nr. 116 (1521)
Schmid 1896, S. 80, Nr. 11, S. 89
D. Burckhardt, in: Handz. Schweizer. Meister I, Taf. 13 (1520/21)
Ganz 1908, S. 26 ff., Taf. 11
Chamberlain 1913, I, S. 131 f., Pl. 41
Knackfuss 1914, S. 61, Abb. 52
Ganz 1919, Abb. S. 163
Manteuffel 1920, Maler, Abb. S. 13
Ganz 1923, S. 34 f., Taf. 10
Riggenbach 1932, Abb. 420 (Detail), 421, S. 562, 568 f., 579 f., Nr. 1
Reinhardt 1938, S. 163, Abb. S. 159 (1521)
Schmid 1945, S. 23, Abb. 16 (1521/22)
Ueberwasser 1947, S. 11, Abb. 24 (1521/22)
Christoffel 1950, Abb. S. 247 (1521)
Ganz 1950, Nr. 168, Abb. 46
Kat. 1960, Nr. 244
Kreytenberg 1970, S. 78, 87, Abb. 5
Maurer 1971, S. 765, 768
Roberts 1979, S. 27, Nr. 8
Rowlands 1985, Cat. L.6.I.a, Pl. 159
Grohn 1987, Nr. 30 f.

Nr. 32

33

Sapientia

Inv. U.II.16

Feder (schwarz), grau laviert
265×126 mm
Wz.: Baslerstab mit Beizeichen, Variante von Tschudin 157
Auf Buch: INICIUM SAPIENCIE TIMOR DOMINI
Auf dem Spruchband: EXPERIRI PRIUS CONSILIO QUAM ARMIS PRESTAT; l. u. Nr. 13
Mehrere dünne Stellen
Herkunft: Amerbach-Kabinett

Die Nordwand des Saales zeigte sehr wahrscheinlich die vier Herrschertugenden Justitia, Fortitudo, Sapientia und Temperantia. Sapientia ist als antikisch gekleidete Frau wiedergegeben und trägt einen Lorbeerkranz. Ihre Doppelgesichtigkeit ist eine bildliche Anspielung auf die Gabe der Weisheit, zurück- und vorauszuschauen[1]. Buch und Fackel, die sie in den Händen hält, sind Hinweise auf das Wissen und Streben nach Erkenntnis, «Erleuchtung»[2]. Das Wandbild befand sich auf der linken Seite neben Valerians Demütigung, und die Inschrift des Spruchbandes «Es ist besser, eher mit einer Beratung einen Versuch zu machen, als mit Waffen»[3], lässt sich vielleicht auf den im militärischen Kampf unterlegenen Kaiser beziehen, als ein Beispiel unklugen Verhaltens. Das Motto auf dem offenen Buch «Der Anfang der Weisheit ist die Furcht des Herrn» geht auf Psalm 111, 10 zurück.

Die Kopie nach dem verlorenen Originalentwurf dürfte zusammen mit dem folgenden Blatt in der Werkstatt Holbeins und noch im ersten Viertel des 16. Jahrhunderts entstanden sein.

Anmerkungen
1 Hierzu Donat de Chapeaurouge, Einführung in die christliche Symbolik. Darmstadt, 1984, «Doppelkopf», S. 89 f.
2 F. Kobler, Fackel als Attribut, in: RDK VI, 1973, Sp. 993–1023, 1014 f.
3 Übersetzung nach Kreytenberg 1970, S. 80

Lit.:
Ganz 1937, S. 80, Nr. C. 12
Ganz 1919, S. 247, Abb. S. 170
Riggenbach 1932, S. 53, Abb. 404, S. 581, Nr. 6
Ganz 1950, Nr. 168, Abb. 46
Kat. 1960, Nr. 246
Kreytenberg 1970, S. 78, 82 f., 84, Abb. 5
Maurer 1971, S. 768 f.
Grohn 1987, Nr. 30 b
Rowlands 1985, Cat. L.6.I.f, Pl. 169

Nr. 33

34

Temperantia

Inv. U.II.15

Hans Holbein d.J. – Kopie

Feder (schwarz), grau laviert
215×123 mm
Wz.: keines
Auf dem Schriftband: QUI. SIBI PLUS LICERE VULT QUAM. DECEAT. SUE. STUDET RUINE; l. u. Nr. 14
An der Unterkante rechts eingerissen und drei kleine Löcher
Herkunft: Amerbach-Kabinett

Die eine Flüssigkeit abmessende oder Wein und Wasser mischende Tugend der Mässigkeit, begleitete das Bild mit der Demütigung Valerians auf der rechten Seite. Das Spruchband mit dem Text: «Wer will, das ihm mehr erlaubt sei, als sich ziemt, bemüht sich um sein Verderben»[1], könnte einerseits auf das Ende des Valerian, andererseits aber auch auf die Unmässigkeit des Sassaniden Sapor im Umgang mit dem römischen Kaiser anspielen

Anmerkung

1 Kreytenberg 1970, S. 80

Lit.:

Ganz 1937, S. 80, Nr. C. 10
Ganz 1919, S. 247, Abb. S. 170
Riggenbach 1932, S. 535, Abb. 406, S. 582, Nr. 8
Ganz 1950, Nr. 168, Abb. 46
Kat. 1960, Nr. 245
Kreytenberg 1970, S. 78, 82 f., 84, Abb. 5
Maurer 1971, S. 768 f.
Grohn 1987, Nr. 30 c
Rowlands 1985, Cat. L.6.I.g, Pl. 170

Nr. 34

35

Scheibenriss mit zwei Einhörnern

Hans Holbein d.J.

Inv. 1662.150

Feder (schwarz), grau laviert und etwas aquarelliert; innere Einfassungslinie in Rötel
419×315 mm
Wz.: Laufender Bär, vgl. Anhang, Wz. Nr. 7
Auf Papier aufgezogen; waager. und senkr. Mittelfalte; an den Rändern berieben
Herkunft: Amerbach-Kabinett, Inv. F: «Item 2 Einhorn mit schönen Seulen eingefasst»

Die Architektur mit den vorgestellten Stützen, dem verkröpften Gebälk, das mit antikisierenden männlichen Büsten bekrönt ist, und die offene Dachkonstruktion können von einem Holzschnitt Cesare Cesarianos in der illustrierten Vitruvausgabe von 1521 angeregt sein (Abb.), worauf Schmid (1948) hinweist[1]. Schmid datiert den Scheibenriss um 1528/32 und begründet dies mit der perspektivischen Konstruktion, die ihm zugrunde liege. Einleuchtender erscheint jedoch die frühere Datierung um 1522/23, die Ganz (1937) und Pfister-Burkhalter (Kat. 1960) vorgeschlagen haben. Gegen eine Datierung um 1519, die Ganz zunächst in Betracht gezogen hatte, spricht ausser dem möglichen Vorbild des Holzschnittes, der im Vergleich zu den frühen Rissen ruhigere, sich stärker auf das Notwendige beschränkende Strich, welcher den Dingen eine grössere Festigkeit und Bestimmtheit verleiht, ferner die nach Ausgewogenheit strebende Komposition, die den Riss z.B. mit dem *Hl. Michael* (Nr. 37) verbindet.

Auf Holbeins Zeichnung erscheint die Architektur wie ein freistehender Triumphbogen, der über einem schmalen Sockel in einer Landschaft errichtet ist. Eine nachträglich mit Rötel eingezeichnete Linie fasst die Architektur eng ein und überschneidet die Zeichnung vor allem auf der linken Seite. Vielleicht ist die Scheibe nach diesem engeren Ausschnitt angefertigt worden, und der Eindruck eines frei stehenden Gebäudes trat zugunsten der rahmenden Wirkung der Pfeiler zurück.

Cesare Cesariano, Portikus mit Karyatiden. Holzschnitt. Illustration zu Vitruv, De architectura, Como 1521. Basel, Bibliothek des Gewerbemuseums, Sammlung Architekturtheoretiker

Anmerkung

1 Di Lucio Vitruvio Pollione de Architectura libri Dece traducti de latino in Vulgare affigurati. Gotardus De Ponte Como 1521

Lit.:

Woltmann II, Nr. 93
Ganz 1937, S. 45, Nr. 190 (1522/23)
His 1886, S. XXIII, Pl. III
Handz.Schweizer. Meister III, Taf. 9 (um 1519)
Glaser 1924, S. 30, Taf. 30
Schmid 1924, S. 338, 345 (um 1528)
Stein 1929, Abb. 77
Cohn 1930, S. 14 f., 98 (1521/22)
Schmid 1948, S. 65 f., Abb. 7 (Aufrissschema mit Fluchtlinien) (um 1528/32)
Kat. 1960, Nr. 261 (um 1522/23)
R.R. Beer, Einhorn. Fabelwelt und Wirklichkeit. München, 1972, Abb. 111
J.W. Einhorn, Spiritalis unicornis. Das Einhorn als Bedeutungsträger in Literatur und Kunst des Mittelalters. München, 1976, S. 247, 426, D 650
Roberts 1979, S. 31, Nr. 16

Nr. 35

36

Scheibenriss mit zwei Eidgenossen

Hans Holbein d. J. – Werkstatt

Inv. 1662.149

Feder (schwarz), grau laviert, über Kreidevorzeichnung
436×323 mm
Wz.: Laufender Bär, vgl. Anhang, Wz. Nr. 7
Auf Karton des 18. Jahrhunderts aufgezogen; waager. und senkr. Mittelfalte; allseitig etwas beschnitten; am oberen Rand Fehlstelle; Zeichnung berieben und durch Abklatsch verblasst, stellenweise mit der Feder (schwarz) überarbeitet
Herkunft: Amerbach-Kabinett, Inv. F: «Item 2 Soldaten»

Der bisher als eigenhändige Arbeit angesehene und von den meisten Autoren um 1523 datierte Riss weist Charakteristika auf, die diese eindeutige Zuordnung fraglich erscheinen lassen. Ein Mitarbeiter in der Werkstatt Holbeins könnte über eigenhändige Zeichnungen oder gute Wiederholungen verfügt und einzelne Motive neu kombiniert haben. Vielleicht erklärt das die Schwierigkeiten, die der Zeichner bei der räumlichen Anordnung der beiden Eidgenossen und ihrer Waffen hatte, die in Bedrängnis mit dem Rahmen geraten. So hält der Eidgenosse auf der rechten Seite nur ein Stange statt eines Spiesses und auf der linken Seite heben sich Federschmuck, Girlande und Hellebarde nicht deutlich voneinander ab.

Dass diese Unsicherheiten und ebenso die Neigung, die einzelnen Dinge wie in unserem Riss flächenfüllend zu arrangieren, gegen Holbeins Autorschaft sprechen können, zeigt der Vergleich mit dem eigenhändigen, 1522 datierten Riss in Oxford, den Holbein für Christoph von Eberstein gezeichnet hat (Abb.)[1]. Rahmen, Schildhüter und Landschaft stehen hier in klar definierten, räumlichen Beziehungen. Der Vergleich mit dem Riss in Oxford und dem wenig später entstandenen mit den beiden Einhörnern in Basel (Nr. 35), zeigt ferner, dass der Strich unseres Blattes verhalten und unsicher ist, und dass der Zeichner versucht hat, sich in übertriebenen Vibrationen, z. B. an der oberen Schildkante oder den bewaldeten (?) Bergen im Hintergrund, der Technik Holbeins anzunähern. Gegen die Eigenhändigkeit spricht ausserdem die wenig differenzierte, ebenfalls unsicher wirkende Lavierung, die nicht plastisch modelliert, sondern die Gegenstände mit ihrer fleckigen Struktur eher an die Fläche bindet.

Für eine Entstehung unseres Risses noch in der Werkstatt Holbeins, spricht das Wasserzeichen, das unter den Basler Holbeinzeichnungen einschliesslich der Werkstattarbeiten nach 1525 nicht mehr nachweisbar ist.

Auf der Stadtscheibe von Waldshut im Rathaus zu Rheinfelden von etwa 1532, kehrt der linke Schildhalter unserer Zeichnung wieder, nun aber in der Kleidung und Bewaffnung eines Landsknechtes[2].

Die beiden Eidgenossen hat Christian von Mechel in die Folge seiner Stiche mit Schweizer Trachten von 1790 aufgenommen.

Anmerkungen

1 Oxford, Ashmolean Museum; Ganz 1937, S. 46, Nr. 192. Feder (schwarz), grau laviert und etwas aquarelliert. 333×291 mm; Wz.: Hohe Krone mit Kreuz; vgl. Anhang, Wz. Nr. 2. Stilistische und historische Gründe, auf die Bächtiger 1971/72, S. 239 ff. hinweist, erlauben es nicht, den Riss um 1519 zu datieren (Kat. 1960, Nr. 201). Vermutlich stammt die Beschriftung mit dem Datum 1522 von Holbein selbst.

2 H. Lehmann, Zur Geschichte der oberrheinischen Glasmalerei im 16. Jahrhundert. In: ZAK 2, 1940, S. 30–52, S. 35 und Taf. 15, Abb. 8; Bächtiger 1971/72, S. 244

Lit.:

Photographie Braun, Nr. 33
Woltmann I, S. 163; II, Nr. 92
Ganz 1937, S. 47, Nr. 197 (1524–26)
Handz. Schweizer. Meister III, Taf. 36 (entstanden während der Luzerner Zeit)
Schmid 1924, S. 345
Cohn 1930, S. 18 f., 68 f., 86, 98 (1523/24)
Schmid 1945, S. 26, Abb. 41; 1948, S. 84 (1529)
Kat. 1960, Nr. 262 (um 1522/23)
Bächtiger 1971/72, S. 244, Anm. 362
E. Landolt, in: Kat. Stimmer 1984, Nr. 296; Abb. 261 und S. 408 (um 1522/23)

Hans Holbein d. J., Scheibenriss für Christoph von Eberstein. 1522. Oxford, Ashmolean Museum

Nr. 36

37

Der Hl. Michael als Seelenwäger

Hans Holbein d.J.

Inv. 1662.155

Feder (schwarz), grau laviert
388×228 mm
Wz.: Ochsenkopf mit Schlangenstab, Variante von Piccard 1966, XVI, 53
Auf der Rückseite die (alte) Aufschrift: Daniel Glaser
Unregelmässig beschnitten und auf Papier aufgezogen; waager. Mittelfalte und unten mehrere Knickfalten, gerissen und hinterlegt; an den Ecken oben mehrere kleinen Löcher und Rostflecken; Oberfläche verschmutzt, Tinte zum Teil verwischt; mehrere kleine Farbflecken
Herkunft: Amerbach-Kabinett, Inv. F: «Item ein Engell mit einer wag: darauff auff einer Seiten ein kindt auff der anderen der Teuffell auff einem quart bogen getuscht»

Ikonographisch findet die Zeichnung im Werk Holbeins ihre nächste Entsprechung in einem Metallschnitt, den der Meister CV um 1523/24 nach einem Entwurf Holbeins für den *Hortulus animae* geschaffen hat (Abb.). Wie auf der Zeichnung erhebt der Hl. Michael das Schwert gegen den Teufel, der sich der Waage zu bemächtigen versucht[1]. Auf der Zeichnung ist in der hinteren Schale ein Kind mit einem Nimbus zu sehen, vielleicht ist es eine Seele, die der Teufel zu gewinnen trachtet. Es könnte aber auch das Christuskind sein, das wie der Hl. Michael über den Teufel triumphiert.

Als Vorbild für den Metallschnitt könnte Holbein ein Kupferstich Agostino Venezianos mit dem triumphierenden Michael gedient haben (B. XIV, 105). An ihn erinnert die Stellung der Beine, die Haltung der Arme und die Strahlen, die von seinem Kopf ausgehen (Abb.). Holbein verändert jedoch das Thema, greift einzelne Bewegungsmotive auf und kombiniert sie neu, verwandelt das triumphale Stehen zur Aktion. Auch Kopien, etwa der seitenverkehrte Stich Jean Duvets nach Venezianos Michael kommen als Vorbild in Betracht[2].

Agostino Veneziano, Der Hl. Michael. Kupferstich (B. 105)

Meister CV, Der Hl. Michael. Metallschnitt

Die Zeichnung gehört sicherlich in den Zusammenhang von Holbeins Beschäftigung mit diesen Vorbildern. Doch stellt der Metallschnitt eine freiere Umsetzung dar, erinnert der Heilige auf der Zeichnung in der Unentschiedenheit zwischen triumphalem Stehen und Niederwerfen des Teufels mit dem Schwert eher noch an Venezianos Stich, auch dadurch, dass die Bewegungen in sich harmonisch sind. Auf dem Metallschnitt dagegen ist die Bewegung nach aussen gerichtet, wiederholt das Schwert die Abwärtsbewegung der Schultern, und bildet eine Parallele zum linken Unterarm und zum angewinkelten Oberschenkel.

Nr. 37

Dass diese Unterschiede zwischen Zeichnung und Metallschnitt nicht allein aus dem veränderten Thema resultieren, sondern auch auf eine zeitliche Distanz deuten können, zeigt der Vergleich mit einem weiteren Metallschnitt des Meisters CV, auf dem der Hl. Martin mit dem Bettler dargestellt ist (Abb.)[3]. Er agiert, ähnlich wie der Hl. Michael auf unserer Zeichnung, aus der Raumtiefe und ist ebenfalls in Untersicht gegeben. Doch die Figur, die in der Geschlossenheit der Komposition an den Michael erinnert, ist in der Bewegung und in ihrem Streben nach Schönlinigkeit weiter entwickelt[4].

Meister CV, Der Hl. Martin mit dem Bettler. Metallschnitt

Die Zeichnung dürfte noch vor den Metallschnitten, um 1522 entstanden sein. Für diese Datierung spricht auch die intensive, sehr lebendige Lavierung.

Ganz, Koegler und Pfister-Burkhalter (Kat. 1960) vermuteten, dass sie ein Entwurf für eine Skulptur gewesen sein könnte, doch gibt der Sockel allein hierfür keinen ausreichenden Anhaltspunkt. Sie könnte ebenso ein Entwurf für ein Wandmalerei oder ein Glasgemälde sein[5].

Anmerkungen

1 Meister CV; Koegler 1943, XXXV

2 Bartsch XIV, 107; C. Eisler, The Master of the Unicorn. The Life and Work of Jean Duvet. New York, 1979, Kat. Nr. 9, S. 192. Paris, Bibliothèque Nationale Acq. 11531

3 Meister CV; Koegler 1943, XLIII

4 In diesem Zusammenhang sei auf die Tafel mit dem Hl. Georg in der Staatlichen Kunsthalle Karlsruhe hingewiesen, die Rowlands für ein Werk Hans Holbeins d. Ä. hält (Rowlands 1985, Cat. R 3). Vgl. hierzu die kritischen Äusserungen von Bushart (1987, S. 17). Zu der Tafel und deren Gegenstück mit der Hl. Ursula zuletzt J. E. von Borries, Rezension Rowlands 1985, in: Kunstchronik 1988, 3, S. 125–131, S. 128 ff. Borries gibt die beiden Bilder, die einmal Vorder- und Rückseite einer Tafel gebildet haben, Hans Holbein d. J. Das Datum auf der Tafel mit der Hl. Ursula lässt sich einer Untersuchung zufolge als 1520 rekonstruieren. Jedenfalls kann die bewegte Figur des Hl. Georg als eine Vorstufe zu unserer Zeichnung angesehen werden.

5 Der Name Daniel Glaser auf der Rückseite der Zeichnung könnte auf den ehemaligen Besitzer oder den Auftraggeber hinweisen. Wer Daniel Glaser war, lässt sich nicht mit Sicherheit feststellen. Ein Rebmann mit diesem Namen erscheint am 17. März 1518 mit seiner Mutter, Ennele Walther von Lar, vor dem Schulheissengericht in Basel. Daniel Glaser wird in den Akten als «Hinderses» bezeichnet, war also auch nicht Bürger von Basel und auch nicht Mitglied der Zunft zu den Rebleuten. (Freundl. Hinweis von Frau Dr. E. Landolt, Basel)

Lit.:

Photographie Braun, Nr. 36
Woltmann II, Nr. 99
Ganz 1937, S. 24 f., Nr. 109 (gegen 1522)
Ganz 1908, S. 19 f., Taf. 5
Handz. Schweizer. Meister III, Taf. 10 (um 1518/19)
Chamberlain I, 1913, S. 79 f., Plate 26
Knackfuss 1914, S. 36, Abb. 30
Glaser 1924, S. 31, Taf. 34
Schmid 1924, S. 345 (um 1528)
Koegler 1943, S. 199 (etwas später als die Metallschnitte des Meisters CV)
Schmid 1948, S. 89 f., Abb. 10 (1524/26)
Reinhardt 1954/55, S. 18
Kat. 1960, Nr. 258, Abb. 89

Im Inventar F aus der Mitte des 17. Jahrhunderts sind fünf Zeichnungen genannt, die im allgemeinen mit den Frauentrachten identifiziert werden:» ... fünff ganze bilder getauscht iedes auff ein quart bogen von Reall». Im Inventar von 1775 werden jedoch «sechs Stück täfelein eben so vil Frauenzimer in verschiedenen Kleidungen vorstellend...» aufgeführt. Unklar ist, ob die Eintragung im Inventar F tatsächlich auf die Frauentrachten zu beziehen ist oder ob später ein Blatt hinzugekommen ist.

Nach Ganz könnten die Frauen drei Paare gebildet haben, zwei adelige Damen, zwei Bürgerinnen und zwei Dirnen. Mit Ausnahme der beiden letzten sind die Frauen einander zugewendet, vielleicht ein Hinweis auf eine paarweise Zuordnung. Es ist jedoch ungewiss, ob dies Holbein beabsichtigt hatte, denn die Zahl der Zeichnungen könnte ursprünglich grösser gewesen sein, und eine genauere Identifizierung der Frauen und ihrer Kleidung ist bisher nicht gelungen. Hanns Heinrich Glaser unterscheidet in seiner Beschreibung der Basler Kleidung 1634 nicht nur nach Ständen, sondern auch nach Anlässen, zu denen eine bestimmte Kleidung getragen werden konnte[1].

Eine Unterscheidung nach Geburts- und Berufsstand findet sich in den Kleiderordnungen der Zeit[2]. Die von den Städten erlassenen Luxus- und Kleiderordnungen hatten die Absicht, Kleidung, Haartracht, Art- und Farbe der Stoffe, sowie das Tragen von Schmuck und anderen Luxusgegenständen zu regulieren. In unseren Zeichnungen tragen die beiden adeligen Baslerinnen reichen Schmuck und pelzbesetzte Kleider, damit unterscheiden sie sich von den beiden anderen Basler Bürgerinnen. Aber auch in Körperhaltung und Verhalten lassen sich Unterschiede feststellen. Der gesenkte Blick und die Neigung des Kopfes nach unten entspricht dem Verhalten ehrbarer Frauen, ebenso die Gesten, die mit der Kleidung in Zusammenhang stehen, etwa das Raffen des Stoffes und Anheben des Kleides beim Gehen mit der einen Hand und die kontrollierte Haltung des anderen Armes. Der Blick zum Betrachter, bzw. einem männlichen Gegenüber, das Offerieren eines Getränkes und ein tiefes Dekolleté, könnten darauf deuten, dass die beiden anderen Frauen Dirnen sind.

Diese beiden Zeichnungen sind nicht eigenhändig, sie werden sogar verdächtigt, Fälschungen des 18. Jahrhunderts zu sein, die Christian von Mechel (1737–1817) und seine Werkstatt angefertigt haben könnten. Eine der beiden, Nr. 43, weist ein altes Wasserzeichen auf, doch könnte auch im 18. Jahrhundert auf altes Papier gezeichnet worden sein. Wüthrich sieht in der koketten Haltung der Frauen, in modischen Details, etwa dem tiefen Dekolleté und den unbedeckten Brüsten, Hinweise auf eine Entstehung im 18. Jahrhundert. Ob von Fälschungen gesprochen werden kann, sei einmal dahingestellt. Mechel oder seine Werkstatt müssten dann beide Zeichnungen oder auch nur Nr. 42 vielleicht in der Absicht, die Folge zu komplettieren, schon vor 1775 hinzugefügt haben. Tatsächlich bemühte sich Mechel, worauf Wüthrich hinweist, schon Anfang der siebziger Jahre um den Zugang zu den Zeichnungen Holbeins, die er bisweilen sogar mit nach Hause nehmen durfte[3]. Ob dabei möglicherweise etwas mit den Zeichnungen passierte, vielleicht ein Original verschwand oder ersetzt wurde, lässt sich nicht klären. Wir sind jedenfalls von den Thesen Wüthrichs nicht überzeugt. Die beiden Zeichnungen könnten jedoch Kopien des Basler Malers Hans Hug Kluber sein.

Ein direkter Zusammenhang mit Werken Holbeins in der Malerei und Druckgraphik, ergibt sich nicht ohne weiteres. Die vier sicheren Frauentrachten sind abgeschlossene, detailliert ausgearbeitete Zeichnungen. Holbein ging es vor allem darum, die Gewänder am lebenden Modell zu erfassen, sie detailgenau wiederzugeben, ihre Materialien sichtbar und unterscheidbar zu machen und die Wirkung des Lichtes auf deren Oberfläche zu zeigen. Er blieb in dem von ihm bevorzugten Medium der lavierten Federzeichnung und verzichtete auf Farbigkeit, ein zusätzlicher ästhetischer Reiz, aber auch eine enorme Anforderung an den Zeichner.

Die Zeichnungen gehören zu den frühen Kostümstudien der Renaissance und lassen sich z.B. mit Dürers Nürnbergerinnen, aquarellierten Feder- und Pinselzeichnungen aus dem Jahr 1500 vergleichen[4]. Vorstufen dürften kleinformatige Bildnisse in ganzer Figur gebildet haben, die sich für Augsburg etwa mit den Zeichnungen Hans Burgkmairs d. Ä. belegen lassen, auf denen er sich als Hochzeiter darstellt. Das zunehmende Interesse an der Schilderung der Kleidung und die Wahrnehmung ihrer Veränderungen ist in einmaliger Weise in den Trachtenbüchern dokumentiert, die der Augsburger Matthäus Schwarz für sich anfertigen liess[5].

Die Datierung der Kostümstudien schwankt. So schlägt Ganz (1908) 1516 vor, Schmid (1948) dagegen um 1528/30.

Pfister-Burkhalter (1960) erwägt mit dem Hinweis auf die Holzschnitte des Totentanzes den Mittelwert, 1524/25. Uns erscheint eine Datierung um 1523, die auch Reinhardt in Betracht gezogen hat, am wahrscheinlichsten. Unsere Zeichnungen unterscheiden sich in ihrer detaillierten Ausführung deutlich von den späteren Kostümstudien der englischen Zeit, die Holbein wesentlich summarischer zeichnete[6]. Die etwas eckigen Gestalten mit ihren ausbrechenden Umrissen, und die teilweise etwas starre und befangene Haltung sprechen ebenso für eine Datierung um 1523. Trotz der unterschiedlichen Papiere dürften die vier Holbein zugeschriebenen Zeichnungen innerhalb eines kurzen Zeitraumes entstanden sein.

Anmerkungen

1 Hanns Heinrich Glaser, Baslerkleidung aller Hoch und Nidriger Standts Personen nach deren grad auff ietzige art fleissig corrigiert und auf begeren zum anderen mahl gemacht und verlegt in Basell im Julio anno 1634.

2 J. M. Vincent, Costume and conduct in the laws of Basel, Bern and Zürich, Baltimore. 1935, S. 47 ff.; E. Grossmann, Die Entwicklung der Basler Tracht im 17. Jahrhundert. In: Schweiz. Archiv für Volkskunde XXXVIII, 1940, Heft 1,2.

3 L. H. Wüthrich, Christian von Mechel. Leben und Werk eines Basler Kupferstechers und Kunsthändlers. Basel und Stuttgart, 1956, S. 196 ff.; Ganz 1937, S. 34 und Kat. Nr. C 17.; Kat. 1960, Nr. 284.

4 F. Winkler, Die Zeichnungen Albrecht Dürers, I, Berlin, 1936, Nr. 224–228, 232. H. Kauffmann, Albrecht Dürer, Umwelt und Kunst. In: Katalog der Ausstellung Albrecht Dürer, Nürnberg, 1971, S. 18–25, 21. F. Koreny, Albrecht Dürer und die Tier- und Pflanzenstudien der Renaissance. München 1985, bes. S. 13 ff., 24 f.

5 H. Röttinger, Burgkmair im Hochzeitskleide. In: Münchner Jahrbuch der Bildenden Kunst, 1908, 2. Halbband, S. 48–52, mit Abb. A. Fink, Die Schwarzschen Trachtenbücher. Berlin 1963, bes. S. 20 ff.

6 London, Britisches Museum; Ganz 1937, Nr. 150, 152. Oxford, Ashmolean Museum; Ganz 1937, Nr. 151

Nr. 38

38

Basler Bürgerin, nach rechts gewendet — Hans Holbein d.J.

Inv. 1662.142

Feder (schwarz) und Pinsel (grau und schwarz) laviert
290×197 mm
Wz.: Laufender Bär, Variante von Lindt 25/29 (wie Inv. U.I.110, dat. 1522)
Auf Papier aufgezogen; mehrere dünne Stellen und Löcher; r. u. Ecke abgerissen; Papier graugrün verfärbt
Herkunft: Amerbach-Kabinett

Lit.:
Photographie Braun, Nr. 28
Woltmann II, Nr. 78
Ganz 1937, Nr. 147
M. von Boehn, Die Mode. Menschen u. Mode im 16. Jahrhundert. München, 1923, Abb. S. 11
Hugelshofer 1928, S. 39, Taf. 57
Reinhardt 1938, Taf. 108 (um 1523)
Kat. 1960, Nr. 281 (um 1524/25)
E. Thiel, Geschichte des Kostüms, Die europäische Mode von den Anfängen bis zur Gegenwart. Berlin, 1980. S. 174, Abb. 305

39

Adelige Baslerin mit Straussenfederbarett

Hans Holbein d. J.

Inv. 1662.145

Feder (schwarz) und Pinsel (grau und schwarz), laviert
290×196 mm
Wz.: Laufender Bär, Variante von Lindt 27
Auf Papier aufgezogen; mehrere kleine Löcher; an den Rändern unten und rechts einzelne Fehlstellen; Papier grau verfärbt und berieben, etwas fleckig
Herkunft: Amerbach-Kabinett

Eine Kopie von Dietrich Meyer (1572–1658) war 1964 im New Yorker Kunsthandel, ausserdem eine Kopie des späten 16. Jahrhunderts (Sotheby's New York, 15.1.1982, Nr. 83).

Lit.:

Photographie Braun, Nr. 32
Woltmann II, Nr. 76
Ganz 1937, Nr. 145
Ganz 1908, Nr. 3, S. 16 f.
Handz. Schweizer. Meister III, 11 (um 1516/17)
Manteuffel 1920, Maler, Abb. S. 22
M. von Boehn, Die Mode. Menschen u. Mode im 16. Jahrhundert. München 1923, Abb. 10
Glaser 1924, S. 31, Taf. 32
Reinhardt 1938, Taf. 106 (um 1523)
Ueberwasser 1947, Taf. 28 (um 1528/30)
Schmid 1948, S. 93 (um 1530)
Kat. 1960, Nr. 279 (um 1524/25)
E. Thiel, Geschichte des Kostüms, Die europäische Mode von den Anfängen bis zur Gegenwart. Berlin, 1980, S. 174, Abb. 304

Nr. 39

Nr. 40

40

Adelige Baslerin, nach links schreitend

Hans Holbein d.J.

Inv. 1662.146

Feder (schwarz) und Pinsel (grau und schwarz), laviert
291×197 mm
Wz.: Hohe Krone, vgl. Anhang, Wz. Nr. 1
Am Halsband: AMORVI (Amor vincit)
Auf Papier aufgezogen; berieben, mehrere Löcher und dünne Stellen; l. u. Wasserfleck; Papier grau verfärbt
Herkunft: Amerbach-Kabinett

Das Kupferstichkabinett Basel konnte eine Umrisskopie des 18. Jahrhunderts erwerben[1], sowie eine Kopie aus dem Lips-Kreis, ehemals Sammlung Lavater[2]. Aus dem Besitz Lavaters stammt auch die Kopie des 18. Jahrhunderts im Kupferstichkabinett Berlin[3].

Anmerkungen

1 Inv. 1960.88, aus der Sammlung August Grahl, Dresden
2 Inv. 1973.198
3 Friedländer/Bock, Nr. 4829

Lit.:

Photographie Braun, Nr. 30
Woltmann II, Nr. 77
Ganz 1937, Nr. 146
Chamberlain 1913, I, S. 157 f.
M. von Boehn, Die Mode. Menschen und Mode im 16. Jahrhundert. München, 1923, Abb. S. 11 (Basler Achtbürgersfrau)
Reinhardt 1938, Taf. 107 (um 1523)
J.J. Jenny, Unhygienische Moden. In: Ciba – Zeitschrift 87, 1943, S. 3050–3059, 3057, Abb. S. 3055
Kat. 1960, Nr. 280 (um 1524/25)
Roberts 1979, Nr. 17

41

Basler Bürgerin, nach links gewendet

Hans Holbein d. J.

Inv. 1662.146 a

Feder (schwarz) Pinsel (grau und schwarz), laviert
290×198 mm
Kein Wz.
Auf Papier aufgezogen; berieben, mehrere dünne Stellen; Papier fleckig, graugrün verfärbt
Herkunft: Amerbach-Kabinett

Das Kupferstichkabinett Basel besitzt eine Kopie aus dem Umkreis des Johann Heinrich Lips (1758–1817), die aus der Sammlung Lavaters stammt (Inv. 1973.197).

Lit.:

Photographie Braun, Nr. 27
Woltmann II, Nr. 80
Ganz 1937, Nr. 148
E. Major, in: Handz. Schweizer. Meister III, Nr. 37
Chamberlain 1913, I, S. 157 f., Plate 52
Manteuffel 1920, Maler, Abb. S. 23
Glaser 1924, S. 31, Taf. 33
Reinhardt 1938, Taf. 109 (um 1523)
Waetzold 1938, Taf. 61 (zwischen 1516 und 1520)
Ueberwasser 1947, Taf. 29 (um 1528/30)
Christoffel 1950, Abb. S. 228 (zwischen 1526 und 1532)
Kat. 1960, Nr. 282 (um 1524/25)
Roberts 1979, Nr. 18

Nr. 41

Nr. 42

42

Basler Dirne mit Federbarett
verso: Wappenschild

Inv. 1662.143

Basler Meister, 3. Viertel 16. Jahrhundert (Hans Hug Kluber?)

Feder und Pinsel (schwarz), grau und braun laviert; verso: schwarze Kreide
253×193 mm
Kein Wz.
Waager. und senkr. Knickfalten, geglättet; mehrere dünne Stellen, Risse und Löcher, restauriert; Wasserflecken
Herkunft: Amerbach-Kabinett

Die beiden Zeichnungen, Nr. 42 und 43, sind wahrscheinlich nicht mehr in der Werkstatt Holbeins entstanden. Sie könnten jedoch Kopien sein, die der Basler Maler Hans Hug Kluber (1535/36–1578) im 3. Viertel des 16. Jahrhunderts nach Zeichnungen Holbeins angefertigt hat. Die Charakteristika der beiden Zeichnungen reichen allerdings für eine klare Zuschreibung an Kluber nicht aus. An ihn erinnern jedoch die Schraffuren am Boden und in den verschatteten Partien der Kleider, die besonders in Nr. 42 ausgeprägt sind, ferner der etwas eckige und spröde Strich. Kluber nahm in seinen Kopien häufig Veränderungen vor, so etwa in seinen Zeichnungen nach Hans Schäufelein im Kupferstichkabinett Basel. Auf seiner 1548 datierten Zeichnung mit dem Apostel Bartholo-

Hans Hug Kluber, Der Apostel Bartholomäus. 1548. Basel, Öffentliche Kunstsammlung, Kupferstichkabinett

Hans Hug Kluber, Knabe, aus dem Fenster schauend. 1565. Basel, Öffentliche Kunstsammlung, Kupferstichkabinett

mäus[1] finden sich auf der Standfläche ähnliche, in kleinen Haken endende Schraffuren, die zwar von Schäufelein angeregt sein könnten, jedoch einen eigenständigen Charakter aufweisen (Abb.). Die Vorliebe Klubers für Schraffuren zeigt sich auch in seinen Zeichnungen, die frei von unmittelbaren Vorbildern entstanden sind, etwa in seinem aus dem Fenster schauenden Knaben von 1565[2]. Am Gesäss des Knaben und auf der Bank finden sich ausserdem vergleichbare, kurze Parallelschraffuren, wie sie der Zeichner z. B. in Nr. 42 an der Geldbörse oder in den am Boden aufliegenden Gewandfalten angebracht hat (Abb.).

Anmerkungen

1 Basel, K. K., Inv. U.IX.83; Feder (schwarz), 220×138 mm; Wz.: Fragment Laufender Bär. Die Zeichnung ist 1548 datiert und trägt links unten, von Kluber nachträglich durchgestrichen, Monogramm und Signum Schäufeleins. Vorbild Klubers dürften die Apostel aus der Serie in Leipzig gewesen sein. F. Winkler, Die Zeichnungen Hans Süss von Kulmbachs und Hans Leonhard Schäufeleins. Berlin, 1942, Nr. 34 und 35.

2 Basel, K. K., Inv. U.II.34 b; Feder (schwarz); 163×147 mm; kein Wz.; bezeichnet mit dem Monogramm HK (ligiert) und datiert 1565

Lit.:
Photographie Braun, Nr. 31
Woltmann II, Nr. 81
Ganz 1937, Nr. C 17 (Kopie Mechels ?)
Chamberlain 1913, I, S. 157 f., Pl. 51,1
L. H. Wüthrich, Christian von Mechel, Leben und Werk. Basel und Stuttgart, 1956, S. 197 f. (Fälschung des 18. Jahrhunderts ?)
Kat. 1960, Nr. 284 (Kopie, 18. Jahrhundert ?)

43

Basler Dirne, ein Getränk anbietend

Inv. 1662.144

Basler Meister, 3. Viertel 16. Jahrhundert (Hans Hug Kluber?)

Feder und Pinsel (schwarz), grau laviert
254×197 mm
Wz.: Laufender Bär, Lindt 27
Am Halsband die Buchstaben OM in Folge
Auf Papier aufgezogen; berieben, mehrere dünne Stellen, Risse und Löcher, restauriert; oben ein grösseres Stück angesetzt (ca. 60×70 mm)
Herkunft: Amerbach-Kabinett

In den Initialen O.M. vermutet Ganz eine Anspielung auf Magdalena Offenburg, die Holbein als Modell für die Gemälde der Laïs[1] und der Venus mit Cupido[2] gedient haben könnte. Dieses Modell ist aber wahrscheinlich die Tochter, Dorothea Offenburg, gewesen, worauf His (1870) und Schmid (1948) hinweisen[3].

Eine Kopie (des 18. Jahrhunderts ?) befindet sich im Kupferstichkabinett Berlin[4].

Anmerkungen

1 Öffentliche Kunstsammlung Basel, Inv. Nr. 322; Rowlands 1985, Cat. 22.
2 Öffentliche Kunstsammlung Basel, Inv. Nr. 323; Rowlands 1985, Cat. 21.
3 His 1870, S. 161 ff.
4 Friedländer/Bock, Nr. 4828.

Lit.:
Photographie Braun, Nr. 29
Woltmann II, Nr. 79
Ganz 1937, Nr. 149
Chamberlain 1913, I, S. 157 f., Pl. 51,2
L. H. Wüthrich, Christian von Mechel, Leben und Werk. Basel und Stuttgart, 1956, S. 197 f. (Fälschung des 18. Jahrhunderts ?)
Kat. 1960, Nr. 283 (um 1524/25)

Nr. 43

44

Fledermaus mit ausgespannten Flügeln

Hans Holbein d. J.

Inv. 1662.162

Pinsel (grau und braun) und etwas Feder (schwarz), laviert und rotbraun aquarelliert
168×281 mm
Kein Wz.
L. u. von anderer Hand bez.: HHolb. (ligiert) und Nr. 23
Auf Papier aufgezogen; r. o. Fleck; stockfleckig
Herkunft: Amerbach-Kabinett, Inv. F: «Item ein Fledermaus getuscht in octavo»

Die Zeichnung dürfte auf unmittelbarem Naturstudium beruhen. Die leichte Untersicht, der nach hinten gesunkene Kopf und die Schatten, die das Tier auf den nicht näher bestimmbaren Grund wirft, deuten darauf, dass Holbein die tote Fledermaus vor sich auf einer flachen Unterlage liegen hatte, auf der die Flügel wie bei einem Präparat ausgespannt und auf nicht erkennbare Weise befestigt waren. Das beinahe wissenschaftliche Interesse, das Holbein an dem Tier gehabt hat, kommt auch in der strengen Frontalität, der nüchternen Erfassung und in den natürlichen Grössenverhältnissen zum Ausdruck.

Es ging Holbein einerseits darum, das Tier in seiner äusseren Erscheinung und in seinen anatomischen Besonderheiten zu erfassen, die Form der Flügel, Kopf und Krallen genau wiederzugeben. Andererseits beschäftigte ihn der stoffliche Charakter der Oberfläche, die pergamentartig durchscheinenden Flügel mit dem Netz der Adern und der mit Fell bedeckte Körper. Gegen eine nur naturalistische Wiedergabe des Tieres spricht jedoch der fast monochrome Charakter der Zeichnung, in der die Farbe des Papieres dominiert, das als Licht auf dem Körper des Tieres erscheint und den Flügeln den Grundton verleiht. Nur am Kopf und in den Adern verwendet Holbein etwas Rot, sonst sind lavierende Grau- und Brauntöne bestimmend. Die Zeichnung ist vorwiegend mit dem Pinsel ausgeführt, nur einzelne Konturen sind mit einer dünnen Feder hervorgehoben. Diese Art der Naturstudie kann unabhängig von möglichen Vorbildern des Dürer-Umkreises entstanden sein, die Winkler ins Spiel bringt. Die von Ganz und Pfister-Burkhalter vorgeschlagene Datierung um 1526 erscheint als Kompromiss. Wir halten eine frühere Entstehung, um 1523, etwa gleichzeitig mit den Kostümstudien für möglich.

In ihrer reduzierten Farbigkeit und Detailgenauigkeit erinnert die Fledermaus an Silberstiftzeichnungen, etwa die mit Silberstift und Rötel ausgearbeiteten Handstudien im Louvre von 1523, die Holbein für die Bildnisse des Erasmus anfertigte (Kat. Demonts Nr. 229, 230). In der Technik noch näher steht die Porträtzeichnung einer jungen Frau, ebenfalls im Louvre (Kat. Demonts Nr. 228), die als Studie für die *Solothurner Madonna* von 1522 angesehen werden kann (Rowlands 1985, Cat. 10). Holbein zeichnet die Umrisse mit dem Silberstift auf leicht rosa grundiertem Papier, laviert an wenigen Stellen, etwa am Haar auf der linken Seite und verstärkt schliesslich mit dünner Feder einzelne Haarsträhnen und die Konturen an Gesicht, Augen, Nase und Mund.

Lit.:
Photographie Braun, Nr. 40
Woltmann II, Nr. 106
Ganz 1937, S. 33, Nr. 140 (um 1526)
Chamberlain 1913, I, S. 161
Knackfuss 1914, S. 20, Abb. 18
Glaser 1924, S. 31, Taf. 40
F. Winkler, Dürerstudien III. In: Jb. preuss. Kslg. 53, 1932, S. 68–89, 86
Ueberwasser 1947, S. 12, Abb. 31
Schmid 1948, I, S. 13, 237
A. M. Cetto, Tierzeichnungen aus acht Jahrhunderten. Basel, 1949, S. 21, Abb. 29
Kat. 1960, Nr. 302, Abb. 98
Kat. Swiss Drawings 1967, S. 36, Nr. 34 (ca. 1525)
W. Hugelshofer, Schweizer Zeichnungen. Bern, 1969, S. 138 f., Nr. 48
E. Landolt, Materialien zu Felix Platter als Sammler und Kunstfreund. In: Basler Zeitschrift für Geschichte und Altertumskunde 72, 1972, S. 245–306, 257
Roberts 1979, Abb. 23
Kat. Stimmer 1984, Nr. 193 h

Nr. 44

45

Liegendes Lamm und Kopf eines Lammes

Hans Holbein d. J.

Inv. 1662.161

Pinsel, laviert und aquarelliert, etwas weiss gehöht, über Vorzeichnung mit schwarzem Stift
206×246 mm
Wz.: Achtblättrige Blume (Fragment); Kat. Falk III, 1, Wz.-Tafel II, 5,6
L. u. von anderer Hand bez.: HHolb. (ligiert); von der früheren Nummerierung ist in der l. u. Ecke nur noch ein Punkt sichtbar
Auf Papier aufgezogen; stark stockfleckig; etwas beschnitten
Herkunft: Amerbach-Kabinett, Inv. F: «Item ein Jung Schafflein und ein Lambskopff getuscht in quarto»

Auf seiner Zeichnung stellt Holbein die in unterschiedlichen Masstäben wiedergegebenen Tiere zusammen und verzichtet auf eine Angabe ihrer natürlichen Umgebung. Diese Isolierung lässt auf dasselbe, beinahe naturwissenschaftliche Interesse Holbeins an dem Tier schliessen, das auch die Zeichnung mit der Fledermaus charakterisiert (Nr. 44).

Das liegende Lamm ist in einer natürlichen Haltung wiedergegeben, der die Wendung zum Betrachter, die leicht angewinkelten Vorderbeine und die Rundung des Rückens entsprechen. Die bildparallele Anordnung unterstreicht jedoch den nüchternen Charakter der Studie, und der Kopf darüber wirkt deshalb wie eine Ergänzung oder Korrektur der natürlichen Kopfwendung des liegenden Tieres.

Die zeichnerische Ausarbeitung ist reicher als bei der Fledermaus. An den Vorderläufen und am Kopf ist die dünne Vorzeichnung mit dem Stift zu erkennen. Den Körper modelliert Holbein mit dem Pinsel in weichen, lavierenden Abstufungen zwischen hellem Grau, hellem Braun und der Farbe des Papieres, das auch hier teilweise als Farbe zur Geltung kommt. Darüber zeichnet Holbein mit dem Pinsel gegenständlich einzelne Fellsträhnen und Haarbüschel, und setzt an den Stellen, wo das Fell kurz ist, eine dichte Folge von Farbpunkten. Hinzu kommen einzelne flächig aufgetragene Weisshöhungen, punktförmige Lichter, schliesslich etwas Rosa an Maul und Ohren.

Die Zeichnung ist sicher in unmittelbarem Zusammenhang mit der vorigen, um 1523 entstanden.

Lit.:

Photographie Braun, Nr. 40
Woltmann II, Nr. 105
Ganz 1937, S. 33, Nr. 139 (um 1526)
Chamberlain 1913, I, S. 161
Knackfuss 1914, S. 19, Abb. 19
Glaser 1924, S. 31, Taf. 39
Schmid 1941/42, S. 265
Ueberwasser 1947, S. 12, Abb. 30
Schmid 1948, S. 13, 237
A.M. Cetto, Tierzeichnungen aus acht Jahrhunderten. Basel, 1949, S. 21, Abb. 28
Schilling 1954, S. 22, Abb. 41
Kat. 1960, Nr. 303, Abb. 99
Roberts 1979, S. 37, Abb. 22

Nr. 45

Die Stifterfiguren des Jean de Berry und der Jeanne de Boulogne

Während seiner Frankreichreise, die Holbein 1524 unternommen hat, sind die Zeichnungen der Stifterfiguren des Herzogs Jean de Berry (1340–1416) und seiner Gattin Jeanne de Boulogne entstanden[1]. Jacob Burckhardt hat zuerst auf den Zusammenhang der Zeichnungen mit den Figuren hingewiesen[2]. Die Statuen befanden sich ursprünglich in der Kapelle des herzoglichen Palastes in Bourges, in der am Ostende die Grabstätte des Herzogs angelegt war. Wahrscheinlich erst bei der endgültigen Aufstellung des Grabmales, das zum Zeitpunkt seines Todes 1416 noch nicht fertig war, wurden die beiden lebensgrossen und farbig gefassten Marmorstatuen der Figur der Notre-Dame-la Blanche hinzugefügt, der sie sich in ewiger Anbetung zuwandten (Abb.).

Die nach 1416 entstandenen Figuren werden Jean de Cambrai zugeschrieben. Um die Mitte des 18. Jahrhunderts wurde die Kapelle und mit ihr das Grabmal zerstört und die Gruppe der Notre-Dame mit den Stifterfiguren in den Chorumgang der Kathedrale von Bourges verbracht. Die während der Revolution 1793 stark beschädigten Figuren konnten 1913 nach den Zeichnungen Holbeins rekonstruiert und von den Ergänzungen des 19. Jahrhunderts befreit werden. Der originale, im Gesicht sehr beschädigte Kopf der Statue des Herzogs befindet sich heute im Musée Jacques Cœur in Bourges[3].

Holbein zeichnet hier zum erstenmal mit farbigen Kreiden, in einer Technik, die er in Frankreich kennengelernt haben könnte. Vielleicht hat er dort Zeichnungen von Jean Clouet gesehen[4]. Die farbige Fassung der Skulpturen und deren Detailgenauigkeit können Holbein veranlasst haben, die Skulpturen in seinen Zeichnungen zu verlebendigen, den Gesichtern das

Bildnisstatue der Jeanne de France, Duchesse de Berry. Kalkstein, farbig gefasst. Bourges, Kathedrale

Bildnisstatue des Jean de France, Duc de Berry. Kalkstein, farbig gefasst. Bourges, Kathedrale

Aussehen lebender Menschen zu geben, die er in weichen Tönen mit schwarzer und rötlicher Kreide modelliert.

Der lebendige Ausdruck, der die Skulpturen übertrifft, resultiert auch aus dem Blick der Dargestellten. Foister weist darauf hin, dass Holbein die Augen mit Wimpern wiedergibt, die an den Skulpturen so nicht vorhanden gewesen sein können. Meiss vermutet, dass das Lächeln Jean de Berrys – in dem sakralen Kontext der Kapelle vielleicht ungewöhnlich – erst ein Einfall Holbeins gewesen sein könnte. Auch die Drehung Jean de Berrys aus dem Profil in die Dreiviertelansicht bewirkt eine Verlebendigung.

Im Faltenwurf und in der Kleidung hält er sich an die spätgotischen Vorbilder. Die reich bestickte und mit Edelsteinen geschmückte Haube der Jeanne de Boulogne, sowie Kragen und Ärmel, zeichnet er detailliert und erzielt hier durch ein Übereinanderlegen von roter und gelber Kreide differenzierte Zwischentöne. Die Falten der Gewänder schliesslich, schattiert er in schwarzer Kreide, und geht dort zu offenen Schraffuren über. Die Zeichnungen werden von den meisten Autoren um 1524/25 datiert.

Anmerkungen

1 Ein Brief vom 3. Juni 1524, den Erasmus von Rotterdam an Willibald Pirkheimer in Nürnberg richtet, gibt Hinweise auf Holbeins Frankreichreise im selben Jahr. Vgl. Reinhardt 1982, S. 259 f.; P.S. Allen, Opus epistolarum Des. Erasmi Roterodami, V, Oxford, 1924, 1488, 534–535

2 Brief vom 26.9.1873 an Eduard His. Jacob Burckhardt, Briefe, hrsg. von Max Burckhardt, Bd. V, Basel 1963, S. 211, Nr. 619

3 G. Troescher, S. 74 ff.

4 Hierzu P. Mellen, Jean Clouet. Complete edition of the drawings, miniatures and paintings. London, 1971, bes. S. 29 ff.

Nr. 46 a

Nr. 46 b

46 a

Jeanne de Boulogne, Herzogin von Berry — Hans Holbein d. J.

Inv. 1662.126

Schwarze und farbige Kreiden
396×275 mm
Wz.: Zahl 4, mit den Buchstaben CR; vgl. Anhang, Wz. Nr. 8
Auf Karton aufgezogen; an den Rändern etwas beschnitten; mehrere kleine Quetschfalten; an der l. u. und r. o. Ecke kleines Loch; einzelne spätere Retouchen mit Deckweiss; etwas stockfleckig
Herkunft: Amerbach-Kabinett

Lit.:
Photographie Braun, Nr. 56
Woltmann II, Nr. 45
Ganz 1937, S. 5, Nr. 12 (1524/25)
Handz. Schweizer. Meister III, Taf. 25
Chamberlain 1913, I, S. 175 f., Pl. 57
Knackfuss 1914, S. 74, Abb. 106
Glaser 1924, S. 31, Taf. 36
Reinhardt 1938, S. 161, Abb. S. 74 (1524)
G. Troescher, Die Burgundische Plastik des ausgehenden Mittelalters. Frankfurt M., 1940, Bd. I, S. 79 ff., 84; II, Taf. VIII, 23
Christoffel 1950, Abb. S. 136 (1524/25)
Grossmann 1950, S. 229 f., Taf. 58 d
Waetzold 1958, S. 62 (1524/25)
F. Zschokke, Die Zeichnungen Hans Holbeins des Jüngeren nach den Bildnisstatuen des Herzogs und der Herzogin von Berry in Bourges. In: ZAK XVIII, 1958, S. 181, Taf. 64, Abb. 2
Kat. 1960, Nr. 277 (um 1524/25)
Ueberwasser 1960, Nr. 9
Kat. Meisterz. Amerbach-Kab. 1962, Nr. 73; Abb. 22 (1924/25)
H. Klotz, Holbeins «Leichnam Christi im Grabe». In Öff. Kunstslg. Basel, Jahresbericht 1964–66, S. 111–132, S. 119, Abb. 6 (1523/24)
M. Meiss, French Painting in the Time of Jean de Berry, The late fourteenth century and the patronage of the Duke. London/New York, 1967, S. 45, 68, 78, 93, Abb. 510
Landolt, Hundert Meisterz. 1972, Nr. 76
Roberts 1979, Nr. 27
Reinhardt 1982, S. 259
Foister 1983, S. 27, Fig. 62
Favière 1985, S. 47 ff., Abb. 2

46 b

Jean de France, Herzog von Berry

Hans Holbein d. J.

Inv. 1662.125

Schwarze und farbige Kreiden
396×275 mm
Wz.: Krug mit Krone und Blume, ähnlich Briquet 12626/30
Auf Karton aufgezogen; an den Rändern etwas beschnitten; mehrere kleine Quetschfalten; einzelne Farbflecken und spätere Retouchen mit Deckweiss
Herkunft: Amerbach-Kabinett

Lit.:
Photographie Braun, Nr. 55
Woltmann II, Nr. 44
Ganz 1937, S. 5, Nr. 13 (1524/25)
Chamberlain 1913, I, S. 175 f.
K. T. Parker, Drawings of the Early German Schools, London, 1926, S. 36; Pl. 69
Reinhardt 1938, S. 161, Abb. S. 75 (1524)
G. Troescher, Die Burgundische Plastik des ausgehenden Mittelalters. Frankfurt M., 1940, Bd I, S. 79 ff., 84; II, Taf. VIII, 24
Christoffel 1950, Abb. S. 137 (1524/25)
Grossmann 1950, S. 229 f., Taf. 58 e
Schilling 1954, S. 19 f., Abb. 32
F. Zschokke, Die Zeichnungen Hans Holbeins des Jüngeren nach den Bildnisstatuen des Herzogs und der Herzogin von Berry in Bourges. In: ZAK XVIII, 1958, S. 181, Taf. 64, Abb. 3
Kat. 1960, Nr. 278 (um 1524/25)
Kat. Meisterz. Amerbach-Kab. 1962, Nr. 74 (1524/25)
M. Meiss, French Painting in the Time of Jean de Berry, The late fourteenth century and the patronage of the Duke. London/New York, 1967, S. 45, 68, 78, 93, Abb. 511
Roberts 1979, Nr. 28
Reinhardt 1982, S. 259
Foister 1983, S. 27, Fig. 63
Favière 1985, S. 47 ff., Abb. 4

47

Scheibenriss mit dem Terminus

Hans Holbein d.J.

Inv. 1662.158

Feder (schwarz) und Pinsel (grau), grau laviert und etwas aquarelliert, über Kreidevorzeichnung
315×210 mm
Wz.: Laufender Bär, vgl. Anhang, Wz. Nr. 7
An der Herme bezeichnet: TERMINUS; über dem Horizont zu seiten der Figur: CONCEDO NULLI; l. u. Nr. 20
An den Rändern etwas beschnitten
Herkunft: Amerbach-Kabinett, Inv. F: «Item des Erasmi Terminus»

Das Sinnbild des Terminus lässt sich als persönliche Devise des Erasmus in das Jahr 1509 zurückverfolgen. Erasmus hatte von seinem Schüler Alexander Steward, einem Sohn des schottischen Königs James IV, in Rom einen Ring als Geschenk erhalten. Der geschnittene Stein dieses Ringes zeigt eine antike Gottheit, wahrscheinlich Dionysos, der als Terminus gedeutet wurde[1]. Mit der Devise «concedo nulli» (bzw. cedo nulli) versehen, kehrt der Terminus in verschiedenen Bildzeugnissen wieder. Zu nennen sind vor allem die Rückseite der Bildnismedaille des Erasmus von Quentin Massys aus dem Jahr 1519 (Abb.), die weitere, in griechischer und lateinischer Sprache verfasste Devisen trägt[2], die verschollene Grabplatte von 1537[3], das Bild mit dem Terminus von Holbein in Cleveland[4] (Abb.) und dessen posthum erschienener Holzschnitt *Erasmus im Gehäus* von 1538/40[5].

Edgar Wind hat auf die literarischen Quellen und die unterschiedlichen Auslegungen des Sinnbildes aufmerksam gemacht, die schon zu Lebzeiten des Erasmus umstritten und kritisiert worden waren. Sie hatten ihm schliesslich den Vorwurf der Überheblichkeit eingebracht, so dass Erasmus sich 1528 zu einer schriftlichen Stellungnahme genötigt sah[6]. Die Kritik, die in Erasmus einen Wegbereiter der Reformation sah, setzte mit der Frage an, wer die Worte «concedo nulli» (ich weiche keinem) spreche, der Grenzgott oder Erasmus selbst. Dass der Grenzgott, d.h. der Tod, die Worte spreche, wie Erasmus äusserte, könnte die Medaille von Massys nahelegen, denn dort machen weitere Inschriften auf das Ende eines langen Lebens und auf den Tod als Grenze aller Dinge aufmerksam. Wind weist darauf hin, dass Erasmus aber auch die mit der Mythologie des Terminus verbundene Auslegung im Blick gehabt und den Ausspruch «concedo nulli»

Medaille des Erasmus von Rotterdam. 1519. (Rückseite) Basel, Historisches Museum

Hans Holbein d.J., Der Terminus, die Devise des Erasmus von Rotterdam. The Cleveland Museum of Art, Gift of Dr. and Mrs. Sherman E. Lee in memory of Milton S. Fox

Nr. 47

ebenso auf sich, auf seine Standhaftigkeit und Unabhängigkeit bezogen haben könnte. Diese Deutung zieht auch Panofsky in Betracht[7]. Terminus hatte sich dem Drängen des Gottes Jupiter widersetzt und auf seinen angestammten Platz auf dem kapitolinischen Hügel beharrt. McConica[8] verbindet den Terminus und die Devisen mit Äusserungen des Erasmus über das christliche Sterben und sein eigenes Ende und deutet das Sinnbild als memento mori. Die Worte «concedo nulli» können jedoch von Erasmus und vom Tod gesprochen sein, wenn sie in christlichem Sinne gedeutet werden – als Standhaftigkeit (im Leben, Erasmus), die aus dem Bewusstsein des unausweichlichen Todes, der Vergänglichkeit (Terminus) gewonnen wird und aus dem Glauben an ein Leben nach dem Tode. Rowlands deutet die Standhaftigkeit im Sinne von Standhaftigkeit im Glauben[9].

Der Terminus hat die Gestalt einer antiken Pfeilerherme. Den unteren Block, der in den Boden eingelassen und mit dem Wort Terminus beschriftet ist, betrachtet Wind als den eigentlichen Grenzstein und als Sinnzeichen des Todes. Nach oben hin setzt sich dieser in einem jugendlichen männlichen Oberkörper fort, dessen Kopf nach links schaut, aufblickt und von einem Strahlenkranz umgeben ist. Er könnte die Jugend «Juventus» verkörpern und in christlichem Sinne als Hinweis auf ein neues Leben nach dem Tod verstanden werden. Der Terminus als Tod ermöglicht den Eintritt in ein neues, ewiges Leben, bedeutet – so Wind – Aeternitas, Ewigkeit.

Auf unserem Scheibenriss und dem dieser Darstellung am nächsten kommenden Bild mit dem Terminus in Cleveland (Abb.), spielt das Licht eine wesentliche Rolle. Es fällt auf dem Riss von links oben ein, beleuchtet Rahmen und Figur und könnte als himmlisches, d. h. göttliches Licht verstanden werden, das den Terminus erfüllt und in seinem Strahlenkranz bzw. im Nimbus zum Ausdruck kommt. Auf dem Bild in Cleveland steht der Terminus deutlich an der Grenze zwischen Hell und Dunkel und ist dem Licht zugewendet.

Der Riss kann mit dem Glasgemälde in Verbindung gebracht werden, das Erasmus 1525 der Universität geschenkt hat. Major weist nach, dass es noch im 18. Jahrhundert in situ erhalten war[10]. Nach Jakob Russinger (1620) trug die auf dem Riss noch leere Tafel die Devise «ΟΡΑ ΤΕΛΟΣ ΜΑΚΡΟΥ ΒΙΟΥ» (sieh das Ende eines langen Lebens) und «MORS ULTIMA LINEA RERUM» (Der Tod ist das Ende aller Dinge), sowie den Namen des Schenkers und das Datum 1525: «D. ERAS. ROTE. ANNO. DOMINI. M.D.XXV.»[11].

E. Landolt vermutet, dass der Basler Glasmaler Anthoni Glaser die Scheibe ausgeführt haben könnte, denn Bonifacius Amerbach bestellte bei ihm 1537 für Beatus Rhenanus ein weiteres Glasgemälde mit dem Terminus, das für die Bibliothek des Predigerklosters in Schlettstadt bestimmt war.

Eine Notiz im verschollenen Berliner Armorial lässt sich möglicherweise auf die Scheibe beziehen. Dort heisst es: «Inn der mitt ist ein termines biß an denn nabel gestanden jnn einenn greyenenn feld»[12].

Anmerkungen

1 Basel, Historisches Museum, Inv. 1893.365; hierzu E. Landolt. In: Kat. Erasmus 1986, Nr. H 64, Abb. S. 73

2 B. Schärli und E. Landolt. In: Kat. Erasmus 1986, A 2.10, Abb. S. 79

3 E. Landolt und B.R. Jenny. In: Kat. Erasmus 1986, Nr. H 41

4 Rowlands 1985, Cat. 35, Abb. 67

5 Kat. Oberrheinische Buchillustration 2, Basel 1984, Nr. 456

6 Brief vom 1. August 1528 an den kaiserlichen Geheimschreiber Alfonsus Valdesius. P.S. Allen, H.M. Allen und H.W. Garrod, Erasmi Roterodami Opus Epistolarum. Oxford, 1906–1947, VII, Nr. 2018; E. Wind, Aenigma Termini. In: Journal of the Warburg and Courtauld Institute I, 1937/38, S. 66–69

7 E. Panofsky, Erasmus and the visual arts. In: Journal of the Warburg and Courtauld Institute, XXXII, 1969, S. 200–227, bes. 215 f.

8 J.K. McConica, The Riddle of Terminus. In: Erasmus in English, 2, 1971, S. 2–7; E. Landolt. In: Kat. Erasmus 1986, Nr. H 64

9 J. Rowlands, Terminus, The Device of Erasmus of Rotterdam: A Painting by Holbein. In: The Bulletin of the Cleveland Museum of Art, Febr. 1980, S. 50–54, S. 53

10 E. Major 1935, S. 39 f.; E. Landolt. In: Kat. Erasmus 1986, Nr. H 2, Anm. 5 und 6

11 E. Major 1935, S. 39, Anm. 15

12 E. Landolt und B.R. Jenny. In: Kat. Erasmus 1986, Nr. H 41; Major 1935, S. 39

Lit.:

Woltmann II, Nr. 102

Ganz 1937, S. 48, Nr. 201 (1525)

His 1886, S. XXIV, Taf. IV

Handz. Schweizer. Meister III, Taf. 38 (nach der ersten engl. Reise)

E. Major, Erasmus v. Rotterdam Basel, 1925, Taf. 21 (um 1525)
Cohn 1930, S. 15 f., 64, 98 (1521/22)
E. Major, Das Wahrzeichen des Erasmus. In: Historisches Museum, Jahresbericht 1935, S. 37–43, S. 41 ff., Abb. b
Schmid 1948, S. 82 (um 1525)
Kat. 1960, Nr. 285
Jan Białostocki, Rembrandts Terminus. In: Walraff-Richartz Jb. 28, 1966, S. 49–60, 55 ff., Anm. 25, Abb. 31
Kat. der Ausstellung, Erasmus en zijn tijd. Museum Boymans van Beuningen, Rotterdam, 1969 Nr. 350, Abb. 1
F. Graf, Emblemata Helvetica. Zu einer Sammlung angewandter Embleme der deutschsprachigen Schweizer Kantone. In: ZAK 31, 1974, S. 145–170, 148, Abb. 3
J. Rowlands, Terminus, The Device of Erasmus of Rotterdam: A Painting by Holbein. In: Bulletin of the Cleveland Museum of Art, Febr. 1980, S. 50–54, Abb. 5
E. Landolt, in Kat. Erasmus 1986, Nr. H 2

48

Bildnis eines Mannes mit rotem Barett

Hans Holbein d.J.

Inv. 1662.6

Schwarze und farbige Kreiden; aquarelliert und weiss gehöht; Feder und Pinsel (schwarz)
409×343 mm (grösste Masse)
Kein Wz.
Entlang der Umrisse ausgeschnitten; mehrere Wurmlöcher und kleine Risse; Oberfläche stellenweise stark berieben; einzelne Retouchen, Papier braun verfärbt
Herkunft: Amerbach-Kabinett, Inv. D (1568): «Item ein tafelen gehort darin ein conterfehung Holbeins mit trocken farben so im großen kasten under Holbeins kunst ligt»; Inv. F und Inv. G (1662): «Ein Contra-faict Holbeins mit Trokhenen farben auff Papier»

Im Inventar D von 1586 nennt Basilius Amerbach «...ein conterfehung Holbeins mit trocken farben...», mit der unsere Zeichnung gemeint sein könnte. Schmid (1931) weist darauf hin, dass diese Eintragung missverstanden und als Selbstbildnis aufgefasst werden konnte. Im unvollständigen Inventar F aus der Mitte des 17. Jahrhunderts lautet die Eintragung dann «Item Hanß Holbein (dann die durchgestrichenen Worte «des Malers selbst») des Mahlers conterfect auff Bapeyr mit trockhen farben ist ein brustbild 3½ viertell einer ellen hoch und so breidt». Bei Charles Patin (1676) ist der Stich nach der Zeichnung dann als Selbstbildnis ausgewiesen[1].

Ganz (1928/29) und Werthemann versuchten diese Identifizierung, der schon Haendke (1892) entgegengetreten war, zu untermauern. Sie ist jedoch bei einem Vergleich mit den sicheren Porträts Holbeins nicht haltbar, der Silberstiftzeichnung Hans Holbeins d.Ä. im Kupferstichkabinett Berlin von 1511 (Friedländer/Bock Nr. 2507) und dem späten Selbstbildnis in Florenz (Ganz 1937, Nr. 51), wie Schmid (1931) gezeigt hat. Die aus der Identifizierung als Selbstbildnis abgeleitete Datierung in den Anfang der 20er Jahre erscheint auch aus stilistischen Gründen nicht möglich. Schmid (1924) und Pfister-Burkhalter (in Kat. 1960) schlagen deshalb das Entstehungsdatum um 1526 vor.

Die Beurteilung des Blattes wird durch den Erhaltungszustand erschwert. Die Zeichnung ist entlang der Umrisse ausgeschnitten und heute auf hellem Karton aufgelegt, der den ehemals blauen Farbton der alten Montierung ersetzt. Das Papier ist graubraun verfärbt, so dass die Zeichnung eine Härte und Präsenz aufweist, die ihrer früheren Erscheinung nicht entsprechen dürfte. Die aquarellierten Partien an Hut und Mantel, ebenso die einzelnen mit Deckweiss aufgesetzten Lichter scheinen keine Hinzufügungen von späterer Hand zu sein, ebensowenig die mit dem Pinsel verstärkten Umrisse am Hut oder die Strukturierung der Haare mit der Feder. Die gleichmässig und detailreich ausgearbeitete Zeichnung wird schon im Inventar D von Amerbach wie ein Tafelbild geführt, sie dürfte deshalb und weil sie später als Selbstbildnis des Künstlers galt, besonders oft gezeigt worden sein und durch Lichteinwirkung gelitten haben.

Anmerkung

1 Charles Patin, Vita Joannis Holbenii pictoris Basilensis. In: Desiderii Erasmi Roterodami stultitiae laus figuris Holbenianis adornata. Basilea 1676

Lit.:

Photographie Braun, Nr. 48
Woltmann I, S. 185 f.; II, Nr. 43
Ganz 1937, S. 4 f., Nr. 11 (Selbstbildnis, um 1523)
B. Haendke, Hans Holbeins d.J. sogenanntes Selbstbildnis in Basel. In: Zeitschrift für bildende Kunst, N.F. III, 1891/92, Sp. 337–341 (kein Selbstbildnis)
Ausstellung von Werken Hans Holbeins d.J. Basel, 1897–1898, Titelbild, S. 41, Nr. 76 (Selbstporträt)
Ganz 1908, Titelbild
Ganz 1919, Titelbild (um 1523/24)
Manteuffel 1920, Maler, Abb. S. 27 (Selbstbildnis um 1523)
Schmid 1924, S. 347: Unbekannter, Zeit der ersten englischen Reise, vielleicht noch in Basel entstanden
P. Ganz, Das Bildnis Hans Holbeins d.J. In: Jahrbuch für Kunst- und Kunstpflege in der Schweiz. Bd. V, 1928–1929, S. 273–292, Taf. 3 (Anfang der 20er Jahre)
A. Werthemann, Identifizierung des Basler Selbstbildnisses Holbeins d.J. In: Jahrbuch für Kunst- und Kunstpflege in der Schweiz. Bd. V, 1928–1929, S. 293–304, Taf. 10,1
Stein 1929, S. 180 f., Abb. 64 (Junger Basler, nicht Holbein)
Schmid 1930, S. 72–74
H. A. Schmid, Wie hat Hans Holbein d.J. ausgesehen? In: ASA, N.F. Bd. XXXIII, 1931, S. 280–294, Taf. XVIII (Detail)
Reinhardt 1938, S. 161, Abb. S. 61 (angebliches Selbstbildnis um 1524)
G. Schmidt, Ein Selbstbildnis Hans Holbeins d.J. unter den Randzeichnungen zum «Lob der Torheit». In: Öff. Kunstslg. Basel, Jahresberichte 1941–45, 1943, S. 144–156, S. 144 f., Abb. 10
Schmid 1945, S. 21, Abb. 1 (Unbekannter, um 1523/26)
Waetzold 1958, Farbabb. S. 55, S. 80, (Selbstbildnis um 1523)
Kat. 1960, Nr. 299

Nr. 48

Im Inventar F aus der Mitte des 17. Jahrhunderts werden die Risse aufgeführt: «Item zehen Stück vom Passion getuscht. Jedes auf einem Bogen Papeyr.» Ob die Serie einmal umfangreicher war, ob sie unvollendet geblieben ist oder schon früh einzelne Blätter verloren gegangen sind, ist nicht bekannt. Weder die Abklatsche im Britischen Museum London, noch die Kopien des 16. und 17. Jahrhunderts[1], geben Hinweise auf das ehemalige Vorhandensein weiterer, zur Folge gehörender Zeichnungen. Auch ausgeführte Glasgemälde lassen sich nicht nachweisen. Lediglich die Motive der Rahmen sind vereinzelt wiederverwendet worden, etwa für Scheiben im Rathaus von Rheinfelden von 1533[2]. Auf einer Zeichnung im Kupferstichkabinett Basel aus der Mitte des XVI. Jahrhunderts sind die Ornamente der Rahmen nachgezeichnet (Inv. Bi.300.27), doch geben auch sie keine Hinweise auf weitere Zeichnungen.

Ganz hatte angenommen, dass die Scheiben zu fünf Dreiergruppen zusammengefügt werden sollten und ursprünglich einmal 15 Scheiben geplant waren. Die jeweils links und rechts stehenden könnten nach den korrespondierenden Ornamenten und den Architekturen zu schliessen, Gegenstücke gebildet haben, während eine einzelne Scheibe etwas erhöht in der Mitte über den beiden seitlichen stehen sollte. Klemm vermutet, dass die Serie aus 12 Scheiben bestanden hat, die alle für ein Fenster gedacht waren, in dem jeweils drei von ihnen in vier Reihen übereinander angeordnet werden sollten. Der Wechsel von Untersicht zu leichter Aufsicht im Verlauf der Folge, könnte auf die erhöhte Stellung der letzten Szenen Rücksicht nehmen. Bei diesen Zeichnungen lassen sich jedoch höchstens *Kreuztragung* und *Entkleidung* nach den Rahmenmotiven aufeinander beziehen. Zwischen ihnen könnte eine Szene verloren gegangen sein, vielleicht der *Fall unter dem Kreuz* oder *Die Begegnung mit Veronika.* Eine weitere, letzte Gruppe könnten dann *Annagelung, Kreuzigung* und möglicherweise eine *Kreuzabnahme* gebildet haben.

Nicht nur der Augenpunkt, sondern auch das Verhältnis der Rahmen zum Bildfeld ändert sich im Verlauf der Folge. In den ersten drei Zeichnungen erscheinen diese als Bestandteil der Gewölbe- und Gebälkkonstruktionen der Innenräume, in denen die Handlung spielt. Bei *Christus vor Kaiphas* und in der *Geisselung* übernehmen die beiden rechts, bzw. links am Rand stehenden Figuren die Rolle des Rahmens. In den folgenden drei Szenen, der *Dornenkrönung,* dem *Ecce homo* und der *Handwaschung,* sind die Szenen in einem Bereich zwischen Innen und Aussen angesiedelt und spielen in Höfen oder Durchgängen. Die rahmenden Pfeiler fassen jeweils ein Bild ein, Girlanden und Akanthusornamente bilden den Abschluss nach oben. Die Rahmen besitzen nun eine grössere Selbständigkeit, ihre perspektivischen Verkürzungen setzen sich nicht in den dahinter ansetzenden Architekturen fort. Diese baut Holbein kulissenhaft auf, stellt Treppen, Steinquader übereck, kombiniert bildparallele Elemente mit schräg in die Tiefe führenden, oder lässt beide wie in der *Dornenkrönung* in stumpfem Winkel aufeinanderstossen. Dies erinnert in vielem an die frühen Risse für vier Doppelscheiben von 1519 (Nr. 11–18) oder an die Helldunkelzeichnung mit der Hl. Familie (Nr. 24). Schrägstellung und Untersicht bewirken eine dramatische Steigerung des Geschehens, lassen einzelne Akteure, die Schergen, Christus oder Pilatus aus dem Gedränge der volkreichen Szenen hervortreten. Die nicht einheitlich konstruierten Raumgefüge bewirken zusätzlich eine Beunruhigung des Betrachters. Hier wirken auch die Rahmen mit. Sie verschleiern den Ansatz der Architekturen, geben nicht Aufschluss über die Weite der Bögen und Durchgänge und verstellen zugleich den Handlungsraum, schneiden in ihn ein oder verkürzen die Bildbühne nach vorne. So wird der Rahmen in der *Handwaschung* (Nr. 54) zum Hindernis für Christus, und das Gedränge der Schergen um ihn scheint sich zu vergrössern. Einer von ihnen muss sich leicht zurückwenden, um hinter dem Pfeiler hervor mit entsetztem Blick auf den Betrachter zu schauen.

An der Eigenhändigkeit der Folge werden in der Literatur keine Zweifel geäussert. Charakteristisch ist der Strich, der sich auf das Nötigste beschränkt und die fein abgestufte, trocken wirkende Lavierung, mit der Holbein nicht nur modelliert, sondern zugleich Stofflichkeiten sichtbar macht. Diese Zeichenweise spricht für eine Datierung um 1525, welche die meisten Autoren vertreten. Die frühe Datierung von Ganz um 1523/24 erscheint auch deshalb unwahrscheinlich, weil die Folge fortgeschrittener erscheint als die gemalte Passion im Kunstmuseum Basel, die sehr wahrscheinlich um 1524, unmittelbar nach Holbeins Frankreichreise entstanden ist[3]. Gegen eine spätere

Datierung, d. h. nach Holbeins Rückkehr aus England, 1528, können auch die historischen Umstände sprechen: der Beginn der Reformation in Basel. Dass die Folge in einem kurzen Zeitraum entstanden ist und nicht, wie Ganz (1925) und Schmid (1948) vermuteten, im Laufe mehrerer Jahre, darauf deuten nicht nur die stilistischen Gemeinsamkeiten, sondern auch die Gleichartigkeit der Papiere, die die Wasserzeichenpaare Lindt 26 und 27 aufweisen.

Die Basler Risse sind möglicherweise mehrfach abgeklatscht worden. Die einzige erhaltene Serie von 7 Abklatschen befindet sich heute im Britischen Museum London. Die Basler Zeichnungen haben durch diesen Vorgang an Präzision verloren, und die Lavierung ist zum Teil verblasst. Nach einem ersten Abklatsch, von dem jedoch kein Blatt mehr nachweisbar ist, sind die Zeichnungen überarbeitet und an den Konturen und der Binnenzeichnung unterschiedlich stark mit schwarzer Feder übergangen worden. Unmittelbar danach müssen die Londoner Abklatsche entstanden sein, denn sie tragen schon die Überarbeitungen der Basler Zeichnungen, die sich auf den Abklatschen deutlich durch grössere Farbintensität von den nicht überarbeiteten Partien abheben (vgl. Nr. 54, 56). Die Londoner Blätter weisen ihrerseits Überarbeitungen von anderer Hand mit Pinsel und schwarzer Kreide auf. Ein Teil von ihnen trägt das Monogramm Dürers, das mit Kreide überdeckt worden ist[4]. Ob die Basler Zeichnungen noch in der Werkstatt Holbeins, möglicherweise von ihm selbst überarbeitet worden sind, ist ungewiss. Teilweise sind die Konturen so unsensibel nachgezogen, dass Zweifel an der Eigenhändigkeit berechtigt erscheinen.

Anmerkungen

1 Unter den zahlreichen Kopien des 16. Jahrhunderts sind die 9 Zeichnungen im Augustinerchorherrenstift St. Florian hervorzuheben, die 1578 bzw. 1579 datiert sind, sowie die 7 Kopien in der Staatlichen Graphischen Sammlung in München, von denen einzelne Blätter das Datum 1536 tragen (Hinweise von Eva Frodl-Kraft und Holm Bevers).

2 Zu den Wappenscheiben im Rathaus zu Rheinfelden, H. Lehmann, Zur Geschichte der oberrheinischen Glasmalerei im 16. Jahrhundert. In: ZAK 2, 1940, S. 30–52, Abb. 12, 13, S. 38

3 Basel, Öffentliche Kunstsammlung, Inv. Nr. 315; Rowlands 1985, Cat. 19

4 Zu den Abklatschen im Britischen Museum London, die aus der Sammlung Joachim von Sandrarts stammen und ehemals 9 Blätter umfasst haben, L. Binyon, Catalogue of Drawings by British Artists and Artists of Foreign Origin working in Great Britain. Vol II, London 1900, S. 326 ff., Nr. 1–7; J. Rowlands, in: Rubens, Drawings and Sketches. Catalogue of an exhibition at the Dep. of Prints and Drawings. London 1977, Nr. 48 (Christ carrying the Cross, reworked by Rubens). Unter den Abklatschen fehlen *Geisselung, Dornenkrönung* und *Annagelung.*

49

Christus vor Kaiphas

Hans Holbein d.J.

Inv. 1662.112

Feder (schwarz), grau laviert, über Kreidevorzeichnung
429×305 mm
Wz.: Laufender Bär, Lindt 26
Auf Karton des 18. Jahrhunderts aufgezogen; waager. Mittelfalte; Zeichnung durch Abklatsch verblasst und mit der Feder (schwarz) überarbeitet
Herkunft: Amerbach-Kabinett

Die Komposition kann von Martin Schongauers Kupferstich *Christus vor Hannas* angeregt sein, denn Christus steht dort ebenfalls unmittelbar vor dem gebündelten Pfeiler (Abb.). Die Architektur in unserer Zeichnung schafft nicht wirklich Raumtiefe, sondern drängt Christus nach vorne. Aus der Menge der Soldaten werden wenige hervorgehoben, in deren Gesichter der Betrachter schauen kann, doch auch sie lenken den Blick zu Christus hin. Die Konzentration auf wenige Gesten, eine ausgestreckte Hand, eine erhobene Faust und der Dialog der Blicke zwischen Christus und dem Schergen, der auf ihn einschlägt, bedeuten gegenüber Schongauers Stich mit seinem erzählerischen Nebeneinander eine psychologische und dramatische Steigerung.

Martin Schongauer, Christus vor Hannas.
Kupferstich (Lehrs 21)

Lit.:
Photographie Braun, Nr. 5
Woltmann I, S. 172 ff.; II, Nr. 66
Ganz 1937, Nr. 169 (1523/24)
Mantz 1879, S. 44 ff., Abb.
Davies 1903, S. 71 ff.
Chamberlain 1913, I, S. 150 ff., Pl 46, 1
Knackfuss 1914, S. 37, Abb. 34
Schmid 1930, S. 53
Stein 1929, S. 180 ff.
Cohn 1930, S. 24 f., 82 ff., 88, 98 (1525–26)
Schmid 1948, S. 5, 83 f., 101, 118, 149, 153, 325, 331 ff. (um 1528–30)
Fischer 1951, S. 344 (um 1526 oder erst 1528–30)
Kat. 1960, Nr. 286
Klemm 1972, S. 172
Klemm 1980, S. 39 f.

Nr. 49

Verspottung Christi

Hans Holbein d.J.

Inv. 1662.114

Feder (schwarz), grau laviert, über Kreidevorzeichnung
432×306 mm
Wz.: Laufender Bär, Lindt 26
Auf Karton des 18. Jahrhunderts aufgezogen; waager. und senkr. Mittelfalten; an den Rändern berieben; Zeichnung durch Abklatsch verblasst und mit der Feder (schwarz) überarbeitet; einzelne braune Flecken
Herkunft: Amerbach-Kabinett

Der Blick in den gotischen Innenraum und die frontale Darstellung von Christus, dessen Kopf sich unmittelbar unter einer runden Fensteröffnung befindet, könnte auf Schongauers Kupferstich der *Dornenkrönung* zurückgehen (Abb.). Der Mann mit Kutte und gezaddelter Kappe zwischen den Säulen links, ist ein Zitat nach Dürers *Ecce homo* der *Kleinen Kupferstichpassion,* auf der ein ähnlich gekleideter Mann im Vordergrund steht (Abb.). Weitere Anregungen könnten die Schergen auf Dürers *Verspottung* der *Kleinen Holzschnittpassion* gegeben haben (M. 139). Der Holzschnitt zeigt auch eine verwandte Diagonalkomposition.

Möglicherweise spielt Holbein mit der Zuordnung des Hauptes Christi, des kreisförmigen Fensters und der Lampe darüber, auf die theologische Bedeutung des Lichtes und seine Auslegung auf Christus als «lux mundi» an. Vielleicht hat hier auch Dürers Holz-

Martin Schongauer, Dornenkrönung. Kupferstich (Lehrs 23)

Albrecht Dürer, Ecce homo.
Kleine Kupferstichpassion (M. 10)

Nr. 50

schnitt des *Abendmahles* von 1510 eine Rolle gespielt (M. 114), auf dem über Christus eine ähnliche Fensteröffnung dargestellt ist[1]. Der Blick in die Tiefe des Raumes wird durch die Untersicht, die Lampe, die Hand über dem Kopf Christi, sowie durch Überschneidungen der Bögen mit den Zugverstrebungen aufgehalten. Dadurch wird Christus dem Betrachter nahe gerückt.

Anmerkung

1 Zu einem Holzschnitt Hans Holbeins mit «Christus als wahrem Licht» vgl. Kat. 1960, Nr. 407; Kat. Oberrheinische Buchillustration 2, Nr. 354 a

Lit.:

Photographie Braun, Nr. 8
Woltmann I, S. 172 ff.; II, Nr. 68
Ganz 1937, Nr. 171 (1523/24)
Mantz 1879, S. 44 ff., Abb.
Davies 1903, S. 71 ff.
Handz. Schweizer. Meister III, Taf. 39 (um 1523/24)
Chamberlain 1913, I, S. 150 ff., Pl. 47, 1
Knackfuss 1914, Abb. 33, S. 38
Glaser 1924, S. 12, Abb. 28
Stein 1929, S. 180 ff.
Schmid 1930, S. 53
Cohn 1930, S. 24 f., 82 ff., 98 (1525/26)
Reinhardt 1938, Abb. 127
Schmid 1945, S. 25, Abb. 31; 1948, S. 83 f., 101, 118, 149, 153, 325, 331 ff. (um 1528–30)
Christoffel 1950, Abb. S. 232 (1523/24)
Fischer 1951, S. 344 (um 1526 oder erst 1528–30)
Kat. 1960, Nr. 288
Reinhardt 1965, S. 36
Klemm 1972, S. 172
Roberts 1979, Nr. 14
Klemm 1980, S. 39 f.

51

Geisselung Christi

Inv. 1662.113

Hans Holbein d.J.

Feder (schwarz), grau laviert, über Kreidevorzeichnung
431×308 mm
Wz.: Laufender Bär, Lindt 26
Auf Karton des 18. Jahrhunderts aufgezogen; waager. Mittelfalte; an den Rändern berieben; Zeichnung durch Abklatsch verblasst und mit der Feder (schwarz) überarbeitet; mehrere grosse braune Flecken
Herkunft: Amerbach-Kabinett

Die Rückenfigur des Schergen auf der rechten Seite und der unmittelbar dahinter im Profil erscheinende, erinnern entfernt an die beiden Schergen auf Schongauers Kupferstich der *Geisselung*, die dort in ähnlicher Körperhaltung wiedergegeben sind (Abb.).

Ihren Bewegungen, die zu Gesten der Bedrohung werden, setzt Holbein die stumme Begegnung der Gesichter von Christus, dem Alten im Hintergrund und dem Schergen entgegen.

Lit.:
Photographie Braun, Nr. 6
Woltmann I, S. 172 ff.; II, Nr. 67
Ganz 1937, Nr. 170 (1523/24)
Mantz 1879, S. 44 ff., Abb.
Davies 1903, S. 71 ff., Abb. nach S. 72
Handz. Schweizer. Meister III, Taf. 22 (um 1523)
Chamberlain 1913, I, S. 150 ff., Pl. 46,2
Knackfuss 1914, S. 38, Abb. 32
Glaser 1924, S. 12, Abb. 27
Stein 1929, S. 180 ff.
Schmid 1930, S. 53
Cohn 1930, S. 24 f., 82 ff., 88, 98 (1525/26)
Schmid 1948, S. 83 f., 101, 118, 149, 153, 325, 331 ff. (um 1528–30)
Fischer 1951, S. 344 (um 1526 oder erst 1528–30)
Kat. 1960, Nr. 287
Klemm 1972, S. 172
Klemm 1980, S. 39 f.

Martin Schongauer, Geisselung. Kupferstich (Lehrs 22)

Nr. 51

Nr. 52

52

Dornenkrönung Christi

Hans Holbein d. J.

Inv. 1662.115

Feder (schwarz), grau laviert, über Kreidevorzeichnung
431×308 mm
Wz.: Laufender Bär, Lindt 27
Auf Karton des 18. Jahrhunderts aufgezogen; waager. und senkr. Mittelfalte, geglättet; besonders oben stellenweise stark berieben; Zeichnung durch Abklatsch verblasst und mit der Feder (schwarz) überarbeitet; mehrere kleine braune Flecken; am unteren Rand etwas beschnitten
Herkunft: Amerbach-Kabinett

Nur die Gesichter von Christus und Pilatus, der auf der linken Seite das Geschehen überwacht, sind ohne Überschneidungen und stärkere Verkürzungen zu sehen. Die Schergen treten dagegen als Individuen zurück und sind von Holbein so angeordnet, dass der Blick des Betrachters ungehindert auf die sitzende Figur Christi fallen kann. Die ungewohnte Übereckstellung der Architektur wirkt beunruhigend und dramatisiert das Geschehen.

Lit.:

Photographie Braun, Nr. 7
Woltmann I, S. 172, ff., II, Nr. 69
Ganz 1937, Nr. 172 (1523/24)
Mantz 1879, S. 44 ff., Abb.
His 1886, S. XXV, Pl. X
Davies 1903, S. 71 ff.
Chamberlain 1913, I, S. 150 ff., Pl. 47, 2
Stein 1929, S. 180 ff.
Schmid 1930, S. 53
Cohn 1930, S. 24 f., 82 ff., 98 (1525/26)
Schmid 1948, S. 83 f., 101, 118, 121, 125 f., 149, 153, 325, 331 ff., (um 1528–30)
Christoffel 1950, Abb. S. 233 (1523/24)
Fischer 1951, Abb. 282 (um 1526 oder erst 1528–30)
Kat. 1960, Nr. 289
Kat. Swiss Drawings, 1967, S. 38, Abb. 40 (um 1525)
Klemm 1972, S. 172
Klemm 1980, S. 39 f.
Kat. Stimmer 1984, Nr. 298 (E. Landolt, um 1525)

53

Ecce homo

Inv. 1662.116

Hans Holbein d.J.

Feder (schwarz), grau laviert, über Kreidevorzeichnung
431×306 mm
Wz.: Laufender Bär, Lindt 26
Auf Karton des 18. Jahrhunderts aufgezogen; waager. Mittelfalte, darunter Quetschfalte; etwas fleckig; Zeichnung durch Abklatsch stark verblasst und mit der Feder (schwarz) überarbeitet
Herkunft: Amerbach-Kabinett

Das Motiv der Treppe, die leicht einknickende Figur Christi mit dem herabhängenden Mantel und der neben ihm stehende Pilatus erinnern an Schongauers Kupferstich mit demselben Thema (Abb.). Den im Profil dargestellten, ausschreitenden und auf Christus weisenden Soldaten könnte Holbein aus Dürers *Ecce homo* der *Kleinen Holzschnittpassion* übernommen haben (Abb.). Auch in dieser Szene lässt Holbein die Menge des Volkes durch die Untersicht in den Hintergrund treten. Es sind nur wenige Figuren sichtbar, die das Ereignis mit ausdrucksvollen Gesten kommentieren: die abwehrende Hand des Pilatus, der sich von den Forderungen des Volkes abwendet, deren unerbittliches Drängen und Zeigen, schliesslich die stumme Anteilnahme der grossen Figur des Alten im Vordergrund.

Martin Schongauer, Ecce homo. Kupferstich (Lehrs 25)

Albrecht Dürer, Ecce homo.
Kleine Holzschnittpassion (M. 144)

Lit.:
Photographie Braun, Nr. 10
Woltmann I, S. 172 ff.; II, Nr. 71
Ganz 1937, Nr. 174 (1523/24)
Mantz 1879, S. 44 ff., Abb.
His 1886, S. XXV, Pl. XII
Davies 1903, S. 71 ff.
Ganz 1908, S. 34 ff., Abb. 17
Chamberlain 1913, I, S. 150 ff., Pl 48, 2
Ganz 1923, S. 41 ff., Abb. 17
Ganz 1925, S. 236, Taf. IV, 0
Stein 1929, S. 180 ff.
Schmid 1930, S. 53
Cohn 1930, S. 24 f., 82 ff., 86 f., 98 (1525/26)
Reinhardt 1938, S. 11, Abb. 126
Schmid 1948, S. 83 f., 101, 118, 125 f., 149, 153, 235, 331 ff. (1528–30)
Fischer 1951, S. 344 (um 1526 oder erst 1528–30)
Kat. 1960, Nr. 290
Klemm 1972, S. 172
Klemm 1980, S. 39 f.
Kat. Stimmer 1984, Nr. 299 (E. Landolt, um 1525)

Nr. 53

54

Handwaschung des Pilatus

Hans Holbein d.J.

Inv. 1662.117

Feder (schwarz), grau laviert, über Kreidevorzeichnung
432×308 mm
Wz.: Laufender Bär, Lindt 27
Auf Karton des 18. Jahrhunderts aufgezogen; waager. Mittelfalte; unten etwas beschnitten; Zeichnung durch Abklatsch verblasst und mit der Feder (schwarz) überarbeitet
Herkunft: Amerbach-Kabinett

Der Scherge, der Christus nach rechts hinausführt, könnte auf die gleiche Figur in Dürers *Kleiner Holzschnittpassion Christus vor Pilatus* zurückgehen (Abb.). Pilatus und der Knecht neben ihm, der die Schüssel hält und Wasser über die Hände von Pilatus giesst, stehen jedoch Schongauers Kupferstich näher (Abb.). Holbein verbindet die beiden Motive der Erzählung und lässt Pilatus zu Christus sprechen, der sich im Hinausgehen zurückwendet und auf die Worte des Pilatus reagiert. Ihre Köpfe korrespondieren durch analoge Haltung und ihre «Würdezeichen»: Hut und Dornenkrone. Zwischen ihnen erscheinen wie in einem Spiegelbild an der Gelenkstelle der Erzählung die Köpfe des Dieners und des Schergen, der Christus hinausführt. Auf dem seitenverkehrten Abklatsch im Britischen Museum London sind die Überarbeitungen der Basler Zeichnung deutlich an der unterschiedlichen Farbintensität der Striche zu erkennen (Abb.).

Lit.:

Photographie Braun, Nr. 9
Woltmann I, S. 172 ff., Abb.; II, Nr. 70
Ganz 1937, Nr. 173 (1523/24)
Mantz 1879, S. 71 ff.
His 1886, S. XXV, Pl. XI
Davies 1903, S. 71 ff.
Chamberlain 1913, I, S. 150 ff., Pl. 48, 1
Knackfuss 1914, S. 39, Abb. 35
Stein 1929, S. 180 ff.
Schmid 1930, S. 53
Cohn 1930, S. 24 f., 82 ff., 98 (1525/26)
Schmid 1948, S. 837, 101, 118, 125 f., 149, 153, 325, 331 ff. (um 1528–30)
Christoffel 1950, Abb. S. 234 (1523/24)
Fischer 1951, S. 344 (um 1526 oder erst 1528–30)
Kat. 1960, Nr. 291
Klemm 1972, S. 172
Roberts 1979, Nr. 15
Klemm 1980, S. 39 f., Abb. S. 38

Albrecht Dürer, Christus vor Pilatus.
Kleine Holzschnittpassion (M. 145)

Martin Schongauer, Christus vor Pilatus.
Kupferstich (Lehrs 24)

Hans Holbein d. J., Handwaschung des Pilatus – Abklatsch nach Inv. 1662.117. London, Britisches Museum

Nr. 54

55

Kreuztragung Christi

Hans Holbein d.J.

Inv. 1662.188

Feder (schwarz), grau laviert, über Kreidevorzeichnung
434×309 mm
Wz.: Laufender Bär, Lindt 26
Auf Karton des 18. Jahrhunderts aufgezogen; waager. Mittelfalte; am unteren Rand Fehlstelle, alt ergänzt; Papier berieben; Zeichnung durch Abklatsch verblasst und mit der Feder (schwarz) überarbeitet; Papier bräunlich verfärbt
Herkunft: Amerbach-Kabinett

Schongauers Kupferstich der *Kreuztragung* kann Holbein zu seiner Komposition angeregt haben. Verwandt erscheint das Motiv des Torbogens, durch den die Soldaten mit Christus hinausdrängen und die Wendung des Kopfes Christi nach links (Abb.). Auf Schongauer geht auch der Scherge zurück, der auf Christus mit der Faust einschlägt. Vielleicht hat Holbein auch Dürers *Kreuztragung* der *Albertina Passion* gekannt (M. 111), denn die Figur des Christus, der unter der Last des Kreuzes in sich zusammensinkt, steht Holbeins Christus näher, als die aufrecht gehende Figur bei Schongauer. Mit Schongauers Stich ist die Bewegungsrichtung des Zuges verwandt, die nach schräg vorne, aus dem Bild hinauszuführen scheint.

Lit.:
Photographie Braun, Nr. 11
Woltmann I, S. 172, ff.; II, Nr. 72
Ganz 1937, Nr. 175 (1523/24)
Mantz 1879, S. 44 ff., Abb.
His 1886, S. XXV, Pl. XIII
Davies 1903, S. 71 ff.
Handz. Schweizer. Meister II, Taf. 50 (um 1523)
Chamberlain 1913, I, S. 150 ff., Pl 49, 1
Knackfuss 1914, S. 39, Abb. 36
Stein 1929, S. 180 ff.
Schmid 1930, S. 53
Cohn 1930, S. 24 f., 82 ff, 88, 98 (1525/26)
Schmid 1945, S. 25, Abb. 3; 1948, S. 83 f., 101, 118, 149, 153, 325, 329, 331 ff. (um 1530–32)
Christoffel 1950, Abb. S. 235 (1523/24)
Fischer 1951, S. 344 (um 1526 oder erst 1528–30)
Kat. 1960, Nr. 292
Klemm 1972, S. 172
Klemm 1980, S. 39 f.

Martin Schongauer, Kreuztragung Christi.
Kupferstich (Lehrs 26)

Nr. 55

Hans Holbein d. J., Entkleidung Christi – Abklatsch nach Inv. 1662.119. London, Britisches Museum

Nr. 56

56

Entkleidung Christi

Hans Holbein d. J.

Inv. 1662.119

Feder (schwarz), grau laviert, über Kreidevorzeichnung
432×308 mm
Wz.: Laufender Bär, Lindt 27
Auf Karton des 18. Jahrhunderts aufgezogen; waager. und senkr. Mittelfalte; an den Rändern berieben; l. o. Ecke eingerissen; Papier grossflächig braun verfärbt; Zeichnung durch Abklatsch verblasst und umfangreich mit der Feder (schwarz) überarbeitet
Herkunft: Amerbach-Kabinett

Der Scherge, der sich nach vorne beugt und ein Loch in den Querbalken des Kreuzes bohrt, geht auf Dürers Holzschnitt der *Kreuzannagelung* zurück (Abb.). Holbein rückt das Geschehen nahe in den Vordergrund und lässt die Schergen, die die Kreuzigung vorbereiten, in analogen Bewegungen entlang den Bilddiagonalen agieren. Im Schnittpunkt ihrer Aktionen erscheint das Gesicht Christi mit schmerzvollem Ausdruck, während sein Körper unter dem Gewand zu verschwinden scheint.

Lit.:
Photographie Braun, Nr. 12
Woltmann I, S. 172 ff.; II, Nr. 73
Ganz 1937, Nr. 176 (1523/24)
Mantz 1879, S. 44 ff., Abb.
Davies 1903, S. 71 ff.
Chamberlain 1913, I, S. 150 ff., Pl. 49, 2
Glaser 1924, Abb. 29, S. 12
Stein 1929, S. 180 ff.
Schmid 1930, S. 53
Cohn 1930, S. 24 f., 82 ff., 88, 98 (1525/26)
Schmid 1948, S. 83 f., 101, 118, 149, 153, 325, 331 ff. (um 1530–32)
Fischer 1951, S. 344 (um 1526 oder erst 1528–30)
Kat. 1960, Nr. 293
Klemm 1972, S. 172
Klemm 1980, S. 39 f.

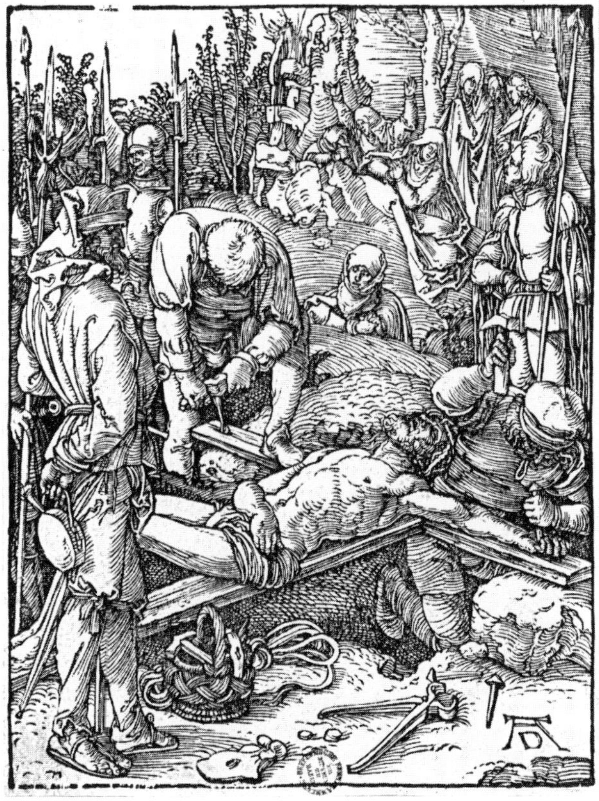

Albrecht Dürer, Annagelung. Kleine Holzschnittpassion (M. 148)

57

Annagelung

Inv. 1662.120

Hans Holbein d. J.

Feder (schwarz), grau laviert, über Kreidevorzeichnung
434×308 mm
Wz.: Laufender Bär, Lindt 27
Auf Karton des 18. Jahrhunderts aufgezogen; waager. Mittelfalte, gerissen; am unteren Rand kleiner Riss; stellenweise stark berieben; Zeichnung durch Abklatsch verblasst und mit der Feder (schwarz) umfangreich überarbeitet
Herkunft: Amerbach-Kabinett

Die Gesichtszüge des Mannes am rechten Rand, der eine pelzbesetzte Schaube und ein Birett trägt, erinnern an die des Erasmus von Rotterdam. Auffällig ist auch, dass er als einziger deutlich zeitgenössische Kleidung trägt[1]. Die Widderköpfe an den rahmenden Pfeilern, die Urnen auf den Kämpferplatten der Kapitelle, und die an den Sockeln gefesselt sitzenden, trauernden Satyre könnten Anspielungen auf Opfer und Tod Christi sein. Sie erinnern an die Ausstattung von Grabmälern, etwa an die Epitaphien für Jakob und Georg Fugger in der Fuggerkapelle bei St. Anna in Augsburg, die Sebastian Loscher geschaffen hat. Trauernde Satyre flankieren dort die auf Sarkophagen ruhenden Verstorbenen[2].

Während im Hintergrund die Kreuze der beiden Schächer errichtet werden, fällt der Blick des Betrachters auf das schmerzverzerrte Gesicht Christi im Vordergrund und auf den sich entsetzt abwendenden Schergen, der den Arm Christi niederdrückt. Unbeeindruckt schlägt ein anderer den Nagel durch die Hand Christi. In dieser Szene könnte noch Dürers *Kreuzannagelung* nachwirken. Auch der Korb mit dem Werkzeug im Vordergrund erinnert an diesen Holzschnitt (Abb. S. 186).

Anmerkungen

1 Den Hinweis auf Erasmus gibt schon Chamberlain 1913
2 N. Lieb, Die Fugger und die Kunst. München 1952, Abb. 121, 123–125

Lit.:

Photographie Braun, Nr. 13
Woltmann I, S. 172 ff.; II, Nr. 74
Ganz 1937, Nr. 177 (1523/24)
Mantz 1879, S. 44 ff., Abb.
His 1886, S. XXV, Pl. XIV
Davies 1903, S. 71 ff., Abb. nach S. 68
Chamberlain 1913, I., S. 150 ff., Pl. 50, 1
Stein 1929, Abb. 65, S. 182
Schmid 1930, S. 53
Cohn 1930, S. 24 f., 82 ff., 89, 98 (1525/26)
Schmid 1948, S. 83 f., 101, 118, 149, 153, 325, 331 ff. (um 1530–32)
Fischer 1951, S. 344 (um 1525 oder erst 1528–30)
Kat. 1960, Nr. 294
Klemm 1972, S. 172
Klemm 1980, S. 39 f.

Nr. 57

Nr. 58

58

Christus am Kreuz

Hans Holbein d.J.

Inv. 1662.121

Feder (schwarz), grau laviert, über Kreidevorzeichnung
432×309 mm
Wz.: Laufender Bär, Lindt 26
Auf Karton des 18. Jahrhunderts aufgezogen; waager. Mittelfalte; an den Rändern berieben; Zeichnung durch Abklatsch verblasst und mit der Feder (schwarz) überarbeitet; Papier grossflächig braun verfärbt
Herkunft: Amerbach-Kabinett

Gegenüber der Kreuzigungsszene in der gemalten Passion im Kunstmuseum Basel (Inv. Nr. 315; Rowlands Cat. 19), konzentriert Holbein das Geschehen. Die an das Kreuz gelehnte Leiter, die Lanze auf der anderen Seite und der erhobene Arm des römischen Hauptmannes im Vordergrund, führen den Blick zu Christus hin.

Holbein greift für einzelne Figuren auf eine frühere Komposition zurück, den Metallschnitt, den der Meister IF nach einem Entwurf Holbeins von 1518/19 für den *Grossen hortulus animae* geschaffen hat. Auf der linken Seite steht wie auf dem Scheibenriss Johannes, der Maria stützt. Verwandt sind auch die grosse Rückenfigur, die zu Christus aufblickt und der Soldat mit der Armbrust (Abb.).

Das Motiv des Johannes, der Maria von hinten umfasst, könnte von dem Kreuzigungsbild des Freiburger Hochaltares angeregt sein, den Hans Baldung Grien geschaffen hat.

Meister IF, Kreuzigung Christi. Metallschnitt

Lit.:
Photographie Braun, Nr. 14
Woltmann I, S. 172, Abb.; II, Nr. 75
Ganz 1937, Nr. 178 (1523/24)
Davies 1903, S. 71 ff., Abb. nach S. 70
Chamberlain 1913, I, S. 150 ff., Pl. 50, 2
Knackfuss 1914, S. 42, Abb. 37
Stein 1929, S. 180 ff.
Schmid 1930, S. 53
Cohn 1930, S. 24 f., 82 ff., 88, 98 (1525/26)
Schmid 1948, S. 83 f., 101, 118, 149, 153, 325, 331 ff. (um 1530–32)
Fischer 1951, S. 344 (um 1526 oder erst 1528–30)
Kat. 1960, Nr. 295
Klemm 1972, S. 172
Klemm 1980, S. 39 f.

Die Porträtzeichnungen für die Darmstädter Madonna

Die drei Porträtzeichnungen sind für das Bild einer Schutzmantelmadonna entstanden, das Holbein für Jakob Meyer – den ehemaligen Bürgermeister von Basel – um 1526 ausgeführt hat. Es war für die Hauskapelle im Weiherschloss Gundeldingen bestimmt, das Meyer gehörte[1].

Nach seiner Rückkehr aus England, um 1528, nahm Holbein auf Wunsch Meyers Veränderungen an dem Bild vor. Anlass könnte der Tod seines Sohnes gewesen sein, der auf dem Bild vor ihm kniet und sich einem nackten Knaben zuwendet. Ost[2] vermutet, dass dieser Knabe der kleine Johannes der Täufer sein könnte, der nicht zu den Stifterfiguren gehört und wie Christus nackt dargestellt ist. Holbein fügte nun die erste Frau Meyers, die 1511 gestorbene Magdalena Baer auf der rechten Seite hinzu und veränderte zugleich das Aussehen von Dorothea Meyer und der Tochter Anna. Dies belegen die Zeichnungen in Basel und der Befund des Bildes. Meyer wollte damit alle Mitglieder der Familie, auch die verstorbenen, dem Schutz und der Fürsprache Mariens empfehlen (Abb. S. 192).

Anmerkungen

1 Rowlands 1985, Cat. 23, S. 64–66, Pl. 8–10, 50, 52

2 H. Ost, Ein italo-flämisches Hochzeitsbild und Überlegungen zur ikonographischen Struktur des Gruppenporträts im 16. Jahrhundert. In: Wallraf-Richartz Jahrbuch XLI, 1980, S. 133–142, S. 141 Anm. 33

Hans Holbein d. J., Die Madonna des Jakob Meyer zum Hasen, *Die Darmstädter Madonna.* Darmstadt, Schlossmuseum

Nr. 59

59

Bildnis des Jakob Meyer zum Hasen

Hans Holbein d. J.

Inv. 1823.140

Schwarze und farbige Kreiden, vor hellgrün getöntem Grund; an den Konturen Bleigriffel und blindgeritzte Linien
383×275 mm
Wz.: Traube, ähnlich Briquet 13070
Auf Karton aufgezogen; einzelne Flecken weiss überdeckt; durch Lichteinwirkung Farben, vor allem der hellgrüne Grund verblasst und Papier grau verfärbt; etwas beschnitten
Herkunft: Museum Faesch

Während der Überarbeitung des Bildes hat Holbein auch kleine Veränderungen am Gesicht Jakob Meyers und am Kragen seines Mantels vorgenommen. Die vor dem Modell entstandene Zeichnung, die der ersten Fassung des Bildes näher kommt, führte Holbein in schwarzer und farbiger Kreide aus. Diese Technik vermittelt in ihrer Farbigkeit und der suggestiven Wirkung der Kreide zwischen Zeichnung und Malerei. Der heute stark verblasste, hellgrüne Grund bewirkte eine Steigerung dieser malerischen Qualitäten.

Jakob Meyer wird auf der Zeichnung schonungsloser als in der überarbeiteten Fassung des Bildes geschildert. Sein unrasiertes Gesicht, die stärker ausgeprägten Falten um Mund und Nase, das dünnere Haar, schliesslich die deutlicher hervortretende Nase und die flachere Stirn, lassen ihn auf der Zeichnung älter als im Gemälde erscheinen.

Lit.:
Photographie Braun, Nr. 44
Woltmann II, Nr. 40
Schönbrunner/Meder, II, 184
Schmid 1900, S. 61, Abb. S. 62
Chamberlain 1913, I, S. 236, Pl. 72, 1
Knackfuss 1914, S. 31, Abb. 95
Glaser 1924, S. 31, Abb. 41
Ganz 1925, S. 232
Fischer 1951, S. 345 ff.
Reinhardt 1954/55, S. 244 ff., Taf. 84
Grohn 1956, S. 15, Abb. 2
Kat. 1960, Nr. 296
Ueberwasser 1960, Nr. 11
O. Benesch, in: «Kindlers Meisterzeichnungen aller Epochen», II, Zürich 1963, Nr. 458
Klemm 1980, S. 44, 73, Abb.
Foister 1983, S. 27, Fig. 61
Rowlands 1985, S. 64, 132

60

Bildnis der Dorothea Meyer, geb Kannengiesser   Hans Holbein d.J.

Inv. 1823.141

Schwarze und farbige Kreiden auf weiss grundiertem Papier; an den Konturen Bleigriffel und blindgeritzte Linien
395×281 mm
Wz.: Achtblättrige Blume; vgl. Kat. Falk III, 1, Wz.-Tafel II, 5,6
Auf Karton aufgezogen; Fehlstelle in der l. o. Ecke; einzelne Flecken mit Deckweiss retouchiert; durch Lichteinwirkung Papier grau verfärbt; etwas beschnitten
Herkunft: Muesum Faesch

Die Zeichnung gibt Dorothea Meyer so wieder, wie Holbein sie in der ersten Fassung des Bildes ausgeführt hatte. Um sie von der ersten Frau Meyers, Margareta Baer, zu unterscheiden, die Holbein nachträglich in das Bild einfügte, übermalte er die Kinnbinde und das umgeschlagene Ende ihres Kopftuches, sodass das Gesicht der Lebenden nun unverhüllt erscheint. Ausserdem überdeckt der Oberkörper Margaretas die rechte Schulter von Dorothea Kannengiesser. Die Zeichnung weist an Kopf und Schultern Spuren von Bleigriffel und blindgeritzte Linien auf. Vielleicht gehören sie zur Vorzeichnung oder sind Hinweise darauf, dass Holbein die Zeichnung direkt auf den vorbereiteten Malgrund übertragen und dazu eine Pause verwendet hat.

Lit.:
Photographie Braun, Nr. 45
Woltmann II, Nr. 40
Schönbrunner/Meder, II, 189
Schmid 1900, S. 61, Abb. S. 63
Ganz 1908, S. 36 f., Taf. 18
Chamberlain 1913, I, S. 236, Pl. 72, 2
Knackfuss 1914, S. 104, Abb. 96
Glaser 1924, S. 32, Abb. 42
Ganz 1925, S. 232, Taf. I, B
Ganz 1928, S. 43 f., Taf. 18
Fischer 1951, S. 345 ff., Abb. 280
Reinhardt 1954/55, S. 244 ff., Taf. 79
Grohn 1956, S. 15, Abb. 4
Kat. 1960, Nr. 297
Ueberwasser 1960, Nr. 12
Klemm 1980, S. 44, 73, Abb.
Rowlands 1985, S. 64, 132
Grohn 1987, Nr. 46 a

Nr. 60

Nr. 61

61

Bildnis der Anna Meyer

Hans Holbein d.J.

Inv. 1823.142

Schwarze und farbige Kreiden; an den Konturen und im Gesicht Bleigriffel; Hintergrund hellgrün getönt
391×275 mm
Wz.: Zahl 4, mit den Buchstaben CR; vgl. Anhang, Wz. Nr. 8
Auf Karton aufgezogen; Ecken links und rechts unten abgerissen; einzelne Flecken mit Deckweiss retouchiert; etwas beschnitten
Herkunft: Museum Faesch

Die Studie macht nicht nur auf Unterschiede zum ausgeführten Bild aufmerksam, sondern zeigt auch, mit welcher Sachlichkeit Holbein seine Modelle erfasste. Die entspannte Körperhaltung der sitzend wiedergegebenen Anna, mit dem leicht nach vorne gebeugten Kopf und den etwas hängenden Schultern, schliesslich ihr unbestimmter Blick verraten, wie wenig das etwa 13 Jahre alte Kind dem Maler Aufmerksamkeit schenkte oder posierte, sondern in sich versunken war.

Im Bild kniet Anna ins reine Profil gewendet, ihr Körper ist nun aufgerichtet und gespannt. In der ersten Fassung des Bildes trug sie wie auf der Zeichnung das Haar offen und über die Schultern herabfallend. Da sie nun ins heiratsfähige Alter gekommen, vielleicht schon mit Niklaus Irmy, ihrem späteren Mann, verlobt war, trägt sie ihr Haar geflochten und aufgesteckt, ausserdem ein Schapel, das die Mädchen von ihrem 15. Lebensjahr an in Basel zum Kirchgang trugen. Anna erscheint auf der Zeichnung vor einem hellgrün getönten Grund. Die natürliche Farbe des Papiers verwendet Holbein für das Weiss ihres Kleides.

Lit.:
Photographie Braun, Nr. 46
Woltmann II, Nr. 42
Schmid 1900, S. 61, Farbtaf. nach S. 64
Knackfuss 1914, S. 104, Abb. 99
Glaser 1924, S. 33, Abb. 43
Ganz 1925, S. 232
Fischer 1951, S. 345 ff., Abb. 283
Reinhardt 1954/55, S. 244 ff., Taf. 78
Grohn 1956, S. 15, Abb. 5
Kat. 1960, Nr. 298
L. Baldass, Offene Fragen auf der Basler Holbein Ausstellung von 1960. In: Zs. f. Kwiss. XV, 1961, S. 81–96, S. 93, Abb. 4
Klemm 1980, S. 44, 73, Abb. S.45
Rowlands 1985, S. 64, 132, Fig. 12
Grohn 1987, Nr. 46 b

62

Entwurf für die Orgelflügel des Basler Münsters

Inv. 1662.30

Hans Holbein d.J.

Feder (schwarz), über Kreidevorzeichnung, braun und grau laviert
380×604 mm (grösste Ausmasse)
Wz.: Traube, Variante von Briquet 13069
Aus mehreren Stücken zusammengesetzt, alt aufgezogen. Über den seitlich stehenden Heiligen neuere Ergänzungen
Herkunft: Amerbach-Kabinett, Inv. F: «Item ii Stuckh von der Orgellen im Münster zu basell». Im Inventar H werden 4 Zeichnungen genannt: Kaiser Heinrich, Maria, Kunigunde und Pantalus, sowie 3 Kopien.

Die Orgelflügel zeigten in geöffnetem Zustand auf der linken Seite die beiden Stifter des Münsters, die Hl. Kunigunde und den Hl. Kaiser Heinrich II., zwischen ihnen das Münster mit einer Ansicht von Südosten; auf der rechten Seite die beiden Patrone Maria und Pantalus und zwischen ihnen musizierende Engel.

Die auf Leinwand gemalten Flügel werden in der Öffentlichen Kunstsammlung Basel aufbewahrt[1]. Ver-

Emanuel Büchel, Die Orgel im Basler Münster mit geöffneten Flügeln. 1775. Basel, Kupferstichkabinett

Nr. 62

mutlich sind die Entwürfe im 18. Jahrhundert in der vorliegenden Form ausgeschnitten und fest montiert worden[2]; zwischen Kaiser Heinrich und Maria ist jedenfalls das Orgelgehäuse zu denken.

Eine Vorstellung vom Aussehen der Orgel mit geöffneten Flügeln, die sich an der nördlichen Mittelschiffwand etwa 11 m über dem Boden befand, gibt eine aquarellierte Federzeichnung von Emanuel Büchel (1705–1775), die der Maler 1775, kurz vor der Entfernung des baufällig gewordenen Gehäuses angefertigt hat (Abb.). Auf der Zeichnung ist zu erkennen, dass die äusseren, ebenfalls beweglichen, schmalen Flügel mit Kunigunde und Pantalus damals höher waren und über den Heiligen ein mit Ornamenten besetztes Feld aufwiesen[3]. Bei der Abnahme der Flügel, um 1786, als sie der Bibliothek im Haus «Zur Mücke» übergeben wurden, könnten diese Teile verloren gegangen sein. Die Entwürfe für die Aussenflügel sind oben beschnitten und nachträglich mit Papierstücken bis zur Höhe der angrenzenden Flügel ergänzt worden. Sie stehen ausserdem zu dicht neben den inneren Flügeln. Zwischen ihnen fehlt ein etwa 5 mm breiter Streifen, den Holbein vermutlich für den Rahmen vorgesehen hatte, der die beiden Flügelteile voneinander trennte. Die zu dichte Montage ist die Ursache dafür, dass das Kreuz der Kunigunde keine folgerichtige Fortsetzung im anschliessenden Bildfeld findet, die Hand des Pantalus auf der gegenüberliegenden Seite zu kurz erscheint, und das Bein des Engels vor ihm abgeschnitten wirkt.

Holbein schlägt in seinem Entwurf verschiedene Ornament- und Rahmenlösungen vor. Bei der Ausführung folgte er dem Entwurf für den rechten Flügel. Das Ornament über dem Münster nahm nun mehr Platz in Anspruch und so liess Holbein den Turm des Münsters weg. Kleinere Veränderungen nahm er auch bei Heinrich, Pantalus und den musizierenden Engeln vor. Am deutlichsten weicht die Figur der Maria von dem Entwurf ab. Das rechte Knie ist weiter nach vorne gestellt, Bewegung und Faltenwurf wirken harmoni-

Hans Holbein d. J., Die Orgelflügel des Basler Münsters mit Kunigunde, Heinrich II, Maria und Pantalus. Basel, Öffentliche Kunstsammlung scher, die Umrisse geschlossener. Während sie sich auf der Zeichnung dem Kind zuwendet, blickt sie nun zum Betrachter herab (Abb.).

Wegen des hohen Standortes gibt Holbein die Figuren in starker Untersicht wieder. Blindgeritzte Linien, die durch die Längsachsen der Figuren und waagerecht in Höhe der Knie, der Hüften, der Ellenbogengelenke, der Schultern und in Höhe des Kinnes verlaufen, könnten ihm als Hilfslinien für die Verkürzungen gedient haben. Die Zeichnungen sind graubraun laviert und nähern sich farblich der in Brauntönen ausgeführten Malerei, die vermutlich auf den Holzton des Gehäuses abgestimmt war. Vielleicht hat Holbein auch den plastischen Schmuck für das Gehäuse entworfen, von dem sich Fragmente erhalten haben[4].

Die Datierung der Entwürfe und der ausgeführten Flügel ist umstritten, denn genaue Angaben über den Zeitpunkt des Auftrages und den Auftraggeber sind bisher nicht bekannt. Das früheste, aus stilistischen Gründen aber nicht haltbare Datum, schlägt Davies mit 1522 vor. Ganz erwägt 1523/24 und setzt die Flügel noch vor die Frankreichreise Holbeins. Überzeugender erscheint jedoch ein Datum etwa gleichzeitig mit den Rissen zur Passion Christi, um 1525. Die plastisch aufgefassten Ornamente, die Holbein in ähnlicher Form schon auf der Passionstafel im Kunstmuseum von etwa 1524 verwendet[5], lassen sich z. B. mit den Delphinen, den Putten und dem Akanthus auf dem Gebälk der *Entkleidung Christi* (Nr. 57) vergleichen. Die nicht überarbeiteten Teile der Ornamente zeigen denselben vibrierenden Strich und weisen eine verwandte stoffliche Qualität auf. Einen Hinweis, dass Holbein um 1525 Figuren wie auf seinem Orgelentwurf mit sehr dünnen, präzisen und sich auf das Notwendigste beschränkenden Strichen gezeichnet hat, kann der sicher datierbare Scheibenriss mit dem Terminus (Nr. 48) geben.

Erscheint 1524/25 als frühester möglicher Zeitpunkt für die Entwürfe, so schliessen Schmid, Treu (Kat. 1960, Nr. 178) und Pfister-Burkhalter (Kat. 1960) aus den Veränderungen in den ausgeführten Flügeln, dass Holbein sie erst (und möglicherweise auch die Entwürfe) nach seiner Rückkehr aus England, 1528 angefertigt haben könnte, etwa gleichzeitig mit den Veränderungen, die er damals an der Darmstädter Madonna vorgenommen hatte.

Der Auftraggeber könnte dann der 1527 gewählte Bischof Philipp von Gundelsheim gewesen sein, der vom 7. Oktober 1528 an in Pruntrut residierte[6]. Obwohl dieses spätere Datum für die Flügel nicht ausgeschlossen werden kann, bestehen doch Zweifel ob Holbein noch kurz vor Ausbruch der Reformation und nachdem schon Bilder aus Basler Kirchen entfernt worden waren, diesen Auftrag unbehelligt hätte ausführen können. So sprechen die historischen Umstände eher für eine Entstehung um 1525/26, die schon Chamberlain und in neuerer Zeit Grossmann, Klemm und Rowlands vertreten haben. Die Flügel könnten dann vom Domkapitel oder von dem Koadjutor des Bischofs Christoph von Uttenheim, Nikolaus von Diesbach, in Auftrag gegeben worden sein, der sein Amt bis 1527 ausübte[7]. Drei Zeichnungen, vermutlich Kopien nach den Entwürfen, gelangten am 15. Mai 1883 bei H. G. Gutekunst in Stuttgart zur Versteigerung (Nr. XXI, Kat. Nr. 453, 454)[8]. Vielleicht sind sie mit den 3 Kopien identisch, die im Inventar H des Amerbachkabinettes von 1662/63 erwähnt werden. Nach Ganz (1937) tauchten zwei Kopien mit Kunigunde und Pantalus 1926 in Paris auf.

Anmerkungen

1 Basel, Öffentliche Kunstsammlung, Inv. Nr. 321; Rowlands 1985, Cat. 18 und Plates 34–37. In der Kunstsammlung seit 1786, Geschenk der Basler Regierung. Damals ausgestellt im Vorsaal des Bibliotheksgebäudes, dem Haus «Zur Mücke». Gottlob Heinrich Heinse, Reisen durch das südliche Deutschland und die Schweiz in den Jahren 1808 und 1809. 2 Bände, Leipzig 1810 Band 2, S. 204.

2 Zu den Montierungen, die der Maler Johann Rudolf Huber um 1725 vorgenommen hat. Kat. Falk III, 1, S. 26. Im Beckschen Inventar von 1775, S. 175 werden die Entwürfe schon als «Carton zu den Orgelflügeln des Münsters. Querfolio» bezeichnet.

3 Basel, K. K., Inv. 1886.8. Büchel gibt Flügel und Gehäuse mit den Übermalungen wieder, die Sixtus Ringlin im Zusammenhang einer Renovierung der Orgel 1639 ausgeführt hat. Emanuel Büchel, in: Sammlung der merkwürdigsten Grabmäler, Bilder, Mahlereyen, Aufschriften des Grossen Münsters zu Basel. Nach den Originalen vorgestellt von E. Büchel. 2. Teil 1775, S. 5 f. und Zeichnungen der Orgel, S. 27, der Flügel S. 28, 29. 1909–1911 wurden die Flügel restauriert und grösstenteils von den Übermalungen des 17. und des 19. Jahrhunderts befreit.

4 Basel, Historisches Museum, Inv. 1881.164. 1–9. P. Reindl, Basler Frührenaissance am Beispiel der Rathaus-Kanzlei.

In: Historisches Museum Basel, Jahresberichte 1974, S. 35–60, bes. S. 39 ff. und Abb. 5

5 Basel, Öffentliche Kunstsammlung, Inv. Nr. 315; Rowlands 1985, Cat. 19 und Plates 38–46

6 Helvetia Sacra, Abteilung I, Band I, Schweizerische Kardinale, Das apostolische Gesandtschaftswesen in der Schweiz, Erzbistümer und Bistümer I. Redigiert von A. Bruckner, Bern 1972, S. 202 ff.

7 ebenda, S. 199 f., 201 f.

8 Möglicherweise hat P. Ganz diese Zeichnungen erworben. In der Ausstellung «Schweizerische Handzeichnungen, XVI. – XX. Jahrhundert, aus der Sammlung Prof. Paul Ganz, Kunstverein Winterthur, 1934, waren zwei Nachzeichnungen der Entwürfe für die Orgelflügel zu sehen (Nr. 12/13).

Lit.:

Photographie Braun, Nr. 23
Woltmann I, S. 175 f.; II, S. 98
Ganz 1937, S. 25, Nr. 110 (1523/24)
Mantz 1879, S. 126 f. (1529)
His 1886, S. XXIV f., Taf. VIII, IX
Schmid 1900, S. 68, Detailabb. S. 66 (vermutlich 1528)
Davies 1903, S. 75 f., Abb. nach S. 74 (um 151/22)
Handz. Schweizer. Meister II, Taf. 19, 20
Chamberlain 1913, I, S. 113 f., Pl. 39 (um 1525)
Knackfuss 1914, S. 85, Abb. 69, 70
Ganz 1919, S. XXVII f., S. 237, Abb. S. XXIX (1520–25)
Manteuffel 1920, Maler, Abb. S. 34
Schmid 1924, S. 345 (1528)
Glaser 1924, S. 14, 31, Taf. 37, 38
Schmid 1930, S. 55
Schmid 1945, S. 28, Abb. 57
Ueberwasser 1947, S. 11, Taf. 21, linker Flügel (1528)
Schmid 1948, S. 5, 92, 306 ff., 329 (1528)
Christoffel 1950, Abb. S. 238, 239 (um 1525)
Ganz 1950, S. 246 (um 1523/24)
Kat. 1960, Nr. 310 (vielleicht 1528)
Grossmann 1963, Sp. 590 (1526)
Kat. Kunstmuseum Basel 1966, S. 85
Christian Klemm, Die Orgelflügel. Eine alte Bildgattung und ihre Ausformung bei Holbein. In: Das Münster, 26, 1973, S. 357–362, S. 359 f., Abb. S. 358
P. O. Walzer, Vie des Saints du Jura. Réclère, 1979, pl. 30 (rechter Flügel)
Klemm 1980, S. 40 f., 72, Abb. S. 42, 43, (um 1526)
Rowlands 1985, Cat. 18 (about 1525)
Grohn 1987, Nr. 59 a, 59 b, (1528)

63

Scheibenriss mit der Hl. Elisabeth von Thüringen

Inv. 1662.147

Hans Holbein d. J. – Werkstatt oder Nachfolger

Feder (schwarz), graubraun laviert; Nimbus mit dem Zirkel gezeichnet; einzelne Korrekturen mit Deckweiss; Verbleiungslinien in schwarzer Kreide
376×308 mm
Wz.: Ochsenkopf mit Schlangenstab; vgl. Anhang, Wz. Nr. 6
Auf Karton des 18. Jahrhunderts aufgezogen; waager. und senkr. Mittelfalte; im Bereich der Mitte mehrere waager. Quetschfalten; Papier braun verfärbt
Herkunft: Amerbach-Kabinett, Inv. F: «Item ein Marienbildt vor welcher ein soldat und 1 bettler kneien».

Elisabeth war die Tochter des Königs Andreas II. von Ungarn. Sie lebte auf der Wartburg in Thüringen und heiratete 1221 Ludwig, den Sohn des Landgrafen von Thüringen. Nach dessen Tod 1227, widmete sie sich der Pflege der Armen und Kranken, ein Thema, das in unserem Riss angesprochen wird. Auf der linken Seite kniet ein Ritter, wahrscheinlich der Stifter der Scheibe, dessen Wappen auf den beiden, von Engeln gehaltenen Schilden angebracht gewesen sein könnte.

Gegen die Eigenhändigkeit des Risses sprechen die zahlreichen Verzeichnungen und Unsicherheiten besonders in der Architektur, auf die schon Ganz (1937) hingewiesen hat, ferner der dünne, zögernde, kurz schwingende Strich und die graubraune Lavierung, die der Architektur und den Figuren nur wenig Plastizität zu geben vermag. Auch die Figur der Heiligen mit ihren klobigen Händen ist wohl kaum Holbein selbst zuzumuten. Die meisten Autoren datieren den Riss um 1523/24. Der Zeichner dürfte sich jedoch eher an Arbeiten Holbeins aus der Mitte des zweiten Jahrzehnts orientiert haben, an Blättern wie dem Terminus-Riss (Nr. 48) oder den Entwürfen für die Orgelflügel des Basler Münsters (Nr. 62), die wie unser Riss graubraun laviert sind. Den skizzenhaften Charakter dieser Blätter und die Ökonomie der zeichnerischen Mittel, die Holbein dort einsetzte, konnte unser Zeichner jedoch nicht erreichen. Gemeinsamkeiten mit Zeichnungen Holbeins bestehen im wesentlichen in den verwandten Schmuckmotiven der Architektur und im Figurentypus, so dass die Frage berechtigt erscheint, ob der Riss noch der Werkstatt Holbeins zugeordnet werden kann. Eine Entstehung am Ende der 20er oder zu Beginn der 30er Jahre ist vorstellbar.

Lit.:

Photographie Braun, Nr. 35
Woltmann I, S. 162; II, Nr. 90
Ganz 1937, S. 39, Nr. 167 (1523), wahrscheinlich nicht eigenhändig
His 1886, S. XXIV, Pl. VII
Handz. Schweizer. Meister II, Taf. 35 (um 1523)
Schmid 1924, S. 340 (um 1523)
Cohn 1930, S. 3, 17 f., 66 f., 98 (1523/24)
Kat. 1960, Nr. 260
Kat. Swiss Drawings 1967, Nr. 32 (um 1523)
E. Landolt, in: Kat. Stimmer 1984, Nr. 297 (um 1523/24)
Michael 1986, S. 164

Nr. 63

Nr. 64

64

Maria mit Kind und kniendem Stifter in einer Nische. Scheibenriss

Inv. 1662.148

Feder (schwarz), graubraun laviert; Nimbus mit dem Zirkel gezeichnet; Spuren eines Rasters in Kreide (Übertragungshilfe?)
373×306 mm
Wz.: Ochsenkopf mit Schlangenstab, vgl. Anhang, Wz. Nr. 5
L. u.: Nr. 25
Auf Karton des 18. Jahrhunderts aufgezogen; waager. und senkr. Mittelfalte; berieben und mehrere kleine Löcher, hinterlegt; Farbflecken; Papier braun verfärbt
Herkunft: Amerbach-Kabinett, Inv. F: «Item 1 Marienbildt mit der Sonnen bekleidt»

Der Riss stammt von der gleichen Hand wie das vorige Blatt (Nr. 63) und weist dieselben stilistischen und technischen Merkmale auf, die gegen Holbein als Zeichner sprechen. Für die Datierung sei deshalb auf das dort Gesagte verwiesen. Die Architektur mit dem verkröpften Gebälk und den hintereinander gestellten Pfeilern erinnert an die Scheinarchitektur im Obergeschoss des Hauses «Zum Tanz» und an den Stich Bernardo Prevedaris nach Bramante, mit dem sich Holbein auseinandergesetzt hat (vgl. Nr. 28,29). Ganz weist darauf hin, dass die Beinstellung Mariens und der Faltenwurf von Marcantonio Raimondis Kupferstich der Dido angeregt sind (B. XIV, 187). Die Marienfigur auf der Scheibe der Gesellschaft «Zur Hären» in St. Theodor in Basel, die Maurer nach 1526 datiert, geht wahrscheinlich auf unseren Riss zurück[1].

Anmerkung

1 F. Maurer, Die Kunstdenkmäler des Kantons Basel-Stadt, Bd. V, Basel, 1966, S. 374 f. und Abb. 468

Lit.:

Photographie Braun, Nr. 34
Woltmann I, S. 162, 312, Anm. 4
His 1886, S. XXIV, Taf. VI
Schmid 1900, S. 59 f., Abb. (1523)
Handz. Schweizer. Meister I, Taf. 42 (um 1523)
P. Ganz, Hans Holbein d.J., in: Die Schweiz, 9, 1905, S. 130, Abb. S. 131
Ganz 1908, S. 32 f., Taf. 15
Schmid 1924, S. 340
Cohn 1930, S. 3, 17, 66, 82, 98 (1523/24)
Reinhardt 1938, Abb. S. 120 (um 1523)
Schmid 1945, S. 26, Abb. 36 (um 1523/24)
Christoffel 1950, S. 81, Abb. S. 231 (1523)
Kat. 1960, Nr. 259 (um 1523/24)

65

Entwurf für das Familienbild des Thomas Morus

Inv. 1662.31

Hans Holbein d.J.

Feder und Pinsel (schwarz), über Kreidevorzeichnung; Beschriftungen und einzelne Motive in braun oxidierter Tinte
389×524 mm (rechts zwei Stücke um 19 bzw. 41 mm herausragend)
Wz.: Zahl 4, mit den Buchstaben CR; vgl. Anhang, Wz. Nr. 8
Von der Hand des Nicolaus Kratzer:
Elisabeta Dancea/thome mori filia/anno 21
margareta giga clemētis/uxor thome mori/filiatus condiscipula et/cognata anno 22
johannes/morus pater/anno 76
thomas morus/anno 50
anna grisacria johanni mori sponsa anno 15
johannes morus thome/filius anno 19
cecilia herona thome mori filia anno 20
margareta ropera/thome morii filia/anno 22
henricus patensonus/thome mori morus/anno 40
alicia thomae mori/uxor anno 57
Vermutlich von der Hand Holbeins:
«Dise soll sitzē»; «Claficordi und ander/seyte spill uf dem buvet»
Auf Karton des 18. Jahrhunderts aufgezogen; Ausbesserungen mit Deckweiss und Pinsel (schwarz); am linken Rand grössere Ergänzungen; links und rechts beschnitten
Herkunft: Amerbach-Kabinett

Die Zeichnung, die aus dem Nachlass des Erasmus von Rotterdam in das Amerbachkabinett gelangte, brachte Holbein, als er 1528 aus England zurückkehrte, Erasmus als Geschenk von Thomas More (1477–1535) mit. Erasmus bedankte sich für die Zeichnung, auf der er die ihm vertraute Familie seines Freundes wiederfand, in Briefen an More und seine Tochter Margaret Roper[1].

Während seines ersten Aufenthaltes in England, als er Gast im Hause Mores war, schuf Holbein um 1527/28 ein Gruppenbildnis für den Landsitz in Chelsea, welches die Familie in einem Raum des Hauses versammelt zeigte. Es war auf Leinwand gemalt und mass ungefähr 2,75×3,60 m. Wahrscheinlich wurde es 1752 bei einem Brand im Schloss Kremsier in Österreich zerstört[2].

Hinweise auf die Gestalt des Bildes, geben die Zeichnung in Basel und Kopien, von denen die im letzten Jahrzehnt des 16. Jahrhunderts entstandene Kopie des Malers Rowland Lockey (gestorben 1616) in Nostell Priory die zuverlässigste sein dürfte[3]. In Windsor werden ausserdem sieben Porträtzeichnungen aufbewahrt, die Holbein für das Bild anfertigte[4].

Von links nach rechts sind dargestellt: Elizabeth Dauncey, die zweite Tochter Thomas Mores; Margaret Giggs, die Stieftochter Mores; auf der Bank sitzen der Vater John More und sein Sohn Thomas; hinter ihnen ist Anne Cresacre zu sehen, die zukünftige Frau von Thomas Mores einzigem Sohn John, der rechts neben seinem Vater steht, schliesslich der Hausnarr Henry Patenson. Vor ihm sitzt Cecily Heron, die dritte Tochter Thomas Mores, daneben die älteste, Margaret Roper, und hinter den Töchtern kniet die zweite Frau Thomas Mores, Lady Alice More.

Unterschiede zwischen der Kopie von Lockey (Abb.) und der Basler Zeichnung führen zu der Frage, ob Lockey gegenüber seinem Vorbild Veränderungen vorgenommen hat oder ob diese nicht schon Holbein selbst zuzuschreiben sind. Die Zeichnung ist jedenfalls zu einem Zeitpunkt entstanden, zu dem die endgültige Fassung des Bildes noch nicht feststand. Holbein dürfte seinen Entwurf More vorgelegt haben, der dann noch Veränderungen wünschte. Von Holbeins Hand stammen sehr wahrscheinlich die kurz skizzierten und handschriftlich festgehaltenen Änderungsvorschläge. Pächt konnte nachweisen, dass der Hofastronom Heinrichs VIII., Nikolaus Kratzer, Namen und Alter der Personen hinzufügte.

Am rechten Rand stehen neben der zweiten Frau von Thomas More, Alice, die Worte: «Dise soll sitze(n)»; mit der gleichen, möglicherweise braun oxidierten Tinte ist ein Äffchen hinzugefügt, das an ihrem Rock emporkrabbelt, und schliesslich ist die Kerze auf dem Fensterbrett durchgestrichen. Zwischen der Uhr und dem Buffet hängt eine Viola da Gamba und darüber steht, dass «Clafikordi und ander seyte spill uf dem buvet» untergebracht werden sollten[5].

Bei Lockey sind diese Veränderungen tatsächlich zu finden: Lady Alice sitzt, statt der Kerze steht auf dem Fensterbrett ein Blumenstrauss, auf dem Buffet liegen Musikinstrumente und selbst das nachträglich eingezeichnete Mieder von Margaret Roper ist berücksichtigt. Auf der rechten Seite ist ausserdem der Famulus Johannes Heresius hinzugekommen, der auf der Zeichnung noch zusammen mit einer weiteren Person (dem Sekretär John Harris) im Hintergrund in der Schreibstube zu sehen ist. Dort wo er später im Bild Lockeys erscheint, sind auf der Zeichnung unter der Schrift Kratzers die Umrisslinien eines Kopfes zu erkennen, die darauf hinweisen könnten, dass Holbein wohl schon an die Hinzufügung des Dieners gedacht und damit zugleich ein kompositionelles Gegen-

Rowland Lockey nach Hans Holbein d. J., Die Familie des Sir Thomas More. Nostell Priory, Sammlung Lord St. Oswald

gewicht zur dominierenden linken Bildseite angestrebt hatte.

Für die übrigen Veränderungen ist der Anteil Holbeins nicht gesichert. Die beiden Frauen auf der linken Seite, Elizabeth Dauncey und Margaret Giggs, sind auf dem Bild vertauscht. Letztere beugt sich auf der Basler Zeichnung noch zu John More herab und deutet auf ihr aufgeschlagenes Buch. Da die Zeichnung in Windsor Margaret Giggs, wie auf dem Bild, aufgerichtet wiedergibt (Kat. Parker 1945, Nr. 8), und aufgrund anderer Unterschiede in den Porträtstudien in Windsor, vermuten Ganz (1936), Foister und Roberts, dass Holbein die Porträtzeichnungen erst anfertigte, nachdem die Veränderungen mit More besprochen waren, also auch nach der Entstehung der Basler Zeichnung. Es ist jedoch fraglich, ob Holbein z.B. Margaret Giggs wirklich in der auf der Basler Zeichnung wiedergegebenen Körperhaltung, porträtiert hätte[6].

Auf der Zeichnung ist die Familie More sehr wahrscheinlich beim Gebet oder den Vorbereitungen zu einer Andacht dargestellt, doch sind diese Hinweise auf den katholischen Glauben Mores in Lockeys Bild zurückgenommen. Das deutet sich schon in den Korrekturen auf der Zeichnung an. Alice kniet nicht mehr wie beim Gebet, sondern sitzt, und Cecil Heron hält keinen Rosenkranz mehr, sie argumentiert mit Margaret Roper, die Senecas *Oedipus* liest und Eliza-

Nr. 65

beth Dauncey hält eine Ausgabe der Briefe Senecas unter den Arm[7]. Aufgegeben ist auch der privatere Charakter des Familienporträts, auf dem die Angehörigen Mores zwangsloser gruppiert sind. Statt der nachträglich eingezeichneten, am Boden verstreut liegenden Bücher und des Schemels, die den Eindruck häuslicher Unordnung erwecken könnten, ist bei Lockey im Vordergrund ein Hund dargestellt.

Ob diese weiteren Veränderungen tatsächlich schon auf dem Bild Holbeins vorgegeben waren, bleibt offen. Hinz weist darauf hin, dass Thomas More durch die Uhr, die nun direkt über ihm hängt, deutlicher als auf der Zeichnung als Familienoberhaupt in der Bildmitte hervorgehoben ist. Die Vertauschung von der nur in verwandtschaftlichen Verhältnissen zur Familie stehenden Margaret Giggs gegen die Tochter Mores, die nun direkt neben John More steht, könnte ebenfalls ein Hinweis darauf sein, dass der dynastische Gedanke im Bilde Lockeys, vielleicht im Interesse einer späteren Generation, stärker in den Vordergrund tritt, als dies More und Holbein möglicherweise beabsichtigt hatten.

Anmerkungen

1 P.S. Allen, H.M. Allen und H.W. Garrod: Erasmi Roterodami Opus Epistolarum, Oxford 1906–1947, VIII, Nr. 2211, 2212, vom 5. und 6. September 1529

2 Rowlands 1985, Cat. L. 10

3 Rowlands 1985, Cat. L. 10 c. Die Angaben über Masse und Entstehungsdatum schwanken in der Literatur. Rowlands gibt 250,2×303,1 cm an, Roberts (1987) 2,45×3,99 m; nach Roberts ist das Bild 1592 datiert. Rowlands nennt dagegen die Inschrift «Richardus Lockey Fec. ano. 1530». Das Datum 1530, das nach Rowlands auf unserer Zeichnung (Nr. 65) stehen soll, ist jedenfalls nicht sichtbar und beruht auf einem Irrtum. Das Bild, das Lockey vielleicht im Auftrag des Sohnes von Margaret und William Roper ausgeführt hat, könnte, wie neuere Untersuchungen ergeben haben, möglicherweise noch von Holbein begonnen worden sein (Hinweis von Lord St. Oswald DL)

4 Kat. Parker 1945, Nr. 1, 2, 4–8 und dieselben Zeichnungen in Kat. Roberts 1987

5 Die Transkription des Wortes «buvet» ist Ulrich Barth, Basel, zu verdanken. Vgl. E. Landolt, in: Kat. Erasmus 1986, Nr. C 7, bes. Anm. 7

6 Holbein veränderte z.B. auch die Körperhaltung der Anna Meyer bei der Ausführung der Darmstädter Madonna. Vgl. Nr. 61

7 Foister 1981, S. 364; M.W. Brockwell, S. 85 und Pl. XX

Lit.:

Photographie Braun, Nr. 47
Woltmann I, S. 347 ff.; II, Nr. 35
Ganz 1937, S. 7 f., Nr. 24 (1527, Gesamtentwurf)
His 1870, S. 124 f.
Davies 1903, S. 125 f., Abb. nach S. 116
Chamberlain 1913, I, S. 291–302, Pl. 74
Knackfuss 1914, S. 110, Abb. 101
M.W. Brockwell, Catalogue of the Pictures and other works of Art in the Collection of Lord St. Oswald at Nostell Priory. London, 1915, S. 80 f., Pl. VII
Ganz 1919, S. 249 f., Abb. S. 192 (Vorstudie 1528)
Glaser 1924, S. 32, Taf. 51 (Vorstudie)
Schmid 1924, S. 344
Ganz 1925, Holbein, S. 240, Taf. II, E
Schmid 1931, S. 15 (Selbstkopie)
Ganz 1936, S. 141–154, Abb. 1, 3, 9, 10
O. Pächt, Holbein and Kratzer as Collaborators. In: Burl. Mag., LXXXIV/V, 1944, S. 134–139, bes. S. 138, Pl. III; Abb. S. 132
Kat. Parker 1945, S. 35, Fig.IX
Schmid 1945–1948, III, S. 26 f., Abb. 42; II, S. 293 ff.
Christoffel 1950, Abb. S. 166 (Skizze, 1527)
Ganz 1950, Nr. 176, Abb. 54
Fischer 1951, S. 349 f., Abb. 288
Grohn 1956, S. 16 ff., Taf. 7 (Zwischenentwurf)
Waetzold 1958, Abb. S. 23 (Skizze um 1527)
Kat. 1960, Nr. 308 (Umrissnachzeichnung nach Entwurf oder Gemälde, 1528)
Kat. Meisterz. Amerbach-Kab. 1962, Nr. 75, Abb. 23 (1527/28)
B. Hinz, Das Familienbildnis des J.M. Molenaer in Haarlem. In: Städel Jahrbuch NF 4, 1973, S. 207–216, 213 f., Abb. 4
J.B. Trapp und Hubertus Schulte Herbrüggen, «The King's Servant», Sir Thomas More, Katalog der Ausstellung, National Portrait Gallery London 1977, Nr. 169, Abb. S. 84
Roberts 1979, S. 41, Nr. 29 mit Abb.
Foister 1981, S. 363 ff., 433, Nr. 2
Reinhardt 1982, S. 261, Abb. 6, 7
Foister 1983, S. 16, 33, Fig. 33
R. Norrington, The Household of Sir Thomas More. A portrait by Holbein. Privatdruck (The Kylin Press) 1985, Abb.
Rowlands 1985, Cat. L 10 a, S. 69–71, Pl. 188
E. Landolt, in: Kat. Erasmus 1986, Nr. C 7, Abb. S. 81
Kat. Roberts 1987, S. 28, Abb. S. 30
Grohn 1987, Nr. 45 a

66

Bildnis der Lady Mary Guildford

Hans Holbein d.J.

Inv. 1662.35

Schwarze und farbige Kreiden
552×385 mm
Wz.: Bekrönter französischer Lilienschild, Variante von Briquet 1827
Auf Papier aufgezogen; waager. Mittelfalte, geglättet; mehrere grosse hinterlegte Risse, mit Deckweiss übertuscht
Herkunft: Amerbach-Kabinett

Die Zeichnung ist eine Studie für Holbeins Porträt der Mary Wotton, Lady Guildford, das 1527 datiert ist und sich im St. Louis Art Museum, Missouri, befindet (Rowlands 1985, Cat. 26). Das Gegenstück zeigt Sir Henry Guildford, Schatzmeister Heinrichs VIII., der mit Mary Wotton in zweiter Ehe verheiratet war. Das Bild ist ebenfalls 1527 datiert und wird zusammen mit der vorbereitenden Studie in Windsor aufbewahrt (Rowlands 1985, Cat. 26; Kat. Roberts 1987, Nr. 9).

Auf dem ausgeführten Porträt (Abb.) ist der Oberkörper der Lady Guildford ins Profil gedreht, und ihr Gesichtsausdruck ist verändert. Sie schaut nicht mehr zu ihrem Mann nach links, sondern zum Betrachter. Ihre Mundwinkel sind etwas herabgezogen, so dass das Lächeln, das sie auf der Zeichnung noch zeigt, einem ernsteren und steiferen Ausdruck gewichen ist.

Ainsworth und Faries haben ein Infrarotreflektogramm des Bildes angefertigt und konnten nachweisen, dass die Konturen des Gesichtes, Augen, Nase und Mund in der Unterzeichnung unmittelbar mit der Studie in Basel übereinstimmen. Die dort verstärkten Konturen könnten andeuten, dass Holbein diese Partien direkt auf den vorbereiteten Malgrund gepaust hat und dabei die Stellung der Pupillen und den Ausdruck des Mundes veränderte

Hans Holbein d.J., Bildnis der Lady Guildford. 1527.
The Saint Louis Art Museum, Missouri

Lit.:

Photographie Braun, Nr. 51
Woltmann II, Nr. 32
Ganz 1937, S. 7, Nr. 21 (1527)
Chamberlain 1913, I, S. 321, Pl. 81, 2
Glaser 1924, S. 32, Nr. 48
Schmid 1930, S. 25, 75 f.
Reinhardt 1938, S. 161, Taf. 87
Kat. Parker 1945, S. 38, Fig. X
Ueberwasser 1947, S. 10, Taf. 8
Kat. 1960, Nr. 304
Kat. Swiss Drawings 1967, Nr. 36
Hugelshofer 1969, S. 142, Nr. 50
Foister 1981, S. 434, Nr. 5
Foister 1983, S. 4, Fig. 13
Rowlands 1985, S. 72, Cat. 26
M. W. Ainsworth/M. Faries, Northern Renaissance Paintings, The Discovery of Invention. The Saint Louis Art Museum 1986, Summer Bulletin, bes. S. 25 ff., Fig. 45
Kat. Roberts 1987, S. 50 mit Abb.
Grohn 1987, Nr. 53 a

Nr. 66

Nr. 67

67

Bildnis des Sir Nicholas Carew

Hans Holbein d. J.

Inv. 1662.34

Schwarze und farbige Kreiden
548×385 mm
Wz.: Bekrönter französischer Lilienschild, Variante von Briquet 1827 (wie Inv. 1662.35)
An der Stirnbinde die Farbangabe «gl» (Gelb oder Gold ?)
Auf Papier aufgezogen; Oberfläche verschmutzt; waager. Mittelfalte, geglättet
Herkunft: Amerbach-Kabinett

Die Zeichnung steht in Format und Technik der Porträtstudie für Lady Guildford nahe und dürfte um 1527, während Holbeins erstem Aufenthalt in England entstanden sein.

Dargestellt ist Sir Nicholas Carew, der seit 1522 Stallmeister Heinrichs VIII. war. Der Beteiligung am Landesverrat des Marquis of Exeter beschuldigt, wurde er am 3. März 1539 hingerichtet. Das Bild in Drumlanrig Castle, Dumfriesshire, das Sir Nicholas Carew in annähernd gleicher Körperhaltung mit Rüstung und Federbarett zeigt, dürfte auf die Zeichnung oder ein verlorenes Gemälde von Holbein zurückgehen. Es wird heute nicht mehr als eigenhändig angesehen, und Rowlands schreibt es einem Nachfolger Holbeins zu (Rowlands 1985, Cat. R. 25).

Lit.:
Photographie Braun, Nr. 52
Woltmann I, S. 426 f.; II, Nr. 31
Ganz 1937, S. 9, Nr. 33 (1527/28)
Glaser 1924, S. 32, Nr. 49
Stein 1929, S. 152
Schmid 1930, S. 25, 75 f.
E. Schilling, Altdeutsche Meisterzeichnungen. Frankfurt a. M., 1934, S. XVII, Abb. 53
Reinhardt 1938, S. 161, Taf. 63
Ueberwasser 1947, S. 10; Taf. 9
Christoffel 1950, Abb. S. 215
Grossmann 1951, S. 43
Kat. 1960, Nr. 307
Kat. Swiss Drawings 1967, Nr. 35
Hugelshofer 1969, S. 144, Nr. 51
Landolt, Hundert Meisterz. 1972, Nr. 77
Roberts 1979, S. 50, Nr. 45
Foister 1981, S. 433 f., Nr. 3
Foister 1983, S. 4, Fig. 16
Rowlands 1985, S. 74; Cat. R. 25

Studien für das Doppelbildnis eines englischen Ehepaares

Die beiden Zeichnungen dürften während Holbeins erstem Aufenthalt in England, um 1527/28, entstanden sein. Sie schliessen in der Technik und der Papiersorte an die Zeichnungen für die Porträts der Lady Guildford und des Sir Nicholas Carew an. Rowlands vermutet, dass Holbein die Gemälde nach den Zeichnungen nicht selbst aufgeführt hat, doch lassen sich die Bilder nicht mehr nachweisen. Die Zeichnungen zeigen zahlreiche blindgeritzte Linien, Spuren, die auf eine Übertragung auf den Malgrund durch eine Pause deuten könnten. Vielleicht hat Holbein aber auch die Umrisse und die Binnenzeichnung zunächst mit dem Metallgriffel vorskizziert. Damit könnte auch der blindgeritzte Kreis von 26 cm Durchmesser erklärt werden, der Kopf und Schultern der beiden umschliesst. Er dürfte als Richtlinie für die Grösse und Proportionen der Dargestellten gedient haben.

Nr. 68 a

Nr. 68 b

68 a

Bildnis eines vornehmen Engländers

Hans Holbein d.J.

Inv. 1662.122

Schwarze und farbige Kreiden und Bleigriffel; blindgeritzte Linien
389×277 mm
Wz.: Bekrönter französischer Lilienschild, Variante von Briquet 1827
Auf Papier aufgezogen; l.o. und r.u. Ecke abgerissen; Papier verschmutzt, fleckig und berieben; im unteren Drittel waager. Knickfalte; mehrere Wurmlöcher
Herkunft: Amerbach-Kabinett

Lit.:

Photographie Braun, Nr. 50
Woltmann II, Nr. 36
Ganz 1937, S. 7, Nr. 22 (1527/28)
Chamberlain 1913, I, S. 321, Taf. 82
Glaser 1924, S. 32, Taf. 46
Stein 1929, S. 152, Abb. 54
Schmid 1930, S. 77 f.
Ueberwasser 1947, S. 10, Taf. 10
Kat. 1960, Nr. 305
Foister 1981, S. 434, Nr. 6
Foister 1983, S. 4, Fig. 14
Rowlands 1985, S. 74, Fig. 13

68 b

Bildnis einer vornehmen Engländerin

Hans Holbein d.J.

Inv. 1662.123

Schwarze und farbige Kreiden und Bleigriffel; blindgeritzte Linien
389×279 mm
Kein Wz.
Farbangaben: «atlas , gl (gelb, gold ?), rot; s (schwarz) , w (weiss)»
Auf Papier aufgezogen; waager. Mittelfalte, geglättet; an den Rändern oben und links eingerissen; an den Ecken Ausbrüche; Papier durch Lichteinwirkung grau verfärbt, verschmutzt, und etwas stockfleckig; einzelne Farbflecken
Herkunft: Amerbach-Kabinett

Lit.:
Photographie Braun, Nr. 51
Woltmann II, Nr. 37
Ganz 1937, S. 7, Nr. 23 (1527/28)
Chamberlain 1913, I, S. 321, Taf. 82
Stein 1929, S. 152
Schmid 1930, S. 77 f.
Kat. 1960, Nr. 306
Foister 1981, S. 434, Nr. 7
Foister 1983, S. 4, Fig. 15
Rowlands 1985, S. 74, Fig. 14

69

Scheibenriss mit der Hl. Kunigunde

Inv. 1662.156

Basler Meister, 3. Viertel 16. Jahrhundert (Hans Hug Kluber ?)

Feder (grau und schwarz), grau laviert
319×211 mm
Kein Wz.
Auf Karton des 18. Jahrhunderts aufgezogen; Papier braun verfärbt; mehrere helle Flecken, vermutlich durch Stockfleckenentfernung; r. u. Kratzer
Herkunft: Amerbach-Kabinett

Unser Riss ist eine Kopie, die vermutlich nach dem im Kupferstichkabinett Berlin aufbewahrten Riss mit der Hl. Kunigunde angefertigt worden ist[1]. Die Beurteilung des Berliner Blattes wird durch seine Montage auf Karton und die farbige Fassung mit Aquarell und deckenden Farben, die kaum von Holbein stammen dürfte, erschwert (Abb.). Der architektonische Rahmen ist weitgehend mit dem Lineal gezeichnet und wirkt deshalb wenig lebendig. Der Schmuck der vorgestellten Kandelabersäulchen, die Kapitelle mit den Widderköpfen, die beiden Wulstringe darunter oder die mit Flechtwerk verzierten Trommeln in der Mitte, sind so unsicher gezeichnet und kleinteilig ausgearbeitet, dass Zweifel an Holbeins Autorschaft berechtigt erscheinen. Auch die mit nasserem Pinsel aufgetragene, in der Tönung nur wenig abgestufte Lavierung, spricht gegen Holbein. Die von Ganz und Pfister-Burkhalter (Kat. 1960) vorgeschlagene Datierung zwischen 1528 und 1532 könnte jedoch zutreffen und das Blatt noch in der Werkstatt Holbeins entstanden sein. Eine spätere Entstehung könnte u. U. durch Bestimmung des Wasserzeichens ausgeschlossen werden.

Unsere Kopie ist dagegen mit grosser Wahrscheinlichkeit erst im dritten Viertel des 16. Jahrhunderts entstanden[2]. Das Blatt weist zwar kein Wasserzeichen auf, doch steht die Zeichnung stilistisch und in der technischen Durchführung der Kopie des Risses mit der Hl. Barbara und der Hl. Magdalena so nahe, dass sie von der gleichen Hand, vielleicht von Hans Hug Kluber (1535/36–1578) stammen könnte (vgl. Nr. 7). Wie dort hat der Zeichner mit grauer Tinte dünn vorgezeichnet und die Umrisse dann zum Teil mit schwarzer Feder verstärkt. An den Konturen lassen sich dieselben Unschärfen beobachten und teilweise weicht die Feder deutlich von der Vorzeichnung ab. In den Schattenzonen setzt der Zeichner wie in Nr. 7 wenige, sehr dünne und hart wirkende Schraffuren, etwa im Bogen auf der linken Seite oder in den verschatteten Partien des Kleides. Sehr ähnlich ist auch die Landschaft gezeichnet, und die Höhenzüge in der Ferne werden lediglich in gezackten, kraftlosen Linien angedeutet.

Der Scheibenriss mit dem Wappen des Abtes Caspar I. Molitor von St. Blasien (1541–1571), den Kluber 1569 gezeichnet hat[3], zeigt, dass Kluber in seiner Architektur und in den Schmuckformen Motive dieses Vorbildes aufgegriffen und weiter verarbeitet hat (Abb.).

Hans Hug Kluber, Scheibenriss mit dem Wappen des Abtes Caspar I. Molitor von St. Blasien. 1569.
Basel, Öffentliche Kunstsammlung, Kupferstichkabinett

Anmerkungen

1 Berlin, SMPK, K.K., Kdz. 7028; Feder (schwarz), grau laviert und aquarelliert; Hintergrund in deckendem Blau; 316×206 mm; Wz.: nicht feststellbar. Ganz 1937, S. 42, Nr. 181; Kat. 1960, Nr. 311

2 Eine Wiederholung der Heiligen (ohne den Rahmen der Risse in Berlin und Basel) tauchte 1971 im Kunsthandel, Düsseldorf, auf. C.G. Boerner, Neue Lagerliste Nr. 56, 1971, Nr. 124 und Abb. «Kreis des Hans Holbein des Jüngern, gegen Mitte des 16. Jahrhunderts». Die Zeichnung war mir nicht zugänglich.

3 Basel, K.K., Inv. 1907.30; Feder (braun), grau laviert und aquarelliert; 307×204 mm; Bezeichnet mit dem Monogramm HK, (ligiert), datiert 1569. Zu dem Riss zuletzt E. Landolt, in: Kat. Stimmer 1984, Nr. 314

Lit.:

Photographie Braun, Nr. 60
Woltmann II, Nr. 100
Ganz 1937, S. 42, bei Nr. 181, S. 84, Nr. C 30 (zeitgenössische Wiederholung)
Friedländer/Bock, S. 54, bei Nr. 7028
Schmid 1924, S. 345 (um 1530)
Schmid 1945, S. 37, Abb. 126; 1948, S. 152, 326
Kat. 1960, Nr. 312

Hans Holbein d. J. – Werkstatt (?), Scheibenriss mit der Hl. Kunigunde. Berlin, SMPK, Kupferstichkabinett

Nr. 69

70

Bildnis eines Mannes mit Schlapphut

Hans Holbein d. J.

Inv. 1662.32

Schwarze und farbige Kreiden, an Hut und Haaren Bleigriffel
400×368 mm (grösste Masse)
Wz.: Achtblättrige Blume, Kat. Falk III, 1, Wz. - Tafel II, 5, 6
Auf Karton (des 18. Jahrhunderts) aufgezogen; an allen Seiten, besonders jedoch rechts, beschnitten (Hutkante ragt heraus); waager. Falte, geglättet; einige Flecken mit Deckweiss retouchiert
Herkunft: Amerbach-Kabinett

Der Vorschlag Sudhoffs, den Dargestellten mit Theophrast von Hohenheim, genannt Paracelsus, zu identifizieren, stützte sich auf eine Radierung in der Albertina in Wien, die Aberle veröffentlicht hatte. Dieses radierte Porträt ist zwar mit dem Namen des Paracelsus bezeichnet, dürfte jedoch, wie Tschinkel (1964) zeigt, die Kopie einer Radierung Wenzel Hollars von 1646 nach einem Gemälde Holbeins sein[1], dessen vorbereitende Studie sich im Louvre, Paris, erhalten hat (Kat. Demonts 225). Schon wegen des Alters des Dargestellten kommt dieses Porträt für Paracelsus nicht in Frage. Unsere Zeichnung steht also in keinem Zusammenhang mit der Radierung, ebensowenig mit anderen Porträts, die für Paracelsus in Anspruch genommen wurden, etwa den Stichen des Monogrammisten AH (Augustin Hirschvogel ?)[2] oder dem Typus, den z. B. das auf Jan van Scorel zurückgehende Porträt des Paracelsus im Louvre, Paris, vertritt. Die Identifizierung ist somit unhaltbar und ist auch im Kat. 1960 nicht mehr vertreten worden[3].

Der klare, geometrische Aufbau der Komposition und die Betonung der Fläche, sprechen für eine Entstehung nach Holbeins erstem Aufenthalt in England; eine Datierung um 1528–30 erscheint deshalb möglich.

Die Zeichnung könnte trotz der weitgehenden Ausarbeitung von Kopf und Hut eine vorbereitende Studie für ein Gemälde gewesen sein.

Anmerkungen

1 G. Parthey, Wenzel Hollar. Beschreibendes Verzeichnis seiner Kupferstiche. Berlin, 1953, Nr. 1543

2 A. Tschinkel, Paracelsusbildnisse in neuer Sicht. In: Salzburger Museum Carolino Augusteum, Jahresschrift 1965, S. 33–52

3 Schmid dachte an den Goldschmied Hans von Antwerpen, doch zeigt sich mit den für ihn in Anspruch genommenen Bildnissen (Rowlands 1985, Cat. 36, 36 a, 36 b) keine Übereinstimmung. Robert Blaser weist auf die Ähnlichkeit mit dem Bildnis des Bonifacius Amerbach von Holbein hin. Pfister-Burkhalter (in Kat. 1960) vermutet deshalb, dass ein Mitglied der Familie Amerbach dargestellt sein könnte.

Lit.:

Photographie Braun, Nr. 49
Woltmann I, S. 291; II, Nr. 38
Ganz 1937, S. 6, Nr. 17 (1526)
C. Aberle, Grab-Denkmal, Schädel und Abbildungen des Theophrastus Paracelsus. Beiträge zur genaueren Kenntnis derselben. In: Mitteilungen der Gesellschaft für Salzburger Landeskunde, XXXVII, 1887, S. 1–74, S. 72 f.; XXXVIII, 1888, S. 269–355, 272, Taf. 1, Abb. 3
Handz. Schweizer. Meister I, Taf. 54 (um 1528)
Chamberlain 1913, II, S. 259 f., Pl. 39
Knackfuss 1914, S. 114, Abb. 100
Ganz 1919, Abb. S. XXXI
K. Sudhoff und W. Matthiessen. Theophrastus von Hohenheim genannt Paracelsus. München, 1922
Ganz 1923, S. 45 f., Taf. 19 (entstanden vor dem englischen Aufenthalt)
Glaser 1924, S. 32, Taf. 44
Schmid 1924, S. 345 (um 1528)
Reinhardt 1938, S. 161, Abb. S. 69 (um 1526)
G.F. Hartlaub, Die Bildnisse von Paracelsus. In: Kunst-Rundschau 1941, Heft 10, S. 161–165, S. 162, Abb. 1
Schmid 1945, S. 28, Abb. 55 (um 1528); 1948, S. 83, 155, 309 ff.
Christoffel 1950, Abb. 143 (um 1526)
Fischer 1951, S. 350, Abb. 291
Schilling 1954, S. 11, Titelbild (um 1528)
Grohn 1956, S. 21 f., Abb. 15
Kat. 1960, Nr. 314, Abb. 97
Ueberwasser 1960, Nr. 15
A. Tschinkel, Hohenheim, Holbein und Hollar. In: Alte und moderne Kunst, Heft 77, 1964, S. 9–11, Abb. 1 (kein Bildnis des Paracelsus)
Ders.: Paracelsus-Bildnisse in neuer Sicht (Teil I), in: Salzburger Museum Carolino Augusteum, Jahresbericht 1964 (10) S. 33–48, bes. 36 f., Tafel 2,2
Hugelshofer 1969, S. 136, Nr. 47
Klemm 1980, S. 53 f., 74, Abb. auf Umschlag und S. 55 (um 1529)

Nr. 70

71

Rehabeams Übermut
Entwurf für den Basler Grossratsaal

Inv. 1662.141

Hans Holbein d. J.

Feder (braun), grau laviert und aquarelliert, über Kreidevorzeichnung
225×383 mm
Wz.: Monogramm HMVC und Beizeichen; vgl. Anhang, Wz. Nr. 4
Am unteren Rand: Rehabeam
Aufgezogen; mehrere senkr. Falten; stellenweise berieben; zahlreiche Einrisse und kleine Fehlstellen, vor allem am Oberrand
Herkunft: Amerbach-Kabinett, Inv. F: «Item der König Rehabeam mit veilen bildern tuscht auff einen kleinen bogen»

Für die Ausmalung der Südwand 1530/31 haben sich zwei Entwürfe mit Themen aus dem Alten Testament erhalten. Sie stellen die Entscheidungen des Rates unter das Gesetz und Wort Gottes und sind in ihrer Auswahl von der Reformation geprägt, die 1529 in Basel zum Durchbruch gelangt war.

Vom Eintretenden aus gesehen auf der linken Seite, dürfte sich zuerst ein schmales Bild mit der Darstellung König Salomos befunden haben, welches an das Rehabeam-Bild angrenzte. Zur Fensterseite hin folgte das Bild mit Samuel und Saul, getrennt durch eine gemalte Säule. Die sieben erhaltenen Fragmente des Rehabeam-Bildes[1] – unter ihnen befindet sich auch ein Stück mit der Figur Rehabeams – machen deutlich, dass Holbein die Komposition gegenüber der Zeichnung in veränderter Form ausgeführt hat. Die Szene folgt dem ersten Buch der Könige, Kapitel 12, in dem der Abfall der Stämme Israels vom Hause Davids unter dem Nachfolger Salomos, seinem Sohn Rehabeam geschildert wird. Die Vertreter des Volkes Israel kamen zu Rehabeam und baten ihn um ein milderes Regiment. Die Versammlung der Ältesten, die auf der linken Seite hinter dem thronenden Rehabeam zu sehen ist, rieten dem König, diesem Wunsch zu entsprechen und auf diese Weise das Volk Israels an sich zu binden. Doch Rehabeam hörte auf den Rat der Jungen, die auf der rechten Seite unter der offenen Halle im Rat sitzen, und entgegnete den Abgesandten: «Mein kleinster Finger ist breiter als der Rücken meines Vaters: mein Vater hat euch mit Peitschen geschlagen, ich will euch mit Skorpionen peitschen»[2]. Rehabeam deutet mit der Rechten auf eine Peitsche und einen Skorpion, die ein Diener herbeibringt und hält den Gesandten den ausgestreckten kleinen Finger der linken Hand entgegen. In der Ferne ist die Folge der Entscheidung Rehabeams und seiner Unmässigkeit zu sehen. Die Stämme Israels krönen den aus Ägypten zurückgekehrten Jerobeam zu ihrem König. Ihm hatte der Prophet Ahia geweissagt, er werde König über Israel, weil Salomo das Volk bedrücke.

Das Licht fällt von der rechten Seite ein und ist auf die natürlichen Lichtverhältnisse des Raumes berechnet. Die Gegenüberstellung mit dem Salomo-Bild könnte als Mahnung gedacht sein, auf den Rat der Weisen und Erfahrenen zu achten, hart, jedoch nicht unangemessen zu regieren.

Anmerkungen

1 Basel, Öffentliche Kunstsammlung; Rowlands 1985, Cat. L. 6. II. a und Pl. 174–180
2 Nach Gross hat sich diese Inschrift auf der Wand befunden. Übersetzung nach Kreytenberg 1970, S. 80

Lit.:

Photographie Braun, Nr. 24
Woltmann I, S. 359; II, Nr. 65
Ganz 1937, S. 28, Nr. 117 (1524/26)
Schmid 1896, S. 79, 91 ff. (um 1530)
D. Burckhardt, in: Handz. Schweizer. Meister II, Taf. 4, (1530)
Chamberlain 1913, I, S. 347 f., Pl. 93 (1530)
Ganz 1919, S. 247, Abb. S. 172 (1530)
Manteuffel 1920, Maler, Abb. S. 40
Glaser 1924, Taf. 56, S. 33
Riggenbach 1932, S. 538, S. 568 v ff., 580, 2 Abb. 422
Reinhardt 1938, S. 163, Abb. S. 148 (1530)
Schmid 1948, S. 29, Abb. 60
Christoffel 1950, Abb. S. 249 (1530)
Ganz 1950, Nr. 172, Abb. 50
Schilling 1954, S. 20, Abb. 35
Kat. 1960, Nr. 315, Abb. 102, (um 1530)
Kreytenberg 1970, S. 78, 89 ff., Abb. 10
Maurer 1971, S. 774 f.
Landolt, Hundert Meisterz. 1972, Nr. 78
Roberts 1979, Nr. 47
Klemm 1980, S. 54 ff., 75
Kat. Stimmer 1984, Nr. 8
Rowlands 1985, Cat. L. 6. II. a, Taf. 173
Grohn 1987, Nr. 30 j

Nr. 71

72

Samuel flucht Saul
Entwurf für den Basler Grossratsaal

Inv. 1662.33

Hans Holbein d.J.

Feder (braun), grau und braun laviert und aquarelliert, über Kreidevorzeichnung
210 (–215)×524 (–533) mm
Wz.: Monogramm HMVC und Beizeichen; vgl. Anhang, Wz. Nr. 3
Aufgezogen; aus zwei Stücken zusammengesetzt; mehrere senkr. Knick- und Quetschfalten; stellenweise berieben
Herkunft: Amerbach-Kabinett, Inv. F: «Item der Prophet Samuell und Achab: getuscht auff einem langen bogen»

Im ersten Buch Samuel, Kapitel 15, wird berichtet, dass Saul siegreich gegen die Amalekiter gekämpft hatte, sich jedoch nicht an die Forderung Samuels hielt, alle und auch das Vieh der Amalekiter zu töten. Statt dessen nahm Saul deren König Agag gefangen und liess zu, dass die israelitischen Soldaten Schafe und Rinder zur Beute nahmen. Als Saul zurückkehrte, wird er von Samuel zur Rede gestellt und verliert wegen des Verstosses gegen den Befehl Gottes seine Königswürde.

Vor der Kulisse der brennenden Stadt und den Bergen im Hintergrund, kommt das Gefolge Sauls von rechts heran. Sie führen den gefangenen König Agag mit sich, der in geknickter Haltung auf seinem Pferd sitzt. Auf der linken Seite des Bildes ist Saul vom Pferd gestiegen und geht Samuel mit offenen Armen und in ergebener Haltung entgegen. Samuel spricht auf Saul ein und deutet erzürnt auf die Viehherde, welche die Israeliten von der brennenden Stadt wegtreiben. Über ihnen hängt eine leere Schrifttafel, auf der im ausgeführten Bild die von Gross überlieferte Inschrift gestanden hat, und Samuel zu Saul spricht: «Hat wohl der Herr an Opfer und Brandopfer ein grösseres Gefallen als an Gehorsam gegen die Stimme des Herrn? Weil du des Herrn Wort verworfen hast, hat er dich verworfen, dass du nicht König seiest.»[1].

Die Zeichnung ist sicher um dieselbe Zeit wie der Entwurf zum Rehabeam-Bild entstanden und stimmt in Stil und Technik mit diesem überein. Erscheint aus der Bewegungsrichtung der Figuren und dem Lichteinfall eine Anordnung an der rechten Wandhälfte sehr wahrscheinlich, so bleibt doch ungewiss, ob der Entwurf in dieser Form ausgeführt worden ist.

Anmerkung
1 Übersetzung nach Kreytenberg, 1970, S. 80

Lit.:
Photographie Braun, Nr. 25
Woltmann I, S. 359 ff.; II, Nr. 64
Ganz 1937, S. 28, Nr. 118 (1529/30)
Schmid 1896, S. 79, 91 ff. (um 1530)
D. Burckhardt, in: Handz. Schweizer. Meister III, Taf. 23, (1529/30)
Chamberlain 1913, I, S. 347 f., Pl. 94
Ganz 1919, S. 247, Abb. S. 173 (1530)
Manteuffel 1920, Der Maler, Abb. S. 39
Glaser 1924, S. 33, Taf. 55
Ganz 1925, Holbein, S. 239, Taf. III, J
Riggenbach 1932, S. 539; 568 VII ff., 580, 3. Abb. 423
Schmidt/Cetto, S. 48, XXXV, Abb. 78
Ueberwasser 1947, S. 11, Abb. 25
Schmid 1948, S. 29, Abb. 59
Christoffel 1950, Abb. S. 248 (1530)
Ganz 1950, Nr. 173, Abb. 51
Kat. 1960, Nr. 316, Abb. 103 (um 1530)
Kreytenberg 1970, S. 78, 89 ff., Abb. 11
Maurer 1971, S. 774 f.
Deuchler, Röthlisberger, Lüthi, Schweizer Malerei vom Mittelalter bis 1900. Genf 1975, S. 71, Abb. S. 69
Roberts 1979, S. 58, Nr. 49
Klemm 1980, S. 54 ff., 75, Abb. S. 56
Rowlands 1985, Cat. L. 6. II. b, Taf. 181
Grohn 1987, Nr. 30 k

Nr. 72

73

Schlachtszene

Hans Holbein d. J.

Inv. 1662.140

Feder und Pinsel (schwarz), grau laviert
286×441 mm
Wz.: Hand mit fünfzackigem Stern; vgl. Anhang, Wz. Nr. 10
L. u. Nr. 8
Auf Japanpapier aufgezogen; an den Seiten beschnitten; zwei senkr. Knickfalten und mehrere Quetschfalten im Bereich der Mitte, teilweise gerissen und überlappend; etliche Löcher und dünne Stellen; r. u. Ecke abgerissen; Papier stellenweise stark fleckig
Herkunft: Amerbach-Kabinett, Inv. F: «Item ein schlacht in der grose und form wie obsteht getauscht auf einem langen Bogen»

Die Zeichnung war möglicherweise Teil einer grösseren Komposition. Sie ist jedenfalls an den Seiten beschnitten und könnte sich ähnlich wie die in Wien aufbewahrte Zeichnung einer Schlacht, deren Mittelstück auf den Entwurf Holbeins zurückgeht, nach links und rechts fortgesetzt haben[1] (Abb.).

Von beiden Seiten kommen auf diesem Blatt, das etwa gleich hoch wie die Basler Zeichnung, jedoch 96 cm breit ist, weitere Soldaten heran. Die Komposition ist dreieckförmig aufgebaut. In der Spitze des Dreiecks, etwa in der Blattmitte, treffen die beiden Heere aufeinander, und einzelne Kämpfende sind hervorgehoben.

Die meisten Autoren vermuten, dass die Zeichnung als Entwurf für eine Wandmalerei gedient haben könnte. Parker, Schilling und Ganz dachten dagegen an einen Entwurf für einen Holzschnitt, und nahmen an, dass das ausgearbeitete Wiener Blatt mit seinen schematisch wirkenden Parallelschraffuren eine Umzeichnung des Basler Entwurfes zur Vorbereitung des Holzschnittes sein könnte. Allerdings ist in beiden Zeichnungen in der Haltung der Waffen eine Seitenverkehrung, die sich durch den Druck ergibt, nicht berücksichtigt, lediglich das Licht fällt auf der Wiener Zeichnung von der anderen Seite ein.

Schwierigkeiten ergeben sich auch bei der Identifizierung der Soldaten. Einmal werden sie als Landsknechte, dann als Schweizer bezeichnet. Auch der Titel *Schweizerschlacht* ergibt keinen Sinn und lässt sich mit keinem historischen Ereignis verknüpfen[2]. Holbein scheint die Soldaten, zum Teil wenigstens, in Phantasiekostümen gezeichnet zu haben, so etwa den Soldaten im Vordergrund, der einen Schuppenhelm trägt.

Die Zeichnung könnte Holbein zu Studienzwekken gedient haben. Sie ist vielleicht im Zusammenhang mit den Entwürfen für die Wandbilder im Basler Rathaus entstanden. Stilistisch steht sie den Entwürfen für das Rehabeam-Bild und für die Begegnung von Samuel und Saul nahe; sie könnte um 1530/32 entstanden sein.

Anmerkungen

1 Kat. Albertina Wien, S. 194, Nr. 46, Hans Holbein d. J. – Kopie, Landsknechtsschlacht. Ganz 1937, S. 81, Kat. C. 14, C. 14 a, C. 14 b

2 Die Wiener Zeichnung stammt aus dem Besitz Joachim von Sandrarts. Sie wird von ihm als «Eine grosse Feldschlacht von Schweitzern zu Fuss, mit der Feder aufs allerfleissigste ausschraffiert...» beschrieben. Sandrart 1675, S. 333

Hans Holbein d. J. – Kopie, Landsknechtschlacht. Wien, Graphische Sammlung Albertina

Nr. 73

Lit.:

Photographie Braun, Nr. 26
Woltmann I, S. 164; II, Nr. 63
Ganz 1937, S. 31, Nr. 125 (1532–1543)
Handz. Schweizer. Meister I, Taf. 10 (um 1532)
Knackfuss 1914, S. 88 f., Abb. 76
Chamberlain 1913, I, S. 160 f., Pl. 53
Glaser 1924, S. 13, 32, Taf. 45
Schmid 1924, S. 346 (um 1530)
H. Leporini, Die Stilentwicklung der Handzeichnung. Wien/Leipzig, 1925, S. 54, Nr. 87
Parker 1926, S. 36, Nr. 71
E. Schilling, Altdeutsche Meisterzeichnungen. Frankfurt a. M., 1934, S. XVIII, Nr. 55
Reinhardt 1938, Taf. 149 (um 1537)
Schmidt/Cetto, S. 48, XXXV, Abb. 79
Schmid 1945, S. 28, Abb. 58 (1530/32)
Christoffel 1950, Abb. S. 253 (um 1530)
Kat. 1960, Nr. 317 (um 1530)
Kat. Meisterz. Amerbach-Kab. 1962, Nr. 76 (1530/32)
Kat. Swiss Drawings 1967, Nr. 33
T. Gerszi, Capo Lavori del Rinascimento Tedesco. Milano, 1970, Abb. 39, S. 93
Landolt, Hundert Meisterz. 1972, Nr. 79
Klemm 1980, S. 57
G. Duthaler, Trommeln und Pfeifen in Basel. Basel, 1985, S. 23 f., Abb. S. 24
E. Landolt, in: Kat. Erasmus 1936, Nr. D 5. 8, Abb. S. 82

74

Scheibenriss mit einem Landsknecht und Birnenwappen

Inv. 1662.181

Hans Holbein d. J. – Werkstatt oder Nachfolger (Balthasar Han ?)

Feder und Pinsel (schwarz und grau), grau laviert, über Kreidevorzeichnung
435×322 mm
Wz.: Laufender Bär, Variante von Lindt 27/29
Links unten bez.: H. H.
Auf Karton aufgezogen; waager. Mittelfalte, gerissen, dort fehlt links ein schmaler Streifen (2×72 mm); Zeichnung durch Abklatsch verblasst, Papier grau verfärbt; nachträglich mit einem zweiten schwarzen Rand versehen
Herkunft: Amerbach-Kabinett

Die Strichführung und die Lavierung unseres Risses unterscheiden sich deutlich von den eigenhändigen Zeichnungen. Fraglich ist, ob der Riss eine Werkstattarbeit ist und ob der Komposition ein Vorbild Holbeins zugrunde liegt. Für eine eigenständigere, nicht unbedingt auf Holbein selbst weisende Arbeit sprechen der flächige Aufbau der Komposition, in der der Zeichner versucht, Überschneidungen der einzelnen Motive zu vermeiden sowie das Bogenfeld, das an Scheibenrisse Hans Baldungs oder Niklaus Manuels erinnert.

Im Kupferstichkabinett Berlin wird eine weitere Fassung des Risses aufbewahrt, die in den Motiven und in den Massen weitgehend übereinstimmt und auch ein verwandtes Wasserzeichen aufweist (Abb.). Der eckige und unsichere Strich deutet jedoch darauf, dass die Berliner Zeichnung eine Wiederholung des Basler Risses ist, die aus der gleichen Werkstatt stammen könnte[1].

Ein Riss mit dem Wappen von Lichtenfels, der im Historischen Museum in Bern aufbewahrt wird, ist in der Zeichenweise mit unserem Blatt verwandt (Abb. S. 236). Er trägt das Monogramm BH und ist 1542 datiert. P. Ganz und P.L. Ganz haben die Zeichnung dem Basler Glasmaler Balthasar Han (1505–1578) zugeschrieben[2]. Beiden Rissen gemeinsam ist die präzise Arbeitsweise und der im Vergleich zu Holbein etwas kraftlose und bedächtige Strich. Verwandt ist auch die Technik der Lavierung. Han wiederholt Konturen mit dem Pinsel und modelliert mit einzelnen Feder- und Pinselstrichen.

Auf unserer Zeichnung sind solche Charakteristika am Helm oder in den Ranken der Helmdecke zu finden. An den Übergängen zwischen Hell und Dunkel entstehen – beiden Rissen gemeinsam – kammartige Strukturen, etwa an den Gänsehälsen auf dem Riss in Bern oder an den Ästen mit den Birnen auf unserem Blatt. In der Zeichenweise und im Typus sind auch die Figuren auf den Bogenfeldern verwandt: ihre Gesichter mit den punktförmigen, grossen Augen, die unterbrochenen Konturen an den Beinen, oder die Bäume, die durch sich kringelnde Umrisse angedeutet werden. Diese Bogenfelder und deren Themen – Kampf- oder Jagdszenen – erinnern an Scheibenrisse Hans Baldungs, von dessen Zeichenweise Han beeindruckt gewesen sein könnte[3]. Anders als Holbein arbeitet der Zeichner unseres Risses viele Einzelheiten sorgfältig aus, so etwa das Kettenhemd des Landsknechtes, in dem jeder einzelne Ring wiedergegeben ist.

Für eine klare Zuschreibung an Han ist jedoch die Basis zu schmal. Ausser dem Riss in Bern sind keine weiteren bekannt, die für ihn mit Sicherheit in Anspruch genommen werden können oder einem Vergleich mit der eindrucksvollen Figur des Landsknechtes standhalten. Der Bannerträger auf der Scheibe für

Scheibenriss mit Landsknecht und Birnenwappen. Berlin, SMPK, Kupferstichkabinett

Nr. 74

Balthasar Han, Scheibenriss mit dem Wappen von Lichtenfels. 1542. Historisches Museum Bern, Sammlung Wyss die Zunft «Zum Himmel» und der anspruchsvolle Rahmen der Scheibe, die mit den Namen der Brüder Balthasar und Matthäus Hans bezeichnet und 1554 datiert ist[4], deuten jedoch an, dass Han zu grösseren Leistungen fähig war, als der Riss in Bern allein vermuten lässt und dass er tatsächlich in der Tradition Holbeins weiterarbeitete, wie Ganz (1937, S. XI) angenommen hatte (Abb.). Hinter dem Eidgenossen, den Hans Funk in seiner 1539 datierten Stadtscheibe von Lausanne wiedergibt, scheint derselbe Figurentypus wie auf dem Basler Blatt zu stehen. Sollte sich Funk tatsächlich an unserem Riss orientiert haben, wie Bächtiger vermutet[5], dann hätte er dessen Bekleidung und Bewaffnung und die manierierte Fussstellung verändert und den Landsknecht in einen Eidgenossen verwandelt. Unser Riss könnte, wenn er noch aus der Werkstatt Holbeins stammen sollte, zu Beginn der 30er Jahre entstanden sein, doch ist ein Datum gegen Ende des dritten Jahrzehnts oder zu Beginn der 40er Jahre nicht auszuschliessen.

Von der gleichen Hand könnte auch ein Riss im Schweizerischen Landesmuseum Zürich stammen, der 1534 datiert ist[6]. Ein Reisläufer und eine Frau, die ihrem Gegenüber den Willkommenstrunk offeriert, flankieren einen leeren Wappenschild (Abb.). Während die beiden Schildhüter an Figuren Niklaus Manuels erinnern, kommen die Motive des Rahmens, das leere Spruchband unten und die Bildung des Bogenfeldes, in

Balthasar und Matthäus Han, Scheibe für die Zunft «Zum Himmel». 1554. Basel, Historisches Museum

Reisläufer und Frau mit Willkommenstrunk. Scheibenriss. Zürich, Schweizerisches Landesmuseum, Besitz der Antiquarischen Gesellschaft

dem die Geschichte von Pyramus und Thisbe erzählt wird, unserem Riss und dem Blatt in Bern sehr nahe. Verwandt ist auch die Landschaft im Bogenfeld, mit den sich in der Ferne verlierenden Höhenzügen, ferner die mit kringelförmigen Strichen gezeichneten Bäume und einzelne grosse Steine mit eckigen Umrissen, die den Vordergrund beleben. Bei den Figuren sind die Augen und die grossen Hände mit abgespreiztem Daumen ähnlich gestaltet. Ein Zusammenhang unter diesen Zeichnungen ist jedenfalls denkbar und könnte auf eine gemeinsame Werkstatt schliessen lassen[7].

Anmerkungen

1 Friedländer/Bock, S. 54 f., Nr. 2056; Wz.: Bär, Lindt 26; 421×315 mm, Feder (schwarz), graubraun laviert

2 Sammlung Wyss, I, 41. Eigentum der Schweizerischen Eidgenossenschaft, deponiert im Bernischen Historischen Museum Bern. Feder (braun), grau und braun laviert; 434×318 mm; Wz.: Bär, ähnlich Lindt 27/29; P. Ganz, in: Handz. Schweizer. Meister II, Nr. 40; A. Glaser, Die Basler Glasmalerei im 16. Jahrhundert seit Hans Holbein. Winterthur, 1937, S. 25, lehnt die Zuschreibung ab; P. L. Ganz, Die Miniaturen der Basler Universitätsmatrikel. Basel, Stuttgart, 1960, S. 140; P. L. Ganz, Die Basler Glasmaler der Spätrenaissance und der Barockzeit. Basel, Stuttgart, 1966, S. 22 und Abb. 5; Zu Balthasar und Matthäus Han, P. L. Ganz, 1966, S. 19 ff.

3 Koch 1941, Nr. 79, 81–83

4 P. L. Ganz, 1966 (wie Anm. 2), S. 20 f., Tafel I. Historisches Museum Basel, Inv. Nr. 1903.137

5 Bern, Historisches Museum, Inv. Nr. 14966; Wappenscheibe der Stadt Lausanne, 1539; Bächtiger 1971/72, S. 244 und Abb. 12

6 Zürich, Schweizerisches Landesmuseum, Inv. Nr. AG 11953; Feder (schwarz), grau laviert, etwas gelb und grün aquarelliert; 370×292 mm; Wz.: Bär

7 Dieser Gruppe lassen sich weitere Risse anfügen, die hier jedoch aus Platzgründen nicht berücksichtigt werden können. Eine Veröffentlichung ist vorgesehen.

Lit.:
Photographie Braun, Nr. 61
Woltmann II, Nr. 96
Ganz 1937, S. 46, Nr. 193 (1524/25)
P. Ganz, Über die Schweizerische Glasmalerei und ihre Bedeutung für die Kunstgeschichte. In: Öffentliche Kunstsammlung in Basel, Jahresbericht, N. F. II, Basel 1906, S. 17–28, 23, Taf.
Knackfuss 1914, S. 42, Abb. 38
Friedländer/Bock, Nr. 2056
Cohn 1930, S. 21, 98 (1526/31)
Kat. 1960, Nr. 300 (um 1526)
Bächtiger 1971/72, S. 242 ff., Abb. 11 (um 1526)
Klemm 1972, S. 172, Anm. 27 (kaum vor 1525)

Nr. 75

75

Entwurf für einen gemalten Fensterrahmen

Hans Holbein d.J.

Inv. 1622.124

Feder (schwarz), grau laviert, über Kreidevorzeichnung
263×101 mm
Kein Wz.
L. u. Nr. 43; rückseitig Nr. 5 und l. u. in brauner Feder bez. H (?); Fensterkreuz in schwarzer Feder
Zwei waager. Knickfalten, geglättet; oben roter Farbfleck; etwas stockfleckig
Herkunft: Amerbach-Kabinett

Die Zeichnung war vermutlich der Entwurf für einen gemalten Fensterrahmen, den Holbein noch in den letzten Jahren seiner Tätigkeit in Basel oder zu Beginn seines zweiten Aufenthaltes in England, zwischen 1528 und 1534, gezeichnet haben könnte. In den Motiven erinnert der Entwurf an den Rahmen des Scheibenrisses mit der Hl. Kunigunde in Berlin und an dessen Kopie in Basel (Nr. 69). Der Vergleich mit diesen Blättern zeigt, mit welcher Sicherheit Holbein hier den reich ornamentierten und plastisch vor die Wand tretenden Rahmen gezeichnet hat. Sie ist nicht nur in jedem einzelnen Strich spürbar, sondern kommt auch in der souveränen Lavierung zum Ausdruck. Der Strich weist feinste Vibrationen, kleine Unterbrechungen auf und wirkt selbst in den mit dem Lineal gezeichneten Bereichen lebendig. Zusammen mit der zur Abbreviatur neigenden Beschreibung der Einzelformen erreicht Holbein mit dieser Zeichenweise eine überzeugende illusionistische Wirkung. Den Fensterrahmen hat Charles Patin als Titelblatt für seine Ausgabe des *Lobes der Torheit* von 1676 verwendet[1].

Anmerkung

1 ΜΩΡΙΑΣ ΕΓΚΩΜΙΟΝ, Stultitiae Laus. Des. Erasmi Rot. declamatio. Cum commentariis Ger. Listerii... Basileae, Typis Genathianis M. DC. LXXVI. Mit Radierungen von Caspar Merian.

Lit.:

Woltmann II, Nr. 39
Ganz 1937, S. 28, Nr. 119 (Zweiter Englandaufenthalt)
His 1886, S. XXVI und Taf. XXII, 1
Glaser 1924, S. 36, Taf. 85
Schmid 1945, S. 37, Abb. 125 (um 1530/34)

Nr. 76

76

Bildnis eines Mannes mit schwarzem Barett

Hans Holbein d. J.

Inv. 1949.43

Tempera über rosa getöntem Papier, an den Konturen Feder oder Pinsel (schwarz); einzelne Höhungen in Weiss; nachträglich gefirnisst
373×304 mm
Wz.: Löwe mit Zürcher Wappenschild, ähnlich Briquet 878
Nachträglich o. r. bez.: HH 15 (15?)
An den oberen Ecken grössere Fehlstellen, ergänzt; l. o. grosses Loch, hinterlegt; unten grosser diagonaler Riss, hinterlegt
Herkunft: Kunsthandel England; Sammlung Dr. R. Geigy-Schlumberger; Dr. R. Geigy-Merian, Basel

Die wie ein Gemälde detailliert ausgearbeitete und farblich gefasste Zeichnung gehört zu einem Doppelbildnis, dessen Gegenstück in der Clowes Collection in Indianapolis, USA die Ehefrau des unbekannten Mannes wiedergibt (Abb.).

Ganz wollte in der Zeichnung ein Selbstbildnis Holbeins sehen, doch konnte sich diese These nicht durchsetzen und ist zu Recht nicht weiter vertreten worden (Schmidt 1943). Das Wasserzeichen gibt einen Hinweis für die Datierung der Zeichnung, die um 1538 entstanden sein dürfte. Nach seiner Kleidung zu schliessen, könnte der Dargestellte ein Kaufmann oder Handwerker gewesen sein (Goldschmied?), den Holbein nicht unbedingt in England, sondern auch in Basel oder während seiner Reisen durch Frankreich und die Niederlande gezeichnet haben könnte. Die Beurteilung wird durch den Firniss, der nachträglich über die Zeichnung gelegt wurde erschwert. Dadurch wirken Barett und Mantel dunkel und wenig differenziert, und die Höhungen in Weiss sind kaum mehr wahrnehmbar.

Hans Holbein d. J., Bildnis einer unbekannten Frau.
Gegenstück zu Inv. 1949.43.
Indianapolis, Sammlung Dr. G. H. A. Clowes

Lit.:
Ganz 1937, S. 12, Nr. 46 (1938–40)
P. Ganz, Das Bildnis Hans Holbein d. J. In: Jahrbuch zur Kunst und Kunstpflege in der Schweiz. Bd. V, 1928–1929, S. 273–292, S. 284 f., Taf. 5
Öff. Kunstslg. Basel, Jahresberichte N. F. IX, 1913, S. 11–12
Öff. Kunstslg. Basel, Jahresberichte N. F. X, 1914, S. 17
Ganz 1919, Abb. S. 138, S. 244 (in der ersten Auflage von 1911 S. 244 Hinweis auf Selbstporträt)
G. Schmidt, Ein Selbstbildnis Hans Holbeins d. J. unter den Randzeichnungen zum «Lob der Torheit»?, in: Öff. Kunstslg. Basel, Jahresberichte 1941–1945, 1943, S. 144–156, S. 144 f. und Abb. 9
Schmid 1945, S. 36, Abb. 117
Öff. Kunstslg. Basel, Jahresberichte 1946–1950, 1949, S. 139, 148, Abb. nach S. 152
Kat. 1960, Nr. 321, Abb. 63

77

Proportionsstudie eines männlichen Körpers und Kopfstudie

Inv. 1662.165.19

Hans Holbein d. J.

Feder (schwarz) über Kreidevorzeichnung; mehrere Zirkeleinstiche; an Kopf und Schultern mit der Nadel durchgepunktet; l. o. blindgeritzter Kreis
134×81 mm (grösste Masse)
Kein Wz.
Papier durch Verwischen der Kreidezeichnung grau verfärbt; allseitig beschnitten und an den Ecken abgeschrägt; durch unsorgfältiges Ablösen dort teilweise ausgerissen; etwas stockfleckig
Herkunft: Amerbach-Kabinett, aus dem Englischen Skizzenbuch

Holbeins Proportionsstudie eines männlichen Körpers basiert auf einer planimetrischen Konstruktion, die er mit Hilfe des Zirkels ausführte. Die Länge des Kopfes wählte Holbein als Masseinheit für die einzelnen Gliedmassen und für den Körper. Ausgangspunkte seiner Konstruktion sind zwei Zirkeleinstiche, die in der senkrechten Mittelachse am Scheitel und Kinn des frontal gegebenen Kopfes liegen. Vom Scheitel aus hat Holbein mit dem Zirkel acht mal die Kopflänge (etwa 16 mm) auf die Längsachse abgetragen. Augen, Schlüsselbeine und Nabel liegen jeweils genau in der Mitte zwischen zwei Messpunkten. Die anderen Markierungen für die Breite der Schultern, die Position der Ellenbogen- und Handgelenke, liegen auf konzentrischen, sich jeweils um eine Kopflänge erweiternden Kreisen, deren Zentrum nicht mehr der Scheitel, sondern das Kinn ist. Die Breite der Schultern wird durch den Schnittpunkt des Kreises mit der Waagerechten bestimmt, die in Höhe der Schlüsselbeine, eine halbe Kopflänge unter dem Kinn verläuft. Auch die Markierungen an den Innenseiten der beiden Beine liegen auf diesen Kreisen.

Das Standmotiv bedingt, dass der Körper vom Schultergürtel aus leicht nach rechts ausschwingt und die ideale Mittelachse verlässt. Holbein markiert diese Abweichungen durch kurze, horizontale Striche.

Ob Holbein von einer bestimmten Proportionslehre beeinflusst war oder unabhängig davon experimentierte, lässt sich anhand der wenigen erhaltenen Zeichnungen zu diesem Bereich kaum entscheiden. Leonardo da Vinci teilte z. B. seine Proportionsfigur zu Vitruv in acht Kopflängen ein, eine Masseinheit, die auch Dürer mehrfach in seinen Proportionsstudien verwendete. Unsere Zeichnung gibt wenigstens, da ein direktes Vorbild bisher nicht nachgewiesen werden konnte, den Hinweis, dass sich Holbein wie andere Künstler der Renaissance mit Proportions- und Bewegungsstudien des menschlichen Körpers befasste und sie wie die italienischen Kunsttheoretiker, die sich häufig mit Vitruv auseinandersetzten, in Beziehung zu den idealen geometrischen Figuren des Kreises und des Quadrates setzte[1].

Die Zeichnung, die aus dem sogenannten Englischen Skizzenbuch stammt, dürfte wie das folgende Blatt zwischen 1532 und 1543 entstanden sein. Eine genauere zeitliche Einordnung erscheint bisher noch nicht möglich.

Anmerkung

1 Einen knappen Überblick gibt R. Wittkower, Grundlagen der Architektur im Zeitalter des Humanismus. München, 1969, S. 12–32 und Abb. 6–11; Leonardos Proportionsfigur nach Vitruv (Venedig, Accademia), Abb. 7; H. Rupprich, Dürer. Schriftlicher Nachlass, Bd. 2, Berlin, 1966, S. 151 ff., 160 f.

Lit.:

Woltmann II, 110.19
Ganz 1937, S. 33, Nr. 137
Kat. 1960, Nr. 355

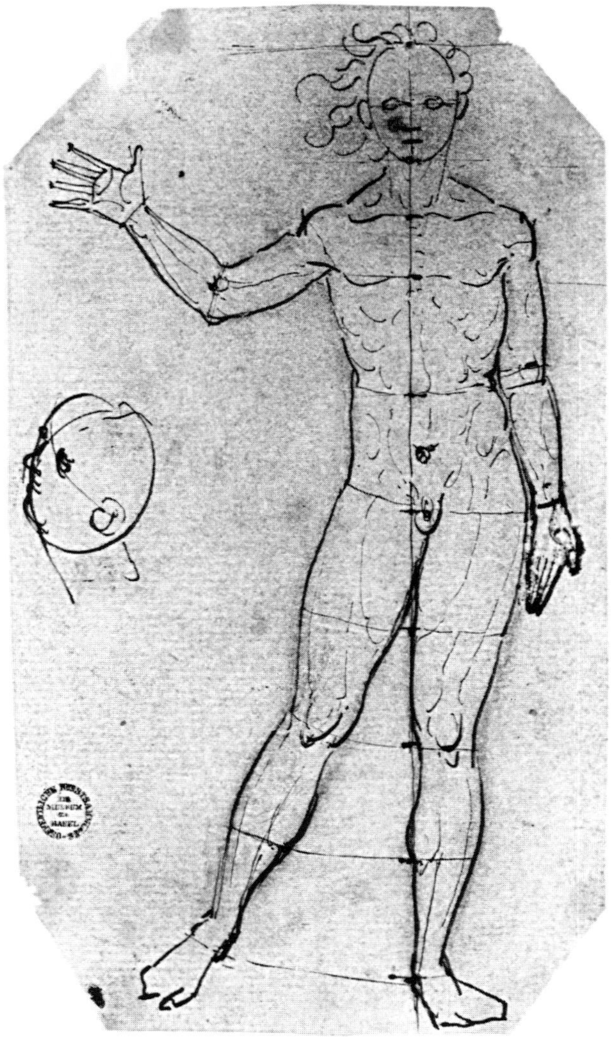

Nr. 77

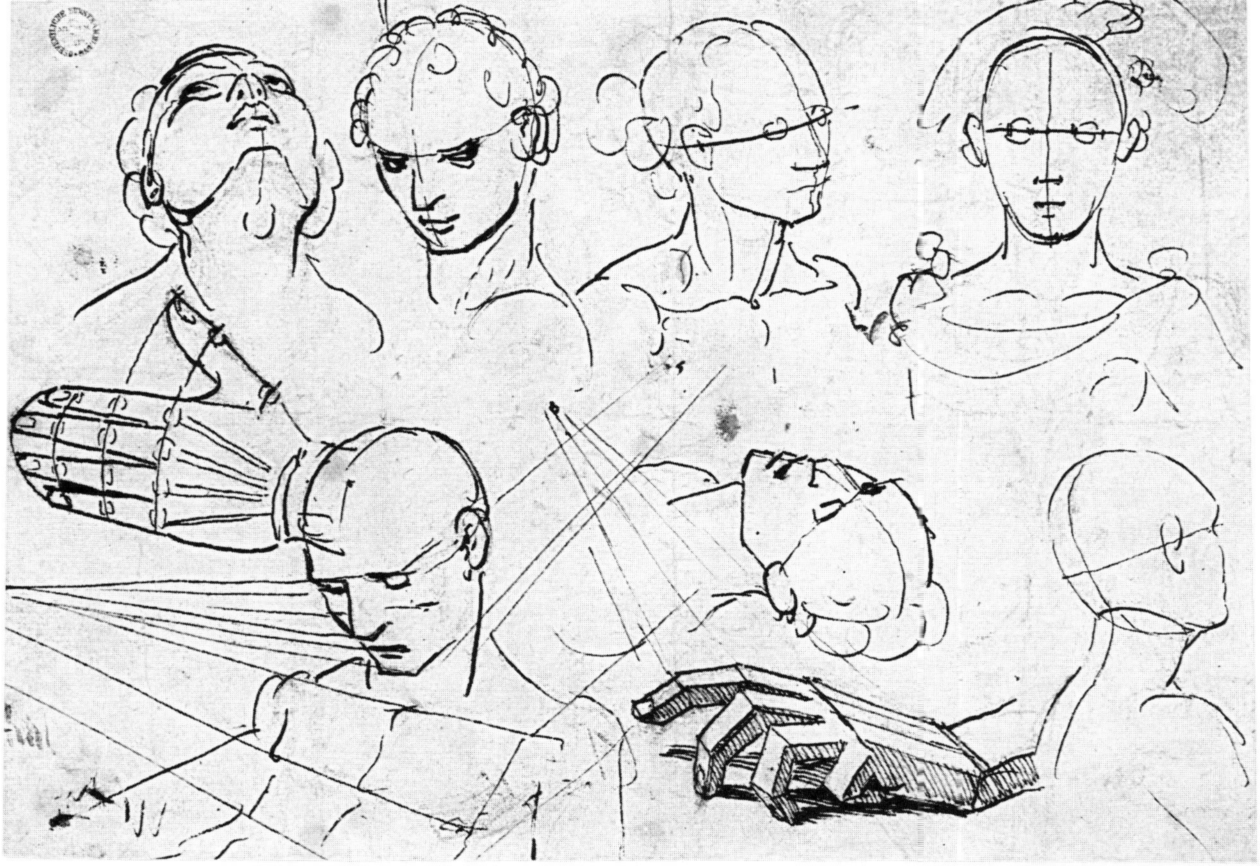

Nr. 78

78

Kopf- und Handstudien

Hans Holbein d. J.

Inv. 1662.165.16

Feder (schwarz), über Kreidevorzeichnung
132×192 mm
Wz.: Ziege, ähnlich Briquet 2857
Waager. und mehrere senkr. Falten, geglättet; mehrere kleine Löcher; etwas stockfleckig
Herkunft: Amerbach-Kabinett, aus dem Englischen Skizzenbuch

Holbeins Skizzenblatt mit perspektivischen Kopf- und Handstudien dürfte in unmittelbarem Zusammenhang mit der Proportionsstudie eines männlichen Aktes entstanden sein (Nr. 77).

Die kubisch geformte Hand und den sich zurücklehnenden Mann, dessen Kopf nach vorne gesunken ist, hat Holbein mit Hilfslinien versehen, die auf eine perspektivische Konstruktion weisen könnten, bei der sich z. B. alle Fluchtlinien in einem Punkt treffen. Auch das komplizierte, parallelprojektive Verfahren zur exakten perspektivischen Wiedergabe bewegter Körper, bei dem die einzelnen Glieder mit Schnitten versehen und stereometrisch geformt werden, könnte Holbein gekannt haben. Mit dieser Methode hat sich z. B. Dürer, angeregt von Traktaten aus dem Umkreis Leonardos, in seiner Proportionslehre beschäftigt (vgl. Nr. 77)[1].

Doch die in verschiedenen Ebenen geneigten und unterschiedlich zum Körper gedrehten Köpfe sind, ebensowenig wie die beiden Hände, streng konstruiert. Die angedeuteten Fluchtlinien treffen sich nicht wirklich in dem von Holbein über der Hand eingezeichneten Fluchtpunkt. Der skizzenhafte Charakter der Zeichnungen und ihre Zusammenstellung spricht eher für ein experimentelles Umsetzen von Konstruktionsmethoden, die Holbein möglicherweise in einem illustrierten Traktat gesehen haben könnte.

Anmerkung

1 E. Panofsky, Dürers Kunsttheorie. Berlin 1915, bes. S. 52 ff.; H. Rupprich, Dürer, Schriftlicher Nachlass, Band II, Berlin 1966, S. 80 und Taf. 11, Nr. 34.

Lit.:

Woltmann II, Nr. 110. 16
Ganz 1937, S. 33, Nr. 138 (1532–43)
J. Meder, Die Handzeichnung. Wien, 1919, S. 624, Abb. 309
Ganz 1908, S. 48, Nr. 29, Taf. 29 (seitenverkehrt)
Kat. 1960, Nr. 336
Kat. Meisterz. Amerbach Kab. 1962, Nr. 79 (nach 1532)

79

Die sogenannte Steinwerferin

Hans Holbein d.J.

Inv. 1662.160

Pinsel (grau) und Feder (schwarz), auf rot getöntes Papier, grau laviert und weiss gehöht
Grösste Höhe l. 203, r. 182×122 mm
Kein Wz.
Unregelmässig ausgeschnitten und auf Japanpapier aufgezogen; mehrere kleine Risse und Löcher
Herkunft: Amerbach-Kabinett

Ikonographisch nicht näher bestimmbar, vielleicht ein Sinnbild der Fortitudo oder der Ira, ist die Frauengestalt eher das Ergebnis von Holbeins Beschäftigung mit italienischer Druckgraphik, besonders mit Kupferstichen Marcantonio Raimondis, als unmittelbaren Naturstudiums. Von diesen Stichen dürfte auch der Gesichtsausdruck mit dem pathetisch geöffneten Mund und das lange, flatternde Haar angeregt sein. Dass Holbein für seine Frauengestalt Bewegungsmotive dieser Vorbilder verarbeitet hat, wird im Vergleich mit der Eva auf Raimondis Kupferstich deutlich (B. 3), deren Bein- und Fussstellung nahe verwandt erscheint, während ihr Oberkörper eher mit der Cleopatra im Stich Agostino Venezianos Gemeinsamkeiten aufweist. Wie dort, jedoch im Vergleich zum Stich seitenverkehrt, ist der linke Arm in Holbeins Zeichnung nach unten geführt und der Oberkörper knickt in ähnlicher Weise in der Hüfte ein (Abb.).

Grossmann hatte angenommen, dass Holbein mehrere Male in Italien gewesen sei und dort ein Relief mit der Lucretia von Giovanni Maria Mosca

Marcantonio Raimondi, Adam und Eva. Kupferstich. (B. 3)

Agostino Veneziano, Cleopatra. 1515. Kupferstich. (B. 193)

gesehen haben könnte[1]. Holbeins Zeichnung scheint jedoch unabhängig davon entstanden zu sein, ebenso wie kleinplastische Werke aus dem Umkreis des Conrat Meit, die ihrerseits auf Kupferstiche Raimondis bzw. Lucas van Leydens zurückgehen dürften[2].

Reinhardt und Pfister-Burkhalter rechnen die Steinwerferin zur Gruppe der Hell-Dunkel-Zeichnungen der Zeit um 1520, während Christoffel zwischen 1526 und 1532, Ganz zwischen 1532 und 1543 datieren. Von den frühen Hell-Dunkel-Zeichnungen unterscheidet sich das Blatt nicht nur durch die weiche, tonige Modellierung und die wie eine Lavierung aufgetragene Weisshöhung, sondern auch durch die Auffassung der Figur, deren Körper konstruiert ist. Hüfte und Oberschenkel der Frau sind bildparallel angeordnet und betonen die Fläche. Der Körper, der in der Drehung um die eigene Achse einen Ausgleich der Gewichte sucht, folgt einer S-förmigen Linie, sodass Schultern und Arme beinahe in der gleichen Ebene bleiben, die Figur in der Fläche gebogen scheint. Auch die Säule und die quaderförmige Basis wirken nicht als plastische Körper, sondern flächig und unmateriell.

Diese Phänomene lassen eine späte Datierung, wie sie Ganz vorgeschlagen hat, vertretbar erscheinen. Dafür könnte auch das rot getönte Papier sprechen, denn in seiner Frühzeit bevorzugte Holbein grundierte Papiere (vgl. Nr. 23–25).

Anmerkungen

1 Das Relief wird auch mit Antonio Lombardi in Verbindung gebracht: W. Stechow, The Authorship of the Walters «Lucretia». In: The Journal of the Walters Art Gallery, Vol. XXIII, 1960, S. 73–85

2 Vgl. Grossmann 1950, S. 232, Anm. 5; E.F. Bange, Die Kleinplastik der deutschen Renaissance in Holz und Stein. Leipzig, 1928, Nr. 66–69, sowie den Kupferstich Lucas van Leydens mit dem Selbstmord der Lucretia von ca. 1515 (B. 134)

Lit.:

Photographie Braun, Nr. 41
Woltmann II, Nr. 104
Ganz 1937, S. 32, Nr. 135 (1532–1543)
Handz. Schweizer. Meister II, Taf. 36
Ganz 1908, Nr. 28
Chamberlain 1913, I, S. 160
Knackfuss 1914, Abb. 75, S. 88
Manteuffel, Der Maler, 1920, Abb. S. 80
Glaser 1924, Titelbild
Reinhardt 1938, Taf. 114
Christoffel 1950, S. 76, Abb. S. 229 (1526–1532)
Grossmann 1950, S. 232, Taf. 59 b
Fischer 1951, S. 342, Abb. 281
Schilling 1954, S. 20, Abb. 34 (Arbeit des reifen Meisters)
Kat. 1960, Nr. 214, Abb. 95 (um 1520)
Landolt, Hundert Meisterz. 1972, Nr. 74 (um 1520)

Nr. 79

80

Bildnis eines Edelknaben mit einem Maki

Hans Holbein d. J.

Inv. 1823.139

Kreide, stellenweise Feder oder Pinsel in Schwarz, aquarelliert; im Gesicht und an den Händen auch Rötel
400×307 mm
Wz.: schlecht sichtbar, vielleicht Vogel im Kreis
Zahlreiche Knickfalten, grössere Fehlstellen am oberen und rechten Rand; Einrisse, alt hinterlegt; Oberfläche berieben
Herkunft: Museum Faesch (?)

Die bisher angenommene Identität des Dargestellten mit Edward, Prinz of Wales (1537–1552), Sohn Heinrichs VIII. und der Jane Seymour, ist in neuerer Zeit zu Recht bezweifelt worden (Foister 1983). Der Vergleich mit den als sicher geltenden Porträts des Prinzen, der Zeichnung in Windsor (Kat. Parker 1945, Nr. 46; Kat. Roberts 1987, Nr. 25) und dem Gemälde in Washington (National Gallery of Art; Rowlands 1985, Cat. 70) zeigt, dass sich die beiden Knaben deutlich unterscheiden. Der Kopf des Jungen auf unserer Zeichnung ist oval geformt, mit hoher Stirne und rundem Kinn, während Edward eine rundere Kopfform mit einem spitzen Kinn aufweist. Schliesslich ist der Mund auf unserer Zeichnung anders geformt, und die Lippen von Edward sind voller. Die Abweichungen sind so deutlich, dass sie wohl kaum mit einem Altersunterschied der beiden erklärt werden könnten. Während das Porträt des Prinzen um 1539 oder 1540 entstanden sein dürfte, wurde unsere Zeichnung zumeist um 1543, in das letzte Lebensjahr Holbeins gesetzt, in dem der Prinz sechs Jahre alt war. Diese Datierung erscheint nun nicht mehr bindend. Stilistische Gründe, die flächig aufgebaute Komposition und die sehr freie Pinselführung im Gewand, sprechen jedoch für eine späte Entstehung.

Unbekannt ist aber auch die Nationalität des Jungen. Foister (1983) vermutet, dass er gar kein Angehöriger des englischen Hofes gewesen sei. Holbein könnte ihn bei einer seiner Reisen auf den Kontinent, die er für Heinrich VIII. unternommen hat, gezeichnet haben. Als er 1538 von Basel nach England zurückkehrte, reiste Holbein über Frankreich und besuchte vielleicht den Hof Franz I.[1]. Das Kostüm des Knaben zeigt jedenfalls Verwandtschaft zu den Porträts, die Jean Clouet von den Kindern Franz I. angefertigt hat[2], doch gibt die Mode allein keinen ausreichenden Anhaltspunkt für ein Lokalisierung.

Die Zeichnung könnte eine Studie für ein Gemälde gewesen sein. Der ockerfarbene Streifen am unteren Rand ist möglicherweise eine Brüstung, die im Bild eine Inschrift getragen haben könnte (vgl. Rowlands 1985, Cat. 44).

Anmerkungen

1 Reinhardt 1982, S. 267
2 P. Mellen, Jean Clouet. Complete edition of the drawings, miniatures and paintings. London, 1971, Cat. 46, 47, 135

Lit.:

Woltmann II, Nr. 30 (Reichgekleideter Knabe mit einer Meerkatze)
Ganz 1937, S. 12 f., Nr. 48 (Prinz Edward; 1541/42)
Handz. Schweizer. Meister II, Nr. 37 (nach 1540, als Edward von Wales)
Chamberlain 1913, II, S. 167 f.
Ganz 1923, S. 66 f., Nr. 39 (Edward von Wales; jedoch stark überarbeitet)
Stein 1929, S. 310 f., Abb. 122 (Prinz Edward mit Meerkatze)
Schmid 1930, S. 78
Reinhardt 1938, S. 162, Abb. S. 103 (Bildnis des Prinzen Edward, um 1543)
Schmid 1945, S. 36, Abb. 119
Grohn 1956, S. 28, Abb. 27
D. Koepplin, in: Das grosse Buch der Graphik. Hrsg. von Hermann Bockhoff und Fritz Winzer. Braunschweig, 1968, S. 101, Farbabb. S. 85
Landolt, Hundert Meisterz. 1972, Nr. 81
D. Koepplin, in: Kat. Lucas Cranach, Basel, 1974/76, II, Nr. 599
Roberts 1979, Nr. 74, Abb. (Edward v. Wales; um 1543)
Klemm 1980, S. 62, 75, Farbabb. S. 63 (Edward v. Wales, 1543)
Foister 1981, S. 434, Nr. 4 («Little close resemblance between the sitter in this drawing and established portrait of Prince Edward»)
Foister 1983, S. 4, Fig. 11
Rowlands 1985, S. 116, 119 (Prince Edward)
Kat. Roberts 1987, S. 112 (erwähnt)

Nr. 80

81

Deckelgefäss mit Delphinen

Hans Holbein d.J.

Inv. 1662.165.101

Feder (schwarz), grau laviert, über Kreidevorzeichnung
Grösste Höhe 183×100 mm
Wz.: Fragment eines Beizeichens (Stern), von Briquet 11369 (?)
Allseitig beschnitten, oben Ecken abgeschrägt; zwei waager. Falten, geglättet; stockfleckig
Herkunft: Amerbach-Kabinett, aus dem Englischen Skizzenbuch

Die Zeichnung gibt eine klare Vorstellung von dem Gefäss und seinen, sich durch feste Umrisslinien klar voneinander abgrenzenden Bestandteilen, den Ornamenten und dem plastischen Schmuck. Die bildhafte und räumliche Wirkung erzielt Holbein durch die Lavierung, die parallele Schraffuren aufweist und die Illusion eines sich wölbenden Gefässkörpers mit metallisch glänzender Oberfläche hervorruft, ferner durch den Schatten, den das Gefässs aufwirft.

Holbein überspielt jedoch auch konstruktive Einzelheiten zugunsten der Gesamterscheinung. So bleibt unklar, ob das Gefäss einen runden oder ovalen Querschnitt hat oder wie in Wirklichkeit die kugeligen Füsse an der Unterseite angebracht werden sollten, denn das Gefäss könnte so, wie es Holbein zeichnet, nicht stehen. Die Zeichnung dürfte deshalb als Entwurf angesehen werden, den Holbein seinem Auftraggeber zur Begutachtung vorlegte und wohl keine Nachzeichnung eines schon existierenden Gefässes sein.

Die leicht vibrierende Strichführung verbindet die Zeichnung mit Holbeins Entwurf für einen gemalten Fensterrahmen (Nr. 75). Sie könnte zwischen 1532 und 36 entstanden sein.

Lit.:
Woltmann I, Nr. 110. 101
Ganz 1937, S. 52, Nr. 216 (1532/43)
His 1886, S. XXIX, Pl. XXVIII, Nr. 2
H.A. Schmid, Unbeachtete Werke von Hans Holbein d.J. in Basel. In: ASA, N.F. Bd. XXXVII, 1935, S. 113–121, 114 f., Abb. 2
Schmid 1945, S. 38, Abb. 134 (um 1532/35)

Nr. 81

82

Deckelpokal für Hans von Antwerpen

Hans Holbein d. J.

Inv. 1662.165.104

Feder (schwarz), über Kreidevorzeichnung; rechte Hälfte abgeklatscht; Figur auf dem Knauf grau laviert
Grösste Masse 251×164 mm
Kein Wz.
Auf dem Deckel: HANS VON ANT.
Beschnitten und stufenförmig ausgeschnitten; auf Japanpapier aufgezogen; senkr. Mittelfalte und oben waager. Falte; Stockflecken
Herkunft: Amerbach-Kabinett, aus dem Englischen Skizzenbuch

Der Entwurf, den Holbein für den in London tätigen Goldschmied Hans von Antwerpen anfertigte, verzichtet zwar, anders als der zuvor beschriebene (Nr. 81), auf die räumliche Wiedergabe des Gefässes, enthält jedoch durch eine Verbindung verschiedener Abbildungsmethoden genauere Angaben über die Gestalt und Ornamente des Gefässes. Die Konturen entsprechen einem Längsschnitt, der durch die Mittelachse des Gefässes gelegt ist. Dadurch wird die tatsächliche Wölbung des Deckels links und rechts, ebenso der Kuppa sichtbar, ohne z. B. den ringförmigen Ansatz des Deckelwulstes zu verdecken. Das Ornament nimmt nur wenig Rücksicht auf die Verkürzungen, die durch die Rundung des Gefässkörpers entstehen, sondern ist flächig auf die Ebenen des Längsschnittes projiziert. Der Eindruck eines räumlichen Gegenstandes ist jedoch nicht völlig aufgegeben, er wird vor allem durch die sich verkürzenden Buckelungen an der Unterseite der Schale und am Deckel aufrechterhalten. Der Entwurf könnte die unmittelbare Arbeitsvorlage für den Goldschmied gewesen sein, der das Gefäss in den gleichen Massen ausgeführt haben dürfte.

Holbein zeichnete zunächst die linke Seite und ergänzte die rechte durch einen Abklatsch. Dazu feuchtete er das Papier an, klappte die Zeichnung um die senkrechte Mittelachse des Gefässes um und erzielte so einen Abdruck. Die nur mit einem Schleier bekleidete Frauengestalt auf dem Knauf, die eine Fackel und ein Buch hält, könnte ein Sinnbild der Wahrheit sein. Für sie zeichnete Holbein daneben einen alternativen Vorschlag. Möglicherweise entstand der Entwurf wie das vorige Blatt zwischen 1532 und 1536. Der flämische Goldschmied Hans von Antwerpen, mit dem Holbein befreundet war, lebte seit 1515 in London. Abrechnungen belegen, dass er seit 1537 für Thomas Cromwell, der das Amt des «Master of the Jewel House» bekleidete und für Prinzessin Mary Tudor tätig war. Von 1538 an arbeitete er auch für Heinrich VIII. Nach dem Tod Holbeins, 1543, übernahm er die Verwaltung von dessen Nachlass[1].

Anmerkung

1 L. Cust, John of Antwerp, Goldsmith, and Hans Holbein. In: Burl. Mag. XXXI, Vol. VIII, 1906, S. 356–360; Reinhardt 1982, S. 268

Lit.:

Woltmann I, S. 443; II, Nr. 110, 104
Ganz 1937, S. 50, Nr. 206 (1532–35)
His 1886, S. XXVIII f., Pl XXVII, 1
Meder 1919, Abb. 125, S. 341
H. A. Schmid, Der Entwurf eines Deckelpokals von Hans Holbein d. J. In: Öff. Kunstslg. Basel, Jahresbericht, N. F. XXI, 1924, S. 29–36, 34
Glaser 1924, S. 35, Taf. 78
Schmid 1945, S. 37 f., Abb. 133 (um 1532–35)
Roberts 1979, S. 100, Nr. 96

Nr. 82

83

Entwurf für einen Tafelaufsatz mit Karyatiden

Hans Holbein d.J.

Inv. 1662.165.89

Feder (schwarz), über Kreidevorzeichnung
Grösste Masse 171×101 mm
Kein Wz.
Allseitig beschnitten, die oberen Ecken abgeschrägt
Herkunft: Amerbach-Kabinett, aus dem Englischen Skizzenbuch

Der rasch skizzierte Entwurf, in dem der plastische figürliche Schmuck und die Ornamente des Gefässes abbreviaturhaft wiedergegeben sind, gibt eine gute Vorstellung von der plastischen Erscheinung des Gefässes, enthält aber auch eine erstaunliche Fülle an Einzelinformationen, die sich an Deutlichkeit nur wenig von dem detaillierter ausgearbeiteten Gefässentwurf (Nr. 81) unterscheiden.

Der Entwurf zeigt nur einen Teil eines grösseren Gefässes. Der Fuss, dessen Ansatz Holbein nur durch einfache gekrümmte Linien andeutet, sollte sich zu einer Schale erweitern, deren Zentrum das einem Deckelbecher ähnliche Gefäss bildet. Eine Linie im Hintergrund markiert den äusseren Rand der Schale.

Zur figürlichen Ausstattung des Bechers gehören Satyre, die wie Atlanten den Deckel des Bechers zu stützen scheinen, während um den Schaft zwei Aphroditefigürchen stehen, die Milch aus ihren Brüsten pressen. Die Themen von Liebe und Fruchtbarkeit, die mit diesen mythischen Naturwesen angesprochen werden, könnten auf Heinrich VIII. und dessen zweite Gemahlin Anne Boleyn anspielen, denn den Knauf des Deckels ziert die Königskrone, und an der Wandung des Bechers ist das persönliche Abzeichen der Anne Boleyn angebracht: ein gekrönter Falke mit einem Zepter, der über einem Baumstumpf steht, aus dem weisse und rote Rosen wachsen[1]. Heinrich VIII. hatte, ohne dass die Ehe mit Katharina von Aragon für nichtig erklärt worden wäre, die Hofdame Anne Boleyn geheiratet, die 1533 gekrönt wurde. Rowlands weist darauf hin, dass Holbein zahlreiche Goldschmiedearbeiten für Anne Boleyn entwarf, und dass Heinrich sie während ihrer kurzen Zeit als Königin, mit Geschenken überhäufte[2]. Der Entwurf könnte aber auch mit einem Tafelaufsatz in Zusammenhang stehen, den Anne Boleyn 1534 Heinrich VIII. als Neujahrsgabe überreichte[3]. Er wird in den Urkunden folgendermassen beschrieben: " A goodly gilt bason, having a rail or board of gold in the midst of the brim, garnished with rubies and pearls, wherein standeth a fountain, also having a rail of gold about it garnished with diamonds, out whereof issueth water at the teats of three naked women standing about the foot of the same fountain." Jedenfalls dürfte der Entwurf zwischen 1533 und dem Todesjahr der Anne Boleyn entstanden sein, die 1536 enthauptet wurde.

Anmerkungen

1 F. Sydney Eden, Arms and Badges of the Wives of Henry VIII. In: Burl. Mag. Vol. XLI, 1922, S. 109 f.; Plates A, B; E. W. Ives, 1986, S. 277 ff.
2 Rowlands 1985, S. 87
3 Hierzu und für das Folgende E. W. Ives 1986, S. 286 f.

Lit.:
Woltmann II, Nr. 110, 89
Ganz 1937, S. 52, Nr. 218
His 1886, S. XXIX, Pl. XXVIII, 3
Manteuffel 1920, Zeichner, Abb. S. 60
Schmid 1945, S. 38, Abb. 137
E. W. Ives, Anne Boleyn, Oxford, 1986, S. 286 f., Abb. 38

Nr. 83

84

Entwurf für einen Tafelaufsatz

Hans Holbein d.J.

Inv. 1662.165.99

Feder (schwarz), über Kreidevorzeichnung
Grösste Masse 265×125 mm
Kein Wz.
Unregelmässig ausgeschnitten, oben ausgerissen; mehrere kleine Löcher und Risse; mehrere waager. Falten, geglättet; auf Japanpapier aufgezogen; stockfleckig
Herkunft: Amerbach-Kabinett, aus dem Englischen Skizzenbuch

Der Entwurf, gibt die linke Hälfte eines grossen Tafelaufsatzes wieder und ist vielleicht nur wenig später als Nr. 83 entstanden. Er besteht im unteren Teil aus einem Tischbrunnen und vereinigt in mehreren Etagen geschlossene und offene Gefässkörper, die sich nach oben hin verkleinern und reichen plastischen Schmuck aufweisen. An oberster Stelle thront Jupiter auf einem Adler und schwingt sein Blitzbündel. Auf der kleinen Plattform darunter tanzen Menschen um einen Altar, auf dem ein Feuer brennt. Die Mischwesen in den folgenden Etagen haben zumeist dienende Funktion, sie halten Wappenschilde, tragen Körbe auf dem Kopf, in denen kleine Feuer brennen oder übernehmen wie Atlanten die Aufgabe von Stützen. Aus dem grossen, geschlossenen Gefässkörper in der Mitte fallen Wasserstrahlen in das Becken herab, und am Fuss des Aufsatzes steht eine nackte, weibliche Gestalt, aus deren Brüsten ebenfalls Wasserstrahlen hervorkommen, vielleicht ist es Venus, Diana oder eine Quellnymphe.

Wie bei der vorigen Zeichnung (Nr. 83) ist Holbein bestrebt, sich eine räumliche Vorstellung zu verschaffen. Der Entwurf ist zwar schnell gezeichnet, und viele Einzelheiten sind nur kurz skizziert, etwa die Buckelungen in dem grossen Becken unten, dessen Rand oder die Sirenen, die das Becken tragen, doch bleibt der Strich sehr kontrolliert, verliert sich kaum in kalligraphischem Eigenleben. Die kleinen Figuren, die oben um den Altar tanzen, lassen sich wohl kaum mit weniger Aufwand so überzeugend und lebendig wiedergeben. Zusammenballungen oder Häufungen von Strichen resultieren aus übereinanderliegenden Lösungsvorschlägen oder aus Korrekturen, die Holbein im Laufe der Arbeit angebracht hat. Alternativen, die in dem Entwurf selbst keinen Platz mehr fanden, zeichnete er an der betreffenden Stelle an den Rand oder vergrösserte dort einzelne Details. Trotz der Vorzeichnung in Kreide, die eine erste Vorstellung von den Proportionen des Gefässes gegeben hat, zeigt sich, dass Holbein erst im Laufe der weiteren Arbeit und auf diese aufbauend, zu definitiveren Lösungen gekommen ist.

Lit.:
Woltmann II, Nr. 110, 99
Ganz 1937, S. 52, Nr. 219 (um 1536)
Manteuffel 1920, Zeichner, Abb. S. 68
Glaser 1924, S. 35, Taf. 77
Schmid 1945, S. 38, Abb. 138 (1535/43)
Christoffel 1950, Abb. S. 226 (um 1536)
Kat. Meisterz. Amerbach-Kab. 1962, Nr. 83, Abb. 24
Kat. Swiss Drawings 1967, Nr. 37, Abb.
Hugelshofer 1969, S. 140, Nr. 49 (1532–43)
Landolt, Hundert Meisterz. 1972, Nr. 82
Roberts 1979, S. 101, Nr. 99

Nr. 84

85

Entwurf für den Griff eines Prunkdegens — Hans Holbein d.J.

Inv. 1662.165.96

Feder (schwarz), über Kreidevorzeichnung
201 (grösste Höhe) ×151 mm
Wz.: Fragment von Hand, mit Beizeichen Stern, ähnlich Briquet 11360
Auf Japanpapier aufgezogen; drei waager. Knickfalten, zum Teil gerissen
Herkunft: Amerbach-Kabinett, aus dem Englischen Skizzenbuch

Unter den Zeichnungen aus dem Englischen Skizzenbuch befinden sich auch Entwürfe für Degengriffe. Wie bei dem grossen Tafelaufsatz mit Tischbrunnen (Nr. 84), dem das Blatt stilistisch nahesteht, führte Holbein die Zeichnung nicht detailliert und vollständig aus, sondern konzentrierte sich auf die Wiedergabe der wesentlichen Bestandteile und zeichnete nicht mehr, als ihm notwendig erschien. So gab er z.B. lediglich die rechte Hälfte des Knaufes wieder und deutete den Griff nur durch eine geschwungene Linie an.

Holbein zeichnete zunächst die Umrisse mit Kreide vor und arbeitete dann Einzelheiten mit dünner Feder aus, um die umrissenen Formen schliesslich durch breitere und schwungvollere Federstriche zu akzentuieren und weiter auszuformulieren. Spuren dieser ersten, tastenden Federzeichnung sind z.B. links unten, an der nicht weiter ausgeführten Parierstange zu sehen. Dieser Arbeitsphase entsprechen auch die Sirenen an der rechten aufsteigenden Parierstange und die beiden, aus Blattkelchen wachsenden nackten Frauengestalten am Parierbügel. Im Entwurf bleiben verschiedene Arbeitsphasen sichtbar. Sie zeigen im Nebeneinander, schliesslich auch im Unfertigen, wie Holbein sich dem Gegenstand annäherte.

Der Abklatsch eines Degengriffes (Abb.) und einer Dolchscheide, die ebenfalls aus dem Englischen Skizzenbuch stammen, können belegen, dass der Auftraggeber und möglicherweise auch der Gold- oder Waffenschmied detaillierter ausgearbeitete Entwürfe von Holbein erwarteten[1]. Die beiden abgeklatschten Zeichnungen zeigen den Gegenstand vollständiger, weisen klarere Strukturen und ruhigere Konturen auf. Sie waren ausserdem teilweise laviert.

Ob Holbein diese weiter ausgearbeiteten Zeichnungen jeweils selbst anfertigte oder diese Arbeit einem Mitglied der Werkstatt überliess, bedarf noch der Untersuchung. Degengriffe wie der hier gezeigte, dürften aus Eisen hergestellt worden sein. Die einzelnen aus dem Eisen geschnittenen Motive sollten vermutlich vergoldet werden und mehrere grosse Edelsteine tragen, deren Umrisse Holbein in seinen Entwurf einzeichnete.

Hans Holbein d.J.-Abklatsch. Entwurf für einen Degengriff.
Basel, Öffentliche Kunstsammlung, Kupferstichkabinett, Inv. 1662.165.98

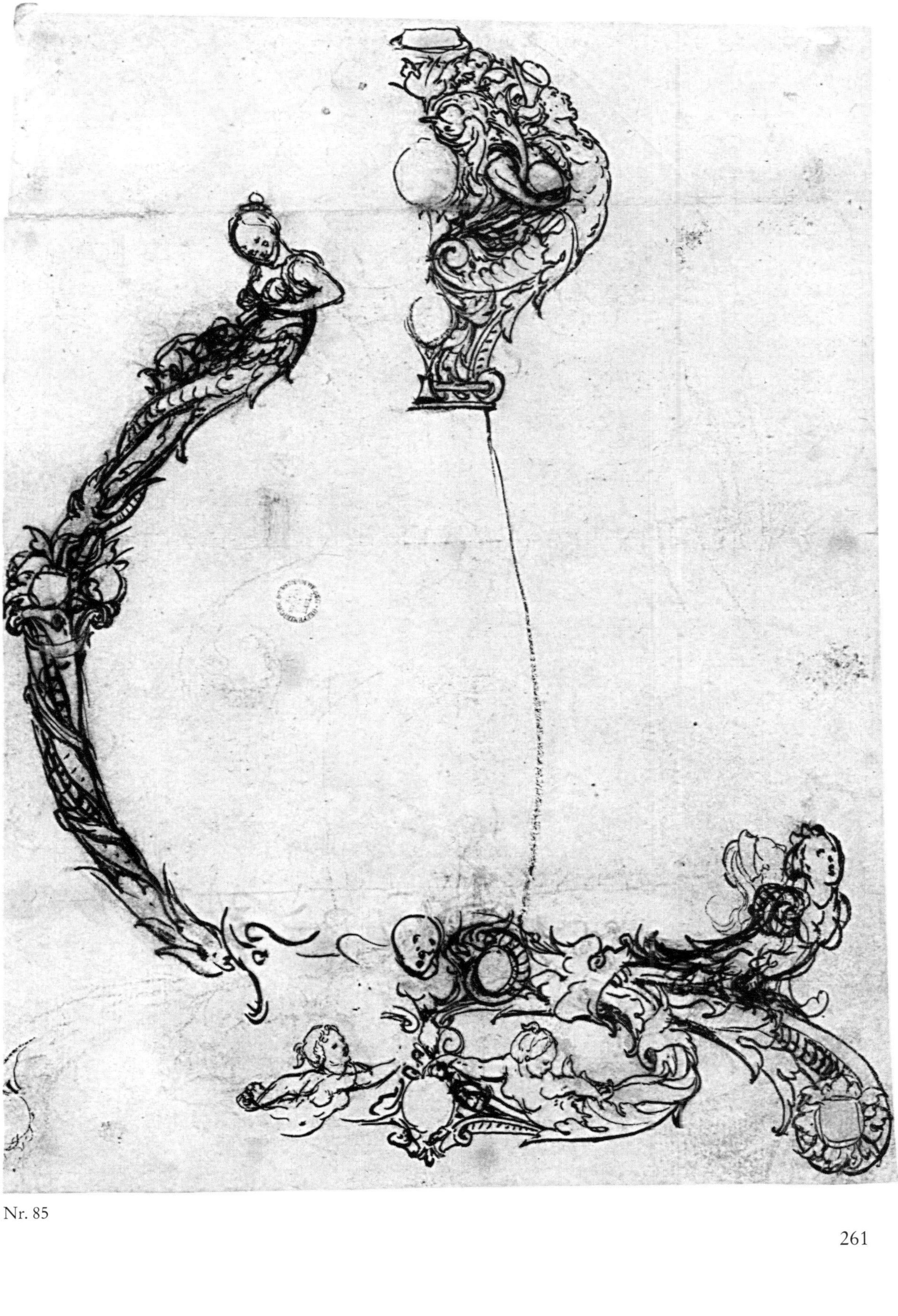

Nr. 85

Anmerkung

1 Basel, K.K., (Inv. 1662.165.98; 1662.165.28; Ganz 1937, S. 75 f., Nr. 445 und 446). Vgl. auch die detailliert ausgearbeitete Zeichnung in London, Britisches Museum, die einen Dolch mit Scheide wiedergibt, von der nur die rechte Seite ausgearbeitet ist. Der Griff dürfte auf den Basler Entwurf (Inv. 1662.165.97) zurückgehen (Ganz 1937, S. 75, Nr. 443 und 444).

Lit.:
Woltmann I, Nr. 110. 98
Ganz 1937, S. 76, Nr. 447
His 1886, S. XXX, Taf. XXX, 1
Manteuffel 1920, Zeichner, Abb. S. 69
Glaser 1924, S. 80, Taf. 80
Schmid 1945, S. 38, Abb. 139
Christoffel 1950, Abb. S. 224 (zwischen 1536 und 1543)
Kat. Meisterz. Amerbach-Kab. 1962, Nr. 81 (nach 1532)

Abkürzungen

Abb.	Abbildung
Bd.	Band
bez.	bezeichnet
dat.	datiert
Inv.	Inventarnummer
Jb.	Jahrbuch
Kat.	Katalog
K.K.	Kupferstichkabinett
Lit.	Literatur
l. o.	links oben, linke obere
l. u.	links unten, linke untere
Nr.	Nummer
r. o.	rechts oben, rechte obere
r. u.	rechts unten, rechte untere
s.	siehe
senkr.	senkrecht
sign.	signiert
Slg.	Sammlung
SMPK	Staatliche Museen Preussischer Kulturbesitz
vgl.	vergleiche
waager.	waagerecht
Wz.	Wasserzeichen
Zs.	Zeitschrift

Verzeichnis der abgekürzt zitierten Literatur

Arch. Alsaciennes	Archives Alsaciennes d'Histoire de l'Art. 1, 1922–15, 1936; N. F. 1, 1948
B.	Bartsch, Adam: Le Peintre - Graveur, 21 Bände, Wien, 1802–1821
ASA	Anzeiger für Schweizerische Altertumskunde, siehe: ZAK
Bächtiger 1971/72	Bächtiger, Franz: Andreaskreuz und Schweizerkreuz, zur Feindschaft zwischen Landsknechten und Eidgenossen. In: Jahrbuch des Bernischen Historischen Museums 1971–72. Bern, 1975, S. 205–270
Bergström 1957	Bergström, Ingvar: Revival of Antique Ilusionistic Wall-Painting in Renaissance Art (= Göteborgs Universitets Årsskrift, 63, 1) Göteborg, 1957
Briquet	Briquet, Charles Moïse: Les Filigranes, Dictionnaire historique des Marques du Papier. Bd. 1–4 und 2 Tafelbde. Paris/Genève, 1907
Burckhardt 1906	Burckhardt, Daniel: Einige Werke der lombardischen Kunst in ihren Beziehungen zu Holbein. In: ASA N. F. 8, 1906, S. 297–304
Burl. Mag.	Burlington Magazine for Connoisseurs. London, 1, 1903 ff.
Bushart 1977	Bushart, Bruno: Der «Lebensbrunnen» von Hans Holbein dem Älteren. In: Festschrift Wolfgang Braunfels. Tübingen, 1977, S. 45–70
Bushart 1987	Bushart, Bruno: Hans Holbein der Ältere. Augsburg, 1987
Chamberlain 1913	Chamberlain, Arthur B.: Hans Holbein the Younger. 2 Bde. London, 1913
Christoffel 1950	Christoffel, Ulrich: Hans Holbein der Jüngere. 2. Aufl. Berlin, 1950
Cohn 1930	Cohn, Werner: Der Wandel der Architekturgestaltung in den Werken Hans Holbeins des Jüngeren. Ein Beitrag zur Holbein-Chronologie. Strassburg, 1930. (Studien zur deutschen Kunstgeschichte, Heft 278)
Cohn 1939	Cohn, Werner: Two glass panels after designs by Hans Holbein. In: Burl. Mag., LXXV, 1939, S. 115–121
Davies 1903	Davies, Gerald S.: Hans Holbein the Younger. London, 1903
Favière 1985	Favière, Jean: Bourges, source d'inspiration d'Holbein. In: Cahiers d'archéologie et d'histoire du Berry. 80, 1985, S. 47–54
Fischer 1951	Fischer, Otto: Geschichte der deutschen Zeichnung und Graphik. München, 1951, S. 339 ff. (Deutsche Kunstgeschichte, Bd. 4)
Foister 1981	Foister, Susan: Holbein and his English Patrons. Ph. D. Thesis University of London, Courtauld Institute of Art, 1981 (ms)
Foister 1983	Drawings by Holbein from the Royal Library Windsor Castle, with an introduction and catalogue by Susan Foister. New York, 1983
Friedländer/Bock	Staatliche Museen zu Berlin. Die Zeichnungen alter Meister im Kupferstichkabinett, hrsg. von Max J. Friedländer. Die Deutschen Meister, bearb. von Elfried Bock. Berlin 1921
Ganz/Major 1907	Ganz, Paul, und Emil Major: Die Entstehung des Amerbach'schen Kunstkabinetts und die Amerbach'schen Inventare. In: Oeff. Kunstslg. Basel, Jahresbericht N. F. III, 1907, Beilage
Ganz 1908	Ganz, Paul: Handzeichnungen von Hans Holbein dem Jüngeren. In Auswahl hrsg. von Paul Ganz. Berlin, 1908

Ganz 1919	Ganz, Paul: Hans Holbein der Jüngere. Des Meisters Gemälde in 252 Abbildungen. 2. Aufl. Stuttgart/ Leipzig, 1919 (Klassiker der Kunst, Bd. 20)
Ganz 1923	Ganz, Paul: Handzeichnungen von Hans Holbein dem Jüngeren. In Auswahl hrsg. von Paul Ganz. 2. Aufl. Berlin, 1923
Ganz 1925 Holbein	Ganz, Paul: Holbein. In: Burl. Mag., XLVII, 1925, S. 230–245
Ganz 1925 unknown portrait	Ganz Paul: An unknown Portrait by Holbein the Younger. In: Burl. Mag., XLVII, 1925, S. 112–115
Ganz 1937	Ganz, Paul: Die Handzeichnungen Hans Holbeins des Jüngeren in fünfzig Lieferungen und Kritischer Katalog. Berlin, 1911–1937 (Denkmäler deutscher Kunst)
Ganz 1943	Ganz, Paul: Handzeichnungen Hans Holbeins d.J. in Auswahl. Basel, 1943
Ganz 1950	Ganz, Paul: Hans Holbein, Die Gemälde. Eine Gesamtausgabe. Basel, 1950
Gaz. d. Beaux-Arts	Gazette des Beaux-Arts. Paris, 1, 1859 ff.
Glaser 1924	Glaser, Curt: Hans Holbein der Jüngere, Zeichnungen. Basel, 1924
Grohn 1956	Grohn, Hans Werner: Hans Holbein d.J., Bildniszeichnungen. Dresden, 1956
Grohn 1987	Tout l'œuvre peint de Holbein le Jeune. Paris, 1987. Introduction par Pierre Vaisse, Documentation et mise à jour par Hans Werner Grohn. (Les Classiques de l'Art)
Grossmann 1950	Grossmann, F.: Holbein, Torrigiano and some portraits of Dean Colet. A study of Holbein's work in relation to sculpture. In: Journal of the Warburg and Courtauld Institutes, 13, 1950, S. 202–236
Grossmann 1951	Grossmann, F.: Holbein Studies – I, II. In: Burl. Mag., XCIII, 1951, S. 39–44; S. 111–114
Grossmann 1963	Grossmann, F.: Holbein. In: Encyclopedia of World Art, Bd. VII, London, 1963, Spalte 586–597
Handz. Schweizer. Meister I od. II od. III	Handzeichnungen Schweizerischer Meister des XV.–XVIII. Jahrhunderts. Hrsg. von Paul Ganz, Bd. I–III. Basel, 1904–1908
His 1870	His, Eduard: Die Basler Archive über Hans Holbein den Jüngeren, seine Familie und einige zu ihm in Beziehung stehende Zeitgenossen. In: Jahrbücher für Kunstwissenschaft, 3, 1870, S. 113–173
His 1886	His, Edouard: Dessins d'ornements de Hans Holbein. Paris, 1886
Hugelshofer 1928	Hugelshofer, Walter: Schweizer Handzeichnungen des 15. und 16. Jahrhunderts (= Die Meisterzeichnung I.). Freiburg i. Br., 1928
Hugelshofer 1969	Hugelshofer, Walter: Schweizer Zeichnungen. Von Niklaus Manuel bis Alberto Giacometti. Bern, 1969
Jb. preuss. Kslg.	Jahrbuch der preussischen Kunstsammlungen. Berlin, 1, 1880–64, 1943; Forts.: Jahrbuch der Berliner Museen
Kat. 1960	Die Malerfamilie Holbein in Basel. Katalog der Ausstellung im Kunstmuseum Basel. Basel, 1960. Enthält: Zeichnungen Hans Holbeins des Jüngeren, bearbeitet von Margarete Pfister-Burkhalter

Kat. Albertina Wien Die Zeichnungen der Deutschen Schulen bis zum Beginn des Klassizismus. Bearb. von Hans Tietze. Erica Tietze-Conrat, Otto Benesch und Karl Garzarolli-Thurnlackh. Wien, 1933. Beschreibender Katalog der Handzeichnungen in der Graphischen Sammlung Albertina

Kat. Demonts Musée du Louvre, Inventaire Général Des Dessins des Ecoles Du Nord, Ecoles Allemande et Suisse par Louis Demonts, Tome 1, 2. Paris, 1937

Kat. Erasmus 1986 Erasmus von Rotterdam. Ausstellung zum 450. Todestag des Erasmus von Rotterdam, veranstaltet vom Historischen Museum Basel. Basel, 1986

Kat. Falk III, 1 Falk, Tilman: Katalog der Zeichnungen des 15. und 16. Jahrhunderts im Kupferstichkabinett Basel, Teil 1. Das 15. Jahrhundert, Hans Holbein der Ältere und Jörg Schweiger, die Basler Goldschmiederisse. Basel/Stuttgart, 1979. (Beschreibender Katalog der Zeichnungen. Kupferstichkabinett der Öffentlichen Kunstsammlung Basel, Bd. 3)

Kat. Kunstmuseum Basel 1966 Boerlin, P. H.: Kunstmuseum Basel Katalog. I. Teil, Die Kunst bis 1800, Sämtliche ausgestellten Werke. Basel, 1966

Kat. Meisterz. Amerbach-Kab. 1962 Meisterzeichnungen aus dem Amerbach-Kabinett. Kupferstichkabinett der Öffentlichen Kunstsammlung Basel. Bearbeitet von Hp. Landolt. Basel, 1962

Kat. Oberrheinische Buchillustration 2 Hieronymus, Frank: Basler Buchillustration 1500–1545. Ausstellung Universitätsbibliothek Basel. Basel, 1984 (Oberrheinische Buchillustration, 2)

Kat. Parker 1945 Parker, Karl Theodore: The Drawings of Hans Holbein in the Collection of His Majesty the King at Windsor Castle. London, 1945

Kat. Roberts 1987 Drawings by Holbein from the Court of Henry VIII. Fifty Drawings from the Collection of Her Majesty Queen Elizabeth II, Windsor Castle. Catalogue by Jane Roberts. The Museum of Fine Arts, Houston. Houston, 1987

Kat. Swiss Drawings 1967 Swiss Drawings, Masterpieces of Five Centuries. Organized by the Pro Helvetia Foundation. Introduction and Notes by Walter Hugelshofer. Circulated by the Smithsonian Institution 1967–1968. Washington D. C., 1967

Kat. Stimmer 1984 Spätrenaissance am Oberrhein, Tobias Stimmer 1539–1584. Ausstellung im Kunstmuseum Basel. Basel, 1984

Klemm 1972 Klemm, Christian: Der Entwurf zur Fassadenmalerei am Haus «Zum Tanz» in Basel. Ein Beitrag zu Holbeins Zeichnungsœuvre. In: ZAK 29, 1972, S. 165–175

Klemm 1980 Klemm, Christian: Hans Holbein d. J. im Kunstmuseum Basel. Basel, 1980 (Schriften des Vereins der Freunde des Kunstmuseums Basel, Nr. 3)

Knackfuss 1914 Knackfuss, H.: Holbein der Jüngere. 5. Aufl. Bielefeld/Leipzig, 1914 (Künstlermonographien, Bd. 17)

Koch Koch, Carl: Die Zeichnungen Hans Baldung Griens. Berlin, 1941

Koegler 1923 Koegler, Hans: Hans Herbster, in: Thieme/Becker, 16, 1923, S. 450–453

Koegler 1943 Hans Holbein d. J., Die Bilder zum Gebetbuch Hortulus Animae. Beschrieben von Hans Koegler. Basel, 1943

Kreytenberg 1970 Kreytenberg, Gert: Hans Holbein der Jüngere, Die Wandgemälde im Basler Ratsaal. In: Zs. Dt. Ver. f. Kwiss. 24, 1970, S. 77–100

Landolt, Hundert Meisterz. 1972 100 Meisterzeichnungen des 15. und 16. Jahrhunderts aus dem Basler Kupferstichkabinett. Auswahl und Text von Hanspeter Landolt. Hrsg. vom Schweizerischen Bankverein. Basel, 1972

Lauber 1962	Lauber, Werner: Hans Holbein der Jüngere und Luzern (= Luzern im Wandel der Zeiten, 22). Luzern, 1962
LCI	Lexikon der christlichen Ikonographie. Allgemeine Ikonographie, Bd. 1–4; Ikonographie der Heiligen, Bd. 5–8. Freiburg i. Br., 1968–1976
Lehrs	Lehrs, Max: Geschichte und kritischer Katalog des deutschen ... Kupferstichs im XV. Jahrhundert, Bd. 1–9. Wien, 1908–1934
Liebenau 1888	Liebenau, Theodor von: Hans Holbein der Jüngere, Fresken am Hertensteinhause in Luzern, nebst einer Geschichte der Familie Hertenstein. Luzern, 1888
Lindt 1964	Lindt, Johann: The Paper-Mills of Berne and their Watermarks, 1465–1859. Hilversum, 1964. (Monumenta Chartae Papyraceae Historiam Illustrantia, X)
Major 1908	Major, Emil: Das Faeschische Museum und die Faeschischen Inventare. In: Öff. Kunstslg. Basel, Jahresbericht, N. F. IV, 1908, Beilage
Major 1943	Major, Emil: Eine Glasgemäldefolge von Hans Holbein aus dem Jahre 1520. Basel, 1943. In: Historisches Museum Basel, Jahresberichte und Rechnungen 1942, S. 37–51
Manteuffel 1920, Maler	Manteuffel, Kurt Zoege von: Hans Holbein, Der Maler. München, 1920
Manteuffel 1920, Zeichner	Manteuffel, Kurt Zoege von: Hans Holbein der Zeichner für Holzschnitt und Kunstgewerbe. München, 1920
Mantz 1879	Mantz, Paul: Hans Holbein. Paris, 1879
Maurer 1971	Maurer, François: Zu den Rathausbildern Hans Holbeins d. J. In: Die Kunstdenkmäler des Kantons Basel-Stadt. Nachträge von 1932–1971 zu Bd. 1. Basel, 1971
Maurer 1982	Maurer, Emil: Holbein jenseits der Renaissance. In: Emil Maurer, 15 Aufsätze zur Geschichte der Malerei. Basel, Boston, Stuttgart, 1982, S. 123–135
Meder 1919	Meder, Joseph: Die Handzeichnung, ihre Technik und Entwicklung. Wien, 1919
M.	Meder, Joseph: Dürer-Katalog. Ein Handbuch über Albrecht Dürers Stiche, Radierungen, Holzschnitte, deren Zustände, Ausgaben und Wasserzeichen. Wien, 1932
Michael 1986	Michael, Erika: The Drawings by Hans Holbein the Younger for Erasmus' "Praise of Folly". New York/London, 1986. (Outstanding dissertations in the fine arts)
Muchall-Viebrook 1931	Muchall-Viebrook, Thomas: Ein Beitrag zu den Zeichnungen Hans Holbeins d. J. In: Münchner Jahrbuch der bildenden Kunst. 1931. N. F. 8, S. 156–171
Öff. Kunstslg. Basel, Jahresbericht	Öffentliche Kunstsammlung Basel, Jahresberichte, N. F. 1, 1905 ff.
Photographie Braun	Handzeichnungen älterer Meister der Öffentlichen Kunstsammlung Basel. Dornach i.Els./Paris/New York, Braun & Cie., o. J.
Piccard 1961	Piccard, Gerhard: Die Kronen-Wasserzeichen. Stuttgart, 1961. (Veröffentlichungen der Staatlichen Archivverwaltung Baden-Württemberg, Sonderreihe: Die Wasserzeichenkartei Piccard im Hauptstaatsarchiv Stuttgart, Findbuch I)
Piccard 1966	Piccard, Gerhard: Die Ochsenkopf-Wasserzeichen, Teil 1–3. Stuttgart, 1966. (Veröffentlichungen der Staatlichen Archivverwaltung Baden-Württemberg, Sonderreihe: Die Wasserzeichenkartei Piccard im Hauptstaatsarchiv Stuttgart, Findbuch II)

Piccard 1977	Piccard, Gerhard: Wasserzeichen Buchstabe P, Teil 1–3. Stuttgart, 1977. (Veröffentlichungen der Staatlichen Archivverwaltung Baden-Württemberg, Sonderreihe: Die Wasserzeichenkartei Piccard im Hauptstaatsarchiv Stuttgart, Findbuch IV)
RDK	Reallexikon zur Deutschen Kunstgeschichte. Hrsg. von Otto Schmitt, Bd. 1 ff. Stuttgart, 1937 ff.
Reinhardt 1938	Reinhardt, Hans: Holbein. Paris, 1938. (Deutsche und französische Ausgabe)
Reinhardt 1954/55	Reinhardt, Hans: Bemerkungen zum Spätwerk Hans Holbeins d. Ä. In: ZAK 15, 1954/55, S. 11–19
Reinhardt 1965	Reinhardt, Hans: Beiträge zum Werke Hans Holbeins aus dem Historischen Museum Basel. In: Historisches Museum, Jahresberichte 1965, S. 27–39
Reinhardt 1977	Reinhardt, Hans: Einige Bemerkungen zum graphischen Werk Hans Holbeins des Jüngeren. In: ZAK 34, 1977, S. 229–260
Reinhardt 1978	Reinhardt, Hans: Baldung, Dürer und Holbein. In: ZAK 35, 1978, S. 206–216
Reinhardt 1979	Reinhardt, Hans: Die holbeinische Madonna des Basler Stadtschreibers Johann Gerster von 1520 im Museum zu Solothurn. In: Basler Zeitschrift für Geschichte und Altertumskunde 79, 1979, S. 67–80
Reinhardt 1981	Reinhardt, Hans: Erasmus und Holbein. In: Basler Zeitschrift für Geschichte und Altertumskunde 81, 1981, S. 41–70
Reinhardt 1982	Reinhardt, Hans: Nachrichten über das Leben Hans Holbeins des Jüngeren. In: ZAK 39, 1982, S. 253–276
Reinhardt 1983	Reinhardt, Hans: Hans Herbst. Un Peintre Bâlois, Originaire de Strasbourg. In: Cahiers Alsaciens d'Archéologie, d'Art et d'Histoire XXVI, 1983, S. 135–150
Rep. f. Kwiss.	Repertorium für Kunstwissenschaft. Berlin, 1, 1877–52, 1931
Riggenbach 1932	Riggenbach, Rudolf: Die Wandgemälde des Rathauses zu Basel aus dem XV. und XVI. Jahrhundert. In: Die Kunstdenkmäler des Kantons Basel-Stadt, Bd. 1. Basel, 1932, S. 517–608
Roberts 1979	Roberts, Jane: Holbein. London, 1979
Rowlands 1985	Rowlands, John: Holbein, The Paintings of Hans Holbein the Younger. Complete edition. Oxford, 1985
Sandrart 1675	Sandrart, Joachim von: Teutsche Academie der Edlen Bau-, Bild- und Mahlerey-Künste. Nürnberg, 1675. Hrsg. von A. R. Peltzer. München, 1925
Schilling 1954	Schilling, Edmund: Zeichnungen der Künstlerfamilie Holbein. 2. Aufl. Basel, 1954
Schmid 1896	Schmid, Heinrich Alfred: Die Gemälde von Hans Holbein dem Jüngeren im Baseler Grossratsaale. In: Jb. preuss. Kslg. 17, 1896, S. 73–96
Schmid 1900	Schmid, Heinrich Alfred: Holbeins Darmstädter Madonna. In: Die graphischen Künste. 23, 1900, S. 49–68
Schmid 1913	Schmid, Heinrich Alfred: Die Malereien Hans Holbeins des Jüngeren am Hertensteinhause in Luzern: In: Jb. preuss. Kslg. 34, 1913, S. 173–206
Schmid 1924	Schmid, Heinrich Alfred: Hans Holbein der Jüngere. In: Thieme/Becker, Leipzig, 1924. Bd. 17, S. 335 ff.
Schmid 1930	Schmid, Heinrich Alfred: Die Werke Holbeins in Basel. Basel, 1930. (Öffentliche Kunstsammlung Basel, Kleiner Führer, Nr. 2)
Schmid 1931	Schmid, Heinrich Alfred: Erasmi Roterodami encomium moriae, i. e. stultitiae laus. – Lob der Torheit. Basler Ausgabe von 1515, 2 Bde. Basel, 1931

Schmid 1941/42 — Schmid, Heinrich Alfred: Hans Holbein der Jüngere. Die ersten Jahre in Basel, Luzern, und wieder in Basel von 1515 bis 1521. In: Zs. f. Kg. 10, 1941/42, S. 249–290

Schmid 1945 — Schmid, Heinrich Alfred: Hans Holbein der Jüngere. Sein Aufstieg zur Meisterschaft und sein englischer Stil. Basel, 1945, Tafelband

Schmid 1948 — Schmid, Heinrich Alfred: Hans Holbein der Jüngere. Sein Aufstieg zur Meisterschaft und sein englischer Stil. Basel, 1948, Textband I, II

Schmidt/Cetto — Schmidt, Georg und Cetto, Annemarie: Schweizer Malerei und Zeichnung im 15. und 16. Jahrnundert. Basel, o. J. (1940)

Schneeli 1896 — Schneeli, Gustav: Renaissance in der Schweiz. Studien über das Eindringen der Renaissance in die Kunst diesseits der Alpen. München, 1896

Schönbrunner/Meder — Schönbrunner, Joseph und Joseph Meder: Handzeichnungen alter Meister aus der Albertina und anderen Sammlungen. Wien, o. J. (1896 ff.). 12 Bde. Wien, 1896–1908; N. F. 1, 1922–2, 1925

Stein 1929 — Stein, Wilhelm: Holbein. Berlin, 1929. (Rezension von Heinrich Alfred Schmid in: Belvedere 9, 1930, S. 118 ff.)

Thieme/Becker — Thieme, Ulrich und Felix Becker (Hrsg.): Allgemeines Lexikon der bildenden Künstler von der Antike bis zur Gegenwart, Bd. 1–37. Leipzig, 1907–1950

Tschudin 1958 — Tschudin, W. Fritz: The Ancient Paper-Mills of Basle and their marks. Hilversum, 1958. (Monumenta Chartae Papyraceae Historiam Illustrantia, VII)

Ueberwasser 1947 — Ueberwasser Walter: Hans Holbein, Zeichnungen. Basel, 1947

Ueberwasser 1960 — Ueberwasser Walter: Gemälde und Zeichnungen von Ambrosius Holbein und Hans Holbein d. J. Schwitter AG. Basel, 1960

Waetzoldt 1938 — Waetzoldt, Wilhelm: Hans Holbein der Jüngere, Werk und Welt. Berlin, 1938

Waetzoldt 1958 — Waetzoldt, Wilhelm: Hans Holbein der Jüngere. Königstein i. Taunus, 1958. (Die blauen Bücher)

Woltmann I; II — Woltmann, Alfred: Holbein und seine Zeit. Des Künstlers Familie, Leben und Schaffen. 2. veränderte Aufl., 2 Bde. Leipzig, 1874–1876

Wornum 1867 — Wornum, R. N.: Some Account of the Life and Works of Hans Holbein. London, 1867

Wüthrich 1967 — Wüthrich, Lucas H.: The Holbein Table, a signed work by Hans Herbst in Zürich. In: The Connoisseur, 164, 1967, S. 235–238

Wüthrich 1969 — Wüthrich, Lucas H.: Hans Herbst, Ein Basler Maler der Frührenaissance. In: Actes du XXIIe Congrès International d'Histoire de l'Art. Budapest, 1969, S. 771–778

ZAK — Zeitschrift für Schweizerische Archäologie und Kunstgeschichte. Basel (ab Bd. 26 Zürich), 1, 1939 ff.; Nachfolger von: Anzeiger für Schweizerische Altertumskunde, 1, 1855 – N. F. 40, 1938

Zs. Dt. Ver. f. Kwiss. — Zeitschrift des Deutschen Vereins für Kunstwissenschaft. Berlin, 1, 1934–10, 1943 (1947–1962: Zeitschrift für Kunstwissenschaft, 1, 1947–16, 1962); 17, 1963 ff.

Zs. f. Kg. — Zeitschrift für Kunstgeschichte. München, 1, 1932 ff.

Zs. f. Kwiss. — Zeitschrift für Kunstwissenschaft, siehe: Zs. Dt. Ver. f. Kwiss.

Verzeichnis der Wasserzeichen

1 Hohe Krone mit Kreuz und Beizeichen Stern. Variante von Briquet 4960; ähnlich Piccard 1961, VII, 17–19. Nach Inv. 1662.146, unsere Nr. 40

2 Hohe Krone mit Kreuz und Stern. Nicht so bei Piccard 1961, VII und nicht so bei Briquet, jedoch ähnlich Briquet 4956, aber mit Stern innerhalb der Krone. Nach Inv. 1662.27, unsere Nr. 18. Entsprechende Varianten in Nr. 11–18

3 Monogramm HMVC, mit Beizeichen. Ähnlich Briquet 9827, jedoch wesentlich kleiner. Nach Inv. 1662.33, unsere Nr. 72

4 Monogramm HMVC, mit Beizeichen. Ähnlich Briquet 9827, jedoch wesentlich kleiner. Variante von Wz. Nr. 3. Nach Inv. 1662.141, unsere Nr. 71

5 Ochsenkopf mit Schlangenstab. Nicht so bei Briquet, verwandt Piccard 1966, XVI, 51/54. Nach Inv. 1662.148, unsere Nr. 64

6 Ochsenkopf mit Schlangenstab. Nicht so bei Briquet, verwandt Piccard 1966, XVI, 51/54. Nach Inv. 1662.147, unsere Nr. 63

7 Laufender Bär. Nicht so bei Briquet und nicht so bei Lindt. Nach Inv. U.XVI.53, unsere Nr. 10. Entsprechende Varianten in Nr. 35, 36, 47

8 Zahl 4, in Anker endend, mit den Buchstaben CR. Nicht bei Briquet und nicht bei Piccard. Nach Inv. 1823.142, unsere Nr. 61. Entsprechende Varianten in Nr. 46 a, 65

9 Gotisches P mit Blume. Nicht so bei Piccard und nicht so bei Briquet. Ähnlich Briquet 8622. Nach Inv. 1662.128, unsere Nr. 31

10 Hand mit Beizeichen Stern. Nicht so bei Briquet. Nach Inv. 1662.140, unsere Nr. 73

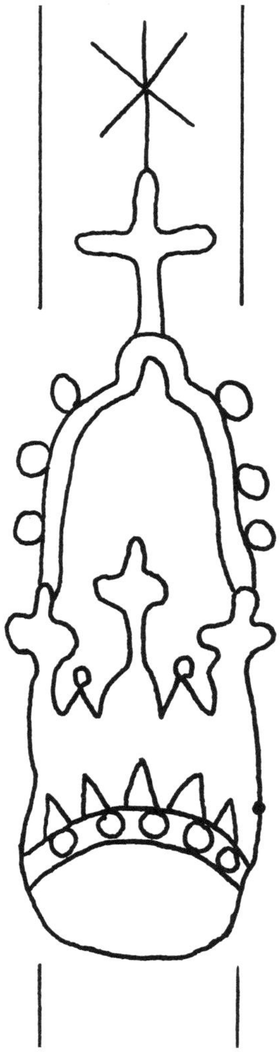

①

②

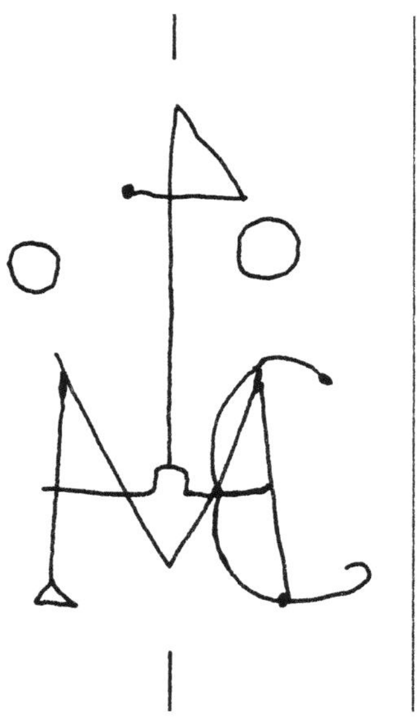

③

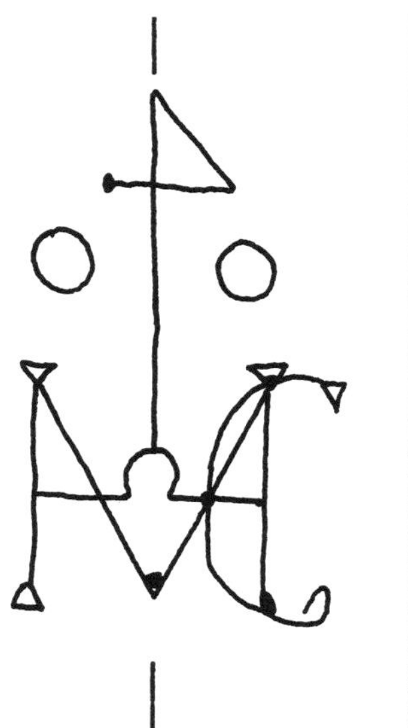

④

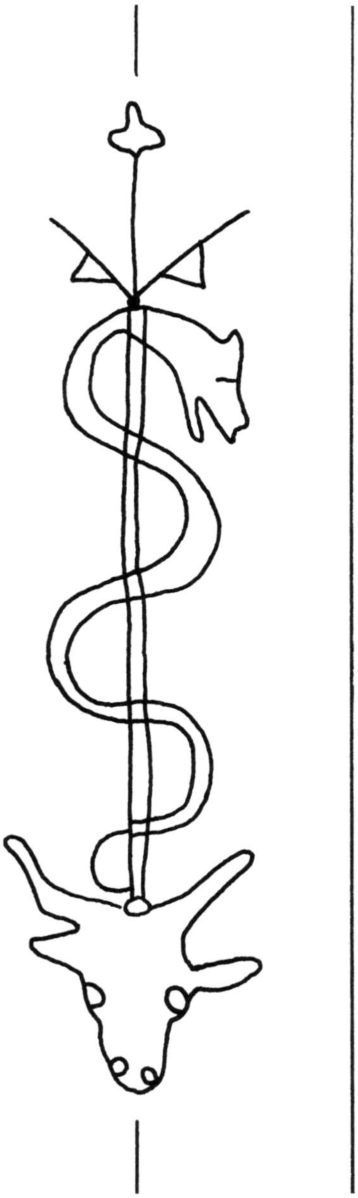

⑤

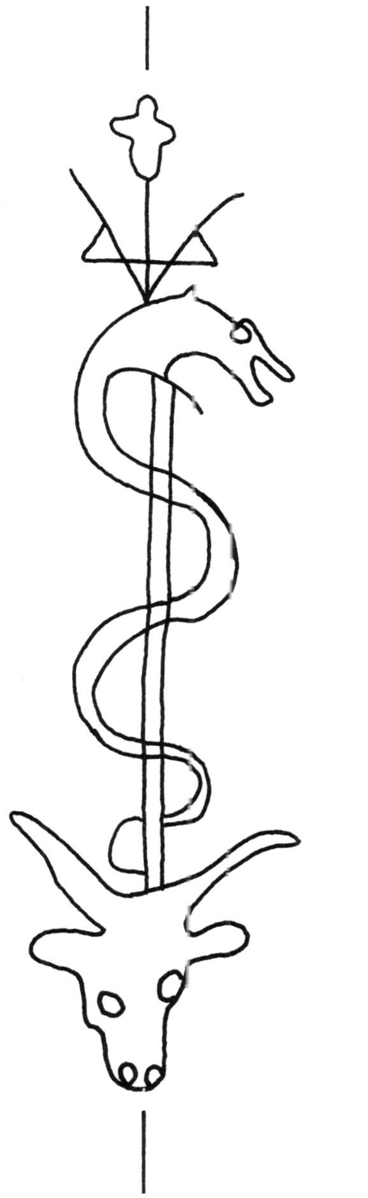

⑥

⑦

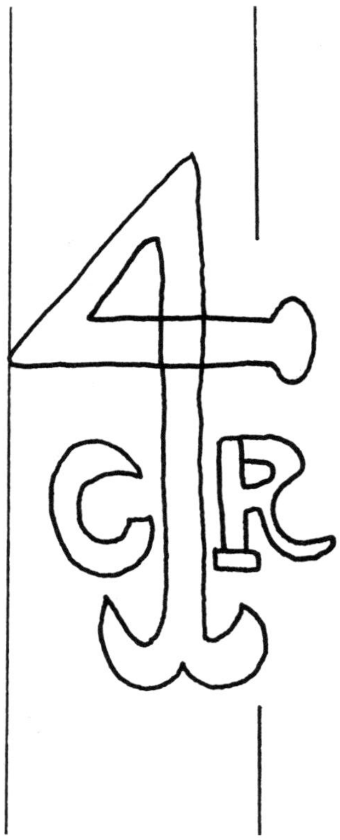

8

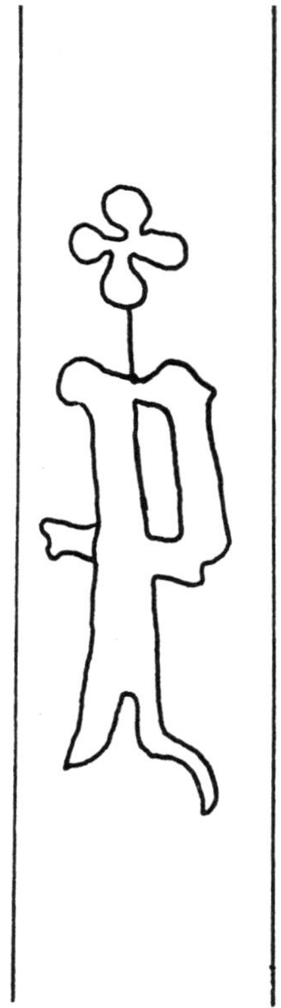

9

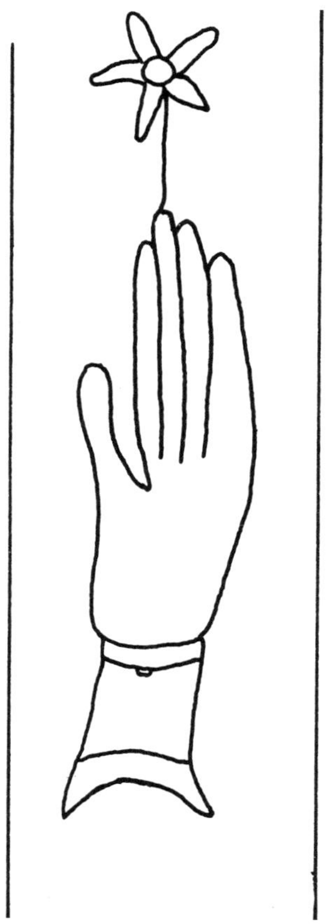

10

Déclic 2de Maths

Jean-Paul Beltramone

Anthony Appaix

Dorian Cazzaro

Frédéric Boure

Fabien Frontini

Frédéric Léon

Claudine Merdy

Christophe Plas

Véronique Raffin

Raphaël Tosetti

Conception et réalisation des vidéos

Geoffroy Laboudigue

hachette
ÉDUCATION

Les auteurs remercient Ludovic Adamcik, Odile Chazalviel, Céline Decarnin et Fabrice Perrin pour la qualité et la pertinence de leur contribution.

Crédits photographiques

Plat 1 © « Amazone » Cez Art ; **Plat 3 : A.** © Francis Artigue ; **B.** © CC-BY-SA-3.0 *via* Wikimedia Commons ; **E.** © STDI ; **F.** © Stefan Zachow/ CC-BY-SA-3.0 *via* Wikimedia Commons ; **I.** © Archives Charmet/Bridgeman Images ; **J.** © Leo Koenigsberger/CC-BY-SA-3.0 *via* Wikimedia Commons ; **M.** © Mandelbrot/Wikimedia ; **N.** © CC-BY-SA-3.0 *via* Wikimedia Com-mons ; **Rabat intérieur arrière : C.** © CC-BY-SA-3.0 *via* Wikimedia Commons ; **D.** © Mondadori Publishers/CC-BY-SA-3.0 *via* Wikimedia Commons ; **G.** © Nikolay Bogdanov-Belsky/CC-BY-SA-3.0 *via* Wikimedia Commons ; **H.** © CC-BY-SA-3.0 *via* Wikimedia Commons ; **K.** © Jean-Pierre Petit ; **L.** © Ben Barnhart ; **O.** © DR ; **P.** © Gunther~commonswiki/ CC-BY-SA-3.0 *via* Wikimedia Commons ; **Rabat extérieur arrière : Q.** © Zeeshan313b/CC-BY-SA-3.0 *via* Wikimedia Commons ; **R.** © Rev. J. Silas Evans/CC-BY-SA-3.0 *via* Wikimedia Commons ; **S.** © DR ; **T.** © www-history.mcs.st-andrews.ac.uk/ ; **U.** © www.math.kth.se ; **V.** © Patrick Imbert/ Collège de France ; **W.** © Klaus Barner/CC-BY-SA-3.0 *via* Wikimedia Commons ; **X.** © Gottlieb Friedrich Riedel ; **Y.** © Mathematical Association of America/Wikimedia ; **Z.** © CC-BY-SA-3.0 *via* Wikimedia Commons ; **8** © Jun Su* ; **11** © Lapadus Daniel* ; **21** © Eka Chernomortseva* ; **22** © Uesiba* ; **27** © New Africa* ; **32 h** © Wikimedia ; **b** © Printexstar* ; **33** © Sam Loyd, The Cyclopedia of puzzles, 1914 ; **34** © Pictorial Press Ltd/Alamy Banque D'Images ; **45** © Pavel1964* ; **47 h** © DR ; **b** © Germanova Antonina* ; **53 h** © Nicholas Hylton* ; **b** © G.dallorto/Wikipedia ; **54** © CC-BY-SA-3.0 *via* Wikimedia Commons ; **57** © xkcd.com ; **58** © Mark Davidson/Alamy Banque D'Images ; **61** © Nichi Aso* ; **74** © VDV* ; **75** © Art Collection 2/Alamy Banque D'Images ; **76** © oticki* ; **77** © chrisdorney* ; **79** © Celli07* ; **84** © Vixit* ; **96** © Martin Rettenberger* ; **99** © CIS* ; **102** © Face Stock* ; **105** © Ground Picture* ; **112** © Max Topchii* ; **132** © A_B_C* ; **133** © ADV OLIN ; **144** © BeatoAerialPhotography* ; **147** © Google Earth ; **172** © tratong* ; **174** © SerFF79* ; **191** © Alexandra Lande* ; **193** © Tutatamafilm* ; **195** © Anton Vierietin* ; **197** © wirakorn deelert* ; **202** © rospoint* ; **205 h** © wikimedia commons ; **b** © Thomas Hansson* ; **227** © Neirfy* ; **228** © Association AAHDE ; **232** © SYLVAIN FELTEN* ; **235** © Cliff Chou* ; **248** © MakeUp Base* ; **249** © Pixel-Shot* ; **252** © Sylvain Bagni (Caïman) ; **256** © Mina Ryad* ; **259** © SerFF79* ; **263** © Tomas Ragina* ; **267** © Jean-Marc Favre-WOOlOOmooLoo* ; **276** © sripfoto* ; **277** © BearFotos* ; **278** © Pattar.w092* ; **288** © Diane Edorh* ; **295 h** © topseller* ; **b** © Billion Photos* ; **297** © godongphoto* ; **298** © KieferPix* ; **199 h** © Elizaveta Galitckaia* ; **b** © BABAROGA* ; **303** © Coplay* ; **304** © Chris Moody* ; **306** © Sander van der Werf* ; **308** © Gorodenkoff* ; **309 hd** © kungfu01* ; **bg** © Anna_0880* ; **bd** © Sergiy Palamarchuk* ; **310** © Cico* ; **311** © Grzegorz Czapski* ; **313 m** © Gts* ; **b** © titoOnz* ; **314** © BY BRAZIL* ; **315** © Mega Pixel* ; **318** © Stefan Holm* ; **317 h** © GraphicsRF.com* ; **m** © Corinne Lafont ; **b** © Florilegius/Alamy Banque D'Images ; **331 b** © Shahril KHMD* ; **h** © wavebreakmedia* ; © Alliance Images* ; © Roberto Caucino* ; © YURII MASLAK* ; **332 g** © Jimartinfotografo* ; **d** © dodotone* ; **333** © Friends Stock* ; **335 g** © Maridav* ; **d** © Space Images* ; © Lena Constantin* ; **336** © margouillat photo* ; **338** © PanicAttack* ; **340** © Pixavril* ; **343** © Ratthaphong Ekariyasap* ; **344** et **350** © Lijuan Guo* ; **353** © Gorodenkoff* ; **355** © Natali _ Mis* ; **359** © Kitsada waisayakul* ; **360** © meunierd* ; **361 h** © Lopolo* ; **b** © Ruth Black* ; **365** © vector.person4* ; © HitToon* ; **366** © Prostock-studio* ; **368** © Daniel Stroud-licence CC by sa ; **370** © CC-BY-SA-3.0 *via* Wikimedia Commons ; **379** © Yulnniya*

Portraits des cartouches *Correction type en vidéo* : © Pauline Marion.

Édition : Corinne Lafont et Sylvie Fleur-Guiol

Couverture, rabats avant et pages « Vu au collège » : Gabriel Rebufello

Maquette intérieure : ADN

Mise en page : STDI

Schémas : STDI

Fabrication : Léa Freling

hachette-education.com
© Hachette Livre 2025,
58 rue Jean Bleuzen, 92178 Vanves Cedex
ISBN : 978-2-01-722715-1
(ISBN à utiliser pour toute commande de l'ouvrage)

avant-propos

Fidèle à son image, la collection « **Déclic** » souhaite avec ce manuel de Seconde permettre aux élèves et à leurs professeurs de bénéficier d'un instrument de travail accessible, agréable à utiliser, qui donne des mathématiques un panorama le plus large et le plus motivant possible dans le respect strict des programmes officiels.

L'activité mathématique est le fil conducteur de cet ouvrage, à travers la résolution de problèmes, l'acquisition de méthodes, le travail du raisonnement, l'exercice des automatismes, l'approche algorithmique…

Le **cours** a été conçu avec le souci de clarté, de la rigueur et de l'accessibilité, éclairé de nombreux exemples.

La **place de la preuve**, réaffirmée, est confortée par de nombreuses démonstrations dans le cours et dans les exercices.

Le **travail du calcul et des automatismes** est abordé de façon systématique, dans les activités et exercices proposés, mais aussi avec une page dédiée dans chaque chapitre, destinée à exercer la pratique régulière des automatismes et leur réinvestissement fréquent.

L'**exploitation des outils numériques** est présente dans l'ensemble du manuel et bénéficie régulièrement d'une page de travaux pratiques « Utiliser les outils numériques ».

La **démarche algorithmique** est également mobilisée, les chapitres proposant de façon régulière une page de travaux pratiques dédiée.

Outre la frise historique et l'abécédaire proposés dans le manuel, **l'histoire des mathématiques** est abordée fréquemment, afin de permettre aux élèves de replacer les notions travaillées dans leur contexte historique et de comprendre leur évolution.

Les rubriques habituelles à la collection sont par ailleurs largement maintenues, dans l'objectif de permettre aux élèves de mener des **travaux de recherche**, mais aussi de **s'autoévaluer**, de trouver dans leur manuel des ressources détaillées concernant méthodes et démarches, de disposer de bilans de positionnement, de réfléchir à l'approche orale pour présenter certains résultats… L'exercice de **l'autonomie des élèves** est également régulièrement mobilisé, avec des rubriques « méthodes », des pages de synthèse de cours, des aides méthodologiques…

Les auteurs souhaitent que le manuel qu'ils ont conçu soit un outil efficace et motivant pour les élèves et leurs professeurs, leur permettant d'apprécier tout au long de l'année scolaire la richesse et la variété de l'activité mathématique.

Les auteurs

Sommaire

NOMBRES RÉELS ET CALCULS

GÉOMÉTRIE

FONCTIONS

STATISTIQUES ET PROBABILITÉS

ALGORITHMIQUE ET PROGRAMMATION

Les connaissances du collège sous la main

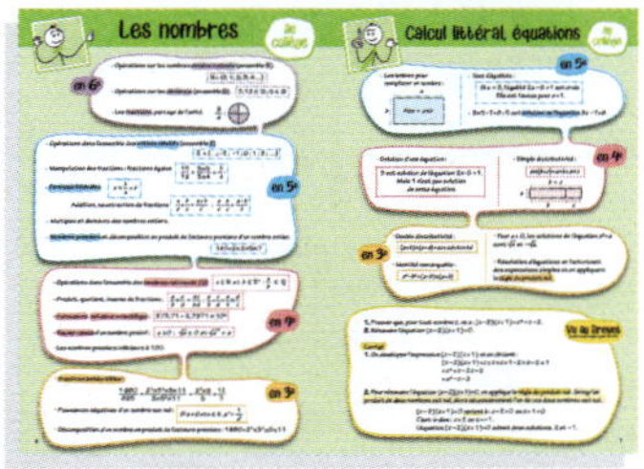

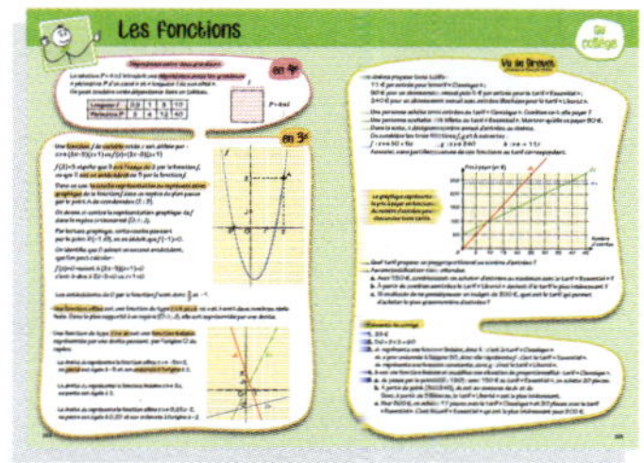

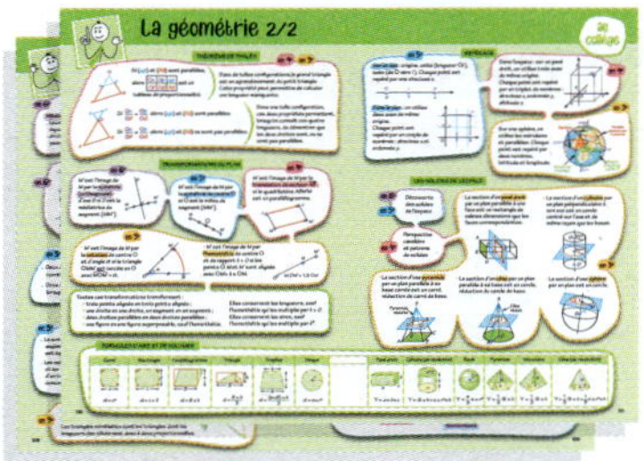

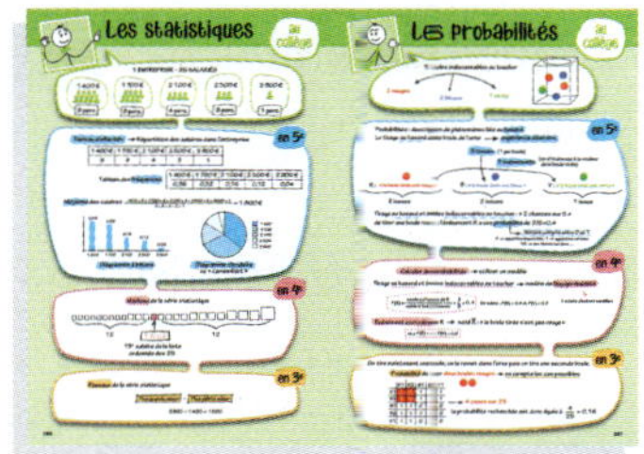

Deux escape games

L'affaire Théoremus

Les énigmes du 43

À retrouver sur le site collection : hachette-clic.fr/25de2000

Les pictogrammes

- LOGICIEL GÉOMÉTRIE : *Logiciel géométrique nécessaire*
- TABLEUR : *Feuille de calcul sur tableur nécessaire*
- PYTHON : *Exercice avec programmation Python*
- PYTHON : *Exercice avec rédaction d'un programme python*
- ALGO : *Exercice avec rédaction d'algorithme*
- ACTIVITÉS MENTALES RAPIDES : *Diaporama pour tester les bases*
- *Exercice nécessitant l'ordinateur*
- *Exercice nécessitant la calculatrice*
- *Calculatrice non autorisée*
- 1 : *Exercice corrigé en fin de manuel*
- Démo 1 : *Exercice avec démonstration*
- *Fichier téléchargeable sur le site collection : hachette-clic.fr/25de2000*

Les nombres au collège

en 6e

- Opérations sur les nombres **entiers naturels** (ensemble $\mathbb{N}$).

$\mathbb{N} = \{0; 1; 2; 3; 4\ldots\}$

- Opérations sur les **décimaux** (ensemble $\mathbb{D}$). $3{,}12 \in \mathbb{D} ; 5 \in \mathbb{D}$

- Les **fractions**, partage de l'unité. $\frac{3}{4}$:

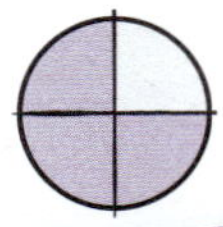

en 5e

- Opérations dans l'ensemble des **entiers relatifs** (ensemble $\mathbb{Z}$)

$\mathbb{Z} = \{\ldots; -2 ; -1 ; 0 ; 1 ; 2 ; \ldots\}$

- Manipulation des fractions : fractions égales $\frac{15}{12} = \frac{3\times5}{3\times4} = \frac{5}{4}$

- **Formules littérales** $a \times \frac{b}{a} = b$

Addition, soustraction de fractions $\frac{a}{c} + \frac{b}{c} = \frac{a+b}{c}$; $\frac{a}{c} - \frac{b}{c} = \frac{a-b}{c}$

- Multiples et diviseurs des nombres entiers.

- **Nombres premiers** et décomposition en produit de facteurs premiers d'un nombre entier.

$140 = 2\times2\times5\times7$

en 4e

- Opérations dans l'ensemble des **nombres rationnels ($\mathbb{Q}$)** $a \in \mathbb{N}$ et $b \in \mathbb{Z}^*$: $\frac{a}{b} \in \mathbb{Q}$

- Produit, quotient, inverse de fractions : $\frac{a}{b} \times \frac{c}{d} = \frac{ac}{bd}$; $\frac{a}{b} \div \frac{c}{d} = \frac{a}{b} \times \frac{d}{c}$

- **Puissances**, **notation scientifique** : $273{,}71 = 2{,}7371 \times 10^2$

- **Racine carrée** d'un nombre positif : $a \geq 0$: $\sqrt{a} \geq 0$ et $\sqrt{a}^2 = a$

- Les nombres premiers inférieurs à 100.

en 3e

- **Fractions irréductibles :**

$$\frac{1\,980}{825} = \frac{2^2\times3^2\times5\times11}{3\times5^2\times11} = \frac{2^2\times3}{5} = \frac{12}{5}$$

- Puissances négatives d'un nombre non nul : Si $a \neq 0$ et $n \in N$, $a^{-n} = \frac{1}{a^n}$

- Décomposition d'un nombre en produit de facteurs premiers : $1980 = 2^2\times3^2\times5\times11$

Calcul littéral, équations

au collège

en 5e

- Les lettres pour remplacer un nombre :

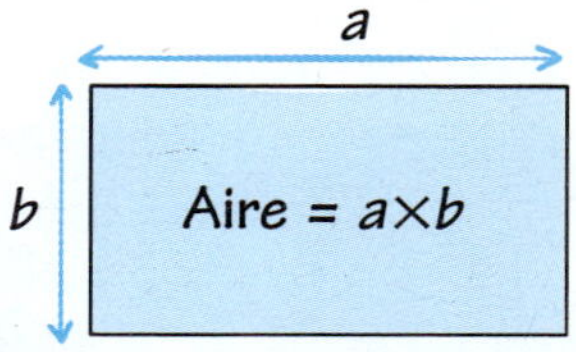

- Test d'égalités :

Si $a = 3$, l'égalité $2a - 5 = 1$ est vraie.
Elle est fausse pour $a = 1$.

- $3\times5-7=8$: 5 est **solution de l'équation** $3x-7=8$.

en 4e

- Solution d'une équation :

3 est solution de l'équation $2x-5=1$.
Mais 1 n'est pas solution de cette équation.

- Simple distributivité :

$a\times(b+c)=a\times b+a\times c$

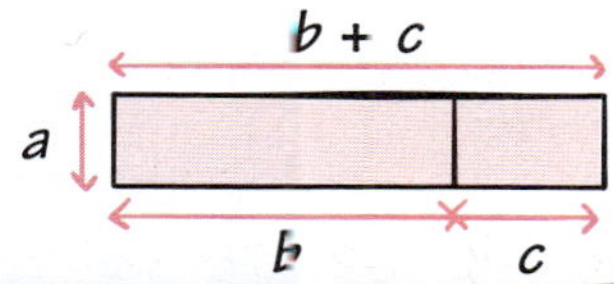

en 3e

- Double distributivité :

$(a+b)\times(c+d)=ac+ad+bc+bd$

- Identité remarquable :

$a^2-b^2=(a-b)\times(a+b)$

- Pour $a > 0$, les solutions de l'équation $x^2=a$ sont $\sqrt{a}$ et $-\sqrt{a}$.

- Résolution d'équations en factorisant des expressions simples et en appliquant la **règle du produit nul**.

Vu au Brevet
(centres étrangers, juin 2024)

1. Prouver que, pour tout nombre x, on a : $(x-2)(x+1)=x^2-x-2$.
2. Résoudre l'équation $(x-2)(x+1)=0$.

Corrigé

1. On développe l'expression $(x-2)(x+1)$ et on obtient :

$$(x-2)(x+1)=x\times x+x\times1-2\times x-2\times1$$
$$=x^2+x-2x-2$$
$$=x^2-x-2$$

2. Pour résoudre l'équation $(x-2)(x+1)=0$, on applique la **règle du produit nul** : lorsqu'un produit de deux nombres est nul, alors nécessairement l'un de ces deux nombres est nul.

$(x-2)(x+1)=0$ revient à : $x-2=0$ ou $x+1=0$
C'est-à-dire : $x=2$ ou $x=-1$.
L'équation $(x-2)(x+1)=0$ admet deux solutions, 2 et -1.

CHAPITRE

1 Nombres réels

Les capacités du chapitre

- Capacité 1 : Donner un encadrement d'un réel par des décimaux
- Capacité 2 : Arrondir au nombre de chiffres significatifs adapté à la situation
- Capacité 3 : Utiliser la droite des réels
- Capacité 4 : Représenter un intervalle
- Capacité 5 : Effectuer des calculs numériques mettant en jeu des puissances, des racines carrées, des écritures fractionnaires

Au fil du temps

Les nombres ont accompagné l'activité humaine depuis la plus Haute Antiquité (Sumériens et Égyptiens). Très tôt, l'association s'est faite entre géométrie et nombres, et c'est Euclide (Grèce antique, sans doute aux alentours de 300 av. J.-C.), dans ses *Éléments*, qui a le premier formalisé la relation entre nombres et longueurs de segments. Il s'avéra ainsi l'initiateur de la « droite des réels », dont l'étude se poursuit avec « l'analyse réelle ».

Des maths partout !

Les nombres réels sont à la base du développement de « l'analyse », branche des Mathématiques utilisée dans toutes les disciplines scientifiques pour étudier et modéliser les phénomènes les plus divers. La mécanique céleste, en particulier, s'attache à décrire le mouvement des objets astronomiques.

Le télescope Canada-France-Hawaï au sommet de Mauna Kea sur la Grande île d'Hawaï, aux États-Unis.

RESSOURCES DU CHAPITRE
hachette-clic.fr/25de2001

Partir d'un bon pied

A Diaporama pour tester les bases

ACTIVITÉS MENTALES RAPIDES

B Vrai ou faux ?

Dans chaque cas, indiquer si l'affirmation est vraie ou fausse. Justifier la réponse.

1. $10^3 \times 10^4 = 10^7$

2. $10^{-5} = 0{,}0001$

3. L'écriture scientifique de 0,000237 est $2{,}37 \times 10^4$

4. $2^3 = 2\,000$

5. $3{,}786 \times 10^2$ est un entier naturel

6. $\frac{1}{4} + \frac{2}{7} = \frac{3}{11}$

7. $\frac{3}{4} \times \frac{2}{3}$ est un nombre décimal

8. $8 - 7 \times 2$ est un entier relatif

C Utiliser les fractions

Pour sa rentrée à l'université, Mathilde doit acheter un ordinateur portable.

1. Ses parents payent $\frac{2}{5}$ du prix et ses deux mamies payent chacune $\frac{1}{6}$ du prix. Quelle fraction du prix reste-t-il à payer à Mathilde ?

2. Mathilde a trouvé un ordinateur à 510 €. Calculer la contribution de chacun à cet achat.

D Manipuler des racines carrées

1. Quelle est la longueur du côté d'un carré d'aire égale à 9 cm^2 ? Même question pour un carré d'aire égale à 13 cm^2.

2. On considère deux nombres positifs a et b. Quelle est l'aire d'un carré dont les côtés ont pour longueur $\sqrt{a} \times \sqrt{b}$? Quelle « formule » peut-on en déduire ?

3. Écrire sous forme du produit de deux nombres :

a. $\sqrt{6}$ **b.** $\sqrt{10}$ **c.** $\sqrt{12}$ **d.** $\sqrt{18}$

E Lire des abscisses sur une droite graduée

On considère la droite graduée ci-dessous d'origine le point O.

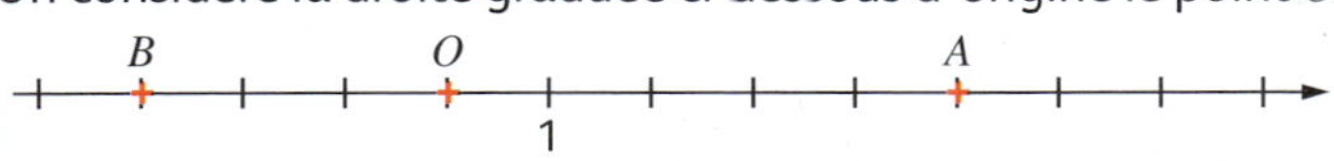

1. Quelle est l'abscisse du point A ? Et celle du point B ?

2. a. Reproduire la figure et placer les points C, D et E d'abscisses respectives 2 ; –1 et 7.

b. Préciser les distances AC, CD, BD et AB.

3. a. Quelle est la distance AE ? L'exprimer en fonction des abscisses des points A et E.

b. Quelle est la distance AB ? L'exprimer en fonction des abscisses des points A et B.

c. L'affirmation suivante est-elle vraie ?

« Si les points M et N sont d'abscisses respectives m et n, alors la distance MN est égale à $n - m$ »

automatismes

Automatismes transversaux

1 Simplifier les fractions suivantes.

1. $\frac{15}{20}$ 2. $\frac{120}{330}$ 3. $\frac{21}{77}$

2 Résoudre les équations suivantes.

1. $x+3=5$ 2. $3x=-6$
3. $2x+3=1$ 4. $-3x+1=0$

3 Résoudre les équations suivantes.

1. $-5x+1=x+3$ 2. $\frac{2}{3}x=-3$

4 Résoudre les équations suivantes.

1. $(x+1)(2x-3)=0$ 2. $3x(-x+3)=0$

5 Le nombre 1 est-il solution de l'équation $x^2+1=-x+3$?

6 Le nombre -2 est-il solution de l'équation $x^2+x-2=0$?

7 Réduire les expressions suivantes.

a. $A(x)=-4x+2+3x-5$ b. $B(t)=-2t-7-t+8$

8 Développer les expressions suivantes.

1. $A(x)=2(3x+1)$ 2. $B(x)=-3(-x+2)$

9 Développer et réduire les expressions suivantes.

1. $A(x)=2(-x+1)-(2x-5)$
2. $B(x)=3(1-2x+x^2)-(3+x-x^2)$

10 Développer et réduire les expressions suivantes.

1. $A(x)=(x+1)(2x-3)$ 2. $B(x)=(x-2)(x+2)$

11 Factoriser les expressions suivantes.

1. $A(x)=3x+9$ 2. $B(x)=2x^2-3x$

12 ABC est un triangle rectangle en A tel que $AB=3$ et $AC=5$. Calculer BC.

13 Dans chaque cas, indiquer si le triangle ABC est rectangle. Justifier.

1. $AB=3$, $AC=4$ et $BC=5$.
2. $AB=2$, $AC=1$ et $BC=2{,}24$.
3. $AB=15{,}9$, $AC=8{,}4$ et $BC=13{,}5$.

14 Représenter graphiquement la fonction f définie sur $\mathbb{R}$ par $f(x)=2x+3$.

15 On considère la fonction f définie par :

$$f(x)=-3x+1$$

1. Calculer $f(-1)$.
2. Calculer l'image de $\frac{1}{2}$ par la fonction f.
3. Déterminer l'antécédent de 0 puis de 3 par f.

Automatismes préparatoires au chapitre

16 Donner la valeur décimale de chaque fraction.

1. $\frac{1}{4}$ 2. $\frac{-3}{2}$ 3. $\frac{1}{5}$ 4. $\frac{3}{10}$
5. $\frac{4}{5}$ 6. $\frac{5}{4}$ 7. $\frac{17}{10^2}$ 8. $-\frac{3}{5}$

17 Écrire chaque nombre décimal sous forme de fraction irréductible.

1. 0,4 2. –0,7 3. 0,2 4. 0,75 5. 0,37

18 Écrire la liste des carrés de tous les nombres entiers compris entre –12 et 12.

19 Sur une droite graduée d'unité 3 cm, placer les points d'abscisses respectives :

$$-2\ ;\ \frac{2}{3}\ ;\ 1{,}5\ ;\ \frac{21}{7} \text{ et } \sqrt{2}$$

20 Donner une valeur approchée au centième de l'aire d'un disque de 2 cm de rayon.

*Pour les exercices **21** à **23**, écrire chaque nombre sous forme de fraction irréductible.*

21
1. $A=\frac{1}{2}-\frac{3}{2}$ 2. $B=\frac{1}{2}+\frac{3}{4}$
3. $C=\frac{1}{3}-\frac{1}{2}$ 4. $D=2-\frac{5}{6}$

22
1. $A=\frac{2}{3}\times\frac{5}{6}$ 2. $B=-3\times\left(-\frac{2}{9}\right)$
3. $C=\frac{2}{5}\div\frac{1}{3}$ 4. $D=\left(1+\frac{1}{2}\right)\div\left(1-\frac{1}{2}\right)$

23 $A=\frac{3}{5}-\frac{3}{5}\times\frac{7}{4}$ et $B=\frac{2}{3}\div\frac{3}{2}-1$

24 Écrire chaque nombre sous forme d'une puissance de 10.

1. 0,0001 2. 10 000 3. $10^2\times10^7$
4. $(10^{-2})^3$ 5. $\frac{10^5}{10^8}$ 6. $\frac{1}{10^{-7}}$

25 Sur une droite graduée, représenter dans chaque cas l'ensemble des nombres x vérifiant les conditions suivantes.

1. $-1\leqslant x\leqslant 2$ 2. $x>3$
3. $x\leqslant -2$ 4. $0\leqslant x<4$

26 Donner si possible :

1. tous les nombres dont le carré est 4 ;
2. un nombre négatif dont le carré est –1 ;
3. le nombre négatif dont le carré est 9 ;
4. le nombre positif dont le carré est 2 ;
5. tous les nombres dont le carré est 5.

Activités

1 Des rationnels et des irrationnels sur la droite réelle

Objectif
Construire géométriquement des nombres rationnels et des nombres irrationnels sur la droite réelle.

1 Tracer une droite graduée de repère $(O;I)$. On prendra $OI = 4$ cm pour unité.
On se propose de construire à l'aide du compas les points A_2 et A_3 sur la droite $(O;I)$ d'abscisses respectives $\sqrt{2}$ et $\sqrt{3}$.
a. Construire des points B_1 et B_2 tels que $OI\,B_1B_2$ soit un carré.
b. Calculer la longueur OB_1. En déduire la construction du point A_2.
c. Construire le point B_3 tel que $OA_2B_3B_2$ soit un rectangle.
d. Calculer OB_3. En déduire la construction du point A_3.
e. En suivant le même procédé et en justifiant la démarche, construire le point A_5 d'abscisse $\sqrt{5}$.

2 Sur la figure ci-dessous, on considère une droite graduée de repère $(O;I)$.
- Les points A, B et C sont tels que $OA = AB = BC$.
- La parallèle à la droite (IC) passant par A coupe la droite (OI) en D.

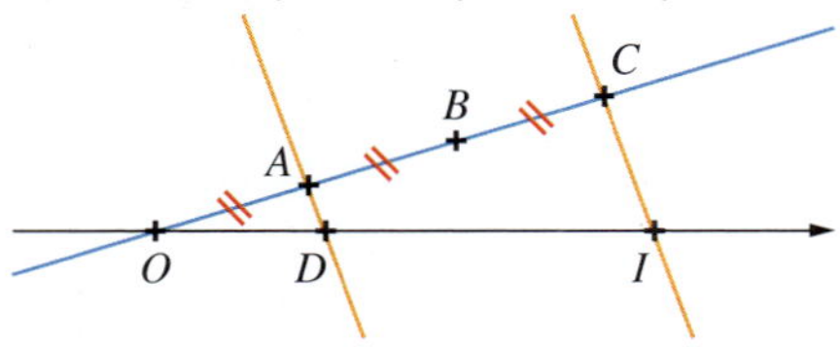

a. Déterminer l'abscisse du point D.
b. Construire sur la droite (OD) le point E d'abscisse $\frac{2}{3}$ en expliquant la démarche.

Info
Sur la droite graduée $(O;I)$, le point O est appelé l'origine et la longueur OI représente une unité de graduation.
À chaque point de la droite est associé un unique nombre appelé son abscisse et réciproquement à chaque nombre est associé un unique point de la droite.

2 Autour du nombre $\sqrt{2}$

Objectif
S'initier au raisonnement par l'absurde pour montrer que $\sqrt{2}$ est irrationnel.

1 Montrer que la diagonale d'un carré de côté 1 est égale à $\sqrt{2}$.

2 On suppose que $\sqrt{2}$ est un nombre rationnel. Dans ce cas, il peut s'écrire sous la forme d'une fraction irréductible : $\sqrt{2} = \frac{p}{q}$, où p et q sont des entiers naturels non nuls.
a. Montrer que $p^2 = 2q^2$.
b. Compléter le tableau ci-dessous donnant la valeur du chiffre des unités de p^2 et de $2q^2$ suivant le chiffre des unités de p et de q.

Si le chiffre des unités de p est	0	1	2	…	8	9
alors le chiffre des unités de p^2 est						
Si le chiffre des unités de q est	0	1	2	…	8	9
alors le chiffre des unités de $2q^2$ est						

c. À l'aide du tableau précédent, déterminer dans quels cas le dernier chiffre de p^2 est égal au dernier chiffre de $2q^2$.
d. Dans les deux cas trouvés, la fraction $\frac{p}{q}$ est-elle irréductible ?
e. En déduire la nature du nombre $\sqrt{2}$.

Info

Pythagore et ses disciples ont découvert le nombre $\sqrt{2}$ au VIe siècle avant J.-C., en cherchant le rapport entre la diagonale d'un carré et son côté. Pythagore pensait que « l'harmonie divine consiste en rapports numériques de nombres entiers ». Hélas, $\sqrt{2}$ ne rentrait pas dans ce monde rationnel ; c'est pourquoi Pythagore a nommé ces nombres des **irrationnels**.

Cours

1 Ensemble $\mathbb{R}$ des nombres réels

a Les ensembles de nombres

Définition L'ensemble des abscisses des points d'une droite graduée est appelé l'ensemble des nombres réels. Il est noté $\mathbb{R}$.

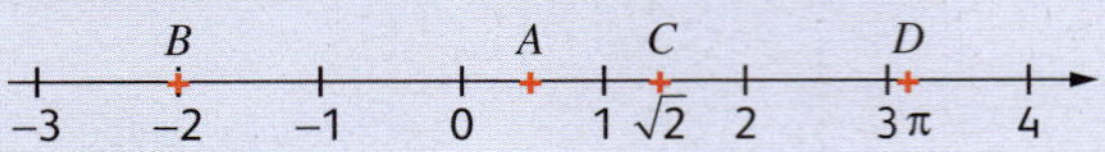

Exemple

Les points A et B ont pour abscisses respectives 0,5 et −2.
Aux réels $\sqrt{2}$ et π sont associés les points C et D.

Remarque

Une droite graduée est appelée « droite des réels », ou « droite réelle », ou encore « droite numérique ».

Définition **Des nombres réels particuliers**

- L'ensemble des nombres entiers positifs ou nuls est l'ensemble des entiers naturels. Il est noté $\mathbb{N}$.
- L'ensemble des nombres entiers négatifs et positifs est l'ensemble des entiers relatifs. Il est noté $\mathbb{Z}$.
- L'ensemble des nombres qui peuvent s'écrire sous la forme $\frac{a}{10^n}$, où a est un entier relatif et n un entier naturel, est l'ensemble des nombres décimaux. Il est noté $\mathbb{D}$.
- L'ensemble des nombres qui peuvent s'écrire sous la forme $\frac{a}{b}$, où a et b sont des entiers relatifs avec $b \neq 0$, est l'ensemble des nombres rationnels. Il est noté $\mathbb{Q}$.

Exemples

- $12 \in \mathbb{N}$; $357 \in \mathbb{N}$
- $-3 \in \mathbb{Z}$; $56 \in \mathbb{Z}$
- $3{,}8 \in \mathbb{D}$; $\frac{-12}{10^5} \in \mathbb{D}$
- $\frac{1}{3} \in \mathbb{Q}$; $\frac{7}{6} \in \mathbb{Q}$
- $\sqrt{2} \in \mathbb{R}$; $\pi \in \mathbb{R}$

Info

Les réels n'appartenant pas à $\mathbb{Q}$ sont appelés des irrationnels.

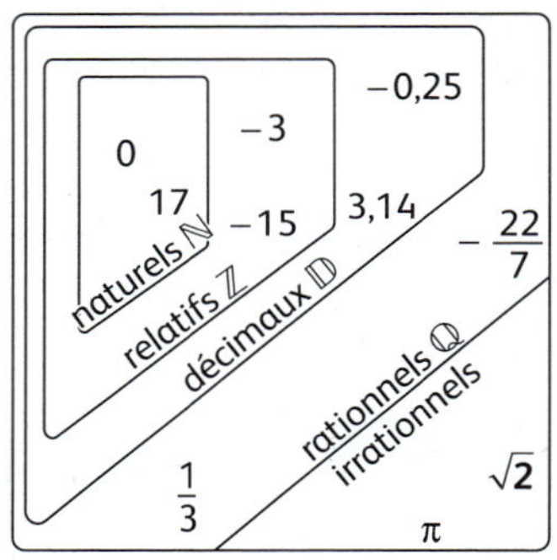

réels $\mathbb{R}$

Remarques

- Tous les entiers naturels sont des entiers relatifs. On dit que $\mathbb{N}$ est inclus dans $\mathbb{Z}$, ce qui se note $\mathbb{N} \subset \mathbb{Z}$.

On a $\mathbb{N} \subset \mathbb{Z} \subset \mathbb{D} \subset \mathbb{Q} \subset \mathbb{R}$.

- Déterminer la « nature » d'un nombre réel, c'est préciser le plus petit ensemble de nombres auquel ce nombre appartient parmi $\mathbb{N}$, $\mathbb{Z}$, $\mathbb{D}$, $\mathbb{Q}$ ou $\mathbb{R}$.

Démo

Démonstration : $\frac{1}{3}$ n'est pas décimal

On raisonne par l'absurde en supposant que $\frac{1}{3}$ est un nombre décimal.

Dans ce cas, il existe un entier relatif a et un entier naturel n tel que $\frac{1}{3} = \frac{a}{10^n}$.

Alors $a = \frac{10^n}{3}$. Or une puissance de 10 n'est jamais divisible par 3 : la fraction $\frac{10^n}{3}$ n'est pas entière. Ainsi, le nombre a n'est pas entier, ce qui contredit l'hypothèse ! On en déduit que $\frac{1}{3}$ n'est pas un nombre décimal.

Rappel

Un entier est un multiple de 3 si la somme de ses chiffres est égale à un multiple de 3.
Et la somme des chiffres de 10^n vaut toujours 1.

b Encadrement décimal d'un nombre réel

Définition Soit x un nombre réel. Donner un encadrement décimal de x à 10^{-n} près, c'est trouver deux nombres décimaux a et b tels que $a \leqslant x \leqslant b$, avec $b - a = 10^{-n}$.

Remarque

$b - a$ est l'amplitude de l'encadrement.

Exemples

Un encadrement de π à 10^{-3} près est :

$$3{,}141 \leqslant \pi \leqslant 3{,}142$$

Un encadrement de $-\frac{1}{7}$ à 10^{-2} près est :

$$-0{,}15 \leqslant -\frac{1}{7} \leqslant -0{,}14$$

méthode

CAPACITÉ 1 **Donner un encadrement d'un réel par des décimaux**

CAPACITÉ 2 **Arrondir au nombre de chiffres significatifs adapté à la situation**

Énoncé **1.** On considère la fonction f définie sur $\mathbb{R}$ par $f(x)=x^2-8x+1$.

Calculer l'image de $\frac{1}{3}$ par f. En donner un encadrement à 10^{-2} près.

2. À chaque rebond, une balle rebondit au cinquième de la hauteur précédente. Si elle est lâchée d'une hauteur de 1,60 mètre, quelle distance totale (en mètre) la balle aura-t-elle parcourue avant de rebondir pour la cinquième fois ?

Solution rédigée

1. On a $f\left(\frac{1}{3}\right)=\left(\frac{1}{3}\right)^2-8\times\frac{1}{3}+1=\frac{1}{9}-\frac{8}{3}+1$.

On met au même dénominateur et on réduit : $f\left(\frac{1}{3}\right)=\frac{1}{9}-\frac{8\times3}{3\times3}+\frac{9}{9}$.

Donc $f\left(\frac{1}{3}\right)=-\frac{14}{9}$.

On obtient le résultat ci-contre à la calculatrice.

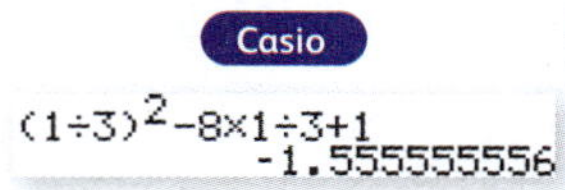

On obtient : $-1{,}56\leqslant f\left(\frac{1}{3}\right)\leqslant-1{,}55$.

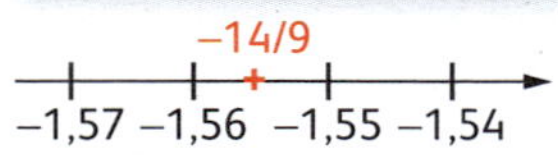

2. Le schéma ci-contre (qui n'est pas à l'échelle) permet de mieux comprendre la situation.

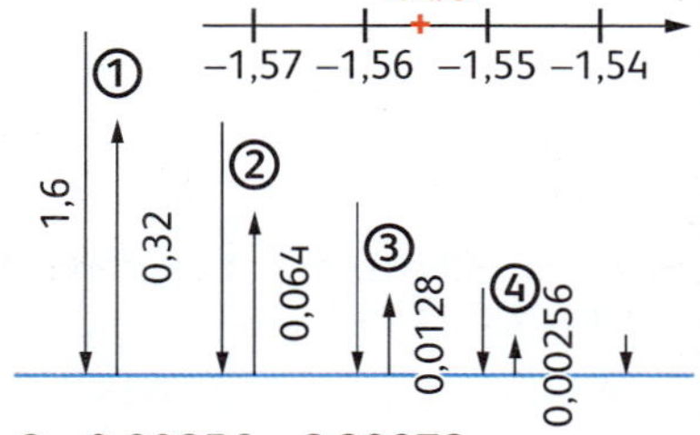

La distance totale parcourue par la balle est :

$1{,}6+2\times0{,}32+2\times0{,}064+2\times0{,}0128+2\times0{,}00256=2{,}39872$

C'est-à-dire 2,39872 mètres.

Mais cette précision n'a pas de sens pratique et avec du bon sens implicite, la réponse attendue est « La distance parcourue par la balle est de 2,40 mètres (en arrondissant au centième, c'est-à-dire au centimètre près) ».

> **Point méthode**
>
> **1.** • Pour calculer l'image d'un nombre réel a par une fonction f, on remplace x par a dans l'expression $f(x)$.
>
> • Donner un encadrement d'un nombre x à 0,01 près signifie déterminer des nombres a et b tels que $a\leqslant x\leqslant b$ et tels que la distance entre a et b est inférieure ou égale à 0,01.

> **Point méthode**
>
> **2.** Donner un résultat avec un nombre de décimales en cohérence avec le contexte.

J'applique en autonomie

Voir corrigés p. 396 Voir exercices similaires nos 51 à 62

27 On considère la fonction f définie sur $\mathbb{R}$ par :

$$f(x)=x^2+2x-1$$

Calculer $f(\sqrt{3})$ et $f(\pi)$. En donner un encadrement à 10^{-3} près.

28 **1.** Donner un encadrement à 10^{-2} près de l'aire d'un disque de rayon 2,5 cm.

2. Donner un encadrement puis une valeur approchée à 10^{-3} près du volume d'un cône de 2 cm de rayon et de hauteur 3 cm.

29 L'aire d'un carré est 300 cm². Quelle est la mesure, en cm, de son côté ? *Arrondir au mm près.*

30 L'aire d'un carré est 740 cm². Déterminer la valeur exacte, puis une valeur approchée au mm près, de la longueur son côté.

31 Une étude a montré que 77 % des élèves de Seconde envisageait de choisir la spécialité Maths en Première. Si un lycée compte 258 élèves en Seconde, combien devraient choisir la spécialité Maths en Première selon cette étude ?

32 On considère le triangle rectangle ABC ci-dessous.

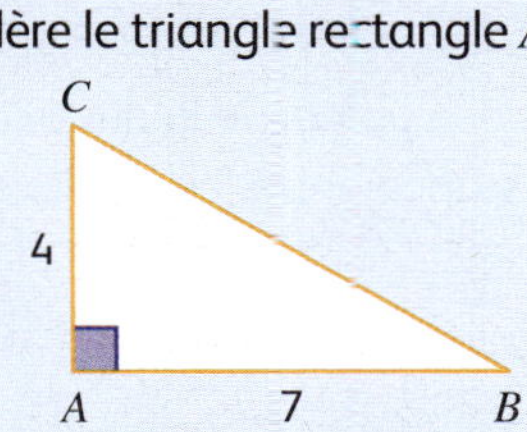

1. Calculer la longueur exacte de l'hypoténuse du triangle rectangle. En donner un encadrement à 10^{-3} près.

2. Déterminer les valeurs arrondies des angles $\widehat{ABC}$ et $\widehat{ACB}$ à 1° près.

Cours

2 Intervalles de $\mathbb{R}$

a Définition d'un intervalle

Définition Soient a et b deux nombres réels tels que $a \leqslant b$.

- **L'intervalle** $[a\,;b]$ est l'ensemble des réels x tels que $a \leqslant x \leqslant b$.

Il est représenté sur la droite des réels par un segment dont les extrémités sont les points d'abscisses a et b.

- **L'intervalle** $]a\,;+\infty[$ est l'ensemble des réels x tel que $x > a$.

Il est représenté sur la droite des réels par une demi-droite dont l'origine est le point d'abscisse a.

Commentaires

- Le sens des crochets indique si x peut être égal à la valeur de la borne.
- On peut se représenter les crochets comme une main qui contient la valeur et indique de quel côté elle se situe.

Cet intervalle est fermé en a et ouvert en b, il représente l'ensemble des réels x tels que $a \leqslant x < b$.

Exemple

$x \leqslant 4$ peut s'écrire sous la forme $x \in]-\infty\,;4]$.

Remarques

- Les réels a et b sont appelés les bornes de l'intervalle $[a\,;b]$.
- On définit de la même façon les intervalles $]a\,;b]$, $]a\,;b[$, $[a\,;b[$, $[a\,;+\infty[$, $]-\infty\,;b]$ et $]-\infty\,;b[$.
- En l'infini, le crochet est toujours ouvert.
- L'ensemble $\mathbb{R}$ peut se noter $]-\infty\,;+\infty[$.

b Réunion – Intersection d'intervalles

Définition

- L'intersection de I et J, notée $I \cap J$, est l'ensemble des réels x appartenant à I **et** à J ; le symbole $\cap$ se lit « inter ».
- L'union ou la réunion de I et J, notée $I \cup J$, est l'ensemble des réels x appartenant à I **ou** à J ; le symbole $\cup$ se lit « union ».

Exemples

Si $I = [-3\,;6]$ et $J = [1\,;9]$, alors $I \cup J = [-3\,;9]$ et $I \cap J = [1\,;6]$.

Si $I = [-5\,;2]$ et $J =]2\,;8]$, alors $I \cup J = [-5\,;8]$ et $I \cap J = \varnothing$ (l'ensemble vide).

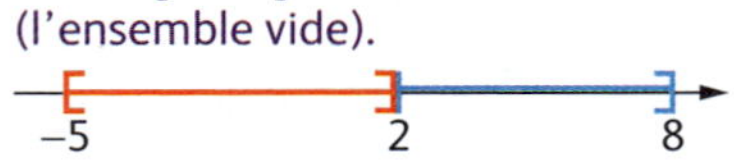

Sur les représentations ci-dessus de la droite réelle, $I \cup J$ correspond à la partie colorée par au moins une couleur, $I \cap J$ à la partie colorée par les deux couleurs.

Remarques

- En mathématiques, le « ou » est **inclusif**. Il ne signifie pas « ou bien » mais il « inclut » la possibilité du « et ».
- En notation symbolique, on a :

x appartient à $I \cap J$ équivaut à x appartient à I ET x appartient à J.

x appartient à $I \cup J$ équivaut à x appartient à I OU x appartient à J.

c Valeur absolue

Définition

- Soient x un nombre réel et M le point d'abscisse x de la droite des réels. La valeur absolue de x, notée $|x|$, est égale à la distance OM.

Si $x \geqslant 0$, alors $|x| = x$

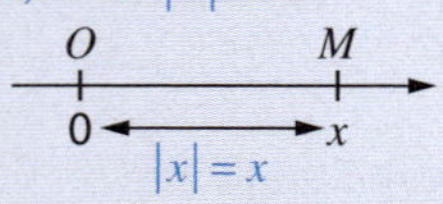

Si $x \leqslant 0$, alors $|x| = -x$

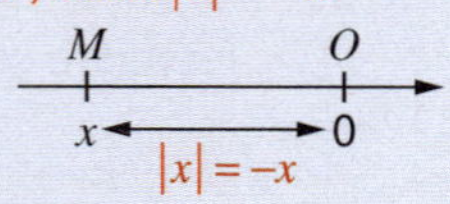

- Si A et B sont deux points de la droite des réels d'abscisses respectives a et b alors la distance entre les réels a et b est la distance AB et on a : $AB = |b-a|$.

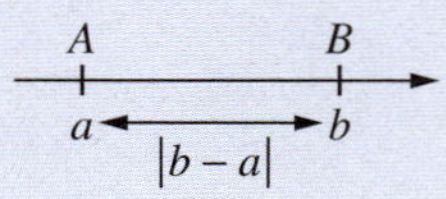

Exemple

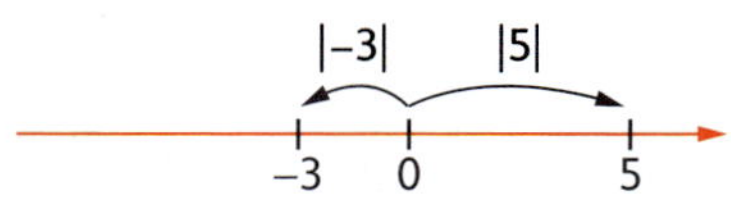

$|-3| = 3$ et $|5| = 5$

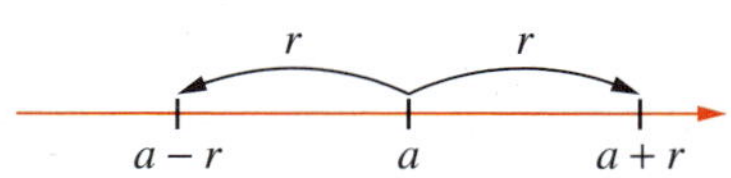

Remarque

Soit r un réel strictement positif. L'ensemble des réels x tels que $|x-a| \leqslant r$ est l'intervalle $[a-r\,;a+r]$.

Remarque

Comme $AB = BA$ alors :

$$|b-a| = |a-b|$$

méthode

CAPACITÉ 3 Utiliser la droite des réels
CAPACITÉ 4 Représenter un intervalle

Énoncé **1.** Dans cette question, on considère la droite des réels représentée ci-dessous.

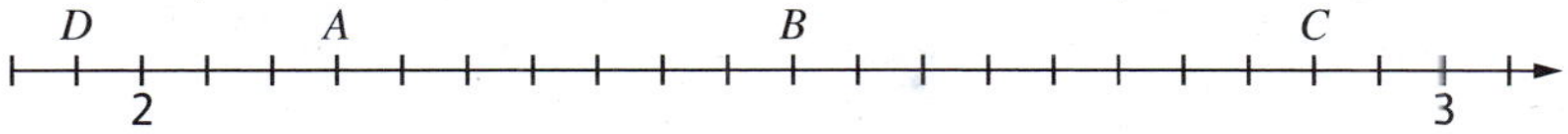

a. Lire les abscisses des points A, B, C et D.

b. Avec la précision permise par le graphique, placer les points d'abscisses :

$$2{,}34 \,;\, 2{,}7 \,;\, \frac{13}{5} \,;\, \frac{127}{51} \text{ et } 1{,}5\sqrt{2}$$

2. Traduire chaque inégalité sous forme d'intervalle et le représenter sur la droite des réels.

a. $x \geqslant 8$ **b.** $-2 < x < 11$ **c.** $x < 4$

3. On donne les intervalles $\mathrm{I} =]-\infty\,;5]$ et $\mathrm{J} = [-3\,;7[$. Déterminer $\mathrm{I} \cap \mathrm{J}$ et $\mathrm{I} \cup \mathrm{J}$.

4. Dans chaque cas, représenter et déterminer sous forme d'intervalle l'ensemble des nombres réels x tels que :

a. $|x-3| < 1$ **b.** $|x+4| \leqslant 0{,}2$

Solution rédigée

1. a. Les abscisses de A, B, C et D sont respectivement 2,15 ; 2,5 ; 2,9 et 1,95.

b. $\dfrac{13}{5} = 2{,}6$; $\dfrac{127}{51} \approx 2{,}49$ et $1{,}5\sqrt{2} \approx 2{,}12$.

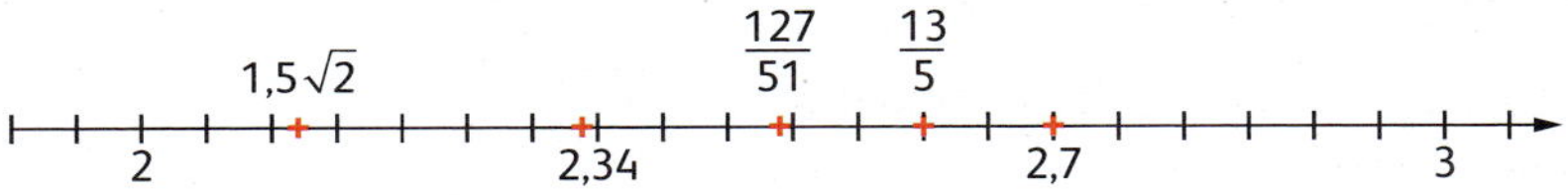

2. a.

$x \in [8\,;+\infty[$

b.

$x \in]-2\,;11[$

c.

$x \in]-\infty\,;4[$

En l'infini, on ne dessine pas de crochet.

3.

$\mathrm{I} \cup \mathrm{J} =]-\infty\,;7[$ et $\mathrm{I} \cap \mathrm{J} = [-3\,;5]$

4. a.

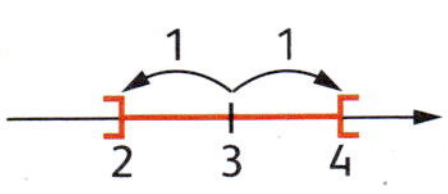

$x \in]2\,;4[$

b.

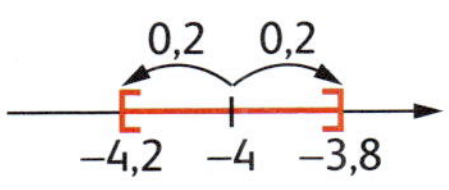

$x \in [-4{,}2\,;-3{,}8]$

Pour **b.** on écrit d'abord $|x+4| = |x-(-4)|$.

> **Point méthode**
> **1.** L'unité entre 2 et 3 est partagée en 20 parties égales. Chaque graduation vaut donc $\dfrac{1}{20}$ soit 0,05.

> **Point méthode**
> **3.** Pour l'**union** $(\cup)$, on prend ce qui est en vert **ou** en rouge, c'est-à-dire tout ce qui est colorié.
> Pour l'**intersection** $(\cap)$, on prend ce qui est en rouge **et** en vert, c'est-à-dire la partie où les deux couleurs se superposent.

> **Point méthode**
> **4.** L'écriture sous la forme $|x-a|$ permet de repérer le centre a de l'intervalle.

J'applique en autonomie

Voir corrigés p. 396 Voir exercices similaires nos 68 à 74

33 Traduire chaque inégalité sous forme d'intervalle.

1. $4 \leqslant x < 8$ **2.** $x \geqslant -0{,}5$ **3.** $x < 12$

34 Dans chaque cas, indiquer à quel intervalle appartient le réel x.

1. $|x-1| \leqslant 5$ **2.** $|x| < 3$ **3.** $|x+2{,}3| < 4$

35 Dans chaque cas, représenter les intervalles I et J sur la droite des réels puis déterminer leur union et leur intersection.

1. $\mathrm{I} =]-8\,;5[$ et $\mathrm{J} =]0{,}2\,;7]$

2. $\mathrm{I} = [3\,;+\infty[$ et $\mathrm{J} =]-2\,;-\infty[$

3. $\mathrm{I} = \left]-\infty\,;\dfrac{1}{3}\right]$ et $\mathrm{J} = \left[\dfrac{1}{3}\,;6\right[$

Cours

3 Règles de calcul

a Puissances entières relatives

Définition Soient a un nombre réel et n un entier naturel.

- Pour $n \geqslant 2$, $a^n = \underbrace{a \times a \times \ldots \times a}_{n \text{ facteurs}}$
- $a^1 = a$
- Par convention, pour $a \neq 0$, $a^0 = 1$
- Pour $a \neq 0$, $a^{-n} = \dfrac{1}{a^n}$

Exemples
- $5^3 = 5 \times 5 \times 5 = 125$
- $2^{-3} = \dfrac{1}{2^3} = \dfrac{1}{8}$

Règles de calcul a et b sont des réels non nuls, n et p deux entiers relatifs.

$$a^n \times a^p = a^{n+p} \;;\; \frac{a^n}{a^p} = a^{n-p} \;;\; \left(a^n\right)^p = a^{n \times p}$$

$$(a \times b)^n = a^n \times b^n \;;\; \left(\frac{a}{b}\right)^n = \frac{a^n}{b^n}$$

Exemples
- $3^{-5} \times 3^{10} = 3^{-5+10} = 3^5$
- $\dfrac{5^7}{5^3} = 5^{7-3} = 5^4$
- $\left(2^3\right)^4 = 2^{3 \times 4} = 2^{12}$
- $2{,}5^3 \times 4^3 = (2{,}5 \times 4)^3 = 10^3$

b Racines carrées

Définition Soit a un nombre réel positif ou nul. La racine carrée de a, notée $\sqrt{a}$, est le nombre positif dont le carré est égal à a.

On a ainsi : $\sqrt{a} \geqslant 0$ et $\left(\sqrt{a}\right)^2 = a$.

Exemple

$\left(\sqrt{5}\right)^2 = 5$

Règles de calcul Soient a et b deux réels positifs.

$$\sqrt{a \times b} = \sqrt{a} \times \sqrt{b} \text{ et si } b \neq 0 : \sqrt{\frac{a}{b}} = \frac{\sqrt{a}}{\sqrt{b}}$$

Exemples
- $\sqrt{12} = \sqrt{4 \times 3} = \sqrt{4} \times \sqrt{3} = 2\sqrt{3}$
- $\dfrac{\sqrt{6}}{\sqrt{3}} = \sqrt{\dfrac{6}{3}} = \sqrt{2}$
- $\sqrt{\dfrac{9}{4}} = \dfrac{\sqrt{9}}{\sqrt{4}} = \dfrac{3}{2}$

Démo

Démonstration : $\sqrt{a \times b} = \sqrt{a} \times \sqrt{b}$

Étape 1 : On démontre d'abord que pour tous réels strictement positifs p et q : $p^2 = q^2 \Leftrightarrow p = q$.

$$p^2 = q^2 \Leftrightarrow p^2 - q^2 = (p-q)(p+q) = 0 \Leftrightarrow p - q = 0 \text{ ou } p + q = 0$$

Or $p + q = 0$ implique $p = -q$, ce qui est impossible car p et q sont strictement positifs.

Ainsi, pour p et q strictement positifs : $p^2 = q^2 \Leftrightarrow p - q = 0$, c'est-à-dire $p = q$.

Conclusion : si p et q sont deux réels strictement positifs, $p^2 = q^2 \Leftrightarrow p = q$.

Étape 2 : Si a ou b est nul, l'égalité est vraie : $\sqrt{ab} = 0$ et $\sqrt{a} \times \sqrt{b} = 0$.

Pour tous réels a et b strictement positifs, on sait que $\left(\sqrt{a \times b}\right)^2 = a \times b$ et que $\left(\sqrt{a} \times \sqrt{b}\right)^2 = \left(\sqrt{a}\right)^2 \times \left(\sqrt{b}\right)^2 = a \times b$.

Les deux nombres strictement positifs $\sqrt{a \times b}$ et $\sqrt{a} \times \sqrt{b}$ ont donc des carrés égaux (à $a \times b$).

D'après l'étape 1, avec $p = \sqrt{a \times b}$ et $q = \sqrt{a} \times \sqrt{b}$, on conclut :

$$\sqrt{a \times b} = \sqrt{a} \times \sqrt{b}$$

Rappel

On utilise l'identité remarquable $a^2 - b^2 = (a-b)(a+b)$

Info

Le symbole $\Leftrightarrow$ signifie que l'expression de gauche est équivalente à l'expression de droite. C'est un lien logique ; ce n'est pas une abréviation.

Propriété Pour tout nombre réel a, on a : $\sqrt{a^2} = |a|$.

Exemples
- $\sqrt{6^2} = 6$
- $\sqrt{(-5)^2} = |-5| = 5$
- $\sqrt{(2-\pi)^2} = |2-\pi| = \pi - 2$

méthode

CAPACITÉ 5 Effectuer des calculs numériques mettant en jeu des puissances, des racines carrées, des écritures fractionnaires.

Énoncé

1. Calculer et simplifier l'écriture des nombres $A=\frac{2}{3}-\frac{2}{3}\times\frac{4}{5}$ et $B=\frac{\frac{3}{4}-4}{\frac{3}{4}+\frac{1}{3}}$.

2. Exprimer sous la forme d'une puissance de 2 le nombre $C=\frac{2^3\times8^{-2}}{4^3}$.

3. Écrire le nombre $D=2\sqrt{27}-\sqrt{12}+\sqrt{3}$ sous la forme $a\sqrt{b}$, a et b étant des entiers avec b le plus petit possible.

4. Montrer que le nombre $E=(\sqrt{5}-2\sqrt{3})(\sqrt{5}+2\sqrt{3})$ est un entier relatif.

Solution rédigée

1. $A=\frac{2}{3}-\frac{2}{3}\times\frac{4}{5}=\frac{2}{3}-\frac{2\times4}{3\times5}=\frac{2}{3}-\frac{8}{15}$

$A=\frac{2\times5}{3\times5}-\frac{8}{15}=\frac{10}{15}-\frac{8}{15}=\frac{2}{15}$

$B=\frac{\frac{3}{4}-4}{\frac{3}{4}+\frac{1}{3}}=\frac{\frac{3}{4}-\frac{4\times4}{1\times4}}{\frac{3\times3}{4\times3}+\frac{1\times4}{3\times4}}=\frac{\frac{3}{4}-\frac{16}{4}}{\frac{9}{12}+\frac{4}{12}}=\frac{-\frac{13}{4}}{\frac{13}{12}}.$

$B=\frac{-13}{4}\times\frac{12}{13}=\frac{-13\times12}{4\times13}=-\frac{12}{4}=-3.$

2. $C=\frac{2^3\times8^{-2}}{4^3}=\frac{2^3\times(2^3)^{-2}}{(2^2)^3}$

$C=\frac{2^3\times2^{-6}}{2^6}=\frac{2^{-3}}{2^6}=2^{-3-6}=2^{-9}$

3. $D=2\sqrt{9\times3}-\sqrt{4\times3}+\sqrt{3}$

$D=2\times\sqrt{9}\times\sqrt{3}-2\sqrt{3}+\sqrt{3}$

$D=6\sqrt{3}-2\sqrt{3}+\sqrt{3}=5\sqrt{3}.$

4. $E=(\sqrt{5})^2-(2\sqrt{3})^2=5-4\times3=5-12$, donc $E=-7$. Ainsi E est un entier relatif.

Point méthode

1. • La multiplication et la division sont prioritaires sur l'addition et la soustraction.
• On applique ensuite les règles de calcul sur les fractions.

Point méthode

2. On écrit chaque nombre à l'aide d'une puissance de 2 et on utilise les règles de calcul sur les puissances.

Point méthode

3. Pour écrire $\sqrt{N}$ sous la forme $p\sqrt{q}$ (lorsque cela est possible), on décompose N sous la forme d'un produit dont un facteur est un carré parfait, puis on utilise la formule $\sqrt{a\times b}=\sqrt{a}\times\sqrt{b}$.

J'applique en autonomie

Voir corrigés p. 396 Voir exercices similaires n°s 77, 86, 90 et 91

36 Écrire chaque nombre sous forme de fraction irréductible.

$A=\frac{3}{7}+\frac{4}{21}-\frac{5}{2}$; $B=\frac{3}{2}-\frac{2}{3}\times\frac{4}{5}$

$C=\frac{2}{3}\div\frac{1}{5}-\frac{1}{5}$; $D=\frac{1-\frac{5}{6}}{\frac{2}{3}+\frac{3}{2}}$.

37 Écrire chaque nombre sous la forme d'une puissance de 3.

$A=3^4\times3^{-7}$; $B=\frac{3^8}{3^{12}}$; $C=(3^{-2})^{-3}\times3^{-6}$;

$D=\frac{(-9)^{-1}}{(-3)^{-1}}$; $E=\frac{9^{-2}\times3}{27^3}$.

38 Montrer que $C=(\sqrt{3}-5\sqrt{2})(\sqrt{3}+5\sqrt{2})$ est un entier relatif.

39 Écrire chaque nombre sous la forme $a\sqrt{b}$, où a et b sont des entiers avec b le plus petit possible.

$A=5\sqrt{8}-\sqrt{50}$; $B=\sqrt{63}-2\sqrt{28}+\sqrt{700}$

40 ABC est un triangle rectangle en A tel que $AC=\sqrt{24}$ et $BC=\sqrt{216}$.

1. Calculer AB et écrire le résultat sous la forme $a\sqrt{b}$, avec a et b entiers et b le plus petit possible.

2. Calculer l'aire du triangle ABC.

3. Montrer que le périmètre du triangle ABC est $8\sqrt{3}(1+\sqrt{2})$.

Je **fais** le **point**

Je revois mon cours

Ensembles de nombres

$\mathbb{N}$: ensemble des entiers naturels (entiers positifs).
$\mathbb{Z}$: ensemble des entiers relatifs (entiers positifs ou négatifs).
$\mathbb{D}$: ensemble des décimaux (nombres qui peuvent s'écrire $\frac{a}{10^n}$, où $a \in \mathbb{Z}$ et $n \in \mathbb{N}$).
$\mathbb{Q}$: ensemble des rationnels (nombres qui peuvent s'écrire $\frac{a}{b}$, où $a \in \mathbb{Z}$, $b \in \mathbb{Z}$ et $b \neq 0$).
$\mathbb{R}$: ensemble des réels (abscisses de tous les points d'une droite graduée).

$$\mathbb{N} \subset \mathbb{Z} \subset \mathbb{D} \subset \mathbb{Q} \subset \mathbb{R}$$

Droite des réels et intervalles

La droite des réels permet de visualiser les intervalles, qui correspondent aux parties « d'un seul tenant » de la droite : droite tout entière, demi-droite ou segment.

$\mathrm{I} = [-1\,; 5[$ $\quad$ $\mathrm{J} = [2\,; +\infty[$

$\mathrm{I} \cup \mathrm{J}$ est l'**union** de I et de J : c'est l'ensemble des réels appartenant à I ou à J.

$$\mathrm{I} \cup \mathrm{J} = [-1\,; +\infty[$$

$\mathrm{I} \cap \mathrm{J}$ est l'**intersection** de I et de J : c'est l'ensemble des réels appartenant à I et à J.

$$\mathrm{I} \cap \mathrm{J} = [2\,; 5[$$

Valeur absolue

Si $x \geqslant 0$, alors $|x| = x$.
Si $x \leqslant 0$, alors $|x| = -x$.
Si A et B sont deux points de la droite des réels d'abscisses respectives a et b alors $AB = |b - a|$.
Si x, a et r sont des réels avec $r > 0$, alors

$$|x - a| \leqslant r \Leftrightarrow x \in [a - r\,; a + r]$$

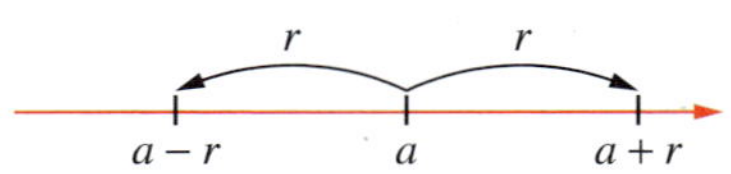

Règles de calcul

Puissances

Pour tout réel a et pour tout entier naturel $n \geqslant 2$, on a $a^n = \underbrace{a \times a \times \ldots \times a}_{n \text{ facteurs}}$ et $a^1 = a$.

Par convention, pour $a \neq 0$, $a^0 = 1$.

Pour tous réels a et b non nuls et tous entiers relatifs n et p :

$$a^{-n} = \frac{1}{a^n}$$

$$a^n \times a^p = a^{n+p}\,; \frac{a^n}{a^p} = a^{n-p}\,; (a^n)^p = a^{n \times p}$$

$$(a \times b)^n = a^n \times b^n\,; \left(\frac{a}{b}\right)^n = \frac{a^n}{b^n}$$

Racines

Pour tous réels a et b **positifs** :

$$\left(\sqrt{a}\right)^2 = a$$

$$\sqrt{a \times b} = \sqrt{a} \times \sqrt{b}\,; \sqrt{\frac{a}{b}} = \frac{\sqrt{a}}{\sqrt{b}} \quad \text{si} \quad b \neq 0$$

Pour tout réel a : $\sqrt{a^2} = |a|$

Encadrement décimal d'un réel

Un encadrement décimal du réel x à 10^{-n} près est de la forme $a \leqslant x \leqslant b$ où a et b sont des décimaux tels que $b - a = 10^{-n}$

($b - a$ est l'amplitude de l'encadrement)

Je m'exerce à démontrer

Pour tous nombres réels a et b, $|a \times b| = |a| \times |b|$.

DÉMO PAS À PAS
hachette-clic.fr/25de2002

J'évalue mes connaissances

VERSION INTERACTIVE hachette-clic.fr/25de2003

QCM

Pour chacune des questions, indiquer la (ou les) bonne(s) réponse(s).

Voir corrigés p. 396

	a	b	c
1. Le nombre $-\frac{18}{3}$ est :	rationnel	un entier relatif	un entier naturel
2. Le nombre $\frac{2}{13}\left(3-\frac{8}{7}\right)$ est :	décimal	rationnel	réel
3. $\frac{3}{4}\div\frac{4}{7}$ est égal à :	$\frac{3}{7}$	$\frac{21}{16}$	$\frac{3}{2}+\frac{1}{8}-\frac{5}{16}$
4. 6^2+8^2 est égal à :	10^2	14^2	14^4
5. 10^{-5} est égal à :	0,00010	0,00005	0,00001
6. $\frac{10^2}{10^{-4}}$ est égal à :	un million	10^{-2}	dix millions
7. 7^8 est égal à :	$7^3\times7^5$	700 000 000	$(7^4)^2$
8. 4^{-1} est égal à :	$2{,}5\times10^{-1}$	-4	$\frac{1}{4}$
9. $\sqrt{8}-\sqrt{2}$ est égal à :	$\sqrt{6}$	$\sqrt{2}$	$\frac{\sqrt{14}}{\sqrt{7}}$
10. $(4\sqrt{3})^2$ est égal à :	48	12	36
11. Si x est un nombre négatif alors :	$\lvert x\rvert=x$	$\lvert x\rvert=-x$	$\lvert x\rvert$ n'existe pas
12. L'intersection des intervalles $]-\infty;7]$ et $[-5;21[$ est :	$\varnothing$	$]-\infty;21[$	$[-5;7]$

vrai ou faux ?

Indiquer pour chaque affirmation si elle est vraie ou fausse. Justifier.

Partie A.

1. L'ensemble des réels x tels que $-9<x\leqslant4$ est l'intervalle $]-9;4[$.

2. $x\in]-\infty;6[$ se traduit par $x<6$.

3. $-7{,}65\in[-7{,}6;-2[$.

4. La distance entre $\frac{1}{6}$ et $\frac{3}{8}$ est : $\left|\frac{1}{6}-\frac{3}{8}\right|=\frac{5}{24}$.

5. $]-5;+\infty[\cup]-8;-1]=]-5;-1]$

6. On considère l'intervalle représenté ci-dessous.

a. Le nombre -4 appartient à cet intervalle.

b. La distance entre -3 et 13 est 16.

c. Cet intervalle est centré en 5.

d. Tous les réels x appartenant à cet intervalle vérifient $|x-8|\leqslant5$.

Partie B.

$ABCD$ est un rectangle tel que :

$$AD=\sqrt{27} \text{ et } DB=5\sqrt{3}$$

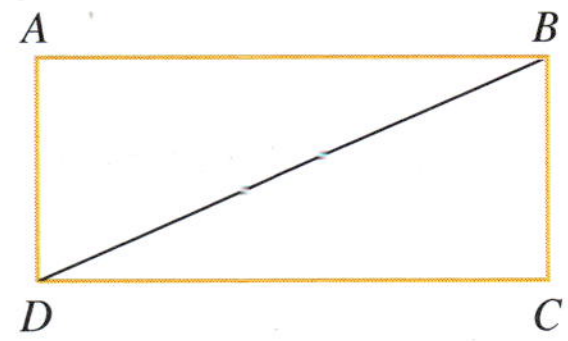

1. Un encadrement de DB à 10^{-3} près est :

$$8{,}66<DB<8{,}67$$

2. $AB=\sqrt{27}+\sqrt{3}$.

3. Le périmètre du rectangle $ABCD$ est $14\sqrt{3}$.

4. L'aire du rectangle $ABCD$ est $12\sqrt{3}$.

5. Le périmètre du triangle ABD est $7\sqrt{3}$.

6. L'aire du triangle ABD est $180\sqrt{3}$.

exercices Application

JE ME TESTE ! EXERCICES INTERACTIFS
hachette-clic.fr/25de2004

Acquérir des automatismes

*Pour les exercices **41** et **42**, calculer mentalement chaque nombre.*

41 **1.** 10^{-4} **2.** 10^{7} **3.** $\sqrt{10\,000}$ **4.** $\left(\sqrt{7}\right)^2$

42 **1.** $|-8|$ **2.** $|17|-|-8|$ **3.** $|10-15|$

43 Dans chaque cas, donner un encadrement du nombre avec l'amplitude indiquée.

1. $\frac{9}{4}$, amplitude 1

2. $\frac{1}{3}$, amplitude 10^{-2}

3. $\frac{-2}{3}$, amplitude 10^{-1}

44 **Vrai ou Faux ?**

Justifier votre réponse.

1. Le nombre 2^{-1} est un entier relatif.

2. Le nombre $\frac{36}{5}\times\frac{25}{6}$ est un entier naturel.

3. Le nombre $\sqrt{(-4)^2}$ est un entier relatif.

4. Le nombre $\left(\frac{\sqrt{3}}{3}\right)^2$ est un nombre décimal.

5. Le nombre $\left(\sqrt{2}\right)^{-5}\times\left(\sqrt{2}\right)^{6}$ est un nombre irrationnel.

*Pour les exercices **45** à **47**, indiquer pour chaque nombre le plus petit ensemble de nombres auquel il appartient.*

45 **1.** 3,14 **2.** $\sqrt{5}$ **3.** $\frac{2}{3}$ **4.** $6{,}23\times10^2$

46 **1.** $-\frac{14}{7}$ **2.** $2{,}5\times10^{-3}$ **3.** $\sqrt{64}$ **4.** 2π

47 **1.** $(-4)^0$ **2.** $\frac{-18}{3}$ **3.** $\left(2\sqrt{3}\right)^2$ **4.** $\frac{7}{4}$

48 Écrire chaque nombre sous la forme 2^p où p est un entier relatif.

1. $2^{-3}\times2^4$ **2.** $2^{-5}\times2^{-2}$ **3.** $\left(2^{-3}\right)^5$

4. $\frac{2^3}{2^{11}}$ **5.** $2^{-8}\times4^5$ **6.** $\frac{4^{-5}}{4^7}$

49 Écrire les nombres suivants sous la forme $a\sqrt{2}$ où a est un entier naturel.

1. $\sqrt{50}$ **2.** $\sqrt{8}$ **3.** $\sqrt{18}$ **4.** $\sqrt{72}$

50 Écrire chaque nombre sous la forme $a\sqrt{b}$ où a et b sont des entiers naturels, b étant le plus petit possible.

1. $\sqrt{12}$ **2.** $\sqrt{200}$ **3.** $\sqrt{54}$ **4.** $\sqrt{45}$

Travailler les capacités du chapitre

Capacité 1 — Donner un encadrement d'un réel par des décimaux

Voir p. 13

51 Donner un encadrement de chaque nombre à 10^{-2} près.

1. 5,7282 **2.** – 38,493 **3.** $\frac{3}{7}$ **4.** $\sqrt{3}$

52 Donner un encadrement de chaque nombre d'amplitude 10^{-1}.

1. $1\,243{,}7\times10^{-2}$ **2.** $-0{,}00694\times10^3$

3. $\frac{-5}{6}$ **4.** $\frac{\pi}{2}$

53 Donner un encadrement de $\frac{13}{7}$:

1. à 10^{-1} près **2.** à 10^{-2} près **3.** à 10^{-3} près

*Pour les exercices **54** à **56**, donner un encadrement du nombre donné avec la précision indiquée.*

54 Encadrement de π à 10^{-2} près.

CORRECTION TYPE EN VIDÉO
hachette-clic.fr/25de2005

55 Encadrement de $\frac{-2}{7}$ à 10^{-3} près.

56 Encadrement de $\sqrt{5}$ à 10^{-2} près.

Capacité 2 — Arrondir au nombre de chiffres significatifs adapté

Voir p. 13

57 La loi d'Ohm indique que la tension U (en volt) aux bornes d'une résistance est proportionnelle à l'intensité I (en ampère) du courant qui la traverse, selon la formule $U = RI$, où R est la valeur de la résistance (en ohm).

Une résistance de 38 ohms est traversée par un courant de 3,2 mA (milliampères).

Quelle est la tension aux bornes de cette résistance ?

Arrondir au mV près.

58 Une grande surface organise un jeu et donne à ses clients des jetons à introduire dans une machine pour obtenir un éventuel lot.

La machine a été paramétrée pour que, chaque jour, 1,5 % des joueurs gagne un lot.

Ce samedi, 5 319 clients ont joué.

Combien de clients ont gagné un lot ?

59 Amélie veut tracer un triangle rectangle tel qu'un côté de l'angle droit mesure 4,5 cm et l'hypoténuse mesure 8 cm.
Quelle est, au mm près, la mesure de l'autre côté de l'angle droit ?

*Pour les exercices **60** à **62**, arrondir le résultat en utilisant un nombre de chiffres adapté au problème.*

60 Déterminer le côté d'un terrain carré d'aire 79 m^2.

CORRECTION TYPE EN VIDÉO hachette-clic.fr/25de2006

61 Déterminer le volume en centilitres d'un verre de forme cylindrique de rayon 3 cm et de hauteur 15 cm.

Rappel
$1\ l = 1\ \text{dm}^3$

62 Déterminer le rayon d'une bague circulaire de longueur 5,6 cm.

CAPACITÉ 3 Utiliser la droite des réels

Voir p. 15

*Pour les exercices **63** à **65**, lire l'abscisse de chaque point placé sur la droite des réels.*

63

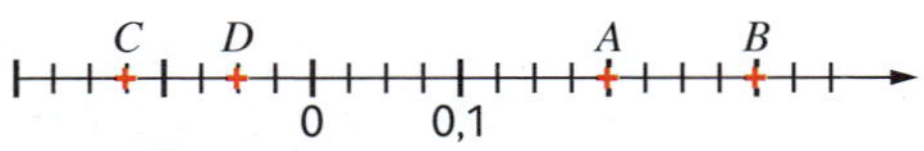

CORRECTION TYPE EN VIDÉO hachette-clic.fr/25de2007

64

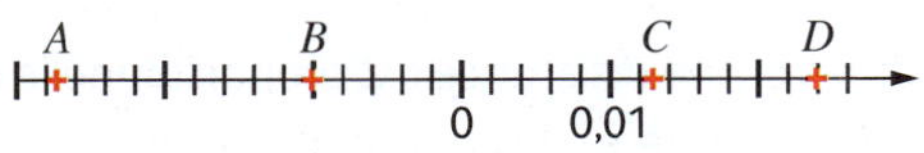

65

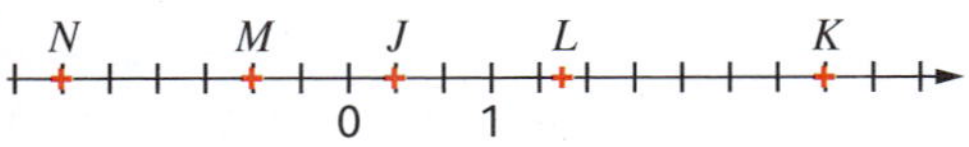

66 Placer sur la droite ci-dessous les points A, B, C et D d'abscisses respectives $\frac{25}{6}$, $\frac{14}{3}$, $\frac{11}{3}$ et $\frac{31}{6}$.

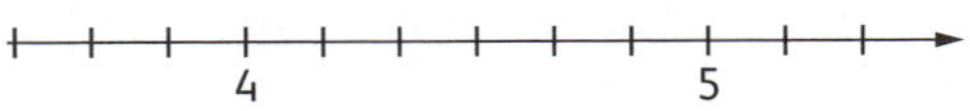

67 Placer sur la droite ci-dessous les points E, F, G et H d'abscisses respectives $\frac{2}{5}$, $1-\frac{1}{5}$, $\frac{2}{5}-1$ et $2-\frac{4}{5}$.

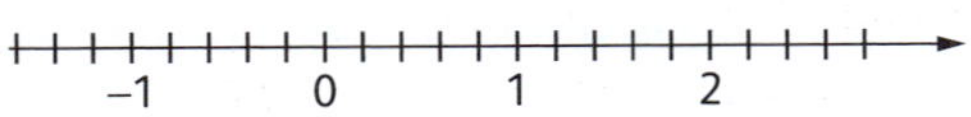

CAPACITÉ 4 Représenter un intervalle

Voir p. 15

68 Dans chaque cas, représenter sur une droite graduée et écrire sous la forme d'un intervalle l'ensemble des réels x vérifiant la condition.
1. x est un réel supérieur ou égal à 10.
2. x est un réel strictement positif.
3. x est un réel compris entre −5 exclu et 7 inclus.
4. x est un réel strictement inférieur à 2.

69 Reproduire et compléter le tableau suivant.

Inégalité	Représentation graphique	Intervalle
$-3 \leqslant x \leqslant 1$	0	
	0	$x \in]0{,}5\,;3[$
	−1 0 2	
$x \geqslant 0{,}5$	0	
	0	$x \in]-\infty\,;3[$
	0	
$x \leqslant 0$	0	

*Pour les exercices **70** à **72**, représenter les intervalles I et J sur une même droite graduée puis déterminer $I \cap J$ et $I \cup J$.*

70 **1.** $I =]3\,;12[$ et $J = [6\,;+\infty[$
2. $I =]-\infty\,;9]$ et $J =]5\,;-\infty[$
3. $I = [-2\,;9]$ et $J = [9\,;+\infty[$

CORRECTION TYPE EN VIDÉO hachette-clic.fr/25de2008

71 **1.** $I = [-4\,;+\infty[$ et $J =]-7\,;0[$
2. $I = [-5\,;10[$ et $J =]-8\,;+\infty[$
3. $I =]-\infty\,;2]$ et $J =]2\,;+\infty[$

72 **1.** $I =]-\infty\,;8[$ et $J = [2\,;11[$
2. $I = [1\,;4]$ et $J = [4\,;+\infty[$
3. $I =]-2\,;+\infty[$ et $J = [7\,;9]$

73 Dans chaque cas, représenter l'intervalle I sur une droite graduée et traduire la condition $x \in I$ par une inégalité de la forme $|x-a| \leqslant r$.
1. $I = [-3\,;3]$ **2.** $I = [2\,;5]$ **3.** $I = [-1\,;3]$

74 Dans chaque cas, représenter et déterminer l'ensemble des réels x tels que :
1. $|x-2| < 3$ **2.** $|x+5| \leqslant 1$

Effectuer des calculs numériques mettant en jeu des puissances, des racines, des écritures fractionnaires

CAPACITÉ 5

Voir p. 17

75 Écrire chaque nombre sous forme décimale.

$A = 7{,}23 \times 10^3$ $\quad B = 234{,}7 \times 10^{-4}$

$C = 4 \times 10^{-2}$ $\quad D = 10^{-5}$

76 Écrire chaque nombre sous la forme d'une puissance de 10 lorsque cela est possible.

1. 100 000
2. 0,00001
3. 10 millions
4. $10^{15} \times 10^8$
5. $10^2 + 10^{-3}$
6. $\dfrac{1\,000\,000}{0{,}01}$

77 Écrire chaque nombre sous la forme 3^n où n est un entier relatif.

1. $3^5 \times 3^{-12}$
2. $(3^6)^4$
3. $\dfrac{3^8}{3^{13}}$
4. 27^{-2}
5. 81×3^{-5}
6. $\dfrac{9^4}{(3^{-3})^6}$

78 Écrire chaque nombre sous la forme 2^n où n est un entier relatif.

1. $2^7 \times 2^{-3}$
2. 4^{-5}
3. $2^{-2} \times 8^{-3}$

79 Indiquer la (ou les) bonne(s) réponse(s).

1. $4^8 \times 2^{-19}$ est égal à :
a. 8^{-11} b. 2^{-3} c. 2^{-11} d. $\dfrac{1}{8}$

2. $\dfrac{25^7}{5^{-9}}$ est égal à :
a. 5^{23} b. 5^5 c. 5^{-2} d. $\dfrac{1}{25}$

3. $(3^6)^{-7}$ est égal à :
a. 3^{-1} b. 3^{-42} c. $\dfrac{1}{3}$ d. $\dfrac{1}{3^{42}}$

4. $2^{-2} \times 5^{-3} \times 5^3$ est égal à :
a. 2^{-2} b. 0 c. $10^{-5} \times 5^3$ d. 0,25

*Pour les exercices **80** à **82**, donner l'écriture scientifique de chaque nombre.*

80 1. 43 218 2. 0,0000534 3. 35 384,5

81

1. $13{,}5 \times 10^{16}$
2. $0{,}4 \times 10^{23}$
3. $7 \times 10^{-8} \times 2 \times 10^{11}$

82

1. 0,0324
2. 746×10^{-10}
3. $\dfrac{6 \times 10^{15} \times 8 \times 10^{-8}}{3}$

*Pour les exercices **83** à **86** calculer et donner le résultat sous forme de fraction irréductible.*

83 1. $A = 1 + \dfrac{1}{2} - \dfrac{1}{3}$

2. $B = 4 - \dfrac{5}{3}$
3. $C = \dfrac{8}{3} - 1 - \dfrac{1}{5}$

84 1. $A = \dfrac{5}{4} \times \dfrac{1}{3}$

2. $B = 27 \times \dfrac{4}{3}$
3. $C = 2 \times \dfrac{3}{7} \times \dfrac{14}{9}$

85 1. $A = \dfrac{2}{3} \div \dfrac{3}{2}$

2. $B = 3 \div \dfrac{2}{5}$
3. $C = -\dfrac{3}{7} \div 2$

86 1. $A = \dfrac{2}{9} - \dfrac{4}{9} \times \dfrac{5}{8}$

2. $B = -\dfrac{3}{4} + \dfrac{2}{5} \div \dfrac{6}{5}$
3. $C = \left(1 + \dfrac{2}{5}\right) \div \left(3 - \dfrac{1}{5}\right)$

87 Nathan a emmené ses cartes de jeux à l'école. Il en donne $\dfrac{1}{4}$ à Kevin et les $\dfrac{3}{5}$ de ce qu'il reste à Samira. Quelle fraction du total de ses cartes de jeux lui reste-t-il ?

88 Écrire chaque nombre sous la forme $a\sqrt{b}$, a et b étant des entiers et b le plus petit possible.

1. $\sqrt{27}$
2. $\sqrt{32}$
3. $\sqrt{28}$
4. $\sqrt{75}$
5. $\sqrt{48}$
6. $\sqrt{800}$

89 Vrai ou faux ?

Justifier votre réponse.

1. $-\sqrt{7}^2 = 7$
2. $(2\sqrt{6})^2 = 12$
3. $\sqrt{3} + 2\sqrt{3} = 3\sqrt{3}$
4. $\sqrt{(-5)^2} = -5$
5. $\dfrac{\sqrt{12}}{\sqrt{27}}$ est rationnel
6. $4\sqrt{3} \times 2\sqrt{3} = 8\sqrt{3}$

90 Écrire les nombres suivants sous la forme $a\sqrt{b}$ où a et b sont des entiers naturels.

1. $A = 3\sqrt{3} + 2\sqrt{3} - 4\sqrt{3}$
2. $B = \left(\sqrt{2}\right)^3$
3. $C = \sqrt{50} + 4\sqrt{18} - \sqrt{8}$
4. $D = 3\sqrt{5} \times \left(2\sqrt{5}\right)^2$

91 ABC est un triangle rectangle en A tel que $AB = \sqrt{18}$ et $AC = \sqrt{32}$.

1. Montrer que $BC = 5\sqrt{2}$.
2. Calculer la valeur exacte du périmètre de ABC.
3. Calculer l'aire de ABC.

exercices Entraînement

1 Ensemble ℝ des nombres réels

*Pour les exercices **92** et **93**, compléter les pointillés avec le symbole ∈ ou ∉.*

92 1. $-13\ldots\mathbb{N}$ 2. $2{,}5\ldots\mathbb{Q}$ 3. $\sqrt{100}\ldots\mathbb{N}$
4. $\frac{2}{3}\ldots\mathbb{D}$ 5. $\sqrt{3}\ldots\mathbb{Q}$ 6. $\frac{\pi}{3}\ldots\mathbb{Q}$

93 1. $\frac{1}{3}\ldots\mathbb{D}$ 2. $\frac{3}{4}\ldots\mathbb{D}$ 3. $-3{,}4\ldots\mathbb{Z}$
4. $\frac{84}{14}\ldots\mathbb{N}$ 5. $-\frac{12}{\sqrt{100}}\ldots\mathbb{D}$ 6. $\frac{\pi+1}{\pi+2}\ldots\mathbb{R}$

94 Reproduire le tableau et mettre une croix dans la case lorsque le nombre appartient à l'ensemble.

	$\mathbb{N}$	$\mathbb{Z}$	$\mathbb{D}$	$\mathbb{Q}$	$\mathbb{R}$
-123					
$\sqrt{7}$					
$\frac{3}{5}$					
$\frac{5}{7}$					
10^8					
$-2{,}3$					

*Pour les exercices **95** à **98**, donner dans chaque cas le plus petit ensemble de nombres auquel le nombre proposé appartient, en indiquant les simplifications éventuelles.*

95 1. $\frac{12}{72}$ 2. 4×10^{-3} 3. $-\frac{12}{\sqrt{9}}$
4. $0{,}3333$ 5. $\sqrt{2}$ 6. $\frac{189}{3}$

96 1. $3{,}82\times10^6$ 2. $\sqrt{\frac{9}{4}}$ 3. $\frac{45}{10\,000}$
4. $\frac{\sqrt{2}}{\sqrt{8}}$ 5. $(\sqrt{3}-1)(\sqrt{3}+1)$

97 1. $\frac{5}{5}$ 2. $\frac{\pi}{2\pi}$ 3. $\frac{\pi+1}{\pi+2}$
4. $2\sqrt{3}+1$ 5. $(\sqrt{5})^2$ 6. $\frac{0{,}45}{0{,}05}$

98 1. $\frac{2\sqrt{81}}{3}$ 2. $\frac{(\sqrt{7}-2)(\sqrt{7}+2)}{3}$
3. $\frac{1}{2}+\frac{1}{3}$ 4. $\frac{3}{4}\times\frac{2}{5}$

99 On considère les nombres suivants :

$$a=(\sqrt{2})^{-3}\times(\sqrt{2})^{7} \text{ et } b=2\sqrt{2}-3-\sqrt{8}$$

1. Ana affirme que a est un entier naturel et b un entier relatif. A-t-elle raison ? Justifier.
2. Donner la nature des nombres $a\times b$, $\frac{a}{b}$ et $\frac{b}{a}$.

100 Compléter les pointillés par $\mathbb{N}$, $\mathbb{Z}$, $\mathbb{D}$, $\mathbb{Q}$ ou $\mathbb{R}$.
1. $25{,}364\in\ldots$ mais $25{,}364\notin\ldots$.
2. $\sqrt{2}\in\ldots$ mais $\sqrt{2}\notin\ldots$.
3. $-15\in\ldots$ mais $-15\notin\ldots$
4. $\frac{3}{7}\in\ldots$ mais $\frac{3}{7}\notin\ldots$.
5. $\frac{3}{4}\in\ldots$ mais $\frac{3}{4}\notin\ldots$.

101 Donner si possible :
1. un entier qui n'est pas naturel ;
2. un décimal qui n'est pas rationnel ;
3. un rationnel qui n'est pas décimal ;
4. un irrationnel ;
5. un réel qui n'est pas décimal.

102 Donner si possible :
1. un décimal compris entre $\frac{4}{3}$ et $\frac{3}{2}$;
2. un entier négatif dont le carré est égal à 9 ;
3. un irrationnel compris entre -2 et -1 ;
4. un réel dont le carré est égal à -1 ;
5. un réel négatif dont le carré est égal à 5.

103 **Vrai ou faux ?**
Pour chaque affirmation, dire si elle est vraie ou fausse. Justifier la réponse.
1. Si $a\in\mathbb{Z}$, alors $a\in\mathbb{Q}$.
2. L'opposé d'un entier relatif est un entier naturel.
3. L'inverse d'un entier non nul est un décimal.
4. La racine carrée d'un entier naturel est un irrationnel.

104 Pour chaque nombre, donner un encadrement décimal à 10^{-3} près, puis une valeur approchée au millième.
1. $\frac{5}{7}$ 2. $\frac{\pi}{3}$ 3. $\sqrt{11}$

105 Pour chaque nombre, donner un encadrement décimal à 10^{-2} près, puis une valeur approchée au centième.
1. $\sqrt{5}-2$ 2. $\pi-3$ 3. $\sqrt{\pi-2}$

106 1. Déterminer la valeur exacte de l'aire $\mathcal{A}$ d'un disque de rayon 2 cm. Donner la nature de $\mathcal{A}$.
2. Donner un encadrement décimal de $\mathcal{A}$ à 10^{-1} près puis une valeur approchée à 10^{-2} près.

107 Calculer la valeur exacte puis une valeur approchée à 10^{-4} près du volume d'un cube dont l'arête mesure $3\sqrt{2}$ cm.

108 Un pavé droit a pour base un carré de côté $2\sqrt{5}$ et pour hauteur $\sqrt{5}+1$.
1. Calculer la valeur exacte du volume du pavé.
2. En donner une valeur approchée à 10^{-3} près.

2 Intervalles de $\mathbb{R}$

Pour les exercices 109 et 110, compléter les pointillés avec le symbole $\in$ ou $\notin$.

109 **1.** $1{,}2\ldots[0\,;6]$ **2.** $-3\ldots]-\infty\,;-3{,}5[$
3. $0{,}001\ldots]0\,;1]$ **4.** $2\ldots]2\,;+\infty[$

110 **1.** $-\pi$ ….. $[-3\,;-1[$ **2.** $\sqrt{2}\ldots]-\infty\,;1{,}5[$
3. $\frac{1}{2}\ldots\left]\frac{1}{3}\,;\frac{2}{3}\right[$ **4.** $0{,}999\ldots[0{,}99\,;+\infty[$

Pour les exercices 111 à 113, représenter sur la droite des réels et traduire à l'aide d'un intervalle l'ensemble des réels x tels que :

111 **1.** x est strictement inférieur à 2.
2. x est strictement supérieur à -3 et inférieur ou égal à 1.
3. x est supérieur ou égal à -4.
4. x est compris strictement entre -3 et 5.

112 **1.** $-1\leqslant x\leqslant 1$ **2.** $x>3$
3. $x\leqslant -5$ **4.** $2<x\leqslant 6$

113 **1.** $0<x\leqslant\frac{1}{3}$ **2.** $-2\geqslant x$
3. $x<0$ **4.** $-\frac{3}{2}<x<\frac{3}{2}$

Pour les exercices 114 et 115, représenter chaque intervalle sur la droite des réels et traduire par une inégalité l'appartenance d'un réel x à cet intervalle.

114 **1.** $[-2\,;3]$ **2.** $]1\,;2]$
3. $[1\,;+\infty[$ **4.** $]-\infty\,;1{,}2[$

115 **1.** $]2\,;+\infty[$ **2.** $\left]0\,;\frac{1}{2}\right[$
3. $[-2\,;2[$ **4.** $]-\infty\,;-2]$

116 Sur une droite graduée d'origine O, on considère les points A, B et M d'abscisses respectives -2, 3 et x, où x est un nombre réel.
Dans chaque cas, traduire la condition donnée par l'appartenance de x à un intervalle.
1. M appartient au segment $[AB]$.
2. M appartient à la demi-droite d'origine A et passant par B.
3. M appartient à la droite (AB).
4. M appartient au segment $[OB]$ et M est différent de B.
5. M appartient à la demi-droite d'origine B et passant par A et M est différent de B.

117 Vrai ou faux ?
Pour chaque affirmation, dire si elle est vraie ou fausse. Justifier.
1. π appartient à l'intervalle $]3\,;3{,}14]$.
2. L'ensemble des réels x tels que $3\leqslant x$ est l'intervalle $]-\infty\,;3]$.
3. $x\in[-1\,;7[$ équivaut à $7>x\geqslant -1$.
4. L'intervalle $]0{,}33\,;0{,}34[$ ne contient pas de nombre rationnel.
5. Si $x\in[0{,}8\,;2]$, alors $x\in[0{,}7\,;1{,}999]$.
6. Si $x\in\left[\frac{1}{3}\,;\frac{2}{3}\right]$, alors $x\in[0\,;1]$.

118 Dans chaque cas, déterminer l'intersection et la réunion des intervalles I et J.
1. $I=[2\,;7]$ et $J=[-1\,;5]$
2. $I=]-\infty\,;2]$ et $J=[-1\,;2[$
3. $I=]-\infty\,;4[$ et $J=]3{,}9\,;+\infty[$
4. $I=]-2\,;8[$ et $J=[12\,;+\infty[$

119 Dans chaque cas, traduire l'appartenance d'un réel x à la zone colorée en bleu à l'aide d'inégalités puis en utilisant des intervalles.

a. 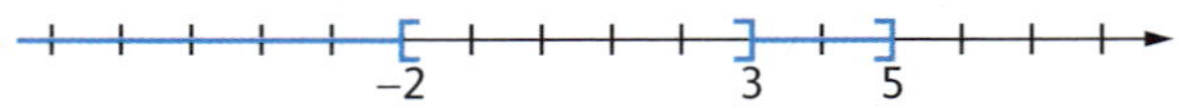

b. 

120 a et b sont deux nombres réels tels que $a\leqslant b$.
L'amplitude de l'intervalle $[a\,;b]$ est le réel $\ell=b-a$ et son centre le réel $c=\frac{a+b}{2}$.
1. Déterminer l'amplitude et le centre des intervalles suivants :
a. $[-3\,;2]$ **b.** $\left[-\frac{2}{3}\,;\frac{3}{2}\right]$ **c.** $[1-\sqrt{2}\,;1+\sqrt{2}]$
2. Donner un intervalle d'amplitude 10^{-2} contenant $\sqrt{7}$.
3. Déterminer l'intervalle $[a\,;b]$ d'amplitude 2 et de centre 0.
4. Déterminer l'intervalle de centre -1 et d'amplitude 3.

121 Dans chaque cas, représenter sur la droite des réels et déterminer l'ensemble des nombres réels x tels que :
1. $|x|=2$ **2.** $|x-1|=3$
3. $|x-2|\leqslant 1$ **4.** $|x+1|<4$

122 Dans chaque cas, traduire la condition par une inégalité de la forme $|x-a|\leqslant r$.
1. $x\in[-5\,;5]$ **2.** $x\in[1\,;3]$
3. $x\in[-5\,;-1]$ **4.** $x\in\left[-\frac{1}{2}\,;\frac{3}{2}\right]$

3 Règles de calcul

123 Écrire et calculer les nombres suivants.

1. La somme de $\frac{3}{4}$ et de $\frac{4}{5}$.
2. Le produit de 5 par $\frac{8}{15}$.
3. La différence de 2 et du produit de 2 par $\frac{3}{5}$.
4. Le quotient de $\frac{2}{3}$ par $\frac{4}{5}$.

*Pour les exercices **124** à **126**, calculer A, B, C et D et donner le résultat sous forme de fraction irréductible.*

124 1. $A=\frac{2}{3}+\frac{5}{18}-\frac{1}{9}$ 2. $B=1-\left(\frac{7}{6}+\frac{3}{8}\right)$

3. $C=-42\times\frac{-5}{7}$ 4. $D=\frac{33}{56}\div\frac{11}{8}$

125 1. $A=\left(3-\frac{11}{5}\right)\times\frac{45}{7}$ 2. $B=\left(\frac{2}{3}\right)^2-1$

3. $C=\frac{1}{3}-\frac{16}{7}\div\frac{40}{21}$ 4. $D=\dfrac{1-\frac{1}{6}}{\frac{1}{8}-\frac{5}{12}}$

126 1. $A=\frac{48}{35}\times\frac{14}{9}$ 2. $B=4\left(\frac{1}{2}-\frac{1}{3}\right)$

3. $C=\left(\frac{5}{7}\right)^2-\frac{2}{7}$ 4. $D=\frac{5}{4}-\frac{2}{3}\times\frac{1}{4}$.

127 On considère les nombres $a=\frac{117}{63}$ et $b=-\frac{8}{7}$.

1. Simplifier la fraction a.
2. Montrer que $a-b$ est un entier naturel.

128 En électricité, pour calculer des valeurs de résistances « en parallèle », on utilise la formule $\frac{1}{R}=\frac{1}{R_1}+\frac{1}{R_2}$.

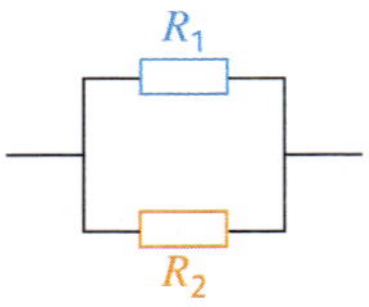

Sachant que $R_1=9$ ohms et $R_2=12$ ohms, déterminer la valeur exacte de R.

129 On donne $a=\frac{2}{3}$, $b=-\frac{1}{4}$, $c=\frac{2}{5}$ et $d=-\frac{1}{2}$.

Calculer $A=ab+cd$ et $B=\frac{a+d}{b+c}$.

130 Soient a et b deux nombres réels strictement positifs. La « moyenne harmonique » des réels a et b est le nombre h défini par $\frac{1}{h}=\frac{1}{2}\left(\frac{1}{a}+\frac{1}{b}\right)$.

Calculer la moyenne harmonique des réels a et b dans chacun des cas suivants.

1. $a=1$ et $b=2$
2. $a=2$ et $b=3$
3. $a=\frac{2}{5}$ et $b=\frac{1}{4}$
4. $a=b$

131 Exprimer chaque nombre sous forme d'une puissance de 10.

1. 10 000 2. 0,0001 3. 100 milliards
4. $10^5\times10^{-7}$ 5. $(10^{-4})^6$ 6. $\frac{10^{-2}}{10^7}$

132 Exprimer chaque nombre sous forme d'une puissance de 2.

1. $2^3\times2^{-7}$ 2. $(2^{-2})^{-3}$ 3. $\frac{2^3}{2^8}$
4. 8^{-2} 5. $4^{-4}\times2^3$ 6. $\frac{16^2}{4^{-2}}$

133 Simplifier l'écriture des nombres suivants.

1. $\left(\frac{2}{3}\right)^3$ 2. $(3\sqrt{2})^2$ 3. $\frac{5^3}{5^{-3}}$
4. $\left(\frac{4}{3}\right)^{-1}$ 5. $-2^3\times\left(\frac{5}{2}\right)^3$ 6. $(-\sqrt{5})^3$

134 Exprimer chaque nombre sous forme d'une puissance de 3.

1. $A=3^2\times3^{-4}\times3^3$ 2. $B=\frac{(-9)^{-1}}{(-3)^{-1}}$
3. $C=\frac{3^4\times3^{-2}}{3^5}$ 4. $D=\frac{9^5}{27^{-2}}$

135 Exprimer chaque nombre sous forme d'un produit de puissances de 2, 3 et 5.

1. $A=4^{-1}\times10^{-2}\times6^3$ 2. $B=\frac{9^{-1}\times6}{15^{-2}}$

136 Pour chaque égalité dire si elle est vraie ou fausse. Justifier la réponse.

1. $2^3\times5^3=10^3$ 2. $2^3\times5^2=10^5$
3. $3^2+3^4=3^6$ 4. $\left(\frac{1}{3}\right)^2=\frac{2}{9}$
5. $(2\sqrt{3})^2=6$ 6. $7^1\times7^0=7$

137 Soit a un nombre réel non nul. Simplifier les écritures suivantes.

1. $(5a)^2$ 2. $(a\sqrt{3})^2$
3. $a^{-1}\times(a^2)^3$ 4. $\frac{a^{-2}\times a^5}{a^2\times a}$

138 Dans chaque cas, compléter les pointillés par une puissance de 5.

1. $5^4\times\ldots=5^{12}$ 2. $5^{-6}=5^3\times\ldots$
3. $5^9=\frac{1}{\ldots}$ 4. $\frac{5^{-2}}{\ldots}=5^3$
5. $(\ldots)^{-5}=5^{10}$ 6. $\left(\frac{\ldots}{5^{-3}}\right)^3=5^6$

139 Montrer, pour tout entier naturel n, les égalités suivantes.

1. $\frac{2^n}{2^{n+2}}=\frac{1}{4}$ 2. $4^{n+1}-4^n=3\times4^n$
3. $\frac{1}{9}\times3^n=3^{n-2}$ 4. $\frac{16^n}{8}=2^{4n-3}$

exercices Entraînement

140 Dans le vide, la vitesse c de la lumière est de 300 000 km/s. La longueur d'onde λ (en mètre) et la fréquence f (en hertz) d'une onde lumineuse sont liées par la relation $c = \lambda f$, où c est exprimée en mètre par seconde.

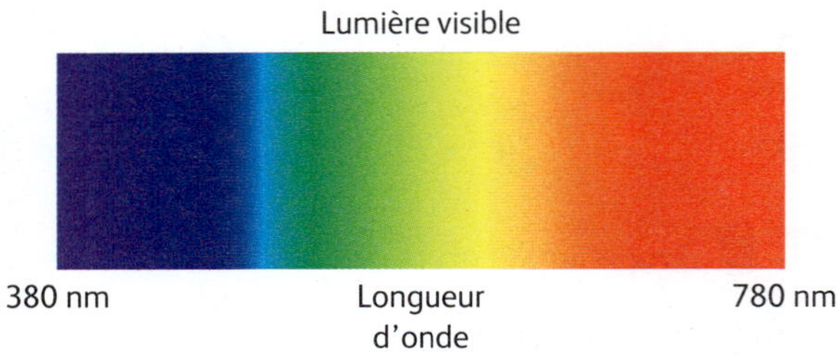

1. Convertir la vitesse de la lumière en mètre par seconde. *On donnera le résultat en écriture scientifique.*
2. Pour la lumière rouge, $\lambda = 8 \times 10^{-7}$ m. Calculer la fréquence f de la lumière rouge et donner le résultat en écriture scientifique.

141 Simplifier l'écriture des nombres suivants.

1. $\sqrt{2} \times 3\sqrt{2}$
2. $5\sqrt{3} \times 2\sqrt{3}$
3. $\left(-2\sqrt{7}\right)^2$
4. $2\sqrt{5} \times \sqrt{15}$
5. $\sqrt{3} \times \dfrac{\sqrt{6}}{\sqrt{2}}$
6. $\dfrac{3\sqrt{5}}{2} \times \dfrac{\sqrt{12}}{\sqrt{15}}$

Pour les exercices 142 à 144, écrire A et B sous la forme $a\sqrt{b}$, a et b étant des entiers avec b le plus petit possible.

142 1. $A = \sqrt{8} - 2\sqrt{2} + 3\sqrt{32}$
2. $B = \sqrt{20} - \sqrt{45} - 7\sqrt{5}$

143 1. $A = \sqrt{27} - 3\sqrt{3} + \sqrt{12}$
2. $B = \sqrt{63} + \sqrt{28} - \sqrt{175}$

144 1. $A = \sqrt{12} + 2\sqrt{48} - \sqrt{75}$
2. $B = \sqrt{180} + 3\sqrt{80} - 2\sqrt{125}$

145 Montrer que $3\sqrt{54} - 7\sqrt{6} - \sqrt{2} \times \sqrt{12} = 0$.

Pour les exercices 146 et 147, développer et simplifier les expressions.

146 1. $A = \sqrt{2}\left(\sqrt{2} - \sqrt{5}\right)$
2. $B = \sqrt{3}\left(\sqrt{6} + 2\sqrt{3}\right)$
3. $C = \left(2\sqrt{3} - 1\right)\left(2\sqrt{3} + 1\right)$

147 1. $A = \sqrt{2}\left(2 - \sqrt{2}\right)$
2. $B = \left(\sqrt{3} + 1\right)\left(\sqrt{2} - \sqrt{3}\right)$
3. $C = 2\sqrt{2}\left(\sqrt{2} + \dfrac{1}{\sqrt{2}}\right)$

148 Écrire chaque nombre sous la forme $a + b\sqrt{2}$, où a et b sont des entiers.
1. $A = \sqrt{200} - 3\sqrt{2} \times \sqrt{32} + 1$
2. $B = \left(3\sqrt{2} - 1\right)\left(5 - \sqrt{8}\right)$

149 Écrire chaque nombre sans utiliser le symbole racine carrée.

1. $\sqrt{17^2}$
2. $\sqrt{(-6)^2}$
3. $\left(-\sqrt{6}\right)^2$
4. $\sqrt{(\pi - 3)^2}$
5. $\sqrt{(\pi - 4)^2}$
6. $\sqrt{\left(1 - \sqrt{2}\right)^2}$

Pour les exercices 150 à 152, simplifier l'écriture de chaque nombre et donner le plus petit ensemble de nombres auquel il appartient.

150 1. $A = \sqrt{20} - 12\sqrt{5} + 2\sqrt{125}$
2. $B = \left(\sqrt{3} - \sqrt{5}\right)\left(\sqrt{3} + \sqrt{5}\right)$
3. $C = \dfrac{\left(1 - 2\sqrt{3}\right)\left(1 + 2\sqrt{3}\right)}{3}$
4. $D = \sqrt{2}\left(1 - 3\sqrt{2}\right)$

151 1. $A = \dfrac{-2\left(1 - \dfrac{1}{3}\right) + 1}{-1 + \dfrac{1}{6}}$
2. $B = \sqrt{48} - \sqrt{3} - \sqrt{27}$
3. $C = \dfrac{-2\sqrt{18}}{3\sqrt{2}}$
4. $D = \sqrt{5^2 + 4^2}$

152 1. $A = \dfrac{4\sqrt{3}}{\sqrt{27}}$
2. $B = \dfrac{18 \times 10^7}{0{,}9 \times \left(10^{-8}\right)^2}$
3. $C = \dfrac{15\sqrt{\pi}}{\pi} \times \dfrac{8\sqrt{\pi}}{3}$
4. $D = \dfrac{1 - \dfrac{2}{3}}{2 - \dfrac{2}{9}}$

153 Soit $A = \left(2\sqrt{3} - 1\right)^{2025} \times \left(2\sqrt{3} + 1\right)^{2025}$. Montrer que A est un entier naturel.

154 On considère les nombres :

$A = \left(2 - \dfrac{1}{3}\right) \div \left(\dfrac{1}{2}\right)^2$; $B = \dfrac{4 \times 10^{-2} \times 5 \times 10^7}{3 \times 10^5}$

et $C = \dfrac{\left(3 + \sqrt{11}\right)^2 - 6\sqrt{11}}{3}$

Montrer que $A = B = C$.

155 Dans chaque cas, donner si possible :
1. tous les nombres dont le carré est égal à 9 ;
2. un nombre positif dont le carré est égal à 3 ;
3. un nombre négatif dont le carré est égal à -4 ;
4. tous les nombres dont le carré est égal à 7 ;
5. un nombre négatif dont le carré est égal à 11.

Pour les exercices 156 à 158, résoudre les équations.

156 1. $x^2=4$ 2. $x^2=-1$ 3. $x^2=6$

157 1. $x^2=-3$ 2. $x^2=0$ 3. $x^2-8=0$

158 1. $x^2=1$ 2. $4x^2=9$
3. $3x^2+2=x^2-3$ 4. $(x-1)^2=2$

159 Factoriser les expressions suivantes.
1. x^2-16 2. x^2-5 3. $2x^2-4$
4. $(x+1)^2-2$ 5. $3-(2x+1)^2$

160 PYTHON

```
def f(x):
    y=x**2+3
    return y
```

On considère la fonction f définie sous Python ci-contre.
1. Calculer l'image de -2, de $\frac{2}{5}$ puis de 10^{-2} par f.
2. Résoudre les équations suivantes :
a. $f(x)=4$ b. $f(x)=2$ c. $f(x)=8$

161 1. Calculer les nombres a, b et c.
$a=\left(1-\frac{1}{3}-\frac{3}{5}\right)\div 2$; $b=\left(\frac{2}{3}-\frac{3}{5}\times\frac{2}{3}\right)\times 2$
$c=\left(1-\frac{1}{3}-\frac{3}{5}\times\frac{2}{3}\right)\times\frac{1}{2}$
2. Quatre enfants découpent un pain d'épice préparé pour leur goûter. Alice en prend le tiers, Benoît prend les $\frac{3}{5}$ de ce qu'a laissé Alice, enfin Cécile et Clément, qui sont jumeaux, se partagent de manière égale le reste.
a. Parmi les trois nombres a, b et c, quel est celui qui permet d'obtenir la fraction du pain d'épice reçue par chacun des jumeaux ? Justifier.
b. Donner la part de chacun des quatre enfants sous forme de fraction.

162 Soient a et b deux réels positifs avec $b\neq 0$. L'objectif de cet exercice est de démontrer la formule $\sqrt{\frac{a}{b}}=\frac{\sqrt{a}}{\sqrt{b}}$.
1. Que vaut le produit $b\times\frac{1}{b}$?
2. En déduire que $\sqrt{\frac{1}{b}}=\frac{1}{\sqrt{b}}$ puis que $\sqrt{\frac{a}{b}}=\frac{\sqrt{a}}{\sqrt{b}}$.

163 Écrire chaque quotient sans radical au dénominateur.
1. $\frac{1}{\sqrt{3}}$ 2. $\frac{2}{\sqrt{5}}$ 3. $\frac{2}{3\sqrt{2}}$
4. $\frac{-\sqrt{2}}{\sqrt{3}}$ 5. $\frac{1+\sqrt{2}}{\sqrt{2}}$ 6. $\frac{\sqrt{5}-\sqrt{2}}{\sqrt{10}}$

Analyse d'un énoncé

164 1. Montrer que $(\sqrt{3}-1)(\sqrt{3}+1)$ est un entier.

➋ Penser à l'identité remarquable
$(a-b)(a+b)=\ldots$

2. En déduire les égalités suivantes :
$\frac{1}{\sqrt{3}+1}=\frac{\sqrt{3}-1}{2}$ et $\frac{\sqrt{3}}{\sqrt{3}-1}=\frac{3+\sqrt{3}}{2}$

➋ Pour montrer la première égalité, la question 1. suggère de multiplier le numérateur et le dénominateur du quotient par $\sqrt{3}-1$.
$\sqrt{3}-1$ est appelé la quantité conjuguée de $\sqrt{3}+1$.

165 **Application immédiate**
Écrire les quotients suivants sans radical au dénominateur.
1. $\frac{2}{\sqrt{7}-1}$ 2. $\frac{-1}{3+\sqrt{5}}$ 3. $\frac{\sqrt{2}-1}{\sqrt{2}+1}$

166 ABC est un triangle rectangle en A tel que $AB=\sqrt{27}$ et $AC=\sqrt{48}$.
1. Calculer la valeur exacte de BC.
2. Calculer le périmètre du triangle ABC. On donnera le résultat sous la forme $a\sqrt{3}$ où a est un entier.
3. Calculer l'aire du triangle ABC.

167 $ABCD$ est un rectangle qui a pour aire 2^{11} cm² et tel que $AB=2^5$ cm.
1. Calculer la longueur AD sous la forme d'une puissance de 2.
2. Calculer le périmètre de $ABCD$ sous la forme $a\times 2^6$ où a est un nombre entier.
3. Calculer la longueur AC sous la forme $a\sqrt{5}$ où a est un entier.
4. Montrer que le périmètre du triangle ABC est égal à $2^5(3+\sqrt{5})$.

168 Soient a et b deux nombres réels, on note S leur somme et P leur produit.
1. Calculer S et P dans chaque cas.
a. $a=\frac{9}{5}$ et $b=\frac{9}{4}$ b. $a=\frac{17}{11}$ et $b=\frac{17}{6}$
2. Citer deux fractions de dénominateur 37 pour lesquelles $S=P$.
3. Énoncer une conjecture et la démontrer.

BILAN

169 15min Nature d'un nombre

Pour chaque nombre, simplifier son écriture et donner sa nature.

1. $A=\frac{1}{3}-\frac{8}{3}\times\frac{5}{4}$
2. $B=\left(\frac{3}{4}+2\right)\div\left(1+\frac{1}{4}\right)$
3. $C=\left(\sqrt{5}-2\right)\left(\sqrt{5}+2\right)$
4. $D=\frac{\sqrt{5}}{\sqrt{45}}$
5. $E=3\sqrt{2}\times2\sqrt{8}$
6. $F=\frac{9\times10^{-2}}{30\times10^{4}}$

170 15min Ensembles de nombres

Pour chaque nombre, simplifier son écriture et donner le plus petit ensemble de nombres auquel il appartient.

1. $A=3\sqrt{3}\times\frac{2\sqrt{6}}{\sqrt{2}}$
2. $B=\sqrt{3^2+5^2}$
3. $C=(-3)^3\times3$
4. $D=\frac{3-\frac{7}{5}}{1-\frac{3}{2}\times\frac{3}{5}}$
5. $E=\frac{3^4\times3^{-5}}{3^{-2}\times9}$

171 10min Puissances

Exprimer chaque nombre sous la forme d'une puissance de 3.

1. $A=3^{-2}\times3^4$
2. $B=\frac{3^{-5}}{3^2}$
3. $C=\left(3^2\right)^4\times3^{-10}$
4. $D=\frac{9^3\times3^8}{3^2\times3^5}$

172 10min Vrai ou faux ?

Pour chaque affirmation, dire si elle est vraie ou fausse en justifiant la réponse.

1. $\mathbb{D}\subset\mathbb{Z}$
2. $\left(1-2\sqrt{3}\right)\left(1+2\sqrt{3}\right)\in\mathbb{Z}$
3. $2\sqrt{27}-\sqrt{48}-2\sqrt{3}\notin\mathbb{N}$
4. $\frac{4\sqrt{5}}{3\sqrt{20}}\in\mathbb{D}$
5. $\frac{2^{-1}\times4^2}{3\times2^3}\in\mathbb{Q}$
6. $2-\frac{5}{2}\div\frac{15}{8}\notin\mathbb{D}$

173 15min Différentes formes d'un décimal

On considère le nombre $A=\frac{65\times10^3\times10^{-5}}{26\times10^2}$.

1. Montrer que A est un nombre décimal.
2. Donner :
a. l'écriture décimale de A ;
b. l'écriture de A sous la forme $a\times10^n$, où a est un entier naturel et n un entier relatif ;
c. l'écriture de A sous forme de fraction irréductible ;
d. L'écriture scientifique de A.

174 15min Une fonction

Soit la fonction f définie sur $\mathbb{R}$ par $f(x)=\frac{x}{x^2+1}$.

1. Calculer $f(0)$, $f(-2)$ puis $f(4)$. Donner la nature des nombres obtenus.
2. Calculer $f\left(\sqrt{2}\right)$. Donner sa nature et un encadrement à 10^{-3} près.
3. Donner une valeur approchée à 10^{-3} près de l'image de π par la fonction f.
4. Mathilde affirme que 3 et $\frac{1}{3}$ ont la même image par la fonction f. A-t-elle raison ? Justifier.

175 15min Un produit entier

On considère les nombres $A=\sqrt{48}+\sqrt{20}$ et $B=\sqrt{108}-\sqrt{45}$.

1. Écrire les nombres A et B sous la forme $p\sqrt{3}+q\sqrt{5}$, où p et q sont des entiers relatifs.
2. Montrer que $A\times B$ est un entier naturel.

176 25min Manipuler des racines

On pose $A=2\sqrt{3}-2\sqrt{27}-\sqrt{12}$ et $B=\sqrt{75}+\sqrt{48}-7\sqrt{3}$.

1. Écrire les nombres A et B sous la forme $p\sqrt{3}$ où p est un entier relatif.
2. Pour chaque nombre, donner le plus petit ensemble de nombres auquel il appartient.

1. $A\times B$
2. $A-B$
3. $3B+A$
4. $\frac{A}{B}$
5. $\frac{B}{A}$
6. A^2+B^2

177 10min Un triangle rectangle

ABC est un triangle rectangle en A tel que : $AB=\sqrt{3}-1$ et $AC=\sqrt{3}+1$

1. Montrer que l'aire du triangle ABC est un entier naturel.
2. Calculer la longueur BC.
3. Camille affirme que le périmètre du triangle ABC est égal à $2\sqrt{5}$. A-t-elle raison ? Justifier.

178 10min Un triangle et des carrés

ABC est un triangle rectangle en A.
À l'extérieur du triangle ABC, on construit les carrés $ABFG$ et $ACDE$ d'aires respectives 12 cm² et 27 cm².

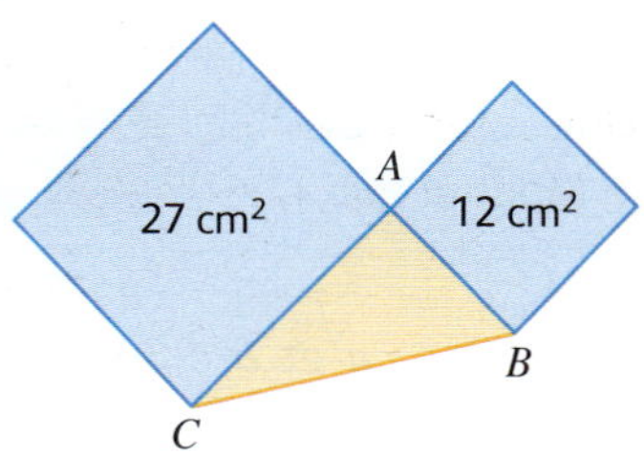

1. Calculer les longueurs AB, AC et BC. On donnera les résultats sous la forme $a\sqrt{b}$, où a et b sont des entiers avec b le plus petit possible.
2. Calculer l'aire du triangle ABC.

179 10min **Des intervalles**

On donne $I=[-2;1[$ et $J=]-\infty;2]$.

On évitera de déterminer $I\cap J$ et $I\cup J$ avant la question **4.**

1. Compléter avec le symbole $\in$ ou $\notin$.

a. $\frac{6}{5}\ldots J$

b. $(\sqrt{2}-1)(\sqrt{2}+1)\ldots I$

c. $-5\times 10^{2025}\ldots J$

d. $-3\ldots I\cup J$

e. $2{,}365\times 10^{-4}\ldots I\cap J$.

2. Donner si possible :

a. tous les entiers naturels appartenant à I ;

b. tous les entiers relatifs appartenant à J ;

c. deux nombres irrationnels appartenant à J ;

d. un nombre rationnel appartenant à $I\cap J$;

e. un nombre décimal appartenant à $I\cup J$;

3. Traduire par des inégalités $x\in I$ puis $x\in J$.

4. Déterminer $I\cap J$ et $I\cup J$.

180 10min **Le parking**

Sur un terrain rectangulaire $AEFG$, on a aménagé un parking carré, modélisé sur la figure ci-dessous par le carré $ABCD$. Ce parking est bordé de deux allées comme indiqué sur la figure.

L'aire du parking est de $1\,200\ \text{m}^2$.

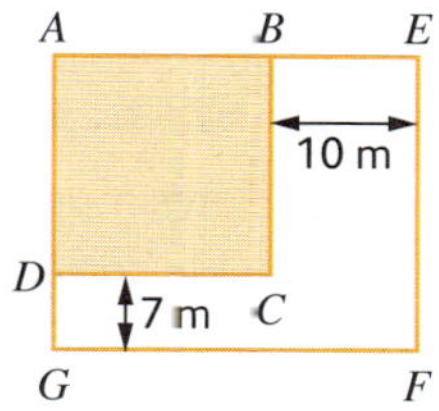

1. Calculer la longueur AB et écrire le résultat sous la forme $a\sqrt{3}$, où a est un entier naturel.

2. Dans cette question, on exprimera les résultats sous la forme $a+b\sqrt{3}$, où a et b sont des entiers.

a. Calculer le périmètre du rectangle $AEFG$.

b. Calculer l'aire du rectangle $AEFG$.

APPROFONDISSEMENT

181 Pas de radical au dénominateur !

1. On pose $A=\frac{2}{3\sqrt{2}-1}$.

a. Calculer $(3\sqrt{2}-1)(3\sqrt{2}+1)$.

Info

On dit que $3\sqrt{2}+1$ est l'expression conjuguée de $3\sqrt{2}-1$.

b. En déduire une écriture de A sans radical au dénominateur.

2. Écrire les nombres suivants sans radical au dénominateur.

$$B=\frac{-3}{\sqrt{5}-2}\qquad C=\frac{\sqrt{2}}{1+2\sqrt{2}}\qquad D=\frac{1}{\sqrt{3}+2\sqrt{2}}$$

Info

L'expression conjuguée de $a-\sqrt{b}$ est $a+\sqrt{b}$ celle de $\sqrt{a}+\sqrt{b}$ est $\sqrt{a}-\sqrt{b}$ ...

182 PRISE D'INITIATIVES

Une somme de 2025 termes

1. Montrer que, pour tout entier naturel n, on a :

$$\frac{1}{\sqrt{n+1}+\sqrt{n}}=\sqrt{n+1}-\sqrt{n}$$

2. Calculer $\frac{1}{\sqrt{2}+\sqrt{1}}+\frac{1}{\sqrt{3}+\sqrt{2}}$.

3. Montrer que la somme :

$$S=\frac{1}{\sqrt{2}+\sqrt{1}}+\frac{1}{\sqrt{3}+\sqrt{2}}+\frac{1}{\sqrt{4}+\sqrt{3}}+\ldots+\frac{1}{\sqrt{2026}+\sqrt{2025}}$$

est un entier naturel.

183 Des calculs dans une configuration

ABC est un triangle rectangle en A tel que $AB=2\sqrt{3}$.

D et E sont des points des segments $[AC]$ et $[AB]$ tels que :

- les droites (DE) et (BC) sont parallèles ;
- $BE=1$ et $AD=\frac{5}{2}$.

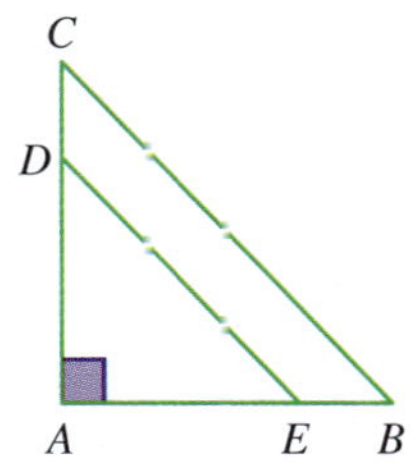

Calculer AC et DE. On donnera les résultats sous la forme $a+b\sqrt{3}$, où a et b sont des nombres rationnels.

184 PRISE D'INITIATIVES

Un entier surprenant ! (1)

Montrer que le nombre $\sqrt{\frac{4^{10}+8^{10}}{4^{11}+8^{4}}}$ est un entier naturel.

185 Un entier surprenant ! (2)

Montrer que, pour tout entier naturel n, le nombre $(3\sqrt{2}-2\sqrt{3})^n\times(3\sqrt{2}+2\sqrt{3})^n$ est un entier naturel.

186 Un entier surprenant ! (3)

Soit $A=\sqrt{2-\sqrt{3}}-\sqrt{2+\sqrt{3}}$.
Montrer que A^2 est un entier naturel.

187 Un entier surprenant ! (4)

1. Montrer que $\left(\sqrt{3}-2\right)^2=7-4\sqrt{3}$.
2. En déduire une expression simplifiée de $\sqrt{7-4\sqrt{3}}$.
3. Montrer que $7+4\sqrt{3}$ est le carré d'une expression que l'on déterminera.
4. Montrer que $\sqrt{7+4\sqrt{3}}+\sqrt{7-4\sqrt{3}}$ est un entier naturel.

188 *Die Coss*

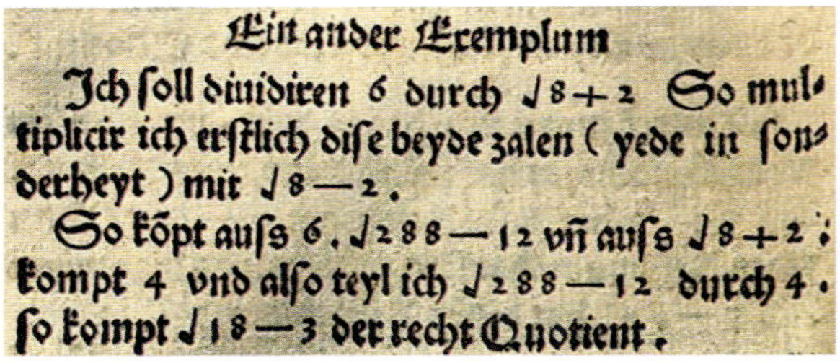
Ein ander Exemplum
Ich soll diuidiren 6 durch √8+2 So multiplicir ich erstlich dise beyde zalen (yede in sonderheyt) mit √8—2.
So kompt auß 6. √288—12 vñ auß √8+2 kompt 4 vnd also teyl ich √288—12 durch 4. so kompt √18—3 der recht Quotient.

Extrait *Die Coss*, 1553, Christoff Rudolff, folio 116, verso.

Traduction

Je dois diviser 6 par $\sqrt{8}+2$. Pour cela, je vais multiplier chacun de ces deux nombres par $\sqrt{8}-2$.
Ainsi pour 6, j'obtiens $\sqrt{288}-12$ et pour $\sqrt{8}+2$, j'obtiens 4 ; donc je divise $\sqrt{288}-12$ par 4 et je trouve $\sqrt{18}-3$.

1. Vérifier les calculs en les détaillant.
2. Pourquoi Christoff Rudolff a-t-il choisi de multiplier le numérateur et le dénominateur par $\sqrt{8}-2$?
3. À la manière de Christoff Rudolff, calculer les quotients suivants.

$A=\dfrac{8}{3+\sqrt{5}}$ $\qquad$ $B=\dfrac{\sqrt{12}}{3-\sqrt{6}}$

189 À la recherche d'un entier

Déterminer l'entier n tel que : $4\times16^n=2^{2026}$.

190 PRISE D'INITIATIVES

Un calcul de somme

1. Montrer que, pour tout entier naturel $n\geqslant1$, $\dfrac{1}{n}-\dfrac{1}{n+1}=\dfrac{1}{n(n+1)}$.
2. En déduire l'écriture sous forme de fraction irréductible de la somme :

$$S=\frac{1}{1\times2}+\frac{1}{2\times3}+\frac{1}{3\times4}+\ldots+\frac{1}{2025\times2026}$$

3. Soit n un entier naturel non nul. Exprimer en fonction de n la somme :

$$S_n=\frac{1}{1\times2}+\frac{1}{2\times3}+\frac{1}{3\times4}+\ldots+\frac{1}{n\times(n+1)}$$

191 Compétence Raisonner

Entier quoi qu'il en soit !

Soient a et b deux nombres réels non nuls.

On pose $A=\dfrac{(a-b)^2-(a+b)^2}{ab}$.

1. Calculer A dans chacun des cas suivants :
 a. $a=2$ et $b=-3$
 b. $a=\dfrac{1}{2}$ et $b=\dfrac{2}{3}$
 c. $a=b$
2. Quelle conjecture peut-on formuler ? Démontrer cette conjecture.

192

Soit A le nombre rationnel tel que :
$A=0{,}123612361236123612\ldots$

1. L'écriture décimale d'un nombre rationnel est périodique : la partie décimale est la répétition à l'infini d'un bloc de chiffres appelé la période du nombre. Déterminer la période de A.
2. Donner l'écriture décimale de $10\,000A-A$.
3. En déduire l'écriture fractionnaire de A.

193 Une étrange égalité

1. Soit $A=0{,}3333\ldots$ de période 3.
 a. Vérifier que $10A-A$ est un entier.
 b. En déduire l'écriture fractionnaire de A.
2. Soit $B=0{,}7777\ldots$ de période 7. En procédant de la même façon donner l'expression de B sous forme de quotient.
3. Soit $C=0{,}202520252025\ldots$ de période 2025.
On pose $x=10\,000C-C$. En déduire une expression de C sous forme d'un quotient.
4. Soit $D=20{,}25252525\ldots$ En s'inspirant du calcul précédent, trouver une écriture fractionnaire de D.
5. Soit $E=0{,}999999\ldots$ Trouver une écriture fractionnaire de E.

Info

Ce dernier calcul n'est pas une erreur : $0{,}9999\ldots$ est le *développement impropre* de 1. Attention, les calculs avec les nombres qui comportent une partie décimale infinie sont généralement compliqués. Pour s'en rendre compte, il suffit d'essayer de poser l'opération : $0{,}7777\ldots+0{,}4444\ldots$

194 Le nombre d'or

On note $\varphi=\dfrac{1+\sqrt{5}}{2}$ le « nombre d'or ».

1. Montrer que $\dfrac{\sqrt{5}-1}{3-\sqrt{5}}=\varphi$.
2. ABC est un triangle rectangle en A tel que $AB=2$ et $AC=1$. On note D le point du segment $[BC]$ tel que $CD=CA$ et E le point du segment $[AB]$ tel que $BE=BD$.

Montrer que $\dfrac{EB}{EA}=\varphi$.

Maîtriser l'essentiel

195 **Compréhension d'énoncé**

On considère l'énoncé d'exercice suivant.

On considère le nombre $A=\dfrac{3\sqrt{8}-2\sqrt{32}}{7}$.
Le nombre A est-il rationnel ? Justifier.

Pour résoudre cet exercice, on pourra s'aider des indications suivantes.

1. Écrire chaque racine carrée sous la forme $a\sqrt{b}$ où a et b sont des entiers naturels.

2. Vérifier si le résultat s'écrit sous la forme $\dfrac{a}{b}$, où a et b sont des entiers relatifs.

Voir p. 16

196 La lumière se propage dans le vide à la vitesse de 300 000 km/s. La distance du Soleil à la Terre est d'environ 150 millions de km.

1. Combien de temps la lumière du Soleil met-elle à nous parvenir sur Terre ?

2. Inès affirme : « C'est facile avec les puissances, je n'ai pas besoin de calculatrice pour trouver qu'elle met 500 s à nous parvenir. » Expliquer sa démarche.

3. Convertir cette durée en minutes et secondes.

197 On considère les deux intervalles suivants :

$$\mathrm{I}=]-\infty\,;8] \text{ et } \mathrm{J}=]-3\,;11[$$

1. Pour chacun des nombres suivants, préciser s'il appartient à I, à J, à $\mathrm{I}\cap\mathrm{J}$, à $\mathrm{I}\cup\mathrm{J}$.

a. -3 **b.** 8

c. $6{,}2$ **d.** $-2{,}5\times10^{13}$

2. Déterminer tous les entiers naturels appartenant à I et tous les entiers relatifs appartenant à J.

3. Déterminer $\mathrm{I}\cap\mathrm{J}$ et $\mathrm{I}\cup\mathrm{J}$.

198 Simplifier les écritures suivantes, puis donner la nature de chaque nombre.

$A=\sqrt{20}\times\sqrt{45}$ $B=\dfrac{3}{7}\times7\sqrt{3}$

$C=\left(\dfrac{55\sqrt{5}}{33}\right)^2$ $D=\left(\sqrt{7}\right)^3\times\dfrac{\sqrt{14}}{\sqrt{2}}$

199 $ABCDEFGH$ est un cube de côté 4 cm.

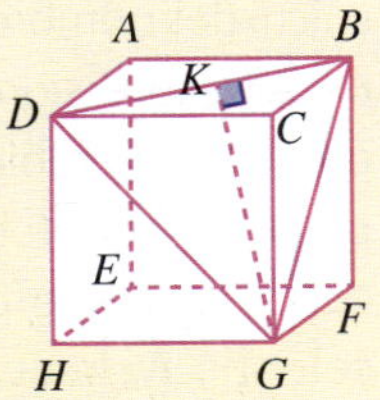

1. Calculer la valeur exacte de GD et écrire le résultat sous la forme $a\sqrt{2}$ où a un entier.

2. Quelle est la nature du triangle BGD ? Justifier.

3. Calculer la valeur exacte de GK.

4. Calculer l'aire du triangle BGD. *On donnera la valeur exacte puis une valeur arrondie au mm².*

Aller plus loin

200 **Les limites de la calculatrice (1)**

1. a. Quel est le résultat affiché par la calculatrice pour le nombre suivant ?

$$A=\frac{x+y-x}{y} \text{ avec } x=10^8 \text{ et } y=10^{-8}.$$

b. Pour x et y quelconques, réduire l'écriture du nombre A. Comparer alors avec le résultat affiché par la calculatrice.

c. Comment peut-on expliquer l'affichage de la calculatrice ?

201 **Les limites de la calculatrice (2)**

On note $a=5247624$ et $b=1872239$.

1. Quel est le résultat affiché par la calculatrice pour le nombre $a\times b$? Commenter le résultat.

2. Recopier et compléter les égalités suivantes :
$a=\ldots\times10^3+624$ et $b=1872\times\ldots+239$.

3. En utilisant les égalités précédentes, développer le nombre $a\times b$.

4. En utilisant la calculatrice ainsi que quelques calculs « à la main », donner la valeur exacte de $a\times b$.

Info

La plupart des calculatrices ne disposent que d'une quinzaine de positions possibles pour afficher les chiffres d'un résultat sur une ligne de l'écran. Elles sont donc amenées à arrondir certains décimaux pour les afficher. Il faut donc faire preuve d'esprit critique lorsqu'on manipule de très grands ou de très petits nombres à la calculatrice.

202 PRISE D'INITIATIVES

Calculer les nombres suivants.

$$a=1-\frac{1}{2}\,;\ b=\frac{1}{2}-\frac{1}{3}\,;$$

$$c=\frac{1}{3}-\frac{1}{4}\,;\ d=\frac{1}{4}-\frac{1}{5}$$

En observant ces résultats, quelle conjecture peut-on formuler ?

2. Soit n un entier naturel non nul.

Calculer le nombre $\dfrac{1}{n}-\dfrac{1}{n+1}$. La conjecture est-elle vérifiée ?

COUP DE POUCE hachette-clic.fr/25de2010

203 PRISE D'INITIATIVES

Pour n entier naturel, on pose :

$$A=\frac{\left(9^{n+1}+9^n\right)^2}{\left(3^{2n+1}-3^{2n}\right)^2}$$

1. Calculer A pour $n=0$, $n=1$ et $n=2$. Quelle conjecture peut-on formuler ?

2. Démontrer cette conjecture.

COUP DE POUCE hachette-clic.fr/25de2011

TP Pratiquer l'algorithmique et programmer

La suite de Héron pour approcher $\sqrt{2}$

L'objectif de ce TP est de découvrir une suite de nombres donnant des approximations de plus en plus précises du nombre $\sqrt{2}$.

Objectif PYTHON
Étudier une suite de fractions.
Tester un programme qui utilise une boucle bornée.

Info

Dès l'Antiquité, le nombre $\sqrt{2}$ est apparu comme la longueur de la diagonale d'un carré de côté 1. On en trouve les premières traces sur une tablette babylonienne, dont le mathématicien grec Héron d'Alexandrie semble s'être inspiré pour construire cette suite.

Partie A Une suite de fractions pour approcher $\sqrt{2}$

On pose $a_0 = 2$ et $a_1 = \frac{1}{2}\left(a_0 + \frac{2}{a_0}\right)$.

1. Calculer a_1.

2. On définit les nombres a_2 et a_3 par :

$$a_2 = \frac{1}{2}\left(a_1 + \frac{2}{a_1}\right) \text{ et } a_3 = \frac{1}{2}\left(a_2 + \frac{2}{a_2}\right).$$

Calculer a_2 et montrer que $a_3 = \frac{577}{408}$.

3. a. En suivant le même procédé que précédemment, écrire l'expression de a_4 en fonction de a_3.

b. Donner la valeur approchée de a_4 affichée par la calculatrice.

4. Vérifier que a_1, a_2, a_3 et a_4 sont des valeurs approchées de $\sqrt{2}$ dont on donnera la précision.

Partie B Un algorithme pour approcher $\sqrt{2}$

Dans l'algorithme ci-contre la variable a est un nombre réel et n un entier naturel.

```
a ← 2
Pour k allant de 1 à n
    a ← 1/2(a + 2/a).
Fin Pour
Retourner a
```

1. Donner les valeurs retournées par l'algorithme pour $n = 1$, $n = 2$ et $n = 3$.

2. On donne ci-contre la traduction de l'algorithme sous forme de fonction en Python.

```python
def a(n):
    a=2
    for k in range(1,n+1):
        a=1/2*(a+2/a)
    return a
```

Exécuter ce programme pour $n = 5$ et $n = 6$.
Interpréter et commenter les valeurs obtenues.

La puissance du nombre d'or

Le nombre d'or est apparu dès l'Antiquité comme étonnant et mystérieux. Il intervient dans de nombreux domaines comme l'architecture, la peinture, la nature…

Objectif TABLEUR
Découvrir le nombre d'or.
Utiliser un tableur.

Partie A Le rectangle d'or

1. Construire un triangle ABC, rectangle en A tel que $AB = 1$ et $AC = \frac{1}{2}$.

2. Calculer BC.

3. À l'aide d'un compas, placer le point D de la demi-droite $[AC)$ tel que $CD = BC$.

4. Montrer que $AD = \frac{1+\sqrt{5}}{2}$.

Le nombre $\frac{1+\sqrt{5}}{2}$ s'appelle « le nombre d'or », il est noté φ. Ainsi $\varphi = \frac{1+\sqrt{5}}{2}$.

5. On appelle **rectangle d'or** un rectangle dont le rapport de la longueur par la largeur est φ.
On appelle E le point tel que $ADEB$ est un rectangle.
Montrer que $ADEB$ est un rectangle d'or.

Partie B Les puissances de φ

1. Montrer que $\varphi^2 = \varphi + 1$.

2. En utilisant la relation précédente, montrer que $\varphi^3 = 2\varphi + 1$, puis que $\varphi^4 = 3\varphi + 2$.

3. Montrer que si $\varphi^n = a\varphi + b$, avec n entier naturel, alors $\varphi^{n+1} = (a+b)\varphi + a$.

4. Afin d'automatiser le calcul des nombres a et b dans l'expression de φ^n, on utilise un tableur.

	A	B	C
1		a	b
2	1	1	0
3	2		
4	3		
5	4		
6	5		

a. Ouvrir une feuille de calcul et écrire dans la colonne A, la suite des premiers entiers naturels.

b. En utilisant la question **3.**, écrire les formules en B3 et C3 qui permettent d'obtenir φ^2.

c. Exprimer alors φ^{15} en fonction de φ.

TP Mener une recherche

Compétence **Chercher et communiquer**

TP1 Un problème de Sam Loyd

TRAVAIL DE GROUPE

Objectif
Mener une recherche en groupe.
Travailler le calcul fractionnaire.

Dans un de ses problèmes, Sam Loyd raconte qu'il a reçu une encyclopédie d'histoire en neuf tomes numérotés de 1 à 9.
« J'ai découvert, par exemple, qu'en plaçant les volumes sur deux étagères comme le montre le dessin, la fraction $\frac{6729}{13458}$ est exactement égale à $\frac{1}{2}$. Est-il possible, en utilisant les neuf volumes, de trouver d'autres combinaisons qui forment des fractions égales à $\frac{1}{2}$; $\frac{1}{3}$; $\frac{1}{4}$; $\frac{1}{5}$; $\frac{1}{6}$; $\frac{1}{7}$; $\frac{1}{8}$; $\frac{1}{9}$? »

1. Démontrer que dans ce cas, le numérateur est toujours un nombre de 4 chiffres.
2. Étonnamment, ici, la recherche au hasard est plus performante que la recherche exhaustive !
a. À l'aide d'un programme, ou en groupe en effectuant les calculs à la main : former une fraction dont le numérateur est composé de 4 chiffres distincts pris au hasard et le dénominateur des 5 autres chiffres écrits au hasard, simplifier la fraction en espérant obtenir une fraction de l'unité…
b. Donner une solution pour chacune des fractions de l'unité.

TP2 L'addition du cancre

a, b, c et d sont des réels strictement positifs tels que :

$$\frac{a}{b} < \frac{c}{d}$$

Pour additionner deux fractions, le cancre effectue :

$$\frac{a}{b} + \frac{c}{d} = \frac{a+c}{b+d} \text{ !}$$

1. Pour chaque couple de fractions proposé, calculer $\frac{a}{b} + \frac{c}{d}$ comme le cancre, puis comparer le résultat avec : $\frac{a}{b}$ et $\frac{c}{d}$.

a. $\frac{1}{3}$ et $\frac{2}{5}$ **b.** $\frac{8}{3}$ et $\frac{3}{4}$ **c.** $\frac{13}{7}$ et $\frac{29}{7}$ **d.** $\frac{2}{\sqrt{2}}$ et $\frac{\sqrt{2}}{2}$

2. Émettre une conjecture.
3. Avec les notations de la figure, on admet que :

$$\alpha < \beta \Leftrightarrow \frac{a}{b} < \frac{c}{d}$$

a. Par construction, $\delta > \alpha$. Traduire cette inégalité avec des fractions.
b. Démontrer que $\delta < \beta$. Traduire cette inégalité avec des fractions.
c. Démontrer la conjecture.

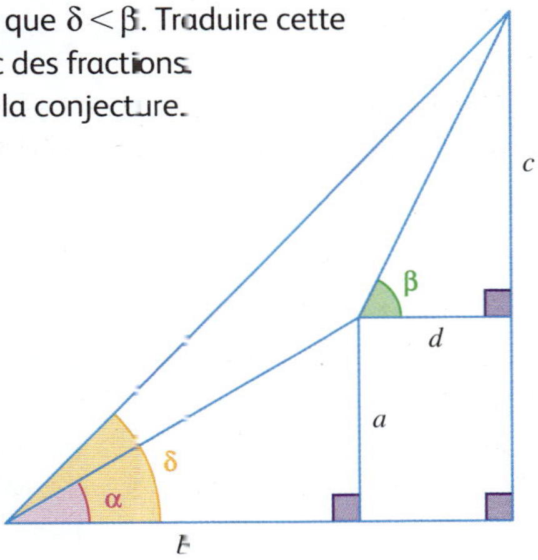

TP3 Un développement décimal étonnant

Partie A.

$$\text{Soit } A = \frac{1}{9801}.$$

1. Écrire la valeur décimale approchée de A obtenue à l'aide d'une calculatrice (sans puissance de 10).
2. Poser la division et en utilisant judicieusement la calculatrice, obtenir les 30 premières décimales de A.
3. Émettre une conjecture. La confirmer ou l'infirmer en calculant les 200 premières décimales de A à l'aide d'un logiciel de calcul formel.

Partie B.

$$\text{Soit } B = \frac{1}{81}.$$

1. Écrire la valeur décimale approchée de B obtenue à l'aide d'une calculatrice.
2. Poser la division et en utilisant judicieusement la calculatrice, obtenir les 30 premières décimales de B.

Partie C. À l'écrit ou à l'oral

$$\text{Soit } C = \frac{1}{998001}.$$

1. À l'aide d'un logiciel de calcul formel, calculer les 100, puis les 1 000 premières décimales de C.
2. En observant les écritures fractionnaires des nombres A, B, C, proposer d'autres nombres ayant la même particularité en expliquant votre démarche. *Les observations faites resteront à l'état de conjectures, les démonstrations étant hors de portée ici.*

CHAPITRE

2 Nombres entiers Arithmétique

Les capacités du chapitre

- CAPACITÉ 1 : Utiliser les notions de multiple, de diviseur et de nombre premier
- CAPACITÉ 2 : Utiliser les notions de nombre pair et de nombre impair

Au fil du temps

Les nombres fascinent depuis l'Antiquité. Déjà, Euclide (vers 325-265 av. J.-C.) décrivait la division euclidienne et les nombres premiers qui sont encore aujourd'hui source de nombreux problèmes non résolus.
La conjecture de Golbach (1690-1764) affirme : « tout entier pair supérieur à 3 s'écrit comme la somme de deux nombres premiers ». On pense que cette conjecture est vraie, mais début 2025 on n'en a toujours aucune démonstration, après presque trois siècles de recherches menées par certains des plus grands mathématiciens de leur temps…

Des maths partout !

Les applications de l'arithmétique, c'est-à-dire l'étude des nombres entiers, des nombres premiers, sont nombreuses dans le domaine de la cryptographie et de l'informatique. L'ENIAC est le premier ordinateur électronique. Construit aux États-Unis en 1945, il pesait environ 30 tonnes et occupait une surface de 167 m². Les très nombreux « tubes à vide » qui le composaient étaient sujets à des pannes fréquentes, dues aux insectes qui s'y posaient et créaient ainsi un point de surchauffe qui conduisait à leur combustion. Le terme « bug » (insecte en anglais) y trouverait son origine.

Présentation de l'ENIAC et de certains de ses composants.

RESSOURCES DU CHAPITRE
hachette-clic.fr/25de2012

Partir d'un bon pied

A Diaporama pour tester les bases

ACTIVITÉS MENTALES RAPIDES

B Utiliser une division euclidienne

Un enfant possède 100 billes qu'il souhaite répartir en petits tas de même taille, avec un éventuel reste de billes non réparties.

1. Parmi les écritures suivantes, laquelle permet d'obtenir la répartition optimale en 7 tas, c'est-à-dire celle pour laquelle il lui reste le moins de billes à répartir ?

a. $100=7\times10+30$ **b.** $100=7\times13+9$

c. $100=7\times14+2$ **d.** $100=7\times15-5$

2. Répartir au mieux les 100 billes :

a. en 8 tas. **b.** en 9 tas. **c.** en 11 tas.

3. À quelle condition, sur le nombre de tas, ne reste-t-il plus de billes à répartir ?

C Revoir les notions de multiple et de diviseur

1. Recopier et compléter les phrases suivantes en utilisant les mots « diviseur » ou « multiple » et en écrivant une égalité.

a. 12 est un … de 3, car $12=3\times\ldots$

b. 10 est un … de 150, car $\ldots=\ldots\times\ldots$

c. 221 a pour … l'entier 13, car $\ldots=\ldots\times\ldots$

d. 17 a pour … l'entier 85, car $\ldots=\ldots\times\ldots$

2. Donner deux multiples puis deux diviseurs de 30.

3. À quelle condition portant sur ses chiffres un nombre entier est-il divisible par 3 ? et par 5 ? En utilisant ces critères, indiquer quels sont les multiples de 3 et de 5 parmi les entiers suivants : 125 ; 327 ; 810 ; 6 051 ; 9 220 et 12 345.

4. Pour chaque entier N suivant, remplacer le point d'interrogation par un chiffre de sorte que N soit divisible par 3 et par 5 :

a. $N=63?$ **b.** $N=7?5$ **c.** $N=?25$

D Décomposer en produit de facteurs premiers

On rappelle que tout entier naturel supérieur ou égal à 2 peut s'écrire de façon unique, à l'ordre près, comme le produit de facteurs premiers.

Ainsi $45=3\times3\times5$, où 3 et 5 sont des nombres premiers.

1. Rappeler la définition d'un nombre premier.

2. Décomposer en produit de facteurs premiers chacun des nombres suivants : 50 ; 84 ; 90 ; 105 ; 108 et 154.

3. En utilisant ces décompositions, écrire les fractions suivantes sous forme irréductible :

$A=\dfrac{50}{84}$ $B=\dfrac{84}{105}$ $C=\dfrac{108}{90}$ $D=\dfrac{154}{84}$

4. Vrai ou Faux ? En utilisant ces décompositions, indiquer pour chaque affirmation suivante si elle est vraie ou fausse.

a. $\sqrt{50}=2\sqrt{5}$ **b.** $\sqrt{108}=6\sqrt{3}$ **c.** $\sqrt{84}=21\sqrt{2}$

automatismes

Automatismes transversaux

1 **1.** Le triangle ABC rectangle en A est tel que :

$$AB = 5 \text{ et } AC = 10$$

Que vaut BC ?

2. Même question dans le cas où le triangle ABC est rectangle en B.

2 Le triangle ABC est isocèle en A et la mesure de l'angle $\widehat{BAC}$ vaut 80°. Déterminer la mesure de l'angle $\widehat{ABC}$.

3 La fonction f est définie sur $[-2;+\infty[$ par :

$$f(x) = \sqrt{2x+4}$$

Calculer les images de -2 ; -1 ; 0 ; 6 et 10 par f.

4 Quel quadrant (I, II, III ou IV) ne contient aucun point de la droite représentant la fonction f définie sur $\mathbb{R}$ par $f(x) = 2x - 5$?

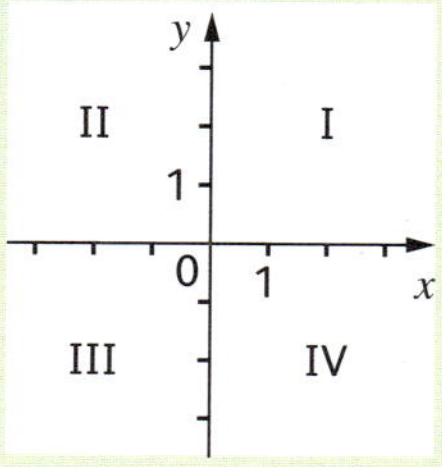

D'après *Concours Kangourou*.

5 Représenter les fonctions affines suivantes.

1. $f(x) = 3x + 2$ **2.** $g(x) = 7 - 2x$ **3.** $h(x) = x - 2$

6 Dresser le tableau de signes des fonctions affines de l'exercice précédent.

7 Résoudre dans $\mathbb{R}$ les équations suivantes. *On écrira les résultats sous forme fractionnaire irréductible.*

1. $2x + 1 = 5x + 8$ **2.** $-3x + 5 = 2x + 1$

3. $4x + 2 = 2x - 3$ **4.** $7x - 2 = 2x + 5$

8 Résoudre dans $\mathbb{R}$ les équations suivantes.

1. $x^2 = 16$ **2.** $x^2 = 121$

3. $x^2 = 12$ **4.** $x^2 = -1$

9 Développer les expressions suivantes.

1. $A = (3x-4)^2$

2. $B = 2(2x+3)(-x+4)$

3. $C = (2x+1)^2 + (x-2)(2x+3)$

10 Factoriser les expressions suivantes.

1. $A = 81x^2 - 16$

2. $B = (3x-1)^2 + (3x-1)(2x-8)$

3. $C = (x+4)^2 - 2(5x+1)(x+4)$

Automatismes préparatoires au chapitre

Pour les exercices **11** *à* **14** *: m, n, p et k représentent des entiers relatifs.*

11 Déterminer la nature de chacun des nombres suivants.

1. $A = k + 9$ **2.** $B = 2n - 7$

3. $C = \dfrac{2n-7}{2}$ **4.** $D = \dfrac{6p-12}{3}$

5. $E = n \times p$ **6.** $F = \sqrt{n^2}$

12 Écrire les expressions suivantes sous la forme « $2 \times$ un entier ».

1. $A = 2k + 2$ **2.** $B = 4n + 6$

3. $C = 4n - 8$ **4.** $D = 6m^2 - 2m + 10$

13 Écrire les expressions suivantes sous la forme « $2 \times$ un entier $+1$ ».

1. $A = 2k + 3$ **2.** $B = 4p + 15$

3. $C = 8n - 11$ **4.** $D = 6m^2 - 2m - 21$

14 Développer les expressions suivantes.

1. $A = (2n+1)^2$ **2.** $B = (2p+1)(2n+1)$

3. $C = (2m-1)^2$ **4.** $D = 2p(2p+1)$

15 Écrire les fractions suivantes sous forme irréductible.

1. $\dfrac{4}{6}$ **2.** $\dfrac{44}{33}$ **3.** $\dfrac{45}{30}$ **4.** $\dfrac{24}{42}$

16 Déterminer le plus petit dénominateur commun pour les fractions proposées.

1. $\dfrac{2}{3}$ et $\dfrac{4}{7}$ **2.** $\dfrac{2}{3}$ et $\dfrac{5}{6}$

3. $\dfrac{4}{5}$, $\dfrac{3}{4}$ et $\dfrac{5}{6}$ **4.** $\dfrac{5}{12}$, $\dfrac{5}{3}$ et $\dfrac{5}{6}$

17 Décomposer en produits de facteurs premiers les entiers suivants : 117 ; 132 ; 357 et 1 547.

18 Décomposer en produits de facteurs premiers les entiers suivants : 665 ; 4 554 ; 16 184 et 19 343.

19 Déterminer tous les diviseurs positifs de 100, 120 et 130.

20 Écrire les nombres suivants sous la forme $a^2 \times b$ avec a et b entiers naturels et b le plus petit possible.

1. 242 **2.** 150 **3.** 300 **4.** 252 **5.** 320

21 Écrire les racines suivantes sous la forme $a\sqrt{b}$, où a et b sont des entiers naturels, avec b le plus petit possible : $\sqrt{45}$; $\sqrt{75}$; $\sqrt{117}$; $\sqrt{175}$ et $\sqrt{176}$.

Activités

1 Nombres premiers : le crible d'Ératosthène PYTHON

Objectif
Comprendre le fonctionnement d'un algorithme et travailler la notion de multiple.

Un *nombre premier* est un entier naturel qui n'a que deux diviseurs positifs distincts : 1 et lui-même.

1 Justifier que le plus petit *nombre premier* est 2.
Déterminer la liste de tous les nombres premiers inférieurs à un nombre entier naturel N donné est un problème résolu depuis longtemps. Au IIe siècle av. J.-C., Ératosthène propose l'algorithme ci-dessous, traduit en langage moderne et appelé crible d'Ératosthène.

> ① Écrire la liste L de tous les entiers de 2 à N.
> ② Tant que la fin de la liste L n'est pas atteinte :
> ③ Garder le premier entier de la liste L (le nommer p)
> ④ Éliminer tous les multiples de p dans L.
> ⑤ Passer à l'entier suivant dans L.

2 **a.** Écrire la liste L de tous les entiers de 2 à 30 (étape ①).
b. Réaliser les étapes ③ à ⑤ et justifier qu'à la fin de ces étapes l'entier suivant 2 dans la liste L est premier.
c. Poursuivre l'exécution de l'algorithme et donner la liste des nombres premiers inférieurs à 30.

3 L'algorithme du crible d'Eratosthène est traduit ci-contre en Python.
a. Associer chacune des étapes ① à ⑤ au(x) numéro(s) de(s) ligne(s) du programme.
b. Exécuter le programme afin de déterminer le plus grand nombre premier inférieur ou égal à l'année actuelle.

Info Python
- list(range(2,N+1)) permet d'obtenir la liste des entiers de 2 à N.
- len(L) donne la longueur de la liste L.
- del(L[j]) supprime l'élément d'indice j de la liste L.
- i % 5 donne le reste de la division euclidienne de i par 5.

```
1  def liste_premiers(N):
2      L = list(range(2,N+1))
3      i = 0
4      while i < len(L):
5          p = L[i]
6          j = i + 1
7          while j < len(L):
8              if L[j] % p == 0:
9                  del(L[j])
10             j = j + 1
11         i = i + 1
12     return L
```

2 Parité et opérations TRAVAIL DE GROUPE

Objectif
Travailler la notion de parité.

Un entier relatif est soit **pair** (c'est-à-dire divisible par 2), soit **impair** (c'est-à-dire non divisible par 2).

On s'intéresse aux problèmes suivants.

① Si on connaît la parité de deux entiers, peut-on savoir quelle est la parité de leur somme ? De leur différence ?
② Si on connaît la parité d'un entier, peut-on savoir quelle est la parité de son carré ?

1 Soit un entier relatif n.
En écrivant la division euclidienne de n par 2, justifier que :
a. si n est pair, alors on peut écrire $n=2k$, où k est un entier relatif.
b. si n est impair, alors on peut écrire $n=2k+1$, où k est un entier relatif.

2 **a.** Conjecturer les réponses aux deux problèmes posés en testant sur quelques entiers.
b. Démontrer ces conjectures.
c. Résumer les résultats en complétant des tableaux comme ci-contre.

Somme $m+n$		Entier m	
		Pair	Impair
Entier n	Pair		
	Impair		

Différence $m-n$		Entier m	
		Pair	Impair
Entier n	Pair		
	Impair		

Carré	Entier m	
	Pair	Impair
m^2		

3 **a.** Déterminer s'il existe quatre entiers consécutifs dont la somme est impaire.
b. Déterminer s'il existe un entier tel que la somme de son carré avec lui-même soit impaire.

Cours

1 Multiples et diviseurs dans $\mathbb{Z}$

a Division euclidienne

Propriété et définition (division euclidienne – admis)

Pour tous entiers relatifs a et b avec $b > 0$, a s'écrit de façon **unique** sous la forme : $a = bq + r$ où q est un entier relatif et r un entier naturel tel que $0 \leqslant r < b$. q est appelé **quotient** et r **reste** de la **division euclidienne** de a par b.

Commentaire

Disposition de la division euclidienne de $a = 27$ par $b = 4$:

dividende	$\rightarrow$	27	4	$\leftarrow$	diviseur
reste	$\rightarrow$	3	6	$\leftarrow$	quotient

Exemple

On peut écrire $27 = 4 \times 5 + 7$, mais 7 n'est pas le reste dans la division euclidienne de 27 par 4, car $7 \geqslant 4$.
L'écriture de la division euclidienne de 27 par 4 est :

$$27 = 4 \times 6 + 3$$

6 est le quotient et 3 est le reste (on a bien $0 \leqslant 3 < 4$).

b Multiples et diviseurs dans $\mathbb{Z}$

Définitions Soient deux entiers relatifs n et p.

Si le reste dans la division euclidienne de n par p est égal à 0, c'est-à-dire s'il existe un entier relatif q tel que $n = p \times q$, on dit que :

- p est un **diviseur** de n ou que n **est divisible par** p.
- n est un **multiple** de p.

Commentaire

Tout nombre entier relatif non nul n est toujours divisible au moins par 1 et par lui-même (car $n = 1 \times n$) et admet une infinité de multiples : n, $2n$, $3n$, $-n$, $-2n$, etc. Les multiples de n sont de la forme $k \times n$, où $k \in \mathbb{Z}$.

Exemples

- $12 = 4 \times 3$. Donc :
4 est un diviseur de 12,
12 est un multiple de 4.
- 12 admet comme diviseurs positifs : 1, 2, 3, 4, 6, 12.
- 0 est divisible par n'importe quel nombre entier relatif, car pour tout entier relatif n, on a $0 = 0 \times n$.
- 0 n'admet qu'un seul multiple : 0.

Propriété On considère trois entiers relatifs a, n et m.

Si les entiers n et m sont deux multiples de a, alors la somme $(n + m)$, la différence $(n - m)$ et le produit $n \times m$ sont aussi des multiples de a.

Démo

Démonstration (pour la somme)

Par hypothèse, il existe deux entiers relatifs k_1 et k_2 tels que :

$$n = k_1 \times a \quad \text{et} \quad m = k_2 \times a$$

On en déduit que :
$n + m = k_1 \times a + k_2 \times a = (k_1 + k_2) \times a$ et $(k_1 + k_2)$ est un entier relatif.
Donc $n + m$ est un multiple de a

Exemples

- 36 et 12 sont des multiples de 3 donc leur somme $36 + 12 = 48$ est aussi multiple de 3.
- La somme, la différence et le produit de deux nombres pairs (c'est-à-dire de deux multiples de 2) sont paires.

c Nombres premiers

Définition Un nombre entier naturel est **premier** s'il n'admet que deux diviseurs positifs distincts : 1 et lui-même.

Commentaires

- 1 n'est pas un nombre premier.
- Les nombres premiers peuvent être considérés comme les « briques élémentaires » des ensembles $\mathbb{N}$ et $\mathbb{Z}$. En effet, chaque entier naturel s'écrit de façon unique, à l'ordre près, sous la forme d'un produit dont chaque facteur est un nombre premier : c'est le **théorème fondamental de l'arithmétique**.

Exemples

- 2, 3, 5, 7 et 11 sont des nombres premiers.
- 15 n'est pas un nombre premier, car :

$$15 = 3 \times 5$$

3 et 5 sont des diviseurs de 15, qui admet donc des diviseurs positifs autres que 1 et lui-même.

méthode

CAPACITÉ 1 Utiliser les notions de multiple, de diviseur et de nombre premier

Énoncé Les quatre questions suivantes sont indépendantes.

1. Déterminer l'ensemble des diviseurs positifs de 18 puis ceux de 24. En déduire le plus grand diviseur positif commun à 18 et 24.

2. Montrer que la différence de deux multiples de 7 est un multiple de 7.

3. Déterminer le plus petit multiple commun positif de 4, 6 et 8. En déduire l'écriture sous forme d'une fraction irréductible du nombre $N=\frac{3}{4}-\frac{7}{6}+\frac{11}{8}$.

4. Justifier qu'il existe un seul entier naturel à la fois pair et premier.

Solution rédigée

1. Les diviseurs positifs de 18 sont : 1, 2, 3, 6, 9 et 18. Ceux de 24 sont 1, 2, 3, 4, 6, 8, 12 et 24. Les diviseurs positifs communs à 18 et 24 sont donc 1, 2, 3 et 6. Le plus grand d'entre eux est 6.

2. Soient a et b deux entiers multiples de 7. On souhaite montrer que $a-b$ est aussi multiple de 7. Puisque a et b sont multiples de 7, il existe des entiers k et k' tels que $a=7k$ et $b=7k'$.
Par conséquent, $a-b=7k-7k'=7(k-k')$ avec $k-k'$ entier relatif.
Donc $a-b$ est un multiple de 7.

3. Les multiples positifs de 4 sont les entiers qui s'écrivent sous la forme $4k$ avec $k\in\mathbb{N}$. Les premiers multiples de 4 sont 0, 4, 8, 12, 16, 20, 24, 28, 32… En écrivant de même les premiers multiples de 6, et les premiers multiples de 8, on remarque alors que le premier multiple de 4 à la fois multiple de 6 et de 8 est 24 puisque $24=4\times6$ et $24=3\times8$.
Pour calculer N, on peut choisir 24 comme dénominateur commun :

$$N=\frac{3}{4}-\frac{7}{6}+\frac{11}{8}=\frac{3\times6}{4\times6}-\frac{7\times4}{6\times4}+\frac{11\times3}{8\times3}=\frac{18-28+33}{24}=\frac{23}{24}$$

4. 2 est un nombre pair. De plus, 2 est premier car ses seuls diviseurs positifs sont 1 et 2 et ils sont bien distincts. Tout autre nombre pair n admet au moins trois diviseurs distincts : 1, 2 et n. Ainsi, n ne peut être premier.

> **Point méthode**
> **2.** On exploite ici la définition d'un multiple de 7, qui s'écrit sous la forme $7k$ avec k entier. On conclut grâce au calcul littéral en factorisant par 7.

> **Point méthode**
> **3.** Pour réduire au même dénominateur plusieurs fractions, on choisit comme dénominateur commun le plus petit multiple commun des dénominateurs présents ici 4, 6 et 8.

J'applique en autonomie

Voir corrigés p. 397 Voir exercices similaires nos 46, 48, 55 et 56

22 Déterminer :
1. les multiples positifs de 7 inférieurs à 60 ;
2. les diviseurs de 100 supérieurs ou égaux à 11 ;
3. les diviseurs positifs communs de 36 et 60.

23 Soit un entier relatif a. Démontrer que la différence de deux multiples de a est un multiple de a.

24 Démontrer que la somme d'un multiple de 5 et d'un multiple de 20 est multiple de 5.

25 Écrire sous la forme d'une fraction irréductible les nombres suivants.
1. $A=\frac{2}{3}-\frac{4}{15}-\frac{7}{12}$ **2.** $B=\frac{5}{14}-\frac{7}{2}\times\frac{1}{3}$

26 Déterminer le plus petit entier naturel non nul qui est à la fois multiple de 15 et de 20.

27 **Vrai ou Faux ?** Justifier.
1. Si un entier est divisible par 8, alors il est divisible par 4.
2. Si un entier est divisible par 4, alors il est divisible par 8.

28 **Vrai ou Faux ?** Justifier.
1. La somme d'un multiple de 9 et d'un multiple de 12 est un multiple de 3.
2. Si un entier est à la fois divisible par 4 et par 6, alors il est aussi divisible par 24.

29 Les entiers naturels non nuls a et b sont tels que a^2-b^2 est premier.
1. Factoriser a^2-b^2 et justifier qu'un des facteurs est nécessairement égal à 1.
2. En déduire que a et b sont des entiers consécutifs.

Cours

2 Nombres pairs, nombres impairs

a Définitions

Définitions et propriétés On considère un entier relatif n.

- Si n est divisible par 2 (ou si n est un multiple de 2), on dit que n est **pair**.

Il existe alors un entier relatif k tel que $n = 2 \times k$.

- Sinon, on dit que n est **impair**.

Il existe alors un entier relatif k tel que $n = 2 \times k + 1$.

Exemples

38 est pair car $38 = 2 \times 19$

47 est impair car :

$$47 = 2 \times 23 + 1$$

En effet :

Le reste de la division euclidienne de 38 par 2 est 0 : 38 est un entier pair.	Le reste de la division euclidienne de 47 par 2 est 1 : 47 est un entier impair.

b Parité et somme d'entiers

Propriétés

- La somme de deux nombres pairs est un nombre pair.
- La somme de deux nombres impairs est un nombre pair.
- La somme d'un nombre pair et d'un nombre impair est un nombre impair.

Démo

Démonstration : parité de la somme de deux entiers impairs

Soient n et p deux entiers impairs.

Par définition, il existe deux entiers k et q tels que $n = 2k + 1$ et $p = 2q + 1$

donc $n + p = (2k + 1) + (2q + 1)$

$\Leftrightarrow n + p = 2k + 2q + 2$

$\Leftrightarrow n + p = 2 \times (k + q + 1)$ et $k + q + 1$ est un nombre entier

L'entier $(n + p)$ est égal au produit de 2 par un entier, il est donc pair.

Démonstration : parité de la somme de deux entiers de parités différentes

Soient n un entier pair et p un entier impair.

Par définition, il existe deux entiers k et q tels que $n = 2k$ et $p = 2q + 1$ donc

$n + p = 2k + (2q + 1)$

$\Leftrightarrow n + p = 2k + 2q + 1$

$\Leftrightarrow n + p = 2 \times (k + q) + 1$

L'entier $(n + p)$ est de la forme $2N + 1$, avec N entier, donc il est impair.

Exemples

n désigne un entier relatif.

- Le nombre $4n + 6$ est pair car somme de $4n = 2 \times (2n)$ qui est pair et de $6 = 2 \times 3$ qui est pair.

On aurait aussi pu le justifier en écrivant que :

$$4n + 6 = 2 \times \left(\underbrace{2n + 3}_{\text{entier}} \right)$$

- Le nombre $4n + 3$ est impair car somme d'un nombre pair $(4n)$ et d'un nombre impair : 3.

c Parité d'un carré

Propriété On considère un entier relatif n.

- Si n est pair, alors le carré n^2 est pair.
- Si n est impair, alors le carré n^2 est impair.

Démo

Démonstration

On considère un entier relatif n.

- Si n est pair : on peut écrire $n = 2 \times k$ avec k un entier relatif.

Alors $n^2 = (2k) \times (2k) = 2 \times (2k^2)$ et $2k^2$ est un nombre entier.

Donc 2 divise n^2, d'où n^2 est pair.

- Si n est impair : on peut écrire $n = 2k + 1$ avec k un entier relatif.

Alors $n^2 = (2k + 1)^2 = (2k)^2 + 2 \times 2k \times 1 + 1^2 = 4k^2 + 4k + 1$.

Ainsi $n^2 = 2(2k^2 + 2k) + 1$ et $(2k^2 + 2k)$ est un nombre entier.

On en déduit que n^2 est impair.

Conséquence

Grâce à la propriété ci-dessus, on déduit que :

Le carré d'un nombre entier est pair si et seulement si ce nombre est lui-même pair.

Info

De nombreuses démonstrations utilisent astucieusement la parité des entiers pour prouver des propriétés, par exemple pour démontrer que $\sqrt{2}$ est un nombre irrationnel.

Voir page suivante

Info

L'expression « si et seulement si » exprime ici le fait que le carré d'un entier est pair lorsque cet entier est pair, et seulement dans ce cas. Elle traduit une « équivalence logique » entre les propositions « l'entier n est pair » et « l'entier n^2 est pair », qui sont simultanément vraies ou simultanément fausses.

méthode

CAPACITÉ 2 Utiliser les notions de nombre pair et de nombre impair

Énoncé On souhaite démontrer que le nombre réel $\sqrt{2}$ n'est pas rationnel.
Pour cela, on va **raisonner par l'absurde**, en supposant que $\sqrt{2}$ est un nombre rationnel.
Dans ce cas, on en déduit que $\sqrt{2}$ peut s'écrire sous la forme d'une fraction irréductible.
On pose : $\sqrt{2}=\frac{p}{q}$, avec p et q des entiers relatifs n'ayant aucun diviseur premier en commun.

1. Justifier que $p^2=2q^2$. En déduire que p est un entier pair.
2. On pose $p=2k$, où k est un entier relatif.
Justifier que $q^2=2k^2$. En déduire la parité de q.
3. Conclure.

Solution rédigée

1. Comme $\sqrt{2}=\frac{p}{q}$, les carrés de ces deux nombres sont égaux : $2=\frac{p^2}{q^2}$.
En multipliant chaque membre de cette égalité par q^2, on a $p^2=2\times q^2$ et q^2 est un nombre entier. Donc p^2 est pair, d'où on déduit que p est également pair. Voir page 40

2. Avec $p=2k$ et $p^2=2\times q^2$, on obtient $(2k)^2=2\times q^2$, soit $4k^2=2q^2$.
En divisant chaque membre de cette égalité par 2, on a $q^2=2k^2$ et k est un nombre entier, donc q^2 est pair. Donc q est également pair.

3. D'après la question **1.**, l'entier p est divisible par 2.
D'après la question **2.**, l'entier q est divisible par 2.
On aboutit donc à une contradiction, car on avait supposé que les entiers p et q n'avaient pas de diviseur premier en commun.
On en déduit que l'hypothèse initiale « $\sqrt{2}$ est un nombre rationnel » est fausse.
On a donc démontré que $\sqrt{2}$ n'est pas un nombre rationnel.

Point méthode
1. et **2.** Si n est un entier, la parité de n^2 permet de connaître la parité de n.

Point méthode
3. Pour démontrer par l'absurde, on fait l'hypothèse qu'un résultat est vrai et par un raisonnement, on prouve que l'on aboutit à une contradiction. On conclut alors que la proposition supposée vraie et, en fait, fausse.

J'applique en autonomie

Voir corrigés p. 397
Voir exercices similaires n°s 85 à 87 et n° 96

30 Soit n un entier pair, déterminer la parité de :
1. $n+1$ **2.** $n-1$ **3.** $n+2$ **4.** n^2+2

31 Démontrer que la somme de deux entiers pairs est un entier pair.

32 Démontrer que :
1. la différence de deux nombres pairs est paire.
2. la différence de deux nombres impairs est paire.
3. la différence d'un nombre pair et d'un nombre impair est impaire.

33 On désigne par n et $(n+1)$ deux entiers consécutifs quelconques.
1. Justifier que l'un des deux est pair.
2. En déduire que $\frac{n(n+1)}{2}$ est toujours un entier.

34 Le produit de deux nombres entiers est impair. Que peut-on affirmer de ces deux nombres ?

35 Soit un nombre premier p différent de 2.
1. Quelle est la parité de l'entier p ?
Et celle de l'entier $(p+1)$? Et celle de l'entier $(p-1)$?
2. Démontrer que l'entier p^2-1 est divisible par 4.

36 **1.** Choisir un entier et observer la parité de la somme de ses trois premiers multiples (par exemple pour 17, les trois premiers multiples sont $17=17\times1$; $34=17\times2$ et $51=17\times3$).
2. Recommencer avec d'autres entiers et émettre une conjecture sur la parité de la somme.
3. Démontrer cette conjecture.

Je revois mon cours

Multiples et diviseurs dans $\mathbb{Z}$

Soient n et p deux entiers relatifs. Lorsqu'on peut écrire $n = p \times q$ avec $q \in \mathbb{Z}$, alors on dit que :

n est un **multiple** de p ; n est **divisible** par p

p est un **diviseur** de n

Les **multiples** de p sont les entiers de la forme $k \times p$ avec $k \in \mathbb{Z}$:

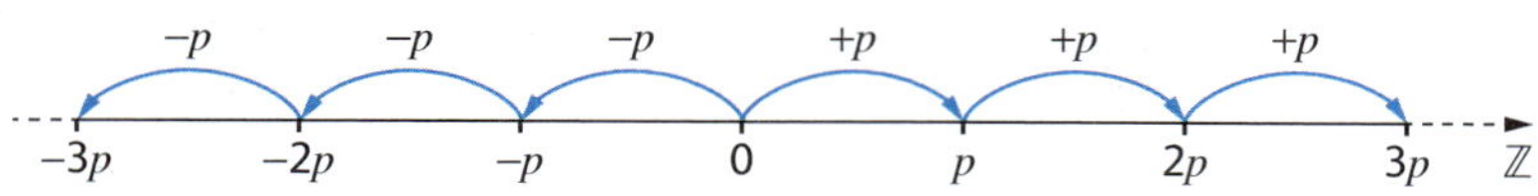

Critères de divisibilité par 2, 3, 5 et 9

- Par 2 : le chiffre des unités est pair
- Par 3 : la somme des chiffres est divisible par 3
- Par 5 : le chiffre des unités est 0 ou 5
- Par 9 : la somme des chiffres est divisible par 9

Multiples et opérations

Soient n, m et a trois entiers relatifs.

Si n et m sont des multiples de a, alors :

- la somme $n+m$ est un multiple de a.
- la différence $n-m$ est un multiple de a.
- le produit $n \times m$ est un multiple de a.

Parités différentes et opérations

- Un entier n est **pair** s'il existe $k \in \mathbb{Z}$ tel que :

$$n = 2k$$

Son reste dans la division euclidienne par 2 est égal à 0.

- Un entier n est **impair** s'il existe $k \in \mathbb{Z}$ tel que :

$$n = 2k+1$$

Son reste dans la division euclidienne par 2 est égal à 1.

- La somme de deux nombres de même parité est paire.
- La somme de deux nombres de parité différente est impaire.

- n est pair si, et seulement si, n^2 est pair.
- n est impair si, et seulement si, n^2 est impair.

Nombres premiers

Un entier naturel p est **premier** s'il n'admet que deux diviseurs positifs distincts : 1 et lui-même.

Les nombres premiers inférieurs à 100 :

2 – 3 – 5 – 7 – 11 – 13 – 17 – 19 – 23 – 29
31 – 37 – 41 – 43 – 47 – 53 – 59 – 61 – 67
71 – 73 – 79 – 83 – 89 – 97

- Si un entier naturel $n \geq 2$ n'admet aucun diviseur entre 2 et $\sqrt{n}$ inclus, alors n est premier.

- **Théorème fondamental de l'arithmétique :** tout entier s'écrit de façon unique, à l'ordre près, comme produit d'entiers premiers.

Ce théorème permet :

- de simplifier des fractions

$$\frac{84}{66} = \frac{2 \times 2 \times 3 \times 7}{2 \times 3 \times 11} = \frac{2 \times 7}{11} = \frac{14}{11}$$

$$\frac{1}{2} - \frac{3}{4} \times \frac{2}{9} = \frac{1}{2} - \frac{3 \times 2}{2^2 \times 3^2} = \frac{1}{2} - \frac{1}{2 \times 3}$$

$$= \frac{1 \times 3}{2 \times 3} - \frac{1}{6} = \frac{2}{6} = \frac{1}{3}$$

- de simplifier des racines carrées

$$\sqrt{48} = \sqrt{16 \times 3} = \sqrt{16} \times \sqrt{3} = 4\sqrt{3}$$

Je m'exerce à démontrer

En raisonnant par l'absurde, démontrer que, pour tout entier n, si n^2 est pair alors n est pair.

DÉMO PAS À PAS
hachette-clic.fr/25de2013

J'évalue mes connaissances

VERSION INTERACTIVE
hachette-clic.fr/25de2014

Voir corrigés p. 398

QCM *Pour chacune des questions, indiquer la (ou les) bonne(s) réponse(s).*

	a	b	c
1. 260 est un multiple de :	4	20	21
2. 15 est un diviseur de :	3	60	525
3. Parmi les nombres suivants, lesquels ne sont pas des multiples de 6 ?	110	486	2 223
4. L'égalité « $234 = 13 \times 18$ » permet d'affirmer que :	18 est un diviseur de 234	13 est un multiple de 234	234 est divisible par 13
5. Un diviseur commun à 120 et 105 est :	3	7	15
6. Un multiple commun de 12 et 15 est :	3	60	180
7. La décomposition en produit de facteurs premiers de 7 524 est :	$4 \times 9 \times 11 \times 19$	$2^2 \times 3^2 \times 11 \times 19$	$19 \times 11 \times 3^2 \times 2^2$
8. $\frac{3}{5} - \frac{1}{5} \times \frac{4}{3}$ est égal à :	$\frac{2}{5} \times \frac{4}{3} = \frac{8}{15}$	$\frac{9}{15} - \frac{4}{15} = \frac{5}{15}$	$\frac{1}{3}$
9. $\sqrt{891}$ est égal à :	$9\sqrt{11}$	$81\sqrt{11}$	$11\sqrt{81}$
10. Si n et m sont des entiers pairs, alors :	$(n + 3m)$ est pair	$(n^2 + m^2)$ est pair	$(n^2 + 4m)$ est pair
11. Si n est un entier pair et m un entier impair, alors :	$(n + 3m)$ est pair	$(n^2 + m^2)$ est pair	$(n^2 + 4m)$ est pair

vrai ou faux ? *Indiquer pour chaque affirmation, si elle est vraie ou fausse. Justifier.*

Partie A.

1. Les diviseurs positifs de 117 sont : 1, 3, 9, 13, 39 et 117

2. Le produit d'un multiple de 3 et d'un multiple de 5 est multiple de 15.

3. La somme de deux entiers impairs est impaire.

4. Soient deux entiers m et n pairs. Le produit $m \times n$ est divisible par 4.

5. Tout entier divisible par 30 est divisible par 5 et par 6.

6. Tout entier divisible à la fois par 5 et par 6 est multiple de 30.

7. Le nombre $n = 2^3 \times 11$ admet 8 diviseurs positifs distincts.

8. Le produit de deux entiers consécutifs est toujours pair.

9. La somme de deux entiers consécutifs est toujours impaire.

Partie B.

1. 101 est un nombre premier.

2. 3 977 n'est pas premier.

3. Aucun entier pair n'est premier.

4. Tout entier premier supérieur ou égal à 3 est impair.

5. La somme de deux nombres premiers n'est jamais un nombre premier.

6. Le produit de deux nombres premiers n'est jamais un nombre premier.

7. La décomposition en produit de facteurs premiers de 665 est : 35×19.

8. La forme irréductible de $\frac{572}{146}$ est $\frac{11}{3}$.

9. La forme irréductible de $\frac{455}{525}$ est $\frac{91}{105}$.

10. $\sqrt{180} = 5\sqrt{6}$

11. $\sqrt{3^2 \times 5^3 \times 11^4} = 363\sqrt{5}$

Exercices Application

JE ME TESTE ! EXERCICES INTERACTIFS
hachette-clic.fr/25de2015

Acquérir des automatismes

37 Parmi les nombres suivants, trouver ceux qui sont des entiers relatifs.

1. $A=2\left(7+\dfrac{5}{2}\right)$ 2. $B=3\sqrt{9}$ 3. $C=\dfrac{5-12}{7}$

4. $D=\left(2+\sqrt{3}\right)^2$ 5. $E=\left(5-\sqrt{7}\right)\left(5+\sqrt{7}\right)$

38 Factoriser chacune des expressions suivantes avec le plus grand multiple de 3 possible.

1. $A=(6x+12)(x+2)$
2. $B=(3x-9)(15x+5)$
3. $C=(3x-18)(18x-3)$
4. $D=(3x-6)(2x-8)(6x-12)$

39 Préciser si les entiers suivants sont des multiples de 2 ; 3 ; 5 ou 9.

1. 255 2. 111 3. 111 333 555 4. 234

40 Donner la décomposition en nombres premiers des entiers suivants

1. 24 2. 36 3. 42 4. 108 5. 363

41 Écrire les fractions sous forme irréductible.

1. $\dfrac{2}{4}$ 2. $\dfrac{36}{24}$ 3. $\dfrac{42}{28}$ 4. $\dfrac{9}{5}-\dfrac{7}{15}$ 5. $\dfrac{2}{7}+\dfrac{5}{10}$

42 Effectuer le calcul demandé et exprimer le résultat sous forme d'une fraction irréductible ou d'un entier.

1. $\dfrac{2}{3}\times\dfrac{9}{16}$ 2. $\dfrac{28}{15}\times\dfrac{35}{44}$ 3. $\dfrac{110}{7}\times\dfrac{21}{5}$

43 Écrire les nombres suivants sous la forme $a\sqrt{b}$ avec a entier et b entier le plus petit possible.

1. $\sqrt{24}$ 2. $\sqrt{50}$ 3. $\sqrt{44}$ 4. $\sqrt{288}$ 5. $\sqrt{27}$

44 Déterminer si les entiers suivants sont des multiples de 2, 3, 4, 5 ou 6 (n et k sont des entiers).

1. $A=6k+15$
2. $B=(3n+6)(4-2n)$
3. $C=(8k+10)(2k+16)$
4. $D=16n^2+4n$

45 Déterminer la parité des expressions suivantes (n est un entier).

1. $A=6n+12$
2. $B=10k+5$
3. $C=3(n+5)-(n+15)$
4. $D=4n^2+4n+1$
5. $E=3k^2+13(k+1)^2$

Travailler les capacités du chapitre

Capacité 1 Utiliser les notions de multiple, de diviseur et de nombre premier

Voir p. 39

46 Compléter les phrases suivantes avec le mot « multiple » ou « diviseur » et justifier par une égalité.

1. 27 est un … de 3 car $27=3\times\ldots$.
2. 4 est un … de 24 car ….
3. 18 est un … de 90 car ….
4. 12 est un … de 480 car ….

47 **Qui suis-je ?**

Déterminer, dans chaque cas, quel entier naturel N vérifie la condition donnée.

1. N divise tous les entiers.
2. N admet un seul diviseur.
3. N a quatre diviseurs positifs, dont 5 et 7.
4. N est un entier à deux chiffres, multiple de 3 et dont la division euclidienne par 10 a pour reste 7 (plusieurs solutions possibles).

48 **Vrai ou faux ?**

Préciser si les affirmations suivantes sont vraies ou fausses. Justifier.

n désigne un entier naturel.

1. Le reste dans la division euclidienne de 121 par 6 est 1.
2. Si le reste dans la division euclidienne de n par 3 est 1 alors $2n+1$ est un multiple de 3.
3. Si 3 divise n alors 9 divise n^2.
4. Si 5 divise n alors $4n$ est divisible par 10.

Démo

49 Soient a, m et n trois entiers relatifs.

On suppose que m et n sont des multiples de a ;

1. Comment peut-on traduire cette hypothèse ?
2. Montrer que :

a. la somme $(m+n)$ est divisible par a ;

b. la différence $(m-n)$ est un multiple de a ;

c. le produit $(m\times n)$ est un multiple de a.

50 **Vrai ou faux ?**

Soient N, a et b trois entiers relatifs. Pour chaque affirmation suivante, préciser si elle est vraie ou fausse.

1. Si a divise N et si b divise N, alors N est un multiple de $a\times b$.
2. Si a et b sont des multiples de N, alors $(a+3b)$ est divisible par N.
3. Si a est un diviseur de N, alors N est un multiple de a^2.
4. Si a et b divisent N, alors $(a+b)$ divise N.

51 n et m sont des entiers relatifs. Déterminer si les entiers suivants sont multiples de 3 ou non. Justifier.

1. $3n+6m$
2. $6n+1$
3. $n(3m-12)$
4. $35n+n(3n+1)$

52 n et m sont des entiers relatifs. Déterminer si les entiers suivants sont multiples de 5 ou non. Justifier.

1. $3+10m$
2. $5m^2-25n$
3. $(30n+5m)^2$
4. $n^2+4n(n+15)$

53 Donner une condition nécessaire sur l'entier relatif b afin que les propositions suivantes formulées sur l'entier N soient vraies.

1. $N=3a+b$ et N un multiple de 3.
2. $N=9a+3b$ et N un multiple de 9.
3. $N=5a+2b$ et N un multiple de 5.
4. $N=4a+2b$ et N un multiple de 2.
5. $N=12a+b$ et N un multiple de 4.

54 **Devinette**

Je suis un entier naturel à trois chiffres. Je suis un multiple de 5 et de 9. Mon chiffre des dizaines est impair et mon chiffre des centaines est le triple de celui des dizaines. Qui suis-je ?

55 Montrer que la somme de cinq entiers consécutifs est toujours multiple de 5.

56 1. a. Déterminer les multiples positifs de 18 inférieurs à 100.

b. Déterminer les multiples positifs de 24 inférieurs à 100.

c. En déduire le plus petit multiple commun positif de 18 et 24.

2. Écrire alors sous la forme d'une fraction irréductible les nombres suivants :

$$A=\frac{5}{18}-\frac{7}{24} \quad \text{et} \quad B=\frac{7}{3}\times\frac{5}{6}+\frac{1}{2}\div\frac{12}{7}$$

57 LOGIQUE On considère l'affirmation suivante :
« Si un entier est un multiple de 4, alors il est pair. ».

1. Dire en justifiant si cette affirmation est vraie ou fausse.
2. Écrire la réciproque de cette affirmation. Est-elle vraie ou fausse ? Justifier.
3. Écrire la contraposée de cette affirmation. Est-elle vraie ou fausse ?

Info

Pour montrer qu'un énoncé universel est vrai, il faut le prouver dans le cas général. Pour montrer qu'il est faux, il suffit de trouver un cas où il est mis à défaut (un contre-exemple).
La contraposée d'une proposition vraie est vraie. Par exemple, la proposition : « Si un triangle est rectangle, alors il n'a aucun angle obtus. » est vraie. Sa contraposée est : « Si un triangle a un angle obtus, alors il n'est pas rectangle. » Elle est également vraie.

58 LOGIQUE On considère l'affirmation suivante :
« Si un entier est divisible par 60, alors il est divisible par 6 et par 10. »

1. Cette affirmation est-elle vraie ou fausse ? Justifier.
2. Écrire la réciproque de cette affirmation. Est-elle vraie ou fausse ? Justifier.

59 1. Déterminer les diviseurs positifs communs aux entiers 110 et 88.

2. Un ouvrier dispose de plaques de métal de 110 cm de long et de 88 cm de large. Il a reçu la consigne suivante :

« Découper dans ces plaques des carrés
tous identiques, les plus grands possibles,
de façon à ne pas avoir de perte ».

Quelle sera la longueur du côté du carré ?

3. Combien peut-il découper de carrés par plaque ?

60 Un lycée décide d'organiser une épreuve de cross par équipe pour tous les élèves. Les professeurs constituent le plus grand nombre possible d'équipes. Chaque équipe doit comprendre le même nombre de filles et le même nombre de garçons.

1. Sachant qu'il y a 588 garçons et 420 filles, quel est le plus grand nombre d'équipes que l'on peut composer ?
2. Combien y-a-t-il de filles et de garçons dans chaque équipe ?

61 **Qui suis-je ?**

Dans chaque cas, déterminer l'entier naturel N.

1. N est un nombre premier inférieur à 30 dont le reste de la division euclidienne par 5 vaut 1.
2. N est un nombre premier inférieur à 30 et la somme de ses deux chiffres est égale à 11.
3. N est un nombre premier compris entre 50 et 100 dont la somme des chiffres est la plus grande possible.

*Pour les exercices **62** à **64**, indiquer, en justifiant, pour chacun des nombres donnés, s'il est premier ou non. Pour cela, on pourra utiliser le résultat suivant qui sera démontré dans l'exercice **105** :*
« Si un entier $n \geqslant 2$ n'est divisible par aucun entier p premier tel que $2 \leqslant p \leqslant \sqrt{n}$, alors n est premier. »

62 1. 27 2. 31 3. 101

63 1. 183 2. 439 3. 579

64 1. 2 027 2. 2 653 3. 10 007

exercices Application

JE ME TESTE ! EXERCICES INTERACTIFS hachette-clic.fr/25de2015

Pour les exercices 65 à 68, écrire les entiers sous forme de produits de nombres premiers.

65 • 150×10
• $4\times49\times9^2$
• 42 210

CORRECTION TYPE EN VIDÉO hachette-clic.fr/25de2016

66 363 • 100 • 315 • 675 • 60

67 539 • 500 • 135 • 209 • 455

68 176 • 264 • 605 • 385 • 882

69 **1.** Peut-on trouver deux entiers consécutifs premiers ? Justifier.
2. Peut-on trouver trois entiers consécutifs premiers ? Justifier.

70 **Devinette**
Je suis un entier pair à trois chiffres compris entre 500 et 800. Je suis à la fois divisible par 17 et par 9. Qui suis-je ?

71 Démontrer que le produit de trois entiers consécutifs est multiple de 6.

Pour les exercices 72 à 75, écrire les fractions A et B sous forme irréductible après avoir décomposé les numérateurs et dénominateurs en produits de facteurs premiers.

72 **1.** $A=\dfrac{3\times5^2\times11^3}{2^2\times5\times11^4}$ **2.** $B=\dfrac{2^2\times15}{5\times18}$

73 **1.** $A=\dfrac{294}{63}$ **2.** $B=\dfrac{30}{105}$

74 **1.** $A=\dfrac{28\times9}{420}$ **2.** $B=\dfrac{66}{396}$

75 **1.** $A=\dfrac{18}{49}\times\dfrac{14}{15}$ **2.** $B=\dfrac{32}{12}\div\dfrac{36}{15}$

Pour les exercices 76 à 78, effectuer les calculs suivants, en détaillant les étapes. Donner le résultat sous la forme de fraction irréductible.

76 **1.** $A=\dfrac{2}{5}+\dfrac{3}{4}\times\dfrac{7}{15}$ **2.** $B=\left(\dfrac{2}{3}\right)^2+\dfrac{1}{5}\times\dfrac{4}{3}$

77 **1.** $A=\dfrac{3^2}{2}+\dfrac{7}{5}\times\dfrac{8}{3}$ **2.** $B=\dfrac{5}{3}\div\dfrac{3}{4}+\dfrac{7}{8}$

78 **1.** $A=\dfrac{\dfrac{2}{3}-\dfrac{1}{2}}{\dfrac{5}{4}-\dfrac{4}{5}}$ **2.** $B=\dfrac{\dfrac{7}{4}-\dfrac{3}{5}}{\dfrac{7}{5}-\dfrac{3}{4}}$

Pour les exercices 79 à 81, écrire sous la forme $a\sqrt{b}$, avec $a, b\in\mathbb{N}$ avec b le plus petit possible, les nombres suivants après avoir décomposé les entiers en produits de facteurs premiers.

79 **1.** $\sqrt{3\times5^2}$ **2.** $\sqrt{2\times5^3}$ **3.** $\sqrt{2\times3^2\times5^4}$

80 **1.** $\sqrt{294}$ **2.** $\sqrt{648}$ **3.** $\sqrt{7\,500}$

81 **1.** $\sqrt{315}$ **2.** $\sqrt{2\,200}$ **3.** $\sqrt{12\,250}$

82 Simplifier les expressions suivantes, puis vérifier le résultat à l'aide de la calculatrice.
1. $A=3\sqrt{50}+\sqrt{2}$ **2.** $B=\sqrt{63}+\sqrt{28}$
3. $C=\sqrt{8}+\sqrt{72}$ **4.** $D=2\sqrt{45}-3\sqrt{20}+\sqrt{5}$

83 **1.** Décomposer 288 et 648 en produits de facteurs premiers.
2. En déduire tous les diviseurs communs de ces deux entiers.
3. Pour les fêtes de fin d'année, Louna a fabriqué 288 berlingots et 648 caramels mous. Elle souhaite confectionner des sachets contenants chacun autant de berlingots que de caramels mous. Aucun caramel ou berlingot ne doit rester.
a. Louna peut-elle réaliser 36 sachets ?
b. Quel est le nombre maximal de sachets qu'elle peut réaliser ? Dans ce cas, déterminer le nombre de berlingots et de caramels que contient chaque sachet.

CAPACITÉ 2 Utiliser les notions de nombre pair et impair

Voir p. 41

84 **Qui suis-je ?**
Déterminer, dans chaque cas, quel entier naturel N vérifie la condition donnée.
1. N est l'entier pair inférieur à 30 dont la somme des chiffres est la plus grande possible.
2. N est l'entier impair compris entre 10 et 50, divisible par 3, et dont la somme des chiffres est la plus petite possible.

Démo
85 **1.** Soient n et p deux nombres entiers.
a. On suppose que n est un nombre pair. Comment peut-on traduire cette hypothèse pour n ?
b. On suppose que p est un nombre impair. Comment peut-on traduire cette hypothèse pour p ?
2. Démontrer que la somme d'un nombre pair et d'un nombre impair est un nombre impair.
3. Démontrer que le produit de deux nombres entiers est impair si et seulement si ils sont tous les deux impairs.

86 Démontrer que :
1. le produit d'un entier par un entier pair est pair.
2. le produit de deux entiers impairs est impair.
3. le produit de deux entiers consécutifs est pair.

87 1. Démontrer que la somme de deux nombres premiers différents de 2 est paire.
2. Vérifier que les entiers suivants peuvent s'écrire comme somme de deux nombres premiers :

20 • 64 • 120 • 2 024.

Info

La propriété « tout nombre pair est la somme de deux nombres premiers » est une conjecture formulée par le mathématicien allemand Christian Goldbach (1690–1764).
Début 2025, aucun mathématicien n'est encore parvenu à la démontrer, même si la communauté mathématique pense qu'elle est vraie.
Les nombres entiers donnent lieu à des propriétés d'énoncé très simple, comme la conjecture de Goldbach, mais dont la résolution est extraordinairement complexe. Cette conjecture résiste à toute démonstration depuis plus de 250 ans… !

*Pour les exercices **88** à **90**, on travaille dans un triangle rectangle dont les côtés ont pour mesures les entiers a, b et c (avec $a \leqslant b < c$).*

88 Déterminer la parité de c, sachant que a et b sont des entiers pairs.

CORRECTION TYPE EN VIDÉO hachette-clic.fr/25de2017

89 Démontrer que les entiers a, b et c ne peuvent pas être tous les trois impairs.

90 Démontrer que « c est pair » est équivalent à « a et b ont la même parité ».

91 Montrer que le produit de plusieurs nombres entiers dont au moins un est pair est un nombre pair.

92 Soit a un entier tel que $a^2 = 4q + 1$ avec $q \in \mathbb{N}$.
1. Déterminer la parité de a.
2. Démontrer que $(a+5)^2$ est divisible par 4.

93 On écrit la division euclidienne d'un entier naturel n par 4.
1. Quels sont les restes possibles dans cette division ?
2. En déduire que le nombre n s'écrit nécessairement sous la forme $4k$, $4k+1$, $4k+2$ ou $4k+3$ avec k entier naturel.
3. Si on suppose de plus que l'entier n est impair, quels sont les restes possibles de n dans la division euclidienne par 4 ? Sous quelles formes n peut-il alors s'écrire ?

94 LOGIQUE On considère l'affirmation suivante :
« Si un entier est divisible par 6, alors il est divisible par 2 et par 3. »
1. Montrer que cette affirmation est vraie.
2. Écrire la réciproque de cette affirmation.
3. On souhaite démontrer que cette réciproque est vraie. Soit n un entier divisible par 2 et par 3.
a. Justifier qu'il existe un entier k tel que $n = 3k$.
b. En raisonnant par l'absurde, montrer que k est nécessairement pair. Conclure.

95 1. Démontrer que :
a. le cube d'un entier pair est pair.
b. le cube d'un entier impair est impair.
2. Préciser la parité des nombres suivants, sans effectuer de calcul :

14^3 ; 15^3 ; 101^3 ; $1024^3 \times 5^3$

Puis vérifier à la calculatrice.

96 Démontrer que :
1. la somme de deux entiers consécutifs est impaire.
2. le produit de deux entiers consécutifs est pair.

97 On cherche à déterminer le plus grand entier qui divise toutes les sommes des carrés de trois nombres pairs consécutifs.
1. Soient les entiers 2 ; 4 et 6. Calculer la somme de leurs carrés et donner la liste de ses diviseurs.
2. Soient les entiers 4 ; 6 et 8. Calculer la somme de leurs carrés et donner la liste de ses diviseurs.
3. Soient les entiers 12 ; 14 et 16. Calculer la somme de leurs carrés et donner la liste de ses diviseurs.
4. Émettre une conjecture concernant le plus grand entier qui divise toutes les sommes de carrés de trois nombres pairs consécutifs.
5. Démonter cette conjecture en remarquant que si n est un entier pair, l'entier pair précédent est $n-2$.

Aide

Dans GeoGebra, la commande ListeDiviseurs(n) donne la liste de tous les diviseurs de n.

98 Un échiquier est composé de 64 cases (une sur deux est blanche, une sur deux noire).
1. Montrer qu'on peut le découper en 32 dominos bicolores de taille 1×2.
2. On enlève les cases A1 et H8 : chercher un découpage de l'échiquier tronqué en dominos bicolores de taille 1×2. Si ce découpage semble impossible, il faut le prouver !

1 Multiples et diviseurs dans $\mathbb{Z}$

Analyse d'un énoncé

99 Exercice commenté

Critère de divisibilité par 3 : « un entier N est divisible par 3 si, et seulement si, la somme des chiffres de N est un multiple de 3 ».

On souhaite démontrer ce critère dans le cas particulier où N est un entier à trois chiffres.

En notant c le chiffre des centaines, d celui des dizaines et u celui des unités de N, on a alors :

$$N = 100c + 10d + u$$

1. En utilisant les résultats de la division euclidienne par 3 de 100 et de 10, justifier que :

$$N = 3(33c + 3d) + (c + d + u)$$

➲ Les divisions euclidiennes de 100 et 10 par 3 permettent de donner une expression de N sous la forme $3k + r$.

2. a. Montrer que : « si la somme des chiffres de N est divisible par 3, alors N est divisible par 3. »

➲ Exploiter le résultat de la question **1.** pour montrer que N peut s'écrire sous la forme du produit de 3 par un entier.

b. Montrer la réciproque du résultat précédent.

➲ On suppose que N est multiple de 3. On souhaite alors montrer que $c+d+u$ est multiple de 3. Exploiter de nouveau le résultat de la question **1.**

3. Parmi les entiers suivants : 235 ; 678 et 791, indiquer ceux qui sont divisibles par 3.

➲ Appliquer le critère démontré précédemment.

100 Application immédiate

On considère un entier N à trois chiffres.

1. Montrer que N est divisible par 9 si, et seulement si, la somme de ses chiffres est divisible par 9.

2. Parmi les entiers suivants, indiquer lesquels sont divisibles par 9 : 324 ; 568 ; 914 et 127.

101 Critère de divisibilité par 5

On considère un entier naturel N dont le chiffre des unités est u.

1. Justifier qu'il existe un entier naturel k tel que N puisse s'écrire sous la forme : $N = 10k + u$.

2. En déduire que : N est divisible par 5 si, et seulement si, u est égal à 0 ou 5.

102 Je suis un entier naturel comportant 3 chiffres et je suis divisible par 5 et par 9. Mon chiffre des dizaines est le triple de celui des centaines. Je ne suis pas divisible par 10. Qui suis-je ?

103 Raisonner par disjonction des cas

1. En utilisant la division euclidienne, montrer que tout entier naturel n s'écrit sous l'une des trois formes $3k$, $3k+1$ ou $3k+2$ avec $k \in \mathbb{N}$.

2. En raisonnant par disjonction des cas, justifier alors que, pour tout entier naturel n, l'entier $n(2n^2+1)$ est divisible par 3.

Info

Raisonner par disjonction des cas consiste à résoudre le problème dans chaque sous-cas, l'ensemble des sous-cas recouvrant finalement toutes les possibilités. Ici le cas où $n = 3k$, celui où $n = 3k+1$ et enfin celui où $n = 3k+2$.

104 PYTHON

Algorithme de recherche des diviseurs

On considère la fonction diviseur ci-dessous prenant en paramètre un entier naturel n et qui affiche tous les diviseurs positifs de n :

```
def diviseur(n):
    for k in range(1, n+1):
        if n%k == 0:
            print(k)
```

1. a. L'instruction n%k permet d'obtenir le reste dans la division euclidienne de n par k. Expliquer alors l'intérêt du test : n%k == 0.

b. Quelle sera la dernière valeur prise par k à l'issue de la boucle for ?

c. Exécuter pas à pas, à la main, la fonction pour $n = 10$, puis pour $n = 18$.

2. On constate que l'entier k de la boucle for prend beaucoup de valeurs inutiles.

a. On remarque que 2 divise 18 car $18 = 2 \times 9$. Quel autre diviseur de 18 obtient-on sans faire de calcul supplémentaire ?

b. On propose la fonction incomplète diviseur_bis ci-dessous.

```
from math import sqrt, floor

def diviseur_bis(n):
    fin = floor(sqrt(n))
    for k in range(1,...):
        if n%k == 0:
            print (...)
            print (...)
```

L'expression « n//k » permet d'obtenir le quotient dans la division euclidienne de n par k.

floor(sqrt(n)) donne la partie entière de $\sqrt{n}$.

Compléter cette fonction afin qu'elle affiche tous les diviseurs de n.

c. Déterminer tous les diviseurs de 245.

3. Comparer les temps d'exécution de chacune des fonctions pour $n = 1\,234\,567\,890$.

105 LOGIQUE **Premier ou non ?**

L'objectif de cet exercice est de proposer une démarche permettant de savoir si un entier naturel n supérieur ou égal à 2 est premier ou non.

1. On veut démontrer la propriété suivante :
« Si un entier $n \geqslant 2$ n'est pas premier, alors il admet au moins un diviseur premier : son plus petit diviseur dans $\mathbb{N}$ autre que 1 ».
Dans la suite, n désigne un entier non premier tel que $n \geqslant 2$. On note p son plus petit diviseur différent de 1.
a. En raisonnant par l'absurde, montrer que p est nécessairement un nombre premier.
b. Justifier qu'il existe un entier $q \geqslant p$ tel que $pq = n$.
En déduire que ce plus petit diviseur premier de n vérifie l'encadrement : $2 \leqslant p \leqslant \sqrt{n}$.
c. En déduire que : si un entier $n \geqslant 2$ n'est divisible par aucun entier p premier tel que $2 \leqslant p \leqslant \sqrt{n}$, alors n est premier.
2. En utilisant cette propriété, indiquer, en justifiant, si les entiers suivants sont premiers ou non :

83 • 91 • 731 •983 • 8 633 • 10 001.

106 **Décomposition en produit de facteurs premiers et diviseurs**

1. On pose $N = 12$. Sa décomposition en produit de facteurs premiers est : $N = 2^2 \times 3$.
a. Justifier que si d est un diviseur positif de N, alors la décomposition en produit de facteurs premiers de d ne comporte pas d'autres facteurs premiers que 2 ou 3.
b. On construit l'arbre incomplet suivant.

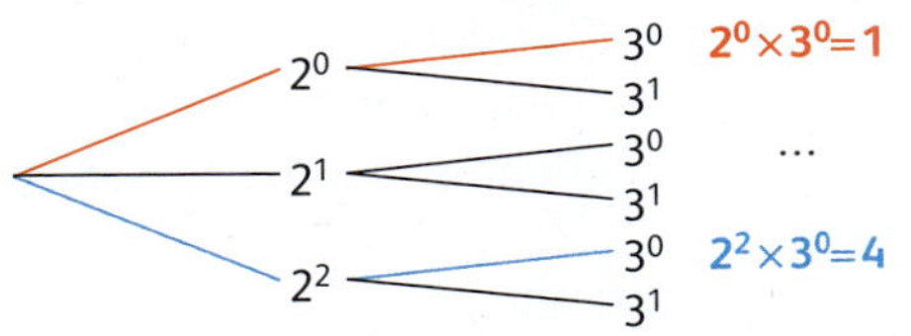

Expliquer comment cet arbre permet d'obtenir tous les diviseurs de N, sans en oublier.
Les déterminer tous.
2. En utilisant une démarche analogue à la question **1.**, déterminer tous les diviseurs positifs de 45, de 50, de 70 et de 147.

107 **Nombre de diviseurs positifs d'un entier**

On considère un entier naturel n.
1. a. On choisit $n = 63$. En décomposant n en produit de facteurs premiers et en exploitant un arbre de dénombrement (voir ex. **106**), montrer que n admet exactement six diviseurs positifs, puis les déterminer tous.
b. De la même façon, montrer que $n = 231$ admet exactement huit diviseurs positifs puis les déterminer tous.
c. Reprendre la question **b.** pour $n = 24$.
2. Plus généralement, on écrit n comme produit de facteurs premiers $n = p_1^{n_1} \times p_2^{n_2} \times \cdots \times p_k^{n_k}$ où les nombres premiers $p_1, p_2, \ldots, p_k$ sont tous distincts, et les nombres $n_1, n_2, \ldots, n_k$ sont des entiers naturels non nuls.
a. Déterminer le nombre de diviseurs positifs de n en fonction des entiers $n_1, n_2, \ldots, n_k$.
b. Est-il possible que n admette exactement 5 diviseurs positifs ? Si oui, préciser la forme de l'entier n.

108 **Qui suis-je ?**

Soit un entier naturel n dont les seuls diviseurs premiers sont 2 et 3.
1. Est-il possible que n admette exactement trois diviseurs positifs ?
2. Déterminer les valeurs possibles de n dans chacun des cas suivants.
a. n possède exactement quatre diviseurs positifs.
b. n possède exactement six diviseurs positifs.
c. n possède exactement dix diviseurs positifs.

109 PRISE D'INITIATIVES Que peut-on penser de l'affirmation suivante ?
« Plus l'entier n est grand, plus il a de diviseurs. »

110 LOGIQUE **Carrés et nombre de diviseurs**

On considère un entier naturel n.
Préciser, pour chaque affirmation suivante, si elle est vraie ou fausse.
1. Si n est un carré parfait (c'est-à-dire s'il existe un entier k tel que $n = k^2$), alors n admet un nombre impair de diviseurs positifs.
2. Si n admet un nombre impair de diviseurs positifs, alors n est un carré parfait.

111 **Carrés et cubes parfaits**

On dit qu'un entier n est un **carré parfait** (resp. un **cube parfait**) lorsqu il peut s'écrire sous la forme $n = k^2$ (resp. $n = k^3$) avec k entier.
Ainsi, $49 = 7^2$ est un carré parfait, $512 = 8^3$ est un cube parfait.
1. Déterminer le plus petit entier naturel m tel que $6\,804 \times m$ soit un carré parfait.
2. Déterminer le plus petit entier naturel m tel que $1\,920 \times m$ soit un cube parfait.

112 **Nombres entiers premiers entre eux**

Deux entiers sont dits **premiers entre eux** lorsque leur seul diviseur positif commun est 1.
1. Les nombres 25 et 14 sont-ils premiers entre eux ?
Même question pour 70 et 15.
2. On considère l'affirmation suivante :
« Deux nombres premiers
sont toujours premiers entre eux. »
a. Cet énoncé est-il vrai ? Justifier.
b. Qu'en est-il de la réciproque ?
3. On se propose de démontrer que deux entiers consécutifs sont toujours premiers entre eux. Soient n et $n+1$ deux entiers consécutifs.
On considère d un diviseur positif commun de n et $n+1$. Montrer que d divise 1 puis conclure.

113 Deux entiers naturels distincts sont dits **amicaux** si chacun est égal à la somme des diviseurs positifs stricts (autres que lui-même) de l'autre.

1. Montrer que 220 et 284 sont amicaux (découverte attribuée à Pythagore).
2. Justifier que 1 184 et 1 210 sont amicaux, ainsi que 2 620 et 2 924. *On pourra utiliser la liste des entiers premiers inférieurs à 100.*

Voir p. 42

114 Nombres premiers entre eux et fractions irréductibles

On souhaite montrer que, pour tout entier naturel n, les entiers $A=3n+2$ et $B=n+1$ sont toujours premiers entre eux.

1. On considère d un diviseur positif commun de A et B.
a. Justifier que d divise $3B-A$.
b. En déduire que d divise 1 et conclure.
c. Que peut-on dire de la fraction $\frac{A}{B}$?
2. À l'aide d'une méthode analogue à celle utilisée pour la question 1., démontrer que la fraction $\frac{5n+21}{n+4}$ est irréductible quelle que soit la valeur de l'entier naturel n.

Info
Si a et b sont entiers, la fraction $\frac{a}{b}$ est irréductible lorsque a et b sont premiers entre eux.

115 Forme des nombres premiers supérieurs à 6

On considère un nombre premier $p \geqslant 6$.
On effectue la division euclidienne de p par 6 et on écrit : $p=6q+r$, où q et r sont des entiers naturels avec $q \geqslant 1$ et $r \in \{0;1;2;3;4;5\}$.

1. Justifier que r ne peut pas être égal à 0, 2, 3 ou 4.
2. Les entiers de la forme $6k+1$ et $6k+5$, avec k un entier naturel non nul, sont-ils tous des nombres premiers ?

116 ALGO **Être ou ne pas être premier ?**

On considère un entier naturel $n \geqslant 3$.

1. Compléter la propriété suivante :
« Si n n'admet aucun … entre 2 et …,
alors n est premier ».
2. a. Compléter l'algorithme suivant pour qu'il détermine si un entier $n \geqslant 3$ est premier ou non.

```
k ← 2
Tant que (k ne divise pas n) et (k ≤ …) Faire :
    k ← k+1
Fin Tant que
Si k ne divise pas n Alors :
    Afficher « n est … »
Sinon :
    Afficher « n … »
```

b. Modifier cet algorithme pour que, dans le cas où l'entier n n'est pas premier, il renvoie son plus petit diviseur d supérieur ou égal à 2.

3. PYTHON Coder cet algorithme dans le langage Python et le mettre en œuvre pour tester si les entiers suivants sont premiers ou non :
97 • 271 • 451 • 537 • 743 • 893 • 11 111
4. Dans une lettre adressée à Bernoulli, Euler écrivait en 1771 : « Cette progression 41, 43, 47, 53, etc. dont le terme général est $41-x+x^2$ (où $x \in \mathbb{N}$) est d'autant plus remarquable que les 40 premiers termes sont des nombres premiers. »
a. Vérifier l'affirmation d'Euler.
b. Le 41e terme de la suite d'Euler est-il premier ?

2 Nombres pairs, nombres impairs

117 Soit n un entier.

1. On suppose que n est pair. Démontrer que son carré n^2 est divisible par 4.
2. On suppose que n est impair. Démontrer que le reste de la division euclidienne de n^2 par 4 est égal à 1.

118 Parité et opérations

Soient a et b deux entiers relatifs.

1. On suppose que a est pair et b est impair. Préciser la parité des entiers suivants.
a. $9a+4b$ b. $2a-5b$ c. a^2+b^2
2. Mêmes questions dans le cas où a et b sont impairs.

119 Soit n un entier naturel.

1. Étudier la parité de $3n^2+n$.
2. Même question pour $4n^2+n$

120 Soit n un entier. Montrer que n et n^{2024} ont la même parité.

121 1. Soit n un entier pair. Montrer que l'entier n^4+4n^2+32 est un multiple de 16.
2. a. Justifier que le produit de deux entiers consécutifs est toujours pair.
b. Soit n un entier impair. Montrer que n^2-1 est un multiple de 8.

122 Exercice guidé

Soit n un entier naturel. Montrer que l'entier n^3-n est divisible par 6.

Pistes de résolution
On pourra factoriser n^3-n et remarquer que cette différence est en fait le produit de trois entiers consécutifs.

123 Impairs et somme de deux carrés

Soit un entier naturel N impair.

On cherche une condition nécessaire pour qu'on puisse écrire $N = a^2 + b^2$ avec a et b dans $\mathbb{N}$.

1. Recopier et compléter le tableau suivant donnant la parité de $a^2 + b^2$, pour a et b deux entiers.

a	b	a^2	b^2	a^2+b^2
Pair	Pair			
Pair	Impair			
Impair	Pair			
Impair	Impair			

2. On suppose qu'on peut écrire $N = a^2 + b^2$.

a. En utilisant la question **1.**, justifier que les entiers a et b n'ont pas la même parité.

b. On pose $a = 2u$ et $b = 2v + 1$ avec u et v dans $\mathbb{N}$.
Démontrer que N est de la forme $(4k+1)$, où $k \in \mathbb{N}$.

3. Les entiers impairs de la forme $(4k+1)$ peuvent-ils tous s'écrire comme la somme de deux carrés ?

124 PYTHON Impairs et différences de carrés

Soit un entier relatif n.

1. Simplifier l'expression $(n+1)^2 - n^2$.

2. En déduire que tout nombre impair est égal à la différence de deux carrés d'entiers consécutifs.

3. Écrire 49, puis 51 comme la différence de deux carrés d'entiers consécutifs.

4. En langage Python, les instructions « a//b » et « a%b » renvoient respectivement le quotient et le reste dans la division euclidienne de a par b.
On définit la fonction Python suivante.

```
def différence_carrés_consécutifs(k):
    n=k//2
    return n,n+1
```

a. Exécuter à la main la fonction différence_carrés_consécutifs pour $k = 23$.

b. Que permet de faire cette fonction lorsqu'on donne en argument un entier k impair ?

125 Nombres de Mersenne

On considère pour tout entier naturel n non nul le nombre $M_n = 2^n - 1$ appelé n-ième nombre de Mersenne.

1. Quelle est la parité du nombre M_n pour tout entier naturel n non nul ? Justifier.

2. Calculer les cinq premiers nombres M_1, M_2, M_3, M_4 et M_5.
Parmi ces nombres, lesquels sont premiers ?

3. On suppose désormais que n est un entier pair et que $n \geqslant 4$. À l'aide d'une identité remarquable, justifier que M_n peut toujours s'écrire sous la forme d'un produit de deux entiers à préciser. M_n peut-il alors être premier dans ce cas ? Justifier.

126 ALGO

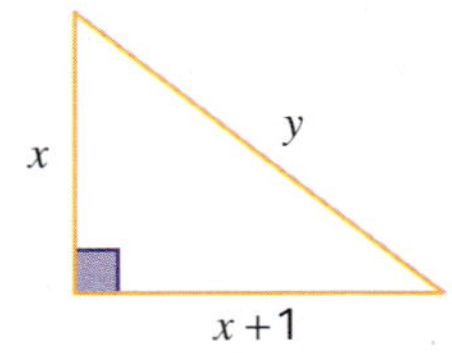

On appelle **triangle rectangle presque isocèle (TRPI)** un triangle rectangle dont les longueurs des côtés de l'angle droit sont des entiers consécutifs x et $x+1$, et dont la longueur de l'hypoténuse y est entière. On dira dans ce cas que le couple $(x\,;y)$ définit un TRPI.

1. Démontrer qu'un couple d'entiers naturels $(x\,;y)$ définit un TRPI si, et seulement si, $y^2 = 2x^2 + 2x + 1$.

2. Soit un couple d'entiers naturels $(x\,;y)$ définissant un TRPI.

a. Démontrer que y^2 est impair. Que peut-on en déduire sur la parité de y ?

b. Soit d un diviseur commun de x et y.
En étudiant $(y^2 - 2x^2 - 2x)$, démontrer que d divise 1.

c. Quelles sont les seules valeurs possibles des diviseurs communs de x et y ?

3. On souhaite chercher de façon systématique les couples d'entiers naturels $(x\,;y)$ définissant des TRPI, où $1 \leqslant x \leqslant 1000$ et $1 \leqslant y \leqslant 1000$.

```
Pour x allant de 1 à … Faire
    Pour y allant de x à … Faire
        Si … Alors
            Afficher (x ; y)
        Fin Si
    Fin Pour
Fin Pour
```

a. Recopier et compléter l'algorithme ci-dessus.

b. Au cours de son exécution, l'algorithme affiche les couples solutions ci-contre.
Vérifier les résultats établis à la question **2.** sur ces couples solutions.

(3;5)
(20;29)
(119;169)
(696;985)

127 Nombres premiers jumeaux

Deux nombres premiers sont **jumeaux** lorsque la différence entre le plus grand et le plus petit est égale à 2.
Ainsi les nombres premiers 3 et 5 sont jumeaux.

1. Proposer 4 couples de nombres premiers jumeaux.

2. Justifier que des nombres premiers jumeaux sont obligatoirement impairs.

3. Soit un entier naturel $p \geqslant 6$ tel que les entiers p et $p-2$ sont des nombres premiers jumeaux.
D'après l'exercice 115, on peut écrire : $p = 6q + 1$ ou $p = 6q + 5$, avec q un entier naturel non nul.

a. En utilisant que $p-2$ est un nombre premier, justifier que p est de la forme $6q+1$.

b. Les entiers de la forme $p = 6k + 1$ et $p - 2$, avec k un entier naturel non nul, sont-ils tous des nombres premiers jumeaux ?

4. Déterminer tous les nombres premiers jumeaux inférieurs à 100.

Info
Les mathématiciens conjecturent qu'il existe une infinité de nombres premiers jumeaux. Mais début 2025, aucune preuve de cette conjecture ou du contraire n'a été établie.

Exercices Bilan et approfondissement

BILAN

128 10 min Calculer en simplifiant

Calculer et simplifier les nombres suivants.

1. $A=\dfrac{4725}{2625}$ **2.** $B=\dfrac{\sqrt{75}\times\sqrt{192}}{\sqrt{196}}$

3. $C=\dfrac{3}{7}-\dfrac{4}{5}\times\dfrac{3}{8}$ **4.** $D=\dfrac{8}{5}\times\dfrac{3}{2}+\dfrac{7}{3}$

129 15 min Parité et combinaisons linéaires

Soient a, b, u et v quatre entiers relatifs.

1. Pour a et b impairs, étudier la parité de :

a. $3a$ **b.** $2b$ **c.** $2a+3b$ **d.** $4a+2b$

2. On suppose que a est pair et b impair.

a. Recopier et compléter le tableau suivant donnant la parité de $au+bv$.

u	v	au	bv	$au+bv$
Pair	Pair			
Pair	Impair			
Impair	Pair			
Impair	Impair			

b. À quelle condition sur les entiers u et v le nombre $(au+bv)$ est-il pair ?

3. On suppose que les entiers a et b sont pairs.

À quelle condition sur les entiers u et v le nombre $(au+bv)$ est-il pair ?

130 15 min Diviseurs positifs d'un entier

L'objectif est de déterminer tous les diviseurs positifs d'un entier N dans certains cas particuliers.

1. On choisit $N=175$.

a. Décomposer N en produit de facteurs premiers.

b. Recopier et compléter l'arbre de dénombrement ci-dessous, puis déterminer tous les diviseurs positifs de N.

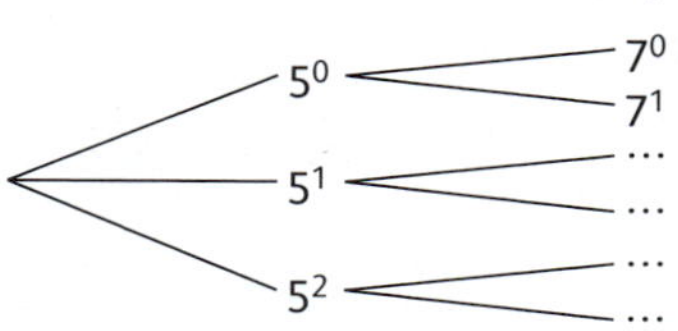

2. Déterminer tous les diviseurs positifs de $N=686$.

3. On pose $N=3^n$ où n est un entier naturel.

Déterminer l'entier n de façon que N admet exactement cinq diviseurs positifs.

131 10 min Ils se suivent…

1. Soit n un entier, exprimer en fonction de n :

a. l'entier précédant n ;

b. l'entier suivant n.

2. Montrer que la somme de trois entiers consécutifs est multiple de 3 et que leur produit est multiple de 6.

132 20 min Nombres abondants, nombres déficients et nombres parfaits

Un entier naturel n est dit **abondant** s'il est strictement inférieur à la somme de ses diviseurs stricts (autres que lui-même) positifs.

Un entier naturel n est dit **déficient** s'il est strictement supérieur à la somme de ses diviseurs stricts positifs.

Un entier naturel n est dit **parfait** s'il est égal à la somme de ses diviseurs stricts positifs.

1. Déterminer, pour chaque entier n compris entre 2 et 12 (inclus), si n est abondant, déficient ou parfait.

2. Montrer que 28 est parfait.

3. Soit p un nombre premier.

Démontrer que p est déficient.

Info

Les nombres parfaits sont encore une énigme en 2025. On ignore s'il en existe une infinité, on ignore également s'il existe des nombres parfaits impairs (probablement que non…).

133 15 min

Décompositions en produit de facteurs premiers

1. Décomposer 126 et 147 en produits de facteurs premiers.

2. Écrire sous forme irréductible la fraction $\dfrac{126}{147}$.

3. Écrire le nombre $\sqrt{147}$ sous la forme $a\sqrt{b}$ avec a et b dans $\mathbb{N}$ tels que b est le plus petit possible.

4. Déterminer tous les diviseurs positifs de 147.

5. L'affirmation suivante est-elle vraie ? Justifier.

« Si deux entiers ont les mêmes diviseurs premiers, alors l'un est multiple de l'autre. »

134 15 min PGCD de deux entiers naturels

Soient a et b deux entiers naturels non nuls.

On note PGCD$(a\,;b)$ le plus grand diviseur commun de a et b.

1. On choisit $a=2^2\times3=12$ et $b=2\times3^2\times5=90$.

Déterminer PGCD$(a\,;b)$.

2. Reprendre la question **1.** avec $a=390$ et $b=525$.

3. a. On suppose que a et b sont tous les deux pairs.

Justifier que PGCD$(a\,;b)$ est un entier pair.

b. On suppose que PGCD$(a\,;b)$ est pair.

Que peut-on en déduire pour la parité des entiers a et b ? Justifier.

4. a. On suppose que l'un des deux entiers a ou b (au moins) est impair.

Quelle est la parité de PGCD$(a\,;b)$?

b. On suppose que PGCD$(a\,;b)$ est impair.

Montrer, avec des exemples, qu'on ne peut être certain de la parité des entiers a et b.

135 Compétence Modéliser

Trou de mémoire

Zorana a effectué la somme de cinq entiers consécutifs mais elle ne sait plus si elle a obtenu 567 ou 657 ou 765.

1. Déterminer la somme qu'elle a obtenue.

2. Donner les cinq entiers.

136 Pavages

1. Soit un rectangle de dimensions 24 cm sur 40 cm. Sarah veut partager ce rectangle en carré dont les côtés sont les plus grands possibles : déterminer la longueur du côté d'un carré.

2. Maintenant Sarah veut former un grand carré à l'aide de rectangles de dimensions 24 cm sur 40 cm. Déterminer le nombre minimum de rectangles nécessaires.

137 Alignement de planètes

En simplifiant les données et en comptant en jours terrestres, Vénus tourne autour du Soleil en 225 jours et la Terre en 365 jours. On suppose qu'un jour donné, le Soleil, Vénus et la Terre sont alignés.

Calculer la durée minimale pour que ce phénomène se reproduise et donner le nombre de révolutions autour du Soleil effectuées par chaque planète.

138 Nature d'un nombre

Stéphanie définit la fonction S pour tous les entiers naturels par $S(n)=\dfrac{n(n+1)(2n+1)}{6}$.

1. Calculer $S(1)$, $S(2)$, $S(3)$ et $S(4)$. Que peut-on remarquer ?

2. L'objectif de cette question est de démontrer que la fonction S donne toujours un entier. Pour cela on va démontrer que $A(n)=n(n+1)(2n+1)$ est un toujours un multiple de 6.

a. Justifier que $A(n)$ est toujours un entier pair.

On souhaite démontrer que $A(n)$ est toujours un multiple de 3.

b. Justifier que tout entier naturel n peut s'écrire sous la forme $3k$, $3k+1$ ou $3k+2$ où k est un entier naturel.

c. En raisonnant par disjonction de cas, démontrer que, pour tout entier naturel n, $A(n)$ est un multiple de 3.

d. En conclure la nature de $S(n)$ pour n entier.

139 Critère de primalité

1. Recopier le tableau en incluant les lignes manquantes, puis entourer les nombres premiers. Émettre une conjecture concernant les colonnes ne contenant pas de nombres premiers.

A	B	C	D	E	F
	1	2	3	4	5
6	7	8	9	10	11
12	13	14	15	16	17
⋮	⋮	⋮	⋮	⋮	⋮
96	97	98	99	100	101

2. Montrer que les nombres de la colonne A sont les multiples d'un même entier ; en déduire qu'ils ne peuvent pas être premiers.

3. Écrire les nombres de la colonne C sous la forme $6k+r$ où r est un entier à déterminer.
Démontrer que les nombres de cette colonne (excepté 2) ne peuvent être premiers.

4. Utiliser le même raisonnement, pour démontrer que les nombres de colonne D ne peuvent être premiers (excepté 3) et qu'aucun nombre de la colonne E ne peut être premier.

5. Énoncé une condition de primalité d'un entier en fonction de son reste dans la division euclidienne par 6.

140 Compétence Modéliser

Le chevalier des temps anciens

Le dernier jour d'un mois de la Première Guerre mondiale, un obus a exhumé le corps d'un soldat des temps anciens. Il gisait à côté de sa hallebarde.

Si on fait le produit du quantième du mois, par la longueur en pieds de la hallebarde, par le quart du temps (en années) qui s'est écoulé entre la mort et l'exhumation et enfin par la moitié de l'âge du Chevalier quand il est mort, on obtient 225 533.

1. Déterminer l'âge du Chevalier au moment de sa mort.

2. Déterminer l'année de son décès.

3. À l'aide du mot clé *duc*, de la date de naissance et la date de décès : déterminer l'identité du Chevalier en utilisant un moteur de recherche.

141 Somme de cubes

1. Choisir trois nombres entiers consécutifs et calculer le nombre C qui est la somme des cubes de ces trois entiers.

2. Vérifier que C est divisible par 9.

3. Démonstration de cette propriété.

a. Soit n un nombre entier. Exprimer en fonction de n l'entier précédant n et l'entier suivant n.

b. Vérifier que $(n-1)^3 = n^3 - 3n^2 + 3n - 1$.

c. Exprimer en fonction de n la somme $C(n)$ des cubes des trois entiers consécutifs dont n est la valeur centrale.

d. Justifier que tout entier n peut s'écrire sous l'une des formes suivantes (où $k \in \mathbb{N}$) :

$n = 3k$ ou bien $n = 3k+1$ ou bien $n = 3k+2$

e. Démontrer que, pour tout $n \in \mathbb{N}$, C est un multiple de 9.

142 De moins en moins de nombres premiers ?

Pour tout entier naturel n non nul, on appelle **factorielle** n, notée $n!$, le produit de tous les entiers compris entre n et 1.

Ainsi $n! = n \times (n-1) \times \ldots \times 1$.

Soit un entier $n \geqslant 2$.

1. Soit un entier k compris entre 2 et n (inclus).

a. Justifier que $n!$ est divisible par k.

b. En déduire que $(n!+k)$ n'est pas premier.

2. Montrer qu'il n'existe aucun entier premier entre $(n!+2)$ et $(n!+n)$.

3. Utiliser le résultat précédent pour donner cinq entiers consécutifs non premiers.

4. Existe-t-il une liste de cent milliards d'entiers consécutifs ne comportant aucun nombre premier ?

Info

Ce résultat semble témoigner de la raréfaction des nombres premiers. Cependant la propriété suivante, démontrée par le russe Tchebychev (1821-1894), tempère cette impression : « Si $n > 3$, alors il existe toujours un nombre premier compris entre n et $2n$. »

143 Irrationalité de $\sqrt{3}$

On souhaite démontrer par l'absurde et par disjonction de cas que le nombre réel $\sqrt{3}$ est irrationnel.

On suppose qu'il existe deux entiers naturels p et q premiers entre eux tels que $\sqrt{3} = \frac{p}{q}$.

1. Justifier que $p^2 = 3q^2$.

2. Premier cas : p est pair

a. Étudier la parité de p^2 puis celle de q^2.

b. En déduire la parité de q et conclure dans ce cas.

3. Second cas : p est impair

a. Étudier la parité de p^2 puis celle de q^2.

b. En déduire la parité de q.

c. D'après les questions précédentes, il existe donc deux entiers naturels k et n tels que :

$$p = 2k+1 \text{ et } q = 2n+1.$$

① On rappelle que : $p^2 = 3q^2$

Montrer alors que l'on a :

$$2k^2 + 2k = 6n^2 + 6n + 1$$

② Déterminer la parité de $2k^2 + 2k$

③ Déterminer la parité de $6n^2 + 6n + 1$

④ Conclure.

4. En déduire la nature de $\sqrt{3}$.

144 Nombres de Mersenne

On appelle **nombre de Mersenne** les entiers définis par : $M_n = 2^n - 1$, où $n \in \mathbb{N}^*$.

1. Calculer les quinze premiers nombres de Mersenne. Parmi eux, lesquels sont premiers ?

2. Montrer que, pour tout entier $k \geqslant 2$ et pour tout réel x :

$$x^k - 1 = (x-1)\left(x^{k-1} + x^{k-2} + \ldots + x + 1\right)$$

3. Soit un entier $n \geqslant 2$.

a. On suppose que n n'est pas premier et on pose : $n = k \times d$, avec k et d entiers compris entre 2 et n.

Montrer que M_n est divisible par $\left(2^d - 1\right)$.

b. En déduire une condition nécessaire pour que M_n soit premier.

4. Cette condition est-elle suffisante ?

Info

Début 2025, on connaît seulement 52 nombres premiers de Mersenne. Le plus grand est $M_{136\,279\,841}$, il s'écrit avec plus de 41 millions de chiffres.

145 Plus grand diviseur commun

Soit N_k un entier naturel de la forme $k(k+1)(2k+2\,026)$, où k est un entier naturel non nul.

On cherche à déterminer le plus grand entier naturel qui divise tous les entiers N_k lorsque k varie dans $\mathbb{N}^*$.

1. a. Donner la liste des diviseurs de N_k pour $k=1$, $k=2$ puis $k=3$.

b. Quel est le plus grand diviseur commun aux nombres N_1, N_2 et N_3 ?

2. Démontrer que, pour tout entier naturel non nul k, 4 est un diviseur de N_k.

3. En remarquant que $k+1013 = (k+2)+1011$, démontrer que N_k est toujours un multiple de 3.

4. Conclure.

Aide

Dans GeoGebra, la commande ListeDiviseurs(n) donne la liste de tous les diviseurs de n.

exercices Accompagnement personnalisé

Maîtriser l'essentiel

146 Interpréter des données en arithmétique

Dans l'ensemble de cet exercice, n désigne un entier naturel

1. Associer chaque expression à sa traduction par une égalité mathématique.

Expression	Traduction
① L'entier n est un diviseur de 25.	ⓐ Il existe $k \in \mathbb{N}$ tel que $n = 25k + 1$.
② L'entier n est multiple de 25.	ⓑ Il existe $k \in \mathbb{N}$ tel que $25 = k \times n$.
③ L'entier n a pour reste 1 dans la division euclidienne par 25.	ⓒ Il existe $k \in \mathbb{N}$ tel que $n = 2k + 1$.
④ L'entier n est impair.	ⓓ Il existe $k \in \mathbb{N}$ tel que $n = 25k$.

2. On veut montrer que, si n est multiple de 5, alors n^2 est multiple de 25. Compléter la démonstration suivante :

On suppose que n est multiple de 5, alors ….

Donc on peut écrire $n^2 = (\ldots)^2 = \ldots$ donc ….

3. Montrer que si le reste de la division euclidienne de n par 5 est 1, alors le reste de la division euclidienne de n^2 par 5 est également 1.

147 Choisir le bon connecteur logique

a, b et n désignent des entiers naturels.

Compléter les phrases suivantes avec le connecteur logique approprié parmi : « donc », « car », « si et seulement si ».

1. n est multiple de 25 … n est multiple de 5.

2. 10 divise N … 5 divise N.

3. $a \times b$ est pair … a est pair.

4. n est impair … n^2 est impair.

5. 2 et 5 sont des diviseurs de n … 20 est un diviseur de n.

6. n est multiple de 3 … n^2 est multiple de 9.

148 Critères de divisibilité par 4 et par 25

On considère un entier relatif N.

On effectue la division euclidienne de N par 100 : $N = 100 \times q + r$, avec q et r entiers relatifs tels que $0 \leqslant r < 100$.

1. Justifier que r est l'entier à deux chiffres qui s'écrit avec le chiffre des dizaines et le chiffre des unités de N.

2. Démontrer que N est divisible par 4 si, et seulement si, r est divisible par 4

3. Démontrer un critère sur r permettant d'affirmer que N est divisible par 25.

Aller plus loin

149 PRISE D'INITIATIVES — Compétence Calculer

Encore la conjecture de Goldbach !

En 1742, Christian Goldbach écrit, dans une lettre adressée à Leonhard Euler, que tout entier pair strictement supérieur à 2 peut s'écrire comme la somme de deux nombres premiers.

Vérifier que la conjecture de Goldbach est vraie pour tous les entiers pairs compris entre 50 et 80 (inclus).

COUP DE POUCE hachette-clic.fr/25de2018

Info

La conjecture de Goldbach est l'un des célèbres résultats non encore démontrés début 2025. En 2014, elle avait été vérifiée numériquement pour tous les entiers pairs inférieurs à 4×10^{18}. Source de nombreuses recherches mathématiques, elle inspire également le monde de la littérature, comme Denis Guedj dans *le Théorème du perroquet* et celui du cinéma avec le film *Le Théorème de Marguerite*.

150 Équations avec des entiers

On cherche à déterminer les couples $(x ; y)$ d'entiers naturels non nuls tels que $\frac{1}{x} + \frac{1}{y} = \frac{1}{2}$ (E).

1. Soient x et y deux entiers naturels non nuls.

Démontrer que l'équation (E) est équivalente à :

$$(x-2)(y-2) = 4$$

2. En déduire la résolution de l'équation (E).

151 Ensemble des nombres premiers

Dans cet exercice, on démontre que l'ensemble des nombres premiers est infini.

Pour cela, on raisonne **par l'absurde** en supposant qu'il n'existe qu'un nombre fini N de nombres premiers distincts, que l'on note alors $p_1, p_2, \ldots p_N$.

On pose $K = p_1 \times p_2 \times \ldots \times p_N + 1$.

1. Justifier que pour tout entier i entre 1 et N, le nombre premier p_i n'est pas un diviseur de K.

2. Le nombre K admet-il un diviseur premier ?

3. Conclure.

Info

Le fait qu'il existe une infinité de nombres premiers est connu depuis longtemps, puisqu'il est déjà démontré dans la proposition 20 du Livre IX des *Éléments* d'Euclide (IIIe siècle av. J.-C.).

152 PRISE D'INITIATIVES

Par définition, les nombres premiers admettent exactement deux diviseurs dans $\mathbb{N}$.

Quel est l'ensemble des entiers naturels admettant exactement trois diviseurs dans $\mathbb{N}$?

COUP DE POUCE hachette-clic.fr/25de2019

TP Pratiquer l'algorithmique et programmer

Multiples et diviseurs d'entiers naturels

Objectif PYTHON
Manipuler des fonctions, des boucles Tant que et l'instruction Si.

Soient a et b deux entiers naturels non nuls tels que $a > b$.
Le but de ce TP est de résoudre les problèmes suivants, sans utiliser de multiplication, ni de division.
① Déterminer si a est un multiple de b.
② Déterminer le plus grand multiple de b inférieur ou égal à a.

Partie A Résolution du problème ①

L'idée consiste à calculer les multiples successifs de l'entier b : b, $2b$, $3b$, etc., et de tester leur égalité éventuelle avec l'entier a.

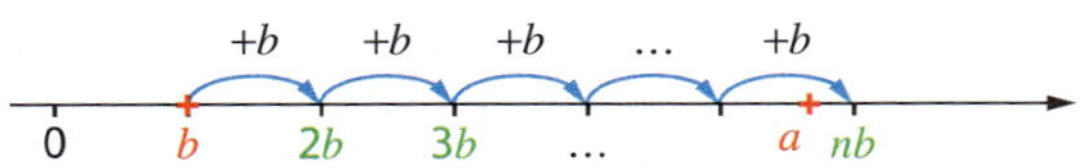

1. On considère la fonction test_multiple suivante.

Langage naturel

```
Fonction test_multiple(a,b)
    N ← b
    Tant que N < a Faire
        N ← N + b
    Fin Tant que
    Si N = a Alors
        Afficher (« a est un multiple de b »)
    Sinon
        Afficher (« a n'est pas un multiple de b »)
    Fin Si
Fin Fonction
```

Exécuter, à la main, la fonction test_multiple pour $a = 50$ et $b = 10$, puis pour $a = 50$ et $b = 11$.

2. Justifier que la fonction test_multiple permet de résoudre le problème ①.

3. Programmer cette fonction et préciser si 1 302 est un diviseur de 29 946.

```python
def test_multiple(a,b):
    N=b
    while N<a:
        N=N+b
    if N==a:
        print("a est un multiple de b")
    else:
        print("a n'est pas un multiple de b")
```

4. Que faut-il modifier dans la fonction test_multiple pour qu'elle renvoie le quotient de a par b dans le cas où a est un multiple de b ?
Vérifier en programmant en Python.

Partie B Résolution du problème ②

1. On choisit $a = 100$ et $b = 13$.
a. Calculer les multiples de l'entier b : b, $2b$, $3b$, $4b$, … jusqu'à avoir dépassé l'entier a.
b. Quel est le plus grand multiple de l'entier b qui est inférieur ou égal à l'entier a ?

2. Reprendre la question **1.** avec $a = 255$ et $b = 15$, puis avec $a = 645$ et $b = 71$.

3. En s'inspirant de la fonction test_multiple et du schéma donné en **Partie A**, construire une fonction multiple_inférieur qui prend en argument deux entiers naturels a et b tels que $a > b$ et qui renvoie le plus grand multiple de b qui est inférieur ou égal à a.

4. Programmer en Python la fonction multiple_inférieur, puis vérifier les résultats obtenus aux questions **1.** et **2.**

5. En modifiant la fonction multiple_inférieur, programmer une fonction nombre_multiples qui prend en argument deux entiers naturels a et b tels que $a > b$ et qui renvoie le nombre de multiples positifs de b qui sont inférieurs ou égaux à a. La tester.

Partie C Application : division euclidienne de a par b

On rappelle que la **division euclidienne de a par b** est l'écriture unique $a = b \times q + r$ où q et r sont des entiers naturels tels que $0 \leqslant r < b$.
q est le **quotient** et r est le **reste** dans la division euclidienne de a par b.

1. Justifier que $b \times q$ est le plus grand multiple de b inférieur ou égal à a.

2. En s'inspirant des fonctions créées précédemment, programmer une fonction Division_Euclidienne qui prend en argument deux entiers naturels a et b tels que $a > b$ et qui renvoie le quotient q et le reste r dans la division euclidienne de a par b. La tester.

Info
Le nom de « division euclidienne » est un hommage rendu à Euclide, qui en a expliqué le principe dans ses *Éléments* au IIIe siècle av. J.-C., par soustractions successives.
Mais celui-ci était connu bien avant, en Égypte, chez les Babyloniens, ou en Chine.

TP Mener une recherche

TABLEUR

Compétence **Chercher et communiquer**

La minute Factorisation

Objectif

- Exploiter la notion de nombre premier et de décompositions en produit de facteurs premiers.
- Exploiter les fonctionnalités d'un tableur gérant le calcul formel

Ce TP s'appuie sur une mini bande dessinée humoristique (du site xkcd.com) dans laquelle un personnage désœuvré s'amuse, chaque minute, à transformer l'heure affichée par une horloge digitale en un nombre qu'il factorise en produit de facteurs premiers…

Partie A Comprendre le gag

1. Lire et comprendre ce gag. Rire discrètement.

2. Décomposer 1 453 comme produit de facteurs premiers. Rire franchement avec votre professeur de mathématiques.

Partie B Créer un gag

L'objectif de cette partie est de répondre à la question : ce gag fonctionne-t-il avec d'autres affichages d'heure ?

Dans le format anglo-saxon, les heures vont de 00:00 am jusqu'à 11:59 am le matin, et de 12:00 pm jusqu'à 11:59 pm l'après-midi.

1. Donner le nombre d'entiers compris entre 100 (une heure de l'après-midi) et 1 159 (11 h 59 du soir) qui peuvent représenter un affichage d'heure (par exemple 175 ne représente pas un affichage possible).

2. Entre 00:00 et 12:59, les affichages dans les deux modes sont identiques. Quelle opération permet de passer du mode anglo-saxon au mode 24 h entre 13:00 et 23:59 ? En déduire que, quelle que soit l'heure, la parité du nombre affiché est identique dans les deux modes.

3. Expliquer pourquoi on peut réduire les recherches aux affichages d'entiers impairs.

4. Expliquer pourquoi le gag ne fonctionne pas pour les affichages finissant par 5.

5. Montrer qu'il existe exactement deux horaires entre 1 h et 2 h de l'après-midi pour lesquels le gag fonctionne, l'heure affichée en mode anglo-saxon ne donnant pas un nombre premier alors qu'en mode 24 h l'affichage donne un nombre premier.

Partie C Tableur

Dans cette partie, on utilise un tableur permettant de faire du calcul formel pour vérifier le résultat obtenu dans la question **5. partie B**, puis pour déterminer tous les horaires de la journée pour lesquels le gag fonctionne.

1. Préparer la feuille de calcul en mettant des titres aux colonnes et en écrivant 101 dans la cellule A2.

	A	B	C	D
1	heure anglo	est premier	heure 24	est premier
2	101	true	?	?
3	103	true	?	?

2. Écrire une formule dans la cellule A3 qu'il suffira de copier « vers le bas » afin d'obtenir tous les entiers impairs compris entre 101 et 159.

3. Écrire les formules suivantes :

- cellule B2 : =EstPremier(A2)
- cellule C2 : =Si(B2==«false», A2 + 1200)
- cellule D2 : =EstPremier(C2)

4. Expliquer ce que fait la formule de la cellule C2.

5. Copier-coller ces formules « vers le bas » et retrouver les résultats de la partie précédente.

6. Modifier uniquement le nombre représentant l'affichage de l'heure dans la cellule A2 afin de déterminer tous les affichages permettant de réaliser ce gag.

Info

L'idéal est d'utiliser le tableur de Geogebra, et sinon le logiciel Xcas ou LibreOffice avec l'extension CmathOooCas.

CHAPITRE

3 Calcul littéral Équations

Les capacités du chapitre

- CAPACITÉ 1 — Développer ou factoriser une expression algébrique
- CAPACITÉ 2 — Choisir la forme la plus adaptée pour résoudre un problème
- CAPACITÉ 3 — Effectuer des calculs littéraux mettant en jeu des écritures fractionnaires
- CAPACITÉ 4 — Exprimer une variable en fonction d'une autre

Au fil du temps

La résolution des équations est le premier objectif que se fixe l'*algèbre*. Elle remonte aux temps les plus anciens de l'histoire de l'humanité, puisque dès 2 000 ans avant J.-C., Babyloniens, Égyptiens et Chinois développèrent des méthodes pour résoudre des équations. Une avancée décisive est due au savant perse Al-Khwarizmi, au IXe siècle, qui a jeté les bases des méthodes algébriques de résolution des équations. Elles n'ont pas cessé d'être améliorées et affinées, même si aujourd'hui encore, de très nombreuses équations d'apparence simple ne peuvent être résolues par des méthodes exactes.

Des maths partout !

« L'équation » $e = mc^2$ est sans doute la plus connue du grand public. En physique, elle est nommée « relation d'Einstein » et identifie l'énergie de masse e comme le produit de la masse m par le carré de la vitesse de la lumière notée c. Attribuée à Einstein en 1905 dans le cadre de sa théorie de la « relativité restreinte », elle a été en fait « approchée » par plusieurs savants au début du XXe siècle, dont le français Henri Poincaré.

Sculpture exposée lors de la « Walk of Ideas » à Berlin en 2006.

RESSOURCES DU CHAPITRE
hachette-clic.fr/25de2020

Partir d'un bon pied

A Diaporama pour tester les bases

ACTIVITÉS MENTALES RAPIDES

B Vrai ou faux ?

Indiquer si la proposition est vraie ou fausse. Justifier.

1. Pour tout nombre réel x, $-(3x-8) = -3x-8$.
2. Pour tout nombre réel x, $-6(2x-1) = -12x+6$.
3. Pour tout nombre réel x, $2x-(3x-2) = -5x+2$.
4. Pour tout nombre réel x, $(5x-1)(x+4) = 5x^2+19x-4$.
5. Le nombre -2 est solution de l'équation $x^2+2 = -3x$.
6. L'unique solution de l'équation $-3x = 2$ est $-0{,}66$.
7. L'expression factorisée de $6x^2-3$ est $3(2x^2)$.

C Géométrie et calcul littéral

Les quadrilatères représentés ci-dessous sont des rectangles.

Situation ①

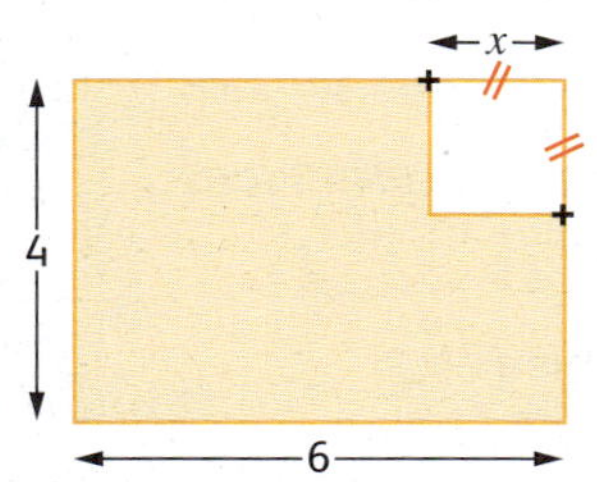

Situation ②

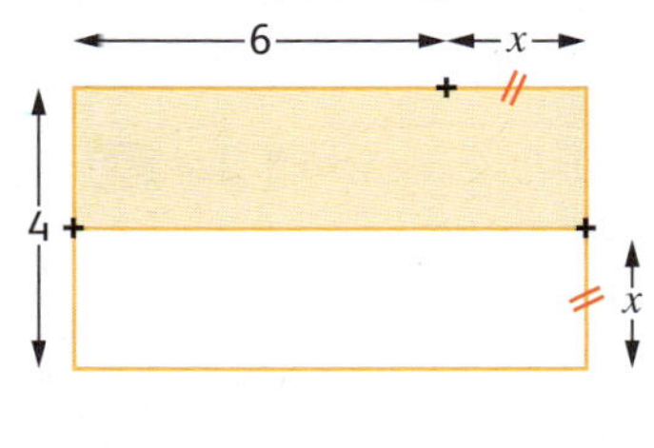

Pour chaque situation, associer, parmi les expressions suivantes, celles qui représentent l'aire colorée.

1. $-x^2-2x+24$
2. $x(4-x)-6(x-4)$
3. $24-x^2$
4. $4(6-x)+x(4-x)$
5. $(x+6)(4-x)$
6. $(6-x)(4-x)-(2x^2-10x)$

D Résoudre un problème à l'aide d'un calcul littéral

La facture d'eau d'un jardinier s'élève à 545 € par an. Il prévoit d'économiser 55 € d'eau par an en installant un récupérateur d'eau de pluie. Le récupérateur a coûté 168 € à l'achat et va nécessiter chaque année 13 € pour l'entretien (nettoyage, tuyaux…). Le jardinier souhaite savoir au bout de combien de temps l'installation du récupérateur sera remboursée.

1. Au bout de deux ans, sera-t-elle remboursée ?
2. On note x le nombre d'années passées depuis l'installation du récupérateur. Montrer que le problème revient à résoudre l'équation : $168 = 42x$.
3. En déduire la solution du problème.

E Différence de deux carrés

1. Si a et b sont deux nombres réels quelconques, rappeler la forme factorisée de l'expression a^2-b^2.
2. Utiliser cette « identité remarquable » pour déterminer les formes factorisées des expressions suivantes.

a. x^2-16 b. $4x^2-9$ c. $(3x+1)^2-(x+2)^2$

automatismes

Automatismes transversaux

*Pour les exercices **1** à **5**, effectuer les calculs mentalement.*

1 On donne les nombres suivants :

50	25	3	4

En utilisant tout ou une partie de ces nombres, donner un calcul valant :

1. 203 **2.** 10 **3.** 137

2 Effectuer les calculs suivants.

1. $\frac{2}{3}-\frac{1}{6}$ **2.** $4\times\frac{5}{2}$ **3.** $524\times\frac{1}{2}$

3 Simplifier la fraction $\frac{30}{14}$.

4 Calculer $\frac{3^2\times2^3}{6}$.

5 Convertir 12,5 cm^2 en mm^2.

*Pour les exercices **6** et **7**, effectuer les calculs sans calculatrice.*

6 Donner le résultat sous la forme $a\sqrt{b}$.

1. $\sqrt{18}-3\sqrt{2}$ **2.** $\sqrt{300}-3\sqrt{12}$

7 Donner le résultat sous la forme irréductible.

1. $\frac{1}{3}\times\frac{6}{5}-\frac{1}{10}$ **2.** $\dfrac{\frac{1}{3}-5}{\frac{2}{3}-\frac{1}{6}}$

8 On donne ci-contre la courbe d'une fonction f. Par lecture graphique, déterminer :

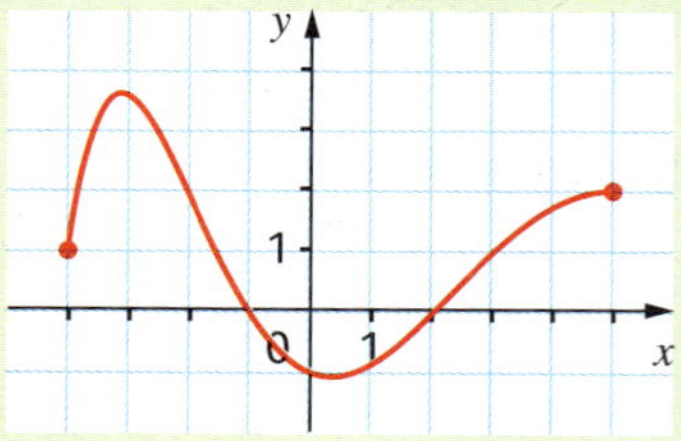

1. les images $f(-2)$ et $f(5)$;

2. les solutions de l'équation :

a. $f(x)=0$ sur $[-4;5]$ **b.** $f(x)=1$ sur $[2;5]$

9 Soit ABC un triangle rectangle en A tel que $AB=5$ cm et $BC=9$ cm. Donner la valeur exacte de AC et l'écrire sous la forme $a\sqrt{b}$ où a et b sont des nombres entiers.

10 Assembler correctement les instructions suivantes pour que l'algorithme construise un rectangle de 20 cm^2.

① Tracer un segment de 5 cm
② Répéter 2 fois
③Tourner le stylo de 90°
④Tracer un segment de 4 cm

Une même instruction peut être répétée plusieurs fois.

Automatismes préparatoires au chapitre

*Pour les exercices **11** à **13**, effectuer les calculs mentalement.*

11 En utilisant la distributivité, calculer les produits suivants.

1. 14×7 **2.** 85×6 **3.** 213×8

12 Exprimer en fonction de x l'aire de la figure ci-dessous. Même question avec le périmètre.

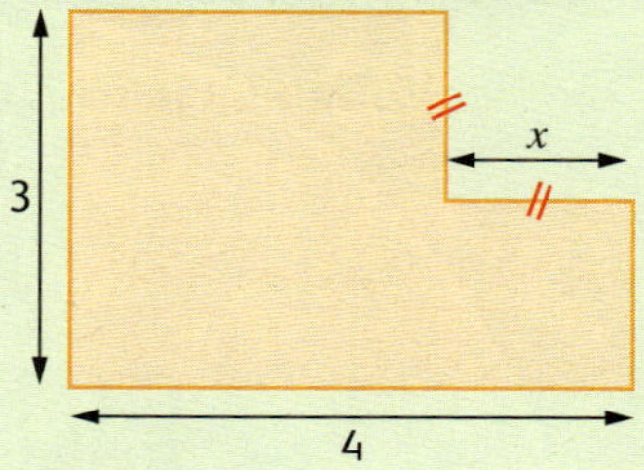

13 La valeur -2 est-elle solution de l'équation $-3x^2-5x+2=0$?

*Pour les exercices **14** à **21**, effectuer les calculs sans calculatrice.*

14 Développer, réduire et ordonner les expressions littérales suivantes.

1. $4x-3+(x-7)$ **2.** $(x-4)(2x+3)-2x^2$

15 Développer, réduire et ordonner les expressions littérales suivantes.

1. $x(2x-1)-3x^2$ **2.** $(7x-8)(5-8x)-2x^2$

16 Factoriser les expressions suivantes.

1. $5x^2-10x$ **2.** $2(x-4)+(x-4)(8-3x)$

17 Factoriser l'expression suivante :

$$(x-5)(3x+4)+(x-5)(8-3x)+2(x-5)$$

18 On considère l'expression :

$$A(x)=(3x-7)(2x+5)-(2x+5)(x-3)$$

1. Développer $A(x)$.

2. Factoriser $A(x)$.

3. Résoudre l'équation $A(x)=0$.

19 Montrer que, pour tout réel $x\neq2$:

$$\frac{4}{x-2}+3=\frac{3x-2}{x-2}$$

20 Résoudre les équations suivantes.

1. $6x-5=11$ **2.** $7x+8=5x-2$

21 Résoudre les équations suivantes.

1. $3x(5x-10)=0$ **2.** $3(9-x)(2x+1)=0$

Activités

1 Vous avez dit remarquable ?

Objectif
(Re)découvrir les identités remarquables et les mettre en œuvre.

1 Dans la figure ci-contre, tous les quadrilatères représentés sont des rectangles.
On pose $AE = AF = a$ et $EB = DF = b$.

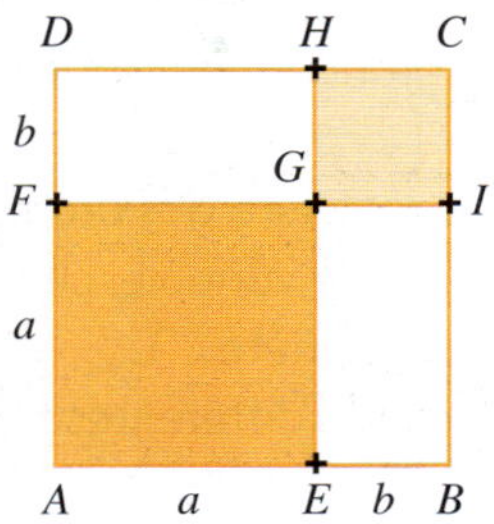

a. En exprimant l'aire du carré $ABCD$ de deux manières différentes, justifier l'identité :

$$(a+b)^2 = a^2 + 2ab + b^2$$

b. En remarquant que $(a+b)^2 = (a+b)(a+b)$, retrouver l'identité précédente en utilisant la formule de double-distributivité.

Info
L'égalité $(a+b)^2 = a^2 + 2ab + b^2$ est vraie pour **toute** valeur de a et b : on dit que cette égalité est une **identité**.

2 En utilisant le calcul littéral, démontrer les identités suivantes.
a. $(a-b)^2 = a^2 - 2ab + b^2$ **b.** $(a+b)(a-b) = a^2 - b^2$

3 On considère les expressions suivantes.
$A = (x-7)(x+7)$ $B = x^2 - 14x + 49$ $C = 4x^2 + 28x + 49$
$D = (2x+7)^2$ $E = x^2 - 49$ $F = (x-7)^2$
a. Parmi ces expressions, repérer celles qui sont écrites sous une forme développée et celles qui sont écrites sous une forme factorisée.
b. Quelles sont les expressions égales ? Justifier.

Info
Les trois identités :
① $(a+b)^2 = a^2 + 2ab + b^2$
② $(a-b)^2 = a^2 - 2ab + b^2$
③ $(a+b)(a-b) = a^2 - b^2$
sont appelées **identités remarquables**.

4 **a.** En utilisant les identités remarquables, développer et réduire :

$$(x+1)^2 - (x-1)^2$$

b. En déduire la valeur de $100\,000\,001^2 - 99\,999\,999^2$.

2 Modéliser un problème par une équation

Objectif
Mettre un problème en équation.

On propose les quatre problèmes suivants.
① La somme de trois entiers consécutifs est égale au double du troisième. Quels sont ces entiers ?
② Déterminer tous les triangles rectangles dont les mesures des côtés sont trois entiers consécutifs.
③ Après une augmentation de 5 %, un article coûte 27 €. Quel était son prix initial ?
④ Une boutique de souvenirs propose deux modèles, A et B, de porte-clés. Le modèle A coûte 2 € de plus que le modèle B. Julie achète trois porte-clés A et quatre porte-clés B pour une somme de 27 €. Quel est le prix de chaque type de porte-clés ?

1 Associer à chaque problème l'équation correspondante, parmi celles proposées ci-dessous, en précisant ce que représente l'inconnue x dans le cadre du problème.
a. $x + (x+1) + (x+2) = 2x + 4$ **b.** $(x-1)^2 + x^2 = (x+1)^2$
c. $x + \dfrac{5}{100} = 27$ **d.** $3x + 2 + 4x = 27$
e. $(x-1) + x = x + 1$ **f.** $3(x+2) + 4x = 27$
g. $1{,}05x = 27$ **h.** $(x-1) + x + (x+1) = 2x$
i. $4(x+2) + 3x = 27$ **j.** $x - \dfrac{5}{100}x = 27$

2 Résoudre les équations choisies, puis les problèmes posés.

Cours

1 Manipulations algébriques

a Différentes formes d'une expression algébrique

On utilise les lettres pour désigner une grandeur qui varie (on parle alors de variable) ou une grandeur inconnue. Le calcul littéral permet de transformer une expression algébrique pour résoudre des problèmes (étudier l'évolution d'une quantité dépendant d'une variable, chercher la ou les valeurs d'une inconnue, démontrer une propriété...).
Une expression algébrique peut s'écrire sous différentes formes :

Forme développée (somme algébrique de *termes*)	**Forme factorisée** (produit ou quotient de *facteurs*)
Exemples	**Exemples**
$2x^2-11x+12$	$(x-4)(2x-3)$
Pour tout réel $x \neq 1 : 2-\dfrac{3}{x-1}$.	Pour tout réel $x \neq 1 : \dfrac{2x-5}{x-1}$.

Définition On appelle **identité** une égalité qui est vraie quelles que soient les valeurs données aux différentes lettres qui interviennent.

Exemple
L'expression $A=(2x)^2-2x(x+1)$ est une somme algébrique.
Sa forme **développée** est :
$A=4x^2-2x^2-2x=2x^2-2x$
Sa forme **factorisée** est :
$A=2x(x-1)$

Exemple
L'expression A s'écrit ainsi :
$A=2x^2-2x=2x(x-1)$
Ces égalités sont valables pour **toute** valeur de x, ce sont des **identités**.

b Formules de distributivité

Propriété Pour tous nombres a, b, c, d et k, on a les identités suivantes.

→ on développe

① $k(a+b)=ka+kb$

② $k(a-b)=ka-kb$

③ $(a+b)(c+d)=ac+ad+bc+bd$

on factorise ←

Exemples

$B=2x(3x-5)-(3x^2-1)$
$=6x^2-10x-3x^2+1$
$=3x^2-10x+1$

$C=2x^2-(-2x+2)(4-x)$
$=2x^2-[-8x+2x^2+8-2x]$
$=2x^2-[2x^2-10x+8]$
$=2x^2-2x^2+10x-8$
$=10x-8$

c Identités remarquables

Propriété Pour tous nombres a et b, on a les identités suivantes.

→ on développe

① $(a+b)^2=a^2+2ab+b^2$

② $(a-b)^2=a^2-2ab+b^2$

③ $(a+b)(a-b)=a^2-b^2$

on factorise ←

Voir Démo activité 1

Exemples
- $(3x+4)^2=(3x)^2+2\times 3x\times 4+4^2$
  $=9x^2+24x+16$
- $(5x-1)(5x+1)=(5x)^2-1^2$
  $=25x^2-1$
- $(3-2x)^2$
  $=3^2-2\times 3\times 2x+(2x)^2$
  $=9-12x+4x^2$
  $=4x^2-12x+9$

d Techniques de factorisation

Pour factoriser une expression algébrique, on utilise essentiellement deux techniques :
- en repérant un **facteur commun**

Exemple
$(3-x)(5x+4)-2(3-x)(2x+1)=(3-x)[(5x+4)-2(2x+1)]$
$=(3-x)(5x+4-4x-2)=(3-x)(x+2)$

- en reconnaissant une **identité remarquable**

Exemples

$49x^2-28x+4$	$36x^2-100$
$=(7x)^2-2\times 7x\times 2+2^2$	$=(6x)^2-10^2$
$=(7x-2)^2$	$=(6x-10)(6x+10)$

Remarque
Pour factoriser une expression, il peut être parfois nécessaire de combiner ces deux techniques pour faire apparaître un facteur commun.

Exemple
$x(3x+6)+x^2-4$
$=x\times 3(x+2)+(x+2)(x-2)$
$=3x(x+2)+(x+2)(x-2)$
$=(x+2)(4x-2)$

Méthode

CAPACITÉ 1 Développer ou factoriser une expression algébrique

Énoncé **1.** Développer et ordonner les expressions suivantes.

a. $6x(3-2x)$ **b.** $(x-3)(3x+4)$

2. On considère les expressions suivantes définies sur $\mathbb{R}$ par :
$A(x)=6x^2-15x$ et $B(x)=3x(2x-3)-(2x-3)^2$
À l'aide d'un logiciel de calcul formel, on obtient les factorisations ci-contre. Valider les résultats ainsi obtenus.

A(x) = Factoriser$(6x^2-15x)$
= $3x(2x-5)$

B(x) = Factoriser$(3x(2x-3)-(2x-3)^2)$
= $(x+3)(2x-3)$

3. Développer les expressions suivantes lorsque c'est possible, sinon les factoriser.

a. $(7x-4)^2$ **b.** $25x^2+20x+4$ **c.** $(6x-8)(6x+8)$

Solution rédigée

1. a. $6x(3-2x)=6x\times3-6x\times2x=18x-12x^2=-12x^2+18x$

b. $(x-3)(3x+4)=x\times3x+x\times4-3\times3x-3\times4$
$=3x^2+4x-9x-12=3x^2-5x-12$

2. Grâce au logiciel, on connaît les plus grands facteurs communs. Pour $A(x)$, le facteur commun est $3x$. On le fait apparaître dans l'expression.
$A(x)=6x^2-15x=3x\times2x-3x\times5=3x\times(2x-5)$
Pour $B(x)$, le facteur commun est $(2x-3)$. On a alors :
$B(x)=3x(2x-3)-(2x-3)^2=3x(2x-3)-(2x-3)(2x-3)$
$=(2x-3)(3x-(2x-3))=(2x-3)(x+3)$
On retrouve bien les expressions données par le logiciel.

3. a. L'expression est déjà factorisée, on va la développer. On reconnaît ici l'identité remarquable ② : $(a-b)^2$ avec $a=7x$ et $b=4$.
Donc $(7x-4)^2=(7x)^2-2\times7x\times4+4^2=49x^2-56x+16$
$(a-b)^2=a^2-2ab+b^2$

b. L'expression est déjà développée, on va la factoriser. On reconnaît ici l'identité remarquable ① : $a^2+2ab+b^2$ avec $a=5x$, $b=2$ et $2ab=20x$.
Donc $25x^2+20x+4=(5x)^2+2\times5x\times2+2^2=(5x+2)^2$.
$a^2+2ab+b^2=(a+b)^2$

c. L'expression est déjà factorisée, on va la développer. On reconnaît ici l'identité remarquable ③ : $(a-b)(a+b)$ avec $a=6x$ et $b=8$.
Donc $(6x-8)(6x+8)=(6x)^2-8^2=36x^2-64$.
$(a-b)(a+b)=a^2-b^2$

Point méthode

1. et **2.** Quand on développe ou factorise, il faut faire attention à reporter correctement les signes « – ».

Point méthode

3. Pour repérer une identité remarquable, on peut compter les termes : a-t-on une différence de deux carrés ou une somme du type $a^2\pm2ab+b^2$? Il faut ensuite identifier les valeurs de a et b.

J'applique en autonomie

Voir corrigés p. 399 Voir exercices similaires n°s 41 à 55

22 Développer les expressions suivantes.

1. $2(x+3)$ **2.** $3x^2(2-x)$
3. $(3x-4)(1+2x)$ **4.** $(2x+1)(x-3)$

23 Factoriser les expressions suivantes.

1. $8x+6$ **2.** $6t^2+12t$
3. $4x(3-2x)+(3-2x)(x+1)$
4. $5(x-1)-3x(x-1)$

24 Compléter les égalités suivantes à l'aide des identités remarquables.

1. $(x-\ldots)(x+\ldots)=\ldots-25$
2. $(\ldots+4)^2=t^2+8t+\ldots$
3. $(3x-\ldots)^2=\ldots-\ldots+1$
4. $(\ldots+9)^2=4x^2+\ldots+\ldots$
5. $9x^2+\ldots x+\ldots=(\ldots+5)^2$
6. $16x^2-\ldots=(\ldots-7)(\ldots+7)$

Cours

2 Résolution algébrique d'équations

a Équations équivalentes et opérations

Définition • Une **équation d'inconnue** x est une égalité dans laquelle intervient un nombre inconnu x.

Résoudre dans un ensemble E une telle équation, c'est déterminer **toutes** les valeurs de x appartenant à E qui rendent l'égalité vraie.

Ces valeurs sont les **solutions dans E** de l'équation.

• On dit que deux équations sont **équivalentes** lorsqu'elles ont les mêmes solutions.

Exemple

• L'équation $x^2+x-2=0\,(E)$ admet 1 et -2 comme solutions dans $\mathbb{R}$. En effet :

$1^2+1-2=2-2=0$ et

$(-2)^2+(-2)-2=0$

L'équation $2x+3=-x+6\,(E')$ admet 1 comme unique solution. Ainsi, les équations (E) et (E') ne sont pas équivalentes.

• L'équation (E') est équivalente à l'équation :

$2x+3-3=-x+6-3$ soit

$2x=-x+3$

On note alors :

$2x+3=-x+6 \Leftrightarrow 2x=-x+3$

Le symbole $\Leftrightarrow$ signifiant que les deux équations sont équivalentes.

Propriété Les manipulations algébriques suivantes transforment une équation en une équation équivalente.

① Ajouter (ou soustraire) un même nombre aux deux membres d'une équation.

② Multiplier (ou diviser) les deux membres d'une équation par un même nombre **non nul**.

③ Développer, factoriser, réduire l'un des deux membres de l'équation.

b Application : équations du premier degré

Pour résoudre une équation du 1er degré, on isole l'inconnue dans un membre de l'égalité en utilisant les propriétés d'équivalences.

Exemple

$2x+3=-x+6 \Leftrightarrow 2x=-x+3$

$\Leftrightarrow 2x+x=-x+3+x \Leftrightarrow 3x=3$

$\Leftrightarrow \frac{3}{3}x=\frac{3}{3} \Leftrightarrow x=1$

L'ensemble S des solutions dans $\mathbb{R}$ de cette équation est $S=\{1\}$.

c Équations se ramenant au premier degré

La résolution de certaines équations se ramène parfois à celle d'équations du premier degré.

Pour cela, on peut regrouper tous les termes dans le même membre et tenter de factoriser ce membre.

On est ramené à résoudre des équations du type **équation produit nul** ou **équation quotient nul**.

On exploite alors les propriétés suivantes.

Propriétés ① **Règle du produit nul** : un produit de deux nombres réels est nul si et seulement si au moins l'un de ses facteurs est nul.

Autrement dit, on a l'équivalence :

$$A(x)\times B(x)=0 \Leftrightarrow A(x)=0 \textbf{ ou } B(x)=0$$

② **Règle du quotient nul** : un quotient de deux nombres réels est nul si et seulement si son numérateur est nul et son dénominateur est non nul.

Autrement dit, on a l'équivalence :

$$\frac{A(x)}{B(x)}=0 \Leftrightarrow A(x)=0 \textbf{ et } B(x)\neq 0$$

Les valeurs de x qui annulent le dénominateur sont appelées **valeurs interdites** du quotient.

Remarque

Pour résoudre des équations s'écrivant sous la forme $\frac{a}{b}=\frac{c}{d}$ avec a, b, c et d réels tels que b et d sont **non nuls**, on peut exploiter le **produit en croix** :

$$\frac{a}{b}=\frac{c}{d} \text{ si et seulement si } a\times d=b\times c$$

Exemple

• L'équation $(3x+1)(x-1)=0$ est équivalente à :

$3x+1=0$ ou $x-1=0$

$\Leftrightarrow 3x=-1$ ou $x=1$

Cette équation admet $-\frac{1}{3}$ et 1 comme uniques solutions.

• L'équation $\frac{5x-1}{x+1}=0$ admet pour valeur interdite -1. Elle est équivalente à :

$5x-1=0$ et $x\neq-1$

$\Leftrightarrow x=\frac{1}{5}$ et $x\neq-1$

$\frac{1}{5}$, différent de -1, est donc l'unique solution de l'équation.

• Pour tout réel $x\notin\{3;-1\}$, les équations $\frac{x}{x-3}=\frac{x-2}{x+1}$ et $x(x+1)=(x-2)(x-3)$ sont équivalentes. Ces équations admettent 1 comme unique solution.

méthode

CAPACITÉ 2 Choisir la forme la plus adaptée pour résoudre un problème

Énoncé On considère la fonction f définie sur $\mathbb{R}$ par $f(x)=(4x+1)^2-9$.

On note $\mathscr{C}$ sa courbe représentative dans le plan muni d'un repère.

1. Déterminer, pour tout réel x, la forme développée puis une forme factorisée de $f(x)$.

2. Pour chacune des questions suivantes, indiquer puis utiliser la forme la plus adaptée pour y répondre.

a. Déterminer l'image de 0 par la fonction f.

b. Déterminer les coordonnées des points d'intersection de $\mathscr{C}$ avec l'axe des abscisses.

Solution rédigée

1. Pour tout $x\in\mathbb{R}$: $f(x)=(4x)^2+2\times 4x\times 1+1^2-9=16x^2+8x-8$ et

$$\begin{aligned} f(x)&=(4x+1)^2-3^2\\ &=((4x+1)-3)((4x+1)+3)\\ &=(4x-2)(4x+4)\\ &=2(2x-1)\times 4(x+1)\\ &=8(2x-1)(x+1)\end{aligned}$$

2. a. La forme la plus adaptée ici est la forme développée.

On a immédiatement $f(0)=16\times 0^2+8\times 0-8=-8$.

b. Les abscisses des points d'intersection de la courbe $\mathscr{C}$ avec l'axe des abscisses sont les antécédents de 0 par f. Autrement dit, on est ramené à résoudre l'équation $f(x)=0$.

La forme la plus adaptée pour résoudre cette équation est la forme factorisée car elle permet de se ramener à la résolution d'une équation produit :

$$\begin{aligned} f(x)=0 &\Leftrightarrow 8(2x-1)(x+1)=0\\ &\Leftrightarrow 2x-1=0 \text{ ou } x+1=0\\ &\Leftrightarrow x=\frac{1}{2} \text{ ou } x=-1\end{aligned}$$

Ainsi, la courbe coupe l'axe des abscisses aux points de coordonnées :

$$\left(\frac{1}{2};0\right) \text{ et } (-1;0)$$

Point méthode

1. On obtient alors trois écritures du nombre $f(x)$ valables pour tout réel x : la forme initiale, la forme développée et la forme factorisée.

Point méthode

2. a. La forme développée convient particulièrement pour calculer l'image d'un nombre par une fonction.

Point méthode

2. b. Il peut être judicieux de raisonner sur une esquisse (même erronée) pour reformuler la question dans un cadre algébrique. On doit donc résoudre l'équation : $f(x)=0$.

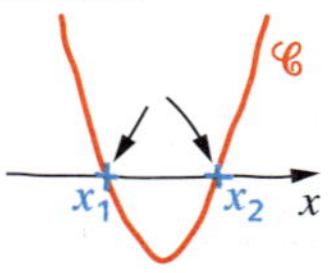

J'applique en autonomie

Voir corrigés p. 399 Voir exercices similaires nos 56 à 59

25 On colle trois carrés dont les longueurs des côtés sont trois entiers consécutifs.

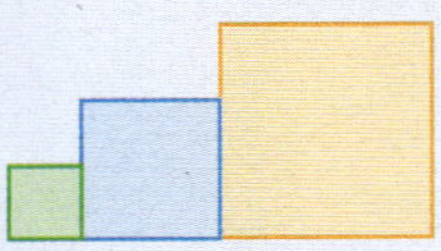

1. On note n la longueur du côté du plus petit carré. Exprimer en fonction de n les deux autres longueurs puis l'aire de la figure totale sous forme développée.

2. Répondre aux mêmes questions mais en notant n la longueur du côté du deuxième carré.

3. Répondre aux mêmes questions mais en notant n la longueur du côté du troisième carré.

4. On cherche à savoir s'il existe trois carrés ayant comme longueurs trois entiers consécutifs dont l'aire de la figure totale est égale à 245.

a. Laquelle des trois aires trouvées précédemment semble la plus adaptée pour répondre à la question posée ?

b. Répondre à la question.

26 On considère la fonction f définie sur $\mathbb{R}$ par :

$$f(x)=(3x-2)^2-49$$

On note $\mathscr{C}$ sa courbe représentative dans le plan muni d'un repère.

1. Déterminer, pour tout réel x, la forme développée puis une forme factorisée de $f(x)$.

2. Pour chacune des questions suivantes, indiquer puis utiliser la forme la plus adaptée pour y répondre.

a. Déterminer l'image de $\frac{2}{3}$ par la fonction f.

b. Déterminer les coordonnées du point d'intersection de $\mathscr{C}$ avec l'axe des ordonnées.

c. Déterminer les coordonnées des points d'intersection de $\mathscr{C}$ avec l'axe des abscisses.

d. Le point $A(4;51)$ appartient-il à la courbe $\mathscr{C}$?

e. Déterminer les abscisses des points d'ordonnées 15 de la courbe $\mathscr{C}$.

méthode

CAPACITÉ 3 Effectuer des calculs littéraux mettant en jeu des écritures fractionnaires

Énoncé **1.** Écrire sous la forme d'un unique quotient les sommes algébriques suivantes en précisant les éventuelles valeurs interdites.

a. $\frac{5}{2a^2}+\frac{3}{a}$ **b.** $\frac{5}{2x+4}-\frac{3x+1}{x-1}$

2. On considère, pour tout réel $x\neq 2$, le nombre $f(x)=\frac{14}{x-2}+6x+8$.

a. Justifier que, pour tout réel $x\neq 2$, on a $f(x)=\frac{(2x-2)(3x+1)}{x-2}$.

b. Résoudre l'équation $f(x)=0$ (E).

Solution rédigée

1. a. Les dénominateurs $2a^2$ et a s'annulent pour $a=0$. Ainsi, 0 est l'unique valeur interdite de ces quotients et, pour tout réel $a\neq 0$, on a :

$$\frac{5}{2a^2}+\frac{3}{a}=\frac{5}{2a^2}+\frac{3\times 2a}{a\times 2a}=\frac{5}{2a^2}+\frac{6a}{2a^2}=\frac{6a+5}{2a^2}$$

b. Les dénominateurs $2x+4$ et $x-1$ s'annulent respectivement en -2 et 1. Donc -2 et 1 sont les valeurs interdites. Pour tout réel $x\in\mathbb{R}\setminus\{-2;1\}$:

$$\frac{5}{2x+4}-\frac{3x+1}{x-1}=\frac{5(x-1)}{(2x+4)(x-1)}-\frac{(3x+1)(2x+4)}{(x-1)(2x+4)}$$
$$=\frac{(5x-5)-(6x^2+14x+4)}{(x-1)(2x+4)}=\frac{-6x^2-9x-9}{(x-1)(2x+4)}$$

2. a. Pour démontrer cette identité, on calcule séparément, pour tout réel $x\neq 2$, chacun des deux membres. D'une part, on a :

$$f(x)=\frac{14}{x-2}+6x+8=\frac{14}{x-2}+\frac{(6x+8)(x-2)}{x-2}=\frac{6x^2-4x-2}{x-2}$$

Et d'autre part, $\frac{(2x-2)(3x+1)}{x-2}=\frac{6x^2+2x-6x-2}{x-2}=\frac{6x^2-4x-2}{x-2}=f(x)$.

b. L'équation $f(x)=0$ est une équation quotient nul. On note (E) cette équation dans la suite. On a les équivalences suivantes :

$$f(x)=0\Leftrightarrow\frac{(2x-2)(3x+1)}{x-2}=0\Leftrightarrow(2x-2)(3x+1)=0 \text{ et } x-2\neq 0$$

Or, par la règle du produit nul, $(2x-2)(3x+1)=0\Leftrightarrow 2x-2=0$ ou $3x+1=0\Leftrightarrow x=1$ ou $x=-\frac{1}{3}$. On a : $1\neq 2$ et $-\frac{1}{3}\neq 2$.

Donc l'ensemble des solutions de (E) est $S=\left\{1;-\frac{1}{3}\right\}$.

Point méthode

1. Les valeurs interdites sont celles qui annulent un dénominateur.
Pour additionner ou soustraire deux quotients, on les réduit au même dénominateur, par exemple le produit des dénominateurs.

Point méthode

2. a. Pour démontrer une égalité $A=B$, on peut adopter l'une des trois méthodes suivantes.
① On calcule un membre (A ou B) pour retrouver l'autre (B ou A) : $A=...=B$ ou $B=...=A$.
② On calcule séparément les membres A et B pour retrouver le même résultat C :
$A=...=...=C$, $B=...=...=C$ donc $A=B$
③ On montre que la différence $A-B$ est nulle.

Point méthode

2. b. Pour résoudre une équation comportant des quotients, on se ramène à une équation quotient.

J'applique en autonomie

Voir corrigés p. 399 Voir exercices similaires nos 60 à 69

27 Déterminer les éventuelles valeurs interdites des expressions suivantes.

1. $\frac{4x+1}{3-x}$ **2.** $5-\frac{3x+1}{x(x-2)}$

3. $\frac{4}{x+4}+\frac{x+2}{2x-5}$ **4.** $\frac{3x+1}{x^2+1}$

28 Résoudre les équations quotients suivantes.

1. $\frac{4x+1}{3-x}=0$ **2.** $\frac{2}{x+1}=0$

3. $\frac{x(3x-9)}{x-2}=0$ **4.** $\frac{4-x^2}{x}=0$

29 On considère l'équation $\frac{2}{2x+1}-\frac{4}{x}=0$ (E).

1. Préciser les valeurs interdites de cette équation.

2. Recopier la ligne ci-dessous et la compléter pour réduire au même dénominateur.

$$\frac{2}{2x+1}-\frac{4}{x}=\frac{2\times...}{x(2x+1)}-\frac{4\times...}{x(2x+1)}=\frac{...}{x(2x+1)}$$

3. Résoudre alors l'équation (E). On vérifiera à l'aide d'un logiciel de calcul formel.

30 Écrire sous la forme d'un unique quotient les expressions **2.** et **3.** de l'exercice **27**.

Capacité 4 — Exprimer une variable en fonction d'une autre

Énoncé Pour chacune des situations suivantes, répondre aux questions **1.** et **2.**

1. Indiquer l'ensemble dans lequel peut varier le nombre x.

2. Déterminer l'expression demandée.

Situation ①

Un fournisseur d'énergie propose à ses abonnés un tarif comprenant un abonnement annuel de 65 € et facture 0,15 € chaque kilowatt heure (kWh) entièrement consommé. Exprimer le montant facturé pour une consommation annuelle de x kWh.

Situation ②

Sur la figure ci-contre, ABC est un triangle rectangle en A et M un point qui se déplace sur le côté $[AC]$. On note $x = AM$.
Exprimer l'aire du triangle BMC en fonction de x.

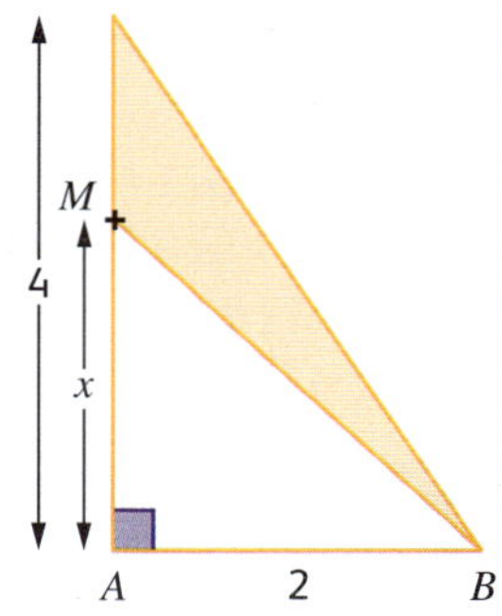

Solution rédigée

1. Situation ① x représente le nombre de kWh consommé durant l'année, ainsi, x est un entier positif. Par conséquent, x peut varier dans l'ensemble $\mathbb{N}$ des entiers naturels.

Situation ② x représente la longueur AM, donc x est un nombre réel positif. De plus, M est mobile sur le segment $[AC]$: lorsque M est confondu avec A, la distance x est nulle et lorsque M est confondu avec C, on a $x = AC = 4$. Lorsque M varie sur $[AC]$, x prend toutes les valeurs de l'intervalle $[0 ; 4]$.

2. Situation ① Le montant de la facture est la somme de l'abonnement annuel (65 €) et du coût des consommations $(0{,}15x)$. Ainsi, le montant facturé est égal à $65 + 0{,}15x$ euros.

Situation ② On a $CM = AC - CM = 4 - x$ donc l'aire du triangle CMB est :

$$\frac{CM \times AB}{2} = \frac{(4-x)\times 2}{2} = 4 - x$$

Point méthode

1. Le contexte de la situation donne des indications sur la nature du nombre x.
Dans la situation ②, on imagine le déplacement du point M sur $[AC]$ pour déduire l'intervalle dans lequel peut varier x.

Point méthode

2. Pour exprimer les quantités demandées en fonction de la variable, on établit des liens entre ces quantités en analysant l'énoncé.

J'applique en autonomie

Voir corrigés p. 399 Voir exercices similaires nos 70 à 80

31 Dans un carré $ABCD$ de côté 10, on considère un point M mobile sur le segment $[AB]$. Sur la figure, $AMNP$ et $GNHC$ sont des carrés.

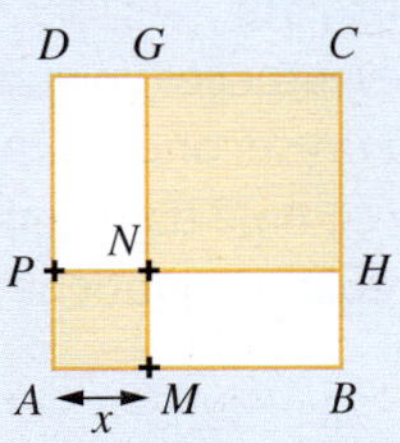

1. Dans quel intervalle la variable x peut-elle varier ?

2. Exprimer l'aire de la zone colorée en fonction de x.

32 On considère un triangle ABC rectangle en A tel que $AB = 2$ et $BC = x$.

1. Exprimer la longueur AC en fonction de x.

2. Pour quelles valeurs de x cette formule est-elle valable ?

3. Exprimer l'aire A puis le périmètre P du triangle ABC en fonction de x.

33 Un opérateur de téléphonie propose un forfait mensuel de 25 € incluant les appels et SMS illimités et 50 Giga octets (Go) de données.
Au-delà de 50 Go, l'opérateur facture 5 € par Go supplémentaire.

1. De combien sera la facture d'un client ayant consommé 60 Go de données dans le mois ?

2. On suppose qu'un client consomme x Go de données dans le mois, x étant un entier naturel.
Exprimer, en fonction de x, le montant facturé au client.

Indication
Distinguer les cas $x \leqslant 50$ et $x > 50$.

34 Dans un circuit, un générateur de force électromotrice e, avec une résistance interne r et une intensité I, délivre une tension U donnée par la formule :

$$U = e - rI$$

1. Exprimer la force électromotrice e en fonction de U, r et I.

2. Exprimer l'intensité I en fonction de e, r et U.

Je revois mon cours

Des outils pour transformer des expressions algébriques

Formules de distributivité

développer →

① $k(a+b)=ka+kb$

② $k(a-b)=ka-kb$

③ $(a+b)(c+d)=ac+ad+bc+bd$

← factoriser

Identités remarquables

développer →

① $(a+b)^2=a^2+2ab+b^2$

② $(a-b)^2=a^2-2ab+b^2$

③ $(a+b)(a-b)=a^2-b^2$

← factoriser

Développer pas à pas une expression

$E=(3x+2)^2+4x(x-2)-(3x^2-5)$

Identité remarquable	Distributivité	Distributivité
$(3x+2)^2$ $=9x^2+12x+4$	$4x(x-2)$ $=4x^2-8x$	$-(3x^2-5)$ $=-3x^2+5$

$E=9x^2+12x+4+4x^2-8x-3x^2+5$
$=10x^2+4x+9$

Factoriser pas à pas une expression

$F=9x^2-4+(3x+2)(x-2)$

On repère une identité remarquable.

$9x^2-4=(3x)^2-2^2$
$=(3x-2)(3x+2)$

$F=(3x-2)(3x+2)+(3x+2)(x-2)$

On a fait apparaître un facteur commun.

$(3x-2)(3x+2)+(3x+2)(x-2)$
$=(3x+2)[(3x-2)+(x-2)]$
$=(3x+2)(4x-4)$

Identifier et résoudre une équation

① Équations du premier degré

➥ Développer chaque membre pour se ramener à une équation du type $ax+b=cx+d$.

➥ Isoler l'inconnue dans un des membres de l'équation.

② Équations produits

➥ Se ramener à un second membre nul et factoriser, si possible, le premier membre.

➥ Appliquer la règle du produit nul.

③ Équations quotients

➥ Identifier les éventuelles valeurs interdites.

➥ Se ramener à un second membre nul et écrire le premier membre comme un unique quotient.

➥ Appliquer la règle du quotient nul ou exploiter un produit en croix.

Je m'exerce à démontrer

Pour tous $a, b, c, d \in \mathbb{R}$:

$(a^2+b^2)(c^2+d^2)=(ac+bd)^2+(ad-bc)^2$

DÉMO PAS À PAS
hachette-clic.fr/25de2021

J'évalue mes connaissances

VERSION INTERACTIVE
hachette-clic.fr/25de2022

Voir corrigés p. 400

QCM

Pour chacune des questions, indiquer la (ou les) bonne(s) réponse(s).

	a	b	c
1. La forme développée de $(x+3)(2x-1)$ est :	$3x+2$	$2x^2+5x-3$	$2x^2+4x+2$
2. La forme développée de $(2x-1)^2$ est :	$2x^2-4x+1$	$4x^2-1$	$4x^2-4x+1$
3. Pour tout nombre réel x, $(4x-3)(4x+3)$ est égal à :	$(4x-3)^2$	$4x^2-9$	$16x^2-9$
4. La forme factorisée de $(x-2)(5x+1)-(x-2)(2x-3)$ est :	$(x-2)(3x-2)$	$(x-2)(3x+4)$	$(x-2)(4x+3)$
5. La forme factorisée de $25x^2-64$ est :	$(5x-8)(5x+8)$	$(5x-8)^2$	$(25x-8)^2$
6. La forme factorisée de $81x^2-18x+1$ est :	$(9x-1)(9x+1)$	$(9x-1)^2$	$(9x+1)^2$
7. Pour tout nombre réel x, x^2+4x+1 est égal à :	$(x+1)^2$	$(x+2)^2$	$(x+2)^2-3$
8. Pour tout nombre réel $x \neq 2$, $3-\dfrac{x+1}{x-2}$ est égal à :	$\dfrac{2x-5}{x-2}$	$\dfrac{2x-3}{x-2}$	$\dfrac{2x-7}{x-2}$
9. L'équation $(3x+9)(1-2x)=0$ admet pour solution :	3	−3	0,5
10. L'équation $\dfrac{x(5x+10)}{2x-4}=0$ admet pour solution :	0	−2	2
11. Parmi les inégalités suivantes, quelle est celle qui est vraie pour toute valeur du réel a ?	$a^2 \geqslant a$	$(a+1)^2 \geqslant 2a$	$a \leqslant 2a$
12. Pour tous $x, y \in \mathbb{R}$ avec $y \neq 0$, si $x > y$ alors :	$x-y>0$	$\dfrac{x}{y}>1$	$\dfrac{x}{y}<1$

vrai ou faux ?

Indiquer pour chaque affirmation si elle est vraie ou fausse. Justifier

Partie A.

On considère la fonction f définie sur $\mathbb{R}$ par :

$$f(x)=3(x-1)(2x+1)-2(x-1)^2$$

On donne également les trois expressions suivantes.

$$A(x)=(x-1)(4x+5)\ ;\quad B(x)=4x^2+x-5$$
$$C(x)=(x-1)(4x+2)$$

1. La forme développée et réduite de $f(x)$ est $B(x)$.

2. La seule expression qui n'est pas égale à $f(x)$ est $C(x)$.

3. L'image de 0 par la fonction f est 5.

4. L'équation $B(x)=-5$ admet deux solutions.

5. 0 admet deux antécédents par la fonction f, à savoir 1 et 0,8.

Partie B.

On considère l'équation $\dfrac{2}{3x+1}=\dfrac{4}{x+1}$ (E).

1. −1 et $\dfrac{1}{3}$ sont les valeurs interdites de (E).

2. L'équation (E) est équivalente à l'équation :

$$\frac{-10x-2}{(x+1)(3x+1)}=0$$

3. L'équation (E) admet trois solutions.

Acquérir des automatismes

35 1. Compléter la formule suivante du cours.

$$k(a+b)=\ldots$$

2. Développer les expressions suivantes.

a. $5(x-9)$ b. $-3(2x+7)$ c. $3x(8x-4)$

36 1. Compléter la formule suivante du cours.

$$(a+b)(c+d)=\ldots$$

2. Développer les expressions suivantes.

a. $(2x-1)(x-4)$ b. $(6x-12)(2x+7)$

37 1. Détailler deux façons d'effectuer les produits $2\times3\times4$.

2. En déduire deux façons de développer l'expression $A(x)=3(x-2)(x+4)$.

38 Florentin explique à sa sœur les méthodes de factorisation de la classe de Seconde :

« Tu observes ton expression algébrique, si celle-ci comporte un facteur commun (méthode ①) alors tu factorises par ce facteur commun. S'il n'y a pas de facteur commun, alors tu regardes si ton expression est une forme développée d'une identité remarquable (méthode ②). Si oui, alors tu utilises la formule du cours, sinon sans aide supplémentaire, tu ne peux pas factoriser en classe de Seconde. »

Pour les expressions suivantes, indiquer si une méthode proposée s'applique et factoriser.

1. $5x^2-10x$ 2. x^2-2x+2
3. $3(2x-1)-(2x-1)^2$ 4. x^2+6x+9
5. $(x-4)(6x-9)-(2+x)(x-5)$

39 1. Dans chaque cas, donner l'ensemble des solutions de l'équation $ax=b$.

$ax=b$
- → Si $a\neq0$ alors $S=\ldots$
- → Si $a=0$
  - → Et si $b=0$ alors $S=\ldots$
  - → Et si $b\neq0$ alors $S=\ldots$

2. En déduire les solutions des équations suivantes.

a. $x-5=3$ b. $3x+4=x-6$
c. $5x=5x+6$ c. $2x+4=2(x+2)$

40 Dans chaque cas, résoudre l'équation proposée.

1. $2x-5=0$ 2. $5x+3=0$
3. $x^2-25=0$ 4. $x^2+9=0$
5. $(x-3)(x+2)=0$ 6. $9x^2+12x+4=0$
7. $\dfrac{x-5}{x+1}=\dfrac{2x+3}{x+1}$ 8. $\dfrac{x^2-1}{x-1}=2x$

Travailler les capacités du chapitre

Capacité 1 Développer ou factoriser une expression algébrique

Voir p. 63

*Dans les exercices **41** à **46**, développer et réduire les expressions.*

41 1. $6t(2+t^2)$ 2. $2u(1-2u^3)$ 3. $2b(5b^5+b^2)$

42 1. $u(3-2u)$ 2. $4t^2(2-t+5t^4)$ 3. $3tu(2t+6u)$

43 1. $(2t-3)(t+8)$ 2. $(3u+u^2)(2-u)$
3. $(x+1)(3-2x^2)$

44 1. $(1-t)(2+5t)$ 2. $(2t+u)(3u+t^3)$
3. $2u(u-1)(2+u)$

45 1. $(1-t)^2$ 2. $(3u+2)^2$ 3. $(u-1)(u+1)$

46 1. $(2+5t)^2$ 2. $(2u-3)^2$ 3. $(3-5t)(3+5t)$

*Dans les exercices **47** à **53**, factoriser les expressions.*

47 1. $15-9t^6$ 2. $12u+8u^3$ 3. $2a^5-6a^3$

48 1. $10x^3+15x$
2. $21u^4-7u^3$
3. $24t^2+8$

49 1. $2(t-1)+t(t-1)$
2. $7u(u+1)-(u+1)$
3. $(3-x)^2+5x(3-x)$

50 1. $(1+u)(2+u^2)-5u(2+u^2)$
2. $4x(1-2x)+3(1-2x)$
3. $(2t^2+1)^2-(4t^3+2t^2)$

51 1. $49-t^2$
2. $9u^2-24u+16$
3. $25a^2+10a+1$

52 1. $49t^2+84t+36$
2. x^2-4x+4
3. $25u^2-16t^2$

53 1. $(2x+1)(x-3)+x^2-6x+9$
2. $(16x^2-25)-(x+2)(4x-5)$
3. $(x^2+16x+64)-(3x-5)(x+8)$

54 Compléter les identités suivantes à l'aide des identités remarquables.

1. $(6x+\ldots)^2=\ldots+\ldots+9$
2. $(7-\ldots)(7+\ldots)=\ldots-16x^2$
3. $(5-\ldots)^2=\ldots-20x+4x^2$
4. $(\ldots-6)(\ldots+6)=100x^2-\ldots$

55 Compléter les identités suivantes à l'aide des identités remarquables.

1. $(x-\ldots)^2=\ldots-14x+\ldots$
2. $(\ldots-4)(\ldots+4)=x^2-\ldots$
3. $(2x-\ldots)^2=\ldots-8x+\ldots$
4. $(\ldots+\ldots)^2=4x^2+4x+\ldots$

CAPACITÉ 2 Choisir la forme la plus adaptée pour résoudre un problème

Voir p. 65

Dans les exercices 56 à 59, donner la forme développée puis la forme factorisée. Utiliser la forme la plus adaptée pour répondre aux questions 3.

56 Pour tout nombre réel x, on considère l'expression :

$$A(x)=5(9-3x)-(9-3x)(x+1)$$

1. Développer et réduire $A(x)$.
2. Factoriser $A(x)$.
3. a. Résoudre l'équation $A(x)=0$.
   b. Déterminer $A(\sqrt{2})$ puis $A(3)$.

CORRECTION TYPE EN VIDÉO
hachette-clic.fr/25de2025

57 Pour tout nombre réel x, on considère l'expression :

$$A(x)=(x-3)(2x+1)-(x-3)^2$$

1. Développer et réduire $A(x)$.
2. Factoriser $A(x)$.
3. a. Résoudre l'équation $A(x)=0$.
   b. Déterminer $A(1)$.

58 Pour tout nombre réel x, on considère l'expression :

$$A(x)=(2x-4)^2-(x-3)^2$$

1. Développer et réduire $A(x)$.
2. Factoriser $A(x)$ à l'aide d'une identité remarquable.
3. a. Résoudre l'équation $A(x)=0$.
   b. Déterminer $A\left(\frac{3}{2}\right)$.

59 Pour tout nombre réel x, on considère l'expression :

$$A(x)=(3x+1)^2+(3x+1)(x-1)$$

1. Développer et réduire $A(x)$.
2. Factoriser $A(x)$.
3. a. Déterminer $A\left(-\frac{1}{3}\right)$, $A(0)$ et $A(\sqrt{3})$.
   b. Résoudre l'équation $A(x)=0$.

CAPACITÉ 3 Effectuer des calculs littéraux mettant en jeu des écritures fractionnaires

Voir p. 66

60 Zaia simplifie l'expression $A=\frac{3a}{a-2}$ ainsi :

pour tout réel $a\neq 2$, $\frac{3a}{a-2}=\frac{3\cancel{a}}{\cancel{a}-2}=\frac{3}{-2}=-1,5$

1. Évaluer A lorsque $a=4$.
2. Que peut-on en déduire sur cette simplification ?
3. Quelle erreur a commise Zaia ?

61 Simplifier, si possible, chacune des expressions littérales suivantes.

1. $\frac{5x}{x(2-x)}$
2. $\frac{2a}{5-a}\times\frac{a-3}{a}$
3. $\frac{3a}{2b+1}\times\frac{b}{2a^2}$
4. $\frac{7x}{y-1}\times\frac{y}{7+x}$

Dans les exercices 62 à 64, réduire les expressions au même dénominateur.

CORRECTION TYPE EN VIDÉO
hachette-clic.fr/25de2026

62 1. $\frac{1}{2}+\frac{5}{x}$
2. $\frac{x}{3x-2}-\frac{2+x}{3}$

63 1. $\frac{x}{x+1}+\frac{3}{x^2}$ 2. $\frac{1}{2+x}-\frac{2}{x-3}$

64 1. $\frac{2}{2x+1}+\frac{5}{x}$ 2. $\frac{2}{x+1}-\frac{x-1}{3-4x}$

65 Déterminer les éventuelles valeurs interdites des expressions suivantes.

1. $\frac{2x+1}{5}$ 2. $\frac{7}{x-1}$ 3. $\frac{6x-3}{4x}$ 4. $1-\frac{1}{x}$

66 Déterminer les éventuelles valeurs interdites des expressions suivantes.

1. $\frac{5x+1}{x(x-1)}$ 2. $\frac{x+2}{6}$ 3. $\frac{7x-1}{x^2+1}$ 4. $\frac{1}{x}+\frac{x}{x+4}$

67 QCM

Indiquer la bonne réponse.

1. Soit x un nombre réel strictement positif, $\frac{1}{x}+\frac{1}{x+1}$ est égal à :
   a. $\frac{2}{x+1}$ b. $\frac{2}{2x+1}$ c. $\frac{2x+1}{x(x+1)}$
2. Soit x un nombre réel différent de -1, $\frac{6x+1}{x+1}$ est égal à :
   a. 6 b. $1+\frac{5x}{x+1}$ c. $\frac{6x}{x+1}+1$
3. Soit x un nombre réel différent de 4, $1+\frac{x+4}{x-4}$ est égal à :
   a. $\frac{x+5}{x-4}$ b. $\frac{2x}{x-4}$ c. $\frac{4x+8}{x-4}-2$

Exercices Application

68 Simplifier les expressions fractionnaires suivantes.

1. $\dfrac{x^2-4}{x-2}$ avec $x \neq 2$ **2.** $\dfrac{3x-9}{x-3}$ avec $x \neq 3$

3. $\dfrac{(2x+3)^2}{8x+12}$ avec $x \neq -\dfrac{3}{2}$ **4.** $\dfrac{4x-6}{36-16x^2}$ avec $x \neq \pm\dfrac{3}{2}$

69 Montrer que la différence des inverses de deux nombres entiers consécutifs non nuls est l'inverse de leur produit.

Aide
Soit n un nombre entier non nul, le nombre entier qui le suit s'écrit donc $n+1$.

CAPACITÉ 4 Exprimer une variable en fonction d'une autre

Voir p. 67

Pour les exercices 70 à 72 compléter chaque tableau.

70 On considère l'expression $E=-3a+(-a+1)$.

a	-2	4		$\dfrac{1}{3}$
E			-19	

71 On considère l'expression $E=\dfrac{x-y}{3x}$.

x	1			2	
y	1	2	-1	0	
E					14

72 On considère l'expression $E=\dfrac{x-y}{3-x}$.

x	1			-3	
y		2	-1	0	-2
E	5				

73 On considère l'égalité $2a=\dfrac{b}{b-1}$.

1. a. Montrer que $b \neq 1$.

b. Évaluer a lorsque $b=\dfrac{1}{2}$.

2. a. Montrer que $b=\dfrac{2a}{2a-1}$.

b. Évaluer b lorsque $a=2$.

c. Pour quelle valeur de a l'égalité ne peut être vérifiée ?

74 L'aire d'un triangle de base b et de hauteur h est donnée par $a=\dfrac{b\times h}{2}$. Exprimer la hauteur h en fonction de a et de b.

75 La loi d'Ohm permet de relier la tension U, en volt, l'intensité I, en ampère et la résistance R, en ohm, à l'aide de la formule $U=RI$.

1. Exprimer R en fonction de U et I.

2. Calculer I pour $R=40$A et $U=220$V.

76 En physique, la vitesse moyenne v (en m.s^{-1}) se calcule en fonction de la distance parcourue d, en mètre, pendant un temps t, en seconde, à l'aide de la formule $v=\dfrac{d}{t}$.

1. Exprimer t en fonction de v et d.

2. Calculer d pour $v=10$ m.s^{-1} et $t=60$s.

77 Exprimer en fonction de x l'aire de chaque partie colorée. Celle de droite est inscrite dans un rectangle.

1.

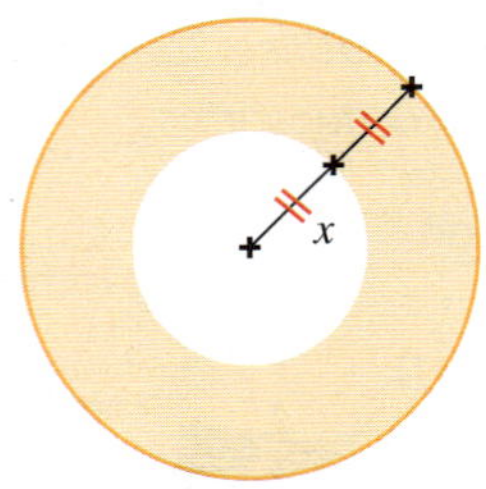

2.

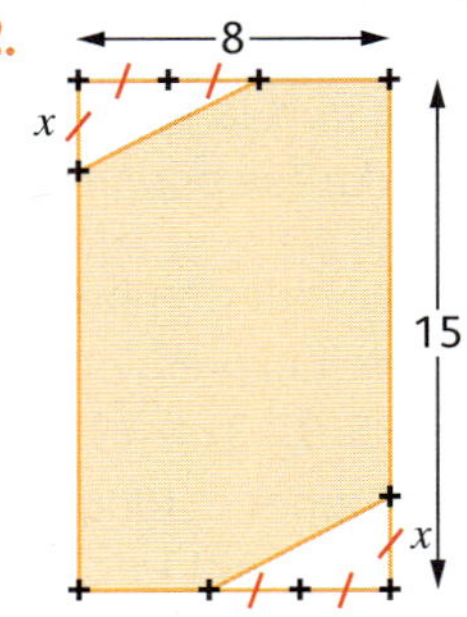

78 Exprimer le périmètre de chacune des figures suivantes en fonction de x.

1.

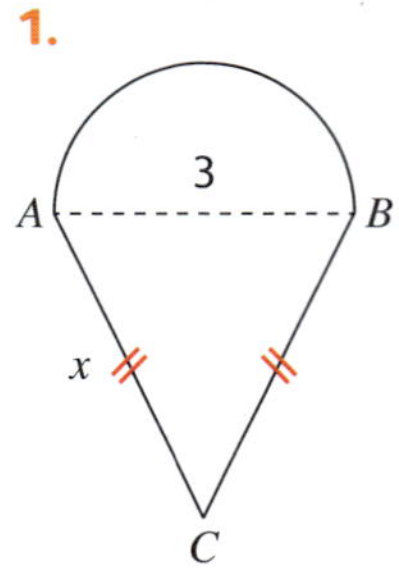

2.

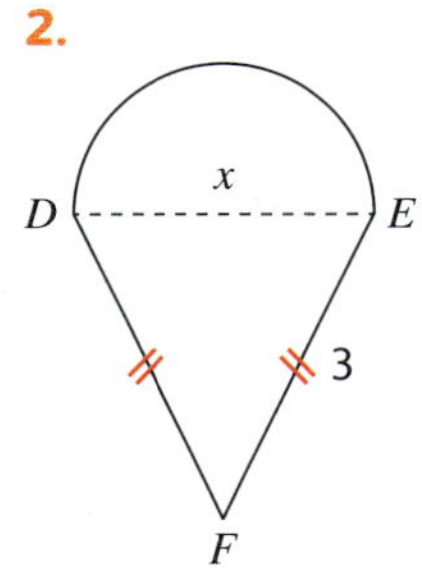

79 On considère un carré d'aire A dont on double les côtés. Exprimer la nouvelle aire A' de ce carré en fonction de A.

80 Un cinéma propose deux tarifs pendant l'été :
- 5 € par séance ;
- 2 € par séance, après l'achat d'une carte d'abonnement de 15 €.

Valentin veut choisir le tarif le plus avantageux en fonction du nombre de séances auxquelles il assistera.

1. a. Exprimer le prix à payer, $t(n)$, avec le tarif normal pour assister à n séances.

b. Même question avec le tarif abonné t_a.

2. À combien de séances Valentin doit-il assister pour que le prix payé soit le même avec les deux tarifs ?

3. Que peut-on conseiller à Valentin ?

exercices Entraînement

1 Manipulations algébriques

81 On considère le programme de calcul suivant.

Nombre de départ
↓
- Soustraire 2
- Calculer le carré de ce nombre
- Multiplier par 4
- Ajouter 9

↓
Résultat

1. Montrer que si 4 est le nombre de départ, le programme donne 25.
2. On note x le nombre de départ.
a. Exprimer, en fonction de x, le résultat obtenu par le programme.
b. Montrer que le résultat peut s'écrire $4x^2-16x+25$.
c. En déduire mentalement une autre valeur de départ dont le résultat du programme donne 25.

82 **1.** Pour tout nombre réel x, factoriser l'expression :

$$D(x)=(x+1)^2-x^2$$

2. En déduire la parité de la différence entre deux nombres entiers consécutifs.

*Dans les exercices **83** à **85**, réduire l'expression dans la question **1.** et simplifier, si possible, l'expression dans la question **2.***

83 **1.** $(2xy^2-3x)-(xy^2+5x)$ **2.** $\dfrac{9a^2b^4}{6ab^5}$

84 **1.** $(2xy^2)^2-(x^2y^4+5x)$ **2.** $\dfrac{3b(a+1)}{2b^2(a+1)^2}$

85 **1.** $xy(x^3y^4-5x)+y\left(5x^2+3(x^2y)^2\right)$
2. $\dfrac{(3ab^3)^3}{9a^3b^5}$

*Dans les exercices **86** à **88**, factoriser les expressions.*

86 **1.** $4x(7x-6)+2(7x-6)$
2. $(3x-4)^2-7x(3x-4)$
3. $(2x+1)(3-x)+(3-x)$

87 **1.** $4(2t+5)^2-2t(2t+5)$
2. $(3x+3)(15x-7)-(15x-7)$
3. $(x+1)(7x+2)+2x(x+1)-(x+1)$

88 **1.** $(5x+6)^2-(5x+6)$
2. $(2x+3)(x-2)+(x-2)$
3. $(8x-3)(3x+7)-5(8x-3)+2x(8x-3)$

Analyse d'un énoncé

89 **Exercice commenté**
1. Factoriser $3x-9$.

➋ Faire apparaître un produit dans chaque terme, puis chercher un facteur commun.

2. En déduire une forme factorisée de l'expression $3x-9+(x-3)(2x+8)$.

➋ Utiliser le résultat obtenu dans la question précédente.

90 **Application immédiate**
1. Factoriser $4x-20$.
2. En déduire une forme factorisée de l'expression $(x-5)(3x+9)-(4x-20)$.

*Dans les exercices **91** à **94**, faire apparaître un facteur commun puis factoriser l'expression de départ.*

91 $4x+20-2x(x+5)$

92 $(x+2)(2x-1)+4x^2-2x$

93 $(6x-5)^2+18x-15$

94 $(3x+2)(x-7)-x+7$

95 Factoriser à l'aide d'une identité remarquable.
1. $(x+1)^2-36$
2. $(x+1)^2-(3x+2)^2$
3. $9-(2x-1)^2$
4. $(x-6)^2-(6x+1)^2$

96 Factoriser à l'aide des identités remarquables.
1. $(x-3)(x+2)-(x^2-9)$
2. $(x-1)(2x+3)+4x^2+12x+9$
3. $4x^2-25+(x-2)(2x-5)$
4. $x^2-4x+4-(x-2)(2x+1)$

97 Factoriser à l'aide des identités remarquables.
1. $25x^2+70x+49+5(5x+7)$
2. $x^2-16+(x+4)(x+1)$
3. $(x-5)(x+10)-x^2+10x-25$
4. $36x^2+12x+1-(x+3)(6x+1)$

98 Factoriser à l'aide des identités remarquables.
1. $(x-6)(3x+2)-x^2+12x-36$
2. $(2x-5)(3x+4)+9x^2+24x+16$
3. $4x^2-12x+9-(3x-2)(2x-3)$
4. $16x^2-36-(4x-6)(2x+1)$

exercices Entraînement

99 L'unité de mesure de température aux U.S.A. est le degré Fahrenheit (°F), alors qu'en France on utilise le degré Celsius (°C).

1. Pour convertir une température exprimée en °C en °F, on utilise la relation $f = 1{,}8c + 32$ où f correspond à la température en °F et c à celle en °C.
Quelle température un Américain lit-il sur son thermomètre lorsque l'eau commence à geler ?

2. a. Exprimer c en fonction de f.

b. Le 18 juillet 2023, la température record de 128 °F a été mesurée à *Death Valley*. Qu'aurait affiché un thermomètre français ?

100 Vérifier l'égalité :

$$5x^2 - 22x + 8 = 5\left(x - \frac{2}{5}\right)(x - 4)$$

Aide
Pour vérifier une égalité de cette forme, il suffit de développer le second membre et de vérifier qu'on tombe bien sur le résultat attendu.

101 Vérifier l'égalité :

$$8x^2 - 21x - 9 = 4\left(2x + \frac{3}{4}\right)(x - 3)$$

102 Vérifier l'égalité :

$$48x^4 - 36x^3 - 80x^2 + 60x = 8(3x^3 - 5x)\left(2x - \frac{3}{2}\right)$$

103 On considère l'expression, appelée « polynôme du second degré », définie pour tout nombre réel x par : $P(x) = ax^2 + bx + c$, où a, b et c sont trois nombres réels fixés tels que $a \neq 0$.

1. On suppose que $P(x)$ peut être factorisé par $(x-1)$.
Que peut-on en déduire pour $P(1)$?

2. On suppose maintenant que l'on a : $P(1) = 0$.

a. Démontrer l'égalité : $c = -a - b$.

b. En déduire que l'on a, pour tout réel x :

$$P(x) = (x-1)(a(x+1) + b)$$

c. Recopier et compléter : « L'expression $P(x)$ peut être factorisée par $(x-1)$ si et seulement si … ».

Dans les exercices 104 à 108, déterminer les valeurs interdites et réduire au même dénominateur.

104 **1.** $1 + \dfrac{1}{x^2+1}$ **2.** $\dfrac{2}{3x+1} + \dfrac{4}{2-3x}$

105 **1.** $\dfrac{3x}{3x-1} + \dfrac{x}{4x+1}$ **2.** $3 - \dfrac{5}{2x-3}$

106 **1.** $\dfrac{x+2}{x-1} + \dfrac{x+3}{x-2}$ **2.** $3x + \dfrac{x-3}{2x-1}$

107 **1.** $\dfrac{2}{x^2-1} - \dfrac{5}{2x+1}$ **2.** $\dfrac{5x}{5x-3} - x^3$

108 **1.** $\dfrac{1-3x}{x+3} - \dfrac{2x+1}{3-x}$ **2.** $\dfrac{x+3}{x^2} + \dfrac{3x}{4x-3}$

109 **Un raisonnement qui interroge**
Voici, ci-dessous, une drôle de « démonstration ».

On considère deux nombres égaux a et b.
On a alors : $a = b$ d'où $a^2 = ab$
Par conséquent, $a^2 - b^2 = ab - b^2$
c'est-à-dire $(a-b)(a+b) = (a-b)b$
d'où, $a + b = b$ (après simplification par $a - b$).
Donc, si par exemple, $a = b = 1$, alors on en déduit que $a + b = b$ c'est-à-dire que $2 = 1$.

Où est l'erreur ?

110 TABLEUR Amara a retrouvé un défi lancé par un ami. Celui-ci a volontairement supprimé un mot.

On considère trois nombres entiers consécutifs dans l'ordre croissant. Si on ajoute le deuxième entier au produit des trois entiers, la somme S obtenue est égale au cube du [tache] entier.

1. Il utilise un tableur pour effectuer une conjecture.

	A	B	C	D
1	1er entier	2e entier	3e entier	Somme
2	1	2	3	8
3	2	3	4	27
4	3	4	5	64
5	4	5	6	125

a. Quelle formule a-t-il pu entrer dans la cellule D2 pour être recopiée vers le bas ?

b. Quelle conjecture peut-il faire ?

2. Démontrer cette conjecture.

2 Résolution algébrique d'équations

111 Résoudre dans $\mathbb{N}$ les équations suivantes.
1. $x+5=0$
2. $3x+1=0$
3. $-4x+3=-1$
4. $2x=3-x$

112 Résoudre dans $\mathbb{D}$ les équations suivantes.
1. $3-4x=2x$
2. $6x-3=2x$
3. $4x-3=5+2x$
4. $x+2=3-2x$

113 Résoudre dans $\mathbb{R}$ les équations suivantes.
1. $3x=7-5x$
2. $4x+13=x-10$
3. $x-2=8-9x$
4. $2x+3=3x-13$

114 Résoudre dans $\mathbb{N}$ les équations suivantes.
1. $(4x+1)(x-2)=0$
2. $(6x-1)(-2x+6)=0$

115 Résoudre les équations suivantes.
1. $(5x-3)(2x+7)=0$
2. $(2x-1)(3x+12)=0$

116 Résoudre les équations suivantes.
1. $\dfrac{x+3}{x-1}=0$
2. $\dfrac{3x-6}{2x-1}=0$

117 Résoudre les équations suivantes.
1. $\dfrac{5x+5}{x^2-1}=0$
2. $\dfrac{4x-1}{3x+5}=0$

118 Le problème 24 du *papyrus de Rhind* s'énonce ainsi : « Un nombre ajouté à son septième donne 19. Quel est ce nombre ? »
Résoudre ce problème.

Info
Entré dans les collections du British Museum en 1863, ce papyrus, écrit en hiératique, est l'une de nos sources principales pour la connaissance des mathématiques dans l'ancienne Égypte.

119 Mathilde affirme : « Si on retire 1 à la somme des carrés de trois nombres entiers consécutifs, on obtient toujours un multiple de 3 ». A-t-elle raison ?

Aide
Trois nombres entiers consécutifs sont trois entiers « qui se suivent », comme 2, 3 et 4 ou bien 7, 8 et 9.

Analyse d'un énoncé

120 **Exercice commenté**
On souhaite résoudre l'équation $(E) : \dfrac{1-x}{3+x}=2$.
1. (E) est-elle une équation du type quotient nul ?
> Une équation quotient nul est de la forme $\dfrac{A(x)}{B(x)}=0$.
2. Montrer que cette équation est équivalente à $(E') : \dfrac{-3x-5}{3+x}=0$.
> On transforme l'égalité à l'aide d'opérations qui ne changent pas l'ensemble des solutions. Ici, on peut soustraire 2 à chaque membre de l'égalité…
3. En déduire les solutions de (E).
> Les solutions de (E') étant les mêmes que celles de (E) alors on résout (E') dont le cours nous donne une méthode.

121 **Application immédiate**
Résoudre l'équation $\dfrac{5-3x}{\text{[illegible]}+x}=1$.

122 On considère l'expression $C(x)=\dfrac{x+6}{3x-2}$.
Résoudre $C(x)=0$, $C(x)=-5$ et $C(x)=4$.

123 On considère l'expression $A(x)=(x-2)^2-1$.
1. Factoriser $A(x)$.
2. Résoudre $A(x)=0$.
3. En s'inspirant des questions 1. et 2., résoudre $A(x)=8$.

124 On considère la fonction f définie sur $\mathbb{R}$ par :
$$f(x)=(x+6)^2-1$$
Dans chaque cas, choisir la forme la plus adaptée (initiale, développée, factorisée), puis répondre à la question.
1. Résoudre $f(x)=0$.
2. Trouver le (ou les) antécédent(s) de 35.
3. Trouver le (ou les) antécédent(s) de -1.

125 On considère l'expression définie pour tout nombre réel x par : $P(x)=x^3-4x^2+x+6$.
1. Calculer $P(-1)$, $P(2)$ $P(3)$.
2. Vérifier, pour tout nombre réel x, l'égalité :
$$P(x)=(x-2)(x+1)(x-3)$$
3. Proposer une expression $Q(x)$ qui s'annule en -1, 2, 3 et 4.
4. En s'inspirant des questions précédentes, proposer une expression :
a. $R(x)$ qui s'annule en 1 et 2 ;
b. $S(x)$ qui s'annule en -2 et 5.

exercices Entraînement

126 Un agriculteur possède un terrain rectangulaire de 8 450 m^2. Il souhaite l'aménager avec une partie cultivable au centre, et un chemin faisant le tour du terrain.

1. On note L la longueur de ce terrain. Sachant qu'il est deux fois plus long que large, déterminer la longueur et la largeur du terrain.
2. On note x la largeur du chemin. Faire un schéma de la situation.
3. a. Justifier que l'aire du chemin est égale à $390x - 4x^2$.
b. En déduire une expression, en fonction de x, de l'aire de la partie cultivable.
4. Il faut un chemin large de 3 m pour faire passer les engins agricoles.
a. Quelle est l'aire de la partie cultivable ?
b. Quelle est alors l'aire du chemin ?

Dans les exercices 127 à 130, préciser les valeurs interdites puis résoudre l'exercice à l'aide de la propriété suivante :

Rappel
Produit en croix : pour tous réels a, b, c et d avec b et d non nuls, on a $\frac{a}{b} = \frac{c}{d} \Leftrightarrow$ si $a \times d = b \times c$.

127 Résoudre $\frac{4x-3}{x+4} = \frac{4x-1}{x-2}$

128 Résoudre $\frac{2x+1}{x-2} = -3$

129 Résoudre $\frac{3}{x+2} = \frac{2}{2x-3}$

130 Résoudre $\frac{3x-7}{3} = \frac{5x+3}{2}$

131 Deux amis, Alric et Bart, partent en même temps de deux villes, respectivement la ville A et la ville B. Le trajet de Bart passe par la ville A et emprunte ensuite la même route qu'Alric.
Alric a dû parcourir 100 km et Bart 132 km pour que la rencontre s'effectue.

En moyenne, Bart a roulé à une vitesse supérieure de 20 km.h^{-1} à celle d'Alric.
On cherche à quelles vitesses moyennes ils ont roulé.
On note x la vitesse moyenne d'Alric.
1. Parmi les grandeurs temps, distance et vitesse, laquelle se traduit par une égalité dans le problème ci-dessus ?
2. Montrer que le problème peut revenir à résoudre l'équation $\frac{100}{x} = \frac{132}{x+20}$.
3. Trouver la solution du problème.

132 PYTHON Pour trouver une solution de l'équation $\frac{1}{x} + \frac{2}{x+3} = 0$, Gaia utilise la fonction python A ci-dessous :

```python
def A(x):
    if x!=0 and x!=-3:
        return 1/x+2/(x+3)
    else:
        return "impossible"
```

1. Pourquoi a-t-elle utilisé une instruction conditionnelle if… else… ?
2. Que renvoie la fonction A si x vaut 1 ?
3. Elle complète son programme ainsi :

```python
for x in range(-100,100):
    if A(x)==0:
        print(x)
```

a. Parmi quels nombres cherche-t-elle une solution ?
b. Que va afficher le programme ?

133 Si on ajoute un même nombre au numérateur et au dénominateur de la fraction $\frac{5}{13}$, on obtient $\frac{1}{3}$.
1. Mettre l'énoncé en équation.
2. Résoudre cette équation.

Aide
Que l'on utilise le produit en croix ou non, pour résoudre des équations quotient, il est important de toujours lister les valeurs interdites.

134 On dispose d'une boîte cylindrique de diamètre 4 cm et de hauteur 6 cm remplie de microbilles. On souhaite transvaser son contenu dans une boîte à base carrée de côté 4 cm. Quelle doit être la hauteur minimale de cette boîte pour qu'elle puisse contenir les microbilles ? *On donnera une valeur arrondie au centième par excès.*

135 On souhaite savoir s'il existe un ou plusieurs triangles rectangles dont les longueurs sont trois nombres entiers consécutifs.
Soit n la valeur médiane des trois longueurs.
1. Exprimer en fonction de n les trois longueurs du triangle.
2. Parmi les trois entiers décrits dans la question **1.**, lequel serait la longueur de l'hypoténuse ?
3. Montrer, en utilisant le théorème de Pythagore, que n vérifie l'équation $n^2-4n=0$.
4. En déduire tous les triangles rectangles ayant pour longueurs des côtés trois nombres entiers consécutifs.

136 Pour créer un bac à l'aide d'une plaque d'acier de 1 m de large sur 2 m de long, on découpe quatre carrés de côté x dans les coins puis on replie les bords rectangulaires vers l'intérieur.

1. À quel intervalle appartient x ?
2. Exprimer la largeur, la longueur et la hauteur du bac en fonction de x.
3. En déduire l'expression du volume en fonction de x.
4. On souhaite que le volume du bac soit exactement égal à 0,192 m^3. Montrer que, pour satisfaire cette contrainte, x doit être solution de l'équation :

$$4x^3-6x^2+2x-0{,}192=0$$

5. Montrer que :

$$4x^3-6x^2+2x-0{,}192=(x-0{,}2)(4x^2-5{,}2x+0{,}96)$$

6. On admet que $4x^2-5{,}2x+0{,}96=0$ a pour solution les valeurs approchées 0,22 et 1,08. Quelles valeurs de x permettent d'obtenir un tel bac ?

137 Déterminer deux entiers naturels consécutifs dont la différence des carrés vaut 809.

138 On considère un carré dont on augmente la longueur de chaque côté de 6 cm. L'aire du nouveau carré augmente alors de 81 cm^2.
1. Déterminer la longueur d'un côté du carré initial.
2. En déduire l'aire du carré initial.

139 Une société de pisciculture possède un bassin rectangulaire de largeur ℓ et de longueur L dont la capacité est de 7 200 m^3 et la profondeur de 2 m.

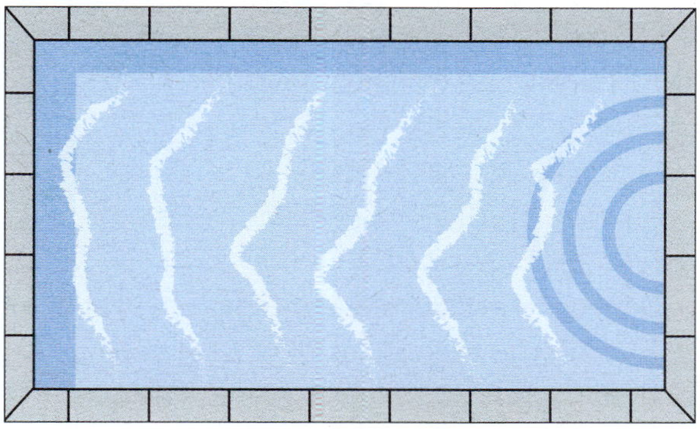

1. Quelle est la surface occupée par le bassin ?
2. a. Exprimer L en fonction de ℓ.
b. Montrer que le périmètre du bassin est égal :

$$\frac{7\,200}{\ell}+2\ell$$

3. a. Le périmètre de ce bassin mesure 250 m, montrer que pour ℓ non nul, la largeur du bassin est solution de l'équation $2\ell^2-250\ell+7\,200=0$.
b. Montrer que $2\ell^2-250\ell+7\,200=2(\ell-80)(\ell-45)$.
c. En déduire les dimensions du bassin.

140 Benjamin et Evie sont à Londres pour assister à une comédie musicale. Il y a deux types de places : des places en hauteur à 30 £, des places plus proches de la scène à 45 £.
Le spectacle, qui affiche complet avec 500 spectateurs, rapporte 18 000 £ de recette. Déterminer le nombre de places vendues à 30 £ et à 45 £.

141 Mathieu s'entraîne pour un triathlon sur un circuit de 6 km, qui comprend 2 km de natation, 2 km de vélo et 2 km de course à pied. Il court 2 fois plus vite qu'il ne nage et se déplace en vélo 2 fois plus vite qu'il ne court. S'il avait parcouru les 6 km à vélo il aurait mis 21 min de moins. Quelle est la durée totale de son entraînement ?

BILAN

142 25min Choisir la forme la plus adaptée

On considère les expressions suivantes.

$A(x) = (2x+1)(x-5)+(3x+2)^2$

$B(x) = (2x-5)^2-(3x-7)(2x-5)$

$C(x) = (x-3)^2-16$

$D(x) = 25x^2-70x+49$

1. Développer et réduire les expressions $A(x)$ et $B(x)$.

2. Factoriser les expressions $B(x), C(x)$ et $D(x)$.

3. Dans chaque cas, utiliser la forme la plus adaptée pour répondre aux questions suivantes.

a. Calculer $A(5)$.

b. Calculer $A(-1)$.

c. Résoudre $B(x) = 0$.

d. Calculer $B(1)$.

e. Résoudre $C(x) = 0$.

f. Calculer $A(\sqrt{17}+3)$.

g. Calculer $D(0)$.

h. Résoudre $D(x) = 49$.

143 20min Différentes équations

Résoudre dans $\mathbb{R}$ les équations suivantes.

1. $3x-7 = 3-5x$

2. $(3x+4)(2x-6) = 0$

3. $5x-2(x-4) = 3-(2-x)$

4. $(3x-3)^2+6 = 42$

5. $\dfrac{5x-7}{x+3} = 0$

6. $\dfrac{2x+7}{4-x} = 3$

144 20min Modéliser un problème

On considère un triangle ABC rectangle en B, de côté $AB = 9$ cm. On place un point M sur le segment $[AB]$. On forme alors un rectangle $BMDE$.

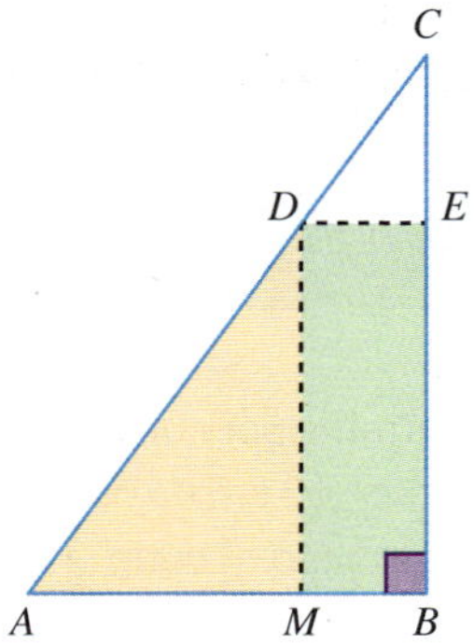

Où faut-il placer le point M pour que l'aire du triangle AMD soit égale à l'aire du rectangle $BMDE$?

145 25min Modéliser par une équation

On souhaite entourer un parc fleuri carré de 10 m de côté par une allée en terre de x m de largeur. Pour cela, on doit utiliser une quantité de terre permettant de recouvrir 36 m^2.

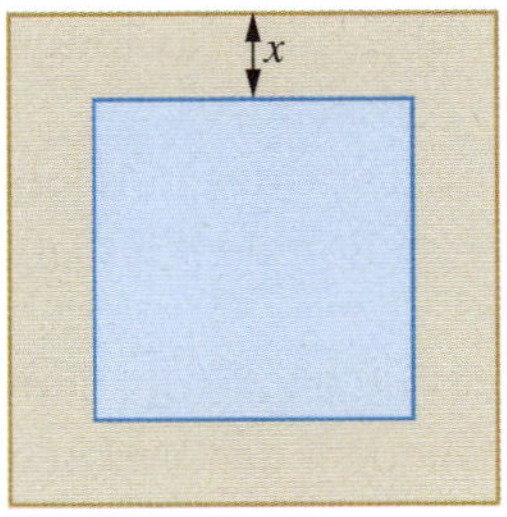

1. Quelles sont les valeurs possibles pour la variable x ?

2. Exprimer l'aire de l'allée en fonction de x.

3. Expliquer pourquoi résoudre ce problème revient à résoudre l'équation $x^2-10x+9 = 0$.

4. Montrer que $x^2-10x+9 = (x-1)(x-9)$.

5. En déduire la largeur de l'allée pour que sa surface occupe 36 m^2.

146 15min Équation du 3e degré

On souhaite résoudre l'équation (E) :

$$x^3+3x^2-6x-8 = 0$$

1. Montrer que -1 est une solution de (E).

2. Montrer que, pour tout réel x :

$$x^3+3x^2-6x-8 = (x+1)(x^2+2x-8)$$

3. Montrer que, pour tout réel x :

$$x^2+2x-8 = (x-2)(x+4)$$

4. En déduire les solutions de (E).

147 20min Un problème de périmètre

Dans un triangle ABC de dimension $AB = 10$ cm, $AC = 8$ cm et $BC = 6$ cm, on place un point D tel que $AD = x$. Le point E est le point d'intersection de la droite parallèle au segment $[BC]$ passant par le point D.

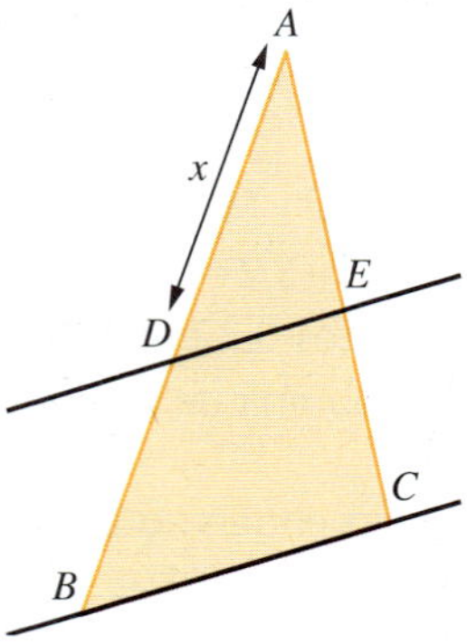

1. Exprimer la longueur DE puis la longueur AE en fonction de x.

2. Déterminer la position du point D telle que le périmètre du triangle ADE soit égal à la moitié de celui du triangle ABC.

148 25 min **Un problème agricole**

Un exploitant agricole dispose d'une parcelle de forme trapézoïdale. Dans cette parcelle, il souhaite délimiter une zone rectangulaire. On modélise la parcelle par un trapèze rectangle $ABCD$ avec $AB = 60$ m, $CD = 20$ m et $AD = 40$ m.

On considère un point M mobile sur le segment $[AD]$ et on construit le rectangle $AMNP$ inscrit dans le trapèze $ABCD$, comme l'indique la figure ci-dessous.

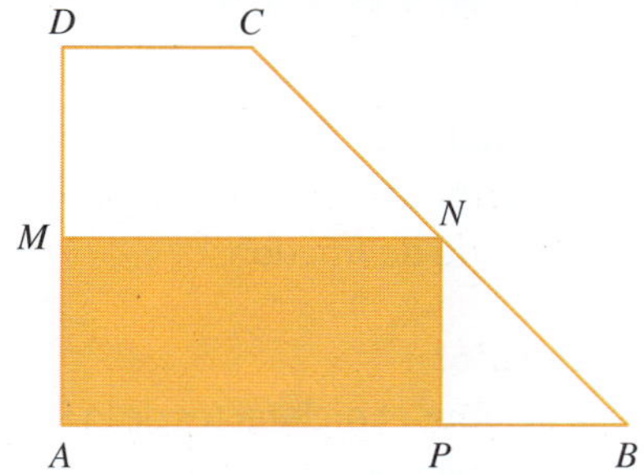

L'objectif de cet exercice est de déterminer :

① s'il existe une position de M pour laquelle l'aire de la surface colorée est égale à 800 m^2.

② s'il existe une position de M pour laquelle l'aire colorée est égale à celle du triangle PBN.

On note x la longueur AM et $\mathscr{A}$ la fonction, qui à x associe l'aire du rectangle $AMNP$.

1. À quel intervalle la variable x appartient-elle ? On note I cet intervalle dans la suite.

2. a. On admet que le triangle BNP est rectangle isocèle en P. Exprimer la longueur AP en fonction de x.

b. En déduire que l'aire du rectangle $APNM$ est égale à $\mathscr{A}(x) = 60x - x^2$ (forme 1).

c. Justifier que, pour tout réel $x \in \mathrm{I}$, on a :

$$\mathscr{A}(x) = 900 - (x - 30)^2 \text{ (forme 2)}$$

3. Résoudre les deux problèmes posés en introduction en précisant, dans chaque cas, les positions du point M correspondantes.

149 20 min **Une identité pour résoudre une équation**

1. Montrer que pour tout réel x distinct de 1 et de $-\frac{2}{3}$, on a l'identité suivante.

$$\frac{2}{1-x} - \frac{x}{3x+2} = \frac{(x+1)(x+4)}{(1-x)(3x+2)}$$

2. Résoudre alors l'équation suivante.

$$\frac{2}{1-x} = \frac{x}{3x+2}$$

APPROFONDISSEMENT

150 **Pendule de Foucault**

Le pendule de Foucault permet une expérience visant à mettre en évidence la rotation de la Terre, depuis un site terrestre d'observation. La première démonstration publique a eu lieu en 1851, sous la voûte du Panthéon, à Paris.

Une boule est placée au bout d'un fil et est lâchée sans vitesse initiale, les oscillations générées vérifient la relation :

$$T = 2\pi\sqrt{\frac{L}{g}}$$

où T est la période d'une oscillation, en seconde, L désigne la longueur du pendule, en mètre, et g est la constante gravitationnelle, exprimée en m.s^{-2}. On prendra $g \approx 10$ m.s^{-2}.

1. La longueur du pendule utilisé dans le Panthéon en 1851 était de 67 m. Déterminer alors la période d'oscillation arrondie à la seconde près.

2. a. Exprimer L en fonction de T et de g.

b. Quelle doit être la longueur du pendule pour que la période d'une oscillation soit de 4 s ? *On donnera une valeur arrondie au centimètre.*

151 **De nouvelles identités remarquables**

Soient a, b, c, d et e des nombres réels.

1. Développer $(a+b+c)^2$ et $(a+b-c)^2$.

2. En déduire le développement de $(a-b+c)^2$ et $(a-b-c)^2$. Vérifier les réponses.

3. Application

Soient x, y et z des réels non nuls tels que :

$$\frac{1}{x} + \frac{1}{y} + \frac{1}{z} = 0$$

a. Montrer que $xy + yz + zx = 0$.

b. En déduire qu'on a dans ce cas :

$$(x+y+z)^2 = x^2 + y^2 + z^2$$

4. Pour aller plus loin

a. Recopier et compléter le tableau à double entrée ci-dessous.

×	a	b	c	d
a	a^2			
b			bc	
c				cd
d				

b. En déduire le développement de $(a+b+c+d)^2$.

c. Conjecturer le développement de $(a+b+c+d+e)^2$. Vérifier le résultat.

152 On modélise une bouteille thermos par un cylindre de révolution de diamètre 6 cm et de hauteur 25 cm.

1. On y verse le contenu d'une théière pleine à ras bord. On assimile la théière à une sphère de diamètre 11 cm. Quelle est alors la hauteur du liquide dans le thermos ?
On donnera un résultat en cm arrondi au centième.

2. On ajoute deux morceaux de sucre, assimilés à des pavés droits de 1,6 cm de long, 1,6 cm de large et 1,1 cm de haut. Quelle est la nouvelle hauteur du liquide dans le thermos ?

3. Combien peut-on ajouter de sucre avant que le thermos ne déborde ?

Info

Le volume d'une sphère est donné par la formule $\frac{4}{3}\pi r^3$.

153 Équation bicarrée

Benjamin cherche à résoudre l'équation :

$$(x+1)^4 = 256\,(E)$$

Pour cela, il propose de faire un « changement de variable », c'est-à-dire de changer d'inconnue afin de se ramener à une équation plus simple à résoudre.

1. Il pose $X=(x+1)^2$. Écrire la nouvelle équation ainsi formée.

2. Montrer que cette équation peut s'écrire sous la forme $(X+16)(X-16)=0$.

3. a. Résoudre l'équation trouvée à la question **2.**

b. Benjamin affirme qu'une des deux solutions est impossible, pourquoi ?

c. Justifier que l'équation (E) est équivalente à $(x+1)^2=16$.

4. Résoudre l'équation trouvée à la question **3.c.**

5. Conclure quant aux solutions de l'équation (E).

154 Quantité conjuguée

1. Soient a et b deux nombres réels positifs.
Justifier l'égalité : $\left(\sqrt{a}+\sqrt{b}\right)\times\left(\sqrt{a}-\sqrt{b}\right)=a-b$.

Info

On dit que $\left(\sqrt{a}-\sqrt{b}\right)$ est « la quantité conjuguée » de $\left(\sqrt{a}+\sqrt{b}\right)$, mais aussi que $\left(\sqrt{a}+\sqrt{b}\right)$ est « la quantité conjuguée » de $\left(\sqrt{a}-\sqrt{b}\right)$.

2. a. Déterminer la quantité conjuguée de l'expression $A=\sqrt{5}+1$.

b. Multiplier A par sa quantité conjuguée. Que remarque-t-on ?

c. Justifier alors l'égalité $\dfrac{4}{\sqrt{5}+1}=\sqrt{5}-1$.

3. De la même manière, justifier les égalités suivantes.

a. $\dfrac{1}{\sqrt{2}}=\dfrac{\sqrt{2}}{2}$ **b.** $\dfrac{1}{\sqrt{7}-1}=\dfrac{\sqrt{7}+1}{6}$ **c.** $\dfrac{\sqrt{3}-1}{1+\sqrt{3}}=2-\sqrt{3}$

4. Écrire les quotients suivants sans radical au dénominateur.

a. $\dfrac{5}{\sqrt{3}+2}$ **b.** $\dfrac{1+\sqrt{2}}{3\sqrt{2}-1}$ **c.** $\dfrac{1}{\sqrt{7}-\sqrt{2}}$

Aide

On retiendra que pour écrire sans radical au dénominateur, il suffit de multiplier numérateur et dénominateur par la quantité conjuguée du dénominateur.

155 Application directe

Soit x un réel positif, écrire l'inverse de $\sqrt{x+1}-\sqrt{x}$ sans utiliser de barre de fraction.

156 Le nombre d'or

De nombreux peintres et architectes de la Renaissance italienne, en particulier Léonard de Vinci (1452-1519), ont évoqué l'existence d'un rectangle aux proportions « idéales », vérifiant la propriété suivante.

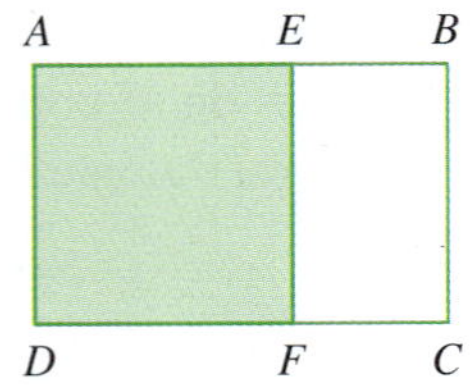

« Lorsque l'on ôte au rectangle considéré, un carré construit sur sa largeur, on obtient un nouveau rectangle, plus petit, semblable au rectangle d'origine, c'est-à-dire dont le rapport longueur sur largeur est égal à celui du rectangle initial. »

1. Valeur exacte du nombre d'or φ

On note L et ℓ la longueur et la largeur du rectangle idéal $ABCD$.

On pose $\varphi=\dfrac{L}{\ell}$.

a. Démontrer que :

$$\frac{\ell}{L}=\frac{L-\ell}{\ell}$$

b. En déduire que φ est solution de l'équation :

$$x^2-x-1=0 \quad (E)$$

c. Vérifier que, pour tout réel x, on a :

$$x^2-x-1=\left(x-\frac{1}{2}\right)^2-\frac{5}{4}$$

d. Résoudre alors l'équation (E) puis en déduire la valeur exacte de φ.

2. Construction d'un rectangle d'or

On considère un carré $AEFD$ et I le milieu du côté $[DF]$. Le cercle de centre I et passant par E coupe la demi-droite $[DF)$ en C.

a. Démontrer que $\dfrac{DC}{DA}=\varphi$.

b. En déduire la construction d'un rectangle d'or connaissant sa largeur.

exercices Accompagnement personnalisé

Maîtriser l'essentiel

157 Mettre un problème en équation

On considère le problème suivant.

Un père a 25 ans de plus que son fils. Dans 5 ans, il aura le double de l'âge de son fils. Quels sont les âges respectifs du fils et du père ?

Étape 1 : choix de l'inconnue et mise en équation.

On appelle x l'âge actuel du fils.

1. Exprimer en fonction de x l'âge actuel du père, l'âge du fils dans 5 ans et l'âge du père dans 5 ans. On pourra remplir le tableau suivant.

	Âge du fils	Âge du père
Actuellement	x	
Dans 5 ans		

2. En utilisant la donnée « dans 5 ans, le père aura le double de l'âge de son fils », justifier que x est solution de l'équation $x+30=2(x+5)$.

Étape 2 : résolution de l'équation.

Résoudre l'équation précédente.

Étape 3 : retour au problème.

Interpréter la résolution précédente et conclure en répondant au problème posé.

158 Mise en équation : à moi de jouer !

Appliquer la méthode de l'exercice 157.

On partage une somme d'argent (en écu) entre trois personnes : la première reçoit un tiers de la somme, la deuxième reçoit la moitié de ce qu'a reçu la première à laquelle s'ajoutent 150 écus et la troisième reçoit 750 écus. Déterminer la somme partagée et la part de chacun.

159 Des erreurs « classiques »

1. On demande à Sonia de développer une expression. Voici sa réponse :

Pour tout réel x,

$$(2x+3)^2-(3x+2)=2x^2+9-3x+2$$

Expliquer et corriger les erreurs faites par Sonia.

2. On demande à Lilian de factoriser une expression. Voici sa réponse :

Pour tout réel x,

$$(3x+2)(4x-1)-(3x+2)$$
$$=(3x+2)[(4x-1)-0]$$
$$=(3x+2)(4x-1)$$

Expliquer et corriger l'erreur faite par Lilian.

Aller plus loin

160 À l'aide d'un logiciel de calcul formel

$ABCD$ est un rectangle tel que $AB=10$ et $AD=6$. Les points M, N, P et Q appartiennent respectivement aux segments $[AB]$, $[BC]$, $[CD]$ et $[DA]$ de sorte que :

$$AM=BN=CP=DQ$$

On cherche à savoir si l'aire du quadrilatère $MNPQ$ peut être égale à la moitié de celle du rectangle $ABCD$.

1. Réaliser une figure. Dans la suite, on pose $x=AM$.

2. a. À quel intervalle appartient la variable x ?

b. Montrer que le problème se ramène à résoudre l'équation suivante.

$$60-[x(6-x)+x(10-x)]=30\ (E)$$

3. À l'aide d'un logiciel de calcul formel, on a effectué les calculs ci-contre.

Quel(s) résultat(s) est(sont) utile(s) à la résolution de l'équation (E) ? Le(s) démontrer puis conclure.

Calcul formel

1	f(x):=60-(x(6-x)+x(10-x)) → $f(x) := 2x^2-16x+60$
2	Résoudre(f(x)=30) → $\{x=3, x=5\}$
3	Factoriser(f(x)-30) → $2(x-5)(x-3)$

161 PRISE D'INITIATIVES **Problème issu de l'ouvrage chinois *Neuf chapitres sur l'art du calcul***

Une ville entourée d'une fortification carrée de dimension inconnue comprend une porte au milieu de chaque côté.
En sortant de la ville par le nord, à vingt pas vers le nord se trouve un arbre.
En quittant la ville par le sud, marche quatorze pas vers le sud puis 1775 vers l'ouest et tu commenceras tout juste à apercevoir cet arbre.
On cherche les dimensions de la ville.

COUP DE POUCE hachette-clic.fr/25de2028

162 PRISE D'INITIATIVES Compétences Chercher – Calculer

Nombre de nuitées

En montagne, un randonneur a effectué des réservations dans deux types d'hébergements : l'hébergement A et l'hébergement B.

Une nuit en hébergement A coûte 24 € et une nuit en hébergement B coûte 45 €. Il se rappelle que le coût total de sa réservation est de 438 €.

Déterminer le nombre de nuitées passées dans chaque hébergement.

COUP DE POUCE hachette-clic.fr/25de2029

TP Utiliser les outils numériques

LOGICIEL GÉOMÉTRIE

Trouver la bonne position

Soit un carré $ABCD$ de 3 cm de côté. On place un point M sur le segment $[AB]$ et on note $AM = x$. Puis on construit le carré $AMEF$ et le triangle MGB isocèle en G dont la hauteur issue de G a pour longueur x.
L'objectif est de déterminer la position du point M, si elle existe, pour que la somme des aires du carré $AMEF$ et du triangle MBG soit égale à 5 cm^2.

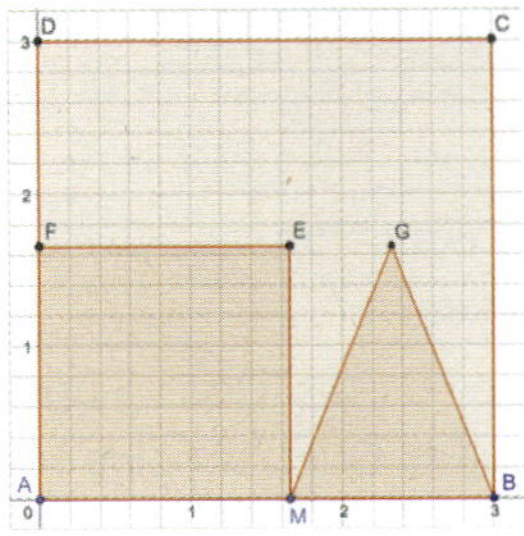

Objectif
Résoudre un problème à l'aide d'un logiciel de géométrie dynamique.

Partie A Conjecture avec Geogebra

On rappelle que le projeté orthogonal du sommet principal d'un triangle isocèle est le milieu du côté opposé.
On se place dans le repère orthonormé d'origine A, avec 1 cm pour unité, dans lequel B a pour coordonnées (3 ; 0) et D a pour coordonnées (0 ; 3).

1. Exprimer la longueur MB en fonction de x.
2. Expliquer pourquoi les coordonnées du point G sont $\left(x+\frac{3-x}{2}\,;x\right)$.
3. a. Construire le carré $ABCD$ à l'aide de l'outil Polygone régulier.
b. Placer un point M sur le segment $[AB]$. Puis construire le carré $AMEF$.
On remarque que la variable $poly2$ qui a été créée correspond à l'aire du carré $AMEF$.
c. La fonction $x(M)$ retourne l'abscisse du point M. Construire le point G.
d. À l'aide de l'outil Polygone, construire le triangle isocèle en G.
e. Construire la variable $aire$ égale à la somme des aires du carré $AMEF$ et du triangle MBG.
4. Enfin, construire le point H de coordonnées $(x(M)\,;aire)$ et laisser la trace active (clic droit sur le point puis *Afficher la trace*).
5. En déplaçant le point M, proposer une réponse au problème posé.

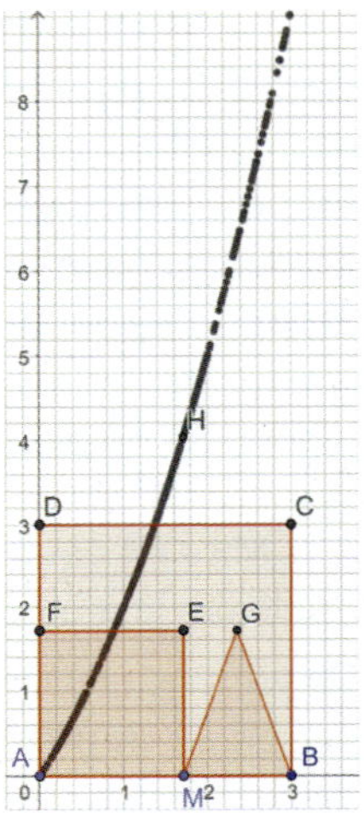

Partie B Modéliser le problème par une équation

1. Exprimer l'aire du carré $AMEF$, puis l'aire du triangle MBG en fonction de x.
2. En déduire que le problème revient à résoudre l'équation :
$$\frac{1}{2}x^2+\frac{3}{2}x=5$$
3. Montrer que cette équation est équivalente à :
$$x^2+3x-10=0$$
4. Montrer que $x^2+3x-10=(x-2)(x+5)$.
5. En déduire la ou les positions du point M pour qu'il vérifie le problème posé.

TP Mener une recherche

Compétence **Chercher et communiquer**

TP1 Des carrés parfaits ! PYTHON

1. Calculer les nombres suivants.

a. $1\times2\times3\times4+1$ **b.** $2\times3\times4\times5+1$ **c.** $3\times4\times5\times6+1$

2. Quelle remarque ces calculs inspirent-ils ?

3. On considère la fonction `mystere` ci-contre écrite en langage Python.

```python
1 from math import *
2
3 def mystere(n):
4     produit=...
5     somme=produit+1
6     return sqrt(somme)
```

Cette fonction calcule la racine de sommes de la forme exposée dans la question **1.**

a. Compléter la ligne 4.

b. Exécuter cette fonction pour différentes valeurs de l'entier naturel n.

c. Conjecturer alors une expression explicite de ces sommes en fonction de l'entier naturel n.

4. Démontrer cette conjecture.

Aide

2. a. La fonction `sqrt` de la bibliothèque `math` calcule la racine carrée d'un nombre positif entré en argument.

TP2 Coïncidences ?

1. Calculer les nombres suivants.

a. $\dfrac{1^3+2^3+3^3}{3\times2}-2$ **b.** $\dfrac{2^3+3^3+4^3}{3\times3}-2$ **c.** $\dfrac{3^3+4^3+5^3}{3\times4}-2$ **d.** $\dfrac{4^3+5^3+6^3}{3\times5}-2$

2. Que remarque-t-on ? Est-ce une coïncidence ? Argumenter.

TP3 Des contraintes de conception

Un client commande des cartes de vœux auprès d'une société d'imprimerie.

Le modèle initialement retenu est une carte rectangulaire de dimensions 15 cm × 6 cm. Toutefois, le service fabrication demande de modifier les dimensions pour obtenir des cartes dont l'aire est égale à 154 cm². Pour des raisons techniques, les modifications des dimensions de la carte initiale doivent obéir à la contrainte suivante : si on diminue la longueur a d'une certaine quantité, sa largeur b doit être augmentée du double de cette quantité.

À l'écrit ou à l'oral, expliquer la démarche permettant de déterminer les dimensions qui doivent être fixées pour ces cartes de vœux.

TP4 Un aquariophile fan d'égyptologie !

Dans un aquarium cubique de côté 10 cm, il y a une décoration pyramidale.

Cette pyramide est pleine, sa base est le fond de l'aquarium et son sommet est un point de la face supérieure.

Quelle hauteur d'eau faut-il mettre pour que le volume d'eau soit égal à la moitié du volume du cube ?

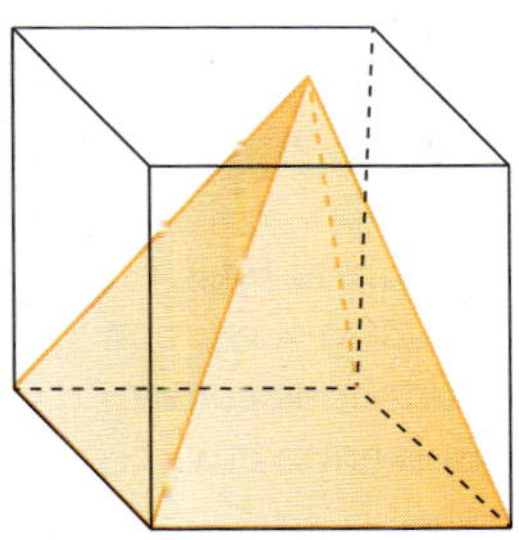

CHAPITRE

4 Ordre dans ℝ Inéquations

Les capacités du chapitre

- CAPACITÉ 1 Comparer deux quantités
- CAPACITÉ 2 Résoudre une inéquation du premier degré
- CAPACITÉ 3 Modéliser une situation par une inéquation

Au fil du temps

La construction de l'ensemble des nombres réels est une avancée récente des mathématiques, initiée au milieu du XIXe siècle pour permettre le développement de « l'analyse réelle », théorie extrêmement féconde qui a permis des progrès majeurs dans toutes les sciences. Les grands artisans de cette construction sont Bolzano, Weiertrass, Méray, Cantor ou encore Dedekind.

L'ensemble des nombres réels est « ordonné », grâce à la « relation d'ordre ⩽ », qui permet de comparer les nombres réels entre eux.

Des maths partout !

Depuis des siècles, l'humanité a été attirée par le souci de comparer les grandeurs et par les valeurs extrêmes. C'est au milieu du XIXe siècle que le mont Everest, dans la chaîne de l'Himalaya à la frontière entre Népal et Chine (région du Tibet), est identifié comme le probable plus haut sommet sur Terre. C'est effectivement le cas, et il culmine à 8 849 mètres d'altitude.

Le mont Everest.

RESSOURCES DU CHAPITRE
hachette-clic.fr/25de2030

Partir d'un bon pied

A Diaporama pour tester les bases

ACTIVITÉS MENTALES RAPIDES

B Comparer des nombres

1. Compléter par le symbole $<$ ou $>$. Justifier.

a. $\frac{13}{17}\ldots 1$ **b.** $\frac{7}{3}\ldots 1$ **c.** $3-\left(\frac{2}{3}\right)^2\ldots 2-15\times\frac{2}{9}$

d. $\frac{9}{7}\ldots 2-\frac{4}{7}$ **e.** $20\div\frac{25}{3}\ldots\frac{12}{11}$ **f.** $2003\times 10^{-3}\ldots 1+\frac{103}{100}$

2. Ranger les nombres suivants dans l'ordre croissant.

$$\frac{3}{2};\ \frac{7}{8};\ \frac{5}{6};\ \frac{11}{8};\ 1-\frac{1}{3};\ -\frac{1}{2};\ -21\times\frac{1}{6}$$

C Inégalités et intervalles

Dans chaque cas, traduire sous forme d'appartenance à un (ou des) intervalle(s) les inégalités vérifiées par le réel x.

1. $x\leqslant\frac{2}{3}$ **2.** $x>-8$ **3.** $x<4$ et $x\geqslant -3$

4. $x\geqslant 7$ **5.** $-6<x\leqslant\sqrt{2}$ **6.** $x\geqslant 5$ ou $x<1$

D Solutions d'une équation

1. Résoudre dans $\mathbb{R}$ les équations suivantes.

a. $-2x+3=5x-4$

b. $-4(3-x)=7$

c. $3(2x-1)=8x-(x+6)$

d. $(3x-2)^2=7x^2+(2x+1)(x-4)$

2. On considère l'équation (E) : $3x^2+13x=5-x$.

Parmi les nombres suivants, indiquer ceux qui sont solution de l'équation (E). Justifier.

a. 0 **b.** $\frac{1}{3}$ **c.** 5 **d.** -5

E Modéliser un problème

Un paysagiste veut créer dans une parcelle carrée de côté 6 m un bassin carré comme l'indique le schéma ci-contre. Le reste du terrain sera formé d'une allée parsemée de gazon. Il souhaite que l'aire de l'allée ne dépasse pas 20 m^2.

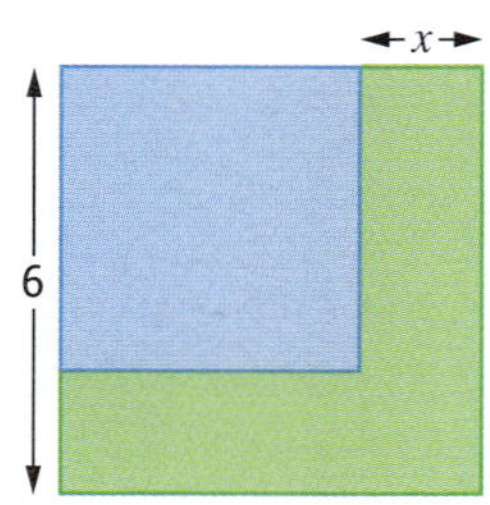

On note x la largeur de l'allée.

1. À quel intervalle doit appartenir le nombre réel x ?

2. Exprimer le côté du bassin en fonction de x.

3. Montrer que le souhait du paysagiste se traduit par l'inégalité $-x^2+12x\leqslant 20$.

4. Les valeurs de x suivantes répondent-elles au souhait du paysagiste ?

a. $x=5$ **b.** $x=2$ **c.** $x=1$ **d.** $x=2{,}3$ **e.** $x=0{,}8$

Conjecturer les valeurs possibles de x répondant au souhait du paysagiste.

automatismes

Automatismes transversaux

1 Calculer les nombres suivants.

1. $a=1001^2-999^2$ **2.** $b=98\times102$ **3.** $c=99^2$

2 Calculer A et B et donner le résultat sous forme de fraction irréductible.

$$A=\frac{2}{5}-\frac{2}{5}\times\frac{3}{4} \text{ et } B=\frac{-2\left(1-\frac{1}{2}\right)}{-2+\frac{1}{3}}.$$

3 Donner la nature des nombres suivants.

1. $a=\left(1+\sqrt{3}\right)^2$ **2.** $b=\left(1-\sqrt{3}\right)\left(1+\sqrt{3}\right)$

3. $c=\dfrac{\sqrt{27}-\sqrt{12}}{3\sqrt{3}}$ **4.** $d=\dfrac{18\times10^7}{0{,}9\times\left(10^{-8}\right)^2}$

4 ABC est un triangle tel que $AB=3+\sqrt{2}$, $AC=2\sqrt{2}$ et $BC=1+3\sqrt{2}$.
Montrer que ABC est un triangle rectangle.

*Pour les exercices **5** et **6**, développer et réduire chaque expression.*

5 **1.** $A(x)=7(1-2x)-(-x+6)$
2. $B(x)=(-x+5)(2x+1)-3x(x-3)$

6 **1.** $A(x)=(x-1)^2$
2. $B(x)=(3x+2)^2$
3. $C(x)=(1-2x)(1+2x)$

*Pour les exercices **7** et **8**, factoriser chaque expression.*

7 **1.** $f(x)=-3x^2+2x$
2. $g(x)=27x^2-9x$
3. $h(x)=(x+1)(3x-4)-(x+1)(1-x)$

8 **1.** $f(x)=x^2+2x+1$
2. $g(x)=9-4x^2$
3. $h(x)=4x^2-12x+9$

*Pour les exercices **9** et **10**, résoudre les équations.*

9 **1.** $-4x+7=2x+3$ **2.** $\frac{1}{4}x+\frac{1}{2}=1-x$
3. $2(1-x)+1=2-3(2x+1)$ **4.** $\frac{2x}{3}=5$

10 **1.** $1-2x^2=x^2+2$
2. $(2x-1)(-4x+7)=0$
3. $3x(5x+1)=0$

Automatismes préparatoires au chapitre

11 Ranger les nombres suivants par ordre croissant.

$\frac{13}{4}$; $-\frac{13}{5}$; $\frac{53}{20}$; $\frac{1}{2}$; $\frac{3}{4}$; -1 ; $\frac{13}{5}$; $-\frac{13}{4}$; 0 ; $-\frac{7}{5}$; 1.

12 Compléter les pointillés par le symbole $<$ ou $>$.

1. $\frac{11}{3}\dots\frac{10}{11}$ **2.** $\frac{3}{2}\dots\frac{7}{4}$ **3.** $-\frac{2}{3}\dots-\frac{4}{5}$
4. $\frac{3}{8}\dots\frac{3}{7}$ **5.** $10^{-3}\dots10^{-4}$ **6.** $\sqrt{81}\dots\frac{901}{10^2}$

13 Parmi les nombres suivants, lesquels vérifient l'inégalité $-2x+3<1$?

1. -2 **2.** 1 **3.** 3 **4.** $\frac{1}{2}$ **5.** $\frac{4}{3}$

14 Représenter sur la droite des réels et exprimer sous forme d'appartenance à un intervalle l'ensemble des nombres réels x tels que :

1. $x\leqslant-1$ **2.** $x>3$ **3.** $-5<x\leqslant0$
4. $x\geqslant0$ **5.** $-2\leqslant x\leqslant-1$

15 Réduire les expressions suivantes au même dénominateur.

1. $\frac{x-1}{x+1}-3$ **2.** $\frac{2a-3}{a-2}-\frac{1}{a}$
3. $\frac{a+1}{a+2}-\frac{a+2}{a+3}$ **4.** $\frac{1}{x^2+1}-1$

16 Une salle de sport propose deux formules.
Formule A : 10 € la séance sans abonnement.
Formule B : une carte d'abonnement mensuelle de 60 € puis 4 € la séance.
Pour x séances effectuées, on note $A(x)$ le prix payé avec la formule A et $B(x)$ celui payé avec la formule B.
1. Exprimer $A(x)$ et $B(x)$ en fonction de x.
2. Résoudre l'équation $A(x)=B(x)$. Interpréter.

17 Dans chaque cas, déterminer les valeurs possibles de x sous forme d'intervalle.
1. A et B sont deux points tels que $AB=7$. M est un point du segment $[AB]$, distinct de A et B, tel que $AM=x$.
2. $ABCD$ est un rectangle de périmètre 10 cm et tel que $AB=x$.

18 Soit x un réel positif. $ABCD$ est un rectangle tel que $AB=x+5$ et $AD=x+3$.
Exprimer en fonction de x sous forme développée et réduite :
1. le périmètre de $ABCD$;
2. l'aire de $ABCD$;
3. la longueur AC.

Activités

1 Opérations sur les inégalités

Objectif
Découvrir et démontrer l'effet des opérations sur les inégalités.

1 Conjecture sur la droite des réels

On considère deux nombres réels a et b tels que $a < b$, que l'on a placés sur la droite des réels ci-dessous.

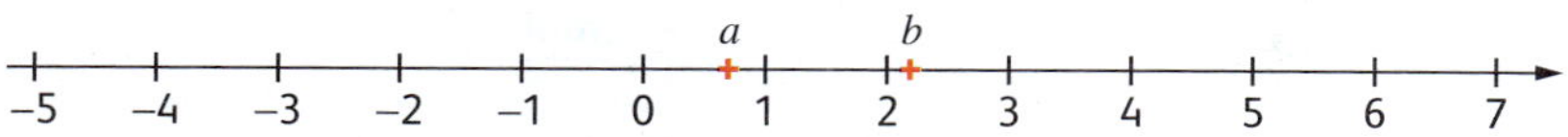

Info
a et b sont des nombres réels quelconques, on peut les placer n'importe où sur la droite des réels pourvu que $a < b$.

a. Reproduire la figure et, à l'aide du compas, construire en bleu les réels $a+1$ et $b+1$, en noir les réels $a-2$ et $b-2$, en vert les réels $3a$ et $3b$, puis, en rouge les réels $-2a$ et $-2b$.

b. Compléter les pointillés par les symboles $<$ ou $>$.

$a+1 \ldots b+1$; $a-2 \ldots b-2$; $3a \ldots 3b$; $-2a \ldots -2b$.

c. Quelles conjectures peut-on formuler lorsque l'on :

- ajoute un même nombre aux deux membres d'une inégalité ?
- multiplie par un même nombre non nul les deux membres d'une inégalité ?

2 Démonstration

Soient a et b deux nombres réels tels que $a < b$ et k un nombre réel non nul.

a. Quel est le signe de $a - b$?

b. Recopier et compléter chaque ligne de la démonstration suivante à l'aide des symboles $<$ ou $>$.

- **Si $k > 0$**, alors $k(a-b) \ldots 0$
Donc $k \times a - k \times b \ldots 0$
Ainsi $k \times a \ldots k \times b$

- **Si $k < 0$**, alors $k(a-b) \ldots 0$
Donc $k \times a - k \times b \ldots 0$
Ainsi $k \times a \ldots k \times b$

c. Énoncer la propriété qui vient d'être démontrée.

Info
On utilise la règle de distributivité :
$k(a-b) = k \times a - k \times b$

2 Comparer des nombres

Objectif
Découvrir un critère pour comparer deux nombres.

Un professeur propose à ses élèves de Seconde le problème suivant.

> Comparer, en argumentant, les deux nombres :
> $A = 1{,}000\,000\,002^2$ et $B = 1{,}000\,000\,004$

Info
Comparer deux nombres, c'est déterminer s'ils sont égaux, ou déterminer lequel est le plus grand des deux.

1 Léo décide d'utiliser sa calculatrice pour calculer le nombre A.
Il constate alors que sa calculatrice affiche le nombre B et il conclut alors que $A = B$.
La démarche de Léo est-elle convaincante ? Justifier.

2 Marie s'intéresse à la différence $A - B$ afin d'étudier son signe.
Elle commence par transformer les écritures de A et B sous la forme $A = (1+2x)^2$ et $B = 1+4x$.

a. Donner la valeur du nombre x.

b. Montrer que $A - B = 4x^2$.

c. Quel est le signe de la différence $A - B$?

d. En déduire la comparaison des nombres A et B.

3 En suivant la même démarche que Marie, comparer les nombres $A = 0{,}999\,999^2$ et $B = 0{,}999\,998$.

Aide
Pour comparer deux nombres A et B, on peut étudier le **signe** de leur **différence** $A - B$.
En effet :
- si $A - B < 0$ alors $A < B$.
- si $A - B > 0$ alors $A > B$.
- si $A - B = 0$ alors $A = B$.

Cours

1 Inégalités

Dans tout ce paragraphe, a, b, c, d et k sont des nombres réels.
Toutes les propriétés de ce paragraphe sont encore vraies en remplaçant les inégalités « larges » $\leqslant$ par des inégalités « strictes » $<$.

a Ordre dans ℝ

Propriété Si a, b et c sont tels que $a \leqslant b$ et $b \leqslant c$, alors $a \leqslant c$.

Exemple
Si $x \leqslant 2$ et $2 \leqslant y$, alors $x \leqslant y$.
On dit que la relation $\leqslant$ est « transitive ».

b Somme

Propriété Ajouter ou soustraire un même nombre à chaque membre d'une inégalité conserve l'ordre :

$$a \leqslant b \Leftrightarrow a+k \leqslant b+k \quad \text{et} \quad a \leqslant b \Leftrightarrow a-k \leqslant b-k$$

Propriété On peut additionner membre à membre des inégalités **de même sens** : si $a \leqslant b$ et $c \leqslant d$, alors $a+c \leqslant b+d$.

Exemples
- Si $x+3 \leqslant 5$ alors $x+3-3 \leqslant 5-3$ donc $x \leqslant 2$.
- Si $1 \leqslant x \leqslant 2$ et $3 \leqslant y \leqslant 4$, alors $1+3 \leqslant x+y \leqslant 2+4$ soit $4 \leqslant x+y \leqslant 6$.

c Produit

Propriété
- Multiplier ou diviser chaque membre d'une inégalité par un même nombre **strictement positif**, conserve l'ordre.

Si $k>0$, $a \leqslant b \Leftrightarrow k \times a \leqslant k \times b$.

- Multiplier ou diviser chaque membre d'une inégalité par un même nombre **strictement négatif**, change l'ordre.

Si $k<0$, $a \leqslant b \Leftrightarrow k \times a \geqslant k \times b$.

Exemples
- Si $2x>3$ alors $x>\frac{3}{2}$
- Si $-3x \leqslant 6$ alors $x \geqslant -2$

2 Comparaison de deux quantités

Comparer deux nombres, c'est déterminer s'ils sont égaux ou sinon déterminer lequel est le plus grand des deux.

Propriété Pour comparer deux nombres a et b, on peut utiliser l'un des critères suivants.

① Critère de la différence : on étudie le signe de la différence $a-b$.
- Si $a-b<0$, alors $a<b$
- Si $a-b>0$, alors $a>b$
- Si $a-b=0$, alors $a=b$

② Critère du quotient : pour b strictement positif
- Si $\frac{a}{b}<1$, alors $a<b$
- Si $\frac{a}{b}>1$, alors $a>b$
- Si $\frac{a}{b}=1$, alors $a=b$

Remarque
Il existe de nombreuses méthodes pour comparer deux nombres, et l'étude des variations d'une fonction en est une. Deux autres méthodes sont employées dans l'exemple ci-contre.

Exemples
- Pour comparer les nombres :
$$A=2\pi \text{ et } B=4\sqrt{3}$$
On obtient par la calculatrice les valeurs approchées :
$$A \simeq 6{,}3 \text{ et } B \simeq 6{,}9$$
D'où $A<B$.
- Pour comparer les fractions :
$$C=\frac{7}{9} \text{ et } D=\frac{12}{11}$$
on remarque que $C<1<D$ ou on réduit au même dénominateur :
$$C=\frac{77}{99} \text{ et } D=\frac{108}{99}$$
D'où $C<D$.
- Étant donné un nombre $a<0$, on souhaite comparer :
$$E=(2a+3)^2 \text{ et } F=4a^2+9$$
On étudie pour cela le signe de la différence :
$$E-F=(2a+3)^2-(4a^2+9)=12a$$
Puisque $a<0$, alors $12a<0$ d'où $E<F$.
- Soit t un réel vérifiant $0<t<1$.
Pour comparer $G=t^2$ et $H=t^3$ qui sont strictement positifs, on peut comparer le quotient $\frac{H}{G}$ avec 1.
On a $\frac{H}{G}=\frac{t^3}{t^2}=t$ or $t<1$ donc $\frac{H}{G}<1$.
D'où $H<G$ soit $t^3<t^2$.

méthode

CAPACITÉ 1 Comparer deux quantités

Énoncé **1.** Dans chaque cas suivant, comparer les nombres A et B donnés en précisant les cas d'égalité.

a. a et b étant deux réels négatifs, $A = ab + 9$ et $B = (a+3)(b+3)$.

b. n étant un entier naturel supérieur ou égal à 2, $A = \dfrac{2}{n}$ et $B = \dfrac{4}{n^2}$.

2. a. Comparer, pour tout réel x vérifiant $x > 1$, les nombres $A = \dfrac{x+1}{x-1}$ et $B = \dfrac{x+2}{x}$.

b. En déduire la comparaison des nombres $\dfrac{100\,001}{99\,999}$ et $\dfrac{100\,002}{100\,000}$.

Solution rédigée

1. a. On étudie le signe de la différence :

$$A - B = (ab+9) - (ab + 3a + 3b + 9) = -3(a+b)$$

a et b étant négatifs, alors $-3(a+b) \geqslant 0$. Ainsi $A - B \geqslant 0$ d'où $A \geqslant B$.
De plus, $A = B$ si et seulement si $a = -b$; vu que a et b sont négatifs, $A = B$ si et seulement si $a = b = 0$.

b. Pour tout entier naturel $n \geqslant 2$, A et B sont strictement positifs, on peut alors comparer le quotient $\dfrac{A}{B}$ et 1. On calcule ce quotient :

$$\frac{A}{B} = \frac{2}{n} \div \frac{4}{n^2} = \frac{2}{n} \times \frac{n^2}{4} = \frac{n}{2}$$

Comme $n \geqslant 2$, on a $\dfrac{n}{2} \geqslant 1$ c'est-à-dire $\dfrac{A}{B} \geqslant 1$ soit finalement $A \geqslant B$.
Enfin, $A = B$ si et seulement si $n = 2$.

2. a. Pour tout réel $x > 1$, on étudie le signe de la différence :

$$A - B = \frac{x+1}{x-1} - \frac{x+2}{x} = \frac{(x+1)\times x}{(x-1)\times x} - \frac{(x+2)\times(x-1)}{x\times(x-1)}$$

$$= \frac{(x^2+x) - (x^2 - x + 2x - 2)}{x(x-1)} = \frac{2}{x(x-1)}$$

On a $2 > 0$ et vu que $x > 1$, alors $x > 0$ et $x - 1 > 0$ donc ce quotient est strictement positif. Finalement, pour tout réel $x > 1$, on a $A > B$.

b. Pour $x = 100\,000$ d'après **2. a.**, on obtient alors $\dfrac{100\,001}{99\,999} > \dfrac{100\,002}{100\,000}$.

Point méthode
1. et **2.** Pour comparer deux nombres qui dépendent d'une (ou plusieurs) variable(s), on peut mettre en œuvre un des critères (critère du signe de la différence ou critère du quotient).

Point méthode
1. b. Pour appliquer le critère du quotient, vérifier au préalable que les nombres à comparer sont **strictement positifs**.
Ce critère est souvent utilisé lorsque les nombres à comparer font apparaître des puissances, des produits ou des quotients.

Point méthode
1. a. et **2. a.** Pour étudier le **signe** d'une quantité, on l'écrit sous forme **factorisée** et/ou d'un **unique quotient**.
2. b. On fait le lien avec la question précédente.

J'applique en autonomie

Voir corrigés p. 400 — Voir exercices similaires nos 40 à 45

19 Soient a et b deux réels de même signe.
Comparer les nombres :

$$A = (a-b)^2 \text{ et } B = a^2 + b^2$$

20 Soit a un réel quelconque.
Comparer, suivant les valeurs de a, les nombres :

$$A = a^2 + 1 \text{ et } B = (a+1)^2$$

21 Soient a et b deux réels tels que $0 < a < b$.
Comparer les nombres :

$$A = (a+b)^2 \text{ et } B = a^2 + 3b^2$$

22 Soient a et b deux réels strictement positifs.
Comparer les nombres $A = \dfrac{a}{b} + \dfrac{b}{a}$ et $B = 2$.

On pourra calculer $A - B$ et réduire cette différence au même dénominateur.

23 Soit a un réel tel que $0 < a < 1$.
1. En utilisant le critère du quotient, comparer les nombres $A = 3a^4$ et $B = 6a^5$.
2. Retrouver ce résultat en utilisant le critère de la différence.

24 Soient a et b deux réels de l'intervalle $]1 ; +\infty[$ et :

$$A = \frac{a-1}{b-1} \text{ et } B = \frac{a+1}{b+1}$$

1. Justifier que $A - B = \dfrac{2(a-b)}{(b-1)(b+1)}$.
2. Comparer alors A et B selon les valeurs de a et b.
3. Sans calculatrice, comparer alors les nombres suivants.
a. $\dfrac{123\,456\,788}{987\,654\,321}$ et $\dfrac{123\,456\,790}{987\,654\,323}$
b. $\dfrac{9{,}000\,001}{5{,}000\,002}$ et $\dfrac{11{,}000\,001}{7{,}000\,002}$

Cours

3 Résolution d'une inéquation

a Inéquations

Définition Une inéquation à une inconnue est une inégalité dans laquelle intervient un nombre inconnu désigné par une lettre.

Résoudre une inéquation d'inconnue x, c'est trouver **toutes les valeurs** de x pour lesquelles l'inégalité est vérifiée.

Ces valeurs sont les **solutions** de l'inéquation.

Info

Pour vérifier qu'un nombre est solution d'une inéquation, on remplace l'inconnue par ce nombre dans chaque membre **séparément** et on compare les deux résultats obtenus.

Remarque

On dit que deux inéquations sont équivalentes lorsqu'elles ont le même ensemble de solutions.

Exemple

$6x+5 \geqslant 4x-3$ est une inéquation du premier degré d'inconnue x.

- Si $x=2$, alors $6x+5=17$ et $4x-3=5$. Or $17>5$ donc 2 est solution de l'inéquation.
- Si $x=-5$, alors $6x+5=-25$ et $4x-3=-23$. Or $-25<-23$ donc -5 n'est pas solution de l'inéquation.

b Résolution d'une inéquation du premier degré

Pour résoudre une inéquation du premier degré, on regroupe tous les termes contenant x dans un membre et tous les autres termes dans l'autre membre en utilisant les propriétés des inégalités.

Voir page 88

Exemple

Résoudre l'inéquation $3x-1>12x-7$

On transforme à chaque étape l'inéquation par une inéquation équivalente, en cherchant à « isoler » x dans le membre de gauche.

On ajoute 1 à chaque membre puis on soustrait $12x$ à chaque membre.

$$3x-1>12x-7$$
$$+1 \qquad 3x>12x-7+1 \qquad +1$$
$$-12x \qquad 3x-12x>-7+1 \qquad -12x$$

On réduit : $-9x>-6$

Puis on divise chaque membre par -9 qui est un nombre négatif donc il faut changer le sens de l'inégalité.

$$-9x>-6$$
$$\div(-9) \qquad x<\frac{-6}{-9} \qquad \div(-9)$$

On simplifie : $x<\frac{2}{3}$

Les solutions de l'inéquation sont tous les nombres réels strictement inférieurs à $\frac{2}{3}$.

Ainsi, l'ensemble des solutions est l'intervalle $\left]-\infty\,;\frac{2}{3}\right[$.

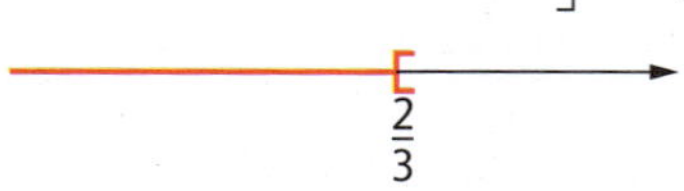

En notant S l'ensemble des solutions de l'inéquation, on a $S=\left]-\infty\,;\frac{2}{3}\right[$.

Exemple

$$6x+5 \geqslant 4x-3$$

On soustrait $4x$ puis 5 à chaque membre on obtient :

$$2x \geqslant -8$$

On divise par 2 chaque membre (2 est positif donc l'ordre est conservé) on obtient :

$$\frac{2x}{2} \geqslant -\frac{8}{2}$$

Soit $x \geqslant -4$

$S=[-4\,;+\infty[$

méthode

CAPACITÉ 2 Résoudre une inéquation du premier degré
CAPACITÉ 3 Modéliser une situation par une inéquation

Énoncé

1. Résoudre l'inéquation $-4x+\frac{1}{6}\leqslant\frac{5}{3}$.

2. Une entreprise demande à une agence de publicité de lui concevoir des affiches selon le modèle représenté ci-contre dans lequel :

- $ABCD$ est un carré de côté 5 m ;
- P est le milieu de $[BC]$;
- M est un point du segment $[AB]$.

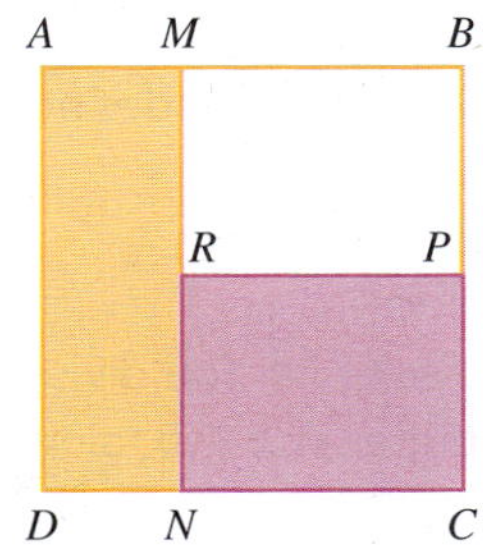

L'agence doit respecter la contrainte suivante : l'aire du rectangle $AMND$ doit être strictement inférieure aux deux-tiers de l'aire du rectangle $RPCN$.
À quelle distance du point A faut-il placer le point M pour que la contrainte soit satisfaite ?

Solution rédigée

1. Pour résoudre cette inéquation, on soustrait $\frac{1}{6}$ à chaque membre.

$$-4x+\frac{1}{6}\leqslant\frac{5}{3}\Leftrightarrow-4x+\frac{1}{6}-\frac{1}{6}\leqslant\frac{5}{3}-\frac{1}{6}\Leftrightarrow-4x\leqslant\frac{9}{6}\Leftrightarrow-4x\leqslant\frac{3}{2}$$

On divise chaque membre par -4, ce qui revient à multiplier par $\frac{-1}{4}$.

$$-4x\leqslant\frac{3}{2}\Leftrightarrow-4x\times\frac{-1}{4}\geqslant\frac{3}{2}\times\frac{-1}{4}\Leftrightarrow x\geqslant-\frac{3}{8}.$$ Donc $S=\left[-\frac{3}{8};+\infty\right[$

> **Point méthode**
> **1.** Diviser par un nombre revient à multiplier par son inverse.
> L'inverse de $\frac{-4}{1}$ est $\frac{1}{-4}$, soit $\frac{-1}{4}$.

2. On cherche la position du point M sur le segment $[AB]$, on peut donc introduire la variable x telle que $AM=x$.
On commence par chercher l'ensemble des valeurs possibles de x dans le cadre du problème : $M\in[AB]$ donc $x\in[0;5]$.
On exprime ensuite l'aire des deux rectangles en fonction de x.
$\text{Aire}(RPCN)=PC\times NC=2{,}5(5-x)=12{,}5-2{,}5x$
$\text{Aire}(AMND)=AD\times AM=5x$
La contrainte se traduit par l'inéquation : $5x<\frac{2}{3}(12{,}5-2{,}5x)$.
On résout cette inéquation :

$$5x<\frac{2}{3}(12{,}5-2{,}5x)\Leftrightarrow5x<\frac{25-5x}{3}$$

On multiplie par 3 les deux membres et on obtient une inéquation équivalente : $15x<25-5x$
$\Leftrightarrow 20x<25$ en ajoutant $5x$ aux deux membres
$\Leftrightarrow x<\frac{25}{20}$ en divisant par 20 les deux membres
$\Leftrightarrow x<1{,}25$
Or $x\in[0;5]$ on en déduit que $x\in[0;1{,}25[$.
Conclusion : pour satisfaire la contrainte imposée, le point M doit se trouver à strictement moins de 1,25 m du point A.

> **Point méthode**
> **2.** Pour modéliser ce type de problème :
> - on choisit une inconnue en fonction de ce qui est demandé ;
> - on traduit chaque donnée de l'énoncé en langage mathématique et on résout l'inéquation obtenue ;
> - on conclut.

> **Point méthode**
> **2.** Avant de conclure, il faut tenir compte de l'intervalle contenant les valeurs possibles de l'inconnue.

J'applique en autonomie

Voir corrigés p. 401 Voir exercices similaires nos 50 à 54 et 61

25 Résoudre les inéquations suivantes.

1. $9x+4\leqslant3x-2$ **2.** $\frac{x+4}{5}\leqslant2x$

26 On considère un rectangle $ABCD$ tel que $AB=9$ cm et $AD=6$ cm. M est un point du segment $[AD]$.
Où faut-il placer le point M pour que l'aire du triangle ABM soit inférieure ou égale au quart de l'aire du triangle DCM ?

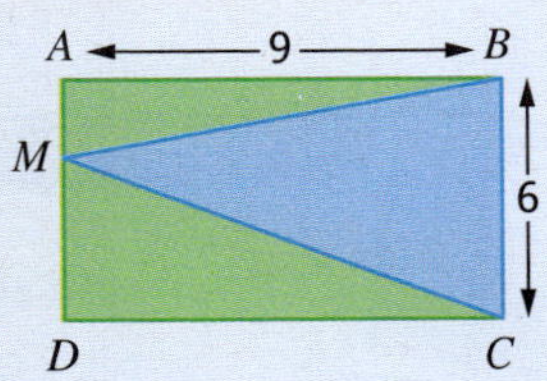

Je **fais** le **point**

Je revois mon cours

Inégalités

a, b, c et k sont des nombres réels.

- Ajouter ou soustraire un même nombre à chaque membre d'une inégalité **conserve** l'ordre.

$$a \leqslant b \Leftrightarrow a+k \leqslant b+k \quad \text{et} \quad a \leqslant b \Leftrightarrow a-k \leqslant b-k$$

- Multiplier (ou diviser) par un même nombre **strictement positif** chaque membre d'une inégalité **conserve** l'ordre : si $k > 0$, alors $a \leqslant b \Leftrightarrow k \times a \leqslant k \times b$.

- Multiplier (ou diviser) par un même nombre **strictement négatif** chaque membre d'une inégalité **change** l'ordre : Si $k < 0$, alors $a \leqslant b \Leftrightarrow k \times a \geqslant k \times b$.

Résoudre une inéquation

$$2(3-4x) < 5-(x+6)$$

- Développer et réduire chaque membre de l'inéquation.

$$6-8x < 5-x-6$$
$$6-8x < -1-x$$

- Isoler l'inconnue dans un membre à l'aide des propriétés sur les inégalités pour obtenir une inéquation de la forme $ax < b$.

$$-7x < -7$$

Ici on a ajouté x et soustrait 6 aux deux membres.

- Être attentif au signe de a dans $ax < b$ pour savoir s'il faut changer ou non le sens de l'inégalité.

$$x > 1$$

Ici on a divisé chaque membre par -7 qui est négatif donc on a changé le sens de l'inégalité.

Donc $S =]1 ; +\infty[$.

Comparer deux nombres réels

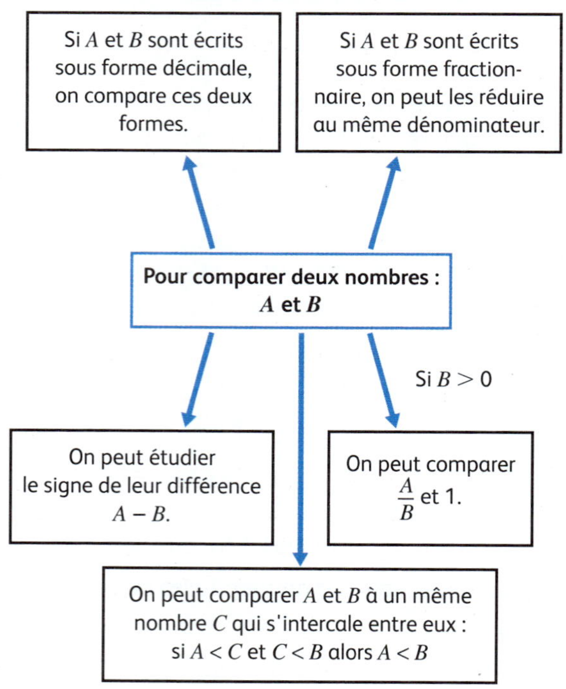

Je m'exerce à démontrer

Pour tout nombre réel $x \in]0 ; 1]$, $x \leqslant \dfrac{1}{x}$.

DÉMO PAS À PAS
hachette-clic.fr/25de2031

J'évalue mes connaissances

VERSION INTERACTIVE
hachette-clic.fr/25de2032

Voir corrigés p. 401

QCM

Pour chacune des questions, indiquer la (ou les) bonne(s) réponse(s).

	a	b	c
1. Le nombre −2 est solution de l'inéquation :	$x^2+1<4x$	$x^2+1>4x$	$-\frac{1}{2}x+3>1$
2. La résolution de l'inéquation $-8x+5>x+6$ conduit à :	$x<-\frac{1}{9}$	$x>-\frac{1}{9}$	$x>\frac{1}{9}$
3. L'ensemble des solutions de l'inéquation $x+3\leqslant\frac{2x}{5}$ est :	$S=[-5;+\infty[$	$S=]-\infty;5]$	$S=]-\infty;-5]$
4. Si $x\geqslant 3$, alors :	$\frac{x}{2}\geqslant 1{,}5$	$-x\geqslant -3$	$x-3$ est positif
5. Si $-2<x<5$, alors :	$-6<x-4<1$	$-2<-x<5$	$-15<-3x<6$
6. Dire que $6x+9$ est strictement positif signifie que :	$x>0$	$x>-\frac{3}{2}$	$x>\frac{3}{2}$
7. Pour tout réel x :	$(3x+2)^2\leqslant 12x+4$	$(3x+2)^2\geqslant 12x+4$	$(3x+2)^2=9x^2+4$
8. Pour tout réel x tel que $0<x<1$:	$x^3<x^2$	$x^3>x^2$	$x^2(x-1)<0$
9. Si A et B sont deux points tels que $AB=4$, et M un point du segment $[AB]$ tel que $AM=x$, alors :	$BM\in[0;4]$	$BM=4-x$	$2AM\in[0;2]$
10. Pour tous réels x et y, si $x>y$ alors :	$x-y>0$	$\frac{x}{y}>1$	$\frac{x}{y}<1$

vrai ou faux ?

Indiquer pour chaque affirmation, si elle est vraie ou fausse. Justifier.

Partie A.

1. On considère l'inéquation $-7x+5>0$.
L'ensemble des réels x solutions de cette inéquation :
a. vérifie $x>2$;
b. se représente sur la droite graduée par :

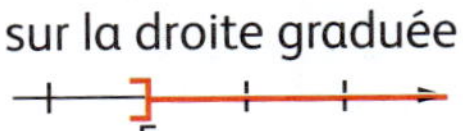

c. se note $S=\left]-\infty;\frac{5}{7}\right[$.

2. On définit la fonction f sur $\mathbb{R}$ par :
$$f(x)=4(x-2)^2-3$$
a. Pour tout réel x, $f(x)\geqslant -3$.
b. 0 est solution de l'inéquation $f(x)<0$.
c. $f\left(\frac{1}{3}\right)\leqslant\frac{61}{9}$
d. L'ensemble des solutions de l'inéquation $f(x)\leqslant 2x(2x-1)$ est $S=\left[\frac{13}{14};+\infty\right[$.

Partie B.

ABC est un triangle rectangle en A tel que $AB=4$ et $AC=8$. M est un point du segment $[AB]$ tel que $AM=x$. N et P sont les points des segments $[BC]$ et $[AC]$ tels que $AMNP$ soit un rectangle.

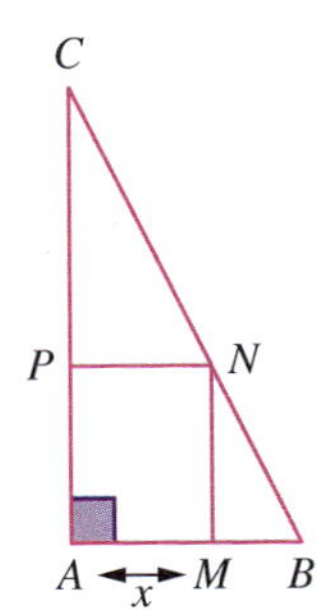

1. $x\in[0;8]$
2. $x\in[0;4]$
3. $\frac{BM}{BA}=\frac{MN}{AC}$
4. $MN=8-2x$
5. Chercher les valeurs de x telles que le périmètre du rectangle $AMNP$ soit supérieur ou égal à 14 revient à résoudre l'inéquation :
$$16-2x\geqslant 14$$
6. Le périmètre du rectangle $AMNP$ est supérieur ou égal à 14 si $x\in[1;4]$.

exercices Application

Acquérir des automatismes

27 Vrai ou faux ?

1. -2 est solution de l'inéquation $3-x^2>0$.
2. 5 est solution de l'inéquation $\frac{2}{5}x<-3$.
3. $\frac{1}{3}$ est solution de l'inéquation $3x+4\geqslant 5$.

*Pour les exercices **28** et **29**, résoudre les inéquations.*

28 1. $-3x<-6$ 2. $x-8>12$
3. $\frac{x}{5}\geqslant 3$ 4. $-5x+2<-3$

29 1. $2x<3x-9$ 2. $-4x<0$
3. $\frac{-2x}{3}\leqslant 1$ 4. $\frac{3}{4}x<\frac{3}{4}$

*Pour les exercices **30** et **31**, comparer les nombres donnés.*

30 1. $1-\frac{1}{3}$ et $4\times\frac{1}{3}$ 2. $\frac{5}{7}$ et $\frac{2}{3}$
3. $\left(\frac{2}{5}\right)^2$ et $\frac{4}{3}\div 5$ 4. $\sqrt{45}$ et $\sqrt{20}+\sqrt{5}$

31 1. 4,024 et 4,24
2. $3{,}1\times 10^{-2}$ et 30×10^{-3}
3. $4-2^3$ et 2^{-2}
4. $\frac{3^{15}}{3^{10}}$ et $(3^3)^2$

32 Associer chaque inégalité à son écriture sous forme d'appartenance à un intervalle.

① $x\leqslant 5$ ⓐ $x\in[4;+\infty[$
② $x>4$ ⓑ $x\in[5;+\infty[$
③ $x\geqslant 5$ ⓒ $x\in]4;+\infty[$
④ $x\geqslant 4$ ⓓ $x\in]-\infty;5]$

33 1. Donner un encadrement de π à 10^{-2} près.
2. En déduire un encadrement à 10^{-2} près des nombres suivants.
a. 2π b. -3π
c. $2\pi-1$ d. $-3\pi+5$

34 Soit f la fonction définie sur $\mathbb{R}$ par :
$$f(x)=-6x^2-2$$
1. Comparer l'image de $\sqrt{3}$ et l'image de $-\frac{1}{3}$.
2. Soit $x\in\mathbb{R}$. Comparer $f(x)$ et $f(-x)$.
3. Quel est le signe de $f(x)$? Justifier.

Travailler les capacités du chapitre

Capacité 1 Comparer deux quantités

Voir p. 89

*Pour les exercices **35** à **37**, a et b sont deux nombres réels tels que $a<b$. Dans chaque cas, comparer les nombres donnés.*

35 1. $a-5$ et $b-5$ 2. $3a$ et $3b$
3. $-0{,}2a$ et $-0{,}2b$ 4. $\frac{a}{6}$ et $\frac{b}{6}$

CORRECTION TYPE EN VIDÉO hachette-clic.fr/25de2034

36 1. $a+8$ et $b+8$ 2. $4a+1$ et $4b+1$
3. $-a$ et $-b$ 4. $3-2a$ et $3-2b$

37 1. $\frac{a-2}{7}$ et $\frac{b-2}{7}$ 2. $4(a-5)$ et $4(b-5)$
3. $\frac{-3a}{11}$ et $\frac{-3b}{11}$ 4. $-3(a+1)$ et $-3(b+1)$

38 a et b sont deux nombres réels tels que :
$$5\leqslant a\leqslant 7 \text{ et } -2\leqslant b\leqslant 9$$
Déterminer un encadrement des nombres suivants.
1. $a+b$ 2. $-b$ 3. $a-b$
4. $5a$ 5. $-3b$ 6. $4a-3b$

39 Dans chaque cas, comparer les nombres.
1. $\frac{8}{7}$ et $\frac{11}{12}$ 2. $\left(1+\sqrt{3}\right)^2$ et 4
3. $\left(\sqrt{2}+\sqrt{3}\right)^2$ et $\sqrt{24}$ 4. 400×10^{-5} et 0,05

40 Soit x un nombre réel. On considère les nombres $A=x^2+5$ et $B=6x-4$.
1. Étudier le signe de $A-B$.
2. En déduire la comparaison de A et B.

41 On considère x et y deux réels quelconques. Comparer, en justifiant, les nombres suivants.
$$A=x^2+y^2 \text{ et } B=2xy$$

42 Soit x un nombre réel.
Comparer les nombres $(x+1)^2$ et $2x+1$.

43 Soit x un nombre réel positif.
Comparer les nombres $\frac{6x+2}{3x+5}$ et 2.

44 Comparer les nombres suivants.

1. $0{,}8^{10}$ et $0{,}8^9$ 2. 7^{-4} et 7^{-5}
3. 3^n et 3^{n+1}, où n est un entier relatif.
4. $\left(\frac{3}{2}\right)^n$ et $\left(\frac{3}{2}\right)^{n+1}$, où n est un entier relatif.

45 Soit n un entier naturel. On considère les nombres $A = 8 \times 5^n$ et $B = 2 \times 5^{n+1}$.

1. Calculer $\frac{A}{B}$.
2. En déduire la comparaison de A et B.

46 On considère x un nombre réel strictement supérieur à 1.

1. Comparer, en justifiant, les nombres suivants.

$$A = x^2 + x \text{ et } B = x + 1$$

2. Reprendre la question précédente en supposant cette fois que $0 < x < 1$.

47 1. Comparer les nombres $\frac{1}{2} + \frac{1}{3}$ et $\frac{1}{2+3}$.

2. a et b sont deux réels strictement positifs.

a. Montrer que : $\left(\frac{1}{a} + \frac{1}{b}\right) - \frac{1}{a+b} = \frac{a^2 + b^2 + ab}{ab(a+b)}$.

b. En déduire la comparaison des nombres :

$$A = \frac{1}{a+b} \quad \text{et} \quad B = \frac{1}{a} + \frac{1}{b}$$

Capacité 2 Résoudre une inéquation du premier degré

Voir p. 91

48 Recopier et compléter les différentes étapes de la résolution de chaque inéquation.

1. Pour résoudre l'inéquation $x + 7 < 1$, on … 7 à chaque membre, l'inéquation est équivalente à $x \ldots -6$.
L'ensemble des solutions est : $S = \ldots$.
2. Pour résoudre l'inéquation $-9x < 3$, on divise chaque membre par …, on obtient $x \ldots -\frac{1}{3}$.
L'ensemble des solutions est : $S = \ldots$.
3. Pour résoudre l'inéquation $\frac{x}{4} < -7$, on … chaque membre par …, on obtient $x < \ldots$.
L'ensemble des solutions est : $S = \ldots$.
4. Pour résoudre l'inéquation $4x < 6x + 5$, on …. $6x$ à chaque membre, on obtient $\ldots x < 5$.
Puis, en divisant chaque membre par …, on a $x \ldots -2{,}5$.
L'ensemble des solutions est : $S = \ldots$

49 Le professeur de mathématiques demande aux élèves de résoudre l'inéquation $3x - 1 \leqslant 2$.
Mathilde affirme que les solutions sont tous les nombres réels strictement négatifs. Enzo lui indique qu'elle a dû faire une erreur car le nombre 1 est solution de l'inéquation.

1. Que penser de ces affirmations ?
2. Résoudre cette inéquation.

Pour les exercices 50 à 53, résoudre les inéquations.

CORRECTION TYPE EN VIDÉO
hachette-clic.fr/25de2035

50 1. $12x + 8 \geqslant 4$
2. $7x - 6 \leqslant 10x$
3. $5x + 1 < 9x - 4$
4. $\frac{7x}{8} > 2x$

51 1. $3x - \frac{7}{3} < \frac{5}{12}$ 2. $4 - 2x > \frac{2}{3}$
3. $7(2x - 5) \geqslant 4x - 2$ 4. $\frac{3x}{4} \leqslant 2x - 1$

52 1. $3(x-1) \leqslant 4 - (7 - 2x)$ 2. $\frac{11}{2} > 4 - 2{,}5x$
3. $4 - 2x \geqslant \frac{3}{4}(x+1)$ 4. $\frac{4x+1}{5} > x - 2$

53 1. $\frac{x}{3} + 2 > \frac{7}{3}$ 2. $-5x - 2 \leqslant 3(x-1)$
3. $6x - 2 > \frac{4x-2}{3}$ 4. $2x - 6 \geqslant 4 - (5 - 7x)$

54 Associer à chaque inéquation son ensemble de solutions.

① $2x - 7 < 3$	ⓐ $S =]-\infty ; 5]$
② $-4x + 12 \leqslant -8$	ⓑ $S =]5 ; +\infty[$
③ $6 - x < 1$	ⓒ $S =]-\infty ; 5[$
④ $\frac{x+22}{3} \leqslant 9$	ⓓ $S = [5 ; +\infty[$

Capacité 3 Modéliser une situation par une inéquation

Voir p. 91

55 Une association culturelle organise chaque année des spectacles et propose les deux formules suivantes.
Formule A : une adhésion annuelle de 60 € puis 8 € par spectacle.
Formule B : une adhésion annuelle de 80 € puis 6 € par spectacle.
À partir de combien de spectacles par an la formule B est-elle plus avantageuse que la formule A ?

56 Maeva est une passionnée de lecture et possède beaucoup de livres. Elle souhaite participer au vide grenier de son village pour vendre ses livres.
Le prix de l'emplacement est de 25 €.
Si elle fixe le prix d'un livre à 1,50 €, combien devra-t-elle en vendre pour gagner au moins 100 € ?

57 1. ABC est un triangle équilatéral de côté a. Exprimer sa hauteur en fonction de a.
2. Quelle doit être la longueur du côté d'un triangle équilatéral pour que sa hauteur soit inférieure ou égale à $\sqrt{27}$?

JE ME TESTE ! EXERCICES INTERACTIFS
hachette-clic.fr/25de2033

58 Un cylindre a pour rayon 3 cm.
Quelle doit être sa hauteur pour que son volume soit inférieur ou égal à 126 cm^3 ?

59 PYTHON Sami souhaite se rendre régulièrement à la piscine municipale. Les tarifs sont les suivants.
Tarif A : 4,30 € par entrée.
Tarif B : carte d'abonnement annuel à 30 € puis 2,60 € par entrée.
Pour savoir quelle formule sera la plus avantageuse, il programme la fonction Python ci-dessous.

```
def tarif(x):
    a=...
    b=...
    if a<b:
        print("tarif ... le plus avantageux")
    else:
        print("tarif ... le plus avantageux")
```

1. Recopier et compléter ce programme.
2. Qu'afficherait ce programme lors de la saisie de l'instruction `tarif(20)` ? Justifier.
3. Déterminer le tarif le plus avantageux pour Sami, selon son nombre annuel d'entrées à la piscine.

60 Les longueurs des côtés d'un triangle sont trois entiers consécutifs.
Déterminer les valeurs possibles des côtés de ce triangle afin que son périmètre soit strictement compris entre 18 cm et 30 cm.

61 Caroline veut créer un espace de rangement dans une pièce de son appartement. La pièce, représentée sur la figure ci-dessous, a une forme de trapèze de dimensions $AB = 3$ m, $AD = 5$ m et $DC = 4$ m.

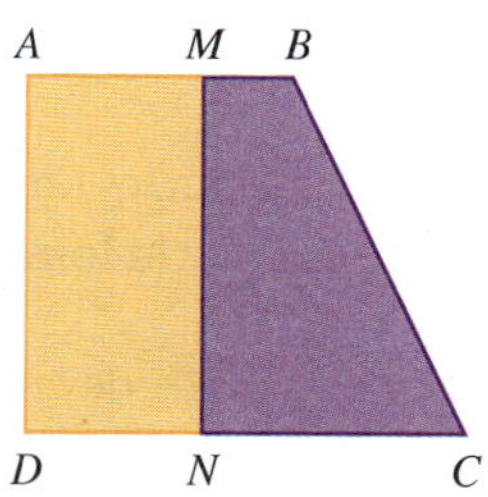

Soit M un point du segment $[AB]$. On pose $AM = x$.
Elle souhaite aménager un dressing dans le rectangle $AMND$ et des étagères pour ses livres dans le trapèze $MBCN$.
1. À quel intervalle doit appartenir x ?
2. Montrer que l'aire du trapèze $MBCN$ est $17{,}5 - 5x$.
3. Où faut-il placer le point M sur $[AB]$ pour que l'aire de son dressing soit strictement supérieure aux deux tiers de l'aire de l'espace livres ?

62 Un camion a été rempli de caisses de 75 kg. La pesée de ce camion, avant sa sortie de l'entrepôt, indique une masse totale de 10,6 tonnes. Sur son trajet, il devra passer sur un pont dont la masse maximale autorisée est de 9 tonnes.
Combien de caisses, au minimum, faut-il retirer de ce camion pour que sa masse totale ne dépasse pas 9 tonnes ?

63 On considère le programme de calcul ci-dessous.

- Choisir un nombre.
- Prendre son triple.
- Prendre l'opposé du résultat et lui ajouter 15.

1. Quels nombres faut-il choisir pour que le résultat de ce programme de calcul soit strictement négatif ?
2. Quels nombres faut-il choisir pour que le résultat de ce programme de calcul appartienne à l'intervalle $[-2\,;3]$?

64 Les élèves de la Maison Des Lycéens veulent organiser une vente de roses à l'occasion de la Saint Valentin. Ils s'interrogent sur le nombre de roses à acheter.
Chaque rose coûte 2 € mais le fleuriste leur consent une réduction de 5 % s'ils achètent plus de 100 roses.
Ils ont fixé le prix de vente d'une rose à 3 €.
Sachant qu'ils ont également acheté de la décoration pour un montant de 45 €, quel sera le bénéfice s'ils vendent 100 roses ?

Pour réaliser un bénéfice d'au moins 150 €, combien devront-ils vendre de roses ?

65 Un théâtre propose trois tarifications possibles pour la saison de spectacles 2025-2026.
Tarif A : 150 € pour une carte permettant d'assister à tous les spectacles de la saison.
Tarif B : 75 € pour un abonnement qui permet d'acheter chaque place à 6 €.
Tarif C : 19 € pour chaque place à « plein tarif ».
On appelle x le nombre de spectacles auxquels Nolwenn veut assister pendant la saison 2025-2026.
1. Exprimer en fonction de x les prix $P_A(x)$, $P_B(x)$ et $P_C(x)$ que devrait payer Nolwenn selon le tarif utilisé.
2. Quel est le tarif le plus intéressant pour 8 spectacles ?
3. En résolvant des inéquations, déterminer le tarif le plus intéressant pour Nolwenn en fonction du nombre de spectacles auxquels elle doit assister.

exercices Entraînement

1 Inégalités

66 x et y sont deux réels tels que $x < y$.
1. Dans chaque cas, donner deux réels x et y vérifiant cette inégalité.
a. $x > 0$ et $y > 0$
b. $x < 0$ et $y > 0$
c. $x < 0$ et $y < 0$
2. Compléter les pointillés avec les symboles $<$ ou $>$.
a. $3x \ldots 3y$
b. $-2x \ldots -2y$
c. $x+7 \ldots y+7$
d. $x-1 \ldots y-1$
e. $-2x+3 \ldots -2y+3$.

67 Compléter les pointillés par les symboles $<$, $\leqslant$, $>$ ou $\geqslant$.
1. Si $a \leqslant b$, alors $-3a \ldots -3b$.
2. Si $a > b$, alors $0{,}5a \ldots 0{,}5b$.
3. Si $-2x < -4$, alors $x \ldots 2$.
4. Si $4x \geqslant 6$, alors $x \ldots \frac{3}{2}$.

68 Soit x un réel tel que $-1 < x \leqslant 2$.
Déterminer un encadrement de chacun des nombres suivants.
1. $2x$
2. $-3x$
3. $-x$
4. $4x-1$

69 x et y sont deux réels tels que $x \in [0;1]$ et $y \in [-1;2]$.
Déterminer un encadrement de chacun des nombres suivants.
1. $5x$
2. $-y$
3. $x+y$
4. $2x+3y$
5. $x-y$
6. $-4x+5y$

70 x et y sont deux réels tels que $-5 \leqslant x \leqslant -3$ et $2 \leqslant y \leqslant 3$.
Déterminer un encadrement de chacun des nombres suivants.
1. $3x$
2. $-x$
3. $x+y-1$
4. $4x+2y$
5. $-3x+2y+1$
6. $x-y$

71 $ABCD$ est un rectangle tel que :
$$4{,}5 < AB < 4{,}6 \text{ et } 6{,}1 < AD < 6{,}2$$
Déterminer un encadrement du périmètre du rectangle $ABCD$.

72 Dans chaque cas, déterminer un encadrement du nombre x.
1. $-1 < 3x-1 < 1$
2. $3 \leqslant 1-2x < 4$

73 Dans chaque cas, déterminer le signe de l'expression. Justifier.
1. $3x^2+5$
2. $-9x^2-1$
3. $-7(x+1)^2-5$
4. $3(2x^2+1)-(x^2-1)$

74 1. Un triangle équilatéral a un périmètre compris strictement entre 2,4 et 2,7.
Déterminer un encadrement de son côté.
2. Le périmètre P d'un cercle vérifie $1 < P < 2$.
Déterminer un encadrement de son rayon à 10^{-2} près.
3. Le prix d'un article est de 124 €. Durant la période des soldes, il subit une baisse comprise entre 25 % et 50 %.
Déterminer un encadrement du prix de l'article pendant les soldes.

75 x et y sont deux nombres réels non nuls. Dans chaque cas, indiquer toutes les possibilités pour les signes de x et y.
1. $xy > 0$
2. $xy < 0$
3. $xy > 0$ et $x+y > 0$
4. $xy > 0$ et $x+y < 0$

76 1. Le diamètre d'un cercle est de 8 cm. Donner un encadrement d'amplitude 10^{-2} de son périmètre en cm.
2. Un triangle a deux côtés de longueurs respectives 5 cm et 7 cm. Que peut-on affirmer de la longueur du troisième côté ?
3. Un triangle isocèle et un carré ont un côté commun. Le périmètre du triangle isocèle est supérieur à celui du carré. Que peut-on en déduire sur les longueurs de leurs côtés ?

77 Un rectangle a pour périmètre 20 cm. On note x et y les longueurs, en cm, des côtés de ce rectangle.
1. Exprimer y en fonction de x.
2. Sachant que $1{,}3 < x < 1{,}4$, donner un encadrement de y.

78 L'objectif de cet exercice est de comparer a, a^2 et a^3 lorsque a est un nombre réel strictement positif.
1. a. Montrer que, si $a > 1$, alors $a^2 > a$ et $a^3 > a^2$.
b. En déduire que $1 < a < a^2 < a^3$.
2. Montrer que, si $0 < a < 1$, alors :
$a^3 < a^2 < a < 1$
3. Soit $x \in]0;1[$.
a. Comparer $1+x$, $(1+x)^2$ et $(1+x)^3$.
b. Comparer $1-x$, $(1-x)^2$ et $(1-x)^3$.

79 **Vrai ou faux ?**
Pour chaque affirmation, dire si elle est vraie ou fausse. Justifier.
1. Si $x > 5$, alors $x \geqslant 5$.
2. Si $-2x \leqslant -1$, alors $x \leqslant \frac{1}{2}$.
3. Si $a > 1$, alors $a^2 > 1$.
4. Si $a^2 \geqslant 4$, alors $a \geqslant 2$.
5. Si $-3x < 0$, alors $x < 3$.
6. Si $x \leqslant 1$ et $y \leqslant 1$, alors $x-y \leqslant 0$.
7. Si $-4x+5 < 0$, alors $x > \frac{5}{4}$.

exercices Entraînement

2 Comparaison de deux quantités

80 Soit R un réel strictement positif.
On considère un cube d'arête R et une boule de rayon R.
Comparer le volume du cube et celui de la boule.

81 **1.** Montrer que $A^2 = B^2$ si, et seulement si $A = B$ ou $A = -B$.
2. Soient $A = 1-\sqrt{3}$ et $B = \sqrt{4-2\sqrt{3}}$.
a. Comparer A^2 et B^2.
b. En déduire une expression simplifiée de B.
3. Montrer que $\sqrt{45-20\sqrt{5}} = 5-2\sqrt{5}$.

82 Soit n un entier naturel non nul. Comparer les nombres suivants.

1. $(n+1)^2$ et n^2+1 **2.** $1-\frac{1}{n}$ et $1+\frac{1}{n}$

3. $\frac{n+1}{n}$ et $\frac{n}{n+1}$ **4.** $\frac{n}{n+1}$ et $\frac{n-1}{n}$

83 **1.** a et b sont deux nombres réels positifs tels que $a \leqslant b$.
a. Donner le signe de $a-b$ et celui de $a+b$.
b. Factoriser a^2-b^2. En déduire que $a^2 \leqslant b^2$.
2. Réciproquement, on suppose que a et b sont deux nombres réels positifs tels que $a^2 \leqslant b^2$.
En exploitant la factorisation précédente, montrer que $a \leqslant b$.
On a ainsi : $0 \leqslant a \leqslant b \Leftrightarrow a^2 \leqslant b^2$.
3. En utilisant la question précédente, montrer que : $0 \leqslant a \leqslant b \Leftrightarrow \sqrt{a} \leqslant \sqrt{b}$.
4. On considère un rectangle de largeur ℓ et de longueur L telles que $1{,}2 < \ell < 1{,}3$ et $2{,}5 < L < 2{,}6$.
Déterminer un encadrement de la longueur de la diagonale D de ce rectangle.

Démo
84 Soient a et b deux nombres réels positifs.
On note $A = \sqrt{a+b}$ et $B = \sqrt{a}+\sqrt{b}$.
1. Dans chaque cas, comparer les nombres A et B.
a. $a = 16$ et $b = 9$
b. $a = 4$ et $b = 5$
2. Montrer que $A^2 - B^2 = -2\sqrt{ab}$.
3. En utilisant le résultat de l'exercice **83** en déduire que $\sqrt{a+b} \leqslant \sqrt{a}+\sqrt{b}$.
4. Étudier le cas d'égalité dans l'inégalité précédente.
5. Applications
a. Pour $x \geqslant 0$, comparer $\sqrt{100+x^2}$ et $10+x$.
b. Montrer que, pour tout entier naturel n,
$$\sqrt{4n^2+9} \leqslant 2n+3.$$

Analyse d'un énoncé

85 **Exercice commenté**

1. À l'aide de la calculatrice, comparer si possible les nombres suivants.
a. $\frac{1}{0{,}9}$ et 1,1 **b.** $\frac{1}{0{,}99}$ et 1,01
c. $\frac{1}{0{,}999\,999\,99}$ et 1,000 000 01

➲ Comparer deux nombres, c'est dire si l'un est plus grand que l'autre ou s'ils sont égaux. La calculatrice permet-elle de conclure ici ?

2. Réduire au même dénominateur $\frac{1}{1-x}-(1+x)$.
Quel est le signe de cette différence si x est un réel positif ?

➲ On pourra pour cela compléter les pointillés dans l'identité suivante, valable pour tout réel $x \neq 1$.
$$\frac{1}{1-x}-(1+x) = \frac{1}{1-x}-\frac{1+x}{1} = \frac{\dots}{1-x}$$

3. Expliquer alors comment comparer les nombres de la question **1.**

➲ Il convient ici de faire le lien entre les quotients de la question **2.** et ceux de la question **1.** Remplacer x par des valeurs bien choisies.

86 **Application immédiate**
Trouver une méthode permettant de comparer les quotients suivants, sachant qu'une calculatrice scientifique usuelle affiche le même résultat lorsqu'on les calcule.
$$\frac{1\,234\,567\,891}{1\,234\,567\,892} \text{ et } \frac{1\,234\,567\,892}{1\,234\,567\,893}$$

87 **1.** a et b sont deux réels tels que $0 < a \leqslant b$.
Montrer que $\frac{1}{a} \geqslant \frac{1}{b}$.
2. Applications
a. a et b sont deux réels tels que :
$$0 < \frac{1}{a} \leqslant \frac{1}{b}$$
Montrer que $a \geqslant b$.
b. Soit x un nombre réel tel que $\frac{1}{4} \leqslant x \leqslant \frac{1}{3}$.
Donner un encadrement de $\frac{1}{x}$.
c. Un rectangle d'aire 1 cm² a une largeur ℓ telle que $\frac{2}{3} < \ell < \frac{3}{4}$.
Donner un encadrement de sa longueur L.

88 Soit n un entier naturel. En utilisant le critère du quotient, comparer les nombres suivants.

1. 3×2^n et 2^{n+1}
2. $0{,}5\times 3^{n+1}$ et 2×3^n
3. $\frac{2^n}{3^{n+1}}$ et $\frac{2^{n-1}}{3^n}$
4. -3×4^n et $-5\times 2^{2n+1}$

89 On considère la fonction f définie sur $\mathbb{R}$ par :
$$f(x)=x^2-4x+7$$
1. Montrer que, pour tout réel x :
$$f(x)=(x-2)^2+3$$
2. Calculer $f(2)$.
3. Comparer $f(x)$ et $f(2)$.
4. Que peut-on en déduire pour la fonction f ?

90 On considère la fonction f définie sur $\mathbb{R}$ par :
$$f(x)=-2x^2-4x+3$$
1. Montrer que, pour tout réel x :
$$f(x)=-2(x+1)^2+5$$
2. Calculer $f(-1)$.
3. Comparer $f(x)$ et $f(-1)$.
4. Que peut-on en déduire pour la fonction f ?

91 Soit a un nombre réel positif ou nul.
On souhaite comparer les nombres $A=\frac{a+1}{a+2}$ et $B=\frac{a+2}{a+3}$.

1. Comparer A et B pour $a=0$.
2. Montrer que $A-B=\frac{-1}{(a+2)(a+3)}$.
3. En déduire la comparaison de A et de B.
4. Comparer les nombres suivants.

a. $\frac{12{,}1}{12{,}2}$ et $\frac{12{,}2}{12{,}3}$ b. $\frac{1\,000\,001}{1\,000\,002}$ et $\frac{1\,000\,002}{1\,000\,003}$.

92 On souhaite comparer les nombres :
$$A=\frac{3{,}000\,000\,001}{4{,}000\,000\,001} \text{ et } B=\frac{3{,}000\,000\,002}{4{,}000\,000\,002}$$
1. La calculatrice permet-elle de comparer les nombres A et B ? Justifier.
2. On pose $x=10^{-9}$. Exprimer A et B en fonction de x.
3. Montrer que $A-B=\frac{-x}{(4+x)(4+2x)}$.
4. En déduire la comparaison de A et B.

93 Pour n entier naturel, on pose $A=\frac{2n^2+1}{n^2+5}$.

1. a. Montrer que $A-\frac{1}{5}=\frac{9n^2}{5(n^2+5)}$.

b. En déduire que, pour tout entier naturel n :
$$\frac{2n^2+1}{n^2+5}\geqslant\frac{1}{5}$$
2. Montrer que, pour tout entier naturel n :
$$\frac{2n^2+1}{n^2+5}<2$$

94 Parmi les inégalités suivantes, quelles sont celles qui sont vraies pour toutes les valeurs du nombre réel x ? Justifier.

1. $3x<5x$
2. $x^2+1\geqslant 1$
3. $(x+2)^2\geqslant x^2+4$
4. $x^2+2\geqslant 4x-2$
5. $3-x^2<3$
6. $-3x^2-7<0$

95 1. Dans chaque cas, calculer $x+\frac{1}{x}$ et comparer le résultat à 2.

a. $x=\frac{2}{3}$ b. $x=0{,}25$ c. $x=\sqrt{2}$

2. Montrer que, pour tout nombre réel $x>0$:
$$x+\frac{1}{x}-2=\frac{(x-1)^2}{x}$$
3. En déduire que, pour tout nombre réel $x>0$:
$$x+\frac{1}{x}\geqslant 2$$
4. Montrer que, pour tous nombres réels a et b strictement positifs, $\frac{a}{b}+\frac{b}{a}\geqslant 2$.

96 Soient a et b deux nombres réels strictement positifs. On note respectivement m et h les moyennes arithmétique et harmonique de a et b définies par $m=\frac{a+b}{2}$ et $h=\frac{2}{\frac{1}{a}+\frac{1}{b}}$.

1. Montrer que $h=\frac{2ab}{a+b}$.
2. Montrer que $m-h=\frac{(a-b)^2}{2(a+b)}$.
3. Comparer les moyennes arithmétique et harmonique m et h.

Info

En imaginant qu'un train effectue un aller-retour à une vitesse moyenne de a km/h à l'aller et de b km/h au retour, la vitesse moyenne du train sur le trajet aller-retour est égale à la *moyenne harmonique* h de a et b.

97 **Exercice guidé**

On considère a, b et c trois réels quelconques.

1. Développer et réduire la somme suivante.
$$(a-b)^2+(b-c)^2+(a-c)^2$$
2. En déduire l'inégalité :
$$a^2+b^2+c^2\geqslant ab+bc+ca$$

Piste de résolution

2. La somme $(a-b)^2+(b-c)^2+(a-c)^2$ est positive. Pourquoi ? Exploiter alors la positivité de cette somme écrite sous forme développée pour en déduire l'inégalité souhaitée.

exercices Entraînement

3 Résolution d'une inéquation

Pour les exercices 98 à 106, résoudre chaque inéquation dans $\mathbb{R}$.

98 1. $x+5>4$ 2. $4x\leqslant 3$
3. $-5x<10$ 4. $\frac{x}{6}\geqslant -3$

99 1. $2x+7<9$ 2. $-3x+5\geqslant 6$
3. $4x-5>-2x+4$ 4. $-2x+7\leqslant 2x+5$

100 1. $2(1-x)<3(x+1)$ 2. $\frac{4}{3}x\geqslant -\frac{1}{2}$
3. $-3(x+2)-1\leqslant 2(2x+1)+5$

101 1. $4x+\frac{2}{3}<\frac{11}{3}$ 2. $2x-3>-2(1-x)$
3. $\frac{1}{2}x-3\geqslant \frac{1}{2}-\frac{2}{3}x$

102 1. $3x+11>3(1+x)$ 2. $6>3x+7$
3. $\frac{2}{3}x+\frac{1}{5}\leqslant x+1$

103 1. $x-\frac{3}{4}<\frac{3}{4}x+1$ 2. $2\left(x-\frac{1}{2}\right)+3\geqslant \frac{1}{3}x+2$
3. $\frac{1-x}{2}-\frac{x}{3}<\frac{1-x}{3}$

104 1. $\frac{1-x}{2}-\frac{2x-5}{6}<1-\frac{x}{3}$
2. $4-(3x-1)\leqslant 5-2x$
3. $\frac{x-2}{4}+\frac{x-3}{5}\geqslant \frac{x-1}{2}$

105 1. $x^2+4x+12>(x+4)(x-6)$
2. $(x-3)(x+8)<(x+8)(x+5)$

106 1. $2x^2-3x+3\geqslant x^2+x-1$
2. $6x+x^2\leqslant -9$

107 Identifier et corriger l'erreur dans chacune des résolutions d'inéquations suivantes.

1. $5x+2>4$
$\Leftrightarrow 5x>2$
$\Leftrightarrow x>2-5$
$\Leftrightarrow x>-3$
$S=]-3\,;+\infty[$

2. $-3x-2\leqslant 1$
$\Leftrightarrow -3x\leqslant 3$
$\Leftrightarrow x\leqslant \frac{3}{-3}$
$\Leftrightarrow x\leqslant -1$
$S=]-\infty\,;-1]$

3. $2x-1<-x+2 \Leftrightarrow 3x<3 \Leftrightarrow x<1$
$S=]1\,;+\infty[$

108 Parmi les inéquations suivantes, trouver les paires qui ont le même ensemble de solutions.
1. $4x-8>0$ 2. $-2x+1>7$
3. $-2x>4$ 4. $x<-3$
5. $-x<-2$ 6. $2<-x$

109 PYTHON
On considère le programme ci-contre écrit en Python.

```
def inequation(a,b,x):
    if a*x+b<0:
        solution=True
    else :
        solution=False
    return solution
```

1. Que renvoie le programme dans chacun des cas suivants ?
a. `inequation(1,1,1)`
b. `inequation(-2,3,2)`
2. Quel est le rôle de ce programme ?
3. Dans le cas où `a=-2` et `b=3`, déterminer toutes les valeurs de x pour lesquelles le programme renvoie `True`.

110 On considère les fonctions f et g définies par :
$$f(x)=\sqrt{2x-3} \text{ et } g(x)=\sqrt{-3x+6}$$
On note D_1 (resp. D_2) l'ensemble des valeurs de x pour lesquelles l'expression $f(x)$ (resp. $g(x)$) est définie.
1. Déterminer D_1 et D_2.
2. Soit h la fonction définie par :
$$h(x)=\sqrt{2x-3}+\sqrt{-3x+6}$$
On note D l'ensemble des valeurs de x telles que $h(x)$ est défini. Exprimer D en fonction de D_1 et D_2.
En déduire D sous forme d'intervalle.

Info
D_1, D_2 et D sont appelés les ensembles de définition des fonctions f, g et h.

111 1. Résoudre les inéquations suivantes.
a. $3x-5<7$ b. $-2x+4\leqslant 11$
2. Résoudre le système d'inéquations $\begin{cases}3x-5<7\\-2x+4\leqslant 11\end{cases}$ revient à trouver l'ensemble des réels x vérifiant simultanément les deux inéquations.
Résoudre ce système.
3. Résoudre les systèmes d'inéquations suivants.
a. $\begin{cases}3x-1\leqslant x+3\\-2x+1>-x-9\end{cases}$ b. $\begin{cases}x+3>4\\-2x-4\geqslant 6\end{cases}$

112 Soit x un nombre réel positif. $ABCD$ est un rectangle tel que $AB=6$ cm et $AD=x+5$ cm.
1. Déterminer les valeurs de x telles que le périmètre de $ABCD$ soit inférieur ou égal à 42 cm.
2. Déterminer les valeurs de x telles que l'aire de $ABCD$ soit strictement supérieure à 120 cm^2.

113 Un laboratoire de recherche emploie 27 informaticiens et 15 mathématiciens.
On envisage d'embaucher le même nombre x d'informaticiens et de mathématiciens supplémentaires. Combien faut-il embaucher de spécialistes de chaque sorte pour que le nombre de mathématiciens soit au moins égal aux deux tiers du nombre d'informaticiens ?

114 Camille se présente à un examen qui comporte trois épreuves : le français (coefficient 3), l'anglais (coefficient 2) et les mathématiques (coefficient 4). Camille a obtenu 8 en français et 9 en anglais, et pour réussir son examen elle doit obtenir une moyenne supérieure ou égale à 10.
Déterminer la note minimale qu'elle doit obtenir en mathématiques pour être reçue.

115 On modélise l'évolution de la population d'un village par $p(n)=1\,500-50n$, où pour tout entier naturel n, $p(n)$ est le nombre d'habitants en $2020+n$.
1. Quelle était la population du village en 2020 ?
2. Calculer la population du village en 2025.
3. Déterminer au bout de combien d'année la population sera strictement inférieure à 500.

116 L'organisateur d'un voyage scolaire dispose de deux devis pour les déplacements en bus.
Devis 1 : un forfait de 320 € plus 1,20 € par km.
Devis 2 : un forfait de 260 € plus 1,50 € par km.
1. Dans chaque cas, calculer et comparer les montants des deux devis pour une distance de :
a. 56 km
b. 150 km
2. Pour x km parcourus, exprimer les montants de chaque devis en fonction de x.
3. Déterminer, suivant les valeurs de x, le devis le plus avantageux.

117 La somme de trois entiers consécutifs est strictement comprise entre 6 072 et 6 078.
Déterminer ces trois entiers.

118 PYTHON
On donne la fonction Python ci-dessous.

```
def seuil():
    x=0
    while 30+2*x<40+1.5*x:
        x=x+1
    return x
```

1. Expliquer le rôle de cette fonction.
2. En résolvant une inéquation, déterminer la valeur renvoyée par la fonction `seuil()`.
3. Inventer un énoncé de problème conduisant à l'écriture de la fonction `seuil()`.

119 $ABCD$ est un rectangle tel que $AB=12$ et $AD=8$. M est un point du segment $[AB]$ distinct de A et de B. On pose $AM=x$.
1. Déterminer l'intervalle I auquel appartient x.
2. Déterminer les positions possibles du point M pour que l'aire du triangle ADM soit strictement supérieure à la moitié de l'aire du trapèze $DCBM$.

120 $ABCD$ est un rectangle tel que $AB=4$ m et $AD=6$ m.
On partage ce rectangle en quatre zones : un carré $AMNP$ et trois rectangles $MBRN$, $NRCQ$ et $PNQD$.
On pose $AM=x$.

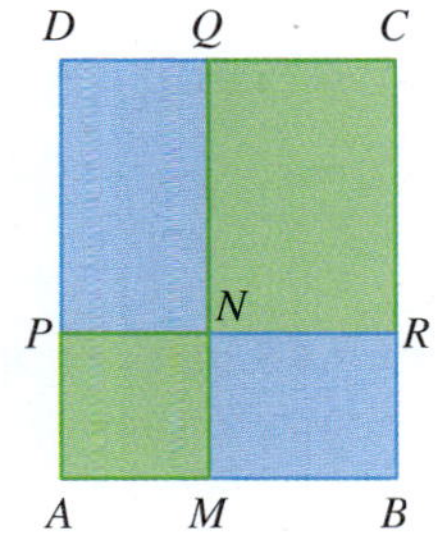

1. À quel intervalle x doit-il appartenir ?
2. Exprimer l'aire du carré $AMNP$ en fonction de x.
3. Montrer que l'aire du rectangle $NRCQ$ est donnée par $x^2-10x+24$.
4. Déterminer les valeurs de x pour lesquelles l'aire du rectangle $NRCQ$ est strictement supérieure à l'aire du carré $AMNP$.

121 $ABCD$ est un rectangle tel que $AB=6$ cm et $BC=4$ cm. On note I le milieu du segment $[AD]$ et M un point quelconque du segment $[AB]$.
Déterminer les positions possibles du point M pour lesquelles l'aire du triangle CMI est inférieure ou égale au tiers de l'aire du rectangle $ABCD$.

122 $ABCD$ est un carré de côté 8 cm.
M et N sont des points des segments $[AB]$ et $[BC]$ tels que $BM=CN=x$.
P est le point tel que $BNPM$ soit un rectangle.

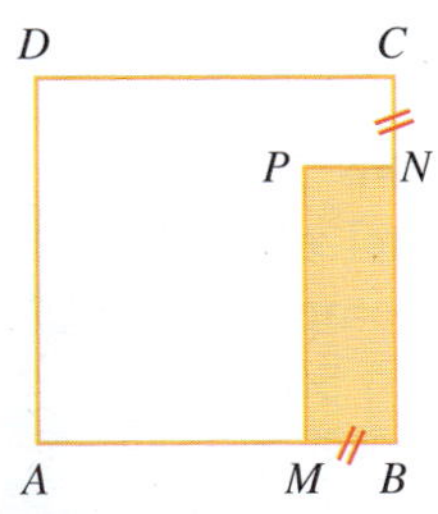

1. Quelles sont les valeurs possibles de x ?
2. Exprimer l'aire du rectangle $BNPM$ en fonction de x.
3. Montrer que l'aire du rectangle $BNPM$ est inférieure ou égale au quart de l'aire du carré $ABCD$.
4. Que peut-on dire du rectangle $BNPM$ lorsque son aire est égale au quart de l'aire de $ABCD$?

exercices Bilan et approfondissement

BILAN

123 15min Manipuler des inégalités
x et y sont deux nombres réels tels que :

$$-1 < x < 2 \text{ et } -2 < y < 1$$

Donner un encadrement des nombres suivants.

1. $x+y$ **2.** $3x-1$ **3.** $4x+3y$
4. $-y$ **5.** $x-y$ **6.** $-2x+4y+1$

124 15min Résolutions d'inéquations (1)
Résoudre les inéquations suivantes.

1. $-2x+5 < 4x-3$
2. $5(1-x)+3x \geqslant 2-2(-2x+1)$
3. $\frac{x+2}{3} \leqslant 2x$

125 15min Résolutions d'inéquations (2)
Résoudre les inéquations suivantes.

1. $\frac{1}{3}-2x \geqslant x+\frac{1}{2}$
2. $\frac{3x-1}{2}+\frac{x}{3} < 1-\frac{x}{6}$
3. $2(x-3)-(x-4) > x-6$

126 15min Résolutions d'inéquations (3)
Résoudre les inéquations suivantes.

1. $\frac{3}{4}x+1 > x-\frac{3}{2}$
2. $(x+1)(-x+3) \leqslant (1-x)(x+5)$
3. $\frac{2x+1}{2}-\frac{1-2x}{4} < 1-\frac{x}{4}$

127 15min Systèmes d'inéquations
1. Résoudre les inéquations suivantes.
a. $8-4x \leqslant 6x-7$ **b.** $5(x+2)-x \leqslant 26$
2. En déduire la résolution du système

$$\begin{cases} 8-4x \leqslant 6x-7 \\ 5(x+2)-x \leqslant 26 \end{cases}$$

c'est-à-dire déterminer l'ensemble des nombres réels x qui vérifient simultanément les deux inéquations.

128 10min Le salaire
Le salaire mensuel d'un commercial est composé d'une part fixe de 1 500 € et d'une part variable égale à 4 % du montant x (en euro) des ventes réalisées dans le mois.

Déterminer les montants des ventes à réaliser pour que le salaire du commercial soit d'au moins 2 000 €.

129 10min Au concert
Le directeur d'une salle de concert a fixé à 18 € le prix d'entrée pour chaque concert.

Une carte d'adhérent annuelle permet d'obtenir une réduction de 40 % sur le prix d'entrée.

1. Anna, qui possède une carte d'abonnement, a payé 123,20 € pour assister à quatre concerts.
Déterminer le prix de la carte d'adhérent.

2. À partir de combien de concerts vus dans l'année est-il plus avantageux d'acheter une carte d'adhérent ?

130 15min Le jardin
Dans un jardin rectangulaire de dimensions 8 m sur 5 m, semé de pelouse, on souhaite aménager une allée de gravier de largeur x de sorte que l'aire de pelouse restante soit comprise entre 32 m² et 33 m².

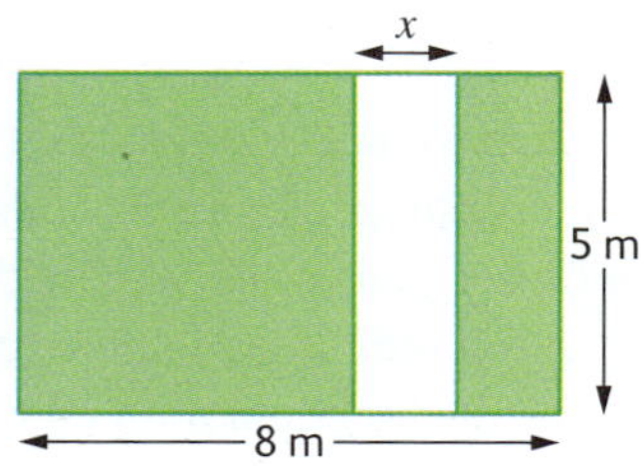

Déterminer les largeurs possibles de l'allée.

131 15min Avec une fonction affine
On considère la fonction f définie sur $\mathbb{R}$ par :

$$f(x) = -\frac{1}{2}x+3$$

1. Déterminer un encadrement de $f(x)$ lorsque $x \in [-1;1]$.

2. Dans chaque cas, déterminer toutes les valeurs de x dont l'image par la fonction f est :
a. strictement positive ;
b. inférieure ou égale à 3 ;
c. comprise strictement entre -2 et 4.

132 10min Comparer des nombres
Dans chaque cas, montrer que les nombres A et B sont égaux ou opposés.

1. $A = 1-2\sqrt{3}$ et $B = \sqrt{13-4\sqrt{3}}$
2. $A = \sqrt{2}+1$ et $B = \frac{1}{\sqrt{2}-1}$
3. $A = \sqrt{5}+2$ et $B = \sqrt{9+4\sqrt{5}}$

133 10min Comparer des aires
Soit a un réel strictement positif.

On considère un disque de rayon a, un rectangle de dimensions $3a$ et a et un triangle rectangle de base $6a$ dont la hauteur associée est $1{,}5a$.

1. Comparer les périmètres de ces trois figures.
2. Comparer les aires de ces trois figures.
3. Les périmètres et les aires de ces trois figures sont-ils rangés dans le même ordre ?

134 15min **Comparaison de a et $\frac{1}{a}$ pour $a>0$**

1. Justifier que, pour tout réel $a>0$, on a :

$$a-\frac{1}{a}=\frac{(a-1)(a+1)}{a}$$

2. Comparer alors a et $\frac{1}{a}$ lorsque $a>1$ puis lorsque $0<a<1$. Quand a-t-on égalité ?

3. **Applications :** comparer les nombres suivants.

a. $\frac{1}{\pi}$ et π **b.** $\frac{1}{0{,}7}$ et 0,7

c. $\frac{1}{\sqrt{2}+1}$ et $\sqrt{2}+1$ **d.** $\frac{1}{\sqrt{5}-2}$ et $\sqrt{5}-2$

135 35min **Comparer des nombres**

On souhaite comparer les deux nombres suivants.

$$a=\frac{100\,000\,000\,000}{100\,000\,000\,001} \text{ et } b=\frac{99\,999\,999\,999}{100\,000\,000\,000}$$

1. Pourquoi peut-on affirmer que chacun de ces quotients est strictement inférieur à 1 ? Peut-on comparer ces nombres à l'aide de la calculatrice ?

2. Pour comparer ces nombres, on considère x et y deux réels positifs tels que $x<y$ et les quotients :

$$A=\frac{x}{x+1} \text{ et } B=\frac{y}{y+1}$$

a. Justifier que $A-B=\frac{x-y}{(x+1)(y+1)}$.

b. Déterminer alors le signe de $A-B$.

c. Comparer alors les quotients A et B.

d. En déduire la comparaison des nombres a et b.

136 5min **Sommes de carrés**

Déterminer dans quels cas le carré de la somme de deux nombres réels est inférieur ou égal à la somme des carrés des deux mêmes nombres.

Préciser les cas d'égalité.

137 10min **TOI et NOUS**

Le point O est un point quelconque de $[TU]$, TOI est un triangle isocèle de base $[TO]$ et $NOUS$ est un carré.

Les dimensions sont indiquées sur la figure qui ne respecte pas les proportions.

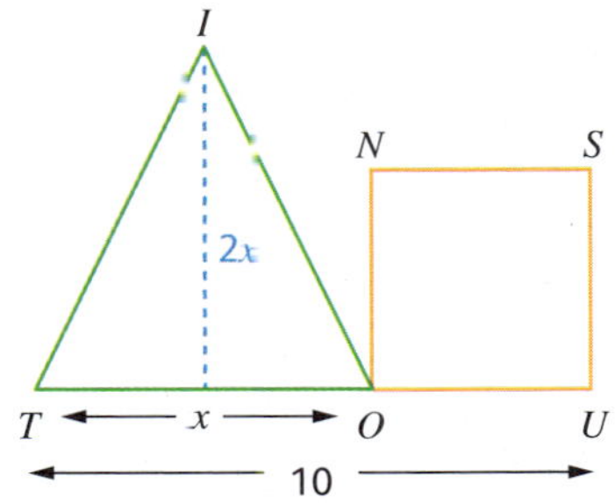

1. Déterminer l'intervalle dans lequel varie x, sachant que $TO=x$.

2. Exprimer $\mathcal{A}_T$ l'aire de TOI et $\mathcal{A}_C$ celle de $NOUS$ en fonction de x.

3. Déterminer les valeurs de x telles que l'aire de $NOUS$ soit supérieure ou égale à celle de TOI. ①

4. Déterminer les valeurs de x telles que le périmètre de TOI soit supérieur ou égal à celui de $NOUS$. ②

5. Est-il possible que les conditions ① et ② soient réalisées simultanément ? Si oui, pour quelles valeurs de x ?

APPROFONDISSEMENT

138 **Des produits d'inégalités**

a, b, c et d sont des nombres réels tels que :

$$0<a\leqslant b \text{ et } 0<c\leqslant d$$

L'objectif de cet exercice est de démontrer par deux méthodes que $0<ac\leqslant bd$.

1. Première méthode

a. Montrer que $ac\leqslant bc$ et que $bc\leqslant bd$.

b. Conclure.

2. Deuxième méthode

a. Montrer que $ac-bd=c(a-b)+b(c-d)$.

b. Conclure.

3. On considère un rectangle de dimensions ℓ et L telles que $1{,}2<\ell<1{,}3$ et $2{,}5<L<2{,}6$.

Déterminer un encadrement de son aire.

139 **Encore des produits d'inégalités**

a, b, c et d sont des nombres réels tels que :

$$a\leqslant b \text{ et } c\leqslant d$$

Montrer que $ac+bd\geqslant ad+bc$.

140 **Des inéquations avec des racines carrées**

1. On considère l'inéquation (E) : $\sqrt{2x-3}<1$.

a. Pour quelles valeurs de x l'expression $\sqrt{2x-3}$ est-elle définie ?

b. Résoudre l'inéquation (E).

2. Résoudre les inéquations suivantes.

a. $\sqrt{x+2}\geqslant 2$ **b.** $\sqrt{-4x+1}>2$

c. $\sqrt{x^2+1}\geqslant 1$ **d.** $\sqrt{x+1}<-3$

141 **Des inéquations avec des valeurs absolues**

1. Exprimer, suivant les valeurs du réel x, $|-2x+3|$ sans utiliser le symbole valeur absolue.

2. Résoudre l'inéquation $|-2x+3|\leqslant 1$.

142 **Un produit et une somme**

Soient x et y deux nombres réels.

Montrer que $(1+x)(1+y)>1+x+y$ si, et seulement si, x et y ont le même signe.

143 Valeur maximale d'un produit

1. Montrer que, pour tout nombre réel x, on a :

$$x(1-x)\leqslant\frac{1}{4}$$

2. Pour quelle valeur de x a-t-on l'égalité $x(1-x)=\frac{1}{4}$?

3. Déterminer la valeur maximale du produit de deux nombres réels dont la somme est égale à 1.

144 Une inégalité

Soit a un nombre réel strictement positif. On pose $A=\frac{1}{2}\left(a+\frac{2}{a}\right)$.

1. Montrer que $A-\sqrt{2}=\frac{\left(a-\sqrt{2}\right)^2}{2a}$.

2. En déduire que, pour tout nombre réel a strictement positif on a :

$$\frac{1}{2}\left(a+\frac{2}{a}\right)\geqslant\sqrt{2}$$

3. Pour quelle valeur de a a-t-on l'égalité suivante ?

$$\frac{1}{2}\left(a+\frac{2}{a}\right)=\sqrt{2}$$

145 Une autre inégalité

1. Soit x un réel positif. Développer $\left(\sqrt{x}-1\right)^2$.

2. En déduire que, pour tout nombre réel $x\geqslant 0$:

$$\sqrt{x}\leqslant\frac{x+1}{2}$$

3. Étudier le cas d'égalité dans l'inégalité précédente.

146 L'inégalité de Cauchy-Schwarz

Montrer que, pour tous nombres réels a, b, c et d, on a $(ab+cd)^2\leqslant\left(a^2+c^2\right)\left(b^2+d^2\right)$.

147 Comparaison des racines carrées

Soient a et b deux réels tels que $0<a\leqslant b$.

1. Montrer que $\sqrt{a}-\sqrt{b}=\frac{a-b}{\sqrt{a}+\sqrt{b}}$.

2. En déduire que $\sqrt{a}\leqslant\sqrt{b}$.

3. Applications

a. Un terrain carré a une aire $\mathscr{A}$ telle que

$$399<\mathscr{A}<401.$$

Donner un encadrement de son côté.

b. Montrer que, pour tout entier naturel $n\geqslant 1$,

$$\sqrt{4n^2-1}<2n.$$

148 Encore une inégalité !

1. On considère deux nombres réels x et y quelconques. Montrer que : $2xy\leqslant x^2+y^2$.

2. On désigne par a, b et c trois nombres réels quelconques. Montrer que : $ab+ac+bc\leqslant a^2+b^2+c^2$.

Que peut-on dire de l'inégalité précédente lorsque $a=b=c$?

149 Comparaison de nombres

On souhaite comparer les nombres :

$$A=\sqrt{0{,}9\,999\,998}\ \text{et}\ B=0{,}\,9\,999\,999$$

1. La calculatrice permet-elle de comparer A et B ? Justifier.

2. Soit $x\in\,]0\,;0{,}5[$.

a. Donner un encadrement de $1-2x$.

b. Comparer $1-2x$ et $(1-x)^2$.

c. En utilisant le résultat de l'exercice 147, en déduire la comparaison de $\sqrt{1-2x}$ et de $1-x$.

d. Comparer les nombres A et B.

150 L'inégalité triangulaire

1. Dans chaque cas, comparer $|x+y|$ et $|x|+|y|$.

a. $x=2$ et $y=-5$

b. $x=-4$ et $y=-6$

c. $x=1$ et $y=-\sqrt{3}$

2. Montrer que, pour tous réels x et y, on a :

a. $|x\times y|=|x|\times|y|$ **b.** $x\times y\leqslant|x|\times|y|$

3. Pour x et y réels, développer $(|x+y|)^2$ et $(|x|+|y|)^2$.

4. Déduire des questions précédentes que, pour tous réels x et y, $|x+y|\leqslant|x|+|y|$.

5. Dans quel cas a-t-on $|x+y|=|x|+|y|$?

151 Des quotients

a, b, c et d sont des réels strictement positifs tels que $\frac{a}{b}<\frac{c}{d}$.

1. Montrer que $\frac{a}{b}<\frac{a+c}{b+d}<\frac{c}{d}$.

2. Ranger par ordre croissant les nombres

$$\frac{a}{b},\ \frac{a+c}{b+d},\ \frac{c}{d},\ \frac{2a+c}{2b+d},\ \frac{a+2c}{b+2d},\ \frac{3a+2c}{3b+2d}\ \text{et}\ \frac{2a+3c}{2b+3d}.$$

152 Une fonction

On considère la fonction f définie sur $\mathbb{R}$ par :

$$f(x)=x^2-4x+1$$

1. a. Montrer que, pour tous réels a et b :

$$f(a)-f(b)=(a-b)(a+b-4)$$

b. Comparer $f(a)$ et $f(b)$ dans chacun des cas suivants : $2\leqslant a\leqslant b$ et $a\leqslant b\leqslant 2$.

c. Interpréter les résultats obtenus.

2. On considère la fonction g définie sur $\mathbb{R}$ par :

$$g(x)=2x-8$$

a. Montrer que, pour tout réel x, $f(x)\geqslant g(x)$.

b. Que peut-on en déduire pour les courbes $\mathscr{C}_f$ et $\mathscr{C}_g$ représentant respectivement les fonctions f et g ?

153 Des quotients

x, y et z sont trois réels positifs tels que $x\leqslant y+z$.

Montrer que : $\frac{x}{1+x}\leqslant\frac{y}{1+y}+\frac{z}{1+z}$.

Maîtriser l'essentiel

154 Soit n un entier naturel non nul.
On considère le triangle ABC tel que $AB = n$, $AC = 2n$ et $BC = 2n+1$.
Les mesures sont en centimètres.
Déterminer pour quelles valeurs de n le périmètre du triangle ABC est au moins de 60.

155 Compréhension d'énoncé

$ABCD$ est un carré de côté 6 cm. Le point M appartient au segment $[AD]$ et E est le point du segment $[CD]$ tel que $DE = 4$ cm.

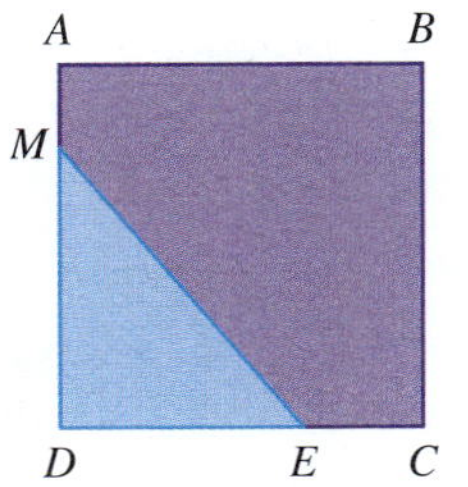

Où faut-il placer le point M pour que l'aire du triangle DME ne dépasse pas un quart de l'aire du pentagone $ABCEM$?

Pour résoudre ce problème, répondre aux questions suivantes.

1. On note $AM = x$. Donner l'intervalle auquel appartient x.

2. Exprimer l'aire du triangle DME et du pentagone $ABCEM$ en fonction de x, puis montrer que la question peut être traduite par l'inéquation $12 - 2x \leqslant 6 + 0{,}5x$.

3. Résoudre cette inéquation.

4. Conclure sur la position du point M.

156 On considère la fonction f définie sur l'intervalle $]3\,;+\infty[$ par $f(x) = \dfrac{x-5}{x-3}$.
Montrer que, pour tout x appartenant à l'intervalle $]3\,;+\infty[$, on a $f(x) < 1$.

157 Voici un extrait de la copie de Yuna. Corriger ses erreurs en tenant compte des remarques du professeur.

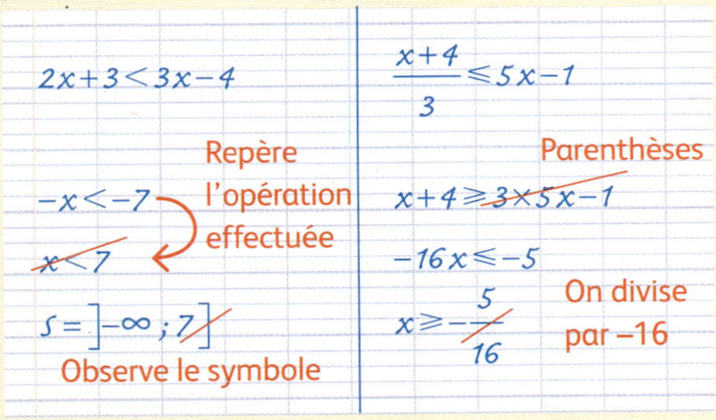

Aller plus loin

158 Christian veut créer un potager rectangulaire dans son jardin. Son emplacement le contraint à envisager que la largeur ℓ soit comprise entre 6 m et 8 m. Il souhaite entourer son potager par une clôture grillagée. Il possède un rouleau de grillage lui permettant de poser une clôture dont la longueur serait comprise entre 30 m et 36 m.
Déterminer les valeurs possibles de la longueur de ce potager.

159 Un rectangle a pour longueur le double de sa largeur. Si on augmente de 1 cm la largeur alors le périmètre augmente au moins de 10 cm.
Déterminer les dimensions possibles de ce rectangle.

160 Résoudre le système d'inéquations suivant, c'est-à-dire déterminer toutes les valeurs de x vérifiant simultanément les deux inéquations.

$$\begin{cases} -2(3x+1) < 1-(9x+4) \\ x-2 < \dfrac{5x-3}{3} \end{cases}$$

On représentera l'ensemble des solutions de ce système sur une droite graduée.

161 Une voiture de police poursuit une voiture sur une autoroute.
La voiture se trouve à 80 km de la sortie et roule à 140 km/h.
La police se trouve à une certaine distance derrière la voiture et roule à 150 km/h avec sa sirène et son gyrophare.
La voiture de police peut-elle rattraper la voiture avant la sortie ?

162 PRISE D'INITIATIVES
Déterminer le nombre d'entiers solution de :

$$\left|\sqrt{n} - \sqrt{100}\right| < 1$$

COUP DE POUCE
hachette-clic.fr/25de2036

163 PRISE D'INITIATIVES
Résoudre l'inéquation :

$$\left|\,|x-4| - 5\,\right| \leqslant 2$$

COUP DE POUCE
hachette-clic.fr/25de2037

TP Pratiquer l'algorithmique et programmer

PYTHON

Au club d'aviron

Le club d'aviron d'une ville propose deux formules pour ses futurs adhérents.
Formule A : un abonnement annuel de 80 euros et la séance coûte alors 10,50 euros.
Formule B : 17 euros la séance sans abonnement.

Objectif
Utiliser une structure conditionnelle et une boucle Tant que.

Partie A Formule au choix

On donne l'algorithme ci-contre et sa traduction en Python sous forme de fonction.

1. Quelles sont les variables utilisées dans cet algorithme ? Identifier celles qui sont saisies et celles qui sont calculées.

2. Expliquer ce que représente chaque variable dans le contexte de ce TP.

3. Quel est le rôle de ce programme ?
Exécuter ce programme pour n=5, n=10, n=13 et n=20.
Interpréter les résultats obtenus.

$A \leftarrow 80+10{,}5\times n$
$B \leftarrow 17\times n$
Si $A<B$
  Alors afficher « A »
  Sinon afficher « B »
Fin Si

```
def tarif(n):
    A=80+10.5*n
    B=17*n
    if A<B :
        print("A=",A)
    else :
        print("B=",B)
```

Partie B Formule la plus avantageuse

On donne la fonction Python ci-contre.

1. En exécutant ce programme, donner la valeur retournée par la fonction seuil. Interpréter cette valeur dans le contexte de l'exercice.

2. Retrouver cette valeur en résolvant une inéquation.

```
def seuil():
    n=0
    A=80
    B=0
    while A>B:
        n=n+1
        A=80+10.5*n
        B=17*n
    return n
```

TP Utiliser les outils numériques

LOGICIEL GÉOMÉTRIE

Un rectangle dans un carré

$ABCD$ est un carré de côté 8 cm. M et P sont des points variables des segments $[AB]$ et $[AD]$ tels que $AM = DP$. Le point N est tel que $AMNP$ soit un rectangle.
On s'intéresse à l'aire du rectangle $AMNP$.

Objectif
Déterminer une aire maximale.

Partie A Expérimentation et conjecture

À l'aide d'un logiciel de géométrie dynamique :

- Construire le carré $ABCD$ en plaçant A à l'origine du repère, B sur l'axe des abscisses et D sur l'axe des ordonnées.
- Créer un curseur, nommé **a**, variant de 0 à 8 avec un incrément de 0,01.
- Dans la barre de saisie, créer les points M=(a,0), P=(0,8-a) et N=(a,8-a).
- Construire le rectangle $AMNP$ et faire afficher son aire.

En faisant varier le curseur, quelle semble être l'aire maximale du rectangle $AMNP$?

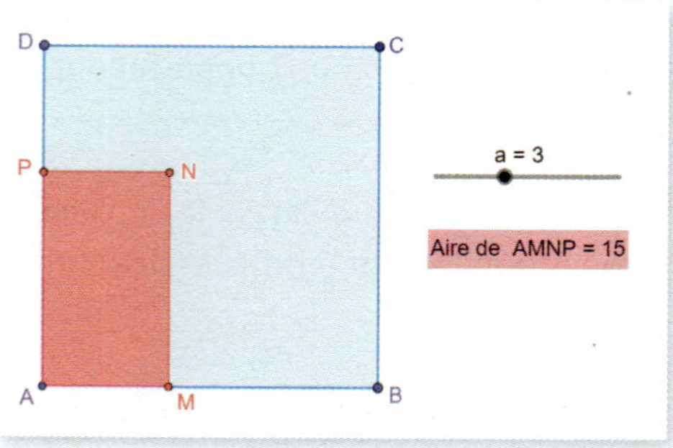

Partie B Démonstration

On pose $AM = x$.

1. À quel intervalle x doit-il appartenir ?

2. On note $\mathcal{A}(x)$ l'aire du rectangle $AMNP$.
Exprimer $\mathcal{A}(x)$ en fonction de x.

3. Montrer que $\mathcal{A}(x)-16=-(x-4)^2$.

4. En déduire l'aire maximale du rectangle $AMNP$. Quelle est alors la nature de $AMNP$?

TP Mener une recherche

TP1 Une feuille et des cylindres

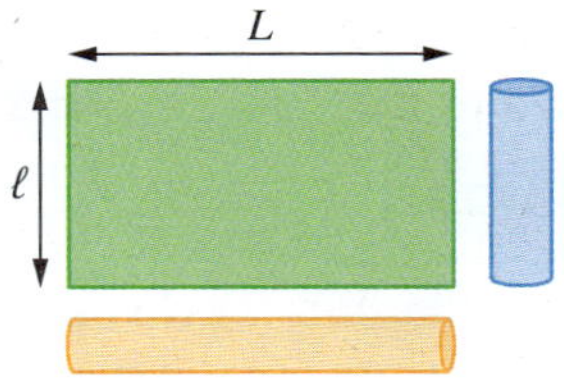

À partir d'une feuille de papier rectangulaire de longueur L et de largeur ℓ, on peut former deux cylindres : un de hauteur L et un autre de hauteur ℓ.
On note respectivement V_L et V_ℓ les volumes des cylindres de hauteur L et ℓ.

1. Calcul du volume V_L.

a. Exprimer le rayon du cylindre de hauteur L en fonction de ℓ.

b. En déduire que $V_L = \dfrac{\ell^2 L}{4\pi}$.

2. Exprimer de même le volume V_ℓ en fonction de ℓ et de L.

3. Comparer les volumes des deux cylindres en utilisant :

a. la méthode de la différence ;

b. la méthode du quotient.

TP2 L'inégalité arithmético-géométrique

Soient a et b deux nombres réels strictement positifs. On note $m = \dfrac{a+b}{2}$ et $g = \sqrt{ab}$.
m est la moyenne arithmétique des réels a et b, et g leur moyenne géométrique.
On se propose de comparer m et g.

1. Calculer et comparer m et g dans chacun des cas suivants.

a. $a = 1{,}2$ et $b = 4{,}8$ **b.** $a = \dfrac{3}{4}$ et $b = \dfrac{1}{2}$ **c.** $a = 5{,}5$ et $b = 59{,}5$.

2. Une comparaison géométrique

La figure ci-contre représente un demi-cercle de centre O et de diamètre $[AB]$. H est un point du segment $[OA]$. La perpendiculaire à la droite (AB) passant par H coupe le demi-cercle en M. On note $AH = a$ et $BH = b$.

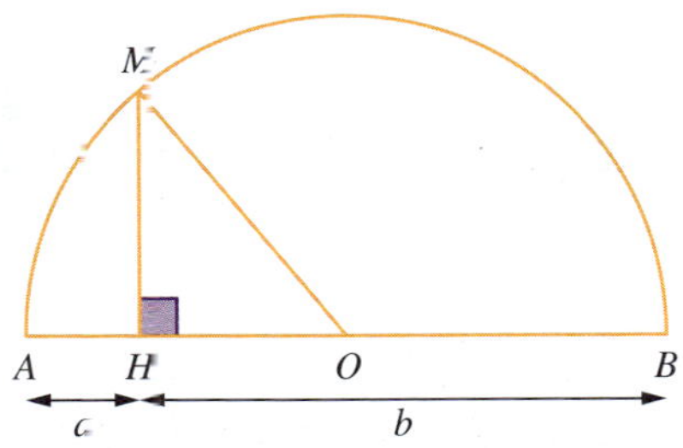

a. Montrer que OM est la moyenne arithmétique de a et b.

b. Exprimer OH en fonction de a et b.

c. Montrer que MH est la moyenne géométrique de a et b.

d. En déduire que $g \leqslant m$.

3. Une comparaison algébrique

a. Développer $\left(\sqrt{a} - \sqrt{b}\right)^2$.

b. En déduire que $g \leqslant m$.

4. Une application

Montrer que, pour tous réels positifs a, b et c, on a : $(a+b)(b+c)(a+c) \geqslant 8abc$.

5. Faire des recherches sur la moyenne arithmétique et géométrique, puis présenter des exemples concrets où elles interviennent.

TP3 On reste dans l'intervalle !

On considère deux nombres réels a et b appartenant à l'intervalle $[0;1]$.

1. Justifier que le quotient $\dfrac{a+b}{1+ab}$ est bien défini.

2. Quel est le signe de $\dfrac{a+b}{1+ab}$?

3. Montrer que $a+b-1-ab = (a-1)(1-b)$.

4. En déduire que $\dfrac{a+b}{1+ab} \in [0;1]$.

La géométrie 1/2

DISTANCES DANS LE PLAN

en 6e

Cercle de centre O et rayon $r \geq 0$: ensemble de tous les points du plan qui vérifient $OM = r$.

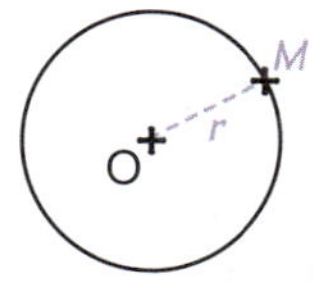

Médiatrice du segment $[AB]$:
- tous les points du plan équidistants de A et de B.
- droite perpendiculaire à (AB) passant par le milieu de $[AB]$.

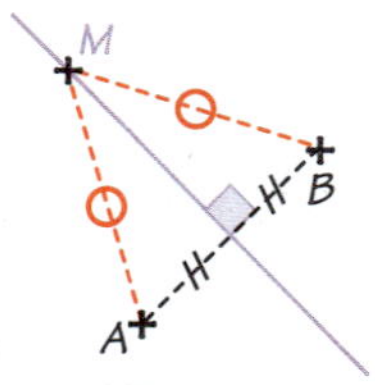

en 5e

Inégalité triangulaire
Si A, B et C sont trois points du plan, on a : $AC \leq AB + BC$.

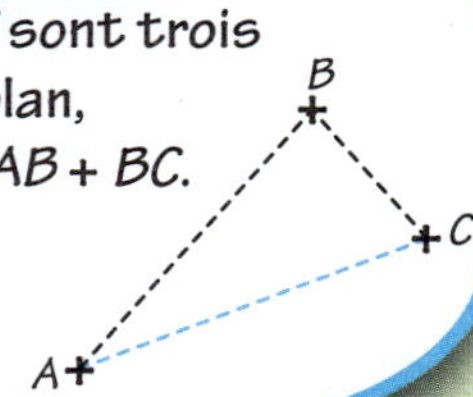

DROITES PARALLÈLES ET PERPENDICULAIRES

en 6e

- Si deux droites sont parallèles, alors toute droite parallèle à l'une est parallèle à l'autre.

Si $D_1 // D_2$ et $D_3 // D_1$, alors $D_3 // D_2$

- Si deux droites sont parallèles, alors toute droite perpendiculaire à l'une est perpendiculaire à l'autre.

Si $D_1 // D_2$ et $D_4 \perp D_1$, alors $D_4 \perp D_2$

- Si deux droites sont perpendiculaires à une même droite, alors elles sont parallèles.

Si $D_1 \perp D_4$ et $D_2 \perp D_4$, alors $D_1 // D_2$

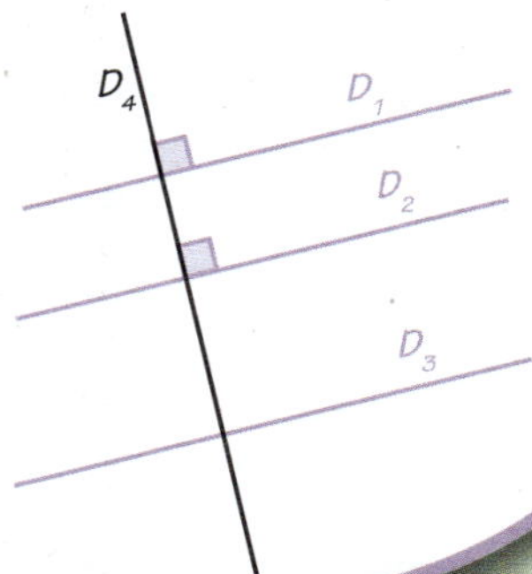

ANGLES

en 5e

- Deux droites coupées par une sécante forment des angles correspondants (α et β) et des angles alternes internes (a et b).
- Deux angles correspondants (ou alternes internes) sont égaux lorsque les deux droites sont parallèles, et seulement dans ce cas.

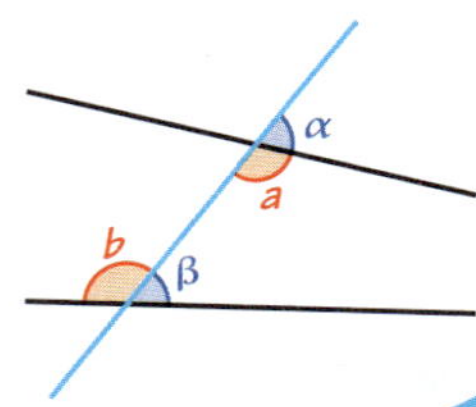

TRIANGLES

en 5e

- La somme des angles d'un triangle est égale à 180°.
- Les médiatrices et les hauteurs d'un triangle sont concourantes.

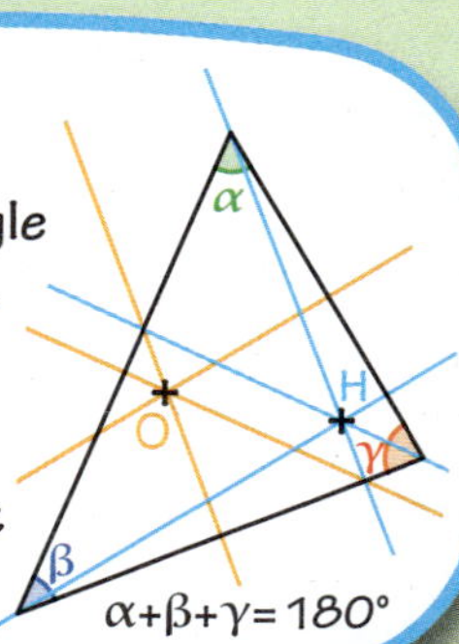

en 4e

Deux triangles dont les trois côtés sont deux à deux de mêmes longueurs sont appelés **isométriques**.

Il suffit pour cela qu'ils aient :
- Deux côtes de même longueur adjacents à deux paires d'angles de mêmes mesures.
- Deux angles de même mesure compris entre deux paires de côtés de mêmes longueurs.

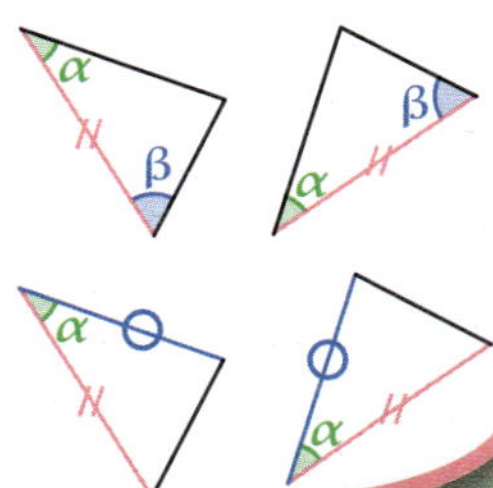

en 3e

Deux triangles sont **semblables** lorsque leurs angles sont deux à deux de mêmes mesures.

Les triangles semblables sont les triangles dont les longueurs des côtés sont deux à deux proportionnelles.

TRIANGLE RECTANGLE

en 4e

- Si un triangle ABC est rectangle en A, alors avec le **théorème de Pythagore**, on a : $BC^2 = AB^2 + AC^2$.
- **Réciproquement**, si dans un triangle ABC, on a l'égalité $BC^2 = AB^2 + AC^2$, alors ce triangle est rectangle en A.
- Dans le triangle ABC rectangle en A, on a :

$$\cos \widehat{ABC} = \frac{AB}{BC}$$

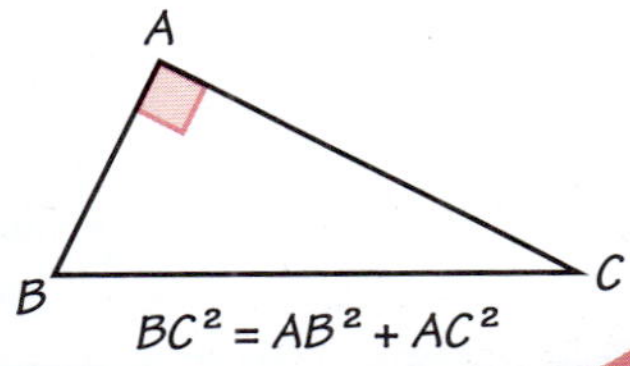

en 3e

- Dans le triangle ABC rectangle en A, on a :

$$\sin \widehat{ABC} = \frac{AC}{BC} \; ; \tan \widehat{ABC} = \frac{AC}{AB}$$

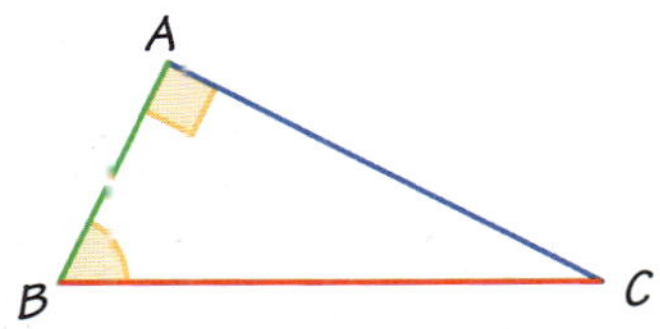

- $\cos^2 \widehat{ABC} + \sin^2 \widehat{ABC} = 1$

PARALLÉLOGRAMME

en 5e

Un quadrilatère dont les côtés sont parallèles deux à deux est un **parallélogramme.**

Les diagonales d'un parallélogramme se coupent en leur milieu.

Les côtés opposés d'un parallélogramme sont de mêmes longueurs.

Si un quadrilatère admet un centre de symétrie, c'est un parallélogramme.

Si un quadrilatère non croisé a des côtés deux à deux de mêmes longueurs, c'est un parallélogramme.

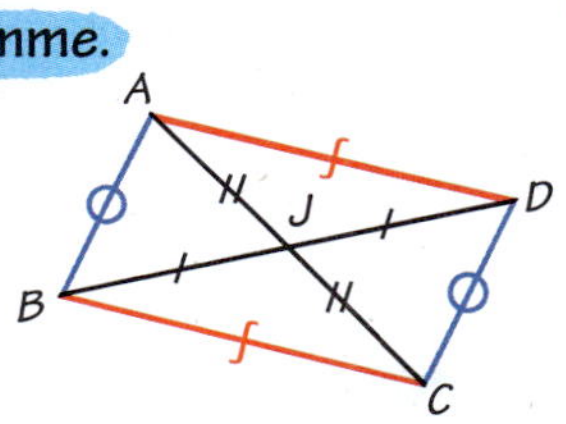

Un **rectangle** est un parallélogramme dont les diagonales sont de même longueur.

Un **losange** est un parallélogramme dont les diagonales sont perpendiculaires.

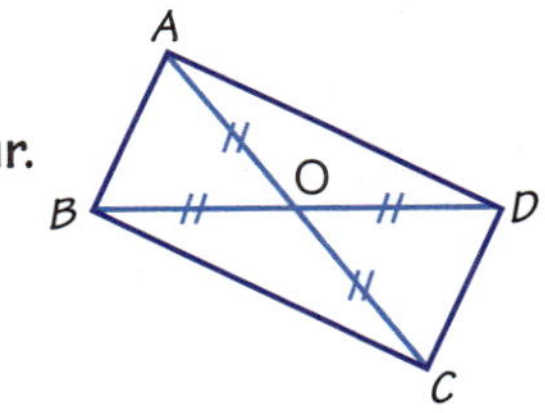

SAVOIR RECONNAÎTRE UN RECTANGLE, UN LOSANGE OU UN CARRÉ

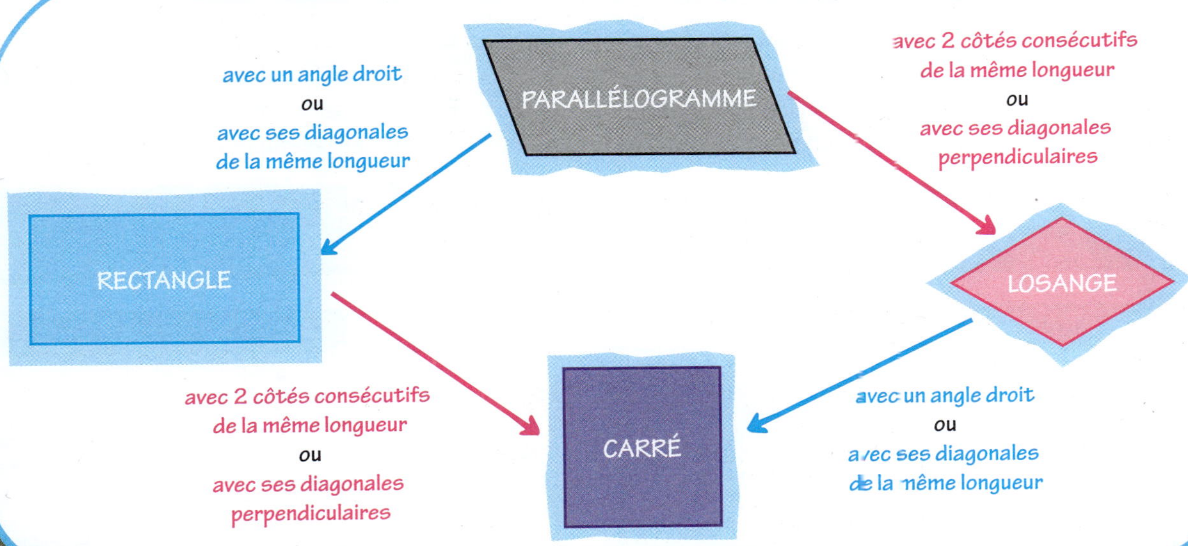

La géométrie 2/2

THÉORÈME DE THALÈS

en 4e en 3e

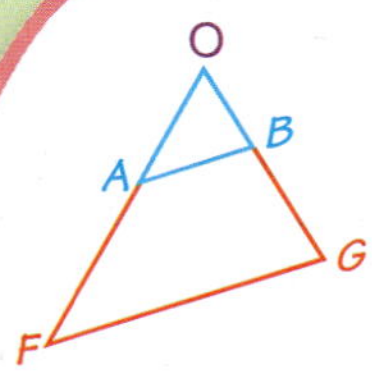

Si (*AB*) et (*FG*) sont parallèles, alors

OA	OB	AB
OF	OG	FG

est un tableau de proportionnalité.

Dans de telles configurations, le grand triangle est un agrandissement du petit triangle. Cette propriété peut permettre de calculer une longueur manquante.

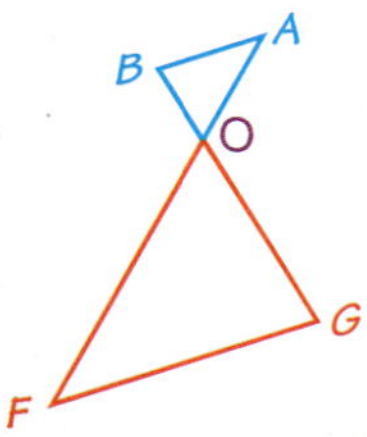

Si $\frac{OA}{OF} = \frac{OB}{OG}$ alors (*AB*) et (*FG*) sont parallèles.

Si $\frac{OA}{OF} \neq \frac{OB}{OG}$ alors (*AB*) et (*FG*) ne sont pas parallèles.

Dans une telle configuration, ces deux propriétés permettent, lorsqu'on connaît ces quatre longueurs, de démontrer que les deux droites sont, ou ne sont pas parallèles.

TRANSFORMATIONS DU PLAN

en 6e

M' est l'image de *M* par la **symétrie (orthogonale)** d'axe *D* si *D* est la médiatrice du segment [*MM'*].

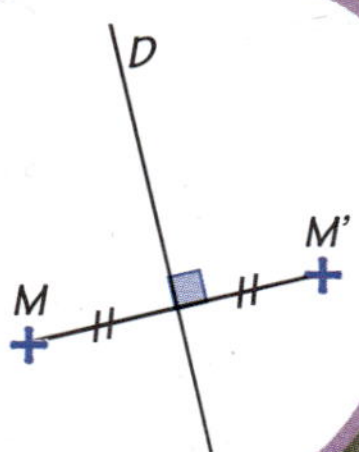

en 5e

M' est l'image de M par la **symétrie de centre O** si O est le milieu du segment [*MM'*].

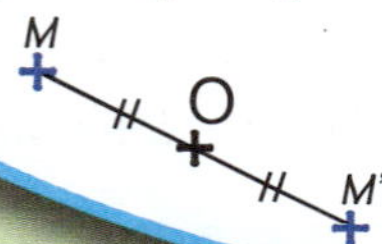

en 4e

M' est l'image de *M* par la **translation de vecteur $\overrightarrow{AB}$** si le quadrilatère *ABM'M* est un parallélogramme.

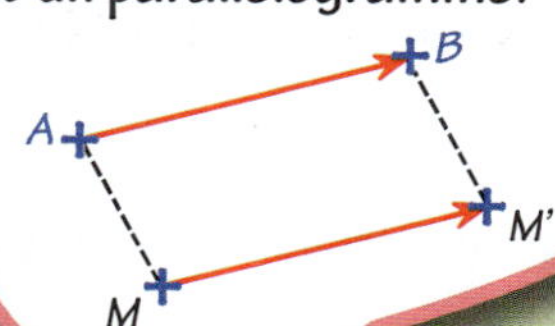

en 3e

- *M'* est l'image de *M* par la **rotation** de centre O et d'angle α si le triangle O*MM'* est isocèle en O avec $\widehat{MOM'} = \alpha$.

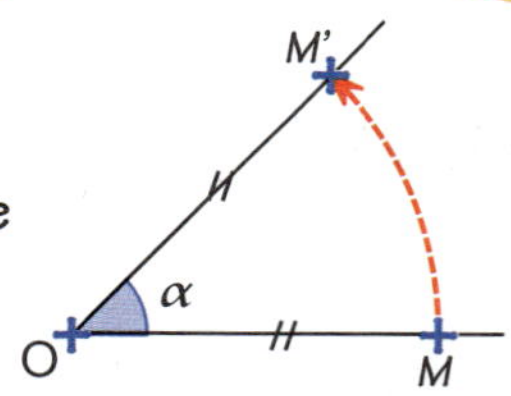

- *M'* est l'image de *M* par **l'homothétie** de centre O et de rapport $k > 0$ si les points O, *M* et *M'* sont alignés avec $OM' = k \times OM$.

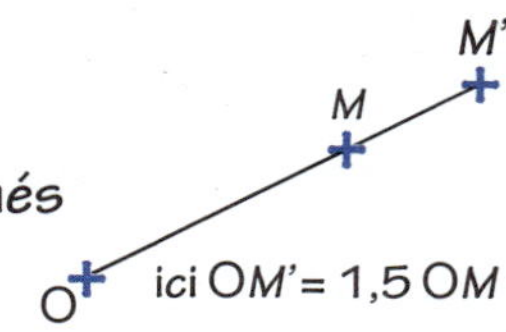

Toutes ces transformations transforment :

- trois points alignés en trois points alignés ;
- une droite en une droite, un segment en un segment ;
- deux droites parallèles en deux droites parallèles ;
- une figure en une figure superposable, sauf l'homothétie.

Elles conservent les longueurs, sauf l'homothétie qui les multiplie par $k > 0$.
Elles conservent les aires, sauf l'homothétie qui les multiplie par k^2.

FORMULES D'AIRE ET DE VOLUMES

Carré	Rectangle	Parallélogramme	Triangle	Trapèze	Disque
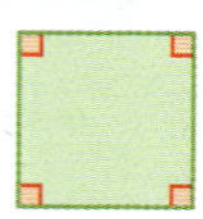	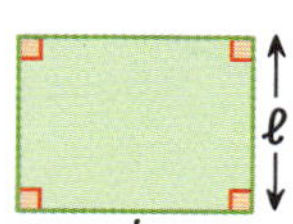	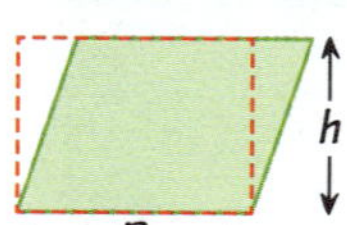	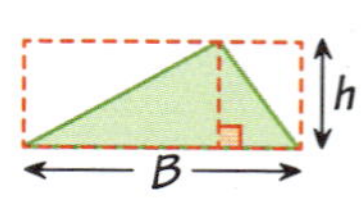	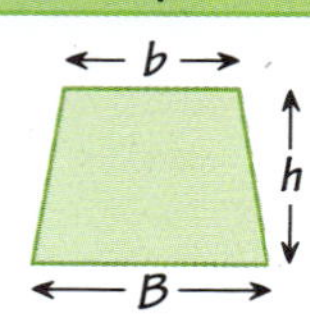	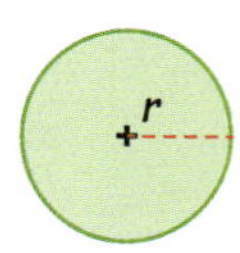
$\mathcal{A} = c^2$	$\mathcal{A} = L \times \ell$	$\mathcal{A} = B \times h$	$\mathcal{A} = \frac{B \times h}{2}$	$\mathcal{A} = \frac{(b+B) \times h}{2}$	$\mathcal{A} = \pi \times r^2$

REPÉRAGE

en 5e

Sur un axe : origine, unité (longueur OI), sens (de O vers I). Chaque point est repéré par une abscisse x.

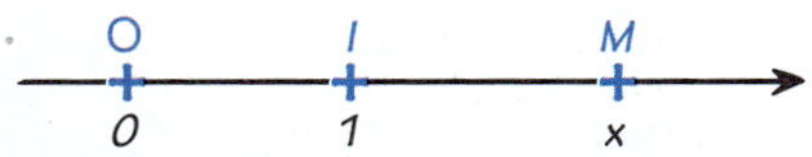

Dans le plan : on utilise deux axes de même origine.
Chaque point est repéré par un couple de nombres : abscisse x et ordonnée y.

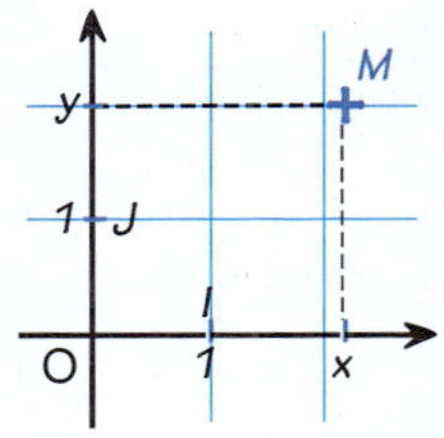

en 4e

Dans l'espace : sur un pavé droit, on utilise trois axes de même origine.
Chaque point est repéré par un triplet de nombres : abscisse x, ordonnée y, altitude z.

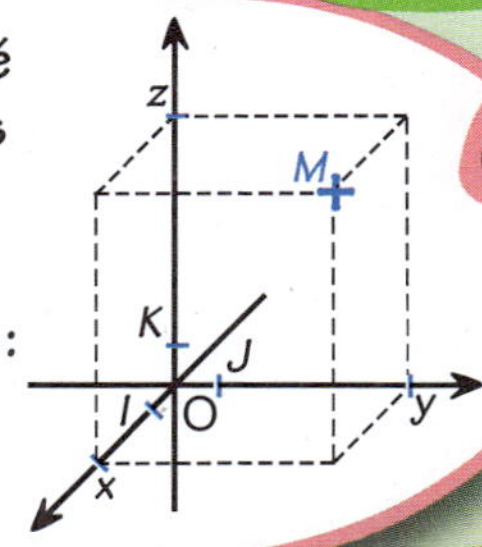

en 3e

Sur une sphère, on utilise les méridiens et parallèles. Chaque point est repéré par deux nombres, latitude et longitude.

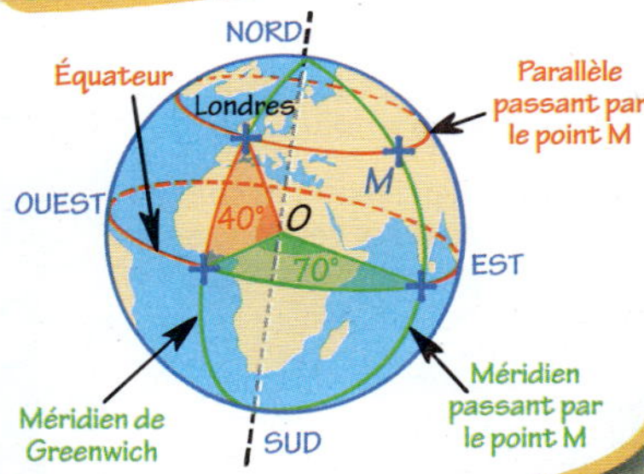

LES SOLIDES DE L'ESPACE

en 6e **en 5e**

Découverte des solides de l'espace

en 4e

Perspective cavalière et patrons de solides

en 3e

- La section d'un **pavé droit** par un plan parallèle à une face est un rectangle de mêmes dimensions que les faces correspondantes.

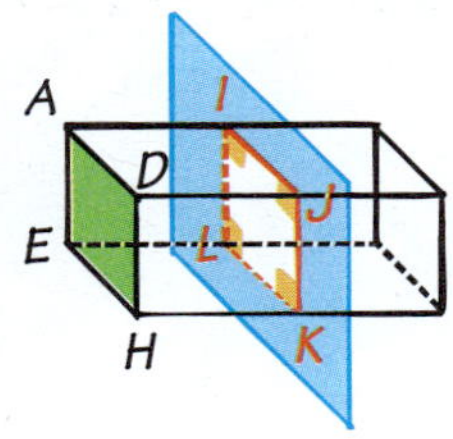

- La section d'un **cylindre** par un plan perpendiculaire à son axe est un cercle centré sur l'axe et de même rayon que les bases.

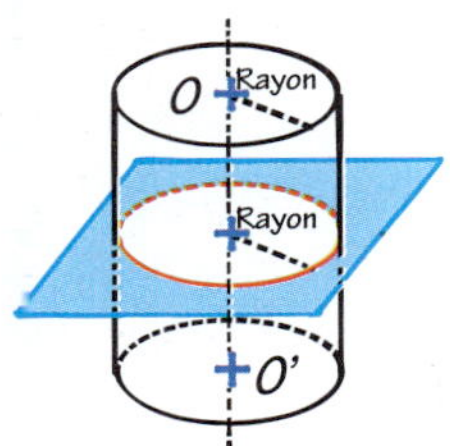

- La section d'une **pyramide** par un plan parallèle à sa base carrée est un carré, réduction du carré de base.

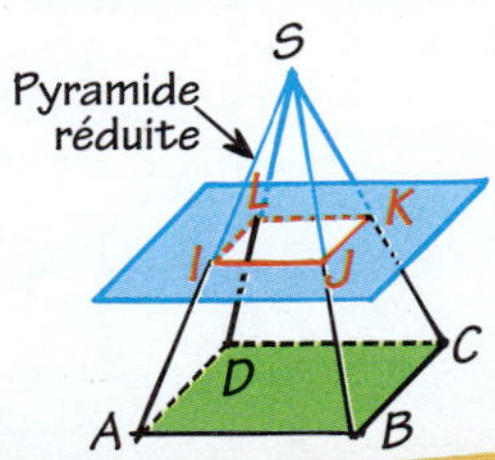

- La section d'un **cône** par un plan parallèle à sa base est un cercle, réduction du cercle de base.

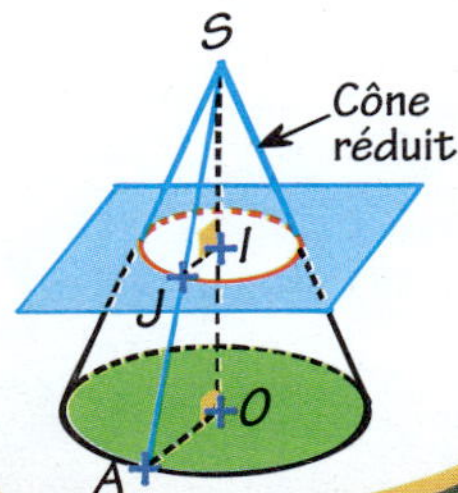

- La section d'une **sphère** par un plan est un cercle.

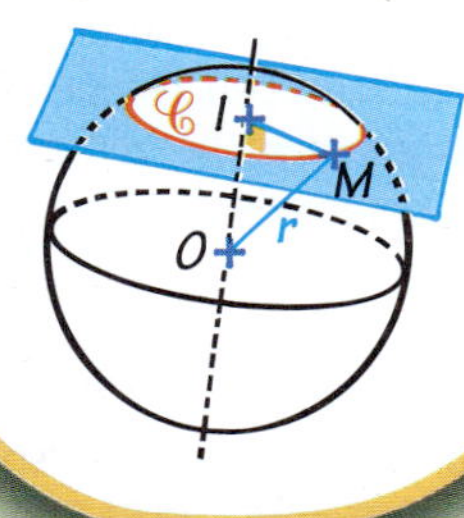

Pavé droit	Cylindre (de révolution)	Boule	Pyramide	Tétraèdre	Cône (de révolution)
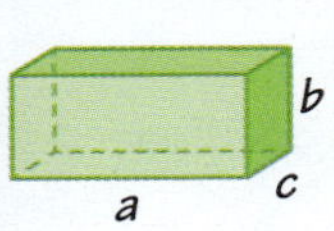	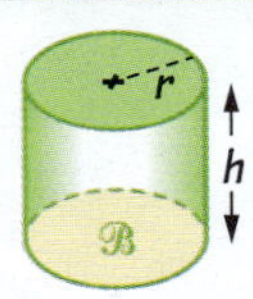	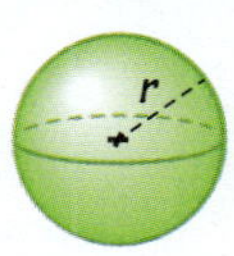	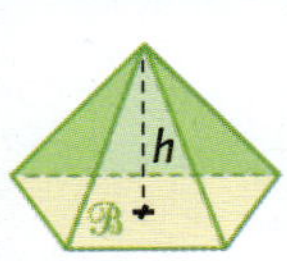	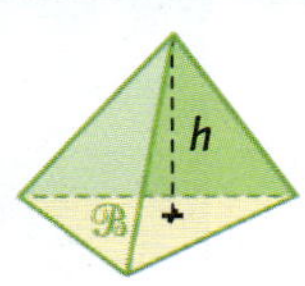	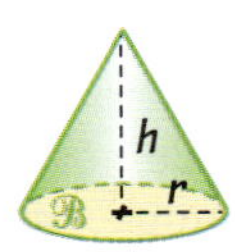
$\mathcal{V} = a \times b \times c$	$\mathcal{V} = \mathcal{B} \times h = \pi \times r^2 \times h$	$\mathcal{V} = \frac{4}{3}\pi \times r^3$	$\mathcal{V} = \frac{1}{3}\mathcal{B} \times h$	$\mathcal{V} = \frac{1}{3}\mathcal{B} \times h$	$\mathcal{V} = \frac{1}{3}\mathcal{B} \times h = \frac{1}{3}\pi \times r^2 \times h$

CHAPITRE

5 Géométrie plane Vecteurs

Les capacités du chapitre

- Capacité 1 : Calculer des longueurs, des angles, des aires et des volumes
- Capacité 2 : Représenter géométriquement des vecteurs
- Capacité 3 : Représenter la somme de deux vecteurs et le produit d'un vecteur par un réel
- Capacité 4 : Montrer l'alignement ou le parallélisme par la colinéarité de vecteurs
- Capacité 5 : Résoudre des problèmes de géométrie sur des figures simples

Au fil du temps

La géométrie est apparue voilà environ 5 000 ans, au départ dans un souci très concret de mesurer des longueurs et des aires, souvent pour les surfaces agricoles (l'étymologie du mot « géométrie » signifiant « mesure de la Terre »). L'outil des vecteurs est arrivé beaucoup plus récemment, puisqu'il fut conçu par Leibniz (1646-1716) et amélioré par Gauss (1777-1855). La définition moderne d'un vecteur sera formalisée par Hamilton (1805-1865). Les vecteurs se sont imposés comme un outil puissant de la « géométrie analytique », qui permet de résoudre par le calcul des problèmes de nature géométrique.

Des maths partout !

En physique classique, les « forces » sont représentées par un vecteur. Le calcul sur les forces est au centre de la modélisation par la physique d'un très grand nombre de situations. La marée, par exemple, s'explique par un système de forces gravitationnelles (de la Lune et du Soleil) et d'inertie (de la Terre).

Baie du Mont-Saint-Michel à marée basse

RESSOURCES DU CHAPITRE
hachette-clic.fr/25de2038

Partir d'un bon pied

A Diaporama pour tester les bases

ACTIVITÉS MENTALES RAPIDES

B Théorème de Thalès et sa réciproque

On donne la figure ci-contre, avec : $AC = 3{,}75$; $BC = 2$; $AD = 4$; $AE = 5$ et $(DE) // (BC)$.

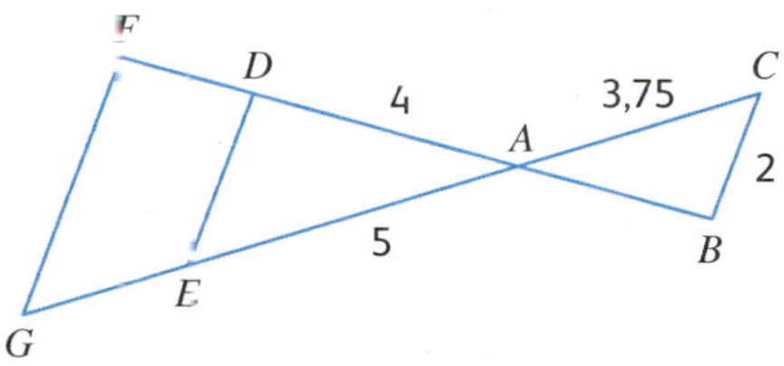

1. Calculer AB et DE.

2. On donne $AF = 6$ et $AG = 7{,}5$.
Les droites (FG) et (ED) sont-elles parallèles ? Justifier.

C Calculer dans un triangle rectangle

On considère le triangle ABC rectangle en C ci-contre.

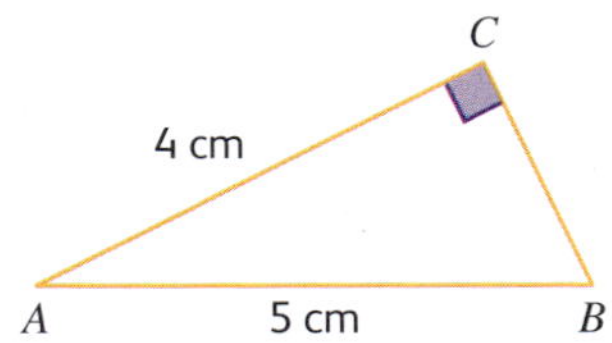

1. Calculer la longueur BC.

2. a. Exprimer le cosinus de l'angle $\widehat{B}$ en fonction des longueurs BC et AB.

b. En déduire une mesure approchée de l'angle $\widehat{B}$.

c. Déterminer la mesure de l'angle $\widehat{A}$ sans utiliser la trigonométrie.

D Transformations géométriques

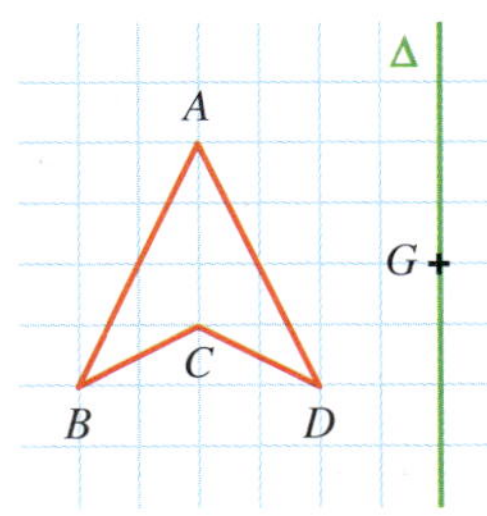

1. Reproduire la figure ci-contre en respectant le quadrillage.

2. Construire l'image du quadrilatère $ABCD$ par :

a. la symétrie de centre G.

b. la symétrie d'axe Δ.

c. la translation qui transforme A en G.

d. l'homothétie de centre C et de rapport 2.

E Propriétés d'un parallélogramme

Soit $ABCD$ un parallélogramme de centre O.

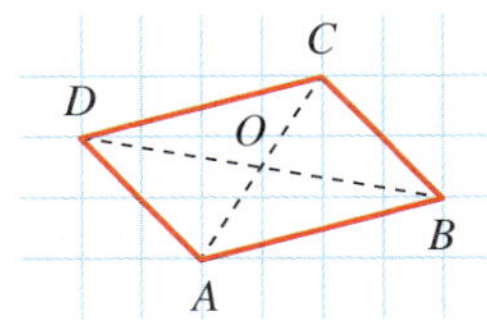

1. Donner deux propriétés des côtés opposés.

2. Énoncer une propriété des diagonales.

3. Préciser l'image du point D par :

a. la symétrie de centre O ;

b. la translation qui transforme A en B ;

c. la translation qui transforme O en B.

4. Quel est le rapport de l'homothétie de centre B qui transforme D en O ?

automatismes

Automatismes transversaux

1 Calculer.

1. $A=-4\times3+(-2)\times(-5)$
2. $B=3+2\times(-1)+15\div3$
3. $C=\left(1+2\times(5-7)^2-3\right)\times2$
4. $D=(3-7)\times(2-3^2)$

*Pour les exercices **2** et **3**, écrire chaque nombre suivant sous forme d'une fraction irréductible.*

2 1. $\frac{1}{2}-\frac{7}{4}+\frac{3}{8}$ 2. $\frac{1}{2}-\left(\frac{7}{4}+\frac{3}{8}\right)$ 3. $2-\frac{3}{5}$

4. $\frac{3}{2}\times\frac{8}{15}$ 5. $7\times\frac{4}{56}$ 6. $\frac{4}{15}\div\frac{2}{9}$

3 1. $\frac{2}{3}-\frac{12}{15}\times\frac{9}{8}$ 2. $\left(\frac{2}{3}-\frac{12}{15}\right)\times\frac{9}{8}$

3. $\dfrac{2}{\frac{1}{2}-\frac{1}{3}}$ 4. $\dfrac{1+\frac{2}{3}}{2-\frac{6}{6}}$

4 Écrire chaque nombre sous la forme d'une unique puissance.

1. $4^3\times4^{-5}$ 2. $\frac{7^3}{7^5}$ 3. $\left(5^2\right)^{-2}$
4. $\frac{2^4\times2^{-6}}{\left(2^3\right)^4}$ 5. $9^5\times\frac{3^7}{27^2}$ 6. $2^{10}\times7^{10}$
7. $\frac{15^6}{3^6}\times5^{10}$ 8. $0{,}01^2\times10^3$ 9. $\frac{1\,000}{0{,}001}\times10^{-6}$

*Pour les exercices **5** et **6**, développer et réduire chaque expression proposée.*

5 1. $A(x)=4-(2x+3)$
2. $B(x)=4(2x+3)$
3. $C(x)=2x(1+3x)-\left(8x^2-2x+3\right)$
4. $D(x)=(2x-1)(3x+1)$

6 1. $A(x)=(x-4)^2$
2. $B(x)=(5x-1)(5x+1)-5x(x-1)$
3. $C(x)=(7x+2)^2+2(x-8)^2$

7 Factoriser les expressions suivantes.

1. $A(x)=121x^2-25$
2. $B(x)=3x(2x+5)-(5-x)(2x+5)$
3. $C(x)=49x^2-28x+4$
4. $D(x)=(2x+1)^2-(x+3)^2$

8 On considère la fonction $f: x\mapsto x^2-2$.

1. Calculer les images par f de 0, de -3 et de 2.
2. Déterminer les antécédents par f de -2 ; 7 et de -3.
3. Le point de coordonnées $(-1;-1)$ appartient-il à la courbe représentative de f ? Justifier.

Automatismes préparatoires au chapitre

*Pour les exercices **9** à **13**, on considère la figure ci-contre réalisée à main levée. Les droites (AB) et (CD) sont parallèles et les droites (AD) et (BC) sont sécantes en E. On donne $ED=3{,}6$; $CD=6$, $EB=7{,}2$ et $AB=9$.*

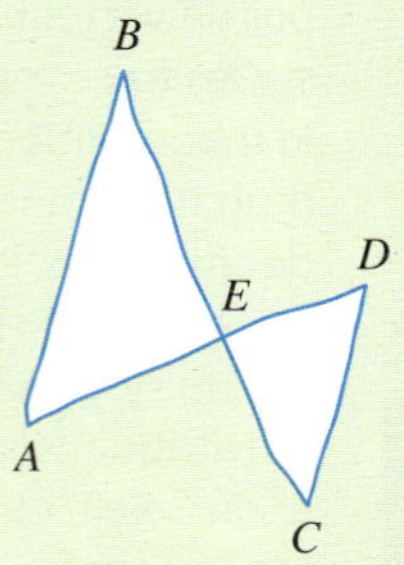

9 Justifier que $EC=4{,}8$.

10 Montrer que le triangle ECD est rectangle.

11 Déterminer une mesure arrondie au degré près de l'angle $\widehat{ECD}$.

12 Quelle transformation permet d'obtenir le triangle ABE à partir du triangle ECD ?

13 On sait que la longueur BE est 1,5 fois plus grande que la longueur EC. Exprimer l'aire du triangle ABE en fonction de celle du triangle ECD.

14 La figure ci-contre est constituée de dix hexagones réguliers numérotés de 1 à 10. L'hexagone 5 est noté $ABCDEF$. Le point I est le milieu du segment $[AB]$.

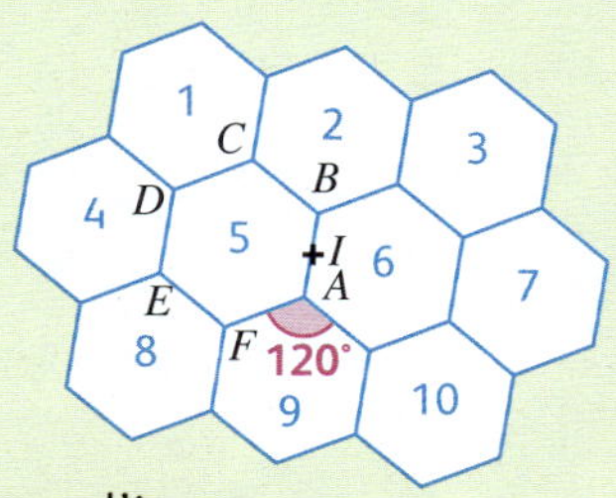

Dans chacun des cas, donner l'image :

1. de l'hexagone 2 par la symétrie de centre I ;
2. de l'hexagone 10 par la symétrie d'axe (AB) ;
3. de l'hexagone 3 par la translation qui transforme le point C en E ;
4. de l'hexagone 9 par la rotation de centre A et d'angle 120° en tournant dans le sens inverse des aiguilles d'une montre.

*Pour les exercices **15** à **17**, on considère le prisme droit $STUABC$. $SABC$ est une pyramide à base triangulaire. ABC est un triangle rectangle avec $AC=4{,}5$ cm et $AB=6$ cm. On sait de plus que $SB=7$ cm.*

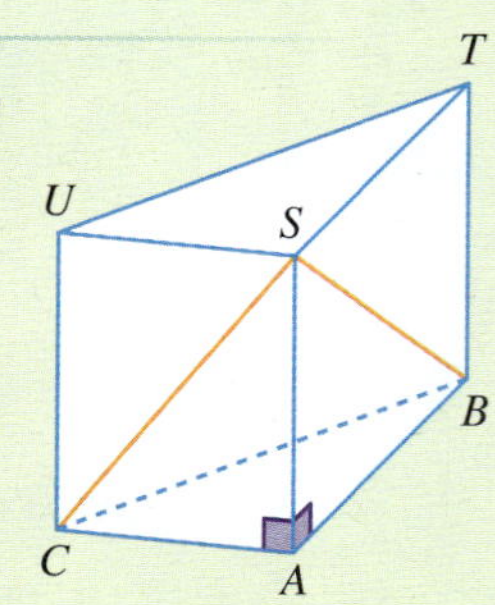

15 Calculer la hauteur SA de la pyramide $SABC$.

16 Calculer l'aire de la base ABC puis le volume V de la pyramide $SABC$. On rappelle que $V=\frac{1}{3}A_{\text{base}}\times h$ où h est la hauteur associée à la base.

17 Calculer le volume du prisme $STUABC$.

Activités

1 Pavage, translations et vecteurs

Objectif
Définir un vecteur comme étant un outil pour décrire une translation.
Définir la somme de deux vecteurs.

On considère le pavage ci-dessous.

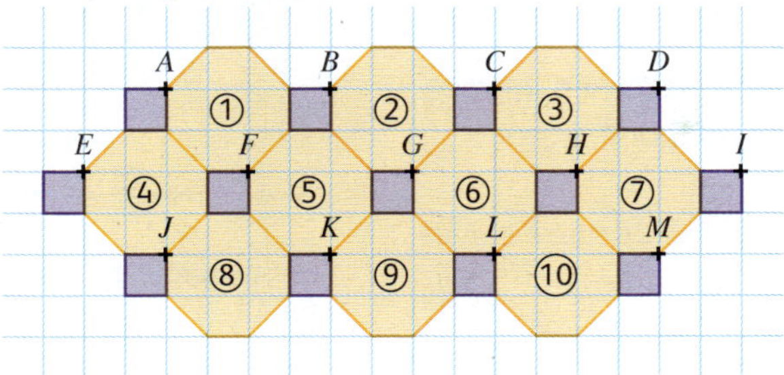

1 Par la translation qui transforme le point A en F, quelle est l'image du point B ? du point H ? du polygone ⑥ ?
Tracer la flèche d'origine A et d'extrémité F.

Info
1 La translation qui transforme le point A en F est aussi appelée **translation de vecteur** $\overrightarrow{AF}$.

2 Cette translation transforme également le point B en G. Tracer la flèche d'origine B et d'extrémité G. Quelle est la nature du quadrilatère $AFGB$?
Les translations de vecteurs $\overrightarrow{AF}$ et $\overrightarrow{BG}$ sont alors identiques.

Info
2 On dit alors que les vecteurs $\overrightarrow{AF}$ et $\overrightarrow{BG}$ sont **égaux**.
On note $\overrightarrow{AF} = \overrightarrow{BG}$.

3 On considère la translation de vecteur $\overrightarrow{AG}$. Quelle est l'image :
a. du point C ? **b.** du point F ? **c.** du polygone ① ? **d.** du polygone ④ ?

4 Compléter les égalités suivantes : $\overrightarrow{AG} = \overrightarrow{C\ldots} = \overrightarrow{F\ldots} = \overrightarrow{\ldots M} = \overrightarrow{\ldots K}$.

5 Indiquer si les vecteurs suivants sont égaux ou non.
a. $\overrightarrow{FB}$ et $\overrightarrow{BG}$ **b.** $\overrightarrow{AG}$ et $\overrightarrow{KE}$ **c.** $\overrightarrow{CH}$ et $\overrightarrow{DI}$

6 On effectue désormais une première translation de vecteur $\overrightarrow{JB}$ suivie de la translation de vecteur $\overrightarrow{BC}$.
a. Quelle est l'image du polygone ⑧ à l'issue de ces deux translations ?
b. Cet enchaînement de deux translations peut se résumer en une seule et unique translation. Donner et tracer un vecteur de cette unique translation.
c. Compléter l'égalité suivante : $\overrightarrow{JB} + \overrightarrow{BC} = \overrightarrow{J\ldots}$.

Info
6 L'enchaînement de deux translations successives de vecteurs $\vec{u}$ et $\vec{v}$ est une translation de vecteur $\vec{w}$. On dit alors que $\vec{w}$ est la **somme des vecteurs** $\vec{u}$ et $\vec{v}$.
On note $\vec{w} = \vec{u} + \vec{v}$.

2 Produit d'un vecteur par un nombre réel

Objectif
Construire des points définis *via* des sommes de vecteurs et introduire le produit d'un vecteur par un réel.

1 Reproduire la figure ci-contre sur papier quadrillé.

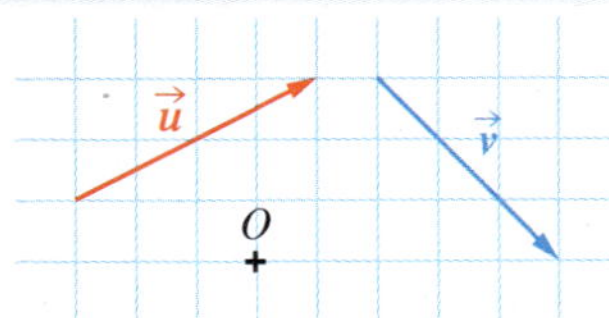

2 **a.** Construire alors les points M, N et P définis par les égalités suivantes :

$$\overrightarrow{OM} = \vec{u}\ ;\ \overrightarrow{ON} = \vec{u} + \vec{u} \text{ et } \overrightarrow{OP} = \vec{u} + \vec{u} + \vec{u}$$

b. Comparer les direction, sens et norme des vecteurs $\overrightarrow{ON}$ et $\overrightarrow{OP}$ avec les direction, sens et norme du vecteur $\vec{u}$.
c. De même, tracer un représentant du vecteur $\frac{1}{2}\vec{u}$, puis de $\frac{3}{2}\vec{u}$.

Info
2 **a.** On note $2\vec{u}$ la somme $\vec{u} + \vec{u}$ et $3\vec{u}$ la somme $\vec{u} + \vec{u} + \vec{u}$.

3 On note $-\vec{v}$ le vecteur ayant même direction et même norme que le vecteur $\vec{v}$ mais de sens contraire à celui de $\vec{v}$.
a. Tracer un représentant du vecteur $-\vec{v}$, de la somme $\left(-\vec{v}\right) + \left(-\vec{v}\right)$, notée $-2\vec{v}$, et de la somme $\left(-\vec{v}\right) + \left(-\vec{v}\right) + \left(-\vec{v}\right)$, notée $-3\vec{v}$.
b. Comparer les direction, sens et norme des vecteurs $-2\vec{v}$ et $-3\vec{v}$ avec les direction, sens et norme du vecteur $\vec{v}$.
c. Plus généralement, tracer un représentant du vecteur $-\frac{7}{3}\vec{v}$.

Info
3 On dit que les vecteurs $\vec{v}$ et $-\vec{v}$ sont **opposés**. Ils ont même direction et même norme mais des sens contraires.
Le signe « – » traduit les sens contraires.

Cours

1 Configurations dans le plan

a Projeté orthogonal d'un point sur une droite

Soit Δ une droite du plan et A un point.

Définition On appelle projeté orthogonal de A sur Δ le point d'intersection de la droite Δ avec la perpendiculaire à Δ passant par A.

Propriété La distance du point A à la droite Δ est la plus petite distance séparant un point de Δ avec A.
Elle est égale à AH où H est le projeté orthogonal du point A sur Δ.

Démo

Démonstration
On note d la distance entre A et Δ. Soit M un point de Δ, distinct de H.
Le triangle AMH est rectangle en H.
Grâce au théorème de Pythagore, on peut affirmer que l'hypoténuse $[AM]$ est le plus grand des côtés du triangle AMH. Donc $AM > AH$.
Ainsi, la plus petite distance séparant A d'un point de Δ est égale à AH.
On en déduit que $AH = d$.

Exemple

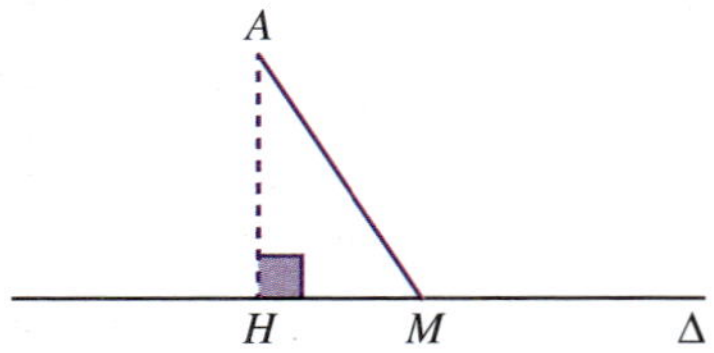

H est le projeté orthogonal de A sur Δ.

b Rappel de trigonométrie dans le triangle rectangle

Propriété Dans un triangle ABC rectangle en A, les côtés et les angles sont liés par des ***relations trigonométriques*** :

$$\cos\widehat{B} = \frac{AB}{BC} ; \sin\widehat{B} = \frac{AC}{BC} ; \tan\widehat{B} = \frac{AC}{AB}$$

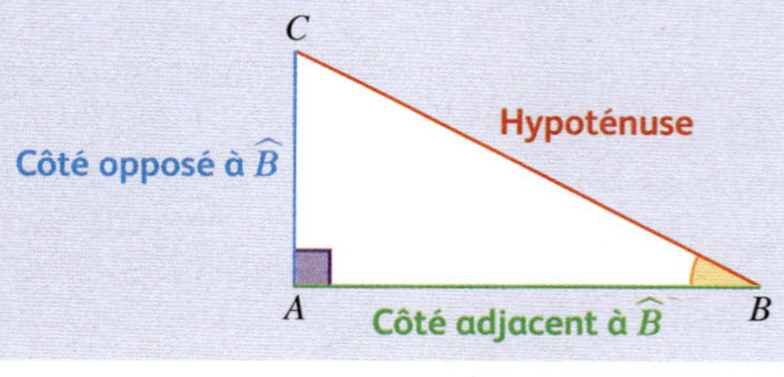

Exemple

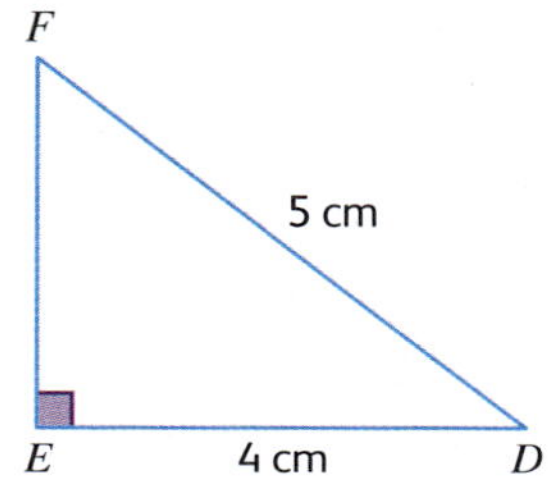

Dans le triangle DEF rectangle en E, on a :

$$\cos\widehat{D} = \frac{ED}{FD} = \frac{4}{5}$$

$$\widehat{D} = \cos^{-1}\left(\frac{4}{5}\right) \approx 36{,}9°$$

Remarques

La trigonométrie permet de calculer des longueurs ou des angles.

Propriété Pour tout angle aigu α d'un triangle rectangle, on a la relation trigonométrique suivante.

$$\cos^2\alpha + \sin^2\alpha = 1$$

Notation

On utilise les notations : $\cos^2\alpha = (\cos\alpha)^2$ et $\sin^2\alpha = (\sin\alpha)^2$.

Démo

Démonstration
Dans un triangle ABC rectangle en B, avec $\widehat{BAC} = \alpha$, on a :

$$\cos\alpha = \frac{AB}{AC} \text{ et } \sin\alpha = \frac{BC}{AC}$$

Donc $\cos^2\alpha + \sin^2\alpha = \dfrac{AB^2}{AC^2} + \dfrac{BC^2}{AC^2} = \dfrac{AB^2 + BC^2}{AC^2}$.

Or d'après le théorème de Pythagore : $AB^2 + BC^2 = AC^2$.

Donc $\cos^2\alpha + \sin^2\alpha = \dfrac{AC^2}{AC^2} = 1$.

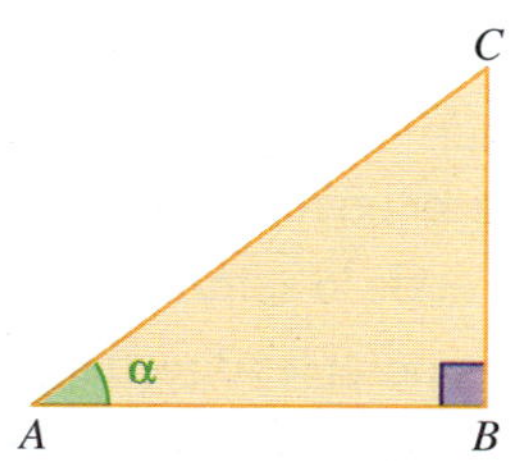

méthode

CAPACITÉ 1 Calculer des longueurs, des angles, des aires et des volumes

Énoncé On considère un pavé droit $ABCDEFGH$ de longueur 8 cm, de largeur 3 cm et de hauteur 4 cm.

1. Dans le rectangle $ABCD$, déterminer la longueur AC.

2. Déterminer une valeur approchée de l'angle $\widehat{BAC}$.

3. On note M le projeté orthogonal de B sur $[AC]$. Déterminer une valeur approchée de la longueur BM.

4. Déterminer l'aire du triangle ABC.

5. En déduire le volume du tétraèdre $ABCF$.

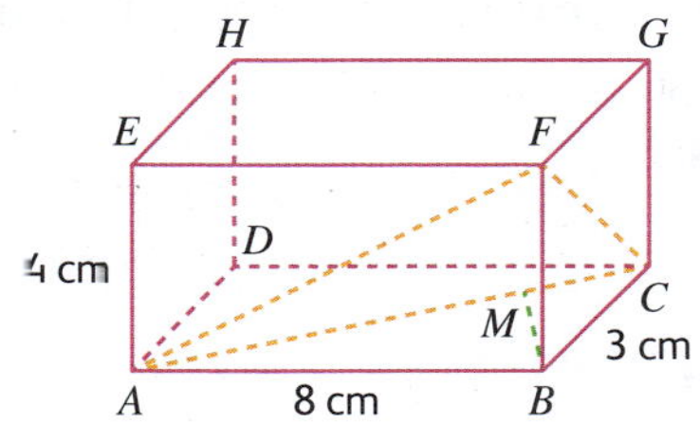

Solution rédigée

1. Le triangle ABC est rectangle en B. D'après le théorème de Pythagore, on a : $AC^2 = AB^2 + BC^2 = 8^2 + 3^2 = 73$.
Donc, $AC = \sqrt{73}$ cm, soit environ 8,5 cm.

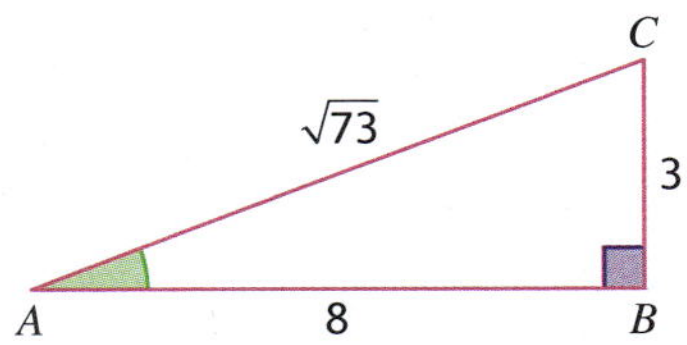

2. Dans le triangle ABC rectangle en B, on a : $\tan\left(\widehat{BAC}\right) = \dfrac{BC}{AB} = \dfrac{3}{8}$.
Donc $\widehat{BAC} = \tan^{-1}\left(\dfrac{3}{8}\right) \approx 20{,}6°$.

3. Dans le triangle ABM rectangle en M, on a donc : $\sin\left(\widehat{BAC}\right) = \dfrac{BM}{BA}$.
Donc $BM = BA \times \sin\left(\widehat{BAC}\right)$
$\approx 8 \times \sin(20{,}6) \approx 2{,}8$ cm

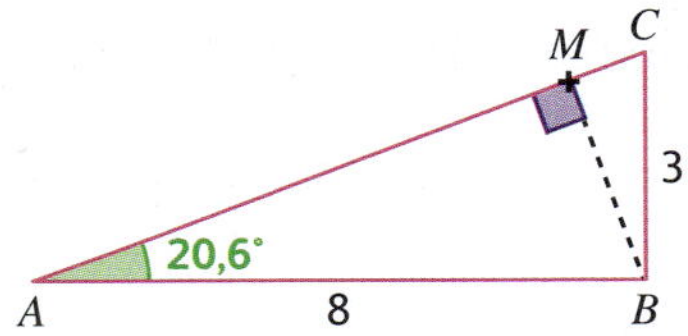

4. $A_{ABC} = \dfrac{B \times h}{2} = \dfrac{AB \times BC}{2} = \dfrac{8 \times 3}{2} = 12$ cm².

5. $V_{ABCF} = \dfrac{1}{3} \times B \times h = \dfrac{1}{3} \times A_{ABC} \times BF = \dfrac{1}{3} \times 12 \times 4 = 16$ cm³

Point méthode

Sur un schéma, on repère les côtés dont on connaît les mesures. On peut utiliser le moyen mnémotechnique dit « SOHCAHTOA ».

$$\sin = \frac{Opp}{Hyp}$$
$$\cos = \frac{Adj}{Hyp}$$
$$\tan = \frac{Opp}{Adj}$$

Point méthode

4. et **5.** Pour calculer l'aire d'un triangle ou le volume d'un tétraèdre :

Voir p. 111

J'applique en autonomie

Voir corrigés p. 402 Voir exercices similaires nos 43, 47 et 50

18 On considère le triangle ABC rectangle en B ci-contre.

1. Calculer la longueur AC.

2. Déterminer une valeur approchée de l'angle $\widehat{C}$, puis une valeur approchée de l'angle $\widehat{A}$.

3. Calculer l'aire du triangle ABC.

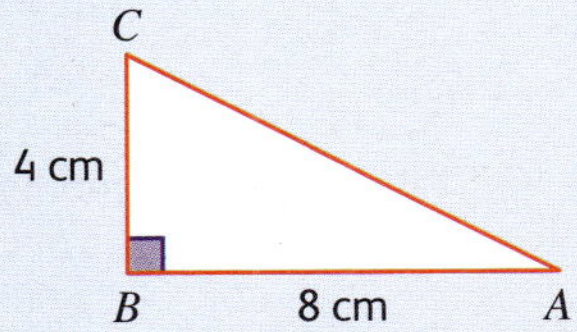

19 On considère un cube $ABCDEFGH$ de côté 8 cm ainsi que la diagonale $[AG]$.

1. Dans le carré $EFGH$, déterminer la longueur EG.

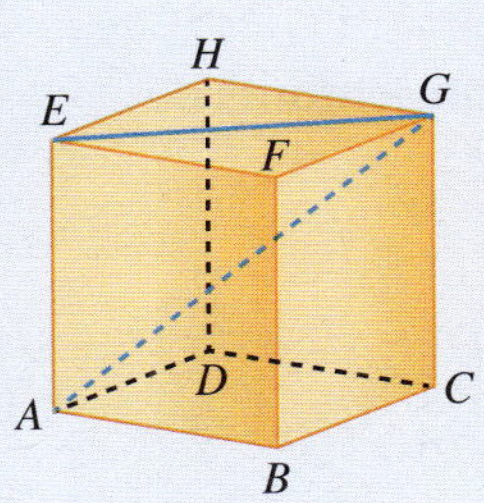

2. On admet que $ACGE$ est un rectangle.
Déterminer une valeur approchée de l'angle $\widehat{AGE}$.

3. Vrai ou Faux ?
Le volume du cube $ABCDEFGH$ est six fois plus grand que celui du tétraèdre $ABCG$.

20 On considère un segment $[AB]$ de longueur 7 cm et le point H appartenant à $[AB]$ tel que $AH = 5$ cm.
On construit la perpendiculaire à (AB) passant par H et on y place C tel que $HC = 3$ cm.

1. Tracer une figure à main levée.

2. Calculer la longueur AC.

3. Quel est l'angle le plus grand entre $\widehat{BCH}$ et $\widehat{HAC}$? Justifier.

4. Calculer l'aire du triangle ABC.

Cours

2 Notion de vecteur

a Translations et vecteurs

Définition Soient M et M' deux points distincts du plan.
La **translation** qui transforme M en M' associe à tout point N du plan, l'unique point N' tel que $MM'N'N$ est un **parallélogramme**.
Elle est appelée translation de **vecteur** $\overrightarrow{MM'}$.

Exemple

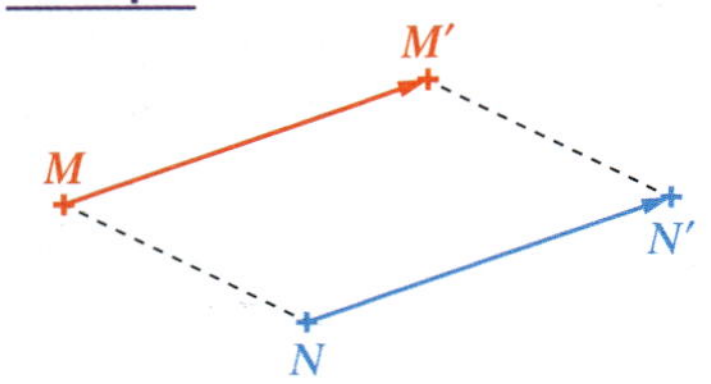

La translation qui transforme M en M' transforme aussi N en N'.
Le quadrilatère $MM'N'N$ est un parallélogramme.

La translation qui transforme M en M' est un **déplacement** caractérisé par une **direction**, celle de la droite (MM') ; un **sens,** celui de M vers M' ; une **longueur,** la longueur MM'.

Remarques

- Lorsque $M \neq M'$, le vecteur $\overrightarrow{MM'}$ est représenté par une **flèche** allant **de** M **vers** M'. Il est défini par sa **direction**, son **sens** et sa **longueur** (aussi appelée sa **norme**).
- Le point M est **l'origine** du vecteur $\overrightarrow{MM'}$; le point M' est **l'extrémité**.
- Par convention, on appelle **vecteur nul,** noté $\vec{0}$, tout vecteur dont l'origine et l'extrémité sont confondues, par exemple $\overrightarrow{MM}$.
- La translation de vecteur nul transforme tout point en lui-même.

Exemple

Le vecteur $\overrightarrow{MM'}$ a les caractéristiques suivantes :
- pour direction, la droite (MM') ;
- pour sens, celui de M vers M' (sens de la flèche) ;
- pour norme, la longueur MM'.

b Égalité de deux vecteurs

Définition Deux vecteurs $\overrightarrow{AB}$ et $\overrightarrow{CD}$ sont égaux si et seulement si le quadrilatère $ABDC$ est un **parallélogramme** (éventuellement aplati).
On écrit $\overrightarrow{AB} = \overrightarrow{CD}$.

Remarque

L'égalité des vecteurs $\overrightarrow{AB}$ et $\overrightarrow{CD}$ signifie que D est l'image de C par la translation de vecteur $\overrightarrow{AB}$.

Exemple

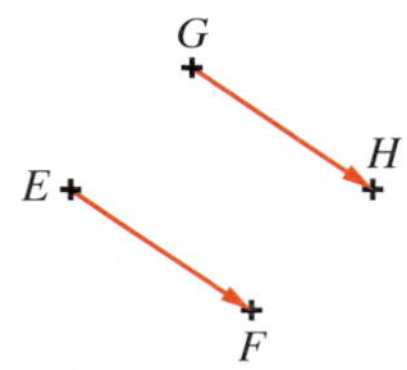

- $\overrightarrow{EF} = \overrightarrow{GH}$ équivaut à $EFHG$ est un parallélogramme.
- Lorsque $\overrightarrow{EF} = \overrightarrow{GH}$, on a également l'égalité de vecteurs $\overrightarrow{GE} = \overrightarrow{HF}$.
- Les vecteurs $\overrightarrow{EF}$ et $\overrightarrow{HG}$ ne sont pas égaux car, bien qu'ils aient même direction et même norme, ils ont des sens contraires.

Propriété Deux vecteurs non nuls $\overrightarrow{AB}$ et $\overrightarrow{CD}$ sont égaux s'ils ont la **même direction**, le **même sens** et la **même norme**.

Remarques

- On considère un vecteur $\overrightarrow{AB}$.

On peut tracer à partir de n'importe quel point du plan un vecteur égal à $\overrightarrow{AB}$, par exemple $\overrightarrow{CD}, \overrightarrow{EF}, \overrightarrow{GH}$, etc.

Tous ces vecteurs sont donc égaux. On peut alors utiliser une unique lettre pour caractériser ce vecteur : $\vec{u}$ par exemple.

Ainsi, $\overrightarrow{AB} = \overrightarrow{CD} = \overrightarrow{EF} = \overrightarrow{GH} = \vec{u}$.

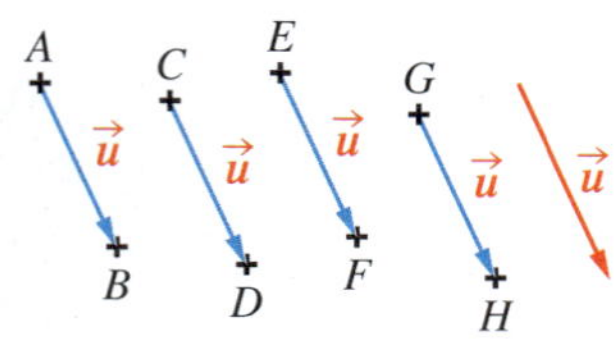

Les vecteurs $\overrightarrow{AB}, \overrightarrow{CD}, \overrightarrow{EF}, \overrightarrow{GH}$ sont parfois appelés des **représentants** du vecteur $\vec{u}$.

- **Notation :** la **norme** d'un vecteur $\vec{u}$ est notée $\|\vec{u}\|$.

Propriété (caractérisation du milieu d'un segment)
I est le milieu d'un segment $[AB]$ **si et seulement si** $\overrightarrow{AI} = \overrightarrow{IB}$.

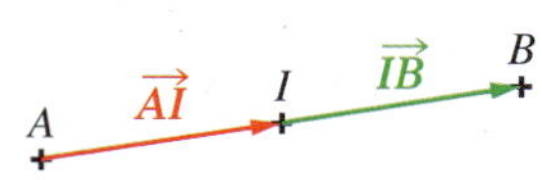

I est le milieu du segment $[AB]$ équivaut à $\overrightarrow{AI} = \overrightarrow{IB}$.

méthode

CAPACITÉ 2 Représenter géométriquement des vecteurs

Énoncé 1. Reproduire la figure ci-contre sur papier quadrillé.

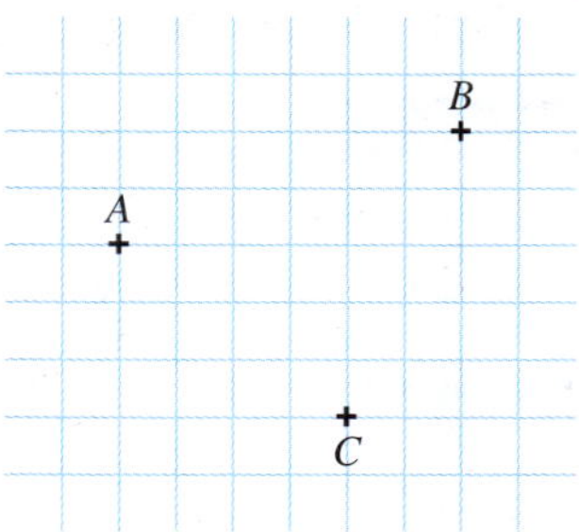

2. a. Construire l'image D du point C par la translation de vecteur $\overrightarrow{AB}$.
Quelle est alors la nature du quadrilatère $ABDC$?
Quelles égalités de vecteurs peut-on alors en déduire ?

b. Construire le point E tel que $\overrightarrow{AE} = \overrightarrow{BC}$.
Quelle autre égalité de vecteurs peut-on écrire ?

3. Quelle conjecture peut-on faire concernant les points E, C et D ?
En utilisant des égalités de vecteurs, démontrer cette conjecture.

4. Soit O le milieu du segment $[AC]$. Parmi les égalités suivantes, lesquelles sont vraies ? Justifier.

a. $\overrightarrow{AO} = \overrightarrow{AC}$ b. $\overrightarrow{EO} = \overrightarrow{OB}$ c. $EO = OB$ d. $\overrightarrow{AO} = \overrightarrow{CO}$ e. $AO = CO$

Solution rédigée

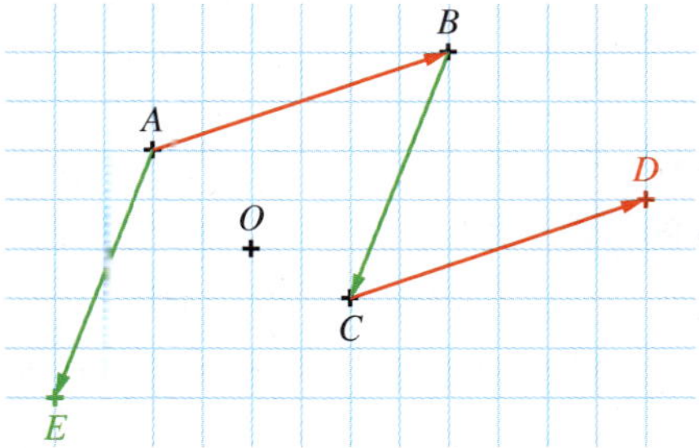

2. a. D est l'image du point C par la translation de vecteur $\overrightarrow{AB}$ si et seulement si $ABDC$ est un parallélogramme. On a alors les égalités suivantes : $\overrightarrow{AB} = \overrightarrow{CD}$ et $\overrightarrow{AC} = \overrightarrow{BD}$ (on a aussi $\overrightarrow{BA} = \overrightarrow{DC}$ et $\overrightarrow{CA} = \overrightarrow{DB}$).

b. E est défini par l'égalité $\overrightarrow{AE} = \overrightarrow{BC}$ ainsi le quadrilatère $AECB$ est un parallélogramme. On peut dès lors construire le point E.
On déduit alors l'égalité $\overrightarrow{AB} = \overrightarrow{EC}$ (et $\overrightarrow{BA} = \overrightarrow{CE}$).

3. Le point C semble être le milieu du segment $[ED]$. Pour le démontrer, on a vu que $\overrightarrow{AB} = \overrightarrow{CD}$ et $\overrightarrow{AB} = \overrightarrow{EC}$ donc on déduit $\overrightarrow{EC} = \overrightarrow{CD}$ ce qui traduit le fait que C est le milieu du segment $[ED]$.

4. a. Les vecteurs $\overrightarrow{AO}$ et $\overrightarrow{AC}$ ont même direction et même sens mais **n'ont pas la même norme** ($AC = 2AO$) donc ils ne sont pas égaux.

b. O est le milieu de la diagonale $[AC]$ du parallélogramme $ABCE$, O est donc aussi le milieu de la diagonale $[EB]$ donc $\overrightarrow{EO} = \overrightarrow{OB}$.

c. Puisque O est le milieu de $[EB]$, les longueurs EO et OB sont égales.

d. et e. Les vecteurs $\overrightarrow{AO}$ et $\overrightarrow{CO}$ ont même direction et même norme mais ont des **sens contraires**. Par conséquent, ils ne sont pas égaux.
En revanche, on a bien l'égalité de longueurs $AO = CO$.

Point méthode
2. b. On traduit l'égalité de vecteurs par la présence d'un parallélogramme et vice-versa.

Point méthode
3. Pour prouver qu'un point I est le milieu d'un segment $[AB]$, il suffit de prouver l'égalité de **vecteurs** $\overrightarrow{AI} = \overrightarrow{IB}$.

Point méthode
4. Deux vecteurs non nuls sont égaux s'ils ont même direction, même sens et même norme.

J'applique en autonomie

Voir corrigés p. 402 Voir exercices similaires n°s 51, 52 et 57

21 On considère la figure ci-contre où chaque carreau du quadrillage a pour côté 1.

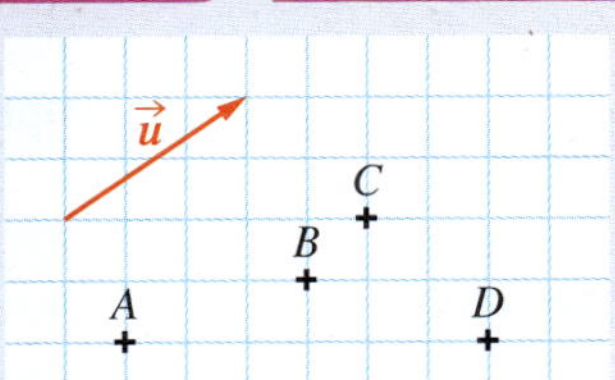

1. Reproduire la figure.
2. Construire le vecteur $\vec{v}$ d'origine A, ayant pour direction la droite (AD), pour sens de A vers D et une norme égale à 4.
3. Construire le vecteur $\vec{w}$ d'origine D, ayant pour direction la droite (BC), pour sens de B vers C et une norme égale à 2.
4. Construire le vecteur $\vec{z}$ d'origine C, égal à $\vec{u}$.
5. Construire le vecteur $\vec{t}$ d'extrémité A, égal à $\vec{u}$.

22 À partir de la figure ci-contre :

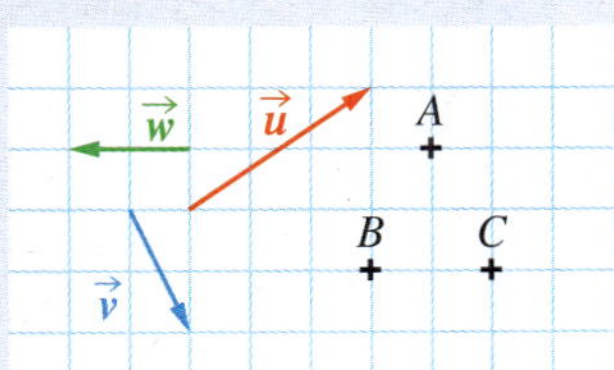

1. construire le point D tel que $\overrightarrow{AD} = \vec{u}$;
2. construire le point E tel que $\overrightarrow{BE} = \vec{v}$;
3. construire le point F tel que $\overrightarrow{FC} = \vec{w}$.

23 $ABCD$ et $ABEF$ sont deux parallélogrammes.
1. À l'aide d'une figure, conjecturer la nature du quadrilatère $CDFE$.
2. En utilisant des égalités de vecteurs, prouver cette conjecture.

Cours

3 Somme de vecteurs

a Définition et relation de Chasles

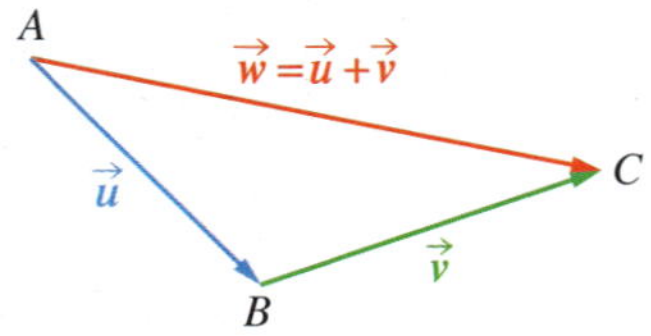

Définition La somme de deux vecteurs $\vec{u}$ et $\vec{v}$ est le vecteur $\vec{w}$ associé à la translation qui résulte de l'enchaînement des translations de vecteur $\vec{u}$ et de vecteur $\vec{v}$. On écrit $\vec{w} = \vec{u} + \vec{v}$.

Propriété On considère deux vecteurs $\vec{u}$ et $\vec{v}$ et trois points A, B et C tels que $\vec{u} = \overrightarrow{AB}$ et $\vec{v} = \overrightarrow{BC}$. On a alors $\overrightarrow{AB} + \overrightarrow{BC} = \overrightarrow{AC}$.
Cette égalité s'appelle la relation de **Chasles**.

Propriété Pour tous vecteurs $\vec{u}$, $\vec{v}$ et $\vec{w}$, on a :

- $\vec{u} + \vec{v} = \vec{v} + \vec{u}$
- $\vec{u} + \vec{0} = \vec{u}$
- $\vec{u} + (\vec{v} + \vec{w}) = (\vec{u} + \vec{v}) + \vec{w}$

Exemple
Soient M, N et P trois points quelconques.

- $\overrightarrow{MN} + \overrightarrow{NP} = \overrightarrow{MP}$
- $\overrightarrow{MP} + \overrightarrow{PN} + \overrightarrow{NM} = \overrightarrow{MN} + \overrightarrow{NM}$
  $= \overrightarrow{MM} = \vec{0}$

Exemple
Soient A, B et C trois points.
On a $\overrightarrow{AB} + \overrightarrow{BA} = \overrightarrow{AA} = \vec{0}$, ainsi les vecteurs $\overrightarrow{AB}$ et $\overrightarrow{BA}$ sont **opposés**.
On a $\overrightarrow{BA} = -\overrightarrow{AB}$.

b Opposé d'un vecteur

Définition L'opposé d'un vecteur $\vec{u}$ du plan est le vecteur, noté $-\vec{u}$, tel que $\vec{u} + (-\vec{u}) = \vec{0}$. Un vecteur non nul et son opposé ont la même direction, la même norme, mais ont des **sens contraires**.

Remarque
La différence $\vec{u} - \vec{v}$ de deux vecteurs $\vec{u}$ et $\vec{v}$ est définie par $\vec{u} - \vec{v} = \vec{u} + (-\vec{v})$.

4 Produit d'un vecteur par un réel

a Définition et propriété

Définition Soient $\vec{u}$ un vecteur non nul du plan et k un nombre réel non nul. Le vecteur $k\vec{u}$ est le vecteur qui a la même direction que $\vec{u}$ et qui a pour norme $|k| \times \|\vec{u}\|$. Son sens est le même que celui de $\vec{u}$ si $k > 0$ et de sens contraire à $\vec{u}$ si $k < 0$. De plus, si $k = 0$ ou $\vec{u} = \vec{0}$ alors $k\vec{u} = \vec{0}$.

Exemple

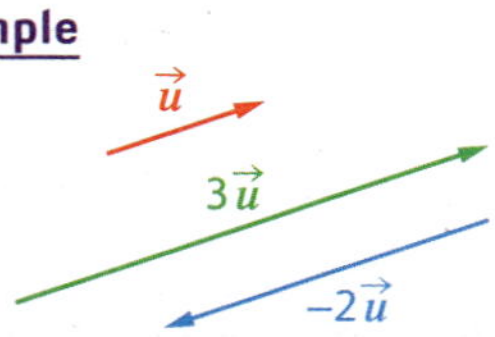

Propriété Pour tous vecteurs $\vec{u}$ et $\vec{v}$ et tous réels k et k', on a :

- $k(\vec{u} + \vec{v}) = k\vec{u} + k\vec{v}$
- $k(\vec{u} - \vec{v}) = k\vec{u} - k\vec{v}$
- $(k + k')\vec{u} = k\vec{u} + k'\vec{u}$
- $k(k'\vec{u}) = (kk')\vec{u}$
- $k\vec{u} = \vec{0}$ si et seulement si $k = 0$ ou $\vec{u} = \vec{0}$.

Caractérisations du milieu

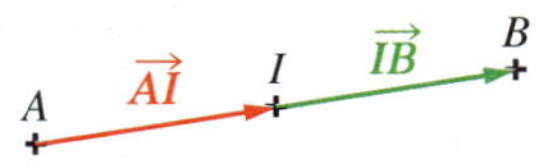

I est le milieu du segment $[AB]$
$\Leftrightarrow \overrightarrow{AI} = \overrightarrow{IB} \Leftrightarrow \overrightarrow{IA} + \overrightarrow{IB} = \vec{0}$
$\Leftrightarrow \overrightarrow{AB} = 2\overrightarrow{AI} \Leftrightarrow \overrightarrow{AI} = \frac{1}{2}\overrightarrow{AB}$

b Vecteurs colinéaires et application

Définition Deux vecteurs $\vec{u}$ et $\vec{v}$ non nuls sont **colinéaires** lorsqu'il existe un nombre réel k non nul tel que $\vec{u} = k\vec{v}$.
$\vec{u}$ et $\vec{v}$ sont colinéaires signifie donc qu'ils ont la **même direction**.

Exemple

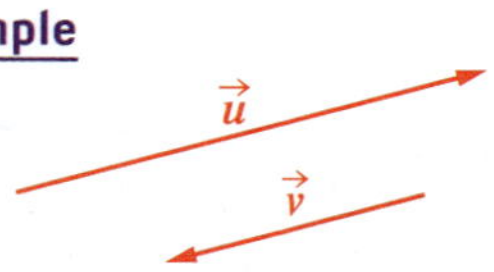

Vecteurs **colinéaires** (**même direction**)

Propriétés Soient A, B, C et D quatre points du plan distincts deux à deux.

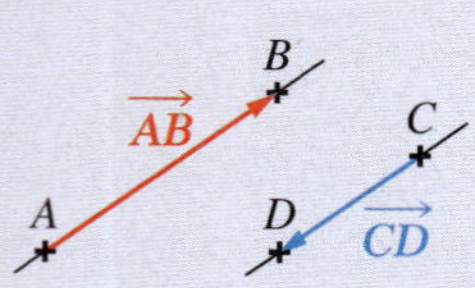

(AB) et (CD) **parallèles**
$\Leftrightarrow \overrightarrow{AB}$ et $\overrightarrow{CD}$ **colinéaires**

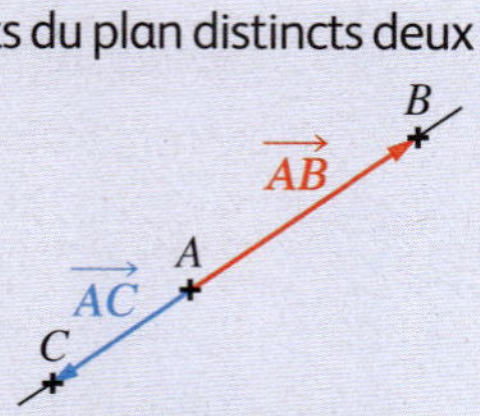

A, B et C **alignés**
$\Leftrightarrow \overrightarrow{AB}$ et $\overrightarrow{AC}$ **colinéaires**

CAPACITÉ 3 Représenter la somme de deux vecteurs et le produit d'un vecteur par un réel

Énoncé 1. Reproduire la figure ci-contre sur papier quadrillé.

2. Construire un représentant d'origine O des vecteurs suivants.

a. $\vec{z_1}=\vec{u}+\vec{v}$ b. $\vec{z_2}=\vec{w}-\vec{u}$ c. $\vec{z_3}=-3\vec{w}$ d. $\vec{z_4}=\frac{3}{2}\vec{v}$

3. Construire le point D tel que $\overrightarrow{BD}=\overrightarrow{AB}+\overrightarrow{AC}$.

4. Construire le point E tel que $\overrightarrow{CE}=\overrightarrow{AB}+2\overrightarrow{BC}$.

5. Construire le point F tel que $\overrightarrow{AF}=\overrightarrow{OB}+\overrightarrow{CO}$.

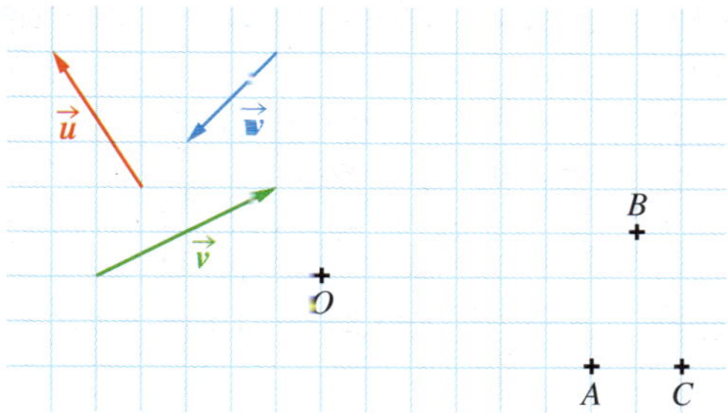

Solution rédigée

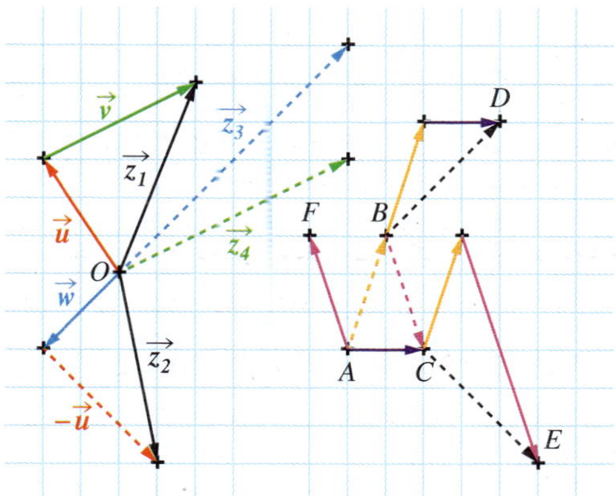

2. a. Pour construire $\vec{z_1}$: on dispose « bout à bout », à partir du point O, le vecteur $\vec{u}$ suivi du vecteur $\vec{v}$ (ou encore le vecteur $\vec{v}$ suivi de $\vec{u}$). L'origine du vecteur $\vec{z_1}$ est O et son extrémité est celle du représentant de $\vec{v}$ précédemment construit (voir figure ci-contre).

b. Pour construire $\vec{z_2}=\vec{w}+\left(-\vec{u}\right)$, on dispose « bout à bout », à partir du point O, le vecteur $\vec{w}$ suivi de l'**opposé** du vecteur $\vec{u}$.

c. Le vecteur $\vec{z_3}$ a la même direction que $\vec{w}$, sa norme vaut 3 fois celle de $\vec{w}$ et son sens est contraire à celui de $\vec{w}$.

d. Le vecteur $\vec{z_4}$ a la même direction et le même sens que $\vec{v}$, sa norme vaut 1,5 fois celle de $\vec{v}$.

3. Pour construire le point D : on dispose « bout à bout », à partir du point B, le vecteur $\overrightarrow{AB}$ suivi du vecteur $\overrightarrow{AC}$. L'extrémité du vecteur $\overrightarrow{AC}$ est le point D cherché. Voir la figure ci-dessus.

4. Pour construire le point E : on dispose « bout à bout », à partir du point C, le vecteur $\overrightarrow{AB}$ suivi du vecteur $\overrightarrow{BC}$ disposé **deux fois** « bout à bout ». L'extrémité obtenue est le point E cherché.

5. On remarque que $\overrightarrow{OB}+\overrightarrow{CO}=\overrightarrow{CO}+\overrightarrow{OB}=\overrightarrow{CB}$ d'après la relation de Chasles. Donc pour construire le point F, il suffit de reporter le vecteur $\overrightarrow{CB}$ à partir du point A.

Point méthode

2. à 4. : Pour construire une somme vectorielle, on dispose « bout à bout » tous les vecteurs de la somme à partir d'une origine. On obtient alors l'extrémité du vecteur somme recherché.

J'applique en autonomie

Voir corrigés p. 402 Voir exercices similaires n°s 61, 64, 67 et 68

24 Soient $\vec{u}$ et $\vec{v}$ deux vecteurs d'origine O.

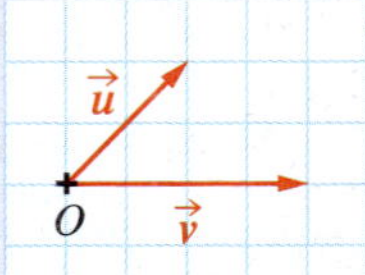

1. Construire les vecteurs $-\vec{u}$ et $-\vec{v}$ d'origine O.
2. Construire un représentant, d'origine O, des vecteurs suivants.

a. $\vec{z_1}=\vec{u}+\vec{v}$ b. $\vec{z_2}=\vec{u}-\vec{v}$ c. $\vec{z_3}=-2\vec{u}$ d. $\vec{z_4}=3\vec{u}-\frac{7}{4}\vec{v}$

25 Reproduire la figure ci-contre et construire les sommes suivantes.

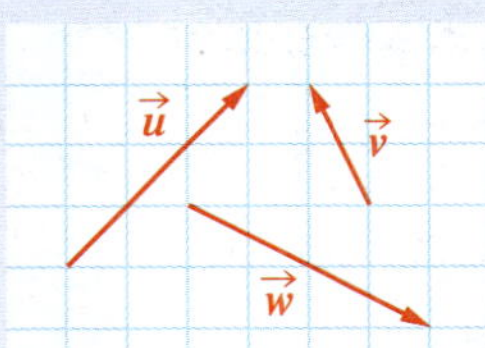

1. $\vec{u}+\vec{v}$
2. $\vec{v}-\vec{w}$
3. $\vec{u}+\vec{v}+\vec{w}$
4. $\frac{2}{3}\vec{u}-2\vec{v}$
5. $-2\vec{u}+\frac{1}{2}\vec{w}$
6. $\frac{5}{3}\vec{u}-\frac{1}{2}\vec{w}$
7. $-\frac{2}{3}\vec{u}+\frac{3}{2}\vec{w}$

26 Reproduire la figure ci-contre.

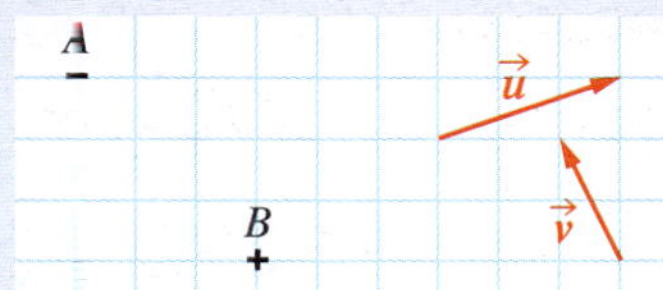

1. Construire le point C tel que $\overrightarrow{AC}=-\vec{u}+2\vec{v}$.
2. Construire le point D tel que $\overrightarrow{BD}=-\vec{u}+2\vec{v}$.
3. a. Que peut-on dire des vecteurs $\overrightarrow{AC}$ et $\overrightarrow{BD}$?

b. En déduire la nature du quadrilatère $ABDC$.

27 1. Reproduire la figure ci-contre.

2. Placer les points D, E et F tels que :

a. $\overrightarrow{AD}=\frac{1}{2}\overrightarrow{AB}$ b. $\overrightarrow{AE}=-2\overrightarrow{DB}$ c. $\overrightarrow{DF}=\frac{2}{3}\overrightarrow{DE}$

3. Compléter les égalités suivantes par un réel.

a. $\overrightarrow{EB}=\ldots\overrightarrow{AF}$ b. $\overrightarrow{AD}=\ldots\overrightarrow{ED}$ c. $\overrightarrow{DC}=\ldots\overrightarrow{DE}$

Méthode

CAPACITÉ 4 Montrer l'alignement ou le parallélisme par la colinéarité de vecteurs

Énoncé **1.** Sur papier quadrillé, reproduire le parallélogramme $ABCD$ ci-contre et placer les points P et Q définis par $\overrightarrow{AP} = \frac{1}{2}\overrightarrow{BA}$ et $\overrightarrow{AQ} = \frac{1}{3}\overrightarrow{AD}$.

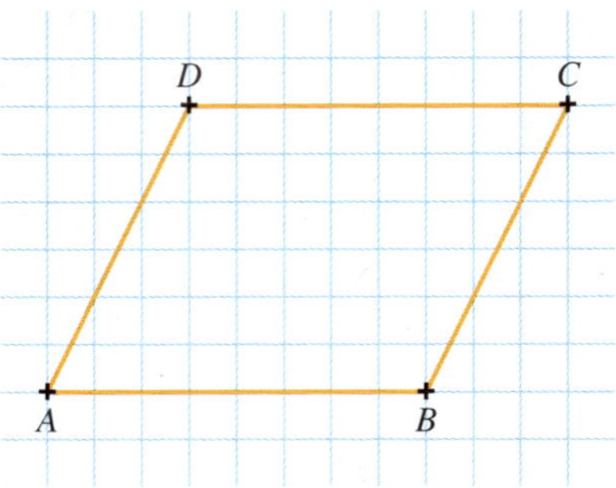

2. Émettre une conjecture quant aux points P, Q et C.

3. a. À l'aide de la relation de Chasles, compléter l'égalité $\overrightarrow{PC} = \overrightarrow{P\ldots} + \overrightarrow{A\ldots}$

b. À l'aide de la relation de Chasles et en utilisant le fait que $ABCD$ est un parallélogramme, montrer que $\overrightarrow{AC} = \overrightarrow{AB} + \overrightarrow{AD}$.

c. Déduire des questions **2. a.** et **2. b.** que $\overrightarrow{PC} = \frac{3}{2}\overrightarrow{AB} + \overrightarrow{AD}$.

4. En utilisant la relation de Chasles montrer que $\overrightarrow{PQ} = \frac{1}{2}\overrightarrow{AB} + \frac{1}{3}\overrightarrow{AD}$.

5. Que peut-on en déduire quant aux vecteurs $\overrightarrow{PC}$ et $\overrightarrow{PQ}$? Conclure.

Solution rédigée

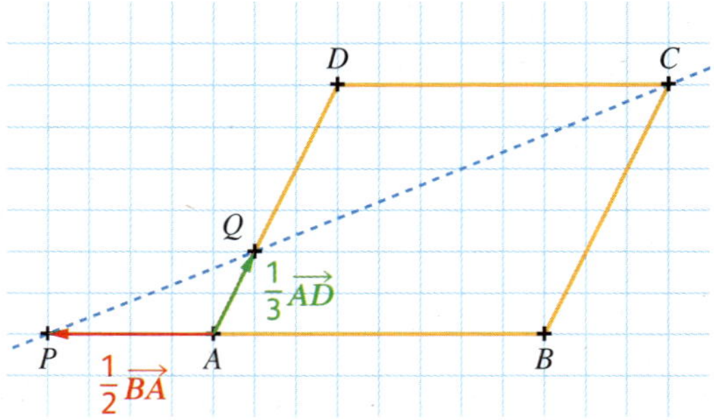

2. On a construit les points P et Q sur la figure ci-contre. On peut conjecturer que les points P, Q et C sont alignés.

3. a. La relation de Chasles donne $\overrightarrow{PC} = \overrightarrow{PA} + \overrightarrow{AC}$.

b. Par la relation de Chasles, on a $\overrightarrow{AC} = \overrightarrow{AB} + \overrightarrow{BC}$. Or $ABCD$ étant un parallélogramme, on a l'égalité $\overrightarrow{BC} = \overrightarrow{AD}$ d'où $\overrightarrow{AC} = \overrightarrow{AB} + \overrightarrow{AD}$.

c. Des questions **a.** et **b.** précédentes, on déduit que $\overrightarrow{PC} = \overrightarrow{PA} + \overrightarrow{AC} = \overrightarrow{PA} + \overrightarrow{AB} + \overrightarrow{AD}$. Or, d'après l'énoncé, $\overrightarrow{PA} = -\overrightarrow{AP} = -\frac{1}{2}\overrightarrow{BA} = \frac{1}{2}\overrightarrow{AB}$ et donc,
$\overrightarrow{PC} = \frac{1}{2}\overrightarrow{AB} + \overrightarrow{AB} + \overrightarrow{AD} = \frac{3}{2}\overrightarrow{AB} + \overrightarrow{AD}$.

4. Avec la relation de Chasles, on a $\overrightarrow{PQ} = \overrightarrow{PA} + \overrightarrow{AQ} = \frac{1}{2}\overrightarrow{AB} + \frac{1}{3}\overrightarrow{AD}$.

5. On remarque que $3\overrightarrow{PQ} = 3\left(\frac{1}{2}\overrightarrow{AB} + \frac{1}{3}\overrightarrow{AD}\right) = \frac{3}{2}\overrightarrow{AB} + \overrightarrow{AD} = \overrightarrow{PC}$. Ainsi, les vecteurs $\overrightarrow{PQ}$ et $\overrightarrow{PC}$ sont colinéaires et les points P, Q et C alignés.

Point méthode

4. Ici, la relation de Chasles permet d'introduire le point A et les vecteurs $\overrightarrow{PA}$ et $\overrightarrow{AD}$ sur lesquels l'énoncé donne des informations.

Point méthode

5. Les **décompositions** des vecteurs $\overrightarrow{PQ}$ et $\overrightarrow{PC}$ en fonction de $\overrightarrow{AB}$ et $\overrightarrow{AD}$ permettent de prouver la colinéarité de ces vecteurs.

J'applique en autonomie

Voir corrigés p. 403 Voir exercices similaires n°s 72, 74, 78 et 81

28 Soit ABC un triangle non aplati.

1. À l'aide de la relation de Chasles, compléter :

$$\overrightarrow{BC} = \overrightarrow{B\ldots} + \overrightarrow{A\ldots}$$

2. Décomposer en fonction de $\overrightarrow{AB}$ et $\overrightarrow{AC}$ les vecteurs $\vec{u}$ et $\vec{v}$ suivants.

- $\vec{u} = -2\overrightarrow{BA} + 3\overrightarrow{BC}$
- $\vec{v} = 2\overrightarrow{BC} + 4\overrightarrow{AC}$

3. $\vec{u}$ et $\vec{v}$ sont-ils colinéaires ? Justifier.

29 Soit un triangle ABC non aplati. Dans chaque cas, justifier que les vecteurs $\vec{u}$ et $\vec{v}$ sont colinéaires.

1. $\vec{u} = 2\overrightarrow{AB} - \overrightarrow{AC}$ et $\vec{v} = 4\overrightarrow{AB} - 2\overrightarrow{AC}$

2. $\vec{u} = 4\overrightarrow{AB} - 2\overrightarrow{AC}$ et $\vec{v} = 3\overrightarrow{AB} + \frac{3}{2}\overrightarrow{CA}$

3. $\vec{u} = 2\overrightarrow{AB} + 3\overrightarrow{BC}$ et $\vec{v} = 2\overrightarrow{AB} - 6\overrightarrow{AC}$

30 Soient un triangle ABC non aplati et les points E et F définis par $\overrightarrow{CE} = \frac{1}{3}\overrightarrow{CA}$ et $\overrightarrow{AF} = \frac{3}{2}\overrightarrow{AB}$.

1. Tracer une figure. Quelle conjecture peut-on émettre quant aux droites (BE) et (CF) ?

2. Pour montrer cette conjecture, que suffit-il de montrer quant aux vecteurs $\overrightarrow{CF}$ et $\overrightarrow{BE}$?

3. a. À l'aide de la relation de Chasles, compléter :

$$\overrightarrow{BE} = \overrightarrow{B\ldots} + \overrightarrow{C\ldots} \text{ et } \overrightarrow{BC} = \overrightarrow{\ldots A} + \overrightarrow{\ldots C}$$

b. En déduire que $\overrightarrow{BE} = -\overrightarrow{AB} + \frac{2}{3}\overrightarrow{AC}$.

4. De façon analogue, en utilisant la relation de Chasles, exprimer le vecteur $\overrightarrow{CF}$ en fonction de $\overrightarrow{AB}$ et $\overrightarrow{AC}$.

5. Conclure.

CAPACITÉ 5 Résoudre des problèmes de géométrie sur des figures simples

Énoncé On considère un cercle $\mathscr{C}$ de centre O et de diamètre $[AC]$. On place un point B sur le cercle $\mathscr{C}$, distinct de A et C. On souhaite démontrer que le triangle ABC est rectangle en B.

1. a. Tracer une figure.

b. Soit D le point tel que $\overrightarrow{AD} = \overrightarrow{BC}$. Que peut-on déduire du quadrilatère $ABCD$?

c. En déduire que le point D est sur le cercle $\mathscr{C}$ puis placer le point D sur la figure.

2. Justifier que $AC = BD$, puis en déduire la nature du quadrilatère $ABCD$.

3. Conclure.

Solution rédigée

1. a. et **c.**

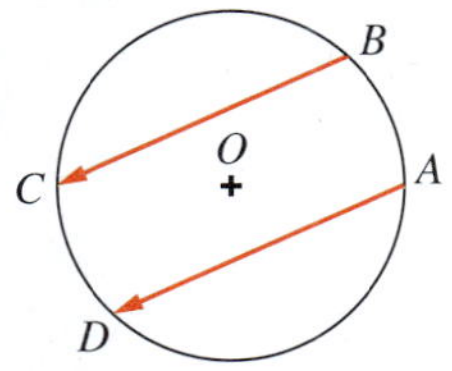

b. Avec $\overrightarrow{AD} = \overrightarrow{BC}$, on déduit que $ABCD$ est un parallélogramme.

c. On sait que le rayon du cercle est égal à OA (ou encore OC ou OB).
D appartient au cercle $\mathscr{C}$ si, et seulement si, $OD = OA$.
Comme $ABCD$ est un parallélogramme, ses diagonales $[AC]$ et $[BD]$ se coupent en leur milieu. O est le milieu de $[AC]$, donc O est également le milieu de $[BD]$. Ainsi, $OD = OB = OA$.
Donc D est sur le cercle $\mathscr{C}$.

2. O étant le milieu de $[AC]$ et $[BD]$, on a :

$$AC = OA + OC = OB + OD = BD$$

$ABCD$ est donc un parallélogramme qui a ses diagonales de même longueur, c'est donc un rectangle.

3. $ABCD$ étant un rectangle, on en déduit que le triangle ABC est rectangle en B.

Info
On vient de démontrer un résultat bien connu au collège : « si ABC est un triangle inscrit dans un cercle $\mathscr{C}$ (c'est-à-dire les points A, B et C sont sur le cercle) dont $[AC]$ est un diamètre, alors ABC est un triangle rectangle en B ».

Point méthode
1. a. Lorsqu'aucune information n'est donnée, on construit une figure quelconque, sans particularité.
Ici par exemple, $[AC]$ et $[BO]$ ne sont pas perpendiculaires.

Point méthode
1. c. Pour montrer que le point D appartient au cercle $\mathscr{C}$ de centre O, il suffit de montrer que OD est égal au rayon. Ici, on peut prendre OA comme rayon.

Point méthode
2. En géométrie, il est fréquent que plusieurs démarches conduisent à une même conclusion. On peut justifier que $AC = BD$ en remarquant que $[BD]$ est également un diamètre.

J'applique en autonomie

Voir corrigés p. 403 Voir exercices similaires nos 86, 87 et 91

31 Le triangle ABE est -il rectangle ? Justifier.

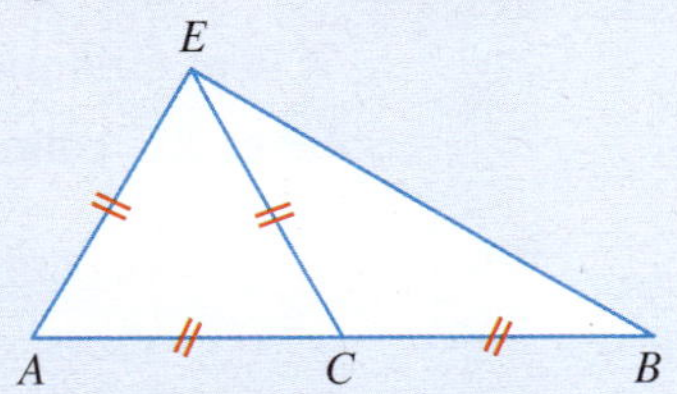

32 $ABCD$ est un parallélogramme de centre O et I est le milieu du côté $[BC]$. On note P le point d'intersection de la droite (AI) avec la diagonale $[DB]$. Justifier que la droite (CP) coupe le segment $[AB]$ en son milieu.

33 Soit ABC un triangle isocèle en C.
On construit le point A' symétrique du point A par rapport à C et le point B' tel quel $\overrightarrow{BA} = \overrightarrow{A'B'}$.

1. Faire une figure.

2. Quelle est la nature du quadrilatère $ABA'B'$?

34 On considère un trapèze $ABCD$ de bases $[AD]$ et $[BC]$. On place E sur le segment $[AD]$ et F sur le segment $[BC]$ tels que $AE = CF$.

1. Faire une figure à main levée.

2. Démontrer que $AFCE$ est un parallélogramme.

Je **fais** le **point**

Je revois mon cours

Triangle rectangle

Trigonométrie

Si ABC est un triangle rectangle en A, alors on a :

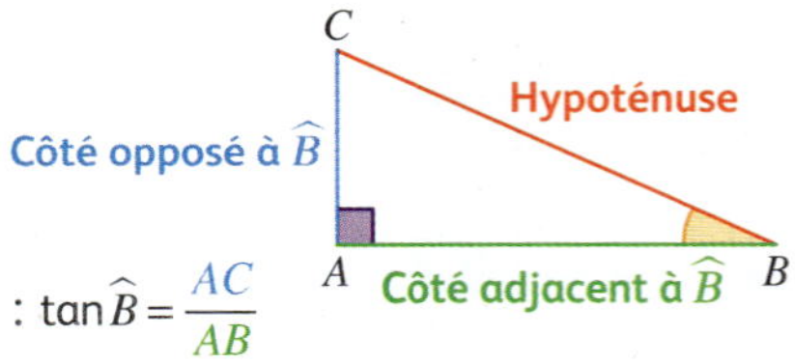

$\cos\widehat{B} = \dfrac{AB}{BC}$; $\sin\widehat{B} = \dfrac{AC}{BC}$; $\tan\widehat{B} = \dfrac{AC}{AB}$

Caractérisation des triangles rectangles

Le triangle ABC est rectangle en A

$\Leftrightarrow BC^2 = AB^2 + AC^2$ (théorème de Pythagore)

$\Leftrightarrow ABC$ est inscrit dans le cercle de diamètre $[BC]$

Projection orthogonale et distance

Projeté orthogonal du point A sur la droite Δ.

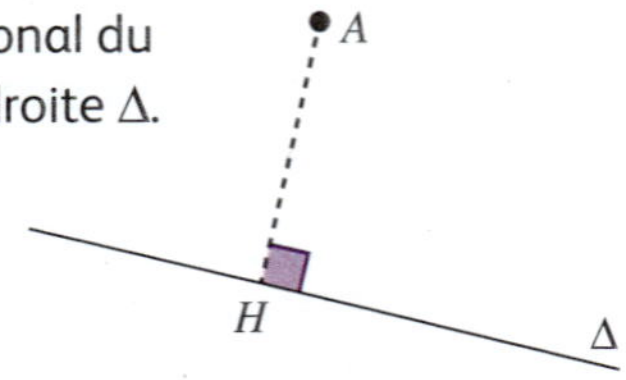

La distance du point A à la droite Δ est la plus petite distance entre A et un point de Δ :

$$d(A, \Delta) = AH$$

Translation

La **translation** de vecteur $\overrightarrow{AB}$ transforme le point A en B.

Le vecteur non nul $\overrightarrow{AB}$ a :

- une **direction,** celle de la droite (AB) ;
- un **sens,** de A vers B ;
- une **norme,** notée $\left\|\overrightarrow{AB}\right\|$, égale à la longueur AB.

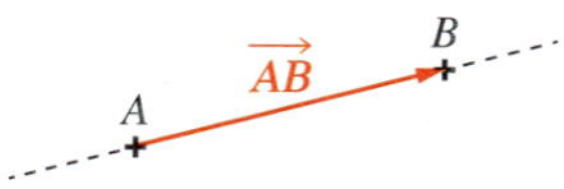

Vecteurs égaux

$\overrightarrow{AB} = \overrightarrow{CD}$ équivaut à : $ABDC$ est un parallélogramme.

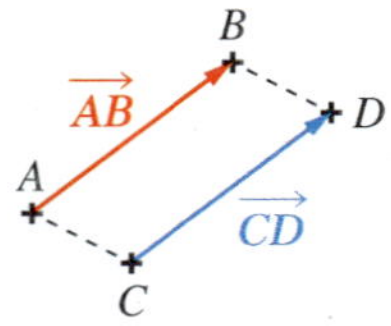

Somme de deux vecteurs $\vec{u}$ et $\vec{v}$

On dispose $\vec{u}$ et $\vec{v}$ « bout à bout » pour obtenir le vecteur somme $\vec{u} + \vec{v}$.

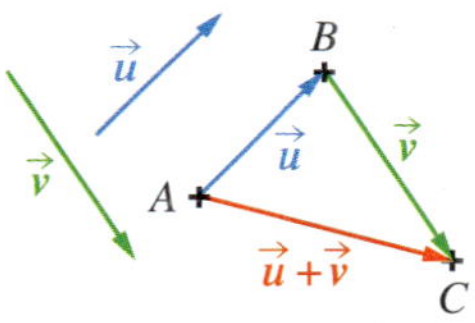

Relation de Chasles : $\overrightarrow{AB} + \overrightarrow{BC} = \overrightarrow{AC}$

Produit d'un vecteur par un réel

Pour $\vec{u}$ vecteur non nul et k un nombre réel non nul :

- $\vec{u}$ et $k\vec{u}$ ont la même direction ;
- si $k < 0$ alors $\vec{u}$ et $k\vec{u}$ sont de **sens contraires** ;

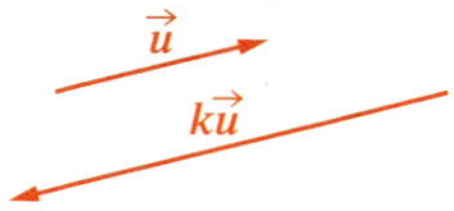

- si $k > 0$ alors $\vec{u}$ et $k\vec{u}$ sont de **même sens** ;

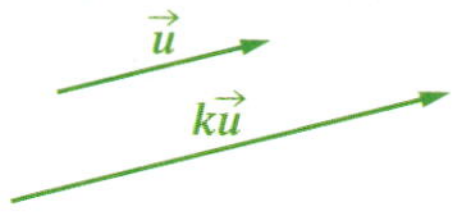

- la norme de $k\vec{u}$ est égale à $|k| \times \left\|\vec{u}\right\|$.

Vecteurs colinéaires

Deux vecteurs non nuls $\vec{u}$ et $\vec{v}$ sont **colinéaires** lorsqu'il existe un réel k non nul tel que $\vec{u} = k\vec{v}$.

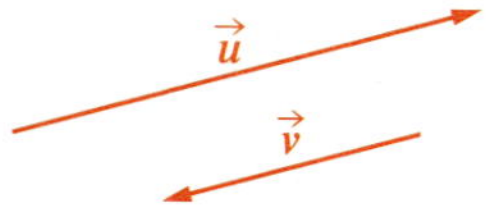

Vecteurs **colinéaires** non nuls (**même direction**)

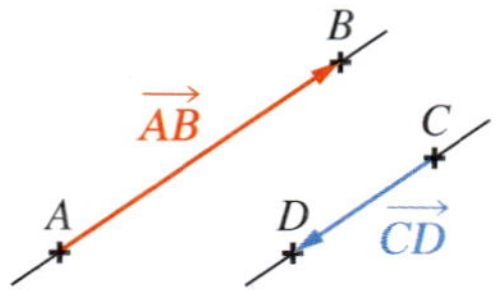

(AB) et (CD) **parallèles** $\Leftrightarrow \overrightarrow{AB}$ et $\overrightarrow{CD}$ **colinéaires**

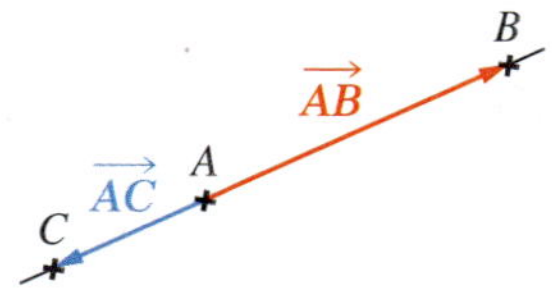

A, B et C **alignés** $\Leftrightarrow \overrightarrow{AB}$ et $\overrightarrow{AC}$ **colinéaires**

Je m'exerce à démontrer

DÉMO PAS À PAS hachette-clic.fr/25de2039

On rappelle que M est le milieu d'un segment $[AB]$ si et seulement si $\overrightarrow{AM} = \overrightarrow{MB}$. Montrer alors que :
M est le milieu de $[AB]$ si et seulement si $\overrightarrow{AM} = \dfrac{1}{2}\overrightarrow{AB}$

VERSION INTERACTIVE
hachette-clic.fr/25de2040

Voir corrigés p. 403

QCM

Pour chacune des questions, indiquer la (ou les) bonne(s) réponse(s).

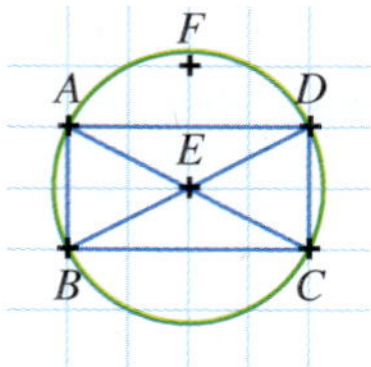

On considère les six points A, B, C, D, E et F comme indiqué sur la figure ci-contre.
Le point E est le centre du cercle passant par les points A, B, C et D.

	a	b	c
1. Le quadrilatère $ABCD$ est :	un parallélogramme	un rectangle	un losange
2. Le triangle ABE est :	rectangle en E	isocèle en E	équilatéral
3. La mesure de l'angle $\widehat{ADB}$, arrondie à l'unité, est :	27°	45°	30°
4. Le quadrilatère $AFDE$ est :	un parallélogramme	un rectangle	un losange
5. L'image de E par la translation de vecteur $\overrightarrow{FA}$ est :	B	D	A
6. Les vecteurs égaux sont :	$\overrightarrow{DF}$ et $\overrightarrow{AE}$	$\overrightarrow{AC}$ et $\overrightarrow{BD}$	$\overrightarrow{EF}$ et $\overrightarrow{BA}$
7. Un vecteur opposé à $\overrightarrow{DC}$ est :	$\overrightarrow{AB}$	$\overrightarrow{EF}$	$\overrightarrow{CD}$
8. On a les égalités :	$\overrightarrow{DF}=\overrightarrow{AE}$	$\overrightarrow{DF}=-2\overrightarrow{AC}$	$\overrightarrow{BD}=2\overrightarrow{AF}$
9. D'après la relation de Chasles, on a :	$\overrightarrow{AB}+\overrightarrow{AC}=\overrightarrow{BC}$	$\overrightarrow{BC}+\overrightarrow{AB}=\overrightarrow{AC}$	$\overrightarrow{BD}+\overrightarrow{FA}=\overrightarrow{BE}$
10. Les couples de vecteurs colinéaires sont :	$\overrightarrow{DF}$ et $\overrightarrow{AC}$	$\overrightarrow{AC}$ et $\overrightarrow{BD}$	$\overrightarrow{EF}$ et $\overrightarrow{BA}$

vrai ou faux ?

Indiquer pour chaque affirmation, si elle est vraie ou fausse. Justifier.

Partie A.

On considère la figure ci-dessous où $AD=3$ cm.

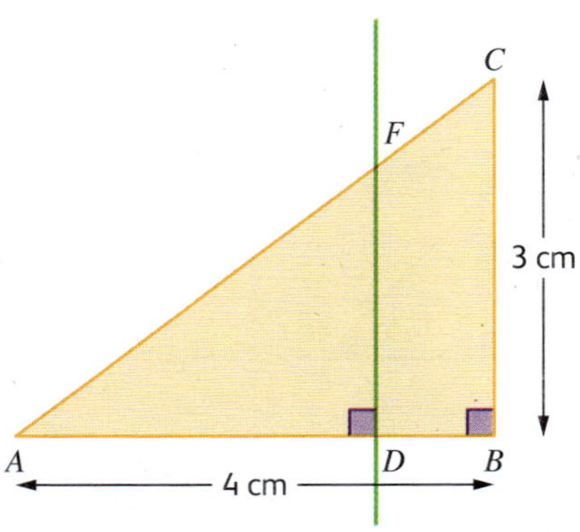

1. $AC=5$ cm

2. La mesure arrondie au dixième de l'angle $\widehat{A}$ est 40°.

3. Les vecteurs $\overrightarrow{DF}$ et $\overrightarrow{CB}$ sont colinéaires.

4. $\overrightarrow{AD}=4\overrightarrow{DB}$

5. L'aire du triangle ADF est égale à 3,375 cm^2.

6. La distance du point B à la droite (AC) est égale à 2,4 cm.

Partie B.

Dans chacune des questions suivantes, on considère les points deux à deux distincts A, B, C, D, E et F.

1. Si $\overrightarrow{AB}=\overrightarrow{CD}$, alors $AB=CD$.

2. Si $AB=CD$, alors $\overrightarrow{AB}$ et $\overrightarrow{CD}$ sont égaux ou opposés.

3. Si deux vecteurs ont même direction et même norme, alors ils sont égaux ou opposés.

4. Si $\overrightarrow{AB}=\overrightarrow{CD}$, alors $\overrightarrow{AC}=\overrightarrow{BD}$.

5. Si $\overrightarrow{AC}+\overrightarrow{BC}=\vec{0}$, alors C est le milieu de $[AB]$.

6. Si $ABCD$ est un parallélogramme, alors :
$$\overrightarrow{AB}+\overrightarrow{AD}=\overrightarrow{AC}$$

7. Si $\overrightarrow{AC}$ et $\overrightarrow{EF}$ sont colinéaires, alors les points A, C, E et F sont alignés.

8. Si $\overrightarrow{EF}=\overrightarrow{AB}$ alors (EF) // (AB).

9. Si (EF) // (AB), alors $\overrightarrow{EF}=\overrightarrow{AB}$.

10. Si A, B et C sont alignés sur une droite d, alors il existe (au moins) une droite d' sur laquelle A, B et C ont le même projeté orthogonal.

11. La réciproque de l'affirmation précédente est vraie.

exercices Application

JE ME TESTE ! EXERCICES INTERACTIFS
hachette-clic.fr/25de2041

Acquérir des automatismes

35 **Vrai ou faux ?**

ABC est un triangle rectangle en B.
Indiquer si les affirmations suivantes sont vraies ou fausses.

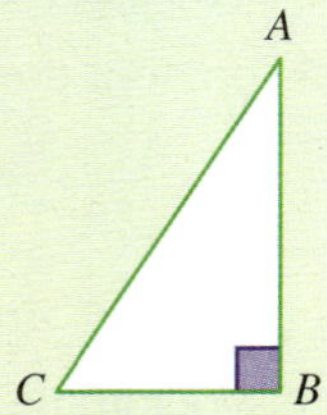

1. $AB^2 = AC^2 - BC^2$
2. $\cos(\widehat{A}) = \dfrac{BC}{AC}$
3. L'aire du triangle ABC est égale à $\dfrac{AB \times AC}{2}$.

36 On considère la figure suivante.

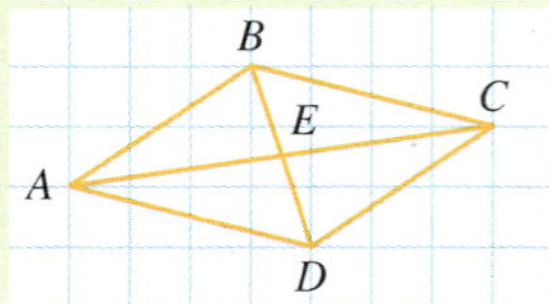

1. Donner l'image de B par la translation de vecteur $\overrightarrow{AD}$.
2. Donner l'image de E par la translation de vecteur $\overrightarrow{BE}$.
3. Compléter les pointillés :

a. $\overrightarrow{AD} = \overrightarrow{B\ldots}$ b. $\overrightarrow{BE} = \overrightarrow{\ldots D}$ c. $\overrightarrow{BA} = \overrightarrow{\ldots}$

4. Quelle est la nature du quadrilatère $ABCD$?

37 **Vrai ou faux ?** Compétence Raisonner

Préciser si les affirmations sont vraies ou fausses.

1. Si deux vecteurs sont égaux, alors ils ont la même direction.
2. Si deux vecteurs ont la même norme, alors ils sont égaux.
3. Si deux vecteurs sont opposés alors ils ont la même direction.

38 Pour chaque affirmation de l'exercice **37**, énoncer la réciproque et dire si elle est vraie ou fausse.

39 Compléter à l'aide de la relation de Chasles.

1. $\overrightarrow{AB} + \overrightarrow{\ldots C} = \overrightarrow{AC}$
2. $\overrightarrow{\ldots T} + \overrightarrow{TP} = \overrightarrow{R\ldots}$
3. $\overrightarrow{\ldots P} + \overrightarrow{P\ldots} = \overrightarrow{CF}$
4. $\overrightarrow{LK} + \overrightarrow{K\ldots} = \overrightarrow{\ldots G}$

40 Reproduire la figure ci-contre et placer les points C, D, E et F tels que :

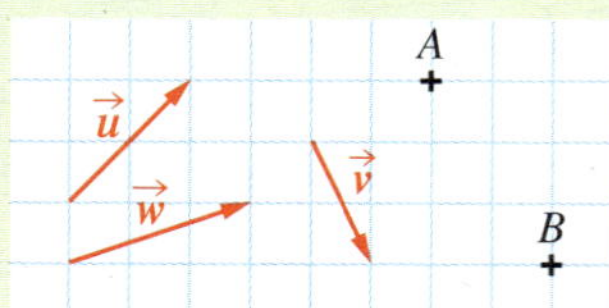

1. $\overrightarrow{AC} = \vec{v}$
2. $\overrightarrow{BD} = -\vec{w}$
3. $\overrightarrow{AE} = \vec{u} + \vec{v}$
4. $\overrightarrow{AF} = \vec{w} - \vec{v}$

41 On considère la figure suivante :

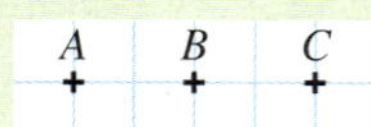

1. Les vecteurs $\overrightarrow{BA}$ et $\overrightarrow{BC}$ sont-ils colinéaires ? de même sens ? de même norme ?
2. Reproduire la figure puis placer les points D et E tels que :

a. $\overrightarrow{AD} = 3\overrightarrow{AB}$ b. $\overrightarrow{AE} = -2\overrightarrow{BC}$

Travailler les capacités du chapitre

CAPACITÉ 1 Calculer des longueurs, des angles, des aires et des volumes

Voir p. 117

Pour les exercices 42 à 44, déterminer la longueur x.

42

CORRECTION TYPE EN VIDÉO
hachette-clic.fr/25de2042

1.
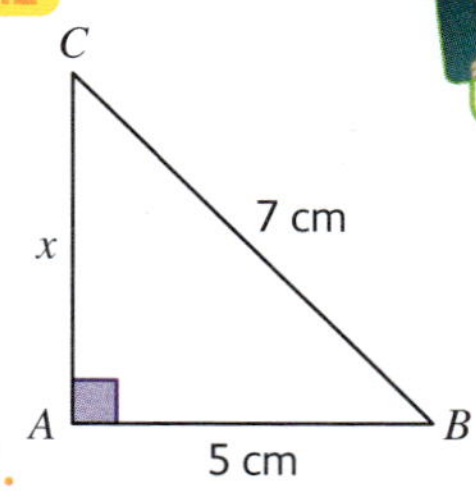

2.
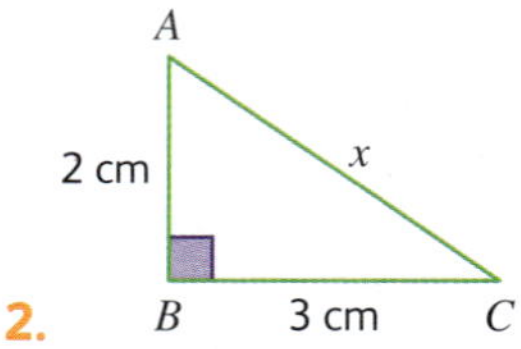

43 $(DE)//(BC)$

1.
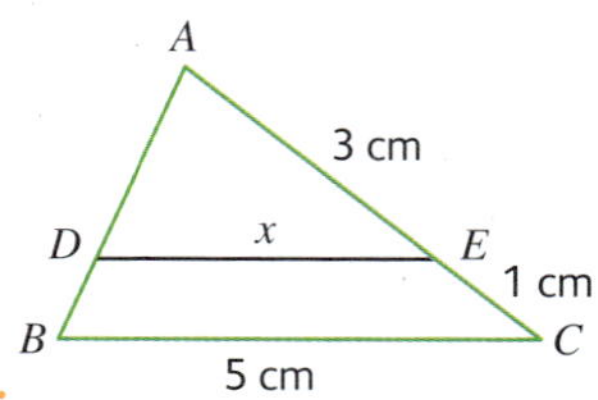

2.
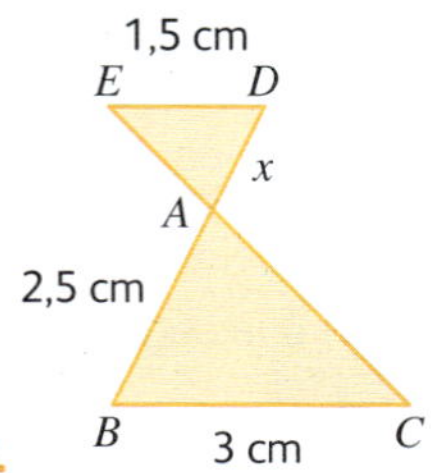

44

1.
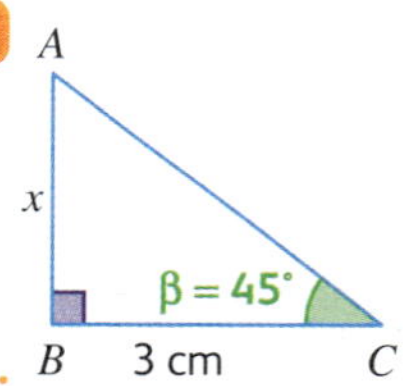

2.
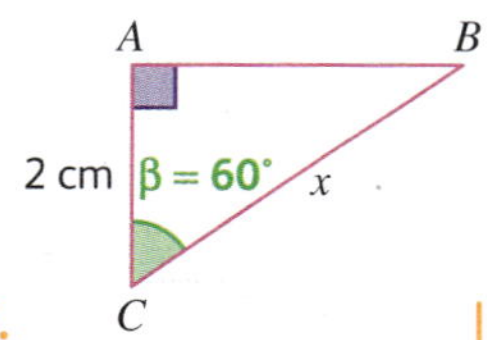

Pour les exercices 45 et 46, déterminer une mesure en degré de l'angle α.

45

1.
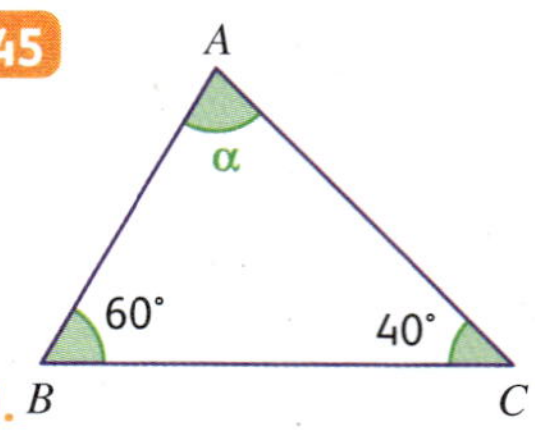

2.
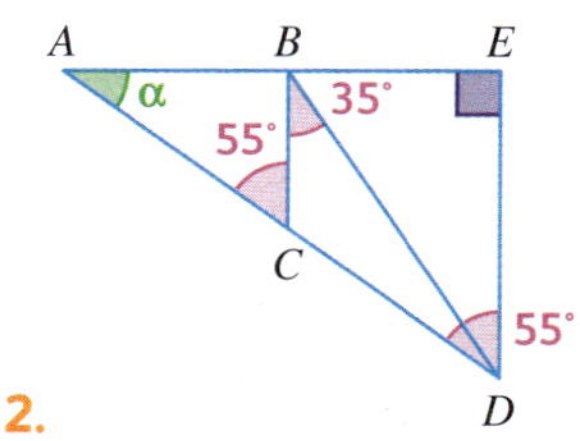

46

1.
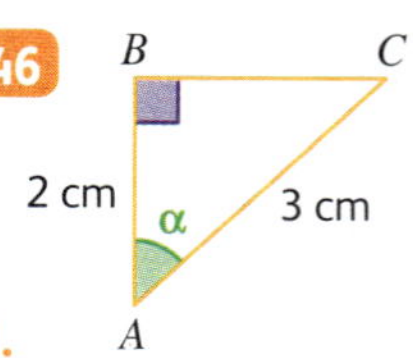

2.
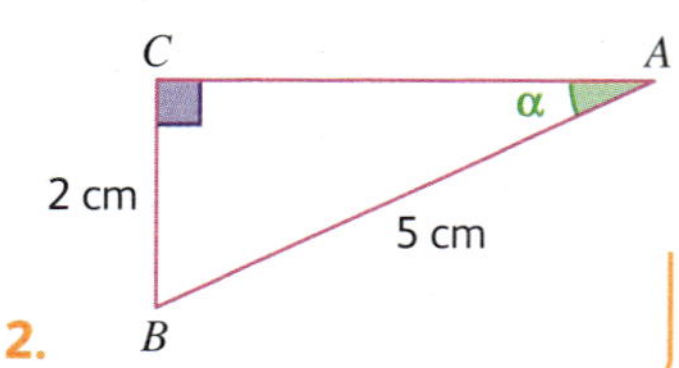

47 Soit ABC un triangle rectangle en A tel que $AB = 3$ cm et $\widehat{C} = 30°$.

1. Calculer les longueurs AC et BC.
2. Calculer une mesure de l'angle $\widehat{B}$.

48 Sur la figure ci-dessous, $BA = BD = BC = 3$ cm et $\widehat{ACD} = 50°$.

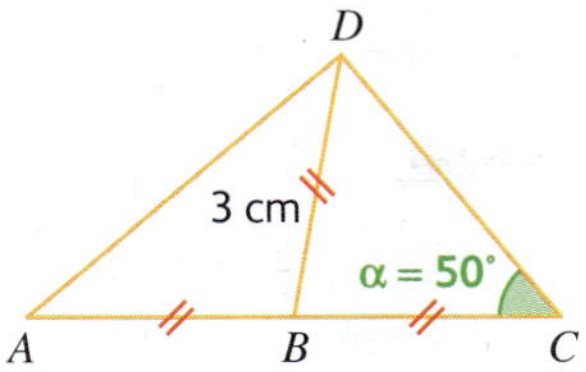

1. Déterminer les angles $\widehat{DBC}$ et $\widehat{ABD}$.
2. Montrer que le triangle ADC est rectangle en D.
3. Déterminer les longueurs AC, AD et DC.
4. Calculer l'aire du triangle ADC.

49 Sur la figure ci-contre, les triangles ABD et BDC sont rectangles en B, $AB = BD$, $BC = 3$ cm et $DC = 5$ cm.

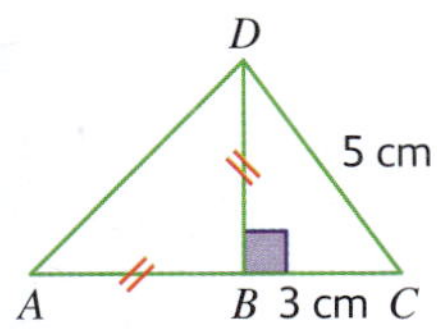

1. Calculer la longueur AD.
2. Déterminer une mesure de l'angle $\widehat{A}$.
3. Calculer l'aire du triangle ADC.

50 On considère un cube $ABCDEFGH$ d'arête 2 cm.

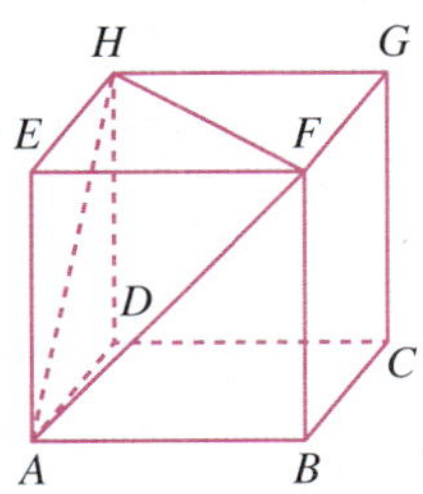

1. Calculer le volume du cube.
2. Calculer le volume du tétraèdre $EFHA$.
3. Calculer la longueur AF.
4. Justifier que le triangle AHF est équilatéral.
5. On note I le milieu de $[HF]$.
a. Calculer la longueur IA.
b. Calculer l'aire du triangle AHF.

CAPACITÉ 2 Représenter géométriquement des vecteurs

Voir p. 119

51 Reproduire la figure donnée en respectant le quadrillage.

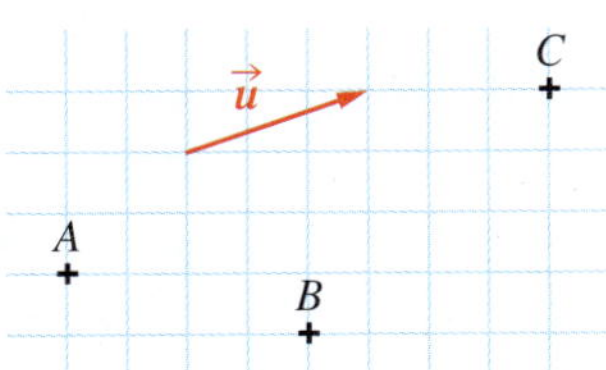

1. Construire le point D image du point A par la translation de vecteur $\vec{u}$.
2. Construire le point E tel que $ABED$ soit un parallélogramme.
3. Construire le point F tel que $\overrightarrow{FC} = \vec{u}$.
4. Citer tous les vecteurs égaux au vecteur $\vec{u}$.

52 Reproduire la figure ci-contre en respectant le quadrillage.

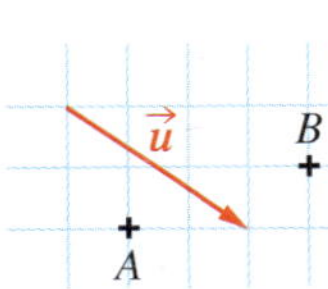

1. Construire un vecteur $\vec{v}$ d'origine A tel que $\vec{u} = \vec{v}$.
2. Construire un vecteur $\vec{w}$ d'extrémité B tel que :

$$\vec{u} = \vec{w}$$

*Pour les exercices **53** à **55**, reproduire la figure puis construire les points D et E tels que :*

$$\overrightarrow{CD} = \overrightarrow{AB} \quad \text{et} \quad \overrightarrow{EB} = \overrightarrow{AC}$$

53

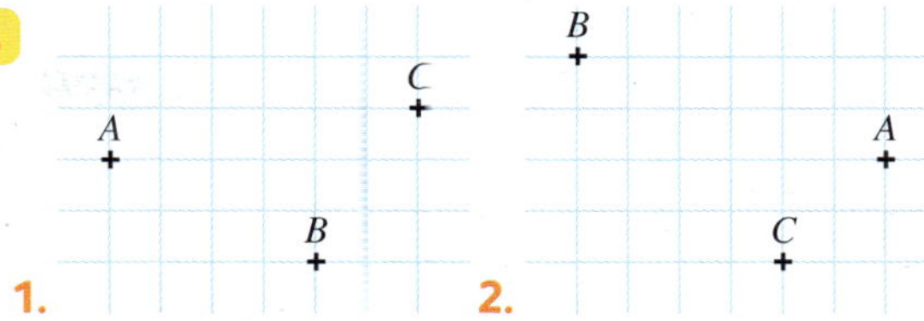

CORRECTION TYPE EN VIDÉO hachette-clic.fr/25de2043

54

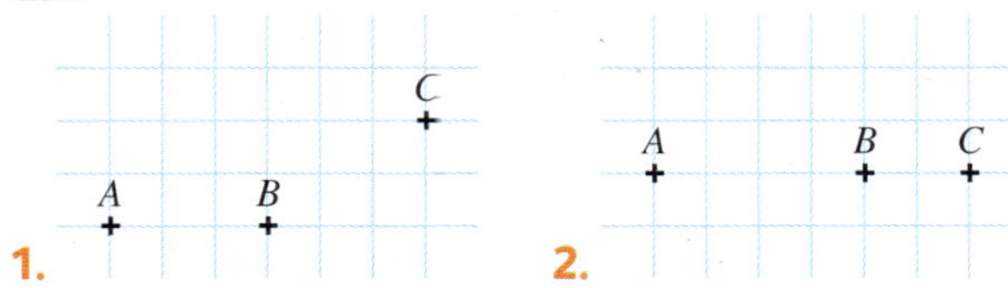

55

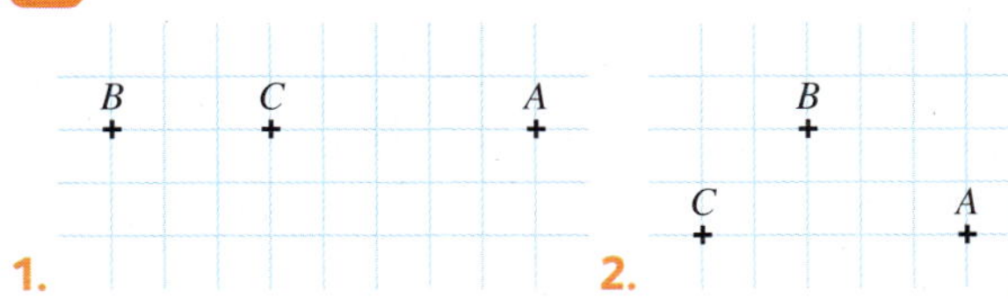

56 Soient trois points A, B et C. À l'aide du quadrillage, construire les vecteurs suivants.

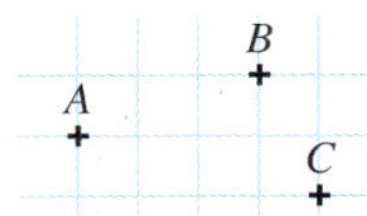

1. Un vecteur $\vec{u}$, d'origine A, ayant la même direction et le même sens que le vecteur $\overrightarrow{AB}$ et une norme égale à deux fois celle de $\overrightarrow{AB}$.
2. Un vecteur $\vec{v}$ d'origine C, ayant la même direction que $\overrightarrow{AB}$, un sens contraire à celui de $\overrightarrow{AB}$ et une norme trois fois plus grande que celle de $\overrightarrow{AB}$.

*Pour les exercices **57** et **58**, on considère le pavage suivant constitué de parallélogrammes.*

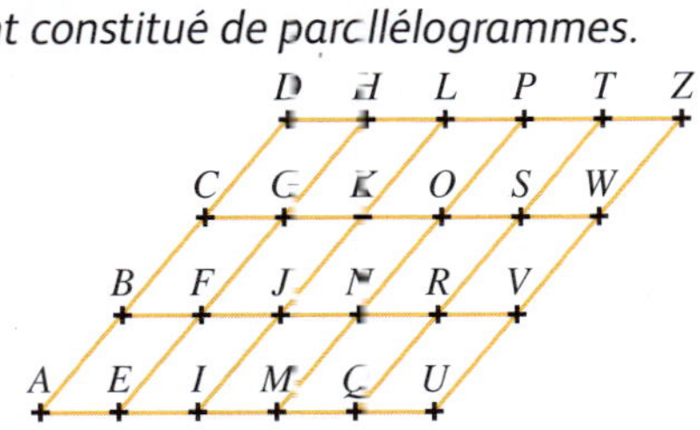

57 Parmi les égalités suivantes, indiquer celles qui sont vraies.

1. $AB = KJ$ 2. $\overrightarrow{AE} = \overrightarrow{KJ}$ 3. $\overrightarrow{AI} = \overrightarrow{IQ}$
4. $\overrightarrow{AN} = \overrightarrow{ZK}$ 5. $\overrightarrow{NA} = \overrightarrow{ZK}$ 6. $AN = ZK$

58 Compléter les égalités vectorielles suivantes par les points qui conviennent.

1. $\overrightarrow{BJ} = \overrightarrow{P\ldots} = \overrightarrow{\ldots U}$ 2. $\overrightarrow{AK} = \overrightarrow{B\ldots} = \overrightarrow{\ldots W}$
3. $\overrightarrow{NU} = \overrightarrow{D\ldots} = \overrightarrow{\ldots V}$ 4. $\overrightarrow{ZJ} = \overrightarrow{O\ldots} = \overrightarrow{\ldots E}$

exercices Application

JE ME TESTE ! EXERCICES INTERACTIFS hachette-clic.fr/25de2041

59 ABC est un triangle. On considère les points E et F tels que $\overrightarrow{CE}=\overrightarrow{BA}$ et $\overrightarrow{FB}=\overrightarrow{BC}$.

1. Tracer une figure et placer les points E et F.

2. Citer tous les vecteurs égaux au vecteur $\overrightarrow{AE}$.

3. Quelle est la nature du quadrilatère $AEBF$? Justifier.

60 $ABCD$ est un parallélogramme. I est le symétrique de B par rapport à A et J est le symétrique de D par rapport à C.

1. Tracer une figure.

2. Quelle est la nature du quadrilatère $AICJ$? Justifier en utilisant les vecteurs.

CAPACITÉ 3 Représenter la somme de deux vecteurs et le produit d'un vecteur par un réel

Voir p. 121

Pour les exercices 61 à 63, reproduire la figure et construire le point M tel que $\overrightarrow{OM}=\vec{u}+\vec{v}$.

61

1.

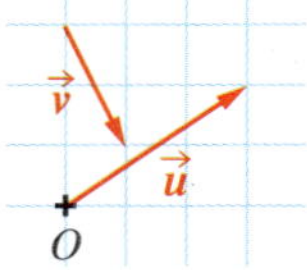

2.

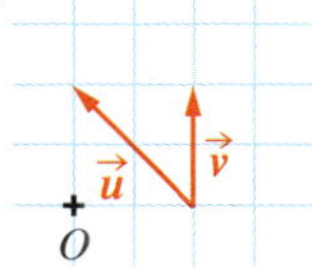

3.

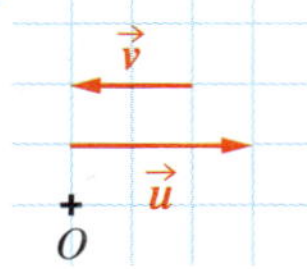

CORRECTION TYPE EN VIDÉO hachette-clic.fr/25de2044

62

1.

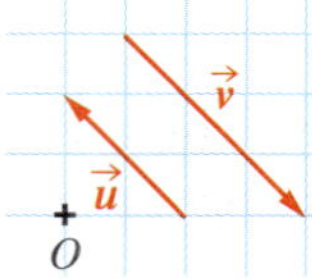

2.

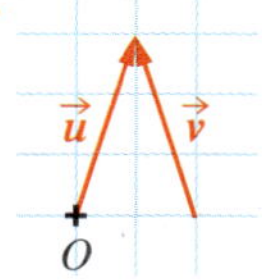

3.

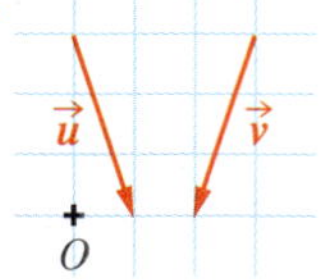

63

1.

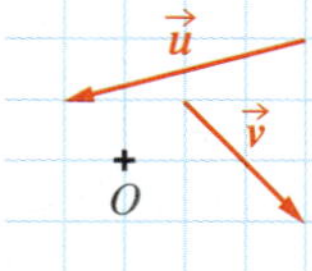

2.

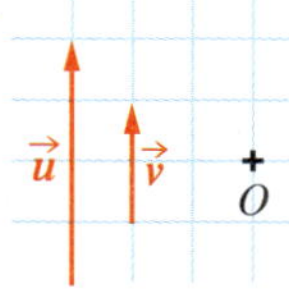

3.

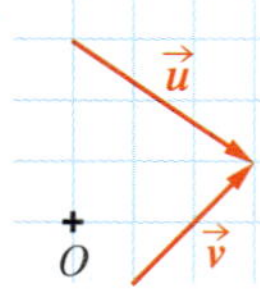

64 Reproduire la figure en respectant le quadrillage et construire le vecteur $\vec{u}+\vec{v}$ d'origine A, puis le vecteur $\vec{u}-\vec{v}$ d'origine B.

1.

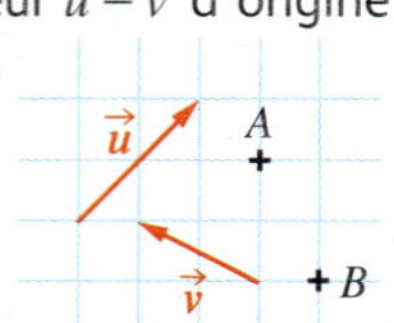

2.

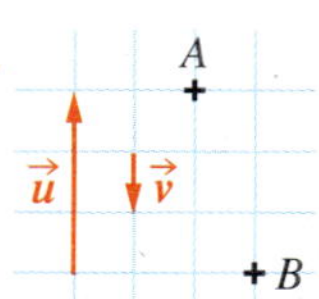

3.

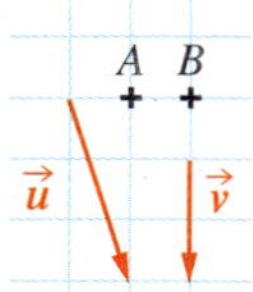

65 Ci-contre, on donne quatre points A, B, C et D.
Compléter les égalités suivantes en utilisant la relation de Chasles puis représenter chaque égalité sur la figure.

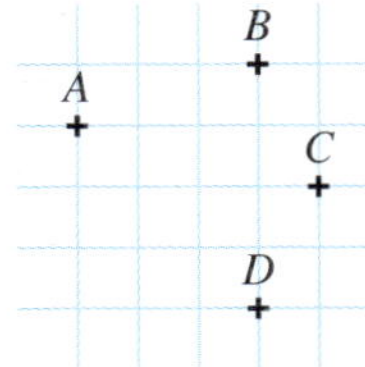

1. $\overrightarrow{AB}+\overrightarrow{\ldots C}=\overrightarrow{\ldots C}$ **2.** $\overrightarrow{A\ldots}+\overrightarrow{C\ldots}=\overrightarrow{AD}$

3. $\overrightarrow{\ldots C}+\overrightarrow{\ldots B}=\overrightarrow{D\ldots}$ **4.** $\overrightarrow{A\ldots}+\overrightarrow{D\ldots}=\vec{0}$

66 On considère la figure suivante.

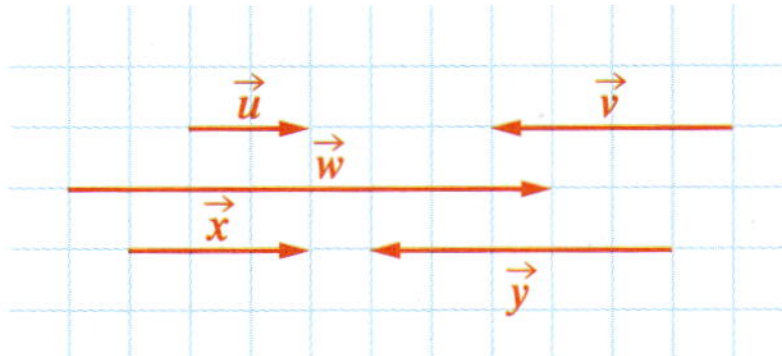

Compléter les égalités suivantes par un réel.

1. $\vec{v}=\ldots\vec{u}$ **2.** $\vec{w}=\ldots\vec{v}$ **3.** $\vec{w}=\ldots\vec{u}$

4. $\vec{x}=\ldots\vec{u}$ **5.** $\vec{y}=\ldots\vec{u}$ **6.** $\vec{x}=\ldots\vec{v}$

67 On considère la configuration ci-dessous.

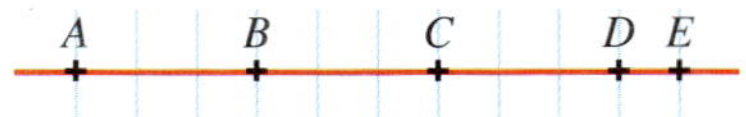

Compléter les égalités suivantes par un réel.

1. $\overrightarrow{AB}=\ldots\overrightarrow{DE}$ **2.** $\overrightarrow{DA}=\ldots\overrightarrow{AB}$ **3.** $\overrightarrow{DE}=\ldots\overrightarrow{BA}$

4. $\overrightarrow{BD}=\ldots\overrightarrow{AD}$ **5.** $\overrightarrow{CA}=\ldots\overrightarrow{DE}$ **6.** $\overrightarrow{DC}=\ldots\overrightarrow{CE}$

68 On considère les vecteurs $\vec{u}$ et $\vec{v}$ ainsi que le point A. Construire les points B, C et D tels que :

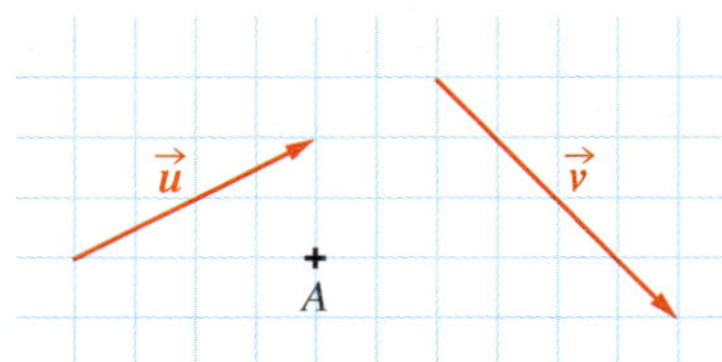

$$\overrightarrow{AB}=-3\vec{u}\ ;\ \overrightarrow{AC}=\frac{7}{4}\vec{v}\ \text{et}\ \overrightarrow{AD}=\frac{3}{2}\vec{u}-2\vec{v}$$

Pour les exercices 69 et 70, on considère le pavage ci-contre constitué de parallélogrammes.

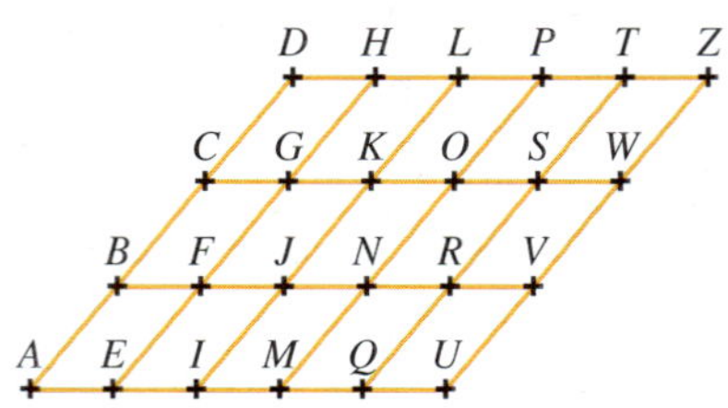

69 Compléter les égalités suivantes par la lettre qui convient :

1. $\overrightarrow{FS}-\overrightarrow{NU}=\overrightarrow{R\ldots}$ **2.** $\overrightarrow{P\ldots}=-\frac{2}{3}\overrightarrow{IL}$

3. $\overrightarrow{A\ldots}=3\overrightarrow{AE}+2\overrightarrow{AB}$ **4.** $\overrightarrow{T\ldots}=-2\overrightarrow{AI}-\frac{2}{3}\overrightarrow{AD}$

70 Compléter les égalités suivantes par un réel :

1. $\overrightarrow{PM}=\ldots\overrightarrow{PO}$ **2.** $\overrightarrow{KI}=\ldots\overrightarrow{ZU}$ **3.** $\overrightarrow{UA}=\ldots\overrightarrow{GS}$

4. $\overrightarrow{AW}=\ldots\overrightarrow{AE}+\ldots\overrightarrow{AB}$ **5.** $\overrightarrow{QD}=\ldots\overrightarrow{AE}+\ldots\overrightarrow{AB}$

Capacité 4 — Montrer l'alignement ou le parallélisme par la colinéarité de vecteurs

Voir p. 122

71 QCM Compétence Communiquer

Pour chacune des questions, indiquer la (ou les) bonne(s) réponse(s).

On considère la figure ci-dessous.

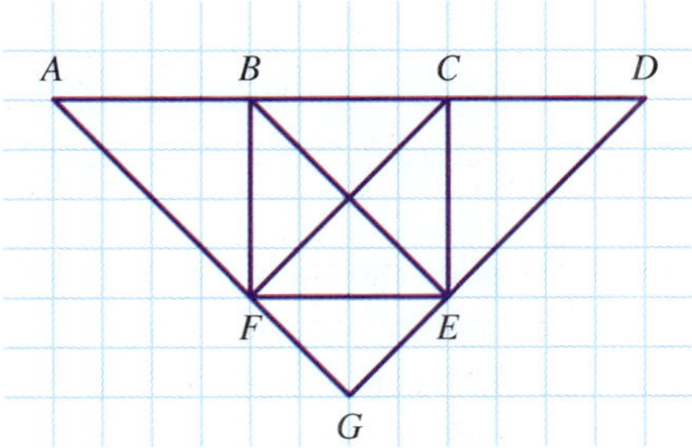

1. Les vecteurs $\overrightarrow{AB}$ et $\overrightarrow{FE}$ sont :

a. égaux **b.** opposés **c.** colinéaires

2. Les vecteurs $\overrightarrow{FC}$ et $\overrightarrow{DG}$ sont :

a. égaux **b.** opposés **c.** colinéaires

3. Le vecteur $\overrightarrow{AD}$ est égal à :

a. $\frac{1}{3}\overrightarrow{FE}$ **b.** $3\overrightarrow{FE}$ **c.** $-3\overrightarrow{DC}$

4. Le vecteur $\overrightarrow{EB}$ est égal à :

a. $\overrightarrow{FC}$ **b.** $\frac{2}{3}\overrightarrow{GA}$ **c.** $\frac{3}{2}\overrightarrow{GA}$

72 QCM

Pour chacune des questions suivantes, indiquer la (ou les) réponse(s) correcte(s).

1. Si deux vecteurs non nuls sont opposés, alors ils sont nécessairement :

a. colinéaires **b.** de même sens
c. de même norme **d.** de même direction

2. Si deux vecteurs non nuls sont égaux, alors ils sont nécessairement :

a. colinéaires **b.** de même sens
c. de même norme **d.** de même direction

3. Si deux vecteurs non nuls sont colinéaires, alors ils sont nécessairement :

a. égaux **b.** de même sens
c. de même norme **d.** de même direction

73 On considère la figure suivante.

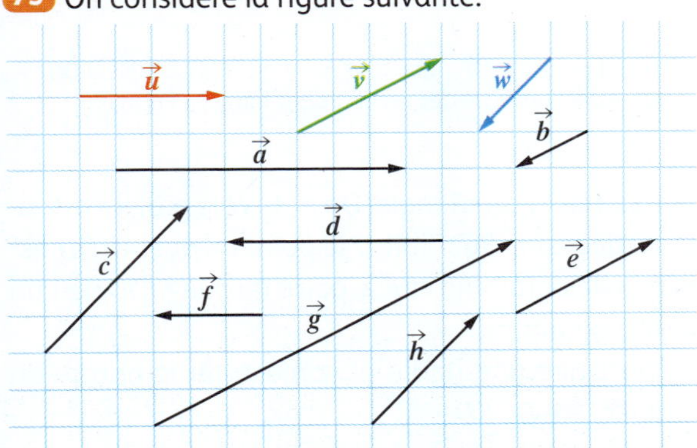

1. Citer tous les vecteurs colinéaires à $\vec{u}$ puis les exprimer en fonction de $\vec{u}$.

2. Reprendre la question précédente pour le vecteur $\vec{v}$, puis le vecteur $\vec{w}$.

Pour les exercices 74 à 76, on considère un triangle ABC non aplati. Exprimer les vecteurs $\vec{u}$ et $\vec{v}$ en fonction de $\overrightarrow{AB}$ et $\overrightarrow{AC}$. On pourra, si besoin, utiliser la relation de Chasles.

74 $\vec{u}=2\left(\overrightarrow{AB}-\overrightarrow{AC}\right)-3\overrightarrow{CA}$ et $\vec{v}=5\overrightarrow{BC}+5\overrightarrow{CA}$

75 $\vec{u}=-5\overrightarrow{CB}+2\overrightarrow{CA}$ et $\vec{v}=3\overrightarrow{BC}-3\overrightarrow{BA}$

76 $\vec{u}=2\overrightarrow{CB}+2\overrightarrow{CA}$ et $\vec{v}=3\left(\overrightarrow{CB}+\overrightarrow{AB}\right)-3\left(\overrightarrow{CA}+\overrightarrow{AB}\right)$

Pour les exercices 77 à 80, on considère un triangle ABC non aplati. Indiquer si les vecteurs $\vec{u}$ et $\vec{v}$ sont colinéaires ou non, en justifiant la réponse. Dans l'affirmative, déterminer un réel k tel que $\vec{v}=k\vec{u}$.

77 $\vec{u}=2\overrightarrow{AB}$ et $\vec{v}=6\overrightarrow{BA}$

CORRECTION TYPE EN VIDÉO
hachette-clic.fr/25de2045

78 $\vec{u}=\overrightarrow{AB}-2\overrightarrow{AC}$ et $\vec{v}=3\overrightarrow{AB}-6\overrightarrow{AC}$

79 $\vec{u}=4\overrightarrow{AB}+3\overrightarrow{AC}$ et $\vec{v}=8\overrightarrow{BA}+6\overrightarrow{AC}$

80 $\vec{u}=6\overrightarrow{AB}+3\overrightarrow{AC}$ et $\vec{v}=4\overrightarrow{AB}+2\overrightarrow{AC}$

81 Soit ABC un triangle équilatéral de côté 6.

Soient I et J tels que $\overrightarrow{AI}=\frac{1}{3}\overrightarrow{AB}$ et $\overrightarrow{AJ}=\frac{1}{3}\overrightarrow{AC}$.

1. Faire une figure.

2. a. Compléter les pointillés à l'aide de la relation de Chasles : $\overrightarrow{IJ}=\overrightarrow{\ldots A}+\overrightarrow{\ldots J}$.

b. Exprimer le vecteur $\overrightarrow{IJ}$ en fonction de $\overrightarrow{BC}$.

c. Que peut-on dire des droites (IJ) et (BC) ? Pourquoi ?

82 ABC est un triangle tel que $AB=6$, $BC=5$ et $AC=3$. On considère les points M, N et P définis par : $\overrightarrow{AM}=\frac{1}{2}\overrightarrow{AB}+\overrightarrow{AC}$; $\overrightarrow{BN}=\frac{3}{2}\overrightarrow{BC}$ et $\overrightarrow{CP}=\overrightarrow{CA}+\frac{5}{2}\overrightarrow{BC}$.

1. Faire une figure. Quelle conjecture peut-on émettre quant aux points M, N et P ?

2. a. À l'aide de la relation de Chasles, compléter l'égalité suivante : $\overrightarrow{MN}=\overrightarrow{MA}+\overrightarrow{\ldots B}+\overrightarrow{\ldots N}$.

b. En déduire que $\overrightarrow{MN}=-\overrightarrow{AB}+\frac{1}{2}\overrightarrow{AC}$.

3. a. À l'aide de la relation de Chasles, compléter l'égalité suivante : $\overrightarrow{NP}=\overrightarrow{NB}+\overrightarrow{\ldots}+\overrightarrow{CP}$.

b. En déduire que $\overrightarrow{NP}=-2\overrightarrow{AB}+\overrightarrow{AC}$.

4. Que peut-on en déduire concernant les vecteurs $\overrightarrow{NP}$ et $\overrightarrow{MN}$? Conclure.

JE ME TESTE ! EXERCICES INTERACTIFS
hachette-clic.fr/25de2041

Capacité 5 Résoudre des problèmes de géométrie sur des figures simples

Voir p. 123

83 PYTHON Écrire en langage Python une fonction ayant pour paramètres les trois côtés entiers AB, AC et BC d'un triangle ABC et renvoyant la nature, rectangle ou non, du triangle ABC.

Démo

84 Théorème des milieux

« Dans un triangle, la droite qui joint le milieu de deux côtés est parallèle au troisième côté. »

1. Construire un triangle quelconque ABC et placer I (resp. J) le milieu de $[AB]$ (resp. $[AC]$).

2. Exprimer AI en fonction de AB.

3. En déduire la valeur du rapport $\frac{AI}{AB}$.

4. Démontrer le théorème des milieux en comparant les rapports $\frac{AI}{AB}$ et $\frac{AJ}{AC}$.

85 Parallélogramme de Varignon

Soient un quadrilatère quelconque $ABCD$ et les milieux I, J, K et L des côtés $[AB]$, $[BC]$, $[CD]$ et $[DA]$.

1. Faire deux figures différentes et émettre une conjecture quant à la nature du quadrilatère $IJKL$.

2. Démontrer, à l'aide du théorème des milieux, que la droite (IJ) est parallèle à la droite (AC).

3. Démontrer la conjecture formulée.

86 Soit ABC un triangle. On note D l'image de A par la symétrie de centre B et E l'image de B par la translation de vecteur $\overrightarrow{CB}$.

Démontrer que $ACDE$ est un parallélogramme.

87 Soit ABC un triangle rectangle en A. On construit les points D et E tels que $\overrightarrow{AD}=\overrightarrow{BA}$ et $\overrightarrow{CE}=\overrightarrow{CB}+\overrightarrow{CD}$.

1. Construire une figure et conjecturer la nature du quadrilatère $BCDE$.

2. En utilisant les vecteurs, montrer que $BCDE$ est un parallélogramme.

3. Quel argument supplémentaire permet de justifier la conjecture émise précédemment ?

88 On considère un parallélogramme $ABCD$ de centre O. On construit sur les côtés de $ABCD$ et à l'extérieur de $ABCD$ quatre triangles équilatéraux AEB, BFC, CGD et DHA.

1. Construire une figure. Conjecturer la nature du quadrilatère $EFGH$.

2. Démontrer cette conjecture.

Aide

On pourra par exemple rechercher les images des points E et F par la symétrie de centre O.

89 On considère un triangle ABC isocèle en A et M un point du segment $[BC]$. Soient H et K les projetés orthogonaux de M sur $[AB]$ et $[AC]$.

1. Sur un logiciel de géométrie dynamique, construire une figure et émettre une conjecture sur la somme $MH+MK$.

2. En considérant les aires des triangles ABM et ACM, démontrer la conjecture émise à la question **1.**

90 On considère deux triangles quelconques ABC et BCD. On trace les médiatrices d_1, d_2, d_3 et d_4 des segments $[AC]$, $[AB]$, $[BD]$ et $[CD]$.

On note E le point d'intersection de d_1 et d_2 et F le point d'intersection de d_3 et d_4.

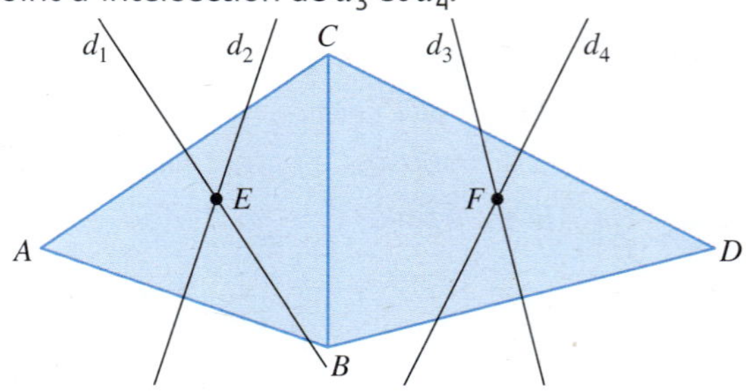

Que représente la droite (EF) pour le segment $[BC]$? Justifier.

91 On considère un triangle ABC isocèle en A et les carrés $ABDE$ et $ACGF$ extérieurs au triangle.

1. Construire une figure.

2. En considérant une droite remarquable du triangle AEF, démontrer que (FE) et (BC) sont parallèles.

92 Bissectrice d'un angle

On considère deux demi-droites d et d' ayant pour origine commune un point A.

1. Faire une figure et construire la bissectrice de l'angle formé par les deux demi-droites.

2. Placer un point M sur cette bissectrice et construire le projeté orthogonal B de M sur d et le projeté orthogonal C de M sur d'.

3. Montrer que $MB=MC$.

Info

On vient de démontrer que tout point de la bissectrice d'un angle est équidistant des demi-droites formant l'angle.

93 Soit ABC un triangle. On note H le projeté orthogonal de A sur (BC). Soit D le point tel que $ABDH$ est un parallélogramme et E le point tel que $ACEH$ est un parallélogramme.

1. Construire une figure et conjecturer la nature du quadrilatère $BCED$.

2. Démontrer cette conjecture.

exercices Entraînement

1 Configurations dans le plan

94 QCM

Dans la figure ci-contre, les droites (AB) et $(A'B')$ sont parallèles. Indiquer la (ou les) bonne(s) réponse(s) :

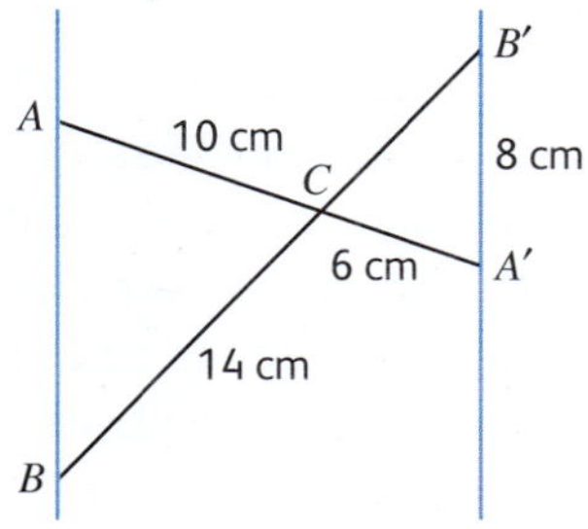

1. La longueur AB en centimètre est égale, au millimètre près, à :

a. 13,3 **b.** $\frac{40}{3}$ **c.** 4,8

2. La longueur BB' en centimètre est égale à :

a. 8,4 **b.** 22,4 **c.** 23,3

3. Les triangles CAB et $CA'B'$ sont :

a. symétriques par rapport à C.

b. semblables.

c. égaux.

95 Anaïs a retrouvé dans le grenier de son grand-père un petit carnet dans lequel il prenait des notes.
Elle s'arrête sur le croquis ci-dessous.

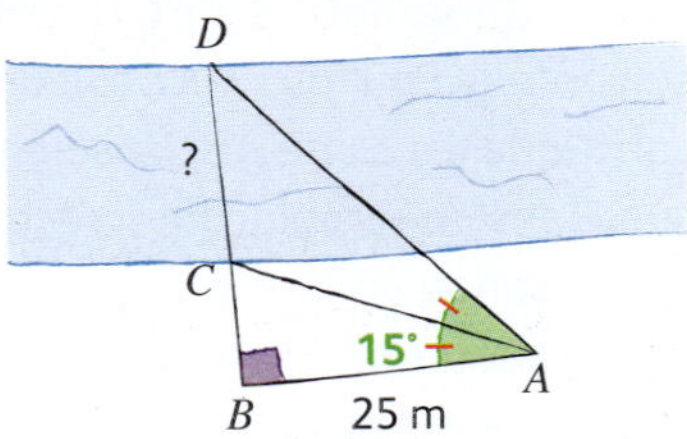

Aider Anaïs à retrouver la largeur CD de la rivière.

96 On considère ABC un triangle équilatéral, H le projeté orthogonal de C sur la droite (AB) et J le projeté orthogonal du point H sur la droite (BC).

1. Réaliser une figure et conjecturer une relation entre les longueurs CH et HJ.

2. En exprimant $\sin\widehat{B}$ de deux manières différentes, justifier que $\frac{HJ}{HB} = \frac{CH}{CB}$. Conclure.

97 On considère un triangle ABC rectangle en A tel que $AC = 4{,}8$ et $BC = 8$. On note K le projeté orthogonal de A sur la droite (BC).
On souhaite déterminer la distance AK.

1. 1re méthode : en utilisant les aires

En calculant l'aire du triangle ABC de deux façons différentes, déterminer la distance AK.

2. 2e méthode : en utilisant la trigonométrie

a. Justifier que les angles $\widehat{ABK}$ et $\widehat{CAK}$ sont de même mesure.

b. En se plaçant dans plusieurs triangles rectangles différents, en déduire que $\frac{AK}{AC} = \frac{BK}{AB} = \frac{AB}{AC}$.

c. En déduire les longueurs AK et BK.

98 Soit ABC un triangle en B tel que $AB = 7$, $AC = 12$ et $\widehat{BAC} = 40°$.
On appelle B' le projeté orthogonal de B sur la droite (AC).

1. Déterminer les mesures des angles du triangle ABB'.

2. Déterminer la distance du point B à la droite (AC). Calculer alors l'aire du triangle ABC.

3. En déduire la distance du point C à la droite (AB).

99 Soit ABC un triangle rectangle en A tel que $\sin\widehat{C} = 0{,}6$ et $AB = 8$.

1. Quelle relation peut-on écrire entre $\cos\widehat{C}$ et $\sin\widehat{C}$? En déduire la valeur exacte de $\cos\widehat{C}$.

2. Déterminer la valeur exacte des longueurs BC et AC.

100 **Cosinus et sinus de 30° et 60°**

Soit ABC un triangle équilatéral de côté 1. H est le pied de la hauteur issue de A.

1. Faire une figure. Justifier que H est le milieu de $[BC]$ puis donner la valeur de l'angle $\widehat{A}$.

2. a. En utilisant le théorème de Pythagore, montrer que $AH = \frac{\sqrt{3}}{2}$.

b. En se plaçant dans le triangle ABH, déterminer la valeur exacte de $\cos 60°$.

c. En utilisant la relation $\cos^2(\alpha) + \sin^2(\alpha) = 1$, en déduire la valeur exacte de $\sin 60°$.

3. De manière analogue, en considérant cette fois l'angle $\widehat{BAH}$, déterminer les valeurs exactes du cosinus et du sinus de 30°.

101 Soit ABC un triangle isocèle rectangle en A tel que $AB = AC = 1$. Déterminer les valeurs exactes de $\cos 45°$ et $\sin 45°$.

102 **Exercice guidé**

On considère la figure suivante constituée de trois carrés $ABGH$, $BCFG$ et $CDEF$ de côté 2.

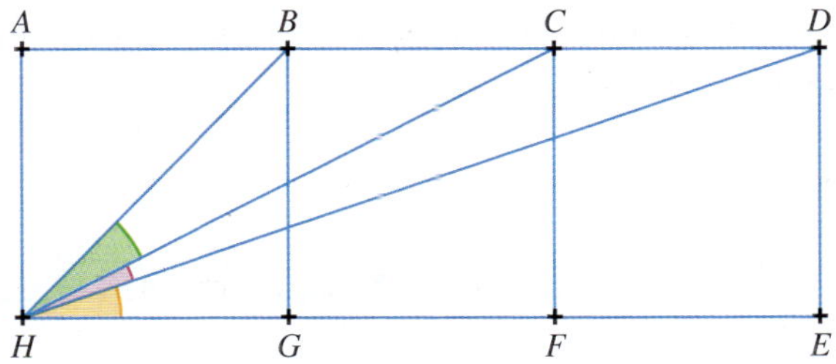

1. Calculer les longueurs HB, HC et HD.

2. Déterminer une mesure arrondie à 0,1° près des angles $\widehat{DHE}$, $\widehat{CHD}$ et $\widehat{EHC}$.

Pistes de résolution

2. Commencer par utiliser la trigonométrie dans les triangles rectangles CHF et DHE pour déterminer la mesure des angles $\widehat{CHF}$ et $\widehat{DHE}$.

103 ABC est un triangle isocèle en A. Soit d la parallèle à (BC) passant par A et $[Ax)$ la demi-droite d'origine A et de support (AB) ne contenant pas B.
Démontrer que d est la bissectrice de $\widehat{CAx}$

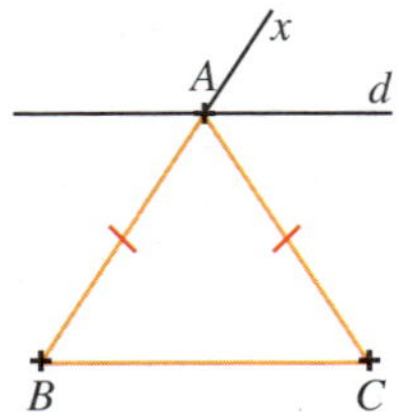

104 Soit ABC un triangle isocèle en C tel que la bissectrice de l'angle $\widehat{A}$ et la bissectrice de l'angle $\widehat{C}$ se coupent en D suivant un angle de 100°.

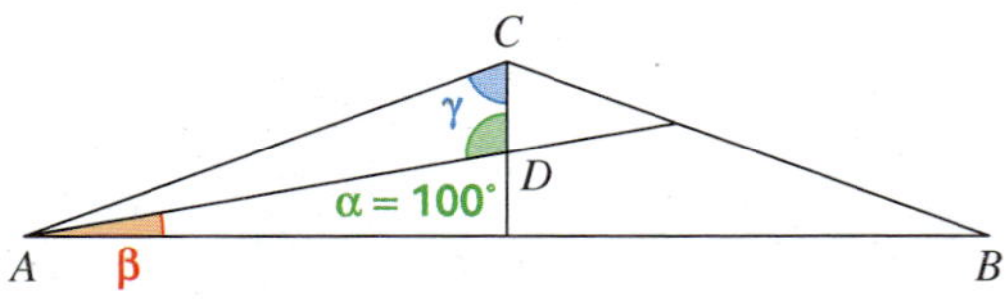

On note β l'angle $\widehat{BAD}$ et γ l'angle $\widehat{ACD}$.

1. a. Quelles relations relient β et γ ?
Indice : observer les triangles ABC et ADC.

b. En déduire les valeurs des angles du triangle ABC.

2. Construire le triangle ABC et vérifier que les bissectrices forment un angle de 100°.

105 $ABCD$ est un carré. Pour tout point M du segment $[AB]$, on note N le point de $[BC]$ tel que $BN = AM$, et P le point de $[AD]$ tel que $AP = BM$.

1. Faire une figure et conjecturer les positions relatives des droites (MN) et (MP).

2. Comparer les angles $\widehat{AMP}$ et $\widehat{MNB}$ puis les angles $\widehat{MPA}$ et $\widehat{NMB}$.

3. Calculer une mesure de $\widehat{NMP}$ et conclure.

106 **Médiatrices d'un triangle**
On considère un triangle ABC ainsi que les médiatrices des segments $[AB]$ et $[AC]$. On note O leur point d'intersection.

1. Justifier que $OA = OB = OC$. En déduire que la médiatrice de $[BC]$ passe par O.

2. En déduire que O est le centre d'un cercle passant par les sommets du triangle.

107 On considère un parallélogramme $ABCD$ de centre O.
On nomme E le milieu de $[CD]$. La droite (AE) coupe $[BD]$ en F et (BC) en G.

1. Construire une figure.

2. Que représente le point F dans le triangle ACD ?

3. En déduire que $EF = \frac{1}{2}FA$.

4. Montrer que E est le milieu de $[AG]$.

5. En déduire que $FG = 4EF$.

6. Démontrer l'égalité $FA^2 = EF \times FG$.

108 Lors d'un jeu de *geocaching*, trois amies s'envoient leurs coordonnées GPS à l'aide de leur téléphone. Voici les distances les séparant :

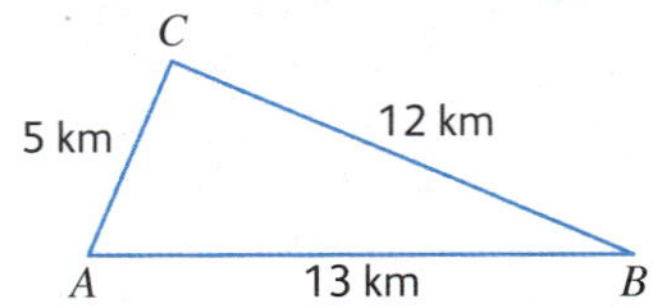

1. Le triangle ABC est-il rectangle ? Justifier.

2. Les trois amies souhaitent se rejoindre. Aucun obstacle ne se présentant entre elles, en quel point doivent-elles se retrouver pour qu'elles parcourent toutes les trois la même distance ?

109 LOGICIEL GÉOMÉTRIE **Le retour de Varignon**
Dans un quadrilatère quelconque $ABCD$, soient I, J, K et L les milieux des côtés $[AB]$, $[BC]$, $[CD]$ et $[DA]$. On s'intéresse au quadrilatère $IJKL$.

1. a. À l'aide d'un logiciel de géométrie dynamique, construire un quadrilatère $ABCD$, ses diagonales puis le quadrilatère $IJKL$.

b. Conjectures
En déformant le quadrilatère $ABCD$, compléter la conjecture suivante : « Pour que $IJKL$ soit un rectangle, il faut et il suffit que les ... de $ABCD$ soient .... »

c. Mêmes questions en remplaçant « rectangle » par « carré » puis « losange ».

2. En utilisant le théorème de la droite des milieux, démontrer ces conjectures.

110 A', B' et C' sont les milieux des côtés d'un triangle ABC et H est le pied de la hauteur issue de A.

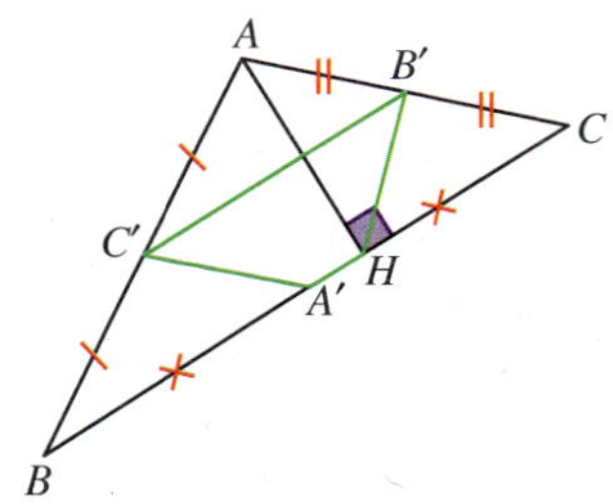

1. Que peut-on dire du quadrilatère $BA'B'C'$? Justifier.

2. Montrer que $HA'C'B'$ est un trapèze isocèle.

111 Sur la figure ci-contre, $ABCD$ est un parallélogramme et les points E, F, G et H appartiennent respectivement aux droites (AB), (BC), (CD) et (AD) tels que :

$$AE = BF = CG = DH.$$

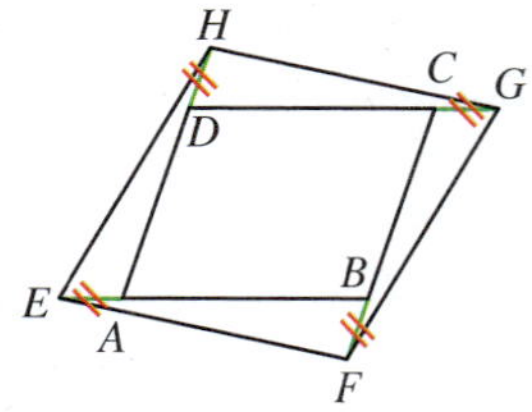

Le problème est de démontrer que le quadrilatère $EFGH$ est un parallélogramme.

1. En considérant les triangles EBF et DGH, montrer que $GH = EF$.

2. Montrer que $EH = FG$ puis conclure.

112 On considère un trapèze $ABCD$ de bases $[AB]$ et $[CD]$. M et N sont les milieux des côtés $[AD]$ et $[BC]$ et I est le point d'intersection de la diagonale (AC) avec la droite (MN).

1. Montrer que (MN) est parallèle aux deux bases (AB) et (CD).

2. Démontrer que I est le milieu de $[AC]$.

3. Montrer que $MN = \frac{1}{2}(CD + AB)$.

113 Exercice guidé

Heckel est perché sur un poteau (point H). Il souhaite se désaltérer dans la rivière puis rejoindre l'autre poteau (point B). On suppose son vol rectiligne.

Où doit-il plonger pour que son vol soit le plus court possible ?

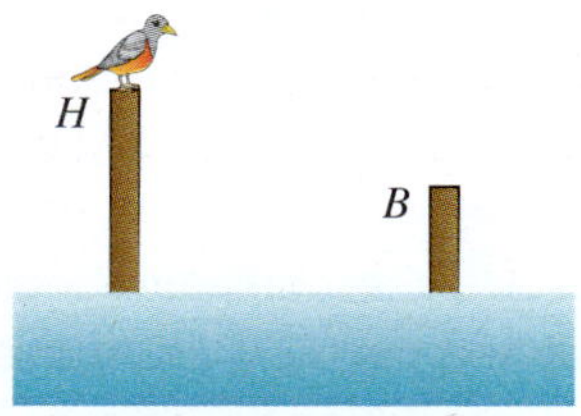

Pistes de résolution On pourra considérer le symétrique B' de B par rapport à la surface de la rivière et utiliser le fait que la plus courte distance qui sépare deux points du plan est ...

114 Exercice guidé

On considère un triangle ABC rectangle en A tel que $AB = 6$ et $AC = 3$. M est un point mobile du segment $[BC]$. Soient I et J les projetés orthogonaux du point M sur les droites (AB) et (AC) respectivement.

1. Construire une figure.

2. Pour quelle position du point M la distance IJ est-elle minimale ? Justifier.

3. Calculer cette distance minimale.

Piste de résolution

1. On pourra examiner la nature du quadrilatère $AIMJ$ et les propriétés de ses diagonales.

115 La figure ci-dessous est constituée de deux cubes de côté 3 cm.

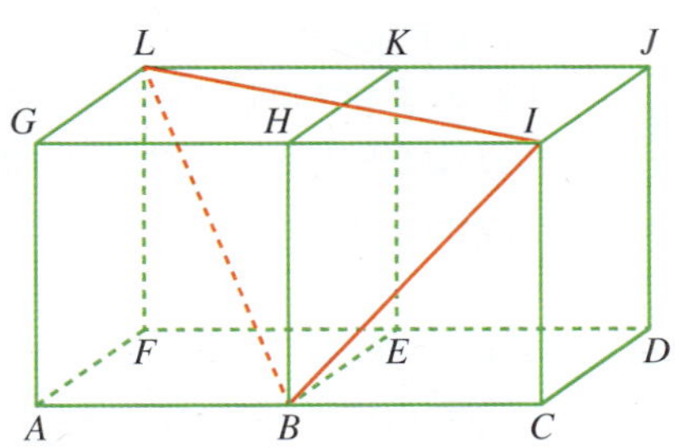

1. Le triangle BIL est-il rectangle ?

2. Calculer le volume du tétraèdre $LGIA$.

116 On dispose d'un rondin de bois cylindrique de 40 cm de diamètre et d'une planche de 2 m.

On souhaite déterminer la distance AH pour que, posée sur le rondin, l'extrémité de la planche soit élevée de 80 cm par rapport au sol.

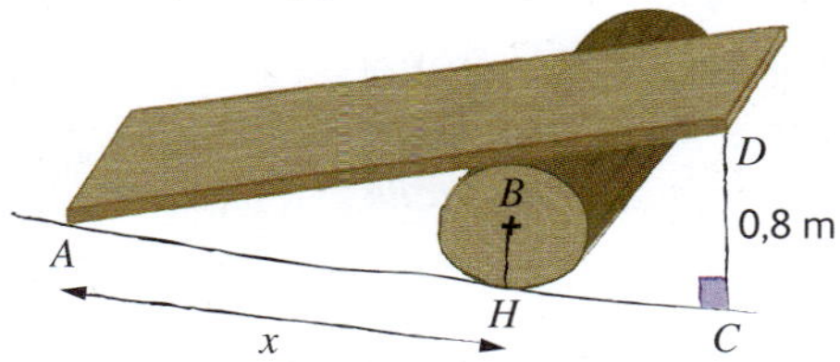

1. Construire une vue de côté de la situation.

2. Que représentent les droites (AD) et (AC) pour le cercle de centre B et de rayon BH ?

3. Déterminer la mesure de l'angle $\widehat{CAD}$ à 0,1° près.

4. Montrer que (AB) est la bissectrice de $\widehat{CAD}$.

En déduire une valeur approchée de l'angle $\widehat{HAB}$.

5. Déterminer la distance AH recherchée.

117 $ABCD$ est un tétraèdre régulier de côté 6 cm (c'est-à-dire que toutes ses arêtes mesurent 6 cm).

On note I le milieu du segment $[CD]$ et H le *centre de gravité* du triangle BCD.

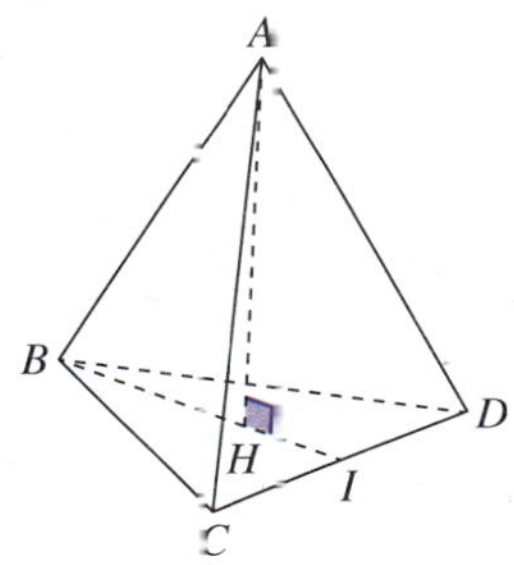

On rappelle que le centre de gravité est situé aux deux tiers de chaque médiane en partant du sommet.

On admet que les droites (AH) et (BI) sont perpendiculaires en H.

1. a. Calculer la longueur BI.

b. Calculer la longueur AH.

2. En déduire le volume du tétraèdre $ABCD$.

118 PRISE D'INITIATIVES **Publicité mensongère ?**

Une piscine a la forme d'un prisme. Elle admet une hauteur d'eau de 1,20 m et sa base est un octogone régulier inscrit dans un cercle de diamètre 4,60 m.

On peut lire sur le carton d'emballage :

« 18 000 L de fraîcheur ! »

La capacité mentionnée est-elle correcte ?

Info

Un polygone est régulier si tous ses côtés sont de la même longueur et si tous les angles formés par deux côtés consécutifs ont la même mesure.

2 Notion de vecteur

Pour les exercices 119 à 122, on considère la figure ci-contre constituée de quatre carrés de même taille juxtaposés.

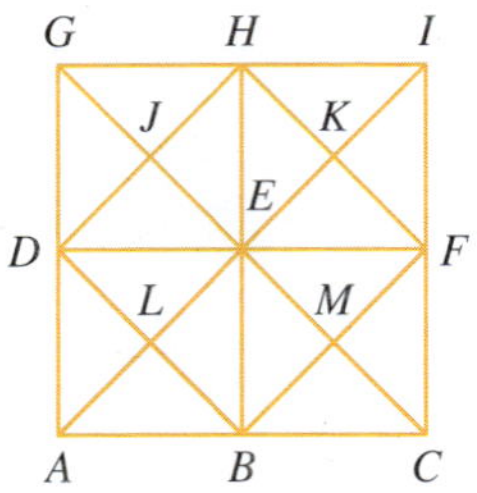

119 Donner l'image de :
1. B par la translation qui à H associe I ;
2. C par la translation qui à F associe H ;
3. A par la translation de vecteur $\overrightarrow{CI}$;
4. H par la translation de vecteur $\overrightarrow{IM}$.

120 Dans chaque cas, préciser si les deux vecteurs ont la même direction, le même sens ou la même norme.
1. $\overrightarrow{AE}$ et $\overrightarrow{DJ}$ 2. $\overrightarrow{BE}$ et $\overrightarrow{DA}$ 3. $\overrightarrow{AC}$ et $\overrightarrow{GI}$
4. $\overrightarrow{AE}$ et $\overrightarrow{DB}$ 5. $\overrightarrow{CE}$ et $\overrightarrow{IE}$ 6. $\overrightarrow{HD}$ et $\overrightarrow{BF}$

121 Citer :
1. deux vecteurs qui ont la même direction que $\overrightarrow{AB}$ mais pas le même sens ;
2. deux vecteurs qui ont la même direction et le même sens que $\overrightarrow{EC}$ mais pas la même norme ;
3. deux vecteurs qui ont la même norme que le vecteur $\overrightarrow{AE}$ mais pas la même direction.

122 Citer :
1. trois paires de vecteurs égaux ;
2. trois vecteurs ayant la même direction ;
3. quatre vecteurs ayant la même norme ;
4. deux vecteurs ayant la même direction, des sens contraires et des normes différentes ;
5. quatre vecteurs opposés au vecteur $\overrightarrow{EF}$.

123 1. Reproduire la figure ci-contre en respectant le quadrillage.

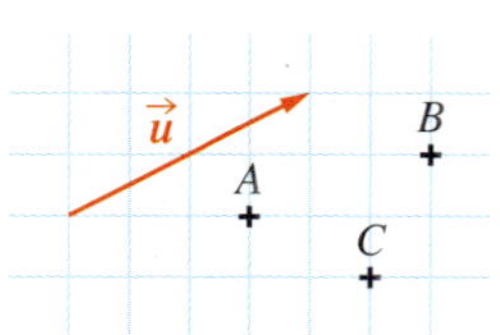

2. Construire A_1, B_1 et C_1, images respectives de A, B et C par la translation de vecteur $\vec{u}$.
3. Construire A_2, B_2 et C_2, images respectives de A, B et C par la translation de vecteur $\overrightarrow{AC}$.
4. Citer tous les vecteurs égaux.

124 Soient M, N et P trois points. On note R l'image de P par la translation de vecteur $\overrightarrow{MN}$.
1. Faire une figure.
2. Démontrer que N est l'image de R par la translation de vecteur $\overrightarrow{PM}$.

125 **Vrai ou faux ?**
Préciser si les affirmations suivantes sont vraies ou fausses. Justifier.
1. Si A est le symétrique de B par rapport à C, alors $\overrightarrow{AB} = \overrightarrow{BC}$.
2. Si C est le milieu de $[AB]$, alors $\overrightarrow{BC} = \overrightarrow{AC}$.
3. Si $\overrightarrow{AB} = \overrightarrow{CD}$, alors $ABCD$ est un parallélogramme.
4. Si D est l'image de A par la translation de $\overrightarrow{BC}$, alors $\overrightarrow{BC} = \overrightarrow{DA}$.
5. Si les segments $[EF]$ et $[GH]$ ont le même milieu, alors $\overrightarrow{EH} = \overrightarrow{GF}$.

126 Soient A et B deux points distincts du plan et $\vec{u}$ un vecteur non nul. On note C et D les images respectives de A et B par la translation de vecteur $\vec{u}$.
1. Faire une figure.
2. Justifier que $ABDC$ est un parallélogramme.
3. On construit les points E et F, images respectives de C et D par la translation de vecteur $\vec{u}$. Montrer que $BCED$ et $ABFE$ sont des parallélogrammes.

127 Soit RST un triangle équilatéral. On note R' et T' les images respectives des points R et T par la symétrie de centre S.
1. Faire une figure.
2. Quelle est la nature du quadrilatère $RTR'T'$?
3. Soit S' l'image du point S par la translation de vecteur $\overrightarrow{RT}$. Démonter que le quadrilatère $STS'R'$ est un parallélogramme.

128 Soient $ABCD$ un parallélogramme de centre O et M un point quelconque du plan. Soient N et P les points tels que les quadrilatères $AMDN$ et $AMPB$ soient des parallélogrammes.
1. Faire une figure.
2. Quelle conjecture peut-on faire concernant les points N, O et P ?
3. a. Quelle est la nature du quadrilatère $DNBP$? Justifier en utilisant les vecteurs.
b. En déduire une preuve de la conjecture précédente.

129 Soit $ABCD$ un parallélogramme.
On note T l'image de B par la translation de vecteur $\overrightarrow{AB}$, R l'image de D par la translation de vecteur $\overrightarrow{AD}$ et S l'image de C par la translation de vecteur $\overrightarrow{AC}$.
1. Faire une figure.
2. Montrer que $\overrightarrow{CT} = \overrightarrow{DB}$.
3. Montrer que le quadrilatère $DRCB$ est un parallélogramme.
4. Montrer que C est le milieu de $[RT]$.
5. En déduire que $ATSR$ est un parallélogramme.

3 Somme de vecteurs

130 On donne la figure suivante.

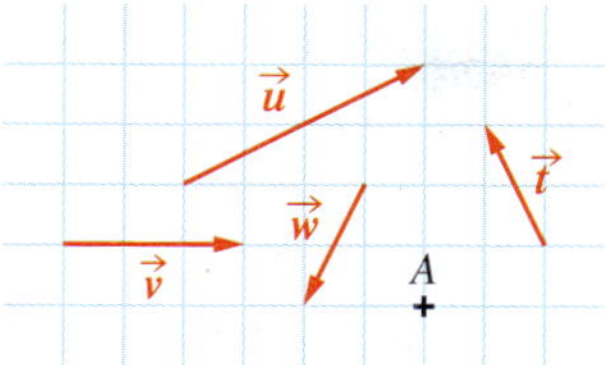

Construire un représentant, d'origine A, des vecteurs suivants.

1. $\vec{z_1} = \vec{u} + \vec{v}$ **2.** $\vec{z_2} = -\vec{u} - \vec{v}$

3. $\vec{z_3} = \vec{w} - \vec{t} + \vec{v}$ **4.** $\vec{z_4} = \vec{v} + \vec{w} - \vec{u}$

131 On donne la figure suivante.

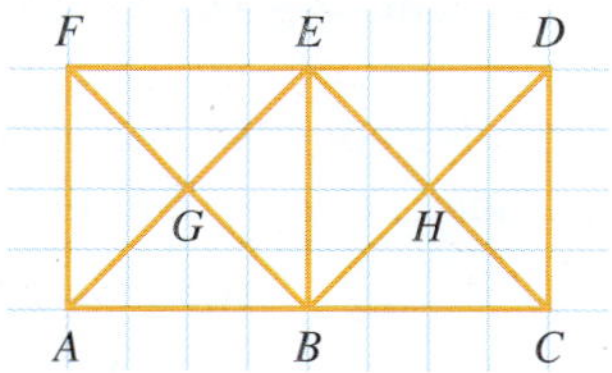

1. Déterminer les sommes vectorielles suivantes en complétant les pointillés.

a. $\overrightarrow{AB} + \overrightarrow{FA} = \overrightarrow{F\ldots} + \overrightarrow{\ldots B} = \overrightarrow{\ldots}$

b. $\overrightarrow{FD} + \overrightarrow{EB} = \overrightarrow{FD} + \overrightarrow{D\ldots} = \overrightarrow{\ldots}$

c. $\overrightarrow{AE} + \overrightarrow{GB} - \overrightarrow{HD} = \overrightarrow{AE} + \overrightarrow{E\ldots} + \overrightarrow{\ldots} = \overrightarrow{\ldots}$

2. Déterminer les sommes vectorielles suivantes.

a. $\overrightarrow{CH} + \overrightarrow{GE}$ **b.** $\overrightarrow{AC} + \overrightarrow{EB}$

c. $\overrightarrow{AE} + \overrightarrow{CB} + \overrightarrow{EB}$ **d.** $\overrightarrow{BA} + \overrightarrow{DC} - \overrightarrow{FE}$

*Pour les exercices **132** à **134**, on considère la figure ci-contre constituée de quatre rectangles contigus DJOK, JCIO, KOLA et OIBL de centres N, M, P et Q respectivement.*

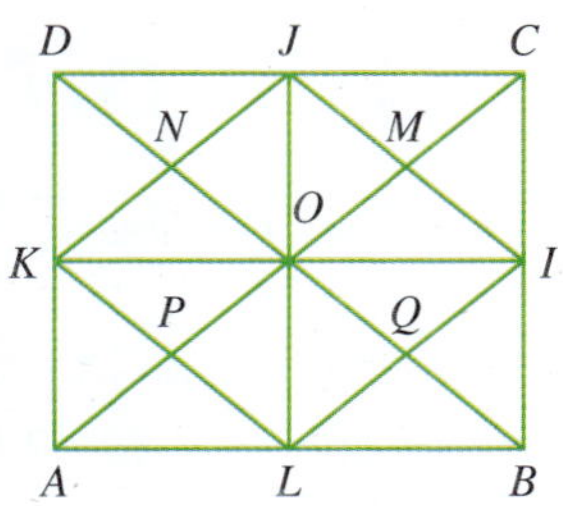

132 Écrire les sommes vectorielles suivantes à l'aide d'un unique vecteur.

1. $\overrightarrow{DJ} + \overrightarrow{OB}$ **2.** $\overrightarrow{KI} + \overrightarrow{OD}$

3. $\overrightarrow{ON} + \overrightarrow{OM}$ **4.** $\overrightarrow{AL} - \overrightarrow{DK}$

5. $\overrightarrow{KO} - \overrightarrow{JI}$ **6.** $\overrightarrow{QO} - \overrightarrow{PK}$

133 Même consigne que l'exercice précédent.

1. $\overrightarrow{KI} + \overrightarrow{QO} + \overrightarrow{LA}$ **2.** $\overrightarrow{AC} + \overrightarrow{OL} - \overrightarrow{DC}$

3. $\overrightarrow{OP} + \overrightarrow{ON} + \overrightarrow{OQ} + \overrightarrow{OM}$

134 Compléter les égalités vectorielles suivantes.

1. $\overrightarrow{AO} + \overrightarrow{ND} = \overrightarrow{P\ldots}$ **2.** $\overrightarrow{AB} + \overrightarrow{\ldots K} = \overrightarrow{JC}$

3. $\overrightarrow{BP} + \overrightarrow{KJ} = \overrightarrow{B\ldots}$ **4.** $\overrightarrow{O\ldots} + \overrightarrow{JD} = \overrightarrow{AK}$

135 Simplifier à l'aide de la relation de Chasles et écrire comme un unique vecteur.

1. $\overrightarrow{AC} + \overrightarrow{DA}$ **2.** $\overrightarrow{RP} - \overrightarrow{RV}$ **3.** $\overrightarrow{AB} + \overrightarrow{BA}$

4. $\overrightarrow{VU} - \left(\overrightarrow{VP} - \overrightarrow{KP}\right)$ **5.** $\overrightarrow{JO} - \overrightarrow{KO} + \overrightarrow{KJ}$

136 Même consigne que l'exercice précédent.

1. $\overrightarrow{AB} - \overrightarrow{AC} + \overrightarrow{BD}$ **2.** $\overrightarrow{AB} - \overrightarrow{CD} + \overrightarrow{BD}$

3. $\overrightarrow{BC} - \overrightarrow{BD} + \overrightarrow{CA}$ **4.** $\overrightarrow{CD} - \overrightarrow{AB} + \overrightarrow{DB}$

137 Compléter à l'aide de la relation de Chasles.

1. $\overrightarrow{AD} = \overrightarrow{A\ldots} + \overrightarrow{C\ldots}$ **2.** $\overrightarrow{TR} = \overrightarrow{\ldots P} + \overrightarrow{\ldots\ldots}$

3. $\overrightarrow{MN} = \overrightarrow{\ldots P} + \overrightarrow{\ldots\ldots} + \overrightarrow{R\ldots}$

4. $\overrightarrow{AB} - \overrightarrow{AC} = \overrightarrow{\ldots\ldots} + \overrightarrow{\ldots\ldots} = \overrightarrow{\ldots\ldots}$

138 Étant donnés quatre points A, B, C et D du plan, démontrer les égalités suivantes.

1. $\overrightarrow{AC} - \overrightarrow{BD} = \overrightarrow{AB} - \overrightarrow{CD}$ **2.** $\overrightarrow{BA} - \overrightarrow{CD} = \overrightarrow{BC} - \overrightarrow{AD}$

139 Reproduire la figure ci-contre.

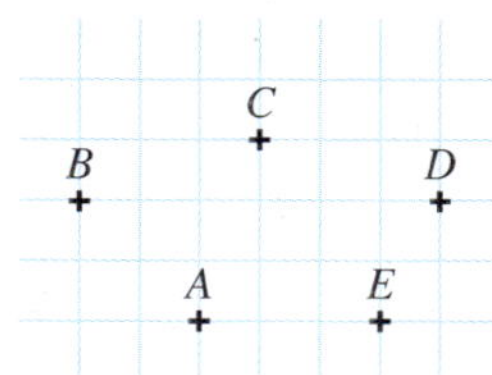

1. Soient $\vec{u}$ et $\vec{v}$ deux vecteurs définis par :

$\vec{u} = \overrightarrow{AB} + \overrightarrow{CD} + \overrightarrow{EC}$

$\vec{v} = \overrightarrow{AD} + \overrightarrow{CD} + \overrightarrow{EB}$

Construire un représentant d'origine A de chacun des deux vecteurs $\vec{u}$ et $\vec{v}$. Que semble-t-on constater ?

2. Démontrer cette conjecture à l'aide de la relation de Chasles.

140 Soit $ABCD$ un parallélogramme de centre O.

1. Simplifier : $\overrightarrow{OA} + \overrightarrow{OB} - \overrightarrow{OC} + \overrightarrow{OD}$.

2. Montrer les égalités vectorielles suivantes.

a. $\overrightarrow{AB} + \overrightarrow{AD} = \overrightarrow{AC}$ **b.** $\overrightarrow{AB} + \overrightarrow{CB} = \overrightarrow{DB}$

c. $\overrightarrow{AB} + \overrightarrow{CD} = \vec{0}$ **d.** $\overrightarrow{DC} - \overrightarrow{AD} = \overrightarrow{DB}$

141 Soit ABC un triangle.

1. Construire l'image M du point C par la translation de vecteur $\overrightarrow{AC}$, puis l'image N du point C par la translation de vecteur $\overrightarrow{BC}$.

2. a. À l'aide de la relation de Chasles, montrer que :

$$\overrightarrow{AB} = \overrightarrow{NM}$$

b. En déduire la nature du quadrilatère $ABMN$.

142 Soit un triangle ABC. On considère les points E et F tels que : $\overrightarrow{AE} = \overrightarrow{BC}$ et $\overrightarrow{AD} = \overrightarrow{AB} + \overrightarrow{AC}$.

1. Tracer une figure.

2. Quelle est la nature du quadrilatère $AECB$? Quelle autre égalité de vecteurs peut-on en déduire ?

3. a. À l'aide de la relation de Chasles, montrer que $\overrightarrow{BD} = \overrightarrow{AC}$. En déduire la nature du quadrilatère $ACDB$.

b. Quelle autre égalité vectorielle peut-on en déduire ?

4. Montrer que $\overrightarrow{CD} = \overrightarrow{EC}$. Que peut-on en déduire concernant le point C ?

4 Produit d'un vecteur par un réel

Pour les exercices 143 et 144, on considère la figure ci-dessous formée de six carrés.

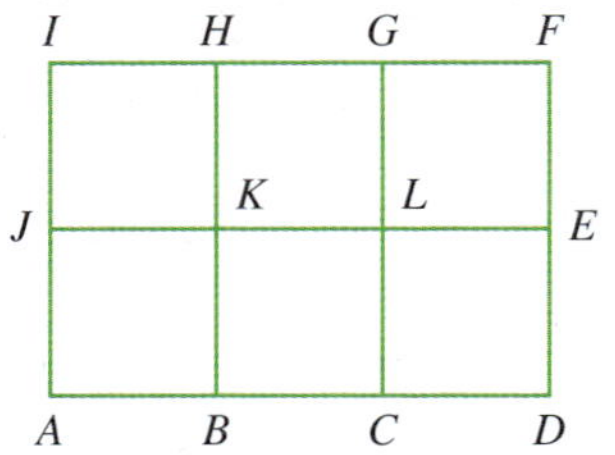

143 Compléter les pointillés avec des nombres réels.

1. $\overrightarrow{IF} = \ldots\overrightarrow{AB}$ 2. $\overrightarrow{KL} = \ldots\overrightarrow{DB}$ 3. $\overrightarrow{FD} = \ldots\overrightarrow{AJ}$
4. $\overrightarrow{GF} = \ldots\overrightarrow{BA}$ 5. $\overrightarrow{DA} = \ldots\overrightarrow{KE}$ 6. $\overrightarrow{JE} = \ldots\overrightarrow{IG}$

144 Compléter les pointillés avec des nombres réels.

1. $\overrightarrow{KF} = \ldots\overrightarrow{AB} + \ldots\overrightarrow{AJ}$ 2. $\overrightarrow{ID} = \ldots\overrightarrow{GL} + \ldots\overrightarrow{GH}$
3. $\overrightarrow{CJ} = \ldots\overrightarrow{LC} + \ldots\overrightarrow{EL}$ 4. $\overrightarrow{JF} = \ldots\overrightarrow{HK} + \ldots\overrightarrow{CD}$

145 1. Reproduire la figure ci-contre en respectant le quadrillage.
2. Construire les points D, E, F et G tels que :

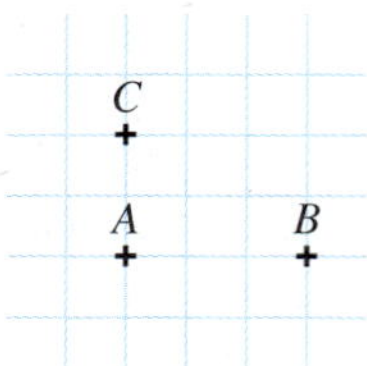

a. $\overrightarrow{AD} = 2\overrightarrow{AC}$ b. $\overrightarrow{AE} = -\frac{1}{3}\overrightarrow{AB}$
c. $\overrightarrow{CF} = \frac{7}{3}\overrightarrow{AB}$ d. $\overrightarrow{GB} = -\frac{3}{2}\overrightarrow{AC}$

146 1. Reproduire la figure ci-contre en respectant le quadrillage.
2. Construire un représentant de chacun des vecteurs suivants.

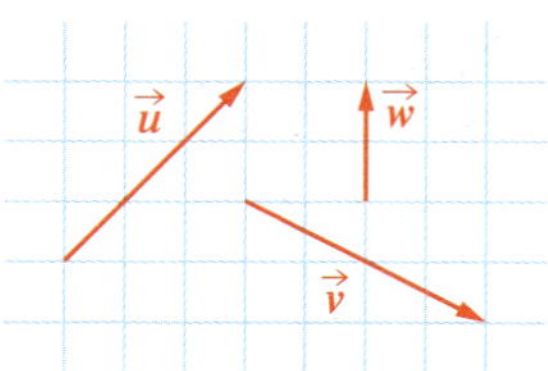

a. $2\vec{u} + 3\vec{v}$ b. $\frac{1}{2}\vec{v} - 2\vec{w}$ c. $-\frac{1}{3}\vec{u} + \frac{3}{2}\vec{v} + 4\vec{w}$

147 1. Reproduire la figure ci-contre en respectant le quadrillage.
2. Construire les points M, N, P et Q tels que :

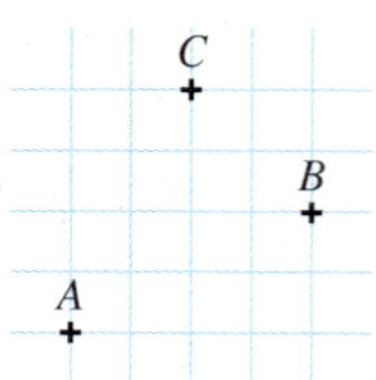

a. $\overrightarrow{AM} = 3\overrightarrow{AB} - 2\overrightarrow{AC}$
b. $\overrightarrow{BN} = \frac{1}{2}\overrightarrow{AC} + \frac{3}{2}\overrightarrow{AB}$
c. $\overrightarrow{CP} = \frac{5}{2}\overrightarrow{BA} + 2\overrightarrow{AC}$ d. $\overrightarrow{QB} = \overrightarrow{MB} + \overrightarrow{PB}$

148 Soient A, B et C trois points tels que $\overrightarrow{AB} = 3\overrightarrow{AC}$.
1. À l'aide de la relation de Chasles, compléter l'égalité vectorielle suivante : $\overrightarrow{AC} = \overrightarrow{\ldots B} + \overrightarrow{\ldots C}$.
2. Montrer que $\overrightarrow{AB} = -\frac{3}{2}\overrightarrow{BC}$.

Pour les exercices 149 à 151, exprimer le vecteur $\overrightarrow{AB}$ en fonction du vecteur $\overrightarrow{AC}$.

149 1. $\overrightarrow{AB} = 3\overrightarrow{BC}$ 2. $3\overrightarrow{BA} + 2\overrightarrow{CA} = \vec{0}$

150 1. $\overrightarrow{BC} = 3\overrightarrow{AC}$ 2. $3\overrightarrow{CB} = 2\overrightarrow{AB}$

151 1. $\overrightarrow{AB} + \overrightarrow{AC} = 3\overrightarrow{BC}$ 2. $-5\overrightarrow{BC} + \overrightarrow{CA} = 4\overrightarrow{BA}$

152 Soient A et B deux points. On considère le point C tel que $4\overrightarrow{AC} + \overrightarrow{BC} = \vec{0}$.
À l'aide de la relation de Chasles, montrer que :
$$\overrightarrow{AC} = \frac{1}{5}\overrightarrow{AB}$$

153 Soient A et B deux points tels que $AB = 8$ cm.
1. Construire les points C, D, E et F tels que :
a. $\overrightarrow{AC} = \frac{1}{2}\overrightarrow{AB}$ b. $\overrightarrow{AD} = -\frac{3}{4}\overrightarrow{AB}$
c. $\overrightarrow{BE} = 2\overrightarrow{AD}$ d. $\overrightarrow{FA} = \frac{1}{3}\overrightarrow{AD}$
2. Soit G le point tel que $3\overrightarrow{GB} + \overrightarrow{GA} = \vec{0}$.
a. Montrer que $\overrightarrow{BG} = \frac{1}{4}\overrightarrow{BA}$.
b. Construire le point G.

Pour les exercices 154 et 155, on considère la figure de l'exercice 143. Indiquer si les vecteurs $\vec{u}$ et $\vec{v}$ sont colinéaires. Dans l'affirmative déterminer un réel k tel que $\vec{v} = k\vec{u}$.

154 1. $\vec{u} = \overrightarrow{AB}$ et $\vec{v} = \overrightarrow{HF}$ 2. $\vec{u} = \overrightarrow{IJ}$ et $\vec{v} = \overrightarrow{CG}$

155 1. $\vec{u} = \overrightarrow{BJ}$ et $\vec{v} = \overrightarrow{BL}$ 2. $\vec{u} = \overrightarrow{CE}$ et $\vec{v} = \overrightarrow{GA}$

156 Soient ABC un triangle non aplati et les points I et J tels que $\overrightarrow{AI} = \overrightarrow{AB} - 2\overrightarrow{AC}$ et $\overrightarrow{AJ} = -2\overrightarrow{AB} + 4\overrightarrow{AC}$.
1. Montrer que les vecteurs $\overrightarrow{AI}$ et $\overrightarrow{AJ}$ sont colinéaires.
2. Que peut-on en déduire sur les points A, I et J ?

157 Soient ABC un triangle non aplati et les points I et J tels que $\overrightarrow{AI} = \frac{4}{3}\overrightarrow{AB} + \frac{1}{3}\overrightarrow{AC}$ et $\overrightarrow{AJ} = 4\overrightarrow{AB} - \overrightarrow{AC}$.
Les points A, I et J sont-ils alignés ?

158 Soient ABC un triangle non aplati et les points I et J tels que $\overrightarrow{AI} = -\overrightarrow{AB} + \frac{5}{3}\overrightarrow{AC}$ et $\overrightarrow{BJ} = -\frac{1}{2}\overrightarrow{AB} + \frac{5}{6}\overrightarrow{AC}$.
Les droites (AI) et (BJ) sont-elles parallèles ?

159 Reprendre l'exercice précédent avec :
$$\overrightarrow{AI} = \frac{6}{5}\overrightarrow{AB} - \frac{3}{8}\overrightarrow{AC} \text{ et } \overrightarrow{BJ} = \frac{4}{5}\overrightarrow{AB} - \frac{1}{4}\overrightarrow{AC}$$

160 Ci-contre, $ABCD$ est un parallélogramme de centre O.

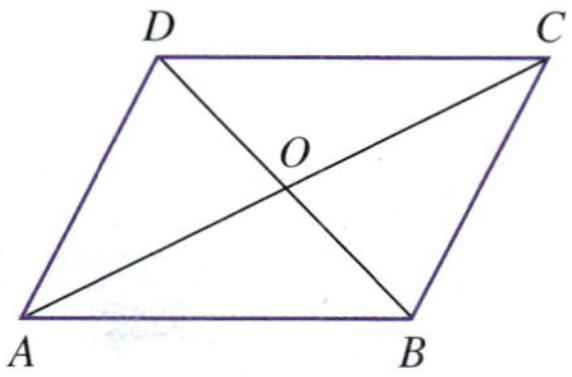

1. Exprimer le vecteur $\overrightarrow{AO}$ en fonction du vecteur $\overrightarrow{AC}$.

2. Montrer que $\overrightarrow{AO} = \frac{1}{2}\overrightarrow{AB} + \frac{1}{2}\overrightarrow{AD}$.

3. Montrer que $\overrightarrow{DO} = \frac{1}{2}\overrightarrow{AB} + \frac{1}{2}\overrightarrow{CB}$.

161 Exercice guidé

Soit MNP un triangle.

On note R le symétrique de M par rapport à N et S le symétrique de M par rapport à P.

1. Faire une figure.

2. Exprimer le vecteur $\overrightarrow{RM}$ en fonction du vecteur $\overrightarrow{MN}$.

3. a. En utilisant judicieusement la relation de Chasles, montrer que $\overrightarrow{RS} = 2\overrightarrow{NP}$.

b. Que peut-on dire des droites (RS) et (NP) ?

Pistes de résolution

2. Il faut déterminer le réel k tel que $\overrightarrow{RM} = k\overrightarrow{MN}$.

3. a. D'après la relation de Chasles, $\overrightarrow{RS} = \overrightarrow{R\ldots} + \overrightarrow{\ldots S}$.
La question **2.** peut guider pour savoir quel point on peut utiliser.

162 Soit EFG un triangle.

On considère les points H et K définis respectivement par $\overrightarrow{EH} = -\overrightarrow{EF}$ et $\overrightarrow{HK} = 2\overrightarrow{EG}$.

1. Faire une figure.

2. En utilisant la relation de Chasles, montrer que $\overrightarrow{FH} = 2\overrightarrow{FE}$.

3. Montrer que $\overrightarrow{FK} = 2\overrightarrow{FG}$.

4. Que peut-on dire des points F, G et K ? Préciser la position du point G par rapport à F et K ?

163 Centre de gravité d'un triangle

Soit ABC un triangle. On note G le point vérifiant :

$$\overrightarrow{GA} + \overrightarrow{GB} + \overrightarrow{GC} = \vec{0}$$

1. À l'aide de la relation de Chasles, montrer que :

$$\overrightarrow{AG} = \frac{1}{3}\overrightarrow{AB} + \frac{1}{3}\overrightarrow{AC}$$

2. Soit I le milieu de $[BC]$.

a. Montrer, à l'aide de la relation de Chasles, que :

$$\overrightarrow{AB} + \overrightarrow{AC} = 2\overrightarrow{AI}$$

b. En déduire que $\overrightarrow{AG} = \frac{2}{3}\overrightarrow{AI}$.

c. Justifier alors que G appartient à la médiane issue de A du triangle ABC.

3. a. Montrer que $\overrightarrow{BG} = \frac{1}{3}\overrightarrow{BA} + \frac{1}{3}\overrightarrow{BC}$.

b. Soit J le milieu de $[AC]$. Montrer que $\overrightarrow{BG} = \frac{2}{3}\overrightarrow{BJ}$.

c. Que peut-on en déduire ?

Analyse d'un énoncé

164 Exercice commenté

Soit ABC un triangle. On note M et N les points définis par $\overrightarrow{AM} = \frac{1}{4}\overrightarrow{AB}$ et $\overrightarrow{AN} = 4\overrightarrow{AC}$.

1. Faire une figure.

2. a. À l'aide de la relation de Chasles, montrer qu'on a $\overrightarrow{CM} = \frac{1}{4}\overrightarrow{AB} - \overrightarrow{AC}$.

À partir d'une des égalités vectorielles données, on décompose judicieusement $\overrightarrow{CM} = \overrightarrow{C\ldots} + \overrightarrow{\ldots M}$.

b. Exprimer de la même manière le vecteur $\overrightarrow{BN}$ en fonction des vecteurs $\overrightarrow{AB}$ et $\overrightarrow{AC}$.

Comme dans la question **2. a.**, on utilise la relation de Chasles afin de décomposer judicieusement le vecteur $\overrightarrow{BN}$ pour faire apparaître $\overrightarrow{AB}$ et $\overrightarrow{AC}$.

3. Montrer que les droites (CM) et (BN) sont parallèles.

Il faut montrer que les vecteurs $\overrightarrow{CM}$ et $\overrightarrow{BN}$ sont colinéaires, c'est-à-dire qu'il existe un réel k tel que : $\overrightarrow{BN} = k\overrightarrow{CM}$

165 Application immédiate

Soit ABC un triangle. D et E sont deux points tels que D est le symétrique de C par rapport à B et $\overrightarrow{CE} = \overrightarrow{BC} - 3\overrightarrow{AB}$.

1. Faire une figure.

2. a. À l'aide de la relation de Chasles, compléter l'égalité suivante : $\overrightarrow{AD} = \overrightarrow{A\ldots} + \overrightarrow{C\ldots}$.

b. En déduire que $\overrightarrow{AD} = 2\overrightarrow{AB} - \overrightarrow{AC}$.

c. Montrer que $\overrightarrow{AE} = -4\overrightarrow{AB} + 2\overrightarrow{AC}$.

3. Montrer que les points A, D et E sont alignés.

166 Soient $ABCD$ un parallélogramme et les points E et F tels que $\overrightarrow{AE} = \frac{4}{3}\overrightarrow{AD}$ et $\overrightarrow{CF} = \frac{3}{4}\overrightarrow{BA}$.

1. Construire une figure.

2. Exprimer $\overrightarrow{EB}$ en fonction de $\overrightarrow{AB}$ et $\overrightarrow{AD}$.

3. Exprimer $\overrightarrow{FB}$ en fonction de $\overrightarrow{AB}$ et $\overrightarrow{AD}$.

4. Montrer que les points E, F et B sont alignés.

167 Étude d'un parallélisme

On considère un rectangle $ABCD$.

On note I et J les points définis respectivement par :

$$\overrightarrow{AI} = \frac{1}{4}\overrightarrow{AB} \text{ et } \overrightarrow{BJ} = \frac{1}{5}\overrightarrow{BC}$$

1. Faire une figure.

2. Exprimer $\overrightarrow{AC}$ en fonction de $\overrightarrow{BA}$ et $\overrightarrow{BC}$.

3. Exprimer $\overrightarrow{IJ}$ en fonction de $\overrightarrow{BA}$ et $\overrightarrow{BC}$.

4. Les vecteurs $\overrightarrow{AC}$ et $\overrightarrow{IJ}$ sont-ils colinéaires ? Justifier.

exercices Bilan et approfondissement

BILAN

168 20min Triangles, cercle et calculs

Sur la figure ci-contre, Γ est un cercle de diamètre $[AB]$ et D un point de ce cercle. La droite (AD) est parallèle à (EF).
De plus $AD = 6$; $DB = 8$ et $AE = 4$.

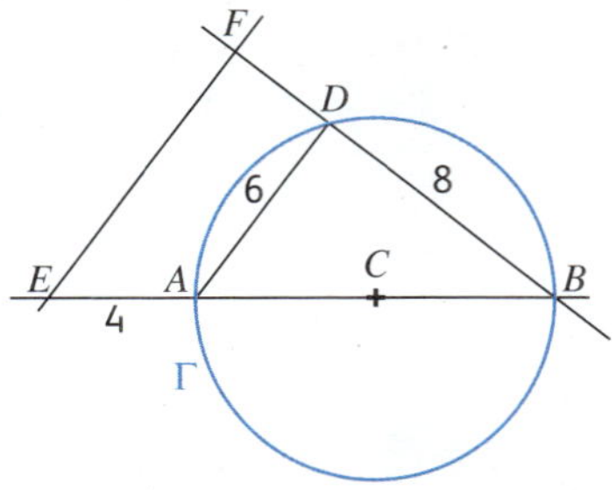

1. a. Quelle est la nature du triangle ABD ?
b. Calculer son aire.
2. Calculer le rayon du cercle Γ.
3. Déterminer une valeur approchée de l'angle $\widehat{BAD}$ au dixième de degré près.
4. Calculer la longueur FD.
5. Calculer la distance du point F à la droite (AB).
6. **Vrai ou Faux ?** Justifier.
a. $EF = 1{,}4 \times AD$ b. $\mathcal{A}_{BEF} = 1{,}4 \times \mathcal{A}_{ABD}$

169 20min Étude d'une configuration

On considère le rectangle $DEFG$ de centre O et F' le symétrique de F par rapport à E. Les droites (DE) et (OF') sont sécantes en A.
1. Que représente (OF') pour le triangle DFF' ?
2. Montrer que (FA) coupe $[DF']$ en son milieu.
3. Justifier que le triangle DFF' et le rectangle $DEFG$ ont la même aire. Comparer leur périmètre.

170 15min Construction de points

Reproduire la figure suivante et construire les points D, E, F, G et H définis par les relations vectorielles suivantes : • $\overrightarrow{AD} = \vec{u} + \vec{v}$ • $\overrightarrow{BE} = \vec{u} - \vec{v}$ • $\overrightarrow{CF} = -2\vec{u}$
• $\overrightarrow{AG} = \frac{4}{3}\vec{u}$ • $\overrightarrow{BH} = -\frac{1}{3}\vec{u} + \frac{3}{2}\vec{v}$

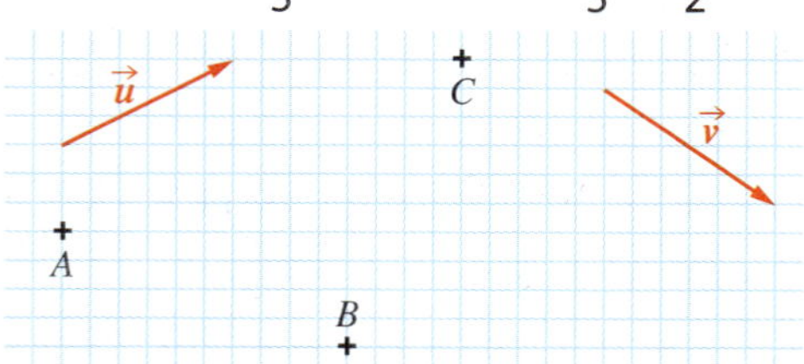

171 15min Vecteurs en questions

On considère les points A, B, C, D et E sur le quadrillage suivant.

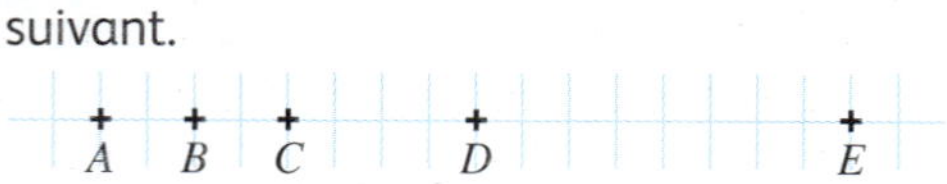

1. Quelles sont les égalités vraies ?
a. $\overrightarrow{AB} = \overrightarrow{CB}$ b. $AB = CB$ c. $\overrightarrow{ED} = -\overrightarrow{AD}$
d. $\overrightarrow{AD} = -4\overrightarrow{AB}$ e. $\overrightarrow{AB} = \frac{1}{4}\overrightarrow{ED}$ f. $\overrightarrow{AD} + \overrightarrow{ED} = \vec{0}$

2. Compléter les égalités suivantes par le nombre réel qui convient.
a. $\overrightarrow{DE} = \ldots\overrightarrow{AB}$ b. $\overrightarrow{EA} = \ldots\overrightarrow{AB}$
c. $\overrightarrow{DC} = \ldots\overrightarrow{AD}$ d. $\overrightarrow{AC} = \ldots\overrightarrow{AE}$

172 20min Dans un pavage...

On considère le pavage suivant constitué de triangles équilatéraux.

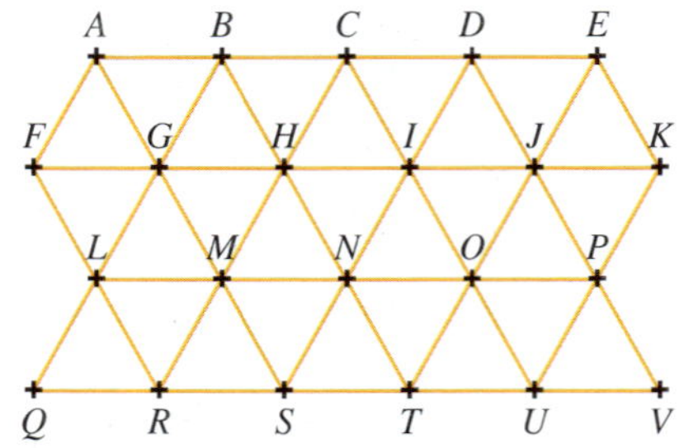

1. a. Citer trois vecteurs égaux à $\overrightarrow{LH}$.
b. Citer trois vecteurs opposés à $\overrightarrow{MC}$.
c. Citer trois vecteurs colinéaires à $\overrightarrow{CJ}$.
2. Compléter les égalités vectorielles suivantes.
a. $\overrightarrow{AH} = \overrightarrow{O\ldots}$ b. $\overrightarrow{QG} = \overrightarrow{\ldots D}$ c. $\overrightarrow{LN} + \overrightarrow{J\ldots} = \vec{0}$
d. $\overrightarrow{IT} = -\overrightarrow{O\ldots}$ e. $\overrightarrow{LI} + \overrightarrow{DJ} = \overrightarrow{S\ldots}$ f. $\overrightarrow{MI} - \overrightarrow{BD} = \overrightarrow{U\ldots}$
3. Écrire sous la forme d'un unique vecteur les sommes vectorielles suivantes.
a. $\overrightarrow{FD} + \overrightarrow{BN}$ b. $\overrightarrow{RU} + \overrightarrow{IO}$ c. $\overrightarrow{GM} - \overrightarrow{DV}$
d. $2\overrightarrow{AB} + 3\overrightarrow{AF}$ e. $-2\overrightarrow{QS} - \overrightarrow{RM}$ f. $\frac{2}{3}\overrightarrow{LO} + \frac{1}{2}\overrightarrow{ND}$
4. Compléter les égalités vectorielles suivantes par les nombres réels qui conviennent.
a. $\overrightarrow{MP} = \ldots\overrightarrow{IH}$ b. $\overrightarrow{MC} = \ldots\overrightarrow{TE}$ c. $\overrightarrow{HK} = \ldots\overrightarrow{IG}$
d. $\overrightarrow{MJ} = \ldots\overrightarrow{FG} + \ldots\overrightarrow{FA}$ e. $\overrightarrow{DQ} = \ldots\overrightarrow{FG} + \ldots\overrightarrow{FA}$

173 30min Alignés ?

On considère un triangle ABC tel que :
$$AB = 6,\ BC = 3 \text{ et } AC = 5$$
Soient les points D, E et F définis par :
$$\overrightarrow{BD} = \frac{1}{2}\overrightarrow{AB},\ \overrightarrow{EC} = \frac{2}{3}\overrightarrow{BC} \text{ et } \overrightarrow{CF} = \frac{2}{5}\overrightarrow{CA}$$
1. Construire une figure. Que peut-on conjecturer quant aux points D, E et F ?
2. À l'aide de la relation de Chasles, montrer que :
$$\overrightarrow{EC} = -\frac{2}{3}\overrightarrow{AB} + \frac{2}{3}\overrightarrow{AC}$$
3. a. Compléter à l'aide de la relation de Chasles :
$$\overrightarrow{ED} = \overrightarrow{EC} + \overrightarrow{\ldots B} + \overrightarrow{\ldots}$$
b. En déduire que $\overrightarrow{ED} = \frac{5}{6}\overrightarrow{AB} - \frac{1}{3}\overrightarrow{AC}$.
4. Justifier que $\overrightarrow{FE} = \frac{2}{3}\overrightarrow{AB} - \frac{4}{15}\overrightarrow{AC}$.
5. Conclure.

174 Dans un parallélogramme…

20 min

On considère un parallélogramme $ABCD$. I est le milieu du segment $[AB]$ et les points J et K sont définis par $\overrightarrow{AJ} = \frac{2}{3}\overrightarrow{AD}$ et $\overrightarrow{DK} = \frac{1}{4}\overrightarrow{DC}$.

1. Construire une figure et conjecturer la nature du quadrilatère $IJKB$.

2. On souhaite décomposer le vecteur $\overrightarrow{IJ}$ en fonction des vecteurs $\overrightarrow{AB}$ et $\overrightarrow{AD}$. Compléter :

$$\overrightarrow{IJ} = \ldots + \overrightarrow{AJ} = -\frac{1}{2}\ldots + \ldots\overrightarrow{AD}$$

3. a. Compléter l'égalité suivante : $\overrightarrow{BK} = \overrightarrow{BC} + \ldots$.

b. Sachant que $ABCD$ est un parallélogramme, en déduire que $\overrightarrow{BK} = -\frac{3}{4}\overrightarrow{AB} + \overrightarrow{AD}$.

4. Conclure.

APPROFONDISSEMENT

175 Définition vectorielle des homothéties

Sur la figure suivante, on a représenté les images $M_iN_iP_i$ (où i est égal à 1, 2 ou 3) d'un triangle MNP par les homothéties de centre O et de rapport $k_1 = 2$, $k_2 = -1{,}5$ et $k_3 = 0{,}5$.

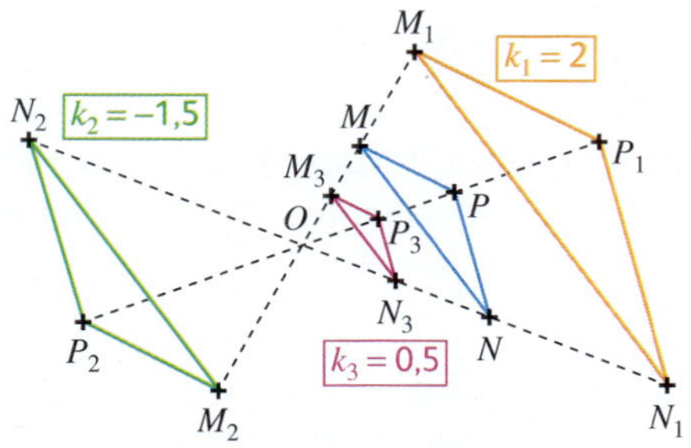

1. Pour chacune de ces trois homothéties :

a. que peut-on dire des points O, M et M_i ?

b. que peut-on dire des vecteurs $\overrightarrow{MN}$ et $\overrightarrow{M_iN_i}$?

c. le triangle $M_iN_iP_i$ est-il un agrandissement ou une réduction du triangle MNP ?

2. Étant donnés un point O du plan et un réel k non nul, on appelle **homothétie** de centre O et de rapport k la transformation qui, à tout point M associe le point M' tel que $\overrightarrow{OM'} = k\overrightarrow{OM}$. Dans la suite, M' et N' désignent les images des points M et N par cette homothétie.

a. Justifier la conjecture concernant O, M et M'.

b. Montrer que $\overrightarrow{M'N'} = k\overrightarrow{MN}$.

c. Que peut-on en déduire concernant les droites (MN) et $(M'N')$? et les longueurs des segments $[MN]$ et $[M'N']$?

d. Soit I le milieu d'un segment $[MN]$. Montrer que son image I' est le milieu de $[M'N']$.

Démo

176 Hauteurs concourantes

On veut montrer que les trois hauteurs d'un triangle sont concourantes.

Soient un triangle ABC et H le point d'intersection des hauteurs issues de A et de C.

1. Faire une figure.

2. a. Construire les parallèles à (AB), (BC) et (AC) passant respectivement par C, A et B. Nommer EFG le triangle obtenu par intersection de ces droites.

b. Montrer que les points A, B et C sont les milieux des côtés $[EF]$, $[FG]$ et $[GH]$.

3. Démontrer que la droite (BH) est la 3e hauteur du triangle ABC en montrant que ses hauteurs sont des droites remarquables du triangle EFG.

177 PYTHON Quadrilatères et Python

1. Dans un parallélogramme $ABCD$, que vaut $\widehat{A} + \widehat{B}$?

2. On souhaite réaliser une figure à l'aide du logiciel Python et de son module Tortue. On propose le programme ci-dessous.

```
1  from turtle import*
2  def parallélogramme(x,y,a):
3      for i in range(2):
4          forward(x)
5          left(a)
6          forward(y)
7          left(180-a)
8  reset()
9  goto(0,0)
10 parallélogramme(200,300,45)
```

Info
- `forward(200)` signifie « avance de 200 ».
- `left(45)` signifie « tourne à gauche de 45° ».

a. À quoi sert la fonction `parallélogramme`, définie entre les lignes 3 et 7 du programme ?

b. Tracer la figure obtenue lors de l'appel :

`parallélogramme(200,300,45)`

c. Plus généralement, réaliser un schéma à main levée de la figure obtenue lors de l'appel `parallélogramme(x,y,a)` sur laquelle on fera apparaître x, y et a.

3. Recopier le programme en modifiant la dernière ligne afin de réaliser :

a. un rectangle tel que $L = 300$ et $l = 200$;

b. le losange ci-contre.

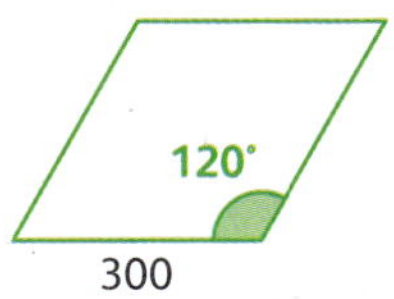

4. Pour aller plus loin

Écrire une fonction `frise(n,x,a)` permettant de construire une frise constituée de n losanges identiques de côté x pixels avec un angle de a degrés.

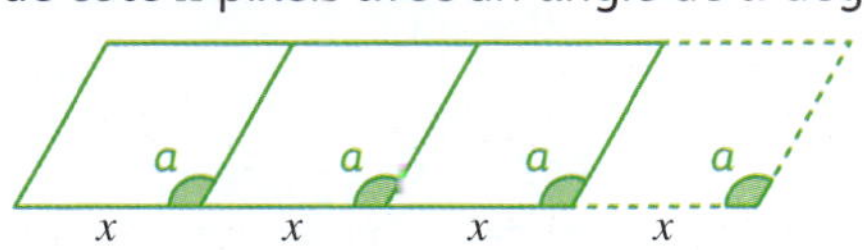

178 Aire d'un triangle et loi des sinus

On considère un triangle ABC dont les angles aux sommets sont aigus.

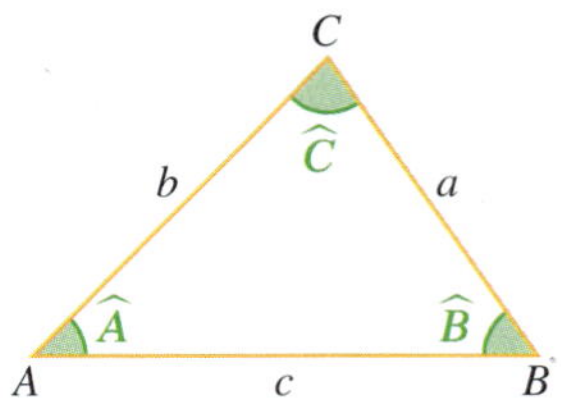

1. Montrer que son aire S est égale à $\frac{1}{2}bc\sin\widehat{A}$.

2. En déduire la formule des sinus :

$$\frac{a}{\sin\widehat{A}} = \frac{b}{\sin\widehat{B}} = \frac{c}{\sin\widehat{C}} = \frac{abc}{2S}$$

179 Loi des sinus et triangulation

Un bateau se trouve près de la côte. Deux guetteurs situés dans les phares P_1 et P_2 distants de 12 km mesurent les angles indiqués sur la figure ci-contre. Le bateau est-il situé à moins de 9 km de la côte ?

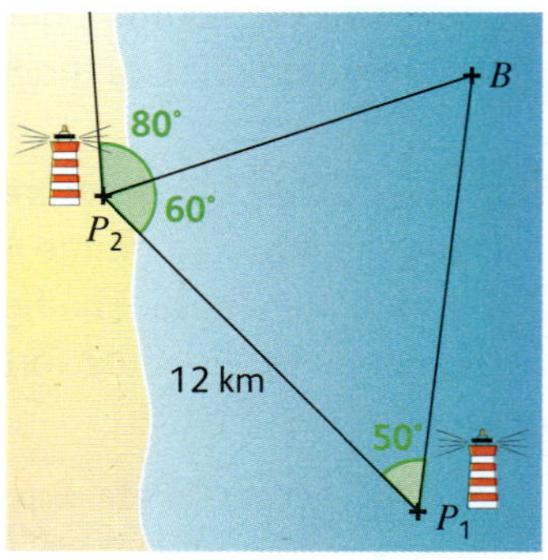

180 LOGICIEL GÉOMÉTRIE Triangle, projection orthogonale et distances

1. a. À l'aide d'un logiciel de géométrie dynamique, construire un triangle équilatéral ABC et un point P quelconque à l'intérieur de ce triangle. Construire les projetés orthogonaux I, J et K du point P sur les côtés $[AB]$, $[BC]$ et $[AC]$.

b. Faire apparaître les distances PI, PJ et PK puis la somme $S = PI + PJ + PK$. Déplacer le point P. Quelle conjecture peut-on faire ?

c. Faire apparaître la hauteur du triangle ABC. Préciser alors la conjecture précédente.

2. Démonstration

On note c le côté du triangle et h sa hauteur. Exprimer en fonction de c et h les aires des triangles ABC, PAB, PBC et PAC. Conclure.

3. Une entreprise est composée de trois secteurs S_1, S_2 et S_3. Le secteur S_1 représente 40 % des ressources humaines de l'entreprise, le secteur S_2 en représente 40 % et le secteur S_3 en représente 20 %.

Indiquer une méthode pour construire, dans un triangle équilatéral, la représentation graphique ci-contre où les aires des secteurs colorés sont proportionnelles aux données de l'énoncé.

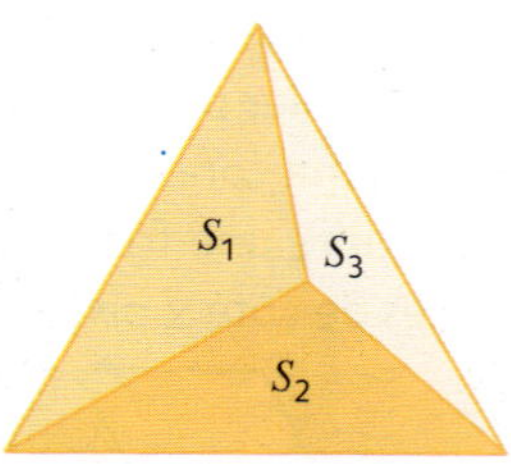

181 Formule d'Al-Kashi et application

1. On considère un triangle quelconque ABC et H le pied de la hauteur issue de A.

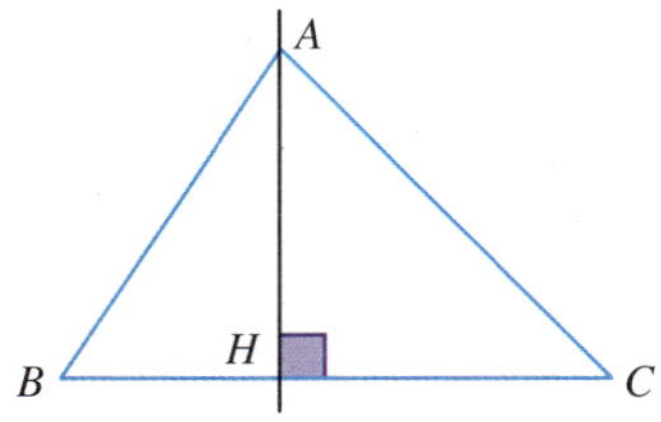

a. Montrer que $AC^2 = AB^2 + HC^2 - BH^2$.

b. Exprimer HC en fonction de BC et de BH.

c. Donner l'expression de $\cos\widehat{B}$ dans le triangle ABH.

d. En déduire la formule d'Al-Kashi (appelée aussi « théorème de Pythagore généralisé ») :

$$AC^2 = AB^2 + BC^2 - 2 \times AB \times BC \times \cos\widehat{B}$$

2. Application.

Dans un triangle ABC tel que $\widehat{B} = 30°$, $AB = 5$ cm et $BC = 4$ cm, calculer la longueur AC (arrondir au mm près).

Info

Né à Kashan (Iran) en 1380, Jamshid Al-Kashi est un mathématicien et astronome Perse. Il est l'auteur, entre autres, de la loi des cosinus, d'une approximation de π d'une précision de 16 décimales…

182 Un problème d'optimisation

Lors d'une course, les participants doivent traverser un canal rectiligne. On suppose qu'ils le traversent à la nage perpendiculairement à ses bords. Indiquer la position où ils doivent traverser pour que la distance à parcourir entre le départ D et l'arrivée A soit minimale.

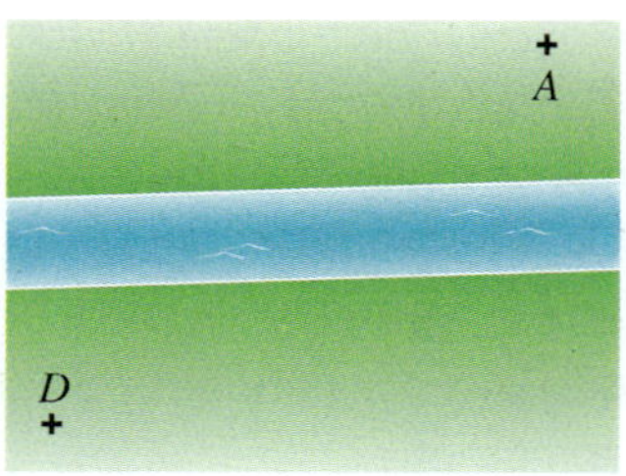

183 PRISE D'INITIATIVES Temps de remplissage

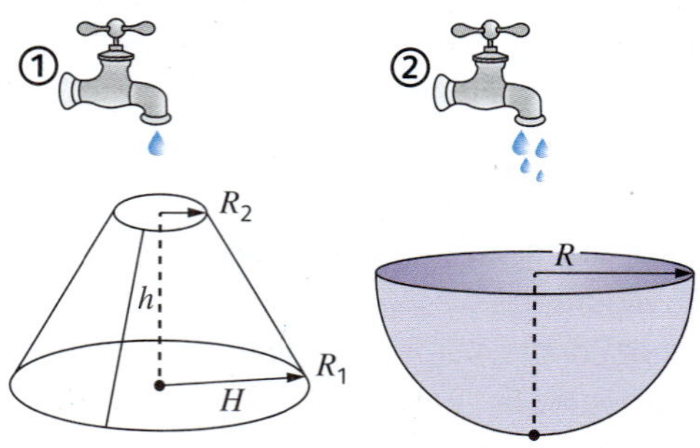

$R_1 = 5$ cm $R_2 = 1$ cm $h = 10$ cm $R = 10$ cm

Débit du robinet : ① 1 L.min^{-1} ② 10 L.min^{-1}

Lequel de ces deux récipients sera rempli le premier ?

Exercices Accompagnement personnalisé

Maîtriser l'essentiel

184 Configurations et traductions vectorielles

Associer chaque situation à sa caractérisation vectorielle et l'illustrer à l'aide d'une figure.

Situation géométrique	Traduction vectorielle
1. C est le milieu du segment $[AB]$.	**a.** Il existe un réel $k \neq 0$ tel que $\overrightarrow{AB} = k\overrightarrow{BC}$.
2. $ABCD$ est un parallélogramme.	**b.** $\overrightarrow{AC} = -\overrightarrow{BC}$
3. C est le point du segment $[AB]$ tel que $AC = \frac{1}{3}AB$.	**c.** Il existe un réel $\lambda \neq 0$ tel que $\overrightarrow{AB} = \lambda\overrightarrow{CD}$.
4. $(AB) // (CD)$	**d.** $\overrightarrow{AB} = \overrightarrow{DC}$
5. A, B et C sont alignés.	**e.** $\overrightarrow{CB} = 2\overrightarrow{AC}$

185 Choisir le bon connecteur logique

Compléter les phrases suivantes avec le connecteur approprié parmi : « donc », « car », « si et seulement si ».

1. M est le milieu de $[AB]$ … $MA = MB$.

2. M est sur la médiatrice de $[AB]$ … $MA = MB$.

3. $AB = CD$ … $ABCD$ est un parallélogramme

4. Le triangle ABC est rectangle en A … $BC^2 = AB^2 + AC^2$.

5. $\overrightarrow{AM} = \overrightarrow{MB}$ … M est le milieu de $[AB]$.

6. $ABCD$ est un losange … $(AC) \perp (BD)$.

186 Raisonner à l'aide de configurations

1. Reproduire la carte mentale des propriétés des diagonales des quadrilatères et la compléter.

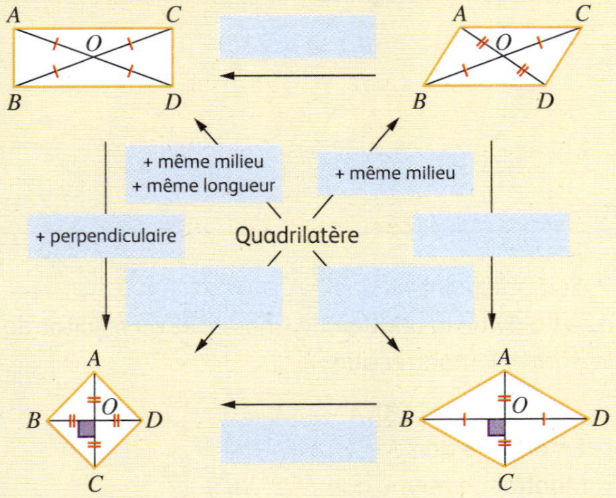

2. Application

On considère la configuration ci-contre. Quelle est la nature du quadrilatère $ABCD$? Justifier.

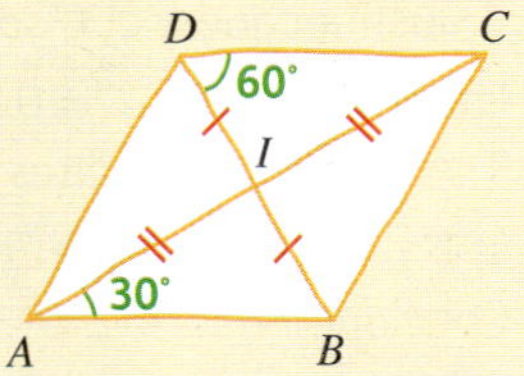

Aller plus loin

187 Dans un triangle ABC rectangle en A, les bissectrices issues de B et de C se coupent en I.
On note J le projeté orthogonal de I sur (AB) et L le projeté orthogonal de I sur (AC).
Démontrer que $AJIL$ est un carré.

188 PRISE D'INITIATIVES

On considère la configuration suivante.

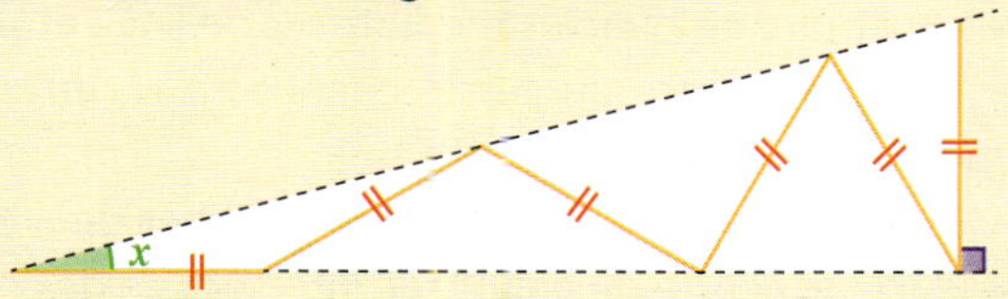

Quelle est la mesure x de l'angle coloré ?

COUP DE POUCE
hachette-clic.fr/25de2046

189 Compétence Chercher

On considère $ABCD$ un parallélogramme. On place les points I, J, K et L sur les segments respectifs $[AB]$, $[BC]$, $[CD]$ et $[DA]$ tels que $AI = BJ = CK = DL$.

1. Faire une figure.

2. Démontrer que le quadrilatère $IJKL$ est un quadrilatère particulier.

190 PRISE D'INITIATIVES On considère un triangle ABC non aplati et les points D, E et F tels que :

① $\overrightarrow{AD} = \frac{1}{2}\overrightarrow{AB} + 2\overrightarrow{AC}$

② E soit le milieu de $[AC]$

③ F vérifie $3\overrightarrow{FC} + \overrightarrow{FB} = \vec{0}$

1. Construire une figure. Quelle conjecture peut-on émettre quant aux droites (AF) et (ED) ?

2. a. Montrer que $\overrightarrow{AF} = \frac{1}{4}\overrightarrow{AB} + \frac{3}{4}\overrightarrow{AC}$.

b. De même, exprimer le vecteur $\overrightarrow{ED}$ en fonction des vecteur $\overrightarrow{AB}$ et $\overrightarrow{AC}$.

3. Démontrer alors la conjecture émise précédemment.

COUP DE POUCE
hachette-clic.fr/25de2047

191 Plusieurs méthodes de résolution

Soient $ABCD$ un rectangle, I le milieu du segment $[AB]$ et K le point défini par $\overrightarrow{DK} = \frac{2}{3}\overrightarrow{DI}$.

1. Construire une figure. Quelle conjecture peut-on émettre quant aux points A, K et C ?

2. Démontrer cette conjecture de deux manières :

a. en utilisant l'outil vectoriel ;

b. en utilisant les configurations.

TP Utiliser les outils numériques

LOGICIEL GÉOMÉTRIE

La droite d'Euler

On considère un triangle ABC. On note A', B' et C' les milieux respectifs des côtés $[BC]$, $[AC]$ et $[AB]$.
On appelle O le centre du cercle circonscrit, G le centre de gravité et H l'orthocentre du triangle ABC.
On souhaite démontrer que O, G et H sont alignés.
La droite passant par ces points est appelée « droite d'Euler » du triangle ABC.

Construction à l'aide d'un logiciel de géométrie dynamique

- Placer trois points quelconques A, B et C non alignés.
- Construire les milieux A', B' et C'.
- Construire **en bleu** les médiatrices de $[AC]$ et $[BC]$.
- Placer le centre du cercle circonscrit O, intersection des deux médiatrices.
- Construire **en rouge** les médianes issues de A et de C.
- Placer le centre de gravité G, intersection des deux médianes.
- Construire **en vert** les hauteurs issues de A et de C.
- Placer l'orthocentre H, intersection des deux hauteurs.

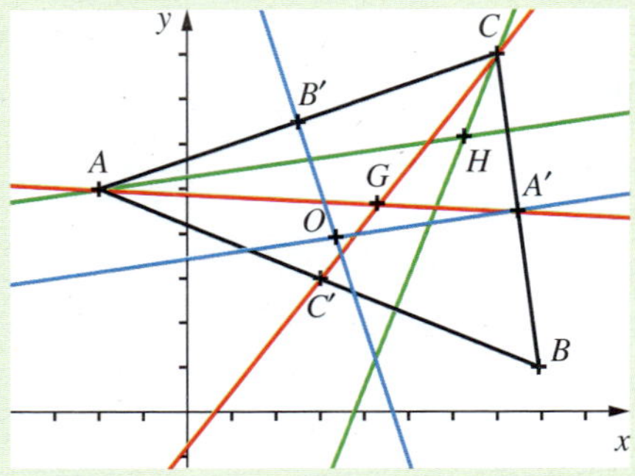

Partie A Observations et conjecture

1. Vérifier que les points O, G et H sont alignés.

2. a. Tracer les segments $[OG]$ et $[OH]$.

b. Dans la fenêtre *Algèbre*, noter les noms donnés aux étiquettes associées à ces deux segments (j et k par exemple ci-contre).

c. Dans la barre de saisie, inscrire le quotient des deux étiquettes $r = k/j$.

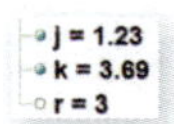

3. a. À l'aide de la souris, déplacer les points A, B et C.

b. Que constate-t-on pour la position des points O, G et H ?

c. Que constate-t-on pour le rapport k ?

d. Quelle égalité peut-on conjecturer concernant les vecteurs $\overrightarrow{OH}$ et $\overrightarrow{OG}$?

Partie B Démonstration d'une propriété

Soit I le milieu d'un segment quelconque $[RT]$.
Soit S un point quelconque.

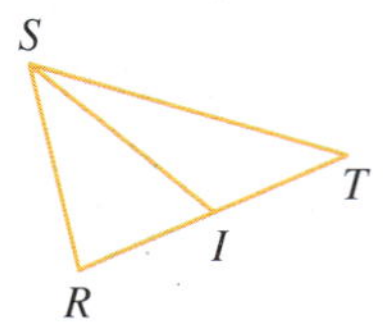

En appliquant judicieusement la relation de Chasles, montrer qu'on a l'égalité :

$$\overrightarrow{SR} + \overrightarrow{ST} = 2\overrightarrow{SI}$$

Partie C Démonstration de la conjecture de la partie A

1. Soit M le point défini par $\overrightarrow{OM} = \overrightarrow{OA} + \overrightarrow{OB} + \overrightarrow{OC}$.

a. À l'aide de la relation de Chasles et du résultat de la **partie B**, montrer que :

$$\overrightarrow{AM} = \overrightarrow{A\ldots} + \overrightarrow{\ldots M} = 2\overrightarrow{OA'}$$

b. Que peut-on dire des droites (AM) et (OA') ?

c. En déduire que la droite (AM) est la hauteur issue de A du triangle ABC.

d. Démontrer de même que (BM) est la hauteur issue de B du triangle ABC.

e. Justifier que M et H sont confondus et qu'on a l'égalité : $\overrightarrow{OH} = \overrightarrow{OA} + \overrightarrow{OB} + \overrightarrow{OC}$.

2. Soit N le point tel que $\overrightarrow{NA} + \overrightarrow{NB} + \overrightarrow{NC} = \vec{0}$.

a. À l'aide de la relation de Chasles et du résultat de la **partie B**, montrer que :

$$3\overrightarrow{NA} + 2\overrightarrow{AA'} = \vec{0}$$

b. En déduire que $N \in (AA')$.

c. Montrer de même que $N \in (BB')$.

d. Justifier que N et G sont confondus et qu'on a l'égalité : $\overrightarrow{GA} + \overrightarrow{GB} + \overrightarrow{GC} = \vec{0}$.

3. À partir des égalités obtenues aux questions **1. e.** et **2. d.** et la relation de Chasles, montrer que $\overrightarrow{OH} = 3\overrightarrow{OG}$.
Conclure.

TP Mener une recherche

LOGICIEL GÉOMÉTRIE

TP1 Obtenir le plus grand volume

TRAVAIL DE GROUPE

On dispose d'une feuille de papier A4 (21 cm × 29,7 cm). Dans le sens de la largeur ou dans celui de la longueur, on peut :

- la plier en quatre parties de largeur identique de façon à obtenir un pavé droit à base carrée.
- l'enrouler pour obtenir un cylindre.

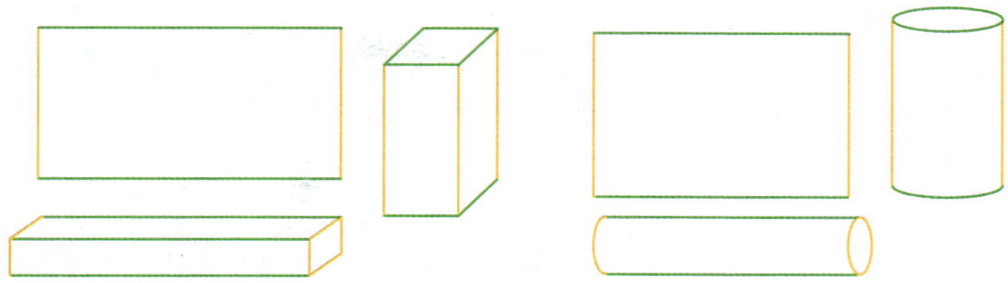

Parmi les quatre solides ainsi obtenus, lequel a le plus grand volume ?

TP2 Un problème, plusieurs méthodes

$ABCD$ est un carré de côté 1 et les triangles AEB et BCF sont équilatéraux.

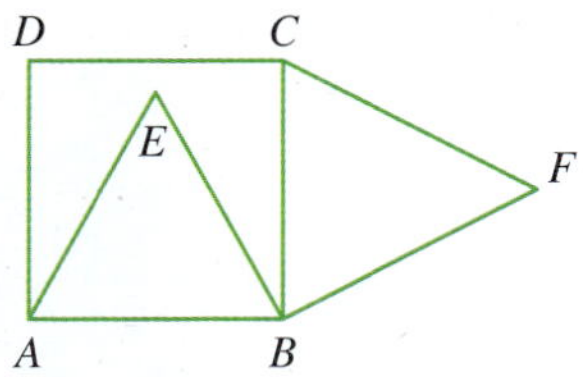

1. Que peut-on conjecturer concernant les points D, E et F ?

Dans la suite, on s'intéresse à deux démonstrations possibles de cette conjecture.

2. Utilisation du calcul vectoriel

a. On note H le pied de la hauteur issue de E dans le triangle AEB. Montrer que $EH = \frac{\sqrt{3}}{2}$.

Quelle est la distance entre F et la droite (BC) ?

b. Décomposer les vecteurs $\overrightarrow{AE}$ et $\overrightarrow{AF}$ en fonction de $\overrightarrow{AB}$ et $\overrightarrow{AD}$.

c. Décomposer alors les vecteurs $\overrightarrow{DE}$ et $\overrightarrow{DF}$ en fonction de $\overrightarrow{AB}$ et $\overrightarrow{AD}$.

d. Conclure.

3. Utilisation de configurations et d'angles

Démontrer la conjecture en prouvant que l'angle $\widehat{DEF}$ est un angle plat.

Aide

Déterminer au préalable les angles au sommet de certains triangles isocèles.

TP3 Point d'équilibre

On utilise une planche d'extrémités A et B, posée sur un support triangulaire en O, et sur laquelle on dépose deux objets de masses m_1 et m_2.

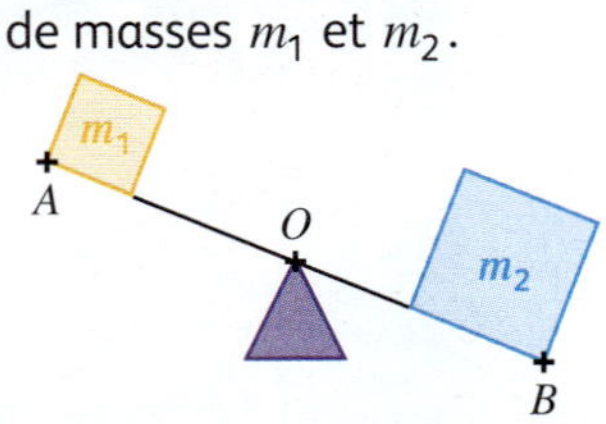

La planche est en équilibre en O lorsque :

$$m_1\overrightarrow{OA} + m_2\overrightarrow{OB} = \vec{0}$$

1. Montrer que, lorsque $m_1 + m_2 \neq 0$, on a :

$$\overrightarrow{AO} = \frac{m_2}{m_1 + m_2}\overrightarrow{AB}$$

2. Montrer que si $m_1 = m_2$ alors le point d'équilibre O est le milieu du segment $[AB]$.

3. Construire le point d'équilibre O pour une planche mesurant 1 mètre sur laquelle on dépose en A un objet de masse $m_1 = 5$ kg et en B un objet de masse $m_2 = 3$ kg.

Prendre 10 cm pour 1 mètre.

4. Dans cette question on considère que $\overrightarrow{OA} = -3\overrightarrow{OB}$ et que $m_2 = 15$.

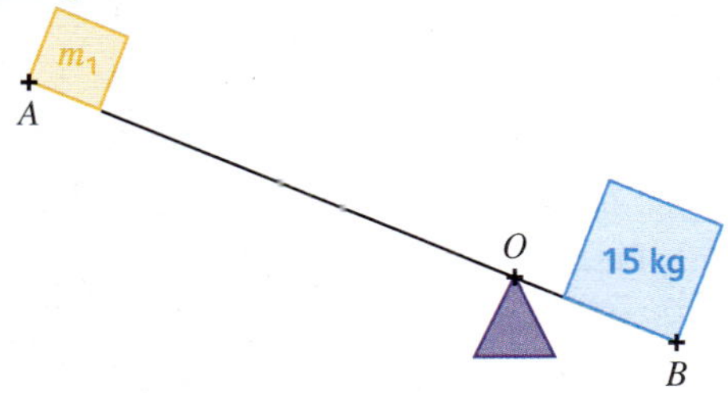

a. Exprimer le vecteur $\overrightarrow{AO}$ en fonction du vecteur $\overrightarrow{AB}$.

b. Déterminer la masse m_1 à déposer en A afin que la planche soit en équilibre.

Info

Le point d'équilibre O est appelé ***barycentre*** (*barus* : poids) des points pondérés (A, m_1) et (B, m_2). C'est le mathématicien et physicien Archimède (IIIe siècle avant J.-C.) qui est l'un des premiers à décrire le principe des moments, des leviers et du barycentre dans son traité *Sur le centre de gravité de surface plane*.

CHAPITRE

6 Géométrie plane dans un repère

Les capacités du chapitre

- Capacité 1 : Mettre en relation représentation et coordonnées d'un vecteur
- Capacité 2 : Calculer les coordonnées du milieu d'un segment, la distance entre deux points
- Capacité 3 : Calculer les coordonnées de la somme de deux vecteurs, du produit par un réel
- Capacité 4 : Caractériser l'alignement par la colinéarité de vecteurs
- Capacité 5 : Résoudre un problème d'alignement ou de parallélisme

Au fil du temps

La géométrie *cartésienne*, du nom de René Descartes (1596-1650), permet de résoudre des problèmes de géométrie par des méthodes calculatoires grâce à l'utilisation d'un repère et de coordonnées. Elle fait écho aux propos de Joseph Louis Lagrange (1736-1813) : « Tant que l'Algèbre et la Géométrie ont été séparées, leurs progrès ont été lents et leurs usages bornés ; mais lorsque ces deux sciences furent réunies, elles se sont prêtées des forces mutuelles et ont marché ensemble d'un pas rapide vers la perfection… »

Des maths partout !

Les coordonnées géographiques sont une déclinaison du système repéré introduit par Descartes. Elles permettent de localiser, de façon très précise aujourd'hui grâce aux satellites, tout point à la surface de la Terre.

La plus petite île habitée du monde : *Just Room Enough Island*, État de New York, États-Unis (44° 20′ 33″ N, 75° 55′ 29″ O).

RESSOURCES DU CHAPITRE
hachette-clic.fr/25de2048

Partir d'un bon pied

A Diaporama pour tester les bases

ACTIVITÉS MENTALES RAPIDES

B Tableaux de proportionnalité

1. Indiquer si les tableaux ci-dessous sont des tableaux de proportionnalité.

a.

x	2	3
y	6	9

b.

x	9	11
y	10	12

c.

x	−3	−9
y	2	6

2. Compléter les tableaux ci-dessous afin qu'ils soient des tableaux de proportionnalité.

a.

x	2	5
y	−4	…

b.

x	3	…
y	4	8

c.

x	…	5
y	3	7,5

3. Chacun des tableaux ci-dessous est un tableau de proportionnalité. Calculer le coefficient de proportionnalité noté k.

a.

x	2	3
y	7	10,5

b.

x	−3	10
y	2,4	−8

c.

x	0,3	1,5
y	4,2	21

C Revoir les vecteurs

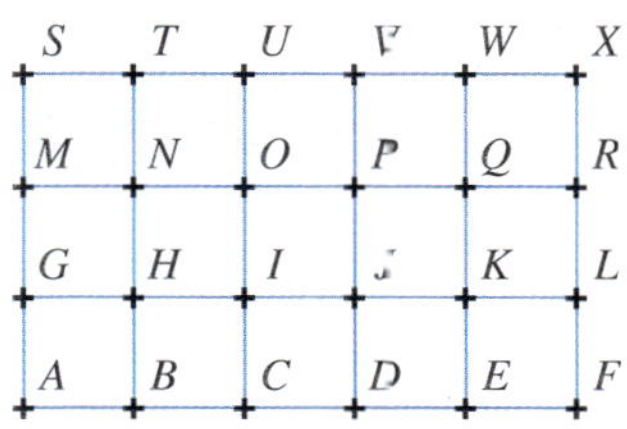

1. Recopier et compléter chacune des égalités suivantes avec la lettre qui convient.

a. $\overrightarrow{LW} = \overrightarrow{C\ldots}$ **b.** $\overrightarrow{FO} + \overrightarrow{UN} = \overrightarrow{R\ldots}$ **c.** $\overrightarrow{P\ldots} = -\frac{2}{3}\overrightarrow{IL}$

d. $\overrightarrow{A\ldots} = 3\overrightarrow{AB} + 2\overrightarrow{AG}$ **e.** $\overrightarrow{Q\ldots} = -\overrightarrow{AB} - 2\overrightarrow{AG}$ **f.** $\overrightarrow{H\ldots} = \frac{1}{2}\overrightarrow{UK}$

2. Vrai ou faux ? Pour chaque affirmation suivante, préciser si elle est vraie ou fausse.

a. Les vecteurs $\overrightarrow{BI}$ et $\overrightarrow{VA}$ sont colinéaires.

b. Les vecteurs $\overrightarrow{PE}$ et $\overrightarrow{TC}$ sont colinéaires.

c. Les vecteurs $\overrightarrow{UG}$ et $\overrightarrow{CX}$ sont colinéaires.

D Vrai ou faux ? Revoir des égalités de vecteurs

Pour chacune des affirmations suivantes, dire si elle est vraie ou fausse. Justifier.

1. Si $\overrightarrow{AO} = \overrightarrow{OB}$, alors O est le milieu du segment $[AB]$.

2. Si I est le milieu du segment $[AB]$, alors quel que soit le point M : $\overrightarrow{MA} + \overrightarrow{MB} = 2\overrightarrow{AI}$.

automatismes

Automatismes transversaux

*Pour les exercices **1** à **3**, effectuer mentalement les calculs demandés.*

1 En utilisant tout, ou une partie, des quatre nombres ci-dessous, donner un calcul valant :

75	2	3	5

1. 300
2. 753
3. 146

2 Effectuer les calculs suivants.

1. $4\times\left(\frac{1}{2}-\frac{1}{8}\right)$ **2.** $21\times\frac{2}{3}$ **3.** $\frac{5}{4}\div 2$

3 Une salle carrée a une longueur de 3,5 m. Quel est son périmètre ? Quelle est son aire ?

4 On doit déplacer 76 tonnes de terre à l'aide d'un camion pouvant transporter 8 tonnes au maximum. Combien de voyages, au minimum, sont-ils nécessaires ?

5 On considère l'expression :

$$A(x)=2(5x-1)-(5x-1)^2$$

1. Développer $A(x)$.
2. Factoriser $A(x)$.
3. Résoudre l'équation $A(x)=0$.

6 Donner le résultat sous la forme irréductible.

1. $\frac{2}{5}\times\frac{10}{8}-\frac{5}{4}$ **2.** $\dfrac{\frac{1}{8}-\frac{3}{4}}{\frac{2}{5}-1}$

7 On considère ci-dessous la courbe représentative de la fonction f.

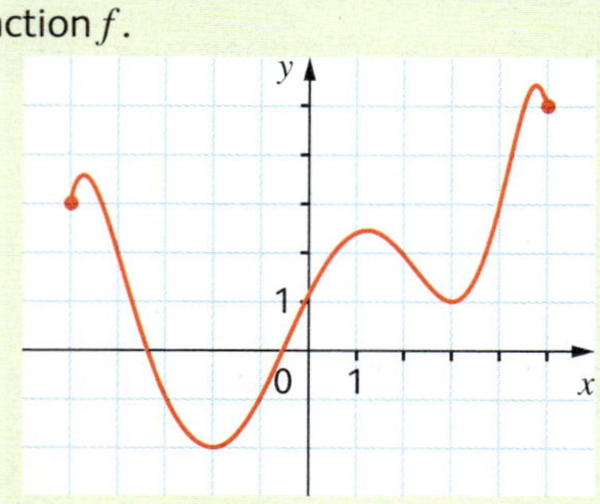

Par lecture graphique, déterminer :
1. l'ensemble de définition de la fonction f ;
2. $f(-2)$, puis $f(2)$;
3. les solutions de l'équation $f(x)=3$ sur $[0;5]$;
4. les solutions de l'équation $f(x)\leqslant -1$ sur $[-5;5]$.

Automatismes préparatoires au chapitre

*Pour les exercices **8** à **12**, effectuer mentalement les calculs demandés.*

8 **1.** $-5-(-3)$ **2.** $5-8$ **3.** $2-(-3)$

9 **1.** $-2-(-7)$ **2.** $-4+18$ **3.** $12-(-13)$

10 Déterminer pour chaque tableau ci-dessous le coefficient de proportionnalité, s'il existe.

1.

5	7
15	21

2.

6	10
9	15

3.

4	9
−12	−26

11 Simplifier les nombres suivants.

1. $\sqrt{20}$ **2.** $\sqrt{500}$ **3.** $-2\sqrt{48}$

12 Simplifier les nombres suivants.

1. $\sqrt{3^2+4^2}$ **2.** $\sqrt{4^2+(-2)^2}$

*Pour les exercices **13** et **14**, effectuer les calculs sans calculatrice.*

13 **1.** $\frac{5+7}{2}$ **2.** $\frac{-2-(-6)}{2}$ **3.** $\dfrac{\frac{1}{3}-\frac{1}{2}}{2}$

14 **1.** $\frac{-2+6}{2}$ **2.** $\frac{7-(-3)}{2}$ **3.** $\dfrac{4-\frac{-1}{3}}{2}$

15 Simplifier les calculs suivants.

1. $2\sqrt{20}-\sqrt{45}+\sqrt{125}$
2. $7\sqrt{3}-3\sqrt{48}+5\sqrt{12}$

16 Simplifier les calculs suivants.

1. $\sqrt{96}-\sqrt{6}-5\sqrt{24}$
2. $2\sqrt{32}-3\sqrt{50}+7\sqrt{8}$

17 Développer les expressions suivantes.

1. $\left(\sqrt{3}-\sqrt{2}\right)\left(\sqrt{3}+\sqrt{2}\right)$ **2.** $\left(\sqrt{3}-\sqrt{2}\right)^2$

18 Déterminer la 4e proportionnelle.

1.

2	6
5	…

2.

12	90
…	15

3.

42	…
6	7

19 Déterminer la 4e proportionnelle.

1.

−5	4
8	…

2.

9	…
4	8

3.

	−5
6	4

Activités

1 Calculer une distance dans un repère orthonormé

Objectif
Trouver et utiliser la formule d'une distance dans un repère orthonormé.

La carte ci-contre est munie d'un repère orthonormé $(O ; I ; J)$ dont l'unité graphique correspond à 10 km sur le terrain. On souhaite calculer la distance à vol d'oiseau séparant la ville de Château-Thierry (point C) et le village de Fismes (point F).

1 a. Donner les coordonnées des points C et F dans ce repère.
b. En utilisant le quadrillage généré par le repère, trouver les coordonnées d'un point R pour que le triangle CRF soit rectangle en R.
c. Calculer la distance CF sur le graphique, puis la distance à vol d'oiseau entre Château-Thierry et Fismes.

2 On considère un repère orthonormé $(O ; I ; J)$ et les points $A(x_A ; y_A)$ et $B(x_B ; y_B)$.
En utilisant la méthode vue à la question **1**, trouver la formule permettant de calculer la longueur AB en fonction de x_A, y_A, x_B et y_B.

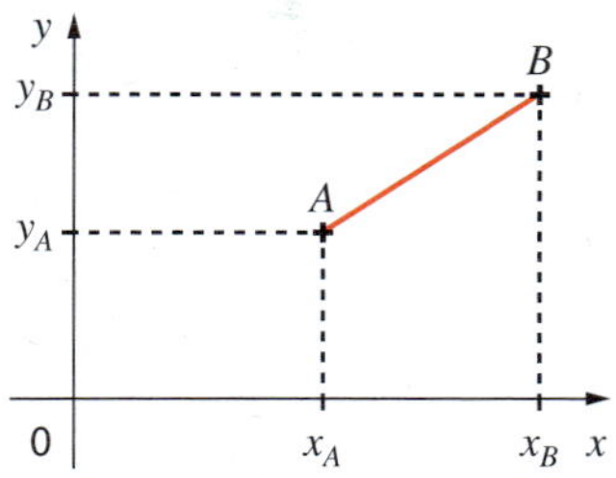

2 Déterminant de deux vecteurs

Objectif
Découvrir la notion de déterminant de deux vecteurs et son utilisation pour caractériser la colinéarité de deux vecteurs.

1 Parmi les tableaux suivants, lesquels sont de proportionnalité ?

①

3	–150
–4	200

②

12	216
15	270

③

–27	72
3	–9

④

$\sqrt{2}$	$2-\sqrt{2}$
$\sqrt{2}+1$	1

⑤

$\frac{1}{3}$	$\frac{1}{2}$
30	20

⑥

$-\frac{4}{7}$	$\frac{2}{3}$
60	–70

2 Dans un repère orthonormé, on considère les vecteurs $\vec{u}\begin{pmatrix}x\\y\end{pmatrix}$ et $\vec{v}\begin{pmatrix}x'\\y'\end{pmatrix}$.
a. Que signifie « les vecteurs $\vec{u}$ et $\vec{v}$ sont colinéaires » ?
b. Dans chacun des cas suivants, déterminer si les vecteurs $\vec{u}$ et $\vec{v}$ sont colinéaires ou pas.

$$① \ \vec{u}\begin{pmatrix}-\frac{18}{7}\\3\end{pmatrix} \text{ et } \vec{v}\begin{pmatrix}2\\-\frac{7}{3}\end{pmatrix} \qquad ② \ \vec{u}\begin{pmatrix}\sqrt{3}-1\\\sqrt{3}\end{pmatrix} \text{ et } \vec{v}\begin{pmatrix}2\\3+\sqrt{3}\end{pmatrix}$$

c. Proposer un critère sur les nombres x, y, x' et y' permettant d'affirmer que les vecteurs $\vec{u}$ et $\vec{v}$ sont colinéaires.

3 Le **déterminant** de deux vecteurs $\vec{u}\begin{pmatrix}x\\y\end{pmatrix}$ et $\vec{v}\begin{pmatrix}x'\\y'\end{pmatrix}$ est le nombre :

$$\det(\vec{u},\vec{v}) = \begin{vmatrix} x & x' \\ y & y' \end{vmatrix} = x \times y' - y \times x'$$

a. Calculer le déterminant des vecteurs $\vec{u}$ et $\vec{v}$ dans chacun des cas de la question **2** b.
b. Proposer un critère sur la valeur de $\det(\vec{u},\vec{v})$ permettant d'affirmer que les vecteurs $\vec{u}$ et $\vec{v}$ sont colinéaires.

Info
La notion de déterminant a été initialement introduite pour la résolution de systèmes linéaires à deux inconnues par Cardan au XVIe siècle. Elle a été généralisée par Maclaurin, Cramer, Laplace et Lagrange au XVIIIe siècle. Le mot « déterminant » n'a été introduit par Gauss qu'en 1801.

Cours

1 Coordonnées dans le plan

a Repère orthonormé

Définition Un **repère du plan,** défini par trois points non alignés O, I et J, est **orthonormé** lorsque le triangle OIJ est **rectangle isocèle** en O.
Le point O est l'**origine** du repère, la droite (OI) est **l'axe des abscisses** et la droite (OJ) est **l'axe des ordonnées.** On a $OI = OJ = 1$ unité.

Exemple

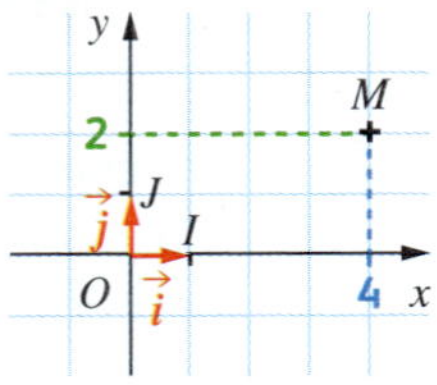

Le triangle OIJ est rectangle et isocèle en O donc le repère $(O\,;I\,;J)$ est orthonormé.
Dans ce repère, le point M a pour coordonnées $(4\,;2)$.

- Le repère se note $(O\,;I\,;J)$ ou $\left(O\,;\overrightarrow{OI}\,;\overrightarrow{OJ}\right)$. En posant $\overrightarrow{OI} = \vec{i}$ et $\overrightarrow{OJ} = \vec{j}$, le repère $(O\,;I\,;J)$ peut aussi s'écrire $\left(O\,;\vec{i}\,;\vec{j}\right)$.
- Dans un repère, tout point M est **repéré** par un **unique** couple de nombres réels $(x_M\,;y_M)$ appelé **coordonnées du point** M. On écrit $M(x_M\,;y_M)$.
x_M est **l'abscisse** de M et y_M est **l'ordonnée** de M.

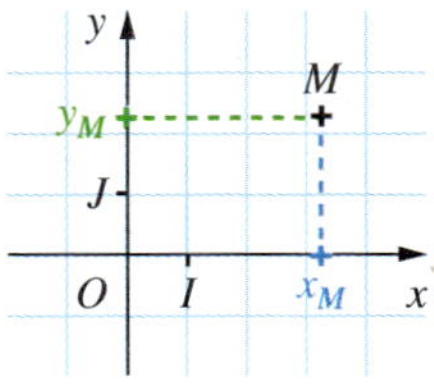

b Coordonnées d'un vecteur

Propriété
- Pour tout point $M(x\,;y)$ dans un repère $\left(O\,;\vec{i}\,;\vec{j}\right)$, on a :
$$\overrightarrow{OM} = x\vec{i} + y\vec{j}$$
On dit que le vecteur $\overrightarrow{OM}$ a pour coordonnées $\begin{pmatrix} x \\ y \end{pmatrix}$ dans la **base** $\left(\vec{i}\,;\vec{j}\right)$.
- Pour tout vecteur $\vec{u}$ dans un repère $\left(O\,;\vec{i}\,;\vec{j}\right)$, il existe un unique couple de réels $(x\,;y)$ tel que $\vec{u} = x\vec{i} + y\vec{j}$.
On dit que le vecteur $\vec{u}$ a pour coordonnées $\begin{pmatrix} x \\ y \end{pmatrix}$ dans la **base** $\left(\vec{i}\,;\vec{j}\right)$.

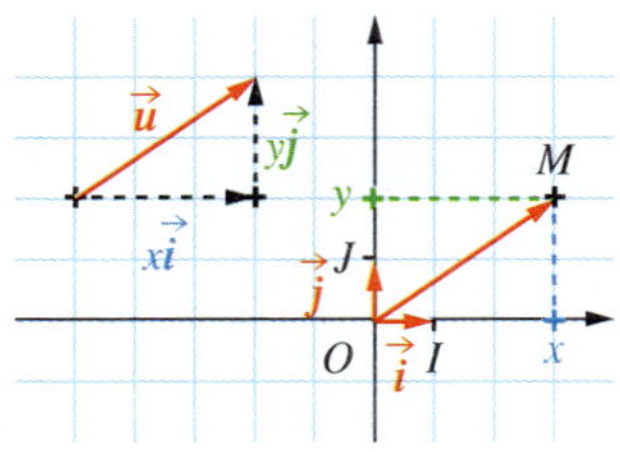

(avec ici $\vec{u} = \overrightarrow{OM}$)

Propriété Soient $\vec{u}\begin{pmatrix} x \\ y \end{pmatrix}$ et $\vec{v}\begin{pmatrix} x' \\ y' \end{pmatrix}$ dans un repère $\left(O\,;\vec{i}\,;\vec{j}\right)$ et k un réel.
- $\vec{u} = \vec{v}$ si et seulement si $x = x'$ et $y = y'$.
- Le vecteur $\vec{u} + \vec{v}$ a pour coordonnées $\begin{pmatrix} x + x' \\ y + y' \end{pmatrix}$.
- Le vecteur $k\vec{u}$ a pour coordonnées $\begin{pmatrix} kx \\ ky \end{pmatrix}$.

Propriété Soient $A(x_A\,;y_A)$ et $B(x_B\,;y_B)$ dans un repère $\left(O\,;\vec{i}\,;\vec{j}\right)$.
Le vecteur $\overrightarrow{AB}$ a pour coordonnées $\begin{pmatrix} x_B - x_A \\ y_B - y_A \end{pmatrix}$.

Démo

Coordonnées du vecteur $\overrightarrow{AB}$

D'après la relation de Chasles : $\overrightarrow{AB} = \overrightarrow{AO} + \overrightarrow{OB}$
or $\overrightarrow{AO} = -\overrightarrow{OA}$
et d'après la propriété précédente : $\overrightarrow{OA} = x_A\vec{i} + y_A\vec{j}$ et $\overrightarrow{OB} = x_B\vec{i} + y_B\vec{j}$
donc $\overrightarrow{AB} = \left(x_B\vec{i} + y_B\vec{j}\right) - \left(x_A\vec{i} + y_A\vec{j}\right) \Leftrightarrow \overrightarrow{AB} = x_B\vec{i} - x_A\vec{i} + y_B\vec{j} - y_A\vec{j}$
$$\Leftrightarrow \overrightarrow{AB} = (x_B - x_A)\vec{i} + (y_B - y_A)\vec{j}$$
Ce qui signifie que les coordonnées du vecteur $\overrightarrow{AB}$ sont $\begin{pmatrix} x_B - x_A \\ y_B - y_A \end{pmatrix}$.

Exemple

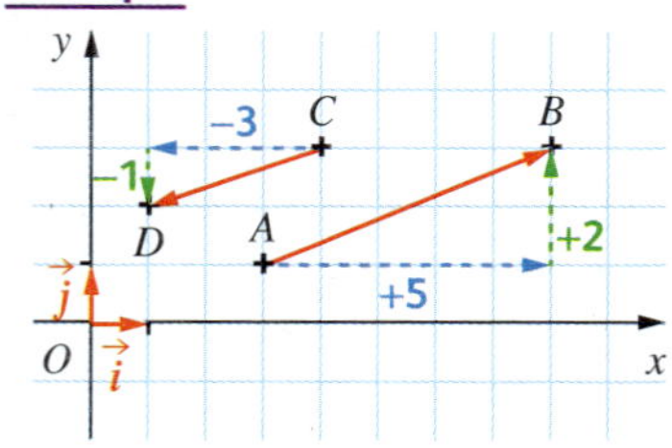

- $\overrightarrow{AB}\begin{pmatrix} 8-3 \\ 3-1 \end{pmatrix}$ soit $\overrightarrow{AB}\begin{pmatrix} 5 \\ 2 \end{pmatrix}$.
- $\overrightarrow{CD}\begin{pmatrix} 1-4 \\ 2-3 \end{pmatrix}$ soit $\overrightarrow{CD}\begin{pmatrix} -3 \\ -1 \end{pmatrix}$.

méthode

CAPACITÉ 1 Mettre en relation représentation et coordonnées d'un vecteur

Énoncé

Dans le repère $\left(O\,;\vec{i}\,;\vec{j}\right)$ ci-contre, on donne cinq points A, B, C, D, E et deux vecteurs $\vec{u}$ et $\vec{v}$.

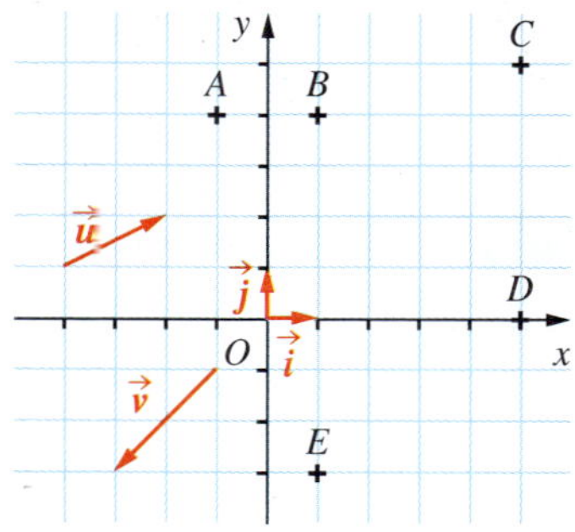

1. a. Représenter le vecteur $\vec{z_1}$ de coordonnées $\begin{pmatrix}3\\2\end{pmatrix}$.

b. Représenter le vecteur $\vec{z_2}$ d'origine A et de coordonnées $\begin{pmatrix}-3\\-2\end{pmatrix}$.

2. a. Construire le point F tel que $\overrightarrow{BF}\begin{pmatrix}2\\0\end{pmatrix}$.

b. Construire le point G tel que $\overrightarrow{GC}\begin{pmatrix}1\\3\end{pmatrix}$.

3. Lire les coordonnées des vecteurs $\vec{u}, \vec{v}$ et $\overrightarrow{DE}$.

Solution rédigée

1. a. Le vecteur $\vec{z_1}$ a pour coordonnées $\begin{pmatrix}3\\2\end{pmatrix}$, donc $\vec{z_1} = 3\vec{i} + 2\vec{j}$.

Ainsi à partir du point O par exemple (ou tout autre point), on dispose « bout à bout » le vecteur $3\vec{i}$ suivi du vecteur $2\vec{j}$. L'origine de $\vec{z_1}$ est le point O et son extrémité est celle du vecteur $2\vec{j}$. Voir la figure ci-contre.

b. Le vecteur $\vec{z_2}$ a pour coordonnées $\begin{pmatrix}-3\\-2\end{pmatrix}$, donc $\vec{z_2} = -3\vec{i} - 2\vec{j}$. Ainsi à partir du point A, on dispose « bout à bout » le vecteur $-3\vec{i}$ suivi du vecteur $-2\vec{j}$. L'origine de $\vec{z_2}$ est le point A et son extrémité est celle du vecteur $-2\vec{j}$. Voir la figure.

2. a. Le vecteur $\overrightarrow{BF}$ a pour coordonnées $\begin{pmatrix}2\\0\end{pmatrix}$, donc $\overrightarrow{BF} = 2\vec{i}$. Ainsi à partir du point B, on construit le vecteur $2\vec{i}$. L'extrémité obtenue est le point F cherché.

b. Le vecteur $\overrightarrow{GC}$ a pour coordonnées $\begin{pmatrix}1\\3\end{pmatrix}$, donc $\overrightarrow{GC} = \vec{i} + 3\vec{j}$. On dispose « bout à bout » le vecteur $\vec{i}$ suivi du vecteur $3\vec{j}$ puis on place le représentant de ce vecteur dont l'extrémité est le point C. L'origine de ce représentant est le point G cherché.

3. Par lecture graphique, on a $\vec{u} = 2\vec{i} + 1\vec{j}$ (voir ci-contre). Ainsi $\vec{u}\begin{pmatrix}2\\1\end{pmatrix}$.

De même $\vec{v} = -2\vec{i} - 2\vec{j}$ donc $\vec{v}\begin{pmatrix}-2\\-2\end{pmatrix}$ et $\overrightarrow{DE} = -4\vec{i} - 3\vec{j}$ donc $\overrightarrow{DE}\begin{pmatrix}-4\\-3\end{pmatrix}$.

Point méthode

• Un vecteur $\vec{u}$ a pour coordonnées $\begin{pmatrix}x\\y\end{pmatrix}$ dans la base $\left(\vec{i}\;\vec{j}\right)$ signifie que $\vec{u} = x\vec{i} + y\vec{j}$.

• Pour tracer le vecteur $\vec{u} = x\vec{i} + y\vec{j}$, on dispose « bout à bout » les vecteurs $x\vec{i}$ et $y\vec{j}$.

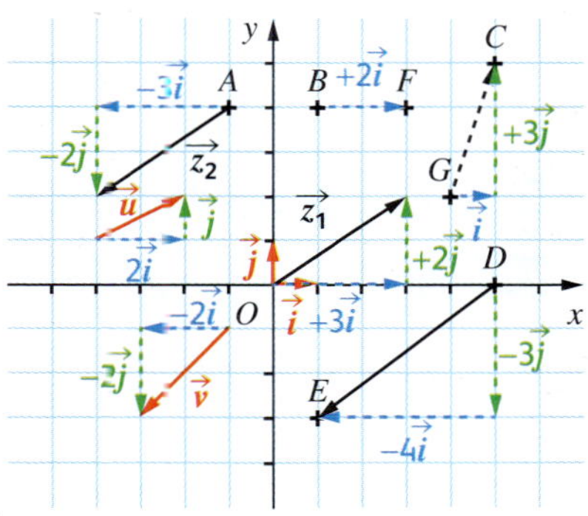

Point méthode

3. On peut aussi construire $\overrightarrow{DE}$ à partir de $-3\vec{j}$; en effet $\overrightarrow{DE} = -4\vec{i} - 3\vec{j} = -3\vec{j} - 4\vec{i}$.

J'applique en autonomie

Voir corrigés p. 405
Voir exercices similaires nos 39 à 44

20 Dans un repère orthonormé $\left(O\,;\vec{i}\,;\vec{j}\right)$, on donne deux points $A(3\,;2)$ et $B(-4\,;2)$.

1. Faire une figure.

2. Représenter :

a. un vecteur $\vec{u}$ d'origine O et de coordonnées $\begin{pmatrix}1\\-3\end{pmatrix}$.

b. un vecteur $\vec{v}$ d'origine A et de coordonnées $\begin{pmatrix}-1\\3\end{pmatrix}$.

3. Placer les points C et D tels que $\overrightarrow{AC}\begin{pmatrix}3\\1\end{pmatrix}$ et $\overrightarrow{BD}\begin{pmatrix}3\\-1\end{pmatrix}$.

21 Lire les coordonnées de tous les vecteurs tracés sur la figure ci-dessous.

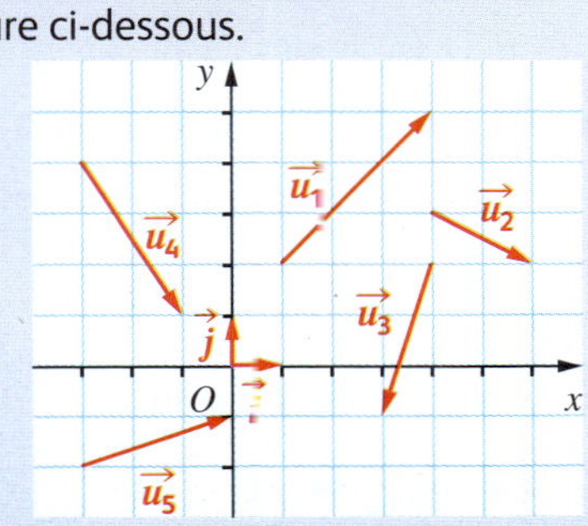

Cours

2 Calculs dans un repère orthonormé

Le plan est muni d'un **repère orthonormé** $(O;\vec{i};\vec{j})$.

a Coordonnées du milieu d'un segment

Propriété On considère deux points $A(x_A\,;y_A)$ et $B(x_B\,;y_B)$ du plan.

Le **milieu** K du segment $[AB]$ a pour coordonnées :

$$\left(\frac{x_A+x_B}{2};\frac{y_A+y_B}{2}\right)$$

Commentaire

Le milieu d'un segment peut être considéré comme un point « moyen » :

- son **abscisse** est la moyenne des abscisses des extrémités.
- son **ordonnée** est la moyenne des ordonnées des extrémités.

Démo

Démonstration

Le milieu K du segment $[AB]$ est défini par $\overrightarrow{AK}=\frac{1}{2}\overrightarrow{AB}$. En écrivant l'égalité des coordonnées de ces vecteurs, on a :

$$x_K-x_A=\frac{1}{2}(x_B-x_A) \text{ et } y_K-y_A=\frac{1}{2}(y_B-y_A)$$

Donc $x_K=x_A+\frac{1}{2}(x_B-x_A)$ et $y_K=y_A+\frac{1}{2}(y_B-y_A)$.

C'est-à-dire : $x_K=\frac{1}{2}(x_A+x_B)$ et $y_K=\frac{1}{2}(y_A+y_B)$.

Exemple

Dans le repère orthonormé $(O;\vec{i};\vec{j})$, on donne les points $A(2;1)$ et $B(-1;-3)$.

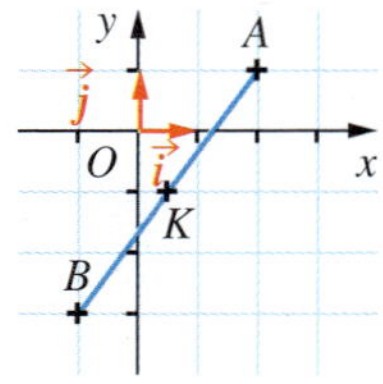

Le milieu K de $[AB]$ a pour coordonnées :

$\left(\frac{2+(-1)}{2};\frac{1+(-3)}{2}\right)$, soit $(0,5;-1)$.

b Distance entre deux points, norme d'un vecteur

Propriété On considère deux points $A(x_A\,;y_A)$ et $B(x_B\,;y_B)$ du plan.

La **distance** AB est donnée par $AB=\sqrt{(x_B-x_A)^2+(y_B-y_A)^2}$.

Démo

Démonstration partielle

Dans un repère orthonormé $(O;\vec{i};\vec{j})$, on considère les points $A(x_A\,;y_A)$ et $B(x_B\,;y_B)$ tels que $x_A<x_B$ et $y_A<y_B$. Le point $C(x_B\,;y_A)$ permet donc de définir le triangle ABC, rectangle en C.

Dans ce cas, $AC=x_B-x_A$ et $BC=y_B-y_A$ et d'après le théorème de Pythagore :

$$AB^2=AC^2+BC^2=(x_B-x_A)^2+(y_B-y_A)^2$$

d'où $AB=\sqrt{(x_B-x_A)^2+(y_B-y_A)^2}$.

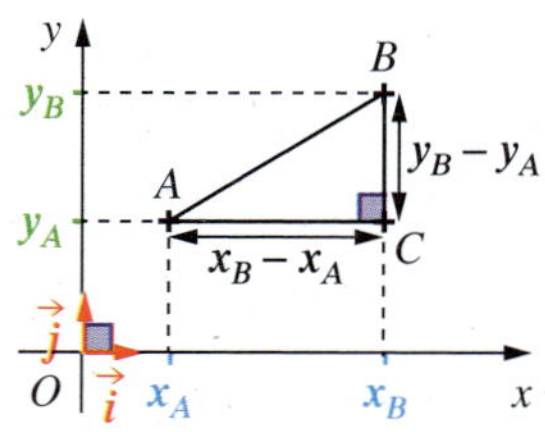

Commentaire

La norme d'un vecteur est un nombre réel positif ou nul, comme la distance entre deux points.

Dans l'exemple ci-dessus en haut de page, la longueur AB est obtenue par :

$$AB^2=((-1)-2)^2+((-3)-1)^2$$

$$AB^2=(-3)^2+(-4)^2=25$$

Donc $AB=\sqrt{25}=5$.

Propriété

La **norme** d'un vecteur $\vec{u}\begin{pmatrix}x\\y\end{pmatrix}$, notée $\|\vec{u}\|$, est donnée par :

$$\|\vec{u}\|=\sqrt{x^2+y^2}$$

Démo

Démonstration

Soit $\vec{u}\begin{pmatrix}x\\y\end{pmatrix}$ un représentant du vecteur $\overrightarrow{AB}$. On a donc $x=x_B-x_A$ et $y=y_B-y_A$; d'où $\|\vec{u}\|=AB=\sqrt{(x_B-x_A)^2+(y_B-y_A)^2}=\sqrt{x^2+y^2}$.

méthode

CAPACITÉ 2 Calculer les coordonnées du milieu d'un segment, la distance entre deux points

Énoncé

Dans un repère orthonormé $\left(O;\vec{i};\vec{j}\right)$ on considère les points $A(0;8)$, $B(-3;2)$ et $C(3;-1)$.

1. Calculer les valeurs exactes des longueurs AB et AC.

2. En admettant que $BC=3\sqrt{5}$, en déduire la nature du triangle ABC.

3. Vérifier que le point $D(1{,}5;3{,}5)$ est le milieu de $[AC]$.

4. Calculer les coordonnées du point E, symétrique du point B par rapport à D.

5. En déduire la nature du quadrilatère $ABCE$.

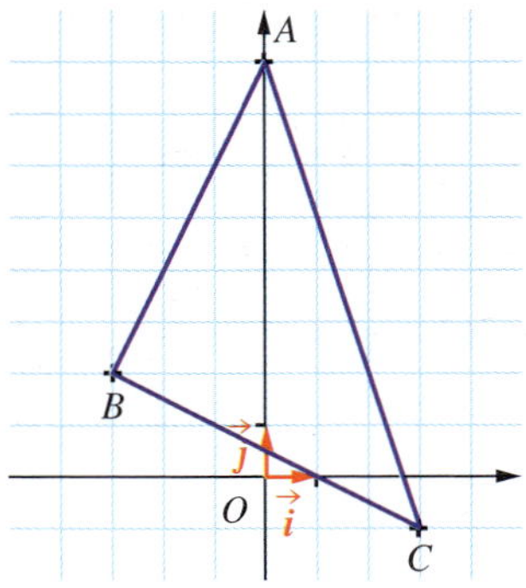

Solution rédigée

1. On calcule d'abord AB^2, puis on en déduit AB.

$AB^2=(x_B-x_A)^2+(y_B-y_A)^2=(-3-0)^2+(2-8)^2=9+36=45$

donc $AB=\sqrt{45}=3\sqrt{5}$.

$AC^2=(x_C-x_A)^2+(y_C-y_A)^2=(3-0)^2+(-1-8)^2=9+81=90$

donc $AC=\sqrt{90}=3\sqrt{10}$.

2. On remarque que $BC=AB$, donc le triangle ABC est isocèle en B.

Mais on a aussi $AB^2+BC^2=45+\left(3\sqrt{5}\right)^2=90=AC^2$, donc le triangle ABC est rectangle en B.

Conclusion : le triangle ABC est rectangle isocèle en B.

3. Le milieu de $[AC]$ a pour abscisse $\dfrac{x_A+x_C}{2}=\dfrac{0+3}{2}=1{,}5$ et pour ordonnée $\dfrac{y_A+y_C}{2}=\dfrac{8+(-1)}{2}=3{,}5$. Ce sont les coordonnées du point D, donc D est bien le milieu de $[AC]$.

4. E est le symétrique du point B par rapport à D, donc D est le milieu de $[BE]$.

$$x_D=\frac{x_B+x_E}{2}\Leftrightarrow 1{,}5=\frac{-3+x_E}{2}\Leftrightarrow 3=-3+x_E\Leftrightarrow x_E=6$$

$$y_D=\frac{y_B+y_E}{2}\Leftrightarrow 3{,}5=\frac{2+y_E}{2}\Leftrightarrow 7=2+y_E\Leftrightarrow y_E=5$$

Le point E a pour coordonnées $(6;5)$.

5. $ABCE$ est un quadrilatère dont les diagonales $[AC]$ et $[BE]$ se coupent en leur milieu D, c'est donc un parallélogramme.

Or le triangle ABC est rectangle isocèle en B, et un parallélogramme qui a deux côtés consécutifs de même longueur et un angle droit est un carré ; donc $ABCE$ est un carré.

Point méthode

1. Pour calculer une distance, il est plus simple de calculer d'abord son carré.

Point méthode

2. Déterminer la nature d'un triangle, c'est prouver que ce triangle est ou n'est pas un triangle particulier (isocèle, équilatéral, rectangle ou isocèle rectangle).

Point méthode

3. Le centre de symétrie est le milieu du segment reliant un point et son image.

J'applique en autonomie

Voir corrigés p. 405 | Voir exercices similaires nos 45 à 59

22 Dans un repère orthonormé $\left(O;\vec{i};\vec{j}\right)$, on place les points A, B et C.

1. Conjecturer graphiquement la nature du triangle ABC.

2. Démontrer cette conjecture.

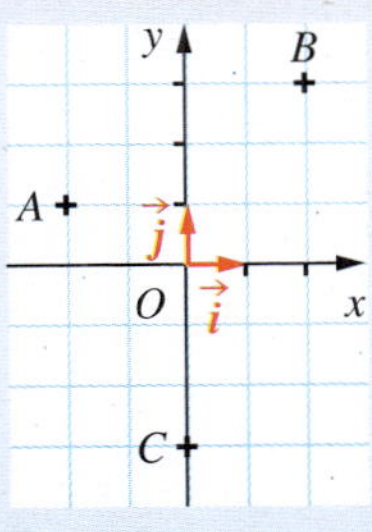

23 Dans un repère orthonormé du plan $(O;I;J)$, on considère les points : $A(-5;5)$, $B(-2;-3)$ et $C(3;-1)$.

1. Le triangle ABC est-il rectangle ?

2. Déterminer par le calcul les coordonnées des milieux I et J respectifs de $[AB]$ et de $[AC]$.

3. Démontrer de deux façons différentes que $BC=2\,IJ$.

Cours

3 Colinéarité et déterminant

a Critère de colinéarité de deux vecteurs

Propriété

Soient $\vec{u}\begin{pmatrix} x \\ y \end{pmatrix}$ et $\vec{v}\begin{pmatrix} x' \\ y' \end{pmatrix}$ deux vecteurs non nuls dans un repère $(O;\vec{i};\vec{j})$.
Les vecteurs $\vec{u}$ et $\vec{v}$ sont **colinéaires** si et seulement si leurs coordonnées sont **proportionnelles**, c'est-à-dire si et seulement si il existe un réel k tel que $x' = kx$ et $y' = ky$. On a alors $\vec{v} = k\vec{u}$.

Remarque

On considère deux vecteurs non nuls $\vec{u}\begin{pmatrix} x \\ y \end{pmatrix}$ et $\vec{v}\begin{pmatrix} x' \\ y' \end{pmatrix}$.
Les vecteurs $\vec{u}$ et $\vec{v}$ sont colinéaires si, et seulement si :
- leurs coordonnées sont proportionnelles ;
- le tableau

abscisse	x	x'
ordonnée	y	y'

est un tableau de proportionnalité ;
- les produits « en croix » $x \times y'$ et $y \times x'$ sont égaux.

Commentaires

Ce critère de colinéarité est utile pour démontrer, dans un repère orthonormé, le parallélisme de droites et l'alignement de points du plan.
- Deux droites (AB) et (CD) sont parallèles si et seulement si les vecteurs $\overrightarrow{AB}$ et $\overrightarrow{CD}$ sont colinéaires
- Les points distincts A, B et C sont alignés si et seulement si les vecteurs $\overrightarrow{AB}$ et $\overrightarrow{AC}$ sont colinéaires.

Exemple

Dans un repère, on considère les points $A(-2;-3)$, $B(6;1)$, $C(-4;1)$, $D(2;4)$ et $E(1{,}4;-1{,}25)$.
- On a $\overrightarrow{AB}\begin{pmatrix} 6-(-2) \\ 1-(-3) \end{pmatrix} = \begin{pmatrix} 8 \\ 4 \end{pmatrix}$

et $\overrightarrow{CD}\begin{pmatrix} 2-(-4) \\ 4-1 \end{pmatrix} = \begin{pmatrix} 6 \\ 3 \end{pmatrix}$

or $8 \times 3 = 6 \times 4$.
Les vecteurs $\overrightarrow{AB}$ et $\overrightarrow{CD}$ sont colinéaires.
Donc les droites (AB) et (CD) sont parallèles.
- On a $\overrightarrow{AB}\begin{pmatrix} 8 \\ 4 \end{pmatrix}$

et $\overrightarrow{AE}\begin{pmatrix} 1{,}4-(-2) \\ -1{,}25-(-3) \end{pmatrix} = \begin{pmatrix} 3{,}4 \\ 1{,}75 \end{pmatrix}$

or $8 \times 1{,}75 \neq 4 \times 3{,}4$.
Les vecteurs $\overrightarrow{AB}$ et $\overrightarrow{AE}$ ne sont pas colinéaires.
Donc les points A, B et E ne sont pas alignés.

b Déterminant de deux vecteurs

Définition

On considère les deux vecteurs $\vec{u}\begin{pmatrix} x \\ y \end{pmatrix}$ et $\vec{v}\begin{pmatrix} x' \\ y' \end{pmatrix}$.

Le **déterminant de $\vec{u}$ et $\vec{v}$**, noté $\det(\vec{u};\vec{v})$ ou $\begin{vmatrix} x & x' \\ y & y' \end{vmatrix}$, est le nombre :

$$\det(\vec{u},\vec{v}) = \begin{vmatrix} x & x' \\ y & y' \end{vmatrix} = x \times y' - y \times x'$$

Commentaires

- L'écriture avec le tableau des coordonnées permet de mémoriser la formule : $\begin{vmatrix} x & x' \\ y & y' \end{vmatrix} = x \times y' - y \times x'$.
- L'ordre dans lequel on considère les vecteurs $\vec{u}$ et $\vec{v}$ a de l'importance.
En effet, $\det(\vec{v},\vec{u}) = \begin{vmatrix} x' & x \\ y' & y \end{vmatrix} = x' \times y - y' \times x = -\det(\vec{u},\vec{v})$.

Propriété

Deux vecteurs $\vec{u}$ et $\vec{v}$ sont colinéaires si, et seulement si, $\det(\vec{u},\vec{v}) = 0$.

Exemple

En reprenant l'exemple précédent, on aurait pu calculer les déterminants et arriver aux mêmes conclusions.
En effet :

$$\det(\overrightarrow{AB},\overrightarrow{CD}) = 8 \times 3 - 4 \times 6 = 0$$

Donc les droites (AB) et (CD) sont parallèles et

$$\det(\overrightarrow{AB},\overrightarrow{AE}) = 8 \times 1{,}75 - 4 \times 3{,}4 \neq 0$$

Donc les points A, B et E ne sont pas alignés.

Méthode

CAPACITÉ 3 Calculer les coordonnées de la somme de deux vecteurs, du produit par un réel

Énoncé

Dans un repère $(O;\vec{i};\vec{j})$, on considère les points $A(-1;3)$, $B(4;1)$ et $C(3;4)$.
Soit $D(x_D;y_D)$ et $E(x_E;y_E)$ deux points tels que $\overrightarrow{AD}=\overrightarrow{AB}+\overrightarrow{AC}$ et $\overrightarrow{BE}=2\overrightarrow{AC}$.

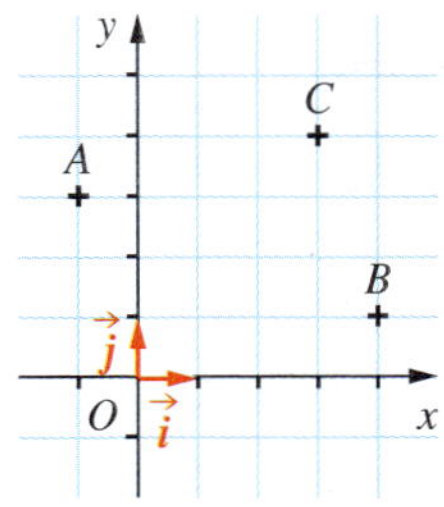

1. a. Calculer les coordonnées des vecteurs $\overrightarrow{AB}$ et $\overrightarrow{AC}$.
b. En déduire les coordonnées des vecteurs $\overrightarrow{AB}+\overrightarrow{AC}$ et $2\overrightarrow{AC}$.
2. a. Exprimer en fonction de x_D et y_D les coordonnées du vecteur $\overrightarrow{AD}$.
b. En déduire les coordonnées du point D.
3. a. Exprimer en fonction de x_E et y_E les coordonnées du vecteur $\overrightarrow{BE}$.
b. En déduire les coordonnées du point E.
4. a. Montrer que $\overrightarrow{CE}=\overrightarrow{AD}$. **b.** En déduire la nature du quadrilatère $ADEC$.

Solution rédigée

1. a. $\overrightarrow{AB}\begin{pmatrix}x_B-x_A\\y_B-y_A\end{pmatrix}$ et $\begin{cases}x_B-x_A=4-(-1)\\y_B-y_A=1-3\end{cases}$ donc $\overrightarrow{AB}\begin{pmatrix}5\\-2\end{pmatrix}$.

$\overrightarrow{AC}\begin{pmatrix}x_C-x_A\\y_C-y_A\end{pmatrix}$ et $\begin{cases}x_C-x_A=3+1\\y_C-y_A=4-3\end{cases}$ donc $\overrightarrow{AC}\begin{pmatrix}4\\1\end{pmatrix}$.

b. Le vecteur $\overrightarrow{AB}+\overrightarrow{AC}$ a pour coordonnées $\begin{pmatrix}5+4\\-2+1\end{pmatrix}$, soit $\begin{pmatrix}9\\-1\end{pmatrix}$.

Le vecteur $2\overrightarrow{AC}$ a pour coordonnées $\begin{pmatrix}2\times4\\2\times1\end{pmatrix}$, soit $\begin{pmatrix}8\\2\end{pmatrix}$.

2. a. $\overrightarrow{AD}\begin{pmatrix}x_D-x_A\\y_D-y_A\end{pmatrix}$ donc $\overrightarrow{AD}\begin{pmatrix}x_D+1\\y_D-3\end{pmatrix}$.

b. On sait que $\overrightarrow{AD}=\overrightarrow{AB}+\overrightarrow{AC}$, donc les coordonnées des vecteurs $\overrightarrow{AD}$ et $\overrightarrow{AB}+\overrightarrow{AC}$ sont égales. Ainsi on a les équations $x_D+1=9$ et $y_D-3=-1$.
Soient $x_D=8$ et $y_D=2$. On obtient donc : $D(8;2)$.

3. a. $\overrightarrow{BE}\begin{pmatrix}x_E-x_B\\y_E-y_B\end{pmatrix}$ donc $\overrightarrow{BE}\begin{pmatrix}x_E-4\\y_E-1\end{pmatrix}$.

b. On sait que $\overrightarrow{BE}=2\overrightarrow{AC}$, donc les coordonnées des vecteurs $\overrightarrow{BE}$ et $2\overrightarrow{AC}$ sont égales. Ainsi on a les équations $x_E-4=8$ et $y_E-1=2$.
Soient $x_E=12$ et $y_E=3$. Donc $E(12;3)$.

4. a. $\overrightarrow{CE}\begin{pmatrix}x_E-x_C\\y_E-y_C\end{pmatrix}$ et $\begin{cases}x_E-x_C=12-3\\y_E-y_C=3-4\end{cases}$ donc $\overrightarrow{CE}\begin{pmatrix}9\\-1\end{pmatrix}$.

De plus, on sait que $\overrightarrow{AD}=\overrightarrow{AB}+\overrightarrow{AC}$, donc $\overrightarrow{AD}$ a pour coordonnées $\begin{pmatrix}9\\-1\end{pmatrix}$.

Les vecteurs $\overrightarrow{CE}$ et $\overrightarrow{AD}$ ont donc les mêmes coordonnées, ainsi $\overrightarrow{CE}=\overrightarrow{AD}$.

b. $\overrightarrow{CE}=\overrightarrow{AD}$ donc le quadrilatère $ADEC$ est un parallélogramme.

Point méthode

1. a., 2. a. et 3. a. Pour calculer les coordonnées d'un vecteur, on applique pour $A(x_A;y_A)$ et $B(x_B;y_B)$, la formule :
$\overrightarrow{AB}\begin{pmatrix}x_B-x_A\\y_B-y_A\end{pmatrix}$

Point méthode

1. b. Pour calculer les coordonnées d'une somme de vecteurs ou du produit d'un réel par un vecteur, on applique pour $\vec{u}\begin{pmatrix}x\\y\end{pmatrix}$, $\vec{v}\begin{pmatrix}x'\\y'\end{pmatrix}$ et k un réel, les formules :
- $\begin{pmatrix}x+x'\\y+y'\end{pmatrix}$ pour les coordonnées de $\vec{u}+\vec{v}$;
- $\begin{pmatrix}kx\\ky\end{pmatrix}$ pour celles de $k\vec{u}$.

Point méthode

2. b. et 3. a. Pour traduire l'égalité de deux vecteurs, on écrit que leurs coordonnées sont égales.

J'applique en autonomie

Voir corrigés p. 405 Voir exercices similaires nos 60 à 65

24 Soient $A(1;1)$, $B(3;5)$, $C(-3;2)$ et $D(-5;-2)$.
1. Calculer les coordonnées des vecteurs $\overrightarrow{AB}$ et $\overrightarrow{DC}$.
2. En déduire la nature du quadrilatère $ABCD$. Justifier.

25 Soient $\vec{u}\begin{pmatrix}3\\-2\end{pmatrix}$, $\vec{v}\begin{pmatrix}5\\2\end{pmatrix}$ et $\vec{w}\begin{pmatrix}-1\\-4\end{pmatrix}$.
Calculer les coordonnées des vecteurs suivants.
- $\vec{u}+\vec{v}$
- $\vec{u}+\vec{v}+\vec{w}$
- $2\vec{u}$
- $3\vec{u}-5\vec{v}$

26 Soient $A(-1;3)$, $B(5;1)$ et $C(3;5)$.
1. Calculer les coordonnées des vecteurs suivants.
a. $\overrightarrow{AB}$ **b.** $\overrightarrow{AC}$ **c.** $\overrightarrow{AB}+\overrightarrow{AC}$
2. Soit $E(x_E;y_E)$ le point tel que $\overrightarrow{AE}=\overrightarrow{AB}+\overrightarrow{AC}$.
a. Exprimer en fonction de x_E et y_E les coordonnées du vecteur $\overrightarrow{AE}$.
b. En déduire les coordonnées de E.

méthode

CAPACITÉ 4 Caractériser l'alignement par la colinéarité de vecteurs

Énoncé

Dans un repère orthonormé $\left(O;\vec{i};\vec{j}\right)$, on considère le triangle OAB avec $A(8;0)$ et $B(5;6)$.

Les points G et H vérifient : $\overrightarrow{OG}=2\overrightarrow{OA}+\overrightarrow{OB}$ et $\overrightarrow{AH}=\frac{1}{3}\overrightarrow{AB}$.

1. Construire la figure, placer les points G et H. Émettre une conjecture concernant les points O, G et H.

2. Démonstration de la conjecture à l'aide du calcul vectoriel

a. Démontrer que $\overrightarrow{OG}=3\overrightarrow{OH}+2\overrightarrow{HA}+\overrightarrow{HB}$.

b. En utilisant la définition du point H, montrer que $\overrightarrow{OG}=3\overrightarrow{OH}$; puis conclure.

3. Démonstration de la conjecture à l'aide de calculs dans le repère

a. Préciser les coordonnées des vecteurs $\overrightarrow{OA}$ et $\overrightarrow{OB}$. En déduire les coordonnées du vecteur $\overrightarrow{OG}$.

b. Calculer les coordonnées du vecteur $\overrightarrow{AB}$, en déduire que les coordonnées du point H sont $(7;2)$.

c. Calculer $\det\left(\overrightarrow{OG};\overrightarrow{OH}\right)$ et conclure.

Solution rédigée

1. Représentation graphique (voir ci-contre). Les points O, G et H peuvent sembler alignés.

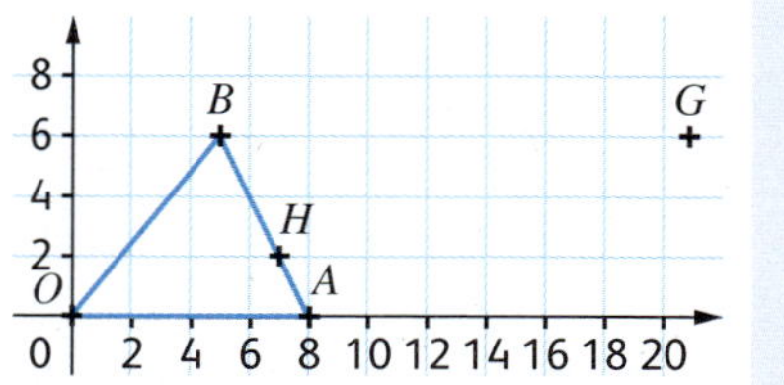

2. a. $\overrightarrow{OG}=2\overrightarrow{OA}+\overrightarrow{OB}=2\overrightarrow{OH}+2\overrightarrow{HA}+\overrightarrow{OH}+\overrightarrow{HB}=3\overrightarrow{OH}+2\overrightarrow{HA}+\overrightarrow{HB}$

b. Avec **2. a.** on a : $\overrightarrow{OG}=3\overrightarrow{OH}+2\overrightarrow{HA}+\overrightarrow{HA}+\overrightarrow{AB}=3\overrightarrow{OH}+3\overrightarrow{HA}+\overrightarrow{AB}$.

Or : $\overrightarrow{AB}=3\overrightarrow{AH}$, ainsi : $\overrightarrow{OG}=3\overrightarrow{OH}+3\overrightarrow{HA}+3\overrightarrow{AH}$.

Comme $3\overrightarrow{HA}=-3\overrightarrow{AH}$, on conclut : $\overrightarrow{OG}=3\overrightarrow{OH}$.

Les vecteurs $\overrightarrow{OG}$ et $\overrightarrow{OK}$ sont donc colinéaires, et les points O, G et H sont alignés.

3. a. $\overrightarrow{OA}\begin{pmatrix}8\\0\end{pmatrix}$ et $\overrightarrow{OB}\begin{pmatrix}5\\6\end{pmatrix}$.

$\overrightarrow{OG}=2\overrightarrow{OA}+\overrightarrow{OB}$ donc ses coordonnées $\begin{pmatrix}x\\y\end{pmatrix}$ vérifient $x=2\times8+5=21$ et $y=2\times0+6=6$. Donc : $\overrightarrow{OG}\begin{pmatrix}21\\6\end{pmatrix}$.

b. $\overrightarrow{AB}\begin{pmatrix}5-8\\6-0\end{pmatrix}=\begin{pmatrix}-3\\6\end{pmatrix}$ donc $\overrightarrow{AH}\begin{pmatrix}\frac{1}{3}\times(-3)\\\frac{1}{3}\times6\end{pmatrix}=\begin{pmatrix}-1\\2\end{pmatrix}$. Or $\overrightarrow{AH}\begin{pmatrix}x_H-8\\y_H-0\end{pmatrix}$.

On en déduit donc : $x_H-8=-1$ et $y_H-0=2$, soit $x_H=7$ et $y_H=2$.

c. $\overrightarrow{OH}\begin{pmatrix}7\\2\end{pmatrix}$ et $\overrightarrow{OG}\begin{pmatrix}21\\6\end{pmatrix}$ donc $\det\left(\overrightarrow{OG};\overrightarrow{OH}\right)=21\times2-7\times6=0$.

Les vecteurs $\overrightarrow{OG}$ et $\overrightarrow{OH}$ sont colinéaires, et les points O, G et H sont donc alignés.

Point méthode

2. a. La présence du point H dans la partie droite de l'expression invite à l'utiliser dans la relation de Chasles.

Point méthode

3. a. Dans le repère $\left(O;\vec{i};\vec{j}\right)$ le point M a les mêmes coordonnées que le vecteur $\overrightarrow{OM}$.

3. b. Deux vecteurs égaux ont les mêmes coordonnées.

J'applique en autonomie

Voir corrigés p. 405 Voir exercices similaires n°s 66 à 71

27 Dans un repère orthonormé $\left(O;\vec{i};\vec{j}\right)$ on considère le triangle OAB de sommets $A(5;0)$ et $B(3;4)$.

Le point G vérifie : $\overrightarrow{BG}=-2\overrightarrow{OB}+\overrightarrow{OA}$ et I est le milieu de $[OA]$.

1. Construire la figure et placer les points G et I. Émettre une conjecture concernant les points B, G et I.

2. Démonstration de la conjecture à l'aide du calcul vectoriel

a. Démontrer que $\overrightarrow{BG}=-2\overrightarrow{OI}-2\overrightarrow{IB}+\overrightarrow{OA}$.

b. En utilisant la définition du point I, montrer que $\overrightarrow{BG}=-2\overrightarrow{IB}$; puis conclure.

3. Démonstration de la conjecture à l'aide de calculs dans le repère

a. Calculer les coordonnées des vecteurs $\overrightarrow{OA}$ et $\overrightarrow{OB}$. En déduire les coordonnées du vecteur $\overrightarrow{BG}$.

b. Calculer les coordonnées du point I, puis celles du vecteur $\overrightarrow{BI}$.

c. Calculer $\det\left(\overrightarrow{BG};\overrightarrow{BI}\right)$ et conclure.

CAPACITÉ 5 Résoudre un problème d'alignement ou de parallélisme

Énoncé

Dans un repère $(O;\vec{i};\vec{j})$ on définit les points $U(136;0)$, $A(357;0)$, $B(136;136)$, $C(0;221)$ et $L(0;136)$.

1. Placer les points dans un repère.

2. Placer le point N, milieu de $[UA]$ puis calculer ses coordonnées.

3. Déterminer les positions relatives des droites (LN) et (AB).

4. Déterminer si les points A, B et C sont alignés.

Solution rédigée

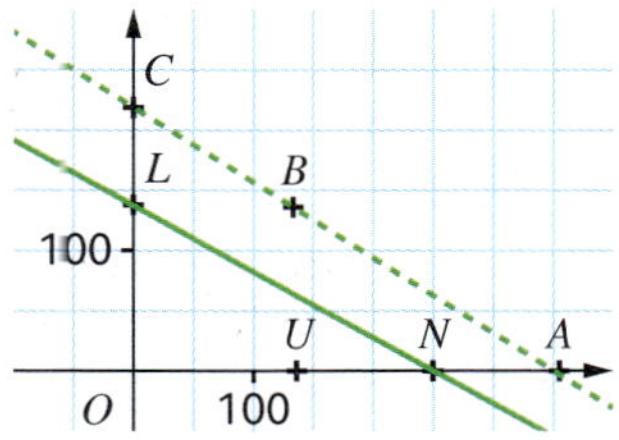

1. Représentation graphique (voir ci-contre).

2. Les coordonnées de N sont $x_N = \dfrac{x_U + x_A}{2} = \dfrac{136+357}{2} = 246{,}5$

et $y_N = \dfrac{y_U + y_A}{2} = 0$.

3. D'après la figure, les droites (LN) et (AB) pourraient sembler parallèles. On examine la colinéarité des vecteurs $\overrightarrow{LN}$ et $\overrightarrow{AB}$.

$$\overrightarrow{LN}\begin{pmatrix}246{,}5-0\\0-136\end{pmatrix}=\begin{pmatrix}246{,}5\\-136\end{pmatrix} \text{ et } \overrightarrow{AB}\begin{pmatrix}136-357\\136-0\end{pmatrix}=\begin{pmatrix}-221\\136\end{pmatrix}$$

Or $246{,}5\times136 = 33\,524$ et $-136\times(-221) = 30\,056$

Comme $33\,524 \neq 30\,056$ les vecteurs $\overrightarrow{LN}$ et $\overrightarrow{AB}$ ne sont pas colinéaires, les droites (LN) et (AB) ne sont pas parallèles : elles sont donc sécantes.

4. Les points A, B et C sont alignés si et seulement si les vecteurs $\overrightarrow{AB}$ et $\overrightarrow{AC}$ sont colinéaires.

On a vu en **3.** que $\overrightarrow{AB}\begin{pmatrix}-221\\136\end{pmatrix}$ et $\overrightarrow{AC}\begin{pmatrix}0-357\\221-0\end{pmatrix}=\begin{pmatrix}-357\\221\end{pmatrix}$ et on a :

$\det(\overrightarrow{AB},\overrightarrow{AC}) = -221\times221-(-357)\times136 = -289$;

le déterminant est différent de 0 : les vecteurs $\overrightarrow{AB}$ et $\overrightarrow{AC}$ ne sont pas colinéaires, donc les points A, B et C ne sont pas alignés.

> **Point méthode**
> **1.** Une figure permet de mieux comprendre l'énoncé.

> **Point méthode**
> **3.** « Determiner les positions relatives » signifie qu'on cherche à savoir si les droites sont parallèles ou sécantes.

> **Point méthode**
> **3.** et **4.** On utilise au choix le calcul du déterminant ou les « produits en croix ».

J'applique en autonomie

Voir corrigés p. 405 Voir exercices similaires n°s 72 à 85

28 Dans un repère orthonormé, on considère les points :
$A(-5;8)$, $B(6;5)$, $C(-1;3)$, $D(3;2)$ et $E(7;-7)$

1. Les points A, C et E sont-ils alignés ?

2. Les droites (AB) et (CD) sont-elles parallèles ?

29 Dans un repère orthonormé, on considère les points :
$A(2;6)$, $B(-3;5)$, $C(4;1)$, $D(-8;-1)$ et $E(6;-4)$

1. Les points A, C et E sont-ils alignés ?

2. Les droites (AB) et (CD) sont-elles parallèles ?

3. Le triangle BCD est-il isocèle ?

30 Dans un repère orthonormé, on définit les points $A(-3;1)$, $B(7;5)$, $C(2;y)$.

1. Justifier que les points A, B et C sont alignés si et seulement si $10(y-1)-4\times5=0$.

2. Résoudre l'équation précédente pour déterminer l'ordonnée du point C.

3. Le point D a pour ordonnée 4 ; déterminer son abscisse afin que les points A, B et D soient alignés.

31 Vrai ou faux ?

Dans un repère orthonormé, on considère les points :

$A(-1;5)$, $B(1;1)$, $C(4;-5)$, $D(2;3)$ et $E(3;5)$

Pour chaque affirmation, préciser si elle est vraie ou fausse.

1. Les vecteurs $\overrightarrow{AB}$ et $\overrightarrow{BC}$ sont colinéaires.

2. Les vecteurs $\overrightarrow{AB}$ et $\overrightarrow{AD}$ sont colinéaires.

3. Les points B, D et E sont alignés.

4. Les droites (AC) et (DE) sont parallèles.

Je **fais** le **point**

Je revois mon cours

Coordonnées d'un vecteur $\vec{u}$

Dans un repère $(O;\vec{i};\vec{j})$, tout vecteur $\vec{u}$ s'écrit :

$$\vec{u} = x\vec{i} + y\vec{j}$$

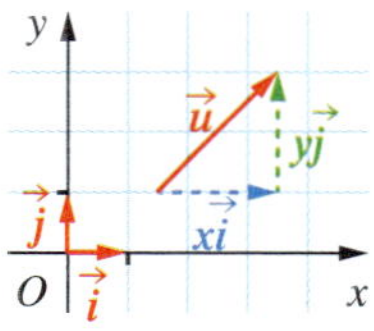

Le vecteur $\vec{u}$ a pour coordonnées $\begin{pmatrix} x \\ y \end{pmatrix}$.

Coordonnées d'un vecteur $\overrightarrow{AB}$

$$\overrightarrow{AB}\begin{pmatrix} x_B - x_A \\ y_B - y_A \end{pmatrix}$$

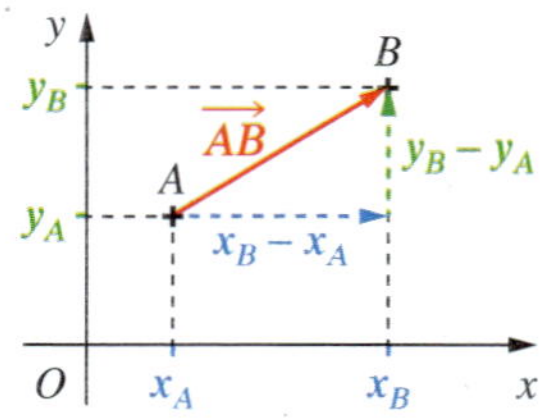

Coordonnées du milieu d'un segment

Soient $A(x_A\,;y_A)$ et $B(x_B\,;y_B)$.

Coordonnées du **milieu** K du segment $[AB]$:

$$K\left(\frac{x_A + x_B}{2}\,;\frac{y_A + y_B}{2}\right)$$

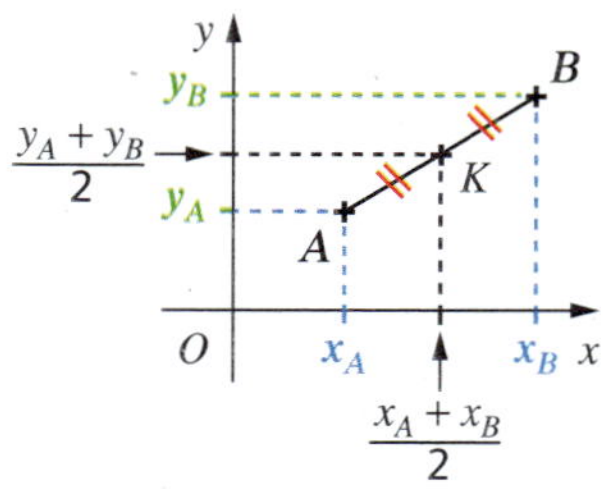

Distance dans un repère orthonormé

Norme du vecteur $\vec{u}\begin{pmatrix} x \\ y \end{pmatrix}$:

$$\|\vec{u}\| = \sqrt{x^2 + y^2}$$

Distance entre deux points $A(x_A\,;y_A)$ et $B(x_B\,;y_B)$:

$$AB = \sqrt{(x_B - x_A)^2 + (y_B - y_A)^2}$$

Déterminant de deux vecteurs

- Le **déterminant** des vecteurs $\vec{u}\begin{pmatrix} x \\ y \end{pmatrix}$ et $\vec{v}\begin{pmatrix} x' \\ y' \end{pmatrix}$ est :

$$\det(\vec{u}, \vec{v}) = \begin{vmatrix} x & x' \\ y & y' \end{vmatrix} = x \times y' - y \times x'$$

- $\vec{u}$ et $\vec{v}$ sont **colinéaires** si, et seulement si :

$$\mathbf{det}(\vec{u}, \vec{v}) = 0$$

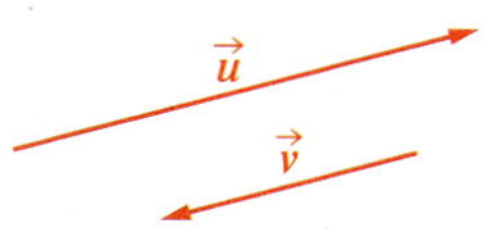

Configurations du plan

- Les droites (AB) et (CD) sont parallèles si, et seulement si, $\det(\overrightarrow{AB}, \overrightarrow{CD}) = 0$.

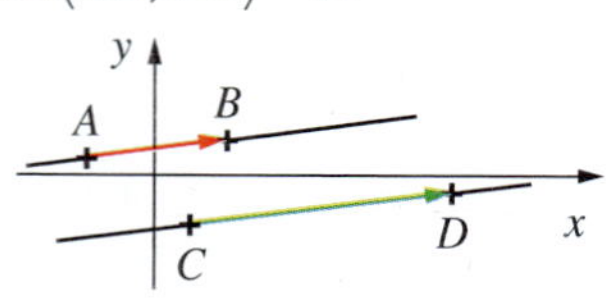

- Les points A, B et C sont alignés si, et seulement si, $\det(\overrightarrow{AB}, \overrightarrow{AC}) = 0$.

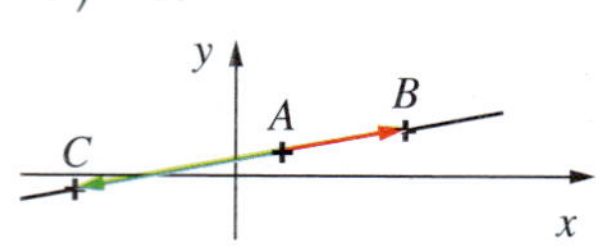

Je m'exerce à démontrer

Les vecteurs $\vec{u}$ et $\vec{v}$ sont colinéaires si, et seulement si, $\det(\vec{u}, \vec{v}) = 0$.

DÉMO PAS À PAS
hachette-clic.fr/25de2049

J'évalue mes connaissances

VERSION INTERACTIVE
hachette-clic.fr/25de2050

Voir corrigés p. 406

QCM

Pour chacune des questions, indiquer la (ou les) bonne(s) réponse(s).

	a	b	c
1. 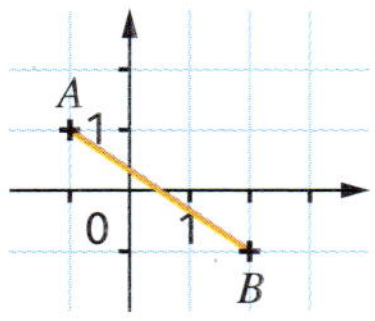 Par lecture graphique des coordonnées du vecteur $\overrightarrow{AB}$, on a :	$\overrightarrow{AB}\begin{pmatrix}-1\\1\end{pmatrix}$	$\overrightarrow{AB}\begin{pmatrix}-2\\3\end{pmatrix}$	$-2\overrightarrow{AB}\begin{pmatrix}-6\\4\end{pmatrix}$
2. Dans un repère, si $A(2;-3)$ et $B(-4;-6)$ alors :	$\overrightarrow{AB}\begin{pmatrix}6\\-9\end{pmatrix}$	$\overrightarrow{AB}\begin{pmatrix}-6\\-3\end{pmatrix}$	$\overrightarrow{AB}\begin{pmatrix}6\\3\end{pmatrix}$
3. Si $\vec{u}\begin{pmatrix}x\\y\end{pmatrix}$ et $\vec{v}\begin{pmatrix}x'\\y'\end{pmatrix}$, alors $\det(\vec{u},\vec{v}) = \ldots$	$x \times x' - y \times y'$	$x \times y - x' \times y'$	$x \times y' - y \times x'$
4. Si $\vec{u}\begin{pmatrix}3\\-2\end{pmatrix}$ et $\vec{v}\begin{pmatrix}4\\6\end{pmatrix}$, alors $\det(\vec{u},\vec{v}) = \ldots$	10	26	0
5. Si $A(-3;4)$, $B(2;5)$, $C(4;7)$ et $D(-6;5)$, alors :	$\det(\overrightarrow{AB},\overrightarrow{CD}) = 0$	les droites (AB) et (CD) sont parallèles	$AD = BC$
6. Si $A(4;1)$, $B(-2;6)$, $C(2;8)$ et $D(14;-2)$, alors :	les droites (AD) et (BC) sont sécantes	$ABCD$ est un trapèze	$\det(\overrightarrow{AB},\overrightarrow{CD}) = 0$
7. Si $A(-3;-2)$, $B(5;1)$ et $C(21;7)$, alors :	$\det(\overrightarrow{AB},\overrightarrow{BC}) = 0$	A, B et C sont alignés	$\overrightarrow{AC} = -3\overrightarrow{AB}$
8. Si $A(3;4)$ et $B(9;1)$, alors :	le point $(13;-1)$ appartient à (AB)	le point $(-3;8)$ appartient à (AB)	le point $(19;-4)$ n'appartient pas à (AB)
9. Si $A(-2;2)$, $B(6;-2)$, $C(4;9)$ et $D(16;3)$, alors :	les droites (AB) et (CD) sont parallèles	les segments $[AD]$ et $[BC]$ se coupent en leur milieu	$AB = 9$

vrai ou faux ?

Indiquer pour chaque affirmation, si elle est vraie ou fausse. Justifier.

Partie A.

Le plan est muni du repère orthonormé $(O;I;J)$.

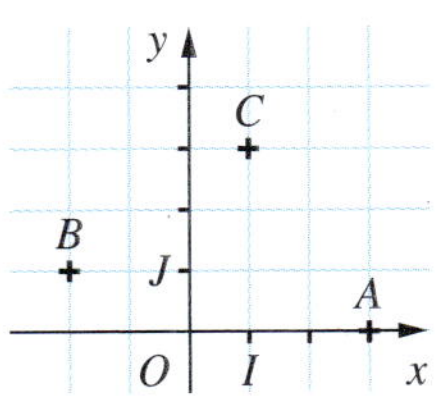

1. Les coordonnées du point A sont $(0;3)$.

2. Le vecteur $\overrightarrow{AC}$ a pour coordonnées $(2;-3)$.

3. La longueur AC est égale à $\sqrt{13}$.

4. Le triangle ABC est isocèle en C.

5. Le triangle ABC est rectangle en C.

6. Les coordonnées du point D telles que $ADBC$ soit un parallélogramme sont $(0;-2)$.

Partie B.

Dans un repère orthonormé (unité graphique 1 cm), on considère les points $A(-2;2)$, $B(2;5)$, $C(-6;5)$, $D(-2;7)$, $E(-6;-1)$ et $F(-9;3)$.

On note Γ le cercle de centre A passant par B.

1. Le cercle Γ a pour rayon 5 cm.

2. A est le milieu du segment $[EB]$.

3. Le point C appartient au cercle Γ.

4. Le triangle BCE est rectangle.

5. Le triangle AEF est rectangle.

6. C appartient à la médiatrice du segment $[EB]$.

7. Le quadrilatère $ABDC$ est un parallélogramme.

exercices Application

JE ME TESTE ! EXERCICES INTERACTIFS
hachette-clic.fr/25de2051

Acquérir des automatismes

32 Simplifier l'écriture des nombres réels suivants.

1. $\sqrt{75}$ 2. $\sqrt{144}$ 3. $\sqrt{252}$ 4. $\sqrt{1815}$

33 Écrire chaque fraction sous forme irréductible.

1. $\dfrac{12}{18}$ 2. $\dfrac{42}{66}$ 3. $\dfrac{735}{42}$ 4. $\dfrac{363}{17}$

34 1. Recopier et compléter la formule de cours :

$$k(a+b)=\ldots$$

2. Développer les expressions suivantes.

a. $5(x-9)$ b. $-3(2x+7)$ c. $3x(8x-4)$

35 1. Recopier et compléter la formule de cours :

$$(a+b)(c+d)=\ldots$$

2. Développer les expressions suivantes.

a. $(2x-1)(x-4)$ b. $(6x-12)(2x+7)$

36 1. Détailler deux façons d'effectuer le produit suivant : $2\times3\times4$.

2. En déduire deux façons de développer l'expression suivante : $A(x)=3(x-2)(x+4)$.

37 En observant les vecteurs représentés ci-dessous, préciser les couples de vecteurs : égaux ; opposés ; colinéaires mais pas égaux.

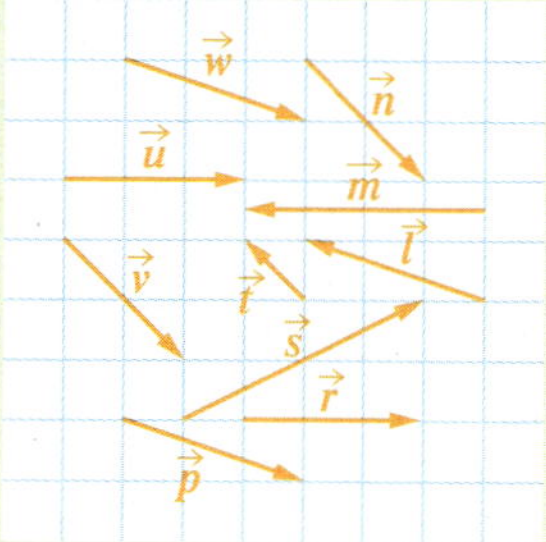

Pour les vecteurs colinéaires mais ni égaux ni opposés, préciser la relation de colinéarité (du type $\vec{a}=k\vec{b}$).

38 Attribuer un nom à chacun des vecteurs ci-dessous, numérotés de 1 à 8, pour que les égalités proposées soient vérifiées.

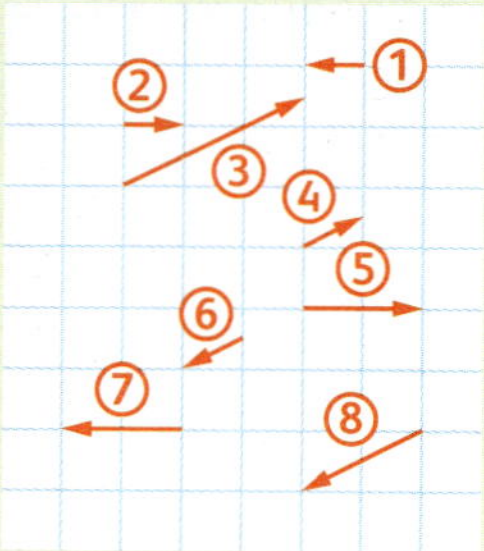

Égalités à vérifier :

$\vec{v}=3\vec{u}$

$\vec{w}=-\dfrac{2}{3}\vec{v}$

$\vec{t}=-\dfrac{1}{2}\vec{r}$

$\vec{s}=-\vec{t}$

$\vec{n}=-\vec{r}$

$2\vec{m}=\vec{w}$

Travailler les capacités du chapitre

Capacité 1 Mettre en relation représentation et coordonnées d'un vecteur

Voir p. 149

39 **À l'oral**

À l'aide des coordonnées du vecteur $\overrightarrow{AB}$ indiquer dans chaque cas la couleur du quadrant (non limité aux quatre carreaux représentés) dans lequel se trouve le point B. Le repère est orthonormé et un carreau du quadrillage a pour côté 1 unité.

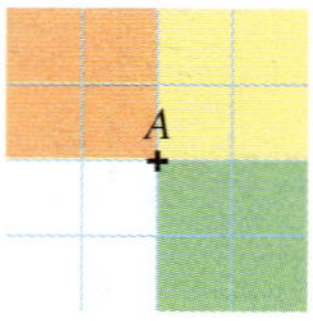

1. $\overrightarrow{AB}\begin{pmatrix}-2\\3\end{pmatrix}$ 2. $\overrightarrow{AB}\begin{pmatrix}-\frac{1}{3}\\ \frac{5}{3}\end{pmatrix}$ 3. $\overrightarrow{AB}\begin{pmatrix}0\\7\end{pmatrix}$

4. $\overrightarrow{AB}\begin{pmatrix}0{,}1\\5\end{pmatrix}$ 5. $\overrightarrow{AB}\begin{pmatrix}\sqrt{2}\\ \sqrt{3}-3\end{pmatrix}$ 6. $\overrightarrow{AB}\begin{pmatrix}-2\\0\end{pmatrix}$

*Dans les exercices **40** à **42**, lire graphiquement les coordonnées des vecteurs dans le repère indiqué sur la figure.*

40

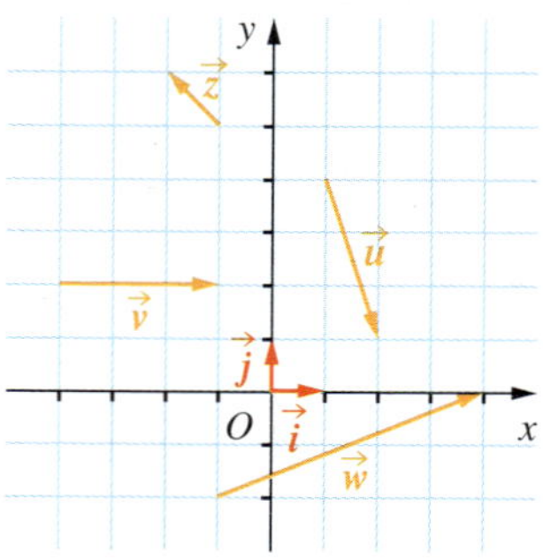

CORRECTION TYPE EN VIDÉO
hachette-clic.fr/25de2052

41

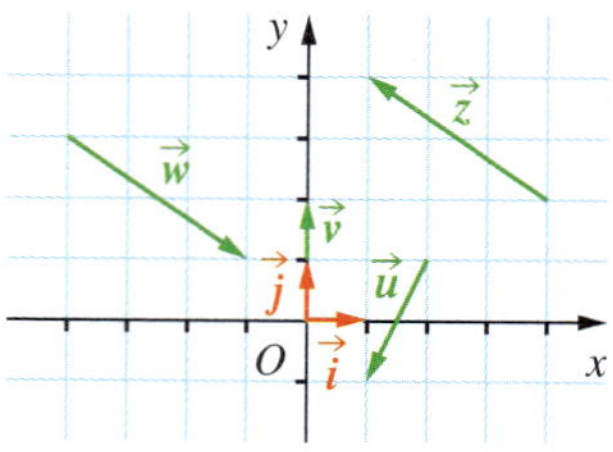

42

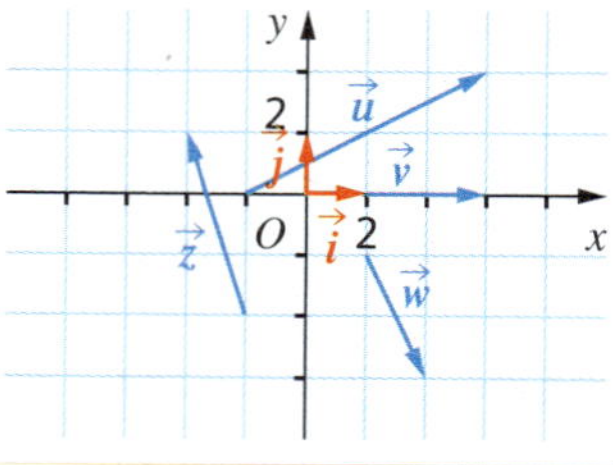

43 On considère deux points $A(4;2)$ et $B(-2;-1)$ ainsi que les vecteurs $\vec{u}\begin{pmatrix}2\\3\end{pmatrix}$, $\vec{v}\begin{pmatrix}0\\-3\end{pmatrix}$ et $\vec{w}\begin{pmatrix}-1\\-4\end{pmatrix}$.

1. Construire un représentant d'origine A du vecteur $\vec{u}$.

2. Construire un représentant d'extrémité A du vecteur $\vec{v}$.

3. Construire un représentant d'origine B du vecteur $\vec{w}$.

44 Soient $ABCD$ et $ADEF$ deux carrés.

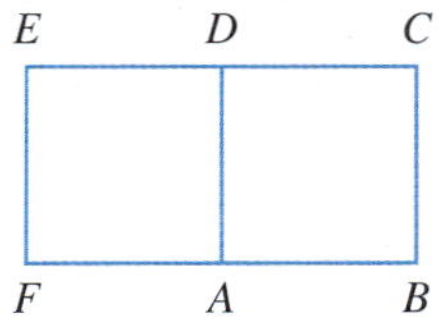

1. On se place dans le repère $\left(A;\overrightarrow{AB};\overrightarrow{AD}\right)$. Lire les coordonnées de tous les points et des vecteurs $\overrightarrow{AB}$, $\overrightarrow{FC}$, $\overrightarrow{BC}$, $\overrightarrow{DF}$ et $\overrightarrow{BE}$.

2. a. Reprendre la question **1.** si on se place maintenant dans le repère $\left(F;\overrightarrow{FA};\overrightarrow{FE}\right)$.

b. Que constate-t-on ?

Capacité 2 — Calculer les coordonnées du milieu d'un segment, la distance entre deux points

Voir p. 151

Dans toute cette partie, le plan est rapporté à un repère orthonormé $\left(O;\vec{i};\vec{j}\right)$.

*Dans les exercices **45** à **47**, calculer les coordonnées des milieux respectifs I, J et K des segments [AB], [AC] et [BC].*

45 $A(-2;6)$, $B(4;2)$ et $C(0;4)$.

46 $A(4;-5)$, $B(4;0)$ et $C(10;-5)$.

47 $A(-3;-4)$, $B\left(\frac{1}{2};-1\right)$ et $C(-3;7)$.

48 Pour chaque liste de quatre points, déterminer les coordonnées du milieu des diagonales du quadrilatère $ABCD$ et déterminer si ce quadrilatère est un parallélogramme.

1. $A(-3;1)$, $B(1;3)$, $C(4;-1)$ et $D(0;-3)$.

2. $A(-5;5)$, $B(1;3)$, $C(2;-2)$ et $D(-4;1)$.

49 Pour chaque liste de quatre points, déterminer les coordonnées du milieu des diagonales du quadrilatère $EFHG$ et déterminer si ce quadrilatère est un parallélogramme.

1. $E(0;4)$, $F\left(\frac{1}{3};\frac{14}{3}\right)$, $G(3;5)$ et $H\left(\frac{10}{3};\frac{17}{3}\right)$.

2. $E\left(-\frac{1}{4};\frac{2}{5}\right)$, $F\left(\frac{1}{2};\frac{1}{5}\right)$, $G\left(-\frac{3}{4};\frac{7}{10}\right)$ et $H\left(0;\frac{1}{2}\right)$.

50 On considère les points $A(5;-7)$, $B(-2;6)$ et I le milieu du segment $[AB]$.

1. Calculer les coordonnées du vecteur $\overrightarrow{AI}$.

2. En déduire, sans calcul, les coordonnées des vecteurs $\overrightarrow{IB}$ et $\overrightarrow{AB}$.

51 On considère les points $E(-1;0)$, $F\left(-\frac{1}{2};4\right)$, $G\left(\frac{1}{4};-5\right)$ et I le milieu du segment $[EF]$.

Déterminer les coordonnées des vecteurs $\overrightarrow{EF}$, $\overrightarrow{FG}$ et $\overrightarrow{IG}$.

52 On considère les points $A(-5;3)$ et $B\left(0;\frac{1}{2}\right)$.

Déterminer les coordonnées du point C pour que B soit le milieu du segment $[AC]$.

*Dans les exercices **53** à **55**, calculer les distances AB, AC et BC.*

53 $A(1;0)$, $B(4;4)$ et $C(3;4)$.

CORRECTION TYPE EN VIDÉO
hachette-clic.fr/25de2053

54 $A(-2;3)$, $B(9;-2)$ et $C(2;0)$.

55 $A(5;2)$, $B(3;0)$ et $C\left(\frac{1}{3};\frac{1}{4}\right)$.

56 On considère les points $A(1;2)$, $B(2;-1)$ et $C(-6;-2)$.

1. Quelle est la nature du triangle ABC ?

2. En déduire l'aire de ABC.

57 On considère les points $A(-3;-4)$, $B(-2;3)$ et $C(2;1)$.

1. Quelle est la nature du triangle ABC ?

2. En déduire l'aire du triangle.

58 On considère les points $S(-7;-2)$, $E(3;0)$ et $T(-3;-6)$.

1. Calculer les longueurs SE, ST et ET.

2. a. Vérifier que $SE^2 = ST^2 + ET^2$.

b. En déduire la nature du triangle SET.

59 On considère les points $A(1;0)$, $B(-2;3)$ et $C(5;4)$.

1. Calculer les longueurs AB, AC et BC.

2. a. Vérifier que $BC^2 = AB^2 + AC^2$.

b. En déduire la nature du triangle ABC.

c. Déterminer l'aire du triangle ABC.

exercices Application

CAPACITÉ 3 Calculer les coordonnées de la somme de deux vecteurs, du produit par un réel

Voir p. 153

60 On considère les vecteurs $\vec{u}\begin{pmatrix}6\\-1\end{pmatrix}$, $\vec{v}\begin{pmatrix}-2\\3\end{pmatrix}$ et $\vec{w}\begin{pmatrix}-3\\1\end{pmatrix}$.

Calculer les coordonnées des vecteurs suivants.

1. $\vec{u}+\vec{w}$ **2.** $\vec{u}+\vec{v}$

3. $3\vec{u}-8\vec{w}$ **4.** $-2\vec{u}+3\vec{v}-5\vec{w}$

61 On considère ci-contre les points A, B, C et D dans le plan muni d'un repère orthonormé, un carreau du quadrillage correspondant à un « carré unité ».

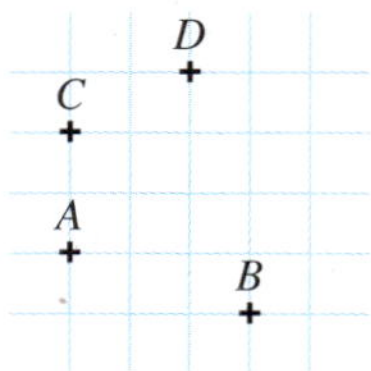

1. Déterminer les coordonnées des vecteurs $\overrightarrow{AB}$ et $\overrightarrow{CD}$.

2. En déduire les coordonnées des vecteurs $-3\overrightarrow{AB}$, $\frac{1}{2}\overrightarrow{CD}$ puis $\overrightarrow{AB}+\overrightarrow{CD}$.

*Dans les exercices **62** à **64**, on considère un point $M(x\,;y)$ et des points A, B et C.*

1. Exprimer le vecteur $\overrightarrow{AM}$ en fonction de x et y.

2. Calculer les coordonnées de $\overrightarrow{BA}$ et $\overrightarrow{BC}$.

3. Déterminer les coordonnées de M pour que l'on ait l'égalité de vecteurs : $\overrightarrow{AM}=\overrightarrow{BA}+\overrightarrow{BC}$.

62 $A(5;9)$, $B(-6;4)$ et $C(10;-2)$.

63 $A(-6;0)$, $B(4;-7)$ et $C(1;-4)$.

64 $A(8;4)$, $B(-2;-3)$ et $C(5;-6)$.

65 On considère les points A, B et C ci-dessous.

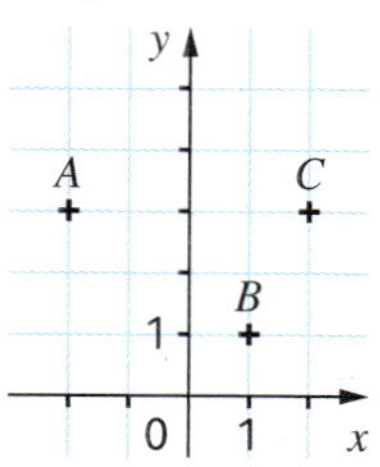

1. Déterminer graphiquement les coordonnées du point D telles que $\overrightarrow{BD}=\overrightarrow{BA}+\overrightarrow{BC}$.

2. Vérifier, par le calcul, qu'avec les coordonnées trouvées dans la question **1.** l'égalité est vérifiée.

CAPACITÉ 4 Caractériser l'alignement par la colinéarité de vecteurs

Voir p. 154

66 Vrai ou Faux ?

Indiquer pour chaque affirmation, si elle est vraie ou fausse. Justifier.

1. Si $\overrightarrow{AB}=\overrightarrow{AC}$, alors les trois points A, B et C sont distincts et alignés.

2. Si $\overrightarrow{AB}=2\overrightarrow{AC}$, alors A, B et C sont alignés et C est le milieu de $[AB]$.

3. Si $\overrightarrow{AB}=\overrightarrow{CD}$, alors les points A, B, C et D sont alignés.

4. Si A, B et C sont trois points distincts tels que $\overrightarrow{AB}=k\overrightarrow{AC}$, où k est un réel non nul, alors A, B et C sont alignés.

67 On considère deux points distincts A et B et un nombre réel k. Le point M vérifie $\overrightarrow{AM}=k\overrightarrow{AB}$.

1. Que peut-on affirmer du point M ?

2. Dans chaque cas ci-dessous, préciser la position de M en fonction des points A et B.

a. $k=0$ **b.** $k=1$ **c.** $k=\frac{1}{2}$

d. $0<k<1$ **e.** $k>1$ **f.** $k<0$

68 On donne les points $A(13;8)$, $B(21;13)$ et $C(34;21)$.

1. Faire une figure aussi précise que possible dans un repère orthonormé ayant pour unité graphique 0,5 cm.

2. Les points A, B et C sont-ils alignés ?

69 On donne les points $A(-5;-2)$, $B(-3;-5)$ et $C(-13;10)$. Les points A, B et C sont-ils alignés ?

70 On considère un triangle ABC, et le milieu A' du côté $[BC]$.

1. Faire une figure et construire le point M tel que :

$$\overrightarrow{AM}=2\overrightarrow{AB}+\overrightarrow{BC}$$

2. Démontrer que les points A, A' et M sont alignés.

71 On considère un triangle ABC et les trois points L, M et N vérifiant :

$$\overrightarrow{CL}=\frac{1}{4}\overrightarrow{CA}\,;\overrightarrow{MB}=\frac{1}{3}\overrightarrow{MA}\,;\overrightarrow{BN}=\frac{1}{2}\overrightarrow{BC}$$

1. Faire une figure.

2. En utilisant la relation de Chasles, démontrer que :

$$\overrightarrow{LN}=\frac{1}{4}\overrightarrow{AC}+\frac{1}{2}\overrightarrow{CB}.$$

3. a. Démontrer de même que : $\overrightarrow{LM}=\frac{3}{4}\overrightarrow{CA}+\frac{3}{2}\overrightarrow{AB}$.

b. En remarquant que $\overrightarrow{AB}=\overrightarrow{AC}+\overrightarrow{CB}$, démontrer l'égalité : $\overrightarrow{LM}=\frac{3}{4}\overrightarrow{AC}+\frac{3}{2}\overrightarrow{CB}$.

4. En déduire l'égalité : $\overrightarrow{LM}=3\overrightarrow{LN}$.

5. Que peut-on en déduire pour les points L, M et N ?

CAPACITÉ 5 Résoudre un problème d'alignement ou de parallélisme

Voir p. 155

Dans toute cette partie, le plan est rapporté à un repère orthonormé $\left(O ; \vec{i} ; \vec{j}\right)$.

72 Dans chaque cas, calculer le déterminant des vecteurs $\vec{u}$ et $\vec{v}$, puis indiquer s'ils sont colinéaires.

1. $\vec{u}\begin{pmatrix}3\\-4\end{pmatrix}$ et $\vec{v}\begin{pmatrix}7{,}5\\-10\end{pmatrix}$ **2.** $\vec{u}\begin{pmatrix}-6\\0\end{pmatrix}$ et $\vec{v}\begin{pmatrix}3\\-2\end{pmatrix}$

3. $\vec{u}\begin{pmatrix}5\\-6\end{pmatrix}$ et $\vec{v}\begin{pmatrix}\frac{1}{3}\\-\frac{1}{10}\end{pmatrix}$ **4.** $\vec{u}\begin{pmatrix}1\\\sqrt{3}\end{pmatrix}$ et $\vec{v}\begin{pmatrix}\sqrt{3}\\3\end{pmatrix}$

73 Dans chaque cas, déterminer la valeur du nombre réel a pour que les vecteurs $\vec{u}$ et $\vec{v}$ soient colinéaires.

1. $\vec{u}\begin{pmatrix}-2\\5\end{pmatrix}$ et $\vec{v}\begin{pmatrix}5\\a\end{pmatrix}$ **2.** $\vec{u}\begin{pmatrix}3\\2+a\end{pmatrix}$ et $\vec{v}\begin{pmatrix}10{,}2\\17\end{pmatrix}$

*Dans les exercices **74** à **76**, calculer les coordonnées des vecteurs $\overrightarrow{AB}$ et $\overrightarrow{CD}$ puis indiquer si ces vecteurs sont colinéaires.*

CORRECTION TYPE EN VIDÉO
hachette-clic.fr/25de2055

74 $A(-3;4), B(2;3), C(-5;2)$ et $D(5;0)$.

75 $A(1;4), B(-1;1), C(-6;-1)$ et $D(-2;5)$.

76 $A(2;-2), B(4;-1), C(-5-3)$ et $D(6;3)$.

*Dans les exercices **77** à **79**, calculer les coordonnées des vecteurs $\overrightarrow{HI}$ et $\overrightarrow{HJ}$ puis déterminer si les points H, I et J sont alignés.*

77 $H(-4;2), I(-2;-1)$ et $J(2;-7)$

78 $H(-4;0), I(2;1)$ et $J(13;3)$

79 $H(-3;-2), I(-1;1)$ et $J(17;3)$

80 On a placé des points à coordonnées entières dans le repère orthonormé ci-dessous.

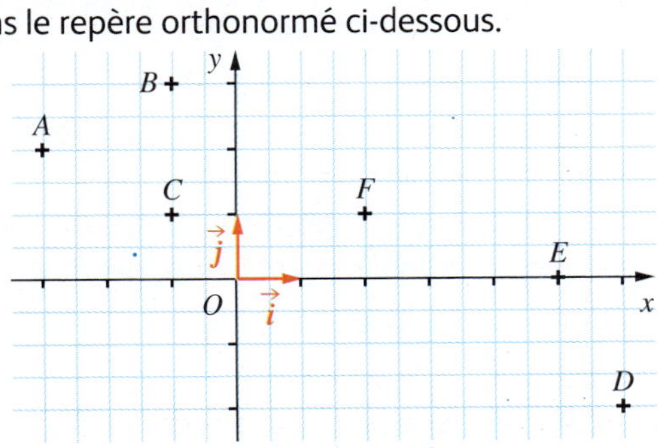

1. Les droites (AC) et (BE) sont-elles parallèles ?
2. Les points A, C et D sont-ils alignés ?
3. Les points B, D et F sont-ils alignés ?

81 On considère les points $A(4;3)$, $B(2;-2)$, $C(0;x)$, $D(-3;-1)$ et $E(-5;-6)$, où x désigne un nombre réel.
1. Les droites (AB) et (DE) sont-elles parallèles ?
2. Déterminer x pour que les points A, B et C soient alignés.

82 On considère un rectangle $ABCD$ tel que I est le milieu de $[AB]$ et J est le milieu de $[DA]$.
1. Faire une figure.
2. a. Montrer que $\overrightarrow{IJ}=-\frac{1}{2}\overrightarrow{AB}+\frac{1}{2}\overrightarrow{AD}$.
b. Exprimer $\overrightarrow{BD}$ en fonction des vecteurs $\overrightarrow{AB}$ et $\overrightarrow{AD}$.
c. En déduire que $\overrightarrow{IJ}$ et $\overrightarrow{BD}$ sont colinéaires.
3. On choisit le repère $\left(A ; \overrightarrow{AB}, \overrightarrow{AD}\right)$.
a. Donner les coordonnées des points A, B, D, I et J.
b. Calculer les coordonnées des vecteurs $\overrightarrow{IJ}$ et $\overrightarrow{BD}$.
c. En déduire que $\overrightarrow{IJ}$ et $\overrightarrow{BD}$ sont colinéaires.
4. On appelle O le centre du rectangle $ABCD$. Quelle est la nature du quadrilatère $AIOJ$?

83 On considère le carré $ABCD$ de côté 4 cm et les points I et J les milieux respectifs des segments $[AB]$ et $[AD]$. On place de plus le point K tel que $\overrightarrow{AK}=\frac{1}{4}\overrightarrow{AB}$.
1. Faire une figure.
2. En utilisant une décomposition vectorielle ou en introduisant un repère, démontrer que les vecteurs $\overrightarrow{KJ}$ et $\overrightarrow{ID}$ sont colinéaires.
3. On considère le repère $\left(B, \overrightarrow{BA}, \overrightarrow{BC}\right)$. Montrer, après avoir déterminé les coordonnées des points D, I, J et K, que les vecteurs $\overrightarrow{KJ}$ et $\overrightarrow{ID}$ sont colinéraires.

84 On considère un rectangle $ABCD$ ainsi que les points E et F les symétriques respectifs du point A par rapport à B et du point A par rapport à D.
1. Construire une figure.
2. En utilisant une décomposition vectorielle ou en introduisant un repère, démontrer que les vecteurs $\overrightarrow{BD}$ et $\overrightarrow{EF}$ sont colinéaires.
3. En comparant les vecteurs $\overrightarrow{FC}$ et $\overrightarrow{CB}$, démontrer que le point C est le milieu du segment $[EF]$.

85 On considère un triangle ABC et les points B' et C' vérifiant : $\overrightarrow{AB'}=3\overrightarrow{AB}$ et $\overrightarrow{AC'}=3\overrightarrow{AC}$.
1. Construire une figure.
Que peut-on affirmer des points A, B, B' d'une part et A, C, C' d'autre part ?
2. Exprimer le vecteur $\overrightarrow{B'C'}$ en fonction du vecteur $\overrightarrow{BC}$. Que peut-on en déduire ? Quel résultat de géométrie de collège a-t-on ainsi illustré ?

1 Coordonnées dans le plan

Pour les exercices 86 à 105, on se place dans un repère orthonormé $(O;\vec{i};\vec{j})$.

86 Soient $A(-3;1)$, $B(6;4)$, $C(3;-1)$ et $D(13;2)$.
1. a. Placer les points dans le repère.
b. Lire les coordonnées des vecteurs $\overrightarrow{AB}$, $\overrightarrow{AC}$ et $\overrightarrow{CD}$.
2. a. Calculer les coordonnées des vecteurs $\overrightarrow{AB}$ et $\overrightarrow{CD}$.
b. $ABCD$ est-il un parallélogramme ? Justifier.
3. Soit $E(0;t)$ où t est un nombre réel.
a. Exprimer en fonction de t les coordonnées de $\overrightarrow{AE}$.
b. Déterminer la valeur de t pour que le quadrilatère $ACBE$ soit un parallélogramme.
c. Calculer les coordonnées du centre du parallélogramme $ACBE$.

87 Soient les points $C(2;1)$, $E(6;4)$, $R(8;-1)$ et $F(4;-2)$.
1. Placer les points dans le repère.
2. Lire les coordonnées des vecteurs $\overrightarrow{CF}$ et $\overrightarrow{ER}$.
3. Retrouver ces coordonnées par le calcul.
4. Le quadrilatère $CERF$ est-il un parallélogramme ? Justifier.
5. Déterminer par le calcul les coordonnées du point D tel que $DERF$ soit un parallélogramme.
6. Calculer les coordonnées du centre du parallélogramme $DERF$.

88 Soient les points $L(-6;-1)$, $U(2\,001;2\,023)$ et $N(1\,995;2\,024)$.
1. Le quadrilatère $LOUN$ est-il un parallélogramme ? Justifier.
2. Déterminer les coordonnées du point A tel que $LUNA$ soit un parallélogramme.

89 Compétence Calculer Dans chacun des cas, on donne les coordonnées d'un point A et celle d'un vecteur $\vec{u}$.
Déterminer les coordonnées $(x;y)$ du point M image de A par la translation de vecteur $\vec{u}$, c'est-à-dire tel que $\overrightarrow{AM}=\vec{u}$.
1. $A(5;12)$ et $\vec{u}\begin{pmatrix}10\\-3\end{pmatrix}$
2. $A(-15;8)$ et $\vec{u}\begin{pmatrix}-8\\4\end{pmatrix}$
3. $A(24;1)$ et $\vec{u}\begin{pmatrix}5\\7\end{pmatrix}$
4. $A(0{,}7;1{,}3)$ et $\vec{u}\begin{pmatrix}5\\5\end{pmatrix}$

90 Dans chacun des cas, on donne les coordonnées d'un point B et celle d'un vecteur $\vec{v}$. Déterminer les coordonnées du point A tel que $\overrightarrow{AB}=\vec{v}$.
1. $B(6;4)$ et $\vec{v}\begin{pmatrix}2\\2\end{pmatrix}$
2. $B(5;2)$ et $\vec{v}\begin{pmatrix}3\\4\end{pmatrix}$
3. $B(0;3)$ et $\vec{v}\begin{pmatrix}-2\\-5\end{pmatrix}$
4. $B(-1;0)$ et $\vec{v}\begin{pmatrix}4\\-6\end{pmatrix}$

91 Translation et coordonnées (1)
On donne deux points $A(5;3)$ et $B(-2;5)$ ainsi que le vecteur $\vec{u}\begin{pmatrix}5\\-2\end{pmatrix}$.
1. Calculer les coordonnées du point C image de A par la translation de vecteur $\vec{u}$.
2. Calculer les coordonnées du point D image de B par la translation de vecteur $\vec{u}$.

92 Translation et coordonnées (2)
Soient les points $S(-5;-3)$, $A(1;-2)$ et $U(-1;3)$.
1. Déterminer les coordonnées du point M, image du point U par la translation de vecteur $\overrightarrow{SA}$.
2. Déterminer les coordonnées du point E, antécédent du point U par la translation de vecteur $\overrightarrow{SA}$.
3. Calculer les coordonnées du vecteur $\overrightarrow{AL}=\overrightarrow{AS}+\overrightarrow{AU}$.

93 Symétries et coordonnées (1)
1. Placer le point $S(6;4)$ dans le repère, puis lire les coordonnées des points :
a. T, symétrique de S par rapport à l'axe des ordonnées ;
b. E, symétrique de S par rapport à O ;
c. F, symétrique de S par rapport à l'axe des abscisses.
2. Soit le point $M(x;y)$. À l'aide d'une lecture graphique, donner, en fonction des nombres réels x et y, les coordonnées des points :
a. N, symétrique de M par rapport à l'axe des ordonnées ;
b. P, symétrique de M par rapport à O ;
c. Q, symétrique de M par rapport à l'axe des abscisses.
3. Soient les points $A(-3;4)$ et $B(8;19)$.
a. Calculer les coordonnées du vecteur $\overrightarrow{AB}$.
b. Donner les coordonnées des points A' (resp. B') symétrique de A (resp. B) par rapport à l'axe des abscisses.
c. Calculer les coordonnées du vecteur $\overrightarrow{A'B'}$.

94 Symétries et coordonnées (2)
Soient les points $A(2;-1)$ et $B(4;3)$.
1. Calculer les coordonnées du vecteur $\overrightarrow{AB}$. Vérifier le calcul à l'aide d'une lecture graphique.
2. a. Donner les coordonnées de A_1 (resp. B_1) symétrique de A (resp. B) par rapport à l'axe des abscisses.
b. Calculer les coordonnées du vecteur $\overrightarrow{A_1B_1}$, puis celles de $\overrightarrow{AB}+\overrightarrow{A_1B_1}$.
3. Soient M et N deux points quelconques d'images respectives M_1 et N_1 par la symétrie par rapport à l'axe des abscisses. Comment s'expriment les coordonnées de $\overrightarrow{M_1N_1}$ en fonction de celles de $\overrightarrow{MN}$?

95 **Rotation et coordonnées**

1. Soient les points $R(5,3)$, $A(-1;2)$, $P(-3;-1)$ et $H(2;-4)$.

a. Placer les points dans le repère.

b. Construire les points R', A', P' et H' images respectives des points R, A, P et H par la rotation de centre O et d'angle $90°$ dans le sens anti-horaire.

c. Lire les coordonnées des points R', A', P' et H'.

2. Soit $M(x;y)$, où x et y sont deux réels quelconques. Conjecturer les coordonnées de M', image de M par la rotation de centre O et d'angle $90°$ dans le sens anti-horaire, en fonction de celle de M.

3. En admettant la conjecture précédente, déterminer si les triangles COQ sont rectangles en O dans les cas suivants :

a. $C(12;25)$ et $Q(-25;12)$;

b. $C(\sqrt{3};-4)$ et $Q(4;-\sqrt{3})$;

c. $C(1\,257;879)$ et $Q(-879;-1\,257)$;

d. $C(\sqrt{2};5)$ et $Q(-5;\sqrt{2})$.

96 Soient $A(-3;2)$, $B(7;9)$ et $C(-5;4)$.
Calculer les coordonnées $(x;y)$ des points suivants.

1. M tel que $\overrightarrow{AM}=3\overrightarrow{AB}$.

2. N tel que $\overrightarrow{BN}=-5\overrightarrow{BC}$.

3. P tel que $\overrightarrow{CP}=2\overrightarrow{AB}-3\overrightarrow{AC}$.

97 On considère les points $A(26;15)$, $B(-18;1)$ et $C(14;-1)$. Calculer les coordonnées des points suivants.

1. M tel que $\overrightarrow{MA}=4\overrightarrow{AB}$.

2. N tel que $\overrightarrow{NB}=\overrightarrow{AB}-\overrightarrow{AC}$.

3. P tel que $\overrightarrow{PC}=-2\overrightarrow{AB}+3\overrightarrow{BC}$.

98 Soient $F(1;3)$, $G(6;5)$ et $H(x;y)$ où x et y sont deux réels.

1. Calculer les coordonnées du vecteur $\overrightarrow{FG}$.

2. Exprimer les coordonnées du vecteur $\overrightarrow{GH}$ en fonction de x et y.

3. Écrire une relation vectorielle que doit vérifier le point G s'il est le milieu du segment $[FH]$.

4. Déterminer les coordonnées du point H afin que G soit le milieu du segment $[FH]$.

99 Soient $A(-7;1)$, $B(5;7)$ et $C(-2;-3)$.
Soit $M(x;y)$ un point tel que $\overrightarrow{AM}=\overrightarrow{AB}+\overrightarrow{AC}$.

1. a. Placer les points A, B et C dans le repère.

b. Lire les coordonnées des vecteurs $\overrightarrow{AB}$ et $\overrightarrow{AC}$.

c. Construire le point M et lire ses coordonnées.

2. Exprimer en fonction de x et y les coordonnées du vecteur $\overrightarrow{AM}$.

3. Calculer les coordonnées de $\overrightarrow{AB}$, $\overrightarrow{AC}$ puis $\overrightarrow{AB}+\overrightarrow{AC}$.

4. Calculer les coordonnées du point M.

100 Soient $R(-3;4)$, $S(5;1)$ et $T(2;5)$. On note N les points définis par :

$$\overrightarrow{RM}=\frac{1}{3}\overrightarrow{RS} \text{ et } \overrightarrow{TN}=\frac{2}{3}\overrightarrow{TR}$$

1. a. Placer les points R, S et T dans le repère.

b. Construire les points M et N puis lire leurs coordonnées avec la précision permise par le graphique.

c. Lire les coordonnées des vecteurs $\overrightarrow{ST}$, $\overrightarrow{RS}$ et $\overrightarrow{TR}$.

2. Calculer les coordonnées des points M et N.

3. Vérifier que $\overrightarrow{ST}=3\overrightarrow{MN}$ et donner une interprétation géométrique de cette égalité.

101 Soient $A(-2;4)$, $B(5;7)$ et $C(3;1)$.

1. Placer les points A, B et C dans le repère.

2. Calculer les coordonnées des vecteurs $\overrightarrow{AB}$ et $\overrightarrow{AC}$, et vérifier les calculs par une lecture graphique.

3. Soit $M(15;1)$. Déterminer le réel α tel que :

$$\overrightarrow{AM}=\overrightarrow{AB}+\alpha\overrightarrow{AC}$$

4. Soit $N\left(\frac{13}{2};\frac{5}{2}\right)$. Déterminer le réel β tel que :

$$\overrightarrow{AN}=\beta\overrightarrow{AB}+\overrightarrow{AC}$$

5. Soit $P(14;16)$. Déterminer les entiers relatifs γ et μ tels que $\overrightarrow{AP}=\gamma\overrightarrow{AB}+\mu\overrightarrow{AC}$.

102 Soient $A(0;4)$, $B(-2;0)$ et $C(6;-2)$. Le point $M(x;y)$ vérifie : $\overrightarrow{MA}+\overrightarrow{MB}+2\overrightarrow{MC}=\vec{0}$.

1. Écrire les coordonnées des vecteurs $\overrightarrow{MA}$, $\overrightarrow{MB}$ et $\overrightarrow{MC}$ en fonction de x et y.

2. Calculer les coordonnées de M.

103 Soient $A(4;0)$ et $B(10;7)$. Le point $M(x;y)$ vérifie : $\overrightarrow{MA}+2\overrightarrow{MB}+3\overrightarrow{MO}=\vec{0}$.

1. Écrire les coordonnées des vecteurs $\overrightarrow{MA}$, $\overrightarrow{MB}$ et $\overrightarrow{MO}$ en fonction de x et y.

2. Calculer les coordonnées de M.

104 Soient $A(-5;-2)$ et $B(7;3)$. Le point $M(x;y)$ vérifie : $5\overrightarrow{MA}-4\overrightarrow{MB}-\overrightarrow{MO}=\vec{0}$.

1. Écrire les coordonnées des vecteurs $\overrightarrow{MA}$, $\overrightarrow{MB}$ et $\overrightarrow{MO}$ en fonction de x et y.

2. Écrire les équations que doivent vérifier les coordonnées de M. Interpréter le résultat obtenu.

105 On considère les trois points $A(3;6)$, $B(3;-2)$ et $C(-3;2)$.
On appelle G le point qui vérifie l'égalité vectorielle :

$$\overrightarrow{GA}-\overrightarrow{GB}+\overrightarrow{GC}=\vec{0}$$

1. Calculer les coordonnées du point G.

2. Faire une figure, sur laquelle on placera les milieux des côtés du triangle ABC.

3. Tracer les médianes du triangle ABC. Que peut-on conjecturer pour le point G ?

2 Calculs dans un repère orthonormé

Pour les exercices 106 à 122, on se place dans un repère orthonormé $(O;\vec{i};\vec{j})$.

106 Vrai ou faux ?

On considère les points $A(-2;-2)$, $B(2;-1)$, $C(3;2)$, $D(-1;1)$ et $E(1;-4)$.

Pour chaque affirmation suivante, dire si elle est vraie ou fausse.

1. $ABCD$ est un parallélogramme.
2. Le point E est le symétrique du point B par rapport au point C.
3. B est le milieu du segment $[CE]$.
4. $AECD$ est un trapèze.
5. Le milieu de $[AC]$ appartient à l'axe des abscisses.
6. Le triangle ACE est isocèle en C.

107 On considère les points $A(-3;-2)$, $B(-2;3)$ et $C(3;1)$.

1. Calculer les coordonnées du point D, milieu du segment $[AC]$.
2. Énoncer une propriété que vérifient les diagonales d'un parallélogramme.
3. Calculer les coordonnées du point E telles que $ABCE$ soit un parallélogramme.
4. On considère un point G appartenant à l'axe des ordonnées. Déterminer les coordonnées de G telles que G, B et C soient alignés.

108 On considère les points :

$$A(1;3),\ B(5;5),\ C(8;2) \text{ et } D(4;0)$$

Le point E est le symétrique de D par rapport à C et le point F, le symétrique de B par rapport à A.

1. Déterminer les coordonnées des points E et F.
2. Quelle est la nature des quadrilatères $ABCD$, $ABEC$, $ACDF$ et $BEDF$?

Démo

109 1. Soient les points $A(-2;3)$, $B(4;1)$ et $C(1;4)$.

a. Placer les points dans le repère.

b. Calculer les coordonnées des points I, milieu de $[AB]$ et J, milieu de $[BC]$. Vérifier les calculs à l'aide du graphique.

c. Calculer les coordonnées des vecteurs $\overrightarrow{IJ}$ et $\overrightarrow{AC}$. Que constate-t-on ? Conjecturer une propriété générale concernant cette configuration..

2. **Démonstration de la conjecture**

On considère les points $A(x_A;y_A)$, $B(x_B;y_B)$ et $C(x_C;y_C)$.

a. Donner l'expression des coordonnées des points I, milieu de $[AB]$ et J, milieu de $[BC]$.

b. Donner l'expression des coordonnées des vecteurs $\overrightarrow{IJ}$ et $\overrightarrow{AC}$. Conclure.

110 Soient les points $P(-1;2)$, $I(5;-2)$ et $E(7;1)$.

1. Déterminer la nature du triangle PIE.
2. En déduire la valeur exacte du rayon du cercle circonscrit au triangle PIE.

Info

Déterminer la nature d'un triangle consiste à préciser si le triangle est isocèle, équilatéral, rectangle, isocèle rectangle ou rien de tout cela.

111 Soient les points $D(3;0)$, $I(-1;4)$ et $X(-3;-4)$.

1. Le triangle DIX est-il rectangle ? Justifier.
2. Soit M le milieu du segment $[IX]$ et $S(x;0)$. On veut que le triangle SIX soit rectangle en S.

a. Justifier que $MS^2=\frac{1}{4}IX^2$.

b. En déduire les coordonnées possibles du point S.

112 Soient les points $G(0;1)$, $R(-2;-4)$, $I(-6;6)$ et $S(2;6)$.

1. Déterminer la nature du triangle RIS.
2. Justifier que le point G est le milieu du segment $[RS]$.
3. Soit $A(0;y)$ où y est un réel quelconque. On veut que le triangle RAS soit rectangle en A.

a. Justifier que $GA^2=29$.

b. En déduire les valeurs possibles de l'ordonnée de A.

113 PYTHON 1. Compléter le programme suivant écrit en Python afin que la fonction distCarre renvoie les carrés des longueurs des côtés d'un triangle de sommets $A(x_A;y_A)$, $B(x_B;y_B)$ et $C(x_C;y_C)$.

```
def distCarre(xa,ya,xb,yb,xc,yc):
    AB2 = (xb - xa)**2 + (yb - ya)**2
    BC2 = (xc - xb)**2 + ...
    CA2 = ...
    return AB2, BC2, CA2
```

2. Utiliser cette fonction pour déterminer la nature des triangles définis par les points suivants.

a. $O(0;0)$, $U(10;4)$ et $I(1;12)$.

b. $S(-3;-2)$, $A(-4;4)$ et $M(8;6)$.

c. $E(1;7)$, $S(13;2)$ et $T(-4;-5)$.

d. $Z(-3;-1)$, $E(6;1)$ et $N(-1;5)$.

114 Aire d'un triangle…

On donne les points $A(-4;2)$, $B(7;4)$ et $C(-3;-1)$.

1. a. Placer ces points dans le repère.

b. Conjecturer la nature du triangle ABC.

c. Démontrer la conjecture.

2. a. Calculer les coordonnées de D, milieu de $[AC]$.

b. En déduire l'aire du triangle ABC.

3. Déterminer les coordonnées du centre du cercle circonscrit au triangle ADB.

115 LOGIQUE

On considère les points $A(2;2)$, $B(5;-2)$, $C(8;-1)$ et $D(8;4)$. Léa a écrit :

$AC^2=(8-2)^2+(-1-2)^2=45$

$BD^2=(8-5)^2+(4-(-2))^2=45$

Donc les diagonales $[AC]$ et $[BD]$ ont la même longueur.

Le quadrilatère ABCD est donc un rectangle.

1. En quoi ce raisonnement comporte-t-il une erreur ?
2. Peut-on affirmer que le quadrilatère $ABCD$ est un rectangle ?

116 LOGIQUE On considère les points $A(4;-5)$, $B(7;1)$, $C(1;4)$ et $D(-2;-2)$.

1. Démontrer que $ABCD$ est un carré.
2. Calculer l'aire du carré $ABCD$.

117 On considère les points $A(-2;3)$, $B(-3;1)$ et $C(4;0)$, et on note H le pied de la hauteur du triangle ABC issue du point A.

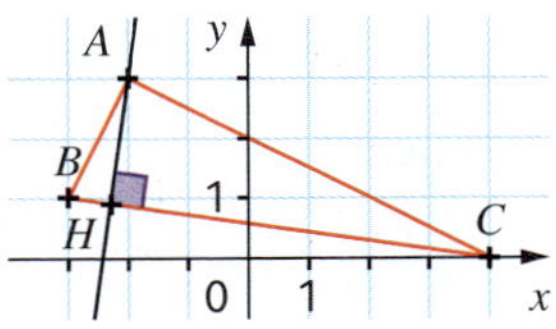

1. Montrer que le triangle ABC est rectangle.
2. En déduire l'aire du triangle ABC, puis la hauteur AH issue du point A.

118 1. Lire les coordonnées (ce sont des entiers relatifs) des points L, I, N et S.

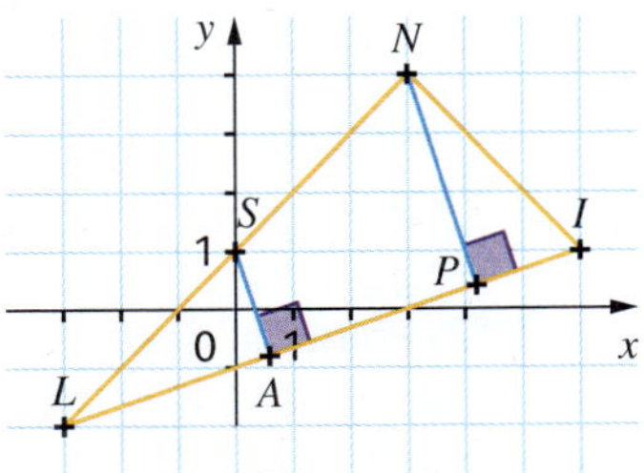

2. Donner la nature du triangle LIN.
3. Vérifier que l'aire du triangle LIN vaut 18 unités d'aire. En déduire la valeur exacte de la longueur NP.
4. Vérifier que S est le milieu du segment $[LN]$, en déduire que $SA=\frac{1}{2}NP$.
5. Calculer la distance SL. En déduire que les triangles LAS et PIN sont isométriques.
6. En déduire que $PI=SA=\frac{1}{2}NP$ et que $LA=NP$.
7. Exprimer AP en fonction de NP et LI, puis donner la valeur exacte de la longueur AP.

119 On considère les quatre points $A(3;1)$, $B(2;4)$, $C(8;6)$ et $D(9;3)$.

1. Déterminer les coordonnées des milieux des segments $[AC]$ et $[BD]$.
2. Calculer la norme des vecteurs $\overrightarrow{AC}$ et $\overrightarrow{BD}$.
3. Que peut-on affirmer concernant le quadrilatère $ABCD$?
4. On appelle I le point d'intersection des diagonales de $ABCD$ et J le milieu du côté $[AD]$.
Quel est le rapport entre l'aire du triangle AIJ et l'aire du quadrilatère $ABCD$?
5. On appelle F le symétrique de C par rapport à D.
Quelle est la nature du triangle AFC ?
6. Le point G est le projeté orthogonal de C sur (AF).
Déterminer la distance CG.

120 On considère le cercle $\mathscr{C}$ de centre $A(2;3)$ et de rayon 5.
On s'intéresse aux points d'intersection de $\mathscr{C}$ avec les axes de coordonnées.

1. a. Soit un point $M(x;0)$ sur l'axe des abscisses.
Justifier que M appartient à $\mathscr{C}$ si, et seulement si :
$$(x-2)^2=16$$
b. Déterminer les points d'intersection de $\mathscr{C}$ avec l'axe des abscisses.
2. a. Soit un point $N(0;y)$ sur l'axe des ordonnées.
Justifier que N appartient à $\mathscr{C}$ si, et seulement si :
$$(y-3)^2=21$$
b. Déterminer les points d'intersection de $\mathscr{C}$ avec l'axe des ordonnées.

121 Soient les points $L(-4;0)$, $E(4;0)$ et $A(2;5)$.

1. Le point $M(x;y)$ est tel que $LM=EM$.
a. Justifier que x est solution de l'équation :
$$(x+4)^2-(x-4)^2=0$$
b. Résoudre cette équation et interpréter le résultat obtenu.
2. Le point $N(x;y)$ est tel que $LN=AN$.
a. Justifier que x est solution de l'équation :
$$(y-5)^2-y^2=(x+4)^2-(x-2)^2$$
b. Exprimer y en fonction de x.
3. Le point $P(x;y)$ est tel que $LP=EP=AP$.
a. À l'aide des réponses précédentes, déterminer les coordonnées du point P.
b. Que représente le point P pour le triangle LEA ?

122 Soient les points $A(0;5)$, $N(0;-1)$ et $E(7;0)$.

1. $M(x;y)$ est un point tel que $MA=MN$; déterminer son ordonnée.
2. $P(x;y)$ est un point tel que $NP=EP$; exprimer y en fonction de x.
3. Déterminer les coordonnées du point Q, centre du cercle circonscrit du triangle ANE.
4. En déduire la valeur exacte du rayon du cercle circonscrit du triangle ANE.

3 Colinéarité et déterminant

Pour les exercices 123 à 142, on se place dans un repère orthonormé $(O;\vec{i};\vec{j})$.

Pour les exercices 123 et 124, déterminer le réel t tel que les vecteurs soient colinéaires.

123 **1.** $\overrightarrow{CH}\begin{pmatrix}-9\\5\end{pmatrix};\overrightarrow{AT}\begin{pmatrix}3\\t\end{pmatrix}$ **2.** $\overrightarrow{LO}\begin{pmatrix}3-t\\8\end{pmatrix};\overrightarrow{UP}\begin{pmatrix}10\\16\end{pmatrix}$

3. $\overrightarrow{DA}\begin{pmatrix}t-5\\t+3\end{pmatrix};\overrightarrow{IM}\begin{pmatrix}5\\4\end{pmatrix}$

4. $\overrightarrow{PA}\begin{pmatrix}3\\1+\sqrt{5}\end{pmatrix};\overrightarrow{ON}\begin{pmatrix}1-\sqrt{5}\\t\end{pmatrix}$

124 **1.** $\overrightarrow{VE}\begin{pmatrix}\frac{4}{3}\\-\frac{1}{8}\end{pmatrix};\overrightarrow{RT}\begin{pmatrix}\frac{64}{5}\\t\end{pmatrix}$

2. $\overrightarrow{BL}\begin{pmatrix}-\frac{1}{3}\\\frac{2}{7}\end{pmatrix};\overrightarrow{EU}\begin{pmatrix}t\\\frac{4}{5}\end{pmatrix}$

3. $\overrightarrow{RO}\begin{pmatrix}t-\frac{1}{3}\\\frac{3}{7}\end{pmatrix};\overrightarrow{SE}\begin{pmatrix}t+\frac{4}{5}\\\frac{2}{7}\end{pmatrix}$

4. $\overrightarrow{GR}\begin{pmatrix}t+\sqrt{3}\\-6\end{pmatrix};\overrightarrow{IS}\begin{pmatrix}\frac{1}{2}\\t-\sqrt{3}\end{pmatrix}$

Pour les exercices 125 et 126, déterminer le réel t tel que les droites (AB) et (CD) soient parallèles.

125 **1.** $A(-3;2)$; $B(4;4)$; $C(-1;-3)$; $D(13;t)$
2. $A(2;5)$; $B(10;1)$; $C(-2;5)$; $D(t;-3)$
3. $A(2;4)$; $B(12;t)$; $C(-2;3)$; $D(18;t)$

126 **1.** $A(-1;4)$; $B(-3;1)$; $C(-2;1)$; $D(6;t)$
2. $A(4;-1)$; $B(-3;1)$; $C(-2;t)$; $D(3;3)$
3. $A(-5;-5)$; $B(3;2)$; $C(-4;3)$; $D(t;5)$

Pour les exercices 127 et 128, déterminer le réel t tel que les points M, N et P soient alignés.

127 **1.** $M(-3;2)$; $N(6;-1)$; $P(t;3)$
2. $M(-3;-1)$; $N(t;5)$; $P(7;4)$
3. $M(-1;3)$; $N(6;5)$; $P(10;t)$

128 **1.** $M(-6;-3)$; $N(-3;-2)$; $P(2;t)$
2. $M(3;-4)$; $N(-3;7)$; $P(t;-12)$
3. $M(8;-2)$; $N(-1;3)$; $P\left(t;\frac{2}{3}\right)$

129 Soient les points $A(10;7)$ et $B(-3;-2)$. On rappelle que le point O est l'origine du repère.
1. Les points B, O et A sont-ils alignés ?
2. Soit le point $L(10;y)$. Déterminer la valeur de y pour que les points B, O et L soient alignés.

130 Soient $A(1;1)$, $B(5;-1)$ et $C(3;5)$.
- M est le milieu de $[BC]$.
- $\overrightarrow{AD}=\frac{3}{2}\overrightarrow{AB}$
- $\overrightarrow{AE}=\frac{3}{4}\overrightarrow{AC}$

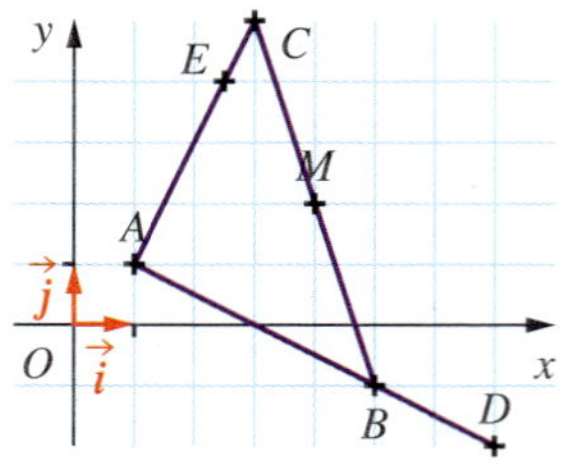

1. Calculer les coordonnées des points M, D et E.
2. Démontrer que les points E, M et D sont alignés.

131 Soient les points $C(-1;-4)$, $H(5;-1)$, $A(5;3)$ et L le milieu du segment $[CA]$.
1. Placer les points C, H, A et L dans le repère, et compléter la figure au fur et à mesure de l'exercice.
2. Calculer les coordonnées de L.
3. Calculer les coordonnées des points E et V définis par : $\overrightarrow{CE}=\frac{5}{3}\overrightarrow{CH}$ et $\overrightarrow{AV}=\frac{2}{3}\overrightarrow{AH}$.
4. Les points L, V et E sont-ils alignés ? Justifier.

132 Soient $A(-3;-2)$, $B(7;3)$ et $C(-2;1)$.
On considère les points M, N et P définis par : $3\overrightarrow{MA}+2\overrightarrow{MB}=\vec{0}$, $3\overrightarrow{NA}-2\overrightarrow{NC}=\vec{0}$ et $\overrightarrow{PB}+\overrightarrow{PC}=\vec{0}$
1. Déterminer les coordonnées des points M, N et P.
2. Démontrer que les points M, N et P sont alignés.

133 PRISE D'INITIATIVES **Points alignés**
On considère les points $A(-27;18)$, $B(-11;9)$, $C(8;-2)$ et $D(15;-6)$.
Parmi les points A, B, C et D lesquels sont alignés ?

Pour les exercices 134 à 136, on admet que l'aire d'un triangle ABC est égale à $\frac{1}{2}\left|\det\left(\overrightarrow{AB};\overrightarrow{AC}\right)\right|$. Utiliser cette formule pour calculer l'aire des triangles.

134 $A(-3;2)$, $B(1;-1)$ et $C(-3;5)$.

135 $A(0;-1)$, $B(2;1)$ et $C(-2;3)$.

136 $A(-3;1)$, $B(-2;4)$ et $C(1;-2)$.

137 PYTHON **1.** Compléter le programme Python ci-dessous afin que :

• la fonction det renvoie $\det(\vec{u}\,;\vec{v})$ avec $\vec{u}\begin{pmatrix} xu \\ yu \end{pmatrix}$ et $\vec{v}\begin{pmatrix} xv \\ yv \end{pmatrix}$;

• la fonction aireT renvoie l'aire du triangle ABC avec $A(x_A\,;y_A)$, $B(x_B\,;y_B)$ et $C(x_C\,;y_C)$.

xAB est l'abscisse du vecteur $\overrightarrow{AB}$, les autres noms de variable suivent la même logique.

```
def det(xu,yu,xv,yv):
    return ...

def aireT(xa,ya,xb,yb,xc,yc):
    xAB = xb - xa
    yAB = ...
    xAC = ...
    yAC = ...
    aire = abs(det(xAB, yAB, xAC, yAC)) / 2
    return ...
```

2. Répondre aux questions des exercices **134** à **136** à l'aide de la fonction aireT de ce programme (par exemple, pour l'exercice **134** il faut demander aireT(-3,2,1,-1,-3,5)).

138 **Vrai ou faux ?** LOGIQUE Compétence Raisonner

Pour chaque affirmation suivante, préciser si elle est vraie ou fausse.

1. Pour tous vecteurs $\vec{u}$ et $\vec{v}$, $\det(\vec{u},\vec{v}) = \det(\vec{v},\vec{u})$.

2. Pour tous vecteurs $\vec{u}$ et $\vec{v}$, $\det(2\vec{u},\vec{v}) = 2\det(\vec{u},\vec{v})$.

3. Pour tous vecteurs $\vec{u}$ et $\vec{v}$ et tout réel k :

$$\det(\vec{u},k\vec{v}) = k\det(\vec{u},\vec{v})$$

4. Pour tous vecteurs $\vec{u}$, $\vec{v}$ et $\vec{w}$:

$$\det(\vec{u}+\vec{v},\vec{w}) = \det(\vec{u},\vec{w}) + \det(\vec{v},\vec{w})$$

139 On considère la figure suivante où les points sont à coordonnées entières.

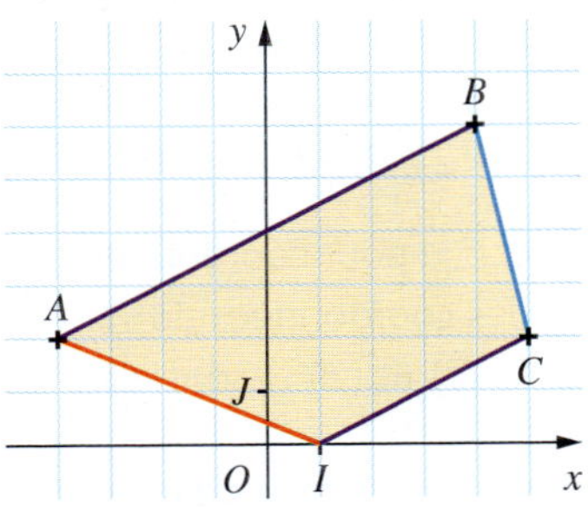

1. a. Quelle semble être la position relative des droites (AB) et (IC) ?

b. Calculer le déterminant des vecteurs $\overrightarrow{AB}$ et $\overrightarrow{IC}$.

c. En déduire la position relative des droites (AB) et (IC).

2. En s'aidant du quadrillage et de triangles rectangles bien choisis, calculer l'aire du quadrilatère $ABCI$.

3. a. Soit $\mathcal{A}_1 = \left|\det\left(\overrightarrow{AI}\,;\overrightarrow{AB}\right)\right|$ et $\mathcal{A}_2 = \left|\det\left(\overrightarrow{CI}\,;\overrightarrow{CB}\right)\right|$.

Calculer $\mathcal{A} = \dfrac{1}{2}(\mathcal{A}_1 + \mathcal{A}_2)$.

b. Comparer $\mathcal{A}$ et l'aire calculée à la question **2.**

140 Soient les points $S(1;-3)$, $T(5;-3)$ et $F(5;1)$.

1. Calculer les coordonnées du point E telles que $STEF$ soit un parallélogramme.

2. Calculer les coordonnées des vecteurs $\overrightarrow{ST}$ et $\overrightarrow{SF}$.

3. Calculer les valeurs exactes des distances ST, TF et SF. En déduire la nature du triangle STF.

4. Calculer l'aire du parallélogramme $STEF$ après avoir justifié que TF est sa hauteur.

5. On peut montrer que l'aire du parallélogramme $STEF$ est la valeur absolue du déterminant des vecteurs $\overrightarrow{ST}$ et $\overrightarrow{SE}$. Vérifier que ce calcul donne l'aire du parallélogramme.

141 Soit un triangle quelconque CUB défini par $C(-1;0)$, $U(1;0)$ et $B(x\,;y)$, avec x et y réels.

1. Vérifier que O est le milieu du segment $[CU]$.

2. Déterminer les coordonnées de R, milieu du segment $[BU]$ et de E, milieu du segment $[BC]$ en fonction de x et y.

3. Déterminer, en fonction de x et y, les coordonnées du point S défini par $\overrightarrow{OS} = \dfrac{1}{3}\overrightarrow{OB}$.

4. Justifier que :

$$\det\left(\overrightarrow{CR}\,;\overrightarrow{CS}\right) = \left(\frac{x}{2}+\frac{3}{2}\right)\times\frac{y}{3} - \frac{y}{2}\left(\frac{x}{3}+1\right)$$

5. Calculer $\det\left(\overrightarrow{CR}\,;\overrightarrow{CS}\right)$ et interpréter le résultat.

6. Démontrer que les points U, S et E sont alignés.

7. Préciser ce que représentent les droites (CR), (UE) et (BO) pour le triangle CUB, puis énoncer le théorème démontré dans cet exercice.

142 PRISE D'INITIATIVES Compétence Modéliser

Dans le repère orthonormé d'origine A ci-dessous, $ABCD$ est un rectangle tel que $AB = 10$ et $AD = 4$.

Pour tout point M du segment $[AB]$, on note M' le point d'intersection du segment $[CD]$ et de la parallèle à (AD) passant par M.

Pour tout point N du segment $[AD]$, on note N' le point d'intersection du segment $[BC]$ et de la parallèle à (AB) passant par N.

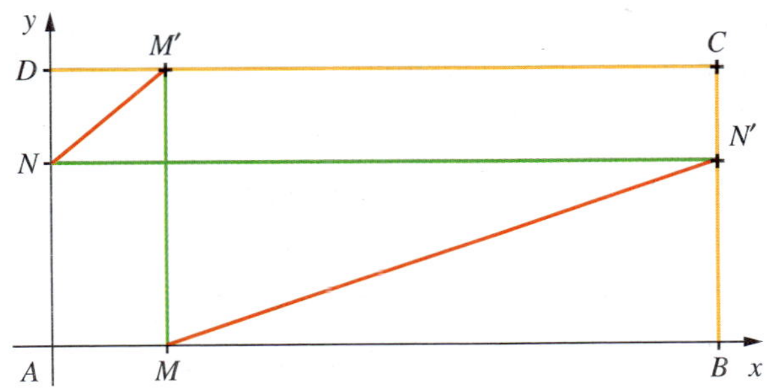

On note x l'abscisse de M et y l'ordonnée de N.

À quelle condition, sur les nombres x et y, les droites (MN') et $(M'N)$ sont-elles parallèles ?

BILAN

143 30min Vrai ou faux ?

Soient les points $A(-4;-1)$, $B(-1;-3)$, $C(4;2)$, $D(1;4)$, $E(-5;2)$ et $F(7;6)$ dans un repère orthonormé $(O;\vec{i};\vec{j})$.

Indiquer si les affirmations suivantes sont vraies ou fausses. Justifier.

1. Le quadrilatère $ABCD$ est un parallélogramme.
2. Les coordonnées du point d'intersection des diagonales du quadrilatère $ABCD$ sont $\left(\frac{1}{2};0\right)$.
3. Le triangle ADE est rectangle en E.
4. Les points A, D, F sont alignés.
5. Le point G tel que $\overrightarrow{AG}=\frac{2}{3}\overrightarrow{AE}$ a pour coordonnées :

$$G\left(\frac{2}{3};2\right)$$

144 25min Points sur une courbe

Dans le repère orthogonal représenté ci-dessous, soit $\mathscr{C}$ la courbe de la fonction carré et les points A, B et C de $\mathscr{C}$ d'abscisses respectives –1, 2 et 3.

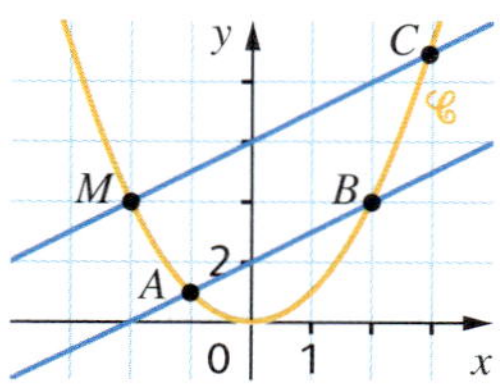

1. Quelles sont les coordonnées des points A, B et C ?
2. On cherche un point M de la courbe $\mathscr{C}$, distinct de C, tel que les droites (AB) et (MC) soient parallèles.
   a. Soit x l'abscisse de M. Quelle est son ordonnée ?
   b. En déduire que les coordonnées du vecteur $\overrightarrow{MC}$ sont $(3-x;9-x^2)$.
   c. Montrer que $\det(\overrightarrow{AB},\overrightarrow{MC})=3(3-x)(2+x)$.
   d. En déduire les coordonnées de M telles que les droites (AB) et (MC) soient parallèles.

145 30min Cercle circonscrit à un triangle

On considère les points $A(-2;-1)$, $B(6;-3)$ et $C(1;2)$ dans un repère orthonormé.

1. Calculer les longueurs AB, AC et BC.
2. a. Quelle est la nature du triangle ABC ?
   b. En déduire les coordonnées de D, le centre du cercle $\mathscr{C}$ circonscrit au triangle ABC.
3. On souhaite chercher tous les points d'abscisse 6 appartenant à $\mathscr{C}$.
   On note $E(6;y_E)$ un tel point, où y_E est un réel.
   a. Donner l'expression du vecteur $\overrightarrow{DE}$ puis de DE^2.
   b. Montrer que y_E doit vérifier $(y_E+2)^2=1$.
   c. Déterminer les deux valeurs possibles de y_E.

146 30min Calcul d'une aire

Dans un repère orthonormé $(O;\vec{i};\vec{j})$, soient les points $A(-4;2)$, $B(4;-6)$, $C(6;4)$, $D(3;1)$ et $E(0;-2)$.

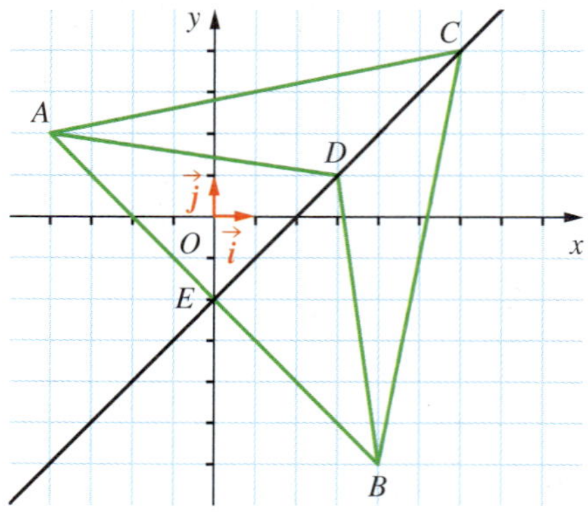

1. Montrer que le point D appartient à la médiatrice du segment $[AB]$.
2. Déterminer la nature du triangle ABC.
3. En déduire que (AB) et (CD) sont perpendiculaires.
4. Le point D est-il le milieu du segment $[CE]$?
5. Calculer l'aire du triangle ABC.

147 30min Deux méthodes

Soient ABC un triangle et D et E les points définis par $\overrightarrow{AD}=-\frac{1}{3}\overrightarrow{AC}$ et $\overrightarrow{CE}=\overrightarrow{CB}+\frac{4}{3}\overrightarrow{BA}$.

Partie A. Sans repère

1. Montrer que $\overrightarrow{AE}=-\frac{1}{3}\overrightarrow{AB}$.
2. a. Justifier que $\overrightarrow{DE}$ et $\overrightarrow{BC}$ sont colinéaires.
   b. En déduire la position relative des droites (DE) et (BC).

Partie B. Avec coordonnées

On donne les coordonnées des points A, B et C :

$$A(-3;2), B(-2;-1) \text{ et } C(3;2)$$

1. Montrer que E a pour coordonnées $\left(-\frac{10}{3};3\right)$.
2. Déterminer les coordonnées de D.
3. Les droites (DE) et (BC) sont-elles sécantes ?

148 20min Encore le centre de gravité

Soit ABC un triangle. On nomme A', B' et C' les milieux respectifs des côtés $[BC]$, $[AC]$ et $[AB]$.

1. Démontrer que, quel que soit le point M du plan, on a $\overrightarrow{MA}+\overrightarrow{MB}=2\overrightarrow{MC'}$.
2. On appelle G le point du plan défini par l'égalité vectorielle $\overrightarrow{GA}+\overrightarrow{GB}+\overrightarrow{GC}=\vec{0}$.
   a. Démontrer que $\overrightarrow{GC}=-2\overrightarrow{GC'}$ et que $\overrightarrow{CG}=\frac{2}{3}\overrightarrow{CC'}$.
   b. Que peut-on en déduire pour les points C, G et C' ?
3. De même, que peut-on démontrer pour A, G et A' d'une part, pour B, G et B' d'autre part ? Que représente le point G pour le triangle ABC ?

149 25 min **Création d'un repère**

On considère le rectangle $HERA$ ainsi que M et S les milieux respectifs des segments $[AR]$ et $[AH]$. On note C, le point d'intersection de (HM) et de (SR).

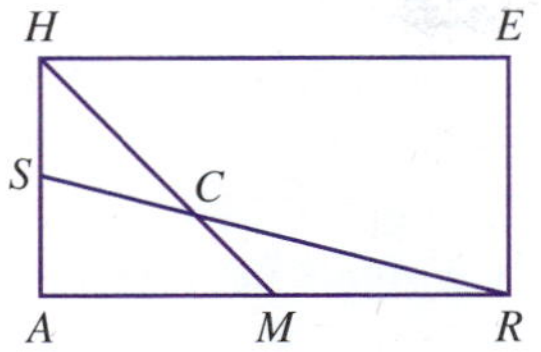

On munit le plan du repère orthogonal $\left(A;\overrightarrow{AR},\overrightarrow{AH}\right)$.

1. Donner les coordonnées des points A, M, R, S et H dans ce repère.

2. On note $(x;y)$ les coordonnées du point C.

a. Calculer les coordonnées du vecteur $\overrightarrow{HM}$ et exprimer les coordonnées du vecteur $\overrightarrow{HC}$ en fonction de x et de y.

b. En utilisant l'égalité $\det\left(\overrightarrow{HC},\overrightarrow{HM}\right)=0$, montrer que :

$$y=-2x+1$$

c. À l'aide des vecteurs $\overrightarrow{SC}$ et $\overrightarrow{SR}$, obtenir une autre relation entre x et y.

d. Déterminer les coordonnées du point C.

3. Les points A, C et E sont-ils alignés ?

150 5 min **Parallèles ou pas ?**

Dans un repère orthonormé, on donne les points $A(2;0)$, $B(0;5)$, $C(80;20)$ et $D(0;222)$.

Les droites (AB) et (CD) sont-elles parallèles ?

151 25 min **Méthode libre**

On considère le parallélogramme $ABCD$ et les points E et F définis par :

$$\overrightarrow{AE}=\frac{1}{3}\overrightarrow{AB} \text{ et } \overrightarrow{AF}=\overrightarrow{AD}+\frac{3}{4}\overrightarrow{DE}$$

Les points A, F et C sont-ils alignés ?

152 15 min **Problème ouvert**

La figure ci-dessous est dessinée à main levée.

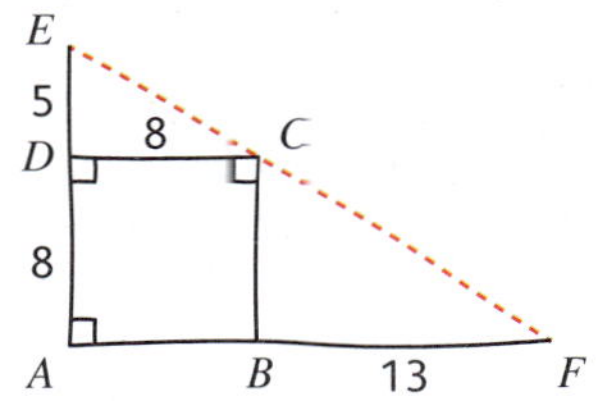

Les points A, D, E et A, B, F sont alignés. De plus, le quadrilatère $ABCD$ est un carré.

Les points E, C et F sont-ils alignés ?

APPROFONDISSEMENT

153 **Parallélogramme de Varignon**

On considère un quadrilatère quelconque $ABCD$. On note I, J, K et L les milieux respectifs des segments $[AB]$, $[BC]$, $[CD]$ et $[DA]$.

On souhaite montrer que le quadrilatère $IJKL$ est un parallélogramme.

Partie A. Sans coordonnées

1. Faire une figure.

2. Montrer que $\overrightarrow{DB}=2\overrightarrow{LI}$. On pourra utiliser la relation de Chasles en intercalant le point A.

3. De même, exprimer $\overrightarrow{DB}$ en fonction du vecteur $\overrightarrow{KJ}$.

4. Montrer que $IJKL$ est un parallélogramme.

Partie B. Avec coordonnées

On considère les points $A(x_A;y_A)$, $B(x_B;y_B)$, $C(x_C;y_C)$ et $D(x_D;y_D)$ dans un repère $\left(O;\vec{i};\vec{j}\right)$.

1. Exprimer les coordonnées des points L et I en fonction des coordonnées des points A, B et D.

2. En déduire que le vecteur $\overrightarrow{LI}$ a pour coordonnées :

$$\begin{pmatrix}\dfrac{x_B-x_D}{2}\\ \dfrac{y_B-y_D}{2}\end{pmatrix}$$

3. De même, exprimer les coordonnées du vecteur $\overrightarrow{KJ}$ en fonction des coordonnées des points B, C et D.

4. Montrer que $IJKL$ est un parallélogramme.

154 **Avec des radicaux**

On considère les points $O(0;0)$, $A(\sqrt{2};0)$, $B(\sqrt{2};1)$ et $C(2;0)$.

1. Déterminer les coordonnées du point I milieu du segment $[OA]$.

2. Soit D un point de la droite passant par I et parallèle à l'axe des ordonnées. Que peut-on affirmer pour l'une de ses coordonnées ?

3. On admet que le point D a pour coordonnées :

$$\left(\frac{\sqrt{2}}{2};y_D\right)$$

a. Montrer que le vecteur $\overrightarrow{DB}$ a pour coordonnées :

$$\begin{pmatrix}\dfrac{\sqrt{2}}{2}\\ 1-y_D\end{pmatrix}$$

b. En déduire que $\det\left(\overrightarrow{DB},\overrightarrow{BC}\right)=\frac{\sqrt{2}}{2}-2+y_D\left(2-\sqrt{2}\right)$.

c. Déterminer alors les coordonnées du point D pour que les points D, B et C soient alignés.

155 $ABCD$ est un parallélogramme. On appelle I le milieu de $[AB]$, J le milieu de $[CD]$, M le point d'intersection de (DI) et (AJ) et N celui de (CI) et (BJ). Démontrer que $IMJN$ est un parallélogramme.

156 Compétence Calculer

Puissance d'un point par rapport à un cercle

Dans un repère orthonormé, on considère les points $O(4;4)$, $A(-1;4)$, $B(8;7)$, $C(0;1)$, $D(7;0)$, $T(1;8)$ et $M(-7;2)$.

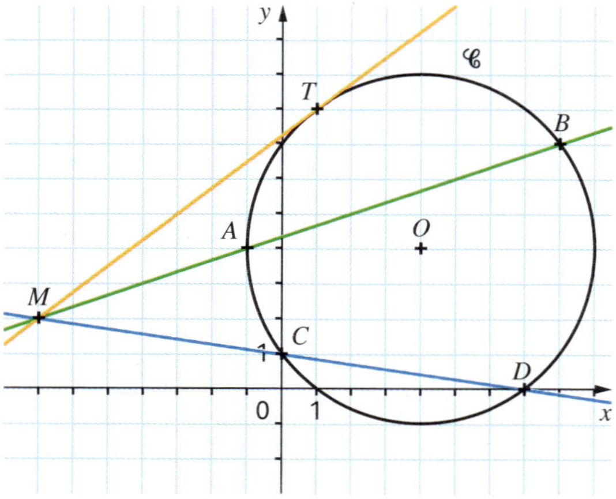

1. Justifier que les points A, B, C, D et T appartiennent à un même cercle $\mathscr{C}$ de centre O.

2. Les points M, A et B sont-ils alignés ?

3. Les points M, C et D sont-ils alignés ?

4. Comparer les produits :

$$MA \times MB \text{ et } MC \times MD \text{ et } MT^2$$

Rappel

La valeur commune des produits trouvée en **4.** est indépendante de la direction de la droite sécante au cercle. Elle ne dépend que du point M. Cette valeur est appelée la **puissance du point M par rapport à ce cercle**.

157 PYTHON **Théorème de Ptolémée**

On munit le plan d'un repère orthonormé $(O;I;J)$ et on place les points A, B, C, D et E à coordonnées entières pour former le quadrilatère $ABCD$ ci-dessous.

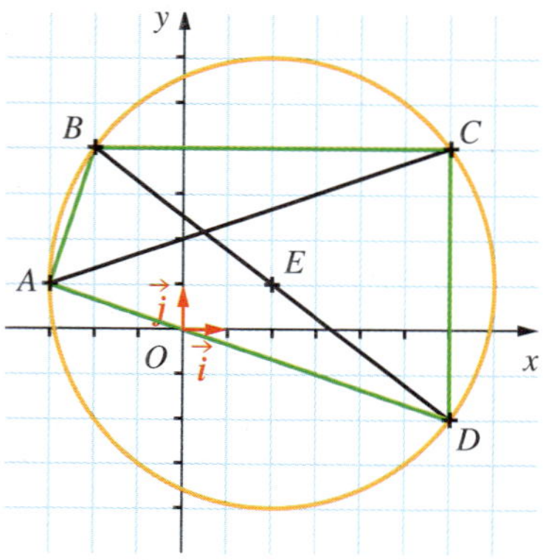

1. a. Sans calculer, déterminer graphiquement les longueurs BC et DC.

b. Calculer les longueurs AB et BD.

c. On admet que $AD = 3\sqrt{10}$ et $AC = 3\sqrt{10}$.
Vérifier que $AC \times BD = AB \times CD + BC \times AD$.

2. Pour déterminer si un quadrilatère est inscriptible dans un cercle, on peut utiliser le théorème de Ptolémée :

> Un quadrilatère (convexe) est inscriptible dans un cercle si, et seulement si, le produit des longueurs des diagonales est égal à la somme des produits des longueurs des côtés opposés.

À l'aide de Python, on souhaite savoir si un quadrilatère est inscriptible dans un cercle.

a. Compléter la fonction écrite en Python qui renvoie la distance entre deux points $A(x_A\,;y_A)$ et $B(x_B\,;y_B)$.

```
from math import sqrt

def dist(xA, yA, xB, yB):
    return sqrt(...)
```

Info

sqrt() est la fonction racine carrée en Python.

b. On complète le programme par la fonction suivante.

```
def inscrit(x1, y1, x2, y2, x3, y3, x4, y4):
    prodDiag=dist(x1,y1,x3,y3)*dist(x2,y2,x4,y4)
    prodCote1=dist(x1,y1,x2,y2)*dist(x3,y3,x4,y4)
    prodCote2=dist(x2,y2,x3,y3)*dist(x1,y1,x4,y4)
    if prodCote1+prodCote2==prodDiag:
        print("Quadrilatère inscriptible")
    else:
        print("Quadrilatère non inscriptible")
```

Quel sera l'effet de l'appel à la fonction suivante ?

```
inscrit(-3,1,-2,4,6,4,6,-2)
```

158 PRISE D'INITIATIVES

Dans un repère orthonormé d'origine O, on considère les points $A(4;0)$ et $B(0;3)$.
Pour tout point M du segment $[AB]$, on note P et Q les projetés orthogonaux de M respectivement sur l'axe des abscisses et l'axe des ordonnées.

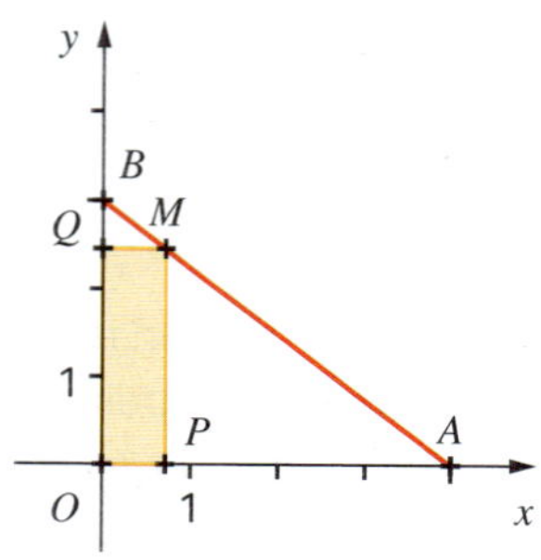

1. Déterminer les coordonnées du point M pour que le rectangle $OPMQ$ soit un carré.

2. On appelle I le centre du rectangle $OPMQ$. Exprimer les coordonnées de I en fonction de celles de M et préciser comment se déplace I quand M varie sur le segment $[AB]$.

exercices Accompagnement personnalisé

Maîtriser l'essentiel

159 Compréhension d'énoncé

On considère l'énoncé d'exercice suivant.

Dans le plan muni d'un repère orthonormé, on considère les points $A(-4;5)$, $B(2;3)$, $C(4;-3)$ et $D(-2;-1)$.

I. a. Déterminer les coordonnées des milieux des segments $[AC]$ et $[BD]$.

b. Que peut-on en déduire pour le quadrilatère $ABCD$?

II. a. Calculer les valeurs exactes de AB et BC.

b. En déduire la nature du quadrilatère $ABCD$.

Répondre aux questions suivantes.

1. On a surligné certains verbes d'action dans cet énoncé.

a. Que signifient-ils ?

b. Quelle démarche peut-on mettre en œuvre pour répondre à chaque question de l'énoncé ?

2. Résoudre l'exercice proposé.

160 Dans le plan muni d'un repère orthonormé, on considère le cercle $\mathscr{C}$ de centre $I(4;2)$ et de rayon 5.

1. Justifier que les points $A(7;-2)$ et $B(0;-1)$ appartiennent à $\mathscr{C}$.

2. Calculer les coordonnées du point A', symétrique de A par rapport à I.

3. Donner la nature du triangle ABA'.

161 Dans un repère orthonormé, on considère les points :

$$A(5;2) \text{ et } B(3;6)$$

Déterminer les coordonnées du point M dans chacun des cas suivants.

1. $\overrightarrow{AM} = 2\overrightarrow{AB}$ **2.** $\overrightarrow{AM} = \frac{3}{2}\overrightarrow{AB}$

3. $\overrightarrow{AM} = -3\overrightarrow{AB}$ **4.** $2\overrightarrow{AM} + 3\overrightarrow{BM} = \vec{0}$

162 Dans un repère orthonormé, on considère les points :

$$A(-3;6),\ B(7;1),\ C(3;0) \text{ et } D(-1;2)$$

1. a. Calculer les coordonnées des vecteurs $\overrightarrow{AB}$ et $\overrightarrow{CD}$.

b. Calculer le déterminant $\det(\overrightarrow{AB}, \overrightarrow{CD})$.

c. Que peut-on en déduire pour les droites (AB) et (CD) ?

2. Soient le point E tel que $\overrightarrow{BE} = \frac{1}{5}\overrightarrow{BA}$ et F le point de coordonnées $(-27;18)$.

a. Déterminer par calcul les coordonnées du point E.

b. Calculer les coordonnées des vecteurs :

$$\overrightarrow{AE} \text{ et } \overrightarrow{EF}$$

c. Calculer le déterminant $\det(\overrightarrow{AE}, \overrightarrow{EF})$.

d. Que peut-on en déduire pour les points A, E et F ?

Aller plus loin

163 Dans le plan muni d'un repère orthonormé, on définit le cercle $\mathscr{C}$ de centre $J(1;2)$ et de rayon 5.

1. Réaliser une figure et lire, avec la précision permise par le graphique, les coordonnées :

a. des points P et A, intersections du cercle avec l'axe des ordonnées ;

b. des points U et L, intersections du cercle avec l'axe des abscisses.

2. Déterminer les valeurs exactes des coordonnées de ces points à l'aide d'un calcul.

Aides

- Si un point est sur un des axes du repère, une de ses coordonnées est nulle.
- Revoir la méthode de résolution d'une équation de la forme $x^2 = a$.

164 Dans le plan muni d'un repère orthonormé, on définit les points $S(-3;1)$, $A(-2,2)$, $I(1;1)$ et $N(2-1)$.

1. Démontrer que les droites (SA) et (IN) sont sécantes.

2. Soit $P(x;y)$ le point d'intersection des droites (SA) et (IN).

a. En utilisant le fait que le point P appartient à la droite (SA), justifier que ses coordonnées vérifient l'équation : $y - x = 4$.

b. Justifier que les coordonnées de P doivent aussi vérifier l'équation : $y + 2x = 3$.

c. Déterminer les coordonnées exactes du point P.

165 PRISE D'INITIATIVES

Dans un repère orthonormé, on considère l'hyperbole $\mathscr{H}$ d'équation $y = \frac{1}{x}$ et quatre points distincts A, B, C et D sur $\mathscr{H}$, d'abscisses respectives a, b, c et d strictement positives.

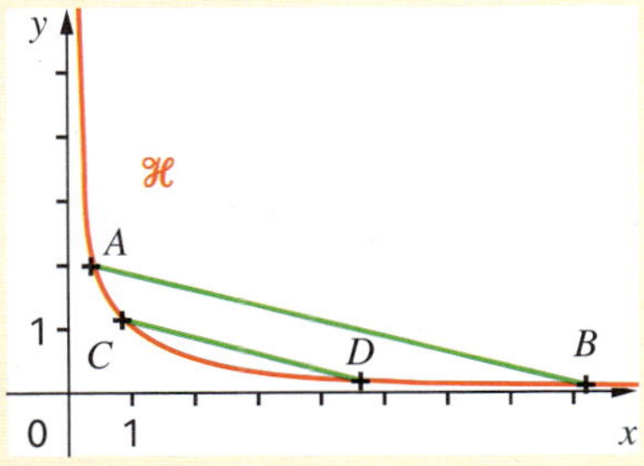

À quelle condition sur les réels a, b, c et d, les cordes $[AB]$ et $[CD]$ sont-elles parallèles ?

COUP DE POUCE
hachette-clic.fr/25de2056

Diagramme de Voronoï

Lorsqu'un conducteur tombe en panne, quel dépanneur est le plus proche ?
Lorsqu'on souhaite ouvrir un nouveau restaurant de façon à être implanté le plus loin possible de ses concurrents, quel endroit doit-on choisir ?
Ces deux problèmes font appel à un régionnement du plan en zones, appelé diagramme de Voronoï.
Un **diagramme de Voronoï** est un découpage du plan en parties, appelées *cellules*, à partir d'un ensemble de points appelés *germes*.
Chaque cellule est associée à un germe. Elle est formée de l'ensemble des points du plan **plus proches de ce germe que des autres germes.**
L'objectif de ce TP est de découper en diagramme de Voronoï l'intérieur du rectangle $EFGH$ tracé dans le repère orthonormé ci-contre.

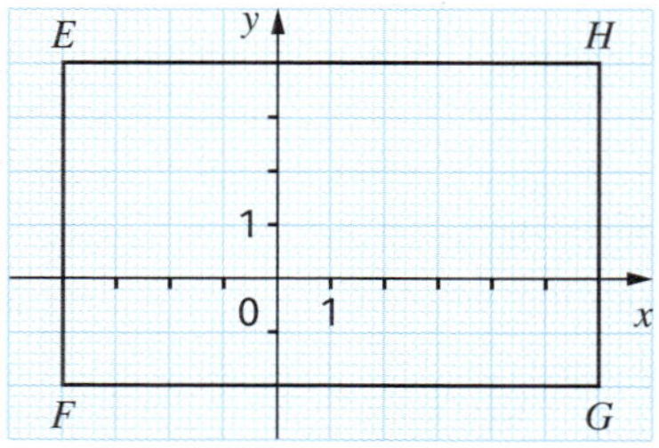

Objectif PYTHON
Manipuler des fonctions, des boucles *Tant que* et l'instruction *Si*.

Info
Les diagrammes de Voronoï sont présents dans la nature.
L'exemple le plus connu est celui du pelage d'une girafe.

Partie A Mise en place du graphique et étude de deux germes

On choisit les germes $A(-3;1)$ et $B(0;3)$.

1. Mettre en place la fenêtre graphique à l'aide des instructions suivantes.

```
from pylab import*
axis([-4,6,-2,4])
```

2. On choisit de créer un point $M(x;y)$ qui balaye l'intérieur du rectangle $EFGH$ de haut en bas et de gauche à droite, par pas de 0,1 et de l'afficher en rouge s'il est plus proche de A, ou en vert s'il est plus proche de B.

a. On considère la fonction carré_A suivante.

Langage naturel

```
Fonction carré_A(x,y)
    Retourner (x+3)^2+(y-1)^2
Fin Fonction
```

Que permet de faire cette fonction ? La programmer en Python.

b. Créer une fonction carré_B qui prend en argument les coordonnées de M et qui renvoie la valeur de BM^2.

c. On propose la fonction parcours suivante, traduite en langage Python.

```
def parcours():
    x=-4
    while x<=6:
        y=4
        while y>=-2:
            if carré_A(x,y)<carré_B(x,y):
                plot(x,y,'.',color='red')
            else:
                plot(x,y,'.',color='green')
            y=y-0.1
        x=x+0.1
```

Expliquer le fonctionnement de cette fonction.

3. Programmer, exécuter la fonction parcours et afficher la fenêtre graphique.

```
parcours()
plot(-3,1,'+',color='black')
plot(0,3,'+',color='black')
axis('equal')
show()
```

4. Expliquer le diagramme de Voronoï obtenu à l'aide d'arguments géométriques.

Partie B Avec davantage de germes

1. En s'aidant de la démarche précédente, obtenir les diagrammes de Voronoï ci-contre lorsque :

a. on considère les trois germes $A(-3;1)$, $B(0;3)$ et $C(3;2)$;

b. on considère les quatre germes $A(-3;1)$, $B(0;3)$, $C(3;2)$ et $D(-1;-1)$.

2. Expliquer la construction géométrique de ces diagrammes.

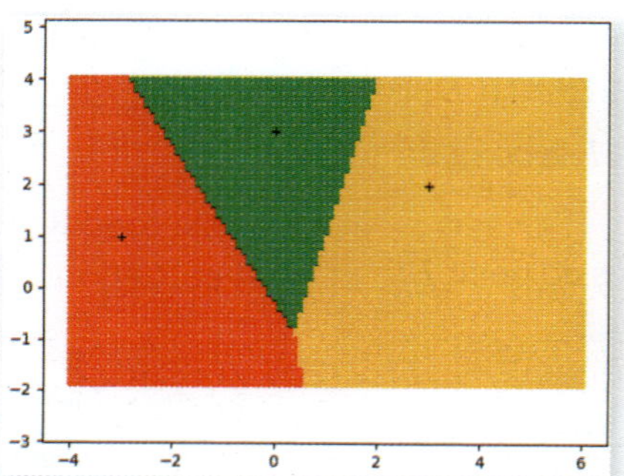

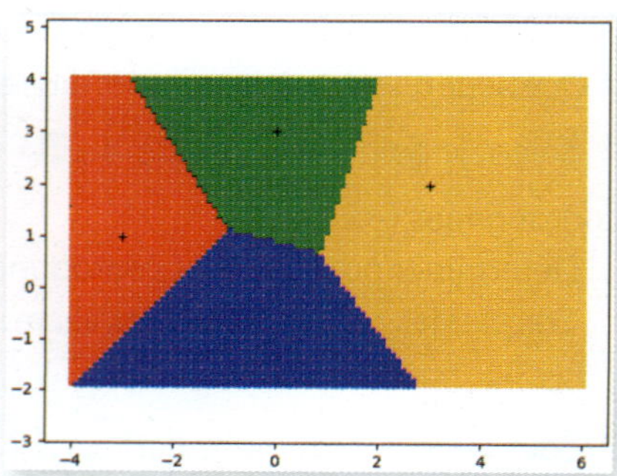

TP Utiliser les outils numériques

LOGICIEL GÉOMÉTRIE

Approche géométrique de la parabole

On considère une droite d donnée et un point A qui n'appartient pas à cette droite. On cherche à déterminer l'ensemble des points M du plan tels que la distance AM soit égale à la distance du point M à la droite d, autrement dit : le point M est équidistant du point A et de la droite d.

Objectif
Déterminer un ensemble de points.

Partie A Comprendre le problème

1. Déterminer l'ensemble des points M situés à 4 cm du point A.

2. La distance d'un point M à une droite d est la distance MH où H est le projeté orthogonal de M sur d. Déterminer l'ensemble des points M situés à 4 cm de la droite d.

3. a. Expliquer pourquoi les deux figures ci-contre représentent des constructions permettant de chercher des points M équidistants du point A et de la droite d.

b. Pour chacune de ces deux figures, donner le nombre de points M solution du problème.

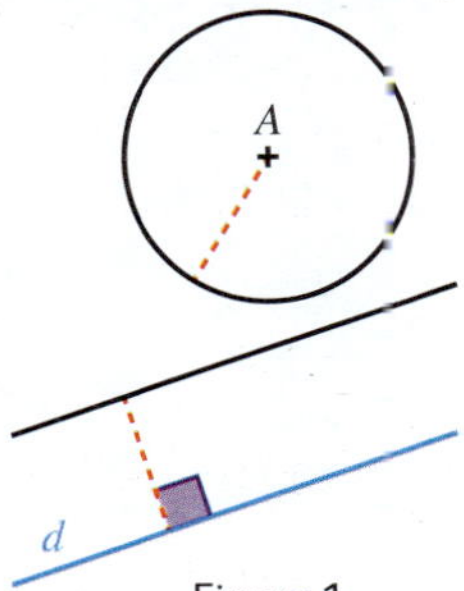

Figure 1

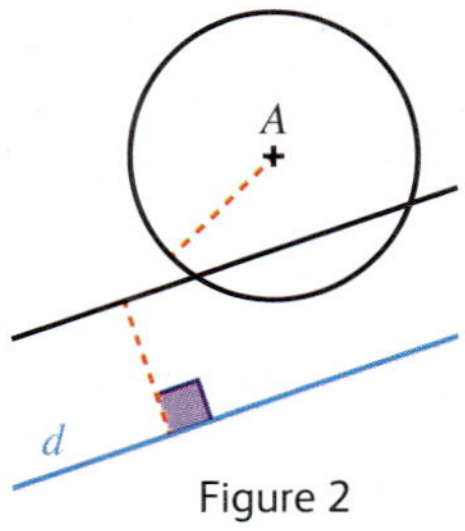

Figure 2

Partie B La parabole avec un logiciel de géométrie dynamique

1. Ouvrir un logiciel de géométrie dynamique et créer une droite d et un point A qui n'appartient pas à d.

2. Créer l'objet *parabole* en choisissant de la définir grâce au point A et à la droite d.

3. Choisir un point M appartenant à la parabole tracée. Afficher la distance AM et la distance de M à la droite d. Faire varier M sur la courbe tracée. Que semble-t-on pouvoir constater ?

Partie C Solution géométrique

Sur une feuille, tracer une droite d et un point A qui n'appartient pas à d.

1. Construire un cercle de centre A et de rayon 1 cm et tracer les parallèles à la droite d distantes de 1 cm. S'il existe des points M équidistants du point A et de la droite d : placer ces points.

2. Changer de couleur de crayon (pour mieux se repérer) et reprendre la question précédente avec un cercle de rayon 2 cm et des parallèles à la droite d distantes de 2 cm.

3. Réitérer le procédé une dizaine de fois, puis relier souplement les points M entre eux : la courbe obtenue est l'ensemble des points équidistants du point A et de la droite d !

Partie D Solution algébrique

On construit le repère orthonormé : la droite d est l'axe des abscisses et l'axe des ordonnées est la perpendiculaire à d passant par A. L'intersection des axes est le point O et on choisit comme unité la distance OA, donc le point A a pour coordonnées $(0;1)$.

Soit $M(x;y)$ un point quelconque du plan.

1. Donner l'expression du carré de la distance AM en fonction de x et y.

2. Soit H le projeté orthogonal de M sur l'axe des abscisses. Donner les coordonnées de H, puis l'expression du carré de la distance MH en fonction de x et de y.

3. Les distances étant positives, on a donc $MH = AM \Leftrightarrow MH^2 = AM^2$. En déduire l'expression de y en fonction de x.

4. Dans un logiciel de géométrie :

a. placer le point A et tracer la fonction obtenue à la question précédente

b. vérifier que tout point M de la courbe est équidistant de l'axe des abscisses et du point A.

CHAPITRE

7 Droites du plan et systèmes

Les capacités du chapitre

- CAPACITÉ 1 : Déterminer une équation de droite
- CAPACITÉ 2 : À partir d'une équation, déterminer un vecteur directeur, un coefficient directeur, tracer une droite
- CAPACITÉ 3 : Étudier la position relative de deux droites, déterminer le point d'intersection de deux droites sécantes

Au fil du temps

Ce chapitre traite de la géométrie plane repérée, c'est-à-dire pour laquelle on choisit un repère. Cette approche de la géométrie est aussi appelée cartésienne, du nom de René Descartes qui en a posé les bases en 1637 dans la partie « Géométrie » de son célèbre *Discours de la méthode*. Grâce aux méthodes cartésiennes, on peut résoudre des problèmes de géométrie avec une approche calculatoire. D'après Joseph Louis Lagrange : « Tant que l'algèbre et la géométrie ont été séparées, leurs progrès furent lents et leurs usages bornés ; mais lorsque ces deux sciences furent réunies, elles se sont prêtées des forces mutuelles et ont marché ensemble d'un pas rapide vers la perfection. » (1795).

Des maths partout !

La « ligne droite » est une configuration privilégiée dans de nombreux ouvrages en tant que plus court chemin entre deux points. Ici, une longue ligne droite sur le « canal du Midi », qui relie Toulouse à la mer Méditerranée depuis le XVIIe siècle.

Canal du Midi, près de Carcassonne.

RESSOURCES DU CHAPITRE
hachette-clic.fr/25de2057

Partir d'un bon pied

A Diaporama pour tester les bases

ACTIVITÉS MENTALES RAPIDES

B Images et antécédents par une fonction affine

Soit f la fonction affine définie par $f(x)=-2x+1$.

1. Calculer les images par f des nombres -10 ; 0 et $\frac{1}{7}$.

2. Calculer les antécédents par f des nombres -1 ; 7 et $\frac{2}{9}$.

C Représentation graphique d'une fonction affine

Dans le repère ci-contre, quatre droites sont tracées, notées respectivement d_1 ; d_2 ; d_3 et d_4. On considère également quatre fonctions affines f_1 ; f_2 ; f_3 et f_4 définies respectivement par :

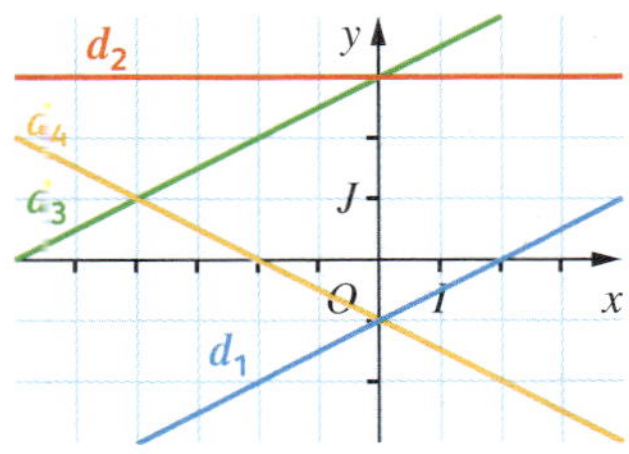

$f_1(x)=\frac{1}{2}x+3$ • $f_2(x)=-\frac{1}{2}x-1$ • $f_3(x)=\frac{1}{2}x-1$ • $f_4(x)=3$

Associer chaque fonction à la droite qui la représente graphiquement. Justifier.

D Coordonnées de vecteurs

Lire les coordonnées dans le repère $\left(O;\vec{i};\vec{j}\right)$ de tous les vecteurs représentés ci-contre.

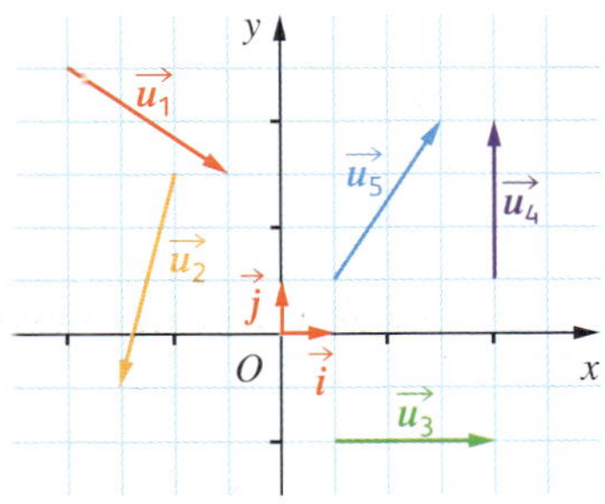

E Vecteurs colinéaires

Dans chacun des cas suivants, préciser si les vecteurs $\vec{u}$ et $\vec{v}$ sont colinéaires. Justifier.

1. $\vec{u}\begin{pmatrix}2\\-3\end{pmatrix}$ et $\vec{v}\begin{pmatrix}-4\\6\end{pmatrix}$

2. $\vec{u}\begin{pmatrix}3\\9\end{pmatrix}$ et $\vec{v}\begin{pmatrix}-2\\6\end{pmatrix}$

3. $\vec{u}\begin{pmatrix}\frac{2}{5}\\4\end{pmatrix}$ et $\vec{v}\begin{pmatrix}\frac{1}{8}\\\frac{5}{4}\end{pmatrix}$

4. $\vec{u}\begin{pmatrix}2\sqrt{2}\\4\end{pmatrix}$ et $\vec{v}\begin{pmatrix}\sqrt{3}\\\sqrt{6}\end{pmatrix}$

F Alignement de trois points

Dans un repère orthonormé $\left(O;\vec{i};\vec{j}\right)$ du plan, on considère les points $A(1;3)$; $B(-4;1)$; $C(4;-3)$ et $D(-4;-17)$.

1. Calculer les coordonnées du point M milieu du segment $[BC]$.

2. Calculer les coordonnées des vecteurs $\overrightarrow{AM}$ et $\overrightarrow{AD}$.

3. a. Les vecteurs $\overrightarrow{AM}$ et $\overrightarrow{AD}$ sont-ils colinéaires ?

b. Que peut-on dire des points A, M et D ?

Automatismes

Automatismes transversaux

Pour les exercices 1 à 3, résoudre dans $\mathbb{R}$ les équations.

1 1. $-5x+7=3x-1$ 2. $\frac{1}{3}x-\frac{3}{5}=\frac{5}{6}x+1$

2 1. $-4x=0$ 2. $(-x+2)(8x+1)=0$

3 1. $-4x^2+3x=0$ 2. $3x^2+4=x^2+7$

4 Dans un repère, pour deux points $A(x_A\,;y_A)$ et $B(x_B\,;y_B)$ tels que $x_A \neq x_B$, on définit le nombre $m=\frac{y_B-y_A}{x_B-x_A}$. Calculer m dans chaque cas.

1. $A(-5;2)$ et $B(3;-1)$ 2. $A\left(-\frac{2}{3};\frac{3}{4}\right)$ et $B\left(-1;\frac{1}{2}\right)$

5 Recopier et compléter les égalités suivantes.

1. $(\ldots+3)^2=x^2+\ldots+\ldots$ 2. $(2x-\ldots)^2=\ldots-\ldots+9$
3. $4x^2-\ldots=(\ldots+3)(\ldots-3)$
4. $\left(\ldots-\sqrt{2}\right)\left(\ldots+\sqrt{2}\right)=x^2-\ldots$

6 Développer les expressions suivantes.

1. $A(x)=(x+2)(-2x+5)+(-x+1)(x+2)$
2. $B(x)=(2x-3)(2x+3)-(x+1)(3x-4)$
3. $C(x)=(3x-2)^2-16$

7 Factoriser les expressions suivantes.

1. $A(x)=3x^2+2x$
2. $B(x)=(x+1)(2x+3)-(x+1)(2x-5)$
3. $C(x)=(2x-3)^2-5$

8 Montrer que, pour tout entier naturel n, $(2n+1)^2-(2n-1)^2$ est un multiple de 8.

9 Résoudre dans $\mathbb{R}$ les inéquations suivantes.

1. $3x-5>7$ 2. $4-5x\leqslant-6$
3. $-x+5>-7$ 4. $2(x-4)<5x+3$

10 On considère les vecteurs $\vec{u}\begin{pmatrix}5\\-2\end{pmatrix}$ et $\vec{v}\begin{pmatrix}-2\\1\end{pmatrix}$.

1. Les vecteurs $\vec{u}$ et $\vec{v}$ sont-ils colinéaires ?
2. Calculer $\|\vec{u}\|$ et $\|\vec{v}\|$.
3. Calculer les coordonnées du vecteur $2\vec{u}-3\vec{v}$.

11 1. Dans un repère orthonormé, placer les points $A(-3;-3)$, $B(-2;1)$, $C(2;2)$ et $D(1;-2)$.
2. Montrer que $ABCD$ est un parallélogramme.
3. $ABCD$ est-il un losange ? un carré ?

12 Montrer que, pour tout réel $x\neq1$, on a :

$$\frac{2x-5}{x-1}=2-\frac{3}{x-1}$$

13 Montrer que, pour tout nombre réel x, on a :

$$x^2+2\geqslant4x-2$$

Automatismes préparatoires au chapitre

14 Dans un repère, placer les points $A(1;2)$, $B(-2;3)$, $C(-5;-2)$, $D(0;-1)$ et $E(3;0)$.

15 On se place dans un repère orthonormé. Dans chaque cas, calculer les coordonnées du vecteur $\overrightarrow{AB}$, les coordonnées de I, milieu du segment $[AB]$, et la longueur AB.

1. $A(-2;3)$ et $B(1;-4)$ 2. $A\left(\frac{1}{2};\frac{1}{3}\right)$ et $B\left(-\frac{5}{6};\frac{3}{4}\right)$

16 Dans chaque cas, exprimer y en fonction de x sous la forme $y=mx+p$, où m et p sont des réels que l'on précisera.

1. $2x+y-3=0$ 2. $-x-y+1=0$
3. $x+2y+5=0$ 4. $-6x-3y+5=0$

17 Représenter graphiquement les fonctions f et g définies sur $\mathbb{R}$ par :

$$f(x)=3x-5 \text{ et } g(x)=-2x+3$$

18 On note $\mathscr{D}$ la droite représentant la fonction affine f définie sur $\mathbb{R}$ par $f(x)=-3x+2$.

1. Parmi les points suivants, lesquels appartiennent à la droite $\mathscr{D}$?

$$A(2;-4),\ B(-1;-1),\ C\left(\frac{1}{6};\frac{3}{2}\right) \text{ et } E\left(\frac{1}{3};1\right)$$

2. Déterminer les valeurs de a et b telles que les points $M(-3\,;a)$ et $N(b\,;6)$ appartiennent à $\mathscr{D}$.

19 Soit f la fonction définie par $f(x)=-7x+p$, où p est un réel. Déterminer la valeur de p telle que le point $A(-2;3)$ appartienne à la droite $\mathscr{D}$ représentant la fonction f.

20 Déterminer le réel a tel que les vecteurs $\vec{u}\begin{pmatrix}-1\\a\end{pmatrix}$ et $\vec{v}\begin{pmatrix}2\\-5\end{pmatrix}$ soient colinéaires.

21 On considère les points $A(-1;5)$, $B(2;-1)$, $C(1;1)$, $D(4;-3)$ et $E(-2;9)$ dans un repère $\left(O\,;\vec{i}\,;\vec{j}\right)$.

1. Les points A, B et C sont-ils alignés ?
2. Les points A, B et D sont-ils alignés ?
3. Les droites (AB) et (DE) sont-elles parallèles ?

22 Soient les points $A(-2;1)$, $B(3;-1)$ et $M(x\,;y)$ tels que les vecteurs $\overrightarrow{AM}$ et $\overrightarrow{AB}$ soient colinéaires. Montrer que $2x+5y-1=0$.

23 Dans chaque cas, une des variables x ou y est donnée. Calculer mentalement l'autre.

1. $\begin{cases}x=5\\y=2x-7\end{cases}$ 2. $\begin{cases}x=-3\\2x+3y=9\end{cases}$ 3. $\begin{cases}y=2\\y=-3x+2\end{cases}$

Activités

1 Vers la notion d'équation cartésienne d'une droite

Objectif
Découvrir la notion d'équation cartésienne d'une droite.

Dans un repère $\left(O;\vec{i};\vec{j}\right)$, on considère les points $A(-2;0)$ et $B(4;5)$.

1 Placer les points A et B et tracer la droite (AB).

2 Calculer les coordonnées du vecteur $\overrightarrow{AB}$.

3 On considère un point $M(x;y)$ appartenant à la droite (AB).
a. Recopier et compléter la phrase suivante : « $M(x;y)$ appartient à la droite (AB) si, et seulement si les vecteurs $\overrightarrow{AM}$ et $\overrightarrow{AB}$ sont … ».
b. Calculer le déterminant des vecteurs $\overrightarrow{AM}$ et $\overrightarrow{AB}$.
c. En déduire que le point $M(x;y)$ appartient à la droite (AB) si, et seulement si les réels x et y vérifient la relation $5x-6y+10=0$.

4 En utilisant la question **3 c.** :
a. indiquer si les points $C(-8;5)$ et $D(82;70)$ appartiennent à la droite (AB) ;
b. déterminer la valeur du réel x_F telle que le point $F(x_F;1)$ appartienne à la droite (AB) ;
c. Déterminer l'ordonnée du point d'abscisse 2 de la droite (AB).

5 PYTHON La fonction Python ci-contre permet de tester l'appartenance d'un point $M(x;y)$ à la droite (AB).

```
1 def pointsurdroite(x,y):
2     if ...==...:
3         print("Le point est sur (AB)")
4     else:
5         print("...")
```

a. Recopier le programme et compléter les lignes 2 et 5.
b. Exécuter ce programme et indiquer, parmi les points proposés, ceux qui appartiennent à la droite (AB) :
$R(10;10)$; $S(101;86)$ et $T(2\,428;2\,025)$

Info
Le vecteur $\overrightarrow{AB}$ est appelé **vecteur directeur** de la droite (AB).

Info
L'équation $5x-6y+10=0$ est appelée **une équation cartésienne** de la droite (AB).

Info
En 1637, Descartes publie le livre premier de *La Géométrie*.
Selon lui, on peut relier toute figure géométrique à une équation, que l'on obtient en travaillant à partir des coordonnées des points composant cette figure.

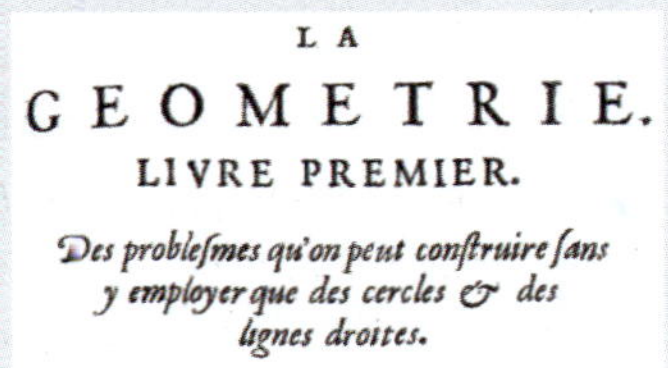
LA
GEOMETRIE.
LIVRE PREMIER.
Des problesmes qu'on peut construire sans y employer que des cercles & des lignes droites.

2 Vers la résolution d'un système linéaire

Objectif
Traduire un problème par un système d'équations et le résoudre.

Un lycée compte 1 160 élèves à la rentrée scolaire. Parmi eux, 25 % des filles et 20 % des garçons sont externes, pour un total de 263 externes.

1 Peut-il y avoir 500 filles et 660 garçons dans ce lycée ? Justifier.

2 On note x et y les nombres respectifs de filles et de garçons dans ce lycée.
a. Montrer que x et y doivent vérifier simultanément les deux équations :

$$\begin{cases} x+y=1160 \\ 0{,}25x+0{,}2y=263 \end{cases}$$

b. Dans la première équation, exprimer y en fonction de x.
c. En utilisant la deuxième équation et la question **2 b.**, écrire une équation dont x est solution.
d. Résoudre cette équation et en déduire la valeur de x.
e. Calculer la valeur de y.
f. Vérifier que les deux valeurs obtenues pour x et pour y vérifient les deux équations du système de la question **2 a.**
g. Combien le lycée compte-t-il de filles et de garçons au total ?

Info
$\begin{cases} x+y=1160 \\ 0{,}25x+0{,}2y=263 \end{cases}$ est appelé système linéaire de deux équations à deux inconnues.
La méthode de résolution décrite ici est appelée « méthode par substitution ».

Cours

1 Vecteur directeur d'une droite

Définition On considère une droite d et deux points distincts A et B de d.
On appelle **vecteur directeur** de la droite d tout vecteur $\vec{u}$ non nul, colinéaire au vecteur $\overrightarrow{AB}$.

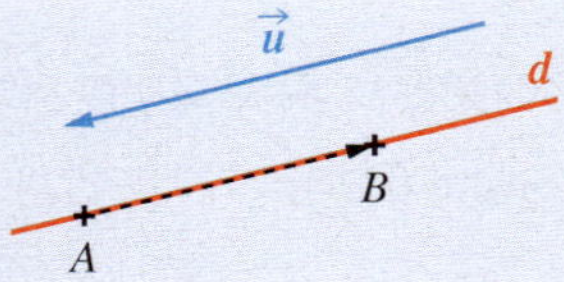

Exemple

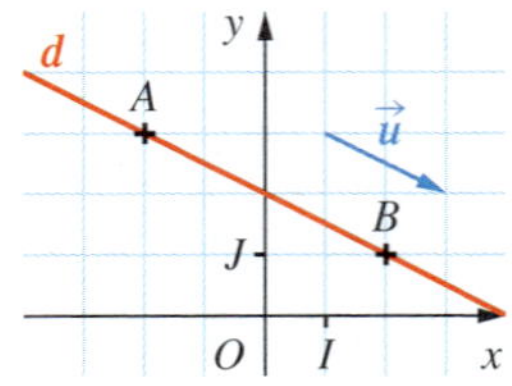

- La droite d passe par les points : $A(-2;3)$ et $B(2;1)$

Le vecteur $\overrightarrow{AB}\begin{pmatrix}4\\-2\end{pmatrix}$ est un vecteur directeur de d.

- $\vec{u}\begin{pmatrix}2\\-1\end{pmatrix}$ est colinéaire à $\overrightarrow{AB}$ donc $\vec{u}$ est aussi un vecteur directeur de d.

Remarques

- On dit que le vecteur $\vec{u}$ « dirige » la droite d.
- La direction du vecteur directeur $\vec{u}$ définit la direction de la droite d.
- Deux vecteurs directeurs de d ont la même direction : ils sont colinéaires.
- Deux droites parallèles ont la même direction : ainsi tout vecteur directeur de l'une est un vecteur directeur de l'autre.

Propriété Une droite d peut être définie par la donnée d'un point A et d'un vecteur directeur $\vec{u}$. On a alors :

$$M \in d \Leftrightarrow \overrightarrow{AM} \text{ et } \vec{u} \text{ sont colinéaires}$$

2 Équation cartésienne d'une droite

Propriété Dans un repère du plan, les coordonnées $(x\,;y)$ de tous les points M d'une droite d vérifient une équation de la forme :

$$ax+by+c=0$$

où a, b et c sont des nombres réels tels que a et b ne sont pas simultanément nuls. On notera par la suite $(a\,;b)\neq(0\,;0)$.
Une telle équation s'appelle une **équation cartésienne** de la droite d.

Exemple
Soit d la droite passant par $A(1;3)$ et de vecteur directeur $\vec{u}\begin{pmatrix}2\\5\end{pmatrix}$.
$M(x\,;y)\in d$
$\Leftrightarrow \overrightarrow{AM}\begin{pmatrix}x-1\\y-3\end{pmatrix}$ et $\vec{u}\begin{pmatrix}2\\5\end{pmatrix}$ sont colinéaires.

$\Leftrightarrow \det\left(\overrightarrow{AM}\,;\vec{u}\right)=0$
$\Leftrightarrow 5(x-1)-2(y-3)=0$
$\Leftrightarrow 5x-2y+1=0$
Une équation cartésienne de la droite d est donc $5x-2y+1=0$.

Démo

Démonstration

Soit $A(x_A\,;y_A)$ un point de la droite d et $\vec{u}\begin{pmatrix}\alpha\\\beta\end{pmatrix}$ un vecteur directeur de d.

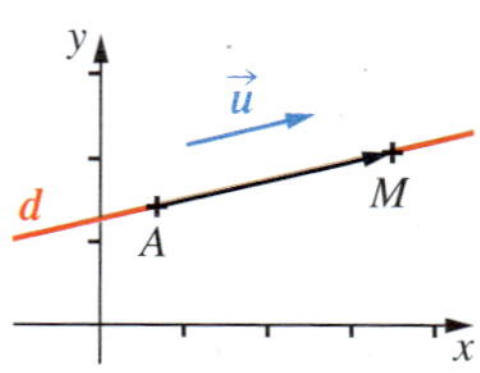

$M(x\,;y)\in d \Leftrightarrow \overrightarrow{AM}\begin{pmatrix}x-x_A\\y-y_A\end{pmatrix}$ et $\vec{u}\begin{pmatrix}\alpha\\\beta\end{pmatrix}$ sont colinéaires.
$\Leftrightarrow \det\left(\overrightarrow{AM}\,;\vec{u}\right)=0$
$\Leftrightarrow \beta(x-x_A)-\alpha(y-y_A)=0$
$\Leftrightarrow \beta x-\alpha y+(-\beta x_A+\alpha y_A)=0$

On obtient bien une équation de la forme $ax+by+c=0$ avec $a=\beta$, $b=-\alpha$, $c=-\beta x_A+\alpha y_A$ et $(\beta\,;-\alpha)\neq(0\,;0)$ car $\vec{u}\neq\vec{0}$.

Logique
Une équation cartésienne de la droite d est une **condition nécessaire et suffisante** pour qu'un point appartienne à d :
– si un point M appartient à d, alors nécessairement ses coordonnées vérifient l'équation ;
– il suffit que les coordonnées d'un point M vérifient l'équation pour qu'il appartienne à d.

Remarques

- Réciproquement, l'ensemble des points M dont les coordonnées $(x\,;y)$ vérifient une équation de la forme $ax+by+c=0$ (avec $(a\,;b)\neq(0\,;0)$) est une droite.
- Une droite d admet une infinité d'équations cartésiennes dont les coefficients sont deux à deux proportionnels.

Propriété Soit d la droite dont une équation cartésienne est $ax+by+c=0$, avec $(a\,;b)\neq(0\,;0)$.
Le vecteur $\vec{u}\begin{pmatrix}-b\\a\end{pmatrix}$ est un vecteur directeur de la droite d.

Exemple
La droite d d'équation cartésienne $4x-6y+1=0$ admet le vecteur $\vec{u}\begin{pmatrix}6\\4\end{pmatrix}$ pour vecteur directeur, mais aussi $\vec{v}\begin{pmatrix}3\\2\end{pmatrix}$, colinéaire à $\vec{u}$, car $\vec{u}=2\vec{v}$.

Remarque

Tout vecteur non nul colinéaire au vecteur $\vec{u}$ est encore un vecteur directeur de la droite d.

Méthode

Capacité 1 Déterminer une équation de droite

Énoncé

Dans le plan muni d'un repère $(O;\vec{i};\vec{j})$, on considère les points $A(-4;3)$, $B(2;-1)$, $C(3;2)$ et un vecteur $\vec{u}\begin{pmatrix}3\\1\end{pmatrix}$.

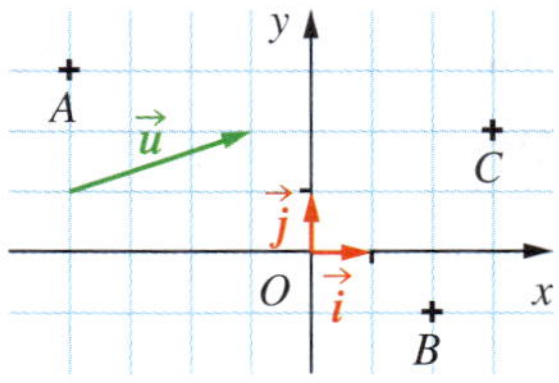

1. Déterminer une équation cartésienne de la droite (AB).

2. Déterminer une équation cartésienne de la droite d_1 passant par C et de vecteur directeur $\vec{u}$.

3. Déterminer une équation cartésienne de la droite d_2 passant par C et parallèle à la droite (AB).

Solution rédigée

1. La droite (AB) a pour vecteur directeur $\overrightarrow{AB}\begin{pmatrix}2+4\\-1-3\end{pmatrix}$, soit $\overrightarrow{AB}\begin{pmatrix}6\\-4\end{pmatrix}$.

Pour tout point $M(x;y)$ du plan (AB), on a :

$M(x;y)\in(AB) \Leftrightarrow \overrightarrow{AM}\begin{pmatrix}x+4\\y-3\end{pmatrix}$ et $\overrightarrow{AB}\begin{pmatrix}6\\-4\end{pmatrix}$ sont colinéaires.

$$\Leftrightarrow \det\left(\overrightarrow{AM};\overrightarrow{AB}\right)=0$$
$$\Leftrightarrow -4(x+4)-6(y-3)=0$$
$$\Leftrightarrow -4x-6y+2=0$$
$$\Leftrightarrow 2x+3y-1=0$$

Une équation cartésienne de (AB) est $2x+3y-1=0$.

2. La droite d_1 passe par C et admet pour vecteur directeur $\vec{u}$.

Ainsi, pour tout point $M(x;y)$ du plan, on a :

$M(x;y)\in d_1 \Leftrightarrow \overrightarrow{CM}\begin{pmatrix}x-3\\y-2\end{pmatrix}$ et $\vec{u}\begin{pmatrix}3\\1\end{pmatrix}$ sont colinéaires.

$$\Leftrightarrow \det\left(\overrightarrow{CM};\vec{u}\right)=0$$
$$\Leftrightarrow 1(x-3)-3(y-2)=0$$
$$\Leftrightarrow x-3y+3=0$$

Une équation cartésienne de d_1 est $x-3y+3=0$.

3. La droite d_2 passe par C et est parallèle à la droite (AB).

Ainsi un vecteur directeur de d_2 est $\overrightarrow{AB}$.

Pour tout point $M(x;y)$ du plan, on a :

$M(x;y)\in d_2 \Leftrightarrow \overrightarrow{CM}\begin{pmatrix}x-3\\y-2\end{pmatrix}$ et $\overrightarrow{AB}\begin{pmatrix}6\\-4\end{pmatrix}$ sont colinéaires.

$$\Leftrightarrow \det\left(\overrightarrow{CM};\overrightarrow{AB}\right)=0$$
$$\Leftrightarrow -4(x-3)-6(y-2)=0$$
$$\Leftrightarrow -4x-6y+24=0$$
$$\Leftrightarrow 2x+3y-12=0$$

Une équation cartésienne de d_2 est $2x+3y-12=0$.

Point méthode

1. Pour déterminer une équation cartésienne de la droite d passant par le point $A(x_A;y_A)$ et de vecteur directeur $\vec{u}\begin{pmatrix}\alpha\\\beta\end{pmatrix}$: on écrit qu'un point $M(x;y)$ appartient à d, si et seulement si $\overrightarrow{AM}$ et $\vec{u}$ sont colinéaires, c'est-à-dire que $\det\left(\overrightarrow{AM};\vec{u}\right)=0$.

Point méthode

3. Lorsque deux droites sont parallèles, tout vecteur directeur de l'une est un vecteur directeur de l'autre.

J'applique en autonomie

Voir corrigés p. 407 Voir exercices similaires nos 42 à 49

24 Soient $A(-5;4)$, $B(2;3)$ et $C(-5;3)$.
Déterminer une équation cartésienne de chacune des droites (AB), (AC) et (BC).

25 **1.** Déterminer une équation cartésienne de la droite passant par $T(-10;5)$ et dont un vecteur directeur est $\vec{u}\begin{pmatrix}5\\-1\end{pmatrix}$.

2. Déterminer une équation cartésienne de la droite passant par les points $F(5;2)$ et $G(25;-2)$.

3. Que constate-t-on ? Que peut-on en déduire ?

26 Soient $M(-2;5)$, $N(3;0)$ et $P(-3;3)$.

1. Déterminer une équation cartésienne de la droite d passant par P et parallèle à la droite (MN).

2. Le point $R(15;-6)$ est-il sur la droite d ? Justifier.

Cours

3 Équation réduite d'une droite

Propriété Soit d une droite d'équation cartésienne $ax+by+c=0$, avec $(a;b)\neq(0;0)$.

- Si $b=0$, alors la droite d est parallèle à l'axe des ordonnées et admet une équation, appelée **l'équation réduite**, de la forme $\boldsymbol{x=k}$, où $k\in\mathbb{R}$.
- Si $b\neq 0$, alors la droite d admet une unique équation de la forme $\boldsymbol{y=mx+p}$, appelée **l'équation réduite** de la droite d.

Le réel m est le coefficient directeur de d et p son ordonnée à l'origine.

Exemple
Soit d la droite d'équation cartésienne $2x-6=0$.
On a alors $x=\frac{6}{2}=3$.
Tous les points de d ont donc la même abscisse 3. Ainsi d est parallèle à l'axe des ordonnées.

Remarques

- La droite d d'équation réduite $y=mx+p$ coupe l'axe des ordonnées au point de coordonnées $(0;p)$ et admet le vecteur $\vec{u}\begin{pmatrix}1\\m\end{pmatrix}$ pour vecteur directeur.
- Une droite d'équation réduite $y=mx+p$ est la représentation graphique de la fonction affine f définie sur $\mathbb{R}$ par $f(x)=mx+p$.

Exemple
Soit d la droite d'équation cartésienne $-3x+2y-5=0$.
On a $y=\frac{3}{2}x+\frac{5}{2}$.
La droite d a alors pour coefficient directeur $m=\frac{3}{2}$ et pour ordonnée à l'origine $p=\frac{5}{2}$.

Propriété Soit d la droite d'équation réduite $y=mx+p$. Si les points $A(x_A;y_A)$ et $B(x_B;y_B)$ sont deux points distincts de d, alors le coefficient directeur de la droite d est :

$$m=\frac{y_B-y_A}{x_B-x_A}$$

Démo

Démonstration
$A(x_A;y_A)$ et $B(x_B;y_B)$ appartiennent à d, donc $y_A=mx_A+p$ et $y_B=mx_B+p$. On en déduit $p=y_A-mx_A$ et $p=y_B-mx_B$.
Ainsi : $y_A-mx_A=y_B-mx_B$, soit : $mx_B-mx_A=y_B-y_A$.
En factorisant par m, on obtient : $m(x_B-x_A)=y_B-y_A$.
Or $x_A\neq x_B$, donc : $m=\frac{y_B-y_A}{x_B-x_A}$.

Graphiquement, y_B-y_A est **l'accroissement des ordonnées** pour aller de A jusqu'à B, il est noté Δy.
De même, $\Delta x=x_B-x_A$. Ainsi, on note $m=\frac{\Delta y}{\Delta x}$.
Cas particulier : lorsque $\Delta x=1$ alors $m=\Delta y$.

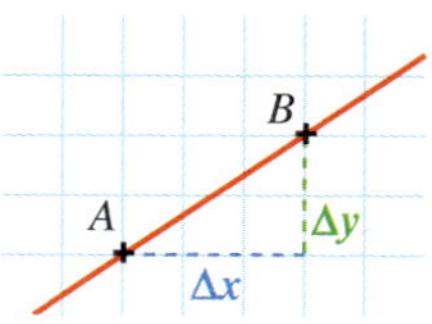

Exemple
Soit d la droite passant par les points $A(-2;1)$ et $B(2;3)$.

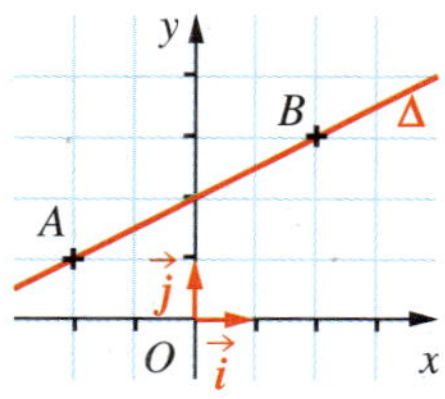

- Le coefficient directeur de d est égal à :
$$m=\frac{y_B-y_A}{x_B-x_A}=\frac{3-1}{2+2}=\frac{2}{4}=0{,}5$$
- Les vecteurs $\vec{u}\begin{pmatrix}4\\2\end{pmatrix}$ et $\vec{v}\begin{pmatrix}1\\0{,}5\end{pmatrix}$ sont deux vecteurs directeurs de d.

4 Position relative de deux droites

Propriété Soient d et d' deux droites de vecteurs directeurs respectifs $\vec{u}$ et $\vec{v}$.

- d et d' sont parallèles si, et seulement si $\vec{u}$ et $\vec{v}$ sont colinéaires.
- d et d' sont sécantes si, et seulement si $\vec{u}$ et $\vec{v}$ ne sont pas colinéaires.

Remarque

Deux droites d et d' d'équations réduites $y=mx+p$ et $y=m'x+p'$ sont parallèles si, et seulement si elles ont le même coefficient directeur, c'est-à-dire $m=m'$.

Exemples

- Les droites : $d:-3x+2y+1=0$ et $d':9x-6y-5=0$, ont pour vecteurs directeurs respectifs $\vec{u}\begin{pmatrix}-2\\-3\end{pmatrix}$ et $\vec{v}\begin{pmatrix}6\\9\end{pmatrix}$, qui sont colinéaires car $\vec{v}=-3\vec{u}$, donc d et d' sont parallèles.
- Les droites d'équations réduites $y=2x-8$ et $y=-3x+5$ ne sont pas parallèles car elles n'ont pas le même coefficient directeur. Elles sont donc sécantes.

Méthode

CAPACITÉ 2 À partir d'une équation, déterminer un vecteur directeur, un coefficient directeur, tracer une droite

Énoncé

Le plan est muni d'un repère orthonormé $(O;\vec{i};\vec{j})$.

1. a. Donner un vecteur directeur de la droite d_1 d'équation cartésienne $5x+4y-6=0$.
Construire la droite d_1.

b. Déterminer l'équation réduite de d_1. Donner son coefficient directeur et son ordonnée à l'origine.

2. a. On considère les points $E(-24;-5)$ et $F(51;20)$. Déterminer l'équation réduite de la droite (EF).

b. Construire la droite (EF) en utilisant son ordonnée à l'origine et son coefficient directeur.

Solution rédigée

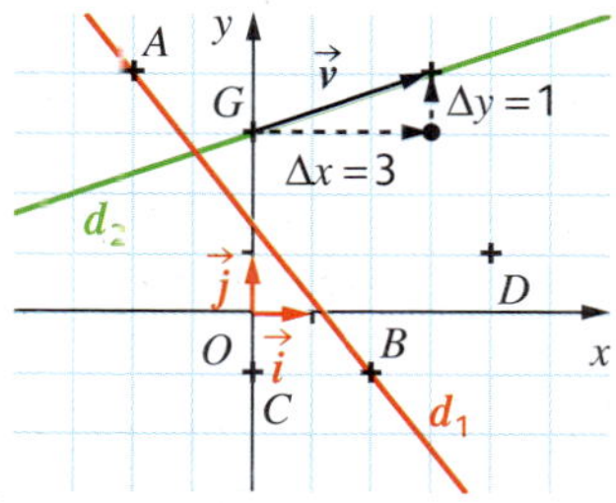

1. a. Le vecteur $\vec{u}\begin{pmatrix}-4\\5\end{pmatrix}$ est un vecteur directeur de la droite d_1.

Pour construire d_1, il suffit de placer deux points distincts de d_1.
- Pour $x=-2$, on a $5\times(-2)+4y-6=0$, soit $y=4$.
- Pour $x=2$, on a $5\times 2+4y-6=0$, soit $y=-1$.

On place les points $A(-2;4)$ et $B(2;-1)$. La droite d_1 est la droite (AB).

b. $5x+4y-6=0 \Leftrightarrow 4y=-5x+6 \Leftrightarrow y=-\frac{5}{4}x+\frac{3}{2}$.

L'équation réduite de d_1 est $y=-\frac{5}{4}x+\frac{3}{2}$. Son coefficient directeur est $m=-\frac{5}{4}$ et son ordonnée à l'origine $p=\frac{3}{2}$.

2. a. E et F n'ont pas la même abscisse, donc la droite (EF) n'est pas parallèle à l'axe des ordonnées. Elle admet donc une équation réduite de la forme $y=mx+p$.
- $m=\frac{y_F-y_E}{x_F-x_E}=\frac{20+5}{51+24}=\frac{25}{75}=\frac{1}{3}$ ainsi, on a $(EF): y=\frac{1}{3}x+p$.
- Pour calculer l'ordonnée à l'origine p, on utilise par exemple le point E qui appartient à (EF). Ses coordonnées vérifient l'équation $y_E=\frac{1}{3}x_E+p$, ainsi $-5=\frac{1}{3}\times(-24)+p$. Donc $p=3$.

La droite (EF) a pour équation réduite $y=\frac{1}{3}x+3$.

b. • La droite (EF) a pour ordonnée à l'origine $p=3$. Donc on place le point $G(0;3)$ qui appartient à (EF).
- Le coefficient directeur de (EF) est $m=\frac{1}{3}$, donc le vecteur $\vec{u}\begin{pmatrix}1\\\frac{1}{3}\end{pmatrix}$ est un vecteur directeur de (EF). Par commodité pour le tracé, on peut considérer le vecteur $\vec{v}=3\vec{u}$, soit $\vec{v}\begin{pmatrix}3\\1\end{pmatrix}$ qui est aussi un vecteur directeur de (EF). On construit le représentant du vecteur $\vec{v}$ d'origine G. On obtient ainsi la droite d_2 qui est la droite (EF).

Point méthode
Pour construire une droite :
- soit on calcule les coordonnées de deux points appartenant à la droite ;
- soit on calcule les coordonnées d'un point de la droite et on utilise un vecteur directeur.

Point méthode
1. b. Pour transformer une équation cartésienne en équation réduite, on exprime y en fonction de x sous la forme $y=mx+p$.

Point méthode
2. a. Pour obtenir **algébriquement** une équation de droite de la forme $y=mx+p$:
- on calcule m avec la formule
$$m=\frac{y_B-y_A}{x_B-x_A}$$
- on calcule p en utilisant les coordonnées de l'un des points connus de la droite.

J'applique en autonomie

Voir corrigés p. 407 Voir exercices similaires nos 54 à 61

27 On considère la droite d d'équation cartésienne $3x-2y+1=0$.
1. Donner un vecteur directeur, l'équation réduite et le coefficient directeur de d.
2. Construire la droite d.

28 On donne les points $A(-42;20)$ et $B(30;-4)$.
1. Déterminer l'équation réduite de (AB).
2. Construire la droite (AB) en utilisant son ordonnée à l'origine et son coefficient directeur.
3. Préciser un vecteur directeur $\vec{u}$ de la droite (AB).

Cours

5 Système linéaire de deux équations à deux inconnues

a Définitions

Définition Un **système linéaire** de deux équations à deux inconnues x et y est un système qui peut s'écrire sous la forme :

$$\begin{cases} ax+by=c \\ a'x+b'y=c' \end{cases}$$

où a, b, c, a', b' et c' sont des nombres réels fixés avec $(a;b)\neq(0;0)$ et $(a';b')\neq(0;0)$.

Une solution de ce système est un **couple** $(x;y)$ de nombres réels tel que x et y vérifient simultanément les deux équations.

Exemple

Soit le système :

$$\begin{cases} x+5y=19 \\ -2x+y=-5 \end{cases}$$

- Le couple $(4;3)$ est solution car il vérifie les deux équations en même temps. En effet, $4+5\times 3=19$ et $-2\times 4+3=-5$.
- Le couple $(9;2)$ n'est pas solution car il ne vérifie que la première équation et pas la seconde.
En effet, $9+5\times 2=19$ mais $-2\times 9+2=-16\neq -5$.

Remarque

Résoudre un système linéaire de deux équations à deux inconnues, c'est déterminer **tous les couples** $(x;y)$ solutions de ce système.

b Interprétation graphique d'un couple solution

Un système linéaire de deux équations à deux inconnues peut s'écrire :

$$\begin{cases} ax+by-c=0 \\ a'x+b'y-c'=0 \end{cases}$$

Du fait que, $(a;b)\neq(0;0)$ et $(a';b')\neq(0;0)$, ces deux équations correspondent à des équations cartésiennes de deux droites d et d'.

d et d' sont sécantes si, et seulement si leurs vecteurs directeurs respectifs $\vec{u}\begin{pmatrix}-b\\a\end{pmatrix}$ et $\vec{u}'\begin{pmatrix}-b'\\a'\end{pmatrix}$ ne sont pas colinéaires, ce qui équivaut à : $\det(\vec{u};\vec{u}')\neq 0$, soit $ab'-a'b\neq 0$.

Dans ce cas, d et d' ont un unique point d'intersection.

Propriété

On considère le système linéaire $\begin{cases} ax+by=c \\ a'x+b'y=c' \end{cases}$, avec $(a;b)\neq(0;0)$ et $(a';b')\neq(0;0)$.

Ce système admet un **unique couple solution** si, et seulement si on a :

$$ab'-a'b\neq 0$$

Dans ce cas, le couple solution correspond aux coordonnées du **point d'intersection** des deux droites associées aux équations du système.

Exemple

Soit le système :

$$\begin{cases} 5x-y=11 \\ 12x-4y=15 \end{cases}$$

Les équations du système correspondent à deux équations cartésiennes de deux droites d_1 et d_2.
Or $5\times(-4)-12\times(-1)=-8\neq 0$, donc les droites d_1 et d_2 sont sécantes. Le système admet alors un unique couple solution qui correspond aux coordonnées du point d'intersection de d_1 et d_2.

c Méthodes de résolution d'un système

Lorsqu'un système $\begin{cases} ax+by=c \\ a'x+b'y=c' \end{cases}$ possède un unique couple solution, on décrit ci-dessous deux méthodes pour le déterminer.

Méthode par substitution	Méthode par combinaison linéaire
• On exprime une des inconnues en fonction de l'autre à l'aide d'une équation. • On reporte l'expression obtenue dans l'autre équation. • On résout cette dernière équation, à une seule inconnue. • On en déduit l'autre inconnue.	• On multiplie les deux membres de chaque équation par un nombre de façon à obtenir deux coefficients opposés devant l'une des inconnues. • On ajoute membre à membre les deux équations et on résout l'équation ainsi obtenue. • On en déduit l'autre inconnue.

méthode

CAPACITÉ 3 Étudier la position relative de deux droites, déterminer le point d'intersection de deux droites sécantes

Énoncé

Le plan est muni d'un repère orthonormé $\left(O;\vec{i};\vec{j}\right)$.
Dans chacun des cas suivants, étudier la position relative des droites d et d'. Quand ces deux droites sont sécantes, déterminer les coordonnées de leur point d'intersection.

1. $d: x+4y-9=0$ et $d': 3x+5y+1=0$
2. $d: y=2x+5$ et $d': -6x+3y-4=0$
3. $d: 3x-7y-8=0$ et $d': 4x+3y-23=0$

Solution rédigée

1. $\vec{u}\begin{pmatrix}-4\\1\end{pmatrix}$ et $\vec{u}'\begin{pmatrix}-5\\3\end{pmatrix}$ sont des vecteurs directeurs respectifs de d et d'.
$\det\left(\vec{u},\vec{u}'\right)=-4\times3-(-5)\times1=-12+5=-7\neq0$ donc les vecteurs $\vec{u}$ et $\vec{u}'$ ne sont pas colinéaires. Les droites d et d' sont donc sécantes.
On résout le système formé des deux équations de d et d' :

$$\begin{cases}x+4y-9=0\\3x+5y+1=0\end{cases}\Leftrightarrow\begin{cases}x+4y=9\\3x+5y=-1\end{cases}$$

On résout ce système par **substitution**.

$$\begin{cases}x=-4y+9\\3x+5y=-1\end{cases}\Leftrightarrow\begin{cases}x=-4y+9\\3(-4y+9)+5y=-1\end{cases}\Leftrightarrow\begin{cases}x=-4y+9\\-12y+27+5y=-1\end{cases}$$

On résout la seconde équation : $\begin{cases}x=-4y+9\\-7y=-28\end{cases}\Leftrightarrow\begin{cases}x=-4y+9\\y=4\end{cases}$

En remplaçant y par 4 dans la première équation, on obtient : $\begin{cases}x=-7\\y=4\end{cases}$
Les droites d et d' sont donc sécantes en $E(-7;4)$.

2. $\vec{u}\begin{pmatrix}1\\2\end{pmatrix}$ et $\vec{u}'\begin{pmatrix}-3\\-6\end{pmatrix}$ sont des vecteurs directeurs respectifs de d et d'.
On a $\vec{u}'=-3\vec{u}$ donc les vecteurs $\vec{u}$ et $\vec{u}'$ sont colinéaires.
On en déduit que les droites d et d' sont parallèles.

3. $\vec{u}\begin{pmatrix}7\\3\end{pmatrix}$ et $\vec{u}'\begin{pmatrix}-3\\4\end{pmatrix}$ sont des vecteurs directeurs respectifs de d et d'.
$\det\left(\vec{u},\vec{u}'\right)=7\times4-3\times(-3)=28+9=37\neq0$ donc les vecteurs $\vec{u}$ et $\vec{u}'$ ne sont pas colinéaires. Donc d et d' sont sécantes et on détermine leur point d'intersection en résolvant le système suivant.
$\begin{cases}3x-7y-8=0\\4x+3y-23=0\end{cases}\Leftrightarrow\begin{cases}3x-7y=8\\4x+3y=23\end{cases}$. On le résout par **combinaison linéaire** (on décide d'éliminer l'inconnue x). On multiplie les deux membres de la 1re équation par 4 et ceux de la 2e par -3, on obtient : $\begin{cases}12x-28y=32\\-12x-9y=-69\end{cases}$. Puis on additionne membre à membre les deux équations : $-37y=-37$, soit $y=1$. On calcule x avec la 1re équation : $3x-7\times1=8$, soit $x=5$; ainsi d et d' sont sécantes en $F(5;1)$.

Point méthode

1. • Une droite d'équation cartésienne $ax+by+c=0$ admet $\vec{u}\begin{pmatrix}-b\\a\end{pmatrix}$ pour vecteur directeur.
• Pour résoudre un système par substitution :
– on exprime une inconnue en fonction de l'autre (ici x en fonction de y) ;
– on reporte l'expression obtenue dans l'autre équation ;
– on résout l'équation obtenue ;
– on en déduit l'autre inconnue.

Point méthode

2. Une droite d'équation réduite $y=mx+p$ admet pour vecteur directeur $\vec{u}\begin{pmatrix}1\\m\end{pmatrix}$.

Point méthode

3. Pour résoudre un système par combinaisons linéaires :
• on multiplie les deux membres de chaque équation par un nombre adéquat de façon à aboutir à deux coefficients opposés devant l'une des inconnues (ici $12x$ et $-12x$) ;
• on ajoute membre à membre les deux équations et on résout l'équation obtenue ;
• on en déduit l'autre inconnue.

J'applique en autonomie

Voir corrigés p. 407 Voir exercices similaires n°s 63 à 69

29 Dans chaque cas, étudier la position relative des droites d_1 et d_2.
1. $d_1: x=4$ et $d_2: y=4$
2. $d_1: -4x+2y-3=0$ et $d_2: x-\frac{1}{2}y+9=0$
3. $d_1: y=7x-1$ et $d_2: 2x+3=0$

30 On considère les droites :
$$d_1: 2x+y+1=0 \text{ et } d_2: 4x+3y-11=0$$
1. Montrer que les droites d_1 et d_2 sont sécantes.
2. Déterminer les coordonnées du point d'intersection de d_1 et d_2.

Je **fais** le **point**

Je revois mon cours

Vecteur directeur d'une droite

Soient d une droite et A et B deux points distincts de d.

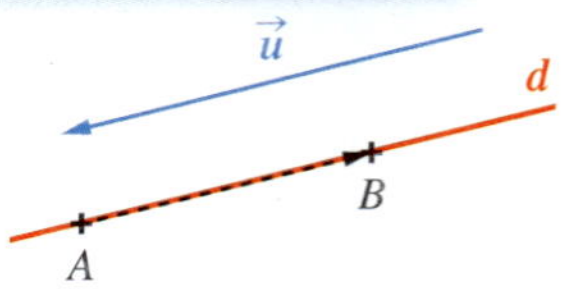

Vecteur directeur de d : tout vecteur $\vec{u}$ non nul, colinéaire à $\overrightarrow{AB}$.
Deux vecteurs directeurs quelconques de d sont colinéaires.

La droite d d'équation cartésienne $ax+by+c=0$ admet le vecteur $\vec{u}\begin{pmatrix}-b\\a\end{pmatrix}$ pour vecteur directeur.

Équation cartésienne d'une droite

Dans un repère, toute droite du plan a une équation cartésienne de la forme :

$$ax+by+c=0$$

où a, b et c sont des réels tels que $(a\,;b)\neq(0\,;0)$.

Si un point appartient à d, ses coordonnées vérifient l'équation.
Réciproquement, si les coordonnées d'un point vérifient l'équation, alors ce point appartient à d.

Équation réduite d'une droite

- Droite **parallèle à l'axe des ordonnées** : **équation réduite** de la forme $x=c$; c'est l'abscisse commune à tous les points de la droite.
- Droite **non parallèle à l'axe des ordonnées** : **équation réduite** de la forme $y=mx+p$.

m est le coefficient directeur de la droite et p son ordonnée à l'origine.

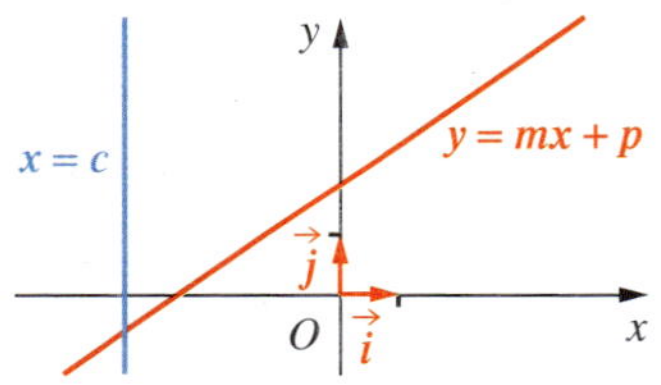

Coefficient directeur d'une droite

Soient $A(x_A\,;y_A)$ et $B(x_B\,;y_B)$ deux points distincts d'une droite avec $x_A\neq x_B$.
Le **coefficient directeur** de (AB) est $m=\dfrac{y_B-y_A}{x_B-x_A}$

Graphiquement, $m=\dfrac{\Delta y}{\Delta x}$.

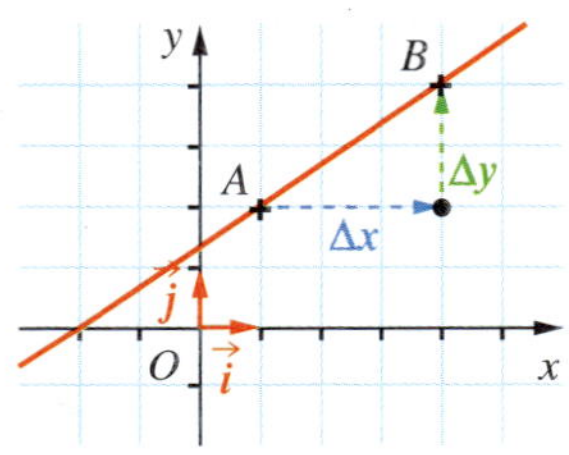

Le vecteur $\vec{u}\begin{pmatrix}\Delta x\\\Delta y\end{pmatrix}$ est un vecteur directeur de (AB).

Position relative de deux droites

Dans le plan, deux droites sont parallèles ou bien sécantes.
Soient d et d' deux droites de vecteurs directeurs respectifs $\vec{u}$ et $\vec{u}'$.

- d et d' sont parallèles si, et seulement si $\vec{u}$ et $\vec{u}'$ sont colinéaires.
- d et d' sont sécantes si, et seulement si $\vec{u}$ et $\vec{u}'$ ne sont pas colinéaires.

On suppose que d et d' ont pour équations réduites respectives $y=mx+p$ et $y=m'x+p'$.
d et d sont parallèles si, et seulement si elles ont le même coefficient directeur, c'est-à-dire $m=m'$.

Systèmes linéaires

Un **système d'équations linéaires** peut s'écrire sous la forme : $\begin{cases}ax+by=c\\a'x+b'y=c'\end{cases}$

Deux méthodes pour résoudre un système :
- la **méthode par substitution**.
- la **méthode par combinaison linéaire**.

Dans un repère, chaque équation du système correspond à une droite.
Si elles sont sécantes, l'unique couple solution du système correspond aux coordonnées de leur point d'intersection.

Je m'exerce à démontrer

Soient $A(1;5)$, $B(10\,;-1)$, $C(7;4)$ et $D(-2;1)$.
Les droites (AB) et (CD) se coupent en $P(4;3)$.

DÉMO PAS À PAS
hachette-clic.fr/25de2058

J'évalue mes connaissances

VERSION INTERACTIVE
hachette-clic.fr/25de2059

Voir corrigés p. 408

QCM

Pour chacune des questions, indiquer la (ou les) bonne(s) réponse(s).

On se place dans un repère orthonormé $(O;\vec{i};\vec{j})$.

	a	b	c
1. Soient $A(-2;5)$ et $B(2;1)$. Un vecteur directeur de (AB) est :	$\overrightarrow{AB}$	$\vec{u}\begin{pmatrix}0\\6\end{pmatrix}$	$\vec{v}\begin{pmatrix}12\\-12\end{pmatrix}$
2. La droite d'équation $3x-2y+5=0$ passe par le point :	$A(3;-2)$	$B(0;2,5)$	$C(3;7)$
3. La droite d'équation $3x-2y+5=0$ a pour vecteur directeur :	$\vec{u}\begin{pmatrix}3\\-2\end{pmatrix}$	$\vec{u}\begin{pmatrix}2\\3\end{pmatrix}$	$\vec{u}\begin{pmatrix}6\\9\end{pmatrix}$
4. La droite d'équation $y=-3x+8$ passe par le point :	$A(-3;8)$	$B(-3;0)$	$C(0;8)$
5. Le point $A(-7;8)$ appartient à la droite d'équation :	$x=-7$	$2x+3y-10=0$	$y=-7x+8$
6. La droite passant par $A(2;4)$ et $B(3;8)$:	a pour coefficient directeur $m=0,25$	a pour coefficient directeur $m=4$	est parallèle à l'axe des ordonnées
7. Les droites d'équations respectives $3x-6y+1=0$ et $4x-8y+5=0$ sont :	sécantes	parallèles	confondues
8. Les droites $d_1 : y=2x-3$ et $d_2 : y=2-3x$:	sont parallèles	sont sécantes au point $B(1;-1)$	sont sécantes au point $C(2;-3)$
9. Le couple $(2;4)$ est solution du système :	$\begin{cases}x+5y=22\\-x+2y=6\end{cases}$	$\begin{cases}x-5y=5\\3x+2y=14\end{cases}$	$\begin{cases}5x+3y=22\\2x-3y=10\end{cases}$
10. Le système $\begin{cases}2x+3y=13\\2x-5y=5\end{cases}$:	admet $(2;3)$ pour couple solution	admet $(5;1)$ pour couple solution	est associé à deux droites sécantes

vrai ou faux ?

Indiquer pour chaque affirmation si elle est vraie ou fausse. Justifier.

Partie A.

On se place dans un repère $(O;\vec{i};\vec{j})$.

1. La droite passant par $A(2;5)$ et $B(-1;4)$ a pour vecteur directeur $\vec{u}\begin{pmatrix}3\\1\end{pmatrix}$.

2. La droite $d : 2x+5y-3=0$ passe par le point :
$A(2;5)$

3. La droite $d' : 2y+7=0$ est parallèle à l'axe $(O;\vec{i})$.

4. La droite passant par $C(2;-6)$ et $D(1;7)$ a pour équation cartésienne $13x-y-32=0$.

5. La droite passant par $E(1;6)$ et $F(2;1)$ a pour équation réduite $y=-5x+11$.

6. Le système $\begin{cases}2x-5y=19\\-3x+4y=-18\end{cases}$ admet pour unique couple solution $(2;-3)$.

Partie B.

On donne le graphique ci-contre.

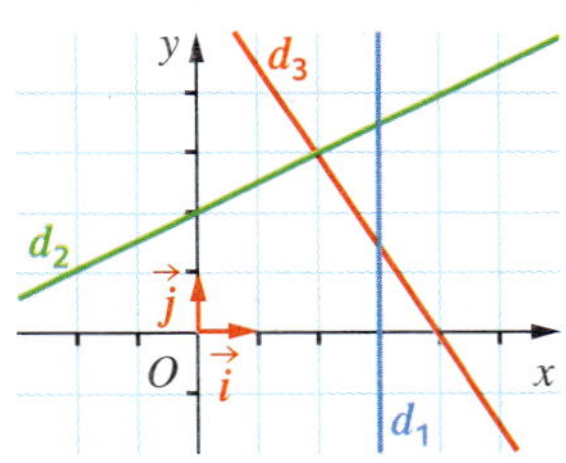

1. d_1 a pour équation :
$x=3$

2. d_2 a pour équation :
$y=0,5x+2$

3. Le coefficient directeur de d_3 est $m=-1,5$.

exercices Application

JE ME TESTE ! EXERCICES INTERACTIFS
hachette-clic.fr/25de2060

Acquérir des automatismes

Le plan est muni d'un repère $\left(O;\vec{i};\vec{j}\right)$.

31 Dans chaque cas, indiquer si le point A appartient à la droite d. Justifier.

1. $A(-8;3)$ et $d: y=\frac{1}{4}x+3$

2. $A(2;0)$ et $d: 3x-5y+6=0$

3. $A(-4;-3)$ et $d: x-y+1=0$

32 Dans chacun des cas suivants, donner une équation cartésienne de la droite d.

1. d est parallèle à l'axe des abscisses et passe par le point $A(2;-3)$.

2. d est parallèle à l'axe $\left(O;\vec{j}\right)$ et passe par $A(-5;7)$.

33 Donner l'équation réduite de la droite d dans chacun des cas suivants.

1. d passe par l'origine et admet -6 pour coefficient directeur.

2. d a pour coefficient directeur -7 et coupe l'axe des ordonnées au point $A(0;11)$.

3. d est parallèle à l'axe des abscisses et passe par le point $A(-5;-13)$.

34 On considère les points $A(3;-8)$ et $B(2;-4)$.

1. Calculer le coefficient directeur de la droite (AB).

2. Déterminer les coordonnées d'un vecteur directeur de la droite (AB).

35 Soit d la droite dont une équation cartésienne est $2x+3y-5=0$.
Déterminer l'équation réduite de la droite d.

36 Dans chaque cas, déterminer une équation cartésienne de la droite (AB).

1. $A(-1;3)$ et $B(-1;-8)$ **2.** $A(1;-2)$ et $B(4;3)$

37 Dans chaque cas, indiquer si les droites d et d' sont parallèles, sécantes ou confondues.

1. $d: y=6x-2$ et $d': y=4x-2$

2. $d: y=5x+3$ et $d': 10x-2y+4=0$

3. $d: 4x-2y+8=0$ et $d': x-\frac{1}{2}y+2=0$

38 Déterminer l'équation réduite de la droite d dans chacun des cas suivants.

1. d passe par l'origine et par le point $A(-9;7)$.

2. d passe par les points $A(5;-8)$ et $B(3;-8)$.

3. d est parallèle à la droite d' d'équation $y=3x-1$ et passe le point $A(-2;-4)$.

4. d passe par les points $A(-1;9)$ et $B(10;-3)$.

39 Résoudre le système : $\begin{cases}2x+y=1\\-3x+2y=-5\end{cases}$.

Travailler les capacités du chapitre

Le plan est muni d'un repère orthonormé $\left(O;\vec{i};\vec{j}\right)$.

CAPACITÉ 1 Déterminer une équation de droite

Voir p. 179

40 QCM
Pour chaque question, donner la (ou les) bonne(s) réponses(s).

1. La droite passant par $A(-1;3)$ et de vecteur directeur $\vec{u}\begin{pmatrix}-1\\3\end{pmatrix}$ a pour équation cartésienne :

a. $3x+y=0$ **b.** $3x+y-6=0$ **c.** $3x-y+6=0$

2. La droite passant par $A(3;5)$ et $B(-2;7)$ a pour équation cartésienne :

a. $2x+5y-31=0$

b. $-2x-5y+31=0$

c. $2x-5y+19=0$

3. La droite passant par $A(2;-3)$ et $B(2;5)$:

a. est parallèle à l'axe des abscisses.

b. admet pour équation cartésienne $x-2=0$.

c. admet pour équation cartésienne $-8y-24=0$.

41 On a tracé cinq droites sur le graphique ci-contre. Associer chaque droite à son équation cartésienne.

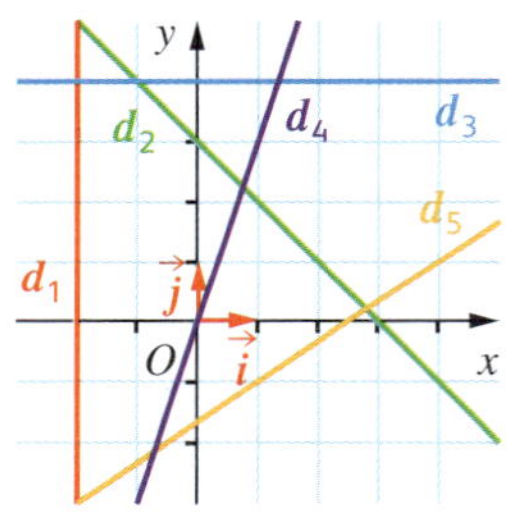

1. $y-4=0$

2. $-2x+3y+5=0$

3. $x+y-3=0$

4. $3x-y=0$ **5.** $x+2=0$

Pour les exercices 42 à 44, déterminer dans chaque cas une équation cartésienne de la droite d passant par le point A et de vecteur directeur $\vec{u}$.

42 **1.** $A(3;4)$ et $\vec{u}\begin{pmatrix}-1\\2\end{pmatrix}$ **2.** $A(-2;5)$ et $\vec{u}\begin{pmatrix}0\\-3\end{pmatrix}$

CORRECTION TYPE EN VIDÉO
hachette-clic.fr/25de2061

43 **1.** $A(5;-10)$ et $\vec{u}\begin{pmatrix}3\\1\end{pmatrix}$ **2.** $A(0;4)$ et $\vec{u}\begin{pmatrix}5\\-1\end{pmatrix}$

44 **1.** $A(3;-2)$ et $\vec{u}\begin{pmatrix}-4\\-7\end{pmatrix}$ **2.** $A(-1;3)$ et $\vec{u}\begin{pmatrix}6\\0\end{pmatrix}$

Pour les exercices 45 et 46, déterminer dans chaque cas une équation cartésienne de la droite (AB).

45 **1.** $A(2;1)$ et $B(5;-6)$ **2.** $A(-3;0)$ et $B(1;1)$

46 **1.** $A(-1;7)$ et $B(0;3)$ **2.** $A(6;8)$ et $B(3;2)$

47 Soient les points $A(-3;4), B(2;1)$ et $C(-1;-3)$.
1. Calculer les coordonnées du point M milieu du segment $[AC]$.
2. Déterminer une équation cartésienne de la médiane issue de B dans le triangle ABC.

48 Dans chacun des cas suivants, déterminer une équation cartésienne de la droite d parallèle à la droite (AB) et passant par C.
1. $A(5;4)$; $B(-1;2)$ et $C(4;-3)$
2. $A(-5;-1)$; $B(6;4)$ et $C(1;2)$

49 Dans chaque cas, déterminer une équation cartésienne de la droite d' passant par A et parallèle à la droite d.
1. $d : -7x+2y-3=0$ et $A(4;2)$
2. $d : y=-3x+5$ et $A(-2;2)$

50 Points alignés
Dans chacun des cas suivants, déterminer une équation cartésienne de la droite (AB) puis vérifier si les trois points A, B et C sont alignés.
1. $A(-2;4)$; $B(7;2)$ et $C(11;1)$
2. $A(-4;-1)$; $B(4;3)$ et $C(44;23)$
3. $A(-26;20)$; $B(51;6)$ et $C(30;10)$

51 Par lecture graphique, déterminer l'équation réduite de chacune des droites tracées ci-dessous.

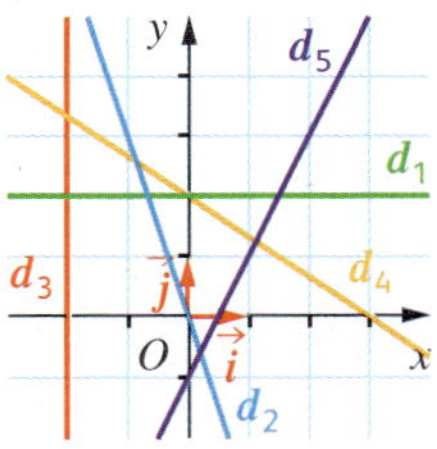

CAPACITÉ 2 À partir d'une équation, déterminer un vecteur directeur, un coefficient directeur, tracer une droite
Voir p. 181

52 Dans chaque cas, donner les coordonnées d'un vecteur directeur $\vec{u}$ de la droite d.
1. $d : 3x-5y+4=0$
2. $d : y=-4x+6$
3. $d : 7x-9=0$
4. $d : 2y+5=0$

53 Soient $M(2;5)$, $N(1;8)$ et $P(4;-1)$.
1. Quelle formule permet de calculer le coefficient directeur de la droite (MN) ?
a. $\dfrac{y_M - x_M}{y_N - x_N}$ **b.** $\dfrac{y_M - y_N}{x_M - x_N}$ **c.** $\dfrac{x_M - x_N}{y_M - y_N}$
2. Calculer le coefficient directeur m de (MN).
3. Calculer le coefficient directeur m' de (MP).
4. Les points M, N et P sont-ils alignés ?

54 Justine affirme que pour tracer la droite d d'équation $3x-y+7=0$, il suffit de connaître les coordonnées du vecteur directeur $\vec{u}\begin{pmatrix}1\\3\end{pmatrix}$.
Que penser de l'affirmation de Justine ? Justifier.
Tracer la droite d.

Pour les exercices 55 à 57, déterminer les coordonnées d'un vecteur directeur et d'un point A appartenant à la droite d, puis tracer d.

CORRECTION TYPE EN VIDÉO hachette-clic.fr/25de2062

55 $d : y=5x-2$

56 $d : 3x-y+1=0$

57 $d : -5x+4y-2=0$

58 Tracer dans un même repère du plan, les droites d_1, d_2 et d_3 d'équations respectives :
$d_1 : y=-4x$; $d_2 : y=2x+5$ et $d_3 : y=\dfrac{1}{3}x-1$

59 On considère les droites d_1 et d_2 d'équations cartésiennes :
$$d_1 : 5x+4y-1=0 \quad \text{et} \quad d_2 : y=-\frac{5}{4}x+3$$
1. a. Soit A le point de la droite d_1 d'abscisse 1. Calculer l'ordonnée de A.
b. Déterminer les coordonnées d'un vecteur directeur de d_1.
c. Tracer d_1.
2. a. Déterminer les coordonnées de deux points appartenant à d_2.
b. Tracer d_2. Que peut-on conjecturer quant à la position relative de d_1 et d_2 ?
3. Déterminer le coefficient directeur de la droite d_1. Justifier la conjecture.

60 Soit d la droite d'équation $2x-3y+4=0$.
1. Recopier et compléter les phrases suivantes.
a. Si $y=0$, alors $x=\ldots$ donc $A(\ldots;\ldots)\in d$.
b. Si $x=1$, alors $y=\ldots$ donc $B(\ldots;\ldots)\in d$.
2. Tracer la droite d.

61 Dans un même repère du plan, tracer les droites d_1, d_2 et d_3 d'équations respectives :
$2x-y+4=0$; $-5x+3y+21=0$ et $x=4$

62 On considère les points $A(1;5)$ et $B(6;2)$.
On note K le milieu du segment $[AB]$ et d la droite d'équation $-x+3y-7=0$.
1. Calculer les coordonnées du point K.
2. Placer les points A, B et K.
3. Tracer la droite d.
4. Le point K appartient-il à la droite d ? Justifier.
5. On appelle F le symétrique de D par rapport à E. Déterminer les coordonnées de F et la nature du quadrilatère $ADBF$.

CAPACITÉ 3 Étudier la position relative de deux droites, déterminer le point d'intersection de deux droites sécantes

Voir p. 183

63 On considère les droites d_1, d_2 et d_3 d'équations cartésiennes :

$d_1 : 2x - y + 4 = 0$

$d_2 : -x + \frac{1}{2}y - 5 = 0$

$d_3 : x - 2y - 1 = 0$

1. Montrer que d_1 et d_2 sont parallèles.
2. Montrer que d_1 et d_3 sont sécantes.
3. Justifier que d_2 et d_3 sont sécantes en $A(-7\,;-4)$.

64 Pour chacune des affirmations suivantes, indiquer si elle est vraie ou fausse. Justifier.
1. Les droites d'équations $x = 3$ et $y = 3$ sont parallèles.
2. Les droites d'équations $y = \frac{2}{3}x - 1$ et $y = \frac{2}{3}x$ sont sécantes.
3. Les droites d'équations $3x - 7y - 8 = 0$ et $4x + 3y - 23 = 0$ sont sécantes en $A(5\,;1)$.

*Pour les exercices **65** à **67**, étudier la position relative des droites d et d'. Dans le cas où ces deux droites sont sécantes, déterminer les coordonnées de leur point d'intersection.*

65 **1.** $d : -2x + 6y - 1 = 0$ et $d' : 3x - 9y + 5 = 0$
2. $d : 4x - y + 6 = 0$ et $d' : y = -4x - 5$

66 **1.** $d : -5x + 7y - 2 = 0$ et $d' : 7x - 5y + 4 = 0$
2. $d : x - 5y + 10 = 0$ et $d' : y = \frac{1}{5}x + 2$

67 **1.** $d : y = 7x - 1$ et $d' : 14x - 2y + 3 = 0$
2. $d : 4x + y - 9 = 0$ et $d' : -5x + 3y + 2 = 0$

68 Soient deux droites :

$$d_1 : -2x + 3y - 5 = 0 \text{ et } d_2 : x + 4y - 14 = 0$$

1. Démontrer que les droites d_1 et d_2 sont sécantes.
2. À l'aide d'un système, déterminer les coordonnées du point d'intersection des droites d_1 et d_2.

69 On considère deux droites d_1 et d_2 d'équations réduites respectives $y = x - 2$ et $y = -2x + 10$.
1. Démontrer que les droites d_1 et d_2 sont sécantes.
2. Déterminer les coordonnées du point d'intersection des droites d_1 et d_2.

70 Soit d_1 la droite passant par $A(-2\,;-1)$ et $B(1\,;1)$. Soit d_2 la droite passant par $C(-2\,;4)$ et de vecteur directeur $\vec{u}\begin{pmatrix}3\\-1\end{pmatrix}$.
1. Tracer les droites d_1 et d_2.
2. Déterminer une équation cartésienne de chacune des droites d_1 et d_2.
3. Justifier que les droites d_1 et d_2 sont sécantes.
4. Déterminer par le calcul les coordonnées du point d'intersection de d_1 et d_2. Vérifier graphiquement.

71 Alicia a tracé deux droites d_1 et d_2 à l'aide d'un logiciel de géométrie dynamique.

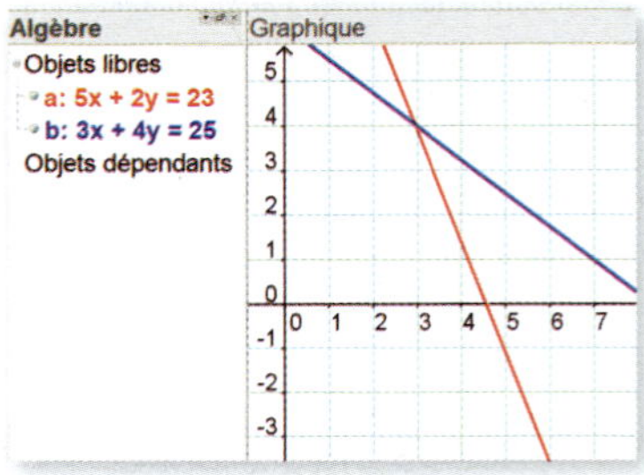

1. Lire les coordonnées du point d'intersection A des droites d_1 et d_2.
2. Retrouver par le calcul les coordonnées de A.

72 On considère trois droites d_1, d_2 et d_3.
d_1 passe par le point $A(2\,;-3)$ et a pour vecteur directeur $\vec{u}\begin{pmatrix}3\\2\end{pmatrix}$.
d_2 et d_3 ont pour équations respectives :

$$-6x + 9y + 1 = 0 \text{ et } -\frac{3}{2}y + 3 = 0$$

1. Donner un vecteur directeur $\vec{v}$ de d_2.
2. Étudier la position relative des droites d_1 et d_2.
3. Montrer que les droites d_2 et d_3 sont parallèles.
4. Que peut-on en déduire pour les droites d_1 et d_3 ? Justifier.

73 Rémi a tracé deux droites $d_1 : y = -3x + 18$ et $d_2 : y = 4x - 15$. À l'aide de la fonction *Trace*, il a placé le curseur à l'intersection des droites d_1 et d_2.

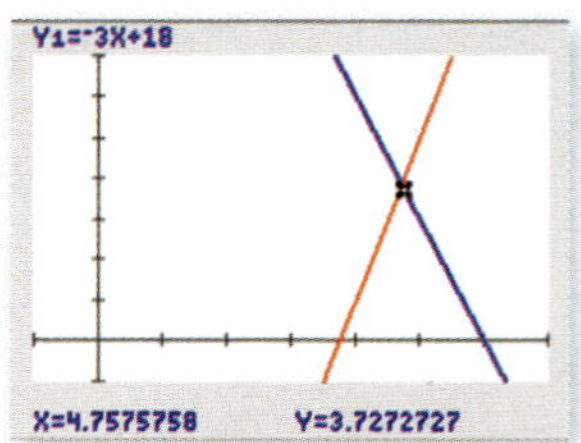

1. Calculer les valeurs exactes des coordonnées du point d'intersection.
2. Rémi doit tracer une droite d_3 parallèle à d_1 passant par l'origine du repère.
a. Déterminer l'équation réduite de la droite d_3.
b. Conjecturer à l'aide de la calculatrice les coordonnées du point d'intersection des droites d_2 et d_3.
c. Retrouver le résultat par le calcul.

Le plan est muni d'un repère orthonormé $\left(O;\vec{i};\vec{j}\right)$.

1 Vecteur directeur d'une droite

74 Pour chacune des droites ci-dessous, lire les coordonnées d'un vecteur directeur.

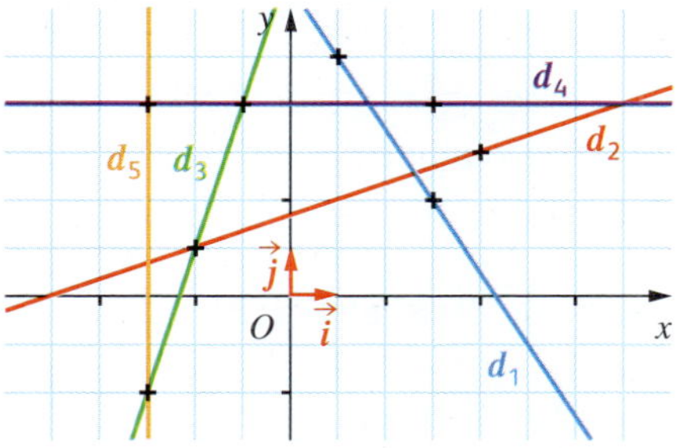

75 On a tracé quatre droites d_1 à d_4.

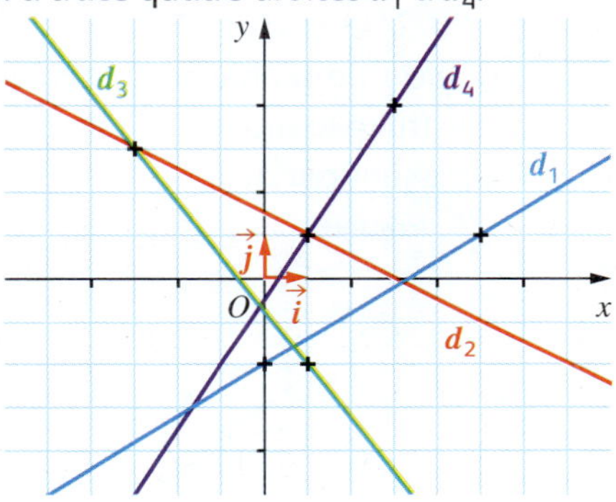

On donne les vecteurs $\vec{u_1}\begin{pmatrix}-4\\-6\end{pmatrix}, \vec{u_2}\begin{pmatrix}-2\\2{,}5\end{pmatrix}, \vec{u_3}\begin{pmatrix}16\\-8\end{pmatrix}$ et $\vec{u_4}\begin{pmatrix}1\\0{,}6\end{pmatrix}$. Chaque vecteur est un vecteur directeur d'une des quatre droites.
Associer chaque droite et son vecteur directeur.

76 On considère le point $A(4;3)$.
Tracer quatre droites d_1 à d_4 passant par A et admettant respectivement pour vecteur directeur $\vec{u_1}\begin{pmatrix}3\\1\end{pmatrix}, \vec{u_2}\begin{pmatrix}1\\-2\end{pmatrix}, \vec{u_3}\begin{pmatrix}-5\\0\end{pmatrix}$ et $\vec{u_4}\begin{pmatrix}0\\3\end{pmatrix}$.

77 Dans chacun des cas suivants, calculer les coordonnées de trois vecteurs directeurs de la droite (AB).

1. $A(2;3)$ et $B(-1;2)$
2. $A(-5;4)$ et $B(3;1)$
3. $A(7;8)$ et $B(7;9)$

78 Dans chacun des cas suivants, indiquer si le vecteur $\vec{u}$ est un vecteur directeur de la droite (AB).

1. $A(-7;3)$; $B(5;1)$ et $\vec{u}\begin{pmatrix}-6\\1\end{pmatrix}$
2. $A(5;2)$; $B(0;-3)$ et $\vec{u}\begin{pmatrix}2\\-2\end{pmatrix}$
3. $A(4;-2)$; $B(3;-4)$ et $\vec{u}\begin{pmatrix}4{,}5\\9\end{pmatrix}$

79 On considère une droite d passant par le point $A(3;1)$ et de vecteur directeur $\vec{u}\begin{pmatrix}-2\\3\end{pmatrix}$.
Soient $B(7;-5), C(-4;6)$ et $D(3;-4)$.

1. Tracer la droite d puis placer B, C et D.
2. Le point B est-il sur d ? Justifier.
3. Les droites d et (CD) sont-elles parallèles ? Justifier.

80 d et d' sont deux droites de vecteurs directeurs respectifs $\vec{u}$ et $\vec{u}'$. Dans chaque cas, indiquer si les droites d et d' sont parallèles.

1. $\vec{u}\begin{pmatrix}-2\\3\end{pmatrix}$ et $\vec{u}'\begin{pmatrix}1\\-2\end{pmatrix}$
2. $\vec{u}\begin{pmatrix}1-\sqrt{2}\\1\end{pmatrix}$ et $\vec{u}'\begin{pmatrix}-1\\1+\sqrt{2}\end{pmatrix}$

81 PYTHON
On considère les points $A(1;-1)$ et $B(6;1)$.

1. Calculer les coordonnées du vecteur $\overrightarrow{AB}$.
2. Les vecteurs suivants sont-ils des vecteurs directeurs de la droite (AB) ? Justifier.
   a. $\vec{u_1}\begin{pmatrix}10\\4\end{pmatrix}$ b. $\vec{u_2}\begin{pmatrix}-1\\0{,}4\end{pmatrix}$ c. $\vec{u_3}\begin{pmatrix}12{,}5\\5\end{pmatrix}$
3. On donne la fonction Python ci-dessous qui permet de tester si un vecteur $\vec{u}\begin{pmatrix}x\\y\end{pmatrix}$ est un vecteur directeur de la droite (AB), avec $A(x_A;y_A)$ et $B(x_B;y_B)$.

```
1 def vecteurdirecteur(x,y,xA,yA,xB,yB):
2     x2=xB-xA
3     y2=yB-yA
4     if ...==...:
5         print("u est un vecteur directeur de (AB)")
6     else:
7         print("u n'est pas un vecteur directeur de (AB)")
```

a. À quoi correspondent les variables x2 et y2 ?
b. Compléter la ligne 4.
c. Programmer cet algorithme et vérifier les résultats de la question 2.

2 Équation cartésienne d'une droite

82 On considère la droite d d'équation cartésienne $3x-2y+5=0$.

1. Donner les coordonnées d'un vecteur directeur de d.
2. Le point $A(1;4)$ appartient-il à la droite d ? et le point $B(-2;3)$?
3. Construire la droite d.

83 Dans chaque cas, déterminer un vecteur directeur de la droite d et les coordonnées d'un point appartenant à d. Construire d.

1. $d: -3x+5y-2=0$
2. $d: 4x+2y-3=0$

exercices Entraînement

84 On considère la droite d d'équation cartésienne :

$$-x+2y+4=0$$

1. Déterminer :

a. un vecteur directeur de d dont les coordonnées sont positives ;

b. les coordonnées des points d'intersection de d avec les axes du repère ;

c. l'ordonnée du point de d d'abscisse 2 ;

d. l'abscisse du point de d d'ordonnée -3 ;

e. le réel m tel que $A(m;m)$ appartienne à d.

2. Construire la droite d.

85 On considère la droite d d'équation cartésienne :

$$2x-3y-5=0$$

Déterminer les valeurs des nombres réels a, b et c tels que les points $A(a;2)$, $B(-3;b)$ et $C(c;c)$ appartiennent à la droite d.

86 On considère la droite d d'équation cartésienne :

$$-5x+8y-c=0, \text{ où } c\in\mathbb{R}$$

Dans chaque cas, déterminer la valeur de c telle que le point A appartienne à d.

1. $A(5;3)$ **2.** $A(-1;2)$ **3.** $A(6;0)$

87 Construire les droites d_1 à d_4 d'équations cartésiennes respectives :

$$-3x+4y+9=0 \;;\; y=4\;;$$

$$x+2y+4=0 \text{ et } 2x-5=0$$

88 Dans chaque cas, construire la droite passant par le point A et de vecteur directeur $\vec{u}$, puis en donner une équation cartésienne.

1. $A(-1;2)$ et $\vec{u}\begin{pmatrix}3\\2\end{pmatrix}$

2. $A(5;-7)$ et $\vec{u}\begin{pmatrix}-2\\1\end{pmatrix}$

*Pour les exercices **89** et **90**, déterminer une équation cartésienne de la droite (AB).*

89 **1.** $A(2;1)$ et $B(2;-5)$

2. $A(3;-1)$ et $B(4;1)$

90 **1.** $A\left(\frac{1}{2};-\frac{1}{3}\right)$ et $B\left(1;\frac{2}{3}\right)$

2. $A(2;-5)$ et $B(-4;-5)$

91 Soient les points $A(4;2)$ et $B(-1;-1)$.

1. Déterminer une équation cartésienne de la droite (AB).

2. Dans chaque cas, déterminer la valeur du réel m tel que les points A, B et C soient alignés.

a. $C(m;1)$ **b.** $C(-3;m)$ **c.** $C(m;m)$

*Pour les exercices **92** et **93**, déterminer une équation cartésienne de la droite d' passant par A et parallèle à la droite d.*

92 $A(1;5)$ et $d: 5x+2y+3=0$

93 $A(-2;3)$ et $d: x-4y-8=0$

*Pour les exercices **94** et **95**, déterminer une équation cartésienne de la droite passant par C et parallèle à la droite (AB).*

94 $A(-1;2)$, $B(3;-3)$ et $C(1;2)$

95 $A(2;3)$, $B(-1;-4)$ et $C(-2;1)$

96 LOGICIEL GÉOMÉTRIE

Soient $A(4;3)$, $B(-2;4)$ et $C(6;-2)$.

1. À l'aide d'un logiciel de géométrie dynamique, placer A, B et C. Construire la droite (BC) et la droite Δ parallèle à (BC) passant par A.

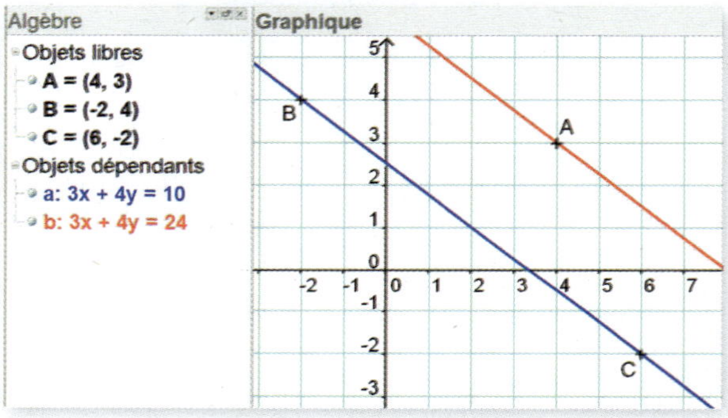

2. Justifier les équations cartésiennes des deux droites (BC) et Δ affichées par le logiciel.

97 **Médiatrices d'un triangle rectangle**

On considère les points $A(5;5)$, $B(2;1)$ et $C(10;-5)$.

1. a. Calculer les longueurs AB, AC et BC.

b. Montrer que le triangle ABC est rectangle en B.

2. Déterminer les coordonnées des points M et N milieux respectifs des segments $[AB]$ et $[BC]$.

3. a. Déterminer une équation cartésienne de la médiatrice d_1 du segment $[AB]$.

b. Déterminer une équation cartésienne de la médiatrice d_2 du segment $[BC]$.

4. Montrer que le milieu P de $[AC]$ appartient à chacune des médiatrices d_1 et d_2.

3 Équation réduite d'une droite

98 Soient d_1 et d_2 les droites d'équations cartésiennes respectives $x-y-5=0$ et $2x-3y+7=0$. Donner les équations réduites de d_1 et d_2.

99 Dans chaque cas, déterminer le coefficient directeur m de la droite (AB).

1. $A(2;5)$ et $B(-8;10)$

2. $A(-3;4)$ et $B(2;-5)$

100 Dans chaque cas, déterminer le réel p ou m pour que le point A appartienne à la droite d.

1. $d : y=-2x+p$ et $A(-3;2)$

2. $d : y=mx-\frac{1}{3}$ et $A(-1;-2)$

101 Dans chaque cas, déterminer le réel t pour que le point A appartienne à la droite d.

1. $d : y=-6x+11$ et $A(2;t)$

2. $d : y=3x+4$ et $A(t;t)$

102 Soient les points $A(2;-5)$, $B(2;4)$ et $C(-3;4)$.

1. Sans faire de calcul, donner l'équation réduite des droites (AB) et (BC).

2. Déterminer l'équation réduite de la droite (AC).

103 Tracer les droites d_1 à d_4 en utilisant le coefficient directeur et l'ordonnée à l'origine.

$d_1 : y=2x-3$

$d_2 : y=-3x+1$

$d_3 : y=\frac{1}{2}x+4$

$d_4 : y=\frac{2}{3}x-2$

104 Par lecture graphique, préciser le coefficient directeur puis donner une équation réduite de chaque droite.

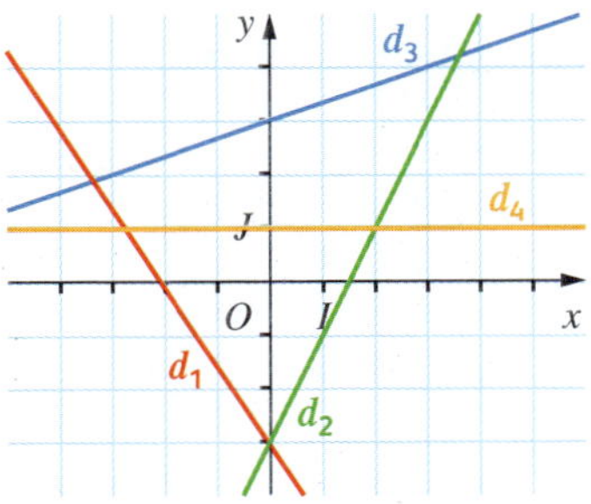

105 Par lecture graphique, préciser les équations réduites des droites tracées ci-dessous.

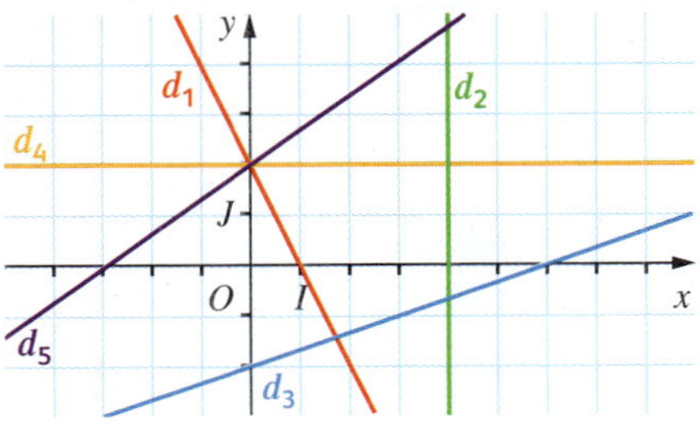

106 Déterminer algébriquement l'équation réduite de la droite d passant par le point A et de coefficient directeur m. Tracer d.

1. $A(2;8)$ et $m=-5$

2. $A(-3;-5)$ et $m=3$

*Pour les exercices **107** à **109**, déterminer l'équation réduite de la droite (AB).*

107 **1.** $A(3;2)$ et $B(5;-2)$ **2.** $A(3;1)$ et $B(2;1)$

108 **1.** $A(0,2;5)$ et $B(1;0,8)$ **2.** $A(-2;-1)$ et $B(3;1)$

109 **1.** $A(3;2)$ et $B(3;-2)$ **2.** $A(-5;6)$ et $B(-6;5)$

110 Soient les points $A(-1;3)$ et $B(-2;1)$.

1. Déterminer l'équation réduite de la droite (AB).

2. Déterminer l'équation réduite de la droite d passant par le point $C(-3;2)$ et parallèle à (AB).

111 Compétence Modéliser

En 2018, la Bibliothèque nationale de France François Mitterrand à Paris a enregistré 926 000 entrées.
En 2022, elle en a enregistré 1 063 000.

Source : INSEE

Soient $A(0;926)$ et $B(4;1\,063)$. On suppose que la droite (AB) décrit l'évolution en fonction du temps du nombre d'entrées de la bibliothèque à partir de 2018.

1. Déterminer une équation réduite de (AB).

2. Estimer le nombre d'entrées en 2019.

3. En quelle année peut-on estimer que le nombre d'entrées pourrait dépasser 1 300 000 ?

112 ALGO L'algorithme ci-contre permet d'obtenir l'équation réduite $y=mx+p$ d'une droite passant par deux points $A(x_A;y_A)$ et $B(x_B;y_B)$ avec $x_A \neq x_B$.

```
Saisir x_A, y_A, x_B, y_B
m ← …
p ← …
Afficher m
Afficher p
```

1. Montrer que $p=y_A-mx_A$.

2. Recopier et compléter l'algorithme.

113 **Vrai ou faux ?** Justifier.

1. La droite passant par $A(2;5)$ et $B(2;-9)$ est parallèle à l'axe des abscisses.

2. La droite passant par $A(8;1)$ et $B(2;19)$ admet pour coefficient directeur $m=-\frac{1}{3}$.

3. Le point $A\left(\frac{1}{6};\frac{9}{2}\right)$ appartient à la droite d d'équation $y=-3x+5$.

4. Si le point $A(-1;3)$ appartient à la droite d'équation $y=-\frac{1}{4}x+p$, alors $p=\frac{11}{4}$.

5. Le point $A(1;1)$ est le point d'intersection des droites d'équations $y=-2x+3$ et $y=3x-4$.

6. La droite passant par $A(-1;1)$ et $B(1;-1)$ passe par l'origine du repère.

exercices Entraînement

114 Léo a saisi l'équation d'une droite d dans sa calculatrice et a obtenu le tableau de valeurs ci-contre.

X	Y1
2	-1
3	-7
4	-13

1. Déterminer l'équation réduite de la droite d.
2. Afficher le tableau de valeurs.
3. La droite passe-t-elle par le point $(9;-43)$?

Analyse d'un énoncé

115 Exercice commenté
On donne un nombre réel t et quatre points :
$$A(2;8), B(7;-2), C(-3;-1) \text{ et } D(-8;t)$$
1. Calculer le coefficient directeur de la droite (AB).
2. Exprimer en fonction de t le coefficient directeur de la droite (CD).

Cela signifie que la réponse ne sera pas un nombre fixé, le réel t apparait dans le coefficient.

3. Calculer le nombre t pour que les droites (AB) et (CD) soient parallèles.

Deux droites sont parallèles si, et seulement si elles ont le même coefficient directeur.

116 Application immédiate
Soient $A(12;10)$, $B(-3;15)$, $C(2;t)$ et $D(4;3t+4)$ où $t \in \mathbb{R}$.
1. Exprimer en fonction de t le coefficient directeur et l'ordonnée à l'origine de la droite (CD).
2. Existe-t-il un nombre t pour lequel les droites (AB) et (CD) sont confondues ?
3. Existe-t-il un nombre réel t pour lequel les points A, C et D sont alignés ?

4 Position relative de deux droites

Pour les exercices 117 et 118, indiquer si les droites d et d' sont strictement parallèles, confondues ou sécantes. Justifier.

117 **1.** $d : 2x-6y+5=0$ et $d' : x-3y+2=0$
2. $d : 4x-3y+1=0$ et $d' : 5x-4y+2=0$

118 **1.** $d : 3x+9y-2=0$ et $d' : x+3y-\frac{2}{3}=0$
2. $d : y=3x-6$ et $d' : y=-4x+1$

119 On considère les droites d_1 et d_2 d'équations cartésiennes respectives $-2x+5y-1=0$ et $3x+by+4=0$, où b est un réel.
Déterminer le réel b pour que les droites d_1 et d_2 soient parallèles.

120 **1.** Placer les points $A(4;5)$, $B(-2;2)$, $C(2;-3)$ et $D(4;-2)$.
2. Étudier la position relative des droites (AB) et (CD).
3. Quelle est la nature du quadrilatère $ABCD$? Justifier.

5 Système linéaire de deux équations à deux inconnues

121 On considère le système $\begin{cases} 2x+3y=1 \\ 3x-2y=8 \end{cases}$.
Le couple $(-1;1)$ est-il solution du système ? et le couple $(2;-1)$?

Pour les exercices 122 et 123, résoudre les systèmes en utilisant la méthode par substitution.

122 **1.** $\begin{cases} x-3y=8 \\ 2x+5y=5 \end{cases}$ **2.** $\begin{cases} 3x+4y=10 \\ 5x+y=-6 \end{cases}$

123 **1.** $\begin{cases} 8x+y=111 \\ 14x-9y=33 \end{cases}$ **2.** $\begin{cases} 0{,}2x+0{,}7y=0{,}5 \\ x+2y=1{,}6 \end{cases}$

Pour les exercices 124 et 125, résoudre les systèmes en utilisant la méthode par combinaison linéaire.

124 **1.** $\begin{cases} 4x-3y=9 \\ -2x+5y=-1 \end{cases}$ **2.** $\begin{cases} 3x+5y=31 \\ 5x+4y=43 \end{cases}$

125 **1.** $\begin{cases} -3x+4y=56 \\ 2x+4y=36 \end{cases}$ **2.** $\begin{cases} 7x+4y=1 \\ 3x+5y=7 \end{cases}$

Pour les exercices 126 et 127, résoudre les systèmes.

126 **1.** $\begin{cases} x-2y=5 \\ -2x+4y=3 \end{cases}$ **2.** $\begin{cases} 3x+2y=1 \\ 4x-3y=-2 \end{cases}$

127 **1.** $\begin{cases} \frac{1}{2}x+\frac{1}{3}y=1 \\ x-2y=-1 \end{cases}$ **2.** $\begin{cases} -x+2y=2 \\ 0{,}5x-y=-1 \end{cases}$

Pour les exercices 128 à 130, montrer que d_1 et d_2 sont sécantes et déterminer leur point d'intersection.

128 $d_1 : 6x-y-5=0$ et $d_2 : 2x-3y+1=0$

129 $d_1 : 6x-4y-1=0$ et $d_2 : 3x+7y-5=0$

130 $d_1 : y=\frac{2}{3}x-1$ et $d_2 : y=-\frac{1}{4}x+\frac{3}{2}$

131 Soient les points $A(3;-7)$ et $B(-2;18)$.
1. Justifier que la droite (AB) admet une équation réduite de la forme $y=mx+p$.
2. Montrer que m et p vérifient le système :
$$\begin{cases} 3m+p=-7 \\ -2m+p=18 \end{cases}$$
3. En déduire l'équation réduite de (AB).

132 1. Placer les points $A(7;1)$ et $B(5;5)$ et $C(1;1)$.
2. On note I le milieu de [AB] et Δ la droite d'équation cartésienne $2x-5y+3=0$.
a. Déterminer les coordonnées de I.
b. Montrer que C et I appartiennent à Δ.
c. Que représente la droite Δ pour le triangle ABC ?
3. Soit d la médiane issue de A dans le triangle ABC. Déterminer une équation cartésienne de d.
4. Montrer que d et Δ sont sécantes en un point noté G. Déterminer les coordonnées de G.
5. Soit K le milieu de $[AC]$. Montrer que les points B, G et K sont alignés.

133 On considère les points $A(7;-2)$, $B(3;4)$, $C(-7;-3)$, $D(-6;1)$, $E(13;5)$ et $F(19;2)$.
1. Déterminer une équation cartésienne de chacune des droites (AB), (CD) et (EF).
2. Montrer que (AB), (CD) et (EF) sont concourantes en un point T dont on calculera les coordonnées.

134 On considère les points suivants :

$$A(-4;1),\ B(1;-1),\ C(-2;2) \text{ et } D(-3;3)$$

On note I le milieu du segment $[AB]$ et G le point tel que $\overrightarrow{CG}=\frac{1}{3}\overrightarrow{AC}$.

Le but de l'exercice est de démontrer que les droites (AD), (CI) et (BG) sont concourantes.

1. Montrer que les points B, C et D sont alignés.
2. a. Démontrer que la droite (IC) a pour équation cartésienne $4x+y+6=0$.
b. Déterminer une équation cartésienne de la droite (AD).
c. Justifier que les droites (AD) et (CI) sont sécantes en un point K dont on déterminera les coordonnées.
3. Montrer alors que les droites (AD), (CI) et (BG) sont concourantes.

135 **Exercice guidé**
Medhi, élève en Première, ne se souvient plus des coefficients de l'épreuve anticipée de français à l'écrit et à l'oral.
Ayant obtenu ses notes lors du bac blanc de français, il a compté que si l'oral a pour coefficient 2 et l'écrit coefficient 3 alors il aurait obtenu 64 points sur 100.
Mais si l'oral a pour coefficient 3 et l'écrit coefficient 2 (la note totale est alors sur 100 points), il aurait 16 points d'avance par rapport à la moyenne.
Déterminer la note x obtenue par Medhi à l'oral du bac blanc de français et sa note à l'écrit y.

Pistes de résolution On traduit chaque information de l'énoncé pour mettre en place un système de deux équations à deux inconnues.

136 Anna achète quatre croissants et une baguette pour 4,70 € et Sami achète cinq croissants et quatre baguettes pour 8,90 €.
On note x le prix d'un croissant et y le prix d'une baguette.
1. Écrire un système de deux équations à deux inconnues traduisant les données de l'énoncé.
2. Déterminer le prix d'un croissant et celui d'une baguette.

137 Un fleuriste a vendu toutes ses fleurs, des roses à 0,80 € l'une et des tulipes à 0,60 € l'une. Il avait 45 roses de plus que de tulipes. La recette a été de 211 €.
Combien de fleurs de chaque sorte ont été vendues ?

138 Au premier trimestre, Daphné et Eliséo ont obtenu les notes suivantes en mathématiques, avec des coefficients différents.

Coefficients	x	y	2	Moyenne
Daphné	13	9	12	10,8
Eliséo	16	11	8	11,9

1. Montrer que x et y sont solutions du système :

$$\begin{cases} 2{,}2x-1{,}8y=-2{,}4 \\ 4{,}1x-0{,}9y=7{,}8 \end{cases}$$

2. En déduire les coefficients x et y.

139 Sur la figure ci-dessous, ABC est un triangle rectangle en B tel que $BC=4$ cm. L'aire du triangle ABD est égale à 15 cm^2 et $DH=3$ cm.
Calculer x et y.

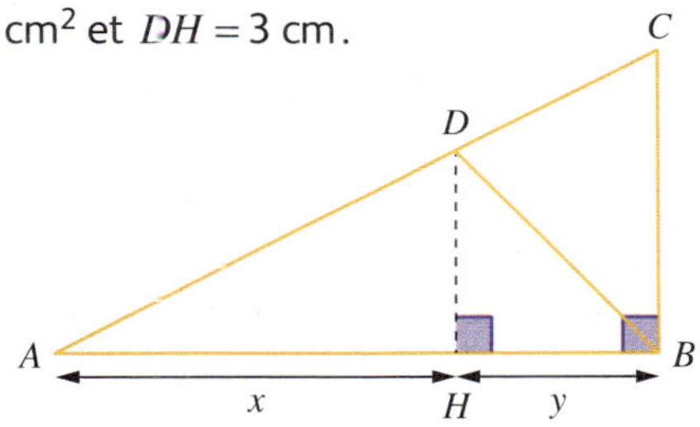

140 PRISE D'INITIATIVES Compétence Chercher
Dans la classe de Seconde 3, il y a huit filles de moins que de garçons.
De plus, un tiers des filles et un quart des garçons, soit neuf élèves, sont externes.
Combien y a-t-il d'élèves dans cette classe ?

141 On donne la copie d'écran suivante.

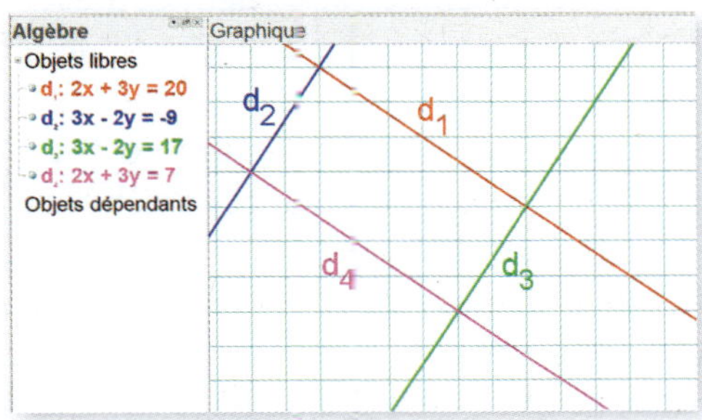

Démontrer que les points d'intersection de ces quatre droites forment un rectangle.

exercices Bilan et approfondissement

BILAN

142 20min Exploiter une équation cartésienne

On considère la droite d dont une équation cartésienne est $2x-3y-5=0$ dans un repère du plan.

1. Donner un vecteur directeur de d.

2. Les points $A(-1;-1)$ et $B\left(\frac{1}{2};-\frac{4}{3}\right)$ appartiennent-ils à d ? Justifier.

3. Déterminer :

a. l'ordonnée du point de d dont l'abscisse est 1 ;

b. l'abscisse du point de d dont l'ordonnée est $-\frac{1}{3}$;

c. les coordonnées des points d'intersection de d avec les axes du repère ;

d. le réel m tel que $C(m;m)$ appartienne à d.

4. Donner l'équation réduite de la droite d.

5. Construire la droite d.

6. Déterminer une équation cartésienne de la droite d' passant par $E(4;-3)$ et parallèle à d.

143 15min Équations cartésiennes de droites

On considère les points $A(-5;2)$, $B(3;4)$, $C(8;5)$ et le vecteur $\vec{u}\begin{pmatrix}1\\3\end{pmatrix}$ dans un repère $(O;\vec{i};\vec{j})$.

1. Soit d la droite passant par A et de vecteur directeur $\vec{u}$.

a. Construire d.

b. Déterminer une équation cartésienne de d.

2. a. Déterminer une équation cartésienne de la droite (BC).

b. Les points A, B et C sont-ils alignés ? Justifier.

3. Montrer que les droites d et (BC) sont sécantes en un point M dont on déterminera les coordonnées.

144 15min Une modélisation

Une entreprise vend différents modèles de chaises dont le prix est compris entre 100 € et 1 500 €. Une étude a montré que si le prix de vente d'un modèle de chaise est de 100 €, alors elle en vend chaque mois environ 2 500. Pour un modèle à 1 500 €, elle en vend seulement 10. On considère les points $M(100;2\,500)$ et $N(1500;10)$ dans un repère du plan.

On admet que la droite (MN) permet d'estimer le nombre de chaises vendues en fonction du prix du modèle.

1. Déterminer l'équation réduite de la droite (MN). Arrondir le coefficient directeur et l'ordonnée à l'origine au centième.

2. Estimer le nombre de chaises vendues pour un modèle à 500 euros.

3. Un modèle est rentable si, chaque mois, plus de 1 000 exemplaires sont vendus. Quel est le prix de vente que ne doit pas dépasser un modèle pour être rentable ?

145 15min Lectures graphiques

1. Pour chacune des droites d_1 à d_4 tracées ci-dessous, donner son coefficient directeur puis son équation réduite.

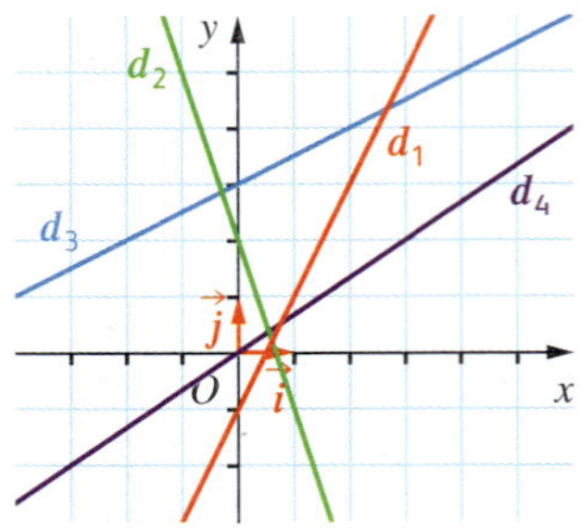

2. Déterminer l'équation réduite de la droite d_5 parallèle à d_2 et passant par $A(-2;3)$.

3. Déterminer les coordonnées du point d'intersection des droites d_1 et d_3.

146 30min Points alignés

Partie A. Résolution d'un système

Résoudre le système : $\begin{cases}2x+9y=37\\-5x+6y=31\end{cases}$

Partie B. Étude d'une configuration

Dans un repère, on donne $A(-4;5)$, $B(5;3)$, $C(-5;1)$ et $D(1;6)$. Soit M le milieu du segment $[BC]$.

1. a. Déterminer une équation cartésienne de chacune des droites (AB) et (CD).

b. Montrer que les équations de (AB) et (CD) correspondent aux équations du système de la **partie A.**

c. Justifier que (AB) et (CD) sont sécantes en un point F dont on donnera les coordonnées.

2. a. Déterminer une équation cartésienne de chacune des droites (AC) et (DB).

b. Justifier que (AC) et (DB) sont sécantes en un point G dont on calculera les coordonnées.

3. Déterminer une équation cartésienne de la droite (FG).

4. Montrer que les points M, F et G sont alignés.

147 15min Étude d'une configuration

On considère les points $A(3;6)$, $B(9;12)$, $C(14;10)$ et $D(5;1)$ dans un repère orthonormé du plan.

1. Montrer que les droites (AB) et (CD) sont parallèles.

2. a. Déterminer une équation cartésienne des droites (AD) et (BC).

b. Montrer que les droites (AD) et (BC) sont sécantes en un point M dont on déterminera les coordonnées.

3. Quelle est la nature du quadrilatère $ABCD$?

148 15min **Achat en ligne ou en magasin ?**

Léa souhaite acheter un téléviseur et une tablette pour un montant total de 714 € en magasin.

Sur le site internet du magasin, elle remarque que pour des modèles identiques, le téléviseur bénéficie, par rapport au prix en magasin, d'une remise de 30 % et la tablette d'une remise de 50 €. Le montant total de ces deux achats sur internet s'élève alors à 535 €.

Les prix en magasin du téléviseur et de la tablette sont notés respectivement x et y.

1. Montrer que les indications du site internet permettent d'affirmer que $0{,}7x+y=585$.

2. Écrire un système de deux équations d'inconnues x et y permettant de déterminer le prix du téléviseur et de la tablette en magasin.

3. Déterminer le prix du téléviseur et de la tablette sur le site internet.

149 10min **Au concert**

Une salle de concert propose des places à 5 € et des places à 9,50 €. Lors du dernier concert, la recette a été de 29 375 € pour 4 300 spectateurs.

Déterminer le nombre de places de chaque sorte qui ont été vendues.

150 15min **Une aire qui ne change pas**

Un rectangle de largeur ℓ et de longueur L, exprimées en centimètres, a un périmètre égal à 122 cm.

Il est tel que si on diminue de 7 cm sa longueur et si on augmente de 2 cm sa largeur, son aire reste inchangée.

1. Montrer que ℓ et L vérifient le système :

$$\begin{cases} L+\ell=61 \\ 2L-7\ell=14 \end{cases}$$

2. En déduire les valeurs de L et ℓ.

151 20min **Équations réduites de droites**

Dans un repère $(O;\vec{i};\vec{j})$, on considère deux points $A(-1;3)$ et $B(2;3)$. On note Δ la droite d'équation :

$$y=-x+3$$

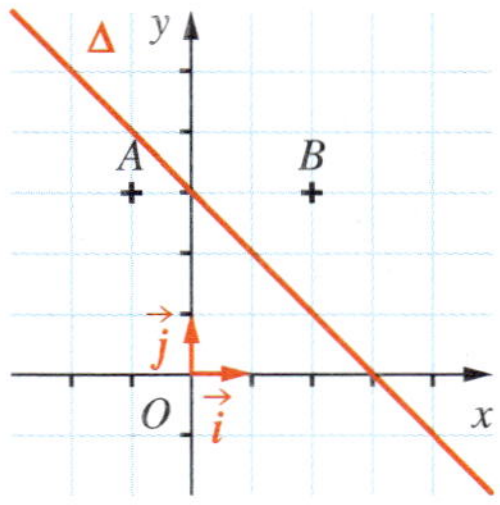

1. Construire la droite Δ, puis placer A et B.

2. Déterminer par lecture graphique l'équation réduite de la droite (AB).

3. On donne $C(-1;4)$ et $D(2;13)$.

a. Montrer que C appartient à la droite Δ.

b. Déterminer par le calcul l'équation réduite de la droite (CD).

c. Pourquoi (CD) et (AB) sont-elles sécantes ?

d. Déterminer les coordonnées du point d'intersection E des droites (CD) et (AB).

APPROFONDISSEMENT

152 **Droite d'Euler d'un triangle**

Dans un repère orthonormé $(O;\vec{i};\vec{j})$, on place les points $A(-4;3)$, $B(8;1)$ et $C(1;4)$.

Partie A. Médiatrice du triangle ABC

On rappelle que la médiatrice d'un segment est l'ensemble des points équidistants des extrémités de ce segment.

1. On note m_1 la médiatrice du segment $[BC]$.

a. Soit $M(x;y)$ un point quelconque de m_1. Exprimer BM^2 et CM^2 en fonction de x et y.

b. En déduire qu'une équation cartésienne de m_1 est $7x-3y-24=0$.

2. Montrer qu'une équation cartésienne de la médiatrice m_2 du segment $[AC]$ est $5x+y+4=0$.

3. Déterminer les coordonnées du centre Ω du cercle circonscrit au triangle ABC.

Partie B. Hauteurs du triangle ABC

1. Soit h_1 la hauteur issue de A du triangle ABC.

a. Justifier que m_1 et h_1 sont parallèles.

b. En déduire une équation cartésienne de h_1.

2. Déterminer une équation de h_2, hauteur issue de B du triangle ABC.

3. Déterminer les coordonnées de l'orthocentre H du triangle ABC.

Partie C. Médianes du triangle ABC

1. Déterminer les coordonnées du milieu I du segment $[AB]$.

2. Déterminer une équation cartésienne de la médiane issue de C dans le triangle ABC.

3. On admet qu'une équation cartésienne de la médiane issue de A dans le triangle ABC est $x+17y-47=0$.

Déterminer les coordonnées du point G, centre de gravité du triangle ABC.

Partie D. Droite d'Euler du triangle ABC

Montrer que les points Ω, H et G sont alignés.

Info

La droite passant par les points Ω, G et H est appelée la droite d'Euler du triangle ABC. Ce résultat reste valable dans tout triangle ABC non équilatéral.

exercices Bilan et approfondissement

153 Un ensemble de points

On note E l'ensemble des points $M(x\,;y)$ du plan rapporté à un repère tels que :

$$(-2x+3y+1)^2-(4x-y+2)^2=0$$

1. Montrer que E est la réunion de deux droites D_1 et D_2 dont on déterminera une équation cartésienne.
2. Représenter graphiquement l'ensemble E.

154 Une famille de droites

Soit m un nombre réel. On note D_m la droite dont une équation cartésienne dans le plan rapporté à un repère est $(m-1)x+(3m+2)y+m+4=0$.

1. Donner l'équation réduite de la droite D_{-1} et tracer cette droite.
2. Dans chaque cas, déterminer la valeur de m telle que :
a. D_m passe par l'origine du repère ;
b. le point $A(-1;1)$ appartienne à D_m ;
c. D_m soit parallèle à l'axe des ordonnées ;
d. D_m soit parallèle à l'axe des abscisses ;
e. D_m soit parallèle à la droite Δ d'équation :
$$x-4y+5=0$$
3. Montrer qu'il existe un point P, dont on déterminera les coordonnées, qui appartient à toutes les droites D_m.

155 Des systèmes non linéaires (1)

1. Résoudre le système $\begin{cases}3X-2Y=-5\\7X+4Y=23\end{cases}$.
2. En déduire la résolution des systèmes suivants.

a. $\begin{cases}3x^2-2y^2=-5\\7x^2+4y^2=23\end{cases}$ b. $\begin{cases}3(x-3)^2-\dfrac{2}{y-1}=-5\\7(x-3)^2+\dfrac{4}{y-1}=23\end{cases}$

156 Des systèmes non linéaires (2)

Résoudre les systèmes suivants.

1. $\begin{cases}x+y=-2\\x^2-y^2=6\end{cases}$ 2. $\begin{cases}x+y=10\\x^2-2xy+y^2=16\end{cases}$

157 Avec trois inconnues

On considère la fonction f définie sur $\mathbb{R}$ par :

$$f(x)=ax^2+bx+c$$

où a, b et c sont des réels avec $a\neq 0$. On note $\mathcal{P}$ sa courbe représentative dans le plan rapporté à un repère. $\mathcal{P}$ passe par $A(0;-5)$, $B(-1;-1)$ et $C(2;-7)$.

1. Montrer que a, b et c vérifient un système de trois équations à trois inconnues que l'on précisera.
2. En déduire l'expression de $f(x)$ en fonction de x.

158 Régionnement du plan

Partie A. On considère la droite $d: 2x+3y=11$.

1. Tracer la droite d dans un repère.
2. On considère l'ensemble E des points $M(x\,;y)$ tels que $2x+3y<11$.
a. Montrer que l'origine du repère est dans E.
b. Parmi les points suivants, quels sont ceux qui appartiennent à l'ensemble E ? Justifier par un calcul.
• $A(2;1)$ • $B(1;4)$ • $C(5;0)$ • $D(4;1)$
c. Graphiquement, où sont situés les points qui appartiennent à l'ensemble E ?

Info
On dit que l'ensemble E est le **demi-plan** délimité par la droite d (non incluse) et contenant l'origine du repère.

Partie B. Ci-dessous, on a représenté deux droites :

$$d_1: x-5y+13=0 \text{ et } d_2: 2x-3y+1=0$$

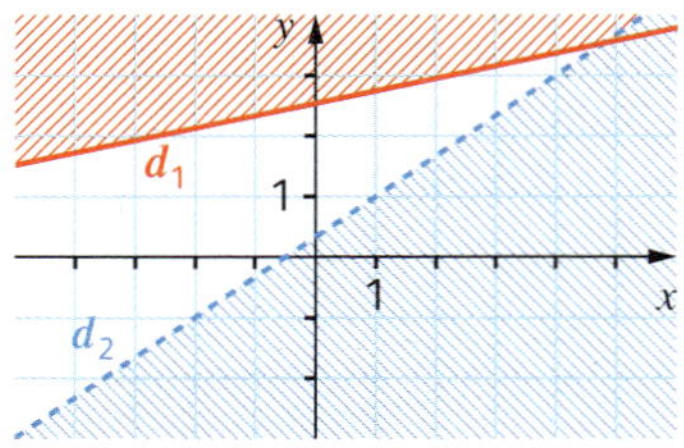

Décrire l'ensemble non hachuré par un système de deux inéquations à deux inconnues x et y. *Une droite en pointillés correspond à une inégalité stricte.*

159 On considère l'ensemble F des points $M(x\,;y)$ vérifiant dans le plan rapporté à un repère :

$$\begin{cases}x>0\\x-y-1\leqslant 0\\3x-5y+4>0\end{cases}$$

1. Les points $A(1;2)$ et $B(3;2)$ appartiennent-ils à F ?
2. a. Tracer les droites $d_1: x=0$, $d_2: x-y-1=0$ et $d_3: 3x-5y+4=0$.
b. Hachurer les parties du plan qui ne vérifient pas les inéquations de l'ensemble F. Décrire l'ensemble F.
3. Combien de points à coordonnées entières sont-ils dans l'ensemble F ? Lesquels ?

160 PRISE D'INITIATIVES Soit $ABCD$ un carré. Soient E et F deux points tels que les triangles ABE et BCF sont équilatéraux comme indiqué sur la figure ci-dessous.

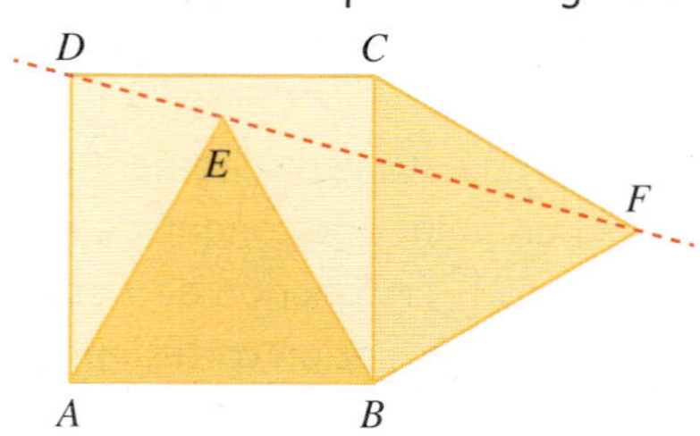

En se plaçant dans le repère (A, B, D), montrer que les points D, E et F sont alignés.

161 Points à coordonnées entières

On considère la droite d d'équation cartésienne $2x-4y-5=0$.

Existe-t-il des points de la droite d dont les coordonnées x et y sont des entiers relatifs ? Justifier.

exercices Accompagnement personnalisé

Maîtriser l'essentiel

162 Compréhension d'énoncé

On considère l'énoncé suivant.

Soient $A(2;-8)$, $B(-5;6)$ et $C(-12;15)$.

I. Déterminer une équation cartésienne, puis l'équation réduite de la droite (AB).

II. Le point C appartient-il à (AB) ?

III. Déterminer l'équation réduite de la droite Δ parallèle à (AB) passant par C.

Répondre aux questions suivantes.

1. Quelle est la forme d'une équation cartésienne ? Celle d'une équation réduite ?

2. Comment montre-t-on qu'un point appartient à une droite ?

3. Quel mot est important dans la consigne ? Que permet-il de connaître pour l'équation réduite de Δ ?

4. Répondre aux trois questions de l'énoncé.

163 **1.** Dans un repère, construire la droite d_1 passant par $A(-3;4)$ et de vecteur directeur $\vec{u_1}\begin{pmatrix}3\\-2\end{pmatrix}$.

2. Déterminer une équation cartésienne de d_1.

164 On donne deux points $T(-4;3)$ et $R(5;4)$.

1. Déterminer une équation cartésienne de la droite (RT).

2. Le point $S(15;5)$ appartient-il à la droite (RT) ?

165 **1.** Déterminer graphiquement le coefficient directeur de la droite d_1 ci-contre.

2. Déterminer graphiquement l'équation réduite de chacune des quatre droites ci-contre.

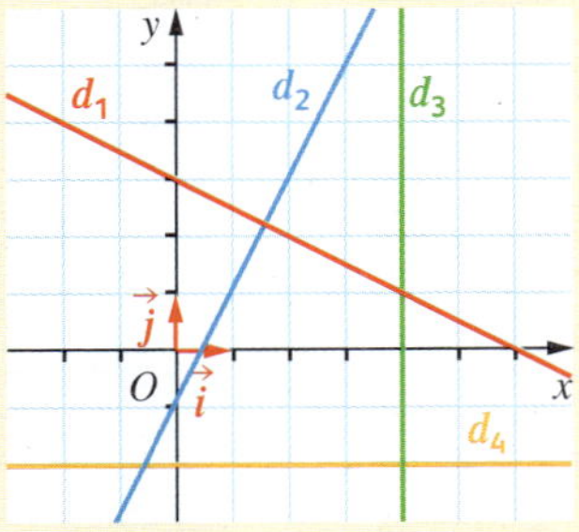

166 Soient $A(2;4)$, $B(3;3)$, $C(2;-1)$ et $D(0;2)$.

Déterminer algébriquement l'équation réduite de chacune des droites :

(AB) ; (CD) ; (AC) et (AD)

167 Soient trois droites :

$d_1 : 7x-4y+13=0$

$d_2 : -21x+12y-4=0$

$d_3 : x-10y+5=0$

1. Les droites d_1 et d_2 sont-elles sécantes ?

2. a. Montrer que les droites d_1 et d_3 sont sécantes.

b. Résoudre le système : $\begin{cases}7x-4y=-13\\x-10y=-5\end{cases}$

c. Que représente le couple solution du système pour les droites d_1 et d_3 ?

Aller plus loin

Le plan est rapporté à un repère orthonormé $(O;\vec{i};\vec{j})$.

168 Soient $A(3;8)$, $B(2;1)$, $C(8;3)$ et $N(6;5)$.

1. a. Montrer que le triangle ABC est isocèle en A.

b. Calculer les coordonnées de M, milieu de $[BC]$.

c. Que représente la droite (AM) pour le triangle ABC ?

2. a. Déterminer une équation cartésienne de (AC).

b. Démontrer que N appartient à la droite (AC).

c. Montrer que le triangle BNC est rectangle en N.

d. Que représente la droite (BN) pour le triangle ABC ?

3. a. Déterminer une équation cartésienne de chacune des droites (AM) et (BN).

b. Déterminer les coordonnées de l'orthocentre du triangle ABC.

169 Soient $A(2;2)$, $B(4;4)$, $C(7;2)$ et $D(4;-2)$.

1. Montrer que la droite d_1 passant par A et parallèle à (BC) et la droite d_2 passant par D et parallèle à (AC) sont sécantes en un point P.

2. Calculer les coordonnées du point P.

170 **1.** Montrer que, pour tous réels x et y :

$$(x+y)^2-(x-y)^2=4xy$$

2. x et y sont deux réels dont la différence est 3 et le produit 108. Déterminer les valeurs possibles de x et y.

171 $ABCD$ est un carré. On note I et J les milieux respectifs des segments $[AB]$ et $[AD]$.

On se place dans le repère $(A;\overrightarrow{AB};\overrightarrow{AD})$.

1. Donner les coordonnées des points A, B, C et D dans ce repère.

2. Calculer les coordonnées des points I et J.

3. Déterminer une équation cartésienne des droites (AC) et (BJ).

4. Montrer que (AC) et (BJ) sont sécantes en un point G dont on déterminera les coordonnées.

5. Montrer que les points D, G et I sont alignés.

172 Résoudre le système $\begin{cases}2x^2+3y^2=16\\3x^2+5y^2=26\end{cases}$.

173 PRISE D'INITIATIVES

COUP DE POUCE
hachette-clic.fr/25de2064

Un trésor serait caché dans le puits d'un château situé à mi-chemin entre la porte d'entrée du château et le portail du parc. Sur une carte, les positions des points sont données avec l'indication : « Le trésor est au croisement des deux chemins. » Le trésor est-il dans le puits ?

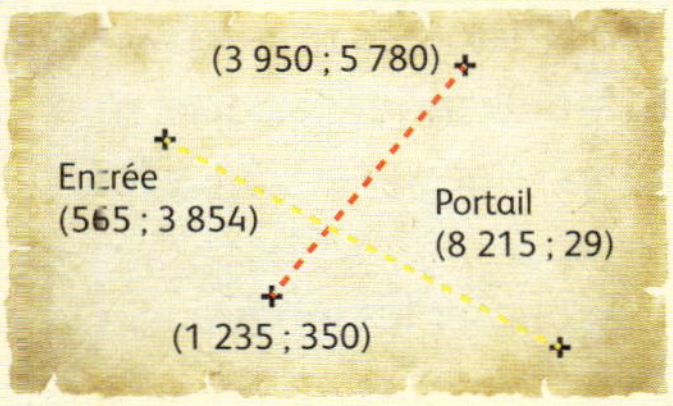

TP Utiliser les outils numériques — LOGICIEL GÉOMÉTRIE

Droites perpendiculaires dans un repère orthonormé

L'objectif est d'établir un moyen rapide pour savoir si deux droites non parallèles aux axes et dont on connaît les équations réduites dans un repère orthonormé sont perpendiculaires.

Objectif
Conjecturer à l'aide d'un logiciel de géométrie dynamique et démontrer.

Partie A Première approche

1. À l'aide d'un logiciel de géométrie dynamique :

a. construire la droite d'équation réduite $y=2x+1$, la renommer Δ et placer un point A quelconque sur cette droite ;

b. construire la droite perpendiculaire à Δ et passant par A, la renommer Δ' ;

c. dans la fenêtre *Algèbre*, mettre l'équation de la droite Δ' sous la forme $y=ax+b$ et noter son coefficient directeur m' ;

d. calculer le produit $p=m\times m'$ des coefficients directeurs.

2. Reprendre la question **1.** avec la droite $\Delta : y=-5x+2$, puis avec la droite $\Delta : y=\frac{2}{3}x$.

3. Que constate-t-on ?

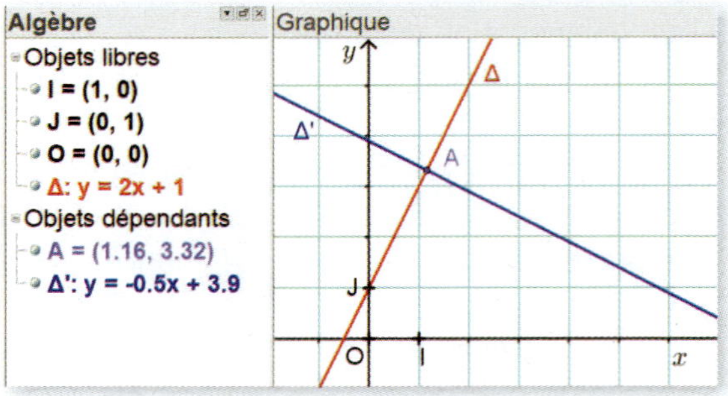

Partie B Conjecture avec des droites non parallèles aux axes du repère

Soit une droite Δ d'équation réduite $y=mx$ où m est un nombre réel non nul.

1. À l'aide d'un logiciel de géométrie dynamique :

a. créer un curseur m à l'aide de l'icône ;

b. construire la droite d'équation réduite $y=mx$ à renommer Δ ;

c. construire la droite perpendiculaire à Δ et passant par l'origine O du repère, la renommer Δ' ;

d. à l'aide de l'icône , afficher le coefficient directeur, renommé m', de la droite Δ' ;

e. dans la barre de saisie, écrire $p=m\times m'$ et animer le curseur m.

2. Que constate-t-on pour le produit $p=m\times m'$?

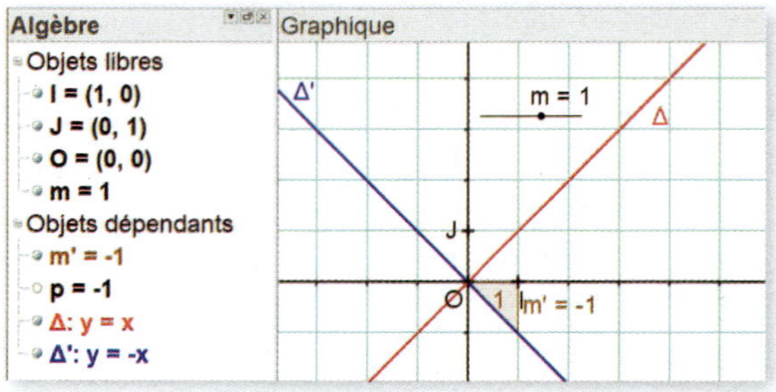

Partie C Démonstration

On considère les droites Δ et Δ' d'équations réduites respectives :

$$y=mx \text{ et } y=m'x$$

1. a. Montrer que les points $A(1;m)$ et $A'(1;m')$ appartiennent respectivement à Δ et Δ'.

b. Montrer que les droites Δ et Δ' sont perpendiculaires si, et seulement si le triangle OAA' est rectangle en O.

c. Exprimer les longueurs OA^2, OA'^2 et AA'^2 en fonction de m et m'.

d. Montrer que les droites Δ et Δ' sont perpendiculaires si, et seulement si $m\times m'=-1$.

2. On considère deux droites d et d' d'équations réduites respectives $y=mx+p$ et $y=m'x+p'$.

a. Que peut-on dire des droites d et Δ ? Pourquoi ?

b. Que peut-on dire des droites d' et Δ' ? Pourquoi ?

c. Si Δ et Δ' sont perpendiculaires, que peut-on dire des droites d et d' ?

3. Énoncer une règle permettant de savoir si deux droites d et d' d'équations réduites respectives $y=mx+p$ et $y=m'x+p'$ sont perpendiculaires.

TP Mener une recherche

Compétence **Chercher et communiquer**

TP1 Méthode pour multiplier deux nombres à l'aide d'une droite

TRAVAIL DE GROUPE

Il existe une méthode pour connaître la valeur du produit de deux nombres a et b à l'aide d'une équation réduite de droite.

Partie A Observation sur deux exemples

1. Dans chacun des cas suivants, déterminer l'équation réduite $y=mx+p$ de la droite (AB).

a. $A(2;4)$ et $B(-3;9)$

b. $A(5;25)$ et $B(-4;16)$

2. Dans chacun des cas ci-dessus, vérifier qu'on a :

$$p=-x_A \times x_B$$

Partie B Utilisation d'un logiciel de géométrie dynamique

- Créer deux curseurs a et b ayant un pas égal à 1, tels que $0 \leqslant a \leqslant 10$ et $-10 \leqslant b \leqslant 0$.
- Placer deux points $A(a;a^2)$ et $B(b;b^2)$.
- Tracer la droite (AB) et afficher son équation réduite dans la fenêtre algèbre.
- Vérifier que l'ordonnée à l'origine de la droite (AB) est égale à $-a \times b$ quelles que soient les valeurs de a et de b.

Partie C Démonstration

On considère deux points $A(a;a^2)$ et $B(b;b^2)$.

1. Démontrer que la droite (AB) a un coefficient directeur égal à $b+a$.

2. Démontrer que la droite (AB) a une ordonnée à l'origine égale à $-ab$.

3. Recopier et compléter la phrase suivante :

« La multiplication de deux nombres a et b est égale à … de la droite (AB). »

Info

Cette méthode est valable pour tous nombres a et b réels.

Partie D Présentation de la méthode

À l'oral ou à l'écrit, présenter la méthode qui permet de connaître le résultat de la multiplication de deux nombres a et b.

Montrer comment on peut visualiser dans un repère le résultat de 5×5, de $3{,}2\times4{,}7$ et de $0{,}9\times3{,}4$.

TP2 Programmation linéaire

Partie A Caractérisation d'un domaine sur un graphique

Dans le repère orthonormé ci-contre, on considère deux droites (AB) et (AC). La partie grisée est notée $\mathcal{D}$.

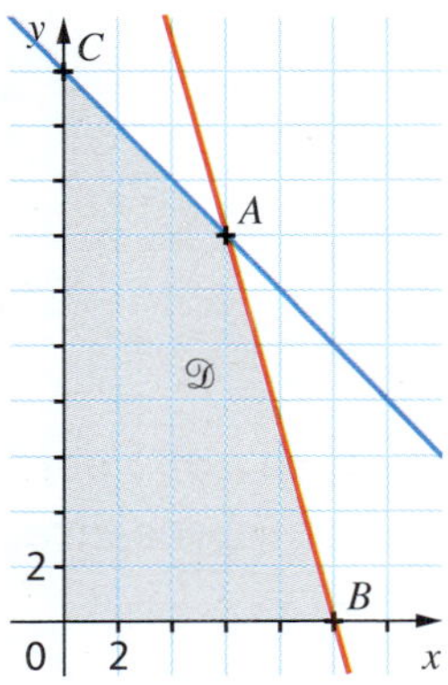

1. Déterminer une équation cartésienne de chacune des droites (AB) et (AC).

2. Écrire un système d'inéquations caractérisant la partie de plan grisée, frontières comprises. On justifiera la réponse.

Partie B Étude d'un espace publicitaire

Les espaces publicitaires d'un magazine sont soumis à deux contraintes. D'une part, il ne doit pas y avoir plus de 20 publicités. D'autre part, l'aire du domaine occupé par l'ensemble de la publicité ne doit pas dépasser 2 240 cm^2.

De plus, dans ce magazine, il existe deux types de formats publicitaires, un « grand format » d'aire 224 cm^2 et un « petit format » d'aire 64 cm^2.

On appelle x le nombre de publicités « grand format » et y le nombre de publicités « petit format ».

1. Montrer que les informations ci-dessus se traduisent par un système équivalent à celui trouvé dans la **partie A**.

2. Le magazine facture 1 200 € une publicité « grand format » et 600 € une publicité « petit format ».

a. Exprimer la recette R dégagée par l'édition de x publicités « grand format » et y publicités « petit format ».

b. Reproduire à l'aide d'un logiciel de géométrie dynamique le graphique ci-contre et tracer les droites suivantes :

- La droite Δ_1 de la recette lorsque $R=8\,000$ €.
- La droite Δ_2 de la recette lorsque $R=12\,000$ €.
- La droite Δ_3 de la recette lorsque $R=20\,000$ €.

c. Que constate-t-on pour les droites Δ_1, Δ_2 et Δ_3 ?

Partie C Recherche de la recette maximale

À l'oral ou à l'écrit, expliquer la méthode graphique qui permet de déterminer les nombres x et y de publicités « grand format » et « petit format » induisant une recette maximale pour le magazine.

Quel est le montant de la recette maximale ?

Les fonctions

Dépendance entre deux grandeurs

en 4e

La relation $P=4\times l$ introduit une dépendance entre les grandeurs « périmètre P d'un carré » et « longueur l de son côté ».
On peut traduire cette dépendance dans un tableau.

Longueur l	0,5	1	3	10
Périmètre P	2	4	12	40

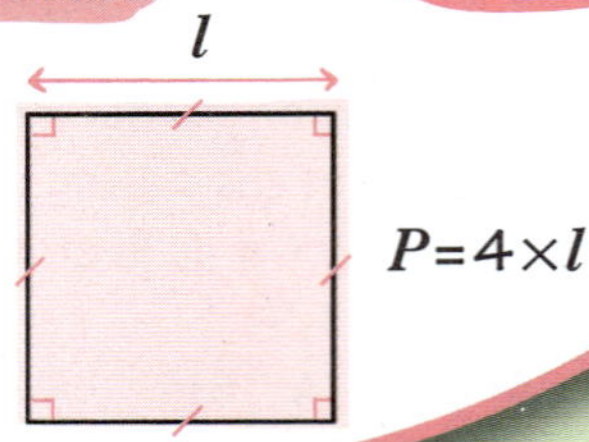

en 3e

- Une fonction f de variable notée x est définie par :
$x \mapsto (2x-3)(x+1)$ ou $f(x)=(2x-3)(x+1)$

$f(2)=3$ signifie que 3 est l'image de 2 par la fonction f, ou que 2 est un antécédent de 3 par la fonction f.

Dans ce cas, la courbe représentative ou représentation graphique de la fonction f dans un repère du plan passe par le point A de coordonnées (2 ; 3).

On donne ci-contre la représentation graphique de f dans le repère orthonormé (O; I; J).

Par lecture graphique, cette courbe passant par le point $D(-1\,;0)$, on en déduit que $f(-1)=0$.

On identifie que 0 admet un second antécédent, que l'on peut calculer :

$f(x)=0$ revient à $(2x-3)(x+1)=0$
c'est-à-dire à $2x-3=0$ ou $x+1=0$.

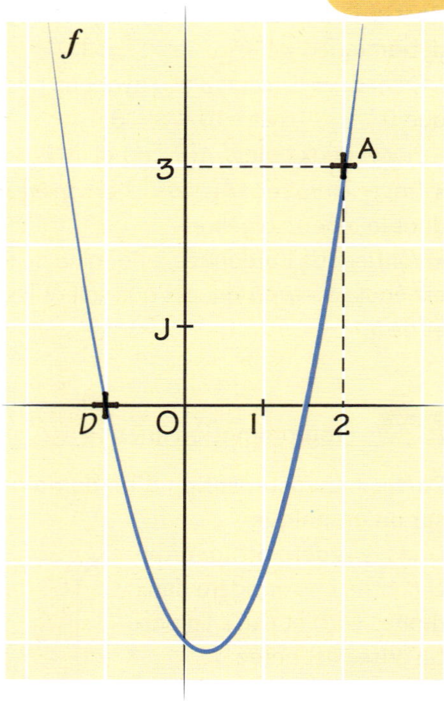

Les antécédents de 0 par la fonction f sont donc $\frac{3}{2}$ et -1.

- Une fonction affine est une fonction du type $x \mapsto ax+b$, où a et b sont deux nombres réels fixés. Dans le plan rapporté à un repère (O; I; J), elle est représentée par une droite.

- Une fonction du type $x \mapsto ax$ est une fonction linéaire, représentée par une droite passant par l'origine O du repère.

  - La droite d_1 représente la fonction affine $x \mapsto -3x+2$, sa pente est égale à -3 et son ordonnée à l'origine à 2.
  - La droite d_2 représente la fonction linéaire $x \mapsto 2x$, sa pente est égale à 2.
  - La droite d_3 représente la fonction affine $x \mapsto 0{,}25x-2$, sa pente est égale à 0,25 et son ordonnée à l'origine à -2.

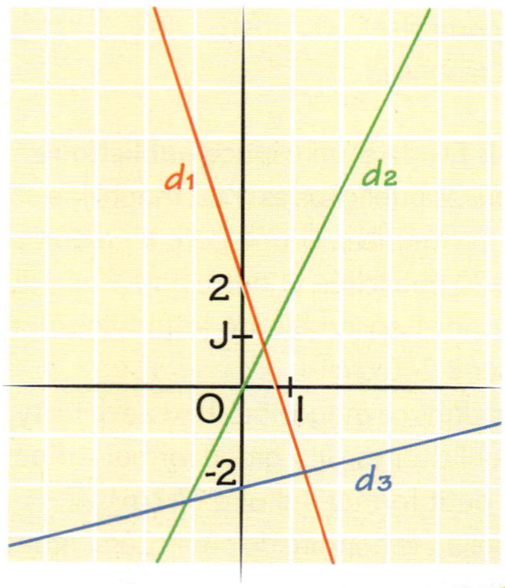

Vu au Brevet

(Amérique du Nord, juin 2024)

Un cinéma propose trois tarifs :

11 € par entrée pour le tarif « Classique » ;

50 € pour un abonnement annuel puis 5 € par entrée pour le tarif « Essentiel » ;

240 € pour un abonnement annuel avec entrées illimitées pour le tarif « Liberté ».

1. Une personne achète trois entrées au tarif « Classique ». Combien va-t-elle payer ?

2. Une personne souhaite huit billets au tarif « Essentiel ». Montrer qu'elle va payer 90 €.

3. Dans la suite, x désigne le nombre annuel d'entrées au cinéma.

On considère les trois fonctions f, g et h suivantes :

$f : x \mapsto 50 + 5x$ $\quad$ $g : x \mapsto 240$ $\quad$ $h : \mapsto \rightarrow 11x$

Associer, sans justifier, chacune de ces fonctions au tarif correspondant.

Le graphique représente le prix à payer en fonction du nombre d'entrées pour chacun des trois tarifs.

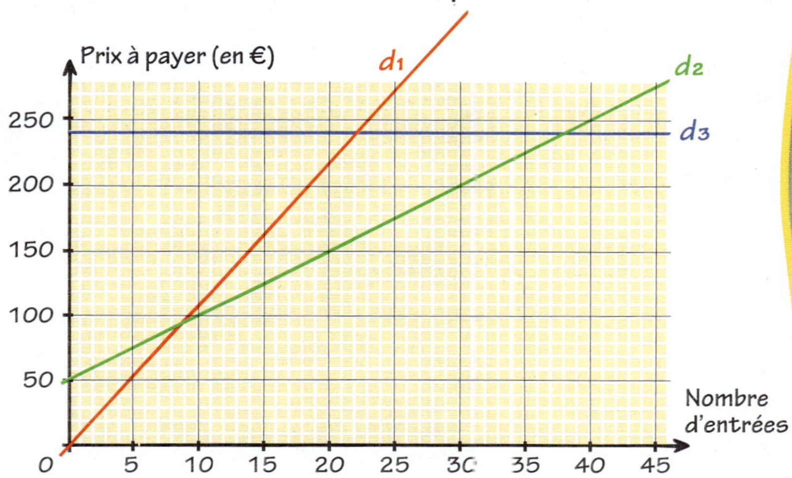

4. Quel tarif propose un prix proportionnel au nombre d'entrées ?

5. Aucune justification n'est attendue.

a. Avec 150 €, combien peut-on acheter d'entrées au maximum avec le tarif « Essentiel » ?

b. À partir de combien d'entrées le tarif « Liberté » devient-il le tarif le plus intéressant ?

c. Si on décide de ne pas dépasser un budget de 200 €, quel est le tarif qui permet d'acheter le plus grand nombre d'entrées ?

Éléments de corrigé

1. 33 €

2. $50 + 8 \times 5 = 90$

3. d_1 représente une fonction linéaire, donc h : c'est le tarif « Classique ».

d_2 a pour ordonnée à l'origine 50, donc elle représente f : c'est le tarif « Essentiel ».

d_3 représente une fonction constante, donc g : c'est le tarif « Liberté ».

4. h est une fonction linéaire et modélise une situation de proportionnalité : tarif « Classique ».

5. a. d_2 passe par le point (20 ; 150) : avec 150 € au tarif « Essentiel », on achète 20 places.

b. À partir du point (38 ; 240), d_3 est au-dessous de d_1 et d_2.
Donc, à partir de 39 places, le tarif « Liberté » est le plus intéressant.

c. Pour 200 €, on achète 17 places avec le tarif « Classique » et 30 places avec le tarif « Essentiel ». C'est le tarif « Essentiel » qui est le plus intéressant pour 200 €.

CHAPITRE

8 Fonctions numériques et représentations graphiques

Les capacités du chapitre

- CAPACITÉ 1 Exploiter l'équation $y = f(x)$ d'une courbe
- CAPACITÉ 2 Résoudre graphiquement une équation du type $f(x) = k$, une inéquation du type $f(x) < k$
- CAPACITÉ 3 Résoudre une équation, une inéquation à l'aide des fonctions de référence
- CAPACITÉ 4 Résoudre graphiquement une équation du type $f(x) = g(x)$, une inéquation du type $f(x) < g(x)$
- CAPACITÉ 5 Modéliser une situation par une fonction

Au fil du temps

Le concept de fonction est assez récent dans l'histoire des mathématiques ; il apparaît dans les travaux de Leibniz à la fin du XVIIe siècle. En revanche, les courbes abordées dans ce chapitre, paraboles et hyperboles, ont fait l'objet d'études très anciennes et sont utilisées dans de nombreux domaines.

Des maths partout !

Les fonctions polynômes du second degré sont représentées par des paraboles, courbes qui modélisent la chute des corps. Les jets d'eau en donnent de belles illustrations.

Fontaine du parc Sofievka à Ouman, en Ukraine.

RESSOURCES DU CHAPITRE
hachette-clic.fr/25de2065

Partir d'un bon pied

A Diaporama pour tester les bases

ACTIVITÉS MENTALES RAPIDES

B Réactiver le vocabulaire des fonctions

On considère la fonction f définie sur $\mathbb{R}$ par $f(x) = -2x + 3$.

1. a. Vérifier que $f(-1) = 5$.

b. Recopier et compléter les phrases suivantes à l'aide des nombres -1 ou 5, ou des mots « image » ou « antécédent ».

- 5 est l'… de -1 ;
- … a pour antécédent … ;
- … est l'antécédent de … ;
- -1 admet 5 comme … ;
- le point $A(\ldots;\ldots)$ appartient à la droite d représentant f.

2. Déterminer, sans calculatrice, l'image par f de $\frac{1}{2}$ puis de $-\frac{2}{3}$.

3. Déterminer les antécédents de -3 et de 0 par f.

4. Représenter graphiquement la fonction f.

C Des fonctions affines

On considère les fonctions affines f et g représentées respectivement par les droites d_1 et d_2 tracées ci-contre.

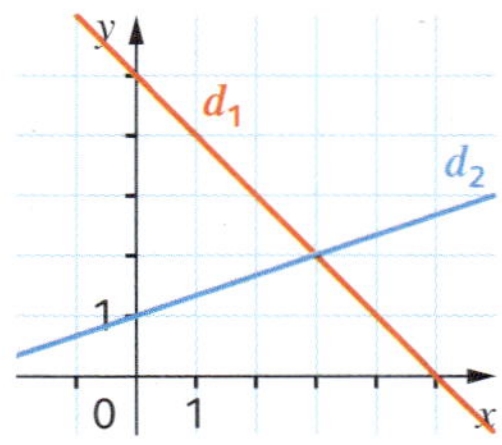

1. Résoudre graphiquement :

a. l'équation $f(x) = g(x)$;

b. l'inéquation $f(x) < g(x)$.

2. a. Lire graphiquement le coefficient directeur et l'ordonnée à l'origine de chacune des droites d_1 et d_2.

b. En déduire les expressions de $f(x)$ et $g(x)$ en fonction de x.

3. Retrouver algébriquement les résultats obtenus à la question **1.**

D Différents modes de représentation

On considère la fonction f définie sur $\mathbb{R}$ par le programme de calcul ci-contre.

> Choisir un nombre
> Élever au carré
> Soustraire 2

1. Calculer les images par f des nombres -3 ; 0 et 4.

2. On applique le programme à un réel x quelconque. Préciser l'expression $f(x)$ en fonction de x.

3. On admet que la fonction f admet le tableau de valeurs et la courbe représentative $\mathscr{C}$ ci-dessous.

x	-2	-1	0	1	2	3
$f(x)$	2	-1	-2	-1	2	7

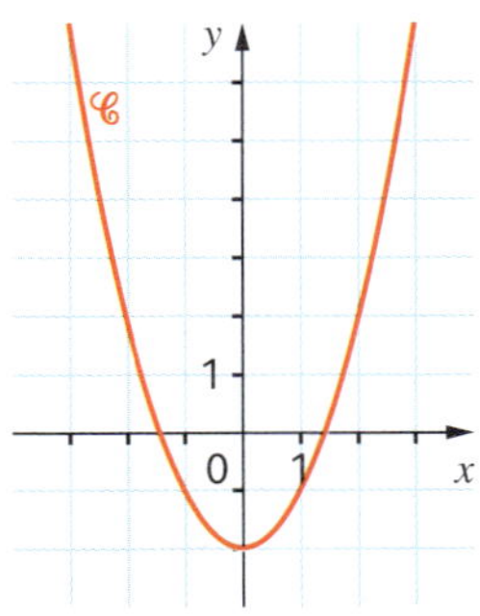

En utilisant le mode de représentation le plus adapté, préciser si les affirmations suivantes sont vraies ou fausses.

a. L'image de 1 par f est égale à -1.

b. -3 n'a pas d'antécédent par f.

c. 2 admet deux antécédents par f.

d. Le point de coordonnées $(\sqrt{2}\,;0)$ appartient à la courbe $\mathscr{C}$.

e. La courbe $\mathscr{C}$ coupe l'axe des ordonnées en $(-2\,;0)$.

automatismes

Automatismes transversaux

1 Soit $A = 2\sqrt{12} - \sqrt{27} + 5\sqrt{3}$. Écrire A sous la forme $a\sqrt{3}$, où a est un entier relatif.

2 Résoudre les inéquations suivantes.
1. $-7x + 2 < 0$
2. $3(1-x) \geqslant 5x + 1$
3. $\frac{x-1}{3} \leqslant -1$
4. $\frac{2x-1}{2} > \frac{x-1}{3}$

3 Développer les expressions suivantes.
1. $(3x+4)^2$ **2.** $(1-6x)^2$ **3.** $(2x-7)(2x+7)$

4 Développer les expressions suivantes.
1. $A(x) = (2x-1)^2 - 4$
2. $B(x) = (x+3)^2 - (2x-1)(-x+2)$

5 Factoriser les expressions suivantes.
1. $25x^2 - 49$ **2.** $x^2 - 3x + \frac{9}{4}$ **3.** $4x^2 + 20x + 25$

6 Factoriser les expressions suivantes.
1. $x^2 - 3x$
2. $(3x-1)^2 - 16$
3. $(x-2)(2x+3) - (x-2)(-3x+5)$

7 Montrer que, pour tout nombre réel x :
$$x^3 - 1 = (x-1)(x^2 + x + 1)$$

8 Recopier et compléter les phrases suivantes.
1. Si $U = RI$, alors $R = \ldots$.
2. Si $v = \frac{d}{t}$, alors $d = \ldots$ et $t = \ldots$.
3. Si $U = E - RI$, alors $E = \ldots$ et $R = \ldots$.

9 Dans chaque cas, calculer le coefficient directeur de la droite (AB).
1. $A(-5;3)$ et $B(1;2)$
2. $A\left(\frac{1}{3};1\right)$ et $B\left(-1;\frac{1}{2}\right)$

10 On considère les points $A(3;-2)$ et $B(1;3)$.
1. Déterminer l'équation réduite de la droite (AB).
2. Déterminer l'équation réduite de la droite d passant par $C(0;-1)$ et parallèle à (AB).

11 **Vrai ou faux ?**
1. La droite d'équation $-2x + 3y - 1 = 0$ admet le vecteur $\vec{u}\begin{pmatrix}3\\2\end{pmatrix}$ pour vecteur directeur.
2. L'équation $2x^2 + x = 0$ admet 0 pour unique solution dans $\mathbb{R}$.
3. $(\sqrt{2} - 2\sqrt{3})(\sqrt{2} + 2\sqrt{3}) \in \mathbb{Z}$
4. Si x est un nombre réel strictement positif, l'aire d'un carré de côté $x+2$ est égale à la somme des aires de deux carrés de côtés respectifs x et 2.
5. Pour tout nombre réel x, $x^2 \geqslant 6x - 9$.

Automatismes préparatoires au chapitre

12 Résoudre les équations suivantes.
1. $-2x + 6 = x - 3$
2. $\frac{4}{3}x - 1 = x + 5$
3. $(-x+2)(3x+1) = 0$
4. $3x^2 + 2x = 0$

13 Résoudre les équations suivantes.
1. $x^2 + x = 0$
2. $3x^2 + 1 = x^2 + 3$
3. $\frac{1}{x} = 2$
4. $\sqrt{x} = 6$

14 On donne l'expression $A = 2x^2 + 3x - 1$.
Calculer A pour $x = 0$; $x = 2$; $x = -3$; $x = \frac{1}{3}$ et $x = \sqrt{3}$.

15 **Vrai ou faux ?**
On donne un tableau de valeurs d'une fonction f.

x	-2	-1	0	1	2	3
$f(x)$	5	-3	1	3	1	-2

1. L'image de 1 par f est 3.
2. 1 est un antécédent de 2 par f.
3. Le point $A(-2;3)$ appartient à la courbe représentative de f.
4. Il n'existe pas de nombre admettant plusieurs antécédents par f.

16 Soit f la fonction affine définie sur $\mathbb{R}$ par $f(x) = -2x + 1$ représentée par la droite D.
1. Calculer l'image de 1, de -2 et de $\frac{2}{3}$ par f.
2. Déterminer les antécédents de 0 et de 3 par f.
3. Le point $A\left(\frac{3}{4};-\frac{1}{2}\right)$ appartient-il à D ?
4. Construire D.

17 Soit f la fonction définie sur $\mathbb{R}$ par :
$$f(x) = (x+1)(2x-3)$$
1. Calculer $f(0)$ et $f(-2)$.
2. Résoudre l'équation $f(x) = 0$.

18 Soit f la fonction définie sur $\mathbb{R}$ par :
$$f(x) = 2x^2 - 8x - 10$$
Montrer les égalités suivantes.
1. $f(x) = 2(x-2)^2 - 18$ **2.** $f(x) = 2(x-5)(x+1)$

19 Exprimer les longueurs AB, CD, EF et GH en fonction de x.

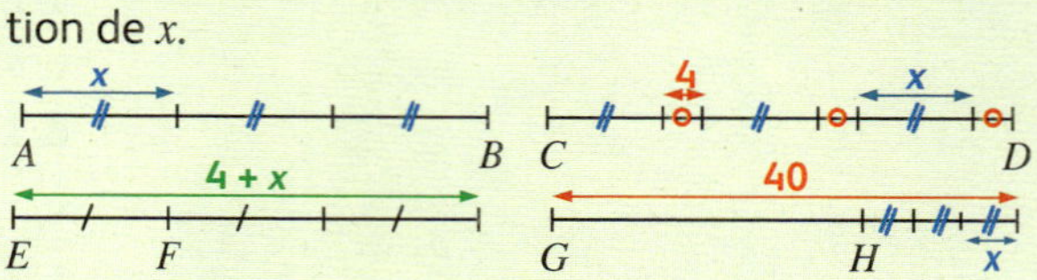

20 Donner la liste des carrés, puis des cubes de tous les entiers appartenant à l'intervalle $[-4;4]$.

Activités

1 Associer un nombre à un autre

Objectif
Reactiver la notion de fonction.

On considère les instructions A, B et C suivantes :
A : « soustraire 3 » – B : « élever au carré » – C : « multiplier par 2 »
Dans les questions suivantes, ces instructions vont être appliquées dans un certain ordre et une seule fois chacune à n'importe quel nombre réel x.

1 Soit x un nombre réel. On note $f(x)$ le résultat obtenu en appliquant à x la suite d'instructions B puis C puis A (notée B-C-A).
On définit ainsi la fonction f qui, à chaque valeur du nombre réel x, associe le nombre réel $f(x)$.
a. Vérifier que $f(2)=5$ puis calculer $f(-1)$.
b. Pour quelle valeur de x a-t-on $f(x)=-3$?
c. Exprimer $f(x)$ en fonction de x.

2 On note g, h, i, j et k les fonctions obtenues en suivant respectivement les instructions A-B-C ; A-C-B ; B-A-C ; C-A-B et C-B-A.
Identifier l'expression de chacune des fonctions parmi les expressions suivantes.
a. $(2x-3)^2$ **b.** $4x^2-3$ **c.** $2(x-3)^2$ **d.** $4(x-3)^2$ **e.** $2(x^2-3)$

3 Pour chacune des fonctions g, h, i, j et k, déterminer :
a. l'image de -1 ; **b.** le (ou les) antécédent(s) de 0.

Info
La fonction f est le procédé qui permet d'associer à n'importe quel nombre réel x, le nombre $f(x)$ obtenu en appliquant à x les instructions B-C-A.
$f(2)=5$ signifie que par la fonction f :
- 5 est l'image de 2 ;
- 2 est un antécédent de 5.

Info
Le terme « fonction » a été introduit par le mathématicien allemand Leibniz en 1673, mais la définition actuelle de fonction comme correspondance entre deux nombres x et y n'a été formalisée qu'en 1837 par le mathématicien Dirichlet.

2 Du langage courant au langage mathématique

Objectif
Resoudre graphiquement des équations et des inéquations.
Passer du registre courant au registre mathématique.

Jérôme et Chan effectuent leur baptême de l'air en deltaplane. Les courbes ci-dessous représentent l'altitude (en mètre) de chacun en fonction du temps. On note $f(t)$ (resp. $g(t)$) l'altitude de Jérôme (resp. de Chan) à l'instant t (exprimé en minute).

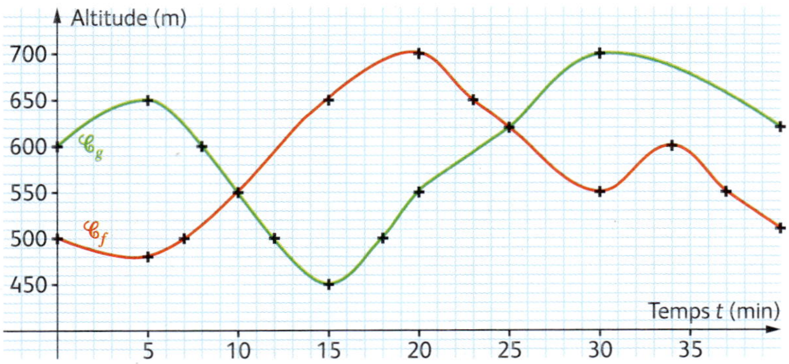

1 À chaque question mathématique (en bleu) ci-dessous, associer son interprétation en langage courant (en orange).

Résoudre $g(t)\geqslant 500$	À quel(s) instant(s) Jérôme est-il à 500 m d'altitude ?
Résoudre $f(t)=g(t)$	À quel(s) instant(s) l'altitude de Jérôme est-elle inférieure à celle de Chan ?
Résoudre $f(t)<g(t)$	À quel(s) instant(s) l'altitude de Chan est-elle supérieure ou égale à 500 m ?
Résoudre $f(t)=500$	À quel(s) instant(s) Chan et Jérôme sont-ils à la même altitude ?

2 Résoudre graphiquement les équations et inéquations de la question **1**.

Cours

1 Fonction, courbe représentative

a Définition et vocabulaire

Définition Soit D un intervalle ou une réunion d'intervalles de $\mathbb{R}$.

On appelle **fonction à valeurs réelles** f définie sur D un procédé qui à tout réel x de D associe un unique réel, noté $f(x)$.

D est appelé l'**ensemble de définition** de la fonction f.

Pour un nombre a de D, si $f(a)=b$, on dit que :

- b est l'**image** de a par la fonction f ;
- a est un **antécédent** de b par la fonction f.

Commentaire

Une fonction traduit une relation de dépendance entre une variable (notée x, t, q, N, …) et une autre grandeur (son image), qui peut s'exprimer « en fonction de » cette variable.

Exemple

L'algorithme suivant définit une fonction f dont l'ensemble de définition est l'intervalle $[-2;2]$.

Langage naturel

Choisir un réel entre –2 et 2
Élever au carré
Ajouter 3
Renvoyer le résultat

On a $f(-2)=(-2)^2+3=7$.
7 est l'image de –2 par f.
–2 est un antécédent de 7 par f.

Pour tout réel $x\in[-2;2]$, on a :

$$f(x)=x^2+3$$

On peut construire un tableau de valeurs de f (ici avec un pas de 1) :

x	–2	–1	0	1	2
$f(x)$	7	4	3	4	7

Le point $(-2;7)$ appartient à $\mathscr{C}_f$.
Le point $(-1;4)$ appartient à $\mathscr{C}_f$.
…
Représentation graphique de f :

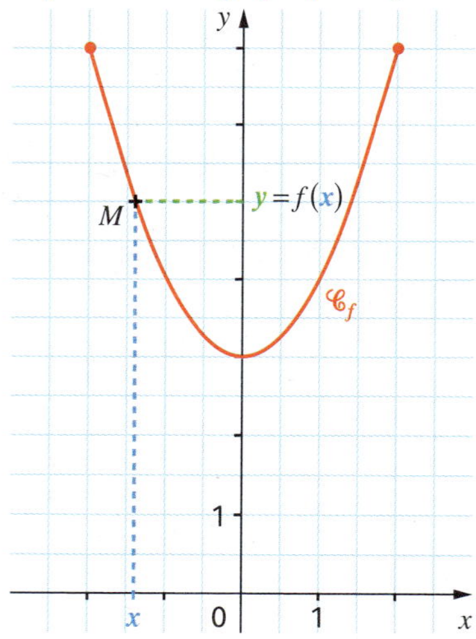

La courbe $\mathscr{C}_f$ est symétrique par rapport à l'axe des ordonnées.

En effet l'intervalle $[-2;2]$ est centré en 0 et pour tout réel $x\in[-2;2]$:

$$f(-x)=(-x)^2+3=x^2+3$$

Donc $f(-x)=f(x)$.
Ainsi la fonction f est paire sur $[-2;2]$, sa courbe représentative est bien symétrique par rapport à l'axe des ordonnées.

b Représentation graphique d'une fonction

Définition Dans un repère du plan, on appelle **courbe représentative** ou **représentation graphique** de la fonction f, notée $\mathscr{C}_f$, l'ensemble des points M de coordonnées $(x;y)$ qui vérifient :

$$x\in D \text{ et } y=f(x)$$

La courbe $\mathscr{C}_f$ est formée de tous les points dont l'ordonnée est l'image par f de l'abscisse.

La relation $y=f(x)$ est appelée **équation de la courbe** $\mathscr{C}_f$.

c Parité d'une fonction

Définition On considère une fonction f définie sur l'ensemble D.

- On dit que f est **paire** si D est centré en 0 :
  et si pour tout réel x de D, on a $f(-x)=f(x)$.
- On dit que f est **impaire** si D est centré en 0 :
  et si pour tout réel x de D, on a $f(-x)=-f(x)$.

Interprétation graphique dans un repère orthogonal

Fonction paire

La courbe $\mathscr{C}_f$ est symétrique par rapport à l'axe des ordonnées.

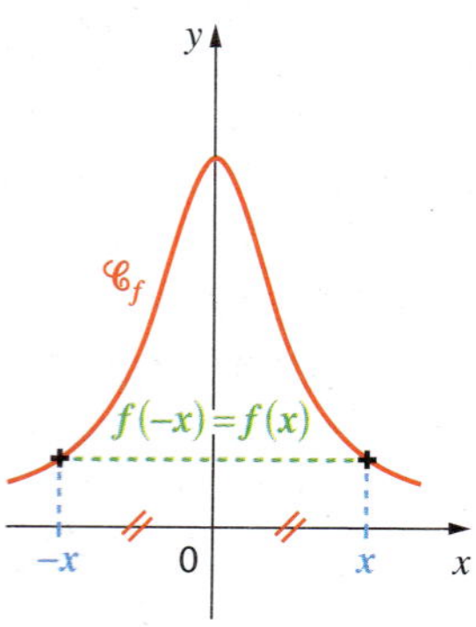

Fonction impaire

La courbe $\mathscr{C}_f$ est symétrique par rapport à l'origine du repère.

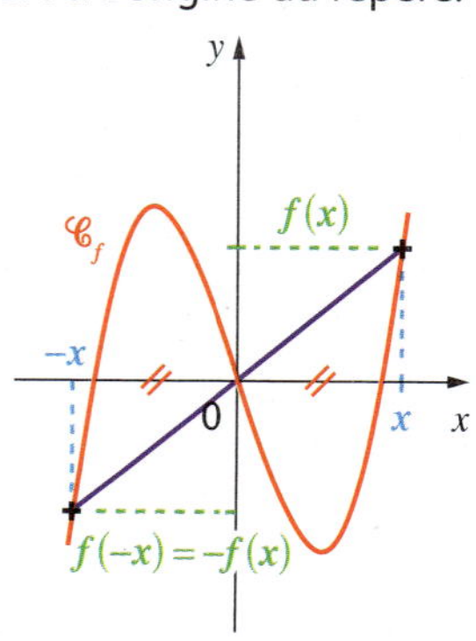

méthode

CAPACITÉ 1 Exploiter l'équation $y = f(x)$ d'une courbe

Énoncé On considère la fonction f définie sur l'intervalle $[-3;4]$ par $f(x) = 0{,}5x^2 - x - 3$ et $\mathscr{C}_f$ sa courbe représentative.

1. Le point $A(-2;1)$ appartient-il à la courbe $\mathscr{C}_f$? et le point $B(3{,}1;-1{,}3)$?

2. Déterminer les coordonnées du point d'intersection de $\mathscr{C}_f$ et de l'axe des ordonnées.

3. Montrer que les points E et F de la courbe $\mathscr{C}_f$ d'abscisses respectives -1 et 3 ont la même ordonnée.

4. Déterminer les coordonnées des points G et H de la courbe $\mathscr{C}_f$ dont l'ordonnée est -3.

5. À l'aide de la calculatrice, donner le tableau de valeurs de f sur $[-3;4]$ avec un pas de 0,5 puis tracer la courbe $\mathscr{C}_f$.

Solution rédigée

1. • $f(-2) = 0{,}5 \times (-2)^2 - (-2) - 3 = 1$. Donc $A(-2;1) \in \mathscr{C}_f$.

• $f(3{,}1) = 0{,}5 \times 3{,}1^2 - 3{,}1 - 3 = -1{,}295$. Or $f(3{,}1) \neq -1{,}3$, donc $B \notin \mathscr{C}_f$.

2. L'ordonnée du point d'abscisse 0 de $\mathscr{C}_f$ est $f(0) = -3$.
La courbe $\mathscr{C}_f$ coupe l'axe des ordonnées au point $D(0;-3)$.

3. L'ordonnée du point E d'abscisse -1 de $\mathscr{C}_f$ est $f(-1)$ et celle du point F d'abscisse 3 est $f(3)$.
$f(-1) = 0{,}5 \times (-1)^2 - (-1) - 3 = 0{,}5 + 1 - 3 = -1{,}5$
$f(3) = 0{,}5 \times 3^2 - 3 - 3 = 4{,}5 - 6 = -1{,}5$. Ainsi $f(-1) = f(3)$.
On a donc $E(-1;-1{,}5)$ et $F(3;-1{,}5)$. E et F ont la même ordonnée.

4. Les abscisses de G et H sont solutions de l'équation $f(x) = -3$.
$f(x) = -3 \Leftrightarrow 0{,}5x^2 - x = 0 \Leftrightarrow x(0{,}5x - 1) = 0 \Leftrightarrow x = 0$ ou $x = 2$
On obtient donc $G(0;-3)$ et $H(2;-3)$.

5. On entre en Y1 l'expression $f(x)$.
Puis on tabule la fonction sur $[-3;4]$ avec un pas de 0,5. Cela permet d'obtenir les coordonnées (X ; Y1) de quelques points de $\mathscr{C}$.

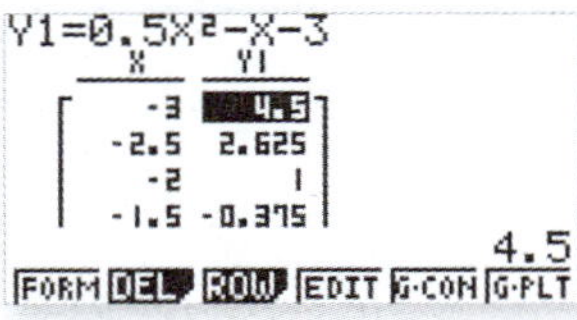

On relie ces points « à la main » (surtout pas à la règle, car la fonction f n'est pas une fonction affine).

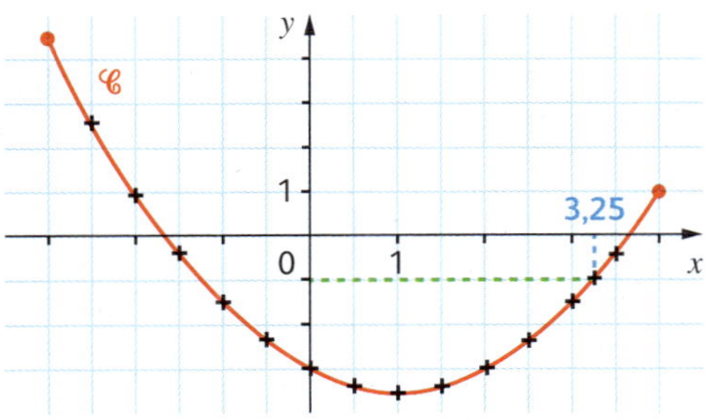

Point méthode

1. Pour vérifier si $M(a;b)$ appartient à la courbe $\mathscr{C}_f$:
• on vérifie si a appartient à l'ensemble de définition de f
• on calcule $f(a)$
- si $f(a) = b$, alors $M \in \mathscr{C}_f$
- si $f(a) \neq b$, alors $M \notin \mathscr{C}_f$

Point méthode

2., **3.** et **4.** Tout point de la courbe $\mathscr{C}_f$ a des coordonnées de la forme $(a; f(a))$, où a appartient à l'ensemble de définition de f.

Point méthode

5. Pour réaliser un tableau de valeurs à la calculatrice :
① on saisit la fonction
② on paramètre le balayage

Voir pages Calculatrices

J'applique en autonomie

Voir corrigés p. 409 Voir exercices similaires n°s 39 à 43

21 Soit f la fonction définie sur $\mathbb{R}$ par $f(x) = x^2 - 2x - 3$ et $\mathscr{C}$ sa courbe représentative.

1. Le point $A(-2;5)$ appartient-il à $\mathscr{C}$? Justifier.

2. Déterminer les coordonnées du point d'intersection de $\mathscr{C}$ avec l'axe des ordonnées.

3. Calculer l'ordonnée du point d'abscisse 1 de $\mathscr{C}$.

4. Déterminer les abscisses des points d'ordonnée -3 de $\mathscr{C}$.

5. Tracer la courbe $\mathscr{C}$ à la calculatrice et vérifier les résultats précédents.

22 On a tabulé ci-contre une fonction f à la calculatrice.
On note $\mathscr{C}$ la courbe représentative de f.

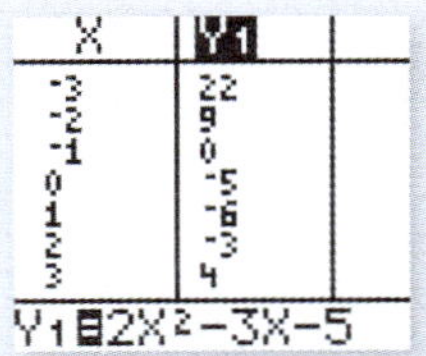

1. Quelle est l'expression de $f(x)$?

2. Quel point d'abscisse 0 appartient à la courbe $\mathscr{C}$?

3. Quel point d'ordonnée -3 appartient à la courbe $\mathscr{C}$?

4. Le point $(4;3)$ appartient-il à la courbe $\mathscr{C}$?

5. Déterminer les abscisses des points de $\mathscr{C}$ d'ordonnée -5.

Cours

2 Résolutions graphiques d'équations et d'inéquations

On considère deux fonctions f et g définies sur un même ensemble D.
On note respectivement $\mathscr{C}_f$ et $\mathscr{C}_g$ leurs représentations graphiques.
k est un nombre réel quelconque.

a Équations du type $f(x)=k$ ou $f(x)=g(x)$

- Résoudre graphiquement l'équation $f(x)=k$, c'est déterminer, si elles existent, les abscisses des points d'intersection de la courbe $\mathscr{C}_f$ et de la droite d'équation $y=k$.
- Résoudre graphiquement l'équation $f(x)=g(x)$, c'est déterminer, si elles existent, les abscisses des points d'intersection de la courbe $\mathscr{C}_f$ et de la courbe $\mathscr{C}_g$.

Équation $f(x)=k$

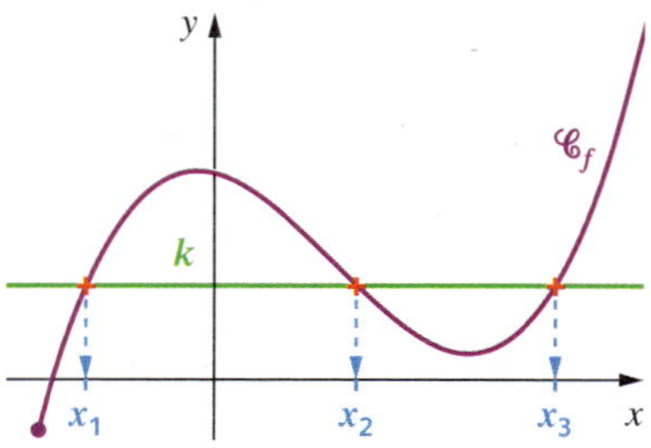

On cherche les abscisses des points d'intersection de $\mathscr{C}_f$ et de la droite d'équation $y=k$. Il s'agit ici de x_1, x_2 et x_3.
On note $S=\{x_1\,;x_2\,;x_3\}$.

Équation $f(x)=g(x)$

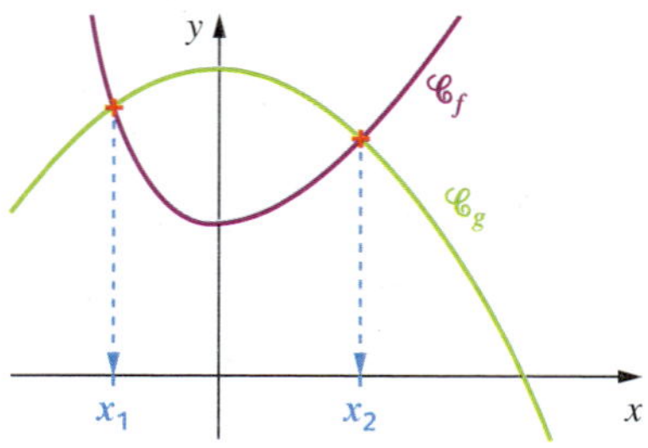

On cherche les abscisses des points d'intersection des courbes $\mathscr{C}_f$ et $\mathscr{C}_g$.
Il s'agit ici de x_1 et x_2.
On note $S=\{x_1\,;x_2\}$.

Exemple

On a représenté ci-dessous la courbe d'une fonction f définie sur l'intervalle $[-3;2]$.

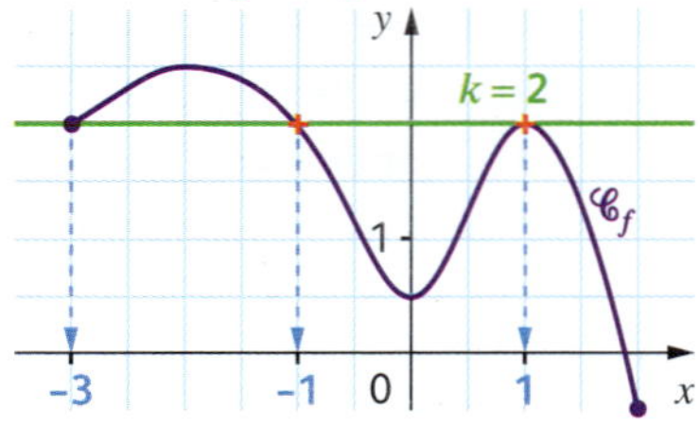

- On souhaite résoudre graphiquement l'équation :
$$f(x)=2$$
On trace la droite d'équation $y=2$ qui coupe $\mathscr{C}_f$ en trois points d'abscisses -3, -1 et 1. Donc $S=\{-3;-1;1\}$.
- L'équation $f(x)=3$ n'a pas de solution car la droite d'équation $y=3$ ne coupe pas la courbe. On note : $S=\varnothing$.

Remarque

Les résolutions graphiques dépendent de la précision du tracé des courbes. Souvent, on obtient seulement des valeurs approchées des solutions.

b Inéquations du type $f(x)<k$ ou $f(x)\leqslant g(x)$

- Résoudre graphiquement l'inéquation $f(x)<k$, c'est déterminer, si elles existent, les abscisses des points de $\mathscr{C}_f$ situés en dessous (strictement) de la droite d'équation $y=k$.
- Résoudre graphiquement l'inéquation $f(x)\leqslant g(x)$, c'est déterminer, si elles existent, les abscisses des points de $\mathscr{C}_f$ situés en dessous de $\mathscr{C}_g$.

Inéquation $f(x)<k$

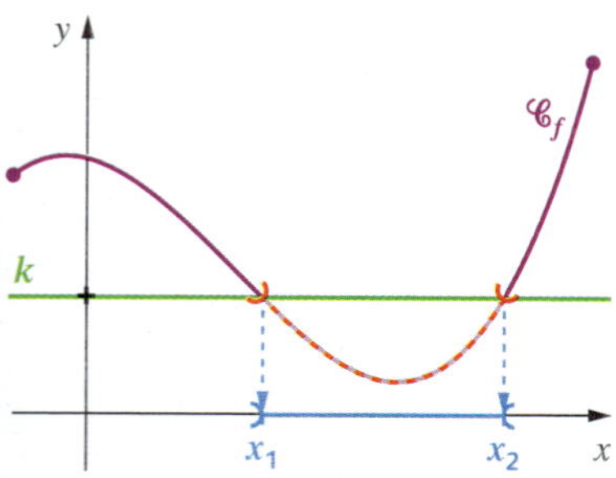

On cherche les abscisses des points de $\mathscr{C}_f$ situés en dessous (strictement) de la droite d'équation $y=k$. Ici :
$$S=]x_1\,;x_2[$$

Inéquation $f(x)\leqslant g(x)$

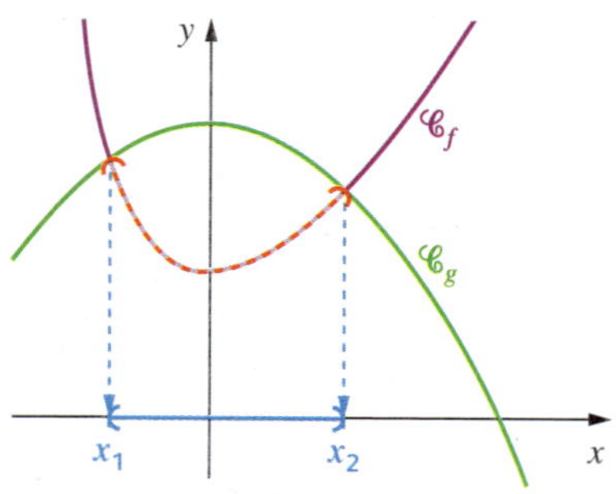

On cherche les abscisses des points de $\mathscr{C}_f$ situés en dessous de $\mathscr{C}_g$. Ici :
$$S=[x\,;x_2]$$

On résout de même les inéquations du type $f(x)\geqslant k$ ou $f(x)>g(x)$.

Exemple

On a représenté ci-dessous les courbes de deux fonctions f et g définies sur l'intervalle $[-3;2]$.

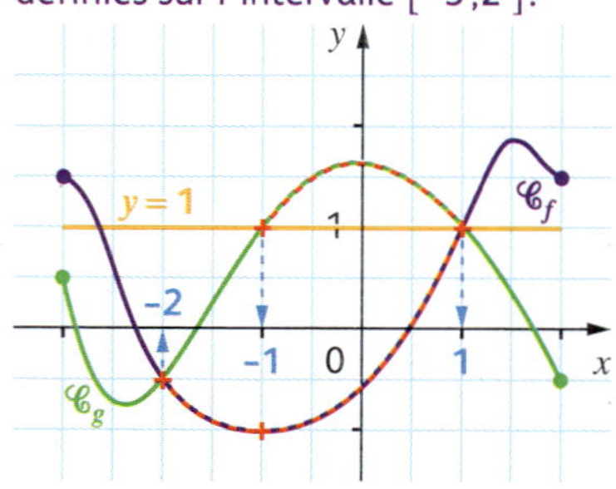

- Les solutions de l'inéquation $g(x)>1$ sont les abscisses des points de $\mathscr{C}_g$ situés au-dessus (strictement) de la droite d'équation $y=1$.
$$S=]-1;1[$$
- Les solutions de l'inéquation $f(x)\leqslant g(x)$ sont les abscisses des points de $\mathscr{C}_f$ situés en dessous de $\mathscr{C}_g$.
$$S=[-2;1]$$

Méthode

CAPACITÉ 2 Résoudre graphiquement une équation du type $f(x)=k$, une inéquation du type $f(x)<k$

Énoncé Des tests ont été réalisés sur un médicament. La courbe tracée ci-contre représente la fonction f qui modélise la quantité de médicament présente dans le sang du patient (en milligramme) en fonction du temps t (en heure) écoulé après la prise du médicament.

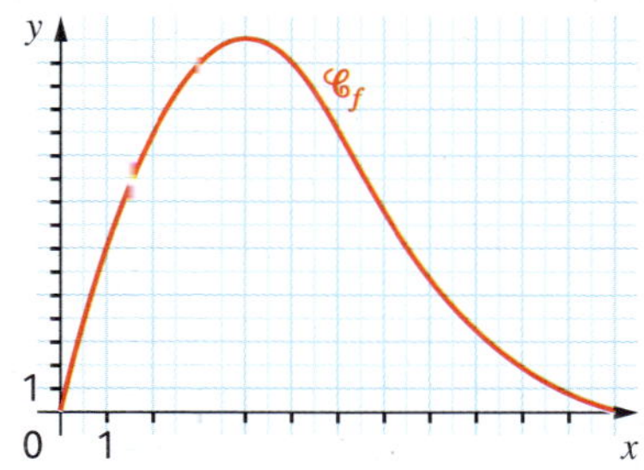

1. Avec la précision permise par le graphique, résoudre graphiquement l'équation et l'inéquation suivantes. Interpréter les solutions dans le contexte de l'exercice.

a. $f(t)=7$ **b.** $f(t)<12$

2. On considère que le médicament est actif lorsque la quantité de médicament présente dans le sang est d'au moins 4 mg. Pendant combien de temps le médicament est-il actif ?

Solution rédigée

1. a. Les solutions de l'équation $f(t)=7$ sont les abscisses des points d'intersection de la courbe et de la droite d'équation $y=7$.
Cette droite coupe la courbe en deux points d'abscisses 1 et 7,5.
L'ensemble des solutions de l'équation $f(t)=7$ est $S=\{1;7{,}5\}$.
La quantité de médicament présente dans le sang est de 7 mg au bout de 1 h et au bout de 7,5 h après la prise du médicament.

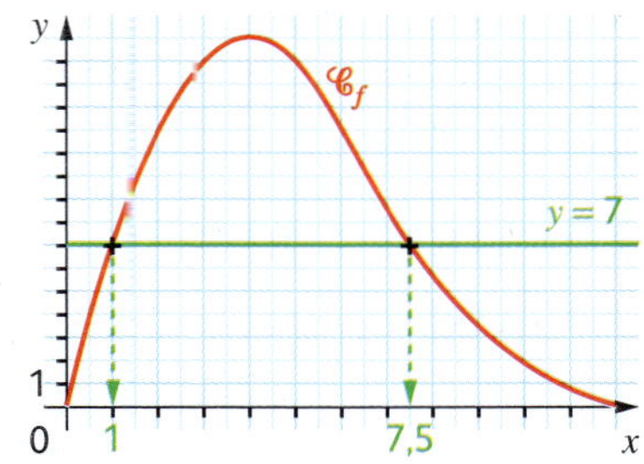

b. Les solutions de l'inéquation $f(t)<12$ sont les abscisses des points de la courbe situés en dessous (strictement) de la droite d'équation $y=12$. La droite coupe la courbe aux points d'abscisses 2 et 6. L'ensemble des solutions de l'inéquation $f(t)<12$ est la réunion de deux intervalles. On a $S=[0;2[\cup]6;12]$.
La quantité de médicament est strictement inférieure à 12 mg entre 0 h et 2 h ou entre 6 h et 12 h après la prise.

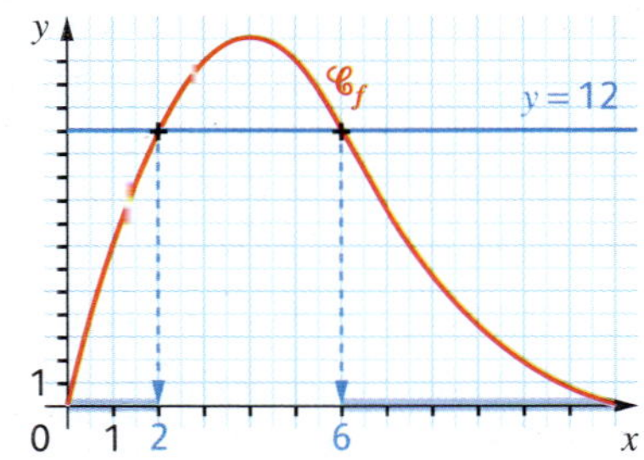

2. On résout graphiquement l'inéquation $f(t)\geqslant 4$.
Les solutions de cette inéquation sont les abscisses des points de la courbe situés au-dessus de la droite d'équation $y=4$. La droite coupe la courbe en deux points d'abscisses $b\approx 0{,}5$ et $c\approx 9$.
L'ensemble des solutions est l'intervalle $S=[b;c]$.
Le médicament est donc actif pendant $c-b\approx$ 8 h 30 min.

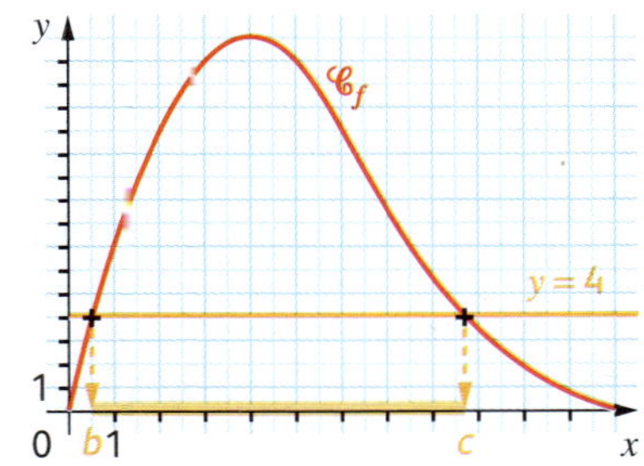

J'applique en autonomie

Voir corrigés p. 409 Voir exercices similaires n°s 52 à 57

23 Soit f la fonction définie sur $[-2;4]$ représentée ci-contre.
Résoudre graphiquement les équations et inéquations suivantes.

1. $f(x)=2$
2. $f(x)=-2$
3. $f(x)>-1$
4. $f(x)\leqslant 2$

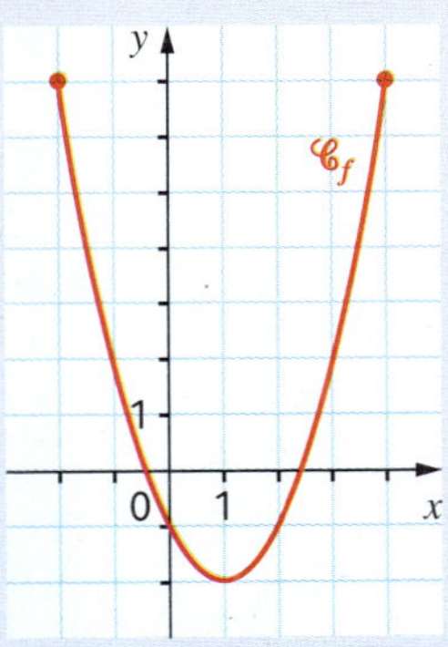

24 Soit i la fonction définie sur l'intervalle $[-3;5]$ par la courbe ci-après.

1. Déterminer le nombre de solutions de $i(x)=1$.

2. On considère un nombre réel k.
Donner une valeur possible de k pour que l'équation $i(x)=k$ admette :

a. une solution
b. aucune solution
c. deux solutions
d. quatre solutions

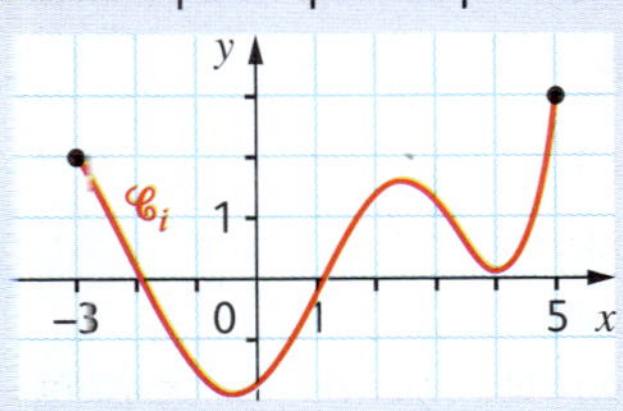

Cours

3 Fonctions de référence

Les fonctions linéaires et affines ont été étudiées au collège.
En classe de Seconde, on étend la panoplie des fonctions de référence.

a Fonction carré

Définition La **fonction carré** est définie sur $\mathbb{R}$ par : $x \mapsto x^2$.
Sa courbe représentative dans un repère orthonormé est une **parabole $\mathscr{P}$** de sommet l'origine du repère.

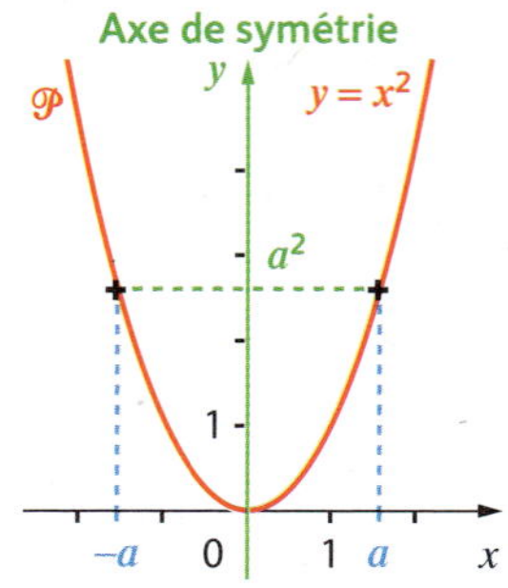

Commentaires

• $\mathbb{R}$ est centré en 0, et pour tout réel a, on a $(-a)^2 = a^2$: un nombre et son opposé ont le même carré. Ainsi la fonction carré est paire.
Sa courbe $\mathscr{P}$ est donc symétrique par rapport à l'axe des ordonnées.
• Pour tout réel a, on a $a^2 \geqslant 0$: un carré est toujours positif ou nul.
La courbe $\mathscr{P}$ est donc située entièrement au-dessus de l'axe des abscisses.

b Fonction inverse

Définition La **fonction inverse** est définie sur la réunion d'intervalles $]-\infty\,;0[\cup]0\,;+\infty[$, noté $\mathbb{R}\setminus\{0\}$ ou $\mathbb{R}^*$, par : $x \mapsto \dfrac{1}{x}$.
Sa courbe représentative dans un repère orthonormé est une **hyperbole $\mathscr{H}$** qui admet l'origine du repère pour centre.

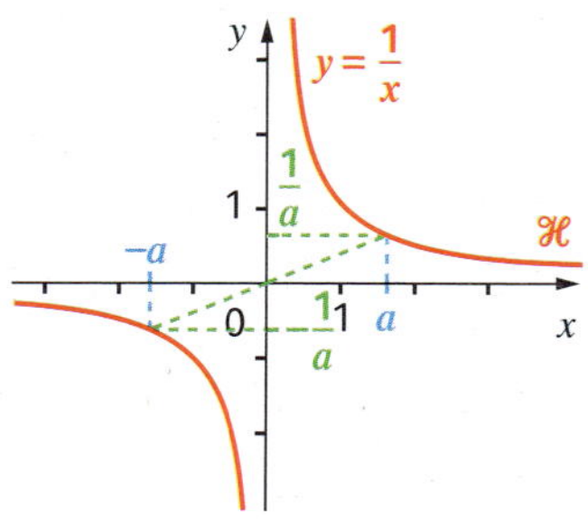

Commentaire

La réunion $]-\infty\,;0[\cup]0\,;+\infty[$ est centrée en 0.
De plus, pour tout réel a non nul, on a $\dfrac{1}{-a} = -\dfrac{1}{a}$: un nombre et son opposé ont des inverses opposés. Ainsi la fonction inverse est impaire.
La courbe $\mathscr{H}$ est donc symétrique par rapport à l'origine du repère.

c Fonction cube

Définition La **fonction cube** est définie sur $\mathbb{R}$ par : $x \mapsto x^3$.

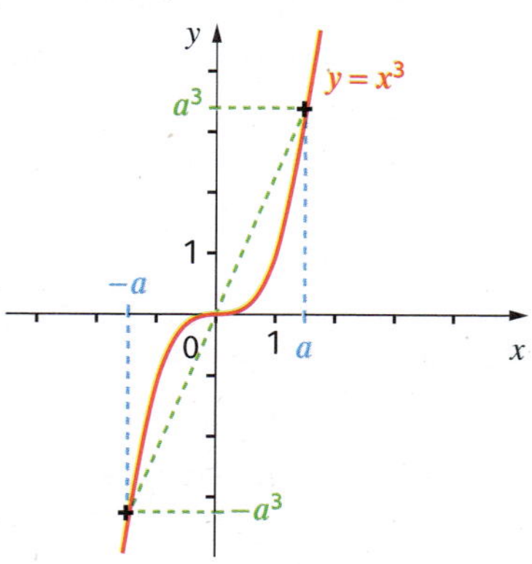

Commentaire

$\mathbb{R}$ est centré en 0, et pour tout réel a, on a $(-a)^3 = -a^3$: un nombre et son opposé ont des cubes opposés.
Ainsi la fonction cube est impaire.
La courbe représentative de la fonction cube est donc symétrique par rapport à l'origine du repère.

d Fonction racine carrée

Définition La **fonction racine carrée** est la fonction définie sur l'intervalle $[0\,;+\infty[$ par : $x \mapsto \sqrt{x}$.

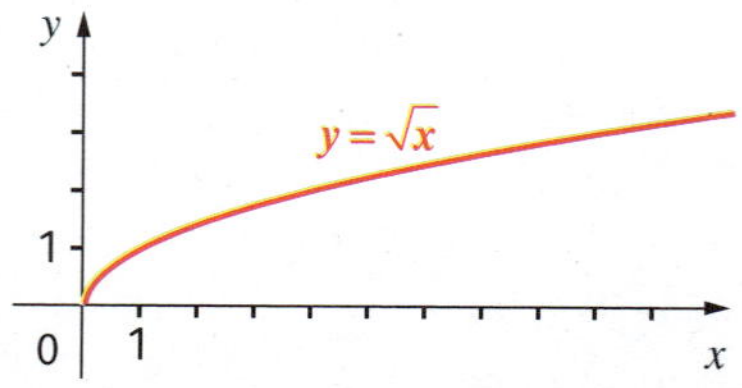

Commentaire

La fonction racine carrée est définie sur l'intervalle $[0\,;+\infty[$, qui n'est pas centré en 0.
Donc la fonction racine carrée n'est ni paire, ni impaire.

méthode

CAPACITÉ 3 Résoudre une équation, une inéquation à l'aide des fonctions de référence

Énoncé Résoudre dans ℝ les équations et inéquations suivantes.

1. $4x^2+3=19$ **2.** $3x^2 \geqslant 12$ **3.** $\frac{1}{x} \geqslant 2$ **4.** $x^3=27$ **5.** $\sqrt{x}<9$

Solution rédigée

1. On a : $4x^2+3=19 \Leftrightarrow 4x^2=16$.
C'est-à-dire $x^2=4$. Comme $4>0$, les solutions sont $\sqrt{4}$ et $-\sqrt{4}$, c'est-à-dire 2 et -2.
On peut vérifier graphiquement le résultat obtenu.
On écrit $S=\{-2;2\}$.

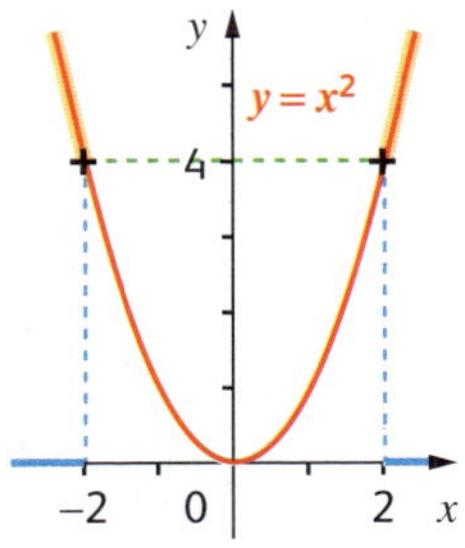

2. On a $3x^2 \geqslant 12 \Leftrightarrow x^2 \geqslant 4$.
Les points $(x\,;x^2)$ de la parabole vérifiant $x^2 \geqslant 4$ ont une ordonnée supérieure à 4 : ils sont situés au-dessus de la droite d'équation $y=4$.
Leurs abscisses x vérifient $x \leqslant -2$ ou $x \geqslant 2$.
On écrit $S=]-\infty\,;-2] \cup [2\,;+\infty[$.

3. Les points $\left(x\,;\frac{1}{x}\right)$ de l'hyperbole vérifiant $\frac{1}{x} \geqslant 2$ sont situés au-dessus de la droite d'équation $y=2$.
Leurs abscisses x vérifient $0<x \leqslant \frac{1}{2}$.
On écrit $S=\left]0\,;\frac{1}{2}\right]$.

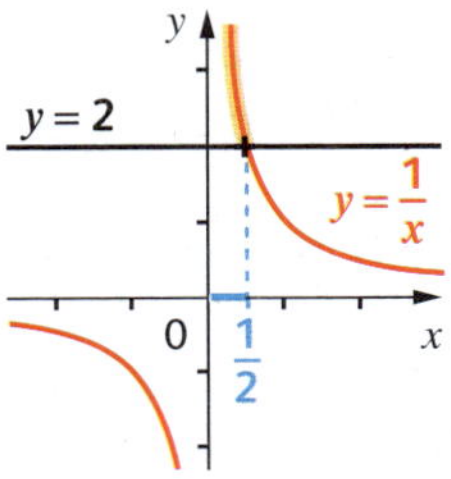

4. L'équation $x^3=27$ admet une unique solution, car il n'y a qu'un seul point de la courbe d'équation $y=x^3$ dont l'ordonnée est 27.
Or on sait que $3^3=27$.
Donc la solution est 3. On écrit $S=\{3\}$.

5. Les points $(x\,;\sqrt{x})$ vérifiant $\sqrt{x}<9$ sont situés strictement en dessous de la droite d'équation $y=9$. Leurs abscisses x vérifient $0 \leqslant x < 9^2$, soit $0 \leqslant x < 81$. Donc $S=[0\,;81[$.

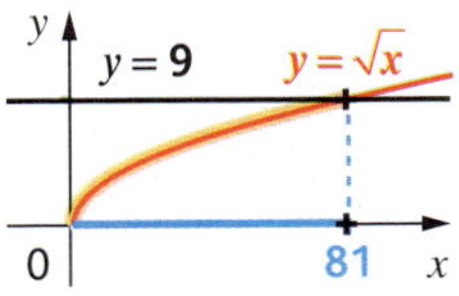

Point méthode

1. Pour tout réel $k>0$, l'équation $x^2=k$ admet deux solutions :
$\sqrt{k}$ et $-\sqrt{k}$

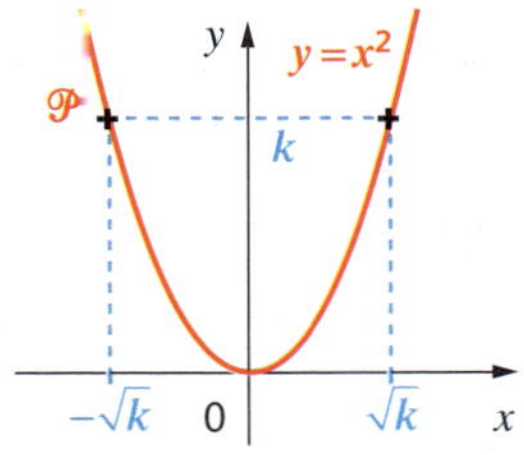

Point méthode

3. Pour résoudre une équation ou une inéquation avec un inverse, on utilise le fait que l'inverse de k est $\frac{1}{k}$ et on s'aide de la courbe représentative de la fonction inverse.

J'applique en autonomie

Voir corrigés p. 409 Voir exercices similaires n°s 61 à 63

25 Résoudre dans ℝ les équations suivantes.

1. $x^2=3$ **2.** $x^2+25=14$
3. $\frac{1}{3}(x^2+3)=1$ **4.** $3x^2=12$
5. $(2x-3)^2=4$ **6.** $2(x-3)^2=4$

26 Résoudre dans ℝ les inéquations suivantes.

1. $x^2 \leqslant 81$ **2.** $3x^2+75<0$
3. $2x^2-18 \geqslant 0$ **4.** $9x^2>1$
5. $x^2+3<1$ **6.** $3x^2-4 \geqslant 8$

27 Résoudre dans ℝ les équations et inéquations suivantes.

1. $\frac{1}{x}=3$ **2.** $\frac{1}{x}<-2$ **3.** $\frac{1}{x} \leqslant 10$

28 Résoudre dans ℝ les équations et inéquations suivantes.

1. $x^3=8$ **2.** $x^3>64$ **3.** $x^3 \leqslant 0{,}001$

29 Résoudre dans ℝ les inéquations suivantes.

1. $\sqrt{x}>10$ **2.** $\sqrt{x} \leqslant 4$ **3.** $\sqrt{x}<5$

méthode

CAPACITÉ 4 Résoudre graphiquement une équation du type $f(x)=g(x)$, une inéquation du type $f(x)>g(x)$

Énoncé

1. On a représenté ci-contre deux fonctions f et g définies sur l'intervalle $[-6;4]$. Résoudre graphiquement :

a. l'équation $f(x)=g(x)$; **b.** l'inéquation $f(x)>g(x)$.

2. Résoudre graphiquement :

a. l'équation $x^2=x+2$; **b.** l'inéquation $x^2 \leqslant x+2$.

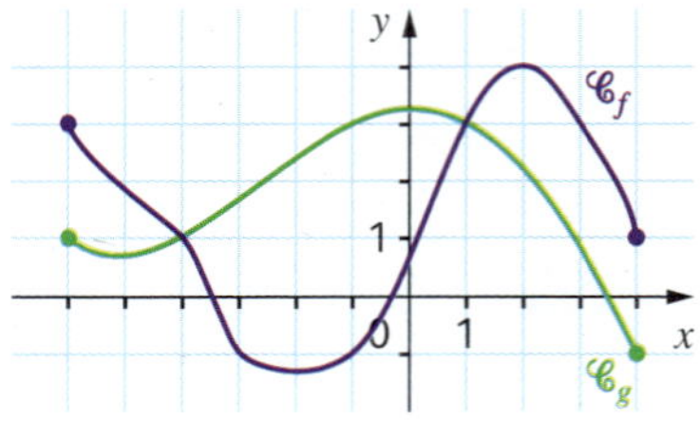

Solution rédigée

1. a. Les solutions de l'équation $f(x)=g(x)$ sont les abscisses des points d'intersection des courbes $\mathscr{C}_f$ et $\mathscr{C}_g$.
Les courbes $\mathscr{C}_f$ et $\mathscr{C}_g$ ont deux points d'intersection A et B d'abscisses respectives -4 et 1.
L'ensemble des solutions de l'équation $f(x)=g(x)$ est $S=\{-4;1\}$.

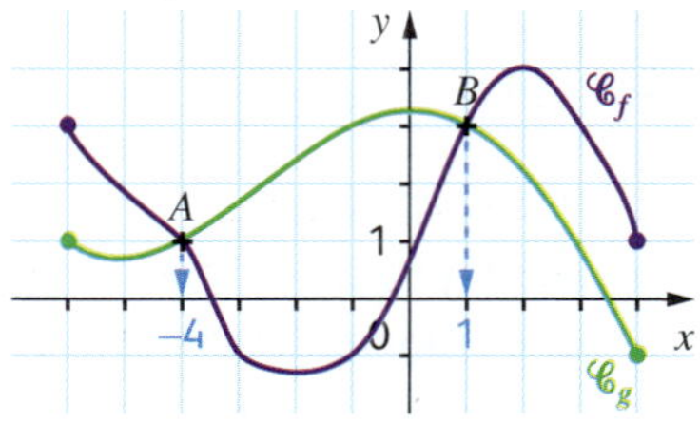

b. Pour résoudre l'inéquation $f(x)>g(x)$, on lit les abscisses de tous les points de la courbe $\mathscr{C}_f$ situés au-dessus (strictement) de $\mathscr{C}_g$.
L'ensemble des solutions de cette inéquation est la réunion de deux intervalles. On a $S=[-6;-4[\cup]1;4]$ (les valeurs -4 et 1 sont exclues de l'ensemble S des solutions puisque l'inégalité est stricte).

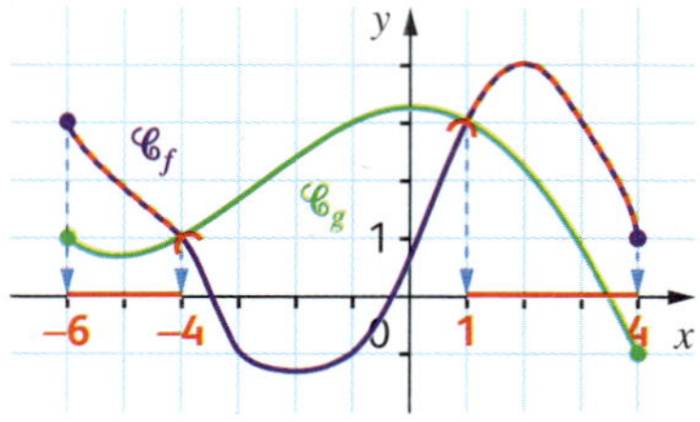

2. Sur un graphique, on représente les fonctions f et g définies sur $\mathbb{R}$ par $f(x)=x^2$ et $g(x)=x+2$.

a. Les solutions de l'équation $x^2=x+2$ sont les abscisses des points d'intersection des courbes $\mathscr{C}_f$ et $\mathscr{C}_g$. Les courbes $\mathscr{C}_f$ et $\mathscr{C}_g$ ont deux points d'intersection A et B d'abscisses respectives -1 et 2.
L'ensemble des solutions de l'équation $x^2=x+2$ est $S=\{-1;2\}$.

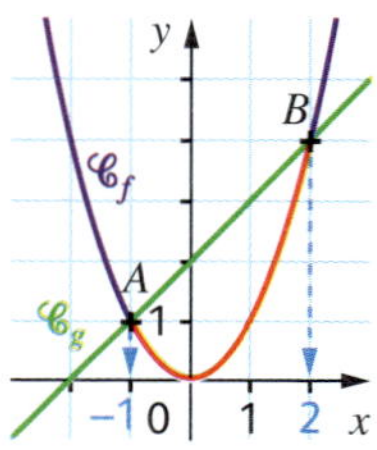

b. Les solutions de l'inéquation $x^2 \leqslant x+2$ sont les abscisses de tous les points de la courbe $\mathscr{C}_f$ situés en dessous de $\mathscr{C}_g$.
Il s'agit de tous les nombres réels compris entre -1 et 2.
L'ensemble des solutions est $S=[-1;2]$.

> **Point méthode**
> **2.** • f est la fonction carré, représentée par la parabole d'équation $y=x^2$.
> • g est une fonction affine représentée par une droite. Pour tracer cette droite on peut calculer les coordonnées de deux points ou utiliser son coefficient directeur et son ordonnée à l'origine.

J'applique en autonomie

Voir corrigés p. 409 Voir exercices similaires nos 65 à 67

30 On donne ci-dessous les courbes représentatives de deux fonctions f et g.

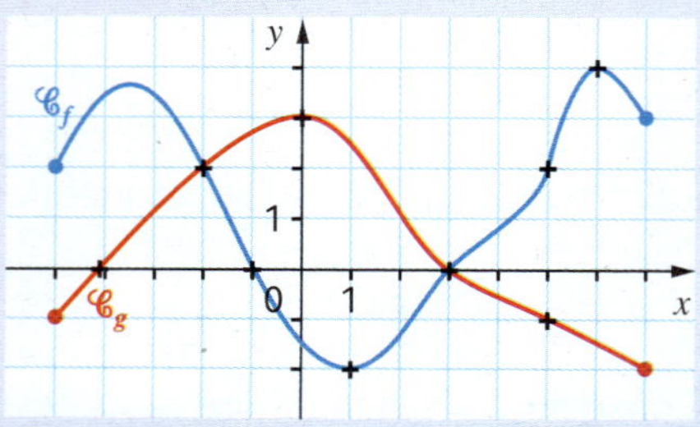

1. Donner l'ensemble de définition de f et g.

2. Résoudre graphiquement les équations et inéquations suivantes.

a. $f(x)=g(x)$ **b.** $g(x)>f(x)$ **c.** $f(x)\geqslant g(x)$

31 Résoudre graphiquement :

1. l'équation $x^2=-2x+3$;

2. l'inéquation $x^2 \geqslant -2x+3$.

32 Résoudre graphiquement :

1. l'équation $x^3=2-x$;

2. l'inéquation $x^3<2-x$.

5 CAPACITÉ Modéliser une situation par une fonction

Énoncé ABC est un triangle rectangle et isocèle en A tel que $AB = AC = 4$ cm. M est un point variable du segment $[AB]$, N et P sont les points des segments $[BC]$ et $[AC]$ tels que $AMNP$ soit un rectangle. On pose $AM = x$.

Soit f la fonction qui, à chaque valeur de x, associe l'aire du rectangle $AMNP$.

1. Donner l'ensemble de définition D de la fonction f.
2. Montrer que $MN = 4 - x$. En déduire l'expression de $f(x)$ en fonction de x.
3. Montrer que, pour tout $x \in D$, $f(x) = 4 - (x-2)^2$.
4. Dans chaque cas, déterminer si possible, la (ou les) position(s) du point M telle(s) que l'aire du rectangle $AMNP$ soit égale à :

a. 3 cm² b. 5 cm² c. la moitié de l'aire du triangle ABC.

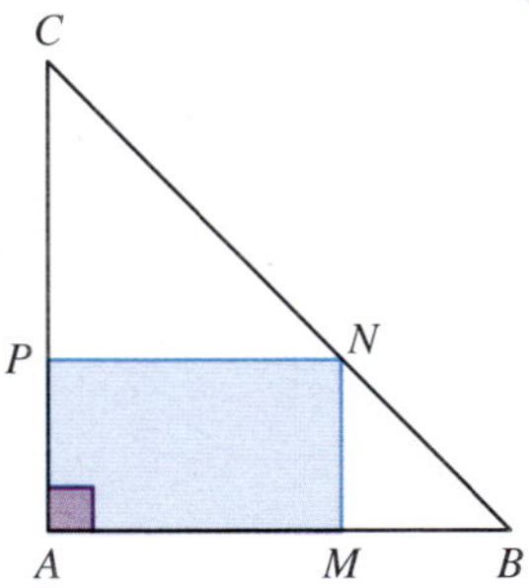

Solution rédigée

1. $M \in [AB]$ avec $AB = 4$, donc $x \in [0;4]$: $D = [0;4]$.

2. • Les droites (MN) et (AC) sont parallèles. Les triangles BMN et BAC forment une configuration de Thalès. On a donc :

$$\frac{BM}{BA} = \frac{MN}{AC}, \text{ soit } \frac{4-x}{4} = \frac{MN}{4}, \text{ ainsi } MN = 4 - x$$

• L'aire du rectangle $AMNP$ est : $f(x) = AM \times MN = x(4-x)$, soit, en développant $f(x) = -x^2 + 4x$.

3. Pour montrer l'égalité, on développe l'expression $4-(x-2)^2$.

$4-(x-2)^2 = 4-(x^2-4x+4) = 4-x^2+4x-4 = -x^2+4x$

On retrouve l'expression de $f(x)$, donc $f(x) = 4-(x-2)^2$.

4. a. On résout l'équation $f(x) = 3$, équivalente à $4-(x-2)^2 = 3$, soit $(x-2)^2 = 1$ et donc $x-2 = 1$ ou $x-2 = -1$, ce qui donne : $x = 3$ ou $x = 1$.
L'aire de $AMNP$ est égale à 3 cm² lorsque $AM = 1$ cm ou $AM = 3$ cm.

b. On résout l'équation $f(x) = 5$, équivalente à : $4-(x-2)^2 = 5$ soit : $(x-2)^2 = -1$. Or $(x-2)^2 \geqslant 0$ et $-1 < 0$, donc cette équation n'a pas de solution.
Il n'est pas possible que l'aire du rectangle $AMNP$ soit égale à 5 cm².

c. L'aire du triangle ABC est : $\frac{4\times 4}{2} = 8$. On résout l'équation $f(x) = 4$.

$f(x) = 4 \Leftrightarrow 4-(x-2)^2 = 4 \Leftrightarrow (x-2)^2 = 0 \Leftrightarrow x = 2$

L'aire de $AMNP$ est égale à 4 cm² lorsque $AM = 2$ cm.

Point méthode

3. Pour montrer une égalité, on peut :
• transformer l'un des membres de l'égalité pour obtenir l'autre ;
• transformer séparément chaque membre de l'égalité pour obtenir une expression commune ;
• montrer que la différence des deux membres est nulle.

Point méthode

4. L'équation $X^2 = a$ admet :
• deux solutions si $a > 0$ qui sont $\sqrt{a}$ et $-\sqrt{a}$;
• 0 pour unique solution si $a = 0$;
• aucune solution si $a < 0$.

J'applique en autonomie

Voir corrigés p. 409 Voir exercices similaires nos 68 et 69

33 $ABCD$ est un carré de côté 10.
M est un point variable sur le segment $[AB]$.
Le point N appartient au segment $[AD]$ et vérifie $AM = ND$. On pose $AM = x$ et on note $f(x)$ l'aire du triangle AMN.

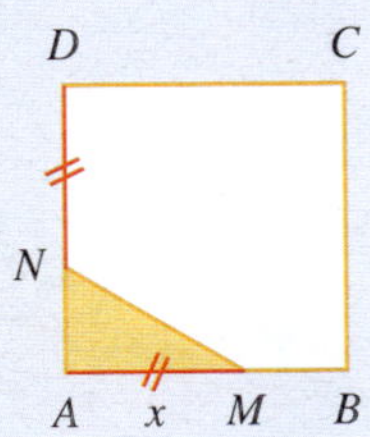

1. Donner l'ensemble de définition de f.
2. Montrer que $f(x) = \frac{1}{2}(10x - x^2)$.
3. a. Tabuler la fonction f à la calculatrice sur $[0;10]$ avec un pas de 0,1.
b. Conjecturer les positions du point M pour que l'aire du triangle AMN soit égale à 8.
4. a. Montrer que :
$$f(x) - 8 = -\frac{1}{2}(x-2)(x-8)$$
b. Démontrer le résultat conjecturé à la question 3.b.

Je fais le point

Je revois mon cours

Courbe représentative

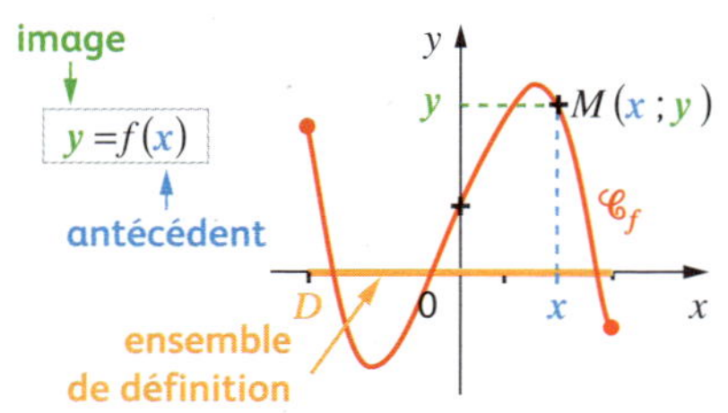

Fonction **paire**

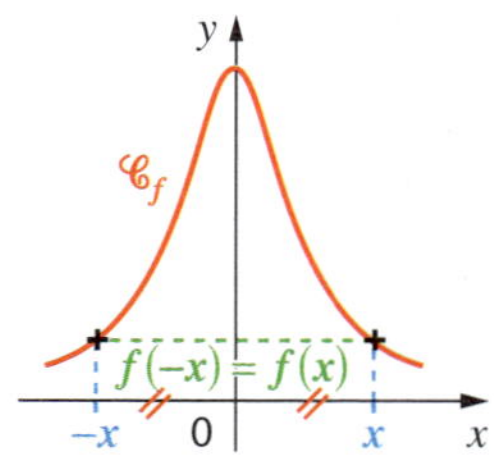

Fonction **impaire**

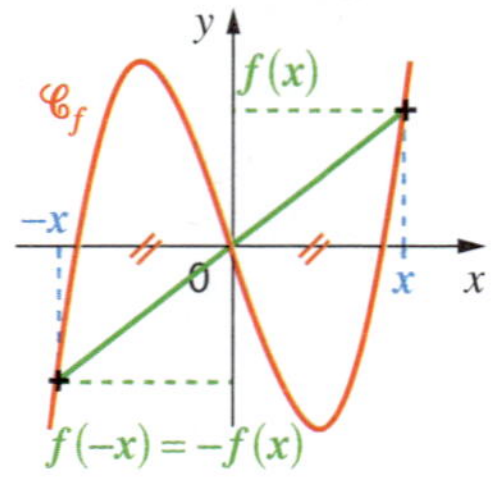

Fonctions de référence

Fonction carré

Définie sur $\mathbb{R}$ par $x \mapsto x^2$.
Fonction paire.

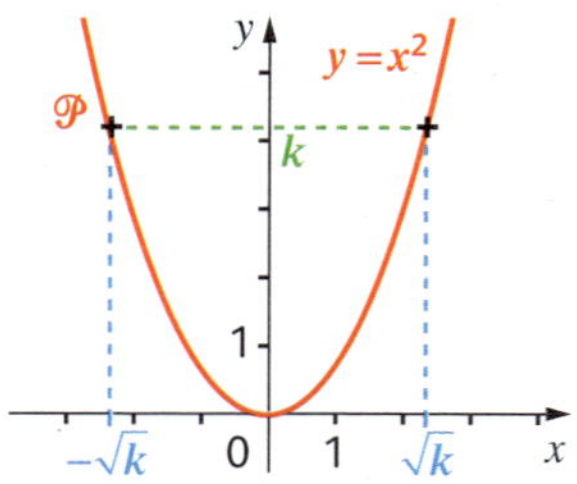

Fonction inverse

Définie sur $\mathbb{R} \setminus \{0\}$ par $x \mapsto \dfrac{1}{x}$.
Fonction impaire.

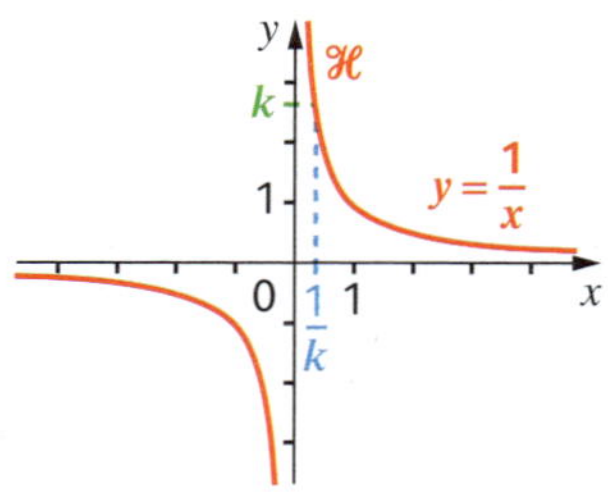

Fonction cube

Définie sur $\mathbb{R}$ par $x \mapsto x^3$.
Fonction impaire.

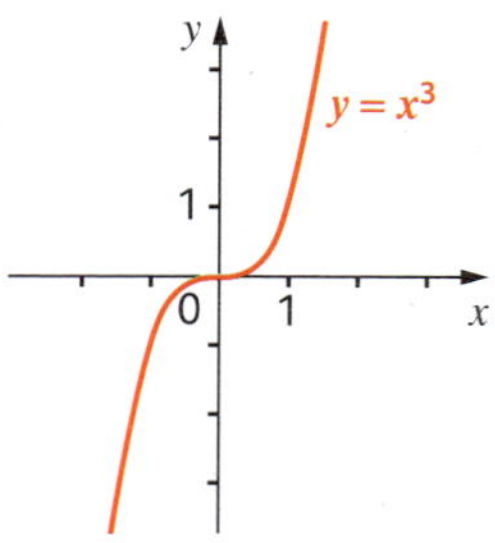

Fonction racine carrée

Définie sur $[0\,;+\infty[$ par $x \mapsto \sqrt{x}$.
Fonction ni paire ni impaire.

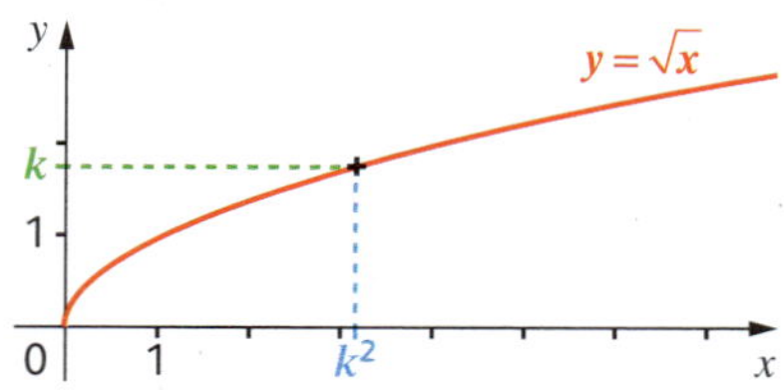

Résolution graphique d'une équation

Équation $f(x) = k$

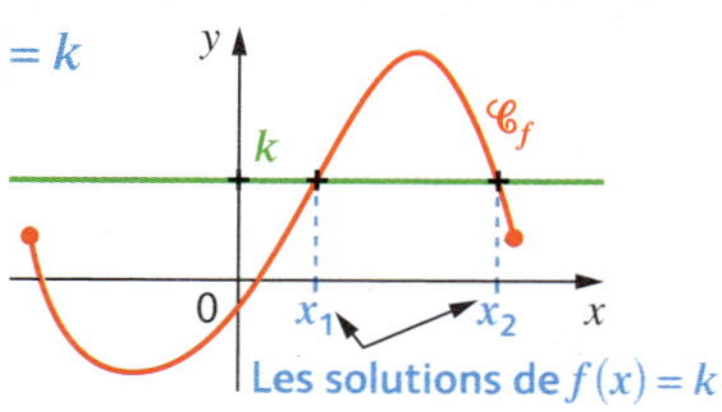

Équation $f(x) = g(x)$

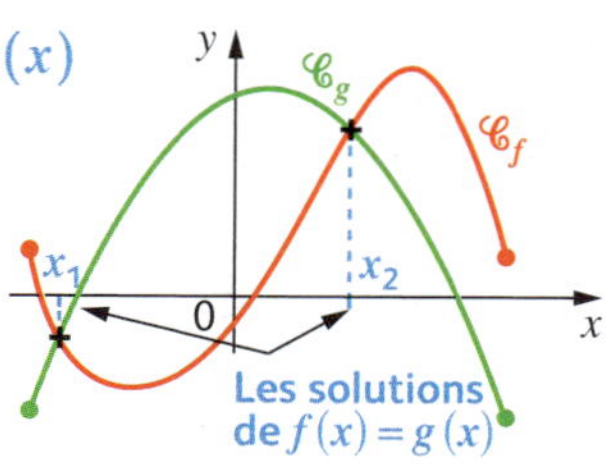

Résolution graphique d'une inéquation

Inéquation $f(x) > k$

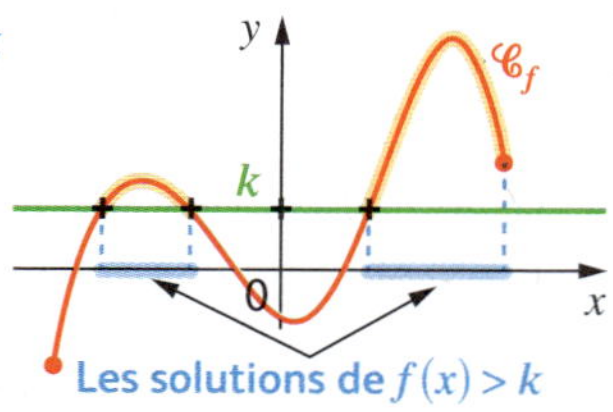

Inéquation $f(x) < g(x)$

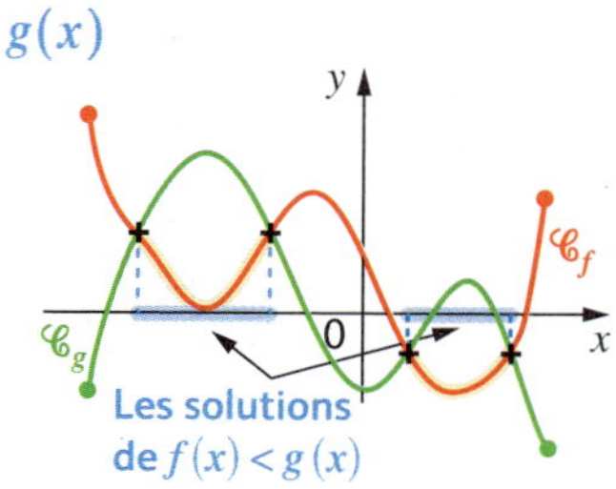

Je m'exerce à démontrer

Sur $[1\,;+\infty[$, la courbe d'équation $y = x^2$ est au-dessus de la droite d'équation $y = x$.

DÉMO PAS À PAS
hachette-clic.fr/25de2066

J'évalue mes connaissances

Voir corrigés p. 409

QCM

Pour chacune des questions, indiquer la (ou les) bonne(s) réponse(s).
On a représenté ci-contre deux fonctions f et g définies sur $\mathbb{R}$.

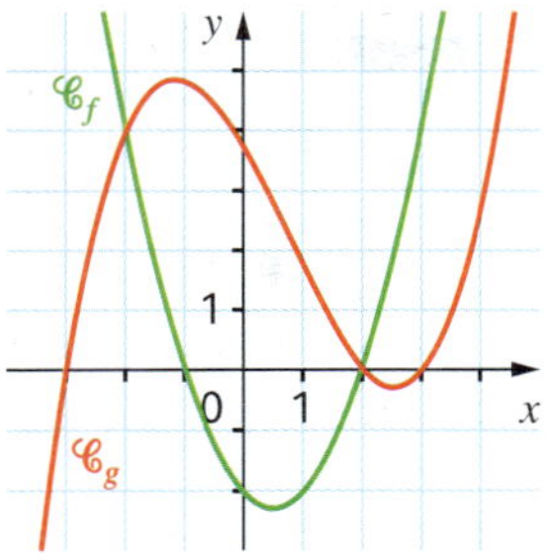

	a	b	c
1. $f(1)$ est égale à :	0	−2	2
2. L'équation $f(x)=0$ admet pour solution :	−2	−1	2
3. L'équation $g(x)=2$ admet :	une solution	deux solutions	trois solutions
4. L'ensemble des solutions de l'inéquation $f(x)>4$ est :	$]-3;3[$	$]-\infty;-2[\cup]3;-\infty[$	$]-\infty;-2]\cup[3;+\infty[$
5. L'ensemble des solutions de l'inéquation $g(x)\leqslant 0$ est :	$[-1;2]$	$[2;3]$	$]-\infty;-3]\cup[2;3]$
6. L'équation $f(x)=g(x)$ admet pour solution :	−2	4	2
7. L'ensemble des solutions de l'inéquation $f(x)\leqslant g(x)$ est :	$]-\infty;-2]$	$[-2;2]$	$[2;+\infty[$
8. $A(4;3)\in\mathscr{C}_g$ signifie que :	l'image de 4 est 3 par g	$g(3)=4$	$g(4)=3$
9. La fonction cube est :	paire	impaire	ni paire, ni impaire
10. La courbe représentative d'une fonction paire est :	symétrique par rapport à l'origine	symétrique par rapport à l'axe des ordonnées	symétrique par rapport à l'axe des abscisses

vrai ou faux ?

Indiquer pour chaque affirmation si elle est vraie ou fausse. Justifier.

Partie A.

On considère la fonction f définie sur $\mathbb{R}$ par $f(x)=2x^2-1$. On note $\mathscr{C}$ sa courbe représentative.

1. L'image de $\sqrt{3}$ est 5.

2. Le point $A\left(\frac{1}{3};\frac{-8}{9}\right)$ appartient à la courbe $\mathscr{C}$.

3. $\mathscr{C}$ coupe l'axe des abscisses au seul point d'abscisse $\frac{\sqrt{2}}{2}$.

4. La fonction f est paire.

5. La courbe $\mathscr{C}$ admet l'origine du repère pour centre de symétrie.

Partie B.

1. L'inverse de 3 est -3.

2. Le cube de 2 est 6.

3. Les carrés de deux réels opposés sont opposés.

4. Les inverses de deux réels opposés non nuls sont opposés.

5. Les cubes de deux réels opposés sont opposés.

6. Le cube de l'inverse d'un réel non nul est égal à l'inverse du cube de ce réel.

7. La racine carrée de l'inverse d'un réel strictement positif est égale à l'inverse de la racine carrée de ce réel.

exercices Application

JE ME TESTE ! EXERCICES INTERACTIFS
hachette-clic.fr/25de2068

Acquérir des automatismes

34 Soit f une fonction et $\mathscr{C}$ sa courbe représentative. Traduire les informations suivantes par une égalité de la forme $f(\ldots)=\ldots$.
1. L'image de 5 par f est 2.
2. Un antécédent de -3 par f est 4.
3. Le point $A(6;-1)$ appartient à $\mathscr{C}$.
4. La courbe $\mathscr{C}$ coupe l'axe des abscisses en 8.
5. La courbe $\mathscr{C}$ coupe l'axe des ordonnées en 3.

35 f est une fonction telle que $f(4)=-3$.
On note $\mathscr{C}$ sa courbe représentative.
Recopier et compléter les phrases suivantes.
1. Un antécédent de … par f est….
2. L'image de … par f est ….
3. $A(\ldots;\ldots)\in\mathscr{C}$.
4. Le point de $\mathscr{C}$ d'abscisse … a pour ordonnée ….

36 Soit f la fonction définie sur $\mathbb{R}$ par :
$$f(x)=3x-5$$
On note $\mathscr{C}$ sa courbe représentative.
1. Calculer l'image de 8 par f.
2. Le point $A(-2;11)$ appartient-il à $\mathscr{C}$?
3. Déterminer l'antécédent de 24 par f.
4. Déterminer les coordonnées du point d'intersection de $\mathscr{C}$ et de l'axe des ordonnées.

37 La courbe $\mathscr{C}$ ci-contre représente une fonction f.

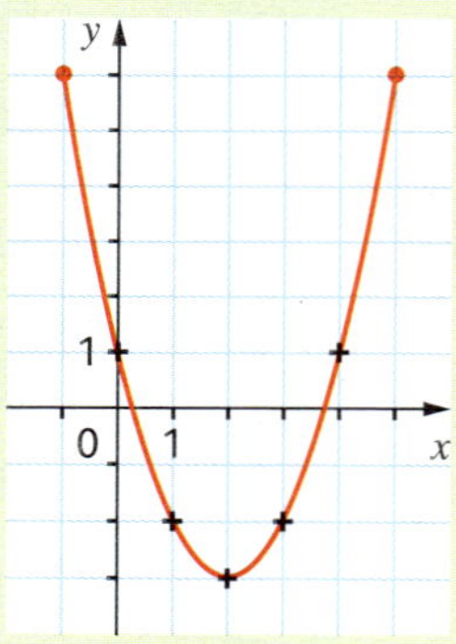

1. Donner l'ensemble de définition de f.
2. Déterminer l'image de -1 par f puis celle de 2.
3. Déterminer les antécédents de -2 par f.
4. Résoudre graphiquement :
a. l'équation $f(x)=1$;
b. l'inéquation $f(x)>1$.

38 **Vrai ou faux ?**
On considère la fonction f définie sur $\mathbb{R}$ par :
$$f(x)=3x^2-1$$
On note $\mathscr{C}$ sa courbe représentative.
Indiquer pour chacune des affirmations suivantes si elle est vraie ou fausse en justifiant.
1. L'image de -1 par f est -4.
2. -1 a pour antécédent 0 par la fonction f.
3. Le point de $\mathscr{C}$ d'abscisse $\sqrt{2}$ a pour ordonnée 5.
4. L'équation $f(x)=8$ admet deux solutions.
5. $\mathscr{C}$ passe par le point $A(1;-2)$.
6. La fonction f est paire.

Travailler les capacités du chapitre

Capacité 1 Exploiter l'équation $y=f(x)$ d'une courbe
Voir p. 207

39 Soit f une fonction et $\mathscr{C}$ la courbe d'équation $y=f(x)$. Le point $A(7;-6)$ appartient à $\mathscr{C}$.
Recopier et compléter les phrases suivantes.
1. $f(\ldots)=\ldots$.
2. L'image de … par f est ….
3. Un antécédent de … par f est ….

40 $\mathscr{C}_f$ est la courbe représentative d'une fonction f.
Les trois formulations suivantes donnent la même information :
• l'image de 0 est 3 • $f(0)=3$ • $M(0;3)\in\mathscr{C}_f$.
Dans chaque cas ci-dessous, énoncer les deux formulations correspondant à celle qui est rédigée.
1. L'image de 1 est 5
2. $A(2;4)\in\mathscr{C}_f$
3. 0 est un antécédent de 12
4. $f(-2)=6$
5. Le point de $\mathscr{C}_f$ d'abscisse 7 a pour ordonnée 15.

41 Soit f la fonction définie sur $\mathbb{R}$ par $f(x)=15x-x^2$ et $\mathscr{C}$ sa courbe représentative.
1. Calculer $f(3)$. En déduire les coordonnées d'un point appartenant à $\mathscr{C}$.
2. Calculer l'image de 0 par f.
3. Indiquer si les points $A(-1;16)$ et $B(\sqrt{2};19{,}2)$ appartiennent à $\mathscr{C}$. Justifier.
4. Résoudre l'équation $f(x)=0$. Interpréter graphiquement les solutions.

42 Soit f la fonction définie sur $\mathbb{R}$ par $f(x)=x^2-2x-3$ et $\mathscr{C}$ sa courbe représentative.
1. Justifier que le point $A(-2;5)$ appartient à $\mathscr{C}$.
2. Déterminer les coordonnées du point d'intersection de $\mathscr{C}$ avec l'axe des ordonnées.
3. Calculer l'ordonnée du point d'abscisse 1 de $\mathscr{C}$.
4. Déterminer les abscisses des points de $\mathscr{C}$ d'ordonnée -3.

43 Soit f la fonction définie sur $\mathbb{R}$ par $f(x)=4-x^2$ et $\mathscr{C}$ sa courbe représentative.
Dans chaque cas, déterminer si possible :
1. l'ordonnée du point d'abscisse -1 de $\mathscr{C}$;
2. l'ordonnée du point d'abscisse $2\sqrt{3}$ de $\mathscr{C}$;
3. l'ordonnée du point d'intersection de $\mathscr{C}$ et de l'axe des ordonnées ;
4. l'abscisse du point d'ordonnée 4 de $\mathscr{C}$;
5. l'abscisse du point d'ordonnée 5 de $\mathscr{C}$;
6. les abscisses des points d'ordonnée 2 de $\mathscr{C}$;
7. les coordonnées des points d'intersection de $\mathscr{C}$ et de l'axe des abscisses.

44 Soit f la fonction définie sur $]0;+\infty[$ par $f(x)=\dfrac{1}{x}+3$ et $\mathscr{C}$ sa courbe représentative.
Dans chaque cas, déterminer le nombre réel t tel que le point A appartienne à la courbe $\mathscr{C}$.

1. $A(-1;t)$ **2.** $A\left(\dfrac{3}{4};t\right)$ **3.** $A(t;-1)$ **4.** $A\left(t;\dfrac{2}{3}\right)$

45 On donne ci-contre la représentation graphique $\mathscr{C}_f$ d'une fonction f définie sur $\mathbb{R}$.

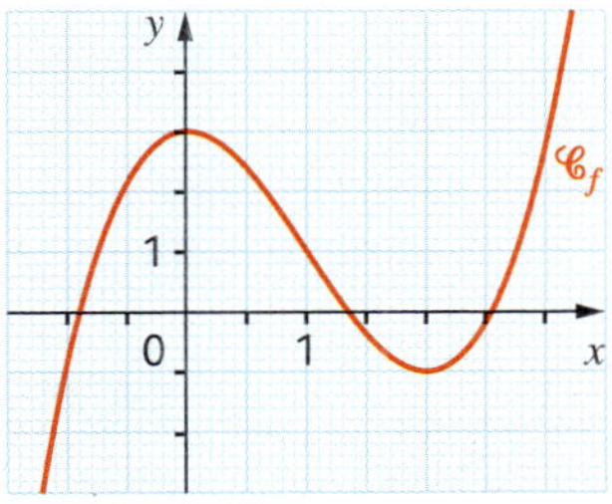

1. Avec la précision permise du graphique, répondre aux questions suivantes.

a. Quelles sont les images de 0 ; 1 et 2 par f ?

b. Lire les antécédents de 3 ; –1 et 1 par f.

2. On suppose que $f(x)=x^3-3x^2+3$.
Les réponses obtenues à la question **1.** sont-elles exactes ? Justifier par des calculs.

46 ALGO

On considère la fonction f définie par l'algorithme ci-contre.

Langage naturel

Choisir un réel entre –3 et 3
Multiplier par 2
Élever au carré
Soustraire 1
Renvoyer le résultat

1. Après avoir précisé l'ensemble de définition de f, déterminer l'expression $f(x)$ en fonction de x.

2. Parmi les points suivants, lesquels appartiennent à la courbe représentative de f ?

a. $(-1;-5)$ **b.** $\left(\dfrac{1}{2};0\right)$ **c.** $\left(\dfrac{3}{2};\dfrac{5}{4}\right)$ **d.** $(\sqrt{2};7)$

3. a. La fonction f est-elle paire ? Impaire ?

b. Que peut-on en déduire pour la courbe $\mathscr{C}_f$?

*Pour les exercices **47** à **49**, indiquer si les points A et B appartiennent à la courbe $\mathscr{C}$ représentant la fonction f. Justifier.*

47 La fonction f est définie sur $\mathbb{R}$ par $f(x)=-x^2+2x$.

1. $A(-2;0)$

2. $B(3;-3)$

CORRECTION TYPE EN VIDÉO
hachette-clic.fr/25de2069

48 La fonction f est définie sur $[0;+\infty[$ par $f(x)=\dfrac{2}{2x+3}$.

1. $A\left(\dfrac{1}{2};\dfrac{1}{2}\right)$ **2.** $B\left(1;\dfrac{1}{4}\right)$

49 La fonction f est définie sur $\mathbb{R}$ par $f(x)=x^3-2$.

1. $A\left(\dfrac{1}{2};-\dfrac{15}{8}\right)$ **2.** $B(-2;0)$

50 **Vrai ou faux ?**

On considère les fonctions f et g de courbes représentatives $\mathscr{C}_f$ et $\mathscr{C}_g$, définies sur $\mathbb{R}$ par :
$$f(x)=x^2-3x+1 \text{ et } g(x)=x-2$$
Pour chacune des affirmations suivantes, indiquer si elle est vraie ou fausse. Justifier.

1. La courbe $\mathscr{C}_f$ passe par le point $A(-2;3)$

2. $\mathscr{C}_g$ est la droite d'équation $y=x-2$.

3. L'image de –1 par f est égale à –3.

4. –5 est un antécédent de –3 par g.

5. Les courbes $\mathscr{C}_f$ et $\mathscr{C}_g$ se coupent aux points d'abscisses 1 et 3.

51 PYTHON

On a programmé en langage Python la fonction g ci-contre dans laquelle x est un nombre réel. On note $\mathscr{C}$ la courbe représentative de g dans un repère.

```
def g(x):
    y=-2*(x-4)**2
    return y
```

1. Que renvoie l'instruction `g(0)` ?

2. Quelle est l'image de 7 par g ?

3. Déterminer les éventuels antécédents par g de :

a. 0 **b.** –32 **c.** 8

4. Utiliser les résultats précédents pour donner les coordonnées de points appartenant à $\mathscr{C}$.

Info Python
« x**2 » signifie « x^2 » en langage Python.

CAPACITÉ 2 **Résoudre graphiquement une équation du type $f(x)=k$, une inéquation du type $f(x)<k$**
Voir p. 209

52 **Vrai ou faux ?** Compétence Communiquer

On considère la fonction f définie sur $[-6;5]$ par sa courbe représentative ci-dessous.

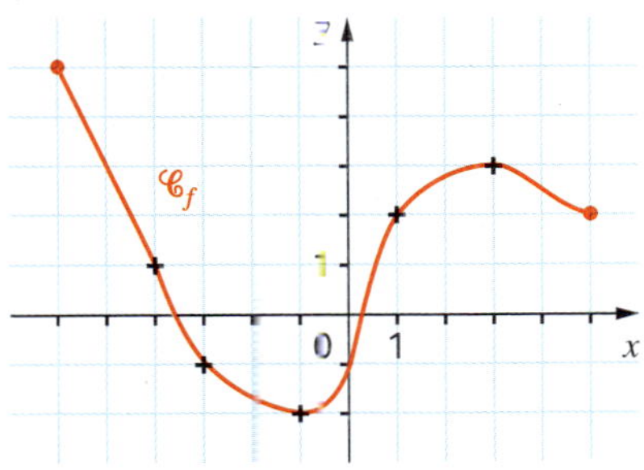

Pour chaque affirmation suivante, préciser si elle est vraie ou fausse en justifiant.

1. L'équation $f(x)=0$ admet deux solutions, l'une positive et l'autre négative.

2. L'équation $f(x)=2$ a deux solutions : 1 et 5.

3. L'inéquation $f(x)>-1$ admet pour ensemble solution $]-3;-1[$.

4. L'inéquation $f(x)\geqslant 3$ admet pour ensemble solution $[-6;-5]$.

53 On a représenté graphiquement une fonction f définie sur $[-3;6]$.

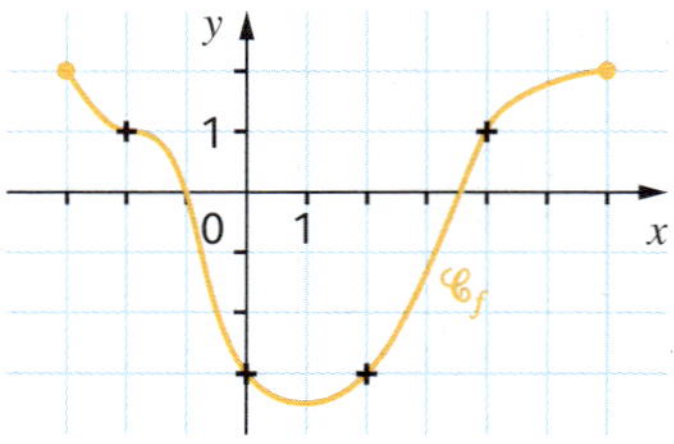

1. Résoudre graphiquement les équations suivantes.

a. $f(x)=1$ **b.** $f(x)=2$ **c.** $f(x)=-3$

2. Résoudre graphiquement les inéquations suivantes.

a. $f(x)<-3$ **b.** $f(x)\geqslant 1$

3. Donner le nombre de solution(s) de l'équation $f(x)=-1$. Donner un encadrement à l'unité de chaque solution.

4. La courbe $\mathscr{C}_f$ coupe l'axe des abscisses au point d'abscisse 3,5.

a. Résoudre l'inéquation $f(x)\geqslant 0$.

b. Déterminer, suivant les valeurs du nombre réel x, le signe de $f(x)$.

54 La courbe ci-contre représente une fonction f définie sur l'intervalle $[-6;3]$.

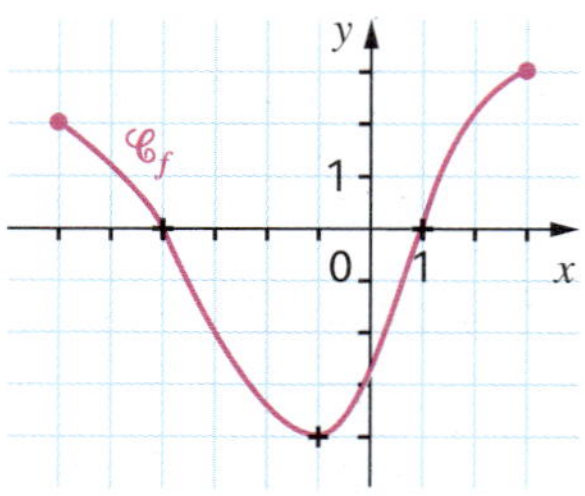

1. Résoudre graphiquement :

a. l'équation $f(x)=0$;

b. l'inéquation $f(x)\geqslant 0$.

2. Dans chaque cas, donner une valeur du nombre réel k tel que l'équation $f(x)=k$ admette :

a. une unique solution ; **b.** aucune solution ;

c. deux solutions strictement négatives.

3. Déterminer, suivant les valeurs du nombre réel k, le nombre de solution(s) de l'équation $f(x)=k$.

Pour les exercices **55** *à* **57**, *on donne ci-dessous la courbe représentative d'une fonction f définie sur $[-4;3]$. Résoudre graphiquement les équations et inéquations proposées.*

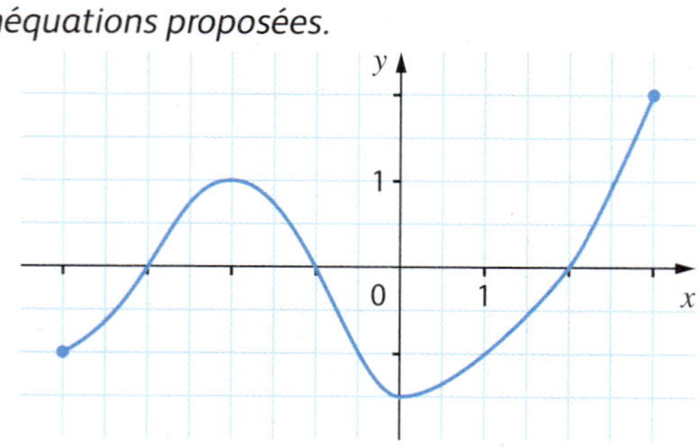

55 **a.** $f(x)=1$ **b.** $f(x)\leqslant 1$

56 **a.** $f(x)=0$ **b.** $f(x)>0$

57 **a.** $f(x)=-1$ **b.** $f(x)\leqslant -1$

58 Soit f la fonction définie sur $[-3;2]$ par :

$$f(x)=x^3-2x+3$$

À l'aide de la calculatrice donner des valeurs approchées des solutions des équations :

1. $f(x)=-2$ **2.** $f(x)=0$ **3.** $f(x)=3$

CAPACITÉ 3 Résoudre une équation, une inéquation à l'aide des fonctions de référence

Voir p. 211

59 **Vrai ou faux ?** Compétence Raisonner

Pour chaque affirmation suivante, préciser si elle est vraie ou fausse.

1. Le point $A(-4;-16)$ appartient à la parabole représentant la fonction carré.

2. L'équation $x^2=k$ admet toujours deux solutions dans $\mathbb{R}$.

3. Le point de coordonnées $B(3;9)$ appartient à la courbe représentative de la fonction cube.

4. L'inéquation $\sqrt{x}\leqslant 1$ admet pour ensemble-solution l'intervalle $]-\infty;1]$.

60 **1.** Quelles sont les images par la fonction inverse de -2 ; $\frac{2}{3}$ et $-\frac{3}{4}$?

2. Quels sont les antécédents par la fonction inverse de 10^{-6} ; $\frac{5}{3}$ et $-\frac{1}{\sqrt{2}}$?

61 Résoudre dans $\mathbb{R}$ les équations suivantes.

1. $x^2=5$ **2.** $x^2=\frac{4}{9}$

3. $x^2-\frac{1}{4}=0$ **4.** $x^2+3=2$

5. $5x^2=125$ **6.** $3x^2=\frac{1}{3}$

On s'aidera d'un schéma représentant la courbe de la fonction carré pour guider la résolution.

62 Résoudre dans $\mathbb{R}$ les inéquations suivantes.

1. $4x^2+11<7$ **2.** $3x^2-1\leqslant 11$

3. $\frac{1}{2}x^2+2>4$ **4.** $\frac{1}{7}x^2-2\geqslant -2$

63 Résoudre dans $\mathbb{R}$:

a. $\sqrt{x}=16$ **b.** $4\sqrt{x}+3=0$ **c.** $2\sqrt{x}<18$

64 **1.** Un carré a une aire de 20 cm^2.
Quelle est la longueur de son côté ?

2. Un carré a une aire au plus égale à 25 cm^2.
Quelles sont les longueurs possibles de son côté ?

3. Un cube a un volume de 1 728 cm^3.
Quelle est la longueur de son arête ?

4. Un cube a un volume supérieur à 0,064 cm^3.
Quelles sont les longueurs possibles de son arête ?

CAPACITÉ 4 Résoudre graphiquement une équation du type $f(x)=g(x)$, une inéquation du type $f(x)<g(x)$

Voir p. 212

65 On a représenté graphiquement dans un repère deux fonctions f et g définies sur $[-4;6]$.

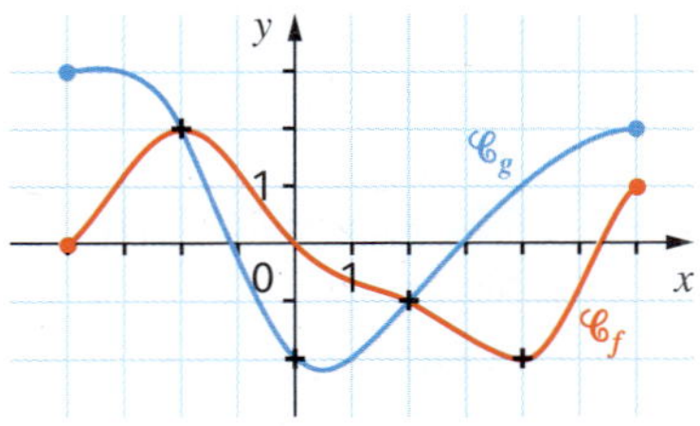

1. Est-il vrai que $f(4)$ est égal à $g(0)$? Justifier.

2. Pour chacun des nombres suivants, indiquer s'il est solution de l'inéquation $f(x) \leqslant g(x)$. Justifier.

a. 3 **b.** -2 **c.** $\frac{3}{2}$

3. Résoudre graphiquement les équations et inéquations suivantes.

a. $f(x)=g(x)$ **b.** $f(x)<g(x)$ **c.** $f(x) \geqslant g(x)$

66 On a représenté graphiquement dans un repère les courbes de deux fonctions f et g.

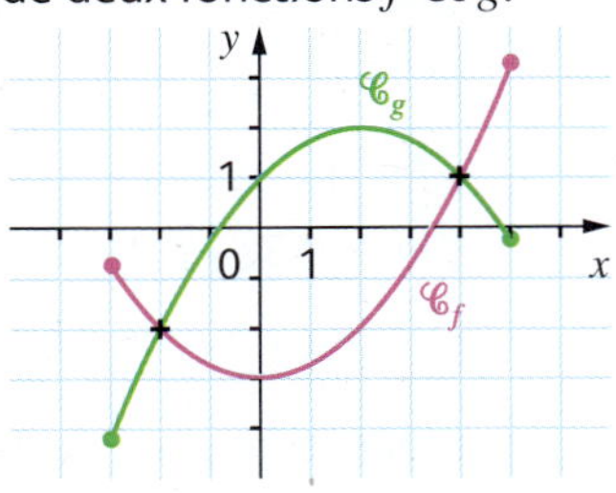

1. Quel est l'ensemble de définition des fonctions f et g ?

2. Pour chaque affirmation suivante, indiquer si elle vraie ou fausse. Justifier.

a. Les solutions de l'équation $f(x)=g(x)$ sont -2 et 1.

b. L'inéquation $f(x)>g(x)$ a pour ensemble solution $S=]-1,5;-1[\cup]2;2,5[$.

c. L'équation $f(x)=1$ a pour ensemble solution $S=\{0;2\}$.

d. L'inéquation $g(x) \leqslant -2$ a pour ensemble solution $S=\{-1;1\}$.

67 On a tracé les courbes représentatives de deux fonctions f et g définies sur $[-4;3]$.

Résoudre graphiquement les équations et inéquations suivantes.

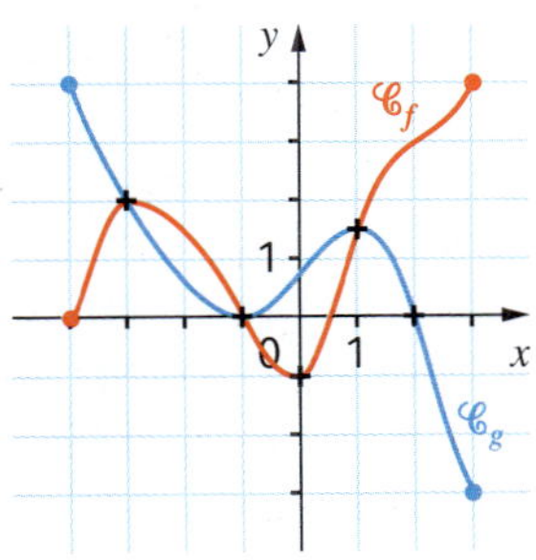

1. $f(x)=g(x)$ **2.** $g(x)<f(x)$

3. $g(x)=0$ **4.** $g(x) \geqslant 0$

CAPACITÉ 5 Modéliser une situation par une fonction

Voir p. 213

68 La courbe ci-contre représente la fonction C qui modélise l'évolution du taux de glycémie d'un patient (concentration de glucose dans le sang en fonction du temps t.

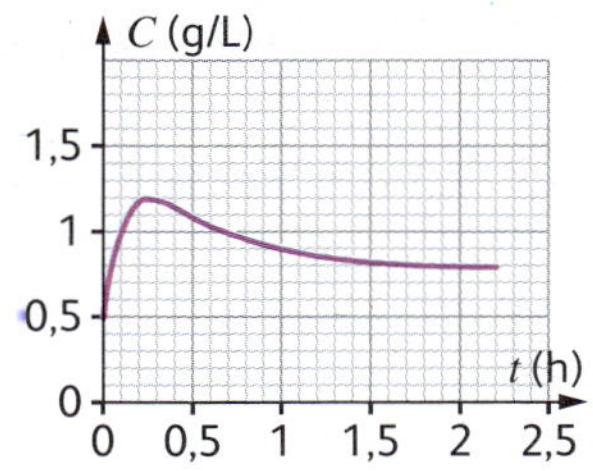

1. Donner l'ensemble de définition de la fonction C.

2. Quelle est l'image de 0,5 par C ? Interpréter ce résultat dans le contexte de l'exercice.

3. Déterminer le (ou les) antécédent(s) de 1 par la fonction C. Interpréter dans le contexte de l'exercice.

4. Résoudre graphiquement l'inéquation $C(t)>1$. Interpréter ce résultat pour le patient.

69 On remplit d'eau un récipient formé de deux pavés droits à base carrée (l'un de côté 10 cm, l'autre de côté 5 cm).

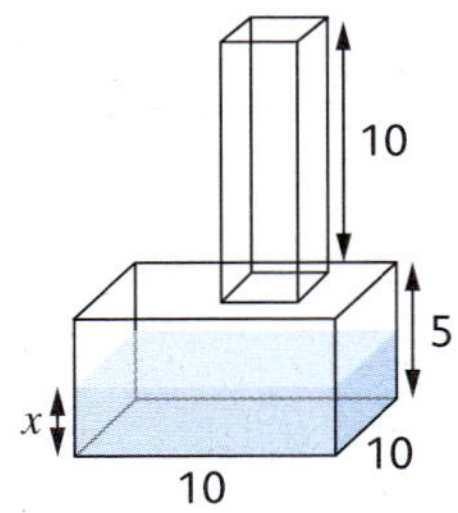

1. Exprimer le volume de liquide en fonction de la hauteur x d'eau.

2. On souhaite remplir le récipient à la moitié de sa contenance maximale. Déterminer quelle sera la hauteur d'eau dans le récipient.

3. Même question dans le cas où on souhaite remplir le récipient aux trois quarts.

70 Avant de commercialiser un casque audio, une étude de marché est réalisée. On note x le prix d'un casque audio, en dizaines d'euros, avec $x \in [0;9]$.
Le nombre de casques, en millier, achetés par les consommateurs en fonction de x est donné par $f(x)=\frac{9-x}{1+x}$ (c'est la fonction *demande*).
Le nombre de casques, en millier, proposés sur le marché par le fabriquant, en fonction de x, est donné par $g(x)=\frac{x}{2}$ (c'est la fonction *offre*).

1. Combien de casques seront achetés par le consommateur si le prix d'un casque est fixé à 40 € ?

2. On a représenté graphiquement les fonctions f et g sur [0 ; 9].

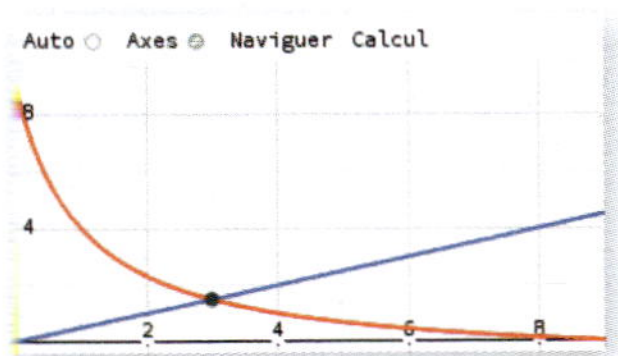

a. Déterminer le prix d'équilibre du marché, pour lequel l'offre sera égale à la demande.

b. Combien de casques seront produits et achetés à ce prix d'équilibre ?

c. Pour quels prix, l'offre sera-t-elle inférieure ou égale à la demande ?

1 Fonction, courbe représentative

71 Soit f la fonction définie sur $\mathbb{R}$ par :

$$f(x)=-x+3$$

1. Calculer l'image de 1, de -2 puis de $\frac{1}{3}$ par f.
2. Déterminer l'antécédent de -3 puis de $\frac{3}{4}$ par f.
3. Représenter graphiquement la fonction f.

72 Soit f la fonction définie sur $\mathbb{R}$ par :

$$f(x)=2x^2+4x-1$$

1. Calculer l'image de 1 par f.
2. Montrer que $f\left(\frac{1}{3}\right)=\frac{5}{9}$.
3. Montrer que -3 est un antécédent de 5 par f.

73 $\mathscr{C}$ est la courbe représentative d'une fonction f. Recopier et compléter le tableau suivant.

Image ou antécédent	Notation	Courbe
L'image de 2 est -5.	…	…
…	…	$A(1;-3)\in\mathscr{C}$
…	$f(-3)=2$	…
0 est un antécédent de 11.	…	…
…	…	L'ordonnée du point d'abscisse 7 de $\mathscr{C}$ est 15.
…	…	$\mathscr{C}$ coupe l'axe des abscisses en $A(-1;0)$.

74 Traduire chacune des informations suivantes par une égalité de la forme $f(\ldots)=\ldots$.

1. La courbe $\mathscr{C}_f$ passe par le point $A(-1;5)$.
2. L'ordonnée du point d'abscisse 2 de la courbe $\mathscr{C}_f$ est 3.
3. La courbe $\mathscr{C}_f$ coupe l'axe des ordonnées au point d'ordonnée -4.
4. Les antécédents de 5 par f sont -1 et 6.
5. L'équation $f(x)=0$ admet 8 pour solution.
6. La courbe $\mathscr{C}_f$ passe par l'origine du repère.

75 On considère la fonction f définie sur $\mathbb{R}$ par :

$$f(x)=(x-2)(2x+1)$$

1. Calculer l'image de 0 puis celle de -1 par f.
2. Calculer $f\left(\frac{1}{2}\right)$.
3. Déterminer les antécédents de 0 par f.

76 Soit f la fonction définie sur l'intervalle $[0;16]$ par $f(x)=\sqrt{x}+2$.

1. Calculer l'image de 0, de 2 puis de 4 par f.
2. Montrer que 9 est un antécédent de 5 par f.
3. Déterminer l'antécédent de 6 par f.
4. Donner un nombre qui n'admet pas d'antécédent par f.
5. Le point A(3 ; 3,73) appartient-il à la courbe $\mathscr{C}_f$?

77 Soit la fonction affine f définie sur $\mathbb{R}$ par $f(x)=\frac{1}{2}x-2$, représentée par la droite D.

1. Tracer la droite D en utilisant son coefficient directeur et son ordonnée à l'origine.
2. Calculer l'image par f de -1, de 2 puis de $\frac{2}{3}$.
3. Déterminer les antécédents par f des réels -2 et 3.
4. Déterminer les coordonnées du point d'intersection de D avec l'axe des abscisses.
5. Les points suivants appartiennent-ils à D ?

a. $A(2;-1)$

b. $B(4;1)$

c. $C(-2;-3)$

78 On considère la fonction f définie sur $\mathbb{R}$ par :

$$f(x)=-5x+2.$$

1. Calculer les images par f de 2, de -1 et de $\frac{1}{3}$.
2. Déterminer les antécédents par f de -1 et de $\frac{1}{2}$.
3. Déterminer tous les nombres réels dont l'image par f est strictement négative.
4. Déterminer tous les nombres réels dont l'image par f appartient à l'intervalle $[-3;3]$.
5. Représenter graphiquement la fonction f.

79 La courbe $\mathscr{C}_f$ ci-dessous représente une fonction f.

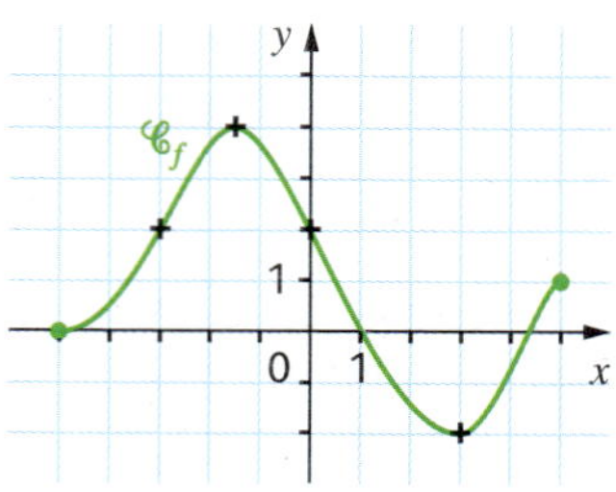

1. Donner l'ensemble de définition de f.
2. Déterminer $f(-5)$, $f(0)$ et $f(3)$.
3. Déterminer les antécédents de 2 puis de -2 par f.
4. Donner un nombre qui n'admet pas d'antécédent par f.
5. Donner un nombre qui admet trois antécédents par f.

80 Soit la fonction f définie sur $\mathbb{R}$ par $f(x)=x^2-3$ et $\mathscr{C}$ sa courbe représentative.

1. Calculer $f(2)$, $f(-1)$ et $f\left(\frac{2}{3}\right)$.

2. Déterminer les antécédents éventuels par f de 1, de −5, de −3 puis de 2.

3. Les points $A(-5;-28)$ et $B(\sqrt{5};2)$ appartiennent-ils à la courbe $\mathscr{C}$?

4. Déterminer les coordonnées des points d'intersection de $\mathscr{C}$ et de l'axe des abscisses.

81 PYTHON

On considère la fonction f définie sous Python ci-contre.

```
def f(x):
    return x**2-3*x-2
```

1. Déterminer l'image de 2 puis celle de −3 par f.

2. Déterminer les antécédents de −2 par f.

3. Le point $A(0{,}5;3{,}25)$ appartient-il à la courbe $\mathscr{C}_f$? et le point $B(\sqrt{2};-4{,}24)$?

82 On considère la fonction f définie sur $\mathbb{R}$ par $f(x)=2x^2-3x$ et $\mathscr{C}$ sa courbe représentative.

1. Calculer l'image de −3 puis de $\frac{2}{3}$ par f.

2. Déterminer les antécédents de 0 par f.

3. Déterminer l'ordonnée du point d'abscisse −2 de la courbe $\mathscr{C}$.

83 On considère la fonction f définie sur $\mathbb{R}$ par $f(x)=(2x-3)(-x+1)$. On note $\mathscr{C}$ sa courbe représentative.

1. Calculer $f\left(\frac{1}{3}\right)$ et $f(-1)$.

2. Déterminer les coordonnées des points d'intersection de $\mathscr{C}$ et de l'axe des abscisses.

3. a. Développer $f(x)$.

b. Déterminer les antécédents de −3 par f.

84 Soit f la fonction définie sur $\mathbb{R}$ par $f(x)=x^2-2x-3$ et $\mathscr{C}$ sa courbe représentative.

1. Calculer $f(-1)$ et $f\left(\frac{1}{2}\right)$.

2. Le point $A(-2;-3)$ appartient-il à $\mathscr{C}$?

3. Déterminer les antécédents de −3 par f.

4. a. Montrer que, pour tout réel x, $f(x)=(x-1)^2-4$.

b. En déduire une factorisation de $f(x)$.

c. Déterminer les coordonnées des points d'intersection de $\mathscr{C}$ et de l'axe des abscisses.

85 Soit $\mathscr{C}$ la courbe représentative de la fonction f définie sur $\mathbb{R}$ par $f(x)=2x^2-3$.

1. Déterminer :

a. l'ordonnée du point d'abscisse −1 de $\mathscr{C}$;

b. l'abscisse du point d'ordonnée −3 de $\mathscr{C}$;

c. les abscisses des points d'ordonnées 5 de $\mathscr{C}$.

2. Existe-t-il un point d'ordonnée −4 appartenant à la courbe $\mathscr{C}$? Justifier.

86 Soit f une fonction définie sur l'intervalle $[-1;5]$ telle que :

- l'image de −1 est 3
- $f(4)=-1$
- les antécédents de 1 par f sont 0 et 3
- l'équation $f(x)=0$ a pour solutions 2 et 5.

Tracer une courbe $\mathscr{C}$ pouvant représenter la fonction f. Combien existe-t-il de courbes possibles ?

87 Soit f la fonction définie sur $[-2;4]$ par :

$$f(x)=-0{,}5x^2+2x+1$$

1. À l'aide de la calculatrice, recopier et compléter le tableau de valeurs de f sur $[-2;4]$ avec un pas de 1.

x	−2	−1	0	1	2	3	4
$f(x)$							

2. Dans un repère, placer les points du tableau.

3. Pour tracer la courbe $\mathscr{C}_f$ peut-on relier ces points à l'aide d'une règle ? Pourquoi ?

4. En s'aidant de la calculatrice, construire $\mathscr{C}_f$.

88 Soit f la fonction définie sur $[-1;4]$ par :

$$f(x)=x^2-2x-2$$

1. À l'aide de la calculatrice, dresser le tableau de valeurs de f sur $[-1;4]$ avec un pas de 0,5.

2. Construire la courbe $\mathscr{C}_f$.

89 On donne le programme Python ci-contre.

```
def f(x):
    return x**2-2*x-3

def A(a,b):
    if f(a)==b:
        return "oui"
    else:
        return "non"
```

1. Ce programme permet de définir une fonction f. Donner l'expression de $f(x)$ en fonction de x.

2. Que va retourner le programme dans chacun des cas suivants ?

a. `A(-1,0)`

b. `A(-2,3)`

3. Quel est le rôle de la fonction `A(a,b)` ? À quoi correspondent les affichages `"oui"` et `"non"` retournés par le programme ?

4. Déterminer les valeurs possibles de a telles que l'instruction `A(a,-3)` retourne `"oui"`.

90 Soit f la fonction définie par $f(x)=\frac{2x}{x^2+1}$ et $\mathscr{C}$ sa courbe représentative.

1. Justifier que f est définie sur $\mathbb{R}$.

2. Calculer l'image de −3 par f.

3. Calculer $f\left(\frac{3}{2}\right)$.

4. Étudier la parité de f.

5. Sans calcul, donner l'image de $-\frac{3}{2}$ par f.

6. Déterminer le (ou les) point(s) d'ordonnée −1 sur $\mathscr{C}$.

91 Soit f une fonction définie sur $\mathbb{R}$ et $\mathscr{C}$ sa représentation graphique.
Recopier et compléter les phrases suivantes.
1. On suppose que f est paire.
a. Si $f(2)=-3$, alors $f(-2)=\ldots.$
b. Si $A(-4;5)\in\mathscr{C}$, alors $B(\ldots;\ldots)\in\mathscr{C}$.
2. On suppose que f est impaire.
a. $f(0)=\ldots$
b. Si $f(-1)=1-\sqrt{2}$, alors $f(1)=\ldots.$
c. Si $M(3;-7)\in\mathscr{C}$, alors $N(\ldots;\ldots)\in\mathscr{C}$.

92 Soit f la fonction définie sur $\mathbb{R}$ par :
$$f(x)=-3x^2+2x+5$$
1. Calculer $f(1)$ et $f(-1)$.
2. La fonction f est-elle paire ? impaire ?
3. Énoncer une méthode permettant de prouver qu'une fonction n'est ni paire ni impaire.

93 Étudier la parité de chacune des fonctions suivantes et donner l'interprétation graphique correspondante pour sa courbe représentative.
1. f est définie sur $\mathbb{R}$ par $f(x)=2x^2+1$.
2. g est définie sur $[-2;2]$ par $g(x)=-4x^3$.
3. h définie sur $\mathbb{R}$ par $h(x)=\dfrac{x}{x^2+1}$.
4. i est définie sur $[-2;3]$ par $i(x)=2-3x^2$.

94 Soit f la fonction définie sur $\mathbb{R}$ par :
$$f(x)=x^2-3$$
1. Montrer que $f\left(1+\sqrt{2}\right)=2\sqrt{2}$.
2. Étudier la parité de la fonction f.
3. Sans calcul, donner l'image de $-1-\sqrt{2}$ par f.

Analyse d'un énoncé

95 **Exercice commenté**
Soit f la fonction définie sur l'intervalle $[-2;2]$ par :
$$f(x)=2x^3+3x$$
Montrer que la courbe $\mathscr{C}_f$ admet l'origine du repère pour centre de symétrie.

La question renvoie à l'étude de la parité de la fonction f. L'ensemble de définition de f étant centré en 0, on compare $f(-x)$ et $f(x)$.

96 **Application immédiate**
Soit f la fonction définie sur $\mathbb{R}$ par $f(x)=-4x^2+1$.
Montrer que la courbe $\mathscr{C}_f$ admet l'axe des ordonnées pour axe de symétrie.

97 On considère une fonction f définie sur $\mathbb{R}$. Est-il possible que f soit à la fois paire et impaire ? Décrire une telle fonction, si elle existe.

98 On considère la fonction f définie sur $\mathbb{R}$ par :
$$f(x)=(x+1)^2-(x+1)(-x+7)$$
1. On donne la copie d'écran ci-après obtenue à l'aide d'un logiciel de calcul formel.

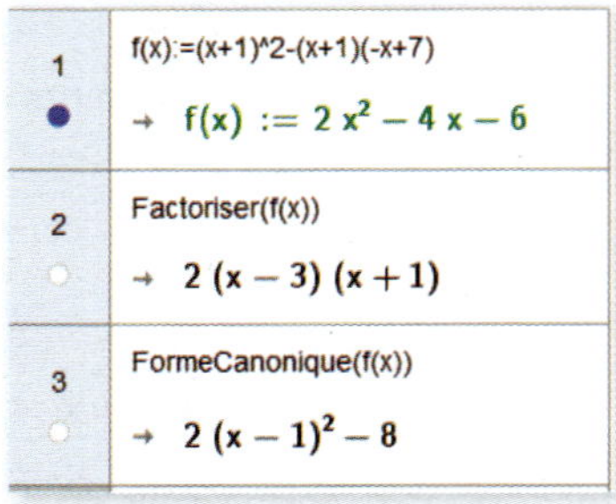

a. Développer $f(x)$ et vérifier le résultat donné à la ligne 1.
b. Factoriser $f(x)$ et vérifier le résultat donné à la ligne 2.
c. Montrer le résultat donné à la ligne 3.
2. Répondre aux questions suivantes en choisissant la forme de $f(x)$ la plus adaptée.
a. Calculer l'image de 0 par f.
b. Le point $S(1;-8)$ appartient-il à la courbe $\mathscr{C}_f$?
c. Déterminer les antécédents de -6 par f.
d. Déterminer les coordonnées des points d'intersection de $\mathscr{C}_f$ et de l'axe des abscisses.

99 Un atelier artisanal produit et vend chaque jour un nombre x de bracelets compris entre 0 et 50.
Le coût de fabrication journalier de x bracelets est donné, en euro, par :
$$C(x)=x^2-4x+80$$
Chaque bracelet est vendu au prix de 20 €.
1. Pour 10 bracelets produits et vendus, calculer le coût de fabrication, la recette et le bénéfice réalisé.
2. Pour la production et la vente journalière de x bracelets, on note respectivement $R(x)$ et $B(x)$ la recette et le bénéfice (en euro) réalisés.
a. Exprimer $R(x)$ en fonction de x.
b. Montrer que $B(x)=-x^2+24x-80$.
3. Montrer les égalités suivantes :
a. $B(x)=-(x-12)^2+64$
b. $B(x)=(-x+20)(x-4)$
4. En utilisant la forme de $B(x)$ la plus adaptée, répondre, en justifiant, aux questions suivantes.
a. Quel est le bénéfice réalisé par la vente de 12 bracelets ?
b. Résoudre l'équation $B(x)=0$. Interpréter les solutions dans le contexte de l'exercice.
c. Déterminer le nombre de bracelets que doit vendre l'atelier pour réaliser un bénéfice de 28 €.
d. L'atelier peut-il réaliser un bénéfice journalier de 100 € grâce à ces bracelets ? Justifier.

100 La trajectoire d'un javelot est modélisée par fonction h définie par $h(t)=-5t^2+10t+1{,}8$, où $h(t)$ représente la hauteur du javelot, en mètre, au bout de t seconde.

1. Calculer $h(1{,}5)$. Interpréter cette valeur.

2. a. De quelle hauteur le javelot a-t-il été lancé ?

b. Déterminer les antécédents de 1,8 par h.

c. Quand le javelot repasse-t-il par la hauteur dont il a été lancé ?

3. a. Montrer que $h(t)=-5(t-1)^2+6{,}8$.

b. Au bout de combien de temps le javelot atteindra-t-il 6,8 m de hauteur ?

2 Résolutions graphiques d'équations et d'inéquations

101 Exercice guidé

La courbe ci-contre représente une fonction f.

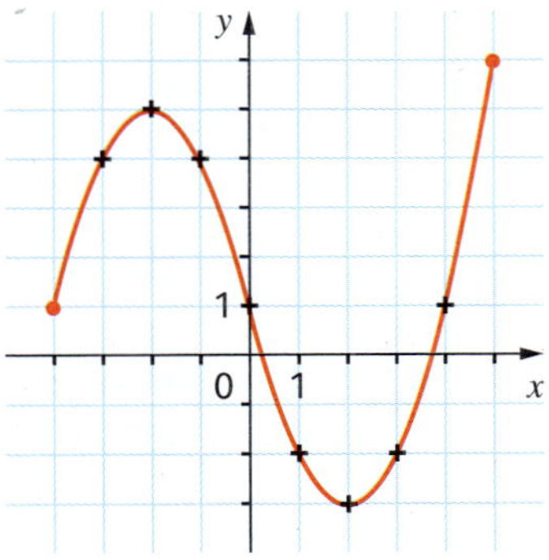

1. Donner l'ensemble de définition de f.

2. Résoudre graphiquement les équations :

a. $f(x)=1$ **b.** $f(x)=-3$ **c.** $f(x)=7$

3. Résoudre graphiquement les inéquations :

a. $f(x)\leqslant -2$ **b.** $f(x)>1$

4. Déterminer, suivant les valeurs du nombre réel k le nombre de solution(s) de l'équation $f(x)=k$.

Pistes de résolution

4. On doit dénombrer les antécédents du nombre k, ce qui revient à compter, lorsque k varie, le nombre de points d'ordonnée k sur la courbe.

Pour les exercices **102** *et* **103**, *on a représenté ci-contre les courbes représentatives de deux fonctions f et g.*

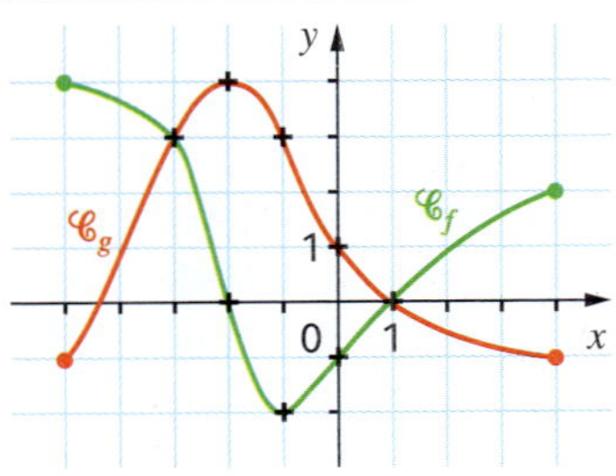

102 **1.** Donner l'ensemble de définition de f et g.

2. Déterminer $f(-1)$ et $g(0)$.

3. Déterminer l'image de 4 par f.

3. Résoudre graphiquement les équations suivantes.

a. $f(x)=0$ **b.** $f(x)=3$ **c.** $f(x)=g(x)$

103 Résoudre graphiquement les équations et inéquations suivantes.

a. $f(x)=5$ **b.** $g(x)=-1$ **c.** $g(x)<3$

d. $f(x)\geqslant g(x)$ **e.** $f(x)\leqslant 0$ **f.** $g(x)\leqslant 4$

104 On donne ci-dessous les courbes de deux fonctions f et g définies sur $\mathbb{R}$.

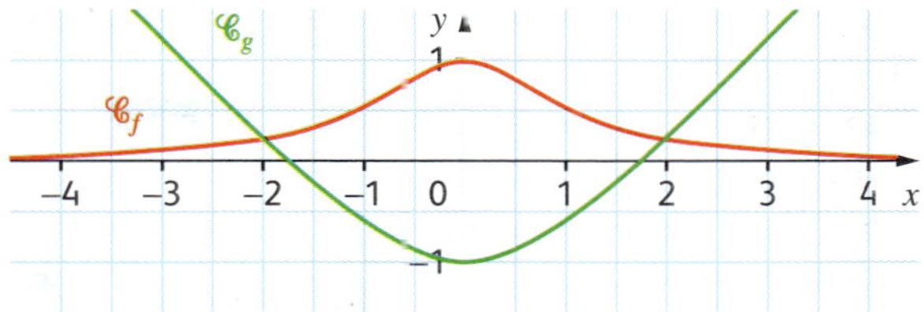

Résoudre graphiquement les équations et inéquations suivantes.

1. $f(x)=0{,}5$ **2.** $g(x)=-1$ **3.** $f(x)=g(x)$

4. $f(x)<0{,}5$ **5.** $g(x)\geqslant -1$ **6.** $f(x)>g(x)$

105 On a relevé les températures dans une ville lors d'une journée d'hiver. On note f la fonction qui, à chaque instant t exprimé en heure, associe la température $f(t)$ en degré.

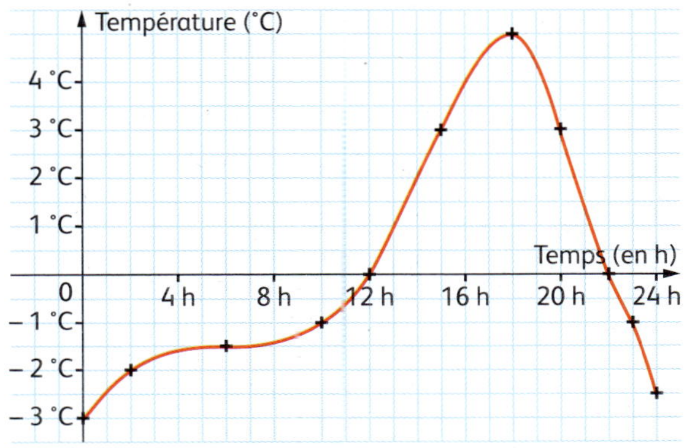

1. Donner l'ensemble de définition de f.

2. Déterminer la température à 6 h.

3. Déterminer $f(10)$. Interpréter cette valeur dans le contexte de l'exercice.

4. Résoudre graphiquement les équations et inéquations suivantes et interpréter les solutions dans le contexte de l'exercice.

a. $f(t)=3$ **b.** $f(t)<0$ **c.** $-1\leqslant f(t)\leqslant 3$

106 **1.** Sur un même graphique, représenter les fonctions f et g définies sur $\mathbb{R}$ par :

$$f(x)=-\frac{1}{2}x+\frac{1}{2} \text{ et } g(x)=2x+3$$

2. Résoudre graphiquement :

a. l'équation $f(x)=g(x)$;

b. l'inéquation $f(x)<g(x)$.

3. Retrouver algébriquement les résultats de la question **2.**

107 **1.** Sur un même graphique, construire les courbes représentatives des fonctions f et g définies sur $\mathbb{R}$ par :

$$f(x)=x^2-1 \text{ et } g(x)=-x+1$$

2. En déduire la résolution graphique des équations et inéquations suivantes.

a. $f(x)=g(x)$

b. $f(x)<g(x)$

108 Soit f la fonction définie sur l'intervalle $[-5;2]$ par $f(x)=0{,}5x^2+2x+3$.

1. Afficher la courbe de la fonction f à l'écran de la calculatrice.

2. En déduire les solutions des équations et de l'inéquation suivantes.

a. $f(x)=3$ **b.** $f(x)=1$ **c.** $f(x)<3$

3. En utilisant la fonction « trace », déterminer une valeur approchée à 10^{-2} près des solutions de l'équation $f(x)=2$.

109 **1.** Afficher à l'écran de la calculatrice les courbes représentatives des fonctions f et g définies sur $\mathbb{R}$ par $f(x)=2x^2-2x-3$ et $g(x)=-x^2+x+3$.

2. En déduire la résolution graphique de l'équation et de l'inéquation suivantes.

a. $f(x)=g(x)$ **b.** $f(x)>g(x)$

110 Sur la figure ci-contre, $ABCD$ est un carré de côté 5. Le point M appartient au segment $[AB]$, et le quadrilatère $AMNP$ est un rectangle. On pose $AM=x$, et on note $f(x)$ l'aire du rectangle $AMNP$.

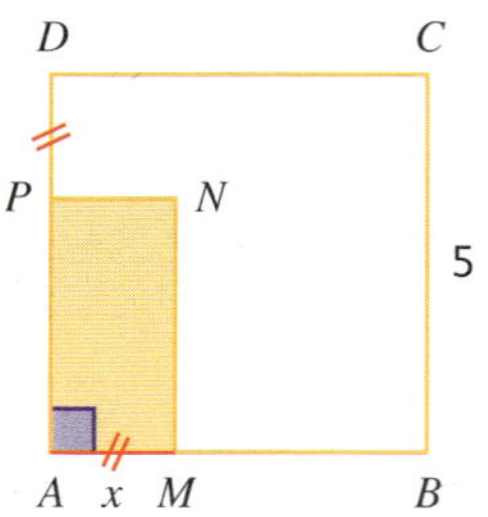

1. a. Quel est l'ensemble de définition de f ?

b. Exprimer $f(x)$ en fonction de x.

c. Calculer $f(1)$. Interpréter cette valeur dans le contexte de l'exercice.

2. On donne ci-contre la courbe représentative de f.

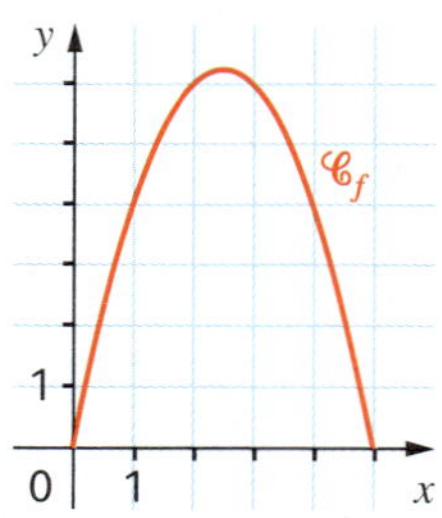

a. Pour quelles positions du point M l'aire du rectangle $AMNP$ est-elle égale à 4 ?

b. L'aire du rectangle $AMNP$ peut-elle être égale à la moitié de l'aire du carré $ABCD$? Justifier.

111 On considère deux points A et B tels que $AB=4$ cm et M un point variable sur le segment $[AB]$. On construit, du même côté du segment $[AB]$, les carrés $AMNP$ et $MBQR$.

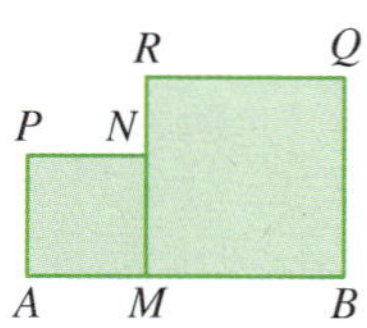

On pose $AM=x$, et on note $\mathscr{A}(x)$ la somme des aires des carrés $AMNP$ et $MBQR$.

1. Donner l'ensemble de définition de la fonction $\mathscr{A}$ puis montrer que $\mathscr{A}(x)=2x^2-8x+16$.

2. a. À l'aide de la calculatrice, dresser le tableau de valeurs de $\mathscr{A}$ sur l'intervalle $[0;4]$ avec un pas de 0,5.

b. Proposer un réglage de la fenêtre graphique de la calculatrice permettant de visualiser la courbe $\mathscr{C}$ de la fonction de $\mathscr{A}$ à l'écran.

c. Construire la courbe $\mathscr{C}$.

3. En utilisant le graphique, répondre aux questions suivantes.

a. Pour quelle(s) position(s) de M sur $[AB]$ la somme des aires des carrés $AMNP$ et $MBQR$ est-elle égale à 10 cm^2 ?

b. Pour quelles positions de M sur $[AB]$ la somme des aires des carrés $AMNP$ et $MBQR$ est-elle comprise strictement entre 10 et 12,5 cm^2 ?

4. a. Montrer que $\mathscr{A}(x)-10=2(x-1)(x-3)$.

b. Retrouver le résultat de la question **3.a.** par le calcul.

3 Fonctions de référence

112 Soit f la fonction carré.

1. Calculer $f(2)$, $f(-3)$ et $f(\sqrt{5})$.

2. Mélina affirme que l'image de $1+\sqrt{2}$ par f est égale à 3. A-t-elle raison ? Justifier.

3. Déterminer les antécédents éventuels par f des réels 4 ; 6 et –3.

4. Déterminer tous les réels qui n'admettent pas d'antécédent par la fonction f.

113 Accoudée à son balcon, Margaux laisse échapper son téléphone portable.
La hauteur h par rapport au sol, en mètre, à laquelle le téléphone se situe après t secondes de chute est donnée par la relation :

$$h(t)=-4{,}905t^2+15$$

1. De quelle hauteur Margaux lâche-t-elle son téléphone ?

2. Au bout de combien de temps passe-t-il au 3e étage, situé à une hauteur de 9 mètres ?

3. Combien de temps s'écoule-t-il pour que le téléphone atteigne le sol ?

114 **1.** Un pavé droit à base carrée a une hauteur de 4 cm et un volume de 100 cm^3.
Quelle est la longueur du côté de sa base ?

2. Une pyramide, de hauteur de 5 cm, a une base carrée et un volume de 60 cm^3.
Quelle est la longueur du côté de sa base ?

Rappel
Le volume $\mathscr{V}$ d'une pyramide de hauteur h et dont la base a une aire $\mathscr{A}$ est $\mathscr{V}=\frac{1}{3}\times\mathscr{A}\times h$.

115 Vrai ou faux ? LOGIQUE

Préciser si chacune des propositions suivantes est vraie ou fausse. Illustrer par un contre-exemple les propositions fausses.

1. Si $x^2 \geqslant 4$, alors $x \geqslant 2$.
2. Si $-2 < x < 3$, alors $4 < x^2 < 9$.
3. Si $4 < x^2 < 9$, alors $-2 < x < 3$.
4. Si $x \in [0;1]$, alors $x^2 \in [0;1]$.
5. Si $x^2 \in [0;1]$, alors $x \in [0;1]$.

116 Résoudre dans $\mathbb{R}$ les inéquations suivantes.

1. $x^2 \leqslant 5$
2. $x^2 > 4$
3. $9 < x^2 < 16$
4. $x^2 - 3 \geqslant 0$

117 Résoudre dans $\mathbb{R}$ les équations suivantes.

1. $(x-4)^2 = 7$
2. $(x+2)^2 = 81$
3. $(x+13)^2 = 0$
4. $(0{,}5x+6)^2 = 4$
5. $(4x-3)^2 - 5 = 0$
6. $\left(\frac{x}{4} - 1\right)^2 = 2$

118 Vrai ou faux ? LOGIQUE

Préciser si chacune des propositions suivantes est vraie ou fausse. Illustrer par un contre-exemple les propositions fausses.

1. Si $x < 0$, alors $\frac{1}{x} < 0$.
2. Si $\frac{1}{x} < 0$, alors $x < 0$.
3. Si $x = \frac{1}{x}$, alors $x = 1$.
4. Si $x = 1$, alors $x = \frac{1}{x}$.
5. Si $x \in]0;1[$, alors $\frac{1}{x} \in]0;1[$.

119 ALGO La fonction f est définie par l'algorithme ci-contre.

Choisir un réel non nul
Prendre l'inverse
Prendre l'opposé
Ajouter 2
Renvoyer le résultat

1. Quelle est l'image de 1 ? Et celle de 4 ?
2. Parmi les expressions Y1, Y2, Y3 entrées dans la calculatrice ci-contre, laquelle correspond à $f(x)$?

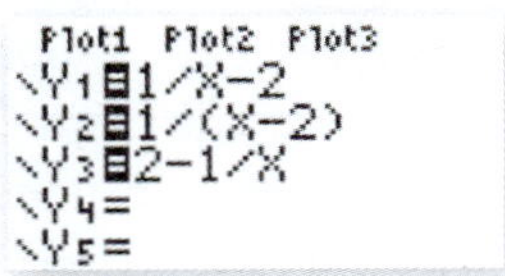

3. Résoudre les équations suivantes.

a. $f(x) = 1$ b. $f(x) = -4$ c. $f(x) = 2$

120 Les fonctions f, g et h sont de la forme $x \mapsto \frac{k}{x}$, où k est un nombre réel.

On a tracé ci-contre leurs courbes représentatives $\mathscr{C}_f$, $\mathscr{C}_g$ et $\mathscr{C}_h$.

Déterminer les expressions des fonctions f, g et h.

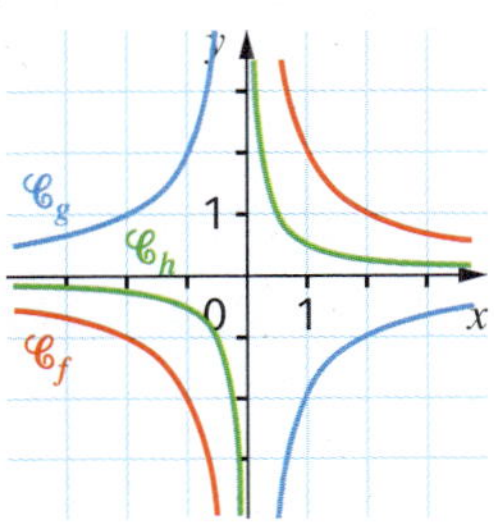

Info

Les courbes tracées sont des hyperboles.
En littérature, une hyperbole est une figure de style visant à exagérer la situation.

121 Vrai ou faux ? LOGIQUE

Préciser si les affirmations suivantes sont vraies ou fausses.

1. L'équation $\sqrt{x} = k$ admet toujours une solution.
2. Un réel positif est toujours supérieur ou égal à sa racine carrée.
3. Tout nombre et son cube ont le même signe.
4. Un nombre est toujours inférieur ou égal à son cube.
5. Si deux nombres réels ont le même cube, alors ils sont égaux.

122 Résoudre dans $\mathbb{R}$ les inéquations suivantes.

a. $\sqrt{x} \leqslant 8$ b. $\sqrt{x} \geqslant 9$ c. $\sqrt{x} < 3$

123 On lâche un corps en chute libre à une hauteur h du sol. En supposant qu'il n'est soumis à aucun frottement, la vitesse v (en m/s) au moment de l'impact avec le sol est donnée par $v = \sqrt{2gh}$, où h est en mètre. On donne $g = 9{,}81\,\text{m/s}^2$.

1. Déterminer la vitesse en m/s, puis en km/h, au moment de l'impact avec le sol lorsque $h = 50\,\text{m}$.
2. De quelle hauteur h faut-il lâcher l'objet en chute libre pour que sa vitesse soit supérieure à 180 km/h au moment de l'impact avec le sol ?

124 Résoudre dans $\mathbb{R}$.

a. $x^3 = 0{,}125$ b. $x^3 = -27$ c. $x^3 = 1\,000$
d. $x^3 < 125$ e. $x^3 + 1 \geqslant 0$ f. $x^3 > -0{,}008$

125 Une action à la bourse augmente du même taux d'évolution t chaque semaine (t est écrit sous forme décimale, par exemple 0,3 pour une hausse de 30 %).

1. On suppose ici que l'action augmente globalement de 50 % en deux semaines.

a. Justifier que $(1+t)^2 = 1{,}5$.

b. Déterminer la valeur de t.

2. On suppose maintenant que l'action augmente globalement de 50 % en trois semaines.
En raisonnant comme à la question 1., déterminer une équation vérifiée par t, puis la résoudre.
On donnera le résultat à 0,01 près.

126 On a représenté ci-dessous les fonctions f, g et h définies sur $\mathbb{R}$ par :

$$f(x) = (x+1)^3 \ ;\ g(x) = x^3 + 1 \text{ et } h(x) = -x^2 + 1$$

Associer fonctions et courbes représentatives.

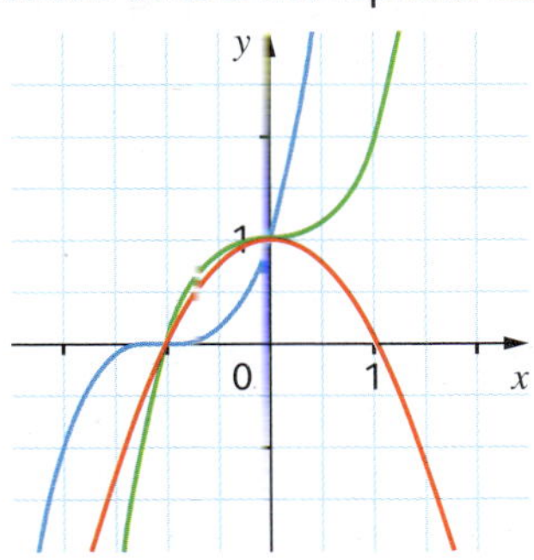

exercices Bilan et approfondissement

BILAN

127 15min Lectures graphiques (1)

On considère les fonctions f et g représentées ci-contre.

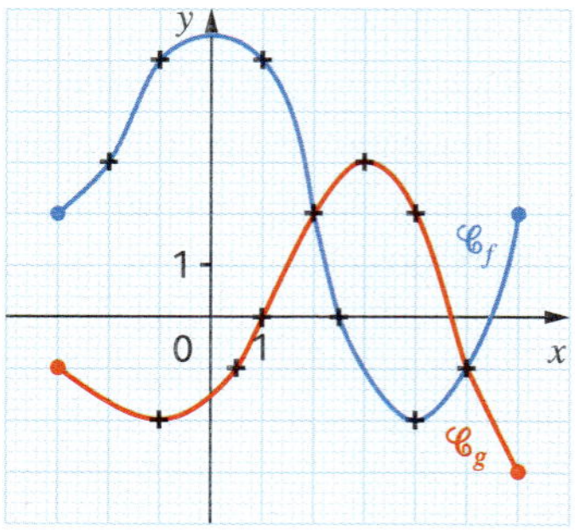

1. Donner l'ensemble de définition de f et g.
2. Déterminer $f(4)$ et $g(1)$.
3. Déterminer les antécédents de 2 par f.
4. Déterminer l'antécédent de -3 par g.
5. Résoudre graphiquement les équations et inéquations suivantes.

a. $f(x)=5$ b. $f(x)=g(x)$
c. $g(x)\leqslant -1$ d. $f(x)<g(x)$

6. Déterminer, suivant les valeurs du réel k, le nombre de solution(s) de l'équation $f(x)=k$.

128 20min Lectures graphiques (2)

La courbe ci-dessous représente une fonction f.

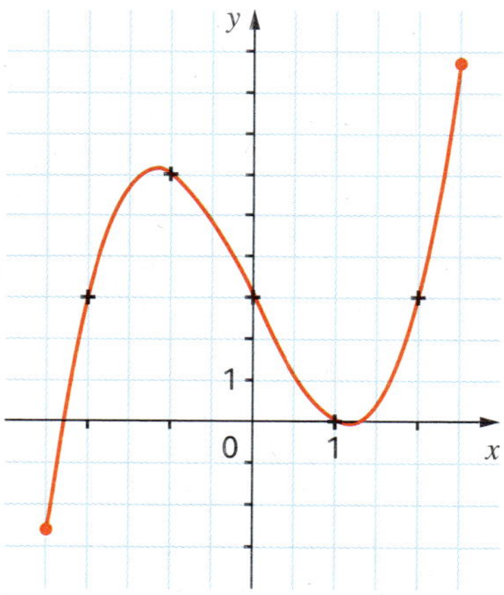

1. Donner l'ensemble de définition de f.
2. Déterminer $f(-1)$ et de $f(1)$.
3. Résoudre graphiquement :

a. l'équation $f(x)=3$;
b. l'inéquation $f(x)<3$.

3. L'expression de $f(x)$ figure parmi les trois expressions suivantes ; laquelle est-ce ? Justifier.

a. $2x^3-3x^2-2x+3$ b. x^3-4x+3
c. $3x^3+2x^2-8x+3$

4. Retrouver algébriquement les solutions de l'équation $f(x)=3$.

129 20min Fonction à paramètre

On considère la fonction f_m définie sur $\mathbb{R}$ par $f_m(x)=x^2+m$, où m est un réel fixé.
On note $\mathscr{C}_m$ la courbe représentative de f_m.

1. Dans chaque cas, déterminer la valeur de m telle que la condition donnée soit vérifiée.

a. L'image de -1 par f_m est égale à 3.
b. Le point $A(2;10)$ appartient à $\mathscr{C}_m$.
c. 3 est solution de l'équation $f_m(x)=8$.

2. a. Montrer que, pour tout réel m, la fonction f_m est paire.
b. Que peut-on en déduire pour la courbe $\mathscr{C}_m$?

130 20min Étude d'une fonction (1)

Soit f la fonction définie sur $\mathbb{R}$ par $f(x)=2x^2-1$. On note $\mathscr{C}$ sa courbe représentative.

1. Calculer l'image de -1 par la fonction f.
2. Calculer $f\left(\frac{1}{3}\right)$ et $f\left(\sqrt{3}\right)$.
3. Déterminer les antécédents éventuels de -1, de 7 puis de -2 par la fonction f.
4. Déterminer le réel b tel que le point $A(-2;b)$ appartienne à $\mathscr{C}$.
5. Étudier la parité de f. Que peut-on en déduire pour la courbe $\mathscr{C}$?
6. a. À l'aide de la calculatrice, dresser le tableau de valeurs de f sur l'intervalle $[0 ; 2]$, avec un pas de 0,5.
b. Construire la courbe $\mathscr{C}$ sur l'intervalle $[-2;2]$.

131 25min Étude d'une fonction (2)

Soit f la fonction définie sur $\mathbb{R}$ par $f(x)=x^2-4x+3$, et $\mathscr{C}$ sa courbe représentative.

1. Calculer $f(-2)$ et $f\left(\frac{1}{2}\right)$.
2. Déterminer les antécédents de 3 par f.
3. Le point $A(2;-1)$ appartient-il à $\mathscr{C}$? Justifier.
4. Montrer que les points d'abscisses -1 et 5 de la courbe $\mathscr{C}$ ont la même ordonnée.
5. a. Montrer que, pour tout réel x, on a :

$$f(x)=(x-1)(x-3)$$

b. En déduire les coordonnées des points d'intersection de $\mathscr{C}$ et de l'axe des abscisses.

6. a. À l'aide de la calculatrice, dresser le tableau de valeurs de f sur l'intervalle $[-1;5]$, avec un pas de 0,5.
b. Construire la courbe $\mathscr{C}$ sur l'intervalle $[-1;5]$.

132 15min Vrai ou faux ?

Soit la fonction f définie par $f(x)=\frac{1}{x}+2$.
On note $\mathscr{H}$ sa représentation graphique.

1. La fonction f est définie sur $\mathbb{R}$.
2. L'image de $\frac{3}{2}$ par f est $\frac{4}{3}$.
3. Le point $A\left(-\frac{3}{5};\frac{1}{3}\right)$ appartient à $\mathscr{H}$.
4. Tous les nombres réels admettent un antécédent par f.

133 15min **Comparaison de tarifs**

Une société de location de voitures propose deux formules A et B.

Formule A : 75 € de forfait fixe et 0,40 € par kilomètre parcouru.

Formule B : pas de forfait mais 0,70 € par kilomètre parcouru.

Pour x kilomètres parcourus, on note $f(x)$ le prix payé avec la formule A et $g(x)$ celui avec la formule B.

1. Exprimer $f(x)$ et $g(x)$ en fonction de x.

2. Dans un repère adapté, représenter graphiquement les fonctions f et g.

3. Déterminer graphiquement à partir de combien de kilomètres la formule A est plus avantageuse.

4. Retrouver le résultat de la question **3.** par le calcul.

134 20min **Le jardin**

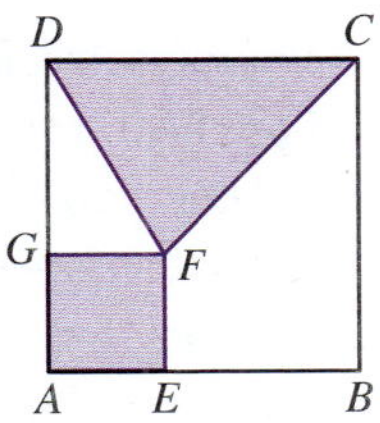

Un jardin carré $ABCD$ a pour côté 8 m. Un paysagiste souhaite semer de la pelouse sur deux parties de ce jardin représentées par le carré $AEFG$ et le triangle CDF. Le reste du jardin est réservé à la partie terrasse.

On pose $AE = x$ et on note $f(x)$ l'aire de la partie pelouse.

1. Donner l'ensemble de définition de la fonction f.

2. Exprimer $f(x)$ en fonction de x.

3. Montrer que $f(x) = (x-2)^2 + 28$.

4. Dans chaque cas, déterminer, si possible, la (ou les) position(s) possible(s) du point E sur le segment $[AB]$ telle(s) que :

a. l'aire de la partie pelouse soit égale au quart de l'aire du jardin ;

b. la partie pelouse et la partie terrasse aient la même aire ;

c. l'aire de la partie pelouse soit égale à 28 m^2.

135 15min **Périmètre d'un triangle**

Le triangle ABC est rectangle en B tel que $AB = 1$.

On construit à partir de l'hypoténuse $[AC]$ le triangle équilatéral ACD.

On pose $BC = x$. Ainsi on a $x \geqslant 0$.

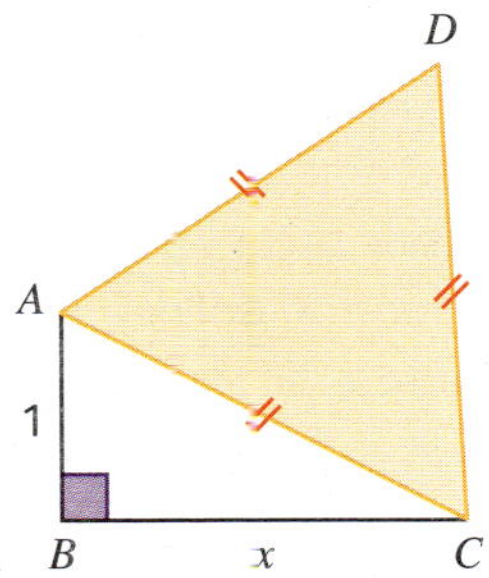

1. a. Exprimer la longueur AC en fonction de x.

b. En déduire l'expression du périmètre $P(x)$ du triangle ACD en fonction de x.

2. Déterminer la valeur du périmètre du triangle ACD lorsque $x = 2$, puis lorsque $x = \sqrt{2}$.

3. Pour quelle valeur de x le périmètre du triangle ACD est-il égal à 12 ?

4. Pour quelles valeurs de x le périmètre du triangle ACD est-il strictement supérieur à 15 ?

APPROFONDISSEMENT

136 À la recherche d'une fonction affine

Déterminer toutes les fonctions affines f telles que, pour tout nombre réel x, $f(f(x)) = 4x - 3$.

137 Une demi-droite surprenante !

Anna a représenté sur sa calculatrice la fonction f définie sur l'intervalle $[2\,;+\infty[$ par :

$$f(x) = \sqrt{1+\sqrt{x^4 - 4x^3 + 4x^2}}$$

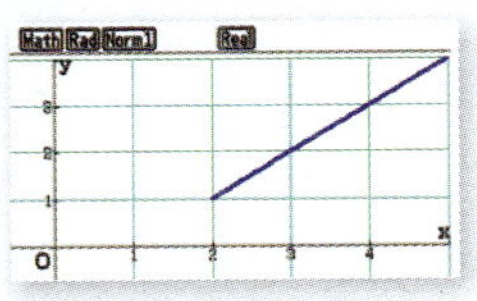

Elle est surprise d'obtenir une demi-droite.

Montrer que la représentation graphique de f est effectivement une demi-droite.

138 Distance à l'origine

Dans un repère orthonormé $\left(O\,;\vec{i},\vec{j}\right)$ du plan, on considère la droite d d'équation $y = x + 1$.

Pour tout point M d'abscisse x de la droite d, on note $f(x) = OM^2$.

1. Exprimer $f(x)$ en fonction de x.

2. Déterminer deux réels a et b tels que :

$$f(x) - 25 = 2(x-a)(x+b)$$

3. Déterminer tous les points M de la droite d qui sont à une distance égale à 5 du point O.

139 À la recherche des dimensions d'un trapèze

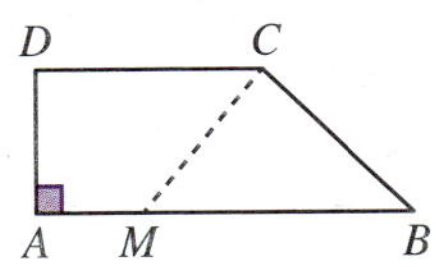

$ABCD$ est un trapèze rectangle en A et M un point variable du segment $[AB]$.

On pose $AM = x$.

On note $f(x)$ l'aire du trapèze $AMCD$ et $g(x)$ l'aire du triangle BMC. On donne ci-contre les représentations graphiques des fonctions f et g.

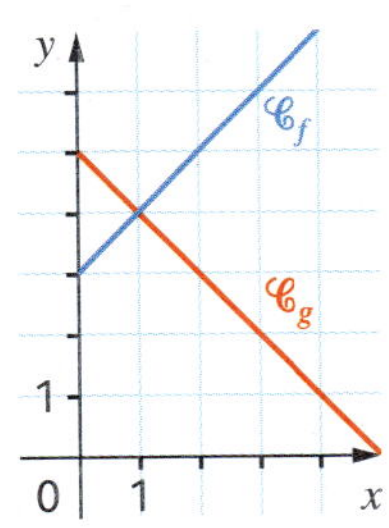

Déterminer les longueurs AB, AD et DC.

140 Un hangar, dont le toit est formé d'une succession d'arches de forme parabolique, a besoin d'être consolidé à l'aide de poutres. On admet que l'équation de l'arche de forme parabolique est :

$$y = -0{,}04x^2 + 64$$

L'unité choisie est le mètre.

Hangar à dirigeable à Écausseville (Manche)

1. L'arche admet-elle un axe de symétrie ?

2. Quelle est la largeur de la base d'une arche ?

3. Quelle est la hauteur d'une arche ?

4. À quelle hauteur faut-il installer des poutres de 20 m de long pour consolider l'arche ?

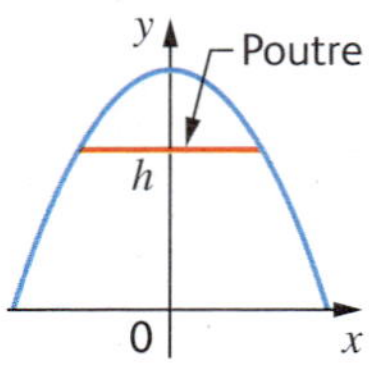

5. Pour des raisons de sécurité, une poutre de consolidation doit être placée à une hauteur supérieure à 48 m. Quelle est la longueur maximale de cette poutre ?

Info

La forme parabolique est souvent utilisée en architecture (bâtiments, ponts, barrages…) car elle permet une meilleure répartition des contraintes sur l'ouvrage.

141 Image de la courbe représentant la fonction racine carrée par une symétrie

On note f la fonction racine carrée, de courbe $\mathscr{C}$, et Δ la droite d'équation $y = x$.

Pour tout réel $a \geqslant 0$, on note A le point de $\mathscr{C}$ d'abscisse a et B le symétrique de A par rapport à Δ.

1. Quelle est l'ordonnée de A en fonction de a ?

2. Réaliser la figure à l'aide d'un logiciel de géométrie en créant un curseur a variant de 0 à 10.

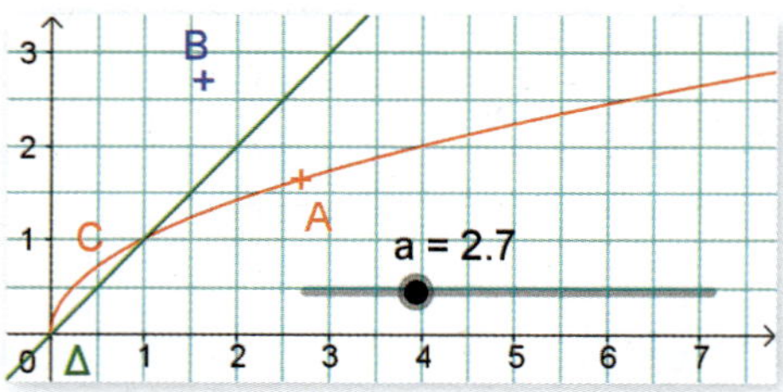

3. Mettre en relation les coordonnées du point A et celles du point B.
En déduire l'expression des coordonnées du point B en fonction de a.

4. Faire afficher la trace du point B et modifier la valeur du curseur a. Quelle semble être l'image de $\mathscr{C}$ par la symétrie par rapport à la droite Δ ?

5. Démontrer la conjecture.

142 Un raisonnement par « analyse-synthèse »

Soit f une fonction définie sur $\mathbb{R}$.

1. Analyse

On suppose ici qu'il existe deux fonctions p et i, définies sur $\mathbb{R}$, telles que :

- pour tout nombre réel x, $f(x) = p(x) + i(x)$
- p est paire et i est impaire

a. Montrer que, pour tout nombre réel x :

$$f(-x) = p(x) - i(x)$$

b. Montrer que, pour tout nombre réel x :

$$p(x) = \frac{f(x) + f(-x)}{2} \text{ et } i(x) = \frac{f(x) - f(-x)}{2}$$

2. Synthèse

On considère maintenant, grâce aux résultats de la question **1.**, les deux fonctions p et i, définies sur $\mathbb{R}$ par :

$$p(x) = \frac{f(x) + f(-x)}{2} \text{ et } i(x) = \frac{f(x) - f(-x)}{2}$$

a. Montrer que p est paire et que i est impaire.

b. Pour x réel, calculer $p(x) + i(x)$.

c. Conclusion :

En déduire que toute fonction f, définie sur $\mathbb{R}$, peut s'écrire comme la somme d'une fonction paire et d'une fonction impaire.

3. Un exemple

Soit f la fonction définie sur $\mathbb{R}$ par :

$$f(x) = 2x^2 + 3x - 1$$

a. f est-elle paire ? impaire ? Justifier.

b. Déterminer l'écriture de f sous la forme de la somme d'une fonction paire et d'une fonction impaire.

143 Une équation fonctionnelle

On note E l'ensemble des fonctions f, définies sur $\mathbb{R}$, vérifiant, pour tous nombres réels x et y, la relation :

$$f(x + y) = f(x) + f(y)$$

1. Pour chacune des fonctions suivantes, définies sur $\mathbb{R}$, indiquer si elle appartient à E. Justifier.

a. f est définie par $f(x) = 3x$.

b. g est définie par $g(x) = x^2$.

c. h est définie par $h(x) = -2x + 3$.

2. Soit f une fonction appartenant à E.

a. Montrer que $f(0) = 0$.

b. En remarquant que $x + (-x) = 0$, montrer que f est impaire.

c. Montrer que $f(2) = 2 \times f(1)$.

d. On note $a = f(1)$. Exprimer $f(3)$ et $f(4)$ en fonction de a.

e. Exprimer, pour tout entier naturel n, $f(n)$ en fonction de a. Cette expression reste-t-elle valable si n est un entier relatif ? Justifier.

Exercices — Accompagnement personnalisé

Maîtriser l'essentiel

144 Compréhension d'énoncé

On considère l'énoncé d'exercice suivant.

Soit f la fonction définie sur $\mathbb{R}$ par $f(x) = -0{,}5x^2 + 6$.
On note $\mathscr{C}$ sa courbe représentative.
I. Le point $A(-2\,;4)$ appartient-il à $\mathscr{C}$?
II. Déterminer les abscisses des points d'intersection de $\mathscr{C}$ avec l'axe des abscisses.
III. Étudier la parité de la fonction f. Interpréter graphiquement le résultat pour la courbe $\mathscr{C}$.

Répondre aux questions suivantes.

1. Parmi les deux égalités suivantes, laquelle doit-on vérifier pour savoir si A appartient à $\mathscr{C}$?

$$f(-2) = 4 \quad \bullet \quad f(4) = -2$$

Répondre à la question **I.**

2. Répondre à la question **II.** revient à résoudre l'équation $f(x) = 0$.
Résoudre cette équation et répondre à la question **II.**

3. Pour répondre à la question **III.**, examiner si pour tout réel x, $f(-x)$ et $f(x)$ sont égaux, ou opposés, ou ni l'un ni l'autre. Dans le cas d'une fonction paire ou impaire, indiquer quelle propriété géométrique possède la courbe $\mathscr{C}$.

145 Voici une feuille de calcul réalisée avec un tableur.

	A	B	C	D	E	F
1	x	1	2	3	4	5
2	f(x)	3	0	-7	-18	-33

Dans la cellule B2, on a saisi la formule `=-2*B1^2+3*B1+2` qui, par recopie vers la droite, a permis de compléter ce tableau.

1. Donner l'expression de $f(x)$ en fonction de x.
2. Quelles sont les images de 3 et 0 par f ?
3. Quels sont les antécédents de 2 par f ?

146 Les courbes représentatives de deux fonctions f et g sont données ci-dessous.

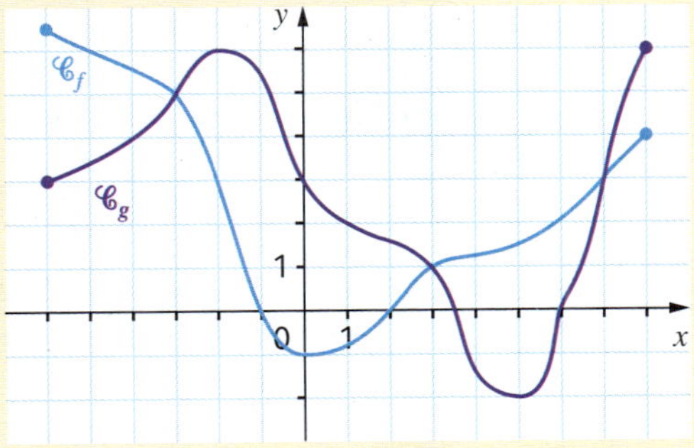

1. Donner l'ensemble de définition D de f et g.
2. Résoudre graphiquement :
a. $f(x) = 0$ **b.** $f(x) \geqslant 0$ **c.** $g(x) = 3$
d. $g(x) < 3$ **e.** $f(x) = g(x)$ **f.** $f(x) < g(x)$

Aller plus loin

147 Résolution d'équation

On considère les fonctions f et g définies sur $\mathbb{R}$ par :

$$f(x) = -x^2 + x \text{ et } g(x) = 3(-x+1)$$

On souhaite résoudre l'équation $f(x) = g(x)$.

1. Résolution graphique

a. Justifier que la représentation graphique de g est une droite dont on donnera le coefficient directeur et l'ordonnée à l'origine.

b. On a tracé sur le graphique ci-contre la courbe représentative $\mathscr{C}$ de la fonction f ainsi que la droite D représentant g.

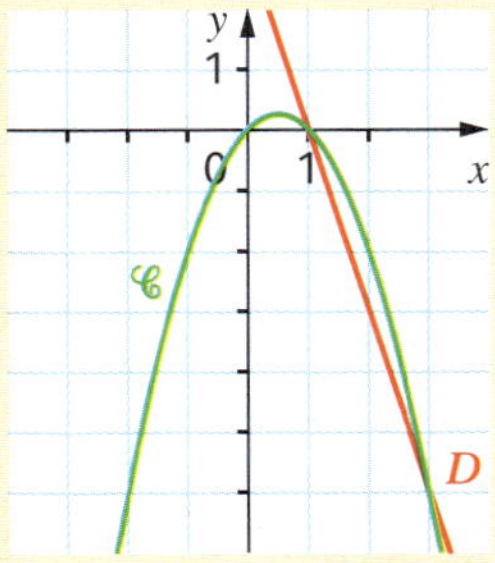

Résoudre graphiquement l'équation $f(x) = g(x)$.

2. Résolution algébrique

a. Montrer que, pour tout réel x :

$$f(x) - g(x) = (-x+1)(x-3)$$

b. Résoudre l'équation $f(x) = g(x)$. Cela confirme-t-il le résultat de la question **1.** ?

148 Choisir une forme adaptée

f est la fonction définie sur $\mathbb{R}$ par :

$$f(x) = (2x-7)^2 - 9x^2$$

On note $\mathscr{C}$ sa courbe représentative.

1. Développer puis, factoriser $f(x)$.

2. Utiliser la forme la plus adaptée de $f(x)$ pour répondre aux questions suivantes.
a. Calculer l'ordonnée du point A d'abscisse $\sqrt{3}$ de la courbe $\mathscr{C}$.
b. Déterminer les coordonnées des points d'intersection de $\mathscr{C}$ avec l'axe des abscisses.
c. En quel point la courbe $\mathscr{C}$ coupe-t-elle l'axe des ordonnées ?
d. Déterminer les antécédents de 49 par f.

149 PRISE D'INITIATIVES

On considère l'hyperbole $\mathscr{H}$ représentant la fonction inverse et la droite $\mathscr{D}$ d'équation $y = ax$, où $a > 0$.

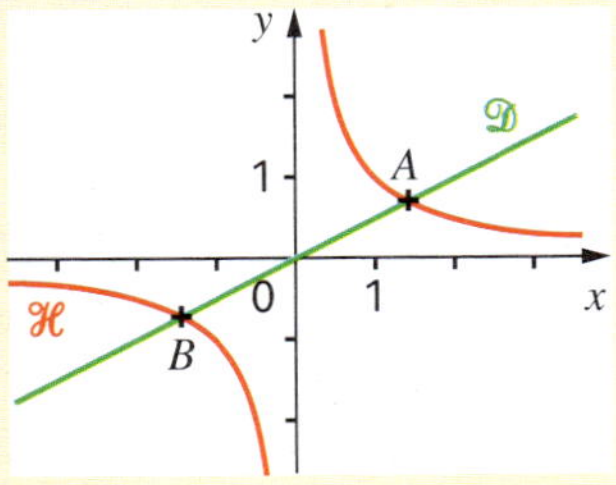

Démontrer que $\mathscr{H}$ et $\mathscr{D}$ se coupent en deux points A et B symétriques l'un de l'autre par rapport à l'origine du repère.

COUP DE POUCE
hachette-clic.fr/25de2071

TP Pratiquer l'algorithmique et programmer

Approximation de $\sqrt{2}$ par balayage

L'objectif de ce TP est d'obtenir un encadrement du nombre $\sqrt{2}$ à une précision donnée en utilisant une méthode numérique : la méthode « par balayage ».

Objectif
Manipuler une boucle *Tant que*

Partie A Définition d'une fonction

La fonction Python ci-contre permet de définir une fonction f.

```
def f(x):
    return x**2-2
```

1. Donner l'expression de $f(x)$ en fonction de x.
2. Justifier que $\sqrt{2}$ est l'unique solution positive de l'équation $f(x)=0$.
3. On donne ci-contre la courbe représentative de la fonction f. À l'aide du graphique, justifier l'encadrement :

$$1<\sqrt{2}<2$$

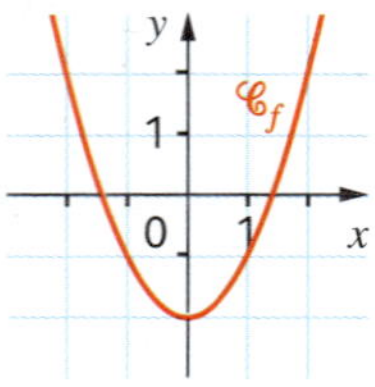

Partie B Algorithme de balayage

On complète la fonction précédente par la fonction `balayage` donnée ci-dessous en langage naturel et en Python.

```
a←1
Tant que f(a)<0 Faire
    a←a+p
Fin Tant que
Afficher (a−p,a)
```

```
def balayage(p):
    a=1
    while f(a)<0:
        a=a+p
    print(a-p,a)
```

1. Justifier le choix d'initialiser la variable a à 1.
2. Exécuter l'algorithme à la main pour $p=0{,}1$. À quoi correspond le résultat renvoyé ?
3. Expliquer le rôle de la fonction balayage.
4. Programmer et exécuter cette fonction pour `p=0,01` et `p=0,001`. Interpréter les résultats obtenus.

Info
p est appelé le « pas » du balayage.

TP Utiliser les outils numériques

LOGICIEL GÉOMÉTRIE

Un carré dans un carré

$ABCD$ est un carré de côté 4 cm. On note E, F, G et H les points appartenant respectivement aux segments $[AB]$, $[BC]$, $[CD]$ et $[DA]$ tels que $AE=BF=CG=DH$. On admet que le quadrilatère $EFGH$ est un carré et on s'intéresse aux problèmes suivants.
Existe-t-il une ou des positions du point E sur le segment $[AB]$ telle(s) que :
Problème 1 : l'aire de $EFGH$ soit égale à 10 cm^2 ?
Problème 2 : l'aire de $EFGH$ soit égale à la moitié de l'aire de $ABCD$?
Problème 3 : l'aire de $EFGH$ soit égale à 7 cm^2 ?

Objectif
Modéliser une situation géométrique par une fonction.

Partie A Expérimentation et conjectures

À l'aide d'un logiciel de géométrie dynamique :
- Construire le carré $ABCD$ en plaçant A à l'origine du repère, B sur l'axe des abscisses et D sur l'axe des ordonnées.
- Créer un curseur, nommé X, variant de 0 à 4 avec un incrément de 0,01.
- Dans la barre de saisie, créer les points E=(X,0), F=(4,X), G=(4-X,4) et H=(0,4-X).
- Construire le carré $EFGH$ et afficher son aire.
- Dans la barre de saisie, créer le point M=(X,Aire) et faire afficher sa trace.

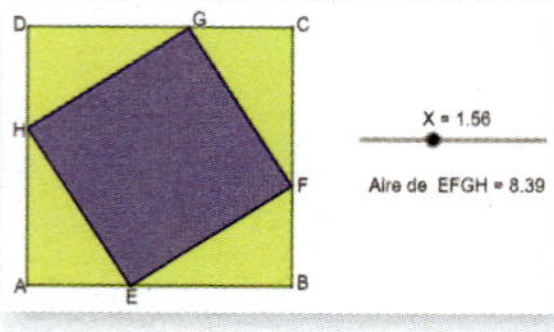

En faisant varier le curseur et en observant la trace du point M, conjecturer les réponses aux problèmes.

Partie B Démonstration

On pose $AE=x$, et on note $\mathscr{A}(x)$ l'aire du carré $EFGH$.

1. Donner l'ensemble de définition de la fonction $\mathscr{A}$.
2. Montrer que $\mathscr{A}(x)=2x^2-8x+16$ puis que $\mathscr{A}(x)=2(x-2)^2+8$.
3. En déduire la démonstration des conjectures formulées à la Partie A.

TP Mener une recherche

Compétence Chercher et communiquer

TP1 Construction géométrique d'une parabole

TRAVAIL DE GROUPE

Dans le plan rapporté à un repère orthonormé $\left(O;\vec{i},\vec{j}\right)$, on considère le point $F\left(0;\frac{1}{4}\right)$ et la droite D d'équation $y=-\frac{1}{4}$.

On note $\mathcal{P}$ l'ensemble des points $M(x;y)$ du plan tels que $MF=MH$, où H est le projeté orthogonal du point M sur la droite D.

Partie A Expérimentation et conjecture

Soit $M(x;y)$ un point appartenant à $\mathcal{P}$.

On note Δ la médiatrice du segment $[FH]$ et d la droite passant par H et perpendiculaire à D.

1. a. Quelles sont les coordonnées du point H ?

b. Justifier que M est le point d'intersection des droites d et Δ.

2. À l'aide d'un logiciel de géométrie dynamique :

- placer le point F et construire la droite D ;
- créer un curseur, nommé X, variant de -5 à 5 avec un incrément de 0,1 ;
- créer le point H d'abscisse X ;
- construire les droites d et Δ ;
- définir le point M et activer sa trace.

3. Faire varier le curseur et observer la trace du point M. Quelle semble être la nature de l'ensemble $\mathcal{P}$? Donner son équation.

Partie B Démonstration

1. Soit $M(x;y)$ un point appartenant à $\mathcal{P}$.

a. Montrer que $MH^2=y^2+\frac{1}{2}y+\frac{1}{16}$.

b. Exprimer MF^2 en fonction de x et de y.

c. En déduire que $\mathcal{P}$ est la parabole d'équation $y=x^2$.

2. Décrire un procédé de construction point par point de la parabole $\mathcal{P}$ à la règle et au compas. Effectuer cette construction.

On construit ainsi la parabole $\mathcal{P}$ par « foyer » (le point F) et « directrice » (la droite D).

Info

Les paraboles et les cercles sont des exemples de « coniques », c'est-à-dire d'intersections d'un cône par un plan. Ces coniques ont été étudiées dès la Grèce antique, en particulier par Euclide et Apollonius de Perge.

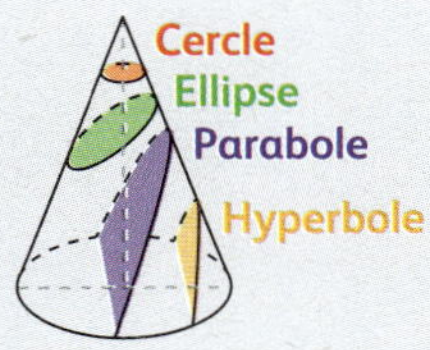

TP2 Maths dans l'histoire : asymptotes de l'hyperbole

TRAVAIL DE GROUPE

Dans ce TP, on s'intéresse à la notion d'*asymptote*, appliquée au cas particulier de l'hyperbole représentant la fonction inverse.

Partie A Recherches

1. Effectuer des recherches sur le mot « asymptote » (étymologie, définition, etc.).

2. Tracer l'hyperbole représentant la fonction inverse.

Quelles droites pourrait-on qualifier d'« asymptotes de l'hyperbole » ?

3. a. Résoudre l'inéquation $0<\frac{1}{x}<10^{-30}$.

b. Soit un réel $a>0$.

L'inéquation $0<\frac{1}{x}<a$ a-t-elle toujours des solutions, le nombre a étant choisi aussi petit que l'on veut ?

c. Interpréter ce résultat pour l'hyperbole.

4. a. Résoudre l'inéquation $\frac{1}{x}>10^{30}$.

b. Soit un réel $A>0$.

L'inéquation $\frac{1}{x}>A$ a-t-elle toujours des solutions, le nombre A étant choisi aussi grand que l'on veut ?

c. Interpréter ce résultat pour l'hyperbole.

Partie B À l'écrit ou à l'oral

Faire un bilan des recherches et présenter les résultats de façon organisée : description du problème, étude mathématique, conclusion.
On veillera à utiliser un vocabulaire précis.

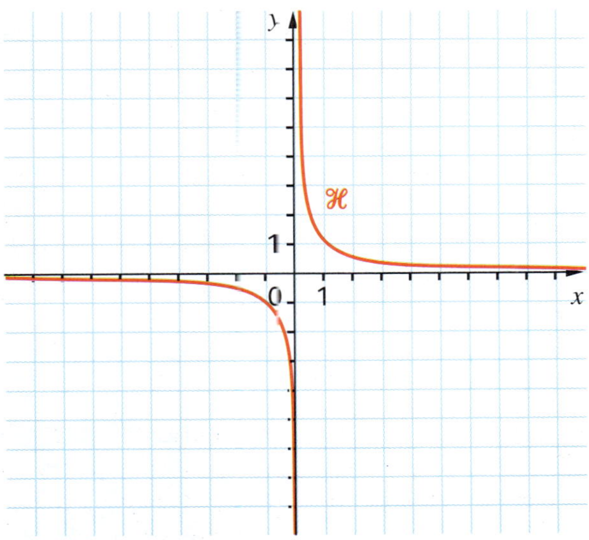

CHAPITRE 9

Signe d'une fonction et inéquations

Les capacités du chapitre

- CAPACITÉ 1 Étudier le signe d'une fonction
- CAPACITÉ 2 Résoudre algébriquement une inéquation

Au fil du temps

Les symboles $>$ et $<$ apparaissent en 1631 dans l'ouvrage *Artis Analyticae Praxis Ad Aequationes Algebraicas Resolvendas* de Thomas Harriot :
« signum majoritatis ut a>b significet a majorem quam b »
Pierre Bouguer utilise les symboles $\geqq$ et $\leqq$ en 1734. En 1670, John Wallis utilise des symboles similaires avec une unique barre horizontale ($\geqslant$ et $\leqslant$). On lui doit aussi le symbole de l'infini : ∞

Des maths partout !

Les inéquations sont utilisées en « optimisation linéaire », discipline qui conduit à la manipulation de plusieurs inéquations. C'est en recherche opérationnelle qu'elle est le plus utilisée, dans des domaines variés de l'activité humaine : organisation de la production, énergie, transports. La production et l'acheminement de l'électricité en sont un bon exemple.

Le barrage de Serre-Ponçon dans les Hautes Alpes est le plus grand barrage d'Europe. Il permet une production électrique de 380 MW et alimente en eau toute la Provence, jusqu'à Marseille.

RESSOURCES DU CHAPITRE
hachette-clic.fr/25de2072

Partir d'un bon pied

A Diaporama pour tester les bases

ACTIVITÉS MENTALES RAPIDES

B Exploiter une représentation graphique

On a relevé les températures à Strasbourg lors d'une journée d'hiver. On note f la fonction qui, à chaque instant t exprimé en heure, associe la température $f(t)$ en °C.

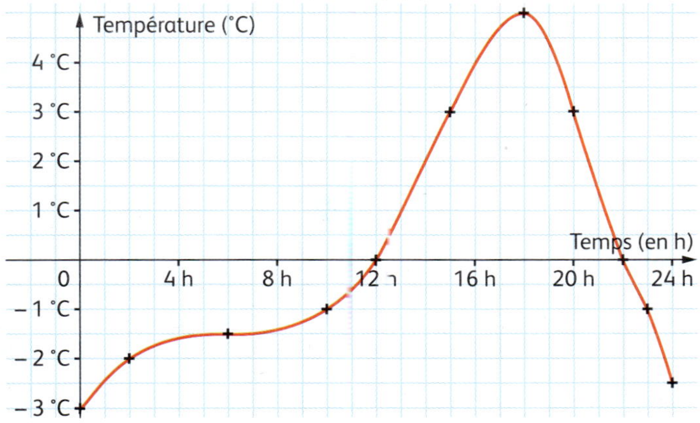

1. a. Sur quel intervalle la température est-elle positive ?

b. Quelle inéquation vient-on de résoudre ?

2. On consigne le signe de $f(t)$ en fonction des valeurs de t à l'aide du **tableau des signes** à compléter ci-dessous.

t	0		12		…		24
Signe de $f(t)$		−	0		0		

C Représentation graphique d'une fonction affine

Représenter dans un repère les fonctions affines f et g définies, pour tout réel x, par $f(x)=x-3$ et $g(x)=-2x+6$.

D Associations

Associer à chacune des fonctions affines suivantes sa représentation graphique et son tableau de signes.

$f(x)=-4$; $g(x)=-4-2x$; $h(x)=-3x+6$ et $i(x)=2x+4$

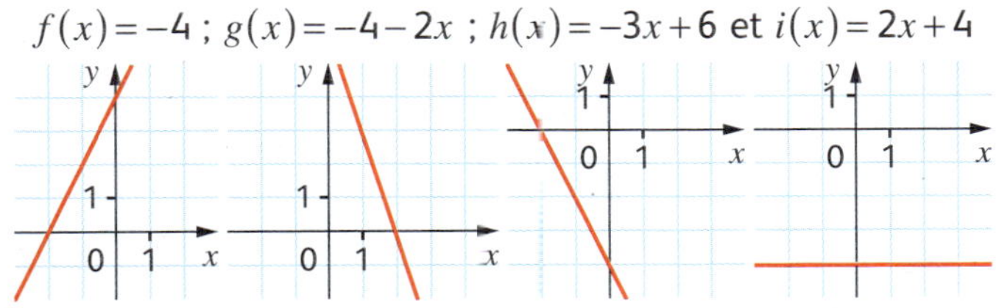

x	$-\infty$	2	$+\infty$
Signe de …	+	0	−

x	$-\infty$		$+\infty$
Signe de …		−	

x	$-\infty$	-2	$+\infty$
Signe de …	−	0	+

x	$-\infty$	-2	$+\infty$
Signe de …	+	0	−

E Résolution d'inéquations

Résoudre les inéquations suivantes.

1. $3x-4 \geqslant 2$ **2.** $-6x-1<2x+15$ **3.** $t-\dfrac{1}{3} \geqslant \dfrac{7}{3}+2t$

automatismes

Automatismes transversaux

1 Écrire sous la forme d'une fraction irréductible les nombres suivants.

1. $A=\left(\frac{3}{5}-\frac{9}{10}\right)\times\frac{15}{4}$ **2.** $B=\frac{36}{25}\times\frac{15}{16}$ **3.** $C=\dfrac{1+\frac{2}{7}}{1-\frac{2}{7}}$

2 Écrire les nombres suivants sous la forme d'une unique puissance.

1. $A=3^7\times3^{-2}$ **2.** $B=\frac{5^5}{5^3}$ **3.** $C=2^3\times2^7\times2$

4. $D=\frac{3^{-1}\times9}{3^5}$ **5.** $E=\left(\frac{7^2}{7^{-2}}\right)^3$ **6.** $F=\frac{2^5}{16}\times\frac{4^4}{8^2}$

3 Pour chacun des nombres suivants, déterminer le plus petit ensemble de nombres auquel il appartient parmi $\mathbb{N}$, $\mathbb{Z}$, $\mathbb{D}$, $\mathbb{Q}$ et $\mathbb{R}$.

1. $A=\frac{1}{3}\times\frac{21}{5}+\frac{2}{5}$ **2.** $B=\left(1-\sqrt{7}\right)\left(1+\sqrt{7}\right)$

3. $C=\frac{\pi-1}{3}$ **4.** $D=\left(\frac{\sqrt{12}}{6}\right)^2$ **5.** $E=\frac{5^2}{5^3}$

4 Calculer :

1. Le quart de 68. **2.** Le tiers de –72.

3. 40 % de 30. **4.** 75 % de 12.

5 On considère la fonction f définie sur $\mathbb{R}$ par :

$$f(x)=3x^2-2x+1$$

On note $\mathscr{C}$ sa courbe représentative dans un repère $\left(O;\vec{i};\vec{j}\right)$.

Indiquer pour chacune des affirmations suivantes si elle est vraie ou fausse, en justifiant.

1. L'image de –1 par f est 0.

2. 1 est un antécédent de 0.

3. $f\left(\sqrt{2}\right)=13-2\sqrt{2}$.

4. La courbe $\mathscr{C}$ passe par le point $A(2;9)$.

6 Développer et réduire les expressions suivantes.

1. $A=2x(-3+x)-2x$

2. $B=3(x+1)-8x(x+2)$

3. $C=(x+1)^2-3x+1$

4. $D=(3x-7)^2-(-5x+1)$

7 Résoudre dans $\mathbb{R}$ les équations suivantes.

1. $x^2=36$ **2.** $2x^2-10=0$ **3.** $x^2+4=0$

8 **1.** Déterminer les antécédents de 0 ; 1 et 9 par la fonction carré.

2. Déterminer les antécédents de $\frac{1}{2}$; 2 et $-\frac{1}{3}$ par la fonction inverse.

3. Déterminer les antécédents de 0 ; 1 et 4 par la fonction racine carrée.

Automatismes préparatoires au chapitre

9 Par lecture graphique, préciser les antécédents de 0 par la fonction f représentée ci-dessous.

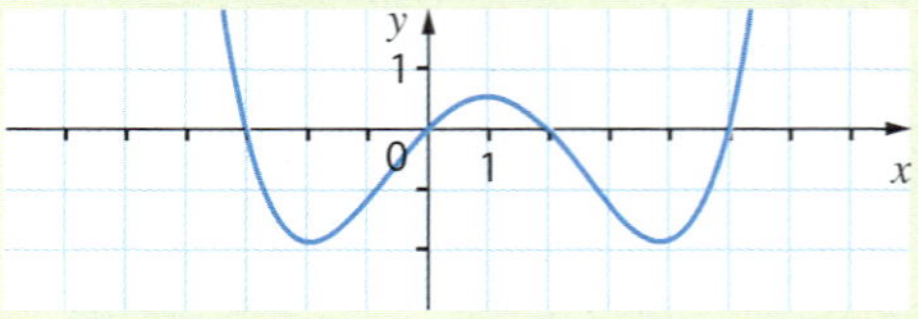

10 Donner l'écriture simplifiée du réel $-\frac{b}{a}$.

1. $a=6$ et $b=4$ **2.** $a=8$ et $b=-4$

3. $a=-5$ et $b=10$ **4.** $a=\frac{1}{3}$ et $b=12$

11 Les expressions suivantes sont de la forme $ax+b$. Identifier les valeurs de a et b.

1. $3x+7$ **2.** $4x-5$ **3.** $9+x$ **4.** $\frac{x}{2}$

12 Les expressions suivantes peuvent s'écrire sous la forme $ax+b$. Identifier les valeurs de a et b.

1. $\frac{3x+7}{2}$ **2.** $\frac{6x-2}{3}$

3. $-3(1-x)$ **4.** $\frac{1}{5}(10+20x)$

13 Déterminer (en justifiant) le sens de variation des fonctions affines suivantes.

1. $f(x)=11x+9$ **2.** $g(x)=-2{,}5x-5$

3. $h(x)=6-4{,}5x$ **4.** $k(x)=\frac{2}{3}-x$

14 Résoudre les équations suivantes.

1. $5x+9=0$ **2.** $2x-7=0$

3. $3-\frac{1}{3}x=0$ **4.** $\frac{3}{7}-\frac{2}{5}x=0$

15 Réduire au même dénominateur les sommes et différences suivantes, après avoir précisé les valeurs interdites des quotients.

1. $5+\frac{2}{3x-1}$ **2.** $4x-\frac{2x+1}{x+3}$

3. $\frac{3x+1}{x-2}-2x$ **4.** $\frac{2}{3-4x}+\frac{x}{x-1}$

16 Factoriser les expressions suivantes.

1. $3x^2-5x$

2. $2x(x+3)-5(x+3)$

3. $(2x+1)(3x-5)+8(3x-5)$

4. $25x^2-4$

17 **Vrai ou faux ?**

1. Le produit de deux réels de même signe est positif.

2. Si deux réels ont un produit négatif, ils sont de signes contraires.

3. Si la somme de deux réels est positive, ils sont tous les deux positifs.

Activités

1 Tableau de signes d'une fonction affine

Objectif
Découvrir le tableau de signes d'une fonction affine.

On considère la fonction f définie par $f(x)=2x-6$. On a représenté sa courbe représentative $\mathscr{C}_f$ ci-contre.

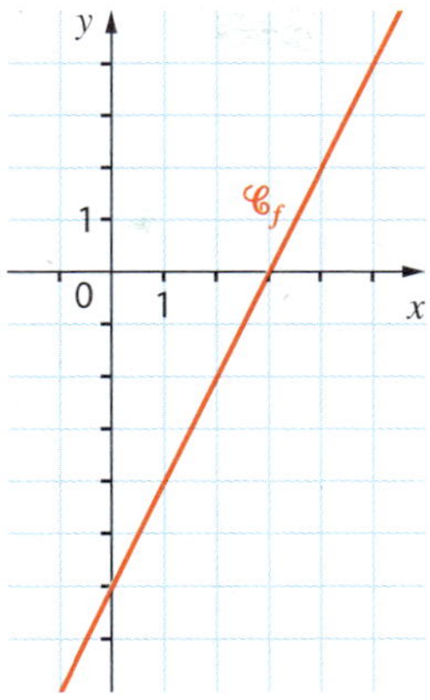

1 Résoudre, par lecture graphique, l'inéquation $f(x)>0$.

2 Recopier les phrases en complétant les pointillés par « strictement positif » ou « strictement négatif ».
a. Pour $x \in]-\infty\,;3[$, $f(x)$ est … .
b. Pour $x \in]3\,;+\infty[$, $f(x)$ est … .

3 Recopier ce **tableau de signes** en complétant les pointillés par le symbole « + » ou « – ».

x	$-\infty$	3	$+\infty$
Signe de $f(x)$	…	0	…

4 On considère les fonctions g et h définies par : $g(x)=-2x+3$ et $h(x)=0{,}5x+1$.
Tracer les courbes représentatives des fonctions g et h dans un repère et construire le tableau de signes de chacune de ces fonctions.

Rappel
Une fonction affine f admet une expression de la forme $f(x)=ax+b$ avec a et b deux réels.
La représentation graphique d'une fonction affine f est une droite.
a est son **coefficient directeur**.
b est son **ordonnée à l'origine**.

2 Martin-pêcheur

Objectif
Confronter résolutions graphique et algébrique d'une inéquation ; intérêt d'un tableau de signes.

Il faut environ deux secondes au martin-pêcheur pour quitter son perchoir, plonger, attraper un poisson et revenir à son point de départ !
On modélise le plongeon du martin-pêcheur par la fonction h définie sur $[0\,;2]$ qui donne la hauteur de son vol (en mètre par rapport au niveau de l'eau) en fonction du temps (en seconde) : $h(x)=2x^2-4{,}32x+2{,}073\,6$.
L'objectif de l'exercice est de présenter des méthodes permettant de déterminer le temps pendant lequel le martin-pêcheur est resté sous l'eau.

1 Justifier que l'intervalle de temps passé sous l'eau correspond à l'ensemble des solutions de l'inéquation $h(x)<0$.

2 **Méthode graphique**
a. Représenter la fonction h à l'aide d'un logiciel.
b. Déterminer le temps passé sous l'eau à l'aide d'une lecture graphique.

3 **Méthode algébrique**
a. Justifier que $h(x)=(x-0{,}72)(2x-2{,}88)$.
b. Rappeler les règles de calcul permettant de déterminer le signe d'un produit.
c. Résoudre les inéquations suivantes : $x-0{,}72>0$ et $2x-2{,}88>0$.
d. Pour déterminer le signe d'un produit, on a pour habitude de travailler à l'aide d'un **tableau de signes**.
• Compléter les lignes donnant le signe de chaque facteur.
• En déduire le signe de $h(x)$ sur $[0\,;2]$.
• Déterminer le temps (en seconde) pendant lequel le martin-pêcheur est resté sous l'eau.

x	0	0,72	1,44	2
Signe de $x-0{,}72$		0		
Signe de $2x-2{,}88$			0	
Signe de $h(x)$		0	0	

Aide
Il est plus facile de développer que de factoriser…

Cours

1 Signe d'une fonction

a Définition et tableau de signes

Définition On dit qu'une fonction f est **positive** sur un intervalle D si, pour toute valeur $x \in D$, on a $f(x) \geqslant 0$. De même, on dit que f est **négative** sur un intervalle D si, pour toute valeur $x \in D$, on a $f(x) \leqslant 0$.
Étudier le signe d'une fonction consiste à déterminer les intervalles sur lesquels elle est positive et ceux sur lesquels elle est négative.

On consigne souvent ces informations dans un **tableau de signes**. On peut conjecturer le signe d'une fonction en étudiant la position de sa courbe représentative par rapport à l'axe des abscisses.

Exemple
On considère la fonction f représentée ci-dessous.

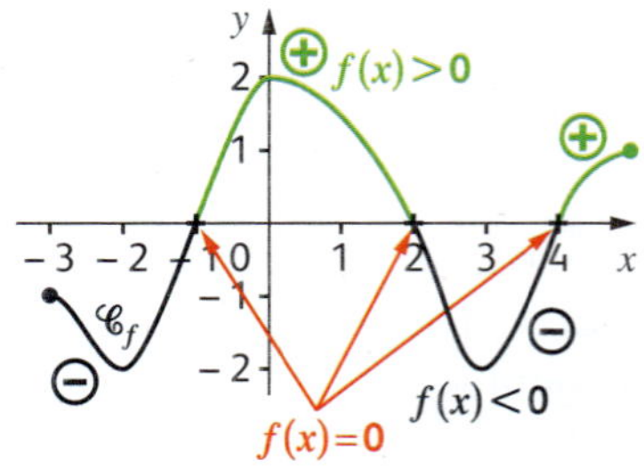

f admet pour tableau de signes :

x	-3		-1		2		4		5
Signe de $f(x)$		$-$	0	$+$	0	$-$	0	$+$	

b Signe d'une expression affine $ax+b$ $(a \neq 0)$

On considère la fonction affine définie sur $\mathbb{R}$ par $f : x \mapsto ax+b$, avec $a \neq 0$.

Propriété Le signe de $f(x)=ax+b$ dépend du signe de a et change autour de la valeur $x=-\frac{b}{a}$, unique solution de l'équation $ax+b=0$.

Cas $a>0$: f est croissante

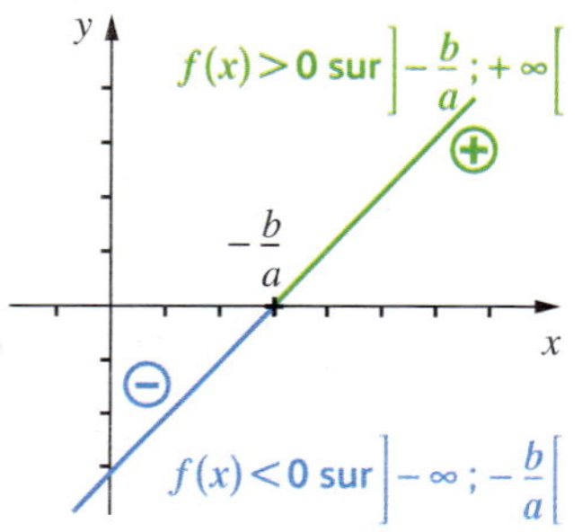

Cas $a<0$: f est décroissante

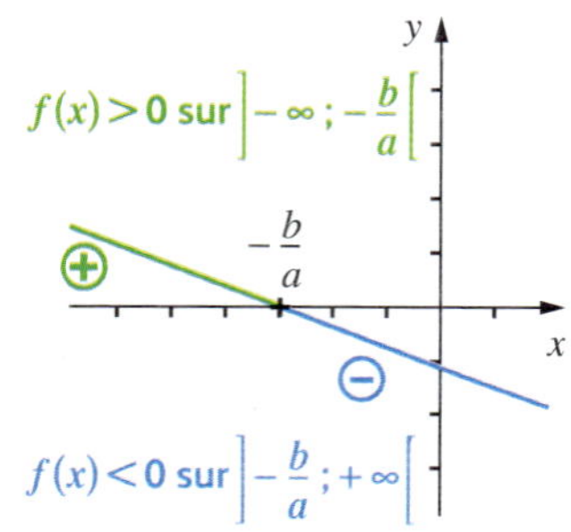

On résume ces informations dans un tableau de signes.

Tableau de signes pour $a>0$

x	$-\infty$		$-\frac{b}{a}$		$+\infty$
Signe de $ax+b$		$-$	0	$+$	

Tableau de signes pour $a<0$

x	$-\infty$		$-\frac{b}{a}$		$+\infty$
Signe de $ax+b$		$+$	0	$-$	

Exemple
Soit la fonction f définie sur $\mathbb{R}$ par

$$f(x)=-\frac{1}{3}x+1$$

C'est une fonction affine :
- son expression est de la forme $f(x)=ax+b$;
- le signe de a permet de connaître le sens de variation ;
- elle s'annule pour $x=\frac{-b}{a}$

(rappel : $\frac{-b}{a}=-\frac{b}{a}$).

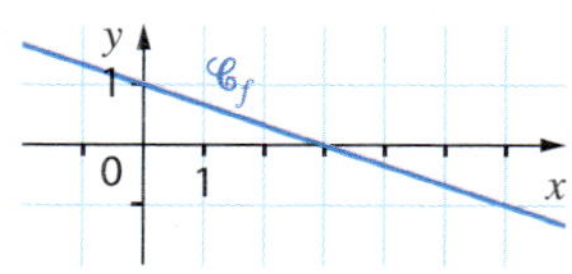

$f(x)=-\frac{1}{3}x+1$; $a=-\frac{1}{3}<0$

et $\frac{-b}{a}=\frac{-1}{-\frac{1}{3}}=3$

x	$-\infty$		3		$+\infty$
Signe de $f(x)$		$+$	0	$-$	

Démo

Démonstration algébrique

1er cas : si $a>0$

$f(x)>0 \Leftrightarrow ax+b>0$

$\Leftrightarrow ax>-b$ — Retrancher b à chaque membre de l'inégalité.

$\Leftrightarrow x>-\frac{b}{a}$ — Diviser chaque membre de l'inégalité par a qui est positif : **l'ordre est conservé**.

2e cas : si $a<0$

$f(x)>0 \Leftrightarrow ax+b>0$

$\Leftrightarrow ax>-b$ — Retrancher b à chaque membre de l'inégalité.

$\Leftrightarrow x<-\frac{b}{a}$ — Diviser chaque membre de l'inégalité par a qui est négatif : **l'ordre change**.

méthode

CAPACITÉ 1 Étudier le signe d'une fonction

Énoncé On considère les fonctions affines f et g définies sur $\mathbb{R}$ par $f(x)=2x+8$ et $g(x)=15-3x$.

1. Construire le tableau de signes de chacune des fonctions f et g.

2. On considère la fonction h définie sur $\mathbb{R}$ par $h(x)=f(x)\times g(x)=(2x+8)(15-3x)$.

Représenter la fonction h à l'aide de la calculatrice (ou d'un logiciel) et conjecturer son tableau de signes.

Solution rédigée

1. Signe de f

La fonction f est affine : elle peut s'écrire $f(x)=ax+b$ avec $a=2$ et $b=8$. Comme a est positif, sa représentation graphique est une droite « qui monte » et f s'annule en $\dfrac{-b}{a}=\dfrac{-8}{2}=-4$.

x	$-\infty$		-4		$+\infty$
Signe de $f(x)$		$-$	0	$+$	

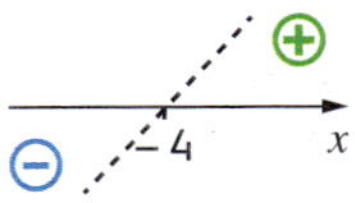

Signe de g

La fonction g est affine : elle peut s'écrire $g(x)=ax+b$ avec $a=-3$ et $b=15$. Comme a est négatif, sa représentation graphique est une droite « qui descend » et g s'annule en $\dfrac{-b}{a}=\dfrac{-15}{-3}=5$.

x	$-\infty$		5		$+\infty$
Signe de $g(x)$		$+$	0	$-$	

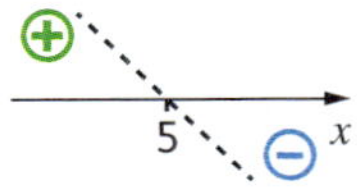

2. On représente la fonction h dans une fenêtre adaptée afin de lire le signe de la fonction.

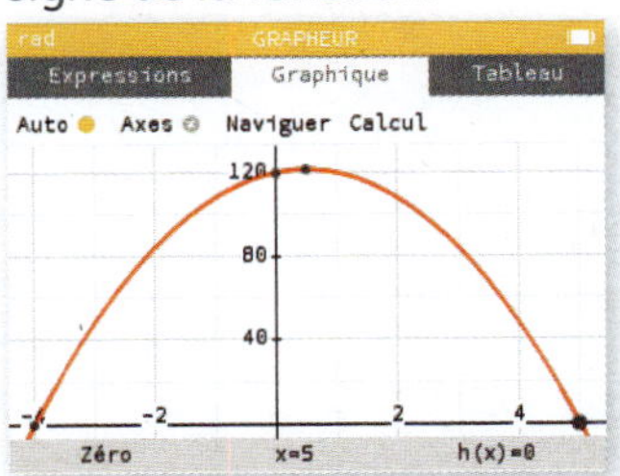

x	$-\infty$		-4		5		$+\infty$
Signe de $h(x)$		$-$	0	$+$	0	$-$	

Point méthode

1. Pour trouver la valeur qui annule f, on peut résoudre l'équation $2x+8=0$.

Point méthode

1. Pour étudier le signe d'une fonction affine $x\mapsto ax+b$:
- identifier les valeurs des coefficients a et b ;
- reconnaître le sens de variation à l'aide du signe de a ;
- déterminer la valeur de x qui annule la fonction.

Point méthode

2. Une lecture graphique permet d'émettre une conjecture qu'un raisonnement algébrique permettra de démontrer ou d'infirmer.

J'applique en autonomie

Voir corrigés p. 410 Voir exercices similaires nos 31 à 37

18 Construire le tableau de signes de chacune des fonctions affines suivantes.

1. $f:x\mapsto -5x+15$

2. $g:x\mapsto 2x+3$

3. $h:x\mapsto 7x$

4. $i:x\mapsto 5-x$

19 **1.** Représenter graphiquement la fonction g définie sur $\mathbb{R}$ par $g(x)=x^3-4x$.

2. Conjecturer alors le tableau de signes de $g(x)$.

20 On donne ci-dessous le tableau de signes d'une fonction f définie sur $\mathbb{R}$.

x	$-\infty$		-3		$\frac{1}{3}$		6		$+\infty$
Signe de f		$-$	0	$+$	0	$-$	0	$+$	

1. Quel est le signe de $f(0,5)$? de $f(-1)$?

2. Déterminer les solutions de l'équation $f(x)=0$.

3. Déterminer l'ensemble des solutions de $f(x)>0$.

Cours

2 Résolution algébrique d'inéquations

a Signe d'un produit et inéquation-produit

Méthode Pour étudier le signe du produit $A(x) \times B(x)$, on détermine le signe de chaque facteur et on applique la règle des signes d'un produit. On construit alors un tableau de signes bilan.

Rappel

Règle des signes d'un produit
- positif × positif = positif
- positif × négatif = négatif
- négatif × négatif = positif

Exemple

On cherche à résoudre dans l'ensemble des réels $(x-6)(-3x-12) > 0$.

• On cherche le signe de $x-6$: pour cela on décide de chercher les valeurs de x telles que $x-6$ soit positif ou nul.

$x-6 \geqslant 0$

$\Leftrightarrow x-6+6 \geqslant 0+6$

$\Leftrightarrow x \geqslant 6$

• On cherche le signe de $-3x-12$: pour cela on décide de chercher les valeurs de x telles que $-3x-12$ soit positif ou nul.

$-3x-12 \geqslant 0$

$\Leftrightarrow -3x-12+12 \geqslant 0+12$

$\Leftrightarrow -3x \geqslant 12$

$\Leftrightarrow -3x \times \frac{1}{-3} \leqslant 12 \times \frac{1}{-3}$

$\Leftrightarrow x \leqslant -4$

Remarque

En connaissant toutes les valeurs de x pour lesquelles $x-6$ est positif ou nul, on détermine le signe de $x-6$ immédiatement.
En effet, si une expression n'est pas positive, elle est négative !
Donc déterminer les valeurs de x telle que $x-6 \geqslant 0$ permet de connaître aussi les valeurs de x telles que $x-6 < 0$.

x	$-\infty$		-4		6		$+\infty$
Signe de $x-6$		$-$	|	$-$	0	$+$	
Signe de $-3x-12$		$+$	0	$-$	|	$-$	
Signe du produit		$-$	0	$+$	0	$-$	

Donc $(x-6)(-3x+2)$ est strictement positif si et seulement si x appartient à l'intervalle $]-4;6[$.

b Signe d'un quotient et inéquation-quotient

Méthode

Pour étudier le signe du quotient $\frac{A(x)}{B(x)}$, on déterminer le signe de chaque expression puis on applique la règle des signes d'un quotient.
On présente les résultats à l'aide d'un tableau de signes (attention aux **valeurs interdites** !).

Exemple

Résolution de l'inéquation $\frac{-2x+4}{x-1} \leqslant 0$.

x	$-\infty$		1		2		$+\infty$
Signe de $-2x+4$		$+$	|	$+$	0	$-$	
Signe de $x-1$		$-$	0	$+$	|	$+$	
Signe du quotient		$-$	||	$+$	0	$-$	

L'ensemble S des solutions est : $S =]-\infty;1[\cup [2;+\infty[$

1 est la valeur interdite du quotient : dans le tableau elle est signalée par une double barre et elle est exclue de l'ensemble des solutions.

Remarque

Le numérateur est une fonction affine, on peut déterminer son signe à l'aide d'une lecture graphique.

$-2x+4$ donc $a=-2$

et $\frac{-b}{a} = \frac{-4}{-2} = 2$.

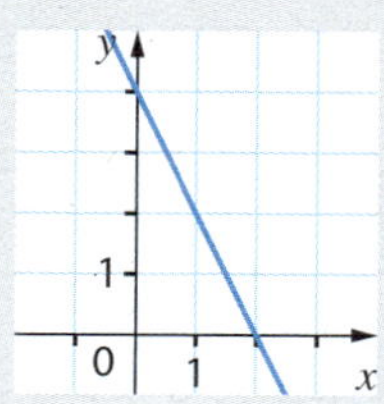

méthode

CAPACITÉ 2 Résoudre algébriquement une inéquation

Énoncé Résoudre dans $\mathbb{R}$ les inéquations suivantes :

1. $(3x-1)(x-2) \geqslant -5(3x-1)$ **2.** $\dfrac{x(5-2x)}{4x-8} \leqslant 0$

Solution rédigée

1. On se ramène à l'étude du signe d'un produit en regroupant dans un même membre et en factorisant l'expression.

$(3x-1)(x-2) \geqslant -5(3x-1)$

$\Leftrightarrow (3x-1)(x-2)+5(3x-1) \geqslant 0$

$\Leftrightarrow (3x-1)((x-2)+5) \geqslant 0$

$\Leftrightarrow (3x-1)(x+3) \geqslant 0$

On étudie le signe de chaque facteur afin de construire le tableau de signes qui permettra de déterminer le signe du produit.

x	$-\infty$		-3		$\frac{1}{3}$		$+\infty$
Signe de $3x-1$		$-$	|	$-$	0	$+$	
Signe de $x+3$		$-$	0	$+$	|	$+$	
Signe du produit		$+$	0	$-$	0	$+$	

Le tableau permet d'affirmer que :

$$(3x-1)(x+3) \geqslant 0 \Leftrightarrow x \in \left]-\infty\,;-3\right] \cup \left[\frac{1}{3}\,;+\infty\right[$$

Donc l'ensemble des solutions de cette équation est :

$$S = \left]-\infty\,;-3\right] \cup \left[\frac{1}{3}\,;+\infty\right[$$

2. Pour déterminer le signe du quotient $\dfrac{x(5-2x)}{4x-8}$, on cherche le signe de x ; de $5-2x$ et de $4x-8$ afin de construire le tableau de signes.

x	$-\infty$		0		2		$2{,}5$		$+\infty$
Signe de x		$-$	0	$+$	|	$+$	|	$+$	
Signe de $5-2x$		$+$	|	$+$	|	$+$	0	$-$	
Signe de $4x-8$		$-$	|	$-$	0	$+$	|	$+$	
Signe du quotient		$+$	0	$-$	||	$+$	0	$-$	

Donc $\dfrac{x(5-2x)}{4x-8} \leqslant 0 \Leftrightarrow x \in [0\,;2[\cup [2{,}5\,;+\infty[$.

Point méthode

1. ATTENTION : NE PAS diviser chaque membre de l'inéquation par $(3x-1)$.
En effet, suivant les valeurs de x cette expression peut être nulle (diviser par 0 est interdit), et on ne connaît pas le signe de $(3x-1)$ (si on divise une inégalité par un négatif, l'ordre change).

Point méthode

1. Pour résoudre une telle inéquation :
- se ramener à une étude de signe en transformant en une inéquation équivalente dont le membre de droite est nul ;
- factoriser l'expression du membre de gauche.

Point méthode

1 et **2.** Pour construire le tableau de signes d'un produit ou d'un quotient :
① trouver les valeurs qui annulent les facteurs et les ranger dans l'ordre croissant dans la première ligne du tableau ;
② étudier le signe de chaque facteur ;
③ utiliser la règle des signes pour compléter la dernière ligne.

J'applique en autonomie

Voir corrigés p. 410 Voir exercices similaires n°s 40 à 45

21 **1.** Compléter le tableau de signes suivant.

x	$-\infty$		-4		$\dots$		$+\infty$
Signe de $-2x+6$			|		0		
Signe de $3x+12$			0		|		
Signe du produit $(-2x+6)(3x+12)$			0		0		

2. En déduire l'ensemble des solutions de l'inéquation :

$$(-2x+6)(3x+12) \geqslant 0$$

22 Résoudre, à l'aide d'un tableau de signes les inéquations suivantes.

1. $(2x+10)(7-x) < 0$

2. $\dfrac{-3x+6}{-2x+1} \leqslant 0$

23 Résoudre les inéquations suivantes.

1. $(3x+1)(2x-2)-3x \leqslant 1$

2. $\dfrac{2x+1}{3-x} \geqslant 5$

Je **fais** le **point**

Je revois mon cours

Signe d'une fonction

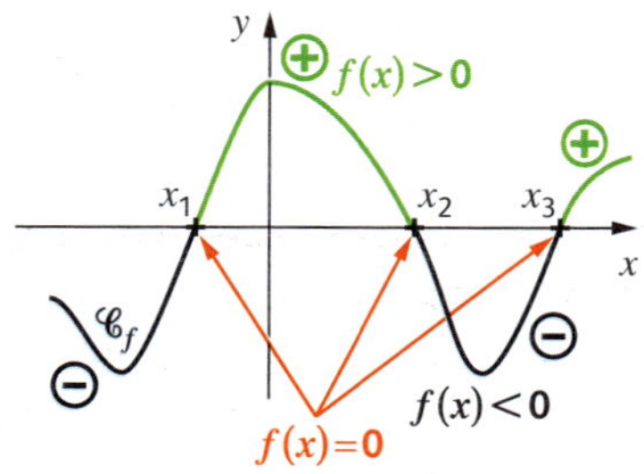

x	$-\infty$		x_1		x_2		x_3		$+\infty$
Signe de $f(x)$		$-$	0	$+$	0	$-$	0	$+$	

Remarque : avec une représentation graphique, on peut conjecturer le signe d'une fonction, et le démontrer ensuite avec un tableau de signes.

Signe d'une fonction affine $f : x \mapsto ax+b$ avec $a \neq 0$

Cas $a>0$

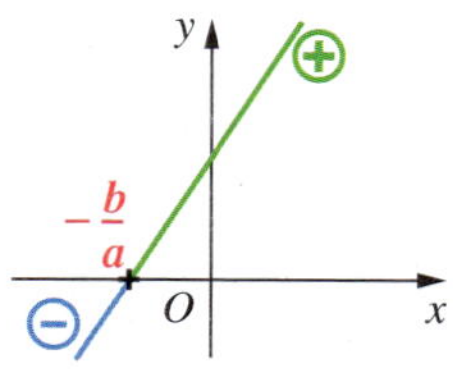

x	$-\infty$		$-\dfrac{b}{a}$		$+\infty$
Signe de $ax+b$		$-$	0	$+$	

Cas $a<0$

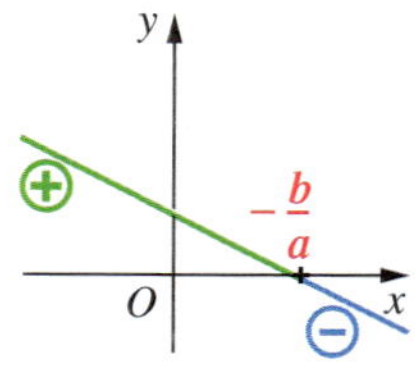

x	$-\infty$		$-\dfrac{b}{a}$		$+\infty$
Signe de $ax+b$		$+$	0	$-$	

Étude de signes et tableau de signes

Expressions littérales dont le signe est immédiat

- Un carré est toujours positif.
- La somme de deux termes positifs est positive.
- La somme de deux termes négatifs est négative.

Exemples

Pour tout réel x :
- x^2+5 est strictement positif.
- $-3x^2$ est négatif ou nul.

Expressions littérales se ramenant à un produit ou à un quotient

x	$-\infty$		x_1		x_2		$+\infty$
Signe de $ax+b$			0				
Signe de $cx+d$					0		
Signe de $(ax+b)(cx+d)$			0		0		
Signe de $\dfrac{ax+b}{cx+d}$			0		‖		

Exemple

$$A(x)=(3x+4)^2-(x+1)^2$$

Exemple

$$B(x)=4-\frac{15x}{3x+1}$$

On peut montrer que : $A(x)=(2x+3)(4x+5)$ et $B(x)=\dfrac{-3x+4}{3x+1}$.

Je m'exerce à démontrer

Comparer les nombres x^2 et $2x$.
x étant un nombre réel quelconque.

DÉMO PAS À PAS
hachette-clic.fr/25de2073

J'évalue mes connaissances

VERSION INTERACTIVE
hachette-clic.fr/25de2074

Voir corrigés p. 411

QCM

Pour chacune des questions, indiquer la (ou les) bonne(s) réponse(s).

On a représenté ci-contre deux fonctions f et g définies sur $\mathbb{R}$.

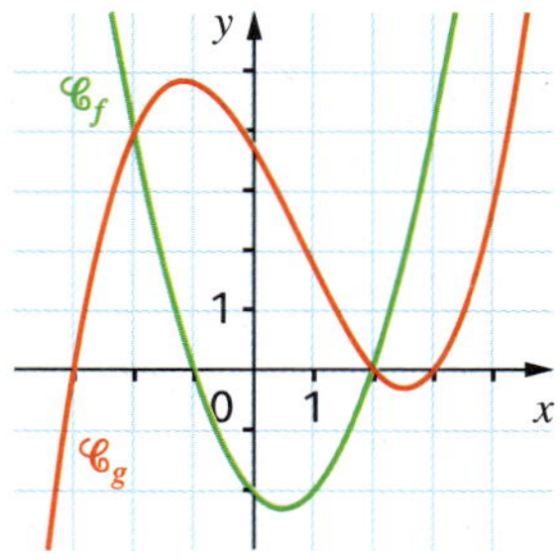

	a	b	c
1. L'équation $f(x)=0$ admet pour solution :	-2	-1	1
2. L'ensemble des solutions de l'inéquation $f(x)>0$ semble être :	$]-2;+\infty[$	$]-1;+\infty[\cup]2;+\infty[$	$]-\infty;-1[\cup]2;+\infty[$
3. L'équation $g(x)=0$ admet :	1 solution	2 solutions	3 solutions
4. L'image de 0 par la fonction f est :	-1	2	-2
5. L'ensemble des solutions de l'inéquation $g(x)\leqslant 0$ semble être :	$]-\infty;-3]\cup[-0{,}2;0]$	$[2;3]$	$]-\infty;-3]\cup[2;3]$
6. L'ensemble des solutions de l'inéquation $(8-2x)+(3+x)\leqslant 0$ est :	$[11;+\infty[$	$]-\infty;-11]$	$]-\infty;11]$
7. L'ensemble des solutions de l'inéquation $(8-2x)(3+x)\geqslant 0$ est :	$[-3;4]$	$]-\infty;-3]$	$[4;+\infty[$
8. L'ensemble des solutions de l'inéquation $\dfrac{4x-1}{2x+10}\leqslant 0$ est :	$]-\infty;-5[\cup\left[\dfrac{1}{4};+\infty\right[$	$\left]-5;\dfrac{1}{4}\right]$	$\left[-5;\dfrac{1}{4}\right[$
9. L'ensemble des solutions de l'inéquation $\dfrac{-2x+3}{x+1}\leqslant 1$ est :	$\left]-1;-\dfrac{2}{3}\right]$	$]-\infty;-1]\cup\left[\dfrac{2}{3};+\infty\right[$	$]-\infty;-1[\cup\left[\dfrac{2}{3};+\infty\right[$

vrai ou faux ?

Indiquer pour chaque affirmation si elle est vraie ou fausse. Justifier.

Partie A.

On considère l'inéquation suivante :

$$(4x-1)(3-x)\leqslant(3-x)^2$$

1. Elle est équivalente à l'inéquation suivante :

$$(3-x)(5x-4)\leqslant 0$$

2. Le tableau de signes de $(3-x)(5x-4)$ est :

x	$-\infty$		$0{,}8$		3		$+\infty$
Signe de $(3-x)(5x-4)$		$+$	0	$-$	0	$+$	

3. L'ensemble des solutions de cette inéquation est :

$$S=]-\infty;0{,}8]\cup[3;+\infty[$$

Partie B.

1. Pour tout réel x, on a $x^2+1\geqslant 0$.

2. Les inéquations $x(2-x)\leqslant 3x$ et $2-x\leqslant 3$ sont équivalentes.

Partie C.

Soit l'inéquation $\dfrac{2}{3x+1}\leqslant\dfrac{4}{x+1}$ (E).

1. L'inéquation (E) est équivalente à l'inéquation :

$$\frac{-10x-2}{(x+1)(3x+1)}\leqslant 0$$

2. L'ensemble des solutions de cette inéquation est :

$$S=\left]-1;-\frac{1}{3}\right[\cup\left[-\frac{1}{5};+\infty\right[$$

JE ME TESTE ! EXERCICES INTERACTIFS
hachette-clic.fr/25de2075

Acquérir des automatismes

24 Construire le tableau de signes de chacune des fonctions affines représentées dans le graphique ci-dessous.

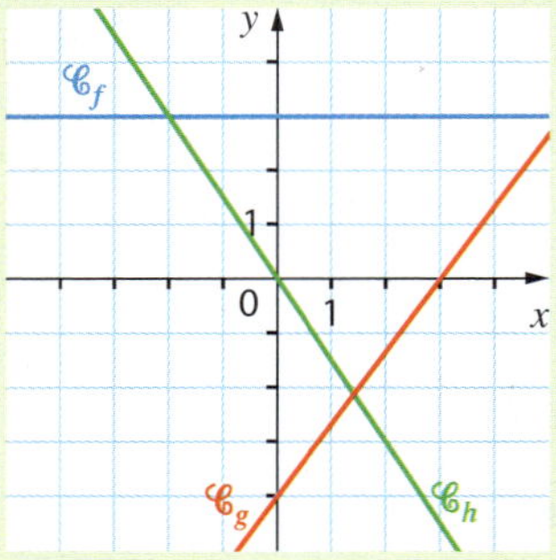

25 Compléter le tableau de signes du produit $(2+x)(7-4x)$.

x	$-\infty$		…		…		$+\infty$
Signe de $2+x$		$-$	0				
Signe de $7-4x$							
Signe du produit			0		0		

26 Le tableau de signes du produit $(5x+7)(3x-12)$ est le suivant :

x	$-\infty$		$-\frac{7}{5}$		4		$+\infty$
Signe de $5x+7$		$-$	0	$+$		$+$	
Signe de $3x-12$		$-$		$-$	0	$+$	
Signe du produit		$+$	0	$-$	0	$+$	

Donner l'ensemble des solutions de l'inéquation $(5x+7)(3x-12)>0$.

27 Donner les valeurs interdites des quotients suivants.

1. $A=\dfrac{3}{6-x}$ **2.** $B=\dfrac{x+2}{4x+7}$ **3.** $C=\dfrac{x(x+1)}{x+1}$

28 Donner une représentation graphique possible d'une fonction f définie sur $\mathbb{R}$ vérifiant :

$$f(x)>0 \Leftrightarrow x\in\,]-\infty\,;5[\,\cup\,]10\,;20[$$

29 Construire les tableaux de signes des expressions suivantes après les avoir écrites sous forme factorisée.

1. $A=x^2-16$
2. $B=3(x+2)-x(x+2)$
3. $C=x^2-12$
4. $D=(x+4)^2-(5x-2)(x+4)$

Travailler les capacités du chapitre

Capacité 1 Étudier le signe d'une fonction

Voir p. 237

30 **1.** Compléter les phrases suivantes.
a. Le produit de deux nombres … est toujours positif.
b. Le produit de deux nombres … est toujours négatif.
2. Existe-t-il des règles des signes concernant la somme ou la différence de deux nombres ? Si oui, énoncer ces règles.

31 **1.** Rappeler les étapes à mener pour construire le tableau de signes d'une fonction affine.
2. Application
Construire le tableau de signes des fonctions affines suivantes.
a. $f(x)=4x+8$ **b.** $g(x)=-5x$
c. $h(x)=21-7x$ **d.** $i(x)=15$

32 Étudier le signe sur $\mathbb{R}$ des expressions suivantes.
1. $2x-10$ **2.** $-3x+9$ **3.** $-5x$ **4.** $3-x$
5. $0{,}5x+4$ **6.** $\frac{2}{3}x+1$ **7.** $-2-\frac{1}{5}x$ **8.** $\frac{3}{4}x$

33 **Lire et exploiter un tableau de signes**
Une fonction f admet le tableau de signes suivant.

x	$-\infty$		-3		1		8		$+\infty$
Signe de $f(x)$		$-$	0	$+$	0	$-$	‖	$+$	

1. Déterminer le signe des nombres suivants.
a. $f(-5)$ **b.** $f(12)$ **c.** $f(-2)$
d. $f(\sqrt{3})$ **e.** $f(10^3)$ **f.** $f(10^{-4})$
2. a. Préciser les solutions de l'équation $f(x)=0$.
b. Préciser les éventuelles valeurs interdites de f.
3. Compléter les phrases suivantes avec les symboles $<, >, \geqslant$ ou $\leqslant$.
a. Pour tout $x\in[-3\,;1]$, on a $f(x)\ldots0$.
b. Pour tout $x\in\,]8\,;+\infty[$, on a $f(x)\ldots0$.
c. Pour tout $x\in\,]-\infty\,;-3]\cup[1\,;8[$, on a $f(x)\ldots0$.

34 Une fonction g admet le tableau de signes suivant.

x	$-\infty$		-4		1		$+\infty$
Signe de $g(x)$		$-$	‖	$+$	0	$-$	

1. Déterminer le signe des nombres suivants.
a. $g(0)$ **b.** $g(-1)$ **c.** $g(\sqrt{5})$
2. Préciser les éventuelles valeurs interdites.
3. Compléter les phrases suivantes.
a. Pour tout $x\in\,]-4\,;1[$, on a $g(x)\ldots0$.
b. g est strictement négative si et seulement si $x\in\ldots$.

Pour les exercices 35 à 37 :
- *construire le tableau de signes de la fonction f ;*
- *à l'aide d'une lecture graphique, résoudre $g(x)<0$.*

35 On a représenté graphiquement dans un repère deux fonctions f et g définies sur $[-4;6]$.

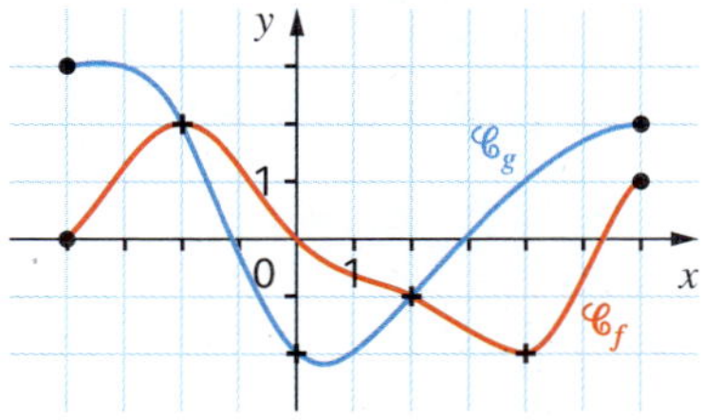

CORRECTION TYPE EN VIDÉO
hachette-clic.fr/25de2076

36 On considère les courbes représentatives de deux fonctions f et g définies sur $[-4;8]$.

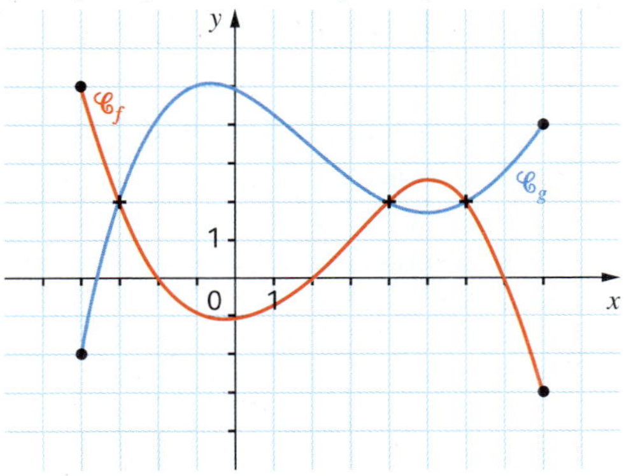

37 On considère les courbes représentatives des fonctions f et g définies sur l'intervalle $[-5 ; 7]$.

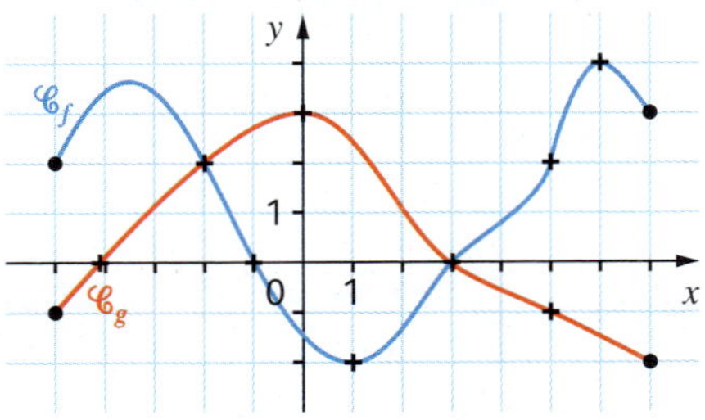

38 **1.** À l'aide de la calculatrice, représenter les fonctions $f: x \mapsto x^2$, $g: x \mapsto x^3$ et $h: x \mapsto \frac{1}{x}$.

2. Pour chacune d'elles :

a. préciser l'intervalle de définition ;

b. construire le tableau de signes.

39 **1.** Dans un repère, donner l'allure possible de la courbe d'une fonction f vérifiant :

$$f(x)>0 \Leftrightarrow x \in]-\infty;-5] \cup [0;+\infty[$$

2. f est-elle nécessairement croissante sur $[2;+\infty[$?

3. f peut-elle s'annuler en d'autres valeurs que -5 et 0 ?

CAPACITÉ 2 Résoudre algébriquement une inéquation

Voir p. 239

40 **1.** Compléter le tableau de signes suivant.

x	$-\infty$	…	…	$+\infty$
Signe de $-3x+6$			0	
Signe de $x+4$		0		
Signe de $(-3x+6)(x+4)$		0	0	

2. Résoudre alors l'inéquation $(-3x+6)(x+4)>0$.

41 **1.** Compléter le tableau de signes suivant.

x	$-\infty$	…	…	$+\infty$
Signe de $-3x$				
Signe de $4-5x$				
Signe de $\frac{-3x}{4-5x}$				

2. Résoudre alors l'inéquation $\frac{-3x}{4-5x} \geqslant 0$.

Pour les exercices 42 à 44, résoudre les inéquations à l'aide d'un tableau de signes.

42 **1.** $(3x-1)(x+5) \geqslant 0$

2. $\frac{2x-8}{x-7} \geqslant 0$

CORRECTION TYPE EN VIDÉO
hachette-clic.fr/25de2077

43 **1.** $(2-5x)(2x+6)>0$

2. $\frac{3x}{x+4}<0$

44 **1.** $4x(2x+7) \leqslant 0$ **2.** $\frac{2x+10}{4-x}>0$

45 On pose $A(x)=x(4-7x)(2x+9)$.
Résoudre $A(x)<0$ en reproduisant et en complétant le tableau de signes suivant.

x	$-\infty$	…	0	…	$+\infty$
Signe de x					
Signe de $4-7x$					
Signe de $2x+9$					
Signe de $A(x)$					

46 On pose $B(x)=\frac{2x+3}{x^2(1-10x)}$.
Résoudre $B(x)>0$ en reproduisant et en complétant le tableau de signes suivant.

x	$-\infty$	…	…	$\frac{1}{10}$	$+\infty$
Signe de $2x+3$					
Signe de x^2					
Signe de $1-10x$					
Signe de $B(x)$					

exercices Application

47 Soit la fonction f définie sur $\mathbb{R}$ par :

$$f(x)=x(x-10)(x+20)$$

1. Représenter la fonction f à l'aide d'un logiciel ou de la calculatrice.
2. À l'aide d'une lecture graphique, déterminer sur quel(s) intervalle(s) la fonction f est positive ou nulle.
3. Résoudre l'inéquation $f(x)\geqslant 0$ à l'aide d'un tableau de signes.

48 Soit la fonction f définie sur $\mathbb{R}\setminus\left\{\frac{8}{5}\right\}$ par :

$$f(x)=\frac{(3-x)(3x-16)}{8-5x}$$

1. Représenter la fonction f à l'aide d'un logiciel (ou de la calculatrice).
2. À l'aide d'une lecture graphique, déterminer sur quel(s) intervalle(s) la fonction f est positive ou nulle.
3. Résoudre l'inéquation $f(x)<0$ à l'aide d'un tableau de signes.

49 On considère les fonctions f et g définies par :

$$f(x)=\frac{1}{x} \text{ pour } x\neq 0 \text{ et } g(x)=x$$

1. Justifier que $f(x)>g(x)\Leftrightarrow \frac{1}{x}-x>0$.
2. Soit $h(x)=\frac{1}{x}-x$. À l'aide de la calculatrice, résoudre graphiquement l'inéquation $h(x)>0$.
3. Vérifier que $h(x)=\frac{(1-x)(1+x)}{x}$.
4. Résoudre l'inéquation $h(x)>0$ à l'aide d'un tableau de signes.

50 On considère les fonctions f et g définies sur $\mathbb{R}$ par $f(x)=x^2$ et $g(x)=x$.
1. Justifier que $f(x)\leqslant g(x)\Leftrightarrow x^2-x\leqslant 0$.
2. Soit $h(x)=x^2-x$. À l'aide de la calculatrice, résoudre graphiquement $h(x)\leqslant 0$.
3. Résoudre l'inéquation $h(x)\leqslant 0$ à l'aide d'un tableau de signes.

51 Parmi les stratégies suivantes, indiquer la plus pertinente pour résoudre les inéquations proposées.
1. $(2x-3)(x+1)<4x(x+1)$ **2.** $(2x+3)^2\geqslant 9x^2$
3. $16x^2-25>2x(8x-5)$ **4.** $\frac{5x+10}{x-1}<2$

Stratégie ① : développer chaque membre de l'inéquation et isoler l'inconnue.
Stratégie ② : se ramener à un second membre nul, factoriser le membre non nul, puis construire et exploiter un tableau de signes.
Stratégie ③ : se ramener à un second membre nul, réduire au même dénominateur le membre non nul, puis exploiter un tableau de signes.

Pour les exercices **52** *et* **53** *:*
- *se ramener à une inégalité équivalente dont le membre de droite est nul ;*
- *écrire le membre de gauche sous forme d'un produit ou d'un quotient ;*
- *résoudre l'inéquation proposée.*

52 **1.** $(2x+3)(x+1)\geqslant 4(x+1)$
2. $(2x+3)^2\leqslant 9x^2$
3. $x(x+2)<x+2$

53 **1.** $\frac{x}{x-5}>2x$
2. $\frac{3}{4+9x}>-7$
3. $\frac{1+x}{x}<\frac{x}{1+x}$

54 Soit la fonction f définie sur $\mathbb{R}$ par :

$$f(x)=-24x^2+71x-35$$

1. Représenter cette fonction à l'aide de la calculatrice, puis conjecturer l'ensemble des solutions de $f(x)<0$.
2. Montrer que $f(x)=(3x-7)(5-8x)$.
3. Démontrer la conjecture précédente à l'aide d'un tableau de signes.

55 Soit la fonction g définie sur $\mathbb{R}$ par :

$$g(x)=36x^2+60x+35$$

1. Représenter cette fonction à l'aide de la calculatrice, puis conjecturer l'ensemble des solutions de $g(x)\geqslant 0$.
2. Montrer que $g(x)=(6x+5)^2+10$.
3. Démontrer la conjecture précédente.

56 La copie d'écran ci-dessous représente la fonction $h(x)=\frac{(x-2)(3x+7)}{x-2}$.

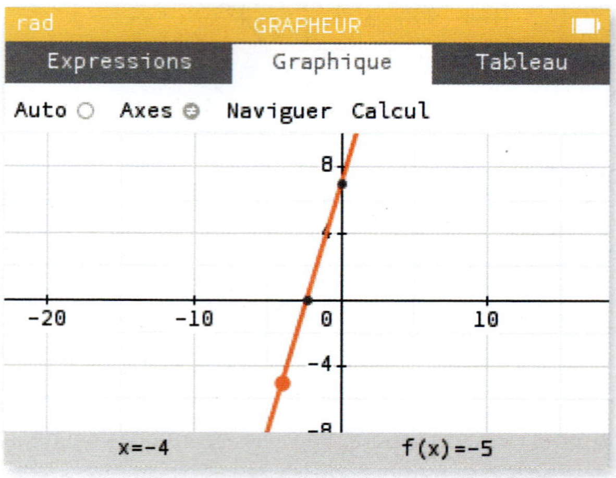

1. À l'aide d'une lecture graphique, conjecturer l'ensemble des solutions de $h(x)\geqslant 0$.
2. Résoudre l'inéquation $h(x)\geqslant 0$ à l'aide d'un tableau de signes.

exercices Entraînement

1 Signe d'une fonction

57 **1.** Recopier et compléter le tableau de signes suivant.

x	$-\infty$		-4		$+\infty$
Signe de $3x + \ldots$			0		

2. Pour tout réel x, on note $f(x)$ l'expression déterminée dans la question précédente. Résoudre l'inéquation $f(x) < 0$.

58 **Vrai ou faux ?**

On considère la fonction f définie sur $\mathbb{R}$ par $f(x) = ax + b$ avec a et b deux réels et $a \neq 0$.

On suppose que $f(-2) = 0$.

Les affirmations suivantes sont-elles vraies ou fausses ? Justifier.

1. Si $a < 0$, alors pour $x < -2$, on a $f(x) < 0$.

2. $b = 2a$

3. $f(-1)$ et $f(1)$ sont de signes contraires.

59 **1.** Recopier et compléter le tableau de signes suivant par les nombres et signes qui conviennent.

x	$-\infty$		-2		$\ldots$		$+\infty$
Signe de $2x + \ldots$			0				
Signe de $4 - x$					0		
Signe du produit $(2x + \ldots)(4 - x)$			0		0		

2. Proposer une inéquation que ce tableau de signes permet de résoudre, puis la résoudre.

60 **1.** Recopier et compléter le tableau de signes suivant par les nombres et signes qui conviennent.

x	$-\infty$		-4		1		$+\infty$
Signe de $2x + \ldots$					0		
Signe de $3x + \ldots$			0				
Signe de $\ldots$					0		

2. Proposer une inéquation que ce tableau de signes permet de résoudre, puis la résoudre.

61 On considère une fonction f admettant le tableau de signes suivant.

x	$-\infty$		-2		1		4		$+\infty$
Signe de f		$-$	0	$+$	0	$-$	0	$+$	

On sait de plus que $f(0) = 3$ et que $f(3) = -2$. Tracer une courbe susceptible de représenter cette fonction f.

62 On considère la fonction f définie sur $\mathbb{R}$ par :

$$f(x) = -2x^2 + 2x + 4$$

1. Montrer que, pour tout réel x :

$$f(x) = (x+1)(-2x+4)$$

2. Construire le tableau de signes de f.

*Pour les exercices **63** à **65**, étudier le signe des expressions sur $\mathbb{R}$ en précisant les éventuelles valeurs interdites.*

63 **1.** $(x+1)^2 - 16$

2. $(2x+3)^2 - (x+9)^2$

3. $-x^2 + 5x$

4. $(x+1)(-3x+5) - (x-1)^2$

64 **1.** $2(-3x+1)(x-5)$

2. $(10x-1)(7-2x)^2$

3. $x(x+1)(x+2)$

4. $-5(2-x)(3x-1)(8x-2)$

65 **Exercice guidé**

1. $\dfrac{1}{x} - \dfrac{5}{x+2}$

2. $\dfrac{2}{3x-5} + 1$

3. $\dfrac{x}{1-x} + \dfrac{1+x}{x}$

4. $\dfrac{1}{3x+6} - \dfrac{1}{2x+1}$

Piste de résolution On pourra mettre les expressions au même dénominateur.

66 Sur le graphique ci-dessous sont représentées les fonctions f, g, h et k définies sur $\mathbb{R}$.

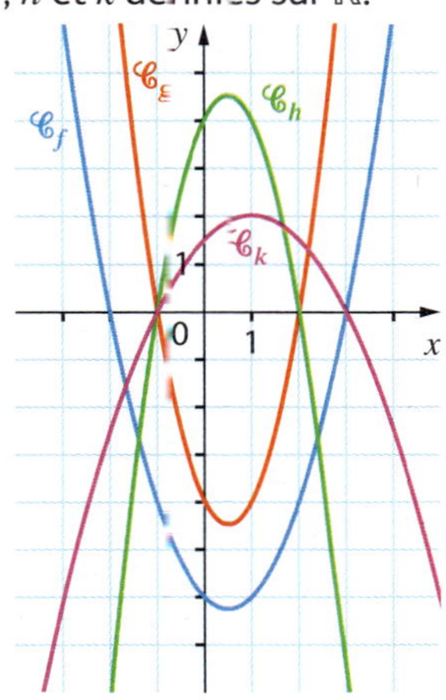

1. Dresser le tableau de signes de chacune de ces fonctions.

2. Associer chacune des expressions suivantes à la fonction correspondante.

a. $2(x+1)(x-2)$

b. $(x+2)(x-3)$

c. $-0{,}5(x-3)(x+1)$

d. $-2(x-2)(x+1)$

67 Sur le graphique ci-dessous sont représentées les fonctions affines f et g définies sur $\mathbb{R}$.

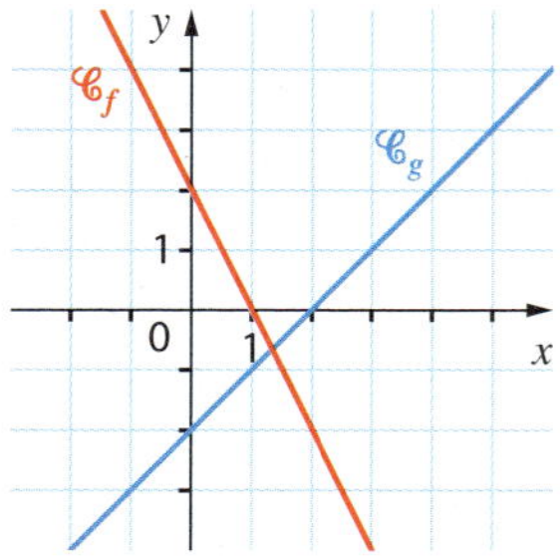

1. Dresser le tableau de signes de chacune de ces fonctions.
2. En déduire le tableau de signes du produit de ces deux fonctions.
3. Déterminer, pour tout réel x, les expressions de $f(x)$ et de $g(x)$.
4. Retrouver par le calcul les résultats des questions **1.** et **2.** à l'aide des expressions déterminées à la question **3.**

68 On considère la fonction f définie sur $\mathbb{R}$ par :
$$f(x)=x^2+1$$
1. Représenter la courbe de f à l'aide d'un logiciel ou de la calculatrice, puis émettre une conjecture sur le signe de f.
2. Justifier la conjecture.

69 On considère la fonction f définie sur $\mathbb{R}$ par :
$$f(x)=x^2-1$$
1. Représenter la courbe de f à l'aide d'un logiciel ou de la calculatrice, puis émettre une conjecture sur le signe de f.
2. Justifier la conjecture.

70 On considère la fonction f définie sur $\mathbb{R}$ par :
$$f(x)=4x^2-16x+17$$
1. Représenter la courbe de f à l'aide d'un logiciel ou de la calculatrice, puis émettre une conjecture sur le signe de f.
2. Montrer que, pour tout réel x :
$$f(x)=(2x-4)^2+1$$
3. Justifier la conjecture émise dans la question **1.**

71 Un intervalle capricieux
1. Construire, sur $\mathbb{R}$, le tableau de signes de :
$$(2x+6)(-3x+12)$$
2. Construire, sur $[-3\,;+\infty[$, le tableau de signes de :
$$(2x+6)(-3x+12)$$
3. Construire, sur $[0\,;+\infty[$, le tableau de signes de :
$$(2x+6)(-3x+12)$$

72 **1.** Déterminer une expression possible de la fonction f dont le tableau de signes est le suivant.

x	$-\infty$		5		$+\infty$
Signe de $f(x)$		+	0	−	

2. Déterminer une expression possible de la fonction g dont le tableau de signes est le suivant.

x	$-\infty$		-1		$+\infty$
Signe de $g(x)$		−	0	+	

3. Soit h la fonction définie par $h(x)=\dfrac{1}{f(x)}$.
Construire le tableau de signes de h.
4. Soit k la fonction définie par $k(x)=\dfrac{f(x)}{g(x)}$.
Construire le tableau de signes de k.

2 Résolution algébrique d'inéquations

73 **1.** Montrer que, pour tout réel x :
$$-2x^2-x+15=(5-2x)(x+3)$$
2. À l'aide d'un tableau de signes, résoudre l'inéquation $-2x^2-x+15\leqslant 0$.

74 À l'aide d'un tableau de signes, résoudre les inéquations suivantes.
1. $-2(x+1)(x-5)>0$
2. $\dfrac{5x(3-x)}{2x+8}\leqslant 0$
3. $x^2(3x-1)<0$
4. $\dfrac{3x+1}{x-2}\times\dfrac{x}{x+1}\geqslant 0$

75 Résoudre les inéquations suivantes en développant chaque membre et en isolant l'inconnue.
1. $3x+2(1-4x)\leqslant x+14$
2. $6x^2+3x<2x(3x-1)-5$

76 **1.** Factoriser $(2x-3)(x+1)-x(x+1)$.
2. Montrer que les inéquations suivantes sont équivalentes.
$$(2x-3)(x+1)<x(x+1) \text{ et } (x-3)(x+1)<0$$
3. À l'aide d'un tableau de signes, résoudre alors l'inéquation $(2x-3)(x+1)<x(x+1)$.

77 **1.** Écrire sous la forme d'un unique quotient :
$$\frac{3x}{2-x}-2$$
En déduire que les inéquations $\dfrac{3x}{2-x}\geqslant 2$ et $\dfrac{5x-4}{2-x}\geqslant 0$ sont équivalentes.
2. À l'aide d'un tableau de signes, résoudre cette inéquation.

Compétence Calculer

Pour les exercices 78 à 86, résoudre les inéquations proposées, après avoir précisé la stratégie la plus adaptée parmi les stratégies possibles. Rappel des stratégies : Voir exercice 51

78 **1.** $-2x^2+x(2x-7)<-3x+4$
2. $(3x+2)^2-(3x+4)(3x-1)\leqslant 0$

79 **1.** $(2x-1)(3x+7)<(3x+7)(x+1)$
2. $(3x+1)^2\geqslant(5x-2)(3x+1)$

80 **1.** $(x+1)^2\leqslant(5x+3)^2$ **2.** $(6-x)^2>9$

81 **1.** $\dfrac{2x+3}{x+1}-5<0$ **2.** $\dfrac{5}{2x+1}\leqslant 3$

82 **1.** $3x^2+2x>0$ **2.** $\dfrac{1-3x}{4}\leqslant\dfrac{3x-1}{5}$

83 **1.** $3x^2-6x<2x(x-3)+16$ **2.** $\dfrac{1}{x}-\dfrac{2}{x^2}>0$

84 **1.** $\dfrac{2x^2-x}{x-3}<2x$ **2.** $\dfrac{3x-2}{5-x}\leqslant\dfrac{x-4}{x+10}$

85 **1.** $(x+1)(3x-8)<(5x+2)(x-4)$
2. $\dfrac{x-1}{x}\geqslant\dfrac{4-x}{x^2}$

86 **1.** $\dfrac{x+1}{2x+3}-\dfrac{x+1}{3-x}>0$ **2.** $\dfrac{2x-1}{x+3}+\dfrac{3x}{x-3}\leqslant\dfrac{2x^2+3}{x^2-9}$

87 On considère la fonction f définie sur $\mathbb{R}$ par :

$$f(x)=-2x^3-4x^2+2x+4$$

Sur le graphique ci-contre est représentée la courbe de f, notée $\mathscr{C}$.

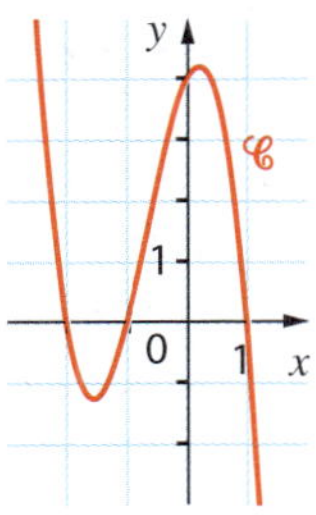

1. Résolution graphique
a. Construire le tableau de signes de f sur $\mathbb{R}$.
b. Résoudre l'inéquation $f(x)>0$.
2. Résolution algébrique
a. Montrer que, pour tout réel x :

$$f(x)=(x+1)(-2x+2)(x+2)$$

b. Construire le tableau de signes de f sur $\mathbb{R}$ puis résoudre l'inéquation $f(x)>0$.

88 **Un intervalle capricieux (le retour)**
1. À l'aide d'un tableau de signes, résoudre sur $[0\,;+\infty[$ l'inéquation $(x-5)(-2x-8)>0$.
2. À l'aide d'un tableau de signes, résoudre sur $[0\,;5]$ l'inéquation $(2x-12)(x+1)\geqslant 0$.

89 On considère la fonction f définie sur $\mathbb{R}$ par :

$$f(x)=2x^4-9x^3+16x^2-27x+30$$

1. Vérifier que, pour tout réel x, on a :

$$f(x)=(x^2+3)(x-2)(2x-5)$$

2. À l'aide d'un tableau de signes, résoudre l'inéquation $f(x)\leqslant 0$.

90 On considère la fonction f définie sur $\mathbb{R}$ par :

$$f(x)=x^3-4x$$

On souhaite résoudre l'inéquation $f(x)\geqslant 0$.
1. Représenter la courbe de f à l'aide d'un logiciel ou de la calculatrice, puis conjecturer l'ensemble des solutions de cette inéquation.
2. À l'aide de deux factorisations successives, construire le tableau de signes de f sur $\mathbb{R}$, puis résoudre l'inéquation.

Analyse d'un énoncé

91 **Étude des positions relatives**
On considère les fonctions f et g définies sur $\mathbb{R}$ par :

$$f(x)=-2x^2+4x+3 \text{ et } g(x)=x^2+2x-2$$

1. À l'aide de la calculatrice, conjecturer les positions relatives des courbes $\mathscr{C}_f$ et $\mathscr{C}_g$.

Étudier les positions relatives consiste à indiquer les intervalles sur lesquels la courbe $\mathscr{C}_f$ est au-dessus de la courbe $\mathscr{C}_g$ et ceux sur lesquels $\mathscr{C}_f$ est en dessous de $\mathscr{C}_g$. Enfin, on précise les coordonnées des éventuels points d'intersection ou de contact. Pour cela, on pourra exploiter les fonctionnalités *Trace* et *Intersection* de la calculatrice. Voir pages Calculatrices

2. a. Justifier que, pour tout réel x, on a :

$$f(x)-g(x)=(1+x)(5-3x)$$

Pour cela, développer et réduire **séparément** chaque membre de cette identité puis conclure.

b. Étudier le signe de $f(x)-g(x)$ sur $\mathbb{R}$.

On exploite la forme factorisée obtenue en **2. a.** On pourra alors construire un tableau de signes.

c. Valider et préciser la conjecture graphique.

On interprète graphiquement l'étude de signes précédente, sachant que $\mathscr{C}_f$ est en dessous de $\mathscr{C}_g$ lorsque $f(x)-g(x)\leqslant 0$. Sur quel(s) intervalle(s) a-t-on $f(x)-g(x)\leqslant 0$?
De même, sur quel(s) intervalle(s) $\mathscr{C}_f$ est-elle au-dessus de $\mathscr{C}_g$? La conjecture graphique est-elle validée ?

92 **Application immédiate**
Soient les fonctions f et g définies sur $\mathbb{R}^*$ par :

$$f(x)=\frac{x^3-x^2+x-7}{x^2} \text{ et } g(x)=x-1$$

1. À l'aide de la calculatrice, conjecturer les positions relatives des courbes $\mathscr{C}_f$ et $\mathscr{C}_g$.
2. Par un raisonnement algébrique, valider ou corriger cette conjecture.

93 On considère les deux fonctions f et g définies sur $\mathbb{R}$ par $f(x)=x^2-10x+23$ et $g(x)=-2x^2+20x-40$.
Vérifier que, pour tout réel x, on a :

$$f(x)-g(x)=3(x-3)(x-7)$$

puis déterminer les positions relatives de $\mathscr{C}_g$ et $\mathscr{C}_f$.

94 Vrai ou faux ? LOGIQUE

Pour chaque affirmation, indiquer si elle est vraie ou fausse. Justifier.
On rappelle que deux équations ou deux inéquations sont équivalentes si les ensembles de leurs solutions sont confondus.

1. Les inéquations $x(x+3)>0$ et $x+3>0$ sont équivalentes.

2. Les inéquations $x^2(2x-3)<0$ et $2x-3<0$ sont équivalentes.

3. Les inéquations $\dfrac{x(2-x)}{-1-x^2}\geqslant 0$ et $x(2-x)\leqslant 0$ sont équivalentes.

4. Les inéquations $\dfrac{1}{x}<1$ et $1<x$ sont équivalentes.

95 Compétence Calculer

On a représenté dans le repère ci-dessous la parabole d'équation $y=x^2$ et la droite (AB) où A et B sont deux points de la parabole d'abscisses respectives -1 et 2.

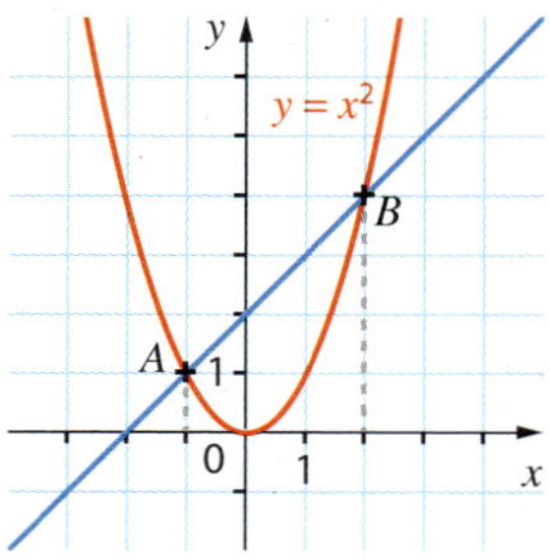

1. Par lecture graphique, déterminer sur quel intervalle la droite est au-dessus de la parabole.

2. Résolution algébrique

On note f la fonction carré et g la fonction affine représentée par la droite (AB).

a. Déterminer les coordonnées de A et B.

b. Justifier que, pour tout réel x, $g(x)=x+2$.

c. Montrer que $g(x)-f(x)=(-x-1)(x-2)$.

d. Retrouver le résultat obtenu à la question **1.** par un raisonnement algébrique.

3. Pour aller plus loin

On considère un point A' d'abscisse a et un point B' d'abscisse b sur la parabole d'équation $y=x^2$ tels que $a<b$. En conservant les mêmes notations que dans la question **2.**, montrer que :

a. $g(x)=(a+b)x-ab$

b. $g(x)-f(x)=(-x+a)(x-b)$

c. sur l'intervalle $[a\,;b]$, la droite $(A'B')$ est au-dessus de la parabole.

Info

On dit que le segment $[AB]$ est une « corde ».
Lorsque la courbe d'une fonction est en-dessous de ses cordes, alors on dit que la fonction est convexe. On vient de démontrer que la fonction carré est convexe.

96 Compétence Modéliser

Une entreprise fabrique et vend du parfum. Le coût de production de x litres de parfum est donné, en millier d'euros, par $C(x)=0{,}02x^2+0{,}1x+7$ pour $x\in[0\,;50]$.
La recette, en millier d'euros, engendrée par la vente de x litres de parfum est donnée par $R(x)=x$.

1. Lecture graphique

On a représenté les courbes de C et R ci-dessous.

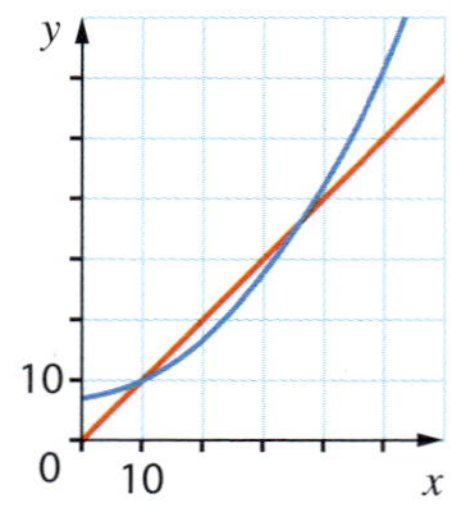

a. Associer chaque courbe à la fonction correspondante. Justifier.

b. Pour 20 litres de parfum fabriqués et vendus, l'entreprise réalise-t-elle une perte ou un gain ? Donner le montant approximatif.

c. Préciser pour quelles quantités de parfum (en L) la production est rentable, c'est-à-dire qu'elle permet à l'entreprise de réaliser un bénéfice positif.

2. Résolution algébrique

La fonction bénéfice est la fonction B définie, pour tout réel x, dans $[0\,;50]$ par :

$$B(x)=R(x)-C(x)$$

Il est positif lorsque l'entreprise gagne de l'argent, ou négatif lorsqu'elle en perd.

a. Retrouver le résultat de la question **1. b.** par le calcul.

b. Vérifier que le bénéfice, en millier d'euros, réalisé par l'entreprise lorsqu'elle vend x litres de parfum est $B(x)=-0{,}02x^2+0{,}9x-7$.

c. Justifier que, pour tout réel $x\in[0\,;50]$, on a :

$$B(x)=-0{,}02(x-10)(x-35)$$

d. Retrouver le résultat de la question **1. c.** par une méthode algébrique.

97 ALGO Exercice guidé

À propos d'entiers consécutifs

Déterminer tous les couples d'entiers naturels consécutifs dont la somme des carrés est supérieure à 54 000.

Pistes de résolution

En notant n le premier entier naturel, son successeur est $n+1$. Exprimer alors la somme $S(n)$ des carrés de ces deux entiers en fonction de n. On peut ensuite envisager une méthode graphique, algorithmique ou l'usage d un logiciel de calcul formel.

98 Compétence Modéliser

Un tableau a pour dimensions 60 cm sur 54 cm. On souhaite construire un encadrement de largeur x cm qui entoure le tableau comme indiqué sur la figure ci-dessous.

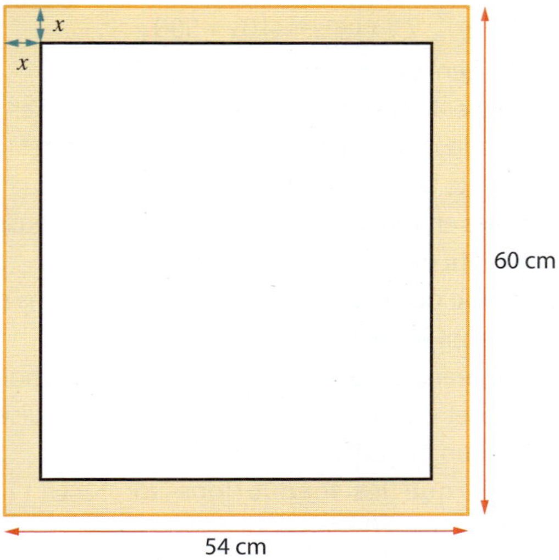

La largeur de l'encadrement doit être comprise entre 1 cm et 5 cm.

On veut déterminer les valeurs de x pour lesquelles l'aire de l'encadrement est inférieure ou égale au cinquième de l'aire du tableau.

1. Dans quel intervalle x peut-il varier ? Dans la suite, on note I cet intervalle.

2. Montrer que l'aire de l'encadrement, en fonction de x, est donnée par $-4x^2+228x$.

3. Développer $(-4x+12)(x-54)$.

4. Démontrer que le problème revient à résoudre dans I l'inéquation $(-4x+12)(x-54)\leqslant 0$.

5. Résoudre l'inéquation et conclure.

99 **Exercice guidé**

Soit un drapeau de dimensions 6 m × 8 m sur lequel on souhaite tracer une croix comme sur le dessin ci-dessous.

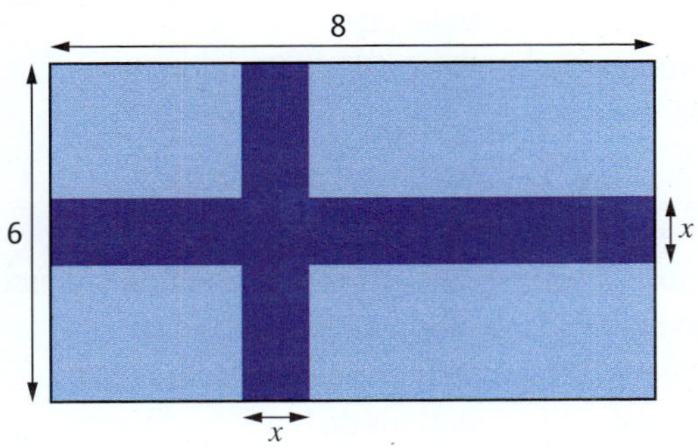

La largeur x de la croix doit au moins être égale à 0,5 m.

Quelle largeur doit-on donner à la croix pour que son aire soit inférieure ou égale à l'aire restante du drapeau ?

Piste de résolution
On pourra développer $(x-2)(x-12)$.

100 Compétence Raisonner

On considère la fonction f définie sur $\mathbb{R}$ par :

$$f(x)=9x^3-17x^2+8x$$

À l'aide de la calculatrice, on obtient la représentation ci-dessous.

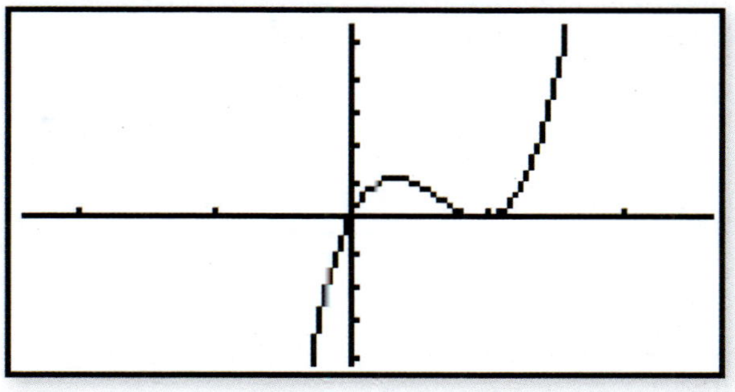

1. Conjecturer graphiquement l'ensemble des solutions de l'inéquation $f(x)<0$.

2. a. Justifier que, pour tout réel x, on a :

$$f(x)=x(9x-8)(x-1)$$

b. Résoudre alors algébriquement l'inéquation $f(x)<0$ et confronter cette résolution avec le résultat obtenu à la question **1.**

c. En exploitant les fonctionnalités de la calculatrice, retrouver le résultat obtenu à la question **2. b.**

Voir pages Calculatrices

101 L'intensité des sons est exprimée en décibel dans une échelle allant de 0 dB(A), seuil de l'audition humaine, à environ 120 dB(A), limite supérieure des bruits usuels de notre environnement. Le seuil de 85 dB(A) est le seuil de danger.

Dans une entreprise, une machine est en marche durant 7 h.

Pour tout réel t de l'intervalle de temps [0 ; 7], l'intensité du son émise par cette machine, exprimée en dB(A), t heure après sa mise en marche, est donnée par :

$$I(t)=t^3-17{,}7t^2+74{,}7t+9{,}4$$

On souhaite déterminer le nombre d'heures durant lesquelles la machine a émis un son d'une intensité dépassant le seuil de danger.

1. À l'aide de la calculatrice ou d'un logiciel, conjecturer le résultat.

2. Résolution algébrique

a. Montrer que, pour tout réel t de [0 ; 7] :

$$I(t)-85=(x-1{,}5)(x-4{,}2)(x-12)$$

b. Par un raisonnement algébrique, valider ou corriger cette conjecture.

BILAN

102 20min Résolutions graphiques

On considère deux fonctions f et g représentées ci-contre.

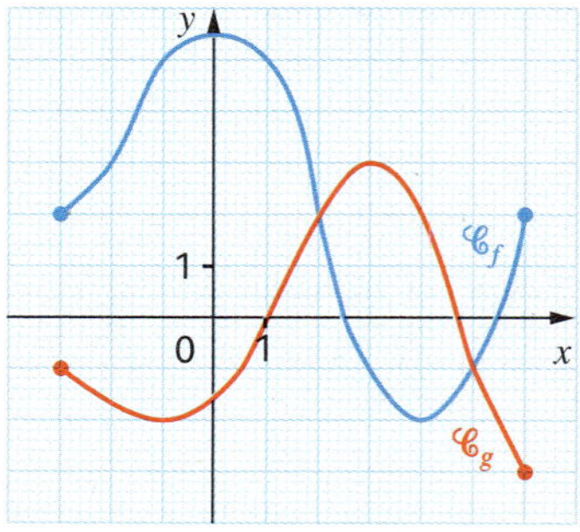

1. Sur quel intervalle les fonctions f et g sont-elles définies ?

2. À l'aide d'une lecture graphique, construire les tableaux de signes des fonctions f et g.

3. En déduire les solutions de l'inéquation :

$$f(x)\times g(x)<0$$

103 25min Tableaux de signes

1. a. Compléter le tableau de signes afin de déterminer le signe du produit $(3x+1)(4-2x)$.

x	$-\infty$		…		…		$+\infty$
Signe de $3x+1$			0				
Signe de $4-2x$					0		
Signe du produit $(3x+1)(4-2x)$			0		0		

b. Résoudre alors l'inéquation suivante :

$$(3x+1)(4-2x)\geqslant 0$$

2. a. À l'aide d'un tableau de signes, étudier le signe du quotient $\dfrac{x(3x-6)}{1-x}$.

b. Résoudre alors l'inéquation suivante :

$$\frac{x(3x-6)}{1-x}\leqslant 0$$

104 30min Inéquations

Résoudre sur $\mathbb{R}$ les inéquations suivantes.

1. $x-3(x+5)<3x-(2x-3)$

2. $(2x+1)^2>3x(2x+1)$

3. $4x^2\leqslant(2x+3)^2$

105 25min Avec des quotients

1. Montrer que, pour tout réel x distinct de 1 et -2, on a l'identité suivante :

$$\frac{1}{2x+4}-\frac{2}{x-1}=\frac{-3x-9}{(x-1)(2x+4)}$$

2. Résoudre alors l'inéquation suivante :

$$\frac{1}{2x+4}\geqslant\frac{2}{x-1}$$

106 40min Inéquations et bénéfice

Une entreprise de menuiserie fait une étude sur la fabrication de chaises en bois pour une production comprise entre 5 et 70 chaises par jour.

Le coût de production $C(x)$, exprimé en euro, pour x chaises fabriquées est donné par la formule :

$$C(x)=x^2-10x+500$$

Le prix de vente d'une chaise est de 50 €.

1. a. Calculer le coût de production de 20 chaises.

b. Calculer la recette pour la vente de 20 chaises.

En déduire le bénéfice réalisé pour 20 chaises.

2. Exprimer en fonction de x, la recette $R(x)$ réalisée pour la vente de x chaises.

3. a. À l'aide de la calculatrice, représenter, dans une fenêtre adaptée, les fonctions C et R.

b. Conjecturer alors quels sont les nombres de chaises fabriquées et vendues qui permettent à la menuiserie de réaliser un bénéfice.

4. Vérifier que les inéquations $R(x)\geqslant C(x)$ et $(50-x)(x-10)\geqslant 0$ sont équivalentes.

Justifier alors la conjecture émise à la question **3. b.**

107 40min Comparaison de deux aires

On considère un carré $ABCD$ de côté 20. Un point M se déplace sur le segment $[AB]$. On note x la distance AM. Les points P et N sont tels que $AMNP$ soit un carré avec $P\in[AD]$.

On note $f(x)$ l'aire du carré $AMNP$ et $g(x)$ l'aire du triangle DNC.

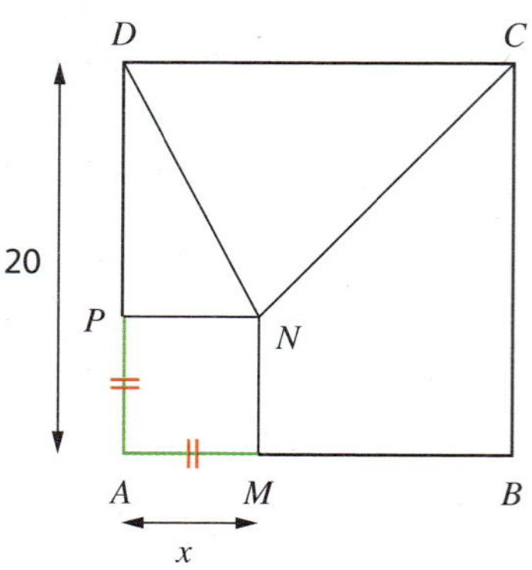

Partie A. Expression de $f(x)$ et $g(x)$

1. Dans quel intervalle la longueur x peut-elle varier ? On note I cet intervalle dans la suite.

2. Exprimer la longueur DP en fonction de x.

3. Démontrer alors que, pour tout réel x de I, on a :

$$f(x)=x^2 \text{ et } g(x)=-10x+200$$

Partie B. Lectures graphiques

On pose $h(x)=f(x)-g(x)$. Le graphique ci-dessous donne la représentation de la fonction h.

1. Donner le tableau de signes de h sur $[0;20]$.

2. En déduire les solutions de l'inéquation $f(x)>g(x)$ et interpréter ce résultat dans le contexte de l'exercice.

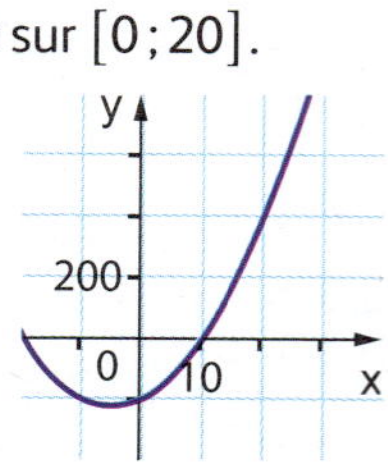

Partie C. Résolution algébrique

1. Montrer que l'inéquation $f(x)>g(x)$ est équivalente à $(x-10)(x+20)>0$.

2. En déduire les solutions de $f(x)>g(x)$ sur $[0;20]$.

APPROFONDISSEMENT

108 Des coffres et leurs volumes

Deux coffres ont la forme de parallélépipèdes rectangles et leurs dimensions sont indiquées sur les figures ci-dessous, où x représente un entier supérieur ou égal à 2.

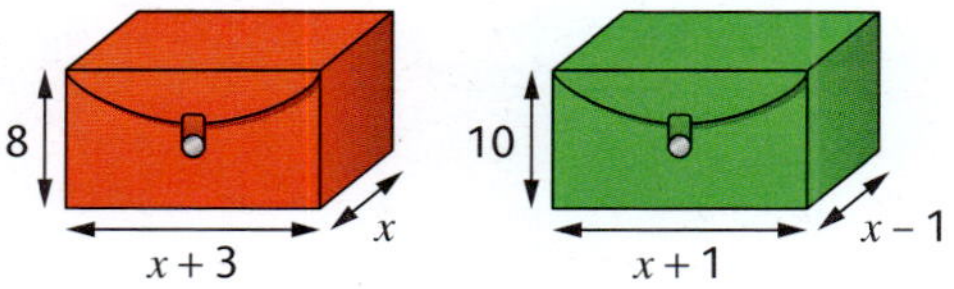

On souhaite déterminer les valeurs de x pour lesquelles le volume du coffre vert est supérieur à celui du rouge. On note $r(x)$ (resp. $v(x)$) le volume du coffre rouge (resp. vert) en fonction de x.

1. Donner l'expression de $r(x)$ et de $v(x)$.
2. Justifier que, pour tout $x \in [2;+\infty[$:

$$v(x) > r(x) \Leftrightarrow 2\left((x-6)^2 - 41\right) > 0$$

3. En déduire la réponse à la question posée en introduction.

109 PRISE D'INITIATIVES Somme d'aires

- $SEHN$ est un rectangle tel que $SE = 12$ et $EH = 8$.
- P est un point mobile sur le segment $[EH]$.
- La droite (TA) est parallèle à la droite (EH) et la droite (PI) à la droite (SE) : elles se coupent en F de sorte que $TEPF$ soit un carré.

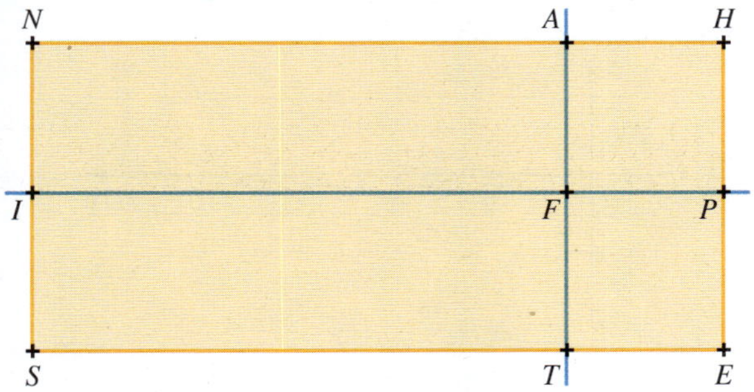

1. Vérifier que $x^2 - 10x + 16 = (x-2)(x-8)$.
2. Déterminer les positions du point P telles que la somme des aires du carré $TEPF$ et du rectangle $FANI$ soit inférieure aux deux tiers de l'aire du rectangle $SEHN$.

110 Exercice guidé

L'amitié n'a pas de prix

Pour les 18 ans de Sarah, ses amis se sont cotisés pour lui offrir un cadeau dont le prix p, en centaine d'euros, est le plus grand réel positif vérifiant l'inéquation $x + \frac{81}{x} \leq 18$. Déterminer la valeur de p.

Piste de résolution Factoriser à l'aide d'une identité remarquable.

111 Exercice guidé

Trajectoire parabolique sous contrainte

Lors d'un spectacle, une fusée doit être lancée du sol avec la vitesse initiale v_0 (en m.s^{-1}).

Son aire de lancement est située derrière un mur, de hauteur 2 m, placé à 1 m du point de lancement de la fusée. Les spectateurs sont placés à 100 m du mur, derrière des barrières de sécurité.

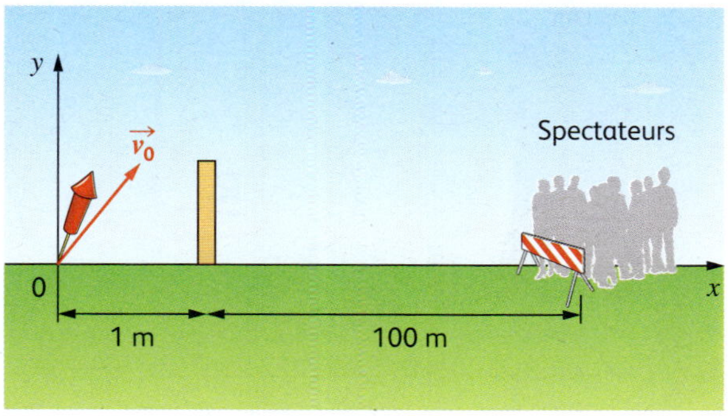

1. On admet que la trajectoire de la fusée peut être décrite par $y = \frac{-50}{v_0^2} \times x^2 + 3x$ où x et y sont les coordonnées de la fusée.

Quelles sont les vitesses possibles v_0 (en m·s^{-1}) pour que la fusée passe au-dessus du mur, tout en retombant, en cas de non-explosion en l'air, avant les barrières de sécurité ?

On précise pour finir que, pour des raisons techniques, v_0 ne peut dépasser 200 km·h^{-1}.

2. Donner la vitesse minimale et la vitesse maximale en km·h^{-1}.

Pistes de résolution 1. • La fusée « passe au-dessus du mur » se traduit par « l'ordonnée au point d'abscisse 1 est supérieure ou égale à 2 ».
• La fusée « retombe avant les barrières de sécurité » se traduit par « pour $x = 101$, il faut $y \leq 0$ ».
2. On admettra que ces deux inégalités permettent d'encadrer v_0^2.

112 Exercice guidé

Aires et fonction carré

Les points A et B ont pour coordonnées dans un repère $(O ; I ; J)$: $A(0;1)$ et $B(1;1)$.

Le point M est un point situé sur la courbe de la fonction carré, sur « l'arc de courbe » entre O et B.

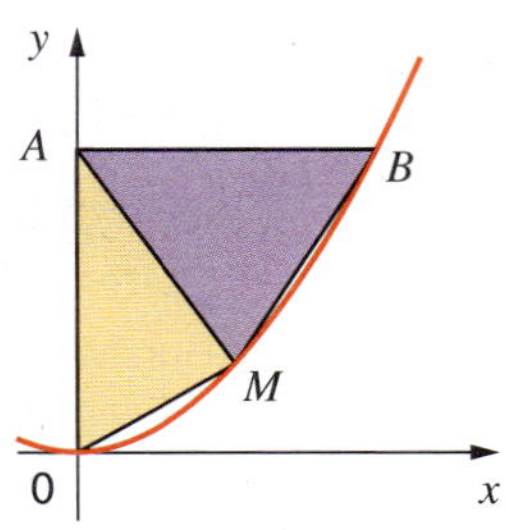

Où doit-on placer le point M si l'on souhaite que le triangle OAM ait une aire supérieure à celle du triangle AMB ?

Piste de résolution Pour chacun des triangles, tracer la hauteur issue de M.

113 La ficelle

Samuel joue avec un bout de ficelle de 240 cm : il forme un cercle parfait et tend à la verticale le bout restant (voir image). Il imagine le cylindre ayant pour base le cercle formé (de rayon R) et pour hauteur le bout de ficelle restant (de longueur h).

1. a. Justifier que $h \in [0;240]$ et que $R = \dfrac{240-h}{2\pi}$.

b. Démontrer que le volume du cylindre, en fonction de h, est donné par :

$$V(h) = \frac{1}{4\pi} \times h(240-h)^2$$

c. À l'aide d'un logiciel, représenter la fonction V sur $[0;240]$ et lire la valeur de h permettant d'obtenir le volume maximal.

2. a. Montrer que, pour tout $h \in [0;240]$:

$$h(240-h)^2 - 2\,048\,000 = (h-320)(h-80)^2$$

b. À l'aide d'un tableau de signes, déterminer le signe de $h(240-h)^2 - 2\,048\,000$ sur $[0;240]$.

c. Montrer que, pour tout $h \in [0;240]$:

$$V(h) - V(80) = \frac{1}{4\pi}\left(h(240-h)^2 - 2\,048\,000\right)$$

d. En déduire le signe de $V(h) - V(80)$ sur $[0;240]$.

e. Interpréter le résultat obtenu dans le contexte de l'exercice.

114 Vitesse moyenne

Louna parcourt les 250 km séparant Québec de Montréal à la vitesse de 60 km.h^{-1}.

1. Au retour, elle roule à 100 km.h^{-1}. Calculer sa vitesse moyenne sur l'ensemble du trajet (arrondir à l'entier).

2. Zorana, pilote de course, pense arriver à obtenir une vitesse moyenne d'au moins 116 km.h^{-1} sur l'ensemble du trajet (la route lui est alors réservée !).

a. À l'aller, sa vitesse est 60 km.h^{-1}, et on note x sa vitesse au retour. Montrer que sa vitesse moyenne est donnée par : $v(x) = \dfrac{120x}{60+x}$.

b. Résoudre $v(x) \geqslant 116$ et conclure dans le contexte de l'exercice.

Info

Sur les autoroutes canadiennes, les vitesses minimales et maximales sont respectivement 60 km·h^{-1} et 100 km·h^{-1}

115 Une cubique

Le graphique ci-dessous représente la fonction f définie sur $\mathbb{R}$ par :

$$f(x) = x^3 - 3{,}7x^2 + 4{,}5x - 1{,}8$$

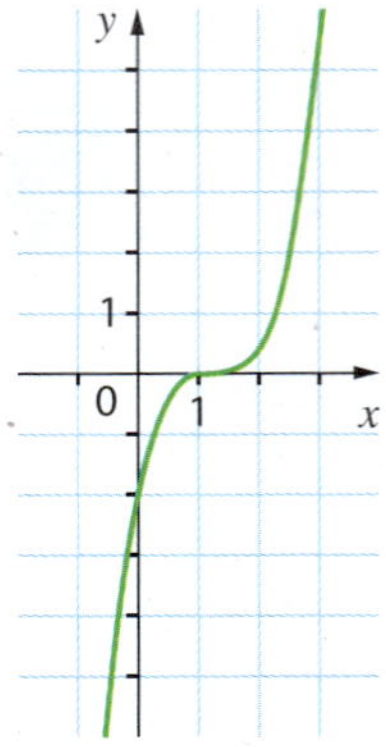

1. À l'aide d'une lecture graphique, que semble-t-on pouvoir conjecturer concernant le sens de variation de f sur $[0;3]$?

2. Montrer que, pour tout réel x :

$$f(x) = (x-1)(x-1{,}2)(x-1{,}5)$$

3. Dresser le tableau de signes de f sur $[0;3]$.

4. En déduire la validité de la conjecture émise à la question **1.**

116 PYTHON Recherche de solution

On a représenté ci-dessous la courbe de la fonction $f : x \mapsto 18x^2 - x^3 - 576$ pour $x \in [0;12]$.

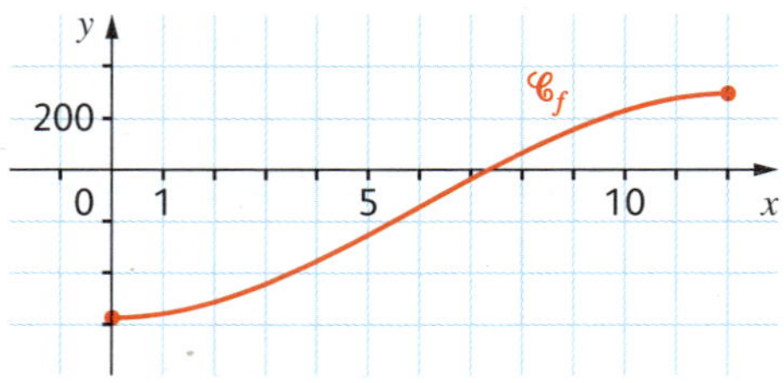

1. À l'aide d'une lecture graphique encadrer par deux entiers la solution de l'équation $f(x) = 0$ sur $[0;12]$.

2. L'algorithme suivant permet d'obtenir, avec une précision de 0,1, la plus grande valeur de x telle que $f(x) < 0$.

Quelle valeur donne-t-il en fin d'exécution ?

```
def f(x):
    return 18 * x**2 - x**3 -576

valeur = 7
while f(valeur)<0:
    valeur = valeur + 0.1
print(valeur)
```

3. Modifier le programme afin d'obtenir une valeur approchée de l'équation $f(x) = 0$ avec une précision de 10^{-4}.

Maîtriser l'essentiel

117 Compréhension d'énoncé

On considère l'énoncé d'exercice suivant.

On souhaite résoudre l'inéquation suivante :

$$11x^2 \geqslant 2x^3 + 12x \quad (\mathrm{I})$$

I. En utilisant la calculatrice ou un logiciel de géométrie dynamique, conjecturer l'ensemble des solutions de cette inéquation.

II. a. Justifier que, pour tout réel x, on a :

$$-2x^3 + 11x^2 - 12x = x(4-x)(2x-3)$$

b. En déduire la résolution de l'inéquation (I).

c. Confronter les deux méthodes.

Répondre aux questions suivantes.

1. Que signifient les verbes surlignés ?

2. Pour justifier l'identité de la question **II. a.**, on peut transformer un membre pour retrouver l'autre.
Quel est le membre le plus simple à transformer ici ? Traiter cette question.

3. Pour résoudre la question **II. b.**, on est invité à utiliser la question **II. a.** Pour cela, transformer l'inéquation (I) en une inéquation équivalente faisant intervenir l'expression $-2x^3 + 11x^2 - 12x$.

4. Terminer la résolution de l'exercice.

118 Analyser une démarche

On demande à Éric de résoudre l'inéquation $\dfrac{3-x}{x+5} \geqslant 0$ sur $[0\,;+\infty[$.

Copie d'Éric

$3-x$ s'annule en 3 et $x+5$ s'annule en -5.

x	0		-5		3		$+\infty$
Signe de $3-x$		$+$		$+$	0	$-$	
Signe de $x+5$		$-$	0	$+$		$+$	
Signe de $g(x)$		$-$	0	$+$	‖	$-$	

L'ensemble solution est donc $[-5\,;3[$.

1. Repérer la ou les erreurs commises par Éric.

2. Proposer une résolution de l'inéquation.

119 Deux incontournables

1. a. Montrer que les inéquations $(3-2x)(x-5) < 0$ et $(3-2x)(5x+1) < (4x+6)(3-2x)$ sont équivalentes.

b. Résoudre l'inéquation :

$$(3-2x)(5x+1) < (4x+6)(3-2x)$$

2. a. Montrer que les inéquations $\dfrac{4x+1}{x-3} \geqslant 5$ et $\dfrac{-x+16}{x-3} \geqslant 0$ sont équivalentes.

b. Résoudre l'inéquation $\dfrac{4x+1}{x-3} \geqslant 5$.

Aller plus loin

120 Choisir l'écriture la plus adaptée

On considère la fonction f définie sur $\mathbb{R}$ par :

$$f(x) = (2-x)(2x-1)$$

On a effectué les calculs ci-contre sur un logiciel de calcul formel.

Calcul formel

1. f(x):=(2-x)(2x-1)
→ $f(x) := -2x^2 + 5x - 2$
2. Développer(f(x))
→ $-2x^2 + 5x - 2$
3. FormeCanonique(f(x))
→ $-2\left(x - \frac{5}{4}\right)^2 + \frac{9}{8}$

1. Montrer que ces trois expressions de $f(x)$ sont bien égales pour tout réel x.

2. En utilisant l'écriture la plus adaptée de $f(x)$, résoudre les inéquations suivantes.

a. $f(x) \geqslant 0$ **b.** $f(x) < -2$ **c.** $f(x) > -\dfrac{7}{8}$

121 PRISE D'INITIATIVES

On a représenté ci-contre l'allure d'une rampe de skateboard de 2 mètres de haut. Celle-ci peut être modélisée par la fonction f définie sur $[0\,;2]$ par $f(x) = \dfrac{-x+2}{x+1}$.

On construit un panneau d'affichage contre cette rampe. Ce panneau est modélisé par le rectangle $OABC$ avec O l'origine du repère, B un point de la courbe, A et C tels que $OABC$ est un rectangle.

Pour quelles valeurs de x la surface du panneau est supérieure à $0{,}5\ \text{m}^2$?

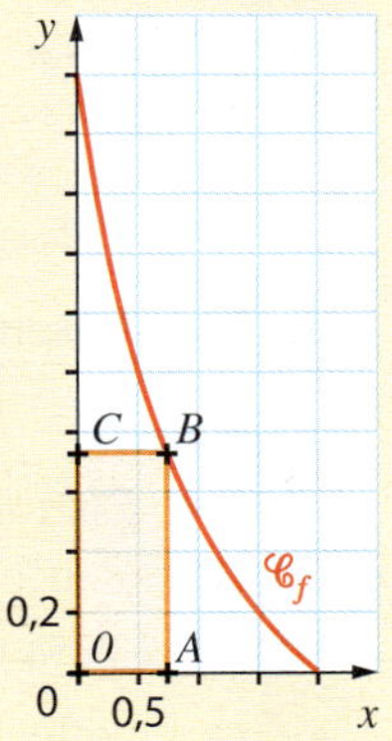

COUP DE POUCE hachette-clic.fr/25de2078

122 PRISE D'INITIATIVES

1. Déterminer une expression de fonction f dont le tableau de signes est

x	$-\infty$		1		3		$+\infty$
Signe de $f(x)$		$+$	0	$-$	0	$+$	

2. Déterminer une expression de fonction g dont le tableau de signes est :

x	$-\infty$		-2		0		$+\infty$
Signe de $g(x)$		$-$	0	$+$	‖	$-$	

COUP DE POUCE hachette-clic.fr/25de2079

TP Utiliser les outils numériques

LOGICIEL GÉOMÉTRIE

Des inéquations en géométrie

Objectif
Comparer deux expressions en étudiant le signe de leur différence.

Ce TP utilise la propriété d'un point nommée *Couleurs dynamiques* du logiciel GeoGebra. D'après la copie d'écran ci-contre :

- Si la valeur de d est strictement négative, alors les composantes RVB définissant la couleur du point seront $(1;0;1)$, ce qui donne du rose.
- Sinon les composantes RVB seront $(0;0;1)$, ce qui donne du bleu.

Ainsi, la couleur du point change en fonction du signe de d.

Partie A Préparation

Pour vérifier les conjectures, les calculs seront effectués dans un repère orthonormé d'origine O.

1. Placer les points $A(-1;0)$ et $B(1;0)$.
2. En barre de saisie :
   d = Distance(A, B)
3. Le point M est un point quelconque. Renseigner ses propriétés de *Couleurs dynamiques*. Sélectionner l'option *Afficher la trace*.

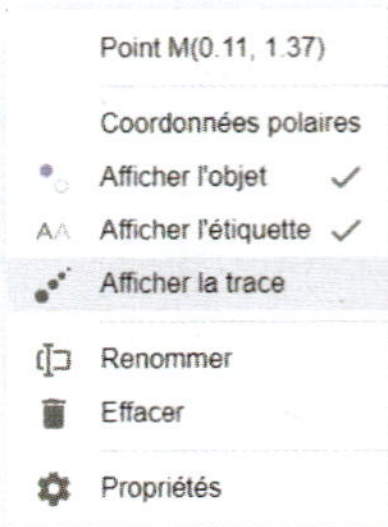

4. Déplacer le point M.
5. Expliquer pourquoi il ne change pas de couleur.

Rappel
Dans un repère orthonormé si les points A et M ont pour coordonnées respectives $(x_A\,;y_A)$ et $(x\,;y)$, on a $AM^2=(x-x_A)^2+(y-y_A)^2$.

Dans la suite, les coordonnées du point M sont $(x\,;y)$.

Partie B Ensemble des points M tels que $AM^2 < BM^2$

1. **Recherche**
   a. Saisir d=Distance(A,M)^2-Distance(B,M)^2
   b. Déplacer le point M, conjecturer la nature de l'ensemble des points M vérifiant $AM^2 < BM^2$.
2. **Démonstration**
   a. Exprimer d en fonction de x.
   b. Résoudre l'inéquation $d<0$ et interpréter le résultat.

Partie C Ensemble des points M tels que $AM^2 < kBM^2$

1. Choisir une valeur de k positive et différente de 1.
2. Saisir d=Distance(A,M)^2-k*Distance(B,M)^2 (remplacer k par la valeur choisie).
3. Déplacer le point M, conjecturer la nature de l'ensemble des points M vérifiant $AM^2 < kBM^2$.

Info
Cette conjecture pourra être démontrée en classe de 1re.

Partie D Ensemble des points M tels que $AM^2+BM^2<4$

1. **Recherche**
   a. Déterminer l'expression de d qui convient pour conjecturer graphiquement la résolution de cette inéquation et la saisir.
   b. Déplacer le point M, conjecturer la nature de l'ensemble des points M vérifiant $AM^2+BM^2<4$.
2. **Démonstration**
   a. Donner l'expression de OM^2.
   b. Exprimer d en fonction des coordonnées x et y du point M.
   c. Résoudre l'inéquation $d<0$ et interpréter le résultat.
3. Reprendre les questions pour déterminer l'ensemble des points M solutions de $AM^2+BM^2<2$.

TP Mener une recherche

Compétence | Chercher et communiquer

TRAVAIL DE GROUPE *Pour résoudre les problèmes de cette page, on pourra mobiliser l'ensemble des outils nécessaires : méthodes du chapitre, calculatrice, outils logiciels (géométrie dynamique, tableur, calcul formel…) et algorithmes. Après une réflexion individuelle, on pourra éventuellement échanger et discuter en groupe, des pistes de résolution envisagées et proposer une solution commune pour chacun des problèmes.*
Enfin, on pourra rendre compte des recherches du groupe via une présentation orale avec un support adapté (diaporama, affiches, etc.).

TP1 Comparaison d'aires

Le carré $ABCD$ a un côté de longueur 10 cm.
M est un point mobile sur le segment $[AB]$.
On construit, comme sur la figure représentée ci-contre, dans le carré $ABCD$:
① un carré $AMOE$ de côté $[AM]$.
② un triangle isocèle MBQ de base $[MB]$ et dont la hauteur est égale au côté AM du carré.

Pour quelles positions du point M l'aire du triangle MBQ est-elle supérieure à celle du carré $AMOE$?

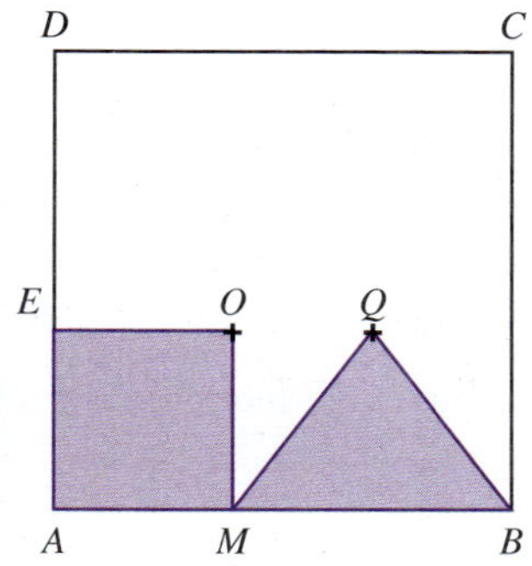

TP2 Chapeau chinois…

On considère un cône de sommet S et de génératrice 10 cm.

Pour quelles valeurs de x le volume de ce cône est-il inférieur à 200 cm^3 ?

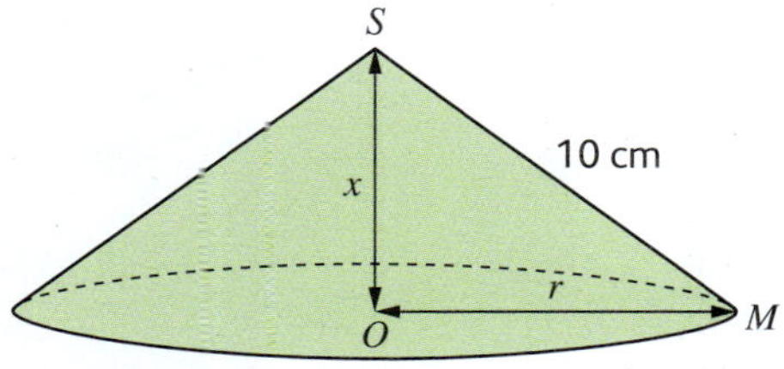

TP3 Panneau de signalisation

On souhaite construire un nouveau panneau de signalisation carré de dimensions 50 cm sur 50 cm avec une flèche blanche comme indiqué dans le schéma ci-contre.
Comment choisir les dimensions du petit carré bleu dans le coin supérieur gauche pour que l'aire de la flèche soit supérieure au cinquième de la surface du panneau ?

TP4 Un problème de distance

On considère un carré $ABCD$ de côté 10. E est un point mobile sur le segment $[AE]$.
On place sur la demi-droite $[BC)$ à l'extérieur du segment $[BC]$ le point F tel que $CF = AE$.
La droite (EF) coupe le segment $[DC]$ en G.
Où placer le point E pour que la distance GC soit inférieure à 1,5 ?

CHAPITRE

10 Variations d'une fonction – Extremums

Les capacités du chapitre

- Capacité 1 : Mettre en relation représentation graphique et tableau de variations
- Capacité 2 : Déterminer graphiquement les extremums d'une fonction
- Capacité 3 : Relier sens de variation, signe et droite représentative d'une fonction affine
- Capacité 4 : Comparer des images
- Capacité 5 : Résoudre un problème d'optimisation

Au fil du temps

La notion intuitive de fonction comme relation entre deux objets date de l'Antiquité. Au XVIIe siècle, Pierre de Fermat met en place la notion fondamentale d'équation d'une courbe. En 1673, Gottfried Leibniz utilise pour la première fois le mot *fonction* et en 1718, Jean Bernoulli en donne une première définition. La notation $f(x)$ n'apparaît qu'en 1734 chez Leonhard Euler. C'est lui qui précise la notion de fonction, en donne une nouvelle définition générale et fait du concept des fonctions un concept fondamental des mathématiques.

Des maths partout !

L'outil des fonctions numériques est présent dans toutes les sciences. Il permet de réaliser des modélisations dès qu'une quantité varie *en fonction* d'une autre (ou de plusieurs autres…). Par exemple, en plongée sous-marine, la pression hydrostatique est une fonction croissante de la profondeur. Plus on est profond, plus la pression exercée par l'eau est grande.

Récif de corail, mer Rouge d'Égypte.

RESSOURCES DU CHAPITRE
hachette-clic.fr/25de2080

Partir d'un bon pied

A Diaporama pour tester les bases

ACTIVITÉS MENTALES RAPIDES

B Exploiter une représentation graphique

On a représenté ci-contre la fonction numérique donnant l'évolution de la température (en °C) en fonction de l'heure un 28 mars à Charlieu.

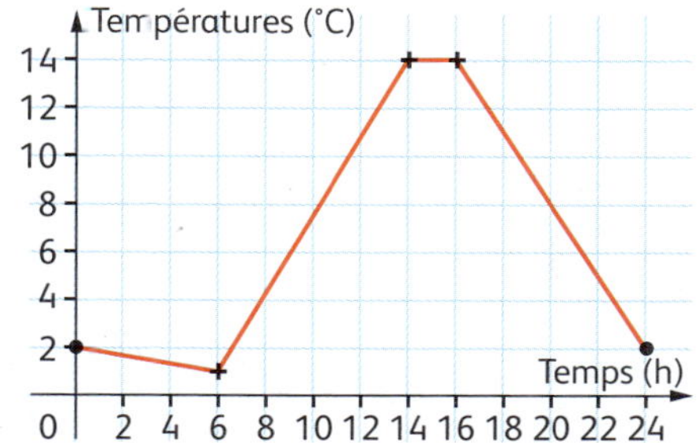

1. Quelle était la température à 8 h ?
2. À quelle(s) heure(s) a-t-il fait 8 °C ?
3. À quelles heures a-t-il fait plus de 4 °C ?
4. Comment peut-on décrire l'évolution des températures entre 6 h et 14 h ?
5. Quelle a été la température minimale ? À quelle heure l'a-t-on observée ?

C Revoir les fonctions affines

On considère les fonctions affines f, g, h et k définies sur $\mathbb{R}$ par :

$$f(x)=-2x-2\ ;\ g(x)=0{,}5x+2$$
$$h(x)=x-2\ ;\ k(x)=2-x$$

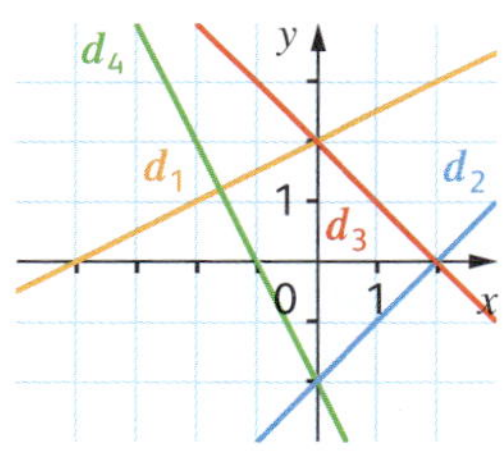

1. Ces fonctions sont représentées ci-contre. Associer chaque fonction à sa représentation graphique.
2. Construire les tableaux de signes des fonctions f, g, h et k.

D Fonctions de référence

Associer à chacune des fonctions de référence, sa représentation graphique, son domaine de définition et son expression algébrique.

Fonctions de référence : fonction carré, fonction inverse, fonction cube, fonction racine carrée.

Représentations graphiques :

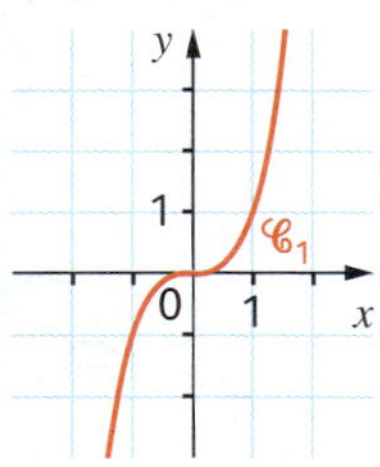

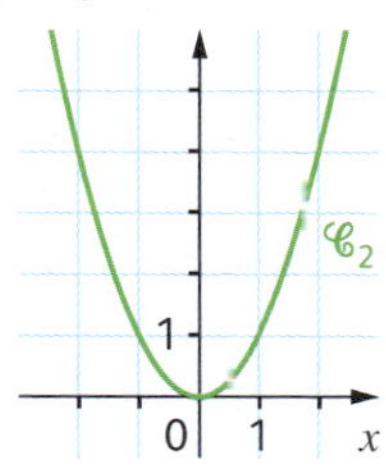

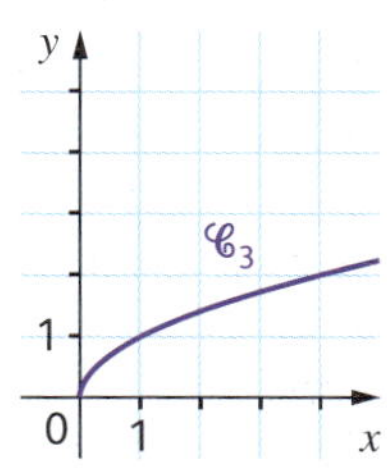

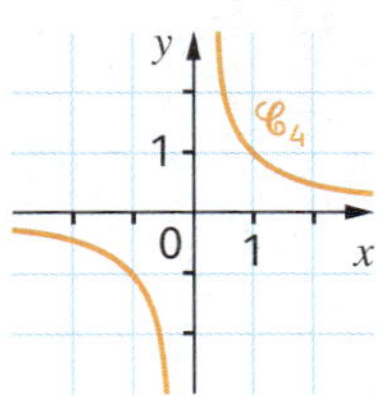

Ensembles de définition :
$\mathbb{R}^*$, $\mathbb{R}^+$, $\mathbb{R}$

Expressions algébriques :
- $f(x)=\sqrt{x}$
- $g(x)=\dfrac{1}{x}$
- $h(x)=x^2$
- $k(x)=x^3$

automatismes

Automatismes transversaux

1 Résoudre dans $\mathbb{R}$ les équations suivantes.
1. $12x-5=7$ **2.** $7x+2=-3x-7$

2 Résoudre dans $\mathbb{R}$ les inéquations suivantes.
1. $4x+1\leqslant 2x+7$ **2.** $x+2>5(6+x)$

3 Résoudre dans $\mathbb{R}$ les équations suivantes.
1. $(2x-3)(x+5)=0$ **2.** $x^2-36=0$

4 Factoriser les expressions suivantes.
1. $21u^3-9u^2+6u$ **2.** $4t^2-8t+4$
3. $(x-5)(2x+3)-4x-6$ **4.** $(T+1)(T-3)+T^2-1$

5 On considère le repère orthonormé ci-dessous. Donner les coordonnées des points A, B, C et D.

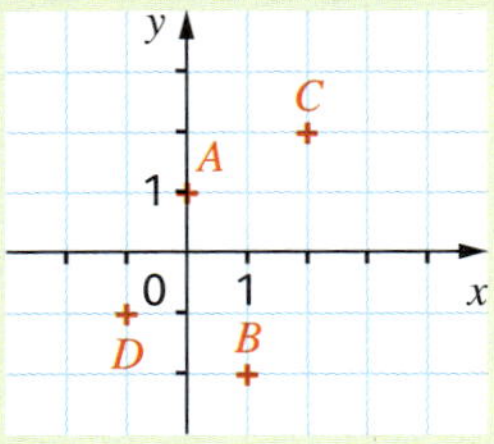

6 Écrire sous la forme d'une unique puissance les résultats des calculs suivants.
1. $7^4\times 7^{-12}\times(7^8)^2$ **2.** $\dfrac{3^3\times 3^{-1}}{3^5}$
3. $\dfrac{9^2\times 9^4}{9^{10}\times 9^{-1}}$ **4.** $(2^3)^{-4}\times 2^6\times 2^4$

7 Écrire les nombres suivants sous la forme d'une fraction irréductible.
1. $\dfrac{2}{3}\times\left(\dfrac{2}{5}+\dfrac{1}{2}\right)$ **2.** $\left(\dfrac{5}{2}-\dfrac{2}{3}\right)\div 11$
3. $\dfrac{9}{7}\div\dfrac{3}{14}$ **4.** $\dfrac{1}{2}+\dfrac{3}{4}-1$

8 Dans chaque cas, exprimer la variable R en fonction des autres variables.
1. $U=R\times I$ **2.** $P\times V=n\times R\times T$

9 Dans chaque cas, exprimer la variable x en fonction des autres variables.
1. $3x+1=5y^2$ **2.** $2y^2=y^2-3x+1$
3. $\dfrac{5z}{x}=2$ **4.** $\dfrac{2x-1}{6}=\dfrac{1}{t}$

10 Écrire les nombres suivants sous la forme $a\sqrt{5}$ avec $a\in\mathbb{Z}$.
1. $\sqrt{5\times 16\times 36}$ **2.** $3\sqrt{5}+\sqrt{125}-4\sqrt{20}$
3. $\sqrt{80}+2\sqrt{45}-7\sqrt{5}$ **4.** $\dfrac{\sqrt{5\times 8}}{\sqrt{2}}$

Automatismes préparatoires au chapitre

11 Vrai ou faux ?
On donne la représentation graphique de la fonction f sur l'intervalle $[-3\ ;\ 3]$. Dire si les affirmations suivantes sont vraies ou fausses.

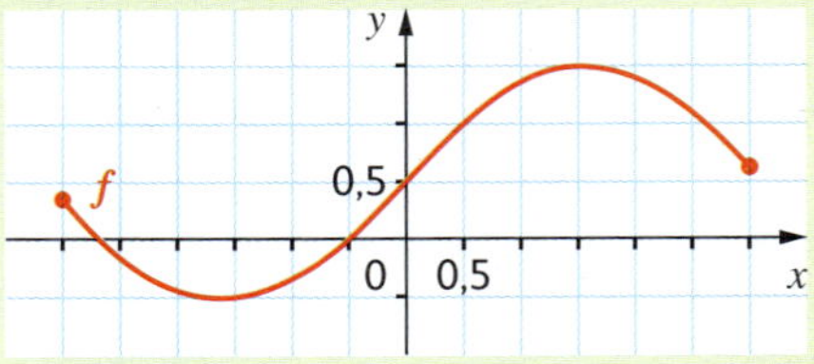

1. Le nombre réel 0 ne possède aucun antécédent.
2. $f(0)=0{,}5$
3. L'équation $f(x)=1$ possède une unique solution.
4. Le seul antécédent de 0,5 est égal à 1.

12 On donne ci-dessous la représentation graphique de la fonction f.

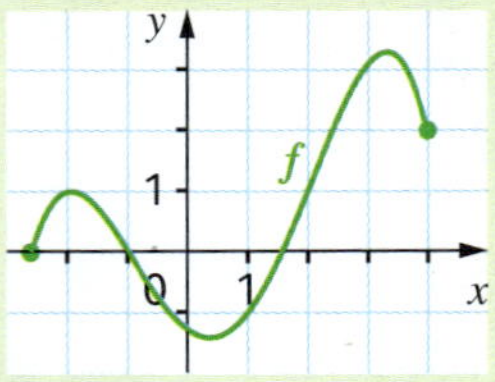

1. Quel est l'ensemble de définition de f ?
2. Déterminer l'image de -1 par f.
3. Déterminer le (ou les) éventuel(s) antécédent(s) de 2 par f.
4. Donner la valeur de $f(1)$.
5. Donner, pour tout réel x appartenant à l'intervalle $[1;4]$, un encadrement de $f(x)$.
6. Quel est le nombre de solutions de l'équation $f(x)=0{,}5$?
7. Résoudre l'équation $f(x)=1$.

13 On considère la fonction définie sur $\mathbb{R}$ par :
$$f(x)=9-4x^2$$
1. Déterminer l'image par f de :
a. 2 **b.** -1 **c.** 0
2. Déterminer le ou les éventuel(s) antécédent(s) par f de :
a. 0 **b.** 9 **c.** 12

14 a et b sont des réels tels que $a>0$ et $b<0$. Déterminer le signe des expressions suivantes.
1. ab **2.** $a-b$
3. $2a+b^2$ **4.** $\dfrac{b}{-3}$

15 a et b étant des réels non nuls, justifier que :
$$\frac{1}{a}-\frac{1}{b}=\frac{b-a}{ab}$$

Activités

1 Variations de températures

Objectif
Prendre contact avec les variations et les extremums d'une fonction.

On a reproduit ci-dessous le relevé des températures dans les villes de Lyon et de Toulouse sur la journée du 29 avril 2017. Source : infoclimat.fr

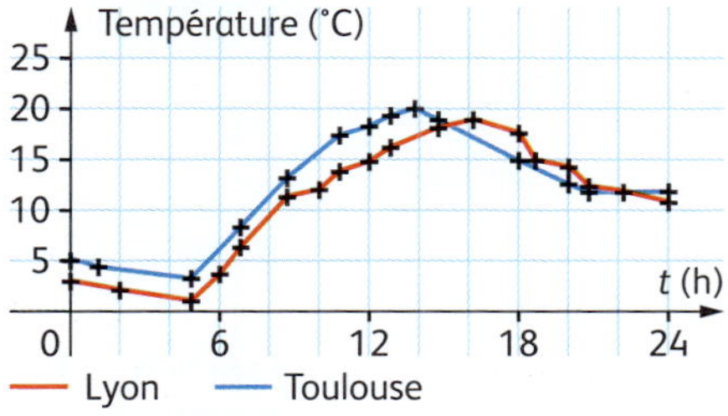

On note f et g les fonctions qui, à chaque instant t (en heure), associent respectivement la température dans la ville de Lyon et de Toulouse, et $\mathscr{C}_f$ et $\mathscr{C}_g$ leurs courbes représentatives respectives.

1 a. Sur quel intervalle I les fonctions f et g sont-elles définies ?
b. Proposer une plage horaire sur laquelle la température à Lyon augmente constamment.
De même proposer un intervalle sur lequel f est décroissante.
c. Recopier et compléter le tableau ci-dessous qui décrit le comportement de la fonction f sur l'intervalle $[0;24]$.

t	0	5	...	24
$f(t)$	3 ↘	1		

Info
Ce tableau complet est le **tableau de variations** de f.

d. De la même façon, construire le tableau de variations de la fonction g.

2 a. Quelle est la température maximale à Toulouse sur la plage horaire $[0;24]$? À quelle heure cette température est-elle atteinte ?
b. Quel est le minimum de la fonction f sur l'intervalle $[0;24]$?

Info
Ce nombre est le **maximum** de g **sur l'intervalle** $[0;24]$.

2 Sens de variation de la fonction carré

Objectif
Étudier les variations d'une fonction de référence.

On considère la fonction f définie sur $\mathbb{R}$ par $f(x)=x^2$.

1 À l'aide de la calculatrice, conjecturer le tableau de variations de f.

2 On souhaite démontrer que la fonction f est croissante sur $[0;+\infty[$.
On considère deux nombres réels quelconques a et b tels que $a<b$. On souhaite comparer leurs carrés a^2 et b^2.
a. Après avoir factorisé a^2-b^2, déterminer le signe de $a-b$, celui de $a+b$ et en déduire le signe de a^2-b^2.
b. Comparer alors a^2 et b^2 puis conclure.

Info
Une fonction f est **croissante** sur un intervalle I si elle **conserve le sens des inégalités** sur I, autrement dit si : quels que soient les réels a et b de I tels que $a<b$, on a $f(a)<f(b)$.

3 Montrer de même que la fonction f est décroissante sur $]-\infty;0]$.

4 Sans calcul, comparer les nombres suivants.

a. $1{,}7^2$ et $1{,}3^2$ b. 4^2 et π^2 c. $(-1{,}7)^2$ et $(-2{,}1)^2$ d. $\left(\frac{4}{7}\right)^2$ et $\left(\frac{3}{6}\right)^2$

Cours

1 Variations d'une fonction, extremums

On considère une fonction f définie sur un intervalle I de $\mathbb{R}$.

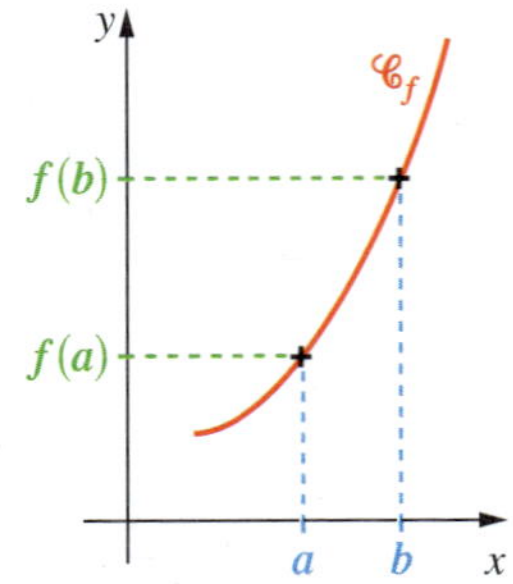

Fonction croissante : quand x augmente, $f(x)$ augmente aussi.

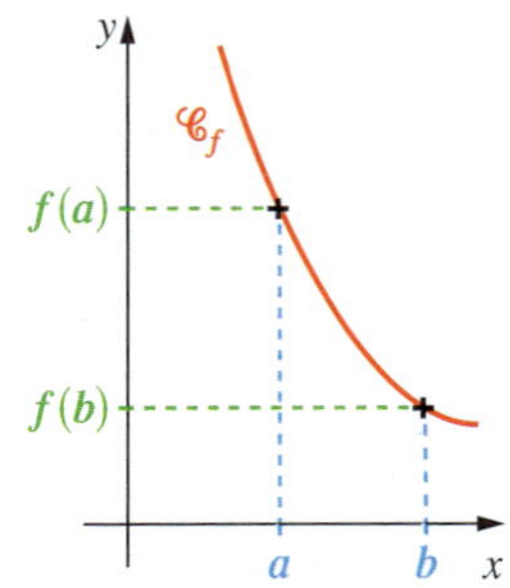

Fonction décroissante : quand x augmente, $f(x)$ diminue.

a Variations d'une fonction

Définition La fonction f est :

- **strictement croissante** sur l'intervalle I lorsque pour tous nombres a et b de I, si $a < b$,alors $f(a) < f(b)$.
- **strictement décroissante** sur l'intervalle I lorsque pour tous nombres a et b de I, si $a < b$, alors $f(a) > f(b)$.

Définition

- La fonction f est **strictement monotone** sur l'intervalle I si f est soit strictement croissante sur I, soit strictement décroissante sur I.
- La fonction f est **constante** sur l'intervalle I lorsque pour tous nombres a et b de I, on a $f(a) = f(b)$.

Définition

Le **tableau de variations** d'une fonction f schématise les variations de cette fonction. Il est composé de **deux lignes**.

- La première ligne indique les bornes de l'ensemble de définition de f et les valeurs en lesquelles f change de sens de variation.
- La seconde ligne indique par des flèches (montantes ou descendantes) les « sens de variations » de f.

x	a	x_1	x_2	b
$f(x)$	$f(a)$ ↘	$f(x_1)$ ↗	$f(x_2)$ ↘	$f(b)$

On y place les images correspondant aux réels de la 1re ligne.

Remarque

Étudier les variations d'une fonction, c'est donner les intervalles sur lesquels elle est croissante, et ceux sur lesquels elle est décroissante. En dressant par exemple un tableau de variations.

Exemple

On a tracé ci-dessous la courbe représentant une fonction f définie sur l'intervalle $[1;9]$.

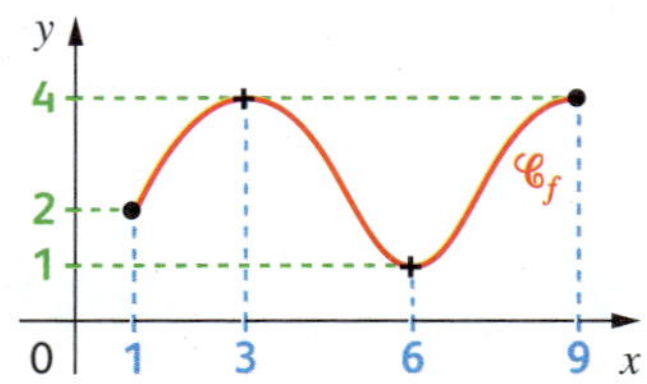

Le tableau de variations de f est :

x	1	3	6	9
$f(x)$	2 ↗	4 ↘	1 ↗	4

- Le **minimum** de f est égal à **1**, il est atteint en $x = 6$.
- Le **maximum** de f est égal à **4**, il est atteint en $x = 3$ et en $x = 9$.

Ainsi, pour tout réel x de $[1;9]$, on a :

$$1 \leqslant f(x) \leqslant 4$$

b Extremums d'une fonction

Définition

- Le **minimum** m de la fonction f sur l'intervalle I (lorsqu'il existe) est égal à la **plus petite image possible** par f pour un nombre appartenant à I.

Dans ce cas, pour tout nombre x de I, on a $f(x) \geqslant m$.

- Le **maximum** M de la fonction f sur l'intervalle I (lorsqu'il existe) est égal à la **plus grande image** possible par f pour un nombre appartenant à I.

Dans ce cas, pour tout nombre x de I, on a $f(x) \leqslant M$.

Remarque

Rechercher les **extremums** de la fonction f sur un intervalle I, c'est déterminer le minimum et le maximum de f sur I (lorsqu'ils existent).

Méthode

CAPACITÉ 1 Mettre en relation représentation graphique et tableau de variations

CAPACITÉ 2 Déterminer graphiquement les extremums d'une fonction

Énoncé On donne ci-dessous le tableau de variations d'une fonction f et la représentation graphique $\mathscr{C}_g$ d'une fonction g ci-contre.

x	−3	0	1	3	4
$f(x)$	1 ↘	−2 ↗	2 ↘	−2 ↗	1

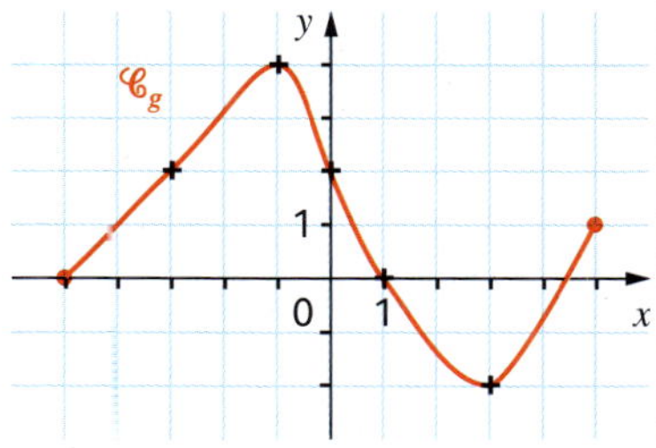

1. Donner trois arguments pour lesquels le tableau de variations de f ne peut pas décrire les variations de g.

2. Construire le tableau de variations de la fonction g.

3. Dans un repère, construire une courbe possible pour la fonction f.

4. Quel est le maximum de f sur l'intervalle $[-3;4]$?
Préciser en quel réel il est atteint.

Solution rédigée

1. On propose trois arguments possibles parmi d'autres :
- l'ensemble de définition de la fonction f est l'intervalle $[-3;4]$ alors que celui de la fonction g est $[-5;5]$.
- la fonction f est décroissante sur l'intervalle $[-3;0]$ alors que la fonction g ne l'est pas.
- par exemple, $f(-3)=1$ alors que $g(-3)=2$.

> **Point méthode**
> **1** L'ensemble de définition est formé des abscisses de tous les points de la courbe.

2. Le tableau de variations de la fonction g est composé de deux lignes :
- première ligne (valeurs situées en abscisses), les bornes de l'ensemble de définition de g et les valeurs, dans l'ordre croissant, en lesquelles g change de sens de variation.
- deuxième ligne, les flèches correspondant aux variations.

On place au bout de ces flèches les images correspondantes.

x	−5	−1	3	5
$g(x)$	0 ↗	4 ↘	−2 ↗	1

> **Point méthode**
> **2.** Une **flèche qui monte** traduit une **fonction croissante**.
> Une **flèche qui descend** traduit une **fonction décroissante**.

3. Dans un repère, on commence par placer les cinq points issus du tableau de variations de la fonction f : $A(-3;1)$, $B(0;-2)$, $C(1;2)$, $D(3;-2)$ et $E(4;1)$. On les relie par une courbe en respectant les sens de variation indiqués dans le tableau. Une courbe pour f (parmi une infinité possible) est donnée ci-contre.

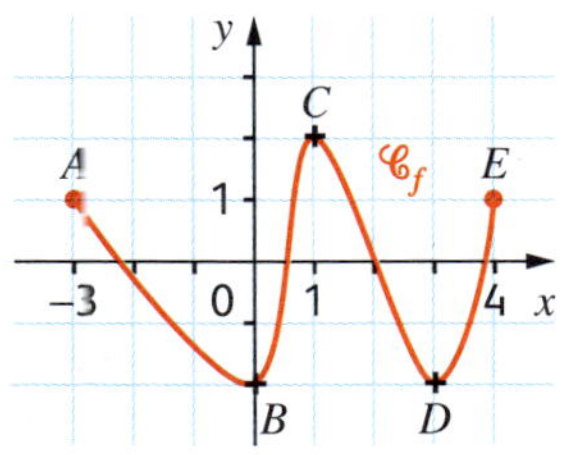

4. Le maximum de f sur $[-3;4]$ est 2 : c'est l'ordonnée la plus grande possible des points de la courbe $\mathscr{C}_f$ et l'image la plus grande possible dans la 2e ligne du tableau de variation de f. Il est atteint en $x=1$.

J'applique en autonomie

Voir corrigés p. 412 Voir exercices similaires n°s 36, 41, 43 et 47

16 On représente une fonction g.

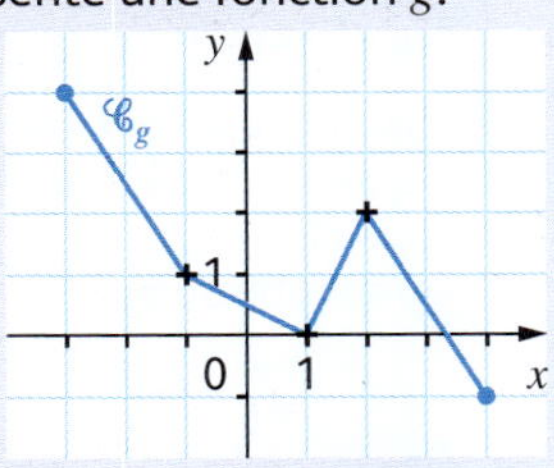

1. Dresser son tableau de variations.

2. Préciser ses extremums.

17 On donne ci-contre le tableau de variations d'une fonction f.

x	−5	−1	3	4
$f(x)$	2 ↘	0 ↗	4 ↘	−3

1. Préciser son domaine de définition.

2. Préciser ses extremums. En quelles valeurs sont-ils atteints ?

3. Construire une courbe représentative possible pour f.

Cours

2 Étude des fonctions affines

a Taux d'accroissement d'une fonction affine

Définition Soit une fonction f définie sur un intervalle I.
Pour tous nombres réels x_1 et x_2 distincts dans I, on appelle **taux d'accroissement** de f entre x_1 et x_2 le quotient $\dfrac{f(x_2)-f(x_1)}{x_2-x_1}$.

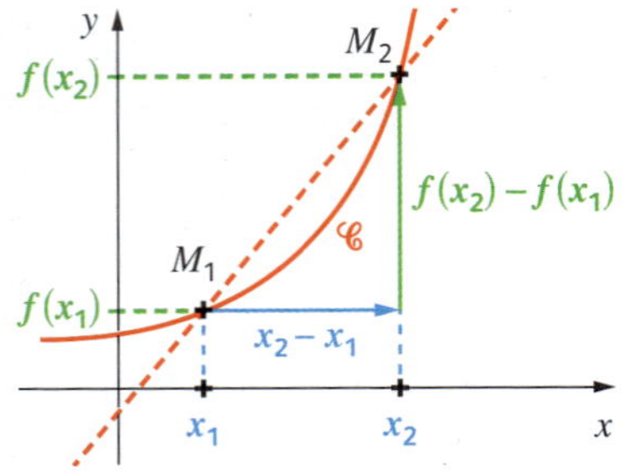

Commentaire

En notant $\mathscr{C}$ la courbe représentative de f, et M_1 et M_2 les points de $\mathscr{C}$ d'abscisses respectives x_1 et x_2, alors le taux d'accroissement de f entre x_1 et x_2 est égal à :

$$\frac{f(x_2)-f(x_1)}{x_2-x_1}=\frac{y_{M_2}-y_{M_1}}{x_{M_2}-x_{M_1}}$$

C'est le coefficient directeur de la droite (M_1M_2).

Propriété Soit une fonction affine f définie sur $\mathbb{R}$ par $f(x)=ax+b$, où a et b sont des réels fixés.
Alors pour tous nombres réels x_1 et x_2 distincts, le taux d'accroissement de f entre x_1 et x_2 est égal à a. a est le **coefficient directeur** et b l'**ordonnée à l'origine** de la droite $\mathscr{D}$ représentant f.

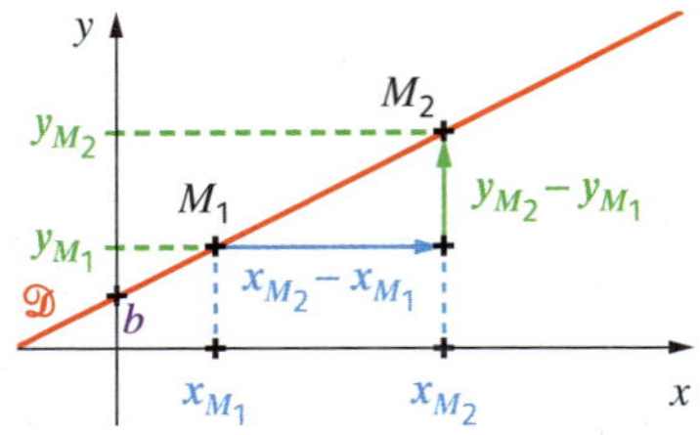

Voir Démo exercice 92

b Sens de variation d'une fonction affine

Propriété Soit une fonction affine f définie sur $\mathbb{R}$ par $f(x)=ax+b$, où a et b sont des réels fixés.
Le sens de variation de f ne dépend que du **signe de a** :
- si $a>0$, alors f est strictement croissante sur $\mathbb{R}$.
- si $a<0$, alors f est strictement décroissante sur $\mathbb{R}$.

Si $a>0$

x	$-\infty$	$+\infty$
$f(x)$	↗	

Si $a<0$

x	$-\infty$	$+\infty$
$f(x)$	↘	

Exemples
- La fonction $f:x\mapsto 3x-4$ est croissante sur $\mathbb{R}$ en effet $a=3$ est strictement positif.
- La fonction $g:x\mapsto -2x+1$ est décroissante sur $\mathbb{R}$ en effet $a=-2$ est strictement négatif.

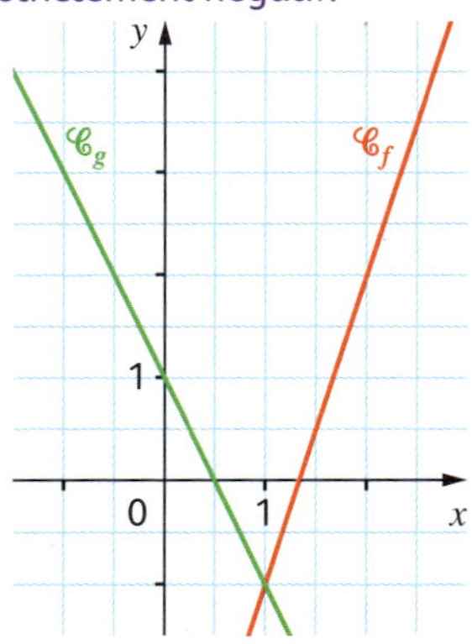

Démo

Démonstration

Soient deux réels distincts x_1 et x_2 tels que $x_1<x_2$. On doit comparer $f(x_1)$ et $f(x_2)$, c'est-à-dire déterminer si $f(x_2)-f(x_1)>0$ ou si $f(x_2)-f(x_1)<0$.
Or $f(x_2)-f(x_1)=(ax_2+b)-(ax_1+b)=ax_2-ax_1=a(x_2-x_1)$.
On sait de plus que $x_1<x_2$.
Donc $x_2-x_1>0$.
On en déduit que $f(x_2)-f(x_1)$ est du signe de a.
Ainsi par exemple, si $a>0$, $f(x_2)-f(x_1)>0$, donc $f(x_2)>f(x_1)$.
La fonction f est alors croissante sur $\mathbb{R}$.

c Retour sur le signe d'une fonction affine $f:x\mapsto ax+b$ $(a\neq 0)$

Le sens de variation de $f:x\mapsto ax+b$ permet de « visualiser » le tableau de signes de f.

Si $a>0$: la droite est « montante ».
Donc f est d'abord négative, puis positive.

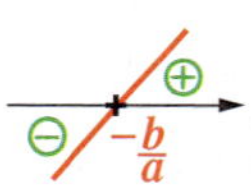

Si $a<0$: la droite est « descendante ».
Donc f est d'abord positive, puis négative.

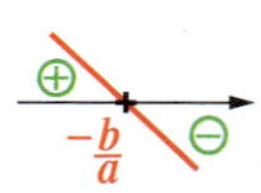

Exemple

La fonction $h:x\mapsto -3x+6$ s'annule en 2 et est décroissante sur $\mathbb{R}$.
Son tableau de signes est donc :

x	$-\infty$		2		$+\infty$
$h(x)$		+	0	−	

Voir Chapitre 09

méthode

CAPACITÉ 3 Relier sens de variation, signe et droite représentative d'une fonction affine

Énoncé Les Américains utilisent le degré Fahrenheit comme unité de mesure de température, alors qu'en France on utilise le degré Celsius.
La température T_F en degré Fahrenheit s'exprime en fonction de la température T_C en degré Celsius de la manière suivante : $T_F = 1{,}8T_C + 32$.
On appelle f la fonction associée à cette relation.
Ainsi f est définie sur $\mathbb{R}$ par $T_F = f(T_C) = 1{,}8T_C + 32$.
Et on note $\mathscr{D}$ la droite représentant la fonction affine f dans un repère $(O;\vec{i};\vec{j})$.

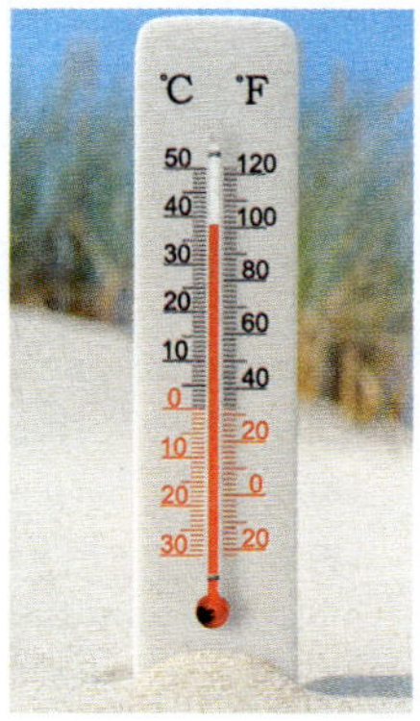

1. Préciser le coefficient directeur de $\mathscr{D}$. Interpréter le résultat en termes d'accroissement.
2. Quel est le sens de variation de la fonction f ?
3. Construire le tableau de signes de f.
4. Tracer la droite $\mathscr{D}$ et vérifier les résultats précédents.

Solution rédigée

1. Le coefficient directeur de $\mathscr{D}$ est égal à 1,8. Cela signifie que toute augmentation de 1 °C entraîne une augmentation de 1,8 °F.
2. Le coefficient 1,8 est **positif**. Donc f est **strictement croissante** sur $\mathbb{R}$.
3. La fonction f s'annule en la solution de l'équation $1{,}8x + 32 = 0$.
Or $1{,}8x + 32 = 0 \Leftrightarrow 1{,}8x = -32 \Leftrightarrow x = -\dfrac{32}{1{,}8} = -\dfrac{160}{9}$.

On en déduit que la droite $\mathscr{D}$ traverse l'axe des abscisses en $-\dfrac{160}{9}$.
Comme f est croissante, on a le schéma ci-contre.
On en déduit le tableau de signes de f ci-dessous.

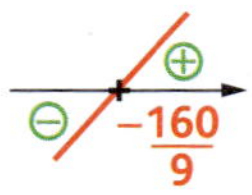

T_C	$-\infty$		$-\dfrac{160}{9}$		$+\infty$
$f(T_C)$		$-$	0	$+$	

Point méthode
2. C'est le signe du coefficient a qui détermine le sens de variation de la fonction :
$f : x \mapsto ax + b$

Point méthode
4. Pour tracer une droite, on détermine deux points en choisissant deux réels et en calculant leurs images.

4. L'ordonnée à l'origine de $\mathscr{D}$ est égale à 32.
Donc le point $A(0;32)$ appartient à la droite $\mathscr{D}$.
De plus $f(10) = 1{,}8 \times 10 + 32 = 50$.
Donc le point $B(10;50)$ appartient à la droite $\mathscr{D}$.
La droite $\mathscr{D}$ est donc la droite (AB).
La fonction f est croissante : la droite $\mathscr{D}$ est « montante ».
La fonction f s'annule en $-\dfrac{160}{9}$, soit environ $-17{,}78$.
Ainsi le graphique confirme les résultats précédents.

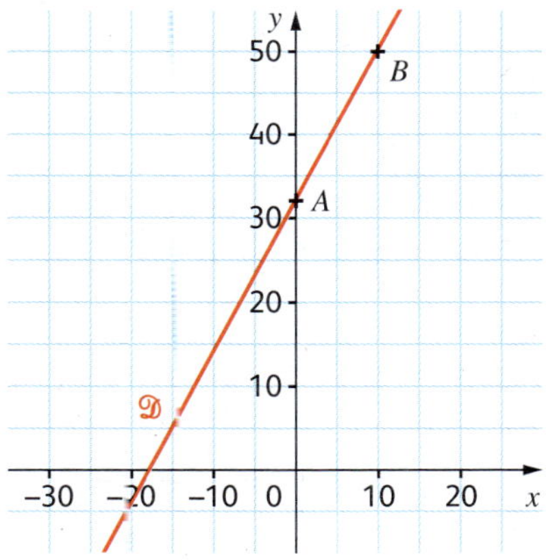

J'applique en autonomie

Voir corrigés p. 412 Voir exercices similaires nos 55, 61 et 63

18 Déterminer le sens de variation et tracer les courbes représentatives des fonctions suivantes définies sur $\mathbb{R}$.

1. $f(x) = 3x - 2$ **2.** $g(x) = -\dfrac{2}{3}x + 1$
3. $h(x) = \dfrac{3}{4}x - 3$ **4.** $i(x) = -0{,}5x + 4$

19 Dresser le tableau de signes sur $\mathbb{R}$ des fonctions affines suivantes.

1. $f(x) = 2x + 4$ **2.** $g(x) = -4x + 12$
3. $h(x) = -x + 8$ **4.** $i(x) = -5 + 3x$

20 On considère les fonctions f, g, h, i et j définies sur $\mathbb{R}$ par :
$f(x) = -2$; $g(x) = -2x + 2$;
$h(x) = 2x - 2$; $i(x) = -2x - 2$
et $j(x) = 2x + 2$
Associer chaque fonction à sa courbe représentative puis dresser son tableau de variations et son tableau de signes.

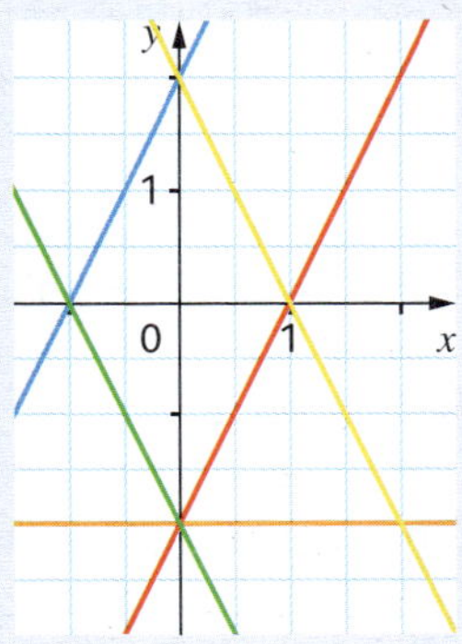

Cours

3 Étude des fonctions de référence

a Fonction carré

Propriété La fonction carré est strictement décroissante sur l'intervalle $]-\infty\,;0]$ et strictement croissante sur l'intervalle $[0\,;+\infty[$.
Elle admet 0 comme minimum, atteint en 0.

Démo

Démonstration
Soient deux réels a et b tels que $a<b$. On doit comparer a^2 et b^2.
On a $b^2-a^2=(b-a)(a+b)$.
On sait que $a<b$ donc le facteur $(b-a)$ est strictement positif.
- Si a et b appartiennent à $]-\infty\,;0]$, alors le facteur $(a+b)$, somme de deux réels négatifs, est négatif et non nul. Par la règle des signes d'un produit, on obtient que $b^2-a^2<0$, c'est-à-dire que $a^2>b^2$.
- Si a et b appartiennent à $[0\,;+\infty[$, alors le facteur $(a+b)$, somme de deux réels positifs, est positif et non nul. Par la règle des signes d'un produit, on obtient que $b^2-a^2>0$, c'est-à-dire que $a^2<b^2$.

Conséquence

La fonction carré **conserve l'ordre sur $[0\,;+\infty[$** et **change l'ordre sur $]-\infty\,;0]$** :

Carrés de réels négatifs

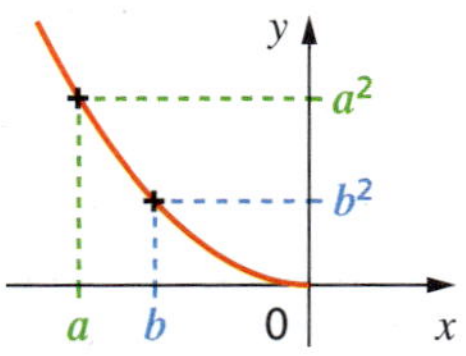

Si $a<b\leqslant 0$,
alors $a^2>b^2$.

Carrés de réels positifs

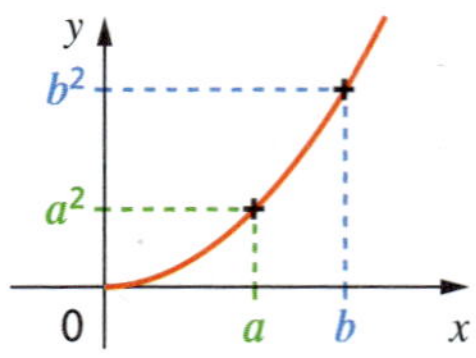

Si $0\leqslant a<b$,
alors $a^2<b^2$.

b Fonction inverse

Propriété La fonction inverse est strictement décroissante sur chacun des intervalles $]-\infty\,;0[$ et $]0\,;+\infty[$.

Démo

Démonstration
Voir exercice 106

Conséquence

La fonction inverse **change l'ordre sur $]-\infty\,;0]$** et **change l'ordre sur $]0\,;+\infty[$** :

Inverses de réels négatifs non nuls

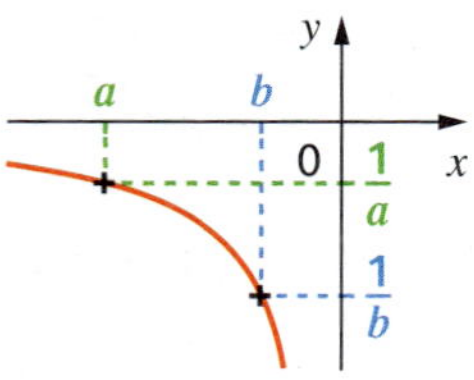

Si $a<b<0$,
alors $\frac{1}{a}>\frac{1}{b}$.

Inverses de réels positifs non nuls

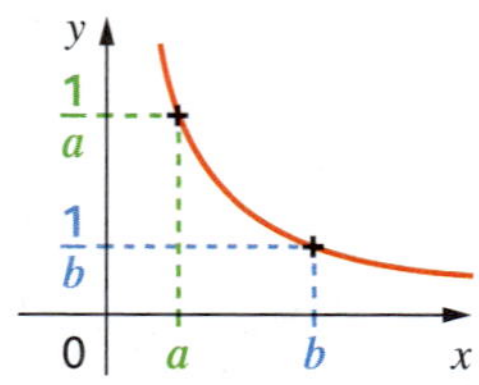

Si $0<a<b$,
alors $\frac{1}{a}>\frac{1}{b}$.

Remarque

Il est faux de dire que la fonction inverse est décroissante sur $\mathbb{R}^*$. L'ensemble $\mathbb{R}^*$ n'est pas un intervalle, donc on ne peut pas y parler de fonction « croissante » ou « décroissante ». Par ailleurs : $2>-2$ et $\frac{1}{2}>\frac{1}{-2}$.

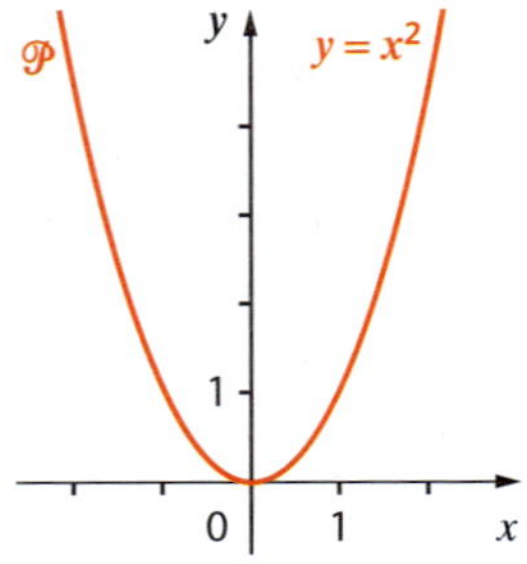

x	$-\infty$	0	$+\infty$
x^2	↘	0	↗

Conséquences
- Deux nombres positifs et leurs carrés sont rangés dans le même ordre.
- Deux nombres négatifs et leurs carrés sont rangés dans des ordres contraires.

Exemples
- Puisque $0\leqslant 2<\pi$ alors $2^2<\pi^2$ c'est-à-dire $4<\pi^2$
- Puisque $-4<-2\leqslant 0$ alors $(-4)^2>(-2)^2$.

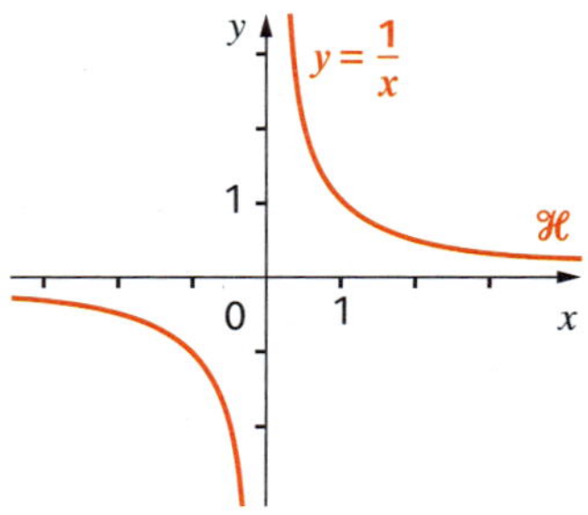

x	$-\infty$	0	$+\infty$
$\frac{1}{x}$	↘	‖	↘

La double barre en dessous de 0 signifie que la fonction n'est pas définie en 0 : il y a une « coupure » en 0.

Conséquence
Deux nombres non nuls et de même signe et leurs inverses sont rangés dans des ordres contraires.

Exemples
- Puisque $0<2<\pi$ alors $\frac{1}{2}>\frac{1}{\pi}$
- Puisque $-3<-2$ alors $\frac{1}{-3}>\frac{1}{-2}$.

méthode

Capacité 4 Comparer des images

Énoncé 1. Dans chaque cas, comparer les nombres A et B sans utiliser la calculatrice. Confirmer ensuite la comparaison obtenue à l'aide de la calculatrice.

a. $A=\left(-\frac{3}{5}\right)^2$ et $B=\left(-\frac{5}{3}\right)^2$ b. $A=\frac{1}{2}$ et $B=\frac{1}{\sqrt{2}}$ c. $A=0{,}8^2$ et $B=0{,}8^3$

2. Dans chaque cas, on donne un encadrement de x. Déterminer un encadrement de y en justifiant la réponse.

a. $0\leqslant x\leqslant 5$ et $y=x^3$ b. $-3\leqslant x\leqslant -1$ et $y=x^2$ c. $1\leqslant x\leqslant 2$ et $y=\frac{1}{x}$

Solution rédigée

1. a. On a $-\frac{5}{3}<-1$ et $-1<-\frac{3}{5}$ donc $-\frac{5}{3}<-\frac{3}{5}\leqslant 0$. La fonction carré étant strictement décroissante sur $]-\infty\,;0]$, elle change le sens des inégalités ainsi : $\left(-\frac{5}{3}\right)^2>\left(-\frac{3}{5}\right)^2$ soit $A<B$. Numériquement, on a $A=0{,}36$ et $B\simeq 2{,}78$ ce qui confirme $A<B$.

b. On a $0<\sqrt{2}<2$. La fonction inverse étant strictement décroissante sur $]0\,;+\infty[$, elle change le sens des inégalités ainsi : $\frac{1}{\sqrt{2}}>\frac{1}{2}$ donc $A<B$. De plus : $\frac{1}{\sqrt{2}}\approx 0{,}71$ et $\frac{1}{2}=0{,}5$ donc $\frac{1}{\sqrt{2}}>\frac{1}{2}$.

Autre méthode :

$A=\frac{1}{2}=\frac{1}{\sqrt{4}}=\sqrt{\frac{1}{4}}$ et $B=\frac{1}{\sqrt{2}}=\sqrt{\frac{1}{2}}$ or $\frac{1}{4}<\frac{1}{2}$ donc en en appliquant la fonction racine carrée croissante sur $\mathbb{R}^+$ on a : $\sqrt{\frac{1}{4}}<\sqrt{\frac{1}{2}}$ donc $A<B$.

c. On a $0<0{,}8<1$. En utilisant la position relative des courbes représentatives des fonctions carré et cube sur $[0\,;1]$, on obtient : $0{,}8^2>0{,}8^3$ soit $A>B$. De plus : $0{,}8^2=0{,}64$ et $0{,}8^3=0{,}512$ donc $0{,}8^2>0{,}8^3$.

2. a. La fonction cube étant croissante sur $\mathbb{R}$, elle conserve l'ordre, ainsi $0^3\leqslant x^3\leqslant 5^3$ c'est-à-dire $0\leqslant y\leqslant 125$.

b. La fonction carré étant strictement décroissante sur $]-\infty\,;0]$, elle change l'ordre, ainsi $(-3)^2\geqslant x^2\geqslant(-1)^2$ c'est-à-dire $1\leqslant y\leqslant 9$.

c. La fonction inverse étant strictement décroissante sur $]0\,;+\infty[$, elle change l'ordre, ainsi $\frac{1}{1}\geqslant\frac{1}{x}\geqslant\frac{1}{2}$ c'est-à-dire $\frac{1}{2}\leqslant y\leqslant 1$.

Point méthode

1. et 2. On fait le lien entre les comparaisons demandées et le sens de variation des fonctions de référence associées.

Point méthode

1. b. Pour transformer une expression avec racine carrée, on utilise les règles suivantes.

- Pour tout $a\geqslant 0$, $\sqrt{a}^2=a$.
- Pour tous $a\geqslant 0$ et $b>0$:

$$\sqrt{\frac{a}{b}}=\frac{\sqrt{a}}{\sqrt{b}}$$

Point méthode

1. c. Pour comparer x, x^2 et x^3 pour x positif, on s'interroge sur les deux cas de figures possibles : a-t-on $x\in[0\,;1]$ ou $x\in[1\,;+\infty[$?
En effet, comme on le voit dans le **e** p. 266, l'ordre dans lequel sont rangés x, x^2 et x^3 change selon que x appartient à l'un ou l'autre de ces intervalles.

J'applique en autonomie

Voir corrigés p. 413 Voir exercices similaires nos 66 à 69 et 72

21 Comparer les nombres suivants.

1. $1{,}01^2$ et $1{,}009^2$ 2. $(-2{,}5)^2$ et $(-2{,}49)^2$
3. $\frac{1}{4}$ et $0{,}12^2$ 4. $-5{,}2^2$ et $(-5{,}2)^2$

22 Comparer les nombres suivants.

1. $\frac{1}{3}$ et $\frac{1}{7}$ 2. $-\frac{1}{0{,}02}$ et $-\frac{1}{0{,}001}$
3. 10^{-2} et 10^{-3} 4. $\frac{1}{13}$ et $-\frac{1}{5}$

23 Comparer les nombres suivants.

1. $\sqrt{6}$ et 3 2. $\sqrt{20}$ et 4 3. $\sqrt{15}$ et 4
4. $1{,}2^3$ et $\left(\frac{4}{3}\right)^3$ 5. $(-0{,}001)^3$ et $(-0{,}09)^3$

24 Comparer les nombres suivants.

1. $1{,}4$; $1{,}4^2$ et $1{,}4^3$ 2. $0{,}2$; $0{,}2^2$ et $0{,}2^3$
3. π, π^2 et π^3 4. $\sqrt{2}$; 2 et $2\sqrt{2}$

25 Une production, initialement de 100 tonnes, diminue chaque année de 5 %.

1. Déterminer les coefficients multiplicateurs CM_1, CM_2 et CM_3 associés respectivement à la diminution sur une année, sur deux années, puis sur trois années.
2. Comparer les coefficients CM_1, CM_2 et CM_3 sans utiliser la calculatrice
3. Mettre en relation cette comparaison avec la diminution de la production chaque année.

Cours

c Fonction cube

Propriété La fonction cube est strictement croissante sur $\mathbb{R}$.

Démonstration
Voir exercice 128

Conséquence

Deux nombres réels et leurs cubes sont rangés dans le même ordre autrement dit, pour tous réels a et b :

$$\text{si } a < b \text{ alors } a^3 < b^3$$

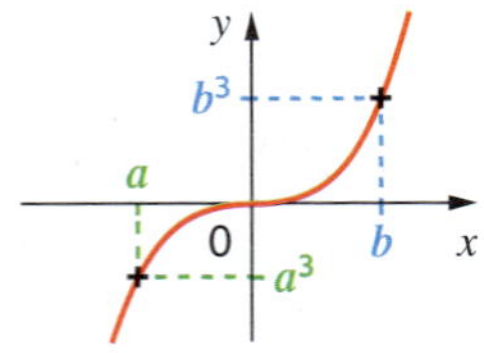

Exemple

$3 < \pi < 4$ donc $3^3 < \pi^3 < 4^3$
c'est-à-dire $27 < \pi^3 < 64$
Numériquement, $\pi^3 \approx 31$ ce qui valide la comparaison

d Fonction racine carrée

Propriété La fonction racine carrée est strictement croissante sur l'intervalle $[0;+\infty[$.

Démonstration

Soient a et b deux réels tels que : $0 \leqslant a < b$. On veut comparer $\sqrt{a}$ et $\sqrt{b}$.

On remarque que : $(\sqrt{a}-\sqrt{b})\times(\sqrt{a}+\sqrt{b}) = \sqrt{a}^2 - \sqrt{b}^2 = a-b$.

Comme $b>0$, on a : $\sqrt{a}+\sqrt{b} \neq 0$ et donc : $\sqrt{a}-\sqrt{b} = \dfrac{a-b}{\sqrt{a}+\sqrt{b}}$.

Donc avec $0 \leqslant a < b$, on déduit que $a-b<0$ et $\sqrt{a}+\sqrt{b}>0$, d'où : $\dfrac{a-b}{\sqrt{a}+\sqrt{b}}<0$. Ainsi : $\sqrt{a}-\sqrt{b}<0$ et $\sqrt{a}<\sqrt{b}$.

En conclusion, la fonction racine carrée est strictement croissante sur l'intervalle $[0;+\infty[$.

Conséquence

Deux nombres positifs et leurs racines carrées sont rangés dans le même ordre ; pour tous réels a et b **positifs** : si $0 \leqslant a < b$ alors $\sqrt{a} < \sqrt{b}$.

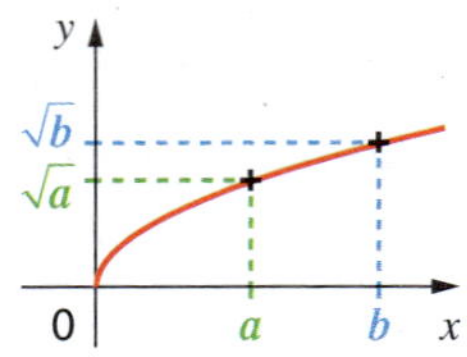

x	0	$+\infty$
$\sqrt{x}$	0 ↗	

Exemple

$9 < 10 < 16$
Donc $\sqrt{9} < \sqrt{10} < \sqrt{16}$,
c'est-à-dire $3 < \sqrt{10} < 4$.
Numériquement, $\sqrt{10} \approx 3{,}16$, ce qui confirme l'encadrement.

e Comparaison de x, x^2 et x^3 pour x positif

Propriété On note $\mathscr{C}_1$, $\mathscr{C}_2$ et $\mathscr{C}_3$ les courbes d'équations respectives $y=x$, $y=x^2$ et $y=x^3$.

- Sur $[0;1]$, la courbe $\mathscr{C}_1$ est au-dessus de la courbe $\mathscr{C}_2$, qui est elle-même au-dessus de la courbe $\mathscr{C}_3$.

Autrement dit, pour tout réel $x \in [0;1]$ on a $x \geqslant x^2 \geqslant x^3$.

- Sur $[1;+\infty[$, la courbe $\mathscr{C}_1$ est en dessous de la courbe $\mathscr{C}_2$, qui est elle-même en dessous de la courbe $\mathscr{C}_3$.

Autrement dit, pour tout réel $x \geqslant 1$ on a $x \leqslant x^2 \leqslant x^3$.

Démonstration

Soit x un nombre réel positif ou nul.
Pour comparer x^2 et x, on étudie le signe de la différence $x^2 - x$.
On a : $x^2 - x = x(x-1)$. On sait que $x \geqslant 0$, donc le produit $x(x-1)$ est du même signe que $(x-1)$.
De même, pour comparer x^3 et x^2, on étudie le signe de $x^3 - x^2$.
On a : $x^3 - x^2 = x^2(x-1)$. On sait que $x^2 \geqslant 0$, donc le produit $x^2(x-1)$ est du même signe que $(x-1)$.
En conclusion :
Si $x-1 \geqslant 0$, on a : $x^2 - x \geqslant 0$ et $x^3 - x^2 \geqslant 0$.
Autrement dit : si $x \geqslant 1$, on a : $x^2 \geqslant x$ et $x^3 \geqslant x^2$, c'est-à-dire : $x \leqslant x^2 \leqslant x^3$.
Si $x-1 \leqslant 0$, on a : $x^2 - x \leqslant 0$ et $x^3 - x^2 \leqslant 0$.
Autrement dit : si $x \leqslant 1$, on a : $x^2 \leqslant x$ et $x^3 \leqslant x^2$, c'est-à-dire : $x^3 \leqslant x^2 \leqslant x$.

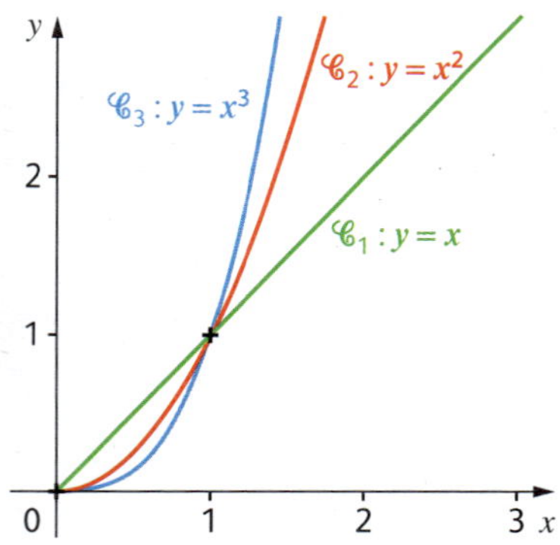

Remarque

Les points $(0;0)$ et $(1;1)$ sont communs aux trois courbes.

Exemples

- Puisque $\pi > 1$ on a alors : $\pi < \pi^2 < \pi^3$
- Puisque $0 < \frac{1}{2} < 1$ on a alors : $\frac{1}{2} > \left(\frac{1}{2}\right)^2 > \left(\frac{1}{2}\right)^3$

On a bien $\frac{1}{2} > \frac{1}{4} > \frac{1}{8}$.

méthode

CAPACITÉ 5 Résoudre un problème d'optimisation

Énoncé On a filmé en chronophotographie le saut d'un skieur.
À l'aide d'un logiciel, on modélise la courbe suivie par le skieur dans les airs par celle de la fonction définie sur $[0;7]$ par $f(x)=-0{,}5x^2+3{,}5x$.
x désigne la distance parcourue (en mètre) par rapport à la position initiale et $f(x)$ désigne la hauteur atteinte par le skieur (en mètre).

1. a. Tracer la courbe représentative de f à la calculatrice.
b. En déduire le tableau de variations de f.
c. Quelle semble être la hauteur maximale du saut ?
2. Démontrer le résultat de la question **1. c.** en admettant les résultats du logiciel de calcul formel donnés ci-contre.

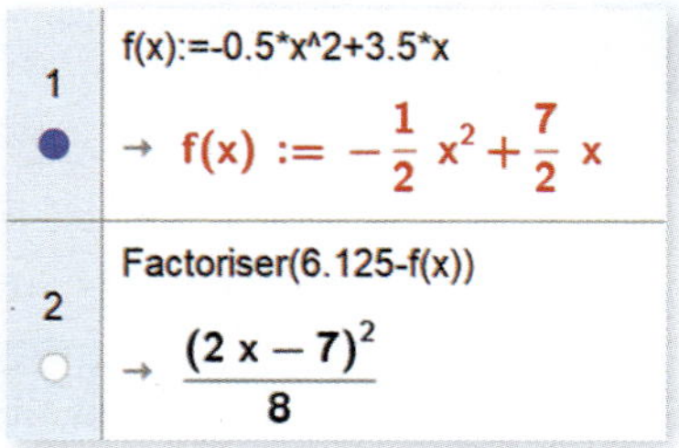

Solution rédigée

1. a. On obtient la courbe ci-contre, où les axes sont gradués de 1 en 1.

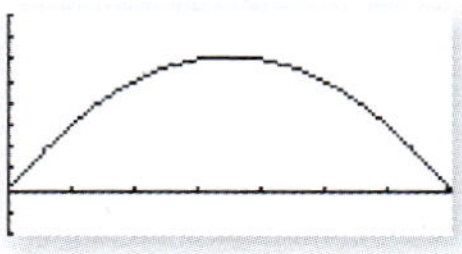

b. En utilisant l'instruction « Maximum », la fonction f paraît croissante sur $[0;3{,}5]$, puis décroissante sur $[3{,}5;7]$. On obtient alors le tableau de variations suivant de f.

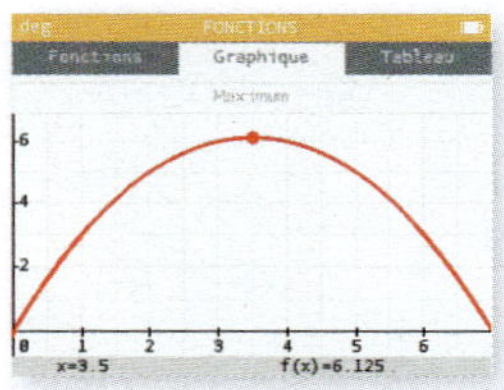

x	0		3,5		7
$f(x)$	0	↗	6,125	↘	0

On y indique les images par f de 0, de 3,5 et de 7 dans la 2e ligne.
c. Le maximum de f sur $[0;7]$ semble être **6,125**.
Donc la hauteur du saut semble être 6,125 mètres.
2. On sait que $f(3{,}5)=-0{,}5\times3{,}5^2+3{,}5\times3{,}5=6{,}125$. En utilisant les résultats du logiciel, on a pour tout réel $x\in[0;7]$:

$$6{,}125-f(x)=\frac{1}{8}(2x-7)^2$$

Un carré étant positif, on obtient que pour tout réel $x\in[0;7]$, $6{,}125-f(x)\geqslant0$, c'est-à-dire $f(x)\leqslant6{,}125$.
Finalement, le maximum de f sur $[0;7]$ est bien 6,125.

Remarque
Les résultats du logiciel peuvent être démontrés en développant l'expression $\frac{1}{8}(2x-7)^2$.

Point méthode
1. b. La calculatrice ou un logiciel permettent de visualiser la courbe représentative d'une fonction f.
Les instructions « Trace », « Minimum » ou « Maximum » permettent de conjecturer son tableau de variations.
Voir pages Calculatrices

Point méthode
2. Pour montrer que M est le maximum d'une fonction f sur un intervalle I, il faut trouver un réel c de I tel que $f(c)=M$, et montrer que pour tout réel x de I, on a :
$f(x)\leqslant M$, soit $M-f(x)\geqslant0$

J'applique en autonomie

Voir corrigés p. 414 Voir exercices similaires n°s 75 et 76

26 À l'aide de la calculatrice, conjecturer le tableau de variations de la fonction f définie sur $[-1;3]$ par :
$$f(x)=x^2(3-x)$$

27 On considère la fonction g définie sur l'intervalle $\mathrm{I}=[0;4]$ par $g(x)=x^3-3x+8$.
1. À l'aide de la calculatrice, conjecturer la valeur du minimum de la fonction g.
2. a. Justifier que, pour tout $x\in\mathrm{I}$, on a :
$$g(x)-6=(x-1)^2(x+2)$$
b. Démontrer alors la conjecture émise en **1.**

28 Démontrer que la fonction f définie sur $\mathbb{R}$ par :
$$f(x)=-x^2+2x-3$$
admet un maximum à préciser. Préciser la valeur de x en laquelle ce maximum est atteint.

Je fais le point

Je revois mon cours

Sens de variation d'une fonction

Fonction croissante sur un intervalle I

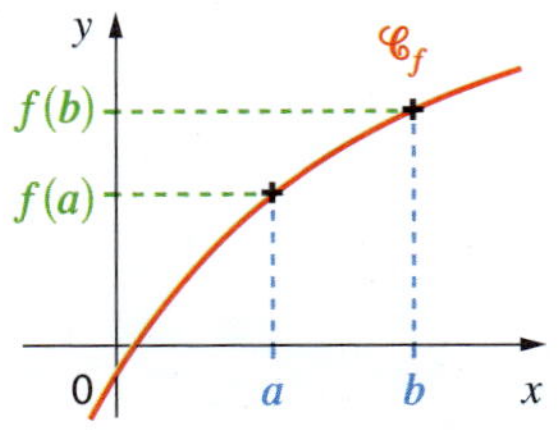

$f(a)$ et $f(b)$ sont **dans le même ordre** que a et b.

Fonction décroissante sur un intervalle I

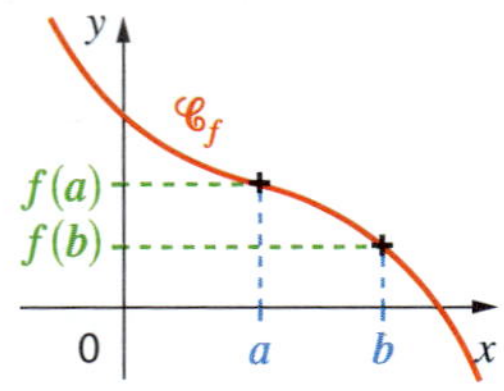

$f(a)$ et $f(b)$ sont **dans l'ordre contraire** de a et b.

Tableau de variations

Dans l'ordre croissant, les bornes de D et les valeurs en lesquelles f change de sens de variation.

x	a		x_1		x_2		b
$f(x)$	$f(a)$	↘	$f(x_1)$	↗	$f(x_2)$	↘	$f(b)$

Images associées

Minimum et maximum

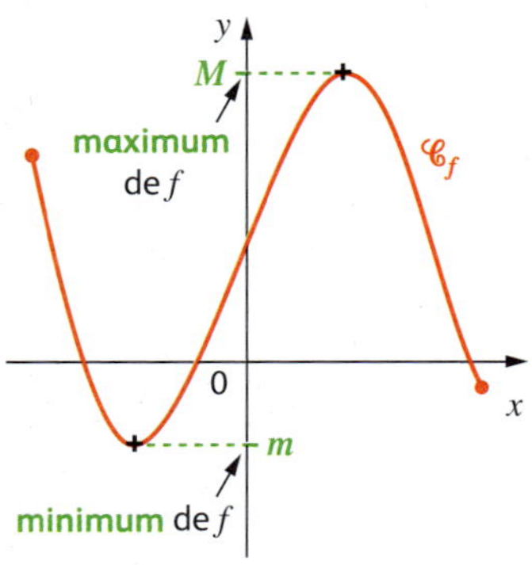

Cas des fonctions affines

f est une fonction affine définie sur $\mathbb{R}$ par : $f(x) = ax + b$

Pour tous $x_1 \neq x_2$, on a :

$$a = \frac{f(x_2) - f(x_1)}{x_2 - x_1}$$

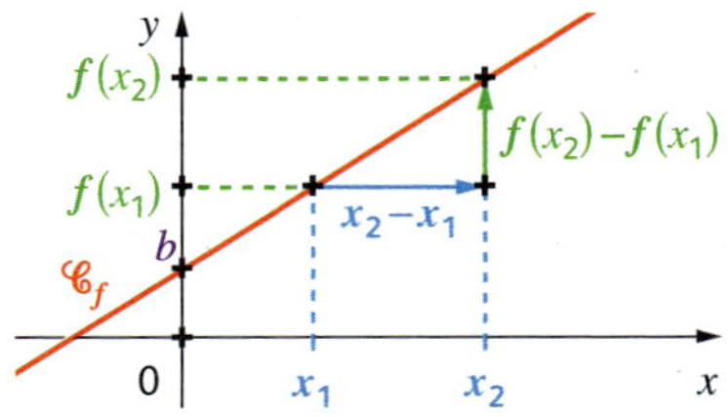

Si $a > 0$:

x	$-\infty$		$+\infty$
$ax+b$		↗	

Si $a < 0$:

x	$-\infty$		$+\infty$
$ax+b$		↘	

Fonctions de référence

Fonction carré

x	$-\infty$		0		$+\infty$
x^2		↘	0	↗	

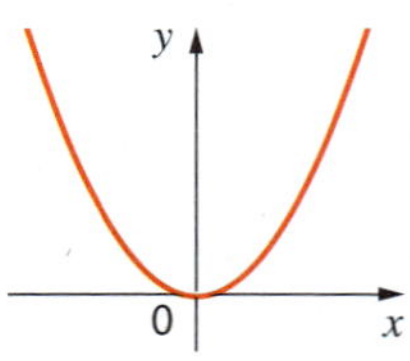

- Si $0 \leqslant a \leqslant b$ alors $a^2 \leqslant b^2$.
- Si $a \leqslant b \leqslant 0$ alors $a^2 \geqslant b^2$.

Fonction inverse

x	$-\infty$		0		$+\infty$
$\frac{1}{x}$		↘	‖	↘	

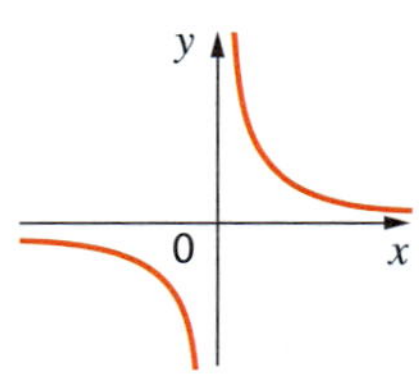

- Si $0 < a \leqslant b$ alors $\frac{1}{a} \geqslant \frac{1}{b}$.
- Si $a \leqslant b < 0$ alors $\frac{1}{a} \geqslant \frac{1}{b}$.

Fonction cube

x	$-\infty$		$+\infty$
x^3		↗	

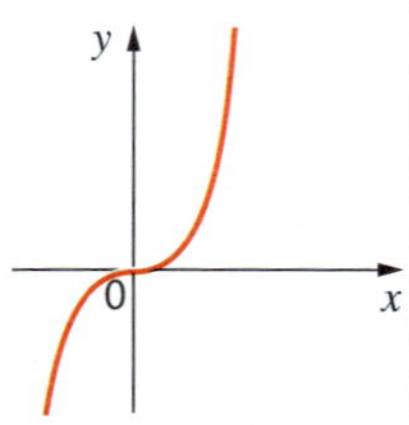

- Si $a \leqslant b$ alors $a^3 \leqslant b^3$.

Fonction racine carrée

x	0		$+\infty$
$\sqrt{x}$	0	↗	

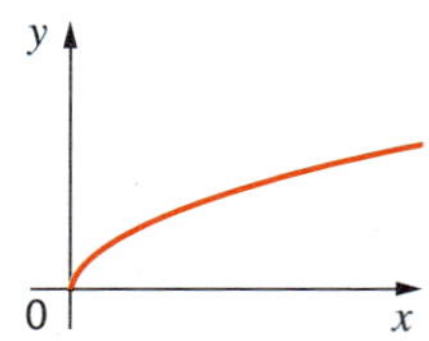

- Si $0 \leqslant a \leqslant b$ alors $\sqrt{a} \leqslant \sqrt{b}$.

Je m'exerce à démontrer

La fonction carré est strictement décroissante sur $]-\infty\,;0[$.

DÉMO PAS À PAS
hachette-clic.fr/25de2081

J'évalue mes connaissances

VERSION INTERACTIVE
hachette-clic.fr/25de2082

QCM

Voir corrigés p. 414

Pour chacune des questions, indiquer la (ou les) bonne(s) réponse(s).
Pour les questions **1.** à **3.**, on considère la fonction f définie par sa courbe représentative $\mathscr{C}$ ci-contre.

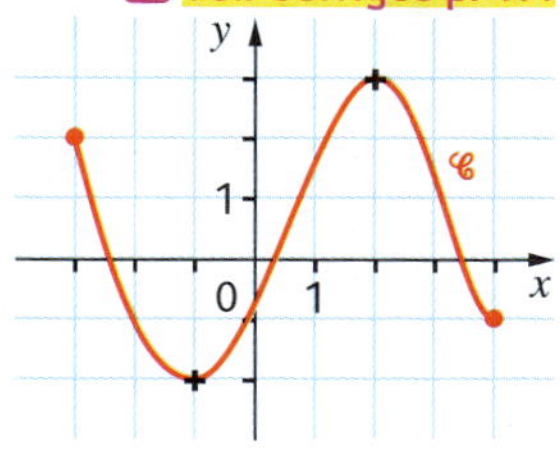

	a	b	c
1. La fonction f est croissante sur :	$[-3;4]$	$[-1;2]$	$[0;1]$
2. Le maximum de f sur $[-3;4]$ est :	2	3	4
3. Le tableau de variations de f est :	x : 2, −2, 3, −1 $f(x)$: −3 ↘ 0 ↗ 3 ↘ 1	x : −3, −2, 3, 4 $f(x)$: 2 ↘ −1 ↗ 2 ↘ −1	x : −3, −1, 2, 4 $f(x)$: 2 ↘ −2 ↗ 3 ↘ −1
4. Si g est une fonction croissante sur l'intervalle $[-2;6]$, alors :	on peut affirmer que $g(0)\leqslant g(3)$	on peut affirmer que $g(1)\geqslant g(4)$	on ne peut pas comparer de façon certaine $g(2)$ et $g(5)$
5. Si 15 est le maximum d'une fonction h définie sur un intervalle I, alors :	pour tout réel $x\in \mathrm{I}$, on a $h(x)\leqslant 15$	pour tout réel $x\in \mathrm{I}$, on a $h(x)\geqslant 15$	il existe (au moins) un réel a de I tel que $h(a)=15$
6. p est une fonction affine décroissante sur $\mathbb{R}$ qui s'annule en 2. Alors :	le coefficient directeur de la droite représentant p est égal à 2.	l'ordonnée à l'origine de la droite représentant p vaut 2.	x : $-\infty$, 2, $+\infty$ $p(x)$: + 0 −
7. On a :	$(-2)^2>\left(-\frac{9}{4}\right)^2$	$\frac{1}{4}<\frac{1}{\pi}$	$\sqrt{3}<\sqrt{\pi}$
8. Pour tout réel x, avec $-10<x<-5$, on a :	$x^3\in]125;1\,000[$	$25<x^2<100$	$\frac{1}{x}\in]-0,2;-0,1[$
9. On a :	$0,2^3>0,2^2$	$\left(\frac{4}{3}\right)^2>\frac{4}{3}$	$\frac{1}{\sqrt{3}}<\frac{1}{3}$

vrai ou faux ?

Indiquer pour chaque affirmation si elle est vraie ou fausse. Justifier.

Partie A.

1. La fonction $f : x\mapsto 4-3x$ est croissante sur $\mathbb{R}$.
2. La fonction $g : x\mapsto x^2+1$ est croissante sur $\mathbb{R}$.
3. La fonction carré admet un minimum sur $\mathbb{R}$.
4. La fonction h définie sur $\mathbb{R}$ par $h(x)=-4x+1$ est d'abord positive puis négative et s'annule en 0,25.
5. Pour tous réels a et b, si $a<b$ alors $a^2<b^2$.
6. Pour tous réels a et b, si $a<b$ alors $a^3<b^3$.
7. Pour tous réels non nuls a et b, si $a<b$ alors $\frac{1}{a}>\frac{1}{b}$.
8. Pour tous réels réel x, on a $x\leqslant x^2\leqslant x^3$.

Partie B.

Une fonction g admet ce tableau de variations :

x	−3		−1		5
$g(x)$	2	↘	−3	↗	0

1. On a $g(-3)=2$.
2. 5 est le maximum de g sur $[-3;5]$.
3. On a $g(-2,5)<g(-1,5)$.
4. On a $g(2)<g(3)$.
5. Si $x\in[-3;5]$ alors $g(x)\in[-3;2]$.

exercices Application

JE ME TESTE ! EXERCICES INTERACTIFS
hachette-clic.fr/25de2083

Acquérir des automatismes

29 On considère la fonction f définie sur $\mathbb{R}$ par :

$$f(x)=5x-3$$

Déterminer l'image par f de :

1. 1 **2.** -2 **3.** 5

30 Déterminer les fonctions affines parmi les fonctions suivantes.

1. $f(x)=-5x-7$ **2.** $g(x)=\frac{1}{x}+5$

3. $h(x)=\frac{2-4x}{3}$ **4.** $k(x)=2x^2+3$

31 Représenter graphiquement les fonctions affines suivantes dans le plan muni d'un repère orthonormé.

1. $f(x)=-2x+4$ **2.** $g(x)=x+1$

3. $h(x)=5$ **4.** $i(x)=-3x$

32 Pour chacune des fonctions affines suivantes, préciser si elle est strictement croissante, strictement décroissante ou constante.

1. $f(x)=7x-8$ **2.** $g(x)=-x+5$

3. $h(x)=2x$ **4.** $j(x)=-5$

5. $k(x)=6-5x$ **6.** $m(x)=-3+x$

33 Étudier le signe des fonctions affines suivantes.

1. $f(x)=3x-12$ **2.** $g(x)=-2x+1$

3. $h(x)=5x$ **4.** $i(x)=-3$

34 Tracer une esquisse à main levée et le tableau de variations des courbes représentatives de chacune des fonctions de référence : carré, inverse, cube et racine carrée.

35 **QCM**

Pour chacune des questions, indiquer la ou les bonne(s) réponse(s).

On donne la courbe représentative d'une fonction f.

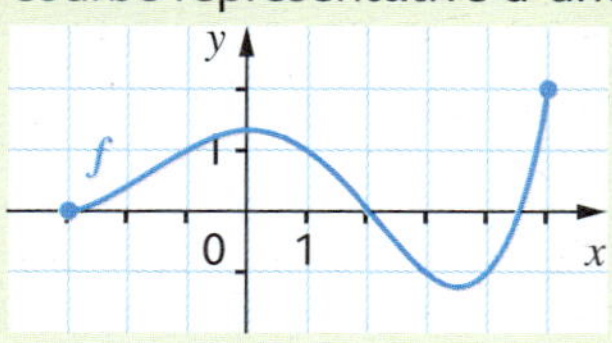

1. L'image de 2 par f est :

a. 0 **b.** $f(2)$ **c.** 5

2. $f(1)$ est égal à :

a. -1 et 1 **b.** -1 **c.** 1

3. Le (ou les) éventuel(s) antécédent(s) de -1 sont :

a. Il n'y en a pas. **b.** 1 **c.** 3 et 4

4. Le maximum de la fonction f :

a. n'existe pas **b.** est égal à 5 **c.** est égal à 2

Travailler les capacités du chapitre

Capacité 1 **Mettre en relation représentation graphique et tableau de variations**

Voir p. 261

36 **Vrai ou faux ?**

On a représenté ci-dessous la fonction f définie sur $[-4;4]$.

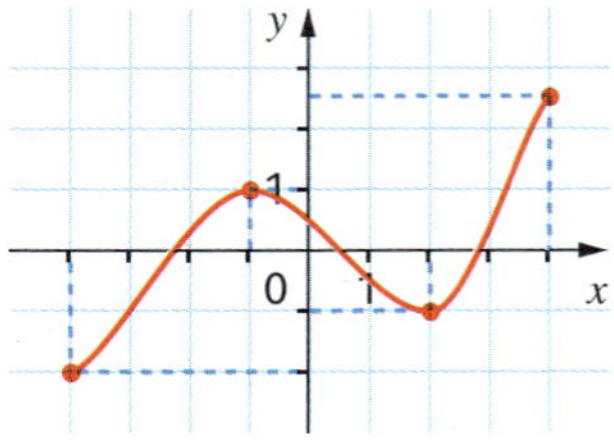

Pour chacune des affirmations suivantes, indiquer si elle est vraie ou fausse.

1. L'image de -1 par la fonction f est 2.

2. 4 est un antécédent de 2,5 par la fonction f.

3. f est croissante sur $[-2;1]$.

4. f est décroissante sur $[-1;2]$.

5. Pour tout $x\in[-4;4]$, on a $f(x)\geqslant -2$.

37 Dresser le tableau de variations de la fonction f de l'exercice **36**.

*Pour les exercices **38** à **40**, on a représenté une fonction. Dresser son tableau de variations.*

38

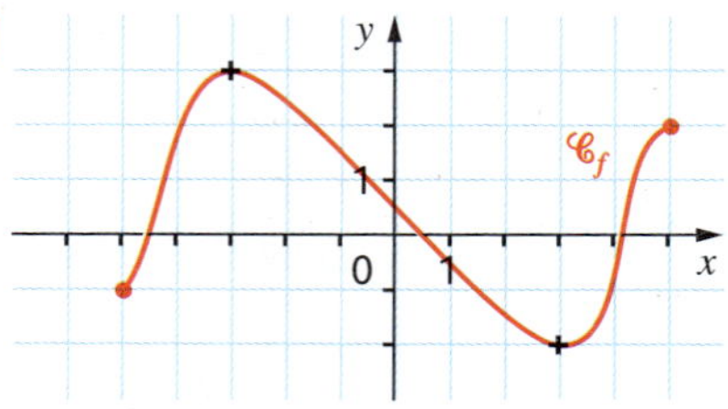

39

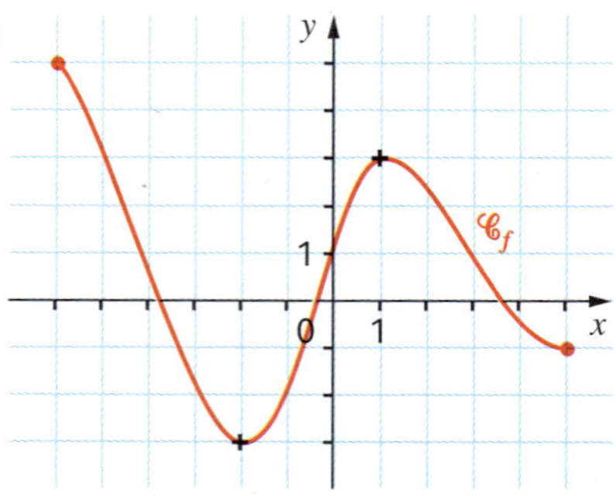

40

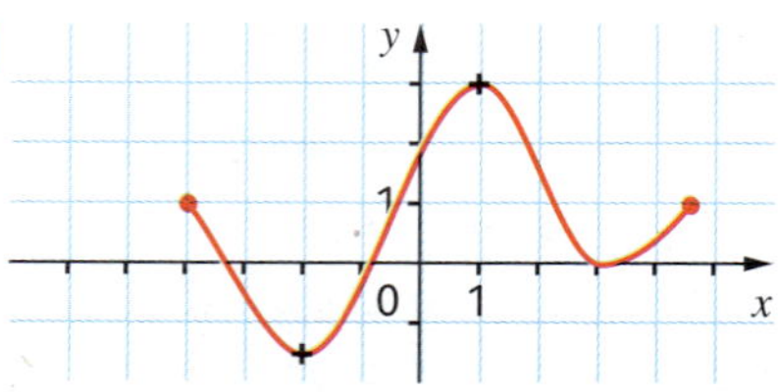

41 On considère une fonction f dont on donne ci-dessous le tableau de variations.

x	-2		0		1		4
$f(x)$	0	↘	-3	↗	2	↘	-1

1. Quel est l'ensemble de définition de f ?
2. Quelle est l'image de 0 par f ?
3. Préciser les intervalles sur lesquels f est croissante, puis ceux sur lesquels f est décroissante.
4. Tracer une représentation graphique possible pour la fonction f.

42 Une fonction f est définie sur $[0;5]$.
On suppose que f est croissante sur $[0;2]$ et sur $[4;5]$, décroissante sur $[2;4]$ et que :
- $f(0)=1$
- $f(2)=3$
- $f(3)=f(5)=0$
- $f(4)=-1$

1. Dresser le tableau de variations de f.
2. Tracer une représentation graphique possible pour la fonction f.
3. L'équation $f(x)=4$ admet-elle des solutions ? Justifier.
4. Préciser sur quel(s) intervalle(s) les images $f(x)$ sont négatives.

Pour les exercices 43 à 45, tracer une représentation graphique possible pour la fonction f à partir de son tableau de variations et des renseignements donnés.

43 f est définie sur $[-3;2{,}5]$.

x	-3		0		1		$2{,}5$
$f(x)$	$2{,}5$	↘	1	↗	2	↘	$-1{,}5$

CORRECTION TYPE EN VIDÉO
hachette-clic.fr/25de2084

44 f est définie sur $\mathbb{R}$ et vérifie $f(-4)=-3$, $f(1)=2$ et $f(4)=3$. De plus, pour tout $x>2$, $f(x)>0$.

x	$-\infty$		-2		0		2		$+\infty$
$f(x)$		↗	4	↘	1	↗	4	↘	

45 f est définie sur $\mathbb{R}$. 0 admet pour image 1 et 6 est un antécédent de -1. De plus, pour tout réel x, $f(x)>-2$.

x	$-\infty$		1		5		$+\infty$
$f(x)$		↘	0	→	0	↘	

Info
La flèche horizontale exprime le fait que la fonction f est constante sur l'intervalle $[1 ; 5]$.

CAPACITÉ 2 Déterminer graphiquement les extremums d'une fonction

Voir p. 261

46 QCM
On a représenté ci-contre la fonction f sur son ensemble de définition.

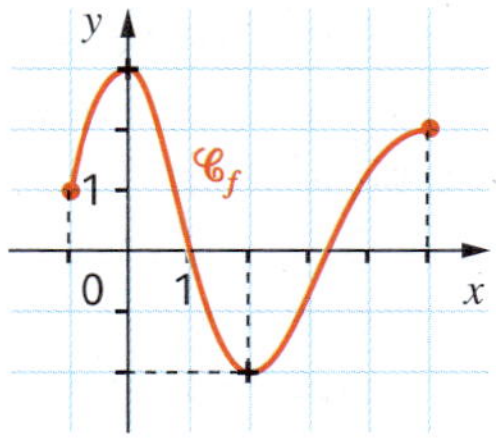

Pour chaque question, déterminer la réponse correcte parmi les réponses proposées.
1. L'ensemble de définition de la fonction f est :
a. $\mathrm{I}=[-2;3]$ **b.** $\mathrm{I}=[1;2]$ **c.** $\mathrm{I}=[-1;5]$
2. Le maximum de f sur I est égal à :
a. 5 **b.** 3 **c.** 2
3. Le maximum de f sur I est atteint en :
a. 0 **b.** 5 **c.** 3
4. Le minimum de f sur I est égal à :
a. -2 **b.** -1 **c.** 2
5. Si $x\in\mathrm{I}$, alors $f(x)$ vérifie l'encadrement :
a. $-2\leqslant f(x)\leqslant 3$ **b.** $-1\leqslant f(x)\leqslant 5$ **c.** $1\leqslant f(x)\leqslant 2$

47 On considère la fonction g définie sur $[-4;3]$ et représentée ci-contre.

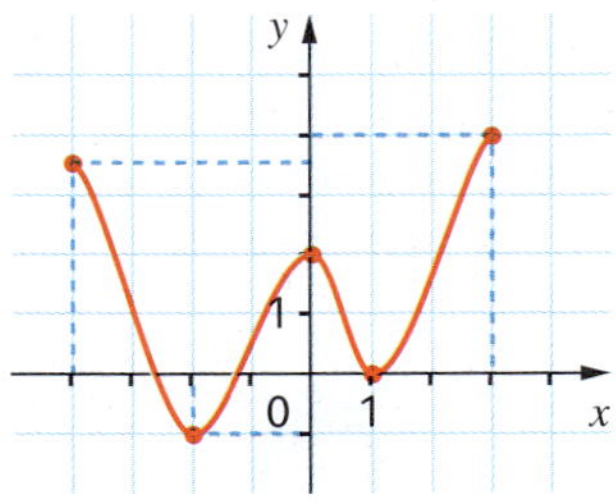

1. Quel est le maximum de g sur l'intervalle $[-4;3]$? En quelle(s) valeur(s) ce maximum est-il atteint ?
2. Quel est le minimum de g sur l'intervalle $[-4;3]$? En quelle(s) valeur(s) ce minimum est-il atteint ?
3. Quel est le maximum de g sur l'intervalle $[-2;1]$? sur l'intervalle $[-4;1]$?
4. Donner un encadrement de $g(x)$ dans chacun des cas suivants :
a. $x\in[-4;0]$ **b.** $x\in[-4;3]$ **c.** $x\in[0;3]$

48 Pour chaque courbe des exercices 38 à 40, indiquer la valeur du maximum et du minimum de la fonction représentée et préciser les valeurs pour lesquelles ils sont atteints.

49 Soit le tableau de variations d'une fonction f.

x	-1		1		3		4
$f(x)$	-1	↗	3	↘	-2	↗	2

1. Quelle est l'image de 3 par f ? Et celle de -1 ?
2. Tracer une courbe susceptible de représenter la fonction f.
3. a. Quel est le maximum de f ?
Préciser en quel réel il est atteint.
b. Même question pour le minimum.

Exercices Application

JE ME TESTE ! EXERCICES INTERACTIFS hachette-clic.fr/25de2083

50 Tracer une courbe susceptible de représenter la fonction f définie sur l'intervalle $[-3;5]$ et vérifiant l'ensemble des propriétés suivantes :

- f admet 2 pour maximum sur $[-3;5]$ et ce maximum est atteint en -3 et 4 ; -2 est le minimum de f sur $[-3;5]$ et il est atteint en 2 ;
- l'image de 0 par f est 1 et $f(5)=1{,}5$;
- 0 admet trois antécédents par f : -1 ; 1 et 3.

51 Sur une calculatrice, on a tracé la courbe de la fonction f définie par $f(x)=(x-3)^2+1$.

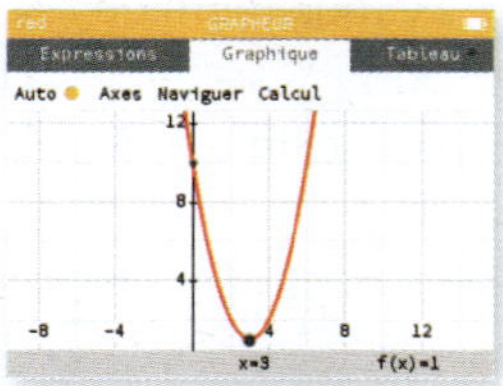

1. En utilisant les informations données à l'écran, conjecturer le minimum de f et la valeur de x en laquelle il semble atteint.

2. Justifier que $f(x) \geqslant f(3)$ pour tout réel x. Que peut-on en conclure ?

*Pour les exercices **52** à **54**, conjecturer, en utilisant la calculatrice graphique, les extremums de la fonction f sur l'intervalle I indiqué en précisant les valeurs en lesquelles ils semblent atteints.*

52 $f(x)=x^2+2x-4$ sur $\mathrm{I}=[-5;3]$

CORRECTION TYPE EN VIDÉO hachette-clic.fr/25de2085

53 $f(x)=x^3-3x^2+6$ sur $\mathrm{I}=[-0{,}5;2{,}5]$

54 $f(x)=\dfrac{-2}{x^2+1}$ sur $\mathrm{I}=[-3;3]$

Voir pages Calculatrices

CAPACITÉ 3 Relier sens de variation, signe et droite représentative d'une fonction affine

Voir p. 263

*Pour les exercices **55** à **57**, déterminer le sens de variation sur $\mathbb{R}$ de chaque fonction affine puis les représenter graphiquement.*

55 **1.** $f : x \mapsto -2x-1$ **2.** $g : x \mapsto -8x$ **3.** $h : x \mapsto x-3$ **4.** $i : x \mapsto 2$

56 **1.** $f : x \mapsto 2-x$ **2.** $g : x \mapsto 2x$ **3.** $h : x \mapsto -3$ **4.** $i : x \mapsto 3x-4$

57 **1.** $f : x \mapsto 1{,}5x-0{,}5$ **2.** $g : x \mapsto -x+0{,}5$ **3.** $h : x \mapsto 2-\dfrac{1}{3}x$ **4.** $i : x \mapsto \dfrac{7}{5}x$

*Pour les exercices **58** à **60**, déterminer si elles sont affines ou non. Pour celles qui sont affines, préciser leur sens de variation sur $\mathbb{R}$.*

58 **1.** $f(x)=-5x+1$ **2.** $g(x)=2x^2-3$ **3.** $h(x)=3+\dfrac{x}{2}$ **4.** $i(x)=\dfrac{2x-1}{5}$

59 **1.** $f(x)=3-\dfrac{2}{x}$ **2.** $g(x)=-0{,}5x$ **3.** $h(x)=1$ **4.** $i(x)=\sqrt{x+2}$

60 **1.** $f(x)=x^3-1$ **2.** $g(x)=3x-\sqrt{2}$ **3.** $h : x \mapsto 2-\dfrac{x}{3}$ **4.** $i : x \mapsto \dfrac{3}{x}+2$

61 Les fonctions affines f, g, h et k sont représentées ci-dessous.

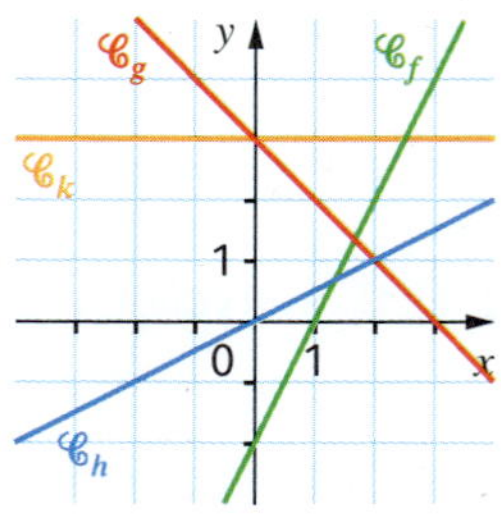

1. Préciser le sens de variation de f, g, h puis k sur $\mathbb{R}$.

2. Construire le tableau de signes de chacune des quatre fonctions affines.

62 La fonction affine f admet le tableau de signes ci-dessous. Quel est son sens de variation ?

x	$-\infty$		10		$+\infty$
$f(x)$		$-$	0	$+$	

*Pour les exercices **63** à **65**, construire le tableau de signes sur $\mathbb{R}$ de chaque fonction affine.*

63 **1.** $f(x)=3x-12$ **2.** $g(x)=4x$ **3.** $h(x)=-2x+4$ **4.** $i(x)=2$

CORRECTION TYPE EN VIDÉO hachette-clic.fr/25de2086

64 **1.** $f(x)=2-3x$ **2.** $g(x)=5x-7$ **3.** $h(x)=-2x$ **4.** $i(x)=-\dfrac{8}{3}$

65 **1.** $f(x)=\dfrac{1}{2}+\dfrac{3}{4}x$ **2.** $g(x)=-x+\dfrac{1}{3}$ **3.** $h(x)=-\dfrac{1}{2}x+\dfrac{2}{5}$ **4.** $i(x)=\sqrt{2}x-\sqrt{18}$

4 Comparer des images

Voir p. 265

66 Vrai ou faux ?

On a représenté la courbe représentative d'une fonction f définie sur $[-4;3]$.

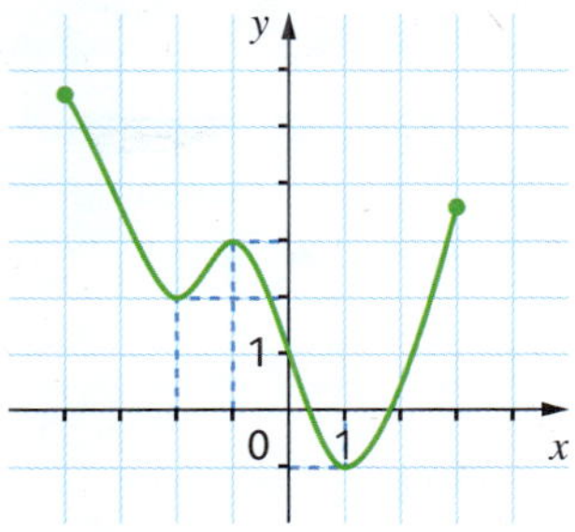

Indiquer pour chacune des inégalités suivantes si elle est vraie ou fausse en justifiant la réponse.

1. $f(-1)>f(0)$
2. $f(2)<f(3)$
3. $f(-2,5)<f(-3)$
4. $f(-1,9)<f(-1,5)$

67 Voici le tableau de variations d'une fonction h définie sur l'intervalle $[-5;4]$.

x	-5	-2	$\frac{1}{2}$	4
$h(x)$	1 ↘	0 ↗	3 ↘	0

1. Indiquer le maximum et le minimum de cette fonction sur son ensemble de définition. Préciser les valeurs de la variable où ils sont atteints.
2. Recopier et compléter dans chaque cas en utilisant l'un des symboles $>$, $<$ ou $=$.

a. $h(-1)\ldots h(0)$ b. $h(-2)\ldots h(-1)$
c. $h(2)\ldots h(4)$ d. $h(-2)\ldots h(4)$

68 QCM

Pour chaque question, déterminer la (ou les) réponse(s) correcte(s) parmi les réponses proposées.

1. Si $x \geqslant 3$ alors :
a. $x^3 \geqslant 27$ b. $\frac{1}{x} \geqslant \frac{1}{3}$ c. $x^2 \geqslant x^3$
2. Si $x<-4$ alors :
a. $x^2<16$ b. $-16<x^2<16$ c. $x^2>16$
3. Si $0<x<1$ alors :
a. $\sqrt{x}<1$ b. $x^3>x^2$ c. $x^2<x$

Pour les exercices 69 à 71, comparer, dans chaque cas, les réels A et B.

CORRECTION TYPE EN VIDÉO
hachette-clic.fr/25de2087

69
1. $A=3,1^2$ et $B=2,9^2$
2. $A=(-1,7)^2$ et $B=(-1,4)^2$
3. $A=(-5)^2$ et $B=-5^2$
4. $A=(-6,72)^2$ et $B=(-3,21)^2$

70
1. $A=3^2$ et $B=\pi^2$
2. $A=(-3)^2$ et $B=(-2,9)^2$
3. $A=2,21^3$ et $B=3,5^3$
4. $A=\sqrt{6,5}$ et $B=\sqrt{8,3}$

71
1. $A=9$ et $B=\sqrt{95}$
2. $A=\left(-\frac{4}{3}\right)^2$ et $B=\left(-\frac{3}{4}\right)^2$
3. $A=\left(-\frac{6}{7}\right)^3$ et $B=\left(-\frac{8}{7}\right)^3$
4. $A=\sqrt{18}$ et $B=4$

Pour les exercices 72 et 73, comparer, dans chaque cas, les réels a et b puis leurs inverses.

72
1. $a=2$ et $b=2,05$
2. $a=-3,8$ et $b=-3$
3. $a=-5,2$ et $b=-6$
4. $a=-\frac{1}{3}$ et $b=-\frac{1}{\pi}$

73
1. $a=-7$ et $b=-7,01$
2. $a=\frac{3}{8}$ et $b=\frac{3}{8,1}$
3. $a=\frac{-5}{3}$ et $b=-\frac{13}{6}$
4. $a=-\frac{5}{4}$ et $b=-\frac{6}{7}$

74 Dans chaque cas, on donne un encadrement de x. Déterminer un encadrement de y.

1. $-3 \leqslant x \leqslant -2$ et $y=x^2$
2. $-2 \leqslant x \leqslant 3$ et $y=x^3$
3. $4 \leqslant x \leqslant 10$ et $y=\frac{1}{x}$

5 Résoudre un problème d'optimisation

Voir p. 267

75 $ABCD$ est un carré de côté 10. Un point M est mobile sur le segment $[AB]$.

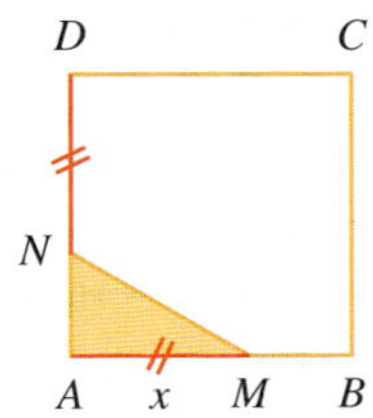

Le point N appartient au segment $[AD]$ et vérifie $AM = ND$.

On pose $x = AM = ND$.

1. Expliquer pourquoi $0 \leqslant x \leqslant 10$.
2. Justifier que l'aire $f(x)$ du triangle AMN est :

$$f(x)=5x-\frac{x^2}{2}$$

3. À l'aide de la calculatrice, conjecturer la position du point M sur le segment $[AD]$ de sorte que l'aire du triangle AMN soit maximale.

76 Aire de baignade

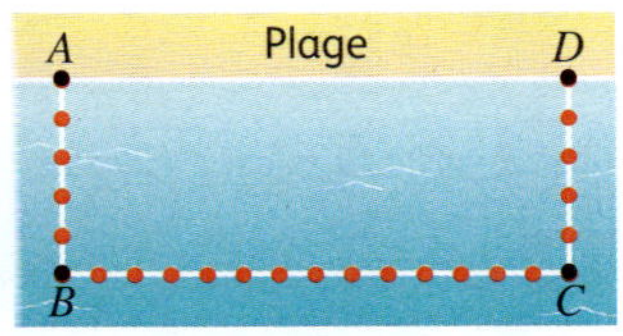

Sur une plage, un surveillant de baignade dispose d'une ligne de nage de 200 mètres de longueur ainsi que de quatre bouées A, B, C et D.

Il souhaite la déployer à partir de la plage pour obtenir la zone de baignade rectangulaire la plus grande possible, c'est-à-dire ayant la plus grande aire.

On pose $x = AB = CD$ et on note $A(x)$ l'aire de la zone de baignade c'est-à-dire l'aire du rectangle $ABCD$.

1. Dans quel intervalle I la variable x varie-t-elle ?
2. a. On rappelle que la ligne de nage est de 200 mètres. Exprimer alors BC en fonction de x.
b. En déduire que $A(x)=-2x^2+200x$.
c. À l'aide de la calculatrice, conjecturer une réponse au problème posé.
3. Après avoir justifié que, pour tout $x \in$ I, on a :

$$A(x)=5\,000-2(x-50)^2$$

justifier la conjecture précédente.

1 Variations d'une fonction, extremums

77 On considère une fonction f dont on donne le tableau de variations suivant.

x	-7		-1		3		7		10
$f(x)$	5	↘	-3	↗	3	↘	‖	↘	-5

Recopier et compléter les phrases suivantes.
1. L'ensemble de définition de f est ... .
2. La fonction f est croissante sur ... .
3. La fonction f est décroissante sur ... .
4. Un antécédent de -3 par f est ... .
5. Le nombre ... n'admet pas d'image par f.

78 Associer à chaque tableau de variations la représentation graphique correspondante.

a.

x	-1		0		2
$f(x)$	-1	↗	1	↘	0

b.

x	-1		0		2
$f(x)$	1	↘	-1	↗	0

c.

x	-1		0		3
$f(x)$	-1	↗	1	↘	0

d.

x	-2		1		2
$f(x)$	-1	↗	1	↘	0

1.
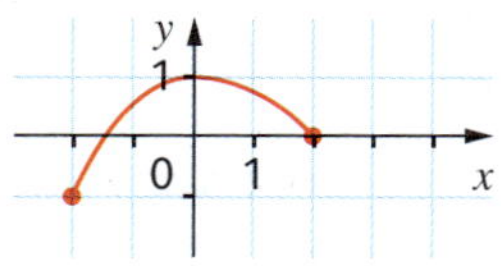

2.
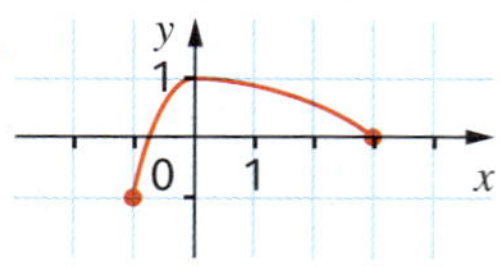

3.
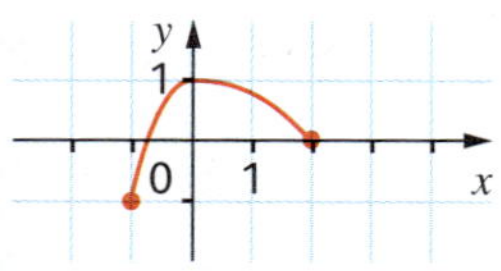

4.
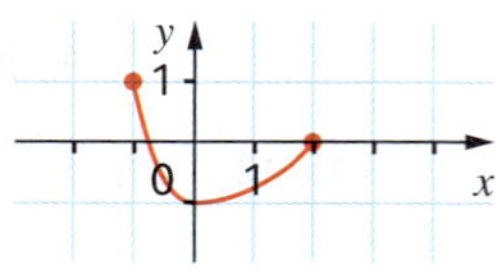

79 Soit la fonction f définie sur $[0;9]$ telle que :
• f est croissante sur $[0;3]$ et $[5;7]$, et décroissante sur $[3;5]$ et $[7;9]$;
• la courbe représentative de f passe par l'origine ;
• 6 possède deux antécédents : 3 et 7 ;
• l'image de 5 est 2 et $f(9)=-3$.
1. Dresser le tableau de variations de f.
2. a. Déterminer les extremums de f.
b. Pour quelle(s) valeur(s) sont-ils atteints ?

80 Soit une fonction f définie sur l'intervalle $[-5;3]$ telle que : f est croissante sur $[-5;0]$, décroissante sur $[0;3]$, $f(-5)=1$, $f(0)=5$ et $f(3)=-2$.
1. Dresser le tableau de variations de f.
2. Les affirmations suivantes sont-elles vraies ou fausses ?
a. $f(-3)\geqslant 1$ **b.** $f(2)=-5$ **c.** $-2\leqslant f(1)\leqslant 5$

Analyse d'un énoncé

81 Exercice commenté
On donne le tableau de variations d'une fonction f définie sur l'intervalle $[-4;4]$.

x	-4		-2		1		4
$f(x)$	-3	↗	1	↘	-1	↗	2

1. Déterminer le nombre d'antécédent(s) de zéro.

Le tableau permet de connaître le nombre d'antécédents d'une valeur. Pour cela, il faut s'intéresser aux images de part et d'autre des flèches.

2. Tracer une courbe représentative possible de f.

Le tableau permet de placer les points d'abscisse -4, -2, 1 et 4. Il donne aussi des indications pour relier ces points : le sens de variation de la fonction.

3. Comparer $f(-1)$ et $f(0)$, puis $f(2)$ et $f(3)$.

Pour comparer deux images, on s'aide du tableau pour connaître le sens de variation de la fonction entre ces deux images.

82 Application immédiate
On définit sur l'intervalle $[-6;3]$, la fonction f dont on donne le tableau de variations suivant.

x	-6		0		3
$f(x)$	4	↘	1	↗	4

1. Tracer une courbe représentative possible de f.
2. Comparer $f(-3)$ et $f(0)$.
3. a. Déterminer le nombre d'antécédent(s) de 4.
b. Proposer un réel k qui admet exactement deux antécédents par f.
c. Existe-t-il un réel m tel que l'équation $f(x)=m$ admette exactement trois solutions ?

83 On considère une fonction f dont on donne le tableau de variations suivant.

x	-5		-1		4		8		12
$f(x)$	7	↘	-4	↗	-1	↘	-6	↗	5

1. Donner l'ensemble de définition de f.
2. Déterminer les extremums de f.
3. Donner l'image de -1 par f.
4. Comparer si possible les nombres suivants.
a. $f(-1)$ et $f(2)$ **b.** $f(2)$ et $f(6)$
c. $f(-4)$ et $f(-2)$ **d.** $f(5)$ et $f(7)$

84 On considère une fonction f dont on donne le tableau de variations suivant.

x	-3		0		4		8
$f(x)$	3	↗	5	↘	-2	↗	0

1. Donner l'ensemble de définition de f.
2. Déterminer les extremums de f et préciser les valeurs pour lesquelles ils sont atteints.
2. Comparer si possible les nombres suivants.
a. $f(-1)$ et $f(-3)$ **b.** $f(0)$ et $f(5)$
c. $f(-3)$ et $f(2)$ **d.** $f(-2)$ et $f(6)$

85 La tonométrie artérielle est un examen permettant d'obtenir une mesure continue de la pression artérielle. On note f la fonction qui, pour un patient donné, associe à chaque instant t en milliseconde (ms) la pression artérielle radiale au repos $f(t)$ exprimée en millimètre de mercure (mmHg). Cette fonction est représentée ci-dessous sur l'intervalle [0 ; 650].

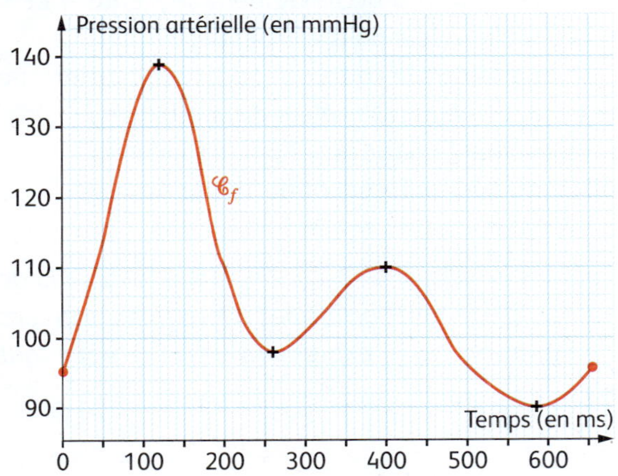

1. Dresser le tableau de variations de f.
2. Résoudre l'inéquation $f(t) \geqslant 130$. Interpréter dans le contexte de l'exercice.
3. a. Déterminer la valeur systolique mesurée c'est-à-dire la valeur maximale de la pression artérielle chez ce patient.
b. Déterminer la valeur diastolique mesurée c'est-à-dire la valeur minimale de la pression artérielle chez ce patient.
c. Un patient est en hypertension artérielle lorsque la pression systolique est supérieure ou égale à 140 mmHg ou que la pression diastolique est supérieure ou égale à 90 mmHg. Ce patient est-il en hypertension ? Justifier.

86 **Vrai ou faux ?**
On considère le tableau de variations d'une fonction f définie sur $[-6;13]$.

x	-6		-1		3		7		13
$f(x)$	-2	↗	3	↘	0	↘	-5	↗	-1

Pour chacune des affirmations suivantes, indiquer si elle est vraie ou fausse.
1. 0 possède au moins deux antécédents.
2. L'image de 0 est 3.
3. $f(0) \leqslant f(10)$
4. Le minimum de f est -5.
5. Le maximum de f sur $[7;13]$ est -1.
6. f est croissante sur $[-2;3]$.
7. Si $x \in [-1;3]$, alors $f(x) \geqslant 0$.
8. Si $f(x) \geqslant 0$, alors $x \in [-1;3]$.

87 Pour chaque tableau de variations, déterminer les éventuels extremums des fonctions associées. Préciser alors les valeurs pour lesquelles ils sont atteints.

1.

x	$-\infty$		0		$+\infty$
$f(x)$		↘	0	↗	

2.

x	$-\infty$		-7		0		11
$g(x)$		↗	10	↘	-2	↗	3

3.

x	0		3		7		12
$k(x)$	8	↘	-3	↗	8	↘	0

4.

x	$-\infty$		-5		10		$+\infty$
$h(x)$		↗	9	↘	0	↗	

88 **Hauteur maximale d'une balle**
Joé lance une balle en hauteur. La hauteur de la balle (en mètre) peut être modélisée par la fonction f définie par :
$$f(t) = -5t^2 + 15t + 2$$
où t est le temps écoulé depuis le lancer (en seconde) et $f(t)$ la hauteur de la balle (en mètre).
1. Calculer $f(0)$. Interpréter ce résultat.
2. Représenter graphiquement la courbe de f sur la calculatrice puis conjecturer :
a. l'instant t_{max} où la balle atteint sa hauteur maximale, préciser cette hauteur maximale ;
b. l'instant t_0 où la balle retombe sur le sol.
3. a. Montrer que, pour tout réel $t \in [0;t_0]$, on a :
$$f(t) = 13{,}25 - 5(t - 1{,}5)^2$$
b. Justifier alors les deux conjectures précédentes.

89 On définit sur $[-8;5]$, la fonction f dont on donne le tableau de variations suivant.

x	-8		-3		2		5
$f(x)$	-3	↗	1	↘	-2	↗	-1

1. Combien 0 possède-t-il d'antécédent(s) ?
2. a. On sait de plus que $f(1) = 0$ et $f(-5) = 0$. Résoudre l'inéquation $f(x) \geqslant 0$.
b. En déduire le tableau de signes de f.
3. Donner un encadrement des images suivantes :
a. $f(-1{,}2)$ **b.** $f(-\sqrt{8})$ **c.** $f(3{,}8)$
4. Dans chacun des cas, déterminer un encadrement de $f(x)$ le plus précis possible :
a. $x \in [-8;5]$ **b.** $-3 \leqslant x \leqslant 5$ **c.** $x \geqslant 1$

90 On administre à un patient un médicament antalgique. La concentration du produit actif dans le sang est modélisée par une fonction f qui, au temps écoulé x en heure associe la concentration $f(x)$ exprimée en mg/L.

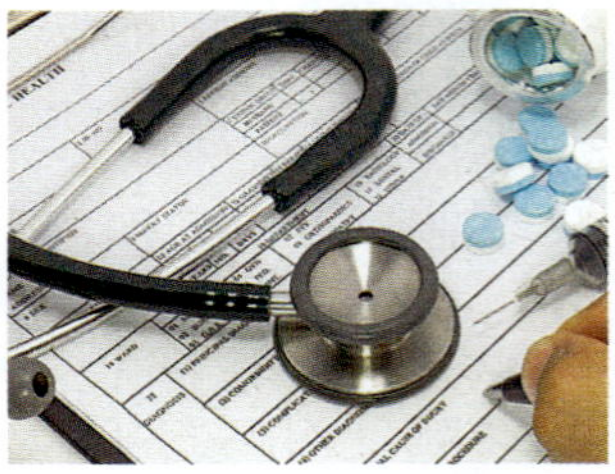

1. La fonction f est représentée sur $[1;6]$ par la courbe ci-dessous.

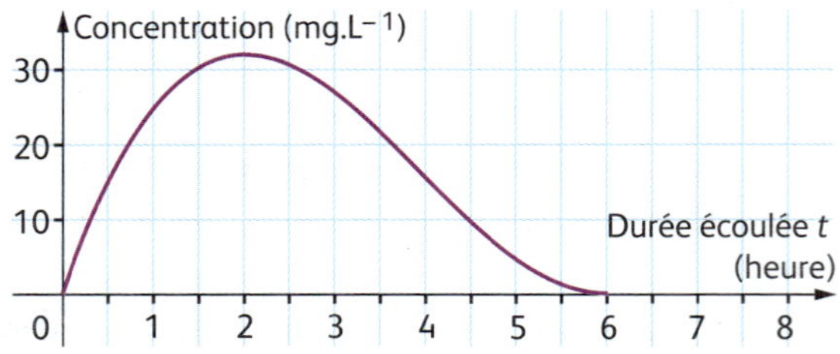

a. Au bout de combien de temps la concentration du produit est-elle maximale ? Estimer cette concentration maximale à 1 mg/L près.

b. Le médicament est efficace si sa concentration dans le sang est supérieure à 5 mg/L. Déterminer la durée d'efficacité de ce médicament.

2. On admet que f est définie sur l'intervalle $[0;6]$ par $f(x)=x^3-12x^2+36x$.

Un logiciel de calcul formel permet d'obtenir la factorisation ci-contre.

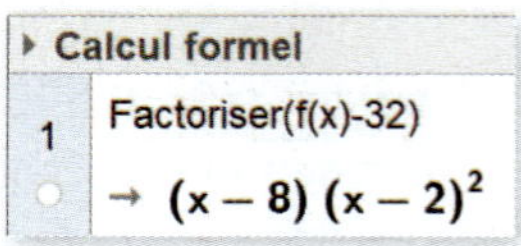

En utilisant ce résultat, justifier la conjecture graphique émise à la question **1. a.**

91 **Exercice guidé**

Déterminer la longueur et la largeur d'un rectangle de périmètre 24 cm de sorte que son aire soit maximale.

Pistes de résolution

On pourra tout d'abord exprimer la longueur L du rectangle en fonction de sa largeur l puis exprimer l'aire du rectangle en fonction de l. Utiliser ensuite la calculatrice pour émettre une conjecture quant au problème posé puis la démontrer.

2 Étude des fonctions affines

Démo

92 Étant donné deux constantes réelles a et b, on considère la fonction affine $f : x \mapsto ax+b$.

1. Soient x_1 et x_2 deux réels distincts.

Montrer que $\dfrac{f(x_2)-f(x_1)}{x_2-x_1}=a$.

2. Application

On donne ci-dessous le tableau de valeurs d'une fonction affine f.

x	1	3	5	…	–1	…
$f(x)$	–1	–5	…	–17	…	1

a. En utilisant la « proportionnalité des accroissements », compléter le tableau de valeurs précédent. Détailler la démarche.

b. Déterminer l'expression de $f(x)$.

93 Voici le tableau de valeurs d'une fonction affine $f : x \mapsto ax+b$:

x	1	3
$f(x)$	3	–1

1. Calculer le taux d'accroissement de f entre 1 et 3. En déduire la valeur du coefficient a.

2. En exploitant le fait que $f(1)=3$, justifier que $a+b=3$. En déduire la valeur du coefficient b.

3. Déterminer l'image de –2 par la fonction f.

4. Déterminer l'antécédent de 10 par f.

Pour les exercices **94** *à* **97**, *on donne le tableau de valeurs d'une fonction affine f. Déterminer son sens de variation puis l'expression de $f(x)$ pour tout réel x.*

94

x	2	5
$f(x)$	1	10

95

x	–3	1
$f(x)$	12	–3

96

x	4	–2
$f(x)$	17	2

97

x	3	–6
$f(x)$	–1	–7

98 Dans le repère ci-contre, on a représenté la fonction affine $f : x \mapsto ax+b$.

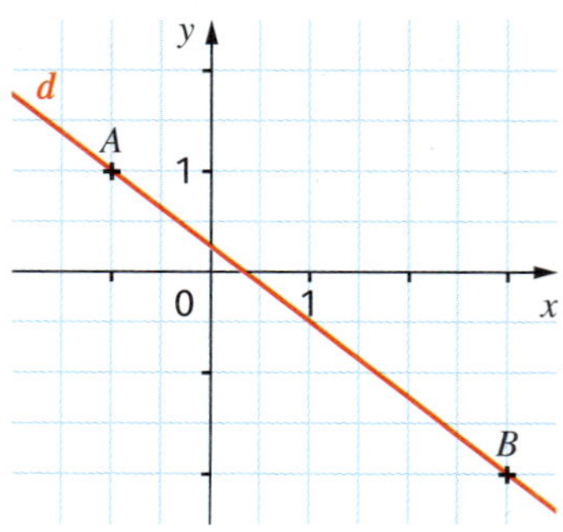

1. Justifier que :

$$a=\frac{y_B-y_A}{x_B-x_A}$$

En déduire la valeur de a.

2. Que vaut $f(-1)$?

En déduire que $-a+b=1$ puis la valeur de b.

3. Déduire alors l'expression de la fonction f.

*Pour les exercices **99** et **100**, déterminer l'expression de chacune des quatre fonctions affines représentées.*

99

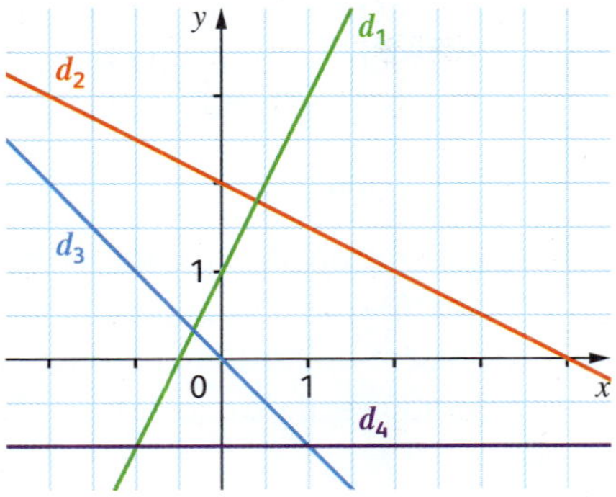

100

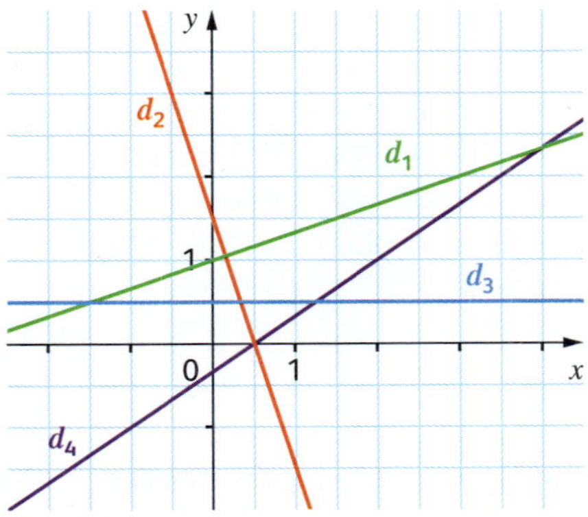

101 On donne le tableau de variations de la fonction affine définie par $f(x) = ax + b$.

x	$-\infty$	2	$+\infty$
$f(x)$	↘	0	↘

1. Quel est le signe de a ?

2. Déterminer le signe de b.

3. Expliquer pourquoi le tableau permet d'écrire :

$$2a + b = 0$$

4. Déterminer a et b sachant que la droite représentative de f passe par le point de coordonnées (0 ; 6).

102 Déterminer le sens de variation de la fonction linéaire g dont la droite représentative passe par le point $A(-3;2)$.

103 PYTHON Benjamin souhaite créer un programme Python qui lui donnera le signe d'une fonction affine de la forme $f(x) = ax + b$ où a et b sont des constantes réelles avec $a \neq 0$.

Compléter son programme :

```
def signe(a,b):
    x0 = ...
    print("La fonction est : ")
    if ... :
        print("positive sur ]-inf;",x0,"]")
        print("puis négative sur [",x0,";+inf[")
    else:
        print(...)
        print(...)
```

104 Un devoir surveillé est composé d'un exercice et d'un QCM, chacun noté sur 10 points. Le QCM est noté de telle sorte que :

– chaque bonne réponse rapporte un point ;

– chaque mauvaise réponse enlève 0,5 point.

On suppose que les élèves répondent à toutes les questions du QCM. On note f la fonction qui associe au nombre de mauvaises réponses x, la note obtenue à ce QCM.

1. a. Exprimer $f(x)$ en fonction de x.

b. Quelle est la note minimale et la note maximale qu'un élève peut obtenir à ce QCM ?

2. a. Dresser le tableau de signes de la fonction f.

b. Que peut-on en déduire dans le contexte de l'exercice ?

3. Un élève a obtenu la note de 2,5. Combien a-t-il eu de bonnes réponses ?

105 Valentin achète un aquarium de base rectangulaire de côtés 15 et 40 cm et de hauteur 25 cm. Il remplit le fond de sable sur une hauteur de deux centimètres puis ajoute de l'eau en gardant en tête qu'il doit laisser au moins 3 cm entre l'eau et le couvercle.

On note x la hauteur d'eau ajoutée et $V(x)$ le volume total occupé par le sable et l'eau.

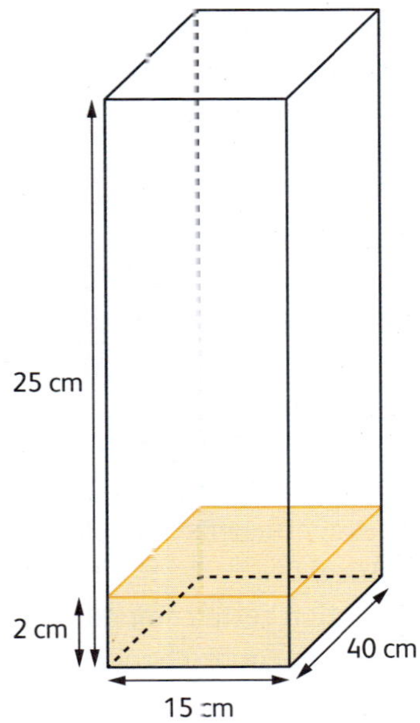

1. Déterminer l'ensemble de définition de la fonction V.

2. a. Exprimer la fonction V en fonction de x.

b. En déduire le sens de variation de la fonction V sur son ensemble de définition.

4. Quelle est la hauteur d'eau ajoutée si le volume total occupé est de 12 360 cm^3 ?

3 Étude des fonctions de référence

Démo

106 **Étude des variations de la fonction inverse**

On souhaite montrer que la fonction inverse f est strictement décroissante sur $]0;+\infty[$. Pour cela, on considère deux réels a et b tels que $0<a<b$.

On souhaite comparer $\frac{1}{a}$ et $\frac{1}{b}$.

1. Justifier que montrer la décroissance de f revient à montrer que $\frac{1}{b}-\frac{1}{a}<0$.

2. a. Vérifier que $\frac{1}{b}-\frac{1}{a}=\frac{a-b}{ab}$.

b. Quel est le signe de $a-b$? celui de ab ?

c. En utilisant la règle des signes, en déduire le signe de $\frac{a-b}{ab}$. Conclure.

3. De manière analogue, montrer que la fonction inverse est strictement décroissante sur $]-\infty;0[$.

107 **1.** Comparer les aires :

a. des carrés de côtés $\frac{5}{3}$ et 2 ;

b. des disques de diamètres 2 et $\sqrt{5}$.

2. Comparer les volumes :

a. des cubes d'arêtes $\frac{1}{3}$ et 0,33 ;

b. des boules de rayons $\sqrt{2}$ et 1,5.

3. On considère deux rectangles d'aire égale à 20. L'un a pour largeur 3,27 et l'autre a pour largeur 4,1. Comparer les longueurs de ces deux rectangles.

108 Une population de 1 000 bactéries augmente chaque semaine de 20 %.

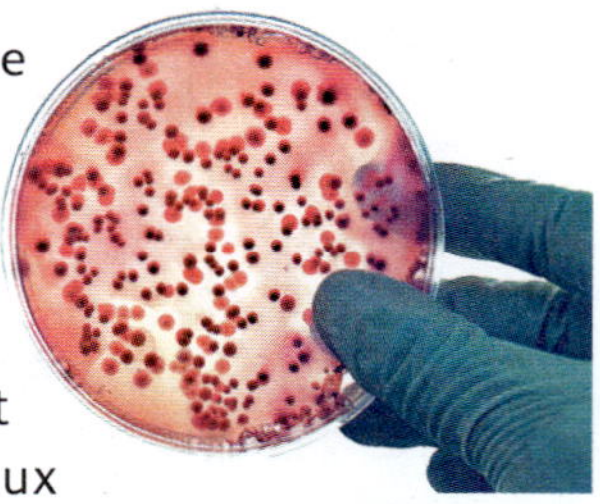

1. Justifier que pour obtenir la population au bout d'une semaine, de deux semaines et de trois semaines, on multiplie 1 000 respectivement par 1,2, par $1{,}2^2$ et par $1{,}2^3$.

2. Comparer ces coefficients multiplicateurs sans utiliser la calculatrice.

3. Mettre en relation cette comparaison avec l'augmentation de la population chaque jour.

109 **1.** Soient deux réels a et b vérifiant $5\leqslant a\leqslant b$. Dans chaque cas, comparer les nombres A et B.

a. $A=a^2$ et $B=b^2$ **b.** $A=\frac{1}{a}$ et $B=\frac{1}{b}$

c. $A=a^3$ et $B=b^3$ **d.** $A=\frac{1}{a^2}$ et $B=\frac{1}{b^2}$

2. Reprendre les questions précédentes en supposant cette fois que $a\leqslant b\leqslant -2$.

110 Compétence Modéliser **Sécurité routière**

Sur une route sèche et horizontale, la distance de freinage D, en mètre, d'une voiture à partir de l'instant où le conducteur appuie sur le frein est donnée par la formule $D=\frac{v^2}{2\times g\times c}$, où :

- v est la vitesse à l'instant du freinage, en m/s ;
- $g=9{,}81\,\text{m/s}^2$ (accélération de la pesanteur) ;
- c est le « coefficient de frottement longitudinal », dépendant de la nature et de la qualité du revêtement. Ici, on prendra $c=0{,}7$.

1. a. Justifier que lorsque la vitesse à l'instant du freinage est de 50 km/h, la distance de freinage vaut environ 14 m.

b. Quelle est la distance de freinage lorsque la vitesse à l'instant du freinage est de 110 km/h ?

2. Étudier les variations de la fonction définie sur l'intervalle $[0;+\infty[$ par $f: v\mapsto D$. Interpréter pour la situation étudiée.

3. La distance de freinage D est-elle proportionnelle à la vitesse v ?

111 Dans chaque cas, on donne une inégalité vérifiée par x. Déterminer une inégalité vérifiée par y.

1. a. $x\leqslant -3$ et $y=x^2$ **b.** $x>5$ et $y=x^2$

2. a. $x<-2$ et $y=\frac{1}{x}$ **b.** $x\geqslant -5$ et $y=x^3$

3. a. $1\leqslant x\leqslant 4$ et $y=\frac{1}{x}$ **b.** $x\in\,]-6;4[$ et $y=x^2$

112 Soit un réel x vérifiant $-3\leqslant x\leqslant -1$.

1. Déterminer un encadrement vérifié par x^2.

2. En déduire que $-18\leqslant -2x^2\leqslant -2$, puis donner un encadrement de $4-2x^2$.

3. Soit y un réel vérifiant $1\leqslant y\leqslant 4$.

Encadrer au mieux $4y^2$, $2-y^3$ et $-3\sqrt{y}$.

113 Soit un réel x vérifiant $1\leqslant x\leqslant 4$.

1. Déterminer un encadrement vérifié par $\frac{1}{x}$.

2. En déduire que $-3\leqslant\frac{-3}{x}\leqslant -\frac{3}{4}$. En déduire un encadrement de $1-\frac{3}{x}$.

3. Soit y un réel vérifiant $-3\leqslant y\leqslant -1$.

Encadrer au mieux $\frac{2}{y}$, $-\frac{4}{y}+4$ et $\frac{1}{y^2}$.

114 Dans chaque cas, on donne une inégalité vérifiée par x. Déterminer une inégalité vérifiée par y.

1. $5\leqslant x\leqslant 17$ et $y=3\sqrt{x-1}$

2. $-2<x<-\frac{3}{2}$ et $y=-2(x+1)^2+1$

3. $x>2$ et $y=-\frac{1}{x-2}$ **4.** $1\leqslant x\leqslant 3$ et $y=2-4(x-5)^3$

115 **Variations d'une fonction du 2^d degré**

On souhaite étudier les variations de la fonction f définie sur $\mathbb{R}$ par :

$$f(x) = -2(x-3)^2 - 4$$

1. À l'aide de la calculatrice, conjecturer le tableau de variations de la fonction f.

2. Pour démontrer sa conjecture, voici un extrait d'une copie d'élève.

Sens de variation de f sur $]-\infty\,;3]$

On considère deux réels a et b appartenant à l'intervalle $]-\infty\,;3]$ tels que $a<b$.

On a alors, en soustrayant 3 à chaque membre :

$$a-\ldots < b-3 \leqslant \ldots$$

Or, puisque la fonction carré est … sur $]-\infty\,;0]$, alors :

$$(a-\ldots)^2 \ldots (b-3)^2$$

Et donc, en …, on obtient alors :

$$-2(a-\ldots)^2 \ldots -2(b-3)^2$$

puis finalement, en … :

$$-2(a-\ldots)^2-4 \ldots -2(b-3)^2-4$$

c'est-à-dire $f(a)\ldots f(b)$. Donc la fonction f est … sur l'intervalle $]-\infty\,;3]$.

Recopier son raisonnement en complétant les éléments manquants.

3. De manière analogue, étudier le sens de variation de f sur l'intervalle $[3\,;+\infty[$.

116 **Variations d'une fonction du 2^d degré (bis)**

On souhaite étudier le sens de variation de la fonction f définie sur $\mathbb{R}$ par $f(x)=x^2+6x+4$ en utilisant deux méthodes différentes.

Soient a et b deux réels tels que $a<b\leqslant -3$.

1. Méthode A : étude du signe de la différence $f(a)-f(b)$

a. Justifier que :

$$f(a)-f(b)=(a-b)(a+b+6)$$

b. Quel est le signe de $a-b$? celui de $a+b+6$? En déduire le signe de $f(a)-f(b)$.

c. Conclure.

2. Méthode B : étude des inégalités et du sens de variation des fonctions de référence

a. Justifier que, pour tout réel x :

$$f(x)=(x+3)^2-5$$

b. En utilisant une méthode analogue à celle de l'exercice **115**, comparer $f(a)$ et $f(b)$ et conclure.

117 **1.** Quel est le sens de variation de la fonction cube sur l'intervalle $[0\,;+\infty[$?

2. En déduire le sens de variation de la fonction qui au rayon d'une boule associe son volume.

3. a. Une boule a un rayon compris entre 10 et 15 cm. Encadrer le plus précisément possible son volume.

b. Encadrer entre deux entiers consécutifs le rayon d'une boule de volume 1 000 cm³.

118 Compétence **Raisonner** **Exercice guidé**

L'objectif de l'exercice est de comparer les réels x, x^2 et $\sqrt{x}$, pour $x\geqslant 0$.

1. a. Tracer les courbes représentatives des fonctions carré et racine carrée et la droite $\mathscr{D}$ d'équation :

$$y=x$$

b. Observer leurs positions relatives.

En déduire une conjecture sur la comparaison des réels x, x^2 et $\sqrt{x}$ pour $x\geqslant 0$.

2. Démontrer la conjecture émise.

Pistes de résolution

1. Les courbes obtenues permettent de distinguer deux cas, selon les valeurs de x.

2. Mettre en relation les résultats souhaités avec les inégalités sur x : enchaîner des fonctions de référence, utiliser un résultat du cours, etc.

119 Une étoile de température T (en Kelvin K) émet une lumière dont le spectre présente un maximum d'intensité, atteint pour la longueur d'onde λ_{max} (en mètre).

La loi de Wien relie ces deux grandeurs par la relation :

$$\lambda_{max} = \frac{2{,}898\times10^{-3}}{T}$$

1. Étudier le sens de variation de la fonction f définie sur l'intervalle $]0\,;+\infty[$ par $f: T \mapsto \lambda_{max}$.

2. Deux étoiles A et B ont des longueurs d'onde maximale λ_A et λ_B telles que $\lambda_A<\lambda_B$.

Comparer leurs températures.

3. Encadrer les longueurs d'onde maximales des étoiles jaunes comme le soleil.

Classe	Température	Couleur
O	> 25 000 K	bleue
B	10 000 – 25 000 K	bleue-blanche
A	7 500 – 10 000 K	blanche
F	6 000 – 7 500 K	jaune-blanche
G	5 000 – 6 000 K	jaune (comme le soleil)
K	3 500 – 5 000 K	jaune-orange
M	< 3 500 K	rouge

exercices Bilan et approfondissement

BILAN

120 15min Courbes et variations

On considère les fonctions f et g représentées ci-dessous.

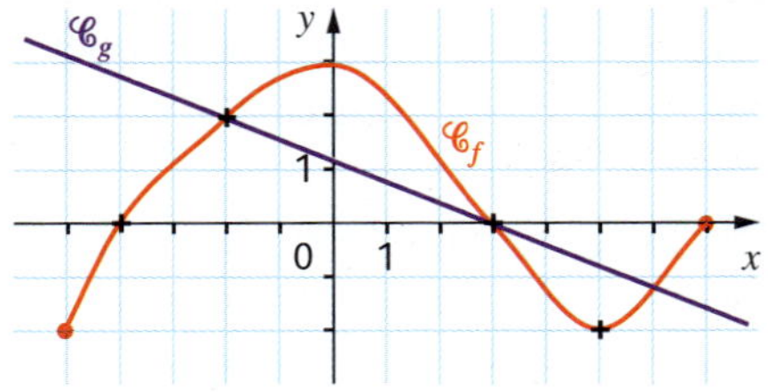

1. Déterminer l'ensemble de définition I de la fonction f. Dresser son tableau de variations.

2. Déterminer le maximum et le minimum de f sur I en précisant les valeurs où ils sont atteints.

2. Comparer les nombres suivants.

a. $f(-3{,}5)$ et $f(-0{,}9)$ **b.** $f(1{,}5)$ et $f(4{,}1)$

c. $f(-4)$ et $f(6)$ **d.** $f(5{,}3)$ et $f(6{,}2)$

3. Dans chacun des cas suivants, donner le meilleur encadrement de $f(x)$ possible.

a. $-5 \leqslant x \leqslant -2$ **b.** $3 < x < 5$

4. La fonction g est affine. Déterminer son expression puis son tableau de signes.

121 15min Exploiter un tableau de variations

La fonction f admet pour tableau de variations :

x	-2	3	8	11	15
$f(x)$	-1 ↘	-5 ↗	0 ↗	7 ↘	1

1. Déterminer l'ensemble de définition de la fonction f.

2. Décrire en une phrase les variations de la fonction f.

3. a. Déterminer l'image de 3 par f.

b. Combien d'antécédents 2 admet-il par f ?

4. Comparer, si possible :

a. $f(-1)$ et $f(0)$ **b.** $f(-2)$ et $f(11)$

c. $f(1)$ et $f(5)$ **d.** $f(1)$ et $f(12)$

5. Dans chaque cas, donner un encadrement de $f(x)$ aussi petit que possible.

a. Pour tout réel $x \in [8;15]$, on a $\ldots \leqslant f(x) \leqslant \ldots$.

b. Pour tout réel $x \in [-2;15]$, on a $\ldots \leqslant f(x) \leqslant \ldots$.

6. Dresser le tableau de signes de la fonction f.

122 15min Deux triangles dans un rectangle

On considère un rectangle $ABCD$, tel que $AB = 8$ cm et $BC = 6$ cm. Le point M est un point du segment $[AB]$. On note f et g les fonctions qui donnent respectivement l'aire des triangles AMD et BCM en fonction de la longueur AM.

1. Faire un schéma de la situation.

2. Déterminer les variations des fonctions f et g.

3. Pour quelle(s) valeur(s) de x les aires de ces triangles sont-elles égales ?

123 10min Comparaisons de nombres

Dans chaque cas, comparer les nombres donnés en justifiant la réponse.

1. $3{,}1^2$ et $5{,}2^2$ **2.** $1{,}9^3$ et $2{,}1^3$

3. $\dfrac{1}{4{,}2}$ et $\dfrac{1}{5{,}3}$ **4.** $(-5{,}3)^2$ et $(-4{,}9)^2$

5. $\sqrt{5}$ et $\sqrt{\pi}$ **6.** $0{,}812^2$ et $0{,}812^3$

124 10min Courbe sous contraintes

Soit la fonction f définie sur $[-5;12]$ telle que :

- f est croissante sur l'intervalle $[-5;3]$ et sur l'intervalle $[8;12]$; elle est décroissante sinon ;
- le maximum de f sur $[3;8]$ vaut 10 ;
- $f(-5) = -1$ et $f(8) = 3$;
- l'image de 12 par f vaut 8 ;
- la courbe de f passe par le point $(5;5)$;
- la courbe de f coupe l'axe des abscisses en -3, et l'axe des ordonnées en 8.

1. Dresser le tableau de variations de f.

2. Tracer une courbe possible représentant f.

125 30min À propos d'encadrements

1. Dans chaque cas, encadrer au mieux les nombres $A = \dfrac{1}{x}$; $B = -\dfrac{3}{x} + 2$ et $C = 3x^2 - 1$.

a. $x \in [1;3]$ **b.** $-8 \leqslant x \leqslant -1$

c. $-5 \leqslant x < -\dfrac{3}{2}$ **d.** $10^2 \leqslant x < 10^5$

2. Soit y un réel tel que $-5 \leqslant y < 1$. Déterminer un encadrement de $y - 3$, en déduire un encadrement de $(y-3)^2$ puis de $\dfrac{1}{(y-3)^2}$.

3. Donner le meilleur encadrement de $\dfrac{x-1}{2x+5}$ sachant que $2 \leqslant x \leqslant 5$.

126 35min Aire variable et optimisation

On considère un carré $ABCD$ de côté 12 cm. M est un point mobile sur le segment $[AB]$. F est le point du segment $[AD]$ et H est le point du segment $[BC]$ tels que $AM = AF = CH$. On note x la longueur AF et $f(x)$ désigne la somme des aires du triangle MBH et du carré $AMEF$, E appartenant à $[AC]$.

1. Faire une figure.

2. a. Dans quel intervalle x varie-t-il ? On note I cet intervalle dans la suite.

b. Montrer que $f(x) = 1{,}5x^2 - 12x + 72$.

c. À l'aide de la calculatrice, conjecturer la valeur de x pour laquelle la somme des aires est maximale puis minimale.

3. Vérifier que, pour tout réel $x \in \mathrm{I}$, on a :

$$f(x) - 48 = 1{,}5(x-4)^2$$

Justifier alors la conjecture précédente.

127 PRISE D'INITIATIVES À propos de volumes

Chaque solide représente un récipient à base carrée de côté 3. On les remplit d'eau.

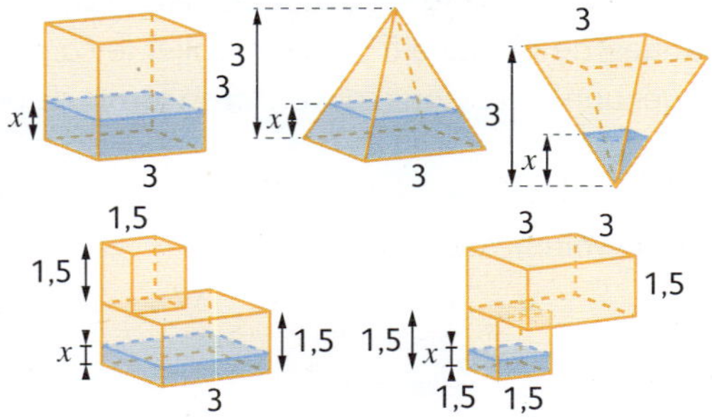

Pour chacun des solides, on s'intéresse à la fonction qui, à la hauteur x d'eau, associe le volume d'eau dans le solide. On a représenté graphiquement ces cinq fonctions. Associer chaque courbe à un solide, en argumentant.

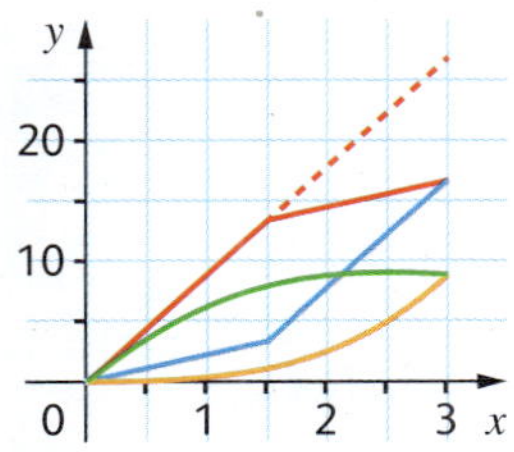

Démo

128 Étude des variations de la fonction cube

On souhaite montrer que la fonction cube f est strictement croissante sur $\mathbb{R}$. Pour cela, on considère deux réels a et b tels que $a<b$. On veut comparer a^3 et b^3 en étudiant le signe de la différence a^3-b^3.

1. Justifier que $a^3-b^3=(a-b)(a^2+ab+b^2)$.

2. Quel est le signe de $a-b$?

3. Étude du signe de a^2+ab+b^2

a. À l'aide d'un tableur, conjecturer le signe de a^2+ab+b^2 pour a, b de signes quelconques.

b. Après avoir justifié que :

$$a^2+ab+b^2=\left(a+\frac{1}{2}b\right)^2+\frac{3}{4}b^2$$

démontrer alors la conjecture émise en **3. a.**

4. Conclure quant au signe de a^3-b^3 et au sens de variation de la fonction cube.

129 Aire de jeu

On veut construire le long d'un bâtiment une aire de jeu rectangulaire de 450 m². Celle-ci est entourée par une clôture sur trois côtés et d'une allée de 3 m de large.

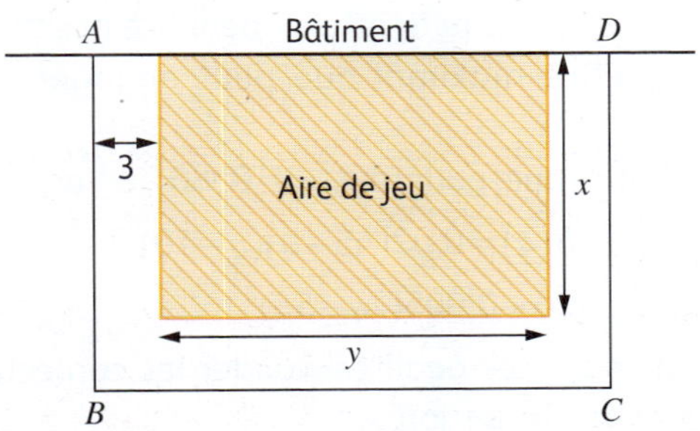

De plus, on souhaite que la longueur et la largeur de l'aire de jeu soient supérieures ou égales à 10 m.

On recherche les dimensions de l'aire de jeu de façon à ce que la longueur de clôture soit la plus petite possible. x et y sont les dimensions de l'aire de jeu indiquées sur le croquis et L la longueur de la clôture avec $L=AB+BC+CD$.

On admet dans la suite que $x\in[10;45]$.

1. a. Exprimer la longueur y en fonction de x.

b. En déduire que $L=2x+12+\dfrac{450}{x}$.

2. On note f la fonction définie sur l'intervalle $\mathrm{I}=[10;45]$ par $f(x)=2x+12+\dfrac{450}{x}$.

a. À l'aide de la calculatrice, conjecturer la valeur de x pour laquelle la longueur de la clôture semble minimale. *On pourra exploiter la fonctionnalité Minimum de la calculatrice.*

b. À l'aide d'un logiciel de calcul formel, on obtient le résultat ci-contre. Justifier alors la conjecture émise précédemment.

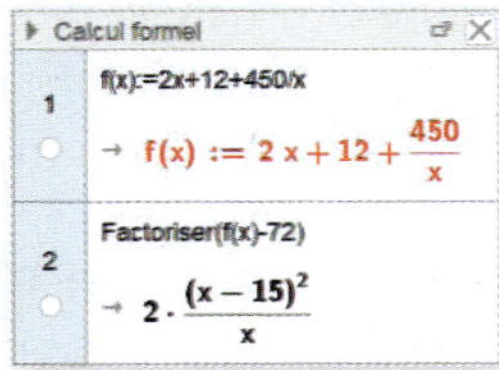

c. En déduire les dimensions à donner à l'aire de jeu pour que la longueur de la clôture soit la plus petite possible. Que vaut alors cette longueur ?

130 En lien avec la chimie

Un TP de chimie consiste à mettre en relation le volume et la pression d'un gaz, à température ambiante. Voici les résultats obtenus :

V (en mL)	50	46	42	34	30	26	22
P (en kPa)	58	63	68	83	95	108	127

1. Construire le nuage de points associé au tableau.

2. On cherche à déterminer une fonction qui au volume du gaz associe la pression. Laquelle de ces trois propositions semble la plus adaptée ?

a. $f(x)=-2x+151$ **b.** $g(x)=-1{,}25x+120$

c. $h(x)=\dfrac{2\,840}{x}$

3. Utiliser la réponse précédente pour déterminer :

a. le volume occupé par le gaz lorsque la pression vaut 150 000 Pa ;

b. la pression du gaz lorsque son volume vaut 0,5 L.

4. Recopier et compléter la phrase suivante, en argumentant :

« Lorsque le volume d'un gaz augmente, sa pression … »

Info

La loi de Boyle-Mariotte : « le produit $P\times V$ est constant à température constante » date du milieu du XVIIe siècle. Elle a de très nombreuses applications, notamment en plongée sous-marine.

131 $ABCD$ est un rectangle tel que :

$$AB = 10 \text{ et } AD = 6$$

Pour tout réel a de l'intervalle $[0;6]$, on considère les points M, N, P et Q respectivement sur les segments $[AB]$, $[BC]$, $[CD]$ et $[AD]$ tels que :

$$AM = BN = CP = DQ = a$$

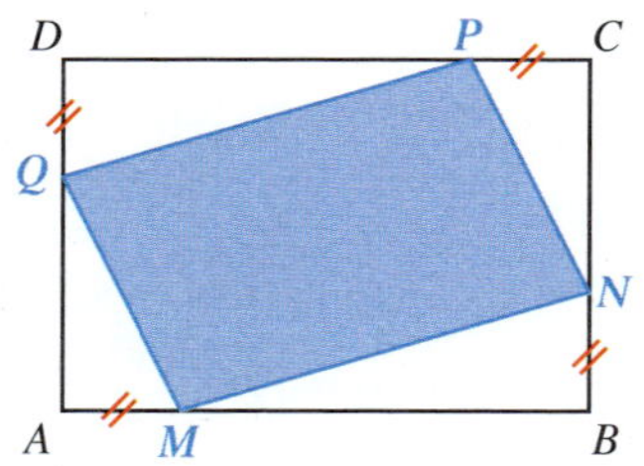

1. a. À l'aide d'un logiciel de géométrie dynamique, créer un curseur a variant de 0 à 6, puis réaliser la figure et afficher l'aire du quadrilatère $MNPQ$.

b. Conjecturer la valeur de a pour que l'aire du quadrilatère $MNPQ$ soit minimale et préciser la valeur de ce minimum.

2. Soit un réel $a \in [0;6]$.

a. Montrer que l'aire du quadrilatère $MNPQ$, en fonction de a, est égale à $2a^2 - 16a + 60$.

b. Justifier que $2a^2 - 16a + 60 = 2(a-4)^2 + 28$.

c. Démontrer la conjecture émise à la question **1. b.**

3. Un peu de géométrie ! En utilisant le calcul vectoriel, démontrer que $MNPQ$ est un parallélogramme.

132 Variations d'une fonction rationnelle

On souhaite étudier les variations de la fonction f définie sur $\mathbb{R}$ par $f(x) = -\dfrac{2}{x^2+1}$.

1. À l'aide de la calculatrice, conjecturer le tableau de variations de f.

2. La fonction f peut s'écrire comme un enchaînement de fonctions de référence :

$$x \xmapsto{\bullet^2} x^2 \xmapsto{\bullet+1} x^2+1 \xmapsto{1\div\bullet} \frac{1}{x^2+1} \xmapsto{\bullet\times(-2)} -\frac{2}{x^2+1}$$

On considère deux réels a et b tels que $a < b \leqslant 0$. En appliquant successivement les fonctions de références du schéma précédent, recopier et compléter les étapes du raisonnement suivant par des inégalités en justifiant chaque étape.

a. On a $0 \ldots a^2 \ldots b^2$ car ….

b. D'où $1 \ldots a^2+1 \ldots b^2+1$ car ….

c. Et donc $1 \ldots \dfrac{1}{a^2+1} \ldots \dfrac{1}{1+b^2}$ car ….

d. D'où $-2 \ldots f(a) \ldots f(b) \ldots$ car ….

e. La fonction f est donc … sur l'intervalle ….

3. De la même façon, étudier les variations de f sur l'intervalle $[0;+\infty[$.

133 Obtenir un volume maximal

On dispose d'un carton carré de côté 12 cm.

Dans les quatre coins, on découpe des petits carrés identiques, de manière à pouvoir replier le carton et fabriquer une boîte (sans couvercle) en forme de pavé droit.

On appelle x la longueur du côté des carrés découpés et $f(x)$ le volume de la boîte obtenue.

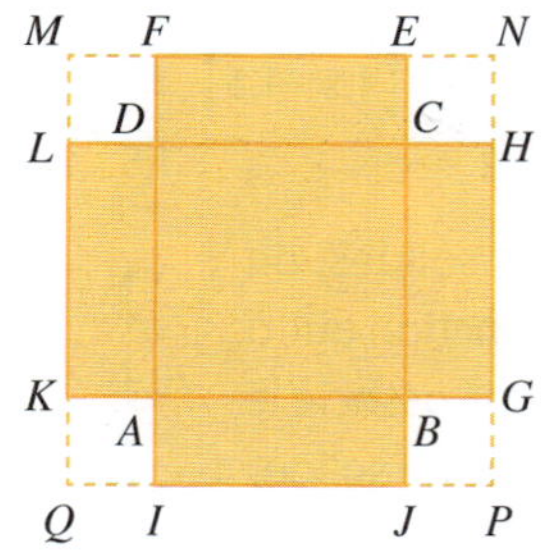

1. Justifier que $0 \leqslant x \leqslant 6$.

2. Exprimer les dimensions (longueur, largeur et hauteur) de la boîte en fonction de x.

En déduire l'expression de $f(x)$ en fonction de x.

3. À l'aide d'une calculatrice ou d'un logiciel, conjecturer la valeur du maximum M de la fonction f.

4. Démontrer que $f(x) - 128 = 4(x-8)(x-2)^2$.

5. Comment doit-on découper le grand carton pour que le volume de la boîte soit maximal ?

134 Optimisation d'un bénéfice

Une entreprise fabrique et vend de la pâte à papier. Le coût de production de q tonnes de pâte à papier est donné, en millier d'euros par :

$$C(q) = 0{,}02q^2 + 0{,}1q + 9 \text{ pour } q \in [0;80]$$

1. Chaque tonne de papier est vendue 1 200 euros. En déduire l'expression de la recette $R(q)$, exprimée en millier d'euros, engendrée par la vente de q tonnes de pâte à papier.

2. Vérifier que le bénéfice, en millier d'euros, réalisé par l'entreprise lorsqu'elle vend q tonnes de pâte à papier est égal à :

$$B(q) = -0{,}02q^2 + 1{,}1q - 9$$

3. À l'aide de la calculatrice, conjecturer :

a. le nombre de tonnes de pâte à papier que doit produire l'entreprise pour que la production soit rentable, c'est-à-dire qu'elle permette un bénéfice positif ;

b. le bénéfice maximal que peut dégager cette entreprise.

4. a. Justifier que, pour tout $x \in [0;80]$, on a :

$$B(q) = 0{,}02(45-q)(q-10)$$

et $B(q) = 6{,}125 - 0{,}005(2q-55)^2$

b. En utilisant ces égalités, valider les conjectures émises dans la question **3.**

Exercices Accompagnement personnalisé

Maîtriser l'essentiel

135 Voici la représentation graphique de la fonction f.
1. Dresser son tableau de variations.
2. Déterminer ses extremums.

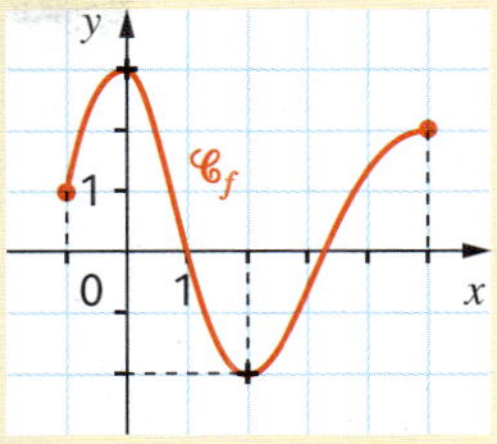

136 Extraire et analyser des informations
On considère une fonction f définie sur $[-2;5]$ dont on donne ci-dessous le tableau de valeurs et le tableau de variations.

x	-2	-1	0	1	2	3	4	5
$f(x)$	4	1	-3	0	1	4	5,5	2

x	-2		0		$3{,}5$		5
$f(x)$	4	↘	-3	↗	6	↘	2

1. Parmi les affirmations suivantes, lesquelles sont correctes ? Justifier.
a. Le maximum de f sur $[-2;5]$ est 5,5.
b. $f(1{,}5) < f(2{,}5)$
c. L'équation $f(x) = 4$ admet exactement deux solutions : -2 et 3.
d. L'équation $f(x) = 1$ admet exactement deux solutions : -1 et 2.
e. Le minimum de f sur $[-2;5]$ est -3.
2. Tracer une courbe représentative possible de f.
3. La courbe tracée à la question **2.** est-elle unique ?

137 Extremum d'une fonction du 2nd degré
On considère la fonction f définie sur $\mathbb{R}$ par :

$$f(x) = -x^2 + 2x + 1$$

1. À l'aide de la calculatrice, conjecturer l'existence d'un extremum pour f.
2. Montrer que $f(x) = -(x-1)^2 + 2$.
3. Justifier alors la conjecture précédente en précisant pour quelle(s) valeur(s) cet extremum est atteint.

138 Une commune souhaite réaménager une aire de jeux rectangulaire sur un terrain lui aussi rectangulaire de 30 m par 10 m, avec la contrainte de créer un chemin d'un à deux mètres de large tout autour.
Encadrer le périmètre puis l'aire possible de cette aire de jeux.

139 On considère la fonction affine, dont la droite représentative passe par le point de coordonnées $(4;6)$ et coupe l'axe des abscisses au point d'abscisse -4.
1. Dresser son tableau de signes.
2. Déterminer son expression algébrique.

Aller plus loin

140 PRISE D'INITIATIVES
Le tableau suivant donne la part (en %) des énergies renouvelables dans la consommation d'énergie en France sur 12 années, de 2011 à 2022.

COUP DE POUCE hachette-clic.fr/25de2088

2011	2012	2013	2014	2015	2016
12,7	13,3	13,9	14,4	14,9	15,5

2017	2018	2019	2020	2021	2022
15,9	16,4	17,2	19,2	19,4	20,7

Ainsi, par exemple, 15,5 % de l'énergie consommée en France en 2016 était renouvelable.
1. Construire sur un graphique le nuage de points correspondant à ce tableau ; on pourra prendre pour unité 1 cm en abscisse et 0,5 cm en ordonnée.
2. a. En observant le nuage de points, on décide de modéliser l'évolution de la part des énergies renouvelables dans la consommation annuelle d'énergie en France par une fonction affine. Proposer une telle fonction et tracer la droite qui la représente.
b. À l'aide de cette fonction, à combien peut-on estimer la part des énergies renouvelables dans la consommation d'énergie en France en 2030 ?
c. À l'aide de cette fonction, en quelle année cette part pourrait-elle s'élever à 40 % ?

141 PRISE D'INITIATIVES
Somme de carrés
La somme des carrés de trois entiers consécutifs est comprise entre 2 018 et 2 108.
Quels sont ces entiers ?

COUP DE POUCE hachette-clic.fr/25de2089

142 À quelle distance se trouve l'orage ?
On estime qu'un son se propage dans l'air à la vitesse $v = 20 \times \sqrt{273 + T}$, en m/s, où T est la température de l'air en °C.
1. Lorsque la température augmente, le son se propage-t-il plus vite ou moins vite ?
2. Il fait 30 °C un jour d'orage. On observe qu'il s'écoule 10 secondes entre l'éclair et le coup de tonnerre.
En supposant que la propagation de la lumière est instantanée, à quelle distance de l'observateur la foudre est-elle tombée ?

TP Pratiquer l'algorithmique et programmer

Recherche de maximum

On considère la fonction f définie sur l'intervalle $I=[-1;4]$ par $f(x)=4x^2-x^3$.
Le but de ce TP est de déterminer des valeurs approchées du maximum M de f sur I et du réel x_0 en lequel il est atteint.
Pour cela, on commence par définir la fonction f en langage Python :

```
def f(x):
    return 4*x**2-x**3
```

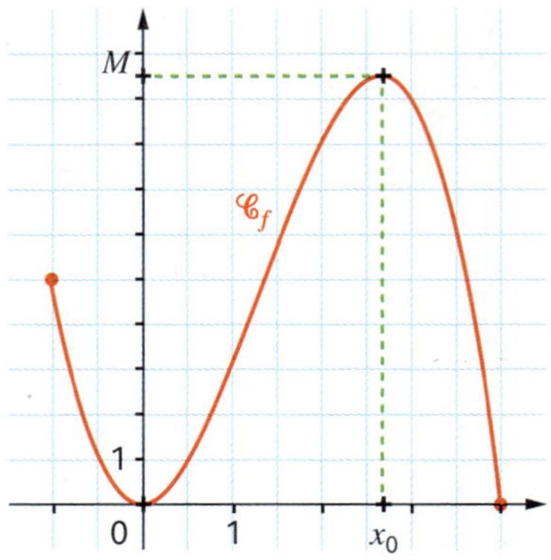

Objectif PYTHON
Manipuler des fonctions, des boucles *Tant que* et l'instruction *Si*.

Partie A Manipuler un algorithme

On considère la fonction parcours suivante, traduite en langage Python, où la variable p est un réel strictement positif.

Langage naturel

```
Fonction parcours(p)
  x ← −1
  Tant que x ⩽ 4 Faire
    Afficher (x ; f(x))
    x ← x + p
  Fin Tant que
```

Python

```
def parcours(p):
    x=-1
    while x<=4:
        print(x,f(x))
        x=x+p
```

1. Exécuter à la main la fonction « parcours(1) ».
2. Programmer et vérifier le résultat de la question 1.
3. Quel est le rôle de cet algorithme ?

Info
L'instruction Python « x=x+p » n'est pas une égalité mathématique : x n'est pas « égal à » $(x+p)$.
Il s'agit d'une **affectation** : la variable x reçoit la valeur du calcul $(x+p)$, ce dernier x étant la valeur avant affectation.

Voir Chap. Algo. p. 370

Partie B Comprendre le fonctionnement d'un algorithme

On considère la fonction maximum suivante, traduite en langage Python, où la variable p est un réel strictement positif.

Langage naturel

```
Fonction maximum(p)
  x ← −1
  x0 ← −1
  Tant que x ⩽ 4 Faire
    Si f(x) > f(x0) Faire
      x0 ← x
    Fin Si
    x ← x + p
  Fin Tant que
Renvoyer (x0 ; f(x0))
```

Python

```
def maximum(p):
    x=-1
    x0=-1
    while x<=4:
        if f(x)>f(x0):
            x0=x
        x=x+p
    return (x0,f(x0))
```

1. a. On exécute la fonction « maximum(1) ». Justifier que le résultat renvoyé est $(3;9)$.
b. Le maximum de f sur I est-il égal à 9 ? Est-il atteint en 3 ?
2. a. Programmer et exécuter la fonction « maximum(0.1) ». Vérifier que le premier argument renvoyé est 2,7.
b. Peut-on affirmer que $x_0 \approx 2{,}7$ à 0,1 près ?
c. Le deuxième argument renvoyé est $f(2{,}7)$. Est-il, de façon certaine, une valeur approchée de M à 0,1 près ?
3. a. Que permet de faire le bloc suivant ?

```
Si f(x) > f(x0) Faire
  x0 ← x
Fin Si
```

b. Expliquer pourquoi la fonction maximum(p) renvoie des valeurs approchées de x_0 et de M, celle de x_0 étant affichée par excès à p près.

Partie C Modifier un algorithme

On s'inspirera de l'algorithme de la Partie B, que l'on modifiera, pour répondre aux questions suivantes.

1. Programmer une fonction maximum_inf qui prend en argument un réel p strictement positif et qui renvoie une valeur approchée de x_0 par défaut à p près.
2. Programmer une fonction maximum_intervalle qui prend en argument trois réels a, b et p (où $a<b$ et $p>0$) et qui renvoie des valeurs approchées du maximum de f sur $[a;b]$ et du réel en lequel il est atteint.
3. Programmer une fonction minimum qui prend en argument un réel p strictement positif et qui renvoie des valeurs approchées du minimum m de f sur l'intervalle I et d'un réel x_1 en lequel il est atteint. Le réel x_1 sera affiché par excès à p près.
4. Vérifier les résultats obtenus par ces fonctions en les comparant avec les résultats obtenus par une calculatrice graphique en parcourant la courbe représentative de f.

TP Mener une recherche

Compétence Chercher et communiquer

TP1 Aire entre trois demi-cercles

TRAVAIL DE GROUPE

On considère un demi-cercle $\mathscr{C}$ de diamètre $[AB]$ où $AB=10$.
Pour tout point M du segment $[AB]$, on construit, à l'intérieur de $\mathscr{C}$, les demi-cercles $\mathscr{C}_A$ et $\mathscr{C}_B$ de diamètres respectifs $[AM]$ et $[MB]$.
On s'intéresse aux variations de l'aire du domaine coloré en bleu compris entre les demi-cercles $\mathscr{C}$, $\mathscr{C}_A$ et $\mathscr{C}_B$ lorsque M parcourt le segment $[AB]$.
On pose $x = AM$ et $f(x)$ l'aire du domaine bleu.

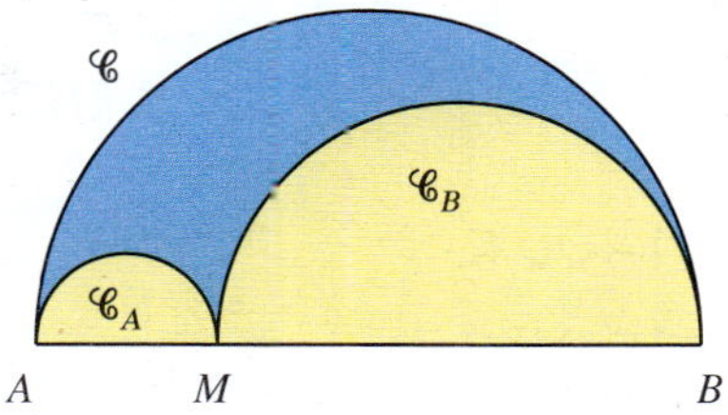

Partie A Recherches

1. À quel intervalle I la variable x appartient-elle ?
2. Exprimer $f(x)$ en fonction de x.
3. À l'aide d'une calculatrice ou d'un logiciel de calcul formel, estimer le maximum M de f sur l'intervalle I et factoriser l'expression $f(x)-M$.
4. Déterminer, en argumentant, les variations de f sur l'intervalle I.

Partie B À l'écrit ou à l'oral

Faire un bilan des recherches et présenter les résultats des recherches : description du problème, étude mathématique, conclusion.
On veillera à utiliser un vocabulaire précis.

TP2 Offre et demande en économie

En économie :
- l'**offre** est la quantité de biens que les producteurs sont prêts à vendre à un prix donné ;
- la **demande** est la quantité de biens que les consommateurs sont prêts à acheter pour un prix donné.

Traditionnellement, les fonctions d'offre et de demande sont représentées de la façon suivante :
- en abscisse, on place les quantités ;
- en ordonnée, on place les prix.

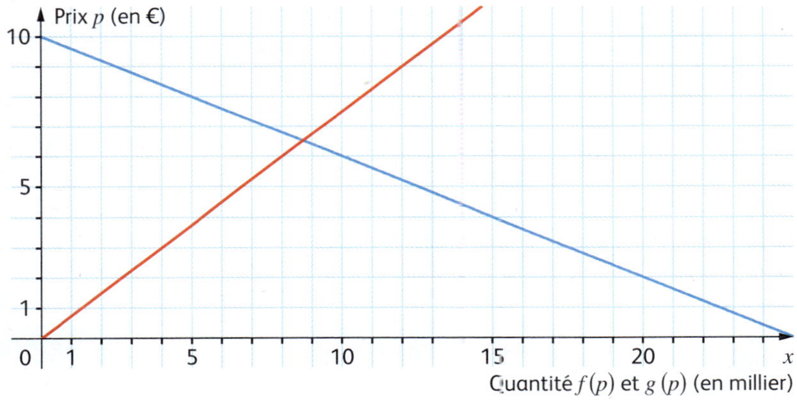

Lors du lancement d'un jouet sur le marché, une étude a permis d'obtenir les courbes d'offre et de demande ci-dessus.

Partie A Étude graphique

1. Identifier les courbes d'offre et de demande, en justifiant le choix fait.
2. Lorsque le prix du jouet est de 5 €, quelle est la quantité approximative de jouets :
   a. qu'est prête à vendre l'entreprise ?
   b. que sont prêts à acheter les consommateurs ?
3. Le marché offre-demande est **à l'équilibre** lorsque pour un même prix, la quantité offerte par les producteurs est égale à la quantité demandée par les consommateurs.
Avec la précision permise par le graphique, déterminer ce prix d'équilibre et la quantité à laquelle il correspond.

Partie B Étude algébrique

Pour un prix p (en euro), on note $f(p)$ la quantité offerte par les producteurs (en millier) et $g(p)$ la quantité demandée par les consommateurs (en millier).
Ainsi on a $0 \leqslant p \leqslant 10$.
On suppose que f et g sont des fonctions affines.

1. Déterminer les expressions algébriques des fonctions f et g.
2. Déterminer algébriquement le prix d'équilibre.
Comparer avec le résultat obtenu à la question A. 3.

Info

Le **prix d'équilibre** d'un produit optimise le nombre d'échanges.
- Pour un prix inférieur, la quantité demandée par les consommateurs est supérieure à la quantité offerte par les vendeurs : il y a des acheteurs potentiels privés du produit.
- Pour un prix supérieur, la quantité demandée par les consommateurs est inférieure à la quantité offerte par les vendeurs : une certaine quantité du produit n'est pas vendue.

Les statistiques au collège

1 ENTREPRISE - 25 SALARIÉS

1 400 €	1 700 €	2 100 €	2 500 €	2 900 €
9 pers.	8 pers.	4 pers.	3 pers.	1 pers.

en 5e

Tableau d'effectifs → Répartition des salaires dans l'entreprise

1 400 €	1 700 €	2 100 €	2 500 €	2 900 €
9	8	4	3	1

Tableau des **fréquences**

1 400 €	1 700 €	2 100 €	2 500 €	2 900 €
0,36	0,32	0,16	0,12	0,04

Moyenne des salaires $\frac{1400 \times 9 + 1700 \times 8 + 2100 \times 4 + 2500 \times 3 + 2900 \times 1}{9 + 8 + 4 + 3 + 1} = 1\,800\,€$

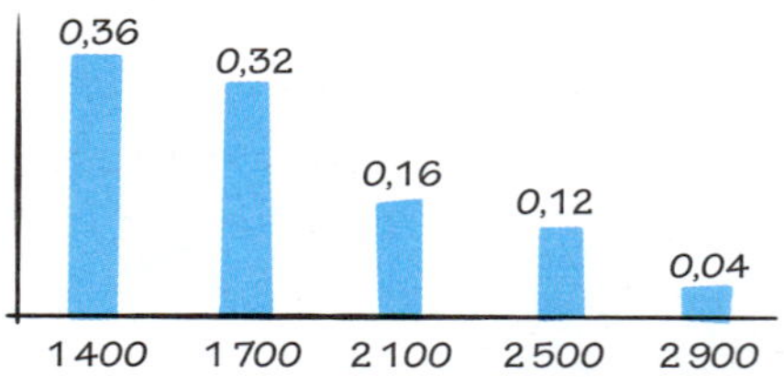

Diagramme à bâtons

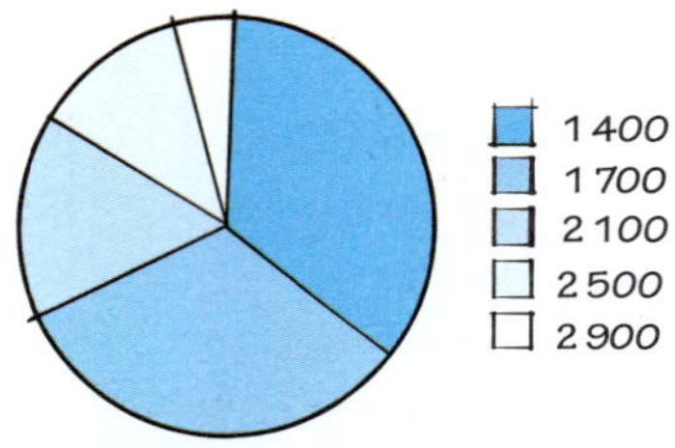

Diagramme circulaire
ou « camembert »

en 4e

Médiane de la série statistique

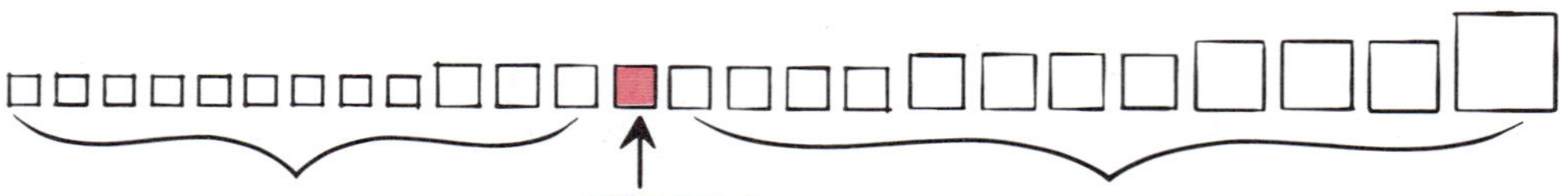

1 700 €

13e salaire de la liste ordonnée des 25

en 3e

Étendue de la série statistique

Plus grande valeur – Plus petite valeur

2900 – 1400 = 1500

Les probabilités au collège

5 boules indiscernables au toucher

2 rouges — 2 bleues — 1 verte

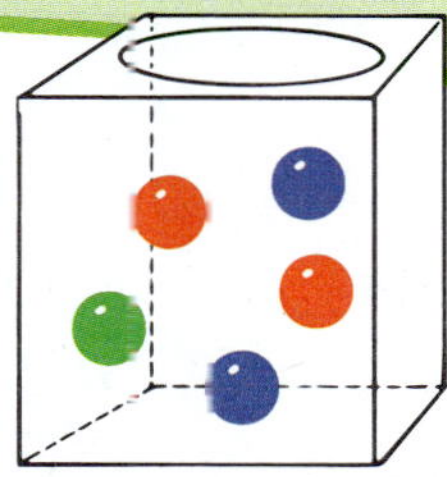

en 5e

Probabilités : description de phénomènes liés au **hasard**.
Le tirage au hasard d'une boule de l'urne → **expérience aléatoire.**

5 issues (1 par boule)

3 événements (on s'intéresse à la couleur de la boule tirée)

R : « la boule tirée est rouge » → 2 issues

B : « la boule tirée est bleue » → 2 issues

V : « la boule tirée est verte » → 1 issue

Tirage au hasard et boules indiscernables au toucher : « 2 chances sur 5 » de tirer une boule rouge ; l'événement R a une **probabilité** de 2/5=0,4

→ Nombre compris entre 0 et 1

0 → apparition impossible ; 1 → apparition certaine
1/2 → une chance sur deux ...

en 4e

Calculer des probabilités → utiliser un modèle

Tirage au hasard et boules indiscernables au toucher → modèle de **l'équiprobabilité**

↘ il existe d'autres modèles

$$P(R) = \frac{\text{nombre d'issues de R}}{\text{nombre total d'issues}} = \frac{2}{5} = 0{,}4$$

De même : $P(B) = 0{,}4$ et $P(V) = 0{,}2$

Événement contraire de R → noté $\overline{R}$: « la boule tirée n'est pas rouge »

on a $P(\overline{R}) = 1 - P(R) = 0{,}6$

en 3e

On tire maintenant une boule, on la remet dans l'urne puis on tire une seconde boule.

Probabilité de tirer deux boules rouges → on compte les cas possibles

	R1	R2	B1	B2	V1
R1	2	2	1	1	1
R2	2	2	1	1	1
B1	1	1	0	0	0
B2	1	1	0	0	0
V1	1	1	0	0	0

→ 4 cases sur 25

la probabilité recherchée est donc égale à $\frac{4}{25} = 0{,}16$

CHAPITRE

11 Statistique descriptive et information chiffrée

Les capacités du chapitre

- Capacité 1 : Comparer deux séries statistiques
- Capacité 2 : Mettre en relation effectifs, proportions et pourcentages
- Capacité 3 : Manipuler des valeurs successives et leur taux d'évolution
- Capacité 4 : Manipuler les pourcentages de pourcentages
- Capacité 5 : Calculer un taux d'évolution global et réciproque

Au fil du temps

Le nom de *statistique* est assez récent, mais l'activité humaine correspondante est très ancienne : on trouve des traces de recensement du bétail, de suivi du cours des céréales, de comptage de la population humaine, etc., depuis la Chine du XIIIe siècle av. J.-C. ! L'exploitation des statistiques à des fins de prévision date pour sa part du XVIIIe siècle, avec les premières tables de mortalité. En 1746, Antoine Deparcieux écrit *Essai sur les probabilités de la durée de la vie humaine* […]. Les grands noms du développement des statistiques sont J. Bernoulli au XVIIe siècle, Nicolas de Condorcet au XVIIIe, Pierre-Simon de Laplace et Adolphe Quételet au XIXe ; on peut citer Andreï Kolmogorov pour le XXe siècle.

Des maths partout !

Les statistiques sont utilisées dans de très nombreux domaines de l'activité humaine, comme dans l'observation des phénomènes naturels. Elles permettent de rendre compte de données chiffrées nombreuses et variées. Ainsi, dans l'étude des incendies en France, on a mesuré que la surface moyenne brûlée par an de 2006 à 2015 s'élevait à 3 500 ha, contre une moyenne annuelle de 26 300 ha, près de 8 fois supérieure, de 2016 à 2022. L'année 2022 a atteint un pic avec 66 400 ha, soit plus de six fois la superficie de la ville de Paris.

Incendie de maquis, dans le Gard, en juillet 2022.

RESSOURCES DU CHAPITRE
hachette-clic.fr/25de2090

Partir d'un bon pied

A Diaporama pour tester les bases

ACTIVITÉS MENTALES RAPIDES

B Redéfinir le vocabulaire d'une série statistique

Dans le cadre d'une campagne de prévention, on a interrogé des personnes sur une plage pour leur demander combien de fois ils s'appliquent de la crème solaire en une journée.
Les réponses obtenues sont les suivantes.

0	1	1	1	2	0	0	0	2	1
1	3	1	2	2	0	0	0	1	1
1	1	1	0	1	1	2	1	0	1

1. Compléter le tableau d'effectif ci-dessous.

Nombre d'applications	0	1	2	3
Effectif	9			

2. Quel pourcentage de la population interrogée s'applique-t-elle au moins deux fois par jour de la crème solaire ?

3. Quelle est la moyenne de cette série statistique ?

C Calculer avec des proportions

Pour chaque question, utiliser une proportion pour calculer le résultat demandé.

1. Trois quarts d'une classe de 36 élèves souhaitent choisir les mathématiques comme enseignement de spécialité.
Combien d'élèves sont concernés ?

2. 20 % des 1 080 salades vendues ce mois-ci dans un restaurant ont été accompagnées d'une sauce allégée.
Combien de sauces allégées ont été vendues ?

3. Dans un QCM, le taux de mauvaises réponses à la première question a été de 0,46. Sachant que 250 candidats ont passé ce test, combien ont répondu correctement à la 1re question ?

D Manipuler proportion et évolution

Un glacier propose six parfums de glaces, trois sont « classiques » (vanille, chocolat, fraise) et trois « exotiques » (litchi, coco, mangue).
Au cours d'une semaine, sur un total de 500 ventes, 110 étaient des glaces à la vanille, 90 au chocolat et 140 à la fraise.

1. Quelle est la proportion de glaces à la vanille vendues ?

2. Quelle est la proportion de glaces au chocolat ou à la fraise vendues ?

3. Peut-on dire qu'au moins un tiers des parfums vendus sont des parfums exotiques ?

4. Les glaces au litchi coûtent 20 % plus cher que les autres parfums. Déterminer le prix de ces glaces, sachant que les autres parfums coûtent 1,50 €.

Automatismes

Automatismes transversaux

1 Résoudre les équations suivantes.

1. $4x(x+1)-5=-5$ 2. $x(16x+4)=0$

2 Résoudre les équations suivantes.

1. $2x+7=5$
2. $x-11=3x+5$

3 Résoudre les équations suivantes.

1. $x^2=36$ 2. $4x^2=16$
3. $x^2+1=0$ 4. $\sqrt{x}=2$

4 Résoudre les inéquations suivantes.

1. $3x-8<10$
2. $x-4\leqslant 5x+24$

5 Développer les expressions suivantes.

1. $4x(x+1)+(x-1)^2$
2. $(x+6)(x-4)-2x(3x+1)$

6 Factoriser les expressions suivantes.

1. $49x^2-16$
2. $x(3x+4)-(2x-3)(3x+4)$

7 Effectuer les calculs suivants.

1. $2\times\frac{5}{8}-\frac{7}{12}$ 2. $\frac{1}{2}\times\left(\frac{3}{5}-1\right)$

8 Lire graphiquement :

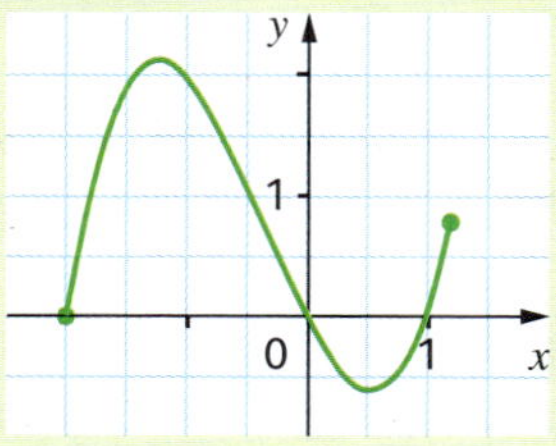

1. le (ou les) antécédent(s) de 0 par f ;
2. l'image de -1 par f.

9 On donne ci-dessous la courbe représentative d'une fonction f définie sur [0 ; 4].

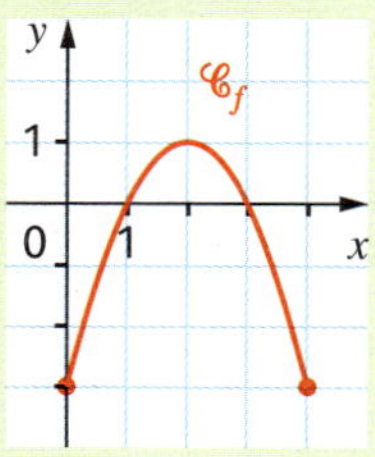

Par lecture graphique :

1. résoudre l'équation $f(x)=0$;
2. résoudre l'inéquation $f(x)<0$;
3. dresser le tableau de signes de $f(x)$ sur [0 ; 4] ;
4. dresser le tableau de variations de f sur [0 ; 4].

Automatismes préparatoires au chapitre

10 Calculer la moyenne des séries suivantes.

1. 5 ; 6 ; 8 ; 5 ; 7 ; 2 ; 5 ; 9 ; 2 ; 1
2. 34 ; 36 ; 41 ; 39 ; 41 ; 40
3.

Valeur	0	1	2	3
Effectif	3	1	4	2

11 Léo a obtenu les notes de 14 et 15 coefficient 1, les notes de 12 et 13 coefficient 3 et la note 8 coefficient 2. Calculer la moyenne de Léo.

12 Déterminer la médiane des séries suivantes.

1. 5 ; 6 ; 9 ; 10 ; 11 ; 14
2. 2 ; 4 ; 9 ; 11 ; 11 ; 15 ; 16
3. 5 ; 15 ; 2 ; 8 ; 4 ; 10 ; 7 ; 8 ; 12

13 Dans chaque cas, déterminer la quatrième proportionnelle.

1.

12	24
18	

2.

40	55
	22

3.

	18
70	60

4.

	30
24	12

14 Effectuer les calculs suivants.

1. $\frac{1}{2}\times 15$ 2. $\frac{1}{5}\times 60$ 3. $\frac{1}{10}\times 125$

15 Effectuer les calculs suivants.

1. $0{,}8\times 20$ 2. $0{,}2\times 50$ 3. $1{,}5\times 40$

16 Recopier et compléter le tableau.

20 % de 50	…
50 % de …	80
$\frac{1}{3}$ de 93	…
… de 120	12

17 Recopier et compléter le tableau.

80 % de 200	…
20 % de …	30
$\frac{1}{4}$ de 56	…
… de 50	30

18 Recopier et compléter le tableau suivant.

Fractionnaire	$\frac{1}{2}$		$\frac{2}{5}$		
Décimale				0,75	
Pourcentage		25 %			20 %

activités

1 Comment « agir » sur la moyenne et sur la médiane ?

Objectif
Calculer une moyenne et une médiane.

Voici une série de 9 notes : 7 ; 5 ; 9 ; 13 ; 14 ; 17 ; 12 ; 10 ; 12.

1 a. Calculer la moyenne de cette série.
b. Modifier deux notes sans changer la moyenne.
c. Modifier une note de telle sorte que la moyenne augmente de 1.
d. Supprimer une note de telle sorte que la moyenne augmente, mais le moins possible.

2 a. Calculer la médiane de cette série.
b. Peut-on modifier une note de façon à augmenter la médiane de 1 ?
c. Peut-on modifier une note de façon à augmenter la médiane de 2 ?

3 Proposer une série de 8 notes entières de moyenne 11 et de médiane 10,5.

2 Gestion d'un stock

Objectif
Calculer un pourcentage de pourcentage.

Un magasin, spécialisé dans la vente de vélos, possède un stock de 1 500 vélos. 60 % des vélos sont des VTT et 15 % de ces VTT sont électriques.
On représente les différents stocks à l'aide du schéma suivant :

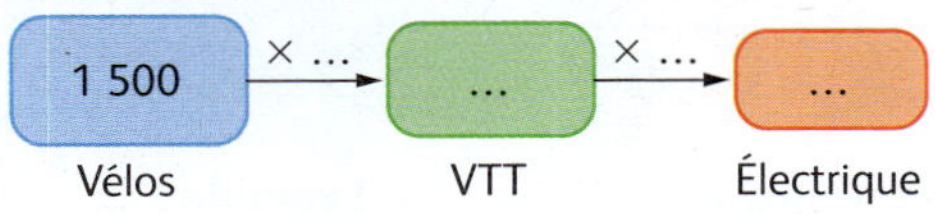

Info
Pour manipuler les pourcentages, la méthode des « coefficients multiplicateurs » est rapide et efficace

1 a. Combien de VTT sont présents dans le stock du magasin ?
b. Compléter les premières flèche et case du schéma.

2 a. Combien de VTT sont électriques dans le stock du magasin ?
b. Compléter les deuxièmes flèche et case du schéma.

3 a. Déterminer la proportion, en pourcentage, des VTT électriques parmi l'ensemble du stock du magasin.
b. Comparer le résultat obtenu avec $0{,}6 \times 0{,}15$. En déduire une autre façon de calculer la proportion de la question **3. a.**

3 Retour à la situation initiale

Objectif
Trouver un taux réciproque.

Un prix a baissé de 50 %. Lola se demande quel taux d'augmentation appliquer au nouveau prix pour retrouver le prix initial.

1 Elle pense d'abord qu'il suffit d'augmenter de 50 %.

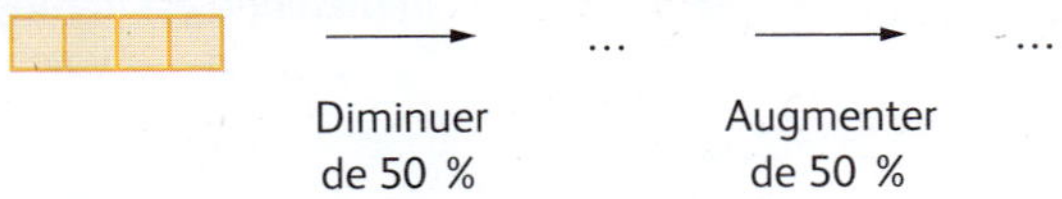

Recopier et compléter le schéma ci-dessus. Lola a-t-elle raison ?

Vocabulaire
Le taux qui neutralise une évolution s'appelle un **taux réciproque**.

2 Lola se souvient qu'au collège elle a écrit :
- « Baisser de 50 % revient à multiplier par … »
- « Diviser par un nombre revient à … »

a. Compléter ces propriétés.
b. Recopier et compléter le graphique ci-dessous.

c. Aider Lola à répondre à sa question.

Cours

1 Résumés statistiques

a Moyenne et écart type

Définition La moyenne d'une série, notée $\overline{x}$, est le quotient de la somme de toutes les valeurs de la série par l'effectif total.

Si une série est donnée par son tableau d'effectifs, on a $\overline{x}=\frac{x_1\times n_1+x_2\times n_2+\ldots+x_p\times n_p}{n_1+n_2+\ldots+n_p}$.

Valeurs	x_1	x_2	...	x_p
Effectif	n_1	n_2	...	n_p

Propriété On considère une série de moyenne $\overline{x}$.

- Si on multiplie toutes les valeurs d'une série par un nombre a alors la moyenne $\overline{x}$ est multipliée par a.
- Si on ajoute le même nombre b à toutes les valeurs de la série alors cette valeur b s'ajoute à la moyenne $\overline{x}$.

Exemple

On donne la série suivante.

Valeur	5	8	10
Eff.	1	2	2

La moyenne $\overline{x}$ est égale à :

$$\overline{x}=\frac{5\times1+8\times2+10\times2}{1+2+2}=8,2$$

On multiplie toutes les valeurs de série par 2 et on ajoute 1.
La série devient :

Valeur	11	17	21
Eff.	1	2	2

La nouvelle moyenne $\overline{x'}$ vaut :

$$\overline{x'}=2\times\overline{x}+1=17,4$$

Pour mesurer la dispersion des valeurs d'une série par rapport à la moyenne, on prend en compte l'écart relatif de chaque valeur à la moyenne.

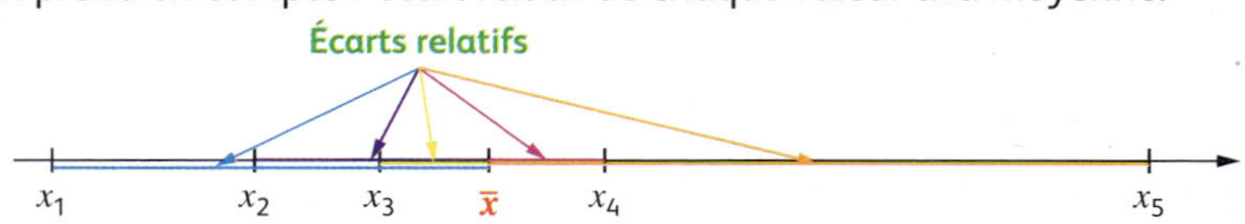

Définition Soit la série de N valeurs $x_1, x_2, \ldots, x_N$ de moyenne $\overline{x}$.

- La variance V de la série est la moyenne des carrés des écarts des valeurs avec la moyenne : $V=\frac{(x_1-\overline{x})^2+(x_2-\overline{x})^2+\ldots+(x_N-\overline{x})^2}{N}$
- L'écart type σ de la série est la racine carrée de la variance $\sigma=\sqrt{V}$.

Remarque

Le couple $(\overline{x},\sigma)$ permet de résumer une série.
Il a l'avantage d'utiliser toutes les valeurs de la série, en ce sens il est représentatif de la série. Il a l'inconvénient d'être « sensible » aux valeurs extrêmes.

Exemple

Soit la série 5 ; 8 ; 8 ; 10 ; 10 de moyenne 8,2.
La variance V est égale à :

$$\frac{(5-8,2)^2+(8-8,2)^2+\ldots+(10-8,2)^2}{5}$$
$$=3,36$$

L'écart type est égal à :

$$\sigma=\sqrt{V}=\sqrt{3,36}\approx1,83$$

b Médiane et écart interquartile

La médiane Me permet de partager en deux une série rangée dans l'ordre croissant. Pour la partager en quatre, on utilise les quartiles.

Définition Le premier quartile (resp. le troisième) de la série, noté Q_1 (resp. Q_3), est la plus petite valeur de la série telle qu'au moins 25 % (resp. 75 %) des valeurs de la série lui soient inférieures ou égales.

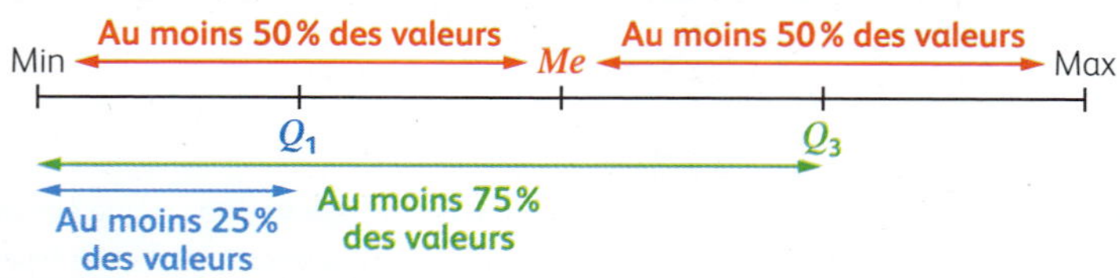

Propriété On appelle écart interquartile, le nombre Q_3-Q_1.

Remarque

Le couple (Me, Q_3-Q_1) permet de résumer une série. Il a l'avantage de posséder une représentation graphique (diagramme en boite) et de ne pas être sensible aux valeurs extrêmes.

Exemple

Soit la série ordonnée suivante.
0 ; 0 ; 0 ; 1 ; 2 ; 2 ; 2 ; 3 ; 3 ; 3 ; 3 ; 4
4 ; 4 ; 4 ; 5 ; 6 ; 6 ; 6 ; 6 ; 6 ; 9
Eff_{total} est égal à 22 et est pair donc la médiane est la moyenne de la 11e et de la 12e valeur de la série.

$$Me=\frac{3+4}{2}=3,5$$

Position de Q_1 : $22\times0,25=5,5$
Q_1 est la 6e valeur de la série soit 2.
Position de Q_3 : $22\times0,75=16,5$
Q_3 est la 17e valeur de la série soit 6.
On obtient le diagramme suivant.

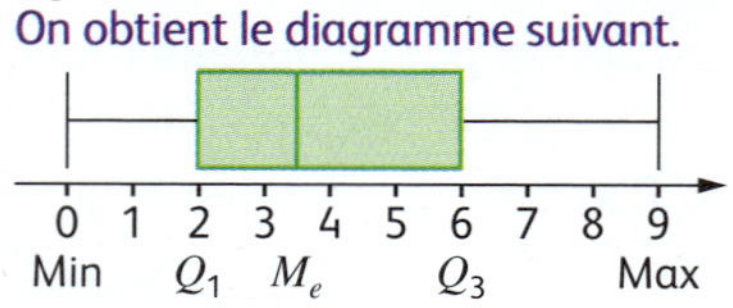

L'écart interquartile est :

$$Q_3-Q_1=6-2=4$$

méthode

CAPACITÉ 1 Comparer deux séries statistiques

Énoncé Dans un lycée, on relève la taille des élèves. On regroupe les informations dans le tableau suivant, où la taille a été arrondie à 5 cm près.

Taille (cm)	150	155	160	165	170	175	180
Effectif	17	103	102	211	236	307	24

1. a. Déterminer la taille moyenne des élèves du lycée.
b. À l'aide de la calculatrice, déterminer l'écart type de cette série.
2. Dans un lycée voisin, on relève, de la même manière, la taille des élèves. Le lycée communique les informations suivantes : « La taille moyenne d'un élève dans notre établissement est de 170,2 cm, pour un écart type de 12,3 ».
Comparer les résultats des deux lycées.

Solution rédigée

1. a. On applique directement la formule de la moyenne :

$$\overline{x}=\frac{150\times17+155\times103+160\times102+165\times211+170\times236+175\times307+180\times24}{17+103+102+211+236+307+24}\approx167{,}8$$

Dans le lycée, la taille moyenne des élèves est d'environ 167,8 cm.
b. Dans le mode statistique de la calculatrice, on commence par compléter les données en indiquant les valeurs étudiées et les effectifs associés. On obtient alors :

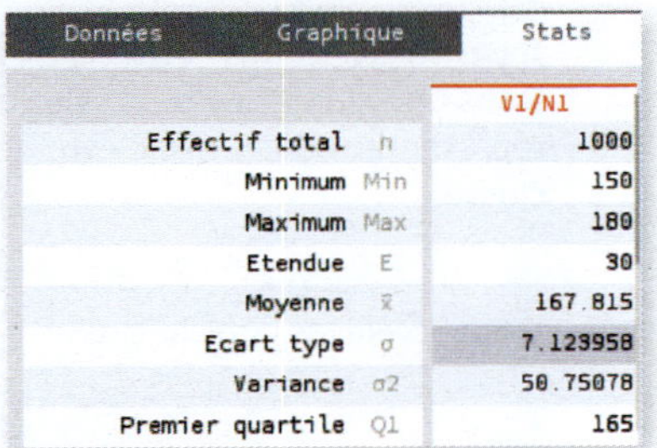
Données | Graphique | Stats

		V1/N1
Effectif total	n	1000
Minimum	Min	150
Maximum	Max	180
Etendue	E	30
Moyenne	$\bar{x}$	167.815
Ecart type	σ	7.123958
Variance	σ2	50.75078
Premier quartile	Q1	165

L'écart type de cette série est $\sigma\approx7{,}1$.

2. Les élèves du premier lycée sont en moyenne plus petits (167,8 cm) que dans le second lycée (170,2 cm). L'écart type est également plus petit dans le premier lycée (7,1) que dans le second (12,3).
Le premier lycée a donc des élèves plus petits en moyenne avec des tailles plus regroupées autour de la moyenne que dans le second lycée.

Point méthode
2. Dans un exercice contextualisé, il faut donner du sens à un indicateur.
C'est souvent dans la conclusion de la question qu'il faut le faire.

J'applique en autonomie

Voir corrigés p. 415 Voir exercices similaires n°s 40 à 45

19 On considère les trois séries ci-dessous.
Série 1 : 5 ; 6 ; 6 ; 7 ; 9 ; 10
Série 2 : 1 ; 1 ; 4 ; 12 ; 12 ; 13
Série 3 : 11 ; 11 ; 13 ; 13 ; 15 ; 16
1. Calculer, sans utiliser le module statistique de la calculatrice, la moyenne et l'écart type de la série 1.
2. À l'aide du module statistique de la calculatrice, calculer la moyenne et l'écart type des séries 2 et 3.
3. Comparer la série 1 et la série 2.
4. Comparer la série 1 et la série 3.

20 Pour chaque question, déterminer les couples (moyenne ; écart type) et (médiane ; écart interquartile).
1. 0,1 ; 0,2 ; 0,1 ; 0,5 ; 0,1 ; 0,3 ; 0,1 ; 0,5 ; 0,6 ; 0,1
2. 10 ; 12 ; 21 ; 12 ; 10 ; 10 ; 12 ; 11 ; 14 ; 12 ; 10 ; 20 ; 21 ; 21 ; 15

21 On considère la série statistique ci-dessous.

Valeurs	10	12	14	16	18	19
Effectif	2	5	11	8	4	6

1. Compléter le tableau avec la ligne des effectifs cumulés croissants. En déduire la médiane et les quartiles.
2. Une autre série a pour médiane 15 et pour écart interquartile 10. Comparer ces deux séries.

Cours

2 Proportions

Définition On considère un ensemble T (appelé également population) contenant une partie A (ou sous-population).
On note n_T et n_A respectivement le nombre d'individus dans l'ensemble T et dans l'ensemble A.
La proportion (ou fréquence) de A dans T est le nombre $p = \frac{n_A}{n_T}$.

Remarque
On peut l'écrire sous forme décimale, fractionnaire ou en pourcentage.

a Calculer avec des proportions

• n_A et n_T sont connus et on cherche p :

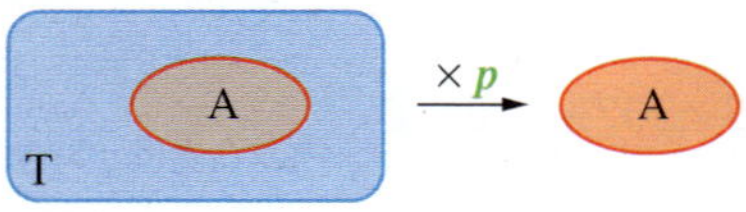

$$p = \frac{n_A}{n_T}$$

• n_T et p sont connus et on cherche n_A :

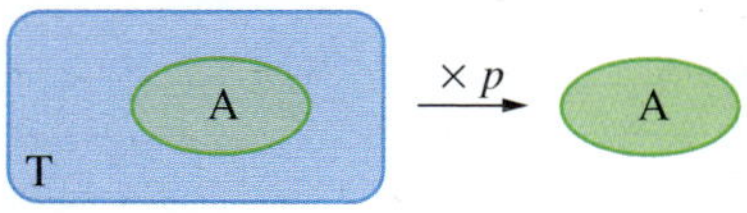

$$n_A = n_T \times p$$

• n_A et p sont connus et on cherche n_T :

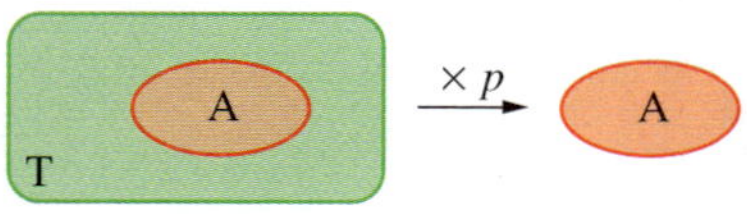

$$n_T = \frac{n_A}{p}$$

Remarque
Pour les calculs, si la proportion est en pourcentage, il est souvent plus pratique de l'écrire sous forme décimale.

Exemple
Dans une classe, il y a 12 filles sur les 30 élèves.
$$\frac{12}{30} = 0{,}4$$
La proportion de filles dans la classe est 0,4 ou $\frac{2}{5}$ ou 40 %.
Dans une classe de 24 élèves, 75 % sont des filles.
$$24 \times 0{,}75 = 18$$
Il y a 18 filles dans cette classe.
Dans une classe, il y a 21 filles qui représentent 60 % des élèves de la classe.
$$\frac{21}{0{,}6} = 35$$
Il y a 35 élèves dans la classe.

b Proportion de proportion

Propriété On considère un ensemble T contenant une partie A contenant elle-même une partie B.
Si p est la proportion de A dans T et p' est la proportion de B dans A alors la proportion de B dans T est $p \times p'$.

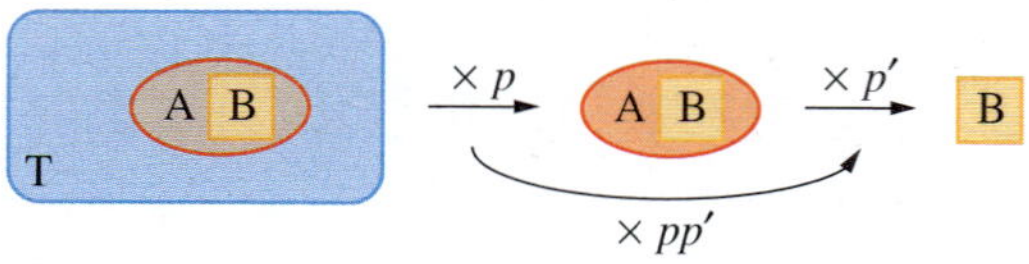

Remarque
Lorsqu'on considère une situation dans laquelle des sous-populations peuvent être « imbriquées », il peut être intéressant de construire un tableau d'effectifs à double entrée pour décomposer la population en sous-populations disjointes, comme dans l'exemple ci-contre.

Exemple
Dans une classe, les élèves étudient l'Espagnol ou l'Allemand en LVB.
60 % des élèves sont des filles et 80 % d'entre elles étudient l'Espagnol.
$$0{,}6 \times 0{,}8 = 0{,}48$$
La proportion de filles étudiant l'Espagnol en LVB est égale à 48 %.
On sait de plus qu'il y a 25 élèves dans cette classe.
$$25 \times 0{,}6 = 15$$
$$0{,}8 \times 15 = 12$$
Il y a 15 filles dans cette classe dont 12 qui étudient l'Espagnol en LVB. On sait que 3 garçons étudient l'Allemand en LVB.
On peut construire le tableau croisé ci-dessous :

	Filles	Garçons	Total
Espagnol	12	7	19
Allemand	3	3	6
Total	15	10	25

méthode

CAPACITÉ 2 Mettre en relation effectifs, proportions et pourcentages

Énoncé Mathieu souhaite faire des cookies, il se procure donc les ingrédients indiqués sur sa recette :
200 g de farine, 170 g de chocolat noir à 72 % de cacao, 150 g de sucre, 170 g de beurre, un sachet de levure, un sachet de sucre vanillé, un œuf et un peu de poudre de noisette.

1. Après avoir réalisé sa recette, Mathieu a pesé la pâte à cookies, mais il ne se souvient plus de son poids. Il se souvient que le sachet de sucre vanillé pesait 7,5 g et représentait 1 % du poids total de la pâte. Retrouver le poids de la pâte à cookies préparée par Mathieu.

2. Quelle est la proportion de sucre dans la pâte à cookies finale ?

3. Déterminer la masse de cacao présente dans les cookies.

Solution rédigée

1. On sait que 7,5 g représente 1 % du poids total de la pâte à cookies. On peut remplir un tableau de proportionnalité :

7,5	x
1 %	100 %

En appliquant le produit en croix, on trouve que le poids total de la pâte est donné par : $x = \frac{7{,}5 \times 100}{1} = 750$.
Mathieu a donc préparé une pâte à cookies de 750 g.

2. Le poids total de la pâte à cookies est de 750 g et Mathieu y a mis 150 g de sucre. La proportion de sucre dans cette pâte à cookies est donc de $\frac{150}{750} = 0{,}2$. On en déduit alors que le sucre représente 20 % de la pâte à cookies.

3. Mathieu a utilisé 170 g de chocolat noir à 72 % de cacao. Le cacao représente donc $170 \times \frac{72}{100} = 122{,}4$ g. Il y a 122,4 g de cacao dans les cookies.

Point méthode

1. Il peut être utile dans certains cas de faire un schéma de la situation, ou un tableau de proportionnalité afin d'éviter toutes mauvaises interprétations.

J'applique en autonomie

Voir corrigés p. 415 Voir exercices similaires nos 47 à 54

22 Dans une classe de 32 élèves, 24 ont eu plus de 10 au dernier devoir de mathématiques. Quelle proportion ces élèves représentent-ils dans la classe ?

23 Un concessionnaire a vendu 200 véhicules le mois dernier. Parmi ces véhicules, 95 sont blancs. Déterminer le pourcentage de véhicules blancs vendus le mois dernier.

24 Lors des *french days*, Mélissa achète un appareil photo. Elle a eu une réduction de 8 %, ce qui représente 110 €. Quel était le prix de l'appareil avant réduction ? après réduction ?

25 Un complexe sportif regroupe plusieurs clubs et 1 000 adhérents. On note le nombre d'adhérents de certains clubs dans le tableau suivant.

Club	Homme	Femme
Boxe	83	54
Volley-ball		120
Vélo	19	13

1. Déterminer la proportion, en pourcentage, d'adhérents au club de boxe dans le complexe sportif.

2. Dans le club de volley, les hommes représentent 80 % de l'effectif des femmes. Combien y a-t-il d'hommes dans ce club ?

3. Les membres du club de vélo représentent 40 % de l'effectif du club d'escalade. Combien y a-t-il de membres dans le club d'escalade ?

Cours

3 Évolutions

Une valeur de départ (V_d) évolue vers une valeur d'arrivée (V_a).

$V_d \rightarrow V_a$

a Variation absolue, variation relative

Définition Pour quantifier cette évolution, on peut calculer :

- la **variation absolue**, soit l'évolution en **nombre** $V_a - V_d$.
- la **variation relative**, soit l'évolution en **proportion** $\frac{(V_a - V_d)}{V_d}$.

La variation relative est aussi appelée **taux d'évolution** entre V_d et V_a.

Remarque

Le signe de la variation indique le sens de l'évolution.

Exemple

Un prix valait 8 € et vaut maintenant 9 €.

- Variation absolue :

$$9 - 8 = 1$$

Le prix a augmenté de 1 €.

- Variation relative :

$$\frac{9-8}{8} = 0{,}125 = 12{,}5\ \%$$

Le prix a augmenté de 12,5 %.

b Taux d'évolution et coefficient multiplicateur

Propriété

Augmenter de t % revient à multiplier par $CM = \left(1 + \frac{t}{100}\right)$.

Diminuer de t % revient à multiplier par $CM = \left(1 - \frac{t}{100}\right)$.

Remarque

$V_d \xrightarrow{?} V_a$: $CM = \frac{V_a}{V_d}$ et $t = CM - 1$

$V_d \xrightarrow{\times CM} ?$: $V_a = V_d \times CM$

$? \xrightarrow{\times CM} V_a$: $V_d = \frac{V_a}{CM}$

Exemple

Après avoir subi une baisse de 20 %, un article coûte 41,6 €.
Quel était son prix avant la baisse ?
Baisser de 20 % revient à multiplier par :

$$\left(1 - \frac{20}{100}\right) = 0{,}8$$

$$? \xrightarrow{\times 0{,}8} 41{,}6$$

$$V_d = \frac{41{,}6}{0{,}8} = 52$$

L'article valait 52 € avant la baisse.

c Évolutions successives

Propriété Une valeur de départ V_d subit plusieurs évolutions successives : t_1 % de coefficient multiplicateur CM_1, suivie de t_2 % suivie de …

$$V_d \xrightarrow{\times CM_1} V_1 \xrightarrow{\times CM_2} V_2 \ \dots \xrightarrow{\times \dots} V_a$$

$$V_d \xrightarrow{\times CM_g} V_a$$

Le coefficient **multiplicateur global** est le produit des coefficients multiplicateurs intermédiaires. On a $CM_g = CM_1 \times CM_2 \times \dots$

Le **taux d'évolution global** est donc égal à : $t_g = CM_g - 1$.

Exemple

Le nombre d'abonnés d'un quotidien augmente de 10 % puis augmente de 20 %.
Quelle est l'évolution globale ?
Augmenter de 10 % (resp. 20 %) revient à multiplier par 1,1 (resp. 1,2) :

$$CM_g = 1{,}1 \times 1{,}2 = 1{,}32$$

Le taux d'évolution global est :

$$CM_g - 1 = 1{,}32 - 1 = 0{,}32$$

Donc le nombre d'abonnés a augmenté de 32 %.

d Évolution réciproque

Propriété Une valeur de départ V_d évolue de t %, on note CM le coefficient multiplicateur correspondant. Le **taux réciproque** est le taux d'évolution appliqué à la valeur d'arrivée V_a pour revenir à V_d.

$V_d \xrightarrow{\times CM} V_a$ et $V_a \xrightarrow{\times \frac{1}{CM}} V_d$ ou $V_d \xrightarrow{\times CM} V_a \xrightarrow{\times \frac{1}{CM}} V_d$

Son coefficient multiplicateur CM_{rec} est égal à $\frac{1}{CM}$.

Exemple

Un prix augmente de 10 %.
Quelle évolution permettrait de retrouver le prix initial ? Le coefficient multiplicateur réciproque est :

$$CM_{rec} = \frac{1}{1 + \frac{10}{100}} \approx 0{,}909$$

Le taux d'évolution réciproque est :

$$CM_{rec} - 1 \approx 0{,}909 - 1 \approx -0{,}091$$

Il faut baisser le nouveau prix d'environ 9,1 %.

méthode

CAPACITÉ 3 Manipuler des valeurs successives et leur taux d'évolution

Énoncé Au second tour des élections présidentielles de 2022 en France, 13 655 861 personnes sur les 48 752 339 inscrites sur les listes électorales se sont abstenues de voter.

1. Déterminer le taux d'abstention au second tour des élections présidentielles de 2022.

2. On donne ci-dessous l'évolution du taux d'abstention au second tour des élections présidentielles en France entre 2007 et 2022.

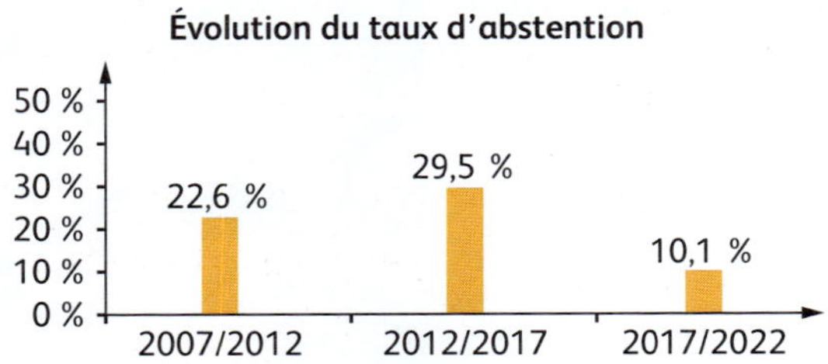

a. Le taux d'abstention était de 16,03 % en 2007. Déterminer le taux d'abstention en 2012.

b. À l'aide du taux d'abstention en 2022 trouvé en question **1.**, déterminer le taux d'abstention en 2017.

c. Retrouver l'évolution du taux d'abstention entre 2012 et 2017.

Solution rédigée

1. $\frac{13\,655\,861}{48\,752\,339} \approx 0{,}2801$. Le taux d'abstention au second tour des élections présidentielles de 2022 s'est donc élevé à environ 28,01 %.

2. a. Le taux d'abstention a augmenté de 22,6 % entre 2007 et 2012.
Or, augmenter de 22,6 % revient à multiplier par $1+\frac{22{,}6}{100}=1{,}226$.
Ainsi : $16{,}03 \times 1{,}226 \approx 19{,}65$. Le taux d'abstention au second tour des présidentielles de 2012 s'est donc élevé à environ 19,65 %.

b. Entre 2017 et 2022, le taux d'abstention a augmenté de 10,1 % pour aboutir à 28,01 %. Augmenter de 10,1 % revient à multiplier par $1+\frac{10{,}1}{100}=1{,}101$.
Ainsi $T_{2017} \times 1{,}101 = 28{,}01$ c'est-à-dire : $T_{2017} = \frac{28{,}01}{1{,}101} \approx 25{,}44$. Le taux d'abstention au second tour de l'élection présidentielle de 2017 s'est donc élevé à environ 25,44 %.

c. On a obtenu des taux d'abstention de 19,65 % pour 2012 et de 25,44 % pour 2017. Le taux d'évolution entre 2012 et 2017 est donc égal à :
$\frac{25{,}44-19{,}65}{19{,}65} \approx 0{,}2946$ soit en arrondissant environ 29,5 % comme indiqué dans les données ci-dessus.

Point méthode
2. a. Pour identifier le calcul à effectuer un schéma peut être utile !

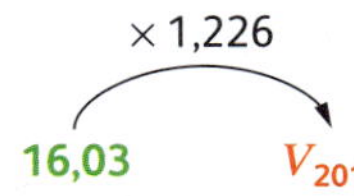

Point méthode
2. b. Seuls les coefficients multiplicateurs apparaissent sur la flèche d'évolution.

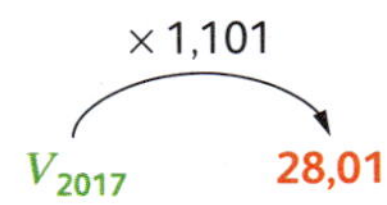

J'applique en autonomie

Voir corrigés p. 416   Voir exercices similaires nos 58 à 60, 68 et 69

26 **1.** En 2021, un lycée compte 1 024 élèves. En 2022, il en compte 1 146. Quel est le taux d'évolution ?

2. Léa bénéficie d'une remise de 30 % sur un pantalon à 39 €. Combien va-t-elle payer ?

3. Dans une petite ville, le nombre d'infractions relevées au code de la route a augmenté de 12 % entre 2023 et 2024. On a relevé 84 infractions en 2024. Calculer le nombre d'infractions en 2023. Quelle évolution entre 2024 et 2025 permet de revenir au niveau d'infractions de 2023 ?

27 Le tableau incomplet ci-dessous résume les Chiffres d'Affaires annuels (C.A.) en millier d'euros d'une micro-entreprise entre 2020 et 2023.

	2020	2021	2022	2023
C.A.	104	95		104
Évolution en %			+6	

1. Expliquer pourquoi une case du tableau est grisée.

2. Compléter les cases vides du tableau.

méthode

CAPACITÉ 4 Manipuler les pourcentages de pourcentages

Énoncé En 2024 dans une maternité, 60 % des naissances étaient des garçons.
Parmi eux, 20 % pesaient plus de 4 kg, la moitié pesait entre 2,5 et 4 kg et $\frac{1}{10}$ moins de 1,5 kg.
Sur un total de 800 filles nées en 2024, 200 pesaient entre 2,5 et 4 kg, 40 % entre 1,5 et 2,5 kg.
De plus, 16 % des enfants nés en 2024 pesaient moins de 1,5 kg.
Compléter le tableau ci-dessous où les proportions seront exprimées en pourcentage par rapport à l'ensemble des naissances dans cette maternité en 2024.

Masse M (kg)	Garçons	Filles	Total
$M < 1{,}5$			
$1{,}5 \leqslant M < 2{,}5$			
$2{,}5 \leqslant M < 4$			
$4 \leqslant M$			
Total			100 %

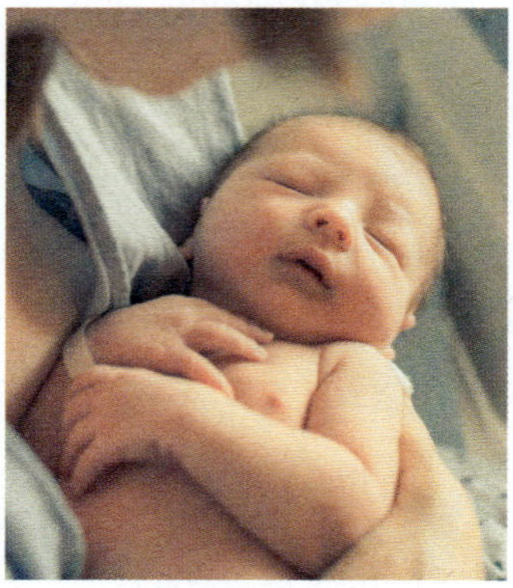

Solution rédigée

Les proportions se calculent par rapport à l'ensemble des naissances.
Parmi les 60 % de garçons nés en 2024, 20 % pèsent plus de 4 kg.
$0{,}6 \times 0{,}2 = 0{,}12$ on en déduit que 12 % de l'ensemble des naissances sont des garçons de plus de 4 kg.
La moitié des 60 % de garçons correspond à 30 %. Donc 30 % de l'ensemble des naissances sont des garçons pesant entre 2,5 et 4 kg.
$\frac{1}{10}$ de 60 % correspond à $\frac{1}{10} \times 0{,}6 = 0{,}06$; on obtient donc 6 % de garçons de moins de 1,5 kg parmi les naissances dans cette maternité en 2024.
Les 800 filles représentent 40 % des naissances.
$\frac{200}{800} = 0{,}25$ on en déduit que 25 % des filles pèsent entre 2,5 et 4 kg.
$0{,}25 \times 0{,}4 = 0{,}1$ on obtient 10 % de filles pesant entre 2,5 et 4 kg.
40 % des filles qui représentent 40 % des naissances pèsent entre 1,5 et 2,5 kg. $0{,}4 \times 0{,}4 = 0{,}16$; ainsi 16 % des naissances sont des filles pesant de 1,5 à 2,5 kg. On a donc le tableau ci-dessous.

Masse M (kg)	Garçons	Filles	Total
$M < 1{,}5$	6 %	10 %	16 %
$1{,}5 \leqslant M < 2{,}5$	12 %	16 %	28 %
$2{,}5 \leqslant M < 4$	30 %	10 %	40 %
$4 \leqslant M$	12 %	4 %	16 %
Total	60 %	40 %	100 %

Point méthode
Pour calculer des pourcentages de pourcentages, on multiplie les proportions.

Point méthode
Il faut bien identifier l'ensemble de référence auquel s'appliquent les pourcentages. Ici, c'est l'ensemble des naissances de la maternité en 2024.

J'applique en autonomie

Voir corrigés p. 416 Voir exercices similaires nos 72 à 75

28 Dans une classe de 30 élèves, il y a 12 garçons. Parmi eux, 25 % font partie du CVL (conseil des délégués pour la vie lycéenne).
1. Quelle est la proportion de garçons dans la classe ?
2. Calculer, de deux manières différentes, la proportion de garçons participant au CVL dans cette classe.

29 Dans une réserve naturelle, 30 % des animaux sont des mammifères, dont 15 % ont moins de 1 an.
1. Quelle proportion de la réserve naturelle sont des mammifères de moins de 1 an ?
2. On compte 81 mammifères de moins de 1 an. Combien y a-t-il d'animaux dans la réserve naturelle ?

CAPACITÉ 5 Calculer un taux d'évolution global et réciproque

Énoncé Entre 2020 et 2021, les émissions de gaz à effet de serre ont augmenté de 5,7 % en France. Entre 2021 et 2022, elles ont diminué de 2,7 % (source : Insee).

1. a. Déterminer le taux d'évolution global entre 2020 et 2022.

b. Sachant que les émissions de gaz à effet de serre en France en 2020 sont estimées à 392,3 millions de tonnes équivalent CO_2, déduire de la question **1. a.** une approximation des émissions de gaz à effet de serre en France en 2022.

2. Quelle devrait être l'évolution entre 2022 et 2023 pour que les émissions de gaz à effet de serre en France soient égales à celles de 2020 ?

Solution rédigée

1. a. Augmenter de 5,7 % revient à multiplier par $1+\frac{5,7}{100}=1,057$.

Diminuer de 2,7 % revient à multiplier par $1-\frac{2,7}{100}=0,973$.

On obtient pour coefficient multiplicateur global :

$$CM_g = 1,057 \times 0,973 \approx 1,0285$$

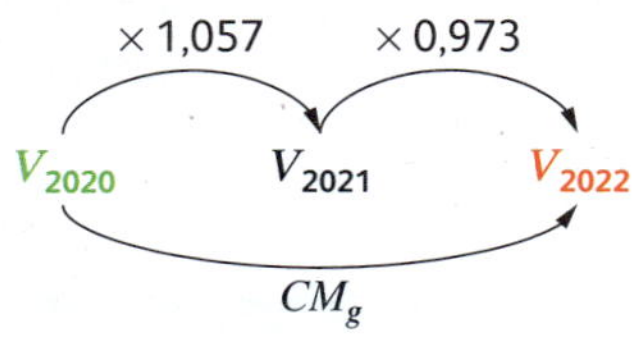

Or, $1,0285-1=0,0285$.

Le taux d'évolution global entre 2020 et 2022 est d'environ +2,85 %.

b. D'après la question **1. a.** le coefficient multiplicateur représentant l'évolution entre 2020 et 2022 est 1,0285.

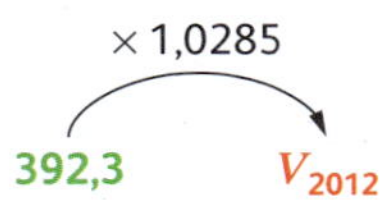

On a donc $V_{2022} = 392,3 \times 1,0285 \approx 403,5$.

En 2022, les émissions de gaz à effet de serre en France sont estimées à 403,5 millions de tonnes équivalent CO_2.

2. L'évolution entre 2022 et 2023 doit ici correspondre à l'évolution réciproque de celle observée entre 2020 et 2022.

Son coefficient multiplicateur est donc $CM_{rec} = \frac{1}{1,0285} \approx 0,9723$.

On en déduit que le taux réciproque est $CM_{rec} - 1 \approx -0,0277$.

L'évolution entre 2022 et 2023 devrait être une diminution de 2,77 %.

> **Point méthode**
> **1.** Pour déterminer un taux d'évolution global, on détermine en premier lieu le coefficient multiplicateur global.

> **Point méthode**
> **2.** Pour calculer un taux d'évolution à partir d'un coefficient multiplicateur CM, on calcule la différence $CM-1$.

J'applique en autonomie

Voir corrigés p. 416 Voir exercices similaires n°s 77 à 81 et 85 à 87

30 Dans chaque cas, déterminer le coefficient multiplicateur global puis le taux d'évolution global.

1. Une hausse de 10 % suivie d'une baisse de 30 %.

2. Deux hausses de 20 %.

31 Une quantité subit deux hausses, la première étant de 15 %. L'évolution globale est une hausse de 41 %. Déterminer le pourcentage de la seconde hausse.

32 **1.** Déterminer le taux réciproque d'une hausse de 5 %.

2. Déterminer le taux réciproque d'une baisse de 50 %.

3. Déterminer le taux réciproque d'une hausse de 100 % suivie d'une baisse de 50 %.

33 La population d'une ville a augmenté de 5 % entre 2019 et 2021, puis a diminué de 10 % entre 2021 et 2022.

1. Quel a été le taux d'évolution global de la population entre 2019 et 2022 ?

2. Quelle doit être l'évolution entre 2022 et 2023 pour que le nombre d'habitants de la ville soit le même qu'en 2019 ?

Je revois mon cours

Couples d'indicateurs

On donne la série suivante.

Valeur	10	11	12	13	14	15	16	17	18
Effectif	2	3	2	2	4	3	2	1	2

Couple (médiane ; écart interquartile)

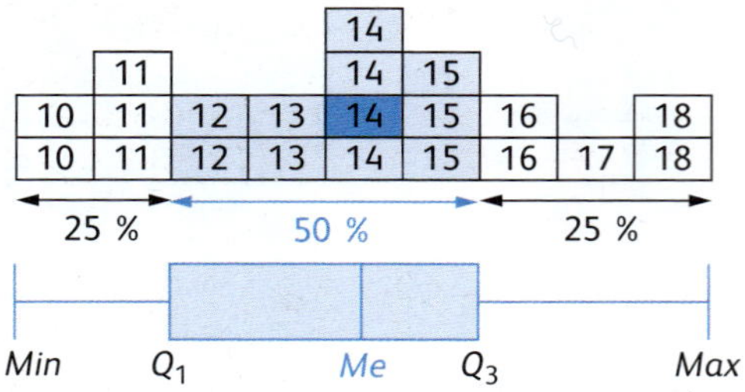

Choisir ce couple, c'est partager la série en sous-groupes de 25 %. Plus l'écart interquartile est faible, plus les valeurs de la série sont « resserrées » autour de la médiane.

Couple (moyenne ; écart type)

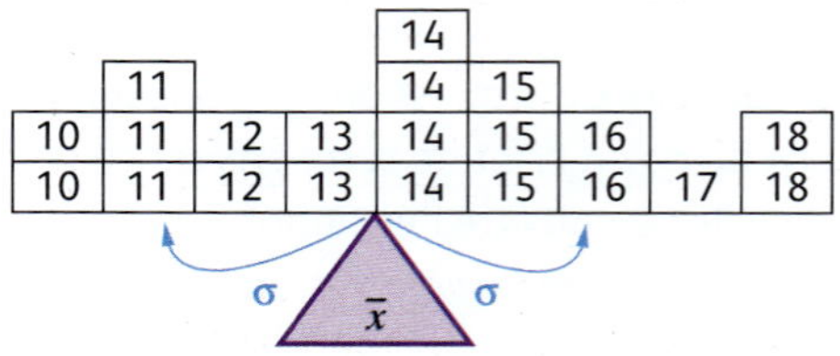

$$\overline{x} = \frac{2\times10+3\times11+\ldots+2\times18}{2+3+\ldots+2}$$

$$V = \frac{(x_1-\overline{x})^2+(x_2-\overline{x})^2+\ldots+(x_N-\overline{x})^2}{N}$$

$$\sigma = \sqrt{V}$$

Choisir ce couple, c'est prendre en compte toutes les valeurs. Plus l'écart type est petit, plus les valeurs de la série sont « resserrées » autour de la moyenne.

Proportion de proportion

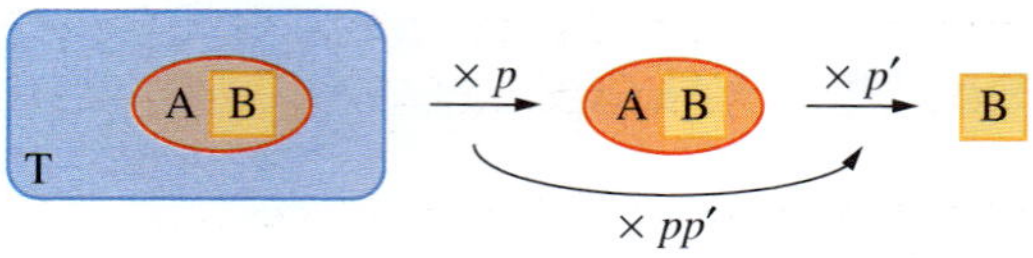

Si p est la proportion de A dans T et p' la proportion de B dans A, alors pp' est la proportion de B dans T.

Évolutions

Évolutions successives

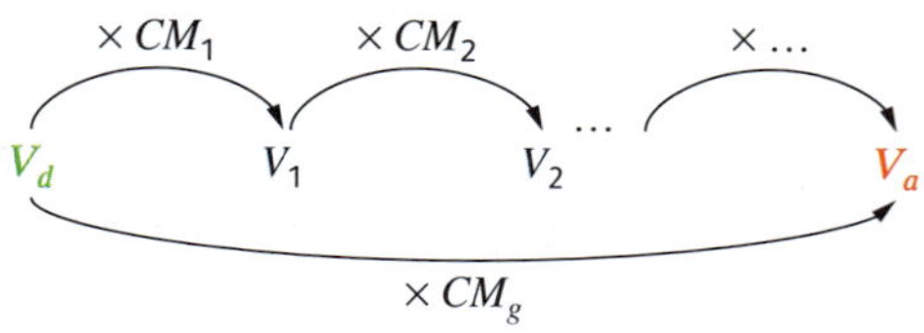

Coefficient multiplicateur global :

$$CM_g = CM_1 \times CM_2 \times \ldots$$

Taux global d'évolution :

$$t_g = CM_g - 1$$

Évolution réciproque

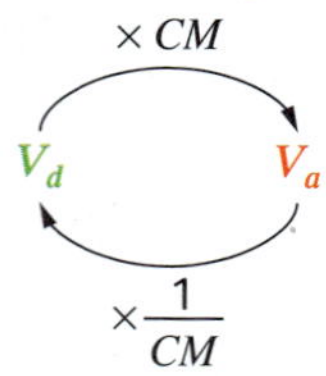

Coefficient multiplicateur réciproque :

$$CM_{rec} = \frac{1}{CM}$$

Taux d'évolution réciproque :

$$t_{rec} = CM_{rec} - 1$$

Je m'exerce à démontrer

Si on ajoute le même nombre b à toutes les valeurs d'une série, alors la moyenne de la série obtenue est égale à la moyenne de la série initiale augmentée de b.

DÉMO PAS À PAS
hachette-clic.fr/25de2091

J'évalue mes connaissances

VERSION INTERACTIVE hachette-clic.fr/25de2092

Voir corrigés p. 416

QCM

Pour chacune des questions, indiquer la (ou les) bonne(s) réponse(s).

On donne ci-dessous le nombre de candidats présents aux épreuves du baccalauréat de la session de Juin entre 2021 et 2023.

	2021	2022	2023
Baccalauréat Général	380 346	377 248	387 067
Baccalauréat Technologique	144 599	144 989	148 466
Baccalauréat Professionnel	207 898	207 189	203 968
Total	732 843	729 426	739 501

Source : education.gouv.fr

	a	b	c
1. En 2021, la proportion de candidats en baccalauréat professionnel est d'environ :	33,6 %	28,4 %	71,6 %
2. Durant la session de juin 2023, 370 395 candidats ont été reçus à l'examen du baccalauréat général. Le pourcentage d'admis en série générale est d'environ :	95,7 %	50,1 %	98,1 %
3. Entre 2021 et 2023 le nombre de candidats au baccalauréat technologique a augmenté de :	2,67 %	2,40 %	2,60 %
4. Il pourrait y avoir une augmentation de 3,8 % du nombre de candidats au baccalauréat technologique entre 2023 et 2024. Le nombre de candidats au baccalauréat technologique en 2024 serait d'environ :	204 900	154 100	142 800
5. Entre 2000 et 2021, le nombre de candidats au baccalauréat toutes séries confondues a augmenté d'environ 13,8 %. Le nombre de candidats au baccalauréat en 2000 était d'environ :	649 800	631 700	644 000
6. Entre 2000 et 2023, le nombre de candidats au baccalauréat général a augmenté de 12,2 %. Pour retrouver en 2024 le même nombre de candidats au baccalauréat général qu'en 2000, l'évolution de leur nombre doit être d'environ :	–12,2 %	–87,8 %	–10,9 %

vrai ou faux ?

Indiquer pour chaque affirmation si elle est vraie ou fausse. Justifier.

Partie A.

1. La médiane est toujours une valeur de la série.

2. L'écart interquartile est un indicateur qui mesure la dispersion des valeurs d'une série autour de la moyenne.

3. L'écart type peut être nul.

4. La moyenne est toujours supérieure à la médiane.

5. Si on ajoute un même nombre à toutes les valeurs d'une série, la médiane ne change pas.

6. La variance est toujours supérieure à l'écart type.

7. La variance peut être une valeur négative.

Partie B.

Un échantillon est représenté par ce diagramme.

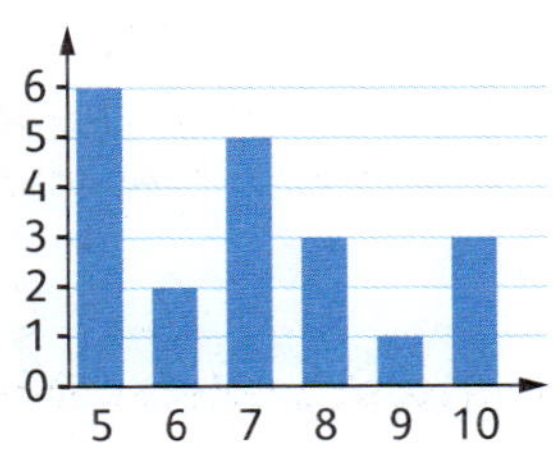

1. La médiane de cette série est 7,5.

2. L'écart interquartile $Q_3 - Q_1$ vaut 3.

3. $\overline{x} = \dfrac{5\times6+6\times2+7\times5+8\times3+9+10\times3}{6}$

4. On admet que cet échantillon a pour moyenne 7. Son écart type est égal à 0.

exercices Application

JE ME TESTE !
EXERCICES INTERACTIFS
hachette-clic.fr/25de2093

Acquérir des automatismes

34 Soit la série statistique ordonnée suivante :

2 ; 2 ; 3 ; 3 ; 5 ; 6 ; 8 ; 8 ; 9 ; 12

1. Calculer la moyenne et la médiane de cette série.

2. Calculer le premier et le troisième quartiles, puis en déduire l'écart interquartile de cette série.

35 Déterminer le coefficient multiplicateur associé à :

1. une hausse de 7 %
2. une baisse de 1,5 %
3. une baisse de 92 %
4. une hausse de 115 %

36 Déterminer le taux d'évolution associé aux coefficients multiplicateurs suivants.

1. 0,04
2. 1,31
3. 1,02

37 Recopier et compléter le tableau suivant.

Valeur de départ	Valeur d'arrivée	CM	Taux d'évolution (en %)
20		0,92	
15,5			+10 %
55	38,5		
74,6		1,55	
	34		–15 %

38 **Vrai ou faux ?**

Dans chaque cas indiquer si les affirmations sont vraies ou fausses.

1. Calculer t % d'une quantité revient à la multiplier par $\frac{t}{100}$.

2. Le coefficient multiplicateur associé à une baisse est négatif.

3. Un taux d'évolution peut être plus petit que –1.

4. Lorsqu'un prix augmente de 50 %, il faut appliquer une réduction de 50 % pour revenir au prix d'origine.

39 **Vrai ou faux ?**

Dans chaque cas indiquer si les affirmations sont vraies ou fausses. Justifier.

1. Diminuer de 30 % une quantité revient à la multiplier par –0,3.

2. Augmenter deux fois successivement de 10 % une quantité revient à la multiplier par 1,2.

3. Le taux réciproque d'une hausse de 25 % est une baisse de 20 %.

4. Après une hausse de 10 % puis une hausse de 20 %, le taux d'évolution global est de 30 %.

Travailler les capacités du chapitre

Capacité 1 Comparer deux séries statistiques

Voir p. 293

40 On relève les notes suivantes de deux groupes d'une même classe :

G_1 : 8 ; 11 ; 12 ; 13 ; 16

G_2 : 10 ; 11 ; 12 ; 13 ; 14

1. Calculer la moyenne des notes obtenues par le groupe 1, puis par le groupe 2. Peut-on ainsi différencier les deux groupes ?

2. a. Calculer l'écart type des notes obtenues dans le groupe 1, puis le groupe 2.

b. Comparer alors les résultats des deux groupes.

41 Dans un questionnaire, on demande aux personnes interrogées une valeur numérique sur leur degré de satisfaction, qui est un nombre entier entre 0 (pas du tout satisfait) et 10 (totalement satisfait). On note σ l'écart type de la série des réponses obtenues. Pour chaque valeur de σ associer une situation.

① $1 \leqslant \sigma \leqslant 2$ ② $\sigma \geqslant 6$ ③ $\sigma = 0$

1. Les personnes sondées sont unanimement d'accord.

2. Les personnes sondées sont partagées.

3. Les personnes sondées sont globalement d'accord.

Dans les exercices **42** *à* **44**, *calculer la moyenne et l'écart type de chaque série, puis déterminer la « meilleure » série.*

On considère ici que la meilleure série est celle qui a la moyenne la plus grande. Si deux séries ont la même moyenne, la meilleure série des deux est la moins dispersée autour de la moyenne.

42 A : 5-7-4-8-4
B : 6-7-6-5-5

CORRECTION TYPE EN VIDÉO
hachette-clic.fr/25de2094

43 A : 1-10-8-2-5 B : 4-5-7-5-5

44 A : 4-5-8-6-7 B : 9-5-4-6-6

45 Le graphique ci-dessous donne la répartition des notes d'un devoir sur 10 de la classe de 2de A.

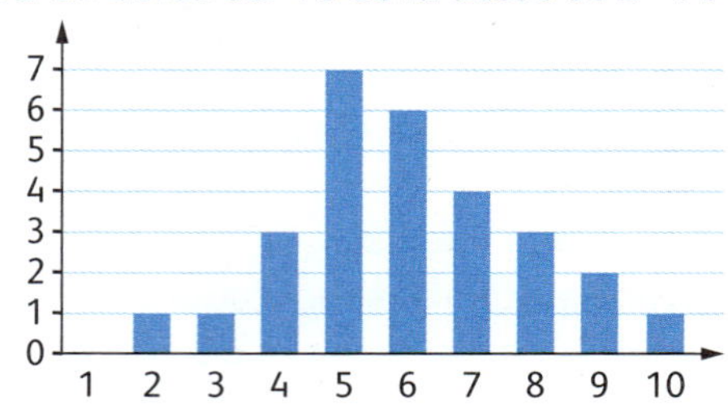

1. Calculer la moyenne, la médiane, le premier quartile ainsi que le troisième quartile de cette classe.

2. La classe de 2de B effectue le même devoir et obtient ces résultats : $\bar{x} = 6$; $M_e = 6$; $Q_1 = 3$ et $Q_3 = 8$. Laquelle des deux classes semble avoir le niveau le plus homogène ? Justifier.

46 On compare les résultats de trois classes de Seconde à une évaluation. On résume les résultats obtenus à l'aide du tableau ci-dessous.

	Min	Q_1	M_e	Q_3	Max
2de A	3	8	11	13	15
2de B	5	7	10	11	20
2de C	4	6	9	12	16

Indiquer pour quelle(s) classe(s) chacune des affirmations suivantes est vraie.

1. La moitié des notes ne dépasse pas 11.
2. Un élève sur quatre a moins de 6.
3. 75 % des élèves ont au moins 8.
4. Le meilleur élève a une note au moins deux fois supérieure à la moitié des élèves de la classe.

CAPACITÉ 2 Mettre en relation effectifs, proportions et pourcentages

Voir p. 295

Dans les exercices 47 à 49, on donnera les réponses sous forme décimale puis sous forme de pourcentage.

47 Dans une classe de 35 élèves il y a 21 filles. Quelle est la proportion de filles dans la classe ?

CORRECTION TYPE EN VIDÉO hachette-clic.fr/25de2095

48 Dans une société de 300 employés, 45 sont des cadres. Déterminer la proportion de cadres dans cette société.

49 Après une journée au marché, un maraîcher fait l'inventaire de ses invendus : 16 kg de pommes, 10 kg de carottes, 14 kg d'oranges et 10 kg d'oignons. Quelle est la proportion de pommes parmi les invendus ?

50 Dans un club de cyclisme de 120 membres, 45 % sont des hommes. Combien y a-t-il d'hommes dans ce club ?

51 Sur son terrain de 1 200 m^2, un agriculteur réserve les deux tiers à la production de maïs. Quelle surface de terrain est utilisée pour le maïs ?

52 Une usine produit 720 pièces par jour, dont 5 % sont défectueuses. Déterminer le nombre de pièces défectueuses produites par jour.

53 En haute saison, 30 % des plats servis par un restaurant chaque jour sont végétariens, soit 150 plats végétariens. Combien de plats sont servis par ce restaurant chaque jour ?

54 Dans l'appartement de Loéva, 65 % des plantes sont des plantes retombantes. Il y a en tout 27 plantes retombantes. Combien Loéva a-t-elle de plantes dans son appartement ?

55 Ce tableau donne la répartition des notes des élèves à un contrôle ainsi que les fréquences et les fréquences cumulées croissantes (F.C.C.).

Notes	7	9	11	13	16
Effectif	3	3	8	4	2
Fréquence (%)	15 %	15 %			
F.C.C.	15 %	30 %			

1. Recopier et compléter le tableau.
2. En déduire le pourcentage d'élèves ayant 11 ou moins.

Info
La fréquence cumulée croissante d'une valeur correspond à la proportion des valeurs de la série inférieures ou égales à cette valeur.

56 Une classe de 2de prépare une sortie scolaire. Parmi les élèves de la classe, 60 % souhaitent faire une activité en plein air, 10 % aller au zoo et le reste préfère visiter un musée. 18 élèves ont voté pour une activité en plein air.

1. Combien y a-t-il d'élèves dans la classe ?
2. Combien d'élèves souhaitent visiter un musée ?

57 Voici le tableau incomplet donnant la répartition des 250 employés d'une entreprise.

	Hommes	Femmes	Total
Moins de 40 ans	68		
Plus de 40 ans			
Total		130	250

1. Déterminer la proportion d'employés femmes dans l'entreprise.
2. On sait que 64 % des employés ont moins de 40 ans.
a. Déterminer le nombre d'employés de moins de 40 ans.
b. Recopier et compléter le tableau.
c. Déterminer le pourcentage de femmes de plus de 40 ans dans l'entreprise.

Exercices Application

JE ME TESTE ! EXERCICES INTERACTIFS hachette-clic.fr/25de2093

Capacité 3 Manipuler des valeurs successives et leur taux d'évolution

Voir p. 297

58 Début mai 2023 le prix du baril de pétrole était d'environ 72 $, trois mois plus tard, il s'élevait à 84 $.
1. Déterminer la variation absolue du prix.
2. Déterminer le taux d'évolution du prix sur ces trois mois. *On arrondira à 10^{-2}.*

59 Pendant des soldes, le prix d'un article est passé de 360 € à 300 €.
1. Déterminer la variation absolue du prix.
2. Déterminer le taux d'évolution du prix.

60 Dans une réserve naturelle, la population de castors était de 80 début 2022. En début d'année 2023, on recense 90 castors. Déterminer le taux d'évolution de la population de castors entre 2022 et 2023.

Dans les exercices 61 à 63, déterminer le coefficient multiplicateur associé à :

61 **1.** une baisse de 72 %
2. une hausse de 31,7 %

CORRECTION TYPE EN VIDÉO hachette-clic.fr/25de2096

62 **1.** une hausse de 1 % **2.** une baisse de 0,5 %

63 **1.** une hausse de 200 % **2.** une baisse de 99,9 %

Dans les exercices 64 à 66, déterminer le taux d'évolution associé au coefficient multiplicateur.

64 **1.** 0,45 **2.** 0,21 **3.** 1,68

65 **1.** 0,7655 **2.** 1,005 **3.** 1,5625

66 **1.** 0,01 **2.** 2 **3.** 3,5

67 QCM
1. Le coefficient multiplicateur associé à une hausse de 1 % est : **a.** 0,1 **b.** 1,01 **c.** 1,1
2. Le coefficient multiplicateur associé à une baisse de 60 % est :
a. 0,4 **b.** 0,6 **c.** 1,4
3. Un capital de 1 500 € baisse de 10 %. Il vaut alors :
a. 150 € **b.** 1 490 € **c.** 1 350 €

68 **1.** Un article est affiché au prix de 120 €. Son prix diminue de 15 %. Calculer son prix final.
2. La valeur d'une carte à collectionner a augmenté de 30 % entre 2018 et 2023. En 2018, sa valeur était de 50 €. Déterminer sa valeur en 2023.

69 **1.** Pendant les soldes, un article est affiché à 21 €. Son prix a été diminué de 30 %. Calculer son prix d'origine.
2. Entre 2020 et 2023, un influenceur a vu son nombre d'abonnés sur les réseaux sociaux augmenter de 70 %. En 2023, cet influenceur compte 56 950 abonnés, déterminer son nombre d'abonnés en 2020.

70 La feuille de calcul ci-dessous donne l'évolution du chiffre d'affaires d'une petite entreprise sur 5 ans.

	A	B	C	D	E	F
1	Année	2019	2020	2021	2022	2023
2	Chiffre d'affaires annuel (€)	105 000	110 500	118 000	125 000	137 000
3	Évolution		5,24%			

1. Quelle formule, saisie en C3 et recopiée vers la droite, permet de compléter le tableau ?
2. Quelle valeur obtient-on dans la cellule D3 ? E3 ? F3 ? *On arrondira les résultats à 0,1 % près.*

Capacité 4 Manipuler les pourcentages de pourcentages

Voir p. 298

71 Dans une boulangerie, les invendus sont constitués à 60 % de viennoiseries. Parmi les viennoiseries, 45 % sont des pains au chocolat.
1. Recopier et compléter le schéma ci-contre, qui représente la situation.

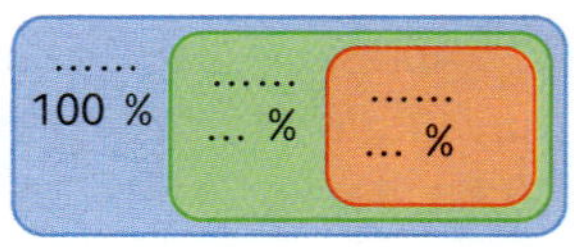

2. Quelle est la proportion de pains au chocolat parmi les invendus ?

72 Un restaurant propose une carte dont la moitié est composée de plats de résistance, un tiers d'entrées et le reste de desserts. 30 % des desserts sont au chocolat. Déterminer la proportion de desserts au chocolat proposés dans la carte de ce restaurant.

73 Dans une entreprise, 45 % des employés sont des femmes. Un tiers de ces femmes sont cadres. Calculer le pourcentage de femmes cadres parmi les employés de l'entreprise.

74 La mairie d'une ville souhaite construire un espace dédié aux sports avec plusieurs complexes sportifs côte à côte. Il est prévu d'y aménager un parking occupant 10 % du terrain. 2 % du parking est dédié aux vélos.

1. Donner le pourcentage du terrain dédié au parking pour les vélos.
2. 20 m² sont dédiés aux vélos. Déterminer la superficie du terrain.

75 Dans la bibliothèque de Maxime, 30 % des ouvrages sont dédiés à ses études et le reste à son loisir. 5 % des ouvrages dédiés à ses études sont des biographies, ainsi que 10 % des autres ouvrages. Déterminer le pourcentage de biographies dans sa bibliothèque.

76 Dans une salle des fêtes, certaines personnes sont déguisées (proportion p) et parmi elles il y a des femmes (proportion p'). On note p'' la proportion de femmes déguisées dans la salle des fêtes.
Déterminer dans chaque cas la proportion manquante et interpréter la valeur obtenue.

1. $p = 70\,\%$ et $p' = 30\,\%$
2. $p' = 20\,\%$ et $p'' = 10\,\%$
3. $p = 60\,\%$ et $p'' = 48\,\%$

CAPACITÉ 5 Calculer un taux d'évolution global et réciproque

Voir p. 299

Dans les exercices 77 à 81, déterminer le coefficient multiplicateur global, puis le taux d'évolution global.

77 Une hausse de 10 % suivie d'une hausse de 40 %.

78 Une baisse de 20 % suivie d'une baisse de 30 %.

79 Une hausse de 15 % suivie d'une baisse de 10 %.

80 Une baisse de 25 % suivie d'une hausse de 30 %.

81 Deux hausses de 20 % suivie d'une baisse de 28 %.

82 Recopier et compléter le tableau suivant.

1re évolution	2e évolution	Évolution globale
+20 %		+8 %
−10 %		−32,5 %
−5 %	+5 %	

83 1. Un article au prix de 120 € subit deux hausses successives de 10 %. Calculer son prix final.
2. Durant les soldes, le prix d'un article diminue successivement de 20 % puis de 30 %. Son prix initial était de 65 €. Calculer son prix final.

84 Vrai ou faux ?
Indiquer si les affirmations sont vraies ou fausses. Justifier.

1. Le résultat final de deux hausses successives de 23 % et 36 % est identique à celui de deux hausses successives de 30 %.
2. Le résultat final d'une hausse de 80 % suivie d'une baisse de 20 % est identique à celui de deux hausses successives de 20 %.
3. Le résultat final de deux baisses successives de 50 % et 39,5 % est identique à celui de deux baisses successives de 45 %.

Dans les exercices 85 à 87, déterminer le coefficient multiplicateur réciproque, puis le taux d'évolution réciproque. On arrondira à 0,01 %.

85 1. Une hausse de 12 %.
2. Une baisse de 35 %.

CORRECTION TYPE EN VIDÉO
hachette-clic.fr/25de2097

86 1. Une baisse de 30 %.
2. Une hausse de 115 %.

87 1. Une hausse de 49 % 2. Deux baisses de 20 %.

88 QCM

1. Le taux d'évolution réciproque associé à une baisse de 20 % est : a. 0,3 b. 1,25 c. 0,25
2. Le coefficient multiplicateur réciproque associé à une hausse de 28 % est :
a. 1,28 b. 0,78125 c. 0,78
3. Après une remise de 36 %, le prix d'un article est de 20 €. Son prix initial est :
a. 12,8 € b. 55,55 € c. 31,25 €
4. Une quantité subit les évolutions suivantes :
−34,7 % ; +30,2 % ; +0,7 % ; +9,1 %
L'évolution globale est :
a. +5,3 % b. −6,59 % c. +0,93 %

89 Un article passe de 40 € à 54 €.

1. a. Déterminer le taux d'évolution entre ces deux prix.
b. En déduire le coefficient multiplicateur associé à cette évolution.
2. a. Déterminer le taux réciproque associé à cette évolution. *On arrondira le résultat à 10^{-2}.*
b. Interpréter ce résultat dans le contexte de l'exercice.

90 Le tableau ci-dessous donne le prix moyen d'un même produit entre 2019 et 2023.

Année	2019	2020	2021	2022	2023
Prix en €	8,78	9,95	10,5	10,5	11

1. Déterminer le pourcentage d'augmentation du prix moyen entre 2019 et 2023.
2. Déterminer le pourcentage de diminution nécessaire pour revenir en 2024 au prix de 2019.

exercices Entraînement

1 Résumés statistiques

91 On a relevé les températures maximales à Lyon pendant plusieurs jours. On regroupe ces informations dans le tableau suivant.

Température (en °C)	23	25	26	27	30
Effectif	3	2	1	3	1

1. Pendant combien de jours les températures ont-elles été relevées ?
2. Calculer la température maximale moyenne lors de ces relevés.

92 Le tableau suivant donne les notes obtenues lors d'un devoir surveillé par une classe de Seconde.

Note	3	6	8	9	10	13	15
Effectif	4	6	5	5	6	3	1

1. Calculer la moyenne de la classe.
2. Se rendant compte que le devoir était trop long, le professeur décide de modifier les notes afin de remonter la moyenne. Donner la nouvelle moyenne s'il décide :
a. d'augmenter toutes les notes de 1 point ;
b. d'augmenter toutes les notes de 20 %.

93 Calculer la médiane, le premier quartile, le troisième quartile et l'écart interquartile des séries suivantes.
a. 1 ; 2 ; 2 ; 4 ; 7 ; 10 ; 10 ; 11 ; 12
b.

Valeur	0	3	4	7	8
Effectif	2	4	3	6	1

c.

Valeur	11	15	17	21	22	27	30
Effectif	3	7	4	6	2	1	4

94 Voici une série de 10 notes :
8 ; 12 ; 14 ; 5 ; 9 ; 15 ; 13 ; 12 ; 14 ; 17
1. Calculer la médiane, le premier quartile et le troisième quartile de cette série.
2. Si possible, ajouter une note à cette série pour que :
a. $Me = 13$ **b.** $Me = 11$ **c.** $Q_1 = 9$
d. $Q_1 = 8$ **e.** $Q_3 = 15$ **f.** $Q_3 - Q_1 = 8$

95 ALGO **Les listes**
1. On considère la liste L de valeurs ordonnées suivantes : 8 ; 9 ; 10 ; 10 ; 12 ; 14 ; 15 ; 15 ; 17.
On note $L[0]$ la 1re valeur de L, $L[1]$ la 2e…
Que vaut k pour que $L[k]$ contienne :
a. la médiane **b.** le 1er quartile **c.** le 3e quartile
2. On considère maintenant une liste L de N valeurs ordonnées.
a. Compléter l'algorithme ci-dessous pour que la variable Me contienne la médiane des valeurs de L.

```
Si N est pair Alors
    Me ← …
Sinon
    Me ← …
```

b. Compléter l'algorithme ci-dessous pour que la variable M contienne la moyenne des valeurs de L.

```
M ← 0
Pour i allant de 0 à … Faire
    M ← …
Fin Pour
M ← …
```

96 Léna joue à un jeu d'adresse dans lequel elle peut marquer 1, 2, 3 ou 5 points. Voici les résultats de ses 10 lancers.

Points	1	2	3	5
Effectif	3	4	1	2

1. Calculer la moyenne de cette série.
2. Calculer la variance de cette série.
3. Calculer l'écart type de cette série.

97 Associer chaque série au couple (moyenne ; écart type) correspondant.

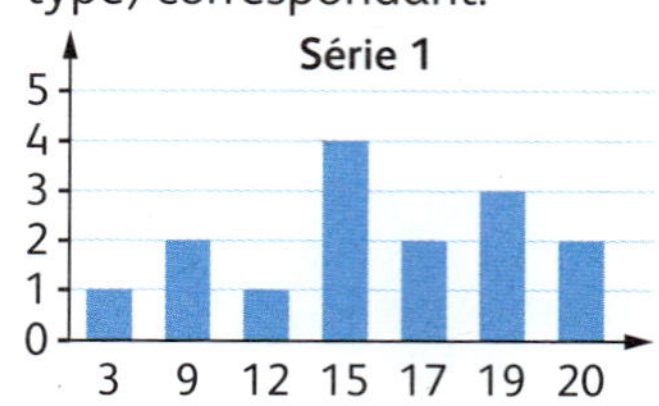

• Couple A
(15 ; 3,23)

• Couple B
(15 ; 4,86)

• Couple C
(15 ; 1,14)

98 **Vrai ou faux ?**

Après chaque devoir surveillé, un professeur a l'habitude de relever certaines informations. Voici celles qu'il a relevées cette fois :

Moyenne	Médiane	1er quartile	3e quartile	Effectif
10,5	11	8	13	30

Dire si les affirmations suivantes sont vraies, fausses ou si on ne peut pas savoir.

1. Un élève au moins a eu 8.
2. Un élève au moins a eu 11.
3. La moitié de la classe a eu plus de 11.
4. Au moins un quart des élèves a eu 13 ou plus.
5. La moitié des élèves de la classe ont eu entre 8 et 13.

99 Deux machines fabriquent des cylindres métalliques de diamètre théorique de 20 mm. On a prélevé 40 pièces de chaque machine et mesuré leur diamètre.

Machine A

20,1 ; 20,2 ; 20 ; 20 ; 19,9 ; 20,2 ; 20 ; 20,1 ;
20,4 ; 20,1 ; 19,8 ; 20,2 ; 19,9 ; 20 ; 20 ; 20 ;
20,5 ; 20 ; 19,7 ; 20 ; 19,6 ; 20 ; 20,1 ; 20 ;
20 ; 20 ; 20,1 ; 20 ; 19,9 ; 20,4 ; 20 ; 20,5 ;
20,4 ; 20,6 ; 20,1 ; 20 ; 19,9 ; 19,8 ; 20 ; 20,1

1. Déterminer le couple (moyenne ; écart type) et (médiane ; écart interquartile) de la série A.
2. Pour la machine B on obtient les indicateurs :
$$\overline{x_B} = 20{,}06 \ ; \ \sigma_B = 0{,}55$$
On donne également les diagrammes en boite suivants où la série A est en rouge et la B en gris.
Comparer les deux échantillons à l'aide des deux couples d'indicateurs. Quelle machine semble la plus fiable ?

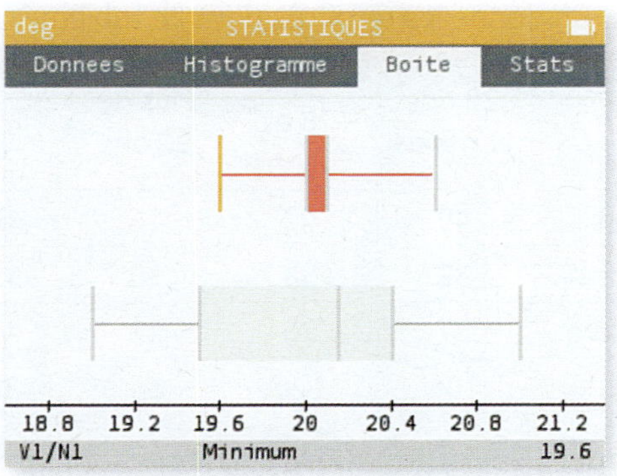

100 Élisa a obtenu 10 et 15 aux deux premiers contrôles de mathématiques. Quelle note doit-elle avoir au troisième contrôle pour obtenir 14 de moyenne ?

101 **Croire en son potentiel…**

Ce trimestre, Justin a une moyenne de 12 en mathématiques. S'il obtient un 20 à son prochain devoir, il aura une moyenne de 13.
Combien de devoirs a-t-il déjà rendus ?

102 **Exercice guidé**

Un professeur compare les résultats de ses deux classes de Seconde.
Les résultats obtenus pour le premier trimestre sont résumés ci-dessous.
2de A : $\overline{x} = 10{,}6 ; \sigma = 6 ; Me = 10 ; Q_3 - Q_1 = 11$.
2de B : $\overline{x} = 10{,}4 ; \sigma = 3 ; Me = 9{,}5 ; Q_3 - Q_1 = 8$.
En comparant ces indicateurs, ce professeur explique à la Seconde A qu'il n'est pas satisfait.
Quels peuvent être ses motifs d'insatisfaction ?

Piste de résolution
On commence par comparer les indicateurs de position des deux séries puis ceux de dispersion.

103 PYTHON

La fonction `rejet` ci-contre a pour paramètres une liste L et deux nombres m et s.

```
def rejet(L,s,m):
    r=0
    for valeur in L:
        if valeur<m-2*s:
            r+=1
        elif valeur>m+2*s:
            r+=1
    return r
```

1. a. Que retourne la fonction si m vaut 40, s vaut 3 et L contient :
33 ; 37 ; 40 ; 41 ; 42 ; 41 ; 40 ; 45 ; 39 ; 48
b. Modifier le programme pour qu'il renvoie la proportion de r dans L (utiliser la fonction `len(L)` qui renvoie la taille de la liste L).
2. Le périmètre crânien d'un nourrisson est « normalement » compris dans la zone $[m - 2\sigma ; m + 2\sigma]$.
À 3 mois, $m = 40$ cm et $\sigma = 3$ cm.
En dehors de cette zone, l'enfant peut souffrir de microcéphalie ou de macrocéphalie. Quelle proportion d'enfants sont à surveiller dans la liste L ?

104 L'histogramme ci-dessous donne la répartition des salaires des employés d'une entreprise.

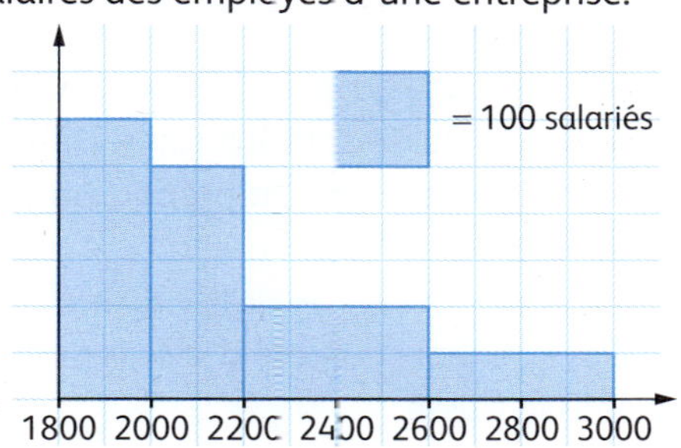

1. Donner le nombre total d'employés.
2. Recopier et compléter le tableau ci-dessous :

Salaire	Centre	Effectif
[1 800 ; 2 000[	1 900	300
[2 000 ; 2 200[		
[2 200 ; 2 600[		
[2 600 ; 3 000[		

3. À l'aide des centres et des effectifs, calculer le salaire moyen des employés dans l'entreprise.

2 Proportions

105 Le tableau suivant donne la répartition des salariés d'une entreprise :

	Hommes	Femmes	Total
Cadres			40
Techniciens	88		
Total			200

1. Les hommes cadres représentent 8 % des salariés. Combien y'a-t-il d'hommes cadres ?
2. Recopier et compléter le tableau.
3. Quelle est la proportion d'hommes dans l'entreprise ?
4. Quelle est la proportion de femmes techniciennes dans l'entreprise ?
5. Quelle est la proportion d'hommes parmi les techniciens ?

106 On considère la figure ci-contre.

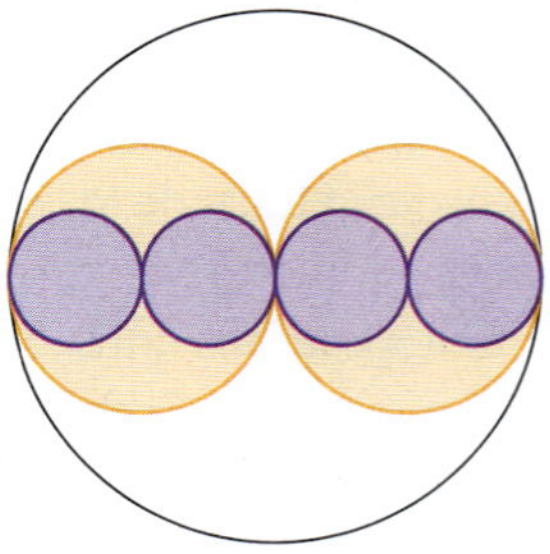

1. À quelle fraction de l'aire d'un disque orange correspond l'aire de deux disques violets ?
2. En déduire la fraction de l'aire du grand disque que représente l'aire de deux disques oranges.
3. À quelle fraction de l'aire du grand disque correspond l'aire des quatre petits disques violets ?

107 Dans un lycée, une classe de 2de compte 30 élèves.
1. 18 élèves de la classe sont externes. Déterminer, sous forme de pourcentage, la proportion d'élèves externes dans la classe.
2. Deux cinquièmes des élèves de la classe portent des lunettes. Déterminer le nombre d'élèves portant des lunettes dans la classe.
3. La classe représente 4 % de l'effectif du lycée. Déterminer le nombre d'élèves dans le lycée.

108 Dans une association humanitaire, 60 % des membres sont des femmes. Parmi elles, 10 % sont retraitées. Parmi les hommes, 20 % sont retraités.
1. Déterminer le pourcentage de retraités dans l'association.
2. On sait que 25 % des retraités ont plus de 70 ans et, parmi eux, 20 % sont des hommes. Quelle est la proportion de femmes retraitées de plus de 70 ans ?

109 Allan fait du tir à l'arc. Voici ses 20 derniers scores : 10 ; 5 ; 7 ; 8 ; 4 ; 6 ; 5 ; 10 ; 5 ; 3 ; 7 ; 6 ; 4 ; 9 ; 8 ; 5 ; 5 ; 8 ; 6 ; 2.
1. Construire un tableau d'effectifs, de fréquences et de fréquences cumulées.
2. Allan est qualifié pour une compétition si moins de 25 % de ses scores sont inférieurs strictement à 5. Est-il qualifié ?

110 Dans un établissement de 600 élèves, on donne les informations suivantes concernant la répartition des élèves :
- 20 % des garçons sont demi-pensionnaires ;
- 45 % des filles sont externes ;
- 1/3 des élèves sont des garçons.

1. Recopier et compléter le tableau suivant.

	Garçons	Filles	Total
Demi-P			
Externe			
Total			

2. Combien de repas les cuisiniers devront-ils préparer ?

111 **Vrai ou faux ?**
On a demandé à 300 personnes leur occupation préférée. On donne les résultats dans ce tableau.

	25 ans et moins	Entre 26 et 50 ans	Plus de 50 ans	Total
Sport	49	42	14	105
Films	32	58	30	120
Lecture	27	26	22	75
Total	108	126	66	300

Indiquer si les affirmations suivantes sont vraies ou fausses. Justifier.
1. Environ 16 % des personnes ont 25 ans ou moins.
2. 40 % des personnes préfèrent les films.
3. 78 % des personnes ont 50 ans ou moins.
4. 14 % des personnes ont entre 26 et 50 ans et préfèrent faire du sport.
5. 40 % des personnes préférant le sport ont entre 26 et 50 ans.
6. 36 % des personnes de moins de 25 ans préfèrent lire.

112 On donne les résultats, en nombres d'élèves, d'un lycée général et technologique au baccalauréat.

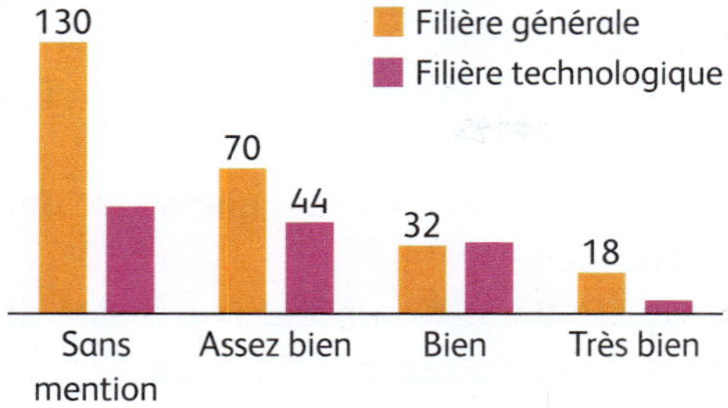

1. Déterminer la proportion, en pourcentage, de mention bien en voie générale.
2. Un tiers des élèves en voie technologique ont obtenu la mention assez bien. Déterminer le nombre d'élèves en voie technologique.
3. 25 % des élèves en voie technologique ont obtenu la mention bien. Déterminer le nombre de mention bien dans cette voie.
4. Déterminer la proportion, en pourcentage, d'élèves de voie générale parmi les mentions bien. *On arrondira le résultat à 0,01 %.*

113 Une étude fait le lien entre une maladie respiratoire et le tabagisme.

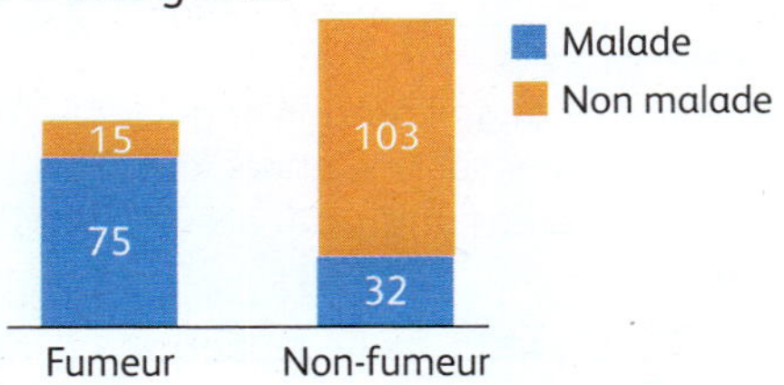

Indiquer pour chaque affirmation, si elle est vraie ou fausse. Justifier.
1. 40 % des personnes sont des fumeurs.
2. Une personne sur trois est malade.
3. Environ 70 % des malades sont fumeurs.
4. Environ 31 % des non-fumeurs sont malades.

114 Dans un lycée, 36 % des élèves sont en Seconde, 34 % sont en Première et 30 % sont en Terminale. En plus de l'anglais, les élèves étudient l'allemand ou l'espagnol en langues vivantes. 21 % des élèves de Seconde étudient l'allemand contre 17 % en Première et 12 % en Terminale.
1. Déterminer la proportion d'élèves qui étudient l'allemand dans ce lycée.
2. 206 élèves étudient l'allemand. Combien y a-t-il d'élèves dans le lycée ?

115 Walter, professeur de chimie au lycée, a ouvert une chaîne YouTube. Sa chaîne compte 240 000 abonnés.
1. Parmi ses abonnés, 55 % sont des étudiants. Combien y a-t-il d'étudiants parmi ses abonnés ?
2. On sait aussi que 30 % des étudiants abonnés sont à la fac. Quel pourcentage de ses abonnés représente-t-il ?
3. Si Walter augmente son nombre d'abonnés de 15 % cette année, combien aura-t-il d'abonnés ?

116 Quatre médecins britanniques ont mené en 1986 une étude comparative quant à l'efficacité de différents traitements contre les calculs rénaux. Ces modes de traitement, que l'on nommera Traitement A et Traitement B ont respectivement été mis au point dans les années 1972-1980 et dans les années 1980-1985. Le tableau ci-dessous indique les pourcentages de réussite des traitements A et B pour soigner petits et gros calculs rénaux.

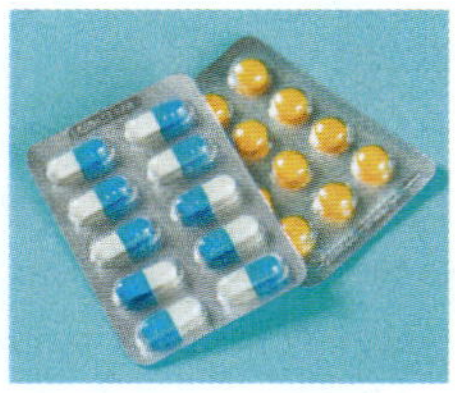

Petits calculs		Gros calculs	
Traitement A	Traitement B	Traitement A	Traitement B
93 % (81/87)	87 % (243/270)	73 % (192/263)	69 % (55/80)

Deux personnes analysent les résultats.
La première affirme « Le traitement A est plus efficace ».
La deuxième affirme « Sur l'ensemble des calculs (petits et gros) c'est le traitement B qui est le plus efficace ».
Qui a raison ?

Info
Cet exercice met en évidence *Le paradoxe de Simpson* dans lequel les résultats d'un phénomène quantifié dans plusieurs groupes semblent s'inverser lorsque les groupes sont réunis.

117 Dans un village, un opérateur de téléphonie propose d'améliorer la réception en installant une antenne relais. La municipalité a demandé l'avis des habitants.

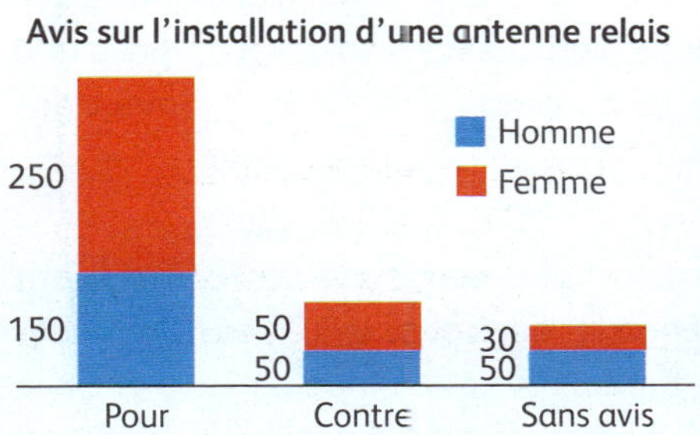

Dans quelle catégorie (hommes ou femmes), le « contre » est-il le plus représenté ? Justifier.

3 Évolutions

118 Pendant les soldes, le prix d'un article diminue de 30 %, puis de 10 % supplémentaires lors de la 2e démarque.

1. Quelle est, en pourcentage, la réduction globale après la deuxième démarque ?

2. Le prix de l'article est de 94,50 €. Quel était son prix avant les soldes ?

119 Lorenzo part faire les soldes. Dans un magasin de vêtements, il décide de prendre une chemise à 30 € avec 40 % de réduction ainsi qu'un pantalon à 45 € avec 30 % de réduction.
Avec sa carte de fidélité, Lorenzo bénéficie de 10 % de réduction supplémentaires sur le montant total de ses achats. Combien Lorenzo dépense-t-il ?

120 Anna suit le cours d'une action en bourse. En une heure elle observe une augmentation de 6 % suivie d'une diminution de 6 %.
Le prix de l'action a-t-il augmenté ou diminué ?

121 Benjamin décide de placer un sismographe au bord d'une route pour étudier l'impact que peut avoir la circulation sur les relevés. Le lendemain il observe une baisse de l'activité enregistrée par le sismographe de 36 % durant la nuit, suivie d'une augmentation de 55 % au petit matin. L'activité enregistrée par le sismographe a-t-elle augmenté ou diminué le second jour par rapport au premier ?

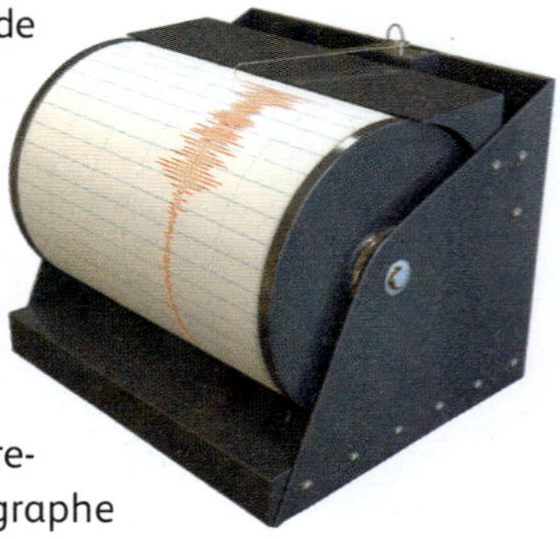

122 Un entrepreneur décide de se lancer dans l'achat-revente de biens. Il fixe le prix de chaque bien en augmentant de 15 % le prix qu'il a lui-même payé pour acquérir ce bien. Lors des soldes il propose une réduction de 15 %. Vend-il à perte au moment des soldes ?

123 Valentin a eu trois devoirs surveillés (DS) en math ce trimestre. Entre les deux premiers DS sa note a augmenté de 25 %, mais elle a diminué de 10 % entre le 2e et le 3e DS. Son professeur vient de lui rendre sa dernière note, il a eu 13,5/20. Retrouver les deux autres notes de Valentin ce trimestre.

124 Vrai ou faux ?
Indiquer si les affirmations sont vraies ou fausses. Justifier.

1. Une hausse de 15 % suivie d'une baisse de 15 % se compensent.

2. Une hausse de 35 % suivie d'une baisse de 7 % correspond à une hausse globale de 28 %.

3. Après avoir subi une hausse de 56,25 % un article coûte 62,50 €. Le prix d'origine était de 40 €.

4. Pour compenser une hausse de 60 % il faut une baisse de 62,5 %.

Analyse d'un énoncé

125 Exercice commenté
Le prix d'un objet a augmenté du même pourcentage sur deux années consécutives, pour atteindre une augmentation globale sur deux ans de 21 %.
Déterminer le pourcentage de l'augmentation qui a eu lieu chaque année.

- On peut trouver le coefficient multiplicateur global C_{Mg} puisque le prix a augmenté de 21 % en deux ans.
- Si on note t_m l'augmentation annuelle, le coefficient multiplicateur sur une année est $C_m = 1 + t_m$, ainsi le coefficient multiplicateur global est $C_{Mg} = (1 + t_m)^2$.
- Il suffit alors de résoudre l'équation obtenue avec les deux expressions de C_{Mg} pour déterminer t_m.

126 Application immédiate
En deux ans, le prix du kWh (kilowattheure) est passé de 0,1740 € à 0,25056 €.

1. Déterminer l'évolution en pourcentage du prix du kWh entre ces deux années.

2. On suppose que l'augmentation du prix a été la même chaque année, en pourcentage. Déterminer l'évolution annuelle, en pourcentage, du prix de kWh.

127 QCM
Pour chacune des questions, indiquer la bonne réponse.

1. Un article initialement au prix de 40 € voit son prix augmenté de 8 €. Le pourcentage d'augmentation du prix est de :
a. 8 % **b.** environ 17 % **c.** 20 % **d.** 25 %

2. Après une hausse de 10 % puis une baisse de 20 %, le prix d'un article est de 220 €. Son prix initial est de :
a. 193,60 € **b.** 250 € **c.** 237,60 € **d.** environ 244 €

3. Le prix d'un article passe de 400 à 484 €. Cette évolution correspond à deux hausses successives de :
a. 21 % **b.** 17 % **c.** 10,5 % **d.** 10 %

128 Commercial dans une entreprise, Loïc vérifie le prix d'un article qui a déjà subi deux augmentations cette année. Il voit que l'augmentation totale est de 62 % et il se souvient que la première était de 20 %.

1. a. Quel est le coefficient multiplicateur global associé à ces deux évolutions ?

b. En déduire le coefficient multiplicateur associé à la seconde évolution.

2. Le prix actuel de l'article est de 31,05 €. Quel était le prix de l'article après la première augmentation ?

129 PYTHON Mathieu a utilisé ce programme pour un exercice mais il ne se souvient plus ce qu'il renvoie.

```
def exercice(e):
    c=1+e/100
    t=c-1
    return(c,t)
```

1. a. Mathieu teste son programme avec les valeurs 40 et 85. Quelles sont alors les valeurs renvoyées dans chaque cas ?

b. Si e est la valeur d'un pourcentage, à quoi servait le programme de Mathieu ?

2. Adapter le programme afin qu'il renvoie le coefficient multiplicateur et le taux d'évolution réciproque d'une évolution de e %.

130 Le tableau incomplet ci-dessous donne l'évolution de la population d'une ville entre 2015 et 2020.

Année	2015	2016	2017	2018	2019	2020
Population	2550		2679	2545	2698	
Évolution (%)		+2	+3			+7,3

1. Justifier qu'il y a 2 601 habitants en 2016.

2. Recopier et compléter le tableau.

3. Déterminer le taux d'évolution global entre 2015 et 2020.

4. Quel doit-être le taux d'évolution entre 2020 et 2021 pour un retour à la situation de 2015 ?

131 Voici les évolutions du chiffre d'affaires (CA) d'une entreprise par rapport à l'année précédente de 2019 à 2023.

Année	2019	2020	2021	2022	2023
Taux	+5,1	+4	-2	-4,1	+3,2

1. Déterminer le taux d'évolution global entre 2018 et 2023.

2. L'entreprise souhaite qu'entre 2018 et 2024, l'augmentation globale du CA soit de 10 %. Quel doit être le pourcentage de l'augmentation du CA entre 2023 et 2024 pour atteindre cet objectif ?

132 Une voiture est affichée au prix de 15 000 € en 2022. L'année suivante son prix diminue de 8 %.

1. Déterminer le prix de la voiture en 2023.

2. On suppose que chaque année le prix de la voiture continue de diminuer de 8 %.

a. Déterminer le prix de la voiture en 2025.

b. En quelle année le prix de la voiture aura diminué d'au moins 50 % par rapport à son prix initial ?

133 PYTHON Léa a acheté un objet de collection à 350 € en 2020. Elle remarque que chaque année, la valeur de cet objet augmente d'environ 11 %.

1. Donner la valeur de cet objet en 2021.

2. Elle souhaite revendre l'objet lorsque celui-ci aura au minimum doublé de valeur.

a. Compléter le programme Python pour qu'il affiche l'année à partir de laquelle la valeur aura doublé.

```
Valeur=350
A=2020
while Valeur< ... :
    Valeur= ...
    A=A+1
print(...)
```

b. Recopier et compléter le tableau ci-dessous en ajoutant autant de colonnes que nécessaire pour répondre au problème posé, puis conclure.

Année	2020	2021	...
Valeur	350		...

3. Pour aller plus loin

a. Écrire une fonction en langage Python nommée Seuil qui prend en paramètres les nombres réels V et t où V représente la valeur de l'objet en 2020 et t le pourcentage d'augmentation annuel, et qui renvoie l'année à partir de laquelle V aura doublé.

b. Tester la fonction avec des valeurs différentes mais un pourcentage identique à chaque fois. Que remarque-t-on ?

134 On donne les deux égalités suivantes :

$$0{,}99^{68} \approx 0{,}505 \text{ et } 0{,}99^{69} \approx 0{,}499$$

En déduire une propriété relative à l'effet de diminutions successives de 1 %.

BILAN

135 10 min **Une dernière place à prendre**

On donne deux graphiques en fin d'exercice résumant les résultats en mathématiques de Léo-Paul, élève en 2de.

1. Donner une valeur approchée de la moyenne et de l'écart type de cette série à 10^{-1} près.
2. Déterminer la médiane et l'écart interquartile.
3. Rédiger une analyse synthétique des résultats de Léo-Paul sur l'année scolaire.
4. Léo-Paul compare ses résultats avec un autre élève souhaitant choisir comme lui la spécialité maths.

Voici les indicateurs résumant l'année du second élève : $\overline{x} \approx 11{,}1 ; \sigma \approx 5 ; Me = 10{,}5 ; Q_3 - Q_1 = 9$.

Quels éléments peut-il trouver pour se rassurer ?

Résultats en mathématiques

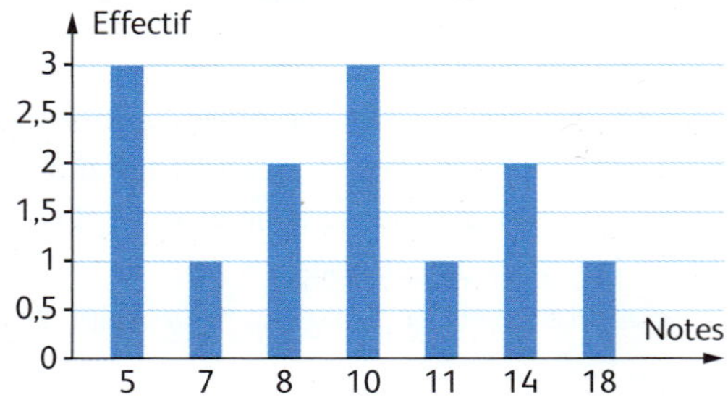

Relevé de notes chronologique

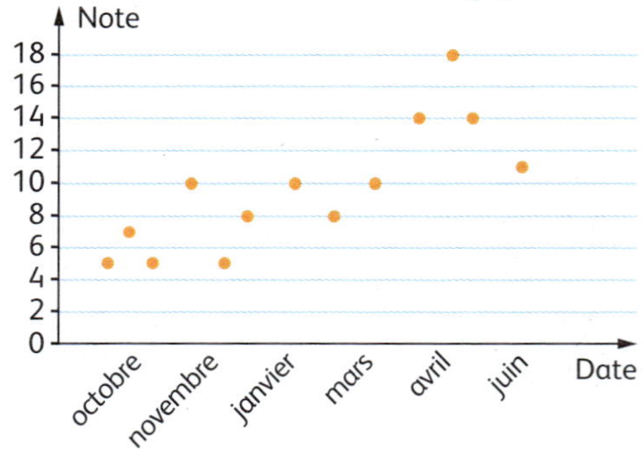

136 15 min **Proportions**

On interroge 500 habitants d'une ville sur leur moyen de transport pour se rendre au travail. Parmi ces habitants, 65 % sont des femmes dont 32 % d'entre elles utilisent les transports en commun. Une personne sur deux utilise la voiture, il y a quatre fois plus de femmes que d'hommes qui utilisent la voiture. 60 hommes utilisent les transports en commun.

1. Reproduire et compléter ce tableau croisé.

	Femmes	Hommes	Total
Voiture			
Vélo			
Transports en commun			
Total			

2. Calculer la proportion de personnes prenant les transports en commun.
3. Calculer la proportion d'hommes utilisant les transports en commun.
4. Parmi les personnes utilisant le vélo, calculer la proportion d'hommes.

137 10 min **Pointure des élèves**

On note la pointure des élèves d'une classe.

Pointure	36	37	38	39	40
Effectif	6	9	5	7	3

1. Calculer la médiane Me, la moyenne $\overline{x}$ et l'écart type σ de cette série.
2. Déterminer la proportion d'élèves ayant une pointure appartenant à l'intervalle $[\overline{x} - \sigma ; \overline{x} + \sigma]$.
3. Dans une autre classe, on obtient le couple (moyenne ; écart type) suivant : (37,9 ; 1,5).

Dans quelle classe les pointures sont-elles les plus homogènes ?

138 10 min **Utilisation des réseaux sociaux**

On mène une enquête sur l'utilisation des réseaux sociaux auprès des 20 000 habitants d'une ville. 75 % des personnes interrogées déclarent les utiliser au moins une fois par jour, parmi elles, 20 % sont des lycéens. On sait de plus que tous les lycéens ont déclaré utiliser les réseaux sociaux au moins une fois par jour.

1. Quelle est la proportion des lycéens parmi l'ensemble des personnes interrogées ?
2. Dans cette ville, combien de personnes utilisent les réseaux sociaux au moins une fois par jour ?
3. Combien y a-t-il de lycéens dans cette ville ?

139 15 min **Augmentation du prix de l'électricité**

Après une hausse de 15 % au 1er février 2023, les tarifs de l'électricité se voient augmenter de 10 % supplémentaires en août 2023.

1. Quels sont les coefficients multiplicateurs associés à ces deux augmentations ?
2. a. Déterminer le coefficient multiplicateur global, associé à la hausse du tarif de l'électricité au cours de l'année 2023.
   b. En déduire l'évolution, en pourcentage, du tarif de l'électricité au cours de l'année 2023.
3. Le tarif de l'électricité avait déjà augmenté de 4 % pendant l'année 2022.
   a. Quelle est l'augmentation totale, en pourcentage, du prix de l'électricité depuis fin 2021 ?
   b. Déterminer, à 0,1 % près, la diminution nécessaire pour revenir au tarif de fin 2021 depuis celui de fin 2023.

140 15min **Évolution du prix du pétrole brut**

Le graphique ci-dessous donne l'évolution du prix moyen du baril de pétrole durant l'année 2022 (source : Insee).

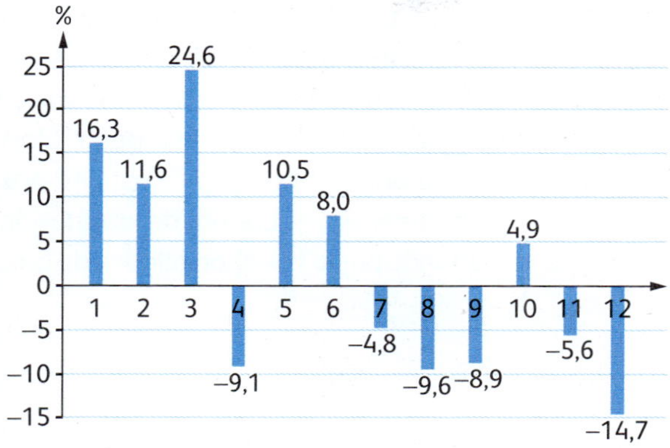

1. Déterminer l'évolution globale du prix moyen du baril durant l'année 2022. *Arrondir à 0,1 % près.*

2. Un élève affirme que « durant les six premiers mois de l'année 2022, la hausse globale du prix moyen du baril de pétrole est de 61,9 % ». A-t-il raison ? Justifier.

3. Quelle devrait être l'évolution globale sur l'année 2023 pour compenser l'évolution observée en 2022 ?

4. Durant les années 2022 et 2023, on remarque une hausse globale d'environ 8,2 %. Quelle a été l'évolution durant l'année 2023 ?

141 15min **Informations nutritionnelles**

On s'intéresse aux informations nutritionnelles disponibles sur un sachet de pain de mie complet.

Ingrédients
Farine complète de **blé** 61 %, eau, huile de colza, sucre, levure

Informations nutritionnelles

Valeurs nutritionnelles moyennes pour :	100 g
Énergie	1 100 kJ (261 kcal)
Matières grasses dont acides gras saturés	4,9 g 1,2 g
Glucides dont sucres	42 g 5,9 g
Fibres alimentaires	6,5 g
Protéines	9,0 g
Sel	1,0 g

Poids net : 550 g

1. Déterminer la proportion, en pourcentage, de :

a. glucides dans le sachet ;

b. sucres parmi les glucides.

2. Déterminer, de deux façons, la proportion de sucres dans le sachet.

3. Quelle quantité de farine de blé a été utilisée pour la production de ce pain de mie ?

4. Quelle est la quantité de protéines contenue dans ce sachet ?

APPROFONDISSEMENT

142 **Une histoire de moyenne**

On cherche à retrouver les valeurs de trois nombres x, y et z. On dispose des informations suivantes :

- la moyenne des trois nombres est de 2 ;
- la moyenne de x et z est de −1 ;
- la moyenne de y et z est de −2.

Déterminer les valeurs de x, y et z.

143 **Inconnues dans la moyenne**

1. Lors du dernier devoir de mathématiques, la moyenne d'une classe de 32 élèves est de 11. Le professeur annonce que les filles ont eu 12,5 de moyenne, alors que celle des garçons est plus basse de deux points.

Combien y a-t-il de garçons dans la classe ?

2. Lors du devoir suivant, le professeur annonce que la moyenne de classe est de 12 et que les garçons ont une moyenne de 11.

Déterminer la moyenne des filles de la classe.

144 **Effet sur la moyenne et la variance**

On considère une série statistique de moyenne $\overline{x}$ et de variance V. Si on augmente toutes les valeurs de la série de $a > 0$, que dire de la moyenne et de la variance de cette nouvelle série statistique ?

145 **Quantité offerte**

Sur son emballage, un paquet de céréales affiche « +20 % gratuit ». Déterminer l'effet, en pourcentage, de cette offre sur le prix au kilo de ce paquet de céréales.

146 **Augmentation d'un carré**

On considère un carré dont on augmente la longueur des côtés de 10 %.

1. Après augmentation, quelle est l'évolution, en pourcentage, du périmètre ?

2. Même question pour l'évolution de l'aire ?

3. Application

De quel pourcentage doit-on augmenter la longueur d'un carré pour que son aire augmente de 69 % ?

147 **Quelle est la meilleure offre ?**

Un grand magasin affiche en vitrine deux offres différentes selon les produits. La première indique « deux produits identiques achetés le troisième offert », la seconde « un produit acheté, le deuxième identique à −50 % ». Quelle est l'offre la plus intéressante pour l'acheteur ?

148 Augmentation et diminution successives

On augmente le prix d'un article de t % puis on le diminue de t %. L'évolution globale est une baisse de 36 %. Déterminer t.

149 Augmentation des prix

Pour lutter contre l'inflation, un petit producteur local décide d'augmenter le prix du kilo de pommes de 10 %. Après une semaine, il réalise que ses recettes ont augmenté de 1,2 %.

1. Quelle est l'évolution, en pourcentage, du volume de ses ventes ?

2. Il décide finalement de se limiter à une augmentation de 5 % par rapport au prix initial. Quelle nouvelle évolution doit-il appliquer au prix du kilo de pommes ?

150 Seuil

1. Si on augmente un prix de 8 % par an, au bout de combien d'années ce prix aura-t-il doublé ?

2. Si on diminue un prix de 5 % par an, au bout de combien d'années son prix aura-t-il diminué de moitié ?

151 Taux d'évolution moyen

1. On souhaite résoudre le problème suivant : « Déterminer le pourcentage d'augmentation moyen annuel pour que le prix ait doublé par rapport à son prix initial au bout de 5 ans. »

a. Justifier que cela revient à résoudre l'équation $\left(1+\frac{t_m}{100}\right)^5 = 2$ avec pour inconnue le **taux d'évolution annuel moyen** t_m, c'est-à-dire le taux d'évolution du prix sur chacune de ces 5 années.

b. Soient a un réel positif et n un entier naturel. On admet que l'équation $x^n = a$ possède une unique solution positive notée $\sqrt[n]{a}$ (« racine n-ième de a »). Résoudre le problème posé.

2. Application

a. Déterminer le pourcentage de diminution moyen annuel pour que le prix ait été diminué de moitié par rapport à son prix initial au bout de 10 ans.

b. En trois ans, un article a vu son prix diminuer de 27,1 %. Déterminer le taux d'évolution annuel moyen du prix de cet article.

152 Élasticité-prix de la demande

La variation du prix d'un produit influence souvent la demande de ce produit par les consommateurs. En économie, c'est « l'élasticité » qui mesure cette influence. Plus précisément, lorsqu'un prix p passe d'une valeur p_1 à une valeur p_2 et que la demande d passe alors d'une quantité d_1 à une quantité d_2, l'élasticité-prix de la demande, notée e, est le quotient de la variation relative de la demande par la variation relative du prix.

$$e = \frac{\frac{d_2 - d_1}{d_1}}{\frac{p_2 - p_1}{p_1}}$$

L'élasticité-prix e donne l'évolution de la demande lorsque le prix augmente de 1 %.

Partie A. Signe de l'élasticité-prix de la demande

1. Recopier et remplacer les pointillés par « augmente » ou « diminue » dans les phrases suivantes.

a. On suppose que l'élasticité-prix de la demande est positive. Dans ce cas-là, lorsque le prix augmente, la demande ...

b. On suppose que l'élasticité-prix de la demande est négative. Dans ce cas-là, lorsque le prix augmente, la demande ...

2. On suppose que le prix d'un article augmente mais que l'élasticité-prix de la demande est égale à 0. Que peut-on en déduire ?

Partie B. Étude de quelques cas

1. Un producteur de fraises françaises constate que, lorsque le prix d'une barquette de 500 g passe de 5 € à 6 €, ses ventes, initialement de 30 tonnes, diminuent de 25 %.

a. Calculer la variation relative du prix lorsqu'il passe de 5 € à 6 €.

b. En déduire l'élasticité-prix de la demande des fraises.

c. Calculer le chiffre d'affaires du producteur lorsque le prix de la barquette est de 5 €, puis de 6 €. L'augmentation du prix de la barquette de fraises est-elle judicieuse ?

2. Le tableau ci-dessous recense le prix moyen d'un litre d'essence SP98 et la dépense annuelle des ménages correspondante.

	2011	2012
Prix moyen d'un litre de SP98 (en euro)	1,55	1,63
Dépense des ménages en SP98 (en million d'euros)	14 808	14 566

a. Calculer l'élasticité-prix de la dépense en essence SP98 entre 2010 et 2011.

b. Interpréter le résultat obtenu.

exercices Accompagnement personnalisé

Maîtriser l'essentiel

153 Compréhension d'énoncé

On considère l'énoncé suivant.

On donne ci-dessous les résultats des garçons de 50 pays de l'OCDE dans le test PISA « résoudre collaborativement un problème ».

Notes	[370 ; 400[	[400 ; 430[	[430 ; 460[
Effectif	1	10	10
Notes	[460 ; 490[	[490 ; 520[	[520 ; 550[
Effectif	14	10	5

I. Calculer la moyenne et l'écart type de cette série.

II. On résume les résultats des filles dans cette épreuve par les indicateurs $\overline{x} \approx 502{,}7$ et $\sigma \approx 42{,}6$.

On donne de plus les diagrammes en boite suivants.

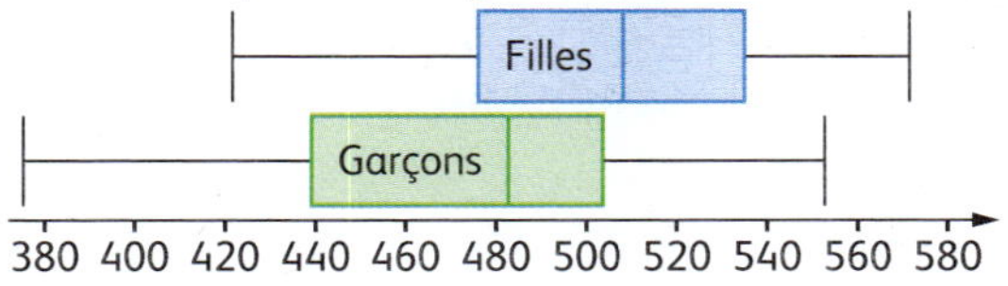

Comparer les deux séries.

1. Pour chaque mot surligné, indiquer une méthode.

2. Répondre aux questions de l'exercice.

154

	1	2	3	4	5	6	7	8	9
1		4				2		1	9
2				3	5	1		8	
3	3	1			9	4	7		
4		9	4						7
5									
6	2						8	9	
7			9		2			4	1
8	4	2		1		9			
9	1	6		8					

1. Reproduire la grille de Sudoku ci-dessus.

2. Pour chaque question, inscrire le chiffre indiqué à la position $(x\,;y)$ où x correspond au numéro de la colonne et y celui de la ligne.

a. Une valeur augmente de 20 % et vaut 74,4. Inscrire le chiffre des dizaines de la valeur de départ en $(9\,;2)$.

b. Une valeur augmente de 25 % puis baisse de 25 %. Inscrire en $(4\,;7)$ le chiffre des centièmes du taux d'évolution global exprimé en %.

c. Inscrire en $(8\,;9)$ le chiffre des unités du taux d'évolution réciproque d'une baisse de 15 % exprimé en %.

3. Terminer le Sudoku.

Aller plus loin

155 Un fabricant de parfum utilise une machine pour remplir ses flacons dont le volume affiché est 100 mL. Pour contrôler la qualité de la production de cette machine, on prélève 500 flacons et on relève le volume de liquide qu'ils contiennent.

On obtient les résultats suivants.

Volume (en mL)	97	98	99	100	101	102
Effectif	21	24	92	244	107	12

La machine est jugée défectueuse si moins de 95 % des flacons testés ont un volume dans l'intervalle $[\overline{x}-2\sigma\,;\overline{x}+2\sigma]$.

La machine est-elle défectueuse ?

156 PRISE D'INITIATIVES

On place trois balles de tennis dans une boîte cylindrique tout juste assez grande pour les contenir. Sachant que le diamètre d'une balle de tennis est de 6,35 cm, déterminer le pourcentage de volume de la boîte occupé par les trois balles.

Arrondir à 0,1 % si nécessaire.

Aide

Pour un rayon r et une hauteur h, on a les formules suivantes.

- Volume d'une sphère : $V = \frac{4}{3}\pi \times r^3$
- Volume d'un cylindre : $V = \pi \times r^2 \times h$

COUP DE POUCE hachette-clic.fr/25de2098

157 PRISE D'INITIATIVES

Lors d'un exercice, le professeur de mathématiques annonce que dans la classe, qui compte 31 élèves, la moyenne d'âge est d'environ 15,03 ans. Sacha demande alors l'âge de son professeur. Ce dernier lui répond qu'en comptant son âge, la moyenne de la classe passerait à 15,43 ans. Déterminer l'âge du professeur de Sacha.

COUP DE POUCE hachette-clic.fr/25de2099

158 **1.** Lors d'une hausse de 20 %, une production est augmentée de 10 tonnes.

Déterminer la production avant et après évolution.

2. Lors d'une baisse de 10 %, une production diminue de 20 tonnes.

Déterminer la production avant et après évolution.

3. Une production augmente de 20 % en deux ans. Elle a augmenté de 10 % sur la première année.

Déterminer le taux d'évolution sur la deuxième année.

TP Utiliser les outils numériques

Indice de Gini

Dans un article de 2018, on peut lire sur le site *inegalites.fr* le titre suivant.

« Les inégalités de niveau de vie, en voie de stabilisation ? »

On souhaite comprendre les indicateurs permettant de mesurer ces inégalités.

Objectif
Utiliser un tableur pour construire un indicateur graphique.

Ouvrir la feuille de calcul

Le tableau ci-contre fait état de la répartition du niveau de vie en France pour les années 2003 et 2016.

Le niveau de vie est égal au revenu disponible du ménage divisé par le nombre d'unités de consommation (uc).

- 1 uc au premier adulte du ménage.
- 0,5 uc aux autres personnes de 14 ans ou plus.
- 0,3 uc aux enfants de moins de 14 ans.

En 2016, les individus dont le niveau de vie est inférieur au 1er décile, disposent d'un niveau de vie moyen de 8 380 €.

	A	B	C
1	Niveau de vie moyen par décile		
2		en euro	
3		2003	2016
4	Niveau de vie < 1er décile (A)	8 230	8 380
5	Niveau de vie entre le 1er et le 2e déciles	11 550	12 550
6	Niveau de vie entre le 2e et le 3e déciles	13 730	15 060
7	Niveau de vie entre le 3e et le 4e déciles	15 630	17 300
8	Niveau de vie entre le 4e et le 5e déciles	17 500	19 430
9	Niveau de vie entre le 5e et le 6e déciles	19 540	21 690
10	Niveau de vie entre le 6e et le 7e déciles	21 950	24 290
11	Niveau de vie entre le 7e et le 8e déciles	25 170	27 650
12	Niveau de vie entre le 8e et le 9e déciles	30 330	33 220
13	Niveau de vie > 9e décile (B)	49 890	56 230
14	Ensemble	21 350	23 580
15	**Rapport (B)/(A)**		

Partie A Calcul d'un niveau de vie

En 2016, un couple et deux enfants, âgés de 8 ans et 15 ans, dispose d'un revenu mensuel de 2 300 €. Calculer le niveau de vie annuel de ce ménage.

Partie B 1re mesure d'inégalité

1. Interpréter la valeur de la cellule C8 ?
2. Quelle formule peut être saisie en B15 et en C15 ?
3. Comparer la répartition du niveau de vie en France en 2003 et en 2016 à l'aide des valeurs obtenues.

Partie C 2e mesure d'inégalité

Ouvrir l'onglet « Courbe ».

	A	B	C	D	E	F
1				France égalitaire	France 2016	
2	Décile	Niveau de vie en €	Part cumulée en % de la population	Part cumulée en % du niveau de vie moyen	Niveau de vie moyen cumulé en €	Part cumulée en % du niveau de vie moyen
3			0,00%	0,00%	0	0,00%
4	D1	8 380	10,00%			
5	D2	12 550	20,00%			
6	D3	15 060	30,00%			
7	D4	17 300	40,00%			
8	D5	19 430	50,00%			
9	D6	21 690	60,00%			
10	D7	24 290	70,00%			
11	D8	27 650	80,00%			
12	D9	33 220	90,00%			
13	D10	56 230	100,00%			

On appelle **courbe de Lorenz** la courbe qui s'obtient en reliant les points ayant pour abscisses les fréquences cumulées de la population et pour ordonnées les fréquences cumulées du niveau de vie.

1. Dans une France où les biens seraient équitablement répartis, combien 10 % de la population détiendrait-elle de parts de niveau de vie ? Compléter la colonne D.
2. Compléter les colonnes E et F en détaillant une formule possible pour les cellules E4 et F4.
3. Combien les 10 % de la population la moins riche détiennent-ils de parts du niveau de vie en 2016 ?
4. Construire la courbe de Lorenz du niveau de vie de la France égalitaire et de la France de 2016.

Indice de Gini γ

L'aire entre la courbe rouge et la courbe bleue s'appelle la « surface de concentration ». On donne :

$$\gamma = \frac{\text{surface de concentration}}{\text{surface sous la courbe rouge}}$$

5. Comment varie γ lorsque la courbe bleue :
a. se rapproche de la courbe rouge ?
b. s'éloigne de la courbe rouge ?
Donner un encadrement de γ.
6. L'indice de Gini du niveau de vie en France s'élevait à environ 0,28 pour l'année 2016 contre 0,27 en 2003. Le titre de l'article peut-il être remis en question ?

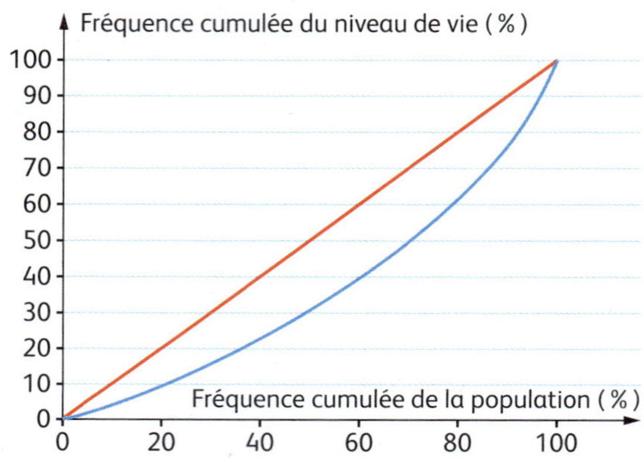

TP Mener une recherche

Compétence Chercher et communiquer

TP1 *Big data* et sport : les penaltys

L'arrivée des statistiques dans le sport a révolutionné les performances des athlètes, les tactiques des entraîneurs, les retransmissions d'événements sportifs… Des sociétés se sont emparées des *big data* (mégadonnées en français) et vendent leurs produits au meilleur prix. Un site de pari sportif a demandé à l'une de ces sociétés de lui fournir un résumé statistique de chaque tireur de penaltys de ligue 1 pour une mise en ligne sur leur plateforme Internet.
Les infographistes ont donné la maquette ci-dessous pour présenter les données.

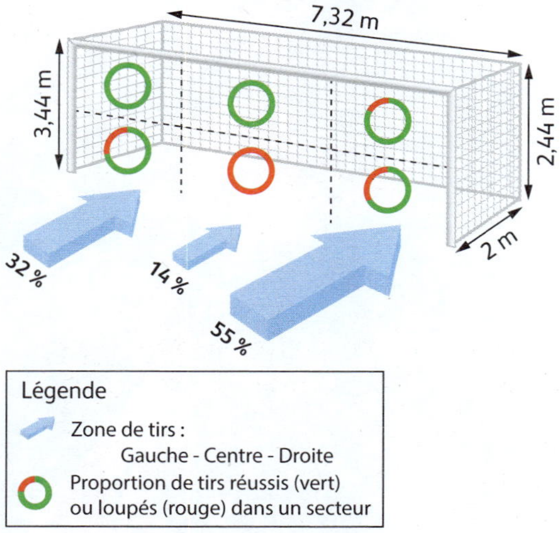

Ainsi que les informations suivantes.

Taux de réussite du tireur

Position moyenne des tirs : (3,22 ; 1,51)
25 % des tirs ont une hauteur inférieure à : 1,1 m

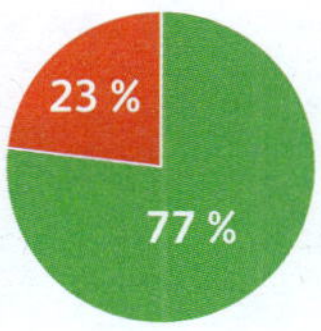

Proportion de tirs en pourcentage sur l'ensemble.

Tirs (R)	Gauche	Centre	Droite	Total
Haut	18 (18)	9 (9)	27 (23)	54 (50)
Bas	14 (9)	5 (0)	27 (18)	46 (27)
Total	32 (27)	14 (9)	54 (41)	100 (77)

(R) Proportion de tirs réussis sur l'ensemble.
On demande à un stagiaire de tester cette maquette sur un tireur du championnat.
On dote une cage de football d'un repère dont l'origine est le coin inférieur gauche et l'unité le mètre.
On donne ci-dessous l'ensemble des penaltys de ce joueur sous la forme d'un nuage de points.
Un point représente la position du ballon lorsqu'il entre dans la cage.
Il est vert si le but est marqué et rouge sinon.

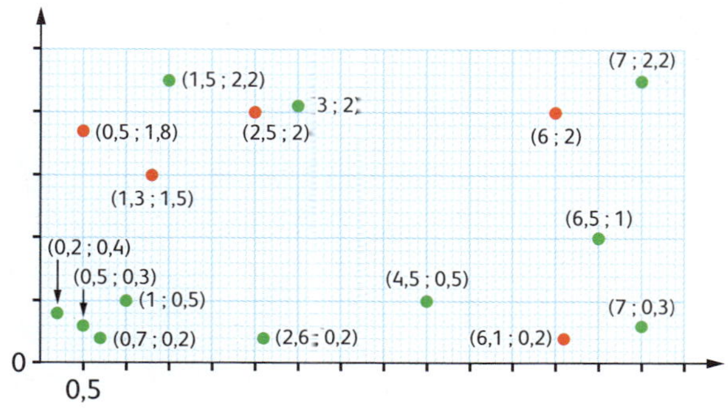

À l'écrit ou à l'oral, produire en binôme ou en groupe une présentation des statistiques de ce tireur de penaltys en utilisant la maquette.

TP2 Variance et polynôme

On considère la série de valeurs 1 ; 2 ; 6.

1. Calculer la moyenne $\overline{x}$ et la variance V de cette série.

2. On considère la fonction f qui, à tout réel x, associe la moyenne des carrés des écarts entre x et les valeurs de la série.

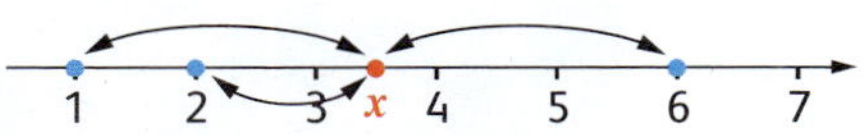

a. Donner une expression de $f(x)$ en fonction de x.

b. Montrer que $f(x)=(x-3)^2+\dfrac{14}{3}$.

3. On s'intéresse à la représentation graphique de la fonction étudiée.

a. À l'aide d'un logiciel de géométrie dynamique ou de la calculatrice, représenter graphiquement la fonction f.

b. En déduire le tableau de variations de la fonction f sur $\mathbb{R}$.

c. Que semble représenter la moyenne $\overline{x}$ et la variance V pour la fonction f ?

4. On admet que toute fonction de la forme x^2+bx+c admet un minimum β atteint en $x=\alpha$ avec α et β deux nombres réels tels que $x^2+bx+c=(x-\alpha)^2+\beta$.
Démontrer que la moyenne de deux nombres réels x_1 et x_2 minimise la fonction f mesurant la moyenne des carrés des écarts à la moyenne.
On pourra s'inspirer des questions précédentes.

CHAPITRE

12 Probabilités sur un ensemble fini

Les capacités du chapitre

- Capacité 1 : Dénombrer à l'aide de tableaux et d'arbres
- Capacité 2 : Établir une loi de probabilité, calculer des probabilités
- Capacité 3 : Construire un modèle à partir de fréquences observées
- Capacité 4 : Utiliser des modèles de référence pour calculer des probabilités

Au fil du temps

Le *Livre des jeux de hasard* de Jérôme Cardan (mathématicien italien, 1501-1576) est le premier à proposer quelques éléments de probabilités. Puis Blaise Pascal (mathématicien et philosophe français, 1623-1662) introduit le concept de probabilité dans sa correspondance avec Pierre de Fermat, alors que C. Huygens (mathématicien néerlandais, 1629-1695) publie le premier traité de probabilités. Les XVIIe et XVIIIe siècles verront de nombreux mathématiciens enrichir la théorie (De Moivre, Leibniz, Bayes, Markov, Tchebychev, etc.). C'est le mathématicien russe soviétique A. Kolmogorov qui édifiera la théorie moderne des probabilités en 1933.

Des maths partout !

Les probabilités sont nées avec les jeux de hasard. Les jeux d'argent et de hasard génèrent en France un chiffre d'affaires d'environ 11 milliards d'euros, les ménages y consacrant en moyenne un budget annuel de 220 € (données 2021).

Course hippique en Suède, en juin 2022

RESSOURCES DU CHAPITRE
hachette-clic.fr/25de2100

Partir d'un bon pied

A Diaporama pour tester les bases

ACTIVITÉS MENTALES RAPIDES

B Vocabulaire

Une urne contient 5 boules blanches, 3 noires. L'expérience consiste à tirer deux boules successivement et sans remise, on note les couleurs obtenues dans l'ordre de leur apparition

1. Décrire l'univers Ω des issues possibles (*on pourra utiliser un tableau à double entrée*).

2. On considère les événements :

A : « une boule blanche a été tirée en premier » ;

B : « les deux boules ont la même couleur ».

a. Décrire les issues réalisant l'événement A, l'événement B.

b. Quelles issues réalisent A ET B ? A OU B ?

C Fréquences et probabilités

Quand on lance une punaise, elle tombe sur la pointe ou sur le dos. On note *Oui* si la punaise tombe sur la pointe.

1. Au bout de 5 lancers, une personne a noté que la punaise est tombée 3 fois sur la pointe et 2 fois sur le dos.
Quelle est la fréquence de *Oui* sur les 5 lancers ?

2. Après 10 lancers, elle a obtenu 4 *Oui*. Quelle est la fréquence de *Oui* sur les 10 lancers ?

3. Après 900 lancers, elle obtient le graphique ci-dessous :

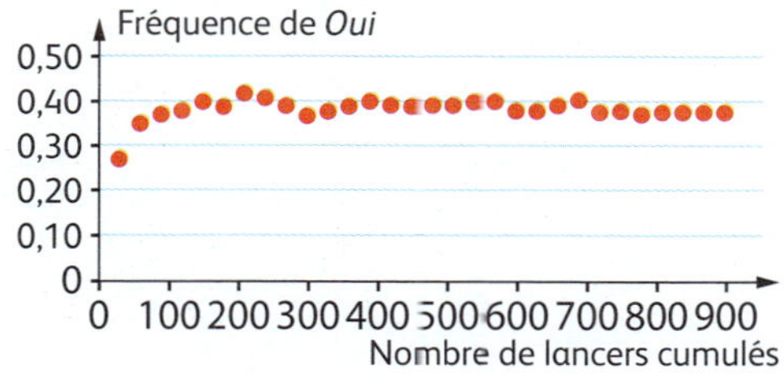

a. Quel phénomène semble se produire pour la fréquence des *Oui* ?

b. Une autre personne lance la punaise. Quelle est la probabilité qu'elle tombe sur la pointe ?

D Calculer une probabilité

On admet qu'à la naissance un enfant est de sexe masculin avec une probabilité de 0,5. Un couple souhaite avoir deux enfants.

1. Compléter le tableau ci-dessous décrivant les compositions possibles de la fratrie.

Sexe 1er enfant / Sexe 2e enfant	M	F
M		
F		

2. Calculer la probabilité des événements suivants :

a. le couple a deux garçons ;

b. le couple a au moins une fille.

Automatismes

Automatismes transversaux

Pour les exercices 1 à 4, effectuer mentalement les calculs demandés.

1 En utilisant tout, ou une partie, des nombres suivants, donner un calcul valant :

100	7	2	6

1. 88 **2.** 321 **3.** 714

2 Effectuer les calculs suivants.
1. $\frac{1}{2}-4$ **2.** $3\times\frac{7}{6}$ **3.** $110\times\frac{3}{2}$

3 Simplifier la fraction $\frac{220}{120}$.

4 En utilisant la distributivité, calculer les produits suivants.
1. 9×24 **2.** 12×203 **3.** 7×97

5 Donner le résultat sous la forme $a\sqrt{b}$.
1. $\sqrt{50}+\sqrt{2}$ **2.** $\sqrt{75}-3\sqrt{27}$

6 Donner le résultat sous la forme irréductible.
1. $\frac{1}{3}\left(6-\frac{1}{4}\right)$ **2.** $\frac{\left(\frac{1}{3}-\frac{1}{4}\right)}{5-\frac{1}{4}}$

7 On considère l'expression $A(x)=2(x-2)-(x-2)^2$.
1. Développer $A(x)$.
2. Factoriser $A(x)$.
3. Résoudre l'équation $A(x)=0$.

8 Montrer que pour tout réel $x\neq1$:
$$4+\frac{1}{1-x}=\frac{5-4x}{1-x}$$

9 Factoriser les expressions suivantes.
1. $4x^2-8x$
2. $(6x-4)(x-5)+(6x-4)(8-3x)$

10 Résoudre les équations suivantes.
1. $2x-7=5$ **2.** $5x+7=2x-2$

11 Résoudre les équations suivantes.
1. $2x(6-2x)=0$ **2.** $(5x-10)(x+3)=0$

12 On donne ci-contre la courbe d'une fonction.
Par lecture graphique, déterminer :
1. $f(-1)$, puis $f(1)$;
2. les solutions de l'équation $f(x)=1$ sur $[2{,}5;5]$.

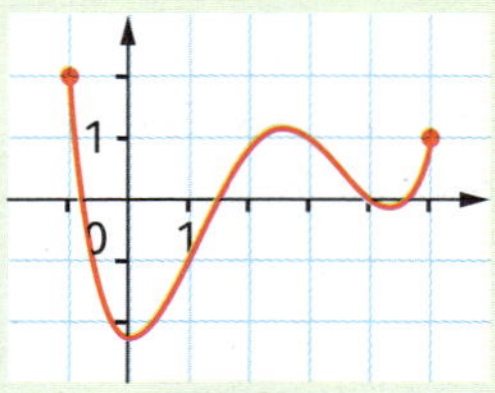

Automatismes préparatoires au chapitre

Pour les exercices 13 à 15, effectuer mentalement les calculs demandés.

13 **1.** 25 % de 16 **2.** 30 % de 180
3. 10 % de 24 **4.** 50 % de 0,4

14 **1.** $\frac{1}{4}$ de 24 **2.** Les deux tiers de 27
3. Un dixième de 4 **4.** La moitié de 0,35

15 Déterminer la valeur manquante.

Valeur 1	Valeur 2	Valeur 3	Valeur 4	**Total**
0,1	0,25	0,45		1

16 Effectuer les opérations suivantes.
1. $\frac{1}{6}\times\frac{5}{6}$ **2.** $\frac{9}{10}\times\frac{8}{9}$ **3.** $1-\frac{27}{50}$

17 Effectuer les opérations suivantes.
1. $0{,}2\times0{,}8+0{,}1\times0{,}9$ **2.** $0{,}25\times0{,}8+0{,}4\times0{,}5$

18 **Calculer des proportions**
On donne la composition d'un groupe de 50 élèves sur un choix d'activités.

	Musée	Sport	Jeux de société
Classe A	5	5	5
Classe B	5	10	20

1. Quelle est la proportion d'élèves du groupe provenant de la classe A ?
2. Quelle est la proportion d'élèves de la classe A parmi ceux voulant aller au musée ?
3. Quelle est la proportion d'élèves de la classe B parmi ceux voulant pratiquer un sport ?
4. Quelle est la proportion d'élèves de la classe A parmi ceux voulant jouer à un jeu de société ?

19 Lors d'une enquête réalisée auprès de 75 adolescents, 21 d'entre eux déclarent regarder la télévision moins d'une heure par jour ; 36 entre une et deux heures ; 12 entre deux et trois heures ; les autres plus de trois heures.
1. Calculer le pourcentage d'élèves qui regardent la télévision moins d'une heure par jour.
2. Calculer le pourcentage d'élèves qui regardent la télévision plus de trois heures par jour.
3. Calculer le pourcentage d'élèves qui regardent la télévision au plus trois heures par jour.

Activités

1 Mise en place du vocabulaire

Objectif
Introduire et consolider le vocabulaire lié aux probabilités.

Une urne contient 8 jetons indiscernables au toucher, numérotés de 1 à 8. On tire un jeton au hasard et on note le numéro obtenu.

1 Décrire l'**univers** Ω de cette expérience aléatoire.

2 Décrire les événements suivants à l'aide des issues qui le composent.
a. A : « le jeton tiré porte un numéro supérieur ou égal à 6 » ;
b. B : « le jeton tiré porte un numéro impair ».

3 On note $\overline{A}$ l'événement **contraire** de A.
Décrire $\overline{A}$ à l'aide d'une phrase puis à l'aide des issues qui le composent.

4 Deux événements sont **incompatibles** s'ils n'ont aucune issue en commun.
a. Les événements A et B sont-ils incompatibles ? Pourquoi ?
b. Citer deux événements incompatibles avec l'événement B.

2 Opérateurs sur les ensembles

Objectif
Introduire la réunion et l'intersection de deux événements, puis établir le lien entre leurs probabilités.

On lance un dé équilibré dont les faces sont numérotées de 1 à 12.
On s'intéresse aux événements suivants :
- D : « obtenir un multiple de deux » ;
- T : « obtenir un multiple de trois ».

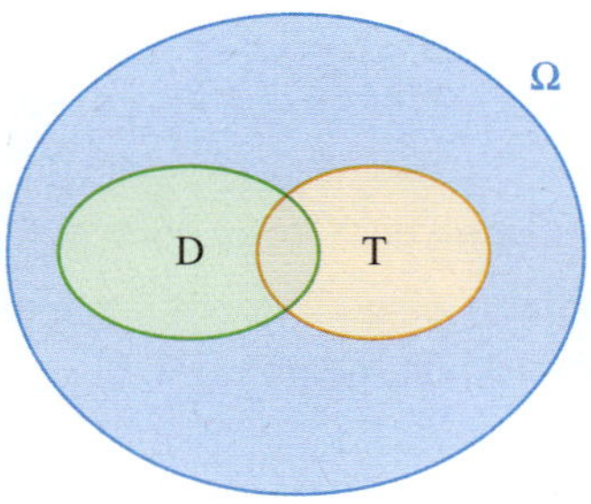

1 Recopier et compléter le schéma ci-contre avec les issues correspondantes.

2 Soit $D \cap T$ l'événement formé des éléments appartenant **à la fois** à D **et** à T. Décrire $D \cap T$ à l'aide des issues qui le composent.

3 Soit $D \cup T$ l'événement formé des éléments appartenant à D **ou** à T.

Décrire $D \cup T$ en précisant toutes les issues qui le composent.

4 En déduire les valeurs de $P(D)$, $P(T)$, $P(D \cup T)$ et $P(D \cap T)$.

5 En hachurant les événements D et T à l'aide de deux couleurs différentes, peut-on valider l'égalité $P(D \cup T) = P(D) + P(T)$?

6 En déduire une égalité reliant $P(D \cup T)$, $P(D)$, $P(T)$ et $P(D \cap T)$.

Info
Un tel dé est appelé dé dodécaédrique.

3 Chevalier de Méré

Objectif
Comprendre l'utilité des arbres pour dénombrer.

À la cour de Louis XIV, les paris sur les jeux de hasard étaient très répandus.
Antoine Gombaud, surnommé le « chevalier de Méré », s'intéressa aux calculs de probabilités encore balbutiants à cette époque.
Il affirma que « Si on lance un dé à six faces quatre fois, il y a plus de chances qu'on obtienne au moins une fois un six plutôt qu'on n'en obtienne jamais. »
Le chevalier Méré avait-il raison ?
On pourra commencer à étudier le problème avec deux lancers seulement puis étendre le raisonnement à quatre lancers.

Cours

1 Vocabulaire des événements

a Univers, issues et événements

Définition • Une **expérience aléatoire** est une expérience dont on connaît tous les résultats possibles sans savoir à l'avance celui que l'on obtiendra.

• Un résultat possible d'une expérience aléatoire s'appelle une **issue**.

• L'ensemble de toutes les issues d'une expérience aléatoire s'appelle l'**univers**. On le note Ω (*oméga*).

• Un **événement** est une partie (ou sous-ensemble) de l'univers.

• Un **événement élémentaire** est un événement formé d'une seule issue.

• Lorsqu'on exécute l'expérience aléatoire, et que le résultat obtenu appartient à un événement, on dit que cet **événement** est **réalisé**.

Exemple

Le lancer d'un dé à six faces est une expérience aléatoire.

• L'univers est l'ensemble :

$$\Omega = \{1;2;3;4;5;6\}$$

• A « obtenir un résultat pair » est un événement, et on écrit :

$$A = \{2;4;6\}$$

Si on effectue le lancer et que le résultat est 4, l'événement A est réalisé ; si le résultat est 1, A n'est pas réalisé.

Remarques

• Un **événement impossible** est un événement qui ne peut pas se réaliser. Il ne contient aucune issue.
On le note $\varnothing$.

• Un **événement certain** est un événement qui est toujours réalisé.
Il contient tous les éléments de l'univers.

Définition Soient A et B deux événements.

• A et B sont **complémentaires** lorsque A est formé de tous les éléments de l'univers qui ne sont pas dans B.
On dit aussi que B est l'événement **contraire** de A, on le note $\overline{A}$.

• A et B sont **incompatibles** (ou **disjoints**) lorsqu'ils n'ont aucune issue en commun : ils ne peuvent être réalisés simultanément.

Exemple

Dans le lancer d'un dé à six faces :

• les événements $C = \{1;2\}$ et $D = \{3;4;5;6\}$ sont complémentaires. On dit aussi que D est le contraire de C. On écrit :

$$D = \overline{C}$$

• les événements $E = \{3;5\}$ et $F = \{1;6\}$ sont incompatibles : ils n'ont aucune issue commune.
Ils ne peuvent pas être réalisés simultanément lors d'un même lancer.

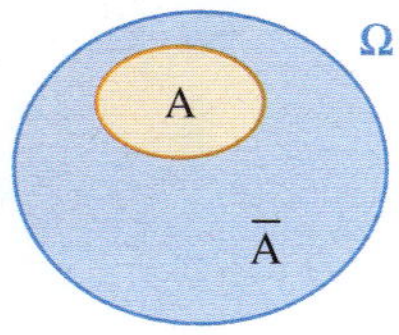

A et son contraire $\overline{A}$

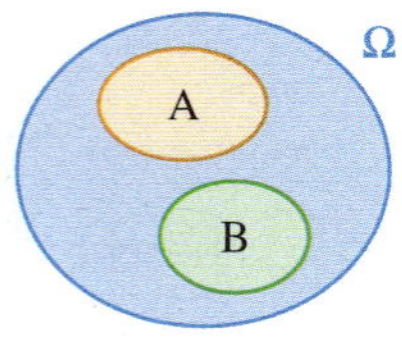

A et B incompatibles

b Intersection et réunion de deux événements

Définition Soient A et B deux événements.

• **L'intersection** de A et de B, notée $A \cap B$, est l'événement formé des issues qui appartiennent à la fois à **A et à B**.

• **La réunion** de A et B, notée $A \cup B$, est l'événement formé des issues qui appartiennent à **A ou à B**.

Exemple

Dans le lancer d'un dé à six faces, soient $G = \{1;2;3\}$ et $H = \{3;4\}$:

• $F \cap G = \{3\}$

• $F \cup G = \{1;2;3;4\}$

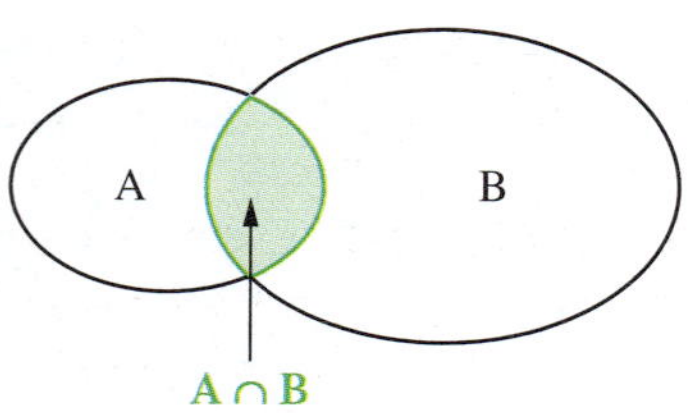

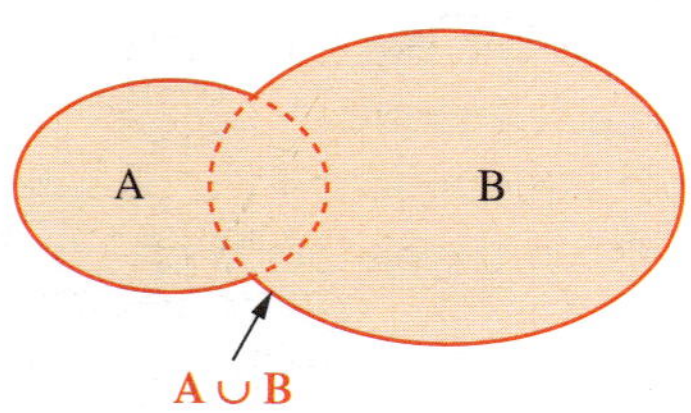

Remarque

Si A et B sont incompatibles alors $A \cap B = \varnothing$.

Méthode

CAPACITÉ 1 Dénombrer à l'aide de tableaux et d'arbres

Énoncé Le restaurant *À table au hasard* propose une expérience inédite : chaque client reçoit un menu de façon aléatoire, en lançant deux dés tétraédriques dont on fait la somme des résultats obtenus.

1. a. Recopier et compléter le tableau à double entrée ci-contre.

b. En déduire l'univers Ω associé à cette expérience aléatoire.

c. Préciser le nombre d'issues qui le composent.

2. Le restaurant propose deux entrées : asperges (A) et betteraves (B) ; deux plats : couscous (C) et dinde (D) ; deux desserts : éclair (E) et salade de fruit (F).

a. Représenter la situation à l'aide d'un arbre.

b. Le restaurant pourra-t-il proposer tous les menus possibles à partir de l'expérience aléatoire choisie ?

	1	2	3	4
1				
2				
3				
4				

Solution rédigée

1. a. On complète le tableau en additionnant à chaque fois les valeurs indiquées en ligne et en colonne.

b. À l'aide du tableau on obtient toutes les issues de l'univers :

$$\Omega = \{2;3;4;5;6;7;8\}$$

c. Il y a 7 issues dans cette expérience aléatoire.

	1	2	3	4
1	2	3	4	5
2	3	4	5	6
3	4	5	6	7
4	5	6	7	8

2. a. On modélise la situation avec un arbre à trois niveaux :

- Le premier niveau correspond aux possibilités pour l'entrée ;
- Le deuxième niveau correspond aux possibilités pour le plat ;
- Le troisième niveau correspond aux possibilités pour le dessert.

b. En s'aidant de l'arbre, on dénombre 8 menus différents ($2 \times 2 \times 2$). Or, on a vu dans la question **1. b.** qu'il n'y a que 7 issues possibles pour l'expérience aléatoire. Tous les menus ne pourront donc pas être proposés.

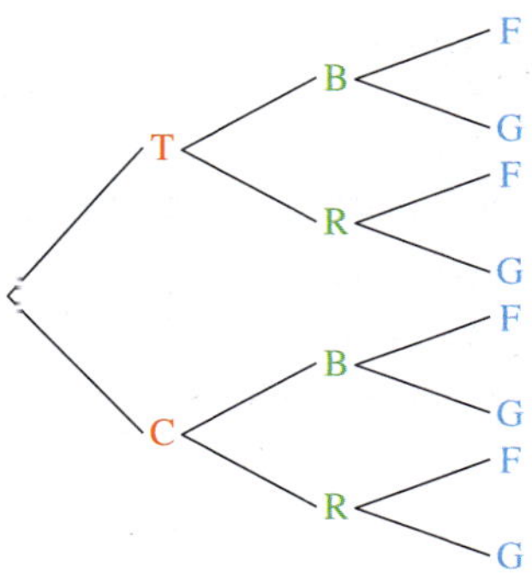

J'applique en autonomie

Voir corrigés p. 417 Voir exercices similaires n°s 34 à 38

20 Un sac contient trois billes de même taille mais de couleurs différentes : une rouge, une jaune et une verte. On tire une bille, on note sa couleur puis on la remet dans le sac. On répète alors l'expérience une seconde fois.

1. a. Décrire, à l'aide d'un arbre, l'univers de cette expérience aléatoire.

b. Combien d'issues le composent ?

2. On considère l'événement « le tirage comporte au moins une bille jaune ». Combien d'issues composent cet événement ?

21 Dans un sac, on tire un jeton parmi trois numérotés de 1 à 3, puis on note son numéro avant de le replacer dans le sac. On répète l'expérience une seconde fois et on s'intéresse au produit des résultats obtenus. Décrire, à l'aide d'un tableau, l'univers associé à cette expérience aléatoire.

22 Un tiroir contient deux types de chaussettes en grande quantité, des blanches et des noires.

1. On prend au hasard une première chaussette, on note sa couleur, puis on en prend une seconde et on note sa couleur également.

a. Décrire l'univers associé à cette expérience aléatoire.

b. Combien d'issues permettent d'avoir une paire de même couleur ?

2. Combien de chaussettes faut-il continuer à prendre pour être certain d'avoir une paire de même couleur ?

23 Des joueurs s'affrontent dans un jeu d'adresse où ils lancent deux fois une fléchette sur une cible pour marquer 0, 5, 10 ou 20 points à chaque lancer. Pour calculer leur score, ils additionnent les points obtenus à chaque lancer.
Décrire l'univers de cette expérience aléatoire.

Cours

2 Probabilités sur un ensemble fini

a Loi de probabilité sur un ensemble fini

Définition On considère une expérience aléatoire dont l'univers Ω est fini et est formé de n issues : $\Omega=\{e_1;e_2;e_3;\ldots;e_n\}$.

Définir une **loi de probabilité** sur Ω c'est associer à chaque événement élémentaire $\{e_i\}$ sa probabilité p_i.

Issue e_i	e_1	e_2	...	e_n
Probabilité p_i	p_1	p_2	...	p_n

On a $0 \leqslant p_i \leqslant 1$ et $p_1+p_2+\ldots+p_n=1$.

Propriété La probabilité d'un événement A, notée $P(\mathrm{A})$, est égale à la somme des probabilités des événements élémentaires qui constituent A.

Exemple

Un sac contient dix jetons indiscernables au toucher. Trois jetons portent le n° 1, deux portent le n° 2 et les autres portent le n° 3. On tire un jeton au hasard et on note son numéro.

La loi de probabilité est :

Issue	1	2	3
Probabilité	$\frac{3}{10}$	$\frac{2}{10}$	$\frac{5}{10}$

Soit A l'événement : « l'issue est impaire ». La probabilité de A est :

$$P(\mathrm{A})=P(\{1\})+P(\{3\})=\frac{3}{10}+\frac{5}{10}=\frac{8}{10}=0{,}8$$

b Situation d'équiprobabilité

Lorsque tous les événements élémentaires formant l'univers Ω ont la **même probabilité**, on dit qu'on est en **situation d'équiprobabilité** sur Ω.

Propriété En situation d'équiprobabilité sur un univers Ω, la probabilité d'un événement A est donnée par $P(\mathrm{A})=\dfrac{\text{nombre d'issues réalisant A}}{\text{nombre total d'issues de }\Omega}$.

Démo

Démonstration

- Si A contient une seule issue, c'est un événement élémentaire ; en notant sa probabilité p, comme il y a n événements élémentaires de même probabilité p et que la somme des probabilités de tous les événements élémentaires vaut 1, on a : $n\times p=1$ et donc $p=\frac{1}{n}$.
- Si A contient k issues $(k\geqslant 2)$, on a $P(\mathrm{A})=\underbrace{\frac{1}{n}+\frac{1}{n}+\ldots+\frac{1}{n}}_{k\text{ fois}}=\frac{k}{n}$.

Exemple

Dans l'exemple ci-dessus, puisque les jetons sont « indiscernables au toucher », tous ont la même probabilité d'être tirés : $\frac{1}{10}$.

On est en situation d'équiprobabilité.

Les expressions comme « indiscernables au toucher », « dé équilibré », « pièce équilibrée » sont des indications de situations d'équiprobabilité.

c Calculs de probabilités

Propriété Pour tous événements A et B, on a :

$$P(\mathrm{A}\cup\mathrm{B})+P(\mathrm{A}\cap\mathrm{B})=P(\mathrm{A})+P(\mathrm{B})$$

On a donc : $P(\mathrm{A}\cup\mathrm{B})=P(\mathrm{A})+P(\mathrm{B})-P(\mathrm{A}\cap\mathrm{B})$.

Cas particulier

Si A et B sont deux événements incompatibles, on a alors :

$$P(\mathrm{A}\cup\mathrm{B})=P(\mathrm{A})+P(\mathrm{B})$$

Voir exercice Démo n° 31

Propriété Soit A un événement quelconque et $\overline{\mathrm{A}}$ son **événement complémentaire** (ou événement **contraire**).

On a $P(\mathrm{A})+P(\overline{\mathrm{A}})=1$, ou encore $P(\overline{\mathrm{A}})=1-P(\mathrm{A})$.

Exemple

On lance un dé équilibré numéroté de 1 à 6. Soient les événements A « obtenir un résultat pair » et B « obtenir un résultat inférieur ou égal à 4 ».

- A et B ne sont pas incompatibles et $\mathrm{A}\cap\mathrm{B}=\{2;4\}$, donc :

$$P(\mathrm{A}\cup\mathrm{B})=P(\mathrm{A})+P(\mathrm{B})-P(\mathrm{A}\cap\mathrm{B})=\frac{1}{2}+\frac{4}{6}-\frac{2}{6}=\frac{5}{6}$$

- La probabilité de ne pas obtenir un résultat inférieur ou égal à 4 est :

$$P(\overline{\mathrm{B}})=1-P(\mathrm{B})=1-\frac{4}{6}=\frac{2}{6}=\frac{1}{3}$$

méthode

CAPACITÉ 2 Établir une loi de probabilité, calculer des probabilités

Énoncé On fait tourner la roue représentée ci-contre, formée de sept secteurs numérotés de 1 à 7 et colorés en rouge, bleu, orange et vert.
On admet que la probabilité que la roue s'arrête sur un secteur est proportionnelle à la mesure de l'angle du secteur.

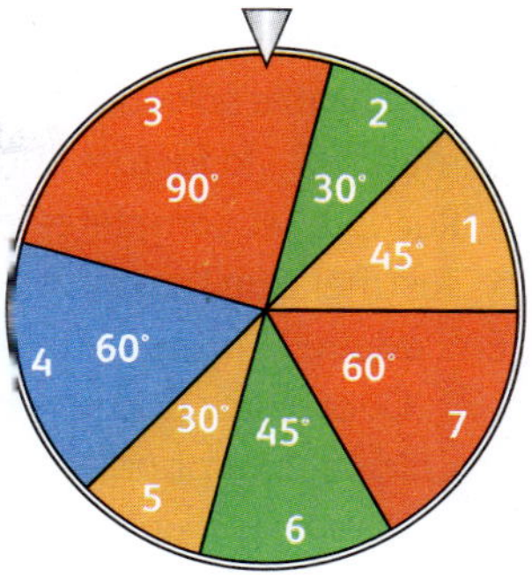

1. a. Montrer que la probabilité p_1 que la roue s'arrête sur le secteur 1 est égale à 0,125.
b. Établir la loi de probabilité associée à cette expérience aléatoire.
2. Soient A l'événement « la roue s'arrête sur un secteur rouge » et B l'événement « la roue s'arrête sur un secteur à numéro pair ».
a. Calculer la probabilité de chacun des événements A et B.
b. Justifier que les événements A et B sont incompatibles.
c. Traduire par une phrase l'événement $A \cup B$ et calculer sa probabilité.

Solution rédigée

1. a. La somme de tous les angles vaut 360° et la probabilité que la roue s'arrête sur le secteur 1 est proportionnelle à la mesure de son angle.
Donc $p_1 = \frac{45}{360} = \frac{1}{8} = 0{,}125$.
b. Chaque secteur représente une issue. On calcule la probabilité de chaque événement élémentaire comme pour la question **1. a.**
On obtient le tableau suivant.

Secteur	1	2	3	4	5	6	7
Probabilité	$\frac{1}{8}$	$\frac{1}{12}$	$\frac{1}{4}$	$\frac{1}{6}$	$\frac{1}{12}$	$\frac{1}{8}$	$\frac{1}{6}$

Point méthode
1. b. Pour établir une loi de probabilité, il faut déterminer tous les événements élémentaires $\{e_i\}$ et calculer la probabilité p_i de chacun.

2. a. Les secteurs rouges sont les secteurs 3 et 7. Ainsi, on a :
$$P(A) = P(\{3\}) + P(\{7\}) = \frac{1}{4} + \frac{1}{6} = \frac{5}{12}$$
Les secteurs pairs sont les secteurs 2 ; 4 ; 6. Ainsi, on a :
$$P(B) = P(\{2\}) + P(\{4\}) + P(\{6\}) = \frac{1}{12} + \frac{1}{6} + \frac{1}{8} = \frac{3}{8}$$
b. Aucun secteur n'est à la fois rouge et pair, donc les événements A et B sont incompatibles.
c. $A \cup B$: « la roue s'arrête sur un secteur rouge ou sur un secteur pair ».
A et B étant incompatibles, on a $P(A \cup B) = P(A) + P(B) = \frac{5}{12} + \frac{3}{8} = \frac{19}{24}$.

Point méthode
2. a. Pour calculer la probabilité d'un événement A, il faut déterminer tous les événements élémentaires qu'il contient et calculer la somme de leurs probabilités.

J'applique en autonomie

Voir corrigés p. 417 Voir exercices similaires n°s 39 à 44

24 Une cible est composée de quatre carrés de côtés respectifs 1, 2, 3 et 4 dm. Un joueur lance un projectile qui touche toujours la cible et la probabilité de toucher un carré est proportionnelle à son aire. Toucher le carré bleu rapporte 10 points, le carré vert 4 points ; sinon on perd 5 points. Le joueur lance un seul projectile et on s'intéresse au gain ou à la perte du joueur.

1. Déterminer la loi de probabilité de cette expérience.
2. Calculer la probabilité d'un gain supérieur à 2.

25 On lance un dé truqué dont les faces sont numérotées de 1 à 6. La probabilité d'obtenir 1 est égale à 0,2 et celle d'obtenir 6 est égale à 0,4. Les autres faces ont toutes la même probabilité d'apparition.
On considère les événements :
A : « le numéro de la face obtenue est pair » ;
B : « le numéro de la face obtenue est un nombre premier ».
1. Donner la loi de probabilité de l'expérience.
2. Calculer $P(A)$, $P(B)$ et $P(A \cap B)$.
3. En déduire $P(A \cup B)$.

Méthode

Capacité 3 Construire un modèle à partir de fréquences observées

Énoncé Un concessionnaire automobile fait le bilan de ses ventes du mois précédent. Sur les 250 véhicules vendus au total, 40% étaient d'occasion, 48% étaient des véhicules essence et 30% étaient des véhicules diesel. Parmi les véhicules neufs, 26% étaient des véhicules diesel et un tiers des véhicules hybrides.
Le comptable sélectionne au hasard la facture d'un véhicule vendu le mois précédent. On considère les événements H « la facture correspond à un véhicule hybride » et N « la facture correspond à un véhicule neuf ».

1. Recopier et compléter le tableau d'effectifs ci-contre.

2. Justifier que l'on est en situation d'équiprobabilité.
En déduire la probabilité des événements H et N.

3. a. Décrire par une phrase l'événement $H \cap N$.

b. Calculer la probabilité $P(H \cap N)$.

4. a. Décrire par une phrase l'événement $H \cup N$.

b. Calculer la probabilité $P(H \cup N)$.

	Neuf	Occasion	Total
Diesel			
Essence			
Hybride			
Total			250

Solution rédigée

	Neuf	Occasion	Total
Diesel	39	36	75
Essence	61	59	120
Hybride	50	5	55
Total	150	100	250

1. $250 \times 0{,}40 = 100$; $250 \times 0{,}48 = 120$; $250 \times 0{,}30 = 75$
Donc 100 véhicules d'occasion, 120 véhicules essence et 75 véhicules diesel ont été vendus au total.
De plus $(250-100) \times 0{,}26 = 39$ donc parmi les véhicules neufs, 39 étaient des diesel. Enfin $\frac{1}{3} \times 150 = 50$ donc parmi les véhicules neufs, 50 étaient des hybrides.

2. On « choisit au hasard » la facture donc toutes ont la même probabilité $\frac{1}{250}$ d'être choisies. On est en situation d'équiprobabilité.

- $P(H) = \dfrac{\text{nombre de véhicules hybrides}}{\text{nombre total de véhicules vendus}} = \dfrac{55}{250} = 0{,}22$
- $P(N) = \dfrac{\text{nombre de véhicules neufs}}{\text{nombre total de véhicules vendus}} = \dfrac{150}{250} = 0{,}6$

3. a. $H \cap N$: « la facture est celle d'un véhicule hybride et neuf ».

b. $P(H \cap N) = \dfrac{\text{nombre de véhicules hybrides et neufs}}{\text{nombre total de véhicules vendus}} = \dfrac{50}{250} = 0{,}2$

4. a. $H \cup N$: « la facture est celle d'un véhicule hybride ou neuf ».

b. $P(H \cup N) = P(H) + P(N) - P(H \cap N) = 0{,}22 + 0{,}6 - 0{,}2 = 0{,}62$

Point méthode
2. Pour calculer la probabilité d'un événement en situation d'équiprobabilité, on applique :
$$P(A) = \frac{\text{nombre d'issues réalisant A}}{\text{nombre total d'issues de } \Omega}$$

Point méthode
4. b. Pour tous évènements A et B, on a :
$$P(A \cup B) = P(A) + P(B) - P(A \cap B)$$

J'applique en autonomie

Voir corrigés p. 417 Voir exercices similaires nos 45 à 49

26 Une étude sur un test de dépistage d'une maladie est effectuée sur un échantillon de 1 000 personnes. Le test est positif dans 2% des cas.
De plus, 95% des personnes ayant un test négatif ne sont en effet pas malades.
Et 10% des personnes ayant un test positif ne sont en fait pas malades (ce sont des « faux positifs »). On choisit au hasard une personne de l'échantillon et on note P l'événement « le test de la personne est positif » et M l'événement « la personne est malade ».

1. Recopier et compléter le tableau ci-dessous.

	M	$\overline{M}$	Total
P			
$\overline{P}$			
Total			1 000

2. Calculer les probabilités des événements P et M.

3. a. Décrire par une phrase les événements $P \cap M$ et $P \cup M$.

b. Calculer leurs probabilités.

4 Utiliser des modèles de référence pour calculer des probabilités

Énoncé Une urne contient quatre boules **indiscernables au toucher** : trois boules rouges R_1, R_2, R_3 et une boule verte V_1.

On tire au hasard, successivement et avec remise, deux boules de l'urne.

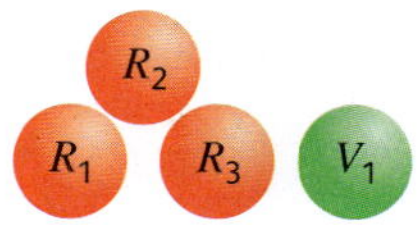

1. Peut-on affirmer que l'on est en situation d'équiprobabilité ? Pourquoi ?

2. À l'aide d'un arbre, déterminer le nombre de tirages possibles.

3. On considère les événements A « la première boule est rouge » et B « la seconde boule porte le numéro 2 ».

Calculer la probabilité de chaque événement A et B.

4. a. Calculer la probabilité de l'événement C « obtenir deux boules rouges ».

b. Traduire par une phrase l'événement $\overline{C}$ et calculer sa probabilité.

Solution rédigée

1. L'expression « indiscernables au toucher » indique que toutes les boules ont les mêmes chances d'être tirées. On est donc dans une situation d'équiprobabilité.

2. L'arbre est à deux niveaux.

- Le premier niveau correspond au premier tirage, qui a quatre issues.
- Le second niveau correspond au second tirage qui a également quatre issues puisque la première boule obtenue est remise.

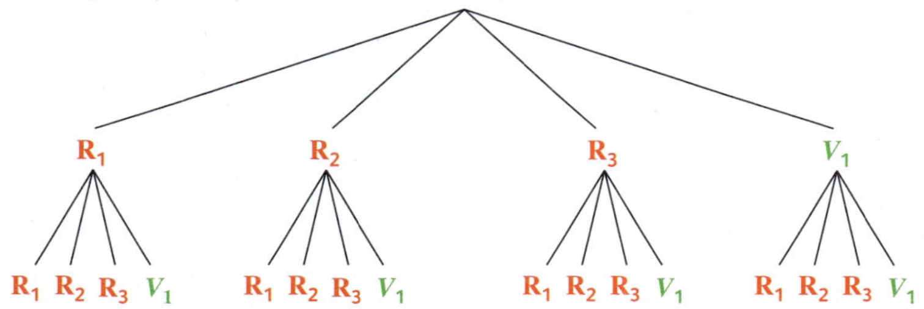

L'arbre construit permet, par principe **multiplicatif**, d'identifier $4 \times 4 = 16$ tirages.

3. Par lecture de l'arbre, on constate qu'il y a 12 tirages où la première boule tirée est rouge sur les 16 tirages possibles.

Comme on est dans une situation d'équiprobabilité, on a $P(A) = \frac{12}{16} = \frac{3}{4}$.

De même, sur les 16 tirages possibles, il y en a 4 où la seconde boule porte un numéro pair. Donc on a $P(B) = \frac{4}{16} = \frac{1}{4}$.

4. a. Sur les 16 tirages possibles, il y en a 9 pour lesquels les deux boules sont rouges, donc on a $P(C) = \frac{9}{16}$.

b. $\overline{C}$: « les deux boules tirées ne sont pas rouges ».

Cela signifie qu'elles peuvent être toutes les deux vertes, mais aussi de couleurs différentes. On a alors $P(\overline{C}) = 1 - P(C) = 1 - \frac{9}{16} = \frac{7}{16}$.

Point méthode

3. En situation d'équiprobabilité, la probabilité d'un événement A est : $P(A) = \frac{\text{nombre d'issues réalisant A}}{\text{nombre total d'issues de } \Omega}$

Point méthode

4. b. Pour tout événement A : $P(\overline{A}) = 1 - P(A)$

J'applique en autonomie

Voir corrigés p. 417 Voir exercices similaires n°s 50 à 53

27 Un sac contient les lettres D, I, X.

On tire deux lettres avec remise et on note le « mot » de deux lettres ainsi obtenu.

1. Décrire l'univers Ω de cette expérience aléatoire.

2. Établir la loi de probabilité de cette expérience.

3. On considère l'événement V : « le mot commence par une voyelle » et C : « le mot se termine par une consonne ».

a. Calculer $P(V)$, $P(C)$ et $P(V \cap C)$.

b. Calculer $P(V \cup C)$ de deux manières différentes.

Je **fais** le **point**

Je revois mon cours

Loi de probabilité et situation d'équiprobabilité

L'univers : $\Omega = \{e_1 ; e_2 ; e_3 ; \ldots ; e_n\}$ est composé de toutes les issues d'une expérience aléatoire.

Une loi de probabilité sur Ω associe à chaque événement élémentaire $\{e_i\}$ sa probabilité p_i.

Issue	e_1	e_2	...	e_n
Probabilité	p_1	p_2	...	p_n

Avec $0 \leqslant p_i \leqslant 1$ et $p_1 + p_2 + \ldots + p_n = 1$.

Situation d'équiprobabilité : toutes les probabilités p_i sont égales à $\frac{1}{n}$.

Événement et événement complémentaire (ou contraire)

Événement A : c'est un **sous-ensemble** de l'univers Ω.

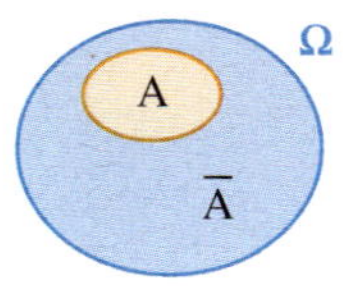

Événement complémentaire $\overline{\text{A}}$ de A **(ou contraire)** : c'est le sous-ensemble formé des issues de l'univers Ω **qui ne sont pas** dans A.

Probabilité d'un événement

La **probabilité** $P(\text{A})$ d'un événement A est égale à la somme des probabilités de tous les événements élémentaires contenus dans A.

Si $\text{A} = \{a ; b ; c\}$ alors :

$$P(\text{A}) = P(\{a\}) + P(\{b\}) + P(\{c\})$$

En situation **d'équiprobabilité**, on a :

$$P(\text{A}) = \frac{\text{nombre d'issues réalisant A}}{\text{nombre total d'issues de }\Omega}$$

La probabilité de **l'événement contraire** de A est :

$$P(\overline{\text{A}}) = 1 - P(\text{A})$$

Intersection de deux événements

Elle est formée des issues qui appartiennent **à la fois à A et B**.

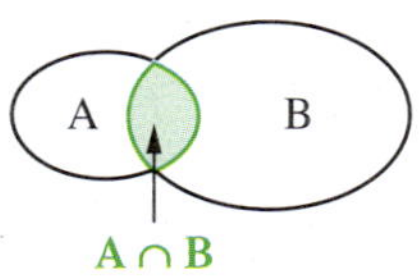

Lorsque $\text{A} \cap \text{B} = \varnothing$:
A et B sont **incompatibles** (ou **disjoints**).
Dans ce cas :

$$P(\text{A} \cap \text{B}) = 0$$

Réunion de deux événements

Elle est formée des issues qui appartiennent **à A ou B**.

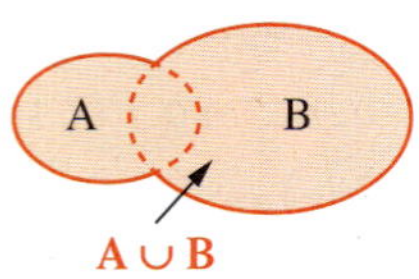

$$P(\text{A} \cup \text{B}) = P(\text{A}) + P(\text{B}) - P(\text{A} \cap \text{B})$$

Lorsque A et B sont **incompatibles** :

$$P(\text{A} \cup \text{B}) = P(\text{A}) + P(\text{B})$$

Je m'exerce à démontrer

Soient A et B deux événements tels que :
$P(\text{B}) = 0{,}2$; $P(\text{A} \cup \text{B}) = 0{,}4$ et $P(\text{A} \cap \text{B}) = 0{,}1$
Montrer que $P(\overline{\text{A}}) = 0{,}7$.

DÉMO PAS À PAS
hachette-clic.fr/25de2101

J'évalue mes connaissances

VERSION INTERACTIVE
hachette-clic.fr/25de2102

Voir corrigés p. 418

QCM

Pour chacune des questions, indiquer la (ou les) bonne(s) réponse(s).

On lance un dé à six faces numérotées de 1 à 6 dont la loi de probabilité est donnée par le tableau ci-contre.

1	2	3	4	5	6
0,1	0,2	x	0,3	0,1	0,05

	a	b	c
1. La valeur de x est :	$\frac{1}{6}$	0,25	0,3
2. L'événement « obtenir un résultat pair » :	est $\{2;4;6\}$	a pour probabilité $\frac{1}{2}$	est moins probable que son événement contraire
3. L'événement « obtenir un multiple de 3 » est :	$\{1;3;6\}$	$\{3;6\}$	moins probable que l'événement « obtenir un diviseur de 3 »
4. L'événement « obtenir au plus 2 » :	est l'événement contraire de « obtenir au moins 2 »	est l'événement contraire de « obtenir au moins 3 »	a pour probabilité 0,3
5. Les événements « obtenir 4 » et « obtenir un résultat impair » :	sont incompatibles	sont équiprobables	ont pour réunion l'univers
6. L'intersection des événements A « obtenir un résultat pair » et B « obtenir au moins 4 » :	est notée $A \cup B$	a deux issues	a pour probabilité 0,45
7. La réunion des événements A « obtenir un résultat pair » et B « obtenir au moins 4 » :	est notée $A \cup B$	a pour probabilité $P(A)+P(B)$	a pour probabilité 0,65
8. La réunion des événements A « obtenir 4 » et B « obtenir un nombre divisible par 3 » :	est $\varnothing$	a pour probabilité $P(A)+P(B)$	a pour probabilité 0,5

vrai ou faux ?

Indiquer pour chaque affirmation si elle est vraie ou fausse. Justifier.

Partie A.

On tire au hasard une carte dans un jeu de 32 cartes. On considère les événements A « obtenir un roi » et B « obtenir un cœur ».

a. Les événements A et B sont incompatibles.

b. Les événements A et B ont la même probabilité.

c. L'événement $A \cap B$ est « obtenir le roi de cœur ».

d. La probabilité de l'événement $A \cup B$ est $\frac{12}{32}$.

e. La probabilité de l'événement $\overline{A}$ est $\frac{7}{8}$.

f. Si on tire une seconde carte sans avoir remis la première dans le jeu, il y a 61 tirages possibles sur l'ensemble des deux tirages.

Partie B.

Dans un sac, on place cinq cartes dont chacune porte une des lettres P, R, O, B et A.

On tire au hasard, successivement et sans remise, deux cartes du sac.

On s'intéresse au « mot » formé par les deux lettres tirées (qu'il ait du sens ou non).

a. L'univers de cette expérience contient 25 mots.

b. La probabilité de l'événement A « le mot commence par une voyelle » est égale à 0,4.

c. La probabilité de l'événement B « le mot contient la lettre B » est égale à 0,2.

d. Les événements A et B ci-dessus sont incompatibles.

e. La probabilité de $A \cup B$ est égale à 0,75.

f. L'événement complémentaire de A est « le mot se termine par une voyelle ».

g. L'événement complémentaire de B a pour probabilité 0,6.

exercices Application

JE ME TESTE ! EXERCICES INTERACTIFS
hachette-clic.fr/25de2103

Acquérir des automatismes

28 **1.** Rappeler la définition d'un univers et d'un événement.

2. On dispose de quatre cartes numérotées de 0 à 3. On tire deux cartes successivement et sans remise pour constituer un nombre à deux chiffres (qui peut éventuellement commencer par un zéro).

a. Décrire l'univers de cette expérience aléatoire.

b. Décrire l'événement A : « le nombre peut s'écrire avec un seul chiffre ».

c. Décrire par une phrase l'événement :

$$B=\{20;21;23;30;31;32\}$$

29 **1.** On considère deux événements A et B d'une expérience aléatoire.
Rappeler la définition de l'événement $A\cap B$ et de l'événement $A\cup B$.

2. Une classe est composée de 35 élèves, 19 filles et 16 garçons. On note A l'ensemble des élèves ayant choisi l'activité sport et B l'ensemble des élèves ayant choisi l'activité musique.
Seuls 2 garçons n'ont choisi aucune activité ; 10 filles n'ont choisi que le sport, 7 garçons que la musique, et 6 filles et 4 garçons ont choisi les deux activités.
Dénombrer les éléments appartenant aux ensembles A, B, $A\cup B$ et $A\cap B$.

30 Lors d'une expérience aléatoire, on donne les probabilités suivantes :

$$p(A)=0{,}2,\ p(B)=0{,}7 \text{ et } p(A\cup B)=4p(A)$$

Calculer $p(A\cap B)$.

Démo
31 **1.** Rappeler la définition de deux événements incompatibles.

2. Démontrer le cas particulier du cours **2 c**.
Si A et B sont incompatibles alors :

$$p(A\cup B)=p(A)+p(B)$$

Démo
32 **1.** Rappeler la définition de deux événements contraires A et $\overline{A}$.

2. Compléter l'égalité $A\cup\overline{A}=\dots$

3. En déduire la valeur de $p(A\cup\overline{A})$.

4. Démontrer que $p(\overline{A})=1-p(A)$.

33 Un sac contient quatre billes indiscernables au toucher numérotées de 0 à 3.
On tire au hasard avec remise deux billes et on multiplie les deux numéros obtenus.

1. Combien d'issues forment l'événement « on obtient un produit nul » ?

2. Les événements « la première boule tirée porte le n° 1 » et « on obtient un produit pair » sont-ils incompatibles ?

Travailler les capacités du chapitre

CAPACITÉ 1 Dénombrer à l'aide de tableaux et d'arbres

Voir p. 323

*Dans les exercices **34** à **36** déterminer, à l'aide d'un arbre ou d'un tableau, l'univers Ω de l'expérience aléatoire puis donner le nombre d'issues qui le composent.*

34 On lance deux dés numérotés de 1 à 6 et on s'intéresse à la différence entre le plus grand et le plus petit résultat.

CORRECTION TYPE EN VIDÉO
hachette-clic.fr/25de2104

35 On effectue trois lancers consécutifs d'une pièce, à chaque lancer on note P pour pile et F pour face. On s'intéresse à la suite de trois lettres ainsi formée.

36 Dans un sac on place trois jetons portant les lettres A, B et C. On tire deux jetons, successivement et avec remise. On note la lettre obtenue à chaque tirage. On s'intéresse à la suite de deux lettres ainsi formée.

37 On lance un dé tétraédrique et un dé cubique puis on fait la somme des résultats obtenus.

1. Recopier et compléter le tableau suivant.

	1	2	3	4	5	6
1						
2						
3						
4						

2. a. Décrire l'univers de cette expérience aléatoire.

b. Combien d'issues possède-t-il ?

3. On considère l'événement A « le résultat est supérieur à 5 ». Combien d'issues composent cet événement ? Les citer.

38 Une boutique de vêtements fait une offre « 1 hoodie acheté = un pantalon à 50 % ». Les hoodies sont disponibles en blanc, gris et bordeaux et les pantalons en beige et noir.

1. Combien d'assortiments de couleurs peuvent être formés avec cette offre ?

2. On note les événements A « le hoodie est blanc » et B « le pantalon est beige ». Combien d'issues possède l'événement $A\cup B$? $A\cap B$?

CAPACITÉ 2 Établir une loi de probabilité, calculer des probabilités

Voir p. 325

39 La loi de probabilité d'une expérience aléatoire est donnée par le tableau suivant.

Issue	0	1	2	3	4
Probabilité	p	0,1	0,25	0,15	0,05

1. Déterminer la valeur de p.
2. Calculer la probabilité d'obtenir au moins 2.

*Dans les exercices **40** à **42** déterminer la valeur de p pour établir la loi de probabilité et calculer la ou les probabilités demandées.*

40 On donne la loi de probabilité suivante.

Issue	0	1	2	3	4
Probabilité	p	0,1	0,25	0,15	0,3

Calculer la probabilité d'obtenir au moins 2.

CORRECTION TYPE EN VIDÉO
hachette-clic.fr/25de2105

41 On donne la loi de probabilité suivante.

Issue	1	2	3	4	5
Probabilité	0,15	0,15	0,2	p	0,25

1. Calculer la probabilité d'obtenir au moins 3.
2. Calculer la probabilité d'obtenir au plus 2.

42 On donne la loi de probabilité suivante.

Issue	A	B	C	D	E
Probabilité	p	$2p$	0,35	p	0,25

Calculer la probabilité d'obtenir une voyelle.

43 Lors d'un spectacle de feux d'artifice, des fusées sont lancées à partir d'un dispositif de lancement en demi-cercle. Les fusées sont réparties par couleurs (rouge, bleu ou vert) selon ce schéma :

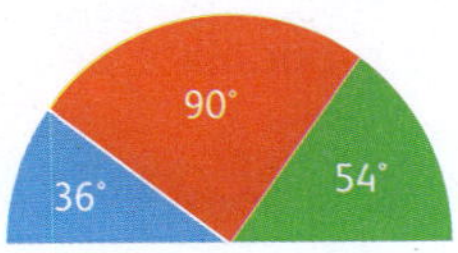

On choisit une fusée au hasard et on s'intéresse à sa couleur. On admet que la probabilité de choix d'une fusée est proportionnelle à la mesure de l'angle attribué à sa couleur. Établir la loi de probabilité de cette expérience.

44 100 personnes sont interrogées sur leur destination de vacances préférée. 33 préfèrent la plage, 17 la ville, 28 la montagne et les autres la campagne. On choisit une personne au hasard parmi les 100 interrogées.

1. Établir la loi de probabilité de cette expérience.
2. Déterminer la probabilité que la personne interrogée ne préfère pas les vacances en ville.

CAPACITÉ 3 Construire un modèle à partir de fréquences observées

Voir p. 326

45 Une enquête de l'Arcep de 2022 est donnée ci-dessous sur le temps de résolution de problèmes selon le fournisseur d'accès internet.

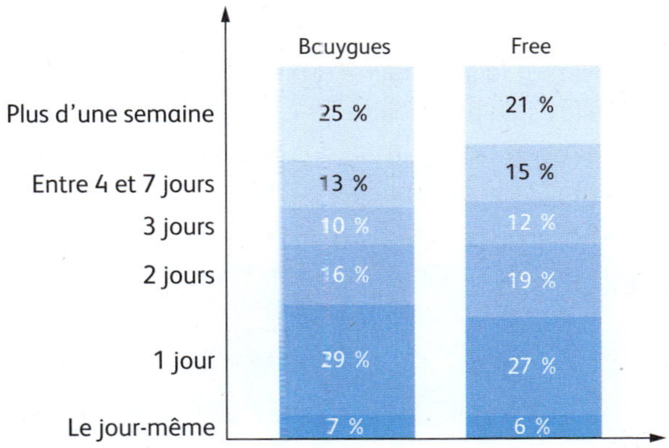

1. On interroge un client Bouygues dont le problème internet a été résolu, quelle est la probabilité qu'il ait attendu moins de 3 jours ?
2. On interroge un client Free dont le problème internet a été résolu.
Quelle est la probabilité qu'il ait attendu 4 jours ou plus ?

46 Pierre arrive à vélo à un feu tricolore dont chaque cycle complet (vert ; orange ; rouge) dure 90 secondes. Le feu vert dure 50 secondes et le feu orange 5 secondes. On s'intéresse à la couleur du feu tricolore au moment où Pierre arrive.

1. Établir la loi de probabilité de cette expérience.
2. En France, le Code de la route indique que l'on doit s'arrêter lorsque le feu est orange ou rouge.
Calculer la probabilité que Pierre doive s'arrêter en arrivant au feu.

JE ME TESTE ! EXERCICES INTERACTIFS
hachette-clic.fr/25de2103

47 Le CVL d'un lycée a examiné la consommation des plats principaux à la cantine le mardi et a consigné le nombre moyen de type de plats consommés dans le tableau suivant.

Service	Viande	Poisson	Végétarien
11 h 30	26 %	5 %	8 %
12 h 30	16 %	11 %	5 %
13 h 30	16 %	10 %	3 %

À la sortie du lycée, le soir, on interroge un demi-pensionnaire choisi au hasard.

1. Quelle est la probabilité qu'il ait mangé de la viande ?

2. On interroge un élève ayant mangé un plat végétarien, quelle est la probabilité qu'il ait mangé au premier service ?

48 À l'entrée d'un lycée, on demande à chaque élève en retard le moyen de transport utilisé pour venir. On répertorie les résultats dans le tableau suivant.

Marche	Voiture	Train	Bus	Vélo	Autre
14 %	21 %	9 %	45 %	6 %	5 %

On interroge, au hasard, un élève en retard.

1. Quelle est la probabilité qu'il soit venu à pied ?

2. Quelle est la probabilité qu'il soit venu en transport en commun ?

3. Quelle est la probabilité qu'il ne soit pas venu en voiture ?

49 Une entreprise fabrique des Smartphones qui peuvent avoir deux défauts :
- un défaut d'écran (2,5 % des cas) ;
- un défaut de batterie (2 % des cas).

Au total, 3 % des appareils sont défectueux. On choisit un Smartphone au hasard.

1. Établir la loi de probabilité permettant de modéliser ce tirage.

2. Calculer la probabilité que le Smartphone n'ait pas de défaut.

3. Calculer la probabilité que le Smartphone ait les deux défauts.

CAPACITÉ 4 Utiliser des modèles de référence pour calculer des probabilités

Voir p. 327

*Dans les exercices **50** à **52** établir la loi de probabilité de l'expérience aléatoire puis calculer les probabilités $p(\mathrm{A})$, $p(\overline{\mathrm{B}})$, $p(\mathrm{A} \cap \mathrm{B})$ et $p(\mathrm{A} \cup \mathrm{B})$.*

50 Une urne contient les lettres Z, O, É.

On tire successivement deux boules avec remise et on note le « mot » formé.

A : « le mot contient deux voyelles ».

B : « le mot se termine par É ».

CORRECTION TYPE EN VIDÉO
hachette-clic.fr/25de2106

51 Un sac contient trois jetons numérotés respectivement 2, 6 et 9. On tire successivement et sans remise deux jetons et on note la différence entre la première et la seconde des deux valeurs tirées.

A : « la différence est négative ».

B : « la différence est paire ».

Remarque

0 est un nombre pair, en effet il existe un entier relatif k tel que $0 = 2 \times k$.

52 On lance trois fois une pièce de monnaie équilibrée.

A : « obtenir deux fois face ».

B : « obtenir pile au premier lancer ».

53 Dans un jeu de rôle, les personnages ont une caractéristique de force allant de 1 à 6. Pour déterminer cette caractéristique, les joueurs lancent deux dés à 6 faces et prennent la plus grande valeur obtenue.

1. Déterminer, à l'aide d'un tableau, l'univers de cette expérience aléatoire.

2. Établir la loi de probabilité de cette expérience aléatoire.

3. On dit qu'un personnage est fort si sa caractéristique est de 5 ou plus, il est faible si elle est de 2 ou moins.

a. Calculer la probabilité d'obtenir un personnage fort.

b. Calculer la probabilité de ne pas obtenir un personnage faible.

c. Calculer la probabilité qu'un personnage ne soit ni fort, ni faible. On dit alors qu'il est dans la moyenne.

1 Vocabulaire des événements

54 Dans une classe de Seconde, quelques élèves portent des lunettes et d'autres des lentilles de contact. On considère les événements F « l'élève est une fille », L « l'élève porte des lunettes » et C « l'élève porte des lentilles de contact ».
Décrire par une phrase les événements suivants.
a. $\overline{F}$ **b.** $F \cap C$ **c.** $F \cup L$ **d.** $\overline{F} \cap \overline{L}$ **e.** $F \cup \overline{C}$ **f.** $\overline{F} \cup \overline{L}$

55 **Utilisation d'un diagramme**
On considère le diagramme suivant où Ω est l'univers d'une expérience aléatoire. A et B sont deux événements et chaque nombre indique le nombre d'issues pour la zone du diagramme correspondante.

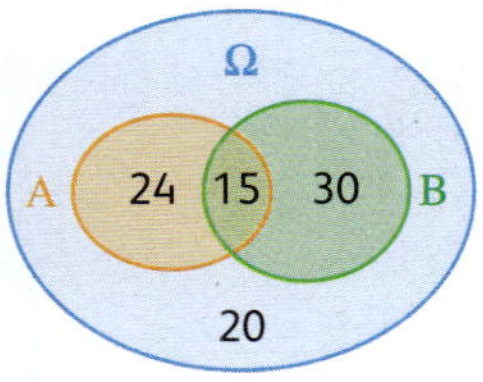

1. Combien d'issues l'univers Ω possède-t-il ?
2. Combien d'issues possèdent les éléments suivants ?
a. A **b.** B **c.** $\overline{A}$ **d.** $\overline{B}$
e. $A \cap B$ **f.** $A \cup B$ **g.** $\overline{A \cap B}$ **h.** $\overline{A \cup B}$

56 On lance deux dés tétraédriques équilibrés, on s'intéresse au produit des résultats obtenus.
1. Recopier et compléter le tableau suivant.

	1	2	3	4
1				
2				
3				
4				

2. En déduire l'univers Ω de cette expérience aléatoire.
3. Est-ce une situation d'équiprobabilité ? Justifier.
4. Décrire les événements suivants à l'aide des issues qui les composent :
a. A : « obtenir un résultat pair » ;
b. B : « obtenir un multiple de 3 » ;
c. C : « obtenir un résultat supérieur à 10 ».

57 Le digicode d'une porte d'entrée est composé de quatre chiffres allant de 0 à 9. On saisit au hasard un code à quatre chiffres sur ce digicode.
1. Combien d'issues possède cette expérience ?
2. On considère les événements suivants.
- A : « le code saisi commence par 5 » ;
- B : « le code saisi ne contient pas de 0 ».

Donner deux issues correspondant aux événements suivants.
a. A **b.** B **c.** $\overline{A}$ **d.** $\overline{B}$
e. $A \cap B$ **f.** $A \cup B$ **g.** $\overline{A} \cap \overline{B}$ **h.** $\overline{A \cap B}$

58 On lance un dé à huit faces numérotées de 1 à 8 et on s'intéresse au résultat obtenu. On considère les événements A « obtenir un résultat pair » et B « obtenir un résultat inférieur ou égal à 5 ».
1. Décrire l'univers de cette expérience aléatoire.
2. a. Décrire l'événement A à l'aide des issues de cette expérience aléatoire.
b. Décrire l'événement $A \cup B$ à l'aide d'une phrase, puis à l'aide des issues de cette expérience aléatoire.
c. Même question pour l'événement $A \cap B$.

59 On tire une carte dans un jeu de 52 cartes. On considère les événements T « la carte tirée est un trèfle » et A « la carte tirée est un as ».
Décrire chacun des événements suivants à l'aide d'une phrase, puis donner le nombre d'issues de chacun d'entre eux.
1. $\overline{T}$ **2.** $T \cap \overline{A}$ **3.** $T \cup A$

60 Dans sa valise, Benjamin possède toutes les affaires suivantes.
- Deux pantalons, un noir (noté P_N) et un bleu (noté P_B).
- Trois chemises, une blanche (notée C_B), une noire (notée C_N) et une à carreau (notée C_C).
- Deux vestes, une noire (notée V_N) et une marron (notée V_M).

Une tenue est formée d'un pantalon, d'une chemise et d'une veste.
Benjamin compose une tenue au hasard.

1. À l'aide d'un arbre, dénombrer le nombre total de tenues possibles.
2. On considère les événements :
- A : « la tenue ne comporte pas de noir » ;
- B : « la tenue comporte la veste marron ».

a. Écrire sous forme d'ensemble les événements A et B.
b. Décrire par une phrase l'événement $\overline{A}$.
c. Quelles sont les issues qui réalisent $\overline{A}$?
3. a. Décrire par une phrase l'événement $A \cap B$.
b. Écrire cet événement sous forme d'ensemble.
c. Décrire par une phrase l'événement $A \cup B$.
d. Écrire cet événement sous forme d'ensemble.
4. a. Décrire par une phrase l'événement $A \cap \overline{B}$.
b. Que peut-on dire des événements A et $\overline{B}$? Justifier.

2 Probabilités sur un ensemble fini

61 La loi de probabilité d'une expérience aléatoire est donnée dans le tableau suivant.

Issue	1	2	3	4	5
Probabilité	0,1	0,1	0,1	p	0,25

1. Déterminer la valeur de p.
2. Calculer la probabilité d'obtenir au moins 3.
3. Calculer la probabilité d'obtenir au plus 2.

62 La loi de probabilité d'une expérience aléatoire est donnée par le tableau suivant.

Issue	2	3	4	5	6
Probabilité	0,2	p	p	$4p$	$2p$

1. Déterminer la valeur de p.
2. Calculer la probabilité d'obtenir un multiple de 3.
3. A-t-on autant de chances d'avoir une issue paire qu'une issue impaire ?

63 On lance un dé cubique truqué dont la face 6 a 3 fois plus de chance d'être tirée que chacune des autres.
1. Établir la loi de probabilité associée au lancer de ce dé.
2. Calculer la probabilité d'obtenir un nombre impair.

Dans les exercices 64 à 66, A désigne un événement d'un univers associé à une expérience aléatoire. Déterminer la probabilité de son événement contraire.

64 On donne $P(\mathrm{A})=0{,}2$.

65 On donne $P(\mathrm{A})=0{,}55$.

66 On donne $P(\mathrm{A})=0{,}71$.

67 1. Lors d'un coup franc, Dylan marque un but avec une probabilité de 0,65. Quelle est la probabilité qu'il ne marque pas son but ?
2. Dylan tire deux coups francs successifs. Quel est l'événement contraire de l'événement « Dylan marque au moins un but » ?

68 On considère deux événements A et B tels que $P(\mathrm{A})=0{,}4$; $P(\mathrm{B})=0{,}65$ et $P(\mathrm{A}\cap\mathrm{B})=0{,}15$.
1. Déterminer $P(\overline{\mathrm{A}})$.
2. Déterminer $P(\mathrm{A}\cup\mathrm{B})$.

69 Soient A et B deux événements incompatibles tels que $P(\mathrm{A})=0{,}1$ et $P(\mathrm{B})=0{,}45$.
1. Déterminer $P(\overline{\mathrm{B}})$.
2. Déterminer $P(\mathrm{A}\cup\mathrm{B})$.

70 Vrai ou faux ?
Indiquer si les affirmations suivantes sont vraies ou fausses. Justifier.
On considère deux événements A et B tels que $P(\mathrm{A})=0{,}5$ et $P(\mathrm{B})=0{,}8$.
1. $P(\overline{\mathrm{A}})=\mathrm{P}(\mathrm{A})$.
2. Les événements A et B sont incompatibles.
3. $P(\mathrm{A}\cup\mathrm{B})\geqslant 0{,}8$.

71 On sait que :
$$P(\overline{\mathrm{A}})=0{,}6\ ;\ P(\overline{\mathrm{B}})=0{,}7\ ;\ P(\mathrm{A}\cup\mathrm{B})=0{,}55$$
Calculer $P(\overline{\mathrm{A}\cap\mathrm{B}})$.

72 On sait que :
$$P(\mathrm{A}\cup\mathrm{B})=P(\overline{\mathrm{A}\cap\mathrm{B}})=0{,}85\ ;\ P(\mathrm{A})=2\times P(\mathrm{B})$$
Calculer $P(\mathrm{A})$ et $P(\mathrm{B})$.

73 Vrai ou faux ? LOGIQUE
Soit Ω l'univers d'une expérience aléatoire. On considère A et B deux événements. Préciser si chacune des affirmations suivantes est vraie ou fausse. Justifier.
1. $0\leqslant P(\mathrm{A})+P(\mathrm{B})\leqslant 1$
2. $P(\mathrm{A}\cap\mathrm{B})\leqslant P(\mathrm{A}\cup\mathrm{B})$
3. $P(\mathrm{A})\leqslant P(\mathrm{A}\cup\mathrm{B})$
4. $P(\mathrm{A}\cap\mathrm{B})\leqslant P(\mathrm{A})+P(\mathrm{B})$

74 Une étude est menée auprès de 500 élèves pour connaître leur genre de film préféré. On regroupe les résultats dans le tableau suivant.

	Action	Comédie	Sc-fiction
Primaire	20	30	25
Collège	55	35	35
Lycée	125	95	80

On choisit un élève au hasard parmi les 500.
1. Déterminer la probabilité qu'il préfère les films d'action.
2. Déterminer la probabilité de choisir un lycéen.
3. Déterminer la probabilité que ce soit un collégien préférant les comédies.

75 On lance deux fois successivement un dé tétraédrique équilibré dont les faces sont numérotées de 1 à 4, et on fait le produit des deux résultats obtenus.
1. Modéliser la situation à l'aide d'un arbre à deux niveaux de branches.
2. Quelle est la probabilité que le produit obtenu soit :
a. égal à 1 ?
b. un nombre premier ?
c. un nombre impair ?
d. un multiple de 3 et un nombre impair ?
e. un multiple de 3 ou un nombre impair ?

76 Un triathlon par équipe regroupe trois types de participants, selon leur âge : Junior, Senior et vétéran. Chaque participant a la possibilité de s'inscrire dans un seul des sports proposés. On récapitule le nombre d'inscrits dans chaque discipline dans le tableau suivant.

	Cyclisme	Natation	Course à pied	**Total**
Junior		247	377	945
Senior	398	139		710
Vétéran	257	456	342	
Total	976		892	2 710

Le jour de l'épreuve on interroge un participant au hasard. *On arrondira les résultats au dixième.*

1. Reproduire et compléter le tableau.

2. Déterminer la probabilité d'interroger un Junior.

3. Déterminer la probabilité d'interroger un participant inscrit en natation.

4. Déterminer la probabilité d'interroger un vétéran inscrit au cyclisme.

5. Déterminer la probabilité d'interroger un vétéran ou un candidat inscrit en cyclisme.

77 La fréquence des jeux de hasard et d'argent chez les 18-75 ans est donnée par le tableau suivant.

	Joueur régulier	Joueur occasionnel
18-24 ans	4,3	39,3
25-34 ans	9,0	46,4
35-44 ans	11,0	43,0
45-54 ans	14,0	37,3
55-64 ans	14,0	30,1
65-75 ans	10,2	20,8

Source insee – en % par rapport à la tranche d'âge

1. On rencontre une personne âgée de 19 ans.
Quelle est la probabilité qu'elle ait joué au moins une fois à un jeu d'argent dans l'année ?

2. a. On choisit une tranche d'âge de manière aléatoire dans le tableau.
Quelle est la probabilité de tomber sur la tranche 25-34 ans ?

b. Quelle est la probabilité de choisir une tranche d'âge dans laquelle au moins 50 % des personnes ont joué au moins une fois à un jeu d'argent ?

78 **1.** Alric rencontre une personne dans la rue.
Quelle est la probabilité que cette personne soit née le même jour et le même mois que lui ?

2. Sur une production de 4 500 000 tickets à gratter Astro, la Française des jeux répartit les gains de la façon suivante :

Nombre de tickets	Montant du gain
3	25 000 €
8	1 000 €
415	100 €
45 000	20 €
101 350	10 €
150 000	6 €
476 000	4 €
661 500	2 €

Alric achète un Astro.

a. Quelle est la probabilité que son ticket soit gagnant ?

b. Quelle est la probabilité que son ticket lui permette un gain supérieur ou égal à 100 € ?

3. Comparer la probabilité qu'Alric rencontre au hasard une personne née le même jour que lui avec la chance de gagner 100 € ou plus avec un Astro.

79 Léa n'a pas noté le numéro de téléphone d'un ami et n'a aucun moyen de le retrouver. Elle se souvient seulement qu'il débute par « 06 ». Elle doit absolument joindre cet ami, et décide donc de composer le 06, suivi de huit chiffres qu'elle compose au hasard sur son clavier.
Sacha, joueur régulier à l'EuroMillions, se moque d'elle et elle lui répond : « J'ai plus de chances de tomber sur le numéro de mon ami que toi de gagner le jackpot lorsque tu composes une grille à l'EuroMillions ».
Commenter, sachant qu'il y a environ une chance sur 139 millions de gagner le jackpot à l'EuroMillions en composant une grille.

Info

Les exercices 77 à 79 illustrent une méthode initiée par deux chercheurs de l'école polytechnique de Milan pour lutter contre la dépendance aux jeux d'argent. À l'aide des mathématiques, ils sensibilisent les joueurs en comparant leurs chances de gagner à des phénomènes issus de la vie quotidienne.

Analyse d'un énoncé

80 Exercice commenté

Un sondage est effectué auprès des 924 élèves d'un lycée pour connaître le nombre de sports qu'ils pratiquent.

Nombre de sport	0	1	2	3 et plus
Filles	48	235	135	34
Garçons	35	248	168	21

On choisit un élève du lycée au hasard.
On considère les événements suivants.

- F « l'élève est une fille » ;
- A « l'élève pratique au plus un sport » ;
- B « l'élève pratique au moins un sport ».

1. Calculer les probabilités de F, A et B.
2. Calculer la probabilité que l'élève choisi soit une fille ou pratique au moins un sport.

➤ Le terme « ou » montre que l'on doit calculer la probabilité d'une réunion.

3. On choisit un élève parmi les garçons.
Calculer la probabilité de l'événement contraire $\overline{A}$.

➤ On choisit au hasard parmi les garçons uniquement. Pour calculer la probabilité d'un événement contraire, on applique la formule du cours.

81 Application immédiate

Une entreprise effectue un sondage auprès de ses 270 salariés pour connaître leur moyen de transport pour se rendre sur leur lieu de travail.

	Voiture	Bus	Vélo
Femme	82	39	6
Homme	114	24	5

On choisit un salarié au hasard.
On considère les événements suivants.

- F « le salarié est une femme » ;
- A « le salarié utilise sa voiture » ;
- B « le salarié utilise un vélo ».

1. Calculer les probabilités de F, A et B.
2. Calculer la probabilité que le salarié soit une femme ou que le salarié utilise sa voiture.
3. Le salarié vient en bus. Calculer la probabilité que ce soit une femme.

82 Un samedi, Zoé souhaite rendre visite à ses grands-parents, à sa meilleure amie et à sa sœur. Elle décide d'organiser au hasard l'ordre de ses visites.

1. Déterminer le nombre de circuits possibles.
2. On considère les événements :
   - E : « le circuit commence par sa sœur » ;
   - F : « le circuit se termine par ses grands-parents ».

   a. Calculer la probabilité des événements E et F.
   b. Calculer la probabilité que la visite commence avec sa sœur et se termine avec ses grands-parents.
   c. Calculer la probabilité que la visite commence avec sa meilleure amie ou se termine avec sa sœur.
3. Calculer la probabilité que ses visites débutent ou se terminent avec sa sœur.

83 Lors d'un goûter, des amis sont regroupés autour de trois galettes : deux à la frangipane et une briochée. Chaque galette possède une seule fève et chacune est découpée en dix parts égales.

1. Recopier et compléter le tableau suivant avec le nombre de parts correspondantes dans chaque cas.

	Frangipane	Brioche	Total
Avec fève			
Sans fève			
Total			

2. La première personne choisit une part au hasard. On considère les événements F « la part est à la frangipane » et S « la part est sans fève ».
   a. Calculer la probabilité que la part choisie soit à la frangipane et sans fève.
   b. Décrire par une phrase l'événement $\overline{F} \cup \overline{S}$ et calculer sa probabilité.
   c. A-t-on l'égalité $P\left(\overline{F \cup S}\right) = P\left(\overline{F} \cup \overline{S}\right)$?
3. La première personne a choisi une part briochée et n'a pas eu de fève.
Une deuxième personne choisit une part.
Calculer la probabilité que la part possède une fève.

84 On place dans un sac trois boules indiscernables au toucher, deux vertes et une rouge.
On procède au tirage avec remise de trois boules du sac, en notant à chaque tirage la couleur de la boule obtenue avant de la remettre.

1. Quelle est la probabilité de tirer trois boules rouges ?
2. Quelle est la probabilité de tirer trois boules vertes ?
3. Quelle est la probabilité de tirer trois boules qui ne sont pas toutes de la même couleur ?
4. Calculer la somme des probabilités obtenues aux trois questions précédentes. Comment ce résultat peut-il s'expliquer ?

85 La grille ci-dessous représente un jeu de « bataille navale » sur lequel sont disposés cinq « navires » : deux « croiseurs » occupant deux cases, et trois « torpilleurs » occupant une seule case.

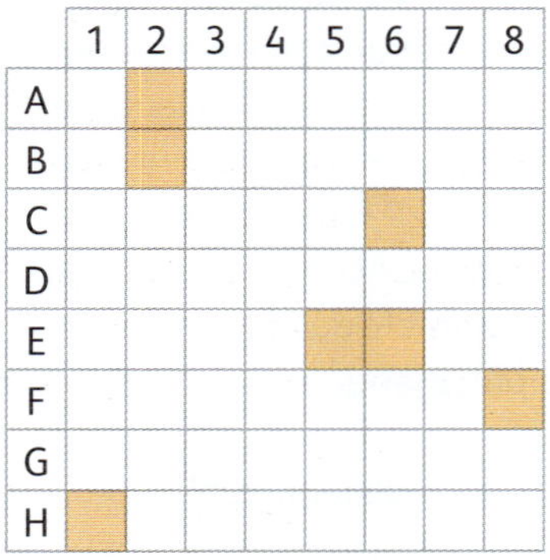

1. Un joueur, qui ignore le placement des navires, choisit au hasard une case de la grille pour son premier « tir » (par exemple, F-3).
Calculer la probabilité des événements suivants :
a. le tir est « dans l'eau » ;
b. le tir touche un navire ;
c. le tir touche un torpilleur.
2. Dans cette question, on suppose que le joueur, pour son premier tir, choisit toujours une case située au bord de la grille.
Quelle est la probabilité que ce joueur touche un navire ?
3. Dans cette question, on suppose que le joueur, pour son premier tir, choisit toujours l'un des quatre coins de la grille.
Quelle est la probabilité qu'il touche un navire ?

86 Un dé à 6 faces, numérotées de 1 à 6, a été truqué de sorte que la probabilité d'apparition de chaque face soit proportionnelle au numéro marqué sur cette face. On lance ce dé une fois.
1. Déterminer la loi de probabilité associée à cette expérience aléatoire.
2. Calculer la probabilité de l'événement « obtenir un 5 ou un 6 », ainsi que celle de son événement contraire.

87 $ABCD$ est un rectangle de centre I qui n'est pas un carré.

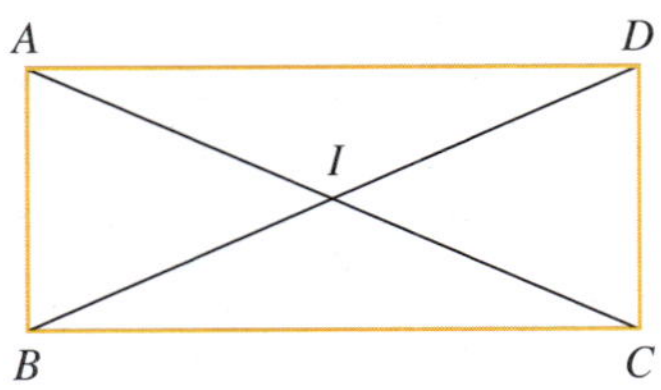

On place dans un sac cinq jetons indiscernables au toucher portant chacun l'une des lettres A, B, C, D ou I. On tire au hasard trois jetons représentant trois points du plan.
Calculer les probabilités des événements suivants :
1. les trois points sont alignés ;
2. les trois points forment un triangle rectangle ;
3. les trois points forment un triangle isocèle.

88 Une agence de voyage propose des circuits touristiques passant par les trois plus grandes villes françaises : Paris, Marseille et Lyon. Un client intéressé choisit l'ordre dans lequel il visitera les trois villes.
1. Parmi combien de circuits différents un client a-t-il le choix ?
2. Un client décide de prendre un circuit au hasard parmi toutes les possibilités. Calculer la probabilité que :
a. son circuit commence par Paris ;
b. son circuit se termine par Marseille ;
c. son circuit commence par Paris et se termine par Marseille ;
d. son circuit passe par Lyon juste avant de passer par Marseille.

89 PYTHON Un jeu consiste à tirer un premier jeton dans une urne qui en contient dix numérotés de 1 à 10. On lance ensuite un dé équilibré. La partie est gagnée si la valeur du dé est strictement supérieure à celle du jeton.
1. On donne ci-dessous une fonction Python simulant le tirage du jeton.

```
#importation de la fonction randint
from random import randint

def jeton():
    return randint(1,10)

def dé():
    ...

def jeu():
    if ...
        return 1
    else :
        return ...
```

Compléter la fonction dé renvoyant la valeur du dé et la fonction jeu qui renvoie 1 si la partie est gagnée et 0 si elle est perdue.
2. La fonction victoire ci-contre donne la fréquence de victoires pour n parties.

```
def victoire(n):
    S = 0
    for i in range(n):
        S += jeu()
    return S/n
```

Interpréter les résultats ci-contre.

```
>>> victoire(1000)
0.242
>>> victoire(1000)
0.234
>>> victoire(1000)
0.245
```

3. À l'aide d'un tableau à double entrée, calculer la valeur exacte de la probabilité de gagner.

BILAN

90 10min **Activités sportives**

À la salle de sport, Stéphane pratique trois activités : musculation (M), course (C) et corde à sauter (S).
Il décide d'organiser sa séance en choisissant l'ordre des activités au hasard.

1. a. Construire un arbre permettant de décrire toutes les façons d'organiser sa séance de sport.
b. De combien de façons peut-il organiser sa séance ?
2. On considère les événements suivants :
- A : « la séance commence par la course » ;
- B : « la corde à sauter est avant la musculation ».

a. Écrire A et B sous forme d'ensemble.
b. Décrire par une phrase l'événement $A \cap B$ et indiquer le nombre d'issues que possède $A \cap B$.
c. Décrire par une phrase l'événement $A \cup B$ et indiquer le nombre d'issues que possède $A \cup B$.
d. Décrire par une phrase l'événement $\overline{B}$ et indiquer le nombre d'issues que possède $\overline{B}$.

91 10min **Lancer de deux dés**

On lance deux dés tétraédriques équilibrés numérotés de 1 à 4. On s'intéresse à l'écart entre le plus grand résultat et le plus petit.
1. Reproduire et compléter le tableau suivant afin de connaître tous les écarts possibles.

1er dé / 2nd dé	1	2	3	4
1	0	1	...	...
2	1	...	...	...
3	...	...	...	...
4	...	...	...	...

2. Établir la loi de probabilité de cette expérience aléatoire.
3. a. Calculer la probabilité que l'écart entre les deux résultats obtenus ne soit pas nul.
b. Calculer la probabilité que l'écart entre les deux résultats obtenus soit au moins égal à 2.
c. Calculer la probabilité que l'écart entre les deux résultats obtenus soit un nombre premier.
4. Calculer la probabilité que l'écart entre les deux résultats obtenus soit divisible par 2 et que le premier dé affiche un résultat supérieur au deuxième dé.
5. Calculer la probabilité que l'écart soit un nombre impair ou égal à 2.

92 20min **Habitude de paiement**

À la sortie d'un centre commercial, on a enquêté sur les paiements des clients selon leur montant :
- les paiements par chèque ne sont pas acceptés pour des montants de 20 € ou moins ;
- les paiements par carte bancaire représentent la moitié de l'ensemble des paiements ;
- 60 % des paiements ont un montant inférieur ou égal à 20 €.

1. Recopier et compléter le tableau suivant.

	Carte bancaire	Espèces	Chèque	**Total**
Paiement de 20 € au plus	220			
Paiement de plus de 20 €				
Total			60	1 000

On interroge un client au hasard.
2. Quelle est la probabilité que ce client ait réglé en espèces ?
3. Quelle est la probabilité que ce client n'ait pas réglé par chèque ?
4. Quelle est la probabilité que ce client ait réglé au plus 20 € par carte bancaire ?
5. Quelle est la probabilité que ce client ait réglé en espèces ou un montant supérieur à 20 € ?
6. Peut-on dire qu'il y a…
a. plus d'une chance sur deux que ce client ait payé plus de 20 € ?
b. moins d'une chance sur trois que ce client n'ait pas réglé par carte bancaire pour un montant supérieur à 20 € ?

93 10min **QCM**

Indiquer la ou les bonnes réponses. On considère les événements A et B tels que $P(A)=0{,}44$; $P(B)=0{,}4$; $P(\overline{A} \cup B)=0{,}8$.

1. $P(\overline{A})$ est égale à :
a. 0,56 **b.** 1,44 **c.** −0,56 **d.** $1-P(1)$

2. $P(\overline{A} \cap B)$ est égale à :
a. 0,04 **b.** 0,84 **c.** 0,16 **d.** 0,96

3. $P(\overline{A} \cup \overline{B})$ est égale à :
a. $1-P(A \cup B)$ **b.** $1-P(A \cap B)$
c. $P(\overline{A})+P(\overline{B})$ **d.** $P(\overline{A})+P(\overline{B})-P(\overline{A} \cap \overline{B})$

4. Dans un univers on a deux événements F et G tels que $P(F)=0{,}3$ et $P(\overline{G})=0{,}4$.
a. $P(G)=0{,}6$ **b.** $P(F \cup \overline{G})=0{,}7$
c. $P(\overline{F} \cap \overline{G}) \leqslant 0{,}4$ **d.** $P(F \cup G) \leqslant 0{,}9$

94 20min **Journée de sensibilisation**

Le 17 mai, journée de lutte contre la LGBT-phobie, le CVL d'un lycée organise une campagne de sensibilisation. Dans l'accueil du lycée, il organise, entre autres, un jeu en plaçant une planche de Galton avec des cases aux couleurs du drapeau LGBT.

Pour jouer, un élève lâche un palet du sommet de la planche. Si le palet, après son parcours, tombe sur une couleur plus proche du violet alors le joueur gagne un bracelet violet, sinon il gagne un bracelet rouge.

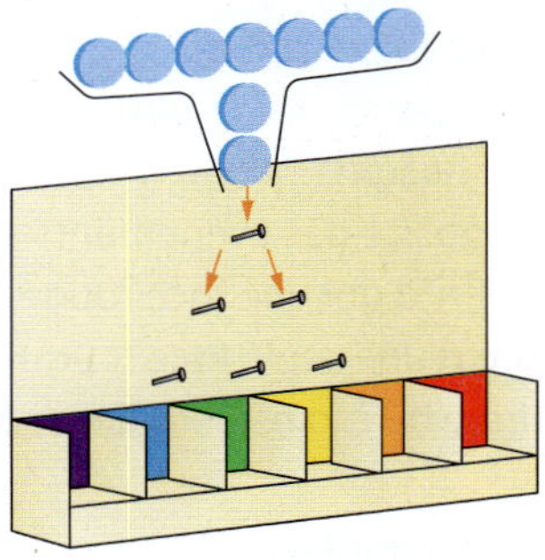

1. Décrire l'univers de cette expérience aléatoire.

2. Déterminer la loi de probabilité associée à cet univers.

3. Montrer que ce jeu est équilibré, c'est-à-dire que les prix sont équitablement distribués.

95 20min **Fractions aléatoires**

Deux urnes contiennent des boules numérotées indiscernables au toucher. L'urne A contient des boules numérotées 1, 2, 3 et 4 ; l'urne B contient des boules numérotées 2, 3, 4 et 6.

On tire une boule numérotée a dans l'urne A et une boule numérotée b dans l'urne B pour former la fraction $\frac{a}{b}$, écrite sous sa forme irréductible.

1. Donner la loi de probabilité de cette expérience aléatoire.

2. On considère les événements :

U : « la fraction est supérieure à 1 » ;

V : « le dénominateur est pair ».

a. Calculer $p(\mathrm{U})$ et $p(\mathrm{V})$.

b. Calculer $p(\overline{\mathrm{U}} \cap \mathrm{V})$.

c. Calculer $p(\mathrm{U} \cup \mathrm{V})$.

96 10min **Lancer de dé**

On lance deux fois un dé tétraédrique équilibré dont les faces sont numérotées de 1 à 4.

Si le premier lancer donne un résultat impair, on ajoute les résultats obtenus aux deux lancers ; sinon, on les multiplie. Déterminer la loi de probabilité associée à cette expérience aléatoire

APPROFONDISSEMENT

97 Répartition de la population

Si on choisit une personne au hasard en France métropolitaine, la probabilité qu'elle habite l'Île-de-France est d'environ 0,19 (données au 01/01/2022).

On considère la France comme un hexagone régulier de 5 cm de côté, et la région Île-de-France comme un disque de 5 mm de rayon centré sur Paris, et on suppose une répartition équitable de la population sur le territoire.

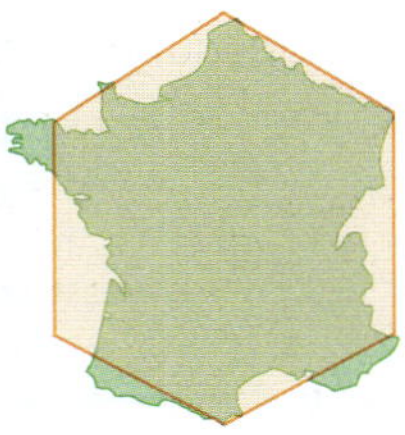

Calculer, selon ce modèle, la probabilité qu'une personne choisie au hasard habite en Île-de-France. Que peut-on en conclure ?

Arrondir le résultat à 0,01.

Indice

Un hexagone régulier peut se décomposer en 6 triangles équilatéraux.

98 On fait tourner deux roues afin d'obtenir un nombre formé de deux chiffres.

La première, formée de trois secteurs numérotés de 1 à 3, indique le chiffre des dizaines.

La seconde, formée de trois secteurs numérotés 5 ; 7 et 9, indique le chiffre des unités.

Les secteurs angulaires numérotés de chaque roue sont de même aire.

1. Combien de nombres peut-on former ?

2. Calculer la probabilité d'obtenir un multiple de 3.

3. Calculer la probabilité d'obtenir un nombre premier.

4. Calculer la probabilité d'obtenir un nombre supérieur ou égal à 26.

99 PRISE D'INITIATIVES On considère deux événements A et B tels que $P(\overline{\mathrm{A}}) = 0{,}6$; $P(\mathrm{B}) = 0{,}5$ et $P(\overline{\mathrm{A}} \cap \overline{\mathrm{B}}) = 0{,}3$.

On cherche à déterminer la probabilité de l'événement $\mathrm{A} \cap \mathrm{B}$.

1. Comparer les événements $\overline{\mathrm{A}} \cap \overline{\mathrm{B}}$ et $\overline{\mathrm{A} \cup \mathrm{B}}$.

2. En déduire la probabilité de l'événement $\mathrm{A} \cup \mathrm{B}$.

3. Conclure.

Indice

Il peut être judicieux d'utiliser les diagrammes de Venn (schéma ci-dessous) pour représenter certains événements à première vue complexes.

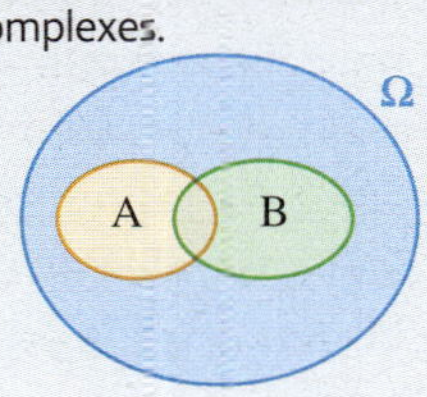

exercices Bilan et approfondissement

Démo

100 Démonstration d'une propriété du cours

On rappelle que si A et B sont deux événements incompatibles alors $P(A \cup B) = P(A) + P(B)$.

Soient A et B deux événements non incompatibles.

L'objectif de l'exercice est de démontrer la propriété :

$$P(A \cup B) + P(A \cap B) = P(A) + P(B)$$

On note A_1 l'événement formé des issues de A qui ne sont pas dans B.

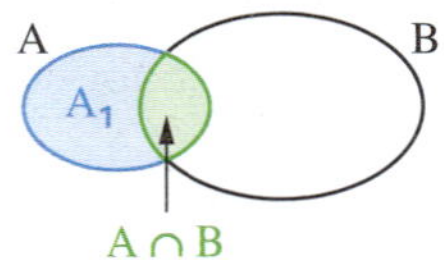

1. a. Que peut-on dire des événements A_1 et $A \cap B$? En déduire la probabilité de la réunion de A_1 et $A \cap B$.

b. Quelle est la réunion des événements A_1 et $A \cap B$? En déduire l'égalité $P(A \cap B) = P(A) - P(A_1)$.

2. a. Que peut-on dire des événements A_1 et B ? En déduire la probabilité de la réunion de A_1 et B.

b. Justifier que $P(A_1 \cup B) = P(A \cup B)$.

3. Démontrer que $P(A \cup B) + P(A \cap B) = P(A) + P(B)$.

101 Gagner à l'EuroMillions

1. L'ancienne version du loto de la Française des jeux consistait à cocher 6 numéros parmi 49 possibles.

À l'aide d'une ébauche d'arbre, dénombrer le nombre de grilles possibles.

En déduire la probabilité de gagner au loto avec cette version.

2. On admet que dans la version actuelle de l'EuroMillions, il existe environ 140 000 000 combinaisons possibles.

Des chercheurs canadiens ont évalué que la probabilité qu'une pièce tombe sur sa tranche est d'environ $\frac{1}{6\,000}$.

a. Calculer la probabilité que deux lancers consécutifs d'une pièce de monnaie tombent sur la tranche.

b. Comparer cette probabilité avec celle de gagner à l'EuroMillions.

3. On admet qu'une grille d'EuroMillions contenant une seule combinaison mesure 0,1 mm d'épaisseur. En les plaçant les unes sur les autres, déterminer la hauteur obtenue par l'ensemble de toutes les combinaisons possibles, dont une seule est gagnante, d'un tirage de l'EuroMillions.

102 On dispose d'un cube en bois que l'on peint en rouge. On le découpe ensuite en petits dés cubiques en partageant chaque arête en trois parties égales.

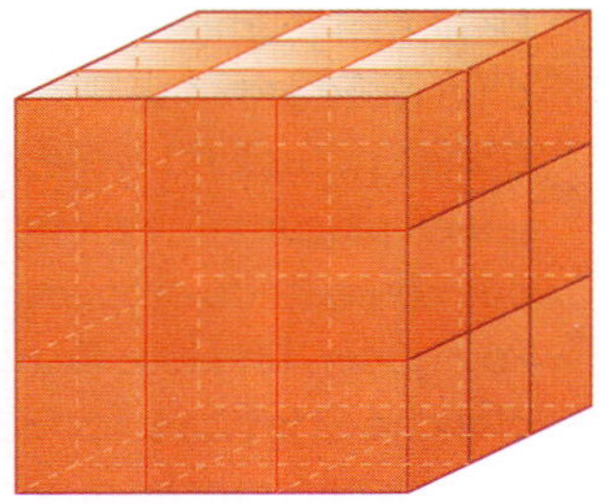

1. Combien de petits dés cubiques sont fabriqués ?

2. Combien de faces peintes en rouge ces petits dés cubiques peuvent-ils posséder ?

3. On dépose les petits dés cubiques dans un sac et on en tire un au hasard.

Calculer la probabilité des événements suivants.

a. A : « le dé tiré n'a aucune face rouge » ;

b. B : « le dé tiré a une seule face rouge » ;

c. C : « le dé tiré a au moins une face rouge ».

103 Paradoxe des anniversaires

Trois élèves se retrouvent convoqués dans une salle de classe, ils notent chacun leur anniversaire sur un papier. On cherche la probabilité qu'au moins deux d'entre eux aient noté la même date.

On supposera que les années ne sont pas bissextiles, il y a donc 365 jours dans l'année.

1. On va d'abord traiter le cas où seulement deux élèves sont convoqués. On pose l'événement A : « au moins deux élèves ont la même date d'anniversaire ».

a. Décrire l'événement contraire à l'aide d'une phrase.

b. On s'intéresse à l'événement $\overline{A}$. Combien de dates possibles a-t-on pour le premier élève ? Pour le second ?

c. Calculer la probabilité $P(\overline{A})$.

d. En déduire la probabilité $P(A)$.

2. Répondre à la question initiale.

Info

Dès qu'une classe comporte au moins 23 élèves, il y a plus d'une chance sur deux que deux élèves aient la même date d'anniversaire.

104 En supposant la répartition des naissances équitable sur tous les jours de l'année, quelle est la probabilité d'être né un 29 février ?

105 PRISE D'INITIATIVES Valentin souhaite acheter un mini-croissant à 70 centimes. Il prend deux pièces au hasard dans son portemonnaie qui contient : 1 pièce de 50 centimes, 2 pièces de 20 centimes et 1 pièce de 10 centimes.

1. Quelle est la probabilité qu'il puisse acheter un mini-croissant ?

2. Un mini-pain au chocolat coûte 85 centimes. Quelle est la probabilité qu'il puisse l'acheter en prenant trois pièces au hasard ?

exercices Accompagnement personnalisé

Maîtriser l'essentiel

106 Compréhension d'énoncé

On considère l'énoncé suivant.

Une urne contient deux boules jaunes J_1 et J_2 et deux boules rouges R_1 et R_2, indiscernables au toucher.
On tire, successivement et sans remise, deux boules et on note dans l'ordre les boules obtenues.
On note les événements :

- A : « la première boule tirée est jaune » ;
- B : « la seconde boule porte un numéro 2 ».

I. Donner l'univers Ω de cette expérience aléatoire.
II. Écrire sous forme d'ensembles les événements :

$$A ; B ; \overline{A} ; \overline{B} ; A \cap B ; A \cup B$$

1. En quoi l'expérience aléatoire consiste-t-elle dans cet exercice ? Quelle est la forme d'une issue ?
2. Un événement est une partie de l'univers.
Que signifie « écrire un événement sous forme d'ensemble » ?
3. Résoudre l'énoncé.

107 On lance un dé truqué à six faces dont la loi de probabilité est donnée ci-dessous.

1	2	3	4	5	6
0,1	0,1	0,2	0,1	0,2	p

1. Calculer la probabilité p_1 d'obtenir 6 au lancer.
2. Calculer la probabilité p_2 d'obtenir un résultat inférieur ou égal à 3.

108 Dans une urne, il y a dix boules rouges, cinq boules vertes, quatre boules bleues et une boule noire, indiscernables au toucher.
On tire au hasard une boule et on note sa couleur.
1. Établir la loi de probabilité de cette expérience.
2. Calculer la probabilité de ne pas avoir de boule noire.

109 On choisit au hasard une famille parmi les familles de deux enfants, en admettant qu'il y a autant de chances que chaque enfant soit un garçon (G) ou une fille (F). L'issue FG par exemple, indique une famille dont le premier enfant est une fille et dont le deuxième enfant est un garçon.
1. À l'aide d'un arbre, décrire toutes les compositions possibles de familles.
2. On note les événements A « le premier enfant est une fille » et B « la famille a un seul garçon ».
Calculer les probabilités suivantes puis interpréter les résultats dans le contexte de l'exercice.

$$P(A) ; P(B) ; P(A \cap B) ; P(A \cup B) ; P(\overline{B})$$

Aller plus loin

110 On lance deux dés tétraédriques équilibrés et numérotés de 1 à 4.
On note le minimum des deux résultats obtenus.
1. Établir la loi de probabilité de cette expérience aléatoire.
2. Arnaud affirme : « Il y a autant de chances d'avoir un résultat pair qu'un résultat impair. »
Sophie lui répond : « Non, il y a plus de chances d'avoir un résultat pair. » Qui a raison ? Justifier.

111 Lors d'un contrôle, Philippe doit répondre à trois questions d'un Vrai-Faux sans justifier sa réponse.
À chaque question, il décide de répondre au hasard.
Pour chaque question, on note les événements C « il répond correctement » et F « il répond faux ».
1. Construire un arbre traduisant la situation.
2. a. Calculer la probabilité que Philippe réponde correctement aux trois questions.
b. Calculer la probabilité qu'il réponde correctement à au moins une question.
3. Une réponse correcte rapporte un point, une réponse fausse ne rapporte aucun point.
Calculer la probabilité que Philippe ait obtenu deux points à ce Vrai-faux.

112 PRISE D'INITIATIVES Loïc organise un anniversaire pour trois de ses amis. Il a emballé les cadeaux avec des papiers de couleurs différentes : rouge, bleu et vert, mais il a oublié à qui ils étaient destinés. Il les distribue alors à tour de rôle et au hasard.

CORRECTION TYPE EN VIDÉO hachette-clic.fr/25de2107

1. a. Déterminer le nombre total d'issues possibles pour cette expérience aléatoire.
b. Quelle est la probabilité que les cadeaux aient été correctement distribués ?
2. Calculer la probabilité que le cadeau bleu ait été distribué en premier ou en dernier.
3. Calculer la probabilité que les cadeaux vert et rouge aient été distribués à la bonne personne.
4. Calculer la probabilité que le cadeau rouge n'ait pas été distribué à la bonne personne.

113 PRISE D'INITIATIVES On lance une pièce de monnaie équilibrée trois fois de suite.

CORRECTION TYPE EN VIDÉO hachette-clic.fr/25de2108

1. Calculer la probabilité de ne jamais obtenir Pile.
2. Combien de fois faut-il lancer la pièce pour que la probabilité de ne jamais obtenir Pile soit inférieure à 0,001 ?

TP Pratiquer l'algorithmique et programmer

L'art de découper un spaghetti, imprécision d'un énoncé

Quelle est la probabilité de former un triangle avec les morceaux d'un spaghetti coupé au hasard en trois morceaux ?

Dans cet énoncé, la notion de « couper au hasard » est floue.

Objectif PYTHON
Montrer qu'un énoncé imprécis peut amener à des résultats différents.

Partie A Découpages et simulation

On considère un spaghetti de longueur 1 et on note A et B les points d'abscisses a et b placés à l'endroit des cassures.

On note x, y et z les trois longueurs obtenues.

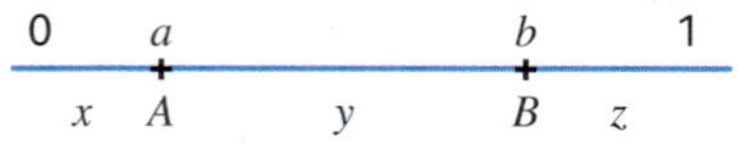

1. Trouver deux protocoles différents pour découper un spaghetti en trois parties.

2. Quelle(s) condition(s), portant sur les longueurs x, y et z, peut-on dégager pour qu'un triangle puisse être construit ?

3. En notant m la plus grande des trois valeurs x, y et z, montrer que l'on a la propriété suivante :

le triangle est constructible si et seulement si $m \leqslant \frac{1}{2}$

Partie B Simulation du Protocole 1

Le protocole 1 consiste à découper simultanément le spaghetti en trois parties.
C'est-à-dire que les points de cassure sont déterminés aléatoirement sur tout le spaghetti.

On donne le programme Python ci-contre modélisant le protocole 1.

- La fonction uniform permet de choisir un nombre réel, de manière équiprobable, entre les valeurs a et b passées en paramètre.
- La fonction abs renvoie la valeur absolue de la valeur passée en paramètre.
- La fonction max renvoie la plus grande valeur d'une liste passée en paramètre.

Exemple : `max([5.1,6.2,3.4])` renvoie `6.2`.

Saisir ces lignes de code et interpréter les résultats affichés dans la console.

```python
#Importation de la fonction uniform
from random import uniform

def en3():
    a = uniform(0,1)
    b = uniform(0,1)
    #rangement dans l'ordre croissant
    if a>b:
        a,b=b,a

    x, y = a, abs(b-a)
    z= 1-x-y
    triangle = [x, y, z]
    print("a=",a, "b=",b)
    print("x=",x, "y=",y, "z=",z)
    if max(triangle)>0.5:
        return 0
    else :
        return 1
```

Partie C Simulation du Protocole 2

Le protocole 2 consiste à découper le spaghetti en deux puis couper la deuxième partie en deux.

En vous inspirant de la fonction en3, créer, à la suite du programme, la fonction en2 simulant ce protocole 2.

Partie D Loi empirique

En répétant 10 000 fois chaque protocole, montrer que la probabilité d'obtenir un triangle est différente selon le protocole choisi.

TP Utiliser les outils numériques

Le problème du « grand-duc de Toscane »

Objectif TABLEUR
Simuler un lancer simultané de trois dés.

Au XVIIe siècle, en Toscane, le jeu « passe dix » consistait à lancer trois dés et à additionner les résultats : on gagnait si l'on obtenait plus de 10.
À ce jeu, les joueurs constataient qu'on obtenait plus souvent la somme 10 que la somme 9 alors qu'à partir de trois entiers compris entre 1 et 6, il y avait autant de façons d'obtenir ces deux sommes.
Comment expliquer ce paradoxe ?
On considère les événements :

- A : « la somme est égale à 9 » ;
- B : « la somme est égale à 10 ».

Partie A Une première approche

1. Pour obtenir une somme égale à 9 avec trois entiers compris entre 1 et 6, il y a six façons.
Par exemple $6+2+1$ en est une.
Donner les cinq autres façons.

2. Pour obtenir une somme égale à 10 avec trois entiers compris entre 1 et 6, il y a également six façons. Lesquelles ?

3. Que semble-t-on pouvoir conjecturer pour les probabilités des événements A et B ?

Partie B Simulation à l'aide d'un tableur

À l'aide d'un tableur, on souhaite simuler un très grand nombre de lancers de trois dés et calculer les fréquences des sommes égales à 9 et à 10.

A2 =ALEA.ENTRE.BORNES(1;6)

	A	B	C	D	E	F	G
1	Dé 1	Dé 2	Dé 3	Somme		Nombre N de lancés	9649
2	4	4	5	13			
3	6	2	5	13		Sommes égale à 9	1066
4	6	2	1	9		Sommes égale à 10	1145
5	1	5	5	11			
6	2	1	6	9		Fréquence de la somme 9	0,11
7	6	5	2	13		Fréquence de la somme 10	0,119

1. a. Reproduire la feuille de calcul précédente (possibilité de partir du fichier fourni).

- Pour obtenir le nombre N de lancers, on utilise en G1 la fonction =NB(plage).
- Pour obtenir le nombre de sommes égales à 9, on utilise en G3 la fonction =NB.SI(plage;critère).

b. Quelle formule est entrée en G6 pour obtenir la fréquence de la somme 9 ?

- =1066/9649 • =G3/G1 • =G1/G3

2. Comparer les fréquences des sommes égales à 9 et à 10.

3. a. À l'aide de la touche F9, simuler plusieurs séries de N lancers.

b. Que peut-on conjecturer pour les probabilités des événements A et B ?
Est-ce cohérent avec la conjecture de la partie A ?

Partie C Modélisation du problème

1. On lance les trois dés et on s'intéresse au résultat de chaque dé.
Chaque dé possédant six issues, combien l'univers de cette expérience aléatoire possède-t-il d'issues ?

2. On suppose que le premier dé affiche 6.
Le « sous-arbre » ci-contre décrit les seules possibilités pour les deuxième et troisième dés donnant une somme égale à 9.

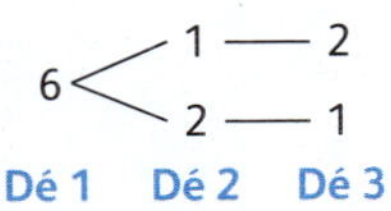

Construire cinq sous-arbres similaires indiquant toutes les possibilités pour obtenir une somme égale à 9 à partir du résultat du premier dé.

3. De la même manière, construire les six sous-arbres qui permettent d'obtenir une somme égale à 10.

4. En déduire les probabilités des événements A et B. Comparer ces probabilités.

Partie D Réponse au problème historique

Comment expliquer le problème des joueurs toscans ? Quelle erreur était commise dans leur raisonnement ?

CHAPITRE

13 Échantillonnage

Les capacités du chapitre

- Capacité 1 : Simuler des échantillons et observer la loi des grands nombres
- Capacité 2 : Simuler des échantillons et apprécier les fluctuations

Au fil du temps

L'échantillonnage et l'estimation sont des branches de la statistique « inférentielle », dont l'objectif est de tirer des informations d'un tout à partir de l'étude d'une partie, avec le maximum de vraisemblance. C'est une discipline moderne, dont les précurseurs sont T. Bayes et P.-S. Laplace au XVIIIe siècle, E. Fischer, W. Gosset et J. Neyman aux XIXe et XXe siècles.
La théorie de l'échantillonnage, motivée au départ par les progrès recherchés dans les domaines industriels et agronomiques, est basée sur un résultat fondamental en probabilités, appelé « loi des grands nombres » que M. Serres et N. Farouki ont clairement résumé en une formule : « Le hasard est capricieux, mais seulement au coup par coup. »

Des maths partout !

« L'échantillonnage » conduit à l'étude d'une partie contenue dans un tout. Dans certains cas, il s'avère indispensable. Par exemple, pour contrôler la qualité de production de feux d'artifice en fin de fabrication, impossible de tester toutes les cartouches produites, sans quoi…

Célébration de la Lumière, à Vancouver (Canada).

RESSOURCES DU CHAPITRE
hachette-clic.fr/25de2109

Partir d'un bon pied

A Diaporama pour tester les bases

ACTIVITÉS MENTALES RAPIDES

B Simuler l'aléatoire à l'aide d'un tableur

On ouvre une feuille de calcul d'un tableur. On rappelle que ALEA() fournit un nombre aléatoire de l'intervalle $[0\,;\,1[$ et ALEA.ENTRE.BORNES(a;b) renvoie un entier aléatoire n tel que $a \leqslant n \leqslant b$. On entre dans les cellules A1 et A2 les formules :

- En A1 : =ALEA.ENTRE.BORNES(1;6)
- En A2 : =SI(ALEA()<0,4 ; «P» ; «F»)

1. Les affirmations suivantes sont-elles vraies ou fausses ?

a. La cellule A2 contient F avec une probabilité de 0,6.

b. La formule saisie en A2 permet de simuler le lancer d'une pièce équilibrée.

c. La formule saisie en A1 permet de simuler le lancer d'un dé cubique équilibré.

2. Proposer des formules permettant de simuler le lancer d'un dé tétraédrique équilibré puis le lancer d'une pièce équilibrée.

C Distinguer probabilité et fréquence

On sait qu'une pièce de monnaie est équilibrée.
On a lancé 100 fois cette pièce et on a obtenu exactement 39 fois Pile.
Préciser si les affirmations suivantes sont vraies ou fausses.

1. La pièce étant bien équilibrée, on a également obtenu exactement 39 fois Face.

2. La probabilité d'obtenir Pile avec cette pièce est égale à 0,39.

3. La probabilité d'obtenir Pile avec cette pièce est égale à 0,5.

4. La fréquence d'apparition de Pile au cours de cette expérience est 0,39.

5. La situation décrite est impossible : on obtient obligatoirement 50 fois Pile et 50 fois Face.

D À propos de fluctuation d'échantillonnage

On lance 500 fois un dé à 6 faces. On observe l'évolution de la fréquence du nombre de six obtenus en fonction du nombre de lancers effectués :

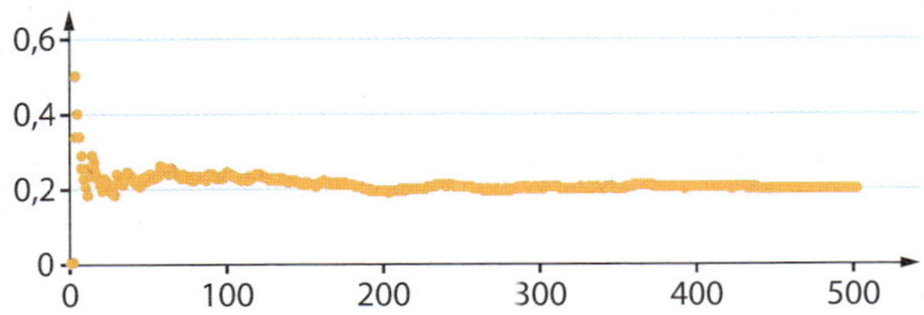

Parmi ces trois affirmations, lesquelles sont certaines au regard de ces observations ?

1. Au premier lancer du dé, on a obtenu un six.

2. La probabilité d'obtenir un six avec ce dé est égale à $\frac{1}{6}$.

3. Le dé utilisé pour réaliser ces lancers n'est pas équilibré.

Automatismes

Automatismes transversaux

1 Calculer les nombres suivants.

1. $A=\frac{1}{5}\times 3-7$ **2.** $B=\frac{1}{3}+\frac{1}{4}+\frac{1}{5}$

3. $C=\left(\frac{4}{3}\right)^2+\frac{1}{2}\times\frac{1}{9}$ **4.** $D=\frac{1}{7}-\frac{1}{9}\times 6$

2 Soit f la fonction définie sur $\mathbb{R}$ par :

$$f(x)=\frac{1}{3}x+2$$

Calculer les images de 1 ; −6 et $\frac{1}{4}$.

3 Soit f la fonction définie sur $\mathbb{R}$ par :

$$f(x)=x^2-3x-10$$

1. Calculer l'image de $\frac{1}{3}$.

2. Montrer que $f(x)=(x-5)(x+2)$.

3. Déterminer les antécédents de 0.

4 Résoudre les équations et les inéquations suivantes.

1. $-5x^2+20=0$ **2.** $3x^2+12=0$

3. $x^2\leqslant 25$ **4.** $3x^2-15>0$

5 Résoudre les équations et les inéquations suivantes.

1. $\frac{1}{x}=8$ **2.** $\frac{1}{x}>10$ **3.** $\frac{5}{x}\leqslant 15$

6 Résoudre les équations et les inéquations suivantes.

1. $x^3=64$ **2.** $x^3>27$ **3.** $x^3\leqslant 1\,000$

4. $\sqrt{x}=6$ **5.** $\sqrt{x}>2$ **6.** $2\sqrt{x}\leqslant 26$

7 On considère deux événements A et B d'une expérience aléatoire. On sait que $P(\mathrm{A})=0{,}4$; $P(\mathrm{B})=0{,}7$ et $P(\mathrm{A}\cap\mathrm{B})=0{,}3$.

Calculer $P(\overline{\mathrm{B}})$; $P(\mathrm{A}\cup\mathrm{B})$ et $P(\overline{\mathrm{A}\cap\mathrm{B}})$.

8 On considère deux événements A et B d'une expérience aléatoire. On sait que $P(\overline{\mathrm{A}})=\frac{1}{5}$; $P(\mathrm{B})=\frac{2}{3}$ et $P(\overline{\mathrm{A}\cup\mathrm{B}})=\frac{1}{4}$.

Calculer $P(\mathrm{A}\cap\mathrm{B})$.

9 On lance une pièce de monnaie équilibrée deux fois de suite.

Calculer la probabilité des événements suivants.

1. On a obtenu Pile puis Face.

2. On a obtenu deux faces identiques.

10 Entre 2023 et 2024, le prix d'un article a augmenté de 60 %. Déterminer le pourcentage de diminution nécessaire pour que l'article retrouve son prix de 2023.

Automatismes préparatoires au chapitre

11 Voici les résultats obtenus par 50 élèves de Seconde à un test de mathématiques noté sur 10.

Notes	2	4	5	6	8	10	Total
Effectif	3	8	11	13	9	6	50

Les affirmations suivantes sont-elles vraies ou fausses ? Justifier.

1. Moins d'un élève sur quatre a une note strictement en dessous de la moyenne.

2. Au moins 85 % des élèves ont une note dans l'intervalle [4 ; 8].

3. Exactement 66 % des élèves ont une note dans l'intervalle $[Q_1 ; Q_3]$ où Q_1 et Q_3 représentent respectivement le premier et le troisième quartile de cette série statistique.

12 Dans la feuille de calcul d'un tableur partiellement reproduite ci-dessous, on a relevé les notes de 50 étudiants aux deux épreuves d'un examen.

	A	B	C	D	E
1		**Épreuve 1**	**Épreuve 2**	**Moyenne**	**Admis ?**
2	**Étudiant n°1**	12	10		
3	**Étudiant n°2**	8	13		
4	**Étudiant n°3**	7	15		

1. Quel sera le numéro de la dernière ligne de ce tableau ?

2. Quelle formule doit-on saisir dans la cellule D2 afin d'obtenir, par recopie vers le bas, la moyenne des étudiants sur les deux épreuves ?

3. Pour réussir l'examen, un étudiant doit avoir obtenu une moyenne supérieure ou égale à 10. Quelle formule doit-on saisir dans la cellule E2 afin d'obtenir, par recopie vers le bas, OUI si l'étudiant a réussi son examen ou NON si l'étudiant a échoué à son examen ?

4. Quelle formule peut-on écrire dans une cellule afin de calculer la moyenne à l'examen de l'ensemble des étudiants ?

13 Sur Python, la fonction `randint(N)` permet de renvoyer un entier pris aléatoirement entre 1 et N. On modélise n lancers d'un dé cubique équilibré sur Python et on compte le nombre d'apparitions de la face 6.

```
1 def nombre6(n):
2     compteur = 0
3     for i in range(n):
4         if randint(...)==...:
5             compteur = compteur + 1
6     return compteur
```

1. Que représente la variable compteur ?

2. Expliquer le contenu de la ligne 3.

3. Compléter les pointillés de la ligne 4.

Activités

1 Examiner des expériences répétées

Objectif
Comprendre la notion de répétitions d'expériences aléatoires.

1 Dans une urne, il y a deux boules vertes et une boule bleue.

a. On tire une boule au hasard, quelle est la probabilité qu'elle soit verte ?
b. On suppose que la 1re boule tirée est bleue. Sans la remettre dans l'urne, on tire une 2de boule.
Quelle est la probabilité qu'elle soit verte ?
c. Reprendre la question **b.** dans le cas où la première boule tirée est verte.
d. Le résultat du premier tirage influence-t-il le résultat du second ?
e. Comment peut-on modifier l'expérience pour que le résultat du premier tirage n'influence pas celui du second ?

2 La population française métropolitaine en 2019 est estimée à 64 812 milliers d'individus dont 33 451 milliers de femmes (estimation de l'INED).

a. On choisit une personne au hasard dans cette population.
Quelle est la probabilité p qu'elle soit une femme ?
b. Un organisme de sondage choisit 1 000 personnes au hasard dans la population française, sans choisir deux fois la même personne.
Peut-on dire que ce choix est la répétition de la même expérience aléatoire ?
c. On suppose que les 500 premières personnes choisies sont des femmes.
Quelle est la probabilité q que la 501e personne choisie soit également une femme ?
d. Comparer les valeurs des probabilités p et q.

Bilan
Quand la population est suffisamment importante, on assimile des **tirages « sans remise »** à des **tirages indépendants**, l'erreur commise étant négligeable.

2 Tirage d'un jeton dans un sac PYTHON

Objectif
Utiliser un programme Python pour réaliser une simulation.
Observer l'écart entre une probabilité et une fréquence observée.

On dispose d'un sac contenant des jetons. On note p la proportion de boules rouges dans ce sac (avec $p \in]0\,;1[$). La probabilité de choisir au hasard un jeton rouge dans ce sac est alors égale à p.
On prélève au hasard et avec remise 100 jetons, en notant leur couleur, et on note f la fréquence observée de jetons rouges.
On souhaite observer l'écart entre les nombres f et p.

```
from random import*
from pylab import*
def simul(p):
    x=random()
    if x<p:
        return 1
    else:
        return 0
def fréquence(p):
    nb=0
    for i in range(100):
        nb=nb+simul(p)
    return nb/100
```

1 L'instruction `random()` renvoie un réel pseudo-aléatoire de $[0\,;1[$.

a. Justifier que la fonction `simul(p)` ci-contre permet de simuler le choix au hasard d'un jeton dans le sac et préciser ce qu'elle renvoie quand le jeton est rouge et ce qu'elle renvoie quand il ne l'est pas.
b. Préciser ce que la fonction `fréquence(p)` renvoie.

2 On suppose désormais que 40 % des jetons du sac sont rouges. On a représenté ci-contre les fréquences observées pour 50 échantillons de 100 tirages simulés, ainsi que les droites d'équation $y = 0{,}3$ et $y = 0{,}5$.

a. Expliquer comment s'interprète chacun des 50 points rouges de ce graphique.
b. Avec la précision permise par le graphique, quel est l'écart maximal entre les fréquences f et la probabilité p pour les échantillons obtenus ?
c. La proportion d'échantillons pour lesquels l'écart entre f et p est strictement supérieur à 0,1 est-elle importante ?

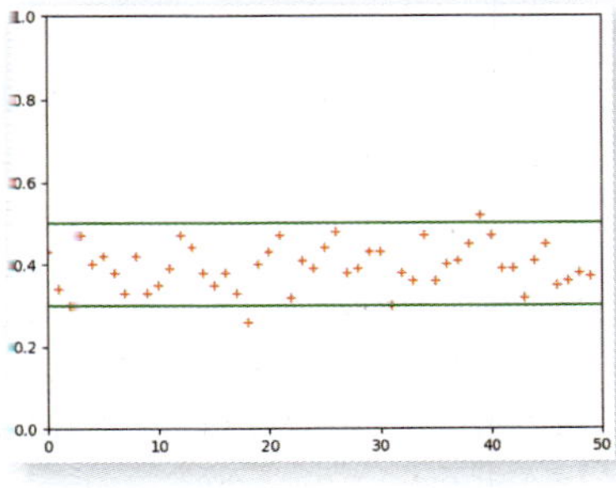

Cours

1 Fluctuation d'échantillonnage

On considère une expérience aléatoire à deux issues. Par convention :
- l'une de ces issues est appelée « succès », de probabilité p ;
- l'autre est appelée « échec », de probabilité $1-p$.

a Échantillons et fréquence observée

Définitions Soit un entier naturel n non nul.

On répète n fois l'expérience aléatoire **de façon indépendante**, c'est-à-dire sans que les résultats obtenus au fur et à mesure n'influent sur les résultats suivants.

- La liste des résultats obtenus est appelée **échantillon de taille** n.
- Dans un échantillon de taille n qui comporte k succès, la **fréquence de succès observée** f est égale à :

$$f=\frac{k}{n}$$

Exemple

On lance cinq fois de suite une pièce de monnaie.
À chaque lancer, les deux issues possibles sont Pile (P) et Face (F).
Le résultat « PFPPF » constitue un échantillon de taille 5 pour cette expérience aléatoire à 2 issues.
Si on choisit Pile comme succès, le nombre de succès obtenus sur cet échantillon est égal à 3. Donc la fréquence de succès observée est :

$$\frac{3}{5}=0,6$$

b Fluctuation d'échantillonnage et loi des grands nombres

On suppose dans ce paragraphe que $p=0,4$.
On réalise expérimentalement 100 fois l'expérience aléatoire, et on renouvelle 50 fois ces 100 réalisations.
Puis on renouvelle 50 fois la réalisation de 1 000 expériences. Les résultats obtenus sont résumés dans les deux graphiques suivants.

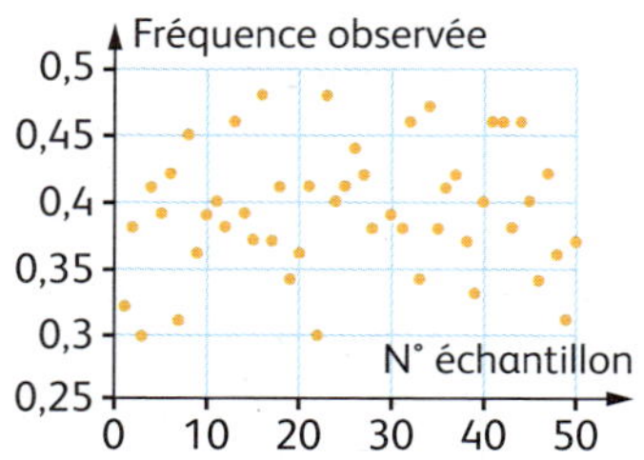

① Échantillons de taille $n=100$

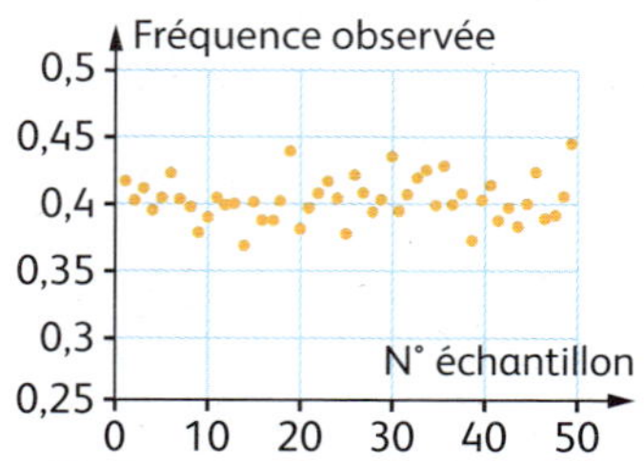

② Échantillons de taille $n=1\,000$

Ainsi, dans le graphique ①, le point (40 ; 0,4) indique que dans le 40-ième échantillon de taille 100, la fréquence du succès est 0,4.
En observant ces graphiques, on constate que :
- les fréquences observées ne sont pas toujours, loin de là, égales à la probabilité 0,4, mais qu'elles « fluctuent » autour de 0,4 : c'est la **fluctuation d'échantillonnage** ;
- dans les échantillons de taille 1 000, les fréquences sont plus proches de 0,4 et moins dispersées que dans les échantillons de taille 100.

Loi des grands nombres

Lorsque la taille de l'échantillon augmente, en général, les fréquences de succès sont moins dispersées et restent proches de la probabilité p.

Remarque

C'est cette loi des grands nombres qui fait dire à M. Serre et N. Farouki que « le hasard est capricieux, mais seulement au coup par coup ». En réalisant de très nombreuses fois une même expérience aléatoire, les « caprices » du hasard sont finalement rares…

Commentaire

Dans la « loi des grands nombres » l'expression « en général » signifie que dans la très grande majorité des cas, on observe que la fréquence observée f se rapproche de la probabilité p lorsque la taille n de l'échantillon devient grande.

méthode

CAPACITÉ 1 Simuler des échantillons et observer la loi des grands nombres

Énoncé On souhaite observer par simulation sur tableur le phénomène de fluctuation d'échantillonnage. On s'intéresse au lancer d'un dé équilibré à quatre faces numérotées de 1 à 4.

1. On souhaite simuler 50 échantillons composés chacun de 100 lancers de ce dé. Pour cela, on élabore la feuille de calcul ci-contre dans laquelle les échantillons Ech 1, Ech 2, …, Ech 50 sont disposés en colonne.

a. Reproduire les cellules de la colonne A et de la ligne 1.

b. Pour chaque lancer, on note 1 quand la face 1 apparaît et 0 sinon. Compléter puis saisir dans la cellule B2 la formule =SI(ALEA()<0,25 ;… ;…) afin de simuler le premier lancer de l'échantillon 1.
Compléter alors la colonne B puis l'étendre aux colonnes suivantes afin d'obtenir 50 échantillons de 100 lancers.

c. Quelles formules peut-on saisir dans les cellules B103 et B104 afin de calculer le nombre puis la fréquence d'apparition de la face 1 dans chacun de ces échantillons ? Étendre ces formules aux colonnes suivantes.

d. Générer le graphique ci-contre représentant en abscisse le numéro de l'échantillon et en ordonnée la fréquence d'apparition de la face 1 dans cet échantillon.

2. On souhaite maintenant observer l'influence de la taille de l'échantillon sur les fluctuations. Pour cela, modifier la feuille de calcul précédente afin de simuler 50 échantillons de taille 400.
En quoi la fluctuation observée diffère-t-elle de celle de la question **1.** ?

	A	B	C	D	E
1		Ech 1	Ech 2	Ech 3	Ech 4
2	Lancer n°1	0	1	0	0
3	Lancer n°2	1	1	1	1
4	Lancer n°3	0	1	1	0
5	Lancer n°4	0	0	0	0
	…				
103	Nombre d'apparitions de la face 1	26	30	24	31
104	Fréquence associée	0,26	0,3	0,24	0,31

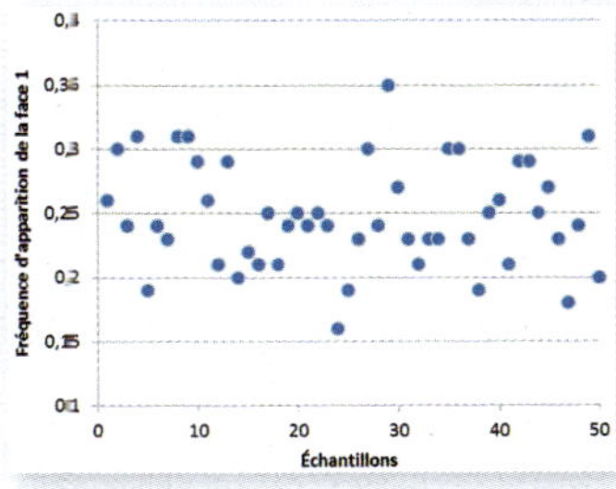

Solution rédigée

1. a. Il suffit de saisir « Lancer n° 1 » dans la cellule A2 avant de l'étendre vers le bas jusqu'à la cellule A101. De même pour la ligne 1.

b. Dans la cellule B2, on saisit =SI(ALEA()<0,25;1;0).

c. On peut saisir = NB.SI(B2:B103;1) ou encore =SOMME(B2:B103) dans la cellule B104 et = B104/100 dans la cellule B105.

d. On sélectionne les cellules B104 à AY104 puis on choisit *Insérer, Graphique, Nuage de points* et on met en forme.
En appuyant sur la touche F9, on effectue de nouvelles simulations (cela revient à refaire tous les lancers de dé). On observe alors les fluctuations des fréquences d'apparition de la face 1.

2. Les fréquences simulées sont visiblement plus resserrées autour de la proportion théorique $p = 0,25$.
On observe ainsi expérimentalement la loi des grands nombres.

Point méthode

- **1. b.** ALEA permet de générer un nombre aléatoire de l'intervalle $[0;1[$ qui a 25 % de chance d'être inférieur à 0,25. SI affiche alors 1 avec une probabilité de 0,25 et 0 sinon.
- **1. c.** NB.SI(plage;critère) permet de rechercher le nombre de cellules de la plage vérifiant le critère donné.
SOMME(plage) additionne tous les nombres de la plage.

J'applique en autonomie

Voir corrigés p. 148 Voir exercices similaires nos 24 et 25

14 On simule sur tableur 20 échantillons composés de 50 lancers d'une pièce équilibrée en notant 1 lorsqu'on obtient Pile et 0 sinon.

	A	B	C	D	E
1		Ech 1	Ech 2	Ech 3	Ech 4
2	Lancer n°1	1	1	1	0
3	Lancer n°2	1	0	1	1
4	Lancer n°3	0	0	0	0
5	Lancer n°4	1	0	0	1

1. Ouvrir le fichier *chap13_exercice14.xls* et compléter les cellules de la colonne A et de la ligne 1.

2. Que doit-on écrire dans la cellule B2 afin de simuler le premier lancer de l'échantillon 1 ?

3. Compléter alors la colonne B puis l'étendre aux colonnes suivantes afin d obtenir 20 échantillons de 50 lancers.

4. Déterminer avec le tableur la fréquence de Pile observée pour chaque échantillon et générer un graphique représentant en abscisse le numéro de l'échantillon et en ordonnée la fréquence de Pile observée.

5. Recommencer avec 20 échantillons composés de 500 lancers. Que remarque-t-on ?

Cours

2 Principe de l'estimation

a Estimation d'une probabilité

On considère une expérience aléatoire et un événement A de probabilité inconnue p.

En procédant à des simulations de l'expérience et en considérant les deux issues :

- succès : « l'événement A est réalisé »,
- échec : « l'événement A n'est pas réalisé »,

on constitue des échantillons de taille n, sur lesquels on peut calculer la fréquence de succès observée f.

D'après la loi des grands nombres, sauf exception, lorsque la taille n de l'échantillon est grande, la fréquence f est très proche de la probabilité p.

Principe de l'estimation

On constitue des échantillons de taille n « grande ».

Les fréquences observées de succès f donnent des valeurs approchées de la probabilité inconnue p.

b Estimation d'une proportion

On s'intéresse à une population P composée d'individus susceptibles de revêtir ou non un caractère donné.

Choisir successivement et de manière indépendante n individus dans cette population revient à constituer un échantillon de taille n.

La proportion d'individus présentant le caractère étudié est notée :

- p dans l'ensemble de la population.
- f dans l'échantillon, que l'on nomme fréquence observée.

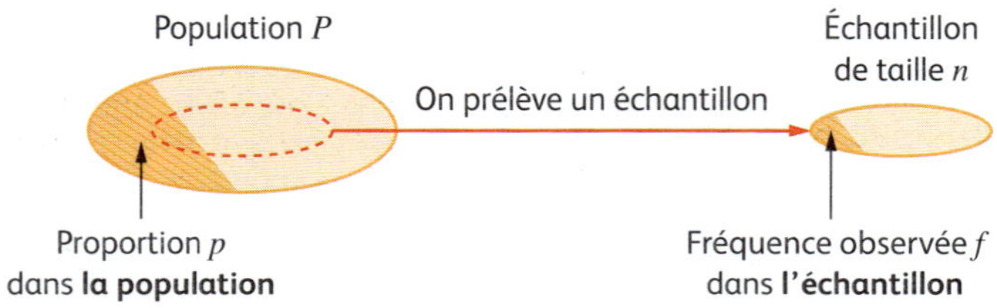

D'après la loi des grands nombres, sauf exception, lorsque la taille n de l'échantillon est grande, la fréquence f est très proche de la proportion p.

Principe de l'estimation

On constitue des échantillons de taille n « grande ».

Les fréquences observées du caractère étudié f donnent des valeurs approchées de la proportion inconnue p.

c Précision de l'estimation

Lorsqu'on approche la probabilité ou la proportion p par la fréquence observée f, l'erreur commise est égale à $|f-p|$.

Cette erreur est, sauf exception, d'autant plus petite que l'échantillon sur lequel est calculée la fréquence f est de taille n grande.

Un résultat mathématique permet d'affirmer que dans une très grande majorité des cas, on a :

$$|f-p| \leqslant \frac{1}{\sqrt{n}}$$

Estimation : à quoi ça sert ?

Un fabricant de feux d'artifices souhaite, pour satisfaire au mieux sa clientèle, connaître la proportion de fusées défectueuses en sortie de production. Il ne peut pas tester toutes ses fusées, sinon il n'a plus rien à vendre !
Il doit donc tester un certain nombre de fusées en sortie de fabrication (l'échantillon) et tenter de tirer de l'observation de cet échantillon des informations sur la production tout entière.
Avec le dilemme suivant : plus l'échantillon est grand, plus ses informations sont précises, mais plus grand est le nombre de fusées perdues pour la vente…

Info

Dans le diagramme ci-contre, les zones hachurées représentent les individus présentant le caractère étudié. En pratique, lors de la constitution d'un échantillon, on prélève souvent les n individus *simultanément* (et non successivement avec remise). Ceci a peu d'incidence dans une population suffisamment importante.
En pratique, on peut être amené à estimer une proportion p dans l'ensemble d'une population à partir d'informations partielles portant sur un échantillon de cette population : on parle de **sondage**.

méthode

CAPACITÉ 2 Simuler des échantillons et apprécier les fluctuations

Énoncé On souhaite observer à l'aide d'un programme Python le phénomène de fluctuation d'échantillonnage et en apprécier l'étendue. On reprend l'exemple du lancer d'un dé équilibré à quatre faces et on s'intéresse à la sortie de la face 1.

1. Quelle est la probabilité p de sortie de la face 1 ?

2. On considère la fonction `échantillon(n)` ci-contre qui prend en argument la taille n de l'échantillon simulé. Que renvoie-t-elle ?

```
from random import*
def échantillon(n):
    Nombre=0
    for i in range(n):
        x=random()
        if x<0.25:
            Nombre=Nombre+1
    return Nombre
```

3. On souhaite observer graphiquement la fluctuation d'échantillonnage pour N échantillons de taille n et visualiser ceux pour lesquels l'écart entre la fréquence f et la probabilité p est inférieur ou égal à $\frac{1}{\sqrt{n}}$.

On propose pour cela la fonction `graphique(n,N)` ci-contre.

```
from pylab import*
def graphique(n,N):
    for i in range(N):
        f=échantillon(n)/n
        if abs(f-0.25)<=1/sqrt(n):
            plot(i,f,'+',color='green')
        else:
            plot(i,f,'+',color='red')
    plot([0,N],[0.25,0.25],color='black')
    axis([0,N,0,1])
    show()
```

a. L'exécuter pour $n=100$ et $N=1000$.

b. Que permet de visualiser le graphique obtenu ?

4. En modifiant la fonction `graphique(n,N)`, créer une fonction `écart(n,N)` qui renvoie la proportion des cas où l'écart entre f et p est inférieur ou égal à $\frac{1}{\sqrt{n}}$ lors de la simulation de N échantillons de taille n.

Solution rédigée

1. Le dé à quatre faces étant équilibré, on a : $p=\frac{1}{4}=0{,}25$.

2. La variable Nombre est initialisée à 0. Puis elle augmente de 1 à chaque fois que le réel x est inférieur à 0,25, cas qui modélise la sortie de la face 1.

On en déduit que la fonction `échantillon(n)` renvoie le nombre de fois où la face 1 sort dans un échantillon simulé de taille n.

3. a. On obtient le graphique ci-contre.

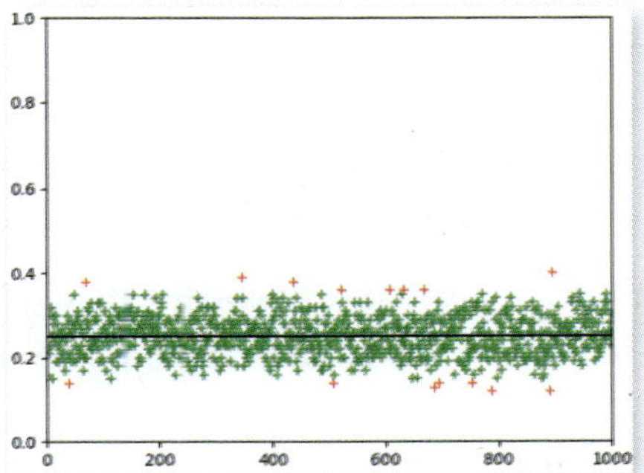

b. Le graphique permet de visualiser la fluctuation d'échantillonnage des fréquences observées f autour de $p=0{,}25$.

Sur celui-ci, seuls 15 échantillons sont représentés en rouge sur les 1 000 échantillons, lorsque l'écart entre la fréquence f observée et 0,25 est supérieur à $\frac{1}{\sqrt{100}}=0{,}1$.

On observe donc que dans la très grande majorité des cas (985 sur 1 000), l'écart entre f et p est inférieur ou égal à $\frac{1}{\sqrt{n}}$.

4. On propose la fonction ci-dessous.

```
def écart(n,N):
    Compt=0
    for i in range(N):
        f=échantillon(n)/n
        if abs(f-0.25)<=1/sqrt(n):
            Compt=Compt+1
    return Compt/N
```

Point méthode

2., 3. b. et 4. Pour comprendre le fonctionnement d'une fonction, on met en relation les variables, leurs valeurs prises au fur et à mesure et le contexte de l'exercice.

J'applique

Voir corrigés p. 419   Voir exercices similaires n°s 26 et 28

15 PYTHON On reprend l'exercice ci-dessus dans le cas d'un dé cubique bien équilibré et on s'intéresse à l'événement A : « on obtient la face 1 ». Modifier les fonctions `échantillon(n)`, `graphique(n,N)` et `écart(n,N)` de façon à observer et mesurer la fluctuation d'échantillonnage.

Je **fais** le **point**

Je revois mon cours

Échantillon

On considère une expérience aléatoire à deux issues (succès et échec).
On note p la probabilité du succès.

- Un **échantillon de taille** n est une liste des résultats successifs obtenus lorsqu'on répète n fois cette expérience de façon indépendante.
- Si on a obtenu k succès, la **fréquence de succès observée** f est définie par :

$$f = \frac{k}{n}$$

- Lorsqu'on constitue des échantillons de taille n, **les fréquences f de succès observées fluctuent autour de la probabilité** p.

Loi des grands nombres

Plus la taille n de l'échantillon augmente, moins la fréquence f de succès observée fluctue autour de la probabilité p : sauf exception, la fréquence f devient proche de p.

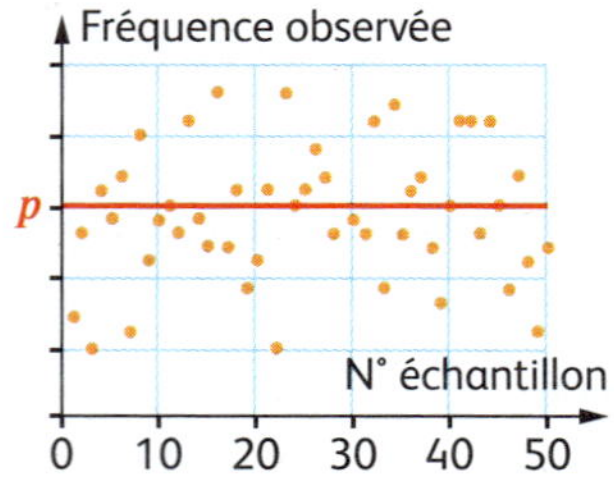

① Échantillons de taille $n = 100$

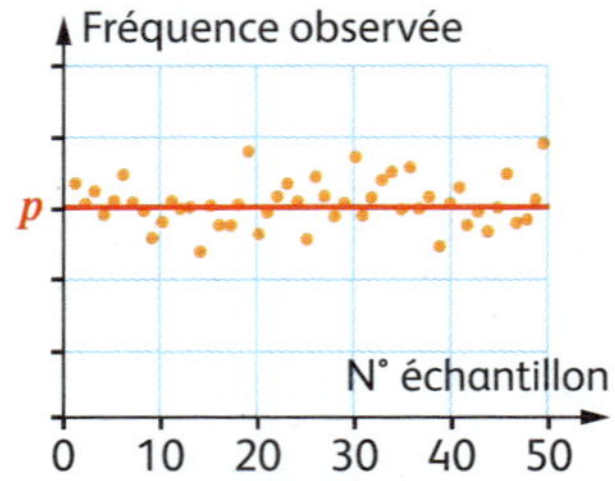

② Échantillons de taille $n = 1\,000$

Estimation d'une probabilité ou d'une proportion

- Pour estimer une probabilité p inconnue d'un événement A lors d'une expérience aléatoire (ou une proportion p inconnue d'un caractère dans une population), on constitue un échantillon de taille n (avec n assez grand), on calcule la fréquence observée f de réalisation de A sur cet échantillon. f est alors une **estimation** de la probabilité (ou la proportion) inconnue p.
- Pour environ 95 % des échantillons, l'écart entre la fréquence observée f et la probabilité (ou la proportion) inconnue p vérifie l'inégalité :

$$|f - p| \leqslant \frac{1}{\sqrt{n}}$$

Simulations avec Python

- On commence par importer le module *Random* :

```
from random import*
```

- `random()` renvoie un réel pseudo-aléatoire de l'intervalle $[0;1[$.
- `randint(a,b)` renvoie un entier pseudo-aléatoire entre a et b (inclus).
- `choice(L)` renvoie un élément de la liste L de façon aléatoire.
- `L.count(x)` compte le nombre d'éléments égaux à x dans la liste L.

Représentations avec Python

- On commence par importer le module *Pylab* :

```
from pylab import plot, axis, show
```

- `plot(x,y,'+',color='red')` pour représenter le point de coordonnées $(x ; y)$ par une croix +, de couleur rouge.
- `axis([Xmin,Xmax,Ymin,Ymax])` pour paramétrer la fenêtre graphique.
- `show()` pour afficher la fenêtre graphique.

Je m'exerce à simuler une expérience aléatoire

SIMULATION PAS À PAS
hachette-clic.fr/25de2110

L'expérience consiste à lancer trois fois une pièce équilibrée. En simulant $n = 1\,000$ fois cette expérience, estimer la probabilité d'obtenir exactement deux fois Pile sur les trois lancers.

J'évalue mes connaissances

VERSION INTERACTIVE hachette-clic.fr/25de2111

QCM

Pour chacune des questions, indiquer la (ou les) bonne(s) réponse(s).

Voir corrigés p. 419

	a	b	c
1. On effectue 20 parties de Pile ou Face avec une pièce non truquée. Obtenir 20 fois Face est :	impossible	peu probable	certain
2. Sur tableur, la fonction ALEA() renvoie :	un nombre aléatoire de $[-1;1]$	soit 0, soit 1	un nombre aléatoire de $[0;1[$
3. Sur tableur, la fonction ALEA.ENTRE.BORNES(1;4) permet de simuler le lancer :	d'une pièce équilibrée	d'un dé cubique équilibré	d'un dé tétraédrique équilibré
4. Sur tableur, pour obtenir 1 avec une probabilité p et 0 avec une probabilité $1-p$, on peut utiliser :	=SI(ALEA()<p;1;0)	=SI(ALEA()<p;0;1)	=ALEA(p;1-p)

5. On lance un dé cubique équilibré et on s'intéresse à la sortie de la face 1.
Pour simuler cette expérience dans une fonction Python, on peut utiliser :
	`x=random()`
	`if x<1/6:`
	`  return 1`
	`else:`
	`  return 0`
		`x=randint(1,6)`
		`if x==1:`
		`  return 1`
		`else:`
		`  return 0`
			`Dé=[1,2,3,4,5,6]`
			`x=choice(Dé)`
			`if x==1:`
			`  return 1`
			`else:`
			`  return 0`

6. On lance un dé cubique équilibré. Pour simuler n lancers en Python et calculer la fréquence f des cas où la face 1 a été obtenue, on peut utiliser :	`for i in range(n):`
	`  Nb=0`
	`  if random()<1/6:`
	`    Nb=Nb+1`
	`f=Nb/n`
		`Nb=0`
		`for i in range(n):`
		`  x=randint(1,6)`
		`  if x==1:`
		`    Nb=Nb+1`
		`f=Nb/n`
			`Nb=0`
			`for i in range(n):`
			`  if random()<1/6:`
			`    Nb=Nb+1`
			`f=Nb/n`

vrai ou faux ?

Indiquer pour chaque affirmation, si elle est vraie ou fausse. Justifier.

Partie A.

On considère une pièce truquée dont la probabilité d'obtenir PILE est 0,3.

On lance cette pièce n fois de suite, on obtient ainsi un échantillon de taille n.

On note f la fréquence de PILE obtenus dans cet échantillon.

1. Dans un échantillon de taille $n=100$, on obtient nécessairement 30 fois PILE et 70 fois FACE.

2. La fréquence f de PILE observés dans n'importe quel échantillon est toujours égale à 0,3.

3. On compare deux échantillons de taille 1 000, les fréquences de PILE obtenus dans ces deux échantillons sont nécessairement identiques.

4. Plus la taille n de l'échantillon augmente, plus la fréquence f de PILE obtenus est proche de 0,3.

5. Dans une grande majorité des cas, l'écart $|f-0{,}3|$ est inférieur ou égal à $\frac{1}{\sqrt{n}}$.

Partie B.

Une usine fabrique des pièces pour l'industrie automobile. On prélève un échantillon de 1 000 pièces dans la production. On constate que 18 pièces de cet échantillon sont défectueuses.

1. La fréquence de pièces défectueuses dans cet échantillon est égale à 1,8 %.

2. Lorsqu'on prélève un autre échantillon de taille 1 000 dans la production, la fréquence de pièces défectueuses sera également égale à 1,8 %.

3. La proportion de pièces défectueuses dans l'ensemble de la production est égale à 1,8 %.

Acquérir des automatismes

16 Vrai ou faux ?

On considère une expérience à deux issues (succès et échec) dont la probabilité de succès est de 0,3. On répète cette expérience 10 fois de façon indépendante. Pour chaque affirmation, préciser si elle est vraie ou fausse.

1. Sur 10 expériences, il y aura toujours 3 succès.
2. La fréquence observée de succès est toujours très proche de 0,3.
3. Sur 10 expériences, il est impossible d'obtenir 10 succès.

17 On modélise à l'aide d'une feuille de calcul sur tableur des lancers d'un dé équilibré à six faces. On effectue 10 échantillons de 200 lancers.

	A	B	C
1		Ech 1	Ech 2
2	Lancer n°1	5	2
3	Lancer n°2	4	2

1. Quelle formule peut-on écrire dans la cellule B2 ?
2. Sur quelle ligne sera modélisé le lancer n° 200 ?
3. Que doit-on écrire dans les cellules B203 et B204 pour faire apparaître respectivement le nombre de 6 obtenus et la fréquence de 6 obtenus dans l'échantillon 1 ?

18 PYTHON On considère une expérience aléatoire à deux issues (succès et échec) et on note p la probabilité d'un succès.
Soit un entier naturel n non nul.
On considère la fonction échantillon(p,n) suivante.

```
from random import*
def échantillon(p,n):
    L=[]
    for i in range(n):
        if random()<p:
            L.append(1)
        else:
            L.append(0)
    return L
```

1. Exécuter la fonction échantillon(p,n) pour :
a. $n=10$ et $p=0{,}5$ b. $n=20$ et $p=0{,}6$
2. Que permet de faire l'instruction L.append(1) ?
3. Que permet de faire la fonction échantillon(p,n) ?
4. En utilisant la fonction échantillon(p,n), programmer une fonction NombreSuccès(p,n) qui renvoie le nombre de succès observé sur un échantillon simulé de taille n.
La tester pour plusieurs valeurs de n et p.
On pourra utiliser l'instruction sum(L) *qui renvoie la somme des éléments d'une liste* L.
5. Créer une fonction FréquenceSuccès(p,n) qui renvoie la fréquence de succès observée sur un échantillon simulé de taille n.

Travailler les capacités du chapitre

Capacité 1 Simuler des échantillons et observer la loi des grands nombres

Voir p. 349

19 PYTHON On lance un dé à six faces équilibré et on note le numéro obtenu.

1. Justifier que la fonction Python ci-dessous permet de simuler n fois cette expérience aléatoire et de renvoyer la fréquence d'une face obtenue dont on précisera la valeur.

```
from random import *
def echantillon(n):
    Nombre=0
    for i in range(n):
        if randint(1,6)==1:
            Nombre=Nombre+1
    f=Nombre/n
    return f
```

Info Python
L'instruction randint(a,b) génère un nombre entier aléatoire compris entre a et b inclus.

2. Exécuter la fonction pour $n=100$ plusieurs fois de suite. Que constate-t-on ?
3. Exécuter la fonction pour $n=1\,000$ plusieurs fois de suite. Que constate-t-on ? Comparer avec les résultats obtenus en question 2.

20 PYTHON On lance une pièce équilibrée.

1. Justifier que l'algorithme ci-contre permet de simuler n fois l'expérience aléatoire et d'afficher la fréquence de Pile observée.

```
Nb ← 0
Pour i allant de 1 à n Faire
    x ← Aléa()
    Si x < 0,5 Alors
        Nb ← Nb + 1
    Fin Si
Fin Pour
Afficher Nb/n
```

2. Écrire en Python une fonction freq(n) traduisant cet algorithme.
3. Exécuter la fonction freq pour $n=100$ plusieurs fois de suite. Que constate-t-on ?
4. Exécuter la fonction freq pour $n=1000$ plusieurs fois de suite. Que constate-t-on ?
Comparer avec les résultats obtenus en 3.

21 PYTHON Un sac contient 10 jetons indiscernables au toucher dont 6 sont rouges et 4 sont bleus. On tire un jeton au hasard dans le sac et on note la couleur du jeton obtenu.
Écrire une fonction Python qui permet de simuler n fois l'expérience aléatoire et qui affiche la fréquence de jetons rouges obtenus.

22 PYTHON On lance une pièce équilibrée.
Soit un entier naturel n non nul.
On souhaite simuler n fois cette expérience aléatoire et calculer la fréquence de Pile obtenus sur cet échantillon.

1. Un premier élève propose la fonction fréquence1(n) suivante.

```
from random import*
def fréquence1(n):
    L=[]
    pièce=['P','F']
    for i in range(n):
        x=choice(pièce)
        L.append(x)
    Nombre_de_P=L.count('P')
    return Nombre_de_P/n
```

Expliquer son fonctionnement.

Info Python
- L'instruction choice(L) permet de choisir un élément de la liste L de façon aléatoire.
- L'instruction L.append(x) permet d'ajouter x à la liste L.
- L'instruction L.count(x) renvoie le nombre d'éléments égaux à x dans la liste L.

2. Un deuxième élève propose la fonction fréquence2(n) suivante.

```
from random import*
def fréquence2(n):
    Nombre_de_P=0
    for i in range(n):
        x=random()
        if x<0.5:
            Nombre_de_P=Nombre_de_P+1
    return Nombre_de_P/n
```

Justifier que cette fonction répond également au problème.

3. Programmer la fonction fréquence2(n), puis représenter graphiquement les fréquences observées sur 50 échantillons de taille 100 à l'aide du programme suivant.

```
from pylab import*
for i in range(50):
    f=fréquence2(100)
    plot(i,f,'+',color='green')
axis([0,50,0,1])
show()
```

Autour de quelle valeur fluctuent les fréquences observées ?

4. Représenter graphiquement les fréquences observées sur 50 échantillons de taille 1 000 en adaptant le programme précédent. Comparer avec le graphique obtenu à la question **3.**

23 On dispose d'un dé cubique équilibré et on s'intéresse à la sortie de la face 1.

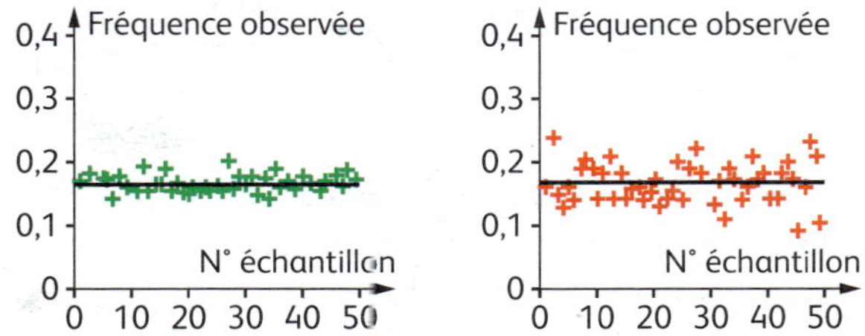

On a constitué 50 échantillons de taille 1 000 et 50 échantillons de taille 100 et on a représenté ci-dessus les fréquences observées de sortie de la face 1. Associer à chaque graphique la taille des échantillons constitués en argumentant.

24 PYTHON Lors d'une tombola, on prélève au hasard un ticket dans un sac contenant 200 tickets. Dix d'entre eux sont gagnants.

1. Quelle est la probabilité p de choisir un ticket gagnant ?

2. Soit un entier naturel n non nul. On souhaite réaliser un échantillon de taille n et calculer la fréquence de tickets gagnants sur celui-ci. Compléter pour cela la fonction fréquence(n) incomplète suivante.

```
from random import*
def fréquence(n):
    Nb_gagnant=0
    for i in range(n):
        x=random()
        if x<...:
            Nb_gagnant=...
    return ...
```

3. En s'aidant de la démarche de la question **3.** de l'exercice **22**, représenter graphiquement les fréquences observées sur 100 échantillons de taille 80, puis de taille 500. Qu'observe-t-on ?

25 La proportion de Français dont le groupe sanguin est « O+ » est de 36 %. On simule 50 échantillons de 100 personnes sur tableur.

	A	B	C
1		Ech 1	Ech 2
2	Personne n°1	0	1
3	Personne n°2	1	0
…			
102	Nombre d'apparition de personnes dont le groupe sanguin est « O+ »	38	39
103	Fréquence associée	0,38	0,39

1. Pour chaque personne, on note 1 si son groupe sanguin est « O+ » et 0 sinon. Compléter la formule saisie dans la cellule B2 : =SI(ALEA()< … ; … ; …).

2. Sur cette feuille de calcul, quelles formules peut-on saisir dans les cellules B102 et B103 ?

3. Construire puis compléter cette feuille de calcul afin de visualiser les fluctuations d'échantillonnage sur 50 échantillons de taille 100, puis de taille 1 000.

JE ME TESTE ! EXERCICES INTERACTIFS
hachette-clic.fr/25de2112

CAPACITÉ 2 Simuler des échantillons et apprécier les fluctuations

Voir p. 351

26 PYTHON On tire au hasard une boule dans une urne contenant 60 % de boules rouges.
Soit un entier naturel n non nul.
On réalise des échantillons de taille n et on calcule la fréquence f observée de boules rouges tirées sur ceux-ci. On souhaite mesurer la fluctuation d'échantillonnage de f autour de $p=0{,}6$.

1. On considère la fonction `écart(n)` suivante.

```
from random import*
def écart(n):
    NbSuccès=0
    for i in range(n):
        if random()<0.6:
            NbSuccès=NbSuccès+1
    f=NbSuccès/n
    return abs(f-0.6)
```

Justifier que cette fonction renvoie l'écart entre la fréquence observée f de boules rouges et la probabilité p sur un échantillon de taille n.

2. On a exécuté 10 fois les fonctions `écart(100)` et `écart(400)`. Voici les résultats obtenus :
Liste ① : 0,07 ; 0,07 ; 0,04 ; 0,01 ; 0,08 ; 0,05 ; 0,01 ; 0,05 ; 0,01 ; 0,05
Liste ② : 0,007 ; 0,045 ; 0,001 ; 0,015 ; 0,030 ; 0,025 ; 0,008 ; 0,012 ; 0,012 ; 0,013
Parmi les appels `écart(100)` et `écart(400)`, lesquels permettent d'obtenir Liste ① ? Liste ② ?

3. On souhaite réaliser N échantillons de taille n et compter la proportion des cas où l'écart entre la fréquence observée f de boules rouges et la probabilité p est inférieure ou égal à $\frac{1}{\sqrt{n}}$.
Justifier que la fonction `proportion(N,n)` suivante répond à ce problème.

```
def proportion(N,n):
    Compt=0
    for i in range(N):
        e=écart(n)
        if e<=1/sqrt(n):
            Compt=Compt+1
    return Compt/N
```

27 PYTHON On reprend les données de l'exercice précédent.

1. Programmer les fonctions `écart(n)` et `proportion(N,n)`, puis exécuter `proportion(N,n)` plusieurs fois dans chacun des cas suivants.
a. $N=50$ et $n=100$ **b.** $N=50$ et $n=1000$

2. La fréquence observée f devient-elle très proche de la probabilité p dans la majorité des cas ?
On pourra tester d'autres valeurs de N et de n.

28 Lorsqu'on approche la proportion p par la fréquence observée f, un résultat mathématique permet d'affirmer que dans une grande majorité des cas, on a $|f-p|\leqslant\frac{1}{\sqrt{n}}$ où n désigne la taille de l'échantillon.

1. a. Si $p=0{,}6$ et $n=100$, à quel intervalle appartient f dans une grande majorité des cas ?
b. Si $p=0{,}6$ et $n=400$, à quel intervalle appartient f dans une grande majorité des cas ?

2. Dans le cas général, à quel intervalle appartient f dans une grande majorité des cas ?

3. On a constitué 100 échantillons de taille 100 et 100 échantillons de taille 400 et on a représenté ci-dessous les fréquences observées.
Estimer la valeur de p et associer à chaque graphique une taille probable des échantillons en argumentant.

Graphique 1

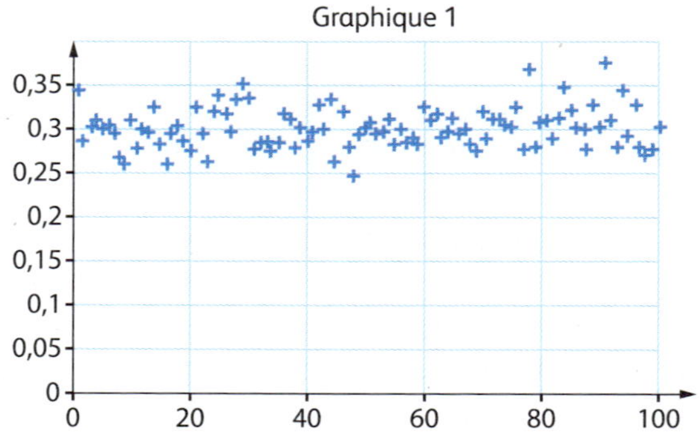

Graphique 2

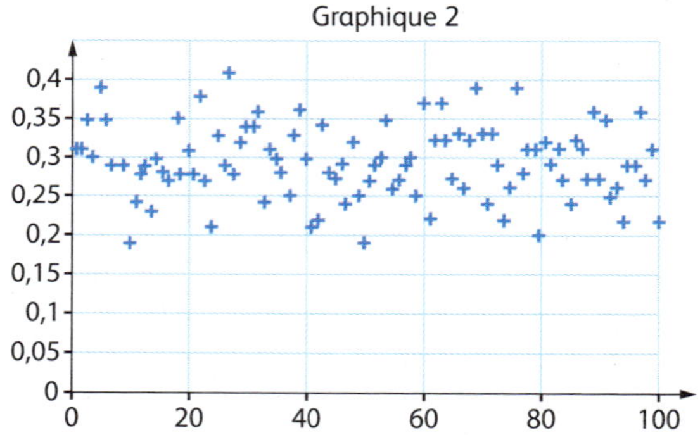

29 TABLEUR **1.** Simuler sur tableur 20 échantillons composés de 100 lancers d'une pièce équilibrée en notant 1 lorsqu'on obtient Pile et 0 sinon.

2. Déterminer avec le tableur la fréquence de Pile observée pour chaque échantillon.

3. Déterminer la proportion des cas où l'écart entre la fréquence observée f de Pile et la probabilité d'obtenir Pile est inférieure ou égale à $\frac{1}{\sqrt{100}}$.

4. Réaliser la simulation de 20 échantillons de 400 lancers d'une pièce équilibrée, et répondre de nouveau aux questions **2.** et **3.**, avec $\frac{1}{\sqrt{400}}$ au lieu de $\frac{1}{\sqrt{100}}$ en question **3.**

exercices Entraînement

1 Fluctuation d'échantillonnage

30 On considère une expérience aléatoire à deux issues (succès et échec) dont la probabilité p de succès est 0,8 et on a réalisé 20 échantillons de taille 1 000. On donne ci-dessous la liste des fréquences f de succès observées sur ces 20 échantillons.

0,804	0,809	0,797	0,82	0,804
0,795	0,788	0,802	0,788	0,796
0,804	0,791	0,786	0,798	0,824
0,795	0,806	0,803	0,818	0,809

1. Calculer la proportion des cas pour lesquels l'écart entre p et la fréquence f est inférieur ou égal à 0,03.
2. Quel est l'écart maximal entre p et la fréquence observée f ?

31 Dans une boîte opaque, on dépose des jetons de trois couleurs bleus, verts et rouges, indiscernables au toucher. L'expérience aléatoire consiste à prélever un jeton, noter sa couleur et le remettre dans la boîte. On répète 500 fois cette expérience et on calcule les fréquences d'apparition des jetons bleus, verts et rouges obtenus depuis le 1er tirage jusqu'au n-ième tirage pour n variant entre 1 et 500. On a représenté ci-dessous l'évolution des fréquences au fil des tirages.

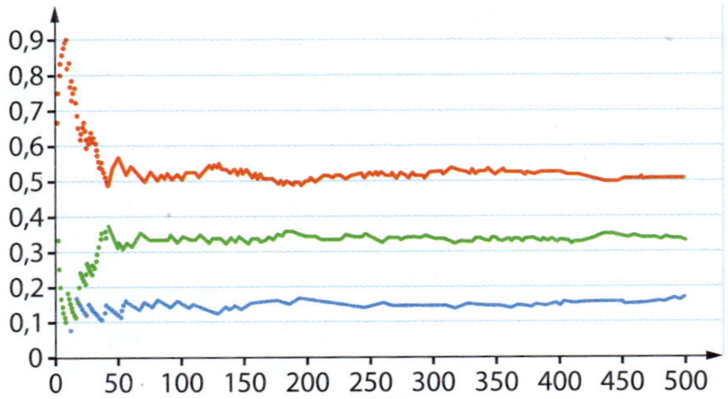

1. Pour chacune des affirmations suivantes, indiquer si elle est vraie ou fausse.
a. Il y a autant de jetons bleus, de jetons verts et de jetons rouges dans cette boîte.
b. La probabilité de prélever un jeton rouge dans cette boîte est égale à un tiers.
c. Il y a autant de jetons verts que de jetons bleus dans cette boîte.
2. Indiquer, en justifiant, la composition la plus probable de cette boîte parmi les trois suivantes :
Répartition 1 : 5 jetons bleus, 10 jetons verts et 20 jetons rouges.
Répartition 2 : 5 jetons bleus, 10 jetons verts et 15 jetons rouges.
Répartition 3 : 5 jetons bleus, 15 jetons verts et 20 jetons rouges.

32 Gautier a réalisé un fichier permettant de visualiser la fluctuation d'échantillonnage de la fréquence pour des échantillons de taille n et une proportion p de $[0;1]$ où n et p sont réglables avec le curseur.

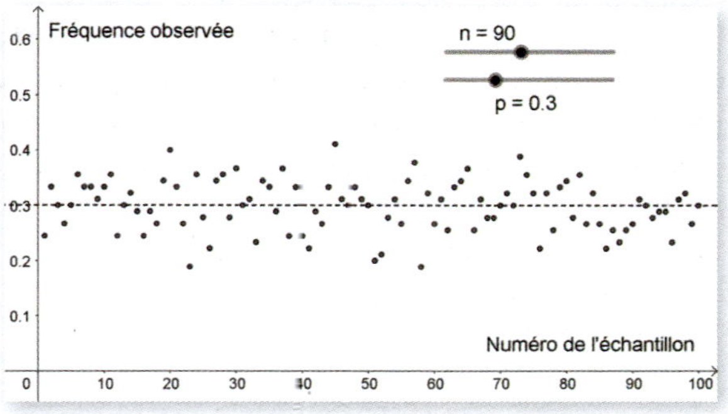

1. Gautier fixe le curseur p à 0,3 et augmente progressivement n. Quel phénomène va-t-il observer ?
2. Pour quelques valeurs de n, Gautier a relevé l'écart maximal entre les fréquences simulées.

n	50	100	150	200
Écart max.	0,36	0,25	0,21	0,17

Comment décrire le sens de variation de cet écart maximal en fonction de la taille n ?

33 TABLEUR Dans la feuille tableur suivante, on simule plusieurs lancers de deux dés cubiques équilibrés et on calcule la somme des points obtenus.

	A	B	C	D	E
1	Lancer	Résultat du dé n°1	Résultat du dé n°2	Somme des deux dés	Somme égale à 7 ?
2	1	6	1	7	1
3	2	5	1	6	0
4	3	2	1	3	0
5	4	6	2	8	0
6	5	3	1	4	0

1. a. Quelles formules peut-on entrer dans les cellules A3, B2, C2 et D2 afin de compléter les colonnes A à D par recopie vers le bas ?
b. Compléter la formule saisie dans la cellule E2 :

=SI(… = 7 ; … ; …)

2. a. Quel est le rôle de la colonne E ?
b. Quelle formule peut-on saisir dans la cellule F1 afin de calculer la fréquence f de sommes égales à 7 obtenues sur un échantillon de 100 lancers ?
c. Reproduire cette feuille tableur et calculer f pour différents échantillons de 100 lancers.
3. a. À l'aide d'un tableau à double-entrée, calculer la probabilité p que la somme des points de deux dés cubiques équilibrés soit égale à 7.
b. A-t-on nécessairement $p = f$? Expliquer.
c. Déterminer la proportion d'échantillons pour lesquels on a $|f - p| \leqslant \frac{1}{\sqrt{100}}$ dans un échantillon simulé en **2. c.**

34 PYTHON On considère une urne contenant 3 boules noires numérotées de ① à ③, 5 boules blanches numérotées de ④ à ⑧ et 2 boules rouges numérotées ⑨ et ⑩. On prélève successivement et avec remise deux boules de cette urne.

Soit l'événement E : « tirer une boule rouge au premier tirage et une boule noire au second ». On effectue n simulations de cette expérience aléatoire et on calcule la fréquence associée à cet évènement à l'aide du code Python suivant :

```
1 from random import randint
2
3 def experience(n):
4     nb_succes = 0
5     for i in range(n):
6         boule1 = randint(1, 10)
7         boule2 = randint(1, 10)
8         if boule1>=9 and boule2<= ...:
9             nb_succes = nb_succes + 1
10    return nb_succes/n
```

1. a. Quel est le rôle de la variable nb_succes ?

b. Compléter la ligne 8 de ce code.

c. Appeler cette fonction pour différentes valeurs de n. Qu'observe-t-on quant aux valeurs de f renvoyées lorsque n devient grand ?

2. Montrer que l'événement E a une probabilité égale à $p = 0{,}06$. Comparer avec p les valeurs obtenues pour f.

3. On a exécuté 50 fois les appels experience(100) et experience(1000) et on a représenté graphiquement les fréquences observées f dans chaque échantillon :

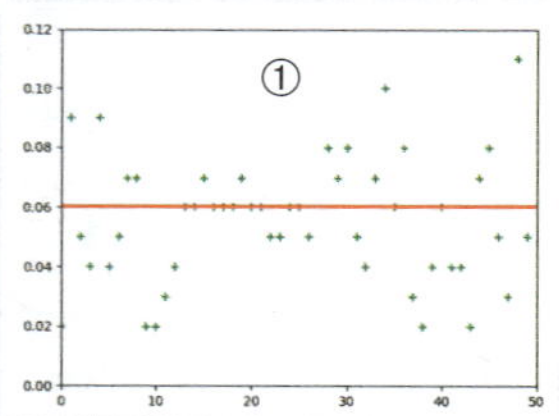

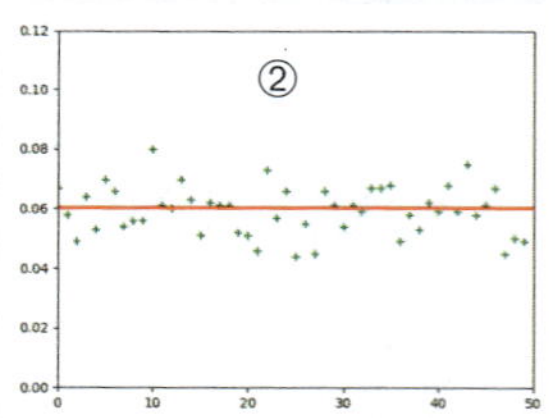

a. Que permettent d'illustrer ces graphiques ?

b. Comparer ces graphiques et expliquer les éventuelles différences. Associer à chaque graphique les appels correspondants.

4. Compléter la fonction ci-dessous qui simule N échantillons de taille **n** de l'expérience aléatoire et qui renvoie la proportion des échantillons pour lesquels on a $|f - p| \leqslant \frac{1}{\sqrt{n}}$.

```
def proportion(n):
    compt = 0
    for i in range(...):
        f = experience(...)
        if abs(f-0.06)<=1/sqrt(n):
            compt = compt + 1
    return compt/...
```

35 **Exercice guidé**

Au Texas, en 1976, Rodrigo Partida a été condamné à huit ans de prison.

79 % de la population du comté où a été prononcé ce verdict est d'origine mexicaine. Or sur les 870 Américains convoqués pour être jurés au cours d'une certaine période, seuls 339 l'étaient.

R. Partida a contesté son jugement en affirmant que la désignation des jurés était discriminante à l'égard des Américains d'origine mexicaine.

Peut-on penser que le choix des jurés n'est influencé par aucune considération ethnique ?

Pistes de résolution

On rappelle que dans une très grande majorité des cas, on a $|f - p| \leqslant \frac{1}{\sqrt{n}}$. Reste à identifier f, p et n et à vérifier si l'échantillon est représentatif, autrement dit si l'inégalité précédente est vérifiée.

2 Principe de l'estimation

36 Les jours précédant une élection qui oppose un candidat A à un candidat B, un institut réalise un sondage sur un échantillon aléatoire de $n = 1\,000$ électeurs. Au vu des résultats obtenus, à savoir 52 % en faveur du candidat A et 48 % en faveur de B, l'institut prévoit la victoire de A.

1. On note p (resp. f) la proportion d'électeurs favorables au candidat A dans l'ensemble de la population (resp. dans l'échantillon).

Connaît-on p ? Connaît-on f ? A-t-on $p = f$?

2. On admet que, pour environ 95 % des échantillons, p appartient à l'intervalle :

$$\left[f - \frac{1}{\sqrt{n}} ; f + \frac{1}{\sqrt{n}}\right]$$

> **Info**
> **2.** Un tel intervalle est appelé **intervalle de confiance** pour la proportion inconnue p.

Estimer alors p à l'aide d'un intervalle de confiance. Ce résultat permet-il de garantir la victoire future du candidat A à cette élection ?

3. a. Comment pourrait-on obtenir un intervalle de confiance d'amplitude plus réduite ?

b. Déterminer le nombre de personnes à interroger pour que l'amplitude de cet intervalle soit inférieure à 0,03.

37 On étudie en laboratoire l'efficacité d'un herbicide naturel sur 200 plans d'*Elymus repens* (autrement nommé le « chiendent »). On observe que cet herbicide est efficace sur 156 d'entre eux. Estimer, à l'aide d'un intervalle de confiance, le nombre de plans qui seront éradiqués par cet herbicide pour un champ contenant 1 000 plans d'*Elymus repens*.

38 PYTHON **Gagner au Loto® ?**

Le jeu de Loto® consiste à tirer au hasard, successivement et sans remise, cinq boules parmi 49 boules numérotées de 1 à 49 (tirage A), puis une boule parmi 10 boules numérotées de 1 à 10 (tirage B).

Monsieur X mise toujours sur les mêmes numéros au tirage A, qu'on va supposer être 1-2-3-4-5.

L'objectif est d'estimer la probabilité que Monsieur X gagne au tirage A.

1. On souhaite simuler le tirage A et obtenir la liste des numéros tirés, du plus petit au plus grand à l'aide de la fonction tirageA() suivante.

```
from random import*
def tirageA():
    urne=list(range(1,50))
    L=[]
    for i in range(5):
        x=choice(urne)
        L.append(x)
        urne.remove(x)
    return L.sort()
```

Expliquer la démarche, puis programmer et exécuter plusieurs fois tirageA().

Info Python

- L'instruction choice(liste) renvoie un élément de la liste de façon aléatoire.
- L'instruction L.append(x) permet d'ajouter x à la liste L.
- L'instruction L.remove(x) retire la valeur x à la liste L.
- L'instruction L.sort() trie dans l'ordre croissant la liste L.

2. La fonction GagnéPerdu() suivante permet de simuler un tirage du Loto® et teste si Monsieur X a gagné ou non.

```
def GagnéPerdu():
    L=tirageA()
    Mise=[1,2,3,4,5]
    if L==Mise:
        return 1
    else:
        return 0
```

a. En utilisant cette fonction, simuler deux millions de tirages et calculer le nombre de fois où Monsieur X a gagné sur ces simulations.

b. Estimer la probabilité que Monsieur X gagne au tirage A du Loto®, en expliquant la démarche.

Info

Il existe 1 906 884 tirages A différents. En prenant en compte le tirage B, cela fait près de 20 millions de combinaisons du Loto® différentes.

39 PYTHON **Atteindre une cible**

Dans un jeu vidéo, l'ordinateur choisit au hasard un point M à l'intérieur du carré $OIKJ$ ci-contre, de côté 1.

Si le point M se trouve à l'intérieur de l'œil orange central, le joueur gagne des points de vie supplémentaires.

Cet œil est délimité par deux arcs de cercle, l'un de centre O et l'autre de centre K, chacun de rayon 1.

On souhaite savoir si un joueur a plus d'une chance sur deux de gagner des points de vie supplémentaires de cette façon.

1. On munit le plan du repère orthonormé $(O\,;I\,;J)$.

a. Justifier qu'un point $M(x\,;y)$ est à l'intérieur de l'œil central si, et seulement si, $OM^2 \leqslant 1$ et $KM^2 \leqslant 1$.

b. On considère les fonctions OM2(x,y) et KM2(x,y) suivantes.

```
def OM2(x,y):
    return x**2+y**2
def KM2(x,y):
    return (x-1)**2+(y-1)**2
```

Que permettent-elles de faire lorsque $(x\,;y)$ sont les coordonnées d'un point M ?

2. Soit un entier naturel n non nul.

On souhaite simuler n fois l'expérience aléatoire et calculer la fréquence des cas où le joueur gagne des points de vie supplémentaires.

On propose pour cela la fonction simul(n) suivante.

```
def simul(n):
    NbSuccès=0
    for i in range(n):
        x=random()
        y=random()
        if OM2(x,y)<=1 and KM2(x,y)<=1:
            NbSuccès=NbSuccès+1
    return NbSuccès/n
```

Expliquer la démarche.

3. On a exécuté 200 fois la fonction simul(100) et on a représenté graphiquement ci-dessous les fréquences observées, ainsi que la droite d'équation $y = 0{,}5$.

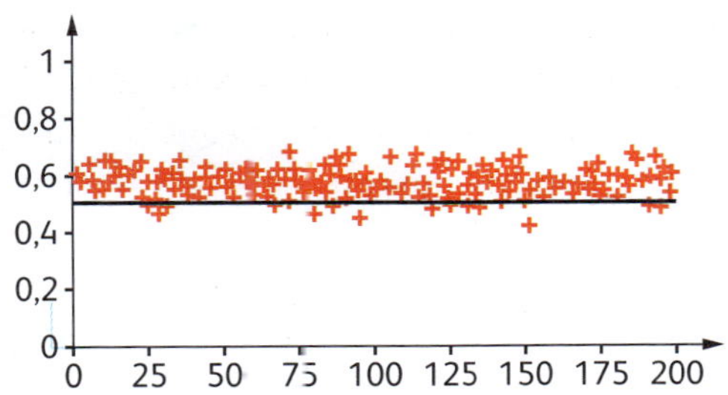

Peut-on penser qu'un joueur a plus d'une chance sur deux de gagner des points de vie supplémentaires ? Argumenter.

Exercices — Bilan et approfondissement

BILAN

40 — 20 min — Utiliser un tableur pour simuler

On souhaite simuler 100 échantillons de 300 lancers de Pile ou Face avec une pièce équilibrée.

	A	B	C	D	E	F
1		Ech 1	Ech 2	Ech 3	Ech 4	Ech 5
2	Lancer n°1	PILE	PILE	FACE	FACE	FACE
3	Lancer n°2	FACE	PILE	FACE	FACE	PILE
4	Lancer n°3	PILE	PILE	PILE	FACE	PILE
5	Lancer n°4	FACE	PILE	FACE	FACE	FACE
6	Lancer n°5	FACE	PILE	FACE	FACE	FACE
…						
300	Lancer n°299	FACE	FACE	FACE	FACE	PILE
301	Lancer n°300	PILE	FACE	FACE	FACE	FACE
302						
303	Nombre d'apparitions de PILE	132	153	148	135	160
304	Fréquence associée	0,440	0,510	0,493	0,450	0,533

1. Compléter la formule saisie dans la cellule B2 :

=SI(ALEA() < … ; «PILE» ; …)

2. Dans la cellule B303, on souhaite compter le nombre de PILE obtenus dans l'échantillon 1.
Proposer une formule utilisant la fonction NB.SI().
Donner une formule pour calculer la fréquence associée dans la cellule B304.

3. Les fréquences calculées pour chaque échantillon ne sont pas toutes égales à 0,5. Est-ce étonnant ?

4. Proposer une méthode, à l'aide du tableur, pour déterminer la proportion d'échantillons vérifiant $|p-f| \leqslant \frac{1}{\sqrt{n}}$ où p désigne la probabilité d'obtenir PILE, f la fréquence observée de PILE dans l'échantillon et n la taille de l'échantillon.

41 — 15 min — Un problème de santé publique

Dans la réserve indienne d'Aamjiwnaang, située au Canada à proximité d'industries chimiques, il est né, entre 1999 et 2003, 132 enfants dont seulement 46 garçons.

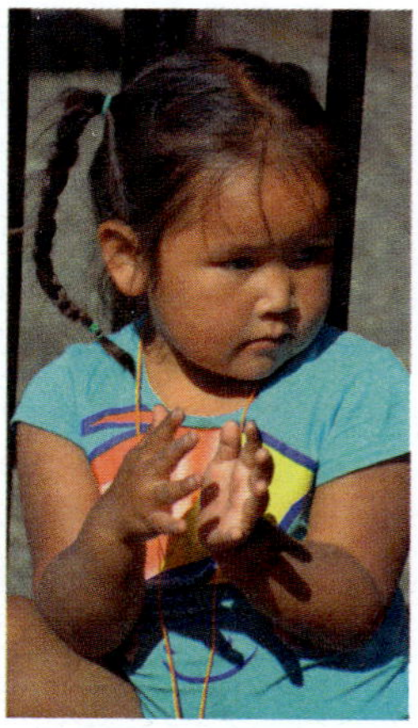

Devant ce sex-ratio étonnant les autorités sanitaires se demandent à l'époque s'il y a des raisons de s'inquiéter et de financer des investigations médicales complémentaires.

1. Quelle est la proportion f de garçons nés entre 1999 et 2003 dans cette réserve ?

2. En considérant qu'il naît à l'échelle mondiale autant de filles que de garçons, y-a-t-il des raisons de conseiller aux autorités sanitaires d'organiser une campagne approfondie de dépistage d'éventuels troubles de la procréation ? Expliquer.

42 — 15 min — Pièce truquée ?

Lors d'un travail de groupe, un enseignant demande aux trois élèves du groupe si la pièce qu'il vient de leur distribuer est truquée ou non. Lilian prend l'initiative de lancer 200 fois cette pièce et obtient 87 fois Pile.
Voici un extrait des échanges au sein de ce groupe :
Lise : « On obtient moins de 100 piles, c'est sûr que la pièce est truquée. »
Lilian : « Attention, on a vu que d'un échantillon à un autre, les résultats peuvent fluctuer. »
Leila : « Ne faudrait-il pas mesurer l'écart entre p et f pour pouvoir prendre une décision ? »

1. Que pensez-vous des arguments de Lise et de Lilian ?

2. Que désignent ici les grandeurs p et f dont il est fait allusion par Leila ? Poursuivre son raisonnement pour rendre une décision.

3. Cette conclusion serait-elle la même si, en lançant 1 000 fois cette pièce, on avait obtenu 421 fois Pile ? Expliquer.

43 — 15 min — Choix d'un modèle

Dans une urne opaque, on sait qu'il y a un très grand nombre de billes rouges, bleues ou jaunes. On tire une bille de l'urne, on note sa couleur et on la remet dans l'urne. On ne connaît pas la loi de probabilité, mais on a réalisé l'expérience un très grand nombre de fois.

	Nombre d'expériences réalisées			
	1 000	2 000	5 000	10 000
Nombre de billes rouges obtenues	344	653	1 658	3 322
Nombre de billes bleues obtenues	484	1 007	2 546	5 005
Nombre de billes jaunes obtenues	172	340	796	1 663

On propose trois lois de probabilité.

Couleur	Rouge	Bleue	Jaune
Loi ①	$\frac{1}{3}$	$\frac{1}{3}$	$\frac{1}{3}$
Loi ②	0,3	0,5	0,2
Loi ③	$\frac{1}{3}$	$\frac{1}{2}$	$\frac{1}{6}$

Justifier qu'une seule de ces trois lois est compatible avec l'expérience aléatoire.

44 — 10 min — Dé truqué ou pas ?

On a lancé 20 fois un dé dont les 6 faces sont numérotées de 1 à 6. On a obtenu 6 fois la face numéro 1. Y a-t-il de bonnes raisons de penser que ce dé est truqué ? Argumenter.

45 20min **Somme de deux dés et simulations**

On lance deux dés tétraédriques (c'est-à-dire à quatre faces) équilibrés et on ajoute les résultats obtenus. On note S l'événement « la somme est strictement supérieure à 5 ». On souhaite simuler un grand nombre de fois l'expérience et mesurer la fluctuation, autour de la probabilité de S, de la fréquence observée des cas où l'événement S est réalisé.

1. Montrer que $p=\frac{3}{8}$.

2. Justifier que la fonction simul() ci-contre permet de simuler une fois l'expérience et préciser ce qu'elle renvoie.

```
from random import*
def simul():
    dé1=randint(1,4)
    dé2=randint(1,4)
    if dé1+dé2>5:
        return 1
    else:
        return 0
```

3. Soient deux entiers naturels n et N non nuls.

On définit ci-contre la fonction fréquence(n) qui renvoie la fréquence f observée de réalisation de S sur un échantillon de taille n. On souhaite calculer, sur N échantillons de taille n, la proportion des cas où la fréquence observée de réalisation de S est proche de p à $\frac{1}{\sqrt{n}}$.

```
def fréquence(n):
    L=[]
    for i in range(n):
        L.append(simul())
    return sum(L)/n
def mesure_écart(N,n):
    Nb=0
    for i in range(N):
        f=fréquence(n)
        if ...<=1/sqrt(n):
            Nb=...
    return ...
```

Compléter pour cela la fonction mesure_écart(N,n).

46 15min **Campagne de sensibilisation**

Le ministère de la santé a lancé une campagne de sensibilisation dans les collèges et lycées à destination des adolescents afin de promouvoir une activité sportive régulière.

Pour évaluer l'efficacité de cette campagne, on souhaite estimer la proportion p de jeunes qui se sont engagés dans une pratique sportive régulière.

Pour cela, on interroge un échantillon de 600 jeunes qui ne pratiquaient pas de sport avant la campagne. 245 d'entre eux affirment pratiquer régulièrement un sport suite à cette campagne.

1. Calculer la fréquence f des jeunes de cet échantillon qui ont une pratique sportive régulière.

2. On admet que pour environ 95 % des échantillons de taille n, on a :

$$|p-f|\leqslant\frac{1}{\sqrt{n}}.$$

Montrer que l'on peut estimer que la proportion p appartient à l'intervalle $[0{,}36\,;0{,}45]$.

APPROFONDISSEMENT

47 PYTHON **Paradoxe des anniversaires**

1. On réunit un groupe de 30 personnes. On note p la probabilité qu'au moins deux personnes du groupe ont la même date d'anniversaire. Intuitivement, laquelle de ces affirmations semble être vraie ?

a. $p<0{,}2$ **b.** $0{,}2<p<0{,}5$ **c.** $p>0{,}5$

2. On va considérer que dans une année, il y a 365 jours et on associe à chaque jour de l'année un entier de l'intervalle $[1\,;365]$. Voici une fonction anniversaires en langage Python :

```
from random import *

def anniversaires(n):
    dates=[]
    for i in range(n):
        l=randint(1,365)
        dates.append(l)
    for x in dates:
        if dates.count(x)>1:
            return 1
    return 0
```

Info Python

L'instruction dates.count(x) permet de compter le nombre d'éléments de la liste dates égaux à x. L'instruction for x in dates signifie que la variable x prend successivement chaque valeur de la liste dates.

a. Quel est le rôle de cette fonction ?

b. Coder puis appeler la fonction anniversaires pour $n=30$ dix fois de suite.

c. Que penser de la réponse donnée à la question **1.** ?

3. On considère N groupes de 30 personnes. On va simuler les dates d'anniversaires de chaque membre de ces groupes en vue d'estimer la probabilité p.

a. Écrire une fonction nommée freq qui prend en argument N le nombre de groupes et qui renvoie la fréquence de groupes composés d'au moins deux personnes ayant la même date d'anniversaire.

b. Représenter graphiquement les fréquences observées sur 50 échantillons de tailles $N=100$, $N=1\,000$ puis $N=10\,000$ à l'aide d'un programme Python.

c. Estimer autour de quelle valeur fluctuent les fréquences observées. Comparer avec les réponses données dans les questions **1.** et **2. c.**

48 PYTHON **Méthode de Monte-Carlo**

On considère dans un carré, un quart de cercle de rayon 1 comme sur le schéma ci-dessous. On munit ce carré d'un repère orthonormé (O, I, J).

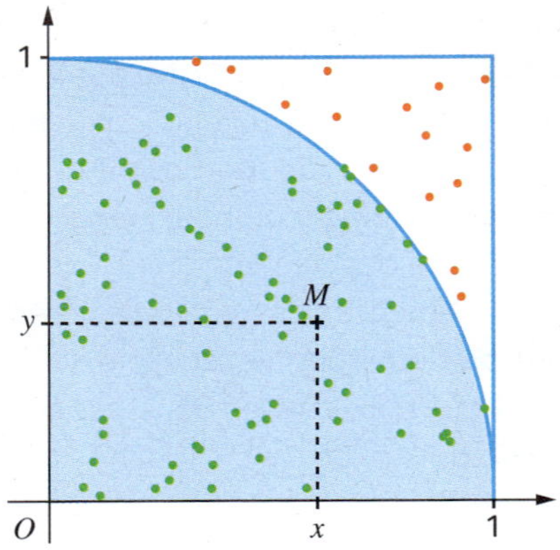

1. a. Justifier qu'un point $M(x\,;y)$ de ce carré appartient au quart de disque si et seulement si ses coordonnées vérifient : $x^2+y^2 \leqslant 1$.

b. Compléter et exécuter le script suivant permettant de représenter une famille de N points choisis aléatoirement dans le carré :

```
from random import *
from pylab import plot, axis, show
N = 1000
for i in range(N):
    x, y = random(), random()
    if ... <= 1:
        # si le point est dans le quart de disque,
        # on place un point vert dans le repère
        pylab.plot(x, y, '+', color='green')
    else:
        # sinon, on place un point rouge
        # dans le repère
        pylab.plot(x, y, '+', color='red')

pylab.axis('equal')
pylab.axis('on')
pylab.show()
```

2. On souhaite calculer la fréquence de points verts parmi l'ensemble des points simulés.

a. Compléter la fonction point ci-contre de sorte qu'elle renvoie 1 si un point $M(x\,;y)$ choisi au hasard dans le carré appartient au quart cercle et renvoie 0 sinon.

```
from random import *
def point():
    x = random()
    y = ...
    if ... <= 1:
        return ...
    else:
        return ...
```

b. Écrire alors une fonction freq(N) qui prend en paramètre un entier naturel N non nul, simule le choix de N points aléatoires dans le carré et renvoie la fréquence de points appartenant au quart de cercle.

c. Exécuter l'appel 4*freq(N) pour des valeurs de N de plus en plus grandes. Quelle conjecture peut-on faire quant à ce nombre lorsque N est très grand ?

d. Expliquer cette conjecture à l'aide de considérations d'aires.

49 **Simulations et modèle**

Lorsqu'on lance deux pièces de monnaie équilibrées, on peut obtenir : soit deux côtés Pile, soit deux côtés Face, soit un côté Pile et un côté Face.

Un élève affirme qu'en effectuant un très grand nombre de fois l'expérience, la fréquence de « obtenir deux côtés Face » deviendra proche de $\frac{1}{3}$.

1. On considère la fonction simul() ci-contre.

Que permet de faire cette fonction par rapport à l'expérience étudiée ? Préciser ce qu'elle renvoie.

```
from random import*
def simul():
    piece=['P','F']
    x=choice(piece)
    y=choice(piece)
    if x=='F' and y=='F':
        return 1
    else:
        return 0
```

2. Soit un entier naturel n non nul.

On souhaite simuler n fois l'expérience et calculer la fréquence observée du résultat « obtenir deux Faces » sur l'échantillon obtenu.

On propose pour cela la fonction fréquence(n) incomplète suivante. La compléter.

```
def fréquence(n):
    Nb=0
    for i in range(...):
        Nb=Nb+...
    return ...
```

3. On a exécuté 50 fois la fonction fréquence(100) et on a représenté graphiquement ci-dessous les fréquences observées et la droite d'équation $y=\frac{1}{3}$.

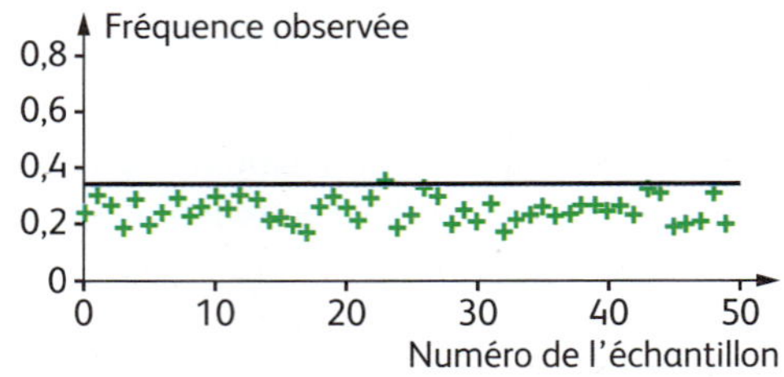

Que peut-on penser de l'affirmation de l'élève ?

4. À l'aide d'un arbre, calculer la probabilité d'obtenir deux Faces lorsqu'on lance deux pièces de monnaie bien équilibrées. Corriger l'affirmation de l'élève.

50 **Test de dépistage**

Un test de dépistage d'une maladie est considéré comme fiable lorsqu'il détecte dans 95 % des cas la maladie chez une personne atteinte.

Avant de commercialiser un nouveau test contre une maladie, une entreprise pharmaceutique décide de vérifier sa fiabilité en testant 1 000 personnes malades. À partir de combien de personnes correctement détectées dans cet échantillon peut-on penser que le test est fiable ?

exercices Accompagnement personnalisé

Maîtriser l'essentiel

51 Compréhension d'énoncé

Lire l'énoncé suivant.

On considère le jeu suivant : on lance plusieurs fois un dé cubique équilibré. Si on obtient la face 6 en quatre coups au plus, on gagne.

I. On souhaite simuler une partie de ce jeu. On considère pour cela la fonction simul() ci-dessous.

```
1 from random import*
2 def simul():
3     Nb6=0
4     for i in range(4):
5         if random()<1/6:
6             Nb6=Nb6+1
7     if Nb6>=1:
8         return 1
9     else:
10        return 0
```

a. Quelles instructions permettent de simuler le lancer du dé et de savoir si on a obtenu la face 6 ?

b. Quel est le rôle de la variable Nb6 ?

c. Quelle instruction permet de savoir si le joueur a gagné ?

d. Que renvoie la fonction simul() ?

II. On a simulé 50 fois 100 parties, puis 50 fois 1 000 parties. On a représenté ci-dessous les fréquences observées de gain dans chaque cas.

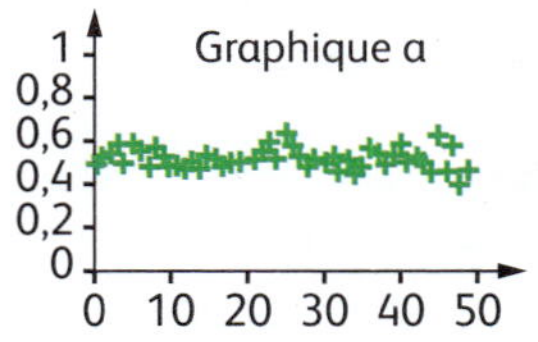

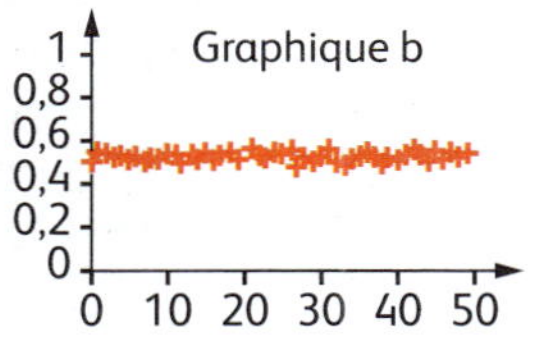

Quel graphique correspond à la simulation de 50 fois 1 000 parties ? Expliquer.

Répondre aux questions suivantes.

1. a. À quelle condition la variable Nb6 est-elle augmentée de 1 (ligne 6 du programme) ?

b. À quelle condition la fonction simul() renvoie-t-elle la valeur 1 (ligne 8) ? Et la valeur 0 (ligne 10) ?

2. Résoudre l'exercice proposé.

52 Une urne contient des boules jaunes et rouges. On note p la proportion de boules rouges et n le nombre total de boules. On effectue 100 tirages avec remise d'une boule et on note la couleur des boules obtenues : on a obtenu 27 boules rouges.

1. Calculer la fréquence f de boules rouges.

2. Justifier que l'on peut estimer que p vérifie l'encadrement : $0{,}17 \leqslant p \leqslant 0{,}37$.

3. On sait qu'il y a exactement 40 boules rouges dans l'urne. En déduire que $109 \leqslant n \leqslant 235$.

Aller plus loin

53 PYTHON

On reprend la situation de l'exercice 51.

1. Programmer une fonction échantillon(n) qui renvoie la fréquence observée de gain lorsqu'on simule n parties du jeu.

2. Programmer une fonction graphique(n,N) qui représente graphiquement les fréquences observées de gain sur N simulations de n parties du jeu.

54 PRISE D'INITIATIVES Publicité mensongère ?

COUP DE POUCE hachette-clic.fr/25de2113

Une auto-école affirme que 80 % de ses clients obtiennent le permis du premier coup.

Un journaliste décide de mener une enquête pour vérifier la validité de cette affirmation et décide d'interroger 300 clients de l'auto-école.

Sur ces 300 clients, seulement 223 ont eu leur permis du premier coup. Que peut-on raisonnablement déduire cette enquête ?

55 PRISE D'INITIATIVES Le jeu du franc-carreau

COUP DE POUCE hachette-clic.fr/25de2114

On dispose d'un damier constitué de carreaux de 5 cm de côté et d'une pièce de rayon 1 cm.

Le jeu du *franc-carreau* consiste à lancer la pièce au hasard sur le damier. Si le centre de la pièce est à l'extérieur du damier, alors le lancer ne compte pas et on rejoue. Lorsque la pièce ne chevauche pas les lignes du quadrillage et seulement dans ce cas, on dit qu'elle est à « franc-carreau ».

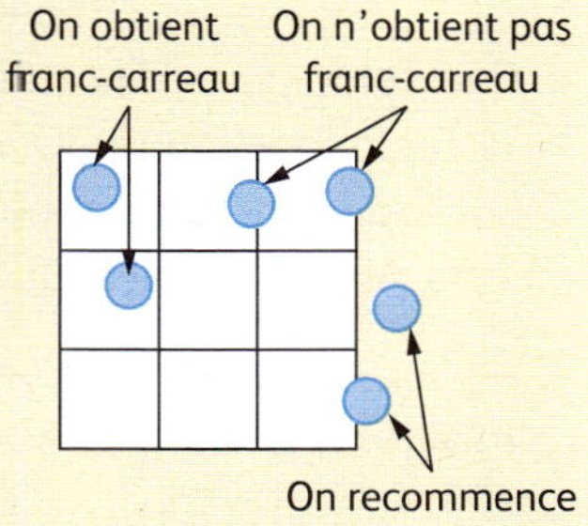

En utilisant une simulation à l'aide de fonctions Python, estimer la probabilité d'obtenir un franc-carreau.

56 PRISE D'INITIATIVES QCM et hasard

COUP DE POUCE hachette-clic.fr/25de2115

Un examen est donné sous la forme d'un QCM de 10 questions. Pour chacune des questions, il y a 3 propositions dont une seule est correcte. Pour réussir l'examen il faut avoir au moins 5 bonnes réponses.

À l'aide d'une feuille de calcul sur tableur ou bien d'un programme en Python, donner une estimation de la probabilité de réussir l'examen en répondant au hasard à toutes les questions.

TP Pratiquer l'algorithmique et programmer

Paradoxe de Penney

En 1969, Walter Penney a soumis le problème suivant dans le *Journal of Recreational Mathematics* : "Although in a sequence of coin flips, any given consecutive set of, say, three flips is equally likely to be one of the eight possible [...] one sequence of three is not necessarily likely to appear first as another set of three."

L'objectif de ce TP est de donner une traduction à cet extrait.

Deux joueurs s'affrontent dans un jeu où on lance successivement une pièce de monnaie jusqu'à ce que l'une des combinaisons choisies par les joueurs apparaisse. Le joueur A parie sur la combinaison "PPF" et le joueur B parie sur la combinaison "FPP".

Objectif PYTHON
Effectuer des simulations pour prendre une décision.

Info
C'est en sortant du lycée, à l'âge de 16 ans, que Walter Penney a énoncé ce paradoxe qui porte son nom.

Partie A Émettre une hypothèse

1. Construire un arbre de probabilité représentant trois lancers consécutifs d'une pièce.

2. Quelle hypothèse peut-on formuler quant à la victoire de l'un des joueurs ?

Partie B Tester une hypothèse

On souhaite observer un grand nombre de parties pour vérifier l'hypothèse émise dans la **Partie A**.

1. On considère la fonction jet ci-dessous.

```
from random import randint
joueurA = 'PPF'
joueurB = 'FPP'

def jet():
    if randint(0,1)==0:
        return 'F'
    else:
        return 'P'
```

a. Quel est le type de la variable joueurA ?

b. Tester la fonction jet. Quel est son but ?

2. Construire une boucle pour simuler les trois premiers lancers. Affecter le résultat à la variable lancers.

Info
L'opérateur + permet de concaténer deux chaines de caractère. Par exemple 'F'+'P' donne 'FP'.

3. Chaque nouveau jet est ajouté à lancers mais on ne souhaite en conserver que les trois derniers résultats. Tester l'instruction suivante, quel est son but ?

```
mot='bonjour'
mot=mot[1::]
```

4. On considère la fonction partie qui renvoie A si le joueur A gagne et B si le joueur B gagne.

```
def partie():
    fin=False
    lancers=''
    for i in range(3):
        lancer+=jet()
    while not fin:
        #print(lancers)
        if lancers==joueurA:
            fin=True
            return 'A'
        elif lancers==joueurB:
            ...
            return 'B'
        else:
            ...
            ...
```

Compléter la fonction et tester plusieurs parties.

5. a. Simuler 10 000 parties.

b. Indiquer la fréquence de victoires du joueur A et celle du joueur B.

6. L'observation des 10 000 échantillons permet-elle de valider ou, au contraire, de rejeter l'hypothèse formulée dans la **Partie A** ?

Partie C Trouver une explication

Pour simplifier, on observe la confrontation de deux joueurs sur deux lancers de pièces. Le joueur 1 mise sur l'issue PF et le joueur 2 mise sur l'issue FF.

1. a. Construire un arbre de probabilité modélisant ces deux lancers de pièce.

b. Entourer les issues qui terminent la partie.

2. En prolongeant les branches restantes, expliquer pourquoi l'un des joueurs ne peut plus gagner.

3. Donner une traduction de l'extrait du texte de Walter Penney publié dans le journal.

TP Mener une recherche

TP1 « Marche aléatoire »

Un robot placé sur un plan quadrillé part du point A. Il se déplace de façon aléatoire sur le quadrillage (que l'on suppose non limité en hauteur), en avançant d'un carreau en diagonale, vers le haut (en bleu sur la figure) ou vers le bas (en rouge). À chaque déplacement, il progresse vers le haut ou vers le bas avec la même probabilité. Les points A et B sont séparés par 30 carreaux.

Estimer la probabilité que le robot atteigne le point B en 30 déplacements exactement.

D'après Edubase, académie de Nantes

TP2 Jeu de Monty-Hall

Dans un jeu télévisé, le candidat se retrouve devant trois portes. Derrière l'une d'entre elles se trouve une voiture alors que derrière les deux autres se trouve une chèvre.

Le candidat désigne une porte ; mais, pour ménager le suspense, le présentateur du jeu ouvre une des deux portes que le candidat n'a pas choisies et derrière laquelle se trouve une chèvre !

Le candidat peut alors modifier son choix.

À l'aide de simulations de l'expérience, que peut-on lui conseiller ?

TP3 Un taux anormal de leucémie ?

À Woburn, une petite ville industrielle des États-Unis, dans les années 1970, la communauté locale s'émeut d'un grand nombre de leucémies infantiles, survenant en particulier chez les garçons. Les familles se lancent alors dans l'exploration des causes et constatent la présence de décharges et de friches industrielles, ainsi que l'existence de polluants. Dans un premier temps, les experts gouvernementaux concluent qu'il n'y a rien d'étrange. Mais les familles s'obstinent et saisissent leurs propres experts.

Les données statistiques concernant les garçons de moins de 15 ans, pour la période 1969-1979, sont données dans le tableau ci-dessous.

Population des garçons de moins de 15 ans à Woburn selon le recensement de 1970 : $n = 5\,969$
Nombre de cas de leucémie infantile observé chez les garçons à Woburn entre 1969 et 1979 : 9
Fréquence des leucémies aux États-Unis (garçons) $p = 0{,}00052$

Mettre en place une simulation d'échantillons de taille $n = 5\,969$ pour la proportion $p = 0{,}00052$ (tableur ou Python) et observer les écarts entre p et la fréquence observée de cas de leucémie sur ceux-ci.

Peut-on penser que le hasard seul explique le nombre de leucémies observées chez les jeunes garçons de Woburn ?

Info

Ce taux anormalement élevé de leucémies est officiellement confirmé en avril 1980. Les soupçons se portent sur la qualité de l'eau de la nappe phréatique qui alimente la ville. On découvre ainsi le syndrome du trichloréthylène.

Algorithmique et programmation

Les capacités du chapitre

- Capacité 1 : Concevoir une séquence d'instructions conditionnelles
- Capacité 2 : Lire, comprendre, modifier ou compléter un algorithme ou un programme
- Capacité 3 : Concevoir une séquence d'instructions itératives

Au fil du temps

Le mathématicien anglais Alan Turing (1912-1954) est considéré comme l'un des pères fondateurs de l'informatique moderne. Après avoir grandement contribué à casser les codes de la machine *Enigma*, qui cryptait les messages de l'armée nazie, il a posé les bases du fonctionnement des tout premiers ordinateurs.

Des maths partout !

La plupart des appareils électroniques qui nous entourent utilisent des programmes informatiques : des cartes à puce aux Smartphones, tablettes, montres connectées et même certains appareils électroménagers, trottinettes électriques et autres véhicules autonomes.

RESSOURCES DU CHAPITRE
hachette-clic.fr/25de2116

Partir d'un bon pied

A Diaporama pour tester les bases

ACTIVITÉS MENTALES RAPIDES

B Enchaînement d'opérations élémentaires

On considère les opérations suivantes.

A : « ajouter 3 » — C : « élever au carré »

B : « multiplier par 2 » — D : « prendre l'opposé »

1. a. Quelle est l'image de 2 par l'enchaînement « A suivi de B » ? Et celle de -5 ?

b. Mêmes questions pour l'enchaînement « B suivi de A ».

c. Mêmes questions pour l'enchaînement « A suivi de C, suivi de D ».

d. Un nombre a pour image -1 après avoir exécuté l'enchaînement A suivi de B suivi de A. Quel est ce nombre ?

2. On considère un nombre x.

Exprimer, en fonction de x, son image par :

a. l'enchaînement « A suivi de B » ;

b. l'enchaînement « B suivi de A, suivi de C » ;

c. l'enchaînement « C suivi de D, suivi de A ».

C Programmes en géométrie

On considère les trois scripts réalisés avec Scratch et les trois figures suivantes. Au début du programme, le chat est placé sur le rond et se déplace en direction de la flèche. Associer les scripts aux figures en justifiant votre choix.

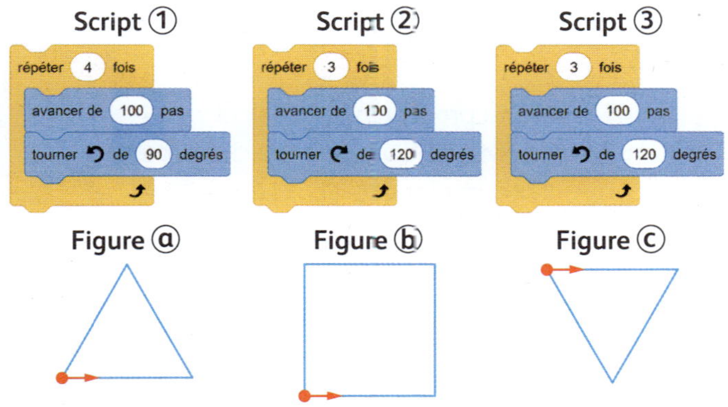

D Compléter un programme

On lance deux dés cubiques et on ajoute les résultats obtenus. Compléter le programme Scratch ci-dessous de façon à simuler cette expérience.

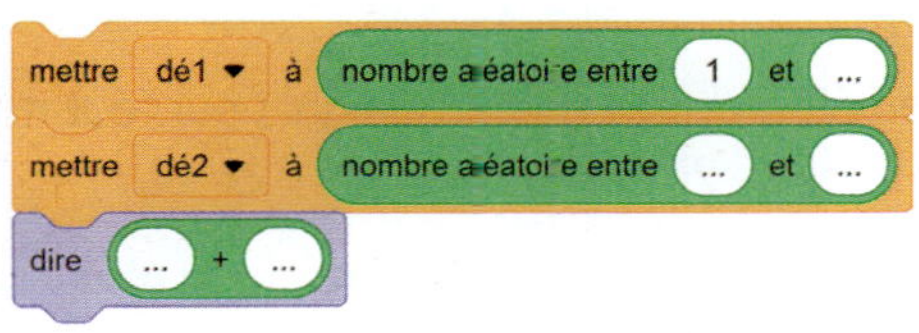

Activités

1 Variables et affectations

Objectif
Découvrir la syntaxe du langage Python.

Partie A. Étude d'un programme de calcul

On propose ci-dessous une version d'un même programme réalisé avec Scratch et en Python.

Ce programme utilise quatre variables : x, Etape1, Etape2 et Resultat.

D'après un sujet du diplôme national du brevet.

```
x=int(input("Choisis un nombre"))
print("Multiplie par 6")
Etape1=6*x
print("Ajoute 10")
Etape2=Etape1+10
print("Divise par 2")
Resultat=Etape2/2
print("On obtient ",Resultat)
```

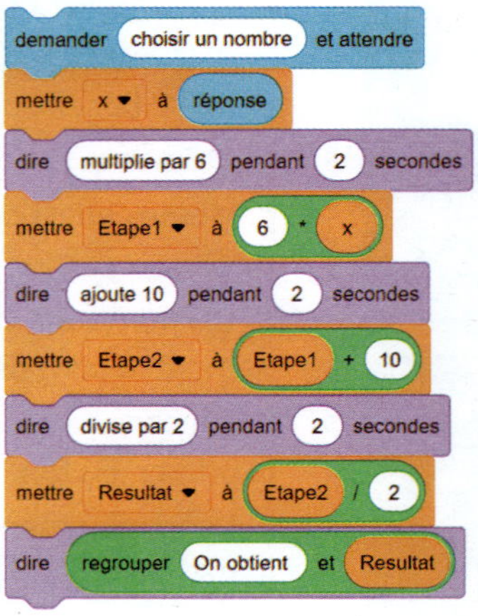

Pour chaque question, indiquer la bonne réponse.

1 La variable x contient :
a. un nombre
b. un texte
c. une image

2 L'instruction *dire* du langage Scratch se traduit en Python par :
a. `int()` b. `input()` c. `print()`

3 Louna a fait fonctionner ce programme en choisissant l'entier 5. À la fin de l'exécution le programme affiche :
a. On obtient 20 b. On obtient 15 c. On obtient 25

4 Si on appelle x le nombre choisi au départ, l'expression obtenue à la fin du programme est :
a. $3x+5$ b. $6x+5$ c. $3x+10$

Info

Le créateur du langage Python, Guido van Rossum, fan de la série *Monty Python's Flying Circus* a décidé de s'inspirer de ce nom pour baptiser son projet.

Partie B. Un second programme de calcul

Samuel a écrit en Python le programme ci-dessous.

```
x=int(input("Choisis un nombre"))
x=x+2
x=x*5
print("On obtient ",x)
```

Info Python
L'instruction `x=x+2` se lit « x prend la valeur $x+2$ »

1 Exécuter à la main le programme lorsque Samuel saisit la valeur 5 ; puis vérifier en exécutant le programme.

2 Trouver un nombre pour lequel le résultat affiché est le même avec le programme de Samuel qu'avec celui de Louna.

2 Écrire un programme de calcul

Objectif
Rédiger un programme en Python correspondant à une expression algébrique.

1 Écrire un programme en Python qui pour tout nombre choisi x affiche le nombre égal à $-2(x+4y)$ avec $y=-2x+1$.

2 Tester ce programme en calculant « à la main » les valeurs attendues pour $x=0$; $x=-4$ et $x=3$ puis comparer avec les valeurs affichées par le programme.

Activités

3 Instruction conditionnelle

Objectif
Comprendre l'affectation d'une variable et la manipulation d'une instruction conditionnelle.

On considère l'algorithme de calcul ci-contre où x désigne un nombre réel saisi par l'utilisateur.

$$x \leftarrow 4 \times x$$
$$x \leftarrow x + 5$$

1 Vérifier que lorsque l'on choisit 2 pour valeur de x au départ, la variable x contient la valeur 13 à la fin de l'algorithme.

2 Quel nombre faut-il choisir au départ pour obtenir -3 au terme de l'algorithme ?

3 Soit le programme suivant écrit en Scratch et en Python.

Scratch

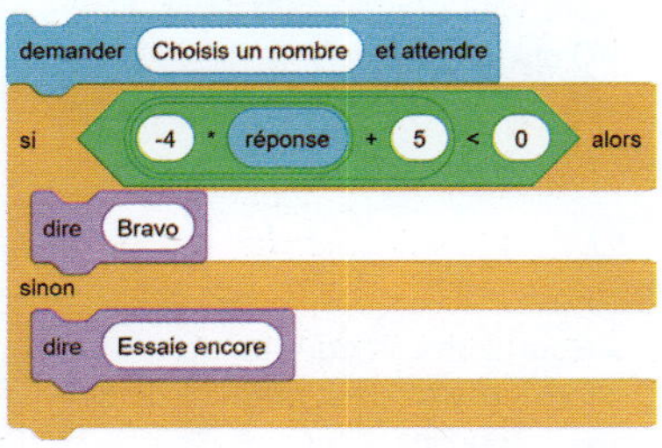

Python

```python
x=float(input(
"Choisis un nombre"))

if -4*x+5<0:
    print("Bravo")
else:
    print("Essaie encore")
```

a. Salomé exécute ce programme. Quelle sera la réponse affichée si elle choisit le nombre 12 ?
b. Résoudre l'inéquation $-4x+5<0$. À quelle condition, portant sur le nombre choisi, est-on certain que la réponse du script sera « Bravo » ?

4 Proposer un programme écrit en langage Python qui demande un nombre et affiche son signe « positif » ou « négatif ».

4 Boucles et fonctions

Objectif
Découvrir la syntaxe d'une boucle en langage Python.

Le programme suivant, écrit dans les deux langages Scratch et Python, permet de dessiner une étoile à 6 branches.

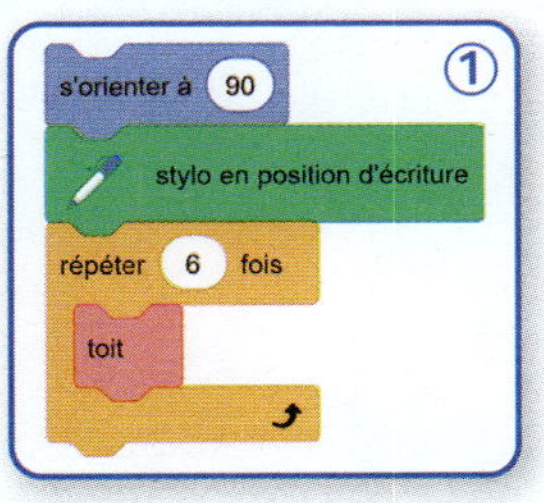

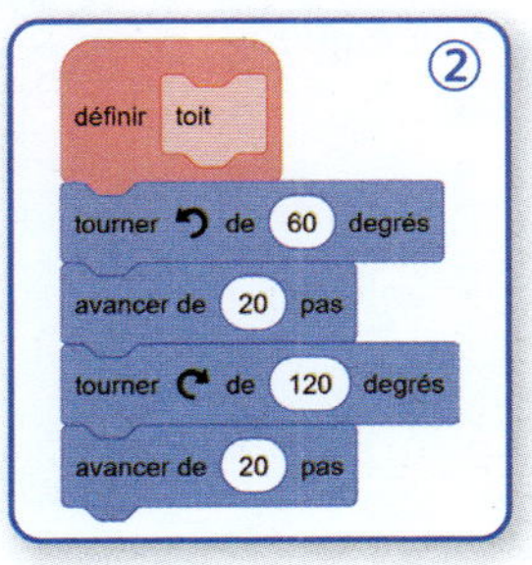


```python
from turtle import*
def toit():            # ⓐ
    left(60)
    forward(20)
    right(120)
    forward(20)

setheading(0)          # ⓑ
down()
for i in range(6):
    toit()

mainloop()
```

Scratch

Python

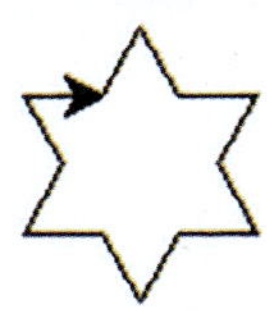

1 Associer chaque partie du programme Scratch (① ou ②) à une partie du programme Python (ⓐ ou ⓑ).

2 Que permet de tracer la fonction toit() ?

3 Ajouter une instruction à la fin de la fonction toit() afin d'obtenir le motif en zig-zag ci-contre.

4 Écrire une fonction toit2() permettant d'obtenir le motif ci-contre.

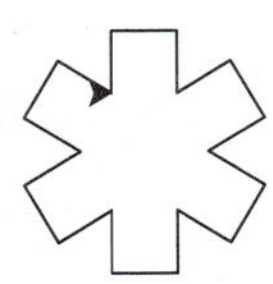

Cours

1 Variable et affectation

Définition Une **variable** est un *casier* de mémoire qui contient une information d'un certain **type**. Elle est désignée par un **nom**.

Type dans les algorithmes	Type en langage Python
• Nombre entier • Nombre réel • Booléen • Chaîne de caractères • Liste	• int : nombre entier • float : nombre réel • boolean : booléen • str : chaîne de caractères (*string* en anglais) • list : liste d'éléments

Remarque

Un booléen est une variable ne pouvant prendre que deux états notés Vrai (True ou 1) et Faux (False ou 0).

Définition L'**affectation** d'une variable est l'instruction permettant de « remplir » le *casier* correspondant.

Algorithmes	Langage Python
$X \leftarrow 5$	$X = 5$

Info

George Boole (1815-1864) est le créateur de l'algèbre binaire manipulant des éléments ne pouvant prendre que deux valeurs : 0 ou 1.

Remarque

Quand on voit dans un programme Python x=5; il est prudent de dire « x prend la valeur 5 ».

2 Structure conditionnelle

a Langage algorithmique

Dans un algorithme, il peut être nécessaire d'exécuter un bloc d'instructions uniquement lorsque certaines conditions sont satisfaites.

Syntaxes

Si condition Alors
instructions à exécuter lorsque la condition est vraie
Fin Si

Si condition Alors
instructions à exécuter lorsque la condition est vraie
Sinon
instructions à exécuter lorsque la condition est fausse
Fin Si

Exemple

L'algorithme suivant indique à l'utilisateur s'il est majeur ou mineur, *âge* étant un entier saisi par l'utilisateur.

Si âge ⩾ 18 **Alors**
| Afficher « Vous êtes majeur. »
Sinon
| Afficher « Vous êtes mineur. »
Fin Si

b Langage Python

```
x=float(input("Entrer un nombre relatif : "))

if x<0 :
    x = -x
print("La valeur absolue de ce nombre est :",x)
```

```
age=int(input("Quel est votre âge ?"))

if age>=18 :
    print("Vous êtes majeur.")
else :
    print("Vous êtes mineur.")
```

Les doubles points : marquent la fin des instructions de test ainsi que le début des instructions à exécuter. Ce bloc est indenté (le texte est décalé vers la droite).
La fin de l'indentation signifie la fin de la structure conditionnelle.

Remarque

L'instruction Si … alors … sinon si … se traduit par if … : elif … :
Voir programme exercice 2

méthode

CAPACITÉ 1 Concevoir une séquence d'instructions conditionnelles

Énoncé Une compagnie de transports en commun propose à ses usagers deux modes de tarification.

Tarif A : 1,50 € le trajet.

Tarif B : 20 € par mois, puis 0,80 € le trajet.

1. L'algorithme ci-contre permet d'indiquer le tarif le plus avantageux suivant le nombre de trajets n effectués dans le mois, n étant un entier entré par l'utilisateur.

Compléter cet algorithme en précisant la signification des variables A et B.

2. Programmer cet algorithme en langage Python, puis le tester pour différentes valeurs de n.

3. À partir de combien de trajets le tarif B est-il plus intéressant ? Justifier.

```
A ← 1,5×n
B ← ...
Si ... Alors
    Afficher « Le tarif A est le plus intéressant. »
Sinon
    Afficher « Le tarif B est le plus intéressant. »
Fin Si
```

Solution rédigée

1. n représente le nombre de trajets effectués dans le mois. La variable A (resp. B) représente le prix d'achat pour n trajets mensuels au tarif A (resp. au tarif B). On complète l'affectation $B \leftarrow 20 + 0{,}80 \times n$.

2. L'algorithme en Python

```python
n=int(input("Nombre de trajets ?"))
A=1.5*n
B=20+0.8*n
if A<=B:
    print("Le tarif A est le plus intéressant.")
else:
    print("Le tarif B est le plus intéressant.")
```

3. Pour n trajets effectués, le prix de revient avec le tarif A (resp. B) est $1{,}5n$ (resp. $0{,}8n+20$). Le tarif B est plus intéressant que le A si et seulement si :

$$1{,}5n \geqslant 0{,}8n + 20 \Leftrightarrow 0{,}7n \geqslant 20 \Leftrightarrow n \geqslant \frac{20}{0{,}7} \Leftrightarrow n \geqslant 29$$

car n est un entier

À partir de 29 tickets, le tarif B est plus intéressant que le tarif A.

Point méthode

2. Les erreurs de syntaxe sont courantes et sont indiquées lors de l'exécution du programme. Attention, l'absence d'erreurs de syntaxe ne garantit pas que le programme est correct. Il est utile de le tester pour plusieurs valeurs de n.

Point méthode

3. Ne pas oublier que n est un entier !

J'applique en autonomie

Voir corrigés p. 420

1 Un imprimeur élabore des cartes de visite et propose à ses clients une facturation dégressive.

Le tarif est de 0,2 € par carte de visite jusqu'à la centième unité, puis de 0,15 € par carte supplémentaire.

1. Calculer le prix facturé pour 50 cartes de visite commandées, puis celui pour 150 cartes commandées.

2. Le programme Python ci-dessous affiche le tarif facturé pour x cartes de visite commandées.

Compléter ce programme, puis le tester.

```python
x=int(input("Nombre de cartes commandées ?"))

if ... :
    tarif=0.2*x
else:
    tarif= ...

print(tarif)
```

2 Zorana a écrit un programme Python qui permet de savoir si un triangle est rectangle. Elle donne la longueur des côtés (par exemple $a=5; b=9$ et $c=8$) et le programme affiche si le triangle est rectangle, et précise alors la longueur de l'hypoténuse ou bien il affiche que le triangle n'est pas rectangle.

```python
a, b, c = 5, 9, 8
if a**2 == b**2 + c**2 :
    print("tri. rect. et hypoténuse=",a)
elif b**2 == c**2 ...
    print("tri. rect. et hypoténuse=",...)
elif ...
    print(...)
else:
    print(...)
```

1. Compléter les parties manquantes du programme sachant que pour les côtés $a=5; b=9$ et $c=8$ le programme doit afficher « le triangle n'est pas rectangle ».

Rappel

en Python a**2 signifie a^2 et == teste une égalité.

2. Tester le programme dans les cas suivants :

- $a=5; b=3$ et $c=4$
- $a=12; b=13$ et $c=5$
- $a=1; b=5$ et $c=7$
- $a=12; b=35$ et $c=37$

Cours

3 Fonctions

La notion de fonction est très importante en informatique, elle permet de structurer un programme en le décomposant en sous-programmes.

a Qu'est-ce qu'une fonction ?

Définition Une **fonction** est une succession d'instructions regroupées dans un bloc que l'on désigne par un nom.

Intérêt des fonctions

• **Lisibilité** : elles rendent le programme principal plus lisible.

• **Répétabilité** : elles permettent d'éviter la redondance du programme. Il est assez courant d'avoir à répéter des blocs d'instructions, on les regroupe alors dans une fonction.

• **Flexibilité** : il est plus rapide de modifier une fonction que de modifier l'ensemble des parties du programme où elle est utilisée.

Remarque

Le schéma ci-dessous illustre la différence entre l'exécution d'un programme sans fonction (à gauche) et d'un programme avec fonction (à droite), où les instructions 2 et 3 sont regroupées dans une fonction a.

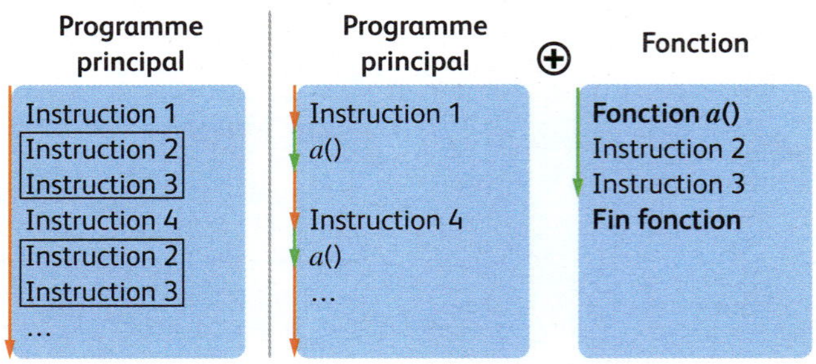

b Construire une fonction en Python

Le langage Python permet aux programmeurs d'enrichir les bibliothèques de fonctions prédéfinies en créant leurs propres fonctions.

Structure générale d'une fonction en langage Python

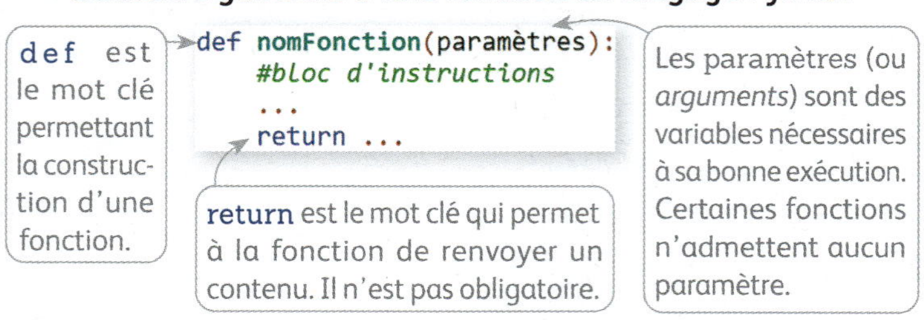

Remarques

• On choisit un nom de fonction en rapport avec ce qu'elle fait pour rendre le programme principal plus intelligible.

• Sous Python, on retrouve le double-point « **:** » et l'indentation, indiquant le début et la fin de la fonction.

• De nombreuses bibliothèques de fonctions sont disponibles. Il faut au préalable les importer avec le mot clé `import`.

Exemple

```
from math import sqrt # Importe la fonction racine carrée.
from random import * # Importe toutes les fonctions de random.
import pylab as pl # Définit un raccourci pour utiliser pylab.
```

Exemple

On considère l'algorithme suivant calculant plusieurs volumes de pyramides à base carrée.
Soient c, h et v des variables réelles.

Sans fonction

```
c ← 2
h ← 5
v ← (1/3)*c**2*h
Afficher(v)
c ← 0.5
h ← 10
v ← (1/3)*c**2*h
Afficher(v)
```

Avec fonction

Fonction volume qui prend en paramètre les variables c et h.

```
Fonction volume(c, h)
    return (1/3)*c**2*h
Fin Fonction
```

Programme principal

```
Afficher(volume(2,5))
Afficher(volume(0.5,10))
```

Exemple

L'algorithme ci-dessus en Python devient :

```
def volume(c , h):
    return (1/3)*c**2*h

print(volume(2,5))
print(volume(0.5,10))
```

Info Python

« c**2 » signifie c^2 en langage Python.

Info Python

La commande `help(fonction)` permet de donner une documentation sur la fonction saisie.

méthode

CAPACITÉ 2 Lire, comprendre, modifier ou compléter un algorithme ou un programme

Énoncé Dans le plan muni d'un repère orthonormé, on considère les points $A(x_A\,;y_A)$ et $B(x_B\,;y_B)$.

1. a. Exprimer le carré AB^2 de la distance AB en fonction des coordonnées x_A, y_A, x_B et y_B.

b. Programmer en langage Python une fonction carre_dist qui prend comme paramètres les coordonnées des points A et B et qui renvoie le carré de la distance AB.

2. Trois points A, B et C étant définis par leurs coordonnées, on se demande si le triangle ABC est isocèle. On souhaite résoudre ce problème en faisant appel à la fonction carre_dist et en utilisant la fonction est_isocele incomplètement reproduite ci-dessous. La compléter.

```
Fonction est_isocele(xA,yA,xB,yB,xC,yC)
    Si carre_dist(xA,yA,xB,yB) = … Alors Afficher(« le triangle est isocèle en A ») Fin Si
    Si carre_dist(xA,yA,xB,yB) = … Alors Afficher(« le triangle est isocèle en B ») Fin Si
    Si … = … Alors Afficher(« le triangle est isocèle en C ») Fin Si
Fin Fonction
```

3. Programmer en langage Python la fonction est_isocele, puis déterminer si le triangle ABC est isocèle ou non, dans chacun des cas suivants.

a. $A(-6\,;9)\,;B(3\,;11)\,;C(1\,;2)$ **b.** $A(4\,;-1)\,;B(2\,;5)\,;C(-1\,;3)$

Solution rédigée

1. a. $AB^2=(x_B-x_A)^2+(y_B-y_A)^2$ Voir Chap. 6 p. 150

b.
```python
def carre_dist(xA,yA,xB,yB):
    return(xB-xA)**2+(yB-yA)**2
```

2. On obtient :

```
Fonction est_isocele(xA,yA,xB,yB,xC,yC)
    Si carre_dist(xA,yA,xB,yB) = carre_dist(xA,yA,xC,yC) Alors
        Afficher(« le triangle est isocèle en A ») Fin Si
    Si carre_dist(xA,yA,xB,yB) = carre_dist(xB,yB,xC,yC) Alors
        Afficher(« le triangle est isocèle en B ») Fin Si
    Si carre_dist(xA,yA,xC,yC) = carre_dist(xB,yB,xC,yC) Alors
        Afficher(« le triangle est isocèle en C ») Fin Si
Fin Fonction
```

3. Cette fonction se traduit en langage Python par :

```python
def est_isocele(xA,yA,xB,yB,xC,yC):
    if carre_dist(xA,yA,xB,yB)==carre_dist(xA,yA,xC,yC):
        print("Le triangle ABC est isocèle en A.")
    if carre_dist(xA,yA,xB,yB)==carre_dist(xB,yB,xC,yC):
        print("Le triangle ABC est isocèle en B.")
    if carre_dist(xA,yA,xC,yC)==carre_dist(xB,yB,xC,yC):
        print("Le triangle ABC est isocèle en C.")
```

a. Le triangle ABC est isocèle en B.

b. L'exécution du programme n'affiche rien : ce triangle n'est pas isocèle.

Point méthode

2 Pour nommer une fonction, il est intéressant d'utiliser un nom qui explicite ses caractéristiques. Ici, on a choisi l'adjectif isocèle et les coordonnées des sommets du triangle examiné, qui sont les paramètres utilisés par la fonction.

J'applique en autonomie

Voir corrigés p. 420

3 La fonction ci-contre est écrite en Python.

1. Que renvoie-t-elle lorsque x vaut 3 ?

2. On saisit f(1) dans la console. Qu'obtient-on ?

```python
def f(x):
    if x>2:
        return x**2
    else:
        return 2*x
```

4 **1.** Compléter la fonction ci-contre pour qu'elle renvoie le maximum de deux valeurs passées en argument.

```python
def maximum(a,b):
    if a<b:
        return...
    else:
        return...
```

2. Tester la fonction avec ces arguments :

a. a=2, b=5 **b.** a=5, b=3 **c.** a=3, b=3

Cours

4 Structures itératives : boucles

Les structures d'instructions itératives permettent de répéter un nombre fini de fois un même bloc d'instructions, on parle de **boucles**.

a Boucle bornée (Boucle *Pour* ou *for*)

Lorsque le nombre de répétitions est connu à l'avance, on parle de boucle *bornée* ou encore de boucle *Pour* (*for*).

Syntaxe

Pour i allant de a à b **Faire**
bloc d'instructions
Fin Pour

Le **compteur** i prend successivement toutes les valeurs entières de a à b : il est automatiquement **incrémenté** d'une unité à chaque passage dans la boucle.

Pour chaque valeur prise par i, le bloc d'instructions est exécuté.

Syntaxe en langage Python

```
epargne=100
for i in range(1,25):
    versement=10*i
    epargne=epargne+versement

print(epargne)
```

En Python `range(a,b)` représente l'intervalle d'entiers $[a\,;b[$; donc `range(1,25)` est l'intervalle d'entiers $[1;25[$, soit tous les entiers compris entre 1 et 24 inclus.

Exemple

On dispose initialement de 100 € d'épargne. On verse 10 € le premier mois et ensuite chaque mois 10 € de plus que le mois précédent. On calcule l'épargne disponible au bout de 24 mois.

epargne ← 100
Pour i allant de 1 à 24 **Faire**
versement ← 10×i
epargne ← epargne+versement
Fin Pour

b Boucle non bornée (Boucle *Tant que* ou *while*)

Lorsque le nombre de répétitions est *a priori* inconnu, mais que l'on connaît un test d'arrêt, on parle de boucle *non bornée* ou encore de boucle *Tant que* (*while*).

Syntaxe

Tant que *condition* **Faire**
bloc d'instructions
Fin Tant que

Si la *condition* est ***vraie***, le bloc d'instructions est exécuté puis la *condition* est réévaluée. Si elle est ***fausse***, on sort de la boucle.

Syntaxe en langage Python

```
epargne=100
i=0        #compteur initialisé
while epargne<1000:
    i=i+1 #compteur incrémenté
    versement=10*i
    epargne=epargne+versement

print(i)
```

Dans ce cas, il faut penser à initialiser le compteur **i** avant la boucle, puis l'incrémenter à chaque passage dans la boucle.

Exemple

On reprend l'exemple précédent et on souhaite déterminer à partir de quel mois l'épargne atteindra ou dépassera 1 000 €.

epargne ← 100
i ← 0
Tant que epargne<1 000
i←i+1
versement ← 10×i
epargne ← epargne+versement
Fin Tant que

Remarque

De nombreux bugs informatiques sont liés à des boucles non bornées. En effet lorsque la condition de sortie est mal définie et n'est jamais atteinte, le programme ne peut sortir de la boucle et exécute une boucle infinie. Dans ce cas, il faut forcer le programme à cesser son exécution.

méthode

CAPACITÉ 3 Concevoir une séquence d'instructions itératives

Énoncé Tom dispose de 30 jetons. Il en pose un sur la 1re case d'un échiquier, puis deux sur la 2e, trois sur la 3e et ainsi de suite.

1. a. On souhaite appliquer l'algorithme ① ci-contre avec $n=3$.
Compléter un tableau d'état des variables au fur et à mesure de l'exécution de l'algorithme.
Quelle est la valeur finale de la variable S ?

b. Comment utiliser cet algorithme dans le contexte de l'exercice ?

2. En construisant un tableau similaire au précédent, appliquer l'algorithme ②.
Quelle est la valeur finale de la variable k ?
Que représente-t-elle dans le contexte de l'exercice ?

```
S ← 0
Pour k variant de 1 à n Faire
    S ← S + k
Fin Pour
```
①

```
S ← 0
k ← 0
Tant que S ⩽ 30 Faire
    k ← k + 1
    S ← S + k
Fin Tant que
```
②

Solution rédigée

1. a. D'après le tableau d'état des variables, la valeur finale de S est 6.

Étapes	Valeurs de n	Valeurs de k	Valeurs de S
Initialisation	3	-	0
1er passage	3	1	0+1=**1**
2e passage	3	2	1+2=**3**
Dernier passage	3	3	**3+3=6**

b. Cet algorithme calcule la somme des entiers consécutifs de 1 à n. Ainsi, S contient au final la valeur $1+2+3+\cdots+n$. Il s'agit du nombre total de jetons posés sur les n premières cases de l'échiquier.

2. D'après le tableau d'état des variables, la valeur finale de k est 8.

Étapes	Valeurs de k	Valeurs de S	Test $S \leqslant 30$
Initialisation	0	0	Vrai
1er passage	1	0+1=**1**	Vrai
2e passage	2	1+2=**3**	Vrai
⋮	⋮	⋮	⋮
7e passage	7	21+7=**28**	Vrai
8e passage	8	28+8=**36**	Faux : sortie de boucle

Lorsque l'on dispose de trente jetons, on ne peut empiler des jetons de cette manière que sur les 8 premières cases de l'échiquier.

Point méthode

1. a. On applique pas à pas les instructions de l'algorithme en indiquant, à chaque étape, la valeur courante de chacune des variables de l'algorithme.
Ce tableau permet de bien comprendre le fonctionnement de l'algorithme et comment il agit sur chacune des variables mises en jeu.

Point méthode

2 Dans le cas des boucles *Tant que*, on peut indiquer, dans une colonne, le résultat (Vrai ou Faux) du test apparaissant dans la condition (ici $S \leqslant 30$). Cela permettra de connaître le moment où on sort de la boucle *Tant que*.

J'applique en autonomie

Voir corrigés p. 420

5 Modifier, programmer puis exécuter l'algorithme ② de l'exercice ci-dessus afin de déterminer le plus petit entier n pour lequel la somme $S=1+2+3+\cdots+n$ dépasse 1 000.

6 Une fourmilière compte 200 fourmis. Chaque année, cette population augmente de 5 %.
On souhaite étudier son évolution sur 10 ans. Pour cela, on élabore l'algorithme incomplet ci-dessous.

```
pop ← …
Pour i variant de 1 à … Faire
    augmentation ← …
    pop ← pop+…
Fin Pour
Afficher pop
```

1. Compléter puis programmer cet algorithme en Python.

2. Modifier puis programmer cet algorithme afin qu'il affiche le nombre d'années nécessaires pour que cette fourmilière dépasse 1 000 fourmis.

7 On considère le programme Python ci-contre.

```python
def f(x):
    return 2*x-3

for a in range(-2 , 3):
    print(a,f(a))
```

1. a. Exécuter le programme à la main.

b. Quel est son objectif ?

2. Soit la fonction f définie par $f(x)=-x^2+2$ sur $\mathrm{I}=[-5;5]$. Modifier le programme pour qu'il affiche le tableau de valeurs de f pour tous les entiers de I.

TP Pratiquer l'algorithmique et programmer

TP1 Des ensembles de points étonnants (affecter une variable)

Partie A Milieux successifs et triangle de Sierpiński

ABC est un triangle et M_0 le milieu du côté $[AB]$.
M_1 est défini à l'aide des instructions suivantes :

- choisir un des sommets de ABC au hasard : on l'appelle S ;
- construire M_1 milieu de $[SM_0]$.

M_2 est défini à l'aide des instructions suivantes :

- choisir un des sommets de ABC au hasard : on l'appelle S ;
- construire M_2 milieu de $[SM_1]$.

De façon générale, M_{k+1} est défini à l'aide des instructions suivantes :

- choisir un des sommets de ABC au hasard : on l'appelle S ;
- construire M_{k+1} milieu de $[SM_k]$.

L'objectif est de visualiser l'ensemble des points M_k à l'aide du programme ci-contre.

1. Compléter la fonction milieu sachant que xM et yM sont les coordonnées du milieu des points de coordonnées (xA,yA) et (xB,yB).

2. Tester le programme pour 100 points à l'aide de la commande sierp(100), puis pour 1 000 ou 10 000 points.

```python
from random import randrange
from matplotlib import pyplot as plt

def milieu(xA, yA, xB, yB):
    xM = ...
    yM = ...
    return xM, yM

def sierp(nbpts):
    X_ABC, Y_ABC = [-1, 1, 0], [0, 0, 1.73205]
    X, Y = [0], [0]

    for k in range(nbpts):
        sommet = randrange(3)
        xM, yM = milieu(X_ABC[sommet], Y_ABC[sommet], X[k], Y[k])
        X.append(xM)
        Y.append(yM)

    plt.axis ([-1.1, 1.1, -0.1, 1.8])
    plt.plot(X_ABC, Y_ABC, 'or', markersize = 3)
    plt.plot(X, Y, '.b', markersize = 3)
    plt.show()
```

Partie B Symétrique de deux points

ABC est un triangle et M_0 le milieu du côté $[AB]$.
M_1 est défini à l'aide des instructions suivantes :

- choisir un des sommets de ABC au hasard : on l'appelle S ;
- construire P_0 symétrique de M_0 par rapport à S ;
- construire M_1 milieu de $[SP_0]$.

De façon générale, M_{k+1} est défini à l'aide des instructions suivantes :

- choisir un des sommets de ABC au hasard : on l'appelle S ;
- construire P_k symétrique de M_k par rapport à S ;
- construire M_{k+1} milieu de $[SP_k]$.

L'objectif est de visualiser l'ensemble des points M_k à l'aide du programme ci-contre.

1. Compléter la fonction milieu.

2. Compléter la fonction symetrique sachant que xS et yS sont les coordonnées du symétrique du point de coordonnées (xB,yB) par rapport au point de coordonnées (xA,yA).

3. Tester le programme pour 100 points à l'aide de la commande sierp(100), puis pour 1 000 ou 10 000 points.

```python
from random import randrange
from matplotlib import pyplot as plt

def symetrique(xA, yA, xB, yB):
    xS = ...
    yS = ...
    return xS, yS

def milieu(xA, yA, xB, yB):
    xM = ...
    yM = ...
    return xM, yM

def sierp(nbpts):
    X_ABC, Y_ABC = [-1,1,0], [0, 0, 1.73205]
    X, Y = [0], [0]

    for k in range(nbpts):
        sommet = randrange(3)
        xS, yS = symetrique(X_ABC[sommet],Y_ABC[sommet], X[k], Y[k])
        xM, yM = milieu(X_ABC[sommet],Y_ABC[sommet], xS, yS)
        X.append(xM)
        Y.append(yM)

    plt.axis([min(X), max(X), min(Y), max(Y)])
    plt.plot(X_ABC, Y_ABC, 'or', markersize = 3)
    plt.plot(X, Y, '.b', markersize = 3)
    plt.show()
```

TP2 Nombres parfaits (for, if)

Un nombre parfait est un entier égal à la somme de ses diviseurs propres (autres que lui-même).
Par exemple, 6 a pour diviseurs propres 1 ; 2 et 3 ; et $1+2+3=6$, donc 6 est un nombre parfait.
L'objectif de ce TP est d'écrire un programme permettant de trouver tous les nombres parfaits inférieurs ou égaux à une valeur saisie par l'utilisateur.

1. a. 9 est-il un nombre parfait ?

b. Montrer que 28 est un nombre parfait.

2. a. Effectuer, à la main, la division euclidienne de 124 par 11.

b. Dans la console Python, saisir `124%11`, et observer le résultat.

3. Recopier le code suivant et l'expliquer.

```
for i in range(1,124):
    if 124%i == 0:
        print(i,"est un diviseur propre de 124")
```

4. Écrire la fonction `somme_diviseurs(n)` qui renvoie la somme des diviseurs propres de l'entier n entré en paramètre.

5. Construire la fonction `est_parfait(n)` qui affiche tous les entiers parfaits strictement inférieurs à n.

6. Déterminer les cinq premiers nombres parfaits.

TP3 Nombres amicaux (for, if)

Des nombres amicaux sont deux entiers tels que la somme des diviseurs propres (différents du nombre lui-même) de chacun des deux nombres est égale à l'autre nombre.
Par exemple, les nombres 220 et 284 sont amicaux :

- diviseurs propres de 220 : 1 ; 2 ; 4 ; 5 ; 10 ; 11 ; 20 ; 22 ; 44 ; 55 et 110. Leur somme est 284.
- diviseurs propres de 284 : 1 ; 2 ; 4 ; 71 et 142. Leur somme est 220.

Le but du TP est d'écrire un programme qui trouve et affiche toutes les paires de nombres amicaux inférieures ou égales à un nombre donné par l'utilisateur.

1. La fonction `input()` permet à l'utilisateur de saisir une chaîne de caractères.
Explique l'instruction suivante :

`n=int(input("Entrer un entier"))`

2. À l'aide d'une boucle for, rechercher tous les couples de nombres amicaux qui sont tous les deux inférieurs ou égaux à un nombre entier choisi par l'utilisateur.

TP4 Variantes

Partie A Nombres « copains » (for, if)

Deux nombres sont « copains » si chacun est la somme des diviseurs pairs de l'autre.

Construire la fonction `copains(n)` qui affiche la liste de toutes les paires de nombres inférieurs ou égaux à n qui sont « copains ».

Partie B Nombres qui ont le « Déclic » (for, if)

Deux nombres ont le « Déclic » si les sommes des carrés de leurs diviseurs sont égales.
Par exemple, 6 et 7 ont le « Déclic » en effet :
– pour 6, on a : $1^2+2^2+3^2+6^2=50$
– pour 7, on a : $1^2+7^2=50$

1. Construire la fonction `declic(n)` qui affiche la liste de toutes les paires de nombres inférieurs ou égaux à n qui ont le « Déclic ».

2. Adapter le programme pour déterminer s'il existe des entiers qui ont le « Triple Déclic » : les sommes des cubes de leurs diviseurs sont égales.

TP5 Le jeu du juste prix (while, if)

À la fin du jeu télévisé « Le juste prix », les joueurs pouvaient estimer le prix d'une vitrine de cadeaux dans un temps limité.
À chaque proposition, l'animateur indiquait si elle était plus petite ou plus grande que le prix exact.
Le but du programme est de recréer cette partie du jeu. Pour que le jeu ne soit pas trop long, on fera deviner un nombre entre 0 et 100.

1. La bibliothèque random de Python permet d'accéder à bon nombre de fonctions générant le hasard. L'une d'entre elles, randint(), permet de choisir aléatoirement des nombres entiers compris entre deux valeurs entrées en paramètre. Saisir le code suivant dans la console Python, puis l'exécuter :

```
from random import randint
randint(1,100)
```

2. Recopier le code suivant et l'expliquer.

```
from random import randint

vitrine = randint(1,100)
c = int(input("Choisir un entier"))
if c < vitrine:
    print("trop petit")
```

Aide
int() permet de convertir ce qui est passé en paramètre en une valeur entière.

3. Compléter cette partie du programme pour traiter les autres cas possibles (« trop grand » et « gagné ») en utilisant les instructions elif et else.

4. La durée du jeu étant inconnue, le choix de la boucle est clair. En revanche, la condition d'arrêt l'est moins.

a. Indiquer la ligne du programme où la fin du programme doit se décider.

b. En s'inspirant de l'exemple (à ne pas saisir dans le programme) ci-dessous, l'adapter pour finir le programme.

```
# ~ Tant que je n'ai pas saisi
# ~ "Oui", la boucle continue

fin = False
while fin == False:
   c=input("Oui ou Non")
   if c=="Oui":
         fin = True
```

5. Pour améliorer le jeu, créer un compteur de coups, le nommer coups. Terminer le programme pour qu'il affiche le nombre de coups utilisés pour trouver le prix.

Remarque
Pour insérer le contenu d'une variable dans une chaîne de caractère, on peut utiliser la concaténation qui permet de « coller » des chaînes de caractères.
Par exemple :
texte="Vous avez gagné en"+str(coups)+"coups."

TP6 Le jeu des allumettes (While, if)

On dispose de 20 allumettes.
À chaque tour, le joueur ou l'ordinateur retire 1, 2 ou 3 allumettes. Celui qui prend la dernière allumette a perdu.
En s'inspirant du TP5 programmer le jeu en respectant le cahier des charges suivant :

- Si le joueur choisit un nombre illégal d'allumettes, le programme lui redemande obligatoirement une nouvelle saisie. *On admet que le joueur n'est pas malveillant et saisit bien un entier.*
- Le nombre d'allumettes restantes est indiqué à chaque tour.
- L'ordinateur retire un nombre aléatoire d'allumettes entre 1 et 3, inférieur au nombre d'allumettes restantes.
- **Bonus :** Les allumettes s'affichent à chaque tour (on peut créer une fonction dédiée à l'affichage).

```
||||||||||||||||||||
Il reste  20  allumettes
Combien d'allumettes enlevez-vous ? 2
||||||||||||||||||
Il reste  18  allumettes
L'ordinateur enlève  3
|||||||||||||||
Il reste  15  allumettes
Combien d'allumettes enlevez-vous ? 4
saisie invalide
Combien d'allumettes enlevez-vous ? 3
||||||||||||
Il reste  12  allumettes
L'ordinateur enlève  3
|||||||||
Il reste  9  allumettes
Combien d'allumettes enlevez-vous ?
```

TP7 Initiation à Pygame (while, if) – Partie 1

Le module Pygame est dédié à la création de jeux en 2D. Il permet de poser des éléments graphiques et de les dessiner plusieurs fois par seconde donnant ainsi l'impression de mouvement.

Remarque

Il faut vérifier que l'environnement de programmation utilisé permet d'utiliser Pygame ; EduPython le permet.

Le but du programme est de créer un jeu dans lequel une balle rebondit sur les parois de la fenêtre mais elle ne doit pas toucher le sol. Un personnage, dirigé par un joueur, doit l'en empêcher. Ce TP permet de gérer le personnage.

1. Télécharger le fichier *chapAlgo_TP7.py* qui contient le corps du programme ainsi que l'image *chapAlgo_TP7perso.png*.

Remarques

- *chapAlgo_TP7perso.png* est un carré de 100 × 100 pixels.
- Ce programme est décomposé en plusieurs zones dans lesquelles des instructions sont à écrire pour créer le jeu.

2. Sachant que la fenêtre a une taille de 640 × 480 et que l'origine du repère est située dans le coin supérieur gauche de la fenêtre, modifier le programme pour que le personnage soit situé au milieu et en bas de la fenêtre.

Aide

position_perso.topleft gère la position du dessin de l'image perso.

3. Saisir le code suivant et le placer dans la zone *#gestion des touches* au niveau de la zone *#zone jeu 2*.

```
if event.type = KEYDOWN:
    if event.key == K_RIGHT
        print("flèche droite appuyée")
```

Tester le code et observer ce qu'il se passe.

4. Pour déplacer le personnage horizontalement, il faut créer une variable x_perso qui contient son abscisse et x_vecteur qui modélise son déplacement.
Définir ces variables dans la *#zone des variables*.

5. Modifier le programme pour que, à chaque pression KEYDOWN, le déplacement x_vecteur augmente de 0,5 px lorsque la flèche droite est appuyée et −0,5 px lorsque la flèche gauche est appuyée.

Aide

- On peut changer cette valeur pour jouer sur la sensibilité du déplacement.
- Penser à déplacer le personnage en saisissant : x_perso=x_perso+x_vecteur dans la *#zone de jeu 1*.

6. Gérer l'arrêt du déplacement lorsqu'on relâche la touche KEYUP.

7. Il faut empêcher le personnage de sortir de l'écran. Pour cela :
- si le bord du personnage déborde rendre la vitesse nulle ;
- replacer le personnage sur le bord.

Aide

Saisir cette partie dans la *#zone jeu 1* après avoir calculé la position du personnage.

TP8 Initiation à Pygame (while, if) – Partie 2

Après avoir réalisé le **TP7** ou en téléchargeant le fichier *chapAlgo_TP8.py*, créer une balle qui rebondit sur les parois ou sur le personnage.
Si la balle touche le sol la partie se termine en indiquant running=False.

Remarque

Pour construire la balle, dans *#gestion balle*, on utilise l'instruction pygame.draw.circle(fenetre,(255,255,255),(x_balle, y_balle),20) où x_balle et y_balle sont des variables à définir.

TP Pratiquer l'algorithmique et programmer

TP9 Les équations de Pell-Fermat (affectation et type de variables/fonction)

Pierre de Fermat (1601-1665) a démontré que toute équation de la forme $nx^2+1=y^2$ avec n entier qui n'est pas un carré parfait, et x et y entiers non nuls, admet une infinité de solutions.

Partie A Recherche de solution

Pour certaines valeurs de n, on peut trouver un couple $(x\,;y)$ solution de l'équation en procédant par essai – erreur ; pour cela on teste les valeurs successives de x.

Trouver un couple solution pour :
$n=80$; c'est-à-dire $80x^2+1=y^2$
$n=2$; c'est-à-dire $2x^2+1=y^2$
$n=110$; c'est-à-dire $110x^2+1=y^2$
$n=5$; c'est-à-dire $5x^2+1=y^2$

Partie B Utilisation d'un programme

Le procédé étant répétitif, on peut utiliser un programme informatique.

```
1 from math import sqrt, floor
2
3 for x in range(1, 1000):
4     y = ...
5     if floor(y) == y:
6         print(x, y)
7 print("fin de la recherche")
```

La fonction sqrt permet d'obtenir la racine carrée et la fonction floor donne la partie entière.

1. Recopier le programme ci-dessus et compléter la ligne 4 afin de calculer la valeur de y.

2. Modifier la ligne 4 afin d'obtenir des solutions pour les équations de la partie A.

3. Pour éviter de changer à chaque fois l'expression de la ligne 4 et pour obtenir plus de solutions (c'est-à-dire tester plus de valeurs de x), on peut écrire la fonction suivante.

```
def equation(n, xmax):
    for x in range(1, xmax):
        y = ...
        if floor(y) == y:
            print(x, y)
    print("fin de la recherche")
```

Par exemple, pour résoudre l'équation $80x^2+1=y^2$ pour les valeurs de x allant de 1 à 10 000, il faudra demander equation(80,10001).
Vérifier que equation(80,10001) donne trois couples $(x\,;y)$ solutions.

4. Déterminer (par essais-erreurs) une valeur de xmax permettant d'obtenir cinq couples $(x\,;y)$ solution de l'équation $5x^2+1=y^2$.

5. À l'aide de ce programme, trouver au moins une solution aux deux équations suivantes :
- $73x^2+1=y^2$
- $94x^2+1=y^2$

Partie C Typage des variables

1. Tester le programme précédent avec equation(61,100000001) (pour x allant jusqu'à cent millions !) et vérifier que l'on obtient six couples solutions. On note $(X\,;Y)$ les valeurs du premier couple affiché (aide : X vaut environ 42 millions !).

2. En utilisant la valeur de X trouvée par le programme, démontrer que le chiffre des unités de X^2 est 1.

3. En déduire quel devrait être le chiffre des unités de Y^2.

4. Interpréter le résultat obtenu par le programme.
Explication : la variable y est de type float(décimal) et le programme la compare à floor(y) de type int (entier) : à causes des approximations, c'est source d'erreur !

5. Compléter la fonction ci-dessous.

```
def equation(n, xmax):
    for x in range(1, xmax):
        # résultat dans une variable z
        ... = n * x**2 + 1
        # part. ent. de rac. carrée de z
        y = ...
        # comparaison de deux entiers
        if z == ...
            print(x, y)
    print("fin de la recherche")
```

6. À l'aide de cette dernière fonction, déterminer la plus petite valeur de x solution de l'équation (l'algorithme étant assez naïf, cela peut prendre quelques minutes…)

TP10 Nature d'un triangle (structure conditionnelle et opérateur booléen "or")

On choisit trois points A, B et C au hasard sur les nœuds d'un quadrillage 9×9 (les coordonnées de ces points sont donc des entiers de l'intervalle $[0;10[$).

Le but de ce travail est de répondre à la question suivante.

Déterminer l'événement qui a la plus grande probabilité parmi :

- « Obtenir un triangle ABC rectangle (éventuellement isocèle) » ;
- « Obtenir un triangle ABC isocèle (éventuellement rectangle) » ;
- « Obtenir un triangle ABC équilatéral ».

Partie A Expérimentation

Expérimenter sur un quadrillage (obtenir un nombre au hasard à l'aide de la calculatrice, d'un tableur, d'un dé...).

Partie B Programme

L'objectif est d'obtenir un grand nombre de simulations à l'aide du programme suivant :

```
1 from random import randrange
2
3 def cotes2(xA, yA, xB, yB, xC, yC):
4     a2 = (xC - xB)**2 + ...
5     b2 = ...
6     c2 = ...
7     return a2, b2, c2
8
9 def est_tri(xA, yA, xB, yB, xC, yC):
10     a2, b2, c2 = cotes2(xA, yA, xB, yB, xC, yC)
11     return a2*b2*c2!=0
12
13 def est_rect(xA, yA, xB, yB, xC, yC):
14     a2, b2, c2 = cotes2(xA, yA, xB, yB, xC, yC)
15     if (a2 == b2 + c2) or (b2 == c2 + a2) or ... :
16         return 1
17     else:
18         return 0
19
20 def nature(tests):
21     n, nb_tri = 0, 0
22     for k in range(tests):
23         xA, yA = randrange(10), randrange(10)
24         xB, yB = randrange(10), randrange(10)
25         xC, yC = randrange(10), randrange(10)
26         if est_tri(xA, yA, xB, yB, xC, yB):
27             n = n + est_rect(xA, yA, xB, yB, xC, yC)
28             nb_tri = nb_tri + 1
29     return n / nb_tri
```

1. Compléter la fonction cotes2 sachant qu'elle prend en paramètres les coordonnées des sommets du triangle et elle renvoie le carré des longueurs des côtés. Par exemple, si le triangle a pour sommets $A(0;1)$, $B(3;4)$ et $C(5;8)$, la fonction cotes2(0,1,3,4,5,8) doit retourner (20,74,18).

2. Compléter la fonction est_rect sachant qu'elle prend en paramètres les coordonnées des sommets du triangle et elle renvoie 1 si le triangle est rectangle et 0 sinon.

Vérifier le programme : est_rect(0,1,3,4,5,8) doit renvoyer 0 et est_rect(0,1,5,1,5,8) doit renvoyer 1.

3. À l'aide du programme, donner une estimation de la probabilité d'obtenir un triangle rectangle.

nature(1000) testera environ 1 000 triangles (pas de test pour ceux réduits à un point, mais les triangles aplatis seront pris en compte).

Aide
- randrange(10) renvoie un entier de l'intervalle $[0;10[$.
- or signifie « ou ».

4. S'inspirer du code de la fonction est_rect pour définir une fonction est_isocèle qui prend en paramètres les coordonnées des sommets du triangle et qui renvoie 1 si le triangle est isocèle (éventuellement rectangle ou équilatéral) et 0 sinon.

Adapter la ligne 27 afin d'avoir une estimation de la probabilité d'obtenir un triangle isocèle.

5. a. S'inspirer du code de la fonction est_rect pour définir une fonction est_equi qui prend en paramètres les coordonnées des sommets du triangle et qui renvoie 1 si le triangle est équilatéral et 0 sinon.

b. À l'aide du programme, donner une estimation de la probabilité d'obtenir un triangle équilatéral (adapter la ligne 27).

c. On peut démontrer ce résultat à l'aide d'une démonstration par l'absurde : on suppose qu'il existe un triangle équilatéral ABC dont les sommets sont sur les nœuds du quadrillage.

① Démontrer alors que $\mathscr{A}$, l'aire du triangle, est égale à $\frac{\sqrt{3}}{4}AB^2$; en déduire que $\mathscr{A}$ n'est pas un nombre rationnel.

② $\mathscr{A}$ peut être calculée comme la différence de l'aire d'un rectangle et de celle de trois triangles rectangles ; en déduire alors la nature du nombre $\mathscr{A}$.

③ Conclure.

TP Pratiquer l'algorithmique et programmer

TP11 Une rencontre improbable ?

Roméo et Juliette se sont donné rendez-vous dans le jardin des Capulet. On suppose que chacun arrive au hasard entre 22 h et 23 h, mais que le premier arrivé n'attend pas l'autre plus de 10 minutes.
Quelle est la probabilité p que Roméo et Juliette se rencontrent ?
Pour répondre à cette question, on va simuler un grand nombre de fois l'expérience et calculer la fréquence des rencontres.

1. Dans la console Python écrire :

```
>>> from random import randrange
>>> randrange(0,61)
```

Info
Cette fonction renvoie un entier dans l'intervalle $[0;61[$.

Le premier appel donne l'heure d'arrivée de Roméo, le second celui de Juliette.
Exemple :

```
>>> randrange(0, 61)
32
>>> randrange(0, 61)
7
```

signifie que Roméo arrive à 22 h 32 et Juliette à 22 h 07 : ils ne se sont pas rencontrés !
Répéter un certain de nombre de fois l'expérience et mettre en commun les résultats afin d'estimer la probabilité qu'ils se rencontrent.

2. Le programme ci-dessous simule n fois les heures d'arrivées de Roméo et de Juliette, et renvoie le nombre de fois où ils se sont rencontrés parmi ces n expériences simulées.

```
from random import randrange

def rdv(n):
    rencontre = 0
    for k in range(n):
        R, J = randrange(0, 61), randrange(0, 61)
        if abs(R - J) <= 10:
            rencontre = ...
    return ...
```

a. Sachant que la fonction abs(x) renvoie la valeur absolue de x, justifier que si le test est vrai alors la rencontre a lieu.

b. Compléter le programme, puis le tester en exécutant rdv(1000) pour effectuer 1 000 simulations.

3. Dans le programme suivant (*chapAlgo_TP11_3.py*) on place les points de coordonnées (R, J) où R (resp. J) est le nombre de minutes après 22 h correspond à l'arrivée de Roméo (resp. Juliette).
Si le rendez-vous a lieu, le point est de couleur verte, sinon il est de couleur rouge.

```
def aire(n):
    x_ok, y_ok, x_non, y_non = [], [], [], []
    for k ... :
        R, J = ...
        if ... :
            x_ok.append(R)
            y_ok.append(J)
        else:
            x_non.append(R)
            y_non.append(J)
    plt.plot(x_ok, y_ok, 'g.')
    plt.plot(x_non, y_non, 'r.')
    plt.axis('equal')
    plt.show()
```

a. Compléter les pointillés à l'aide du programme précédent ; puis exécuter la fonction aire(5000).

b. Justifier que le graphique est dans un carré de côté 60.

c. Calculer l'aire exacte de la forme verte (remarquer qu'elle partage le carré en deux triangles rectangles).

d. La probabilité de la rencontre correspond à l'aire de la forme verte divisée par celle du carré : calculer cette probabilité.

TP12 Un segment, deux points

Sur un segment de longueur 1, on choisit aléatoirement deux points A et B en choisissant au hasard leurs abscisses respectives x_A et x_B entre 0 et 1.
On considère l'événement D : « la distance AB est supérieure à 0,5 ». L'objectif de l'exercice est de calculer la probabilité de D.

1. La fonction random(), laisser les parenthèses vides, renvoie un nombre dans l'intervalle $[0;1[$.
Reprendre la fonction aire du **TP11** et adapter les parties en pointillés (on peut garder les variables R et J ou préférer les nommer xA et xB).
Tester le programme : aire(5000).

2. La partie verte de la figure obtenue représente la réalisation de l'événement D : la probabilité cherchée est le rapport de l'aire de la partie verte sur l'aire du carré. Calculer cette probabilité.

TP13 Pour aller plus loin : travail avec les listes

Créer et utiliser une interface graphique

La bibliothèque `matplotlib.pyplot` permet de créer une fenêtre graphique munie d'un repère orthogonal.

Info

Si on considère plusieurs points dont on liste les abscisses dans `liste_x` et les ordonnées dans `liste_y` (dans le même ordre), l'instruction `plot(liste_x,liste_y)` permet de relier ces points par des segments.

Partie A Paramétrage et premiers tracés dans une fenêtre graphique

1. a. Recopier et exécuter le programme suivant.

```
1 from matplotlib.pyplot import*
2 axis([0,6,0,5])
3 liste_x=[0,3,6]
4 liste_y=[5,0,5]
5 plot(liste_x,liste_y)
6 show()
```

b. Que permet l'instruction écrite en ligne 2 ?

c. Définir les points reliés par des segments. Mettre en relation avec les listes `liste_x` et `liste_y`.

Info

`show()` permet d'afficher la fenêtre graphique. Cette instruction est à placer **en fin de programme**.

2. On peut paramétrer l'instruction `plot` en choisissant la couleur des segments tracés (`color`) ou leur épaisseur (`lw`).

a. On considère le programme suivant.

```
from matplotlib.pyplot import*
liste1_x=[0,5]
liste1_y=[5,0]
plot(liste1_x,liste1_y,color="blue",lw=2)
liste2_x=[0,5]
liste2_y=[0,5]
plot(liste2_x,liste2_y,color="red",lw=4)
show()
```

Que fait-il ?

b. Le programmer et vérifier.

Partie B Tracer une suite de segments

On considère les figures et les programmes en Python suivants. Sans programmer sur ordinateur, associer les figures à leur programme.

Justifier, puis vérifier à l'aide de l'ordinateur.

ⓐ 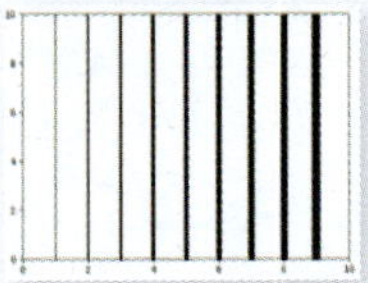

ⓑ 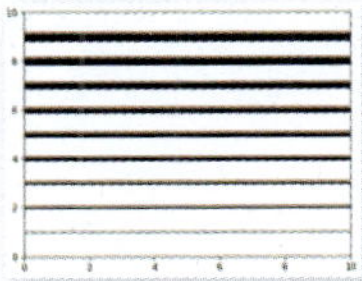

ⓒ 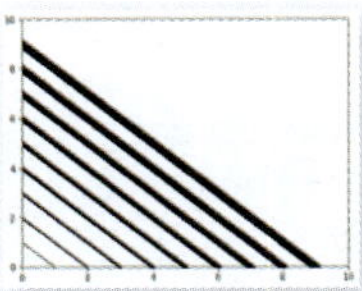

ⓓ 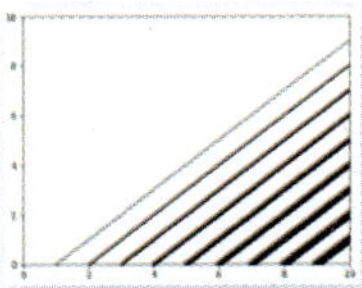

①
```
for i in range(10):
    liste_x=[i,0]
    liste_y=[0,i]
    plot(liste_x,liste_y,color="k",lw=i)
show()
```

②
```
for i in range(10):
    liste_x=[i,i]
    liste_y=[0,10]
    plot(liste_x,liste_y,color="k",lw=i)
show()
```

③
```
for i in range(10):
    liste_x=[i,10]
    liste_y=[0,10-i]
    plot(liste_x,liste_y,color="k",lw=i)
show()
```

④
```
for i in range(10):
    liste_x=[0,10]
    liste_y=[i,i]
    plot(liste_x,liste_y,color="k",lw=i)
show()
```

Partie C Sans aide

Réaliser les figures données ci-dessous à l'aide de programmes Python.

1. 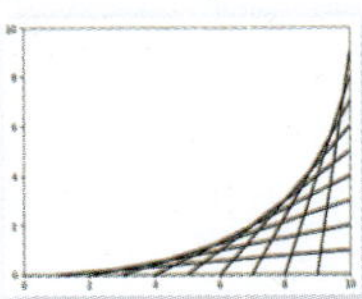

2. 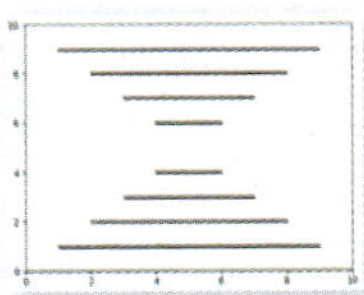

3. 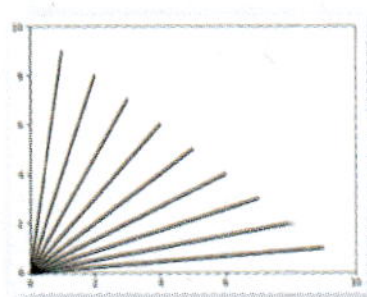

4. 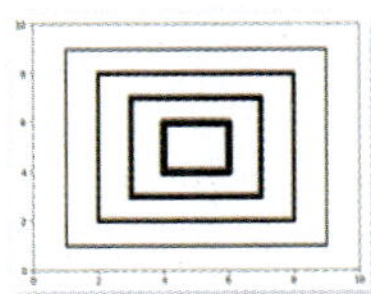

Vocabulaire ensembliste et logique

a Ensembles de nombres

- $\mathbb{N}$ est l'ensemble des **entiers naturels** : $\mathbb{N} = \{0;1;2;...\}$.
- $\mathbb{Z}$ est l'ensemble des **entiers relatifs** : $\mathbb{Z} = \{...;-1;0;1;...\}$.
- $\mathbb{D}$ est l'ensemble des **nombres décimaux**, c'est-à-dire l'ensemble des nombres qui s'écrivent sous la forme $\frac{k}{10^n}$ avec $k \in \mathbb{Z}$ et $n \in \mathbb{N}$.
- $\mathbb{Q}$ est l'ensemble des **nombres rationnels**, c'est-à-dire l'ensemble des nombres qui s'écrivent comme quotient de deux entiers $\frac{a}{b}$ avec $a \in \mathbb{Z}$ et b un entier relatif non nul.
- $\mathbb{R}$ est l'ensemble des **nombres réels**, c'est-à-dire l'ensemble des abscisses des points d'une droite graduée. $\mathbb{R}$ contient tous les nombres connus en classe de Seconde.
- $\mathbb{R} \setminus \{a\}$ est l'ensemble des réels autres que a. On lit « $\mathbb{R}$ privé de a ».

Exemples

- 59 appartient à $\mathbb{N}$, $\mathbb{Z}$, $\mathbb{D}$, $\mathbb{Q}$ et $\mathbb{R}$.
- -13 n'appartient pas à $\mathbb{N}$ mais appartient à tous les autres ensembles.
- $\frac{4}{5}$ appartient à $\mathbb{D}$, $\mathbb{Q}$ et $\mathbb{R}$.
- $\frac{1}{3}$ n'appartient pas à $\mathbb{D}$ mais il appartient à $\mathbb{Q}$ et $\mathbb{R}$.
- $\sqrt{2}$ n'appartient pas à $\mathbb{Q}$ mais il appartient à $\mathbb{R}$.

Remarque

On note aussi $\mathbb{R}^*$ l'ensemble $\mathbb{R} \setminus \{0\}$ des réels non nuls, $\mathbb{R}_+$ l'ensemble $[0;+\infty[$ et $\mathbb{R}_-$ l'ensemble $]-\infty;0]$.

Les intervalles de $\mathbb{R}$

- $[a;b]$ est l'ensemble des réels **compris entre** a **et** b inclus :
$$x \in [a;b] \Leftrightarrow a \leqslant x \leqslant b$$
- $[a;+\infty[$ est l'ensemble des réels **supérieurs ou égaux** à a.
- $]-\infty;b[$ est l'ensemble des réels **strictement inférieurs** à b.

Remarque

Pour exclure de l'intervalle une de ses extrémités, on tourne le crochet vers l'extérieur de l'intervalle. Par exemple :
$$x \in]a;b] \Leftrightarrow a < x \leqslant b$$

Exemple

Sur la droite numérique ci-dessous, on a représenté les intervalles $I =]-3;2]$, $J = [4;+\infty[$ et $K = [-1;6[$:

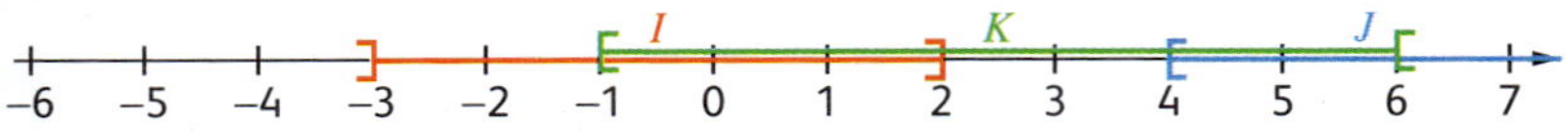

x étant un nombre réel, $x \in I$ signifie que $-3 < x \leqslant 2$, $x \in J$ signifie que $x \geqslant 4$.

b Géométrie

En géométrie plane

AB : **distance** entre les points A et B, longueur du segment $[AB]$.

$[AB]$: **segment** d'extrémités A et B.

(AB) : **droite** passant par A et B.

$[AB)$: **demi-droite** d'origine A passant par B.

$\overrightarrow{AB}$: **vecteur** d'origine A et d'extrémité B.

ABC : **triangle** de sommets A, B et C.

$\widehat{ABC}$: **angle** de sommet B et de côtés $[BA)$ et $[BC)$.

Remarque

Pour nommer un polygone, on nomme consécutivement ses sommets en suivant ses côtés. Par exemple, les **côtés** du quadrilatère $ABCD$ sont $[AB]$, $[BC]$, $[CD]$ et $[DA]$.

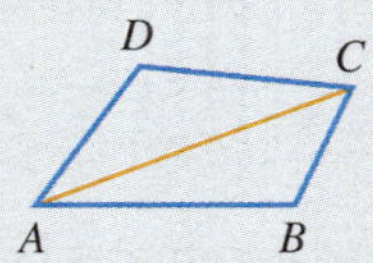

Le segment $[AC]$ est une **diagonale** de ce quadrilatère.

Avec des coordonnées

- $(O;I;J)$ désigne un repère :
  - le point O est l'origine du repère.
  - la droite orientée $(O;I)$ est l'axe des abscisses ; le point I définit l'unité sur cet axe.
  - la droite orientée $(O;J)$ est l'axe des ordonnées ; le point J définit l'unité sur cet axe.
- Les **coordonnées d'un point** dans un repère se notent $(x;y)$.
- Les **coordonnées d'un vecteur** dans un repère se notent $\begin{pmatrix} x \\ y \end{pmatrix}$.

Remarque

Un repère du plan peut être :
① défini par trois points non alignés O, I et J. Ce repère est alors noté $(O;I;J)$.
② défini par un point O et deux vecteurs $\vec{i}$ et $\vec{j}$ non colinéaires. Ce repère est alors noté $(O;\vec{i};\vec{j})$.

c Fonctions

- $f : x \mapsto f(x)$ ou $f : x \mapsto y$ est la **fonction** qui à x associe $f(x)$ ou y.
- Si $f(x) = y$ alors y est l'**image** du réel x par la fonction f et x est **un antécédent** de y par la fonction f.
- D_f est l'**ensemble de définition** de f, c'est-à-dire l'ensemble des réels ayant une image par f.
- $\mathscr{C}_f$ est la **représentation graphique** ou la **courbe représentative** de la fonction f dans un repère du plan. C'est l'ensemble des points dont les coordonnées $(x ; y)$ sont telles que $x \in D_f$ et $f(x) = y$.
- $y = f(x)$ est l'**équation** de la courbe $\mathscr{C}_f$.

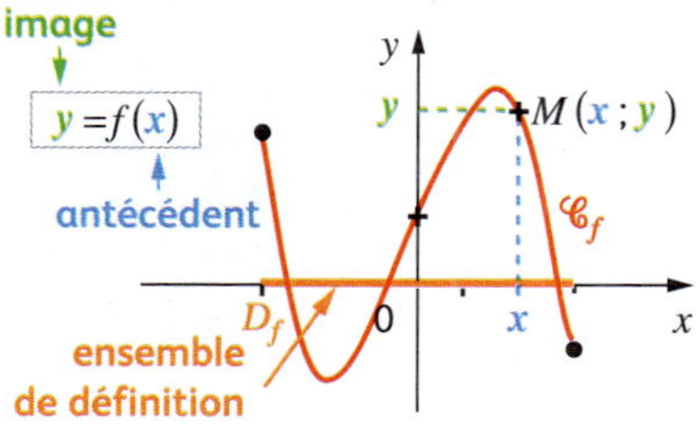

Exemple

$f : x \mapsto \dfrac{1}{x-1}$ est la fonction qui à $x \neq 1$ associe $\dfrac{1}{x-1}$.

$$D_f = \mathbb{R} \setminus \{1\} \; ; \; f(2) = 1$$

1 est l'image de 2 par la fonction f et 2 est un antécédent de 1 par f.
Le point de coordonnées $(2;1)$ appartient à $\mathscr{C}_f$, car $f(2) = 1$.
La courbe de f a pour équation :

$$y = \frac{1}{x-1}$$

d Relations et ensembles

Appartenance $\in$ se lit « appartient à » ou « est élément de » et s'utilise entre un élément et un ensemble.
Négation : $\notin$.

Exemples
- $-4 \in \mathbb{Z}$ mais $-4 \notin \mathbb{N}$.
- $A \in (AB)$
- $0 \notin]2;4]$

Inclusion $\subset$ se lit « est contenu dans » ou « est inclus dans » et s'utilise entre deux ensembles.

Lorsque deux ensembles A et B vérifient $A \subset B$, on dit que A est un **sous-ensemble** de B ou encore que A est une **partie** de B.

Pour montrer l'inclusion $A \subset B$, on montre que tout élément de l'ensemble A appartient à l'ensemble B.

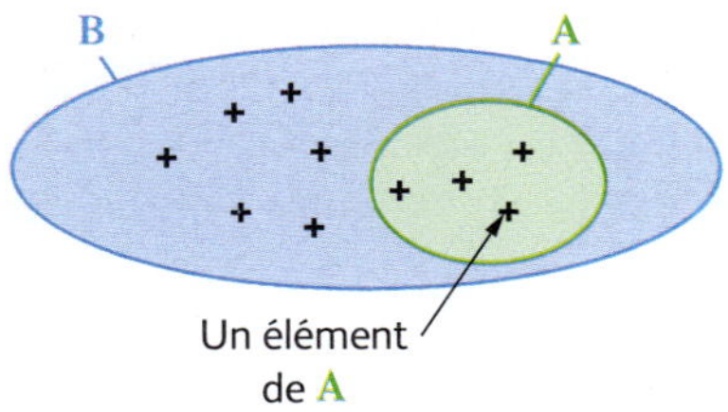

Exemples
- Tout entier naturel est également un entier relatif. Ainsi :

$$\mathbb{N} \subset \mathbb{Z}$$

$\mathbb{N}$ est un **sous-ensemble** (ou une **partie**) de l'ensemble $\mathbb{Z}$.
Plus généralement, on a les inclusions des ensembles de nombres :

$$\mathbb{N} \subset \mathbb{Z} \subset \mathbb{D} \subset \mathbb{Q} \subset \mathbb{R}$$

- Tout point du segment $[AB]$ appartient à la droite (AB). Ainsi :

$$[AB] \subset (AB)$$

Intersection et réunion Soient I et J deux ensembles.

- **L'intersection** de I et de J, notée $I \cap J$, est l'ensemble des éléments appartenant à la fois à l'ensemble I et à l'ensemble J.
- La **réunion** (ou l'union) de I et de J, notée $I \cup J$, est l'ensemble des éléments appartenant à **au moins l'un** des deux ensembles I et J.

Lorsque les ensembles I et J n'ont aucun élément en commun, leur intersection est vide, on note $I \cap J = \varnothing$. On dit alors qu'ils sont **disjoints**.

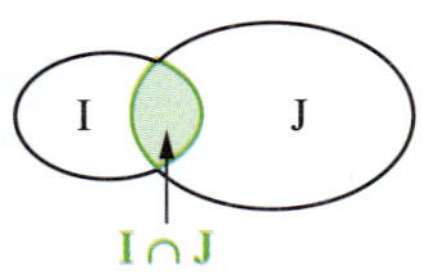

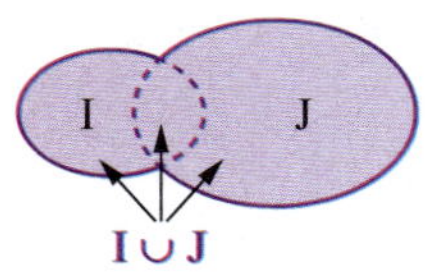

Exemples
- Soient $I = \{0;2;4;6;8\}$ et $J = \{0;1;2;3;4;5\}$ alors :

$$I \cap J = \{0;2;4\}$$

et

$$I \cup J = \{0;1;2;3;4;5;6;8\}$$

- L'ensemble des réels x vérifiant $x \leqslant 3$ ou $x > 4$ s'écrit :

$$]-\infty;3] \cup]4;+\infty[$$

- L'ensemble I des entiers pairs et l'ensemble J des entiers impairs sont disjoints. On a ainsi :

$$I \cap J = \varnothing \text{ et } I \cup J = \mathbb{N}$$

- On considère l'épreuve aléatoire consistant à lancer un dé cubique et les événements A : « obtenir un résultat pair » et B : « obtenir un nombre inférieur ou égal à 4 ».
Alors :
$A \cap B = \{2;4\}$ et
$A \cup B = \{1;2;3;4;6\}$.

Exemple : cas particuliers des intersections et réunions d'intervalles

On considère les intervalles $I =]-3;2]$, $J = [4;+\infty[$ et $K = [-1;6[$:

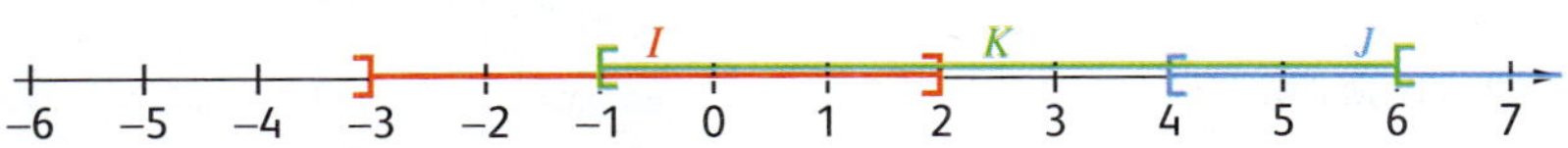

Les intervalles I et J sont disjoints : leur intersection est donc vide : $I \cap J = \varnothing$.
On a $I \cap K = [-1;2]$ et $I \cup K =]-3;6[$. On a $K \cap J = [4;6[$ et $K \cup J = [-1;+\infty[$.

Complémentaire Soit A un sous-ensemble d'un ensemble E. On appelle **complémentaire de** A **dans** E l'ensemble, noté $\overline{A}$, de tous les éléments de E qui n'appartiennent pas à A.

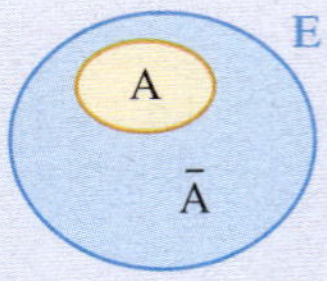

Exemple
- Si $E = \mathbb{N}$ et A est l'ensemble des entiers pairs alors son complémentaire $\overline{A}$ dans E est l'ensemble des entiers impairs.
- Si $E = \mathbb{R}$ et $A =]-\infty ; 4[$ alors : $\overline{A} = [4 ; +\infty[$

e Proposition, conjonctions « et » et « ou »

Définition Une **proposition** est une phrase (comportant un verbe) qui peut être vraie ou fausse.

Exemples
- La proposition « dans un triangle, la somme des angles vaut 180° » est vraie.
- La proposition « tout entier pair est multiple de 4 » est fausse. En effet 6 est pair sans être multiple de 4.

Conjonction « et » « et » entre deux propositions (ou entre deux événements) signifie que les deux propositions doivent être **simultanément vraies** (ou les événements réalisés tous deux).

Exemples
- « $x > -5$ **et** $x < 1$ » signifie « $-5 < x < 1$ ».
- Lors du lancer d'un dé cubique, on considère les événements A : « obtenir un multiple de 2 » et B : « obtenir un numéro supérieur ou égal à 3 ». On a alors $A = \{2 ; 4 ; 6\}$ et $B = \{3 ; 4 ; 5 ; 6\}$. L'événement A **et** B noté $A \cap B$ signifie « obtenir 4 ou 6 ». On a $A \cap B = \{4 ; 6\}$.

Conjonction « ou » « ou » entre deux propositions (ou entre deux événements) signifie que **l'une des propositions au moins** (ou l'un des événements) **et peut-être les deux** doivent être vraies (ou réalisés).

Remarque
Contrairement à l'utilisation fréquente en français du « ou » comme « ou bien », le « ou » en mathématique est « inclusif », c'est-à-dire qu'il inclut le cas où les deux propositions sont vraies simultanément.

Exemples
- « $x \in [-1 ; 2]$ **ou** $x \in]0 ; 3]$ » signifie « $x \in [-1 ; 2] \cup]0 ; 3]$ », soit « $x \in [-1 ; 3]$ ».
- Lors du lancer d'un dé cubique, on reprend les événements A et B de l'exemple précédent. L'événement A **ou** B noté $A \cup B$ signifie « obtenir 2, 3, 4, 5 ou 6 ». On a $A \cup B = \{2 ; 3 ; 4 ; 5 ; 6\}$.

f Implication, contraposée, réciproque et équivalence

Implication Une **proposition conditionnelle** ou une **implication** est une propriété de la forme suivante :
« **Si** la proposition P_1 est vraie, **alors** la proposition P_2 est vraie. »

Remarque
On dit dans ce cas que :
- P_1 est vraie est une **condition suffisante** pour que P_2 soit vraie.
- P_2 est vraie est une **condition nécessaire** pour que P_1 soit vraie.

Exemples
- « n est un multiple de 2 » est une condition nécessaire pour « n est un multiple de 6 ».
- Deux élèves sont dans la même classe est une condition suffisante pour qu'ils soient dans le même lycée.

Contraposée d'une implication La contraposée de l'implication « **Si** la proposition P_1 est vraie, **alors** la proposition P_2 est vraie. » est **l'implication équivalente** :
« **Si** la proposition P_2 est fausse, **alors** la proposition P_1 est fausse. »

Remarque
Dès lors qu'une implication est vraie, sa contraposée l'est également.
En pratique, il peut être parfois plus simple de démontrer qu'une implication est vraie en démontrant sa contraposée.

Exemples
- La contraposée de « si n est un multiple de 6, alors n est un multiple de 3 » est « si n n'est pas un multiple de 3, alors n n'est pas un multiple de 6 ».
- La contraposée de « si deux élèves sont dans la même classe, alors ils sont dans le même lycée » est : « si deux élèves ne sont pas dans la même lycée, alors ils ne sont pas dans la même classe ».

Réciproque d'une implication La réciproque d'une implication est l'implication obtenue en permutant hypothèse et conclusion. La réciproque de l'implication « **Si** la phrase P_1 est vraie, **alors** la phrase P_2 est vraie. » est :

« **Si** la phrase P_2 est vraie, **alors** la phrase P_1 est vraie. »

Une implication et sa réciproque ne sont pas toujours vraies (ou fausses) en même temps.

Remarque
On retiendra que la réciproque d'une implication vraie n'est pas systématiquement vraie. Lorsqu'une implication et sa réciproque sont simultanément vérifiées, on a alors une équivalence.

Exemples

- La réciproque de « si n est un multiple de 6, alors n est un multiple de 3 » est « si n est un multiple de 3, alors n est un multiple de 6 ». Cette réciproque est fausse.
- La réciproque de « si $\overrightarrow{AB}$ et $\overrightarrow{AC}$ sont colinéaires, alors A, B et C sont alignés » est « si A, B et C sont alignés, alors $\overrightarrow{AB}$ et $\overrightarrow{AC}$ sont colinéaires ». Cette réciproque est vraie.

Équivalence Le symbole $\Leftrightarrow$ se lit « **équivaut à** » ou « **si, et seulement si** ». Il se place entre deux propositions P_1 et P_2 et signifie que l'on a simultanément : $\begin{cases} \text{Si } P_1 \text{ est vraie, alors } P_2 \text{ est vraie.} \\ \text{Si } P_2 \text{ est vraie, alors } P_1 \text{ est vraie.} \end{cases}$

Remarque
Lorsqu'une implication et sa réciproque sont vérifiées alors on parle d'équivalence. Lorsque les propositions P_1 et P_2 sont équivalentes, on dit que P_1 est vraie est une **condition nécessaire et suffisante** pour que P_2 soit vraie (et réciproquement).

Exemples

- ABC est un triangle rectangle en $A \Leftrightarrow BC^2 = AB^2 + AC^2$.
- Pour trois points distincts A, B et C, $\overrightarrow{AB}$ et $\overrightarrow{AC}$ sont colinéaires est une condition nécessaire et suffisante pour que A, B et C soient alignés.
- L'énoncé « un quadrilatère est un losange **si et seulement si** ses diagonales sont perpendiculaires » n'est pas une équivalence vraie. En effet : l'implication « Si un quadrilatère admet des diagonales perpendiculaires alors ce quadrilatère est un losange » est fausse.

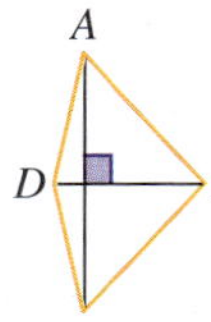

g Quantificateurs « pour tout… », « il existe… »

- On considère les propositions vraies suivantes.

P_1 : « **Pour tout** réel $x \geqslant 1$, on a $x^3 \geqslant x^2$. »

P_2 : « **Quel que soit** le triangle considéré, ses hauteurs sont concourantes en un point appelé orthocentre du triangle. »

Les locutions « **Pour tout**… » et « **Quel que soit**… » sont appelées **quantificateurs universels**. Les propositions P_1 et P_2 sont appelées **propositions universelles**.

Pour montrer qu'une proposition universelle est vraie, on montre qu'elle est vraie dans **tous les cas (un exemple ne suffit pas !)**.

Pour montrer qu'elle est fausse, il suffit de trouver un cas où elle est mise en défaut. On parle alors de **contre-exemple**.

Remarque
P_1 s'énonce également « Quel que soit le réel $x \geqslant 1$, on a $x^3 \geqslant x^2$ ». P_2 s'énonce également « dans un triangle, les hauteurs sont concourantes ». Le quantificateur universel est sous-entendu ici.

Exemple
La proposition universelle « Pour tout réel x, on a $x^3 \geqslant x^2$ » est fausse. En effet, $x = 0,5$ est un contre-exemple.

- On considère la proposition suivante.

« **Il existe** un nombre entier à la fois pair et multiple de 3. »

Cette proposition est vraie : 6 est un entier pair et multiple de 3.

La locution « il existe… » est appelé **quantificateur existentiel**.

Pour montrer qu'une proposition existentielle est vraie, il suffit d'**exhiber un exemple**.

En revanche, pour montrer qu'elle est fausse, il faut montrer qu'elle n'est **jamais** satisfaite.

Remarque
La locution « il existe… » signifie « Il existe **au moins un**… ».

Exemple

La proposition « **il existe** un entier premier pair supérieur ou égal à 3 » est fausse. En effet, tout entier pair supérieur ou égal à 3 admet au moins trois diviseurs distincts : 1, 2 et lui-même. Il n'est donc pas premier.

h Négation d'une proposition

Soit une proposition P, on appelle (non P) la **négation** de P.

Si la proposition P est vraie alors (non P) est fausse et inversement.

• Soient deux propositions P_1 et P_2.

Proposition P	Négation de P
(P_1 **et** P_2)	((**non** P_1) **ou** (**non** P_2))
(P_1 **ou** P_2)	((**non** P_1) **et** (**non** P_2))

Exemples

• La proposition P : « $ABCD$ est un carré » a pour négation (non P) : « $ABCD$ **n'**est **pas** un carré ».

• On tire une carte dans un jeu de 32 cartes. On note P_1 : « la carte est une figure » et P_2 : « la carte est un cœur ». Ainsi, (P_1 ou P_2) : « la carte est une figure **ou** un cœur ». La négation de (P_1 **ou** P_2) est « la carte **n'**est **pas** une figure **et n'**est **pas** un cœur ».

• **Négation d'une proposition comportant un quantificateur.**
On considère les deux propositions suivantes :
P_1 : « **tous** les élèves de la classe aiment étudier les mathématiques »
P_2 : « **il existe** un réel x tel que $f(x)>0$ »
La négation de P_1 est : « **il existe au moins un** élève dans la classe qui **n'**aime **pas** étudier les mathématiques ».
La négation de P_2 est : « **pour tout** réel x, on a $f(x)\leqslant 0$ ».

Remarque
La négation d'une proposition universelle (resp. existentielle) est une proposition existentielle (resp. universelle).

i Des outils pour démontrer

• Utiliser un contre-exemple pour infirmer une proposition universelle

Contre-exemple Pour montrer qu'une proposition universelle est fausse, il suffit de donner un exemple qui la met en défaut. Un tel exemple est alors appelé un **contre-exemple**.

Exemple
Pour montrer que la proposition universelle « Tous les élèves de la classe sont nés la même année » est fausse, il suffit de citer deux élèves particuliers qui n'ont pas la même année de naissance.

• Utiliser des implications dans un raisonnement

Les propriétés du cours sont écrites sous forme d'implications ou d'équivalences logiques. On peut les utiliser pour mener un raisonnement hypothético-déductif.

Exemple
Soit un triangle ABC rectangle isocèle en A. On note D le point vérifiant $\overrightarrow{AB}=\overrightarrow{CD}$. On souhaite montrer que $ABDC$ est un carré.
Pour effectuer cette démonstration, on utilise les trois propriétés du cours suivantes :
P_1 : « $\overrightarrow{AB}=\overrightarrow{CD}$ **si et seulement si** le quadrilatère $ABDC$ est un parallélogramme »
P_2 : « **Si** un parallélogramme admet un angle droit alors c'est un rectangle »
P_3 : « **Si** un rectangle admet deux côtés consécutifs de même longueur **alors** c'est un carré ».
Démonstration : Puisque $\overrightarrow{AB}=\overrightarrow{CD}$ est vraie alors, par la propriété P_1, on déduit que $ABDC$ est un parallélogramme. Puisque ABC est un triangle rectangle en A alors, par la propriété P_2, le parallélogramme $ABDC$ est un rectangle. Enfin, vu que $AB=AC$, par la propriété P_3, on déduit que ce rectangle est en fait un carré.

• Démontrer une implication

Pour montrer qu'une proposition P_1 implique une proposition P_2, on suppose que P_1 est vraie et on montre alors que P_2 est vraie.

Exemple

On souhaite prouver l'implication suivante :

« $\underbrace{\textbf{Si } m \text{ et } n \text{ sont des entiers pairs}}_{P_1}$ **alors** $\underbrace{\text{leur somme } m+n \text{ est paire}}_{P_2}$ »

On suppose que m et n sont deux entiers pairs alors, m et n s'écrivent sous la forme $m=2k$ et $n=2k'$ avec $k,k' \in \mathbb{Z}$. Par conséquent, $m+n=2k+2k'=2(k+k')$ avec $k+k' \in \mathbb{Z}$. Donc $m+n$ est pair. L'implication est démontrée.

• Raisonner par l'absurde

Raisonnement par l'absurde Pour montrer qu'un énoncé est vrai, on peut supposer qu'il est faux et aboutir à une absurdité (une contradiction, un résultat faux).

Exemple

Pour montrer que 0 n'a pas d'inverse, on suppose qu'il en a un que l'on note a.
Par la définition d'un inverse, on a $0 \times a = 1$, ou encore $0 = 1$.
Cette égalité est fausse, donc 0 n'a pas d'inverse.

• Raisonner par contraposition pour démontrer une implication

Raisonnement par contraposition Pour démonter l'implication « **Si** la phrase P_1 est vraie, **alors** la phrase P_2 est vraie. », on peut la remplacer par sa contraposée « **Si** la phrase P_2 est fausse, **alors** la phrase P_1 est fausse. »

Exemple

Pour démontrer la proposition « Si n^2 est pair alors, n est pair », on peut montrer que « Si n est impair, alors n^2 est impair » :
n étant impair, il existe un entier k tel que $n=2k+1$; on a alors :

$$n^2 = 4k^2 + 4k + 1 = 2(2k^2 + 2k) + 1$$

$2k^2 + 2k$ est un entier, donc n^2 est impair.

• Raisonner par disjonction des cas

Raisonnement par disjonction des cas Pour montrer qu'une proposition universelle est vraie, on peut envisager tous les différents cas de figure possibles et montrer qu'elle est vraie dans chacun de ces cas.

Exemple

Pour montrer que, pour tout entier naturel n, $A=(n+1)(n+2)$ est pair, on peut envisager les seuls deux cas possibles : n est pair et n est impair.

1er cas : soit n un entier naturel pair.
Alors $n+2$ est également pair et donc $(n+1)(n+2)$ est le produit de l'entier pair $(n+2)$ et d'un autre entier, donc A est également pair.

2e cas : soit n un entier naturel impair.
Alors $n+1$ est pair et donc $(n+1)(n+2)$ est le produit de l'entier pair $(n+1)$ et d'un autre entier, donc A est également pair.

Conclusion : on a montré que pour tout $n \in \mathbb{N}$, $(n+1)(n+2)$ est pair.

Calculatrice **Casio**

Je retiens les principales touches de la GRAPH 35+ E

pour choisir le menu :
- pour calculer
- pour utiliser les fonctions de statistiques et de probabilités
- pour tracer des courbes et utiliser le solveur graphique
- pour tabuler une fonction
- pour écrire et exécuter un programme

pour accéder à des commandes, classées par grands thèmes : LIST, STAT ou PRB

la variable « x » lorsqu'on définit une fonction dans les menus et

pour calculer avec des fractions

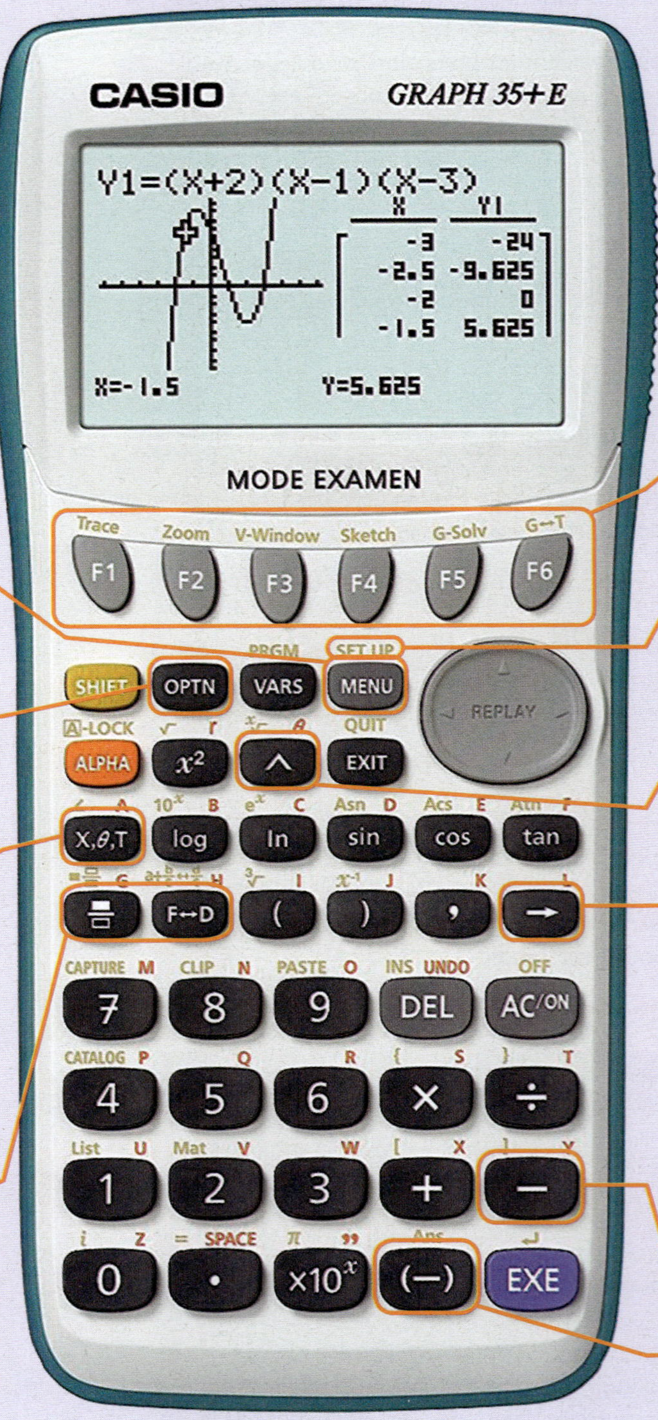

pour choisir une commande écrite en bas de l'écran

pour paramétrer la calculatrice : angle en degré, quadrillage affiché ou non, …

pour élever à une puissance, exemple 2^3

pour stocker une valeur dans une variable

⚠ ne pas confondre ces deux touches :
(–) pour le signe négatif d'un nombre
– pour l'opération soustraction

J'étudie une fonction

On traite l'exemple de la fonction f définie par :
$f(x) = -0{,}25x^2 - x + 1$ sur $[-6\,;3]$

1. Saisir l'expression de f : menu GRAPH ou TABLE

2. Dresser le tableau de valeurs de f : menu TABLE

a. Définir les paramètres de tabulation : SET

b. Afficher le tableau de valeurs : TABL

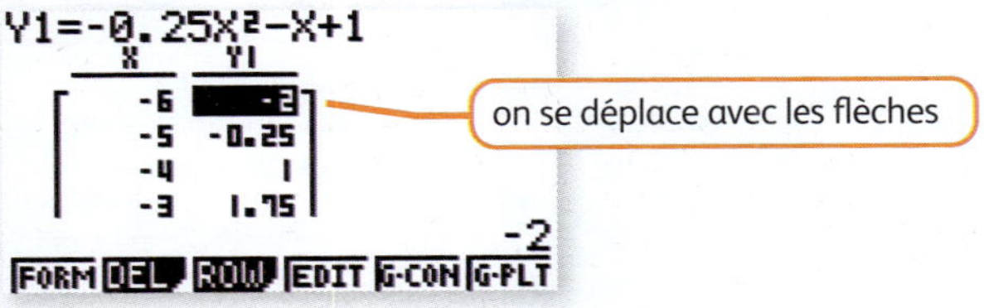

3. Tracer $\mathscr{C}_f$ et se déplacer sur $\mathscr{C}_f$: menu GRAPH

a. Définir la fenêtre d'affichage : SHIFT V-WIN

b. Tracer $\mathscr{C}_f$ DRAW et se déplacer sur $\mathscr{C}_f$ SHIFT TRCE

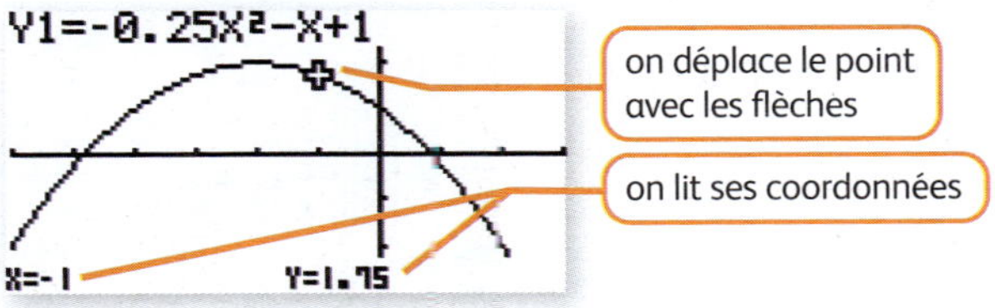

4. Utiliser le solveur graphique dans le menu GRAPH

a. Le sélectionner : SHIFT G-SLV

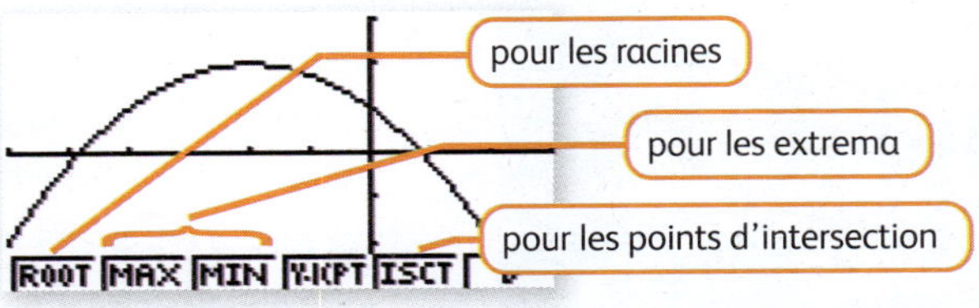

b. Choisir l'instruction souhaitée et lire la solution.

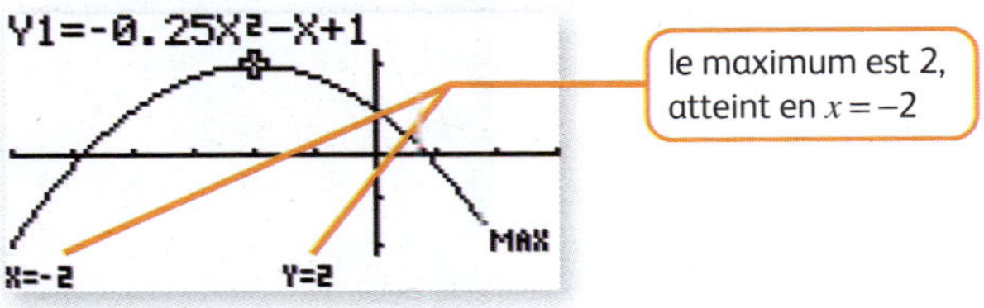

J'étudie une série statistique

On traite l'exemple de la série suivante :

Valeurs x_i	3	5	8	10	13
Effectifs n_i	26	34	20	12	8

1. Entrer la série : menu STAT

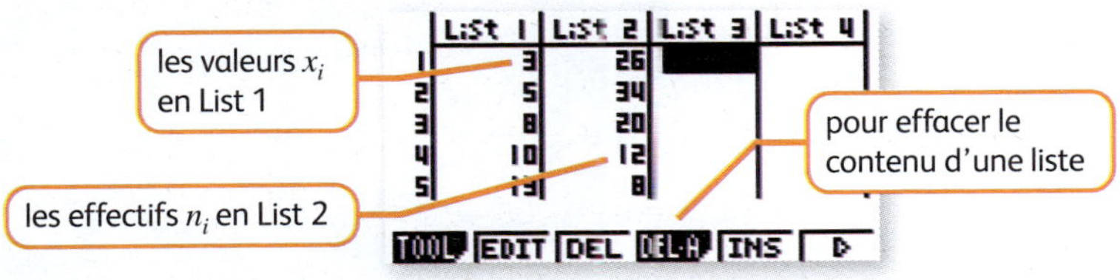

2. Calculer les paramètres statistiques

a. Définir les paramètres de calculs : CALC SET

b. Obtenir les paramètres de la série : CALC 1VAR

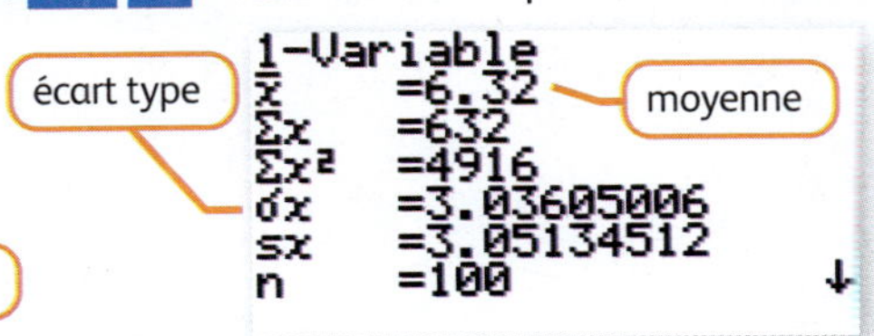

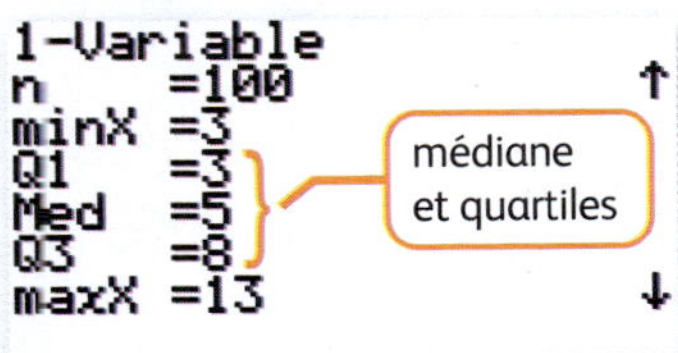

Je retiens les principales touches de la TI 82-Advanced

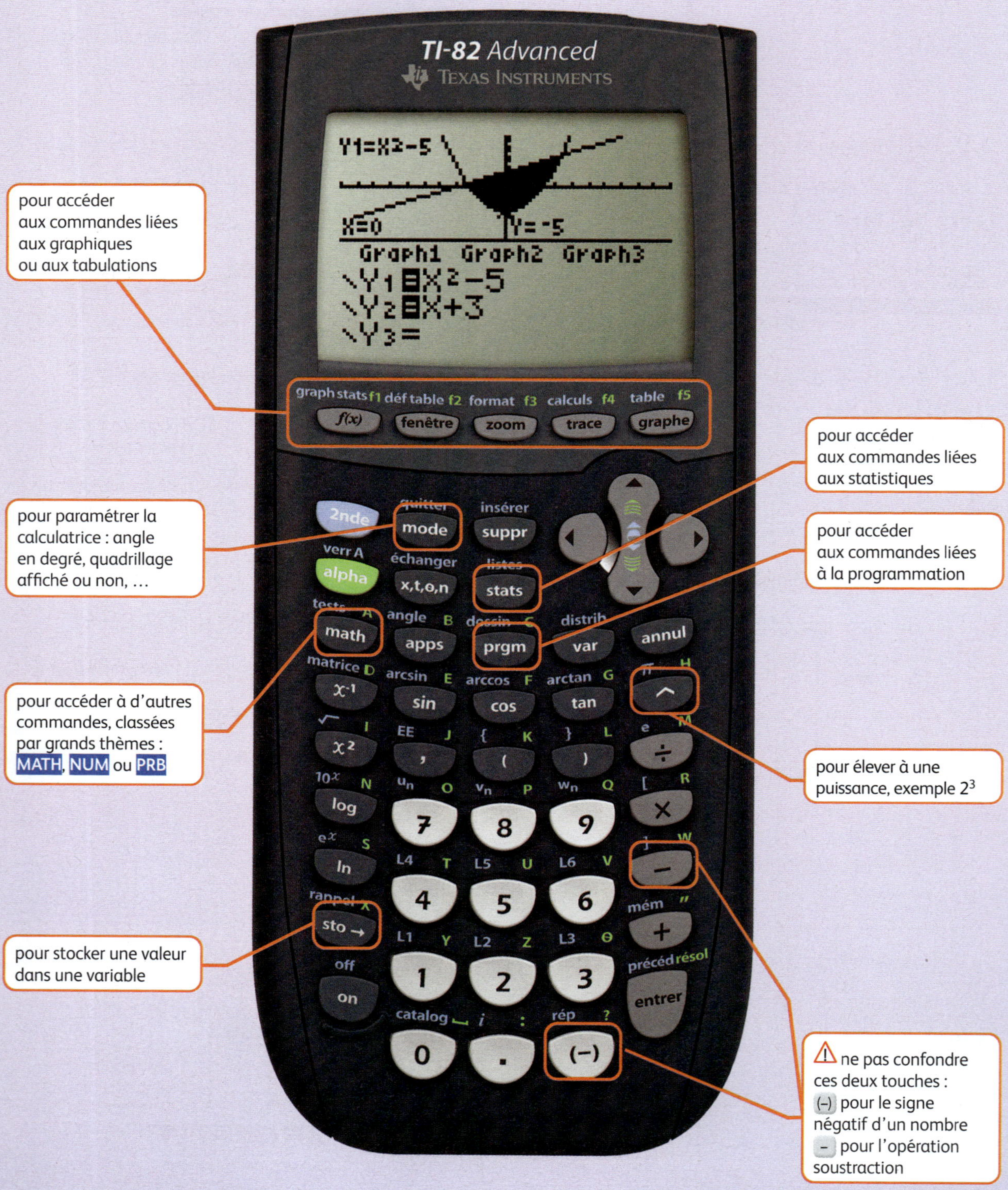

J'étudie une fonction

On traite l'exemple de la fonction f définie par :
$f(x) = -0{,}25x^2 - x + 1$ sur $[-6\,;3]$

1. Saisir l'expression de f dans $f(x)$:

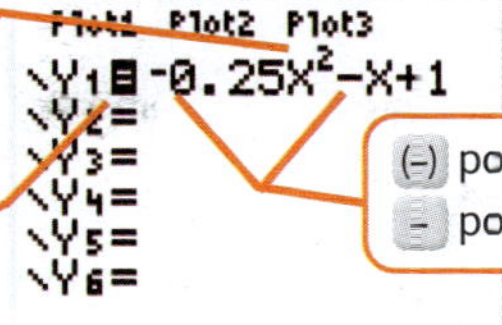

- X est obtenu par x, t, θ, n
- « = » est sur fond noir : l'expression est sélectionnée
- (–) pour le signe négatif de – 0,25
- – pour l'opération soustraction

2. Dresser le tableau de valeurs de f.

a. Définir les paramètres de tabulation : 2nde déf table

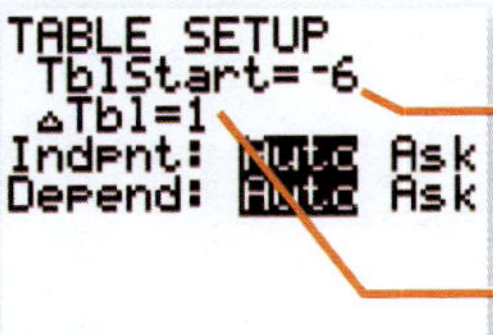

- début de l'intervalle d'étude
- pas de la tabulation

b. Afficher le tableau de valeurs : 2nde table

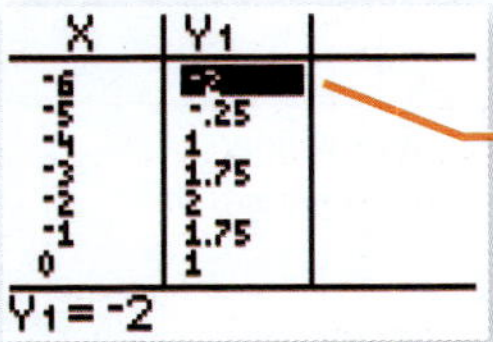

- on se déplace avec les flèches

3. Tracer $\mathscr{C}_f$ et se déplacer sur $\mathscr{C}_f$:

a. Définir la fenêtre d'affichage : fenêtre

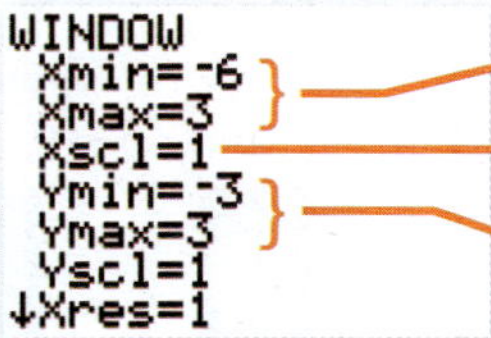

- x compris entre –6 et 3
- échelle sur (Ox)
- y compris entre –3 et 3

b. Tracer $\mathscr{C}_f$ graphe et se déplacer sur : $\mathscr{C}_f$ trace

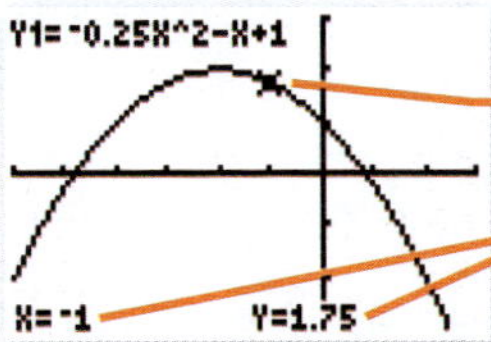

- on déplace le point avec les flèches
- on lit ses coordonnées

4. Utiliser le solveur graphique dans le menu : graphe

a. Le sélectionner : 2nde calculs

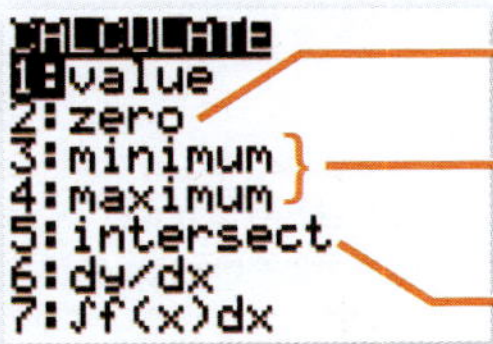

- pour les racines
- pour les extrema
- pour les points d'intersection

b. Choisir l'instruction souhaitée et lire la solution :

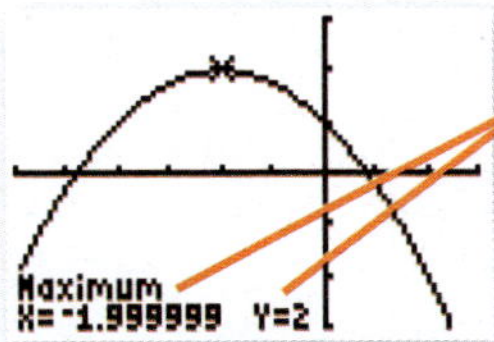

- le maximum est 2, atteint en $x \approx -2$

J'étudie une série statistique

On traite l'exemple de la série suivante.

Valeurs x_i	3	5	8	10	13
Effectifs n_i	26	34	20	12	8

1. Entrer la série : stats 1 : Modifier

- les valeurs x_i en List 1
- les effectifs n_i en List 2

2. Calculer les paramètres statistiques.

a. Définir les paramètres de calculs : stats CALC 1 : Stats 1 Var

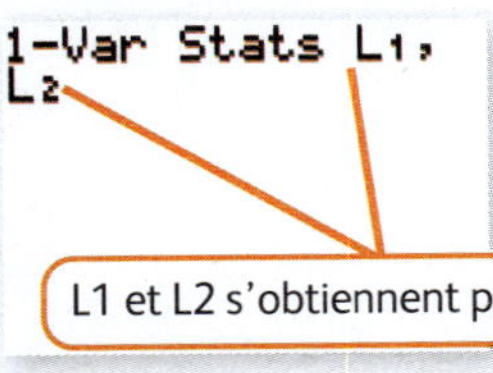

- L1 et L2 s'obtiennent par 2nde L1 et 2nde L2

b. Obtenir les paramètres de la série en validant

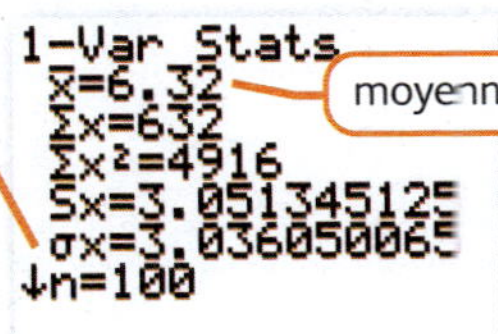

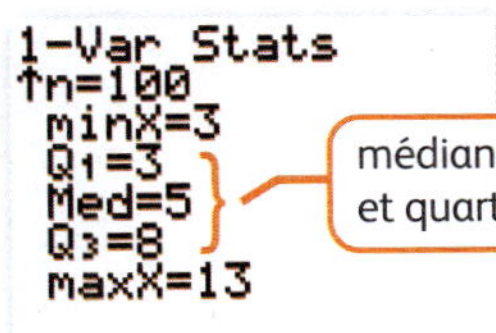

- moyenne
- écart type
- médiane et quartiles

Calculatrice NumWorks

Je retiens les principales touches de la NumWorks

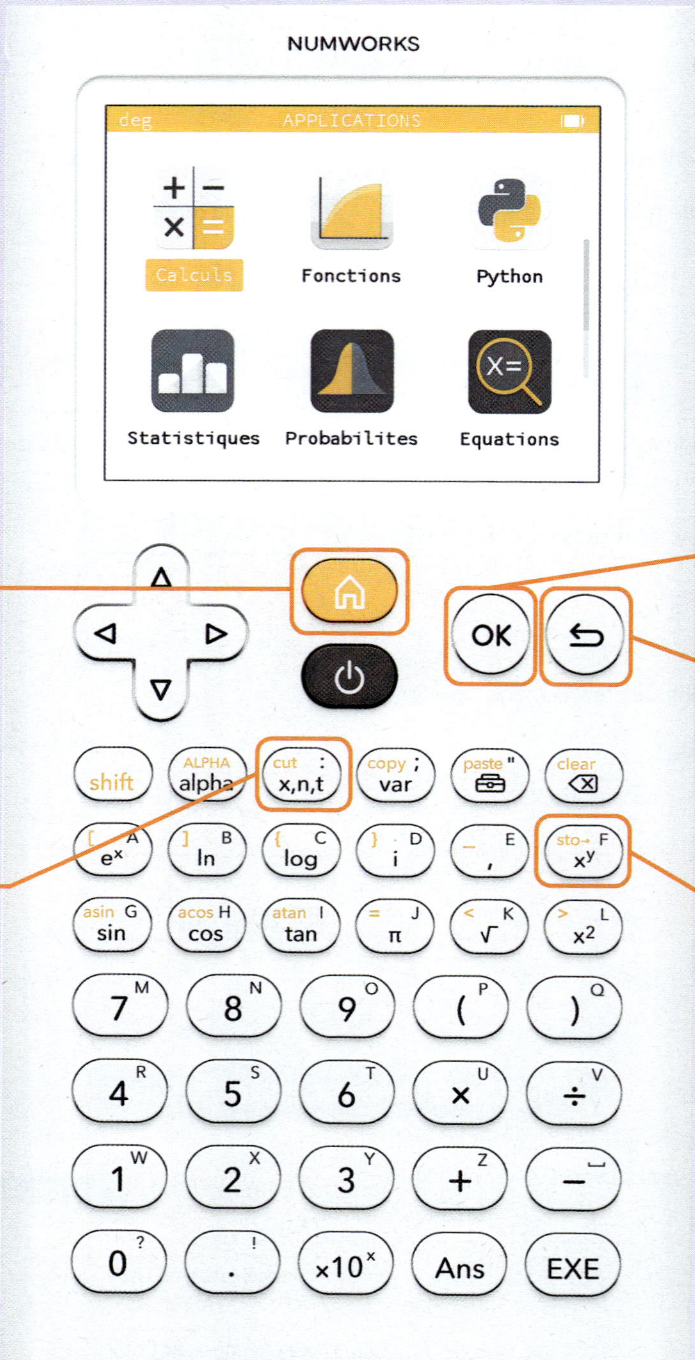

pour choisir le menu :
- pour calculer
- pour utiliser les fonctions
- pour faire des statistiques
- pour programmer en Python
- pour paramétrer les calculs

la variable « x » lorsqu'on définit une fonction

pour valider une instruction

pour revenir au menu ou à l'instruction précédente

pour élever à une puissance, exemple 2^3

J'étudie une fonction

On traite l'exemple de la fonction f définie par :
$f(x) = -0{,}25x^2 - x + 1$ sur $[-6\,;3]$

1. Saisir l'expression de f dans :

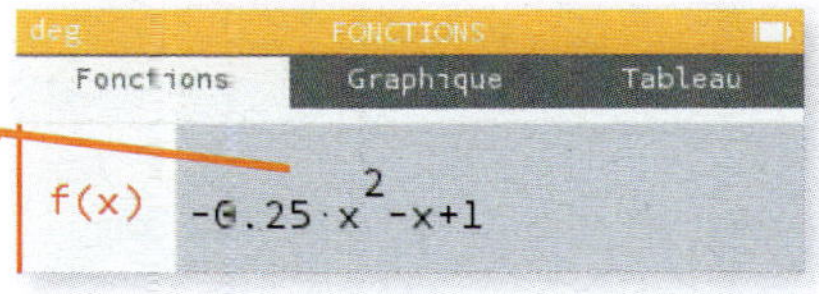

x est obtenu par x, n, t,

2. Dresser le tableau de valeurs de f : Afficher les valeurs OK

a. Définir les paramètres de tabulation : Régler l'intervalle

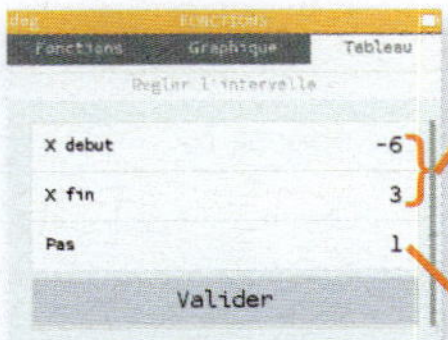

début et fin de l'intervalle d'étude

pas de la tabulation

b. Afficher le tableau de valeurs :

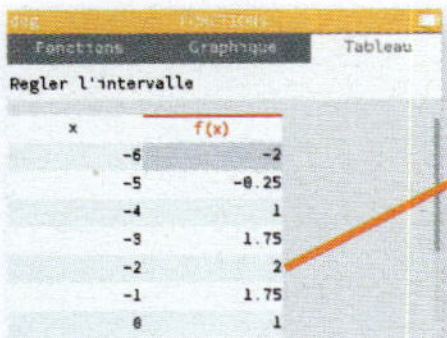

on se déplace avec les flèches

3. Tracer $\mathscr{C}_f$ et se déplacer sur $\mathscr{C}_f$: Tracer le graphique OK

a. Définir la fenêtre d'affichage : Axes

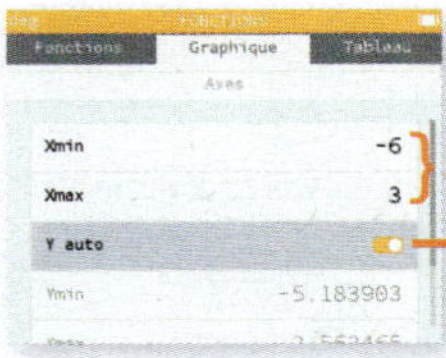

x compris entre -6 et 3

(Oy) réglé de façon automatique

b. Tracer $\mathscr{C}_f$ et se déplacer sur $\mathscr{C}$:

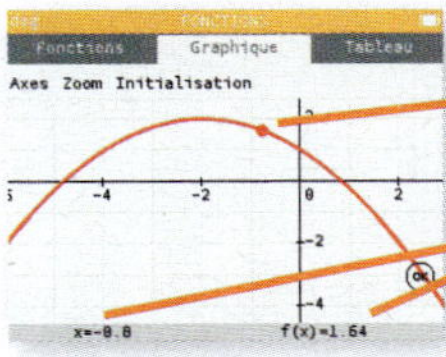

on déplace le point avec les flèches

on lit ses coordonnées

4. Utiliser le solveur graphique

a. Le sélectionner : OK

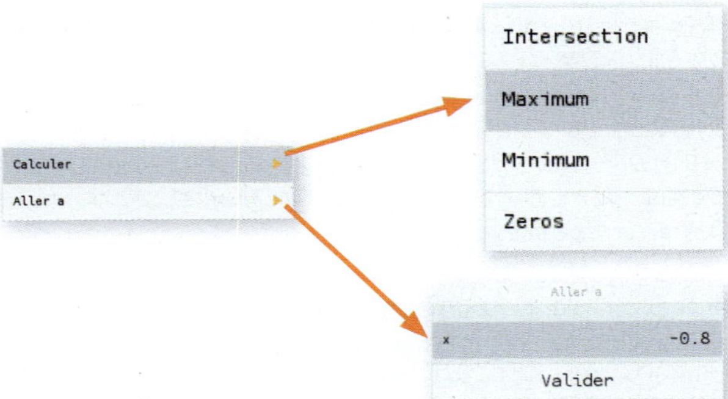

b. Choisir l'instruction souhaitée et lire la solution :

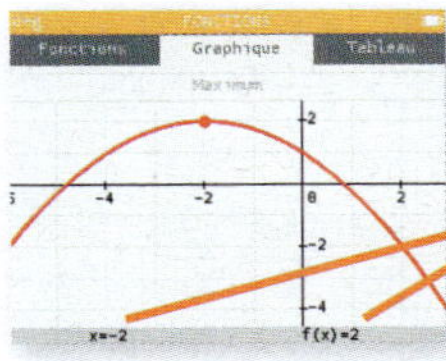

le maximum est 2, atteint en $x = -2$

J'étudie une série statistique

On traite l'exemple de la série suivante.

Valeurs x_i	3	5	8	10	13
Effectifs n_i	26	34	20	12	8

1. Entrer la série : menu

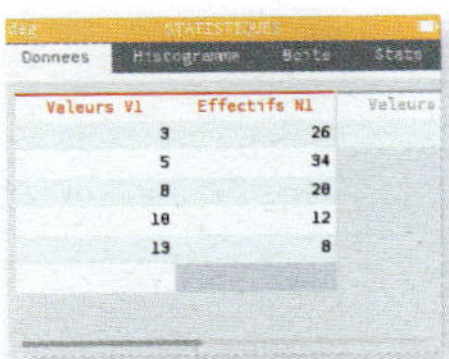

2. Calculer les paramètres statistiques : Stats

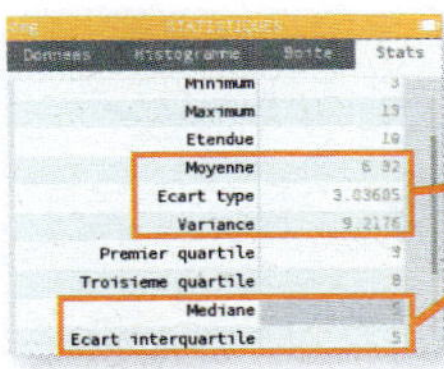

On lit les paramètres de la série

Corrigés

Chapitre 1

J'applique en autonomie

27 • $f(\sqrt{3})=2+2\sqrt{3}$. $f(\sqrt{3})\approx 5{,}4641$ donc : $5{,}464 < f(\sqrt{3}) < 5{,}465$.

• $f(\pi)=\pi^2+2\pi-1$. $f(\pi)\approx 15{,}1528$ donc : $15{,}152 < f(\pi) < 15{,}153$.

28 **1.** $A=\pi r^2=6{,}25\pi$. $A\approx 19{,}635$, donc : $19{,}63 < A < 19{,}64$.

2. $V=\frac{1}{3}\times\pi r^2\times h=4\pi$. $V\approx 12{,}5664$, donc : $12{,}566 < V < 12{,}567$.

29 $A=c^2=300$, donc $c=\sqrt{300}$. $c\approx 17{,}3$ cm.

30 $A=c^2=740$, donc $c=\sqrt{740}$. $c\approx 27{,}2$ cm.

31 $\frac{77}{100}\times 258\approx 198{,}7$. Selon cette étude, 199 élèves choisiraient la spécialité maths en Première.

32 **1.** ABC est un triangle rectangle en A. D'après le théorème de Pythagore, $BC^2=AB^2+AC^2$.
$BC^2=16+49=65$. Donc $BC=\sqrt{65}$.
$BC\approx 8{,}0623$, donc $8{,}062 < BC < 8{,}063$.

2. $\tan(\widehat{ABC})=\frac{AC}{AB}=\frac{4}{7}$. Donc $\widehat{ABC}\approx 30°$.
$\widehat{ACB}=90-\widehat{ABC}$ donc $\widehat{ACB}\approx 60°$.

33 **1.** $x\in[4;8[$ **2.** $x\in[-0{,}5;+\infty[$ **3.** $x\in]-\infty;12[$

34 **1.** $-5\leqslant x-1\leqslant 5$ donc $-4\leqslant x\leqslant 6$. Ainsi $x\in[-4;6]$.
2. $-3<x<3$ donc $x\in]-3;3[$.
3. $-4<x+2{,}3<4$ donc $-6{,}3<x<1{,}7$. Ainsi $x\in]-6{,}3;1{,}7[$.

35 **1.** $I\cap J=]0{,}2;5[$ et $I\cup J=]-8;7]$.
2. $I\cap J=[3;+\infty[$ et $I\cup J=]-2;+\infty[$.
3. $I\cap J=\left\{\frac{1}{3}\right\}$ et $I\cup J=]-\infty;6[$.

36 $A=\frac{18}{42}+\frac{8}{42}-\frac{105}{42}=-\frac{79}{42}$; $B=\frac{3}{2}-\frac{8}{15}=\frac{45}{30}-\frac{16}{30}=\frac{29}{30}$

$C=\frac{2}{3}\times 5-\frac{1}{5}=\frac{10}{3}-\frac{1}{5}=\frac{50}{15}-\frac{3}{15}=\frac{47}{15}$

$D=\dfrac{\frac{6}{6}-\frac{5}{6}}{\frac{4}{6}+\frac{9}{6}}=\dfrac{\frac{1}{6}}{\frac{13}{6}}=\frac{1}{6}\times\frac{6}{13}=\frac{1}{13}$

37 $A=3^{4-7}=3^{-3}$; $B=3^{8-12}=3^{-4}$
$C=3^{(-2)\times(-3)}\times 3^{-6}=3^6\times 3^{-6}=3^0=1$

$D=\left(\frac{-9}{-3}\right)^{-1}=3^{-1}$ $E=\frac{(3^2)^{-2}\times 3}{(3^3)^3}=\frac{3^{-4}\times 3}{3^9}=\frac{3^{-3}}{3^9}=3^{-12}$

38 $C=(\sqrt{3})^2-(5\sqrt{2})^2=3-25\times 2=-47$. Donc C est un entier relatif.

39 $A=5\sqrt{4\times 2}-\sqrt{25\times 2}=10\sqrt{2}-5\sqrt{2}=5\sqrt{2}$
$B=\sqrt{9\times 7}-2\sqrt{4\times 7}+\sqrt{100\times 7}=3\sqrt{7}-4\sqrt{7}+10\sqrt{7}=9\sqrt{7}$

40 **1.** ABC est un triangle rectangle en A. D'après le théorème de Pythagore, $BC^2=AB^2+AC^2$. $AB^2=BC^2-AC^2=216-24=192$.
$AB=\sqrt{192}=\sqrt{64\times 3}=8\sqrt{3}$.
2. $AB=8\sqrt{3}$ et $AC=\sqrt{4\times 6}=2\sqrt{6}$.
$\mathscr{A}=\frac{AB\times AC}{2}=\frac{2\sqrt{6}\times 8\sqrt{3}}{2}=8\sqrt{2}\times\sqrt{3}\times\sqrt{3}=24\sqrt{2}$.
3. $BC=\sqrt{36\times 6}=6\sqrt{6}$.
$P=AB+AC+BC=8\sqrt{3}+2\sqrt{6}+6\sqrt{6}$.
$P=8\sqrt{3}+8\sqrt{6}=8\sqrt{3}+8\sqrt{3}\times\sqrt{2}=8\sqrt{3}(1+\sqrt{2})$.

J'évalue mes connaissances

QCM

1. $-\frac{18}{3}=-6$. Réponses **a.** et **b.**

2. $\frac{2}{13}\left(3-\frac{8}{7}\right)=\frac{2}{13}\left(\frac{21}{7}-\frac{8}{7}\right)=\frac{2}{13}\times\frac{13}{7}=\frac{2}{7}$. Réponses **b.** et **c.**

3. $\frac{3}{4}\div\frac{4}{7}=\frac{3}{4}\times\frac{7}{4}=\frac{21}{16}$
$\frac{3}{2}+\frac{1}{8}-\frac{5}{16}=\frac{24}{16}+\frac{2}{16}-\frac{5}{16}=\frac{21}{16}$. Réponses **b.** et **c.**

4. $6^2+8^2=36+64=100=10^2$. Réponse **a.**

5. $10^{-5}=0{,}00001$. Réponse **c.** **6.** $\frac{10^2}{10^{-4}}=10^{2-(-4)}=10^6$. Réponse **a.**

7. $7^8=7^{3+5}=7^3\times 7^5$ et $7^8=7^{4\times 2}=(7^4)^2$. Réponses **a.** et **c.**

8. $4^{-1}=\frac{1}{4}=0{,}25=2{,}5\times 10^{-1}$. Réponses **a.** et **c.**

9. $\sqrt{8}-\sqrt{2}=\sqrt{4\times 2}-\sqrt{2}=2\sqrt{2}-\sqrt{2}=\sqrt{2}$ et $\frac{\sqrt{14}}{\sqrt{7}}=\sqrt{\frac{14}{7}}=\sqrt{2}$.
Réponses **b.** et **c.**

10. $(4\sqrt{3})^2=16\times 3=48$. Réponse **a.**

11. Si x est un nombre négatif, alors $|x|=-x$. Réponse **b.**

12. $]-\infty;7]\cap[-5;21[=[-5;7]$. Réponse **c.**

vrai ou faux ?

Partie A.

1. Faux, c'est $x\in]-9;4]$. **2.** Vrai.
3. Faux car $-7{,}65<-7{,}6$.
4. Vrai car $\left|\frac{3}{8}-\frac{1}{6}\right|=\left|\frac{9}{24}-\frac{4}{24}\right|=\left|\frac{5}{24}\right|=\frac{5}{24}$.
5. Faux. $]-5;+\infty[\cup]-8;-1]=]-8;+\infty[$. **6. a.** Faux car $-4<-3$.
b. Vrai car la distance entre -3 et 13 est $13-(-3)=16$.
c. Vrai car le centre de l'intervalle est $\frac{13+(-3)}{2}=5$.
d. Faux car tous les réels x appartenant à cet intervalle vérifient $|x-5|\leqslant 8$.

Partie B.

1. Faux car $DB\approx 8{,}6603$ donc un encadrement à 10^{-3} près de DB est $8{,}660<DB<8{,}661$.
2. Vrai. ABD est un triangle rectangle en A. D'après le théorème de Pythagore $DB^2=AB^2+AD^2$.
$AB^2=DB^2-AD^2=75-27=48$, donc $AB=\sqrt{48}=\sqrt{16\times 3}=4\sqrt{3}$.
De plus : $\sqrt{27}+\sqrt{3}=\sqrt{9\times 3}+\sqrt{3}=3\sqrt{3}+\sqrt{3}=4\sqrt{3}$.
3. Vrai car le périmètre de $ABCD$ est :
$\mathscr{P}=2(AB+AD)=2(4\sqrt{3}+3\sqrt{3})=2\times 7\sqrt{3}=14\sqrt{3}$.
4. Faux car l'aire de $ABCD$ est : $\mathscr{A}=AB\times AD=4\sqrt{3}\times 3\sqrt{3}=36$.
5. Faux car le périmètre du triangle ABD est :
$AB+AD+DB=4\sqrt{3}+3\sqrt{3}+5\sqrt{3}=12\sqrt{3}$.
6. Faux car l'aire du triangle ABD est : $\frac{AB\times AD}{2}=\frac{4\sqrt{3}\times 3\sqrt{3}}{2}=18$.

Exercices Application

54 $\pi\approx 3{,}142$ donc $3{,}14<\pi<3{,}15$.

60 $c^2=79$ donc $c=\sqrt{79}$. $c\approx 8{,}9$ m.

63 $x_A=0{,}2$; $x_B=0{,}3$; $x_C=-0{,}125$; $x_D=-0{,}05$.

70 **1.** $I\cap J=]6;12[$ et $I\cup J=]3;+\infty[$.
2. $I\cap J=]5;9]$ et $I\cup J=\mathbb{R}$. **3.** $I\cap J=\{9\}$ et $I\cup J=[-2;+\infty[$.

80 **1.** $43\,218=4{,}3218\times 10^4$ **2.** $0{,}0000534=5{,}34\times 10^{-5}$
3. $35\,384{,}5=3{,}53845\times 10^4$

Exercices Entraînement

97 **1.** $\frac{5}{5}=1$ donc $\frac{5}{5}\in\mathbb{N}$. **2.** $\frac{\pi}{2\pi}=\frac{1}{2}=0{,}5$ donc $\frac{\pi}{2\pi}\in\mathbb{D}$.
3. $\frac{\pi+1}{\pi+2}\in\mathbb{R}$. **4.** $2\sqrt{3}+1\in\mathbb{R}$.
5. $(\sqrt{5})^2=5$ donc $(\sqrt{5})^2\in\mathbb{N}$. **6.** $\frac{0{,}45}{0{,}05}=9$ donc $\frac{0{,}45}{0{,}05}\in\mathbb{N}$.

107 $\mathcal{V} = c^3 = (3\sqrt{2})^3 = 3^3 \times (\sqrt{2})^3 = 27 \times 2\sqrt{2} = 54\sqrt{2}\text{ cm}^3$.
$\mathcal{V} \approx 76{,}3675\text{ cm}^3$.

118 **1.** $I \cap J = [2;5]$ et $I \cup J = [-1;7]$
2. $I \cap J = [-1;2[$ et $I \cup J =]-\infty;2]$
3. $I \cap J =]3{,}9;4[$ et $I \cup J = \mathbb{R}$
4. $I \cap J = \varnothing$ et $I \cup J =]-2;8[\cup [12;+\infty[$

126 **1.** $A = \dfrac{16 \times 3 \times 7 \times 2}{7 \times 5 \times 3 \times 3} = \dfrac{32}{15}$ **2.** $B = 4\left(\dfrac{3}{6} - \dfrac{2}{6}\right) = 4 \times \dfrac{1}{6} = \dfrac{4}{6} = \dfrac{2}{3}$
3. $C = \dfrac{25}{49} - \dfrac{14}{49} = \dfrac{11}{49}$ **4.** $D = \dfrac{5}{4} - \dfrac{1}{6} = \dfrac{15}{12} - \dfrac{2}{12} = \dfrac{13}{12}$

134 **1.** $A = 3^{2+(-4)+3} = 3$ **2.** $B = \left(\dfrac{-9}{-3}\right)^{-1} = 3^{-1}$
3. $C = \dfrac{3^2}{3^5} = 3^{2-5} = 3^{-3}$ **4.** $D = \dfrac{(3^2)^5}{(3^3)^{-2}} = \dfrac{3^{10}}{3^{-6}} = 3^{10-(-6)} = 3^{16}$

144 **1.** $A = \sqrt{4 \times 3} + 2\sqrt{16 \times 3} - \sqrt{25 \times 3}$
$= 2\sqrt{3} + 8\sqrt{3} - 5\sqrt{3} = 5\sqrt{3}$
2. $B = \sqrt{36 \times 5} + 3\sqrt{16 \times 5} - 2\sqrt{25 \times 5}$
$= 6\sqrt{5} + 12\sqrt{5} - 10\sqrt{5} = 8\sqrt{5}$

Chapitre 2

J'applique en autonomie

22 **1.** Les multiples positifs de 7 inférieurs à 60 sont les entiers qui s'écrivent sous la forme $7k$ avec k entier tel que $0 \leqslant 7k \leqslant 60$. Ce sont : 0, 7, 14, 21, 28, 35, 42, 49 et 56.
2. L'ensemble des diviseurs positifs de 100 sont 1, 2, 4, 5, 10, 20, 25, 50, 100. Ainsi, ceux qui sont supérieurs ou égaux à 11 sont 20, 25, 50, 100.
3. Les diviseurs positifs de 36 sont : **1**, **2**, **3**, **4**, **6**, 9, **12**, 18, 36 et ceux de 60 sont : **1**, **2**, **3**, **4**, 5, **6**, 10, **12**, 15, 20, 30, 60. Les diviseurs positifs **communs** de 36 et 60 sont donc 1, 2, 3, 4, 6 et 12.

23 Soient m et n deux entiers multiples de a. Alors il existe deux entiers k et k' tels que $m = ka$ et $n = k'a$ et donc la différence $m - n$ s'écrit : $m - n = ka - k'a = (k - k') \times a$ avec $k - k'$ entier donc $m - n$ est aussi un multiple de a.

24 Soient m un entier multiple de 5 et n un entier multiple de 20 alors, il existe deux entiers k et k' tels que $m = 5k$ et $n = 20k'$ et donc la somme $m + n$ s'écrit : $m + n = 5k + 20k' = 5k + 5 \times 4k' = 5(k + 4k')$ avec $k + 4k'$ entier donc $m + n$ est un multiple de 5.
Autre méthode : Puisque n est un multiple de 20, c'est également un multiple de 5 puisque $20 = 4 \times 5$. Donc m et n sont tous deux multiples de 5 donc leur somme $m + n$ est également multiple de 5.

25 **1.** Le plus petit multiple commun positif de 3, 15 et 12 est 60 donc on choisit 60 comme dénominateur commun :
$$A = \frac{2}{3} - \frac{4}{15} - \frac{7}{12} = \frac{2 \times 20}{3 \times 20} - \frac{4 \times 4}{15 \times 4} - \frac{7 \times 5}{12 \times 5}$$
$$= \frac{40}{60} - \frac{16}{60} - \frac{35}{60} = \frac{40 - 16 - 35}{60} = -\frac{11}{60}$$
2. Le plus petit multiple commun positif de 14, 2 et 3 est 42 donc on choisit 42 comme dénominateur commun. Le produit étant prioritaire, on a :
$$B = \frac{5}{14} - \frac{7}{2} \times \frac{1}{3} = \frac{5}{14} - \frac{7}{6} = \frac{5 \times 3}{14 \times 3} - \frac{7 \times 7}{6 \times 7}$$
$$= \frac{15}{42} - \frac{49}{42} = \frac{15 - 49}{42} = -\frac{34}{42} = -\frac{17 \times 2}{21 \times 2} = -\frac{17}{21}$$

26 Les premiers multiples de 15 entiers positifs sont 0, 15, 30, 45, **60**, 75, 90 etc. Ceux de 20 sont 0, 20, 40, **60**, 80, 100 etc. Donc le plus petit entier naturel non nul à la fois multiple de 15 et de 20 est 60.

27 **1.** Vrai. En effet, si un entier n est divisible par 8 alors il s'écrit sous la forme $n = 8k$ avec k entier. Par conséquent, n s'écrit également $n = 4 \times 2k = 4 \times k'$ avec $k' = 2k$ entier donc n est également divisible par 4.
2. Faux. Un entier divisible par 4 n'est pas divisible par 8 en général. 4 est un contre-exemple : 4 est divisible par 4 mais n'est pas divisible par 8 (12, 20 sont aussi d'autres contre-exemples possibles).
Remarque. L'énoncé de la question **2.** est l'énoncé réciproque de l'énoncé de la question **1.** On vient ainsi de voir que l'énoncé réciproque d'un énoncé vrai n'est pas toujours vrai.

28 **1.** Vrai. Si n est un multiple de 9 et m est un multiple de 12 alors il existe des entiers k et k' tels que $n = 9k$ et $m = 12k'$ et donc $m + n = 9k + 12k' = 3 \times 3k + 3 \times 4k' = 3(3k + 4k')$ avec $3k + 4k'$ entier donc $m + n$ est bien multiple de 3.
2. Faux. L'entier 12 est à la fois divisible par 4 et par 6 et pourtant il n'est pas divisible par 24.

29 **1.** Par la troisième identité remarquable, on a la factorisation : $a^2 - b^2 = (a + b)(a - b)$. Puisque $a^2 - b^2$ est premier alors ses seuls diviseurs positifs sont 1 et lui-même. Puisque $a + b \geqslant a - b$ étant donné que b est positif alors $a - b = 1$.
2. Par conséquent $a = b + 1$ donc a et b sont des entiers consécutifs.

30 **1.** $n + 1$ est le successeur de l'entier pair n donc $n + 1$ est impair.
2. $n - 1$ est l'entier qui précède l'entier pair n donc $n - 1$ est impair.
3. $n + 2$ étant la somme de deux entiers pairs, $n + 2$ est pair.
4. n^2 a la même parité que n donc n^2 est pair donc la somme $n^2 + 2$ est également paire (car somme de deux entiers pairs).

31 Soient m et n deux entiers pairs. Alors il existe deux entiers k et k' tels que $m = 2k$ et $n = 2k'$ et donc la somme $m + n$ s'écrit : $m + n = 2k + 2k' = 2(k + k')$ avec $k + k'$ entier. Donc $m + n$ est multiple de 2 donc pair.
Autre méthode : la somme de deux entiers pairs autrement dit de deux multiples de 2 étant un multiple de 2, cette somme est donc paire.

32 **1.** Soient m et n deux entiers pairs. Alors il existe deux entiers k et k' tels que $m = 2k$ et $n = 2k'$ et donc la différence $m - n$ s'écrit : $m - n = 2k - 2k' = 2(k - k')$ avec $k - k'$ entier. Donc $m - n$ est multiple de 2 donc pair.
2. Soient m et n deux entiers impairs. Alors il existe deux entiers k et k' tels que $m = 2k + 1$ et $n = 2k' + 1$ et donc la différence $m - n$ s'écrit : $m - n = (2k + 1) - (2k' + 1) = 2k + 1 - 2k' - 1 = 2k - 2k' = 2(k - k')$ avec $k - k'$ entier. Donc $m - n$ est multiple de 2 donc pair.
3. Soient m un entier pair et n un entier impair. Alors il existe deux entiers k et k' tels que $m = 2k$ et $n = 2k' + 1$ et donc la différence $m - n$ s'écrit : $m - n = 2k - (2k' + 1) = 2k - 2k' - = 2k - 2k' - 1 = 2(k - k') - 1$ avec $k - k'$ entier. Donc $m - n$ est impair.

33 **1.** Puisque n et $n + 1$ sont deux entiers consécutifs, nécessairement l'un est pair et l'autre est impair.
2. Le produit $n(n + 1)$ est donc pair car c'est le produit de deux facteurs dont l'un est multiple de 2. Par conséquent, le quotient $\dfrac{n(n+1)}{2}$ est entier.

34 Soient deux entiers n et m dont le produit $m \times n$ est impair. Montrons que nécessairement m et n sont tous deux impairs. On raisonne par l'absurde en supposant qu'au moins l'un d'eux est pair. Par conséquent, le produit $m \times n$ est pair ce qui contredit le fait que $m \times n$ est impair. Donc m et n sont tous deux impairs.

35 **1.** 2 étant le seul nombre premier pair, puisque p est un nombre premier tel que $p \neq 2$ alors p est nécessairement impair.
Par conséquent, $p - 1$ et $p + 1$ sont tous les deux des entiers pairs (puisque prédécesseur et successeur de p qui est impair).
2. Vu que $p^2 - 1 = (p + 1)(p - 1)$ avec $p - 1$ et $p + 1$ tous deux pairs, il existe deux entiers k et k' tels que $p - 1 = 2k$ et $p + 1 = 2k'$ et donc : $p^2 - 1 = (p + 1)(p - 1) = 2k \times 2k' = 4 \times kk'$ avec kk' entier donc $p^2 - 1$ est multiple de 4.

36 **1.** La somme des trois premiers multiples non nuls de 17 est égale à $17 + 34 + 51 = 102$. Cette somme est paire.

2. Pour l'entier 8, la somme de ses trois premiers multiples non nuls est égale à $8+16+24=48$. Cette somme est paire.
Pour l'entier 15, la somme de ses trois premiers multiples non nuls est égale à $15+30+45=90$. Cette somme est paire. Il semble que la somme des trois premiers multiples non nuls d'un entier quelconque est toujours paire.
3. Soit n un entier quelconque. Ses trois premiers multiples non nuls sont n, $2n$ et $3n$. Leur somme est égale à $n+2n+3n=6n$ or 6 étant pair, il en est de même de $6n$ donc la conjecture est démontrée.

J'évalue mes connaissances

QCM

1. $260=4\times 65$; donc 260 est un multiple de 4. $260=20\times 13$; donc 260 est un multiple de 20. Il n'existe pas d'entier k tel que $260=k\times 21$; donc 260 n'est pas un multiple de 21. Réponses **a.** et **b.**
2. Il n'existe pas d'entier k tel que $3=k\times 15$; donc 15 n'est pas un diviseur de 3. $60=4\times 15$; donc 15 est un diviseur de 60. $525=53\times 15$; donc 15 est un diviseur de 525. Réponses **b.** et **c.**
3. Il n'existe pas d'entier k tel que $110=k\times 6$; donc 110 n'est pas un multiple de 6. $486=81\times 6$; donc 486 est un multiple de 6. Il n'existe pas d'entier k tel que $2\,223=k\times 6$; donc 2 223 n'est pas un multiple de 6. Réponse **b.**
4. Réponses **a.** et **c.**
5. $120=2^3\times 3\times 5$ et $105=3\times 5\times 7$; des diviseurs communs à 120 et 105 sont donc 3 et 15. Réponses **a.** et **c.**
6. $60=12\times 5=15\times 4$; donc 60 est un multiple commun de 12 et 15. $180=12\times 15$; donc 180 est un multiple commun de 12 et 15. Réponses **b.** et **c.**
7. $7\,524=2^2\times 3^2\times 11\times 19$. Réponses **b.** et **c.**
8. $\frac{3}{5}-\frac{1}{5}\times\frac{4}{3}=\frac{3}{5}-\frac{1\times 4}{5\times 3}=\frac{3}{5}-\frac{4}{15}=\frac{3\times 3}{5\times 3}-\frac{4}{15}$ Réponses **b.** et **c.**
$=\frac{9}{15}-\frac{4}{15}=\frac{9-4}{15}=\frac{5}{15}=\frac{1}{3}$;
9. $\sqrt{891}=\sqrt{9^2\times 11}=\sqrt{9^2}\times\sqrt{11}=9\sqrt{11}$; Réponse **a.**
10. Si m est pair, alors $3m$ est pair ; la somme de deux entiers pairs est paire, donc $(n+3m)$ est pair ; un entier et son carré ont la même parité donc n^2 est pair et m^2 est pair ; la somme de deux entiers pairs est paire ; quelle que soit la parité de m, $4m$ est pair ; la somme de deux entiers pairs est paire, donc $(n+4m)$ est pair. Réponses : **a.**, **b.** et **c.**
11. Si m est impair, alors $3m$ est impair (produit de deux entiers impairs) ; la somme de deux entiers de parité différente est impaire, donc $(n+3m)$ est impaire ; un entier et son carré ont la même parité donc n^2 est pair et m^2 est impair ; la somme de deux entiers de parité différente est impaire ; quelle que soit la parité de m, $4m$ est pair ; la somme de deux entiers pairs est paire, donc $(n+4m)$ est pair. Réponse **c.**

vrai ou faux ?

Partie A.
1. $117=3^2\times 13$; donc $117=1\times 117=3\times 39=9\times 13$. Vrai.
2. Un multiple de 3 est de la forme $3n$ avec n entier ; un multiple de 5 est de la forme $5m$ avec m entier ; donc le produit est de la forme $3n\times 5m=15\times n\times m$: c'est un multiple de 15. Vrai.
3. Soit les entiers impairs $A=2n+1$ (avec n entier) et $B=2m+1$ (avec m entier), alors $A+B=2n+1+2m+1=2\times(n+m+1)$: la somme est donc paire. Vrai.
4. Soit les entiers pairs $A=2n$ (avec n entier) et $B=2m$ (avec m entier), alors $A\times B=2n\times 2m=4\times(n\times m)$: le produit est donc un multiple de 4 ; il est divisible par 4. Vrai.
5. Soit A un entier divisible par 30, donc $A=30n$ avec n entier.
$A=30\times n=5\times 6\times n=5\times(6n)$; or $6n$ est un entier, donc A est divisible par 5 ; $A=30\times n=5\times 6\times n=6\times(5n)$; or $5n$ est un entier, donc A est divisible par 6. Vrai.
6. A est divisible par 5 et par 6 donc $A=5\times 6\times n=30n$, avec n entier ; donc A est divisible par 30. Vrai.
7. Les diviseurs de n sont 1 ; 2 ; 4 ; 8 ; 11 ; 22 ; 44 ; 88. Vrai
8. Si deux entiers sont consécutifs, l'un est pair, l'autre est impair : le produit est donc pair. Vrai.
9. Si deux entiers sont consécutifs, l'un est pair, l'autre est impair : la somme est donc impaire. Vrai.

Partie B.
1. $101=1\times 101$; donc 101 est premier. Vrai.
2. $3\,977=41\times 97$; donc 3 977 n'est pas premier. Vrai.
3. 2 est pair et est premier. Faux.
4. Tout entier pair strictement supérieur à 2 est la forme $2\times n$ (avec n entier), donc il n'est pas premier. Vrai.
5. 2 et 3 sont premiers et $2+3=5$; or 5 est premier. Faux.
6. Vrai : par définition des nombres premiers.
7. Faux : 35 n'est pas un nombre premier.
8. $\frac{572}{146}=\frac{2\times 2\times 11\times 13}{2\times 73}=\frac{2\times 11\times 13}{73}\neq\frac{11}{3}$. Faux.
9. $\frac{455}{525}=\frac{5\times 7\times 13}{3\times 5\times 5\times 7}=\frac{13}{15}$. Faux.
10. $\sqrt{180}=\sqrt{2^2\times 3^2\times 5}=2\times 3\sqrt{5}=6\sqrt{5}$. Faux.
11. $\sqrt{3^2\times 5^3\times 11^4}=\sqrt{3^2}\times\sqrt{5^2\times 5}\times\sqrt{(11^2)^2}$ Faux.
$=3\times 5\sqrt{5}\times 11^2=1\,815\sqrt{5}$.

Exercices Application

60 1. Pour trouver le plus grand nombre d'équipes, il faut trouver le plus grand diviseur commun à 588 et à 420.
$588=2^2\times 3\times 7^2$ et $420=2^2\times 3\times 5\times 7$ donc $588=(2^2\times 3\times 7)\times 7$ et $420=(2^2\times 3\times 7)\times 5$; le plus grand diviseur commun est $2^2\times 3\times 7=84$: on peut composer 84 équipes.
2. $588=84\times 7$: donc 7 garçons par équipe ;
$420=84\times 5$: donc 5 filles par équipe.

65 • $150\times 10=(2\times 3\times 5^2)\times(2\times 5)=2^2\times 3\times 5^3$
• $4\times 49\times 9^2=2^2\times 7^2\times(3^2)^2=2^2\times 3^4\times 7^2$
• $42\,210=2\times 3^2\times 5\times 7\times 67$

88 Le triangle est rectangle, donc $c^2=a^2+b^2$.
Un entier et son carré ont la même parité, donc a^2 et b^2 sont pairs ; la somme de deux nombres pairs est paire, donc c^2 est pair. Or c^2 a la même parité que c donc c est pair.

92 1. $a^2=2\times(2q)+1$; donc a^2 est impair. Un entier et son carré ont la même parité, donc a est impair.
2. a est impair, donc il existe un entier n tel que $a=2n+1$.
$(a+5)^2=a^2+10a+25=(4q+1)+10\times(2n+1)+25$
$=4q+20n+1+10+25=4q+4\times 5n+36=4\times(q+5n+9)$
Donc $(a+5)^2$ est divisible par 4.

Exercices Entraînement

111 1. $6\,804\times m=2^2\times 3^5\times 7\times m$; le plus petit entier m permettant d'obtenir un carré parfait est $m=3\times 7=21$.
2. $1\,920\times m=2^7\times 3\times 5\times m$; le plus petit entier m permettant d'obtenir un cube parfait est $m=2\times 3^2\times 5^2=450$.

120 Soit A et B deux entiers pairs : il existe deux entiers n et p tels que $A=2n$ et $B=2p$. $A\times B=2n\times 2p=2\times(2np)$; ce qui prouve que le produit de deux entiers pairs est pair. Soit A et B deux entiers impairs : il existe deux entiers n et p tels que $A=2n+1$ et $B=2p+1$.
$A\times B=(2n+1)\times(2p+1)=2\times(2np+n+p)+1$; ce qui prouve que le produit de deux entiers impairs est impair.
$n^2=n\times n$: n^2 a la même parité que n.
$n^3=n^2\times n$: n^3 a la même parité que n.
$n^4=n^3\times n$: n^4 a la même parité que n.
…
$n^{2024}=n^{2023}\times n$: n^{2024} a la même parité que n.

Chapitre 3

J'applique en autonomie

22 a. $2(x+3)=2\times x+2\times 3=2x+6$

b. $3x^2(2-x)=3x^2\times 2-3x^2\times x=6x^2-3x^3$

c. $(3x-4)(1+2x)=3x\times 1+3x\times 2x-4\times 1-4\times 2x$
$=3x+6x^2-4-8x=6x^2-5x-4$

d. $(2x+1)(x-3)=2x\times x-2x\times 3+1\times x-1\times 3$
$=2x^2-6x+x-3=2x^2-5x-3$

23 a. $8x+6=2\times 4x+2\times 3=2(4x+3)$

b. $6t^2+12t=6t\times t+6t\times 2=6t(t+2)$

c. $4x(3-2x)+(3-2x)(x+1)=(3-2x)(4x+(x+1))$
$=(3-2x)(4x+x+1)$
$=(3-2x)(5x+1)$

d. $5(x-1)-3x(x-1)=(x-1)(5-3x)$

24 a. $(x-5)(x+5)=x^2-25$ b. $(t+4)^2=t^2+8t+16$
c. $(3x-1)^2=9x^2-6x+1$ d. $(2x+9)^2=4x^2+36x+81$
e. $9x^2+30x+25=(3x+5)^2$ f. $16x^2-49=(4x-7)(4x+7)$

25 1. Longueur du côté du carré vert : n. Longueur du côté du carré bleu : $n+1$. Longueur du côté du carré rouge : $n+2$.
Aire $=n^2+(n+1)^2+(n+2)^2=n^2+n^2+2n+1+n^2+4n+4$
$=3n^2+6n+5$

2. Longueur du côté du carré vert : $n-1$. Longueur du côté du carré bleu : n. Longueur du côté du carré rouge : $n+1$.
Aire $=(n-1)^2+n^2+(n+1)^2=n^2-2n+1+n^2+n^2+2n+1$
$=3n^2+2$

3. Longueur du côté du carré vert : $n-2$. Longueur du côté du carré bleu : $n-1$. Longueur du côté du carré rouge : n.
Aire $=(n-2)^2+(n-1)^2+n^2=n^2-4n+4+n^2-2n+1+n^2$
$=3n^2-6n+5$

4. a. L'expression obtenue à la question 2 semble la plus adaptée.

b. On cherche n tel que Aire $=245$.
$3n^2+2=245 \Leftrightarrow 3n^2=243 \Leftrightarrow n^2=\dfrac{243}{3}$
$\Leftrightarrow n^2=81 \Leftrightarrow n^2-9^2=0 \Leftrightarrow (n-9)(n+9)=0$

On a donc : $n-9=0 \Leftrightarrow n=9$ ou $n+9=0 \Leftrightarrow n=-9$. n étant positif, on a $n=9$. Or n représente la longueur du carré bleu. Il faut donc que les trois carrés aient pour longueurs respectives : 8, 9 et 10.

26 1. $f(x)=(3x-2)^2-49=9x^2-12x+4-49=9x^2-12x-45$.
$f(x)=(3x-2)^2-49=(3x-2)^2-7^2$
$=((3x-2)-7)((3x-2)+7)=(3x-9)(3x+5)$.

2. a. On remarque que $3\times\dfrac{2}{3}=2$. La forme d'origine semble pratique.

$$f\left(\frac{2}{3}\right)=\left(3\times\frac{2}{3}-2\right)^2-49=(2-2)^2-49=-49$$

b. Le point d'intersection de $\mathscr{C}$ avec l'axe des ordonnées a pour coordonnées $(0\,;f(0))$. La forme développée semble adaptée.
$f(0)=9\times 0^2-12\times 0-45=-45$. Ses coordonnées sont donc $(0\,;-45)$.

c. Les abscisses des points d'intersection de $\mathscr{C}$ avec l'axe des abscisses sont les solutions de l'équation $f(x)=0$. La forme factorisée est la plus adaptée. $f(x)=0 \Leftrightarrow (3x-9)(3x+5)=0$.
On a donc : $3x-9=0 \Leftrightarrow 3x=9 \Leftrightarrow x=3$
ou : $3x+5=0 \Leftrightarrow 3x=-5 \Leftrightarrow x=-\dfrac{5}{3}$.

Les points d'intersection ont donc pour coordonnées $\left(-\dfrac{5}{3};0\right)$ et $(3\,;0)$.

d. $A\in\mathscr{C} \Leftrightarrow f(4)=51$
Aucune forme n'est à privilégier ici, on peut utiliser la forme de base.
$f(4)=(3\times 4-2)^2-49=(12-2)^2-49=10^2-49=100-49=51$
On en déduit que le point A appartient à $\mathscr{C}$.

e. Les abscisses des points de la courbe $\mathscr{C}$ d'ordonnées 15 sont les solutions de l'équation $f(x)=15$.

La forme de base semble la plus adaptée, en effet :
$f(x)=15 \Leftrightarrow (3x-2)^2-49=15 \Leftrightarrow (3x-2)^2-64=0$
$\Leftrightarrow (3x-2)^2-8^2=0 \Leftrightarrow ((3x-2)-8)((3x-2)+8)=0$
$\Leftrightarrow (3x-10)(3x+6)=0$

On a donc : $3x-10=0 \Leftrightarrow 3x=10 \Leftrightarrow x=\dfrac{10}{3}$
ou : $3x+6=0 \Leftrightarrow 3x=-6 \Leftrightarrow x=-2$.
Les abscisses recherchées sont donc -2 et $\dfrac{10}{3}$.

27 1. Le dénominateur s'annule pour $x=3$ donc 3 est une valeur interdite.

2. Le dénominateur s'annule pour $x=0$ et $x=2$ donc 0 et 2 sont des valeurs interdites.

3. Les dénominateurs s'annulent pour $x=-4$ et $x=\dfrac{5}{2}$ donc -4 et $\dfrac{5}{2}$ sont des valeurs interdites.

4. x^2+1 ne s'annule pas, il n'y a pas de valeur interdite.

28 1. L'équation est une équation quotient nul.
$\dfrac{4x+1}{3-x}=0 \Leftrightarrow 4x+1=0$ et $3-x\neq 0 \Leftrightarrow x=-\dfrac{1}{4}$ et $x\neq 3$
On a $-\dfrac{1}{4}\neq 3$ donc $S=\left\{-\dfrac{1}{4}\right\}$.

2. L'équation est une équation quotient nul.
$\dfrac{2}{x+1}=0 \Rightarrow 2=0$ et $x+1\neq 0$
C'est impossible donc $S=\varnothing$.

3. L'équation est une équation quotient nul.
$\dfrac{x(3x-9)}{x-2}=0 \Leftrightarrow x(3x-9)=0$ et $x-2\neq 0$
Or $x(3x-9)=0 \Leftrightarrow x=0$ ou $3x-9=0$.
$\Leftrightarrow x=0$ ou $x=3$
On a $0\neq 2$ et $3\neq 2$. Donc $S=\{0;3\}$.

4. L'équation est une équation quotient nul.
$\dfrac{4-x^2}{x}=0 \Leftrightarrow 4-x^2=0$ et $x\neq 0$
Or $4-x^2=0 \Leftrightarrow 2^2-x^2=0 \Leftrightarrow (2-x)(2+x)=0$
$\Leftrightarrow 2-x=0$ ou $2+x=0 \Leftrightarrow x=2$ ou $x=-2$.
On a $2\neq 0$ et $-2\neq 0$. Donc $S=\{-2;2\}$.

29 1. Les dénominateurs s'annulent pour $x=-\dfrac{1}{2}$ et $x=0$. Les valeurs interdites sont donc $-\dfrac{1}{2}$ et 0.

2. $\dfrac{2}{2x+1}-\dfrac{4}{x}=\dfrac{2\times x}{(2x+1)x}-\dfrac{4\times(2x+1)}{x(2x+1)}=\dfrac{2x-8x-4}{x(2x+1)}=\dfrac{-6x-4}{x(2x+1)}$

3. $\dfrac{2}{2x+1}-\dfrac{4}{x}=0 \Leftrightarrow \dfrac{-6x-4}{x(2x+1)}=0$
C'est une équation quotient nul.
$\dfrac{-6x-4}{x(2x+1)}=0 \Leftrightarrow -6x-4=0$ et $x\neq 0,\ x\neq -\dfrac{1}{2}$
Or $-6x-4=0 \Leftrightarrow -6x=4 \Leftrightarrow x=-\dfrac{2}{3}$.
On a $-\dfrac{2}{3}\neq 0$ et $-\dfrac{2}{3}\neq -\dfrac{1}{2}$.
Donc $S=\left\{-\dfrac{2}{3}\right\}$. À l'aide de Geogebra on obtient :

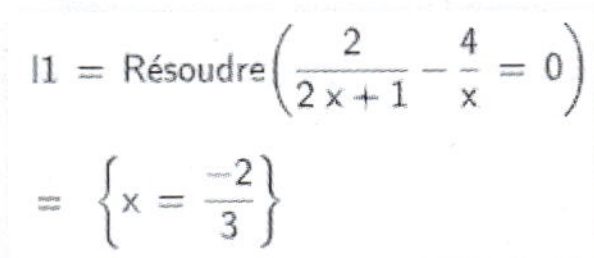

30 $5-\dfrac{3x+1}{x(x-2)}=\dfrac{5x(x-2)}{x(x-2)}-\dfrac{3x+1}{x(x-2)}=\dfrac{5x^2-10x-3x-1}{x(x-2)}$
$=\dfrac{5x^2-13x-1}{x(x-2)}$

$\dfrac{4}{x+4}+\dfrac{x+2}{2x-5}=\dfrac{4(2x-5)}{(x+4)(2x-5)}+\dfrac{(x+2)(x+4)}{(2x-5)(x+4)}$
$=\dfrac{8x-40+x^2+4x+2x+8}{(2x-5)(x+4)}=\dfrac{x^2+14x-32}{(2x-5)(x+4)}$

31 1. $x\in[0;10]$

2. Aire $=AM^2+NH^2=x^2+(10-x)^2=x^2+100-20x+x^2$
$=2x^2-20x+100$

Corrigés

32 **1.** Dans ABC rectangle en A d'après le théorème de Pythagore :

$BC^2 = AB^2 + AC^2 \Leftrightarrow x^2 = 2^2 + AC^2 \Leftrightarrow x^2 - 4 = AC^2$
$\Leftrightarrow (x-2)(x+2) = AC^2$

Donc $AC = \sqrt{(x-2)(x+2)}$

2. Il faut que $x - 2 \geqslant 0 \Leftrightarrow x \geqslant 2$.

3. $A = \dfrac{AB \times AC}{2} = \dfrac{2\sqrt{(x-2)(x+2)}}{2} = \sqrt{(x-2)(x+2)}$

$p = AB + AC + BC = 2 + x + \sqrt{(x-2)(x+2)}$

33 **1.** $60 = 50 + 10$. Il a donc dépassé son forfait de 10 Go.
Il devra payer $25 + 10 \times 5$ soit 75 €.
2. Si $x \leqslant 50$ alors il n'a pas dépassé son forfait, il devra payer 25 €.
Si $x > 50$ alors il a dépassé son forfait de $x - 50$ Go.
Il devra payer $25 + 5(x-50) = 25 + 5x - 250 = 5x - 225$.

34 **1.** $U = e - rI \Leftrightarrow U + rI = e$

2. $U = e - rI \Leftrightarrow U - e = rI \Leftrightarrow \dfrac{(U-e)}{r} = I$

J'évalue mes connaissances

QCM

1. $(x+3)(2x-1) = x \times 2x + x \times (-1) + 3 \times 2x + 3 \times (-1) = 2x^2 + 5x - 3$
Réponse **b**.
2. $(2x-1)^2 = 4x^2 - 2 \times 2x \times 1 + 1 = 4x^2 - 4x + 1$. Réponse **c**.
3. $(4x-3)(4x+3) = (4x)^2 - 3^2 = 16x^2 - 9$. Réponse **c**.
4. $(x-2)(5x+1) - (x-2)(2x-3) = (x-2)(5x+1-2x+3)$
$= (x-2)(3x+4)$.
Réponse **b**.
5. Identité remarquable de la forme $a^2 - b^2$ avec $a = 5x$ et $b = 8$.
Réponse **a**.
6. Identité remarquable de la forme $a^2 - 2ab + b^2$ avec $a = 9x$ et $b = 1$. Réponse **b**.
7. Identité remarquable de la forme $a^2 + 2ab + b^2$ avec $a = x$ et $b = 1$. Or $2ab = 2x$ donc la réponse n'est ni **a.**, ni **b.** En développant on trouve que la réponse est **c**.
8. $3 - \dfrac{x+1}{x+2} = 3 \times \dfrac{x+2}{x+2} - \dfrac{x+1}{x+2} = \dfrac{2x+5}{x+2}$. Réponse **a**.
9. $(3x+9)(1-2x) = 0$. On a donc : $3x + 9 = 0 \Leftrightarrow 3x = -9 \Leftrightarrow x = -3$
ou : $1 - 2x = 0 \Leftrightarrow -2x = -1 \Leftrightarrow x = \dfrac{-1}{-2} = \dfrac{1}{2}$. Réponses **b.** et **c**.
10. $\dfrac{x(5x+10)}{2x-4} = 0 \Leftrightarrow x(5x+10) = 0$ et $2x - 4 \neq 0$.
Donc $x = 0$ ou $5x + 10 = 0 \Leftrightarrow x = -2$ et $x \neq 2$. Réponses **a.** et **b**.
11. $(a+1)^2 = a^2 + 2a + 1 \geqslant 2a$ car $a^2 \geqslant 0$ et $1 > 0$. Réponse **b**.
12. $x > y \Leftrightarrow x - y > 0$. Contre-exemple au **b** : $x = 0$ et $y = -1$: $\dfrac{x}{y} = 0$
Contre-exemple au **c** : $x = 4$ et $y = 1$: $\dfrac{x}{y} = 4$. Réponse **a**.

vrai ou faux ?

Partie A.
1. Vrai. $f(x) = 3(x \times 2x + x \times 1 - 1 \times 2x - 1 \times 1 - 2(x^2 - 2 \times x \times 1 + 1^2)$
$= 3(2x^2 + x - 2x - 1) - 2(x^2 - 2x + 1)$
$= 6x^2 - 3x - 3 - 2x^2 + 4x - 2 = 4x^2 + x - 5$.
2. Vrai. On factorise $f(x)$:
$f(x) = (x-1)[3(2x+1) - 2(x-1)] = (x-1)(6x+3-2x+2)$
$= (x-1)(4x+5) = A(x)$.
3. Faux. $f(0) = B(0) = 4 \times 0^2 + 0 - 5 = -5$.
4. Vrai. $B(x) = 5 \Leftrightarrow 4x^2 + x = 0 \Leftrightarrow x(4x+1) = 0$. C'est une équation produit nul, elle admet donc deux solutions.
5. Faux. $f(x) = 0 \Leftrightarrow (x-1)(4x+5) = 0$. On a donc : $x - 1 = 0 \Leftrightarrow x = 1$
ou : $4x + 5 = 0 \Leftrightarrow x = -\dfrac{5}{4}$.

Partie B.
1. Faux. $3x + 1 \neq 0 \Leftrightarrow x \neq -\dfrac{1}{3}$.
2. Vrai. $(E) \Leftrightarrow \dfrac{2}{3x+1} - \dfrac{4}{x+1} = 0 \Leftrightarrow \dfrac{2(x+1) - 4(3x+1)}{(3x+1)(x+1)} = 0$
$\Leftrightarrow \dfrac{-10x-2}{(3x+1)(x+1)} = 0$.
3. Faux. C'est une équation quotient elle admet une seule solution, celle de $-10x - 2 = 0$.

Exercices Application

47 **a.** $3 \times 5 - 3 \times 3t^6 = 3(5 - 3t^6)$ **b.** $4u \times 3 + 4u \times 2u^2 = 4u(3 + 2u^2)$
c. $2a^3 \times a^2 - 2a^3 \times 3 = 2a^3(a^2 - 3)$

56 **1.** $A(x) = 5 \times 9 - 5 \times 3x - (9 \times x + 9 \times 1 + (-3x) \times x + (-3x) \times 1)$
$= 45 - 15x - (9x + 9 - 3x^2 - 3x)$
$= 45 - 15x + 3x^2 - 6x - 9 = 3x^2 - 21x + 36$
2. $A(x) = (9-3x)(5-(x+1)) = (9-3x)(4-x) = 3(3-x)(4-x)$
3. a. $A(x) = 0 \Leftrightarrow 3(3-x)(4-x) = 0$. Donc, $3 - x = 0 \Leftrightarrow x = 3$ ou $4 - x = 0 \Leftrightarrow x = 4$
b. $A(\sqrt{2}) = 3 \times \sqrt{2}^2 - 21\sqrt{2} + 36 = 42 - 21\sqrt{2}$
$A(3) = 3(3-3)(4-3) = 0$

62 **1.** $\dfrac{1}{2} + \dfrac{5}{x} = \dfrac{1}{2} \times \dfrac{x}{x} + \dfrac{5}{x} \times \dfrac{2}{2} = \dfrac{x}{2x} + \dfrac{10}{2x} = \dfrac{x+10}{2x}$
2. $\dfrac{x}{3x-2} \times \dfrac{3}{3} - \dfrac{2+x}{3} \times \dfrac{3x-2}{3x-2} = \dfrac{3x - (2+x)(3x-2)}{3(3x-3)} = \dfrac{-3x^2 - x + 4}{3(3x-3)}$

70 $E = -3a + (-a+1) = -4a + 1$ $\quad (-4) \times (-2) + 1 = 9$
$(-4) \times 4 + 1 = -15$ $\quad -4a + 1 = -19 \Leftrightarrow -4a = -20 \Leftrightarrow a = \dfrac{-20}{-4} = 5$
$(-4) \times \dfrac{1}{3} + 1 = -\dfrac{4}{3} + \dfrac{3}{3} = -\dfrac{1}{3}$

$a =$	-2	4	5	$\dfrac{1}{3}$
$E =$	9	-15	-19	$-\dfrac{1}{3}$

78 **1.** $\dfrac{\pi \times \text{diamètre}}{2} + x + x = \dfrac{3\pi}{2} + 2x$
2. $\dfrac{\pi \times \text{diamètre}}{2} + 3 + 3 = \dfrac{x\pi}{2} + 6$

Exercices Entraînement

83 **1.** $2xy^2 - 3x - xy^2 - 5x = xy^2 - 8x$ **2.** $\dfrac{3ab^4 \times 3a}{3ab^4 \times 2b} = \dfrac{3a}{2b}$

86 **1.** $4x(7x-6) + 2(7x-6) = (7x-6)(4x+2)$
2. $(3x-4)^2 - 7x(3x-4) = (3x-4)(3x-4-7x)$
$= (3x-4)(-4x-4) = -4(3x-4)(x+1)$
3. $(2x+1)(3-x) + (3-x) = (3-x)(2x+1+1)$
$= (3-x)(2x+2) = 2(3-x)(x+1)$

114 **1.** $(4x+1)(x-2) = 0$, donc $4x + 1 = 0 \Leftrightarrow x = -\dfrac{1}{4}$ ou $x - 2 = 0 \Leftrightarrow x = 2$. Dans $\mathbb{N}$ la seule solution est $x = 2$.
2. $(6x-1)(-2x+6) = 0$, donc $6x - 1 = 0 \Leftrightarrow x = \dfrac{1}{6}$ ou $-2x + 6 = 0 \Leftrightarrow x = 3$. Dans $\mathbb{N}$ la seule solution est $x = 3$.

140 On note x le nombre de places à 30 £ vendues.
Le spectacle est complet avec 500 spectateurs, il y a alors $500 - x$ places à 45 £ vendues. On a donc :
$30 \times x + 45(500 - x) = 18\,000$
$\Leftrightarrow 30x + 22\,500 - 45x = 18\,000$
$\Leftrightarrow -15x = -4\,500 \Leftrightarrow x = -\dfrac{4\,500}{-15} = 300$.
Il y a 300 places à 30 £ et 200 places à 45 £ vendues.

Chapitre 4

J'applique en autonomie

19 $A - B = (a-b)^2 - (a^2 + b^2) = a^2 - 2ab + b^2 - a^2 - b^2 = -2ab$.
a et b étant de même signe, on a $ab \geqslant 0$ donc $-2ab \leqslant 0$
On a donc $A \leqslant B$.

20 $A-B=(a^2+1)-(a+1)^2=a^2+1-a^2-2a-1=-2a$

- Si $a<0$ alors $A-B>0$ et donc $A>B$.
- Si $a>0$ alors $A-B<0$ et donc $A<B$.
- Si $a=0$ alors $A=B$.

21 $A-B=(a+b)^2-(a^2+3b^2)=a^2+2ab+b^2-a^2-3b^2$
$=2ab-2b^2=2b(a-b)$

$0<a<b$ donc $b>0$ et $a-b<0$. Donc $2b(a-b)<0$. Ainsi $A<B$.

22 $A-B=\frac{a}{b}+\frac{b}{a}-2=\frac{a^2+b^2-2ab}{ab}=\frac{(a-b)^2}{ab}$. a et b sont strictement positifs donc $ab>0$ et $(a-b)^2\geqslant 0$, donc $\frac{(a-b)^2}{ab}\geqslant 0$.

On a donc $A\geqslant B$. Si $a=b$ alors $(a-b)^2=0$ et donc $A=B$.

23 **1.** B est strictement positif. $\frac{A}{B}=\frac{3a^4}{6a^3}=\frac{a}{2}$.

Comme $a<1$ alors $\frac{a}{2}<\frac{1}{2}<1$. Donc $A<B$.

2. $A-B=3a^4-6a^3=3a^3(a-2)$. $0<a<1$ donc $a-2<-1<0$ et $3a^3>0$. On a donc $3a^3(a-2)<0$ et ainsi $A<B$.

24 **1.** $A-B=\frac{a-1}{b-1}-\frac{a+1}{b+1}=\frac{(a-1)(b+1)-(a+1)(b-1)}{(b-1)(b+1)}$
$=\frac{2a-2b}{(b-1)(b+1)}=\frac{2(a-b)}{(b-1)(b+1)}$

2. $b>1$ donc $b-1>0$ et $b+1>0$, donc $(b-1)(b+1)>0$.

- Si $a>b$ alors $a-b>0$ donc $2(a-b)>0$ et ainsi $A-B>0$ donc $A>B$.
- Si $a<b$ alors $a-b<0$ donc $2(a-b)<0$ et ainsi $A-B<0$ donc $A<B$.
- Si $a=b$ alors $a-b=0$ donc $A-B=0$ et ainsi $A=B$.

3. a. On applique le résultat de la question **2** avec $a=123\,456\,789$ et $b=987\,654\,322$. $a<b$ donc $A<B$.

b. Avec $a=10{,}000\,001$ et $b=6{,}000\,002$. $a>b$ donc $A>B$.

25 **1.** $9x+4\leqslant 3x-2\Leftrightarrow 6x\leqslant -6\Leftrightarrow x\leqslant -1$ donc $S=]-\infty;-1]$.

2. $\frac{x+4}{5}\leqslant 2x\Leftrightarrow x+4\leqslant 10x\Leftrightarrow -9x\leqslant -4\Leftrightarrow x\geqslant \frac{4}{9}$

donc $S=\left[\frac{4}{9};+\infty\right[$.

26 On pose $AM=x$. On a $x\in[0;6]$. Aire$(ABM)=\frac{9x}{2}=4{,}5x$ et Aire$(DCM)=\frac{9(6-x)}{2}=27-4{,}5x$.

Aire$(ABM)\leqslant\frac{1}{4}$Aire$(DCM)\Leftrightarrow 4{,}5x\leqslant 6{,}75-1{,}125x$
$\Leftrightarrow 5{,}625x\leqslant 6{,}75\Leftrightarrow x\leqslant 1{,}2$.

Donc $x\in[0;1{,}2]$. M doit être entre 0 et 1,2 cm de A sur $[AD]$.

J'évalue mes connaissances

QCM

1. Pour $x=-2$: $x^2+1=5$ et $4x=-8$; $5>-8$
$-\frac{1}{2}x+3=4$ et $4>1$. Réponses **b.** et **c.**

2. $-8x+5>x+6\Leftrightarrow -9x>1\Leftrightarrow x<-\frac{1}{9}$. Réponse **a.**

3. $x+3\leqslant\frac{2x}{5}\Leftrightarrow 5x+15\leqslant 2x\Leftrightarrow 3x\leqslant -15\Leftrightarrow x\leqslant -5$. Réponse **c.**

4. Si $x\geqslant 3$ alors $\frac{x}{2}\geqslant 1{,}5$; $-x\leqslant -3$ et $x-3\geqslant 0$. Réponses **a.** et **c.**

5. Si $-2<x<5$ alors $-6<x-4<1$
$-5<-x<2$ et $-15<-3x<6$. Réponses **a.** et **c.**

6. $6x+9>0\Leftrightarrow x>-\frac{3}{2}$. Réponse **b.**

7. $(3x+2)^2-(12x+4)=9x^2\geqslant 0$. Réponse **b.**

8. $0<x<1$ donc en multipliant par $x^2>0$, on a : $0<x^3<x^2$.
$0<x<1$ donc $x-1<0$ donc en multipliant par $x^2>0$, on a : $x^2(x-1)<0$. Réponses **a.** et **c.**

9. $BM=4-x$ donc comme $x\in[0;4]$ alors $BM\in[0;4]$ et $2x\in[0;8]$. Réponses **a.** et **b.**

10. Si $x>y$ alors $x-y>0$. On ne connaît pas le signe de y donc on ne peut pas conclure sur les réponses **b.** et **c.** Réponse **a.**

vrai ou faux ?

Partie A.

1. $-7x+5>0\Leftrightarrow x<\frac{5}{7}$. Donc **a.** : faux ; **b.** : faux ; **c.** : vrai.

2. a. Vrai car $f(x)-(-3)=4(x+2)^2$ et pour tout réel x, $4(x+2)^2\geqslant 0$ donc $f(x)\geqslant -3$.

b. Faux car $f(0)=13>0$.

c. Faux car $f\left(\frac{1}{3}\right)=\frac{73}{9}>\frac{61}{9}$.

d. Vrai car $f(x)\leqslant 2x(x-1)$
$\Leftrightarrow 4(x^2-4x+4)-3\leqslant 4x^2-2x\Leftrightarrow -14x\leqslant -13\Leftrightarrow x\geqslant\frac{13}{14}$.

Partie B.

1. Faux car $M\in[AB]$ donc $x\in[0;4]$.

2. Vrai d'après la question 1.

3. Vrai car les droites (MN) et (AC) sont parallèles donc, d'après le théorème de Thalès : $\frac{BM}{BA}=\frac{BN}{BC}=\frac{MN}{AC}$

4. Vrai car $\frac{BM}{BA}=\frac{MN}{AC}\Leftrightarrow\frac{4-x}{4}=\frac{MN}{8}\Leftrightarrow MN=8-2x$.

5. Vrai car le périmètre de $AMNP$ est : $2x+2(8-2x)=-2x+16$.

6. Faux car $-2x+16\geqslant 14\Leftrightarrow x\leqslant 1\Leftrightarrow x\in[0;1]$.

Exercices Application

35 **1.** $a-5<b-5$ **2.** $3a<3b$ **3.** $-0{,}2a>-0{,}2b$ **4.** $\frac{a}{6}<\frac{b}{6}$

50 **1.** $12x+8\geqslant 4\Leftrightarrow 12x\geqslant -4\Leftrightarrow x\geqslant\frac{-4}{12}\Leftrightarrow x\geqslant -\frac{1}{3}$ donc $S=\left[-\frac{1}{3};+\infty\right[$.

2. $7x-6\leqslant 10x\Leftrightarrow -3x\leqslant 6\Leftrightarrow x\geqslant\frac{6}{-3}\Leftrightarrow x\geqslant -2$ donc $S=[-2;+\infty[$.

3. $5x+1<9x-4\Leftrightarrow -4x<-5\Leftrightarrow x>\frac{-5}{-4}\Leftrightarrow x>\frac{5}{4}$ donc $S=\left]\frac{5}{4};+\infty\right[$.

4. $\frac{7x}{8}>2x\Leftrightarrow 7x>16x\Leftrightarrow -9x>0\Leftrightarrow x<0$ donc $S=]-\infty;0[$.

Exercices Entraînement

70 **1.** $-15\leqslant 3x\leqslant -9$ **2.** $3\leqslant -x\leqslant 5$
3. $-4\leqslant x+y-1\leqslant -1$ **4.** $-16\leqslant 4x+2y\leqslant -6$
5. $14\leqslant -3x+2y+1\leqslant 22$ **6.** $-8\leqslant x-y\leqslant -5$

77 **1.** $2(x+y)=20$ donc $x+y=10$ et $y=10-x$.
2. $-1{,}4<-x<-1{,}3$ donc $8{,}6<y<8{,}7$.

90 **1.** $-2(x+1)^2+5=-2(x^2+2x+1)+5=-2x^2-4x+3=f(x)$.
Donc $f(x)=-2(x+1)^2+5$.
2. $f(-1)=-2(-1+1)^2+5=5$.
3. $f(x)-f(-1)=-2(x+1)^2$. Or, pour tout réel x, $(x+1)^2\geqslant 0$ donc $f(x)-f(-1)\leqslant 0$. Ainsi, pour tout réel x, $f(x)\leqslant f(-1)$.
4. On en déduit que 5 est le maximum de f atteint pour $x=-1$.

102 **1.** $3x+11>3(1+x)\Leftrightarrow 0x>-8$, vrai pour tout réel x donc $S=\mathbb{R}$.

2. $6>3x+7\Leftrightarrow -3x>1\Leftrightarrow x<-\frac{1}{3}$ donc $S=\left]-\infty;-\frac{1}{3}\right[$.

3. $\frac{2}{3}x+\frac{1}{5}\leqslant x+1\Leftrightarrow -\frac{1}{3}x\leqslant\frac{4}{5}\Leftrightarrow x\geqslant\frac{4}{5}\times\frac{-3}{1}\Leftrightarrow x\geqslant -\frac{12}{5}$

donc $S=\left[-\frac{12}{5};+\infty\right[$.

105 **1.** $x^2+4x+12>(x+4)(x-6)\Leftrightarrow x^2+4x+12>x^2-2x-24$
$\Leftrightarrow 6x>-36\Leftrightarrow x>-6$ Donc $S=]-6;+\infty[$.

2. $(x-3)(x+8)<(x+8)(x+5)$
$\Leftrightarrow -8x<64\Leftrightarrow x>\frac{64}{-8}\Leftrightarrow x>-8$ donc $S=]-8;+\infty[$.

Chapitre 5

J'applique en autonomie

18 **1.** Dans le triangle ABC rectangle en B, on a, par le théorème de Pythagore : $AC^2 = AB^2 + BC^2 = 8^2 + 4^2 = 80$ d'où $AC = \sqrt{80} = 4\sqrt{5} \simeq 8{,}9$ cm.

2. On a $\tan\widehat{C} = \dfrac{BA}{BC} = \dfrac{8}{4} = 2$ d'où $\widehat{C} = \tan^{-1}(2) \simeq 63°$ et donc $\widehat{A} = 180° - \widehat{B} - \widehat{C} \simeq 180° - 90° - 63 \simeq 27°$.

3. Puisque $[BC]$ est la hauteur issue de C du triangle ABC, son aire est égale à $\mathcal{A}_{ABC} = \dfrac{B \times h}{2} = \dfrac{BA \times BC}{2} = \dfrac{8 \times 4}{2} = 16$ cm².

19 **1.** $[EG]$ est une diagonale du carré $EFGH$ de côté 8 cm. Par le théorème de Pythagore dans le triangle EFG rectangle en F, on a donc $EG^2 = EF^2 + FG^2 = 8^2 + 8^2 = 128$ d'où $EG = \sqrt{128} = 8\sqrt{2}$ cm.

2. On se place dans le triangle AEG rectangle en E. On a : $\tan\widehat{AGE} = \dfrac{EA}{EG} = \dfrac{8}{8\sqrt{2}} = \dfrac{1}{\sqrt{2}} = \dfrac{\sqrt{2}}{2}$ d'où $\widehat{AGE} = \tan^{-1}\left(\dfrac{\sqrt{2}}{2}\right) \simeq 35{,}3°$.

3. Le cube a pour volume $\mathcal{V}_{ABCDEFGH} = AB^3 = 8^3 = 512\,\text{cm}^3$ tandis que le tétraèdre $ABCG$ de base le triangle ABC d'aire $B = \mathcal{A}_{ABC} = \dfrac{AB \times AC}{2} = \dfrac{64}{2} = 32\,\text{cm}^2$ et de hauteur associée $h = CG = 8$ cm a pour volume $V_{ABCG} = \dfrac{1}{3} \times B \times h = \dfrac{1}{3} \times 32 \times 8 = \dfrac{256}{3}\,\text{cm}^3$.

Ainsi, on a bien $V_{ABCDEFGH} = 6 \times V_{ABCG}$.

20 **1.**

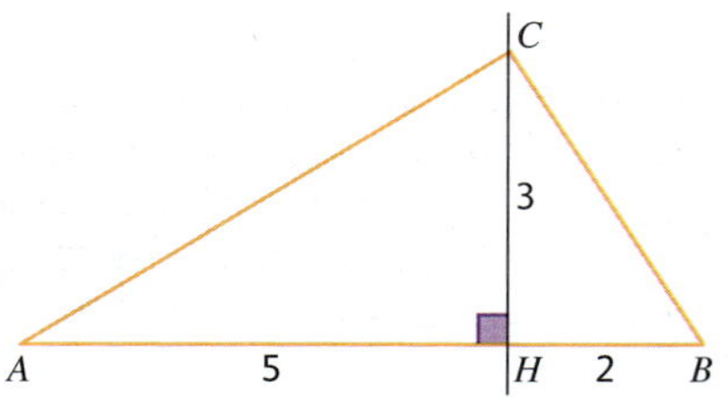

2. Dans le triangle AHC rectangle en H, on a, par le théorème de Pythagore, $AC^2 = AH^2 + HC^2 = 5^2 + 3^2 = 25 + 9 = 34$ et donc $AC = \sqrt{34} \simeq 5{,}8$ cm.

3. On a, d'une part, dans le triangle AHC rectangle en H, $\tan\widehat{HAC} = \dfrac{CH}{AH} = \dfrac{3}{5}$ d'où $\widehat{AHC} = \tan^{-1}\left(\dfrac{3}{5}\right) \simeq 31°$.

D'autre part, dans le triangle BCH rectangle en H, on a $\tan\widehat{BCH} = \dfrac{BH}{CH} = \dfrac{2}{3}$ d'où $\widehat{BCH} = \tan^{-1}\left(\dfrac{2}{3}\right) \simeq 33{,}7°$. Donc $\widehat{BCH}$ a une mesure plus grande que $\widehat{HAC}$.

4. $[CH]$ étant la hauteur issue de C du triangle ABC, son aire est $\mathcal{A}_{ABC} = \dfrac{AB \times CH}{2} = \dfrac{7 \times 3}{2} = 10{,}5\,\text{cm}^2$.

21

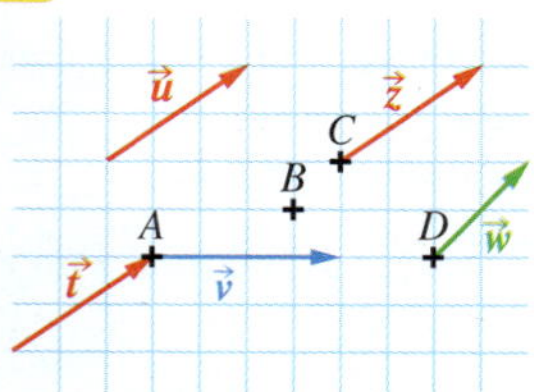

22

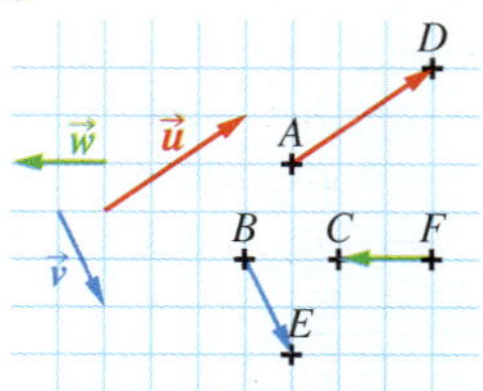

23 **1.** On peut conjecturer que $CDFE$ est un parallélogramme.

2. Comme $ABCD$ est un parallélogramme, alors $\overrightarrow{AB} = \overrightarrow{DC}$. Comme $ABEF$ est un parallélogramme, alors $\overrightarrow{AB} = \overrightarrow{FE}$. Ainsi, $\overrightarrow{DC} = \overrightarrow{FE}$. Donc, $DCEF$ est un parallélogramme.

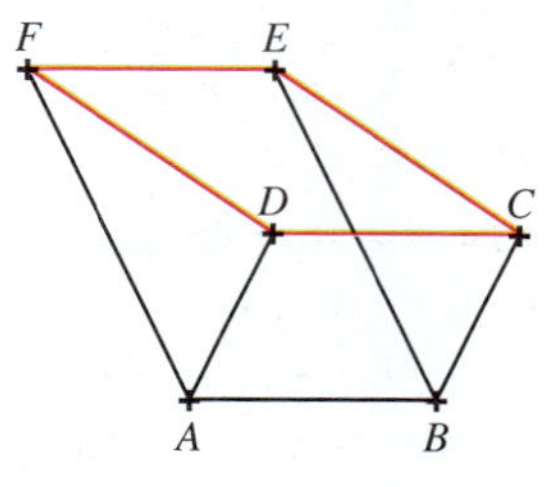

24 **1.**

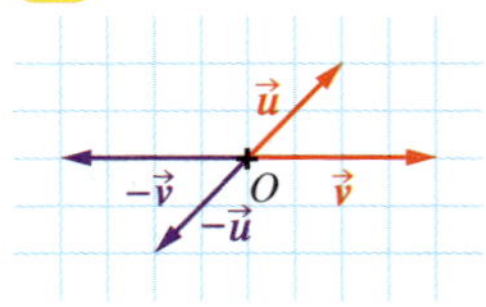

2.

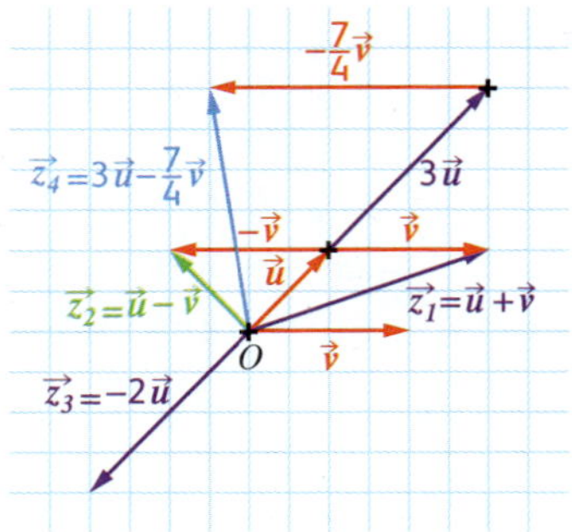

25

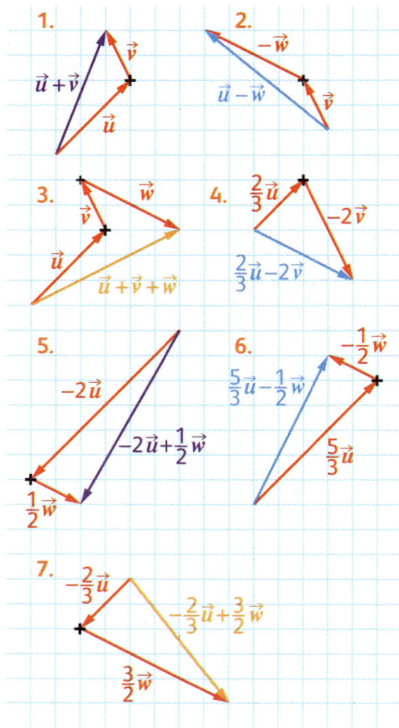

26 **1. 2.**

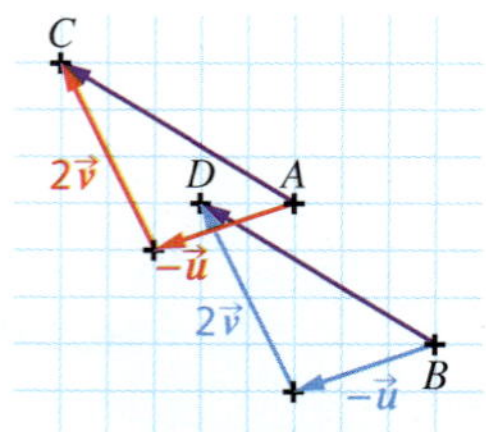

3. a. Puisque $\overrightarrow{AC} = -\vec{u} + 2\vec{v} = \overrightarrow{BD}$, les vecteurs $\overrightarrow{AC}$ et $\overrightarrow{BD}$ sont égaux.

b. Le quadrilatère $ABDC$ est donc un parallélogramme (par la propriété de caractérisation des parallélogrammes par une égalité vectorielle).

27 **1. 2.**

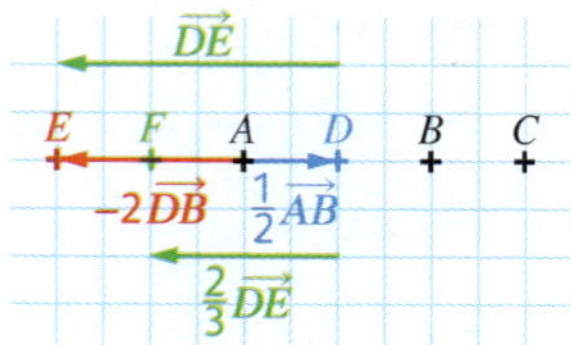

3. a. On considère comme unité le petit carreau dans la suite. Les vecteurs $\overrightarrow{EB}$ et $\overrightarrow{AF}$ sont **colinéaires** de sens **contraires** donc il existe un réel **négatif** k tel que $\overrightarrow{EB} = k\overrightarrow{AF}$. De plus, la norme du vecteur $\overrightarrow{EB}$ est de 8 unités tandis que celle de $\overrightarrow{AF}$ est de 2 unités donc la norme de $\overrightarrow{EB}$ est le quadruple de celle de $\overrightarrow{AF}$ donc $k = -4$ d'où $\overrightarrow{EB} = -4\overrightarrow{AF}$.

b. Les vecteurs $\overrightarrow{AD}$ et $\overrightarrow{ED}$ sont **colinéaires** de **même** sens donc il existe un réel **positif** k' tel que $\overrightarrow{AD} = k'\overrightarrow{ED}$. De plus, la norme du vecteur $\overrightarrow{AD}$ est de 2 unités tandis que celle de $\overrightarrow{ED}$ est de 6 unités donc la norme de $\overrightarrow{AD}$ est le tiers de celle de $\overrightarrow{ED}$ donc $k' = \dfrac{1}{3}$ d'où $\overrightarrow{AD} = \dfrac{1}{3}\overrightarrow{ED}$.

c. Les vecteurs $\overrightarrow{DC}$ et $\overrightarrow{DE}$ sont **colinéaires** de sens **contraires** donc il existe un réel **négatif** k'' tel que $\overrightarrow{DC} = k''\overrightarrow{DE}$. De plus, la norme du vecteur $\overrightarrow{DC}$ est de 4 unités tandis que celle de $\overrightarrow{DE}$ est de 6 unités donc la norme de $\overrightarrow{DC}$ est égale aux $\frac{4}{6}$ (soit aux $\frac{2}{3}$) de celle de $\overrightarrow{ED}$ donc $k'' = -\frac{2}{3}$ d'où $\overrightarrow{DC} = -\frac{2}{3}\overrightarrow{DE}$.

28 **1.** $\overrightarrow{BC} = \overrightarrow{BA} + \overrightarrow{AC}$.

2. $\vec{u} = -2\overrightarrow{BA} + 3\overrightarrow{BC} = -2\overrightarrow{BA} + 3\left(\overrightarrow{BA} + \overrightarrow{AC}\right)$

$= -2\overrightarrow{BA} + 3\overrightarrow{BA} + 3\overrightarrow{AC} = \overrightarrow{BA} + 3\overrightarrow{AC} = -\overrightarrow{AB} + 3\overrightarrow{AC}$.

$\vec{v} = 2\overrightarrow{BC} + 4\overrightarrow{AC} = 2\left(\overrightarrow{BA} + \overrightarrow{AC}\right) + 4\overrightarrow{AC}$

$= 2\overrightarrow{BA} + 2\overrightarrow{AC} + 4\overrightarrow{AC} = -2\overrightarrow{AB} + 6\overrightarrow{AC}$

3. $2\vec{u} = 2\left(-\overrightarrow{AB} + 3\overrightarrow{AC}\right) = -2\overrightarrow{AB} + 6\overrightarrow{AC} = \vec{v}$.

Les vecteurs $\vec{u}$ et $\vec{v}$ sont colinéaires.

29 **1.** $2\vec{u} = 2\left(2\overrightarrow{AB} - \overrightarrow{AC}\right) = 4\overrightarrow{AB} - 2\overrightarrow{AC} = \vec{v}$.

Les vecteurs $\vec{u}$ et $\vec{v}$ sont colinéaires.

2. $\frac{4}{3}\vec{v} = \frac{4}{3}\left(3\overrightarrow{AB} + \frac{3}{2}\overrightarrow{CA}\right) = 4\overrightarrow{AB} + 2\overrightarrow{CA} = 4\overrightarrow{AB} - 2\overrightarrow{AC} = \vec{u}$.

Les vecteurs $\vec{u}$ et $\vec{v}$ sont colinéaires.

3. $-2\vec{u} = -2\left(2\overrightarrow{AB} + 3\overrightarrow{BC}\right) = -4\overrightarrow{AB} - 6\overrightarrow{BC}$

$= -4\overrightarrow{AB} - 6\left(\overrightarrow{BA} + \overrightarrow{AC}\right) = -4\overrightarrow{AB} - 6\overrightarrow{BA} - 6\overrightarrow{AC}$

$= -4\overrightarrow{AB} + 6\overrightarrow{AB} - 6\overrightarrow{AC} = 2\overrightarrow{AB} - 6\overrightarrow{AC} = \vec{v}$

Les vecteurs $\vec{u}$ et $\vec{v}$ sont colinéaires.

30 **1.** Figure :

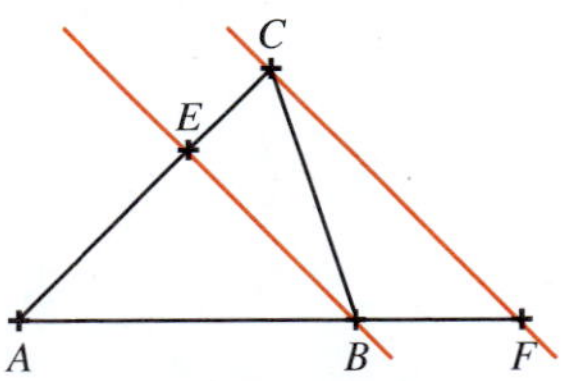

On peut conjecturer que les droites (BE) et (CF) sont parallèles.

2. Il suffit de montrer que les vecteurs $\overrightarrow{BE}$ et $\overrightarrow{CF}$ sont colinéaires.

3. a. $\overrightarrow{BE} = \overrightarrow{BC} + \overrightarrow{CE}$ et $\overrightarrow{BC} = \overrightarrow{BA} + \overrightarrow{AC}$.

b. $\overrightarrow{BE} = \overrightarrow{BC} + \overrightarrow{CE} = \overrightarrow{BA} + \overrightarrow{AC} + \frac{1}{3}\overrightarrow{CA}$

$= -\overrightarrow{AB} + \overrightarrow{AC} - \frac{1}{3}\overrightarrow{AC} = -\overrightarrow{AB} + \frac{2}{3}\overrightarrow{AC}$.

4. $\overrightarrow{CF} = \overrightarrow{CA} + \overrightarrow{AF} = -\overrightarrow{AC} + \frac{3}{2}\overrightarrow{AB} = \frac{3}{2}\overrightarrow{AB} - \overrightarrow{AC}$.

5. $-\frac{3}{2}\overrightarrow{BE} = -\frac{3}{2}\left(-\overrightarrow{AB} + \frac{2}{3}\overrightarrow{AC}\right) = \frac{3}{2}\overrightarrow{AB} - \overrightarrow{AC} = \overrightarrow{CF}$.

Donc les vecteurs $\overrightarrow{BE}$ et $\overrightarrow{CF}$ sont colinéaires.
Donc les droites (BE) et (CF) sont parallèles.

31 Puisque $CE = CA = CB$, le triangle ABE est donc inscrit dans le cercle de centre C et de rayon CB autrement dit dans le cercle de diamètre $[AB]$. Par conséquent, par le théorème du cercle circonscrit, le triangle ABE est rectangle en E.

32 Figure :

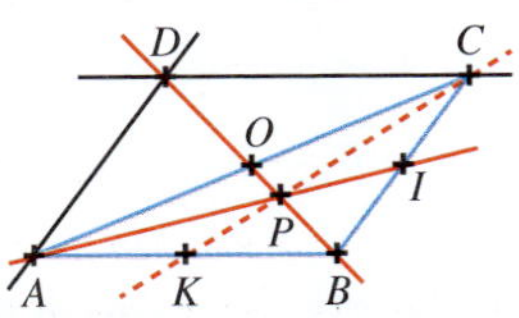

O étant le centre du parallélogramme $ABCD$, O est donc le milieu de la diagonale $[AC]$. On se place dans le triangle ABC : I étant le milieu du côté $[BC]$ et O celui du côté $[AC]$, les droites (AI) et (OB) sont alors des médianes du triangle ABC. Par conséquent, leur point d'intersection P est le centre de gravité du triangle ABC, autrement dit, P est le point de concours des trois médianes du triangle ABC. En particulier, la droite (CP) est une médiane de ce triangle : cette droite coupe donc le côté opposé à C, à savoir le côté $[AB]$, en son milieu.

33 **1.** Figure :

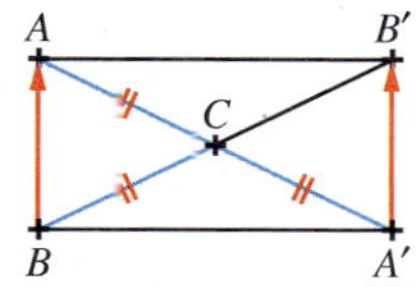

2. On peut conjecturer que le quadrilatère $ABA'B'$ est un rectangle. Pour le démontrer, on montre qu'il s'agit d'un parallélogramme possédant un angle droit. L'égalité vectorielle $\overrightarrow{BA} = \overrightarrow{A'B'}$ implique que le quadrilatère $ABA'B'$ est un parallélogramme. Reste à démontrer que le triangle ABA' est rectangle en B. Puisque A' est le symétrique du point A par rapport à C, alors C est le milieu du segment $[AA']$. Ainsi, puisque $CA = CB = CA'$, le triangle ABC est inscrit dans le cercle de diamètre $[AA']$. Par conséquent, par le théorème du cercle circonscrit, le triangle ABA' est rectangle en B. Par conséquent, $ABA'B'$ est un parallélogramme possédant un angle droit : c'est un rectangle.

Autre méthode : Vu que $ABA'B'$ est un parallélogramme et que C est le milieu de la diagonale $[AA']$ alors C est le centre de ce parallélogramme donc C est aussi le milieu de la diagonale $[BB']$. Par conséquent, $CA = CB = CA' = CB'$ donc les diagonales de ce parallélogramme ont même longueur : c'est donc un rectangle.

34 **1.** Figure :

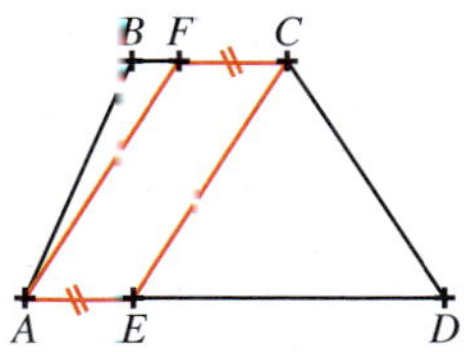

2. $ABCD$ étant un trapèze, les droites (BC) et (AD) sont donc parallèles. Or les points F et E appartiennent respectivement aux bases $[BC]$ et $[AD]$ donc les vecteurs $\overrightarrow{FC}$ et $\overrightarrow{AE}$ sont colinéaires de même sens (car $ABCD$ est un quadrilatère non croisé). Enfin, l'égalité de longueur $AE = CF$ permet d'affirmer l'égalité de vecteurs $\overrightarrow{AE} = \overrightarrow{FC}$. Par conséquent, $AFCE$ est un parallélogramme.

J'évalue mes connaissances

QCM

1. Réponses **a.** et **b.** car ses diagonales $[AC]$ et $[BD]$ se coupent en leur milieu E, donc $ABCD$ est un parallélogramme. De plus, ses diagonales sont de même longueur donc $ABCD$ est un rectangle.

2. Réponse **b.**, car $AE = EE$.

3. Réponse **a.**, car dans le triangle ADB rectangle en A,

$\tan\left(\widehat{ADB}\right) = \frac{AB}{AD} = \frac{2}{4} = \frac{1}{2}$, donc $\widehat{ADB} = \tan^{-1}\left(\frac{1}{2}\right) \approx 27°$.

4. Réponses **a.** et **c.** car $\overrightarrow{AF} = \overrightarrow{ED}$, donc AFDE est un parallélogramme. De plus, $AE = ED$ donc $AFDE$ est un losange.

5. Réponse **a.**, car $\overrightarrow{FA} = \overrightarrow{EB}$.

6. Réponse **c.**, car $\overrightarrow{EF}$ et $\overrightarrow{BA}$ ont la même direction, le même sens et la même norme.

7. Réponses **b.** et **c.** car $-\overrightarrow{DC} = \overrightarrow{CD} = \overrightarrow{EF}$.

8. Réponse **c.**, car $\overrightarrow{BD} = 2\overrightarrow{BE} = 2\overrightarrow{AF}$.

9. Réponses **b.** et **c.** car $\overrightarrow{EC} + \overrightarrow{AB} = \overrightarrow{AB} + \overrightarrow{BC} = \overrightarrow{AC}$ et $\overrightarrow{BD} + \overrightarrow{FA} = \overrightarrow{BD} + \overrightarrow{DE} = \overrightarrow{BE}$.

10. Réponses **a.** et **c.** car $-2\overrightarrow{EF} = \overrightarrow{AC}$ et $\overrightarrow{EF} = \overrightarrow{BA}$.

vrai ou faux ?

Partie A.

1. Vrai. Par le théorème de Pythagore appliqué dans le triangle ABC rectangle en B, on a $AC^2 = AB^2 + BC^2 = 4^2 + 3^2 = 25$ donc $AC = \sqrt{25} = 5$ cm.

2. Faux. On a $\tan\widehat{A} = \frac{BC}{BA} = \frac{3}{4}$ donc $\widehat{A} = \tan^{-1}\left(\frac{3}{4}\right) \approx 37°$.

3. Vrai. Puisque (DF) et (BC) sont perpendiculaires à la même droite (AB) alors (DF) et (BC) sont parallèles ; autrement dit, les vecteurs $\overrightarrow{DF}$ et $\overrightarrow{CB}$ sont colinéaires.

4. Faux. Puisque $AD = 3$ cm et $AB = 4$ cm avec A, D et B alignés dans cet ordre donc $\overrightarrow{AD}$ et $\overrightarrow{DB}$ sont colinéaires de même sens. Puisque $DB = 1$ cm, on a alors $\overrightarrow{AD} = 3\overrightarrow{DB}$.

5. Vrai. Dans les triangles ADF et ABC, les points A, D et B d'une part et A, F et C d'autre part sont alignés et les droites (DF) et (BC) sont parallèles. Par le théorème de Thalès, on a $\frac{DF}{BC} = \frac{AD}{AB}$ d'où $DF = \frac{BC \times AD}{AB} = \frac{3 \times 3}{4} = 2{,}25$ cm.

Donc $A_{ADF} = \frac{AD \times DF}{2} = \frac{3 \times 2{,}25}{2} = 3{,}375$ cm^2.

6. La distance du point B à la droite (AC) est égale à la distance BH où H est le pied de la hauteur du triangle ABC issue de B.

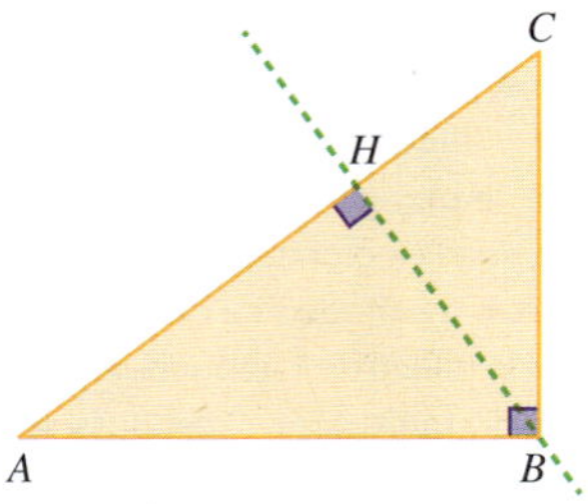

On calcule le sinus de l'angle $\widehat{A}$ dans deux triangles rectangles différents : ABC puis ABH.

On a alors $\sin\widehat{A} = \frac{BC}{AC} = \frac{3}{5}$ et $\sin\widehat{A} = \frac{BH}{AB} = \frac{BH}{4}$.

D'où $\frac{BH}{4} = \frac{3}{5}$ et donc $BH = \frac{3 \times 4}{5} = \frac{12}{5} = 2{,}4$ cm. Vrai.

Autre méthode : on pouvait remarquer que les triangles ABC et AHB sont semblables et en déduire que $\frac{AB}{AH} = \frac{BC}{HB} = \frac{AC}{AB}$ d'où $BH = \frac{AB \times BC}{AC} = \frac{4 \times 3}{5} = 2{,}4$ cm.

Partie B.

1. Vrai : des vecteurs égaux ont même norme.

2. Faux : voici un contre-exemple dans lequel les points A, B, C et D vérifient l'égalité de longueurs $AB = CD$ sans que les vecteurs $\overrightarrow{AB}$ et $\overrightarrow{CD}$ soient égaux.

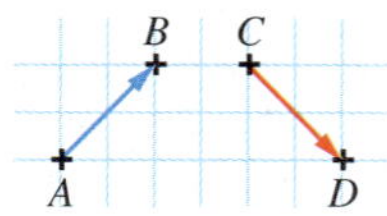

3. Vrai. Deux vecteurs $\vec{u}$ et $\vec{v}$ non nuls de même direction sont colinéaires : il existe un réel non nul k tel que $\vec{u} = k\vec{v}$. De plus, s'ils ont même norme alors $k = 1$ ou $k = -1$ donc $\vec{u} = \vec{v}$ ou $\vec{u} = -\vec{v}$.

4. Vrai. Si $\overrightarrow{AB} = \overrightarrow{CD}$ alors $ABDC$ est un parallélogramme et donc les vecteurs $\overrightarrow{AC}$ et $\overrightarrow{BD}$ sont également égaux.

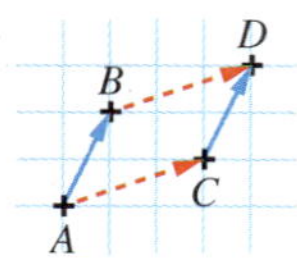

5. Vrai. Si $\overrightarrow{AC} + \overrightarrow{BC} = \vec{0}$ alors $\overrightarrow{AC} = -\overrightarrow{BC} = \overrightarrow{CB}$ donc C est le milieu de $[AB]$.

6. Vrai. Si $ABCD$ est un parallélogramme alors $\overrightarrow{AD} = \overrightarrow{BC}$ donc $\overrightarrow{AB} + \overrightarrow{AD} = \overrightarrow{AB} + \overrightarrow{BC} = \overrightarrow{AC}$, la dernière égalité résultant de la relation de Chasles.

7. Faux. Voici ci-contre un contre-exemple. Les vecteurs $\overrightarrow{AC}$ et $\overrightarrow{EF}$ sont colinéaires et pourtant, A, C, E et F ne sont pas alignés.

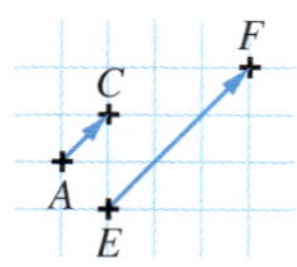

8. Vrai. Si $\overrightarrow{EF} = \overrightarrow{AB}$ alors ces vecteurs ont même direction (ils sont colinéaires) et donc les droites (EF) et (AB) sont parallèles.

9. Faux. Si $(EF)//(AB)$ alors les vecteurs $\overrightarrow{EF}$ et $\overrightarrow{AB}$ ont même direction : ils sont colinéaires. Ils ne sont pas nécessairement égaux : ils peuvent avoir des sens et des normes différentes (contre-exemple de la question **7**. ((AC) et (EF) sont parallèles mais les vecteurs ne sont pas égaux puisque leur norme est différente).

10. Vrai. En considérant une droite d' perpendiculaire à la droite d alors les projetés orthogonaux sont tous confondus en le point H, point d'intersection de d et d'.

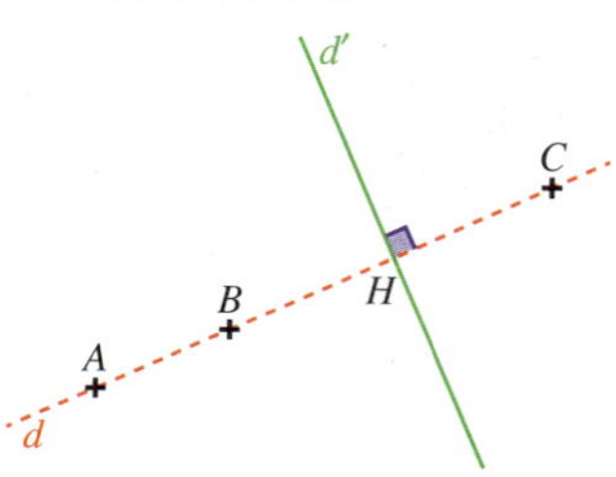

11. Vrai. L'énoncé réciproque de l'énoncé précédent est : « s'il existe une droite d' de sorte que trois points A, B et C ont le même projeté orthogonal sur cette droite d' alors ces trois points sont alignés ».
Si A, B et C sont trois points distincts ayant le même projeté orthogonal H sur une droite d' alors on a : $(AH) \perp d'$, $(BH) \perp d'$ et $(CH) \perp d'$ donc les droites (AH), (BH) et (CH) étant perpendiculaires à une même droite alors ces trois droites sont parallèles et admettent le point H en commun donc A, B, C et H sont alignés.

Exercices Application

42 **1.** Le triangle ABC est rectangle en A donc, d'après le théorème de Pythagore, on a : $BC^2 = AB^2 + AC^2$, donc $AC^2 = BC^2 - AB^2 = 7^2 - 5^2 = 24$. Donc $x = AC = \sqrt{24} = 2\sqrt{6}$ cm.

2. Le triangle ABC est rectangle en B donc, d'après le théorème de Pythagore, on a $AC^2 = AB^2 + BC^2 = 2^2 + 3^2 = 13$.
Donc $x = AC = \sqrt{13}$ cm.

53 **1.**

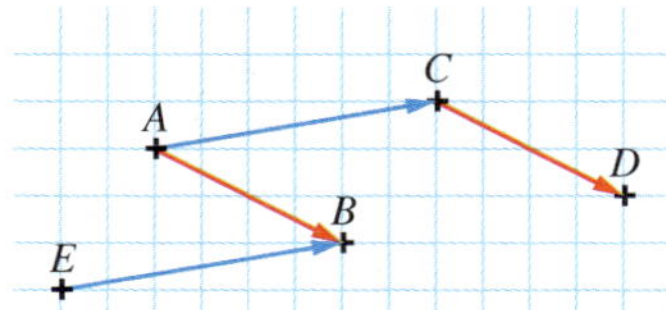

2.

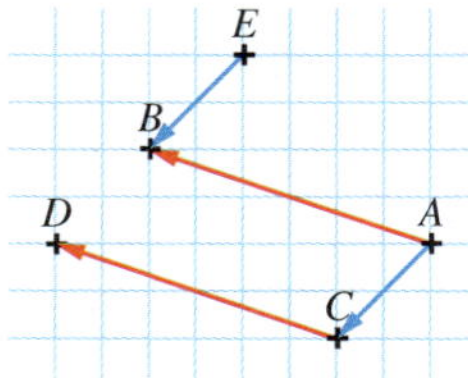

61

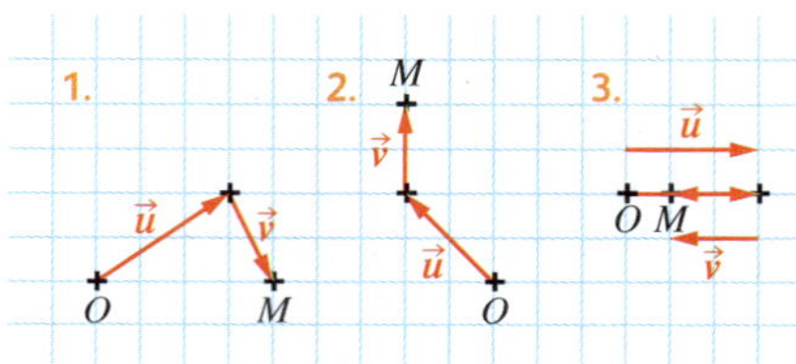

71 **1.** Réponses correctes : a. et c. Les vecteurs $\overrightarrow{AB}$ et $\overrightarrow{FE}$ ont même direction, même sens et même norme : ils sont donc égaux. Or deux vecteurs égaux sont également colinéaires (mais la réciproque est fausse).

2. Réponse correcte : c. Les vecteurs $\overrightarrow{FC}$ et $\overrightarrow{DG}$ ont la même direction : ils sont donc colinéaires. En revanche, ils n'ont pas la même norme donc ne sont ni égaux ni opposés.

3. Réponses correctes : b et c. Vu que $\overrightarrow{AD}$ et $\overrightarrow{FE}$ ont même direction et même sens, ils sont colinéaires et il existe un réel positif k tel que $\overrightarrow{AD} = k\overrightarrow{FE}$. Puisque la norme de $\overrightarrow{AD}$ est le triple de celle de $\overrightarrow{FE}$, on a donc $\overrightarrow{AD} = 3\overrightarrow{FE}$. Enfin, vu que $\overrightarrow{FE} = -\overrightarrow{DC}$, on a également $\overrightarrow{AD} = 3\overrightarrow{FE} = 3\left(-\overrightarrow{DC}\right) = -3\overrightarrow{DC}$.

4. Réponse correcte : b. $\overrightarrow{EB}$ et $\overrightarrow{FC}$ n'ont pas la même direction, ils ne peuvent être égaux. En revanche, $\frac{2}{3}\overrightarrow{GA}$ a la même direction, même sens et même norme que $\overrightarrow{EB}$.

77 On a $\vec{v} = 6\overrightarrow{BA} = 6\left(-\overrightarrow{AB}\right) = -6\overrightarrow{AB} = -3\left(2\overrightarrow{AB}\right) = -3\vec{u}$ donc $\vec{u}$ et $\vec{v}$ sont colinéaires.

90 Dans le triangle ABC, les droites d_1 et d_2 sont les médiatrices de deux des côtés du triangle. Leur point d'intersection E est donc le centre du cercle circonscrit du triangle ABC. La droite passant par E et perpendiculaire au côté $[BC]$ est donc la médiatrice du segment $[BC]$. Par un raisonnement similaire dans le triangle CBD, la droite passant par F et perpendiculaire au côté $[BC]$ est la médiatrice du segment $[BC]$. Donc les points E et F sont deux points de la médiatrice du segment $[BC]$; ainsi, (EF) est la médiatrice du segment $[BC]$.

Chapitre 6

J'applique en autonomie

20

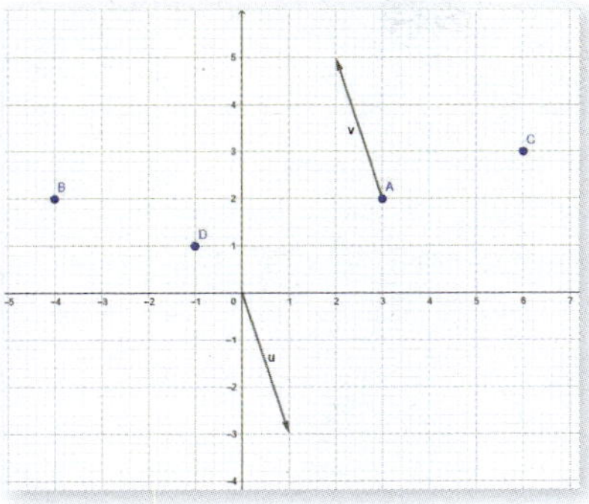

21 $\vec{u_1}\begin{pmatrix}3\\3\end{pmatrix}, \vec{u_2}\begin{pmatrix}2\\-1\end{pmatrix}, \vec{u_3}\begin{pmatrix}-1\\-3\end{pmatrix}, \vec{u_4}\begin{pmatrix}2\\-3\end{pmatrix}, \vec{u_5}\begin{pmatrix}3\\1\end{pmatrix}$.

22 **1.** Il semble que le triangle soit isocèle rectangle en A.

2. $A(-2;1), B(2;3), C(0;-3)$.

$AB=\sqrt{(x_B-x_A)^2+(y_B-y_A)^2}=\sqrt{(2-(-2))^2+(3-1)^2}$

$=\sqrt{4^2+2^2}=\sqrt{20}=2\sqrt{5}$

$AC=\sqrt{0-(-2)^2+(-3-1)^2}=\sqrt{2^2+(-4)^2}=\sqrt{20}=2\sqrt{5}$

$BC=\sqrt{(0-2)^2+(-3-3)^2}=\sqrt{2^2+(-6)^2}=\sqrt{40}=2\sqrt{10}$

On remarque que $AB=AC$ donc ABC est isocèle en A.

De plus, $AB^2=20, AC^2=20$ et $BC^2=40$. On remarque que $BC^2=AB^2+AC^2$, on en déduit que, d'après la réciproque du théorème de Pythagore, ABC est rectangle en A.

23 **1.** $AB^2=(x_B-x_A)^2+(y_B-y_A)^2$

$=(-2-(-5))^2+(-3-5)^2=9+64=73.$

De même, $AC^2=100$ et $BC^2=29$. Or $AC^2\neq AB^2+BC^2$ donc, d'après la contraposée du théorème de Pythagore, on en déduit que ABC n'est pas rectangle en B.

2. $I\left(\dfrac{x_A+x_B}{2};\dfrac{y_A+y_B}{2}\right), I\left(\dfrac{-5+(-2)}{2};\dfrac{5+(-3)}{2}\right), I\left(-\dfrac{7}{2};1\right)$

$J\left(\dfrac{-5+3}{2};\dfrac{5+(-1)}{2}\right), J(-1;2)$

3. Première méthode :

$IJ=\sqrt{\left(-1-\left(-\dfrac{7}{2}\right)\right)^2+(2-1)^2}=\sqrt{\dfrac{25}{4}+1}=\sqrt{\dfrac{29}{4}}=\dfrac{1}{2}\sqrt{29}$

Or $BC=\sqrt{29}$ On a bien $BC=2IJ$.

Deuxième méthode :

Dans le triangle ABC, puisque I et J sont les milieux des côtés $[AB]$ et $[AC]$, alors, d'après la propriété des milieux :

$(IJ)//(BC)$ et $BC=2IJ$.

24 **1.** $\overrightarrow{AB}\begin{pmatrix}x_B-x_A\\y_B-y_A\end{pmatrix}=\begin{pmatrix}3-1\\5-1\end{pmatrix}=\begin{pmatrix}2\\4\end{pmatrix}$

$\overrightarrow{DC}\begin{pmatrix}x_D-x_C\\y_D-y_C\end{pmatrix}=\begin{pmatrix}-5-(-3)\\-2-2\end{pmatrix}=\begin{pmatrix}-2\\-4\end{pmatrix}$

2. Donc $\overrightarrow{CD}=-\overrightarrow{AB}\Leftrightarrow\overrightarrow{CD}=\overrightarrow{BA}$: le quadrilatère $ABCD$ est un parallélogramme.

25 • $\vec{u}+\vec{v}\begin{pmatrix}3+5\\-2+2\end{pmatrix}=\begin{pmatrix}8\\0\end{pmatrix}$ • $\vec{u}+\vec{v}+\vec{w}\begin{pmatrix}3+5-1\\-2+2-4\end{pmatrix}=\begin{pmatrix}7\\-4\end{pmatrix}$

• $2\vec{u}\begin{pmatrix}2\times3\\2\times(-2)\end{pmatrix}=\begin{pmatrix}6\\-4\end{pmatrix}$ • $3\vec{u}-5\vec{v}\begin{pmatrix}3\times3-5\times5\\3\times(-2)-5\times(-4)\end{pmatrix}=\begin{pmatrix}-16\\14\end{pmatrix}$

26 **1. a.** $\overrightarrow{AB}\begin{pmatrix}x_B-x_A\\y_B-y_A\end{pmatrix}=\begin{pmatrix}5-(-1)\\1-3\end{pmatrix}=\begin{pmatrix}6\\-2\end{pmatrix}$

b. $\overrightarrow{AC}\begin{pmatrix}x_C-x_A\\y_C-y_A\end{pmatrix}=\begin{pmatrix}3-(-1)\\5-3\end{pmatrix}=\begin{pmatrix}4\\2\end{pmatrix}$ **c.** $\overrightarrow{AB}+\overrightarrow{AC}\begin{pmatrix}6+4\\-2+2\end{pmatrix}=\begin{pmatrix}10\\0\end{pmatrix}$

2. a. $\overrightarrow{AE}\begin{pmatrix}x_E-x_A\\y_E-y_A\end{pmatrix}=\begin{pmatrix}x_E-(-1)\\y_E-3\end{pmatrix}=\begin{pmatrix}x_E+1\\y_E-3\end{pmatrix}$

b. Les vecteurs $\overrightarrow{AE}$ et $\overrightarrow{AB}+\overrightarrow{AC}$ sont égaux, donc il faut $x_E+1=10$ et $y_E-3=0$; d'où $x_E=9$ et $y_E=3$.

27 **1.** Les points B, G et I semblent être alignés.

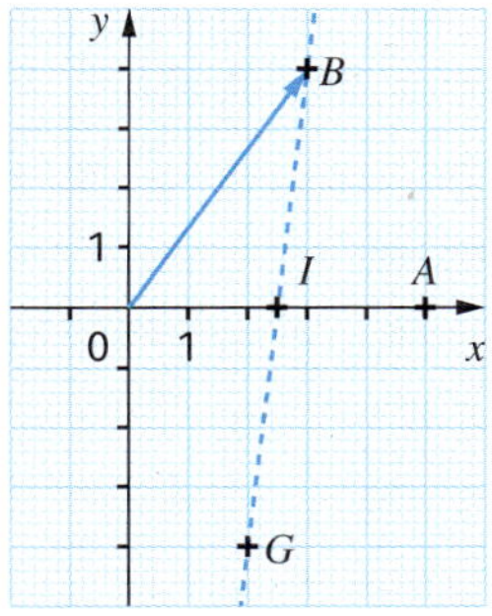

2. a. On sait que

$\overrightarrow{BG}=-2\overrightarrow{OB}+\overrightarrow{OA}=-2\left(\overrightarrow{OI}+\overrightarrow{IB}\right)+\overrightarrow{OA}$

$=-2\overrightarrow{OI}-2\overrightarrow{IB}+\overrightarrow{OA}.$

b. Le point I est le milieu du segment $[OA]$ donc $\overrightarrow{OA}=2\overrightarrow{OI}$; on en déduit que $\overrightarrow{OA}-2\overrightarrow{OI}=\vec{0}$.

Comme $\overrightarrow{BG}=-2\overrightarrow{OI}-2\overrightarrow{IB}+\overrightarrow{OA}$; on en déduit que $\overrightarrow{BG}=-2\overrightarrow{IB}$, ce qui signifie que les vecteurs $\overrightarrow{BG}$ et $\overrightarrow{IB}$ sont colinéaires, donc les points B, G et I sont alignés.

3. a. Le point O est l'origine du repère, donc $\overrightarrow{OA}\begin{pmatrix}x_A\\y_A\end{pmatrix}=\begin{pmatrix}5\\0\end{pmatrix}$ et $\overrightarrow{OB}\begin{pmatrix}x_B\\y_B\end{pmatrix}=\begin{pmatrix}3\\4\end{pmatrix}$.

Le vecteur $\overrightarrow{BG}$ a pour coordonnées :

$-2\begin{pmatrix}3\\4\end{pmatrix}+\begin{pmatrix}5\\0\end{pmatrix}=\begin{pmatrix}-2\times3\\-2\times4\end{pmatrix}+\begin{pmatrix}5\\0\end{pmatrix}=\begin{pmatrix}-6\\-8\end{pmatrix}+\begin{pmatrix}5\\0\end{pmatrix}=\begin{pmatrix}-6+5\\-8+0\end{pmatrix}=\begin{pmatrix}-1\\-8\end{pmatrix}$

b. I est le milieu de $[OA]$, donc I a pour coordonnées $\left(\dfrac{x_A+x_O}{2};\dfrac{y_A+y_O}{2}\right)=\left(\dfrac{5}{2};0\right)$.

On en déduit : $\overrightarrow{BI}\begin{pmatrix}x_I-x_B\\y_I-y_B\end{pmatrix}=\begin{pmatrix}\frac{5}{2}-3\\0-4\end{pmatrix}=\begin{pmatrix}-\frac{1}{2}\\-4\end{pmatrix}$.

c. $\det\left(\overrightarrow{BG};\overrightarrow{BI}\right)=\begin{vmatrix}-1&-\frac{1}{2}\\-8&-4\end{vmatrix}=-1\times(-4)-\left(-\dfrac{1}{2}\right)\times(-8)=0$

Les vecteurs $\overrightarrow{BG}$ et $\overrightarrow{BI}$ sont donc colinéaires : donc les points B, G et I sont alignés.

28 **1.** On étudie la colinéarité des vecteurs $\overrightarrow{AC}$ et $\overrightarrow{AE}$.

$\overrightarrow{AC}\begin{pmatrix}-1-(-5)\\3-8\end{pmatrix}=\begin{pmatrix}4\\-5\end{pmatrix}$ et $\overrightarrow{AE}\begin{pmatrix}7-(-5)\\-7-8\end{pmatrix}=\begin{pmatrix}12\\-15\end{pmatrix}$

On remarque que $\overrightarrow{AE}=3\overrightarrow{AC}$ les vecteurs sont donc colinéaires. On en déduit que les points A, C et E sont alignés.

2. On étudie la colinéarité des vecteurs $\overrightarrow{AB}$ et $\overrightarrow{CD}$.

$\overrightarrow{AB}\begin{pmatrix}6-(-5)\\5-8\end{pmatrix}=\begin{pmatrix}11\\-3\end{pmatrix}$ et $\overrightarrow{CD}\begin{pmatrix}3-(-1)\\2-3\end{pmatrix}=\begin{pmatrix}4\\-1\end{pmatrix}$

On remarque que $\det\left(\overrightarrow{AB};\overrightarrow{AC}\right)=11\times(-1)-4\times(-3)\neq0$: les vecteurs ne sont pas colinéaires. On en déduit que les droites (AB) et (AC) ne sont pas parallèles.

29 Placer les points dans le repère permet d'émettre ces conjectures.

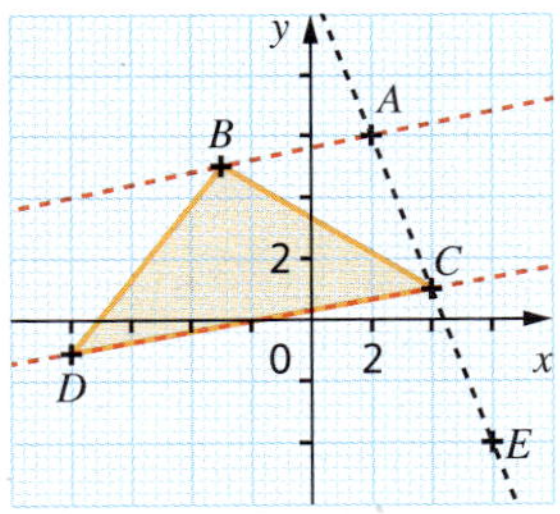

1. On étudie la colinéarité des vecteurs $\overrightarrow{AC}$ et $\overrightarrow{AE}$.

$\overrightarrow{AC}\begin{pmatrix}4-2\\1-6\end{pmatrix}=\begin{pmatrix}2\\-5\end{pmatrix}$ et

$\overrightarrow{AE}\begin{pmatrix}6-2\\-4-6\end{pmatrix}=\begin{pmatrix}4\\-10\end{pmatrix}$

On remarque que $\overrightarrow{AE}=2\overrightarrow{AC}$: les vecteurs sont donc colinéaires. On en déduit que les points A, C et E sont alignés.

2. On étudie la colinéarité des vecteurs $\overrightarrow{AB}$ et $\overrightarrow{CD}$.

$\overrightarrow{AB}\begin{pmatrix}-3-2\\5-6\end{pmatrix}=\begin{pmatrix}-5\\-1\end{pmatrix}$ et $\overrightarrow{CD}\begin{pmatrix}-8-4\\-1-1\end{pmatrix}=\begin{pmatrix}-12\\-2\end{pmatrix}$

On remarque que $\det\left(\overrightarrow{AB};\overrightarrow{CD}\right)=(-5)\times(-2)-(-12)\times(-1)\neq0$: les vecteurs ne sont pas colinéaires. On en déduit que les droites (AB) et (CD) ne sont pas parallèles.

3. Si le triangle BCD est isocèle, le sommet principal est B.

$\overrightarrow{BC}\begin{pmatrix}4-(-3)\\1-5\end{pmatrix}=\begin{pmatrix}7\\-4\end{pmatrix}$, donc $\left\|\overrightarrow{BC}\right\|=\sqrt{7^2+(-4)^2}=8$ et

$\overrightarrow{BD}\begin{pmatrix}-8-(-3)\\-1-5\end{pmatrix}=\begin{pmatrix}-5\\-6\end{pmatrix}$, donc $\left\|\overrightarrow{BD}\right\|=\sqrt{(-5)^2+(-6)^2}=\sqrt{61}$.

Donc $BC\neq BD$: le triangle n'est pas isocèle.

Corrigés

30 **1.** Les points sont alignés si et seulement si les vecteurs $\overrightarrow{AB}$ et $\overrightarrow{AC}$ sont colinéaires.

$\overrightarrow{AB}\begin{pmatrix}7-(-3)\\5-1\end{pmatrix}=\begin{pmatrix}10\\4\end{pmatrix}$ et $\overrightarrow{AC}\begin{pmatrix}2-(-3)\\y-1\end{pmatrix}=\begin{pmatrix}5\\y-1\end{pmatrix}$.

On veut $\det\left(\overrightarrow{AB};\overrightarrow{AC}\right)=0 \Leftrightarrow 10(y-1)-4\times5=0$.

2. $10(y-1)-4\times5=0 \Leftrightarrow 10y-30=0 \Leftrightarrow y=3$.

3. Les points sont alignés si et seulement si les vecteurs $\overrightarrow{AB}$ et $\overrightarrow{AD}$ sont colinéaires.

$\overrightarrow{AB}\begin{pmatrix}10\\4\end{pmatrix}$ et $\overrightarrow{AD}\begin{pmatrix}x-(-3)\\4-1\end{pmatrix}=\begin{pmatrix}x+3\\3\end{pmatrix}$

On veut $\det\left(\overrightarrow{AB};\overrightarrow{AD}\right)=0 \Leftrightarrow 10\times3-4\times(x+3)=0$

$\Leftrightarrow 18-4x=0 \Leftrightarrow x=\frac{18}{4}=4{,}5$.

31 **1.** $\overrightarrow{AB}\begin{pmatrix}1-(-1)\\1-5\end{pmatrix}=\begin{pmatrix}2\\-4\end{pmatrix}$ et $\overrightarrow{BC}\begin{pmatrix}4-1\\-5-1\end{pmatrix}=\begin{pmatrix}3\\-6\end{pmatrix}$.

$\det\left(\overrightarrow{AB};\overrightarrow{BC}\right)=2\times(-6)-3\times(-4)=0$; donc les vecteurs sont colinéaires.

2. $\overrightarrow{AD}\begin{pmatrix}2-(-1)\\3-5\end{pmatrix}=\begin{pmatrix}3\\-2\end{pmatrix}$.

$\det\left(\overrightarrow{AB};\overrightarrow{AD}\right)=2\times-2-3\times(-4)\neq0$; donc les vecteurs ne sont pas colinéaires.

3. $\overrightarrow{BD}\begin{pmatrix}2-1\\3-1\end{pmatrix}=\begin{pmatrix}1\\2\end{pmatrix}$ et $\overrightarrow{DE}\begin{pmatrix}3-2\\5-3\end{pmatrix}=\begin{pmatrix}1\\2\end{pmatrix}$ donc $\overrightarrow{BE}=\overrightarrow{DE}$: les vecteurs sont égaux, donc colinéaires et les points B, D et E sont alignés.

4. $\overrightarrow{AC}\begin{pmatrix}4-(-1)\\-5-5\end{pmatrix}=\begin{pmatrix}5\\-10\end{pmatrix}$.

$\det\left(\overrightarrow{AC};\overrightarrow{DE}\right)=5\times2-1\times(-10)\neq0$; donc les vecteurs ne sont pas colinéaires. On en déduit que les droites ne sont pas parallèles.

J'évalue mes connaissances

QCM

1. $\overrightarrow{AB}\begin{pmatrix}3\\-2\end{pmatrix}$; donc $-2\overrightarrow{AB}=-2\times\begin{pmatrix}3\\-2\end{pmatrix}=\begin{pmatrix}-6\\4\end{pmatrix}$. Réponse **c.**

2. $\overrightarrow{AB}\begin{pmatrix}x_B-x_A\\y_B-y_A\end{pmatrix}=\begin{pmatrix}-4-2\\-6-(-3)\end{pmatrix}=\begin{pmatrix}-6\\-3\end{pmatrix}$. Réponse **b.**

3. Par définition, réponse **c.**

4. $\det\left(\vec{u};\vec{v}\right)=3\times6-(-2)\times4=26$. Réponse **b.**

5. $\overrightarrow{AB}\begin{pmatrix}2-(-3)\\5-4\end{pmatrix}=\begin{pmatrix}5\\1\end{pmatrix}$ et $\overrightarrow{CD}\begin{pmatrix}-6-4\\5-7\end{pmatrix}=\begin{pmatrix}-10\\-2\end{pmatrix}$ donc $\overrightarrow{CD}=-2\overrightarrow{AB}$: les vecteurs sont colinéaires, donc les droites (CD) et (AB) sont parallèles. Réponses **a.** et **b.**

$\overrightarrow{AD}\begin{pmatrix}-6-(-3)\\5-4\end{pmatrix}=\begin{pmatrix}-3\\1\end{pmatrix}$ et $\left\|\overrightarrow{AD}\right\|=\sqrt{(-3)^2+1^2}=\sqrt{10}$

$\overrightarrow{BC}\begin{pmatrix}4-2\\7-2\end{pmatrix}=\begin{pmatrix}2\\5\end{pmatrix}$ et $\left\|\overrightarrow{BC}\right\|=\sqrt{2^2+5^2}=\sqrt{29}$ donc $AD\neq BC$.

6. $\overrightarrow{AD}\begin{pmatrix}14-4\\-2-1\end{pmatrix}=\begin{pmatrix}10\\-3\end{pmatrix}$ et $\overrightarrow{BC}\begin{pmatrix}2-(-2)\\8-6\end{pmatrix}=\begin{pmatrix}4\\2\end{pmatrix}$

donc $\det\left(\overrightarrow{AD};\overrightarrow{BC}\right)=10\times2-4\times(-3)\neq0$: les vecteurs ne sont pas colinéaires, donc les droites (AD) et (BC) sont sécantes. Réponse **a.**

$\overrightarrow{AB}\begin{pmatrix}-2-4\\6-1\end{pmatrix}=\begin{pmatrix}-6\\5\end{pmatrix}$ et $\overrightarrow{CD}\begin{pmatrix}14-2\\-2-8\end{pmatrix}=\begin{pmatrix}12\\-10\end{pmatrix}$ donc $\overrightarrow{CD}=-2\overrightarrow{AB}$: les vecteurs sont colinéaires, donc les droites (CD) et (AB) sont parallèles. Réponses **b.** et **c.**

7. $\overrightarrow{AB}\begin{pmatrix}5-(-3)\\1-(-2)\end{pmatrix}=\begin{pmatrix}8\\3\end{pmatrix}$ et $\overrightarrow{BC}\begin{pmatrix}21-5\\7-1\end{pmatrix}=\begin{pmatrix}16\\6\end{pmatrix}$ donc $\overrightarrow{BC}=2\overrightarrow{AB}$: les vecteurs sont colinéaires, donc les points A, B et C sont alignés. Réponses **a.** et **b.**

$\overrightarrow{AC}\begin{pmatrix}21-(-3)\\7-(-2)\end{pmatrix}=\begin{pmatrix}24\\9\end{pmatrix}$ donc $\overrightarrow{AC}=3\overrightarrow{AB}$.

8. Un point $M(x;y)$ appartient à la droite (AB) si et seulement si $\det\left(\overrightarrow{AM};\overrightarrow{AB}\right)=0$. $\overrightarrow{AB}\begin{pmatrix}9-3\\1-4\end{pmatrix}=\begin{pmatrix}6\\-3\end{pmatrix}$ et $\overrightarrow{AM}\begin{pmatrix}x-3\\y-4\end{pmatrix}$ donc

$\det\left(\overrightarrow{AM};\overrightarrow{AB}\right)=6(y-4)-(x-3)\times(-3)=3x+6y-33$.

$M\in(AB)\Leftrightarrow 3x+6y-33=0$.

- $3\times13+6\times(-1)-33=0$. Réponse **a.**
- $3\times(-3)+6\times8-33\neq0$
- $3\times19+6\times(-4)-33=0$

9. $\overrightarrow{AB}\begin{pmatrix}6-(-2)\\-2-2\end{pmatrix}=\begin{pmatrix}8\\-4\end{pmatrix}$ et $\overrightarrow{CD}\begin{pmatrix}16-4\\3-9\end{pmatrix}=\begin{pmatrix}12\\-6\end{pmatrix}$ donc

$\det\left(\overrightarrow{AB};\overrightarrow{CD}\right)=8\times(-6)-12\times(-4)=0$: les vecteurs sont colinéaires, donc les droites (AB) et (CD) sont parallèles. Réponse **a.**

$\overrightarrow{AB}\neq\overrightarrow{CD}$ donc $ABDC$ n'est pas un parallélogramme : $[AD]$ et $[BC]$ n'ont pas le même milieu. $AB=\sqrt{8^2+(-4)^2}=\sqrt{80}\neq9$.

vrai ou faux ?

Partie A.

1. Vrai. **2.** Faux. $\overrightarrow{AC}=\begin{pmatrix}-2\\3\end{pmatrix}$. **3.** Vrai. $\left\|\overrightarrow{AC}\right\|=\sqrt{(-2)^2+3^2}=\sqrt{13}$.

4. Vrai. $\left\|\overrightarrow{BC}\right\|=\sqrt{3^2+2^2}=\sqrt{13}$.

5. Vrai. $\left\|\overrightarrow{AB}\right\|=\sqrt{(-5)^2+1^2}=\sqrt{26}$, donc $AB^2=CB^2+CA^2$.

6. Vrai. $\overrightarrow{BC}=\begin{pmatrix}3\\2\end{pmatrix}$ et $\overrightarrow{DA}=\begin{pmatrix}3-0\\0-(-2)\end{pmatrix}=\begin{pmatrix}3\\2\end{pmatrix}$.

Partie B.

1. Vrai. Le cercle a pour rayon $AB=\sqrt{(2-(-2))^2+(5-2)^2}=5$.

2. Vrai. Le milieu de $[EB]$ pour coordonnées $\left(\frac{2+(-6)}{2};\frac{5+(-1)}{2}\right)=(-2;2)$ (et donc $[EB]$ est un diamètre du cercle.)

3. Vrai. $AC=\sqrt{(-6-(-2))^2+(5-2)^2}=5$.

4. Vrai. Le cercle circonscrit au triangle a pour diamètre le côté $[EB]$.

5. Vrai. $AE=5$ car $[EB]$ est un diamètre ;

$AF=\sqrt{(-9-(-2))^2+(3-2)^2}=\sqrt{50}$;

$EF=\sqrt{(-9-(-6))^2+(3-(-1))^2}=5$; et $AE^2+EF^2=AF^2$.

6. Faux. Si C appartient à la médiatrice de $[EB]$, alors $CE=CB$.

$CE=\sqrt{(-6-(-6))^2+(-1-5)^2}=6$; $CB=\sqrt{(2-(-6))^2+(5-5)^2}=8$.

7. Faux. $\overrightarrow{AB}\begin{pmatrix}4\\3\end{pmatrix}$ et $\overrightarrow{CD}\begin{pmatrix}4\\2\end{pmatrix}$: ils ne sont pas égaux.

Exercices Application

40 $\vec{u}\begin{pmatrix}1\\-3\end{pmatrix}$, $\vec{v}\begin{pmatrix}3\\0\end{pmatrix}$, $\vec{w}\begin{pmatrix}5\\2\end{pmatrix}$, $\vec{z}\begin{pmatrix}-1\\1\end{pmatrix}$

53 $AB=\sqrt{(x_B-x_A)^2+(y_B-y_A)^2}=\sqrt{(4-1)^2+(4-0)^2}$

$=\sqrt{9+16}=\sqrt{25}=5$

$AC=\sqrt{(3-1)^2+(4-0)^2}=\sqrt{4+16}=\sqrt{20}=2\sqrt{5}$

$BC=\sqrt{(3-4)^2+(4-4)^2}=\sqrt{1+0}=1$

62 **1.** $\overrightarrow{AM}\begin{pmatrix}x-5\\y-9\end{pmatrix}$

2. $\overrightarrow{BA}\begin{pmatrix}x_A-x_B\\y_A-y_B\end{pmatrix}=\begin{pmatrix}5-(-6)\\9-4\end{pmatrix}=\begin{pmatrix}11\\5\end{pmatrix}$; $\overrightarrow{BC}\begin{pmatrix}10-(-6)\\-2-4\end{pmatrix}=\begin{pmatrix}16\\-6\end{pmatrix}$

3. $\overrightarrow{BA}+\overrightarrow{BC}\begin{pmatrix}11\\5\end{pmatrix}+\begin{pmatrix}16\\-6\end{pmatrix}=\begin{pmatrix}11+16\\5+(-6)\end{pmatrix}=\begin{pmatrix}27\\-1\end{pmatrix}$

On veut $\overrightarrow{AM}=\overrightarrow{BA}+\overrightarrow{BC}$, c'est-à-dire $x-5=27$ et $y-9=-1$; on en déduit que $x=32$ et $y=8$.

74 $\overrightarrow{AB}=\begin{pmatrix}x_B-x_A\\y_B-y_A\end{pmatrix}=\begin{pmatrix}2-(-3)\\3-4\end{pmatrix}=\begin{pmatrix}5\\-1\end{pmatrix}$.

$\overrightarrow{CD}=\begin{pmatrix}x_D-x_C\\y_D-y_C\end{pmatrix}=\begin{pmatrix}5-(-5)\\0-2\end{pmatrix}=\begin{pmatrix}10\\-2\end{pmatrix}$.

On peut calculer $\det\left(\overrightarrow{AB};\overrightarrow{CD}\right)=5\times(-2)-10\times(-1)=0$ ou bien remarquer que $\overrightarrow{CD}=2\overrightarrow{AB}$; les vecteurs sont donc colinéaires.

exercices Entraînement

87 1.

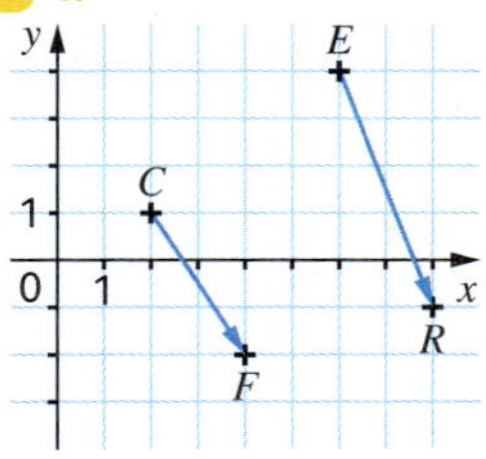

2. On lit $\overrightarrow{CF}\begin{pmatrix}2\\-3\end{pmatrix}$ et $\overrightarrow{ER}\begin{pmatrix}2\\-5\end{pmatrix}$.

3. $\overrightarrow{CF}\begin{pmatrix}x_F-x_C\\y_F-y_C\end{pmatrix}=\begin{pmatrix}4-2\\-2-1\end{pmatrix}=\begin{pmatrix}2\\-3\end{pmatrix}$

$\overrightarrow{ER}\begin{pmatrix}x_R-x_E\\y_R-y_E\end{pmatrix}=\begin{pmatrix}8-6\\-1-4\end{pmatrix}=\begin{pmatrix}2\\-5\end{pmatrix}$

4. Les vecteurs $\overrightarrow{CF}$ et $\overrightarrow{ER}$ ne sont pas égaux : $CERF$ n'est pas un parallélogramme.

5. Pour que $DERF$ soit un parallélogramme, il faut que $\overrightarrow{DF}=\overrightarrow{ER}$. Soit $D(x\,;y)$, alors $\overrightarrow{DF}=\begin{pmatrix}4-x\\-2-y\end{pmatrix}$. On veut $4-x=2$ et $-2-y=-5$; d'où $x=2$ et $y=3$.

6. Le centre I du parallélogramme est le milieu des diagonales. Le milieu de $[FE]$ a pour coordonnées $\left(\frac{x_F+x_E}{2}\,;\frac{y_F+y_E}{2}\right)=(6\,;1)$.

96 1. $\overrightarrow{AM}\begin{pmatrix}x-(-3)\\y-2\end{pmatrix}$, $\overrightarrow{AM}\begin{pmatrix}x+3\\y-2\end{pmatrix}$ et $\overrightarrow{AB}\begin{pmatrix}7-(-3)\\9-2\end{pmatrix}$, $\overrightarrow{AB}\begin{pmatrix}10\\7\end{pmatrix}$.

Or $\overrightarrow{AM}=3\overrightarrow{AB}\Leftrightarrow\begin{pmatrix}x+3\\y-2\end{pmatrix}=3\begin{pmatrix}10\\7\end{pmatrix}\Leftrightarrow\begin{pmatrix}x+3\\y-2\end{pmatrix}=\begin{pmatrix}30\\21\end{pmatrix}$.

Donc $x+3=30\Leftrightarrow x=27$, $y-2=21\Leftrightarrow y=23$.
On en déduit que $M(27\,;23)$.

2. $\overrightarrow{BN}\begin{pmatrix}x-7\\y-9\end{pmatrix}$, $\overrightarrow{BC}\begin{pmatrix}-12\\-5\end{pmatrix}$.

Or $\overrightarrow{BN}=-5\overrightarrow{BC}\Leftrightarrow\begin{pmatrix}x-7\\y-9\end{pmatrix}=-5\begin{pmatrix}-12\\-5\end{pmatrix}\Leftrightarrow\begin{pmatrix}x-7\\y-9\end{pmatrix}=\begin{pmatrix}-60\\25\end{pmatrix}$.

Donc $x-7=-60\Leftrightarrow x=-53$, $y-9=-25\Leftrightarrow y=-16$.
On en déduit que $M(-53\,;-16)$.

3. $\overrightarrow{CP}\begin{pmatrix}x-(-5)\\y-4\end{pmatrix}$, $\overrightarrow{CP}\begin{pmatrix}x+5\\y-4\end{pmatrix}$ et $\overrightarrow{AB}\begin{pmatrix}10\\7\end{pmatrix}$ et $\overrightarrow{AC}\begin{pmatrix}-2\\2\end{pmatrix}$.

Or $\overrightarrow{CP}=2\overrightarrow{AB}-3\overrightarrow{AC}\Leftrightarrow\begin{pmatrix}x+5\\y-4\end{pmatrix}=2\begin{pmatrix}10\\7\end{pmatrix}-3\begin{pmatrix}-2\\2\end{pmatrix}\Leftrightarrow\begin{pmatrix}x+5\\y-4\end{pmatrix}=\begin{pmatrix}26\\8\end{pmatrix}$.

Donc $x+5=26\Leftrightarrow x=21$, $y-4=8\Leftrightarrow y=12$.
On en déduit que $P(21\,;12)$.

107 1. $x_D=\frac{x_A+x_C}{2}=\frac{-3+3}{2}=0$ et $y_D=\frac{y_A+y_C}{2}=\frac{-2+1}{2}=-\frac{1}{2}$.

2. Les diagonales d'un parallélogramme se coupent en leur milieu.

3. Il faut que le milieu de $[EB]$ soit le point D. On veut $\frac{x_B+x_E}{2}=0$ et $\frac{y_B+y_E}{2}=-\frac{1}{2}$, c'est-à-dire $x_E=2$ et $y_E=-4$.

117 1. On a $A(-2\,;3)$, $B(-3\,;1)$ et $C(4\,;0)$.
$AB^2=(x_B-x_A)^2+(y_B-y_A)^2=(-3-(-2))^2+(1-3)^2=5$.
De même on trouve que $AC^2=45$ et $BC^2=50$.
On remarque que $BC^2=AB^2+AC^2$ donc, d'après la réciproque du théorème de Pythagore, ABC est rectangle en A.

2. $\mathcal{A}=\frac{AB\times AC}{2}=\frac{\sqrt{5}\times\sqrt{45}}{2}=\frac{15}{2}$.

Or on a également $\mathcal{A}=\frac{BC\times AH}{2}$.

On en déduit que $AH=\frac{2\times\mathcal{A}}{BC}\Leftrightarrow AH=\frac{\left(2\times\frac{15}{2}\right)}{\sqrt{50}}=\frac{3\sqrt{2}}{2}$.

123 On veut que le déterminant soit égal à 0.

1. $\det\left(\overrightarrow{CH}\,;\overrightarrow{AT}\right)=-9t-5\times3$; donc $t=-\frac{5}{3}$.

2. $\det\left(\overrightarrow{LO}\,;\overrightarrow{UP}\right)=(3-t)\times16-8\times10$; donc $t=-2$.

3. $\det\left(\overrightarrow{DA}\,;\overrightarrow{IM}\right)=(t-5)\times4-(t+3)\times5$; donc $t=-35$.

4. $\det\left(\overrightarrow{PA}\,;\overrightarrow{ON}\right)=3\times t-(1+\sqrt{5})\times(1-\sqrt{5})$; donc $t=-\frac{4}{3}$.

Chapitre 7

J'applique en autonomie

24 1. $M(x\,;y)\in(AB)\Leftrightarrow\overrightarrow{AM}\begin{pmatrix}x+5\\y-4\end{pmatrix}$ et $\overrightarrow{AB}\begin{pmatrix}7\\-1\end{pmatrix}$ sont colinéaires $\Leftrightarrow\det\left(\overrightarrow{AM}\,;\overrightarrow{AB}\right)=0$. On obtient $-1(x+5)-7(y-4)=0$ soit $-x-7y+23=0$ ou encore $x+7y-23=0$.

2. De la même manière avec $\overrightarrow{AC}\begin{pmatrix}0\\-1\end{pmatrix}$, on obtient $x+5=0$.

3. De la même manière avec $\overrightarrow{BC}\begin{pmatrix}-7\\0\end{pmatrix}$, on obtient $y-3=0$.

25 1. On note d la droite passant par T de vecteur directeur $\vec{u}$.
$M(x\,;y)\in d\Leftrightarrow\overrightarrow{TM}\begin{pmatrix}x+10\\y-5\end{pmatrix}$ et $\vec{u}\begin{pmatrix}5\\-1\end{pmatrix}$ sont colinéaires $\Leftrightarrow\det\left(\overrightarrow{TM}\,;\vec{u}\right)=0$. On obtient $-1(x+10)-5(y-5)=0$ soit $-x-5y+15=0$ ou encore $x+5y-15=0$.

2. Même méthode : $x+5y-15=0$.

3. Les droites sont confondues. On en déduit que les points T, F et G sont alignés.

26 1. Les droites d et (MN) sont parallèles donc $\overrightarrow{MN}\begin{pmatrix}10\\-5\end{pmatrix}$ est un vecteur directeur de d.
$M'(x\,;y)\in d\Leftrightarrow\overrightarrow{PM'}\begin{pmatrix}x+3\\y-3\end{pmatrix}$ et $\overrightarrow{MN}\begin{pmatrix}10\\-5\end{pmatrix}$ sont colinéaires $\Leftrightarrow\det\left(\overrightarrow{PM'}\,;\overrightarrow{MN}\right)=0$. On obtient $-5(x+3)-10(y-3)=0$ soit $-5x-10y+15=0$ ou encore $x+2y-3=0$.

2. $x_R+2y_R-3=15+2\times(-6)-3=15-15=0$ donc $R\in d$.

27 1. Un vecteur directeur de d est $\vec{u}\begin{pmatrix}2\\3\end{pmatrix}$.

$3x-2y+1=0\Leftrightarrow-2y=-3x-1\Leftrightarrow y=\frac{3}{2}x+\frac{1}{2}$.

L'équation réduite de d est $y=\frac{3}{2}x+\frac{1}{2}$.

Son coefficient directeur est donc $\frac{3}{2}$.

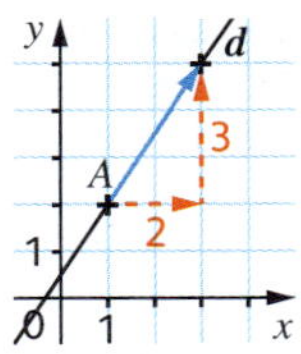

2. Si $x=1$ alors $y=2$ donc la droite passe par le point $A(1\,;2)$ et a pour vecteur directeur $\vec{u}\begin{pmatrix}2\\3\end{pmatrix}$.

28 1. $(AB): y=-\frac{1}{3}x+6$

2. L'ordonnée à l'origine est 6, donc on se place au point $C(0\,;6)$.
Le coefficient directeur est $-\frac{1}{3}$.

3. Le vecteur $\vec{u}\begin{pmatrix}1\\-\frac{1}{3}\end{pmatrix}$ est un vecteur directeur, donc également $\vec{v}\begin{pmatrix}3\\-1\end{pmatrix}$

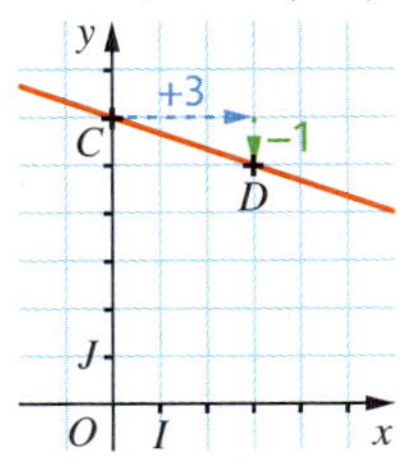

29 1. d_1 est parallèle à l'axe des ordonnées et d_2 est parallèle à l'axe des abscisses. Elles sont donc sécantes en $A(4\,;4)$.

2. $\vec{u_1}\begin{pmatrix}-2\\-4\end{pmatrix}$ et $\vec{u_2}\begin{pmatrix}\frac{1}{2}\\1\end{pmatrix}$ sont des vecteurs directeurs respectifs de d_1 et d_2. $\det\left(\vec{u_1}\,;\vec{u_2}\right)=0$ donc $\vec{u_1}$ et $\vec{u_2}$ sont colinéaires. Les droites d_1 et d_2 sont donc parallèles.

3. $\vec{u_1}\begin{pmatrix}1\\7\end{pmatrix}$ et $\vec{u_2}\begin{pmatrix}0\\2\end{pmatrix}$ sont des vecteurs directeurs respectifs de d_1 et d_2. $\det\left(\vec{u_1}\,;\vec{u_2}\right)=2\neq0$ donc $\vec{u_1}$ et $\vec{u_2}$ ne sont pas colinéaires. Les droites d_1 et d_2 sont donc sécantes.

30 1. $\vec{u_1}\begin{pmatrix}-1\\2\end{pmatrix}$ et $\vec{u_2}\begin{pmatrix}-3\\4\end{pmatrix}$ sont des vecteurs directeurs respectifs de d_1 et d_2. $\det\left(\vec{u_1}\,;\vec{u_2}\right)=2\neq0$ donc $\vec{u_1}$ et $\vec{u_2}$ ne sont pas colinéaires. Les droites d_1 et d_2 sont donc sécantes.

2. On résout le système d'équations suivant :
$\begin{cases}2x+y=-1\\4x+3y=11\end{cases} \Leftrightarrow \begin{cases}y=-2x-1\\4x+3(-2x-1)=11\end{cases} \Leftrightarrow \begin{cases}y=-2x-1\\-2x-3=11\end{cases} \Leftrightarrow \begin{cases}y=13\\x=-7\end{cases}$

Le point d'intersection est le point $P(-7\,;13)$.

J'évalue mes connaissances

QCM

1. Un vecteur directeur de (AB) est $\overrightarrow{AB}\begin{pmatrix}4\\-4\end{pmatrix}$. Or $\vec{v}=3\overrightarrow{AB}$, donc $\vec{v}$ et $\overrightarrow{AB}$ sont colinéaires. Réponses **a.** et **c.**

2. $3\times3-2\times(-2)+5=18\neq0$ donc $A\notin D$.
$3\times0-2\times2{,}5+5=0$ donc $B\in D$.
$3\times3-2\times7+5=0$ donc $C\in D$. Réponses **b.** et **c.**

3. Un vecteur directeur de D est $\vec{v}\begin{pmatrix}2\\3\end{pmatrix}$. Or $\vec{w}=3\vec{v}$, donc $\vec{v}$ et $\vec{w}$ sont colinéaires. Réponses **b.** et **c.**

4. $-3\times(-3)+8=17\neq8$ donc $A\notin D$ et $B\notin D$.
$-3\times0+8=8$ donc $C\in D$. Réponse **c.**

5. $A\in D$ car $x=-7$, donc **a.** est vraie.
$2\times(-7)+3\times8-10=0$, donc **b.** est vraie.
$-7\times(-7)+8=57\neq8$, donc **c.** est fausse. Réponses **a.** et **b.**

6. $m=\dfrac{8-4}{3-2}=4$. Réponse **b.**

7. Les vecteurs $\vec{u}\begin{pmatrix}6\\3\end{pmatrix}$ et $\vec{u'}\begin{pmatrix}8\\4\end{pmatrix}$ sont des vecteurs directeurs respectifs des droites D et D'. Ces deux vecteurs sont colinéaires car $\det\left(\vec{u}\,;\vec{u'}\right)=0$, donc D et D' sont parallèles ou confondues. Le point $A\left(0\,;\dfrac{1}{6}\right)$ appartient à D mais pas à D'. Donc D et D' sont parallèles. Réponse **b.**

8. Les droites d_1 et d_2 n'ont pas le même coefficient directeur donc elles sont sécantes. L'abscisse de leur point d'intersection est solution de l'équation $2x-3=2-3x$, donc $x=1$. Réponse **b.**

9. • $2+5\times4=22$ et $-2+2\times4=6$ • $2-5\times4=-18\neq5$
• $5\times2+3\times4=22$ et $2\times2-3\times4=-8\neq10$. Réponse **a.**

10. • $2\times2+3\times3=13$ et $2\times2-5\times3=-11\neq5$
• $2\times5+3\times1=13$ et $2\times5-5\times1=5$
Les droites d'équations $2x+3y-13=0$ et $2x-5y-5=0$ ne sont pas parallèles. Réponses **b.** et **c.**

vrai ou faux ?

Partie A.

1. Vrai car $\overrightarrow{AB}\begin{pmatrix}-3\\-1\end{pmatrix}$ est un vecteur directeur de (AB) et $\vec{u}=-\overrightarrow{AB}$ donc $\vec{u}$ et $\overrightarrow{AB}$ sont colinéaires.

2. Faux car $2\times2+5\times5-3=26\neq0$.

3. Vrai car son équation réduite est $y=-\dfrac{7}{2}$.

4. Faux car $13\times1-7-32=-26\neq0$, donc D n'appartient pas à la droite.

5. Vrai car $-5\times1+11=6$ et $-5\times2+11=1$, donc E et F appartiennent à la droite.

6. Vrai car $2\times4-(-5)\times(-3)=-7\neq0$ donc le système admet un unique couple solution et le couple $(2\,;-3)$ vérifie chacune des équations du système.

Partie B.

1. Vrai car d_1 est parallèle à l'axe des ordonnées et passe par le point $A(3\,;0)$.

2. Vrai car l'ordonnée à l'origine de d_2 est 2 et son coefficient directeur $\dfrac{\Delta y}{\Delta x}=\dfrac{1}{2}=0{,}5$.

3. Vrai, $\dfrac{\Delta y}{\Delta x}=-\dfrac{3}{2}=-1{,}5$.

Exercices Application

42 **1.** $M(x\,;y)\in d \Leftrightarrow \overrightarrow{AM}\begin{pmatrix}x-3\\y-4\end{pmatrix}$ et $\vec{u}\begin{pmatrix}-1\\2\end{pmatrix}$ sont colinéaires $\Leftrightarrow \det\left(\overrightarrow{AM}\,;\vec{u}\right)=0$.

On obtient ainsi $2(x-3)+1(y-4)=0$, soit $2x+y-10=0$.

2. En observant le vecteur $\vec{u}$, on remarque que d est une droite parallèle à l'axe des ordonnées, elle a donc une équation de la forme $x=k$ où $k\in\mathbb{R}$. Comme elle passe par A d'abscisse -2 alors son équation réduite est $x=-2$ ou une équation cartésienne est $x+2=0$.

55 Un vecteur directeur est $\vec{u}\begin{pmatrix}1\\5\end{pmatrix}$ et un point appartenant à d est $A(0\,;-2)$.

65 **1.** $\vec{u}\begin{pmatrix}-6\\-2\end{pmatrix}$ et $\vec{u'}\begin{pmatrix}9\\3\end{pmatrix}$ sont des vecteurs directeurs respectifs de d et d'.
$\det\left(\vec{u}\,;\vec{u'}\right)=-18+18=0$ donc les vecteurs $\vec{u}$ et $\vec{u'}$ sont colinéaires.
Les droites d et d' sont donc parallèles.

2. $\vec{u}\begin{pmatrix}1\\4\end{pmatrix}$ et $\vec{u'}\begin{pmatrix}1\\-4\end{pmatrix}$ sont des vecteurs directeurs respectifs de d et d'.
$\det\left(\vec{u}\,;\vec{u'}\right)=-8\neq0$ donc les vecteurs $\vec{u}$ et $\vec{u'}$ ne sont pas colinéaires.
Les droites d et d' sont donc sécantes.

$\begin{cases}4x-y+6=0\\y=-4x-5\end{cases} \Leftrightarrow \begin{cases}4x-(-4x-5)=-6\\y=-4x-5\end{cases} \Leftrightarrow \begin{cases}8x+5=-6\\y=-4x-5\end{cases} \Leftrightarrow \begin{cases}x=-\dfrac{11}{8}\\y=\dfrac{1}{2}\end{cases}$

Leur point d'intersection est le point $P\left(-\dfrac{11}{8}\,;\dfrac{1}{2}\right)$.

Exercices Entraînement

78 **1.** Oui car $\overrightarrow{AB}\begin{pmatrix}12\\-2\end{pmatrix}$ donc $\overrightarrow{AB}=-2\vec{u}$. Les vecteurs $\overrightarrow{AB}$ et $\vec{u}$ sont donc colinéaires.

2. Non car $\overrightarrow{AB}\begin{pmatrix}-5\\-5\end{pmatrix}$ et $\det\left(\overrightarrow{AB}\,;\vec{u}\right)=20\neq0$. Les vecteurs $\overrightarrow{AB}$ et $\vec{u}$ ne sont pas colinéaires.

3. Oui car $\overrightarrow{AB}\begin{pmatrix}-1\\-2\end{pmatrix}$ donc $\vec{u}=-4{,}5\overrightarrow{AB}$. Les vecteurs $\overrightarrow{AB}$ et $\vec{u}$ sont donc colinéaires.

90 **1.** $M(x\,;y)\in(AB) \Leftrightarrow \overrightarrow{AM}\begin{pmatrix}x-\dfrac{1}{2}\\y+\dfrac{1}{3}\end{pmatrix}$ et $\overrightarrow{AB}\begin{pmatrix}\dfrac{1}{2}\\1\end{pmatrix}$ sont colinéaires $\Leftrightarrow \det\left(\overrightarrow{AM}\,;\overrightarrow{AB}\right)=0$.

On obtient ainsi $\left(x-\dfrac{1}{2}\right)-\dfrac{1}{2}\left(y+\dfrac{1}{3}\right)=0$ soit $x-\dfrac{1}{2}y-\dfrac{2}{3}=0$ ou encore $6x-3y-4=0$.

2. $(AB)\,:\,y+5=0$.

95 Soit d la droite parallèle à (AB) passant par C. Le vecteur $\overrightarrow{AB}$ est un vecteur directeur de d.
$M(x\,;y)\in d \Leftrightarrow \overrightarrow{CM}\begin{pmatrix}x+2\\y-1\end{pmatrix}$ et $\overrightarrow{AB}\begin{pmatrix}-3\\-7\end{pmatrix}$ sont colinéaires $\Leftrightarrow \det\left(\overrightarrow{CM}\,;\overrightarrow{AB}\right)=0$.
On obtient ainsi $-7(x+2)+3(y-1)=0$ soit $-7x+3y-17=0$.

109 **1.** A et B ont la même abscisse donc (AB) est parallèle à l'axe des ordonnées. Son équation réduite est $x=3$.

2. $(AB)\!:y=x+11$.

119 $\vec{u_1}\begin{pmatrix}-5\\-2\end{pmatrix}$ et $\vec{u_2}\begin{pmatrix}-b\\3\end{pmatrix}$ sont des vecteurs directeurs respectifs de d_1 et d_2. d_1 parallèle à $d_2 \Leftrightarrow \det\left(\vec{u_1}\,;\vec{u_2}\right)=0 \Leftrightarrow -15-2b=0 \Leftrightarrow b=\dfrac{-15}{2}$.

129 $\vec{u_1}\begin{pmatrix}4\\6\end{pmatrix}$ et $\vec{u_2}\begin{pmatrix}-7\\3\end{pmatrix}$ sont des vecteurs directeurs respectifs de d_1 et d_2. $\det\left(\vec{u_1}\,;\vec{u_2}\right)=54\neq0$ donc les vecteurs $\vec{u_1}$ et $\vec{u_2}$ ne sont pas colinéaires. Les droites d_1 et d_2 sont donc sécantes.

$\begin{cases}6x-4y=1\\3x+7y=5\end{cases} \Leftrightarrow \begin{cases}6x-4y=1\\-6x-14y=-10\end{cases} \Leftrightarrow \begin{cases}6x-4y=1\\-18y=-9\end{cases} \Leftrightarrow \begin{cases}x=\dfrac{1}{2}\\y=\dfrac{1}{2}\end{cases}$

Leur point d'intersection est le point $P\left(\frac{1}{2};\frac{1}{2}\right)$.

137 Soit x le nombre de roses vendues et y le nombre de tulipes vendues.

$\begin{cases} x=45+y \\ 0{,}8x+0{,}6y=211 \end{cases} \Leftrightarrow \begin{cases} x=45+y \\ 0{,}8(45+y)+0{,}6y=211 \end{cases}$

$\Leftrightarrow \begin{cases} x=45+y \\ 36+1{,}4y=211 \end{cases} \Leftrightarrow \begin{cases} x=170 \\ y=125 \end{cases}$

170 roses et 125 tulipes ont été vendues.

Chapitre 8

J'applique en autonomie

21 **1.** $f(-2)=5$ donc $A\in\mathscr{C}$.
2. $f(0)=-3$ donc $\mathscr{C}$ coupe l'axe des ordonnées au point de coordonnées $(0;-3)$.
3. $f(1)=-4$ donc l'ordonnée du point d'abscisse 1 de $\mathscr{C}$ est -4.
4. $f(x)=-3 \Leftrightarrow x^2-2x=0 \Leftrightarrow x(x-2)=0 \Leftrightarrow x=0$ ou $x=2$.
Les abscisses des points d'ordonnée -3 de $\mathscr{C}$ sont 0 et 2.

22 **1.** $f(x)=2x^2-3x-5$. **2.** Le point $A(0;-5)\in\mathscr{C}$.
3. Le point $B(2;-3)\in\mathscr{C}$.
4. $f(4)=2\times4^2-3\times4-5=15\neq3$ donc le point $(4;3)$ n'appartient pas à $\mathscr{C}$.
5. $f(x)=-5 \Leftrightarrow 2x^2-3x=0 \Leftrightarrow x(2x-3)=0 \Leftrightarrow x=0$ ou $x=\frac{3}{2}$.
Les abscisses des points d'ordonnée -5 de $\mathscr{C}$ sont 0 et $\frac{3}{2}$.

23 **1.** $S=\{-1;3\}$ **2.** $S=\{1\}$
3. $S=[-2;0[\cup]2;4]$ **4.** $S=[-1;3]$

24 **1.** L'équation $i(x)=1$ admet quatre solutions car la droite d'équation $y=1$ coupe la courbe en quatre points.
2. a. L'équation $i(x)=3$ admet 5 pour unique solution.
b. L'équation $i(x)=4$ n'admet pas de solution.
c. L'équation $i(x)=2$ admet deux solutions.
d. L'équation $i(x)=1$ admet quatre solutions.

25 **1.** $x^2=3 \Leftrightarrow x=\sqrt{3}$ ou $x=\sqrt{3}$. $S=\{-\sqrt{3};\sqrt{3}\}$.
2. $x^2+25=14 \Leftrightarrow x^2=-11$. Comme $-11<0$, l'équation n'a pas de solution. $S=\varnothing$.
3. $\frac{1}{3}(x^2+3)=1 \Leftrightarrow x^2+3=3 \Leftrightarrow x^2=0 \Leftrightarrow x=0$. $S=\{0\}$.
4. $3x^2=12 \Leftrightarrow x^2=4 \Leftrightarrow x=2$ ou $x=-2$. $S=\{-2;2\}$.
5. $(2x-3)^2=4 \Leftrightarrow 2x-3=2$ ou $2x-3=-2$
$\Leftrightarrow x=\frac{5}{2}$ ou $x=\frac{1}{2}$. $S=\left\{\frac{1}{2};\frac{5}{2}\right\}$
6. $2(x-3)^2=4 \Leftrightarrow (x-3)^2=2 \Leftrightarrow x-3=\sqrt{2}$ ou $x-3=-\sqrt{2}$
$\Leftrightarrow x=3+\sqrt{2}$ ou $x=3-\sqrt{2}$. $S=\{3-\sqrt{2};3+\sqrt{2}\}$.

26 **1.** $S=[-9;9]$ **2.** $S=\varnothing$
3. $S=]-\infty;-3]\cup[3;+\infty[$ **4.** $S=\left]-\infty;-\frac{1}{3}\right[\cup\left]\frac{1}{3};+\infty\right[$
5. $S=\varnothing$ **6.** $S=]-\infty;-2]\cup[2;+\infty[$

27 **1.** $S=\left\{\frac{1}{3}\right\}$ **2.** $S=\left]-\frac{1}{2};0\right[$ **3.** $S=]-\infty;0[\cup\left[\frac{1}{10};+\infty\right[$

28 **1.** $S=\{2\}$ **2.** $S=]4;+\infty[$ **3.** $S=]-\infty;0{,}1]$

29 **1.** $S=]100;+\infty[$ **2.** $S=[0;16]$ **3.** $S=[0;25[$

30 **1.** $D_f=D_g=[-5;7]$.
2. a. $S=\{-2;3\}$ **b.** $S=]-2;3[$ **c.** $S=[-5;-2]\cup[3;7]$.

31

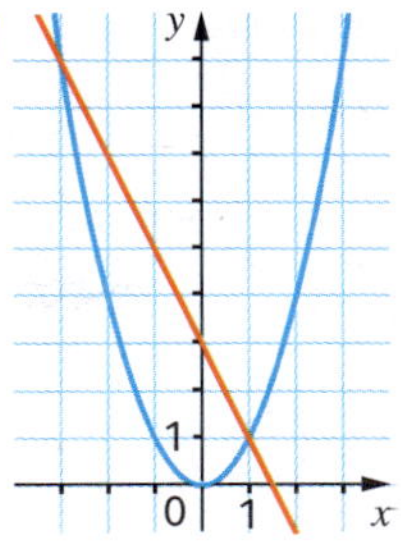

1. $S=\{-3;1\}$
2. $S=]-\infty;-3]\cup[1;+\infty[$

32

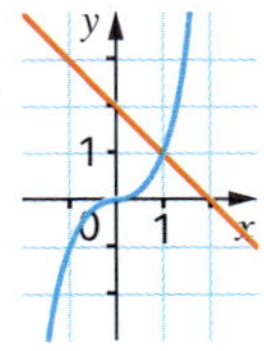

1. $S=\{1\}$
2. $S=]-\infty;1[$

33 **1.** M varie entre A et B, donc la longueur $x=AM$ varie entre 0 et 10. $D_f=[0;10]$.
2. $f(x)=\frac{AM\times AN}{2}=\frac{x(10-x)}{2}=\frac{1}{2}(10x-x^2)$.
3. a. On obtient à la calculatrice :

x	0	0,1	0,2	…	9,9	10
$f(x)$	0	0,495	0,98	…	0,495	0

b. Il semble que l'aire du triangle AMN soit égale à 8 lorsque $AM=2$ ou $AM=8$.
4. a. • $f(x)-8=\frac{1}{2}(10x-x^2-16)$
• $-\frac{1}{2}(x-2)(x-8)=-\frac{1}{2}(x^2-10x+16)=\frac{1}{2}(10x-x^2-16)$
Donc $f(x)-8=-\frac{1}{2}(x-2)(x-8)$
b. $f(x)=8 \Leftrightarrow f(x)-8=0 \Leftrightarrow (x-2)(x-8)=0 \Leftrightarrow x=2$ ou $x=8$.
La conjecture est démontrée.

J'évalue mes connaissances

QCM

1. C_f passe par $A(1;-2)$ donc $f(1)=-2$. Réponse **b.**
2. C_f coupe l'axe des abscisses aux points d'abscisses -1 et 2. Réponses **b.** et **c.**
3. La droite d'équation $y=2$ coupe C_g en trois points. L'équation $g(x)=2$ admet trois solutions. Réponse **c.**
4. C_f est au-dessus de la droite d'équation $y=4$ sur $]-\infty;-2[\cup]3;+\infty[$. Réponse **b.**
5. C_g est en dessous de l'axe des abscisses sur $]-\infty;-3]\cup[2;3]$. Réponse **c.**
6. Les abscisses des points d'intersection des courbes C_f et C_g sont -2 et 2. Réponses **a.** et **c.**
7. La courbe C_f est en dessous de C_g sur $[-2;2]$. Réponse **b.**
8. $A(4;3)\in C_g \Leftrightarrow g(4)=3$. Réponses **a.** et **c.**
9. Réponse **b.** **10.** Réponse **b.**

vrai ou faux ?

Partie A.
1. Vrai car $f(\sqrt{3})=2\times(\sqrt{3})^2-1=2\times3-1=5$.
2. Faux car $f\left(\frac{1}{3}\right)=2\times\left(\frac{1}{3}\right)^2-1=\frac{2}{9}-1=-\frac{7}{9}\neq-\frac{8}{9}$.
3. Faux car $f(x)=0 \Leftrightarrow x^2=\frac{1}{2} \Leftrightarrow x=\frac{\sqrt{2}}{2}$ ou $x=-\frac{\sqrt{2}}{2}$.
4. Vrai car pour tout réel x, $f(-x)=f(x)$.
5. Faux car f n'est pas impaire.

Partie B.
1. Faux car l'inverse de 3 est $\frac{1}{3}$. **2.** Faux car $2^3=8$.

3. Faux car deux réels opposés ont le même carré.

4. Vrai car si $a \neq 0$, $\frac{1}{-a} = -\frac{1}{a}$. **5.** Vrai car $(-a)^3 = -a^3$.

6. Vrai car $\left(\frac{1}{a}\right)^3 = \frac{1}{a^3}$. **7.** Vrai car $\sqrt{\frac{1}{a}} = \frac{1}{\sqrt{a}}$.

Exercices Application

47 **1.** $f(-2) = -(-2)^2 + 2\times(-2) = -8 \neq 0$, donc $A \notin \mathscr{C}$.
2. $f(3) = -3^2 + 2\times 3 = -3$, donc $B \in \mathscr{C}$.

55 **1.** $S = \{-2;2{,}5\}$ **2.** $S = [-4;2{,}5]$

Exercices Entraînement

75 **1.** $f(0) = (0-2)(2\times 0+1) = -2$.
$f(-1) = (-1-2)(-2+1) = -3\times(-1) = 3$.
2. $f\left(\frac{1}{2}\right) = \left(\frac{1}{2}-2\right)\left(2\times\frac{1}{2}+1\right) = -\frac{3}{2}\times 2 = -3$.

3. $f(x) = 0 \Leftrightarrow x-2=0$ ou $2x+1=0 \Leftrightarrow x=2$ ou $x=-\frac{1}{2}$.
Les antécédents de 0 par *f* sont $-\frac{1}{2}$ et 2.

85 **1. a.** $f(-1) = 2\times(-1)^2 - 3 = -1$. L'ordonnée du point d'abscisse -1 de $\mathscr{C}$ est -1.
b. $f(x) = -3 \Leftrightarrow 2x^2 = 0 \Leftrightarrow x = 0$. L'abscisse du point d'ordonnée -3 de $\mathscr{C}$ est 0.
c. $f(x) = 5 \Leftrightarrow x^2 = 4 \Leftrightarrow x = -2$ ou $x = 2$. Les abscisses des points d'ordonnée 5 de $\mathscr{C}$ sont -2 et 2.
2. $f(x) = -4 \Leftrightarrow 2x^2 = -1 \Leftrightarrow x^2 = -\frac{1}{2}$. Or $-\frac{1}{2} < 0$ donc cette équation n'a pas de solution. Il n'existe pas de point de $\mathscr{C}$ d'ordonnée -4.

104 **1.** $S = \{-1;1\}$ **2.** $S = \{0\}$ **3.** $S = \{-2;2\}$
4. $S =]-\infty;-1[\cup]1;+\infty[$ **5.** $S = \mathbb{R}$ **6.** $S =]-2;2[$

113 **1.** Margaux lâche son téléphone à l'instant $t = 0$, à une hauteur égale à $h(0) = 15$ mètres.
2. $h(t) = 9 \Leftrightarrow t^2 = \frac{6}{4{,}905} \Leftrightarrow t = \sqrt{\frac{6}{4{,}905}}$ (car $t \geqslant 0$). Donc $t \approx 1{,}11$. Le téléphone passe au niveau du 3e étage au bout d'environ 1,11 sec.
3. $h(t) = 0 \Leftrightarrow t^2 = \frac{15}{4{,}905} \Leftrightarrow t = \sqrt{\frac{15}{4{,}905}}$ (car $t \geqslant 0$). Donc $t \approx 1{,}75$.
Le téléphone atteint le sol au bout d'environ 1,75 sec.

Chapitre 9

J'applique en autonomie

18 **1.** La fonction *f* est affine : elle peut s'écrire $f(x) = ax+b$ avec $a = -5$ et $b = 15$. Comme a est négatif, sa représentation graphique est une droite « qui descend » et *f* s'annule en $\frac{-b}{a} = \frac{-15}{-5} = 3$.

x	$-\infty$		3		$+\infty$
Signe de $f(x)$		+	0	−	

2. La fonction g est affine : elle peut s'écrire $g(x) = ax+b$ avec $a = 2$ et $b = 3$. Comme a est positif, sa représentation graphique est une droite « qui monte » et g s'annule en $\frac{-b}{a} = \frac{-3}{2} = -1{,}5$.

x	$-\infty$		$-1{,}5$		$+\infty$
Signe de $g(x)$		−	0	+	

3. La fonction h est affine : elle peut s'écrire $h(x) = ax+b$ avec $a = 7$ et $b = 0$. Comme a est positif, sa représentation graphique est une droite « qui monte » et h s'annule en $\frac{-b}{a} = \frac{-0}{7} = -0$.

x	$-\infty$		0		$+\infty$
Signe de $h(x)$		−	0	+	

4. La fonction i est affine : elle peut s'écrire $i(x) = ax+b$ avec $a = -1$ et $b = 5$. Comme a est négatif, sa représentation graphique est une droite « qui descend » et i s'annule en $\frac{-b}{a} = \frac{-5}{-1} = 5$.

x	$-\infty$		5		$+\infty$
Signe de $i(x)$		+	0	−	

19 **1.**

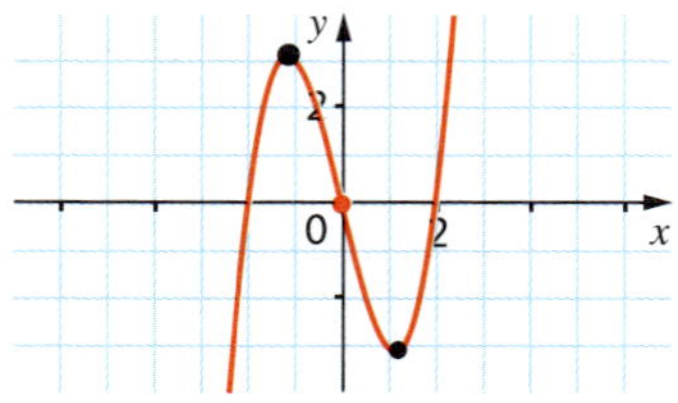

2.

x	$-\infty$		-2		0		2		$+\infty$
Signe de $g(x)$		−	0	+	0	−	0	+	

20 **1.** Comme $0{,}5 \in \left[\frac{1}{3};6\right]$, alors $f(0{,}5)$ est négatif.
Comme $-1 \in \left[-3;\frac{1}{3}\right]$, alors $f(-1)$ est positif.
2. $f(x) = 0$ si, et seulement si, $x = -3$ ou $x = \frac{1}{3}$ ou $x = 6$.
3. $f(x) > 0$ si, et seulement si, $x \in \left]-3;\frac{1}{3}\right[\cup]6;+\infty[$.

21

x	$-\infty$		-4		3		$+\infty$	
Signe de $-2x+6$		+		+	0	−		$\frac{-b}{a} = \frac{-6}{-2} = 3$
Signe de $3x+12$		−	0	+		+		$\frac{-b}{a} = \frac{-12}{3} = -4$
Signe du produit		−	0	+	0	−		

Donc $(-2x+6)(3x+12) \geqslant 0 \Leftrightarrow x \in [-4;3]$.

22 **1.**

x	$-\infty$		-5		7		$+\infty$	
Signe de $2x+10$		−	0	+		+		$\frac{-b}{a} = \frac{-10}{2} = -5$
Signe de $7-x$		+		+	0	−		$\frac{-b}{a} = \frac{-7}{-1} = 7$
Signe du produit		−	0	+	0	−		

Donc $(2x+10)(7-x) < 0 \Leftrightarrow x \in]-\infty;-5[\cup]7;+\infty[$.
2. Penser à symboliser la valeur interdite par une double barre.

x	$-\infty$		$\frac{1}{2}$		7		$+\infty$	
Signe de $-3x+6$		+		+	0	−		$\frac{-b}{a} = \frac{-6}{-3} = 2$
Signe de $-2x+1$		+	0	−		−		$\frac{-b}{a} = \frac{-1}{-2} = \frac{1}{2}$
Signe du quotient		+	‖	−	0	+		

Donc $\frac{-3x+6}{-2x+1} \leqslant 0 \Leftrightarrow x \in \left]\frac{1}{2};2\right]$.

23 **1.** $(3x+1)(2x-2)-3x\leqslant 1 \Leftrightarrow (3x+1)(2x-2)-3x-1\leqslant 0$
$\Leftrightarrow (3x+1)(2x-2)-(3x+1)\leqslant 0$
$\Leftrightarrow (3x+1)(2x-2-1)\leqslant 0 \Leftrightarrow (3x+1)(2x-3)\leqslant 0$

x	$-\infty$		$-\frac{1}{3}$		7		$+\infty$	
Signe de $3x+1$		$-$	0	$+$		$+$		$\frac{-b}{a}=\frac{-1}{3}$
Signe de $2x-2$		$-$		$-$	0	$+$		$\frac{-b}{a}=\frac{-(-2)}{2}=1$
Signe du produit		$+$	0	$-$	0	$+$		

Donc $(2x+1)(2x-2)-3x\leqslant 1 \Leftrightarrow x\in\left]-\frac{1}{3};\frac{1}{2}\right[$.

2. $\frac{2x+1}{3-x}\geqslant 5 \Leftrightarrow \frac{2x+1}{3-x}-5\geqslant 0 \Leftrightarrow \frac{2x+1-5(3-x)}{3-x}\geqslant 0 \Leftrightarrow \frac{7x-14}{3-x}\geqslant 0$

x	$-\infty$		2		3		$+\infty$	
Signe de $7x-14$		$-$	0	$+$		$+$		$\frac{-b}{a}=\frac{-(-14)}{7}=2$
Signe de $3-x$		$+$		$+$	0	$-$		$\frac{-b}{a}=\frac{-3}{-1}=3$
Signe du quotient		$-$	0	$+$	‖	$-$		

Donc $\frac{2x+1}{3-x}\geqslant 0 \Leftrightarrow x\in[2;3[$.

J'évalue mes connaissances

QCM

1. -1 et -2 sont solutions de l'équation $f(x)=0$. Réponse **b**.

2. La courbe $\mathscr{C}_f$ est strictement au-dessus de l'axe des abscisses sur $]-\infty;-1[$ et sur $]2;+\infty[$. Réponse **c**.

3. La courbe $\mathscr{C}_g$ coupe l'axe des abscisses 3 fois. Réponse **c**.

4. La courbe $\mathscr{C}_f$ coupe l'axe des ordonnées au point de coordonnées $(0;-2)$. Réponse **c**.

5. La courbe $\mathscr{C}_g$ est en dessous de l'axe des abscisses sur $]-\infty;-3]$ et sur $[2;3]$. Réponse **c**.

6. $(8-2x)+(3+x)\leqslant 0 \Leftrightarrow -x+11\leqslant 0 \Leftrightarrow 11\leqslant x$. Réponse **a**.

7. Réponse **a** car on a le tableau de signes suivant :

x	$-\infty$		-3		4		$+\infty$
Signe de $8-2x$		$+$		$+$	0	$-$	
Signe de $3+x$		$-$	0	$+$		$+$	
Signe de $(8-2x)(3+x)$		$-$	0	$+$	0	$-$	

8. Réponse **b** car on a le tableau de signes suivant :

x	$-\infty$		-5		$\frac{1}{4}$		$+\infty$
Signe de $4x-1$		$-$		$-$	0	$+$	
Signe de $2x+10$		$-$	0	$+$		$+$	
Signe de $\frac{4x-1}{2x+10}$		$+$	‖	$-$	0	$+$	

9. Réponse **c.**, car
$\frac{-2x+3}{x+1}\leqslant 1 \Leftrightarrow \frac{-2x+3}{x+1}-1\leqslant 0 \Leftrightarrow \frac{-2x+3}{x+1}-\frac{x+1}{x+1}\leqslant 0$
$\Leftrightarrow \frac{-2x+3-x-1}{x+1}\leqslant 0 \Leftrightarrow \frac{-3x+2}{x+1}\leqslant 0$
et on a le tableau de signes suivant :

x	$-\infty$		-1		$\frac{2}{3}$		$+\infty$
Signe de $-3x+2$		$+$		$+$	0	$-$	
Signe de $x+1$		$-$	0	$+$		$+$	
Signe de $\frac{-3x+2}{x+1}$		$-$	‖	$+$	0	$-$	

vrai ou faux ?

Partie A.

1. $(4x-1)(3-x)\leqslant(3-x)^2 \Leftrightarrow (4x-1)(3-x)-(3-x)^2\leqslant 0$
$\Leftrightarrow (3-x)(4x-1)-(3-x)(3-x)\leqslant 0$
$\Leftrightarrow (3-x)((4x-1)-(3-x))\leqslant 0 \Leftrightarrow (3-x)(5x-4)\leqslant 0$
Vrai.

2.

x	$-\infty$		$0{,}8$		3		$+\infty$	
Signe de $3-x$		$+$		$+$	0	$-$		$\frac{-b}{a}=\frac{-3}{-1}=3$
Signe de $5x-4$		$-$	0	$+$		$+$		$\frac{-b}{a}=\frac{-(-4)}{5}=0{,}8$
Signe du quotient		$-$	0	$+$	0	$-$		

Faux.

3. Vrai (voir tableau).

Partie B.

1. Pour tout réel x : $x^2\geqslant 0$ donc $x^2+1\geqslant 0$. Vrai.

2. $x(2-x)\leqslant 3x$: on ne peut pas diviser chaque membre de l'inéquation par x (il peut être nul ou positif ou négatif). Faux.

Partie C.

1. $\frac{2}{3x+1}\leqslant\frac{4}{x+1} \Leftrightarrow \frac{2}{3x+1}-\frac{4}{x-1}\leqslant 0 \Leftrightarrow \frac{2(x+1)-4(3x+1)}{(3x+1)(x+1)}\leqslant 0$
$\Leftrightarrow \frac{-10x-2}{(3x+1)(x+1)}\leqslant 0$
Vrai.

2.

x	$-\infty$		-1		$-\frac{1}{3}$		$-\frac{1}{5}$		$+\infty$	
Signe de $-10x-2$		$+$		$+$		$+$	0	$-$		$\frac{-b}{a}=\frac{-(-2)}{-10}=-\frac{1}{5}$
Signe de $3x+1$		$-$		$-$	0	$+$		$+$		$\frac{-b}{a}=\frac{-1}{3}$
Signe de $x+1$		$-$	0	$+$		$+$		$+$		$\frac{-b}{a}=\frac{-1}{1}=-1$
Signe du quotient		$+$	‖	$-$	‖	$+$	0	$-$		

Vrai.

Exercices Application

32

1.

x	$-\infty$		5		$+\infty$
Signe de $2x-10$		$-$	0	$+$	

2.

x	$-\infty$		3		$+\infty$
Signe de $-3x+9$		$+$	0	$-$	

3.

x	$-\infty$	0	$+\infty$
Signe de $-5x$	+	0	−

4.

x	$-\infty$	3	$+\infty$
Signe de $3-x$	+		−

5.

x	$-\infty$	-8	$+\infty$
Signe de $0{,}5x+4$	−		+

6.

x	$-\infty$	$-\frac{3}{2}$	$+\infty$
Signe de $\frac{2}{3}x+1$	−		+

7.

x	$-\infty$	-10	$+\infty$
Signe de $-2-\frac{1}{5}x$	+		−

8.

x	$-\infty$	0	$+\infty$
Signe de $\frac{3}{4}x$	−	0	+

35 **1.**

x	-4		0		5,2		6
Signe de $f(x)$	0	+	0	−	0	+	

2. $g(x)<0$ si, et seulement si, $x\in\,]-1{,}2\,;2{,}9[$.

42 **1.** $(3x-1)(x+5)\geqslant 0$.

x	$-\infty$		-5		$\frac{1}{3}$		$+\infty$	
Signe de $3x-1$		−		−	0	+		$\frac{-b}{a}=\frac{-(-1)}{3}=\frac{1}{3}$
Signe de $x+5$		−	0	+		+		$\frac{-b}{a}=\frac{-5}{1}=-5$
Signe du produit		+	0	−	0	+		

Donc $(3x-1)(x+5)\geqslant 0 \Leftrightarrow x\in\,]-\infty\,;-5]\cup\left[\frac{1}{3}\,;+\infty\right[$.

2. $\frac{2x-8}{x-7}\geqslant 0$.

x	$-\infty$		4		7		$+\infty$	
Signe de $2x-8$		−	0	+		+		$\frac{-b}{a}=\frac{-(-8)}{2}=4$
Signe de $x-7$		−		+	0	+		7
Signe du quotient		+	0	−	‖	+		

Donc $\frac{2x-8}{x-7}\geqslant 0 \Leftrightarrow x\in\,]-\infty\,;4]\cup\,]7\,;+\infty[$.

Exercices Entraînement

67 **1.**

x	$-\infty$	1	$+\infty$
Signe de $f(x)$	+	0	−

x	$-\infty$	2	$+\infty$
Signe de $g(x)$	−	0	+

2.

x	$-\infty$		1		2		$+\infty$
Signe de $f(x)$		+	0	−		−	
Signe de $g(x)$		−		−	0	+	
Signe de $f(x)\times g(x)$		−	0	+	0	−	

3. $f(x)=-2x+2$ et $g(x)=x-2$.

4. $f(x)>0 \Leftrightarrow -2x+2>0 \Leftrightarrow -2x>-2 \Leftrightarrow x<\frac{-2}{-2} \Leftrightarrow x<1$.

x	$-\infty$		1		$+\infty$
Signe de $f(x)$		+	0	−	

$g(x)>0 \Leftrightarrow x-2>0 \Leftrightarrow x>2$.

x	$-\infty$		2		$+\infty$
Signe de $g(x)$		−	0	+	

x	$-\infty$		1		2		$+\infty$
Signe de $-2x+2$		+	0	−		−	
Signe de $x-2$		−		−	0	+	
Signe de $(-2x+2)(x-2)$		−	0	+	0	−	

82 **1.** $3x^2+2x>0 \Leftrightarrow x(3x+2)>0$.

x	$-\infty$		$-\frac{2}{3}$		0		$+\infty$	
Signe de x		−		−	0	+		0
Signe de $3x+2$		−	0	+		+		$\frac{-b}{a}=\frac{-2}{3}$
Signe du produit		+	0	−	0	+		

Donc $3x^2+2x>0 \Leftrightarrow x\in\left]-\infty\,;-\frac{2}{3}\right[\cup\,]0\,;+\infty[$.

2. $\frac{1-3x}{4}\leqslant\frac{3x-1}{5} \Leftrightarrow 5(1-3x)\leqslant 4(3x-1) \Leftrightarrow 5-15x\leqslant 12x-4$
$\Leftrightarrow -27x+9\leqslant 0 \Leftrightarrow x\geqslant\frac{1}{3}$ donc $\frac{1-3x}{4}\leqslant\frac{3x-1}{5} \Leftrightarrow x\in\left[\frac{1}{3}\,;+\infty\right[$.

Chapitre 10

J'applique en autonomie

16 **1.** Voici le tableau de variations de g :

x	-4	1	2	4
$f(x)$	4 ↘	0 ↗	2 ↘	-1

2. Le maximum de g sur l'intervalle $[-4\,;4]$ vaut 4 et il est atteint en $x=-4$. Son minimum sur l'intervalle $[-4\,;4]$ vaut -1 et il est atteint en $x=4$.

17 **1.** La fonction f est définie sur l'intervalle $[-5\,;4]$.

2. Le maximum de f sur l'intervalle $[-5\,;4]$ vaut 4 et il est atteint en $x=3$. Son minimum sur l'intervalle $[-5\,;4]$ vaut -3 et il est atteint en $x=4$.

3. Voici une courbe représentative possible de la fonction f :

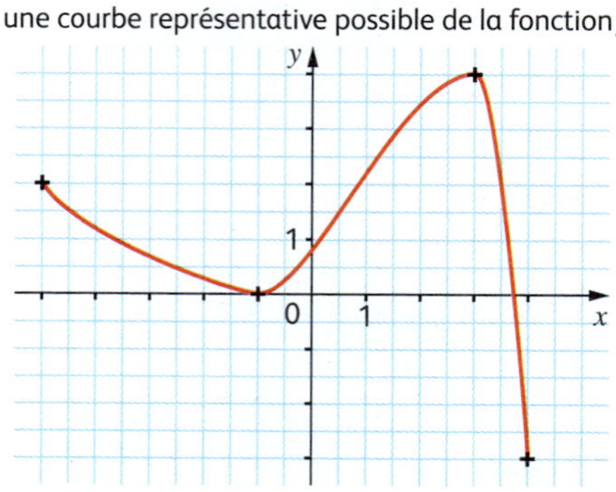

18 **1.** La fonction f est croissante car le coefficient directeur de sa droite représentative, $a=3$, est positif.

Pour tracer la fonction on cherche deux points de la courbe :

On a $f(0)=-2$ et $f(2)=4$, donc les points $E(0\,;-2)$ et $F(2\,;4)$ appartiennent à la courbe de la fonction.

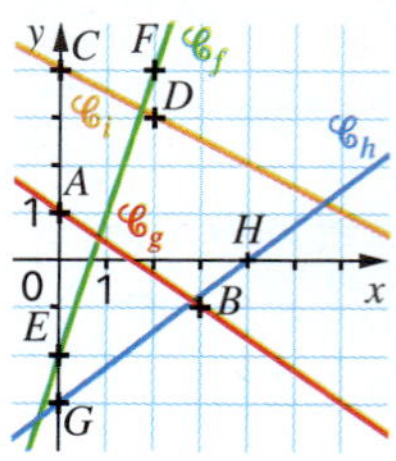

2. La fonction g est décroissante car $a=-\frac{2}{3}<0$.

On a $g(0)=1$ et $g(3)=-1$.

3. La fonction h est croissante car $a=\frac{3}{4}>0$.

On a $h(0)=-3$ et $h(4)=0$.

4. La fonction i est décroissante car $a=-0{,}5<0$.

On a $i(0)=4$ et $i(2)=3$.

19 **1.** La fonction f s'annule pour $x=-2$, et le coefficient directeur de sa droite représentative, $a=2$, est positif. Donc :

x	$-\infty$		-2		$+\infty$
$f(x)$		$-$	0	$+$	

2. La fonction g s'annule pour $x=3$, et $a=-4<0$. Donc :

x	$-\infty$		3		$+\infty$
$g(x)$		$+$	0	$-$	

3. La fonction h s'annule pour $x=8$, et $a=-1<0$. Donc :

x	$-\infty$		8		$+\infty$
$h(x)$		$+$	0	$-$	

4. La fonction i s'annule pour $x=\frac{5}{3}$, et $a=3>0$. Donc :

x	$-\infty$		$\frac{5}{3}$		$+\infty$
$f(x)$		$-$	0	$+$	

20 f est une fonction constante, sa courbe représentative est donc la courbe orange. On a :

x	$-\infty$		$+\infty$
$f(x)$		$-$	

x	$-\infty$	$+\infty$
$f(x)$	→	

Les fonctions g et j ont pour ordonnée à l'origine 2. La fonction g est décroissante car $a=-2<0$, sa courbe représentative est donc la courbe jaune. On a :

x	$-\infty$		1		$+\infty$
$f(x)$		$+$	0	$-$	

x	$-\infty$	$+\infty$
$f(x)$	↘	

Ainsi la courbe représentative de la fonction j est la courbe bleue. On a :

x	$-\infty$		-1		$+\infty$
$f(x)$		$-$	0	$+$	

x	$-\infty$	$+\infty$
$f(x)$	↗	

Enfin, Les fonctions h et i ont pour ordonnée à l'origine -2. La fonction i est décroissante car $a=-2<0$, sa courbe représentative est donc la courbe verte. On a :

x	$-\infty$		-1		$+\infty$
$f(x)$		$+$	0	$-$	

x	$-\infty$	$+\infty$
$f(x)$	↘	

Il nous reste donc la courbe rouge pour la fonction h. On a :

x	$-\infty$		1		$+\infty$
$f(x)$		$-$	0	$+$	

x	$-\infty$	$+\infty$
$f(x)$	↗	

21 **1.** On a $1{,}01>1{,}009>0$, car la fonction carré est strictement croissante sur $[0;+\infty[$ donc elle conserve l'ordre ; ainsi $1{,}01^2>1{,}009^2$.

2. $-2{,}5<-2{,}49<0$, or la fonction carré est strictement décroissante sur $]-\infty;0]$ donc elle change l'ordre ainsi $(-2{,}5)^2>(-2{,}49)^2$.

3. $\frac{1}{4}=\frac{1}{2^2}=0{,}5^2$. On a $0{,}5>0{,}12>0$ et par stricte croissance de la fonction carré, on a $0{,}5^2>0{,}12^2$.

4. $-5{,}2^2<0$ et $(-5{,}2)^2>0$ donc $-5{,}2^2<(-5{,}2)^2$.

22 **1.** On a $0<3<7$, or la fonction inverse est strictement décroissante sur $]0;+\infty[$ donc elle change l'ordre : $\frac{1}{3}>\frac{1}{7}$.

2. On a $-0{,}02<-0{,}001<0$, or la fonction inverse est strictement décroissante sur $]-\infty;0[$ donc elle change l'ordre : $\frac{1}{-0{,}02}>\frac{1}{-0{,}001}$ c'est-à-dire $-\frac{1}{0{,}02}>-\frac{1}{0{,}001}$.

3. Puisque $10^{-2}=\frac{1}{10^2}=\frac{1}{100}$ et $10^{-3}=\frac{1}{10^3}=\frac{1}{1\,000}$, puisque $0<100<1\,000$, on a donc $\frac{1}{100}>\frac{1}{1\,000}$ soit $10^{-2}>10^{-3}$ par stricte décroissance de la fonction inverse sur $]0;+\infty[$ (on pouvait aussi directement voir que $10^{-2}=0{,}01$ et $10^{-3}=0{,}001$ et donc $10^{-2}>10^{-3}$).

4. Puisque $\frac{1}{13}>0$ et $-\frac{1}{5}<0$, on a $-\frac{1}{5}<\frac{1}{13}$.

23 **1.** On a $6<9$, or la fonction racine carré est strictement croissante sur $[0;+\infty[$ donc elle conserve l'ordre donc $\sqrt{6}<\sqrt{9}$ soit $\sqrt{6}<3$.

2. Puisque $20>16$, on conclut de même que $\sqrt{20}>\sqrt{16}$ soit $\sqrt{20}>4$.

3. Puisque $15<16$, on conclut de même que $\sqrt{15}<\sqrt{16}$ soit $\sqrt{15}<4$.

4. On a $1{,}2<\frac{4}{3}$, or la fonction cube est strictement croissante sur $\mathbb{R}$ donc elle conserve l'ordre donc $1{,}2^3<\left(\frac{4}{3}\right)^3$.

5. On a $-0{,}09<-0{,}001$, or la fonction cube est strictement croissante sur $\mathbb{R}$ donc elle conserve l'ordre donc $(-0{,}09)^3<(-0{,}001)^3$.

24 **1.** Puisque $1{,}4>1$, alors $1{,}4^3>1{,}4^2>1{,}4$.

2. Puisque $0{,}2\in[0;1]$, alors $0{,}2^3<0{,}2^2<0{,}2$.

3. Puisque $\pi>1$, alors $\pi^3>\pi^2>\pi$.

4. Puisque $\sqrt{2}>1$, alors $\left(\sqrt{2}\right)^3\geqslant\left(\sqrt{2}\right)^2\geqslant\sqrt{2}$ c'est-à-dire $2\sqrt{2}\geqslant 2\geqslant\sqrt{2}$.

25 **1.** Le coefficient multiplicateur CM_1, correspondant à la diminution sur une année, vaut $CM_1=1-5\,\%=1-\frac{5}{100}=0{,}95$. Le coefficient multiplicateur pour la diminution sur deux années vaut $CM_2=CM_1^2=0{,}95^2$ et pour trois années $CM_3=0{,}95^3$.

2. Puisque $0{,}95\in[0;1]$, on a $0{,}95^3<0{,}95^2<0{,}95$ donc $CM_3<CM_2<CM_1$.

3. Chaque année la production diminue. La production au bout d'une année est donc supérieure à celle au bout de deux années, qui est supérieure à la production au bout de trois années.

26 En représentant la fonction à la calculatrice on obtient :

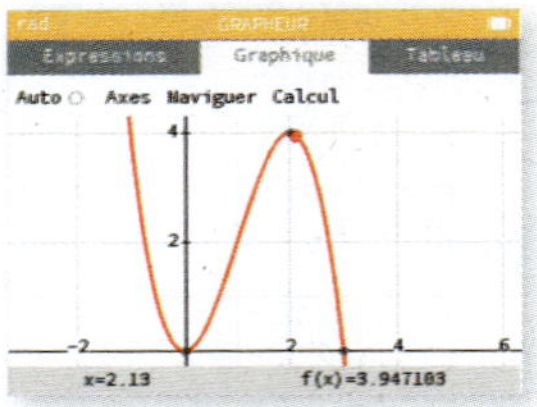

On a alors :

x	-1		0		2		3
$f(x)$	4	↘	0	↗	4	↘	0

27 **1.** En représentant la fonction à la calculatrice on obtient :

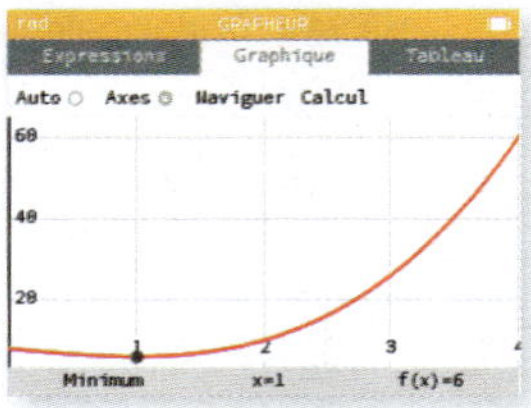

La valeur du minimum de la fonction g sur I semble être 6.

2. a. Pour tout $x \in [0;4]$,
$g(x)-6 = x^3-3x+2$ et
$(x-1)^2(x+2) = (x^2-2x+1)(x+2)$
$= x^3+2x^2-2x^2-4x+x+2$
$= x^3-3x+2$. On a donc bien $g(x)-6=(x-1)^2(x+2)$.

b. On étudie le signe de $g(x)-6$ sur I. Un carré étant positif, $(x-1)^2 \geqslant 0$ et $(x+2)>0$ pour $x\in[0;4]$.
Donc $g(x)-6 \geqslant 0$ donc $g(x)\geqslant 6$ or $g(1)=6$ donc, pour tout $x\in[0;4]$, $g(x)\geqslant g(1)$. 6 est bien le minimum de la fonction g sur I, et il est atteint en $x=1$.

28 En traçant la courbe à la calculatrice on obtient :

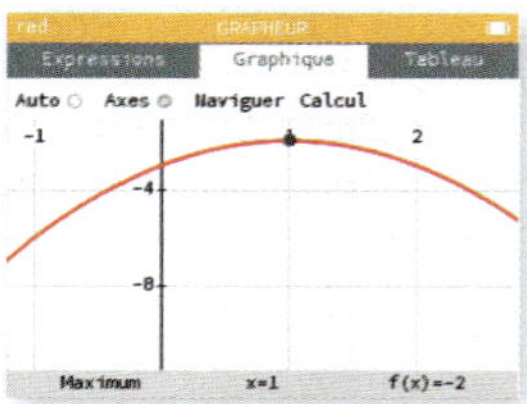

La courbe semble bien admettre un maximum, qui a pour valeur -2, en $x=1$: Vérifions-le par le calcul : pour tout réel x,
$f(x)+2 = -x^2+2x-1$
$= -(x^2-2x+1) = -(x-1)^2$.
Or un carré est positif, donc $-(x-1)^2 \leqslant 0$, ainsi $f(x)+2\leqslant 0$ donc $f(x)\leqslant -2$. De plus $f(1)=-2$.
-2 est bien le maximum de la fonction f, atteint en $x=1$.

J'évalue mes connaissances

QCM

1. Réponse **b.**
2. Le maximum vaut 3 et il est atteint pour $x=2$. Réponse **b.**
3. Réponse **c.**
4. Puisque $0\leqslant 3$ et que g est une fonction croissante sur l'intervalle $[-2;6]$, g conserve l'ordre et donc $g(0)\leqslant g(3)$. De même $g(1)\leqslant g(4)$ et $g(2)\leqslant g(5)$. Seule la réponse **a.** est correcte.
5. Réponses **a.** et **c.** En effet, un maximum peut être atteint plusieurs fois donc la réponse **c.** est vraie.
6. Réponse **c.** En effet, puisque p est une fonction affine décroissante sur $\mathbb{R}$, le coefficient directeur de sa droite représentative D est strictement négatif et ne peut être égal à 2. Les données de la question ne permettent pas de déduire la valeur de l'ordonnée à l'origine de D.
7. Réponses **b.** et **c.** Puisque $0>-2>-\dfrac{9}{4}$ et que la fonction carré est strictement décroissante sur $]-\infty;0[$, elle change l'ordre et donc $(-2)^2<\left(-\dfrac{9}{4}\right)^2$. Puisque $0<\pi<4$ et que la fonction inverse est strictement décroissante sur $]0;+\infty[$, alors $\dfrac{1}{\pi}>\dfrac{1}{4}$. Puisque $3<\pi$ et que la fonction racine carré est strictement croissante sur $[0;+\infty[$, alors $\sqrt{3}<\sqrt{\pi}$.
8. Réponses **b.** et **c.** Puisque la fonction cube est strictement croissante sur $\mathbb{R}$, on a $(-10)^3<x^3<(-5)^3$ soit $-1\,000<x^3<-125$.
Puisque la fonction carré est strictement décroissante sur $]-\infty;0]$, on a $(-10)^2>x^2>(-5)^2$ soit $100>x^2>25$.
Puisque la fonction inverse est strictement décroissante sur $]-\infty;0[$, on a $\dfrac{1}{-10}>\dfrac{1}{x}>\dfrac{1}{-5}$ soit $-0{,}1>\dfrac{1}{x}>-0{,}2$.
9. Réponse **b.** Puisque $0{,}2\in]0;1[$, alors $0{,}2^3<0{,}2^2$. Puisque $\dfrac{4}{3}>1$, on a $\left(\dfrac{4}{3}\right)^2>\dfrac{4}{3}$. Puisque $\dfrac{1}{\sqrt{3}}\in[0;1]$, on a $\left(\dfrac{1}{\sqrt{3}}\right)^2<\dfrac{1}{\sqrt{3}}$ soit $\dfrac{1}{3}<\dfrac{1}{\sqrt{3}}$.

vrai ou faux ?

Partie A.
1. Faux. La droite représentative de la fonction affine f a pour coefficient directeur -3 qui est négatif donc f est décroissante sur $\mathbb{R}$.
2. Faux. La fonction g est décroissante sur $]-\infty;0]$.
3. Vrai. La fonction carré admet 0 comme minimum atteint en 0.
4. Vrai. La droite représentative de la fonction affine h a pour coefficient directeur -4 qui est négatif donc h est décroissante sur $\mathbb{R}$. De plus h s'annule en 0,25 donc son tableau de signes est :

x	$-\infty$		$0{,}25$		$+\infty$
$h(x)$		$+$	0	$-$	

5. Faux. Contre-exemple : en prenant $a=-2$ et $b=-1$, on a $a<b$ et pourtant $a^2>b^2$ en effet $a^2=4$ et $b^2=1$.
6. Vrai. Puisque la fonction cube est strictement croissante sur $\mathbb{R}$, elle conserve l'ordre des inégalités.
7. Faux. Contre-exemple : en prenant $a=-2$ et $b=1$, on a $a<b$ et pourtant $\dfrac{1}{a}<\dfrac{1}{b}$; en effet $\dfrac{1}{a}=-0{,}5$ et $\dfrac{1}{b}=1$.
8. Faux. Contre-exemple. En prenant $x=0{,}1$, on a $x^3>x^2>x$.

Partie B.
1. Vrai. **2.** Faux. Le maximum de g est 2 et il est atteint en $x=-3$.
3. Faux. Puisque $-2{,}5<-1{,}5$ et que g est strictement décroissante sur l'intervalle $[-3;-1]$, alors g change l'ordre des inégalités : $g(-2{,}5)>g(-1{,}5)$.
4. Vrai. Puisque $2<3$ et que g est strictement croissante sur l'intervalle $[-1;5]$, alors g conserve l'ordre des inégalités : $g(2)<g(3)$.
5. Vrai. Sur l'intervalle $[-3;5]$, g admet -3 comme minimum et 2 comme maximum donc pour tout réel $x\in[-3;5$, on a l'encadrement $-3\leqslant g(x)\leqslant 2$.

exercices Application

43 On sait que la fonction f passe par les points $A(-3;2{,}5)$, $B(0;1)$, $C(1;2)$ et $D(2{,}5;-1{,}5)$. Une représentation graphique possible est :

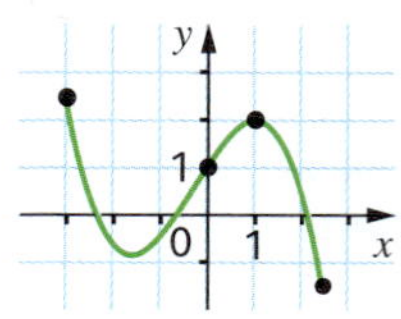

52 En représentant la fonction à la calculatrice on obtient :

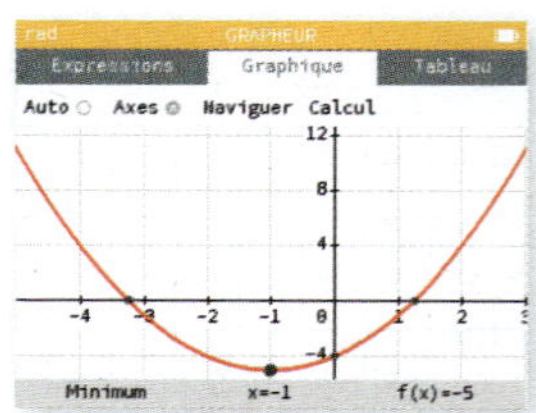

Ainsi le minimum de la fonction semble être -5, atteint pour $x=-1$. La maximum est environ 11, atteint pour $x=-4$ et $x=3$.

63 **1.** On a $3x-12=0 \Leftrightarrow 3x=12 \Leftrightarrow x=4$. La fonction affine f s'annule en $x=4$ et le coefficient directeur de sa droite représentative vaut 3, qui est positif, donc la fonction f est croissante sur $\mathbb{R}$.
D'où :

x	$-\infty$		4		$+\infty$
$f(x)$		$-$	0	$+$	

2. On a $4x=0 \Leftrightarrow x=0$. La fonction affine g s'annule en $x=0$ et le coefficient directeur de sa droite représentative vaut 4, qui est positif, donc la fonction g est croissante sur $\mathbb{R}$. D'où :

x	$-\infty$		0		$+\infty$
$g(x)$		$-$	0	$+$	

3. On a $-2x+4=0 \Leftrightarrow -2x=-4 \Leftrightarrow x=2$. La fonction affine h s'annule en $x=2$ et le coefficient directeur de sa droite représentative vaut -2, qui est négatif, donc la fonction h est décroissante sur $\mathbb{R}$. D'où :

x	$-\infty$		2		$+\infty$
$h(x)$		$+$	0	$-$	

4. La fonction i est constante avec 2 positif donc son tableau de signes est :

x	$-\infty$		$+\infty$
$i(x)$		$+$	

69 La fonction carré est strictement croissante sur $[0;+\infty[$ donc elle conserve le sens des inégalités sur $[0;+\infty[$ et elle est strictement décroissante sur $]-\infty;0[$ donc elle change le sens des inégalités sur $]-\infty;0[$. Par conséquent :

1. On a $3{,}1>2{,}9>0$ donc $3{,}1^2>2{,}9^2$.

2. On a $-1{,}7<-1{,}4<0$ donc $(-1{,}7)^2>(-1{,}4)^2$.

3. On a $(-5)^2>-5^2$ puisque $(-5)^2=25$ et $-5^2=-25$.

4. On a $-6{,}72<-3{,}21<0$ donc $(-6{,}72)^2>(-3{,}21)^2$.

Exercices Entraînement

78 **4. b.** : le tableau de variation **b.** est le seul décrivant une fonction décroissante puis croissante. Il correspond donc à la courbe **4**.

1. d. : Le tableau de variation **d.** est le seul passant par le point $(-2;-1)$, il correspond donc à la courbe **1**.

2. c. : Le tableau de variation **c.** est le seul passant par le point $(3;0)$, il correspond donc à la courbe **2**.

Il nous reste alors le tableau **a.** avec la courbe **3**.

99 On sait que les fonctions sont de la forme $f(x)=ax+b$. On cherche alors a et b.

d_1 : on lit directement $b=1$. La courbe passe par les points $A(0;1)$ et $B(1;3)$ donc $a=\dfrac{3-1}{1-0}=2$. On a alors $f(x)=2x+1$.

d_2 : on lit directement $b=2$. La courbe passe par les points $A(0;2)$ et $B(2;1)$ donc $a=\dfrac{1-2}{2-0}=-\dfrac{1}{2}$. On a alors $f(x)=-\dfrac{1}{2}x+2$.

d_3 : la fonction est linéaire donc $b=0$. La courbe passe par les points $A(0;0)$ et $B(1;-1)$ donc $a=\dfrac{-1-0}{1-0}=-1$. On a alors $f(x)=-x$.

d_4 : on lit directement $b=-1$. La fonction est constante donc $a=0$. On a alors $f(x)=-1$.

107 **1. a.** On a $0<\dfrac{5}{3}<2$, or la fonction carré conserve le sens des inégalités sur $[0;+\infty[$ donc $\left(\dfrac{5}{3}\right)^2<2^2$ donc l'aire du carré de côté $\dfrac{5}{3}$ est inférieure à celle du carré de côté 2.

b. L'aire d'un disque de rayon r est πr^2, or $0<2<\sqrt{5}$ et la fonction carré conserve le sens des inégalités sur $[0;+\infty[$ donc $2^2<\sqrt{5}^2$ d'où $\pi\times 2^2<\pi\times\sqrt{5}^2$ donc l'aire du disque de rayon 2 est inférieure à celle du disque de rayon $\sqrt{5}$.

2. a. Puisque $0{,}33<\dfrac{1}{3}$, alors, puisque la fonction cube conserve le sens des inégalités sur $\mathbb{R}$, on a $0{,}33^3<\left(\dfrac{1}{3}\right)^3$ donc le volume du cube d'arête 0,33 est inférieur à celui du cube d'arête $\dfrac{1}{3}$.

b. Le volume d'une boule de rayon r est $\dfrac{4}{3}\pi r^3$. Puisque $\sqrt{2}<1{,}5$ alors $\sqrt{2}^3<1{,}5^3$ d'où $\dfrac{4}{3}\pi\times\sqrt{2}^3<\dfrac{4}{3}\pi\times 1{,}5^3$ donc le volume d'une boule de rayon $\sqrt{2}$ est inférieur à celui d'une boule de rayon 1,5.

3. Les longueurs de ces deux rectangles sont donc $\dfrac{20}{3{,}27}$ et $\dfrac{20}{4{,}1}$. Or, puisque $0<3{,}27<4{,}1$ et que la fonction inverse change le sens des inégalités sur $]0;+\infty[$, alors $\dfrac{1}{3{,}27}>\dfrac{1}{4{,}1}$ d'où $\dfrac{20}{3{,}27}>\dfrac{20}{4{,}1}$ en multipliant chaque membre de l'inégalité par 20 (qui est positif).

Chapitre 11

J'applique en autonomie

19 **1.** $\bar{x}=\dfrac{5+6+6+7+9-10}{6}\approx 7{,}17$

$$V=\frac{(5-7{,}17)^2+(6-7{,}17)^2+(6-7{,}17)^2+(7-7{,}17)^2+(9-7{,}17)^2+(10-7{,}17)^2}{6}$$

$V\approx 3{,}14$, donc $\sigma=\sqrt{V}=\sqrt{3{,}14}\approx 1{,}77$

2. Série 2 : $\bar{x}\approx 7{,}17$ et $\sigma\approx 5{,}27$. Série 3 : $\bar{x}\approx 13{,}17$ et $\sigma\approx 1{,}86$.

3. Les séries 1 et 2 ont la même moyenne, mais l'écart type de la série 1 est le plus petit. Ainsi, les valeurs de la série 1 sont plus regroupées autour de la moyenne que dans la série 2.

4. La moyenne de la série 3 est supérieure à la moyenne de la série 1. Les écarts types sont proches.

20 **1.** $(\bar{x}=0{,}26;\sigma\approx 0{,}19)$ et $(M_e=0{,}15;Q_3-Q_1=0{,}5-0{,}1=0{,}4)$.

2. $(\bar{x}\approx 14{,}1;\sigma\approx 4{,}3)$ et $(M_e=12;Q_3-Q_1=20-10=10)$.

21 **1.**

Valeurs	10	12	14	16	18	19
Effectifs	2	5	11	8	4	6
ECC	2	7	18	26	30	36

Eff_{total} est égal à 36 et est pair, donc la médiane est la moyenne de la 18e valeur et de la 19e valeur : $M_e=\dfrac{14+16}{2}=15$. Position de Q_1 : $36\times 0{,}25=9$. Q_1 est la 9e valeur de la série, donc $Q_1=14$. Position de Q_3 : $36\times 0{,}75=27$. Q_1 est la 27e valeur de la série, donc $Q_1=18$.

2. Ces deux séries ont la même médiane. La première série a pour écart interquartile $Q_3-Q_1=18-14=4$. Son écart interquartile est inférieur à celui de la deuxième série, ce qui signifie que 50 % des valeurs de la première série sont plus regroupées autour de la médiane que dans la série 2.

22 La proportion d'élèves ayant eu plus de 10 au dernier devoir est de $p=\dfrac{24}{32}=0{,}75$.

23 Le pourcentage de véhicules blancs vendus le mois dernier est de $p=\dfrac{95}{200}\times 100=47{,}5\,\%$.

24 On peut remplir un tableau de proportionnalité :

110	x
8 %	100 %

En appliquant le produit en croix on trouve que le prix de l'appareil photo avant réduction est de $x=\dfrac{110\times 100}{8}=1\,375$ €.

25 **1.** Il y a en tout $83-54=137$ adhérents au club de boxe, soit $p=\dfrac{137}{1\,000}\times 100=13{,}7\,\%$.

2. Dans ce club il y a alors $120\times\dfrac{80}{100}=96$ hommes.

3. Il y a $19+13=32$ membres dans le club de vélo. On peut remplir un tableau de proportionnalité :

32	x
40 %	100 %

En appliquant le produit en croix on trouve que le club d'escalade compte $x=\dfrac{32\times 100}{40}=80$ membres.

26 **1.** $T=\frac{1146-1024}{1024}\approx 0{,}1191$ soit 11,91 %. Le taux d'évolution du nombre d'élèves est d'environ 11,91 %.
2. Baisser de 30 % revient à multiplier par $1-\frac{30}{100}=0{,}7$. Ainsi : $39\times 0{,}7=27{,}3$. Elle devra payer 27,30 €.
3. Augmenter de 12 % revient à multiplier par $1+\frac{12}{100}=1{,}12$. Ainsi, puisqu'on cherche la valeur de départ, on calcule : $\frac{84}{1{,}12}=75$. Il y a eu 75 infractions en 2023.
$CM_{rec}=\frac{1}{CM}=\frac{1}{1{,}12}\approx 0{,}8929$.
Le taux d'évolution réciproque est donc
$CM_{rec}-1\approx 0{,}8929-1\approx -0{,}1071$. Il faut une diminution d'environ 10,71 %.

27 **1.** La case est grisée car on ne peut pas calculer l'évolution entre 2020 et 2021.
2.

	2020	2021	2022	2023
C.A.	104	95	100,7	104
Évolution en %		–8,7	+6	+3,3

28 **1.** Dans la classe il y a $p=\frac{12}{30}=0{,}4=40\,\%$ de garçons.
2. 1re façon : on sait que 25 % des garçons sont au CVL, soit $12\times\frac{25}{100}=3$ garçons dans la classe.
Ce qui représente $p=\frac{3}{30}\times 100=10\,\%$.
2e façon : les garçons au CVL représente 25 % des 40 % de garçons dans la classe, soit $p=\frac{25}{100}\times\frac{40}{100}=0{,}1=10\,\%$.

29 **1.** La proportion de mammifères de moins d'un an est de $p=\frac{30}{100}\times\frac{15}{100}=0{,}045$.

81	x
4,5 %	100 %

2. On remplit le tableau de proportionnalité :
En appliquant le produit en croix on trouve qu'il y a $x=\frac{81\times 100}{4{,}5}=1\,800$ animaux dans la réserve.

30 **1.** On calcule les coefficients multiplicateurs des deux évolutions : $CM_1=1+\frac{10}{100}=1{,}1$ et $CM_2=1-\frac{30}{100}=0{,}7$.
Le coefficient multiplicateur global est donc : $CM_g=1{,}1\times 0{,}7=0{,}77$.
Ainsi le taux d'évolution associé est $t_g=0{,}77-1=-0{,}23$.
2. De même $CM_1=CM_2=1+\frac{20}{100}=1{,}2$, donc $CM_g=1{,}2\times 1{,}2=1{,}44$.
Ainsi $t_g=1{,}44-1=0{,}44$.

31 On sait que $CM_g=CM_1\times CM_2$. Or $CM_1=1+\frac{15}{100}=1{,}15$ et $CM_g=1+\frac{41}{100}=1{,}41$. Donc $CM_2=\frac{CM_g}{CM_1}=\frac{1{,}41}{1{,}15}\approx 1{,}226$. Le pourcentage associé est donc donné par $t_g=1{,}226-1=0{,}226=22{,}6\,\%$.

32 **1.** Une hausse de 5 % est associé à un coefficient multiplicateur $CM=1+\frac{5}{100}$. On a alors $CM_{rec}=\frac{1}{1{,}05}$, ainsi le taux d'évolution associé est $t=CM_{rec}-1\approx -0{,}048$.
2. De même, la baisse est associée au coefficient multiplicateur $CM=1-\frac{50}{100}$. Ainsi $CM_{rec}=\frac{1}{0{,}5}=2$, et $t=2-1=1$.
3. La hausse est associée au coefficient multiplicateur $CM_1=1+\frac{100}{100}=2$, et la baisse au coefficient multiplicateur $CM_2=1-\frac{50}{100}=0{,}5$. Ainsi $CM_{rec}=\frac{1}{CM_g}=\frac{1}{2\times 0{,}5}=1$ donc $t=1-1=0$.

33 **1.** La première évolution est associée au coefficient multiplicateur $CM_1=1+\frac{5}{100}=1{,}05$, la seconde au coefficient multiplicateur $CM_2=1-\frac{10}{100}=0{,}9$. Le taux d'évolution globale est donné par $t=CM_g-1=1{,}05\times 0{,}9-1=0{,}945-1=-0{,}055$.
2. On cherche le coefficient multiplicateur réciproque associé à cette évolution : $CM_{rec}=\frac{1}{CM_g}$. Ainsi le taux d'évolution vaut $t=CM_{rec}-1\approx 0{,}058$. Ce qui correspond à une augmentation de 5,8 %.

J'évalue mes connaissances

QCM

1. Réponse **b.** car $p=\frac{207\,898}{732\,843}\approx 0{,}284\approx 28{,}4\,\%$.
2. Réponse **a.** car $p=\frac{370\,395}{387\,067}\approx 0{,}957\approx 95{,}7\,\%$.
3. Réponse **a.** car $T=\frac{148\,466-144\,599}{144\,599}\approx 0{,}0267\approx 2{,}67\,\%$.
4. Réponse **b.** car $CM=1+\frac{3{,}8}{100}=1{,}038$ et $148\,466\times 1{,}038\approx 154\,108$.
5. Réponse **c.** car $CM=1+\frac{13{,}8}{100}=1{,}138$ et $\frac{732\,843}{1{,}138}\approx 643\,975$.
6. Réponse **c.** car $CM=1+\frac{12{,}2}{100}=1{,}122$ et
$CM_{rec}=\frac{1}{CM}=\frac{1}{1{,}122}\approx 0{,}891$. Le taux d'évolution réciproque est $CM_{rec}-1\approx 0{,}891-1\approx -0{,}109\approx -10{,}9\,\%$.

vrai ou faux ?

Partie A.
1. Faux. Contre-exemple : la série 1 ; 2 a pour médiane 1,5.
2. Faux, c'est un indicateur qui mesure la dispersion des valeurs d'une série autour de la médiane.
3. Vrai. Exemple : la série 1 ; 1 a pour écart type 0.
4. Faux. Contre-exemple : la série 1 ; 10 ; 10 a pour moyenne 7 et pour médiane 10.
5. Faux, il faut ajouter ce nombre à la médiane aussi.
6. Faux. Contre-exemple : la série 1 ; 2 a pour variance 0,25 et pour écart type 0,5.
7. Faux, la formule de la variance est la somme de nombres élevés au carré divisé par l'effectif total, donc la variance est positive ou nulle.

Partie B.
1. Faux car $Me=7$. **2.** Vrai car $Q_3=8$ et $Q_1=5$, $Q_3-Q_1=8-5=3$.
3. Faux car il y a 20 valeurs dans la série. **4.** Faux car $\sigma\approx 1{,}7$.

Exercices Application

42 A : $\bar{x}=\frac{5+7+4+8+4}{5}=5{,}6$
$V=\frac{(5-5{,}6)^2+(7-5{,}6)^2+(4-5{,}6)^2+(8-5{,}6)^2+(4-5{,}6)^2}{5}=2{,}64$
$\sigma=\sqrt{V}=\sqrt{2{,}64}\approx 1{,}62$
B : $\bar{x}=\frac{6+7+6+5+5}{5}=5{,}8$
$V=\frac{(6-5{,}8)^2+(7-5{,}8)^2+(6-5{,}8)^2+(5-5{,}8)^2+(5-5{,}8)^2}{5}=0{,}56$
$\sigma=\sqrt{V}=\sqrt{0{,}56}\approx 0{,}75$. La série B a la meilleure moyenne.

47 $p=\frac{21}{35}=0{,}6=60\,\%$. Il y a 60 % de filles dans la classe.

61 **1.** Le coefficient multiplicateur associé à une baisse de 72 % est $CM=1-\frac{72}{100}=0{,}28$.
2. Le coefficient multiplicateur associé à une hausse de 31,7 % est $CM=1+\frac{31{,}7}{100}=1{,}317$.

85 **1.** Pour déterminer le coefficient multiplicateur réciproque on commence par calculer le coefficient multiplicateur associé à l'évolution : $CM = 1+\frac{12}{100} = 1{,}12$. Ainsi $CM_{rec} = \frac{1}{1{,}12} \approx 0{,}89$.

Le taux d'évolution associé est donc $t = CM_{rec} - 1 \approx -0{,}11$.

2. Pour déterminer le coefficient multiplicateur réciproque on commence par calculer le coefficient multiplicateur associé à l'évolution : $CM = 1-\frac{35}{100} = 0{,}65$. Ainsi $CM_{rec} = \frac{1}{0{,}65} \approx 1{,}54$.

Le taux d'évolution associé est donc $t = CM_{rec} - 1 \approx 0{,}54$.

Exercices Entraînement

92 **1.** $\bar{x} = \frac{3\times4+6\times6+8\times5+9\times5+10\times6+13\times3+15\times1}{4+6+5+5+6+3+1} \approx 8{,}23$.

2. a. Augmenter toutes les notes de 1 point revient à augmenter la moyenne de 1, donc la nouvelle moyenne est d'environ 9,23.

b. Augmenter toutes les notes de 20 % revient à toutes les multiplier par $1+\frac{20}{100} = 1{,}2$.

La nouvelle moyenne est donc multipliée par 1,2 : $8{,}23 \times 1{,}2 \approx 9{,}88$.

107 **1.** La proportion d'élèves externes est de $p = \frac{18}{30} \times 100 = 60\ \%$.

2. Le nombre d'élèves qui portent des lunettes dans la classe est de $\frac{2}{5} \times 30 = 12$.

3. On peut remplir le tableau de proportionnalité :

30	x
4 %	100 %

En appliquant le produit en croix on trouve qu'il y a $x = \frac{30\times100}{4} = 750$ élèves dans le lycée.

124 **1.** Faux. Le coefficient multiplicateur correspondant à une telle évolution est $CM_g = 1{,}15 \times 0{,}85 = 0{,}9775$. Ce qui correspond à une diminution de 2,25 %.

2. Faux. Le coefficient multiplicateur correspondant à une telle évolution est $CM_g = 1{,}35 \times 0{,}93 = 1{,}2555$. Ce qui correspond à une augmentation de 25,55 %.

3. Vrai. On calcule le coefficient multiplicateur réciproque $CM_{rec} = \frac{1}{1{,}5625} = 0{,}64$. Le prix d'origine est donc $62{,}50 \times 0{,}64 = 40$ €.

4. Faux. On calcule le coefficient multiplicateur réciproque $CM_{rec} = \frac{1}{1{,}6} = 0{,}625$, ce qui correspond à une diminution de 37,5 %.

Chapitre 12

J'applique en autonomie

20 **1. a.** On note R l'issue « la boule tirée est rouge », J l'issue « la boule tirée est jaune » et V l'issue « la boule tirée est verte ».

$\Omega = \{RR ; RJ ; RV ; JR ; JJ ; JV ; VJ ; VR ; VV\}$

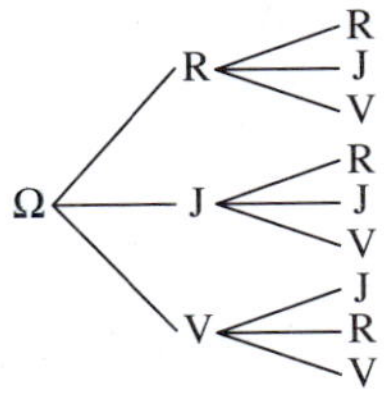

1. b. L'univers est composé de 9 issues.

2. L'événement « le tirage comporte au moins une bille jaune » est l'ensemble $\{RJ ; JR ; JJ ; JV ; VJ\}$. Il a 5 issues.

21

	1	2	3
1	1	2	3
2	2	4	6
3	3	6	9

On remplit le tableau et on multiplie la valeur du 1er jeton tiré par la valeur du 2e jeton tiré.

$\Omega = \{1 ; 2 ; 3 ; 4 ; 6 ; 9\}$

22 **1. a.** $\Omega = \{BB ; BN ; NB ; NN\}$ **b.** Il y a deux issues : BB et NN.

2. Il faut prendre encore une chaussette. En effet, en ayant pris au total 3 chaussettes, il y en a forcément deux de même couleur.

23

	0	5	10	20
0	0	5	10	20
5	5	10	15	25
10	10	15	20	30
20	20	25	30	40

$\Omega = \{0 ; 5 ; 10 ; 15 ; 20 ; 25 ; 30 ; 40\}$

24 **1.** La probabilité de gagner 4, 10 ou de perdre 5 points est proportionnelle à l'aire des zones concernées. Sachant que les aires des carrées sont 1, 4, 9 et 16 dm², l'aire totale de la cible est donc $1+4+9+16 = 30$ dm².

On a donc la loi de probabilité suivante :

Gain (pts)	4	10	−5
p	$\frac{16}{30} = \frac{8}{15}$	$\frac{4}{30} = \frac{2}{15}$	$\frac{9+1}{30} = \frac{1}{3}$

2. $p(\text{Gain} \geqslant 2) = p(\text{Gain} = 4) + p(\text{Gain} = 10) = \frac{8}{15} + \frac{2}{15} = \frac{10}{15} = \frac{2}{3}$.

25 **1.** On note x la probabilité d'obtenir 2. La somme des probabilités de chaque face vaut 1, on a donc : $0{,}2 + x + x + x + x + 0{,}4 = 1$. On en déduit que $4x = 0{,}4$ d'où $x = 0{,}1$.

Issue	1	2	3	4	5	6
p	0,2	0,1	0,1	0,1	0,1	0,4

2. $p(A) = p(\{2\}) + p(\{4\}) + p(\{6\}) = 0{,}1 + 0{,}1 + 0{,}4 = 0{,}6$.

$p(B) = p(\{2\}) + p(\{3\}) + p(\{5\}) = 0{,}1 + 0{,}1 + 0{,}1 = 0{,}3$.

$p(A \cap B) = p(\{2\}) = 0{,}1$.

$p(A \cup B) = p(A) + p(B) - p(A \cap B) = 0{,}6 + 0{,}3 - 0{,}1 = 0{,}8$

26 **1.**

	M	$\overline{M}$	Total
P	18	2	20
$\overline{P}$	49	931	980
Total	67	933	1 000

2. On a 20 personnes positives sur l'ensemble de notre échantillon, donc $P(P) = \frac{20}{1\,000} = 0{,}02$.

De même, 67 personnes sont malades dans notre échantillon, donc $P(M) = \frac{67}{1\,000} = 0{,}067$.

3. a. $P \cap M$: « La personne a un test positif et est malade. »

$P \cup M$: « La personne a un test positif ou est malade. »

b. $P(P \cap M) = \frac{18}{1\,000} = 0{,}018$.

$P(P \cup M) = P(P) + P(M) - P(P \cap M)$
$= 0{,}02 + 0{,}067 - 0{,}018 = 0{,}069$

27 **1.** L'ensemble des possibilités est donné par :

Tirage 1 / Tirage 2	D	I	X
D	DD	ID	XD
I	DI	II	XI
X	DX	IX	XX

Ainsi l'univers est $\Omega = \{DD ; ID ; XD ; DI ; II ; XI ; DX ; IX ; XX\}$.

2. On est en situation d'équiprobabilité, chaque lettre a la même probabilité d'être tirée.

Issue	DD	ID	XD	DI	II	XI	DX	IX	XX
Probabilité	$\frac{1}{9}$	$\frac{1}{9}$	$\frac{1}{9}$	$\frac{1}{9}$	$\frac{1}{9}$	$\frac{1}{9}$	$\frac{1}{9}$	$\frac{1}{9}$	$\frac{1}{9}$

3. a. Les mots commençant par une voyelle sont : ID, II et IX. Ainsi $P(V) = \frac{3}{9}$. De même, $P(C) = \frac{6}{9}$ et $P(V \cap C) = \frac{2}{9}$.

Corrigés

b. $P(V \cup C) = P(V) + P(C) - P(V \cap C) = \frac{3}{9} + \frac{6}{9} - \frac{2}{9} = \frac{7}{9}$.

L'événement $V \cup C$ est constitué des mots commençant par une voyelle ou finissant par une consonne.

Donc $V \cup C = \{DD ; ID ; XD ; II ; DX ; IX ; XX\}$. Ainsi $P(V \cup C) = \frac{7}{9}$.

J'évalue mes connaissances

QCM

1. Réponse **b.** car $x = 1-(0{,}1+0{,}2+0{,}3+0{,}1+0{,}05)$.
2. Réponse **a.**
3. Réponses **b.** et **c** car, en notant les évènements A « obtenir un multiple de 3 » et B « obtenir un diviseur de 3 », on a $P(A) = 0{,}25+0{,}05 = 0{,}3 < P(B) = 0{,}25+0{,}1 = 0{,}35$.
4. Réponses **b.** et **c.** car, en notant l'événement A « obtenir 4 », on a $A = \{1 ; 2\}$ donc $P(A) = 0{,}1+0{,}2 = 0{,}3$.
5. Réponse **a.** car 4 est pair. **6.** Réponse **b.** car $A \cap B = \{4 ; 6\}$.
7. Réponses **a.** et **c.** car $A \cup B = \{2 ; 4 ; 5 ; 6\}$ et $P(A \cup B) = 0{,}2+0{,}3+0{,}1+0{,}05 = 0{,}65$.
8. Réponse **b.** car $A \cap B = \varnothing$, donc $P(A \cup B) = P(A) + P(B)$.

vrai ou faux ?

Partie A.

a. Faux, le roi de cœur est à la fois un roi et une carte de cœur.
b. Faux car $P(A) = \frac{4}{32} = 0{,}125 \neq P(B) = \frac{8}{32} = 0{,}25$.
c. Vrai car le roi de cœur est la seule carte étant à la fois un roi et une carte de cœur.
d. Faux car $P(A \cup B) = P(A) + P(B) - P(A \cap B)$
$= \frac{4}{32} + \frac{8}{32} - \frac{1}{32} = \frac{11}{32}$.
e. Vrai car $P(\overline{A}) = 1 - P(A) = 1 - \frac{1}{8} = \frac{7}{8}$.
f. Faux, il y a 32 tirages possibles puis 31 titrages possibles, soit $32 \times 31 = 992$ tirages possibles.

Partie B.

a. Faux, il y a $5 \times 4 = 20$ mots possibles car il n'y a pas de remise.
b. Vrai car $A = \{AP ; AR ; AO ; AB ; OP ; OR ; OB ; OA\}$, donc $P(A) = \frac{8}{20} = 0{,}4$.
c. Faux car $B = \{BP ; BR ; BO ; BA ; PB ; RB ; OB ; AB\}$ donc $P(B) = \frac{8}{20} = 0{,}4$.
d. Faux car $A \cap B = \{OB ; AB\}$.
e. Faux car $P(A \cup B) = P(A) + P(B) - P(A \cap B)$
$= 0{,}4 + 0{,}4 - \frac{2}{20} = 0{,}7$.
f. Faux, c'est « le mot ne commence pas par une voyelle ».
g. Vrai car $P(\overline{B}) = 1 - P(B) = 1 - 0{,}4 = 0{,}6$.

Exercices Application

34

Dé 2 \ Dé 1	1	2	3	4	5	6
1	0	1	2	3	4	5
2	1	0	1	2	3	4
3	2	1	0	1	2	3
4	3	2	1	0	1	2
5	4	3	2	1	0	1
6	5	4	3	2	1	0

$\Omega = \{0 ; 1 ; 2 ; 3 ; 4 ; 5\}$. L'univers est composé de 6 issues.

40 On sait que $p + 0{,}1 + 0{,}25 + 0{,}15 + 0{,}3 = 1$, donc $p = 1 - (0{,}1 + 0{,}25 + 0{,}15 + 0{,}3) = 0{,}2$.
En notant A l'événement « obtenir au moins deux », on a $A = \{2 ; 3 ; 4\}$ donc $P(A) = 0{,}25 + 0{,}15 + 0{,}3 = 0{,}7$.

50 On décrit l'ensemble des possibilités à l'aide du tableau suivant :

Tirage 2 \ Tirage 1	Z	O	E
Z	ZZ	OZ	EZ
O	ZO	OO	EO
E	ZE	OE	EE

On est en situation d'équiprobabilité, chaque lettre a la même probabilité d'être tirée.

Issue	ZZ	ZO	ZE	OZ	OO	OE	EZ	EO	EE
Probabilité	$\frac{1}{9}$	$\frac{1}{9}$	$\frac{1}{9}$	$\frac{1}{9}$	$\frac{1}{9}$	$\frac{1}{9}$	$\frac{1}{9}$	$\frac{1}{9}$	$\frac{1}{9}$

Les mots contenants deux voyelles sont OO, OE, EO et EE, ainsi $A = \{OO ; OE ; EO ; EE\}$ donc $P(A) = \frac{1}{9} + \frac{1}{9} + \frac{1}{9} + \frac{1}{9} = \frac{4}{9}$.
$B = \{ZE ; OE ; EE\}$, donc $P(\overline{B}) = 1 - P(B) = 1 - \frac{3}{9} = \frac{6}{9} = \frac{2}{3}$. De même $P(A \cup B) = \frac{5}{9}$ et $P(A \cap B) = \frac{2}{9}$.

Exercices Entraînement

55 **1.** On fait la somme du nombre d'issues pour chaque zone. Il y a donc $24 + 15 + 30 + 20 = 89$ issues dans l'univers.
2. a. L'événement A possède $24 + 15 = 39$ issues.
b. L'événement B possède $30 + 15 = 45$ issues.
c. L'événement $\overline{A}$ est composé des issues qui ne sont pas dans A, il possède $89 - 39 = 50$ issues.
d. L'événement $\overline{B}$ est composé des issues qui ne sont pas dans B, il possède $89 - 45 = 44$ issues.
e. L'événement $A \cap B$ possède 15 issues.
f. L'événement $A \cup B$ possède $24 + 15 + 30 = 69$ issues.
g. L'événement $\overline{A \cap B}$ est composé des issues qui ne sont pas dans $A \cap B$, il possède $89 - 15 = 74$ issues.
h. L'événement $\overline{A \cup B}$ est composé des issues qui ne sont pas dans $A \cup B$, il possède $89 - 69 = 20$ issues.

62 **1.** On sait que la somme de toutes les probabilités est égale à 1. Donc $0{,}2 + p + p + 4p + 2p = 1 \Leftrightarrow 8p = 0{,}8 \Leftrightarrow p = 0{,}1$.
2. On note A l'événement « obtenir un multiple de 3 ». $A = \{3 ; 6\}$, donc $P(A) = 0{,}1 + 2 \times 0{,}1 = 0{,}3$.
3. On note B l'événement « obtenir une issue paire ». $B = \{2 ; 4 ; 6\}$, donc $P(B) = 0{,}2 + 0{,}1 + 2 \times 0{,}1 = 0{,}5$. « Obtenir une issue impaire » correspond à l'événement $\overline{B}$, donc $P(\overline{B}) = 1 - P(B) = 0{,}5$. Il y a bien autant de chances d'avoir une issue paire qu'une issue impaire.

Chapitre 13

J'applique en autonomie

14 **1. 3. 4.** Voir le premier onglet du fichier tableur *chap13_exercice14_corrige.xlsx*.
2. On peut saisir la formule =SI(ALEA()<0,5;1;0)
5. Voir le deuxième onglet du fichier tableur *chap13_exercice14_corrige.xlsx*. $p = 0{,}5$.
De plus, lorsque la taille des échantillons augmente (échantillon de taille 50 à 500), ces fluctuations persistent mais diminuent fortement. On a ainsi illustré la loi des grands nombres.

15 Il suffit de modifier la probabilité 0,25 par $\frac{1}{6}$:

```
from random import*
def échantillon(n):
    Nombre=0
    for i in range(n):
        x=random()
        if x<1/6:
            Nombre=Nombre+1
    return Nombre
```

```
from pylab import*
def graphique(n,N):
    for i in range(N):
        f=échantillon(n)/n
        if abs(f-1/6)<=1/sqrt(n):
            plot(i,f,'+',color='green')
        else:
            plot(i,f,'+',color='red')
    axis([0,N,0,1])
    show()
```

```
def écart(n,N):
    Compt=0
    for i in range(N):
        f=échantillon(n)/n
        if abs(f-1/6)<=1/sqrt(n):
            Compt=Compt+1
    return Compt/N
```

J'évalue mes connaissances

QCM

1. Réponse **b.** La probabilité d'obtenir 20 fois Face sur 20 parties est extrêmement faible, mais pas nulle.

2. Réponse **c.** La fonction ALEA() permet de générer un nombre aléatoire de l'intervalle [0 ; 1[.

3. Réponse **c.** ALEA.ENTRE.BORNES(1;4) permet de générer un entier aléatoire compris entre 1 et 4 inclus, il modélise donc le lancer d'un dé tétraédrique puisqu'il n'a que 4 faces.

4. Réponse **a.** La réponse b. propose le contraire : « obtenir 0 » avec une probabilité p. La réponse c. ne respecte pas la syntaxe de la fonction ALEA du tableur.

5. Réponses **a.**, **b.** et **c.** Chaque réponse permet de modéliser cette expérience. random() permet de générer un nombre aléatoire de l'intervalle [0 ; 1[, randint(1;6) permet de générer un entier aléatoire compris entre 1 et 6 inclus et choice(Dé) permet de prendre aléatoirement un élément de la liste Dé.

6. Réponses **b.** et **c.** Dans la réponse **a.**, Nb=0 est dans la boucle « for », ainsi à chaque passage dans la boucle, la variable Nb est réinitialisée à 0.

vrai ou faux ?

Partie A.

1. Faux. $p = 0{,}3$ est la probabilité théorique d'obtenir PILE lors d'un lancer de cette pièce truquée. Lorsqu'on effectue 100 lancers consécutifs de cette même pièce, la fréquence f de PILE observés dans l'échantillon sera proche de p mais pas nécessairement égal à p. Ce phénomène se nomme fluctuation d'échantillonnage.

2. 3. Faux pour les mêmes raisons que celles mentionnées précédemment.

4. Vrai. Ce phénomène est appelé loi des grands nombres : plus la taille de l'échantillon augmente, moins les fluctuations d'échantillonnage sont grandes et en général, les fréquences observées f s'approchent de la probabilité $p = 0{,}3$.

5. Vrai. Cette inégalité se vérifie pour environ 95 % des échantillons.

Partie B.

1. Vrai. La fréquence de pièces défectueuses dans cet échantillon est égale à $f = \frac{18}{1\,000} = \frac{1{,}8}{100} = 1{,}8\,\%$.

2. Faux. En effet, pour des raisons de fluctuation d'échantillonnage, la fréquence de pièce défectueuse dans un nouvel échantillon peut être différente de celle du précédent échantillon.

3. Faux. On ne peut déterminer avec exactitude la fréquence p de pièces défectueuses dans l'ensemble de la production à partir d'informations partielles sur un échantillon. En revanche, on peut déterminer un intervalle de confiance pour p (voir ex. 36 page 358).

Exercices Application

24 **1.** $p = \frac{10}{200} = 0{,}05$

2. On propose :

```
from random import*
def fréquence(n):
    Nb_gagnant=0
    for i in range(n):
        x=random()
        if x<0.05:
            Nb_gagnant=Nb_gagnant+1
    return Nb_gagnant/n
```

3. • Pour les 100 échantillons de taille 80 :

```
from pylab import*
for i in range(100):
    f=fréquence(80)
    plot(i,f,'+',color='green')
axis([0,100,0,1])
show()
```

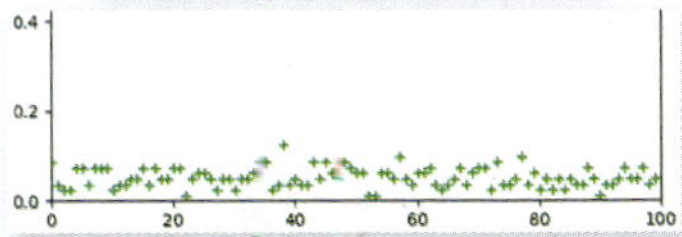

Pour les 100 échantillons de taille 500 :

```
from pylab import*
for i in range(100):
    f=fréquence(500)
    plot(i,f,'+',color='red')
axis([0,100,0,1])
show()
```

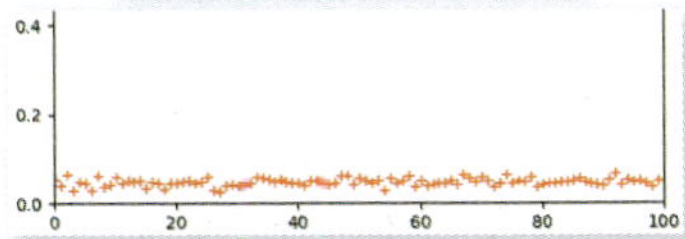

On observe la loi des grands nombres : plus la taille de l'échantillon est grande, moins la fréquence de succès fluctue autour de la probabilité 0,05.

26 **1.** La variable NbSuccès est initialisée à 0, puis elle est augmentée de 1 lorsque random()<0,6 , ce qui modélise la réalisation d'un succès. Donc cette variable compte, au fur et à mesure, le nombre de succès réalisés

La variable f=NbSuccès/n est donc la fréquence de succès observée. Le nombre $|f - p|$ est bien l'écart entre la fréquence f et la probabilité p.

2. Les valeurs de la liste ② sont plus proches de 0 que celles de la liste ①.

Elles correspondent donc à la valeur de n la plus grande, soit $n = 400$.

3. La variable Compt est initialisée à 0, puis elle est augmentée de 1 lorsque $e \leq \frac{1}{\sqrt{n}}$, c'est-à-dire lorsque l'écart entre la fréquence f et la probabilité p est inférieur ou égal à $\frac{1}{\sqrt{n}}$. La fonction répond donc bien au problème posé.

Exercices Entraînement

30 **1.** Comme $0{,}8 - 0{,}03 = 0{,}77$ et $0{,}8 + 0{,}03 = 0{,}83$, les 20 valeurs sont telles que l'écart entre f et p est inférieur ou égal à 0,03, soit 100 % des valeurs.

2. L'écart maximal entre f et p observé est égal à 0,024.

36 **1.** À l'issue du sondage, on ignore toujours la proportion p d'électeurs favorables au candidat A dans l'ensemble de la population mais on connaît $f = 52\,\%$, la fréquence d'électeurs favorables dans l'échantillon des 1 000 électeurs sondés. On ne peut pas affirmer que $p = f$ car on ne dispose pour l'instant que de résultats partiels sur un échantillon de la population.

2. Avec une confiance de 95 %, p appartient à l'intervalle

$$\left[f-\frac{1}{\sqrt{n}};f+\frac{1}{\sqrt{n}}\right]=\left[0{,}52-\frac{1}{\sqrt{1\,000}};0{,}52+\frac{1}{\sqrt{1\,000}}\right]$$
$$\approx[0{,}488;0{,}551]$$

Ainsi, p appartient à l'intervalle $[0{,}488;0{,}552]$ avec une confiance de 95 % donc nous ne sommes pas en mesure de garantir la victoire future du candidat A à cette élection puisqu'il n'est pas exclu que $p<0{,}5$.

3. a. Pour obtenir un intervalle de confiance d'amplitude plus réduite, il faudrait augmenter la taille n de l'échantillon, autrement dit le nombre de personnes à interroger lors du sondage.

b. L'amplitude de l'intervalle de confiance est $\frac{2}{\sqrt{n}}$. On est ainsi ramené à chercher les entiers n pour lesquels $\frac{2}{\sqrt{n}}<0{,}03$:

$$\frac{2}{\sqrt{n}}<0{,}03 \Leftrightarrow 2<0{,}03\sqrt{n} \Leftrightarrow \frac{2}{0{,}03}<\sqrt{n}$$
$$\Leftrightarrow n>\left(\frac{2}{0{,}03}\right)^2 \Leftrightarrow n>4\,445.$$

Il faudrait interroger au moins 4 445 personnes pour que l'amplitude de cet intervalle de confiance soit inférieure à 0,03.

Algorithmique et programmation

J'applique en autonomie

1 **1.** Puisque $50<100$ alors le prix est $50\times0{,}2=10$ €.
Puisque $150>100$ alors le prix est : $100\times0{,}2+50\times0{,}15=27{,}5$ €.

2.

```
x=int(input("Nombre de cartes commandées ?"))

if x <= 100:
    tarif = 0.2*x
else :
    tarif = 20+(x-100)*0.15
```

2 **1.**

```
a, b, c = 5, 9, 8
if a**2 == b**2 + c**2:
    print("tri. rect. et hypoténuse=",a)
elif b**2 == a**2 + c**2:
    print("tri. rect. et hypoténuse=",b)
elif c**2 == a**2 + b**2:
    print("tri. rect. et hypoténuse=",c)
else:
    print("le triangle n'est pas rectangle")
```

2. • Pour $a=5$; $b=3$ et $c=4$:

```
tri. rect. et hypoténuse= 5
>>>
```

• Pour $a=12$; $b=13$ et $c=5$:

```
tri. rect. et hypoténuse= 13
>>>
```

• Pour $a=1$; $b=5$ et $c=7$:

```
le triangle n'est pas rectangle
>>>
```

• Pour $a=12$; $b=35$ et $c=37$:

```
tri. rect. et hypoténuse= 37
>>>
```

3 **1.** Comme $x=3$ alors la condition $x>2$ est vraie donc la fonction renvoie 3^2 donc 9.

2. Comme $x=1$ alors la condition $x>2$ est fausse. On obtient $2\times1=2$.

4 **1.**

```
def maximum(a,b):
    if a<b:
        return b
    else :
        return a
```

2. a.

```
>>> maximum(2,5)
5
```

b.

```
>>> maximum(5,3)
5
```

c.

```
>>> maximum(3,3)
3
```

5

```
S, k = 0, 0
while S<=1000 :
    k = k+1
    S = S+k

print(k)
```

6 **1.** pop←200
Pour i variant de 1 à 10 Faire
augmentation←0,05×pop
pop←pop+augmentation
Fin Pour
Afficher pop

```
pop = 200
for i in range(10):
    augmentation = 0.05*pop
    pop = pop + augmentation
print(pop)
```

2. pop←200
annee = 0
Tant que pop<=1000 Faire
augmentation←0,05×pop
pop←pop+augmentation
annee = annee + 1
Fin Tant que
Afficher annee

```
pop = 200
annee = 0
while pop<=1000:
    augmentation = 0.05*pop
    pop = pop + augmentation
    annee = annee +1
print(annee)
```

7 **1. a.**

a	Affichage
−2	−2, −7
−1	−1, −5
0	0, −3
1	1, −1
2	2, 1

b. Ce programme affiche le tableau de valeurs d'une fonction f pour x prenant les valeurs entières entre −2 et 2.

2.

```
def f(x):
    return -x**2+2

for a in range(-5,6):
    print(a,f(a))
```


Achevé d'imprimer en Italie par L.E.G.O. S.p.A.
Dépôt légal : avril 2025 - Édition n° 01 - 12/0397/8